비전공자도 단번에
합격할 수 있는
길잡이

KB091178

정보처리기사
필기

BM (주)도서출판 성안당

[저자소개]

지은이 **권우석**

現 기사퍼스트 대표이사, 정보처리기사/산업기사, 컴퓨터활용능력 전임 강사
現 (재)한국디지털융합진흥원 교육지원본부 팀장(이사)
- 네이버 컴퓨터 자격증 1위 카페 운영자(http://cafe.naver.com/gunsystem)
- 영남대학교 디지털융합비지니스 전공(박사), E-비즈니스 전공(석사)
- 비트컴퓨터 정보처리기사/산업기사 강사, 초등교육포털 에듀모아(edumoa.com) 개발팀장
- 한국U러닝 연합회 e러닝 지도사, 평생교육사(교육과학기술부)
- LG CNS 등 다수 업체 컴퓨터 자격증 교육
- 성안당 · 영진 · 웰북 정보처리기사/산업기사/기능사 집필 및 감수
- EBS 컴퓨터활용능력 필기/실기 감수

지은이 **김민서**

現 기사퍼스트 프로그래밍 언어 전임 강사
- 모두교육평생교육원 시스템 개발/관리
- KOVO Referee 외 Android 애플리케이션 개발
- 영남대학교 컴퓨터공학 전공
- 성안당 정보처리기사 집필 및 감수

 # 독자 여러분께 알려드립니다!

본 도서 발행 이후에 발견된 오류 사항은 **성안당 홈페이지(www.cyber.co.kr)의**
[자료실]−[정오표]나 네이버 카페(cafe.naver.com/gunsystem)에 게시하오니
확인 후 학습하시기 바랍니다.

• **학습지원 네이버 카페 : 기사퍼스트(cafe.naver.com/gunsystem)**

수험생 여러분이 믿고 공부할 수 있도록 항상 최선을 다하겠습니다.

"합격의 비단길로 안내합니다."

첫째 NCS 학습 모듈과 기출문제를 꼼꼼히 분석!

정보처리기사는 2020년부터 국가직무능력표준(NCS) 기반으로 출제기준이 변경되었습니다. NCS 학습 모듈을 분석하여 자주 출제된 이론 내용과 출제 가능성이 큰 모듈은 자세히 설명하고, 학습에 도움이 되는 내용은 알기 쉽게 설명하여 알차게 구성했습니다.

둘째 이전 기출문제와 적중률이 높은 예상문제!

기출문제는 반복하여 출제되거나 응용되어 출제되므로, 2020년 출제기준 변경 전의 기출문제도 수록했습니다. 더 많은 문제를 접하면 자연스럽게 반복 학습을 통해 익힐 수 있고, 응용문제는 자세한 해설로 초보자도 이해할 수 있습니다.

셋째 IT 비전공자를 위한 권쌤의 알려줌!

비전공자가 익숙하지 않은 IT 용어와 개념들을 이해하며 학습하는 것은 매우 힘든 일입니다. 낯선 용어와 개념은 별도의 설명과 [권쌤이 알려줌]으로 보충하여, 학습 흐름이 끊기지 않고 계속 집중하여 학습할 수 있습니다.

넷째 전략적이고 효율적인 학습!

출제기준이 넓고 학습량이 많아 전체 범위를 모두 암기하는 것은 사실상 불가능합니다. 처음에는 전체 흐름을 파악하며 빠르게 한 번 읽고, 다시 읽으면서 별 3개로 표시한 중요 이론 내용은 꼼꼼히, 별개수가 적은 내용은 간략히 읽어보면서 전략적으로 학습하세요.

다섯째 비단길에서 추천하는 학습 방법!

우선 과목별, 섹션별로 어떤 이론 내용이 있는지 간략히 훑어보세요. 그리고 기출 및 예상문제를 통해 자주 출제되는 내용을 파악하며 학습 방향을 잡습니다. 이론 내용을 학습한 후 [합격자의 암기법]의 키워드로 정리하고 암기합니다. 시험이 임박하면 [최신 기출문제 & 실전 모의고사]를 풀고 틀린 문제를 복습하며 마무리하세요.

그럼 수험생 모두 단번에 합격하기를 기원합니다.

기사퍼스트 권우석, 김민서

01 독학으로 준비하더라도 함께 하면 힘들지 않아요.

20년 동안 IT 자격증을 서비스하고 있는 기사퍼스트 카페에서 권우석 쌤과 연구진이 상주하며 독자의 궁금증을 풀어 드립니다.

• 네이버 카페 : cafe.naver.com/gunsystem

02 프로그래밍 언어는 인강으로 익히세요.

비전공자에게는 어렵고 낯설게 느껴지는 C, JAVA, Python. "기사퍼스트 권우석" 유튜브에서 권우석 쌤의 강의를 무료로 수강할 수 있습니다.

• 유튜브 : 기사퍼스트 권우석

03 언제, 어디서나 자유롭게! 매일 짬짬이 학습하세요.

수험생에게는 자투리 시간을 활용하는 게 중요해요. "기사퍼스트" 인스타그램에서 기출문제와 용어를 언제, 어디서나 학습할 수 있습니다.

• 인스타그램 : @gisafirst @gisafirst_word

　　　　　　　 @gisafirst_wordplus

04 기출 예상 용어는 퀴즈를 풀며 암기하세요.

암기할 용어가 너무 많고 헷갈리죠? PC나 모바일 퀴즐렛을 이용하면 기출 용어와 정의를 퀴즈 형식으로 지루하지 않게 학습할 수 있습니다.

• 퀴즐렛 : quizlet.com/gisafirst1

퀴즐렛 이용 방법

01 아래 QR 코드를 스캔하거나 웹 주소를 입력하여 퀴즐렛(quizlet. com)에 접속합니다.
• 필요에 따라 로그인하세요.

02 [폴더] → [[비단길] 정보처리기사 필기]를 클릭합니다.
• 비밀번호는 기사퍼스트 네이버 카페에서 확인할 수 있습니다.

03 기출 및 예상 용어를 편리하게 학습합니다.

---

05 실제 시험을 보듯이 CBT 방식의 시험에 대비하세요.

• 클래스룸 : classroom.google.com

시험 날짜가 다가오면 기출문제로 정리하는 것이 효율적입니다. PC나 모바일 클래스룸에서 회차별 기출문제를 풀고 해설을 암기하면 정리도 되고, CBT 방식의 시험에도 대비할 수 있습니다.

클래스룸 이용 방법

01 아래 QR 코드를 스캔하거나 웹 주소를 입력하여 구글 클래스룸(classroom.google.com)에 접속합니다.
• 필요에 따라 로그인하세요.

02 수업 코드를 입력하여 [[비단길] 정보처리기사 필기]에 참여합니다. (수업 코드는 기사퍼스트 네이버 카페에서 확인할 수 있습니다.)

03 회차별 기출 문제를 직접 풀어보면서 시험에 대비합니다.

과목별 학습 안내

- NCS 기반으로 변경된 출제기준의 주요 항목을 확인합니다.
- 이번 과목에서 학습할 내용의 전체 흐름을 미리 파악합니다

합격자의 암기 노트

- 암기할 내용이 많죠? 이번 과목에서 꼭 외워야할 내용을 모아놓았습니다.
- 재밌고 쉽게 암기할 수 있는 [합격자의 암기 노트]를 활용하세요.

---

3 과목

데이터베이스 구축

- [데이터베이스 구축] 과목은 데이터를 효율적으로 관리하기 위한 데이터 저장소인 데이터베이스에 대해 학습합니다.
- 논리적인 관점과 물리적인 관점에서의 데이터 저장 방법과 데이터 삽입, 수정, 삭제, 검색을 위해 특수한 용도로 만들어진 SQL 언어를 학습합니다.
- 실행하려는 SQL 문을 분석하여 성능을 개선하는 방법을 학습합니다.
- 효율적인 데이터 삽입, 수정, 삭제, 검색 등을 위해 정규화를 수행하거나, 인덱스 또는 클러스터 설정 등 데이터베이스의 다양한 기능에 대해 학습합니다.

01장. 논리 데이터베이스 설계
- 01. 데이터베이스 기초 ★★
- 02. 데이터베이스 설계 및 모델링 ★★★
- 03. 논리 데이터베이스 설계 ★★★

02장. 물리 데이터베이스 설계
- 04. 물리 데이터베이스 설계 ★★
- 05. 데이터베이스 응용 ★★
- 06. 데이터베이스 보안 ★★

03장. SQL 응용
- 07. SQL 기본 ★★
- 08. 관계 데이터 연산 ★★★

04장. SQL 활용
- 09. 절차형 SQL ★
- 10. SQL 최적화 ★
- 11. 데이터베이스 고급 ★★★

05장. 데이터 전환
- 12. 데이터베이스 전환 ★
- 13. 데이터베이스 정제 ★

합격자의 암기 노트

▶ DBMS 필수 기능, SQL 구분 : 정조제 = DMC
- 정의 기능 = Definition
- 조작 기능 = Manipulation
- 제어 기능 = Control

▶ 데이터 모델 표시 요소 : 연고제(연구제)
- 연산(Operation)
- 구조(Data Structure)
- 제약조건(Constraint)

▶ 이상 현상의 종류 : 삽삭갱(삽삭개)
- 삽입 이상(Insertion Anomaly)
- 삭제 이상(Deletion Anomaly)
- 갱신 이상(Update Anomaly)

▶ 정규화 절차 : 두부이결다해도부이결다조)
- 제1정규형 : 도메인이 원자값
- 제2정규형 : 부분 함수적 종속 제거
- 제3정규형 : 이행적 함수 종속 제거
- BCNF : 결정자가 후보키
- 제4정규형 : 다치 종속 제거
- 제5정규형 : 조인 종속성

▶ 스토리지 종류 : DNS
- DAS → Direct, 소규모
- NAS → Network, 중규모
- SAN → Storage, 대규모

▶ 데이터베이스 설계 순서 : 요과논물(요개논물)
- 요구조건 분석
- 개념적 설계
- 논리적 설계
- 물리적 설계

▶ 분산 데이터베이스의 4대 목표 : 중위병장 = RLCF
- 중복 투명성 = Replication
- 위치 투명성 = Location
- 병행 투명성 = Concurrency
- 장애 투명성 = Failure

▶ 접근 통제 : 신임 보강 역할
- 신원 → 임의 접근 통제(DAC: Discretionary Access Control)
- 보안 레벨 → 강제 접근 통제(MAC: Mandatory Access Control)
- 역할 → 역할 기반 접근 통제(RBAC: Role-Based Access Control)

▶ 병행 제어 기법 종류 : 낙타로 타(다)
- 낙관적 기법
- 타임 스탬프 기법
- 로킹 기법
- 다중 버전 기법

섹션별 출제 빈도

- 출제 빈도수가 높은 섹션은 꼼꼼히 학습해 주세요.
- ★★★ : 반드시 학습해야 하는 섹션입니다. 시간이 부족하다면 해당 섹션을 먼저 학습하세요!
- ★★ : 과락을 방지하기 위해 해당 섹션을 함께 학습해야 합니다!
- ★ : 출제 가능성이 낮은 섹션이므로 간략히 학습하세요. 하지만 기출문제는 꼭 확인하세요!

내용별 학습 중요도

- 준비 기간이 짧으면 중요도에 따라 효율적으로 학습하세요.
- ★★★ : 자주 출제되는 내용입니다. 학습 내용을 이해하고 정리 및 암기해 주세요.
- ★★ : 가끔 출제되는 내용이지만, 학습 흐름에 필요한 내용이므로 함께 학습해 주세요.
- ★ : 기출된 내용을 중심으로 학습하세요.

권쌤이 알려줌/용어

- 개념 이해를 통한 학습이 중요하죠.
- 낯설고 어려운 내용의 이해를 돕기 위해 권쌤이 친절히 알려줍니다.

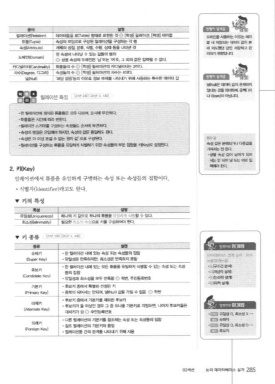

합격자의 오답 노트

- 틀린 문제는 다음에 틀리지 않는 것이 중요합니다.
- 오답으로 자주 나오는 보기를 적어놓았으니 헷갈리지 마세요.

합격자의 암기법

- 두음 암기법은 처음에는 어색해도 몇 번 되뇌다 보면 문제를 풀 때 자동으로 암기법이 떠오를 것입니다.
- 키워드 암기법은 간략하면서 기억에 오래 남습니다.

비단길을 활용하는 방법

기출 및 예상문제

- 2020년~2022년 기출문제를 우선으로 학습해야 합니다.
- 학습 내용을 정리하고 기출 유형을 파악하여 학습 방향을 정하세요.

섹션 기출예상문제

- 출제기준의 변경 전 기출문제와 출제 가능성이 있는 문제를 엄선하여 수록했습니다.
- 실전처럼 풀어보고 해설을 확인하면서 이번 섹션을 정리하세요.

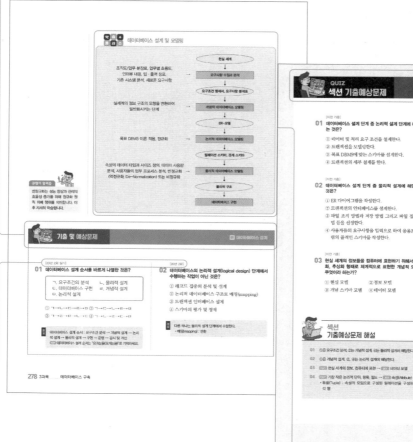

기출 정보

- 출제 빈도가 높을수록 암기는 필수입니다.
- 실기시험으로 나온 내용도 객관식으로 변형하여 필기시험에 출제될 수 있으니 지나치지 마세요.

학습+플러스

- 이론 내용에서 심화된 내용이나 별도로 정리할 내용을 따로 묶었습니다.
- 특히 기출 정보가 있는 항목은 다시 한번 확인하세요.

실전 모의고사

- 기출문제의 유형을 분석하여 실제 시험과 유사하게 문제를 엄선하여 구성했습니다.
- 실력을 점검하고 틀린 문제는 해설을 통해 이론 내용을 다시 한번 체크하세요.

최신 기출문제

- 시험에 출제된 문제를 풀어보면서 시험 준비를 마무리하세요.
- 기출되었던 이론 내용은 한 번 더 출제될 가능성이 크니 시험 전에 꼭 확인하세요.

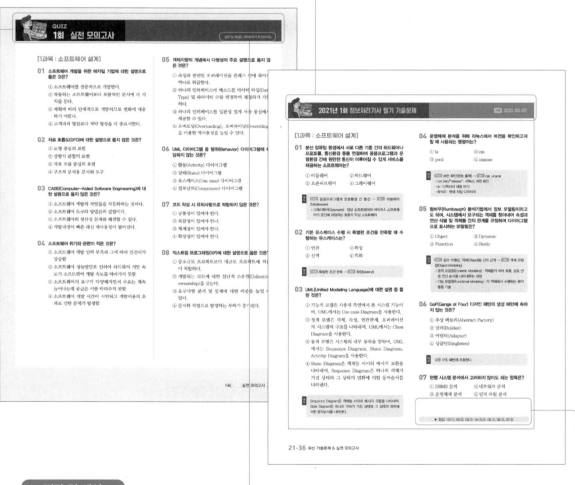

정답 및 해설

- 기출문제의 정답은 바로 확인할 수 있도록 페이지 아래에 정답을 배치했습니다.
- 모의고사의 정답은 모든 문제를 푼 후 확인할 수 있도록 문제 페이지 다음에 배치했습니다.
- 해당 문제에서 학습할 주요 내용을 키워드와 용어로 확실하게 암기하세요.

정보처리기사 시험이 처음이라 궁금해요!

1 국가직무능력표준(NCS)이 뭔가요?

산업현장에서 직무를 수행하기 위해 요구되는 지식 · 기술 · 소양 등의 내용을 국가가 체계화한 것입니다. 산업현장의 직무를 성공적으로 수행하기 위해 표준화한 것이며, NCS의 능력 단위 학습할 수 있도록 구성한 교수 · 학습 자료가 NCS 학습 모듈입니다.

2 정보처리기사 응시 자격은 어떻게 되나요?

응시 자격은 크게 학력 응시와 경력 응시로 구분됩니다.

구분	응시 자격
학력 응시	4년제 : 졸업 또는 4학년 1학기 이상 재학/휴학/제적 3년제 : 졸업 후 1년 실무 경력 2년제 : 졸업 후 2년 실무 경력
경력 응시	동일 직무 분야에서 4년 이상의 실무 경력 기능사를 취득한 후 3년의 실무 경력 산업기사를 취득한 후 1년의 실무 경력
기타 응시	학점인정법률 의거 106점 이상 취득

3 학력 응시의 경우 관련 학과가 어떻게 되나요?

대한민국 모든 대학 모든 학과가 포함되므로 전공 제한이 없습니다.

4 정보처리기사 시험은 어디서 접수하고 응시료는 어떻게 되나요?

Q-Net 홈페이지(www.q-net.or.kr)에서 인터넷 접수만 가능하며, 필기 응시료는 19,400원, 실기 응시료는 22,600원입니다.

5 필기 과목, 검정 방법, 합격 기준이 어떻게 되나요?

필기 과목	검정 방법	합격 기준

① 소프트웨어 설계
② 소프트웨어 개발
③ 데이터베이스 구축
④ 프로그래밍 언어 활용
⑤ 정보시스템 구축 관리
	• 객관식 4지선다형
	• 과목당 20문항
	  (전체 100문항)
	• 과목당 30분
	  (전체 2시간 30분)
		• 100점을 만점에 과목당 40점 이상
		  (한 과목이라도 40점 미만이면 불합격)
		• 전 과목 평균 60점 이상

6 필기시험에 합격하면 언제까지 필기시험이 면제되나요?

필기시험 합격자 발표일로부터 2년 동안 필기시험이 면제됩니다.

7 응시자격 서류의 제출 기간은 어떻게 되나요?

실기시험 원서 접수일 전까지 각 회차별 제출 기간을 확인하여 한국산업인력공단에 제출해야 합니다.
제출한 응시자격 서류는 2년간 유효합니다.

8 정보처리기사 자격증 취득 시 독학사 학점 인정 현황이 어떻게 되나요?

종목	학점
정보처리기사	20
정보처리산업기사	16

평생교육진흥원 학점은행 홈페이지(http://cb.or.kr)에서 자세한 내용을 확인할 수 있습니다.

목차

목차

목차

권쌤의 2022년도 정보처리기사 필기시험 총평

2022년 정보처리기사 필기시험은 변별력을 위한 문제가 꾸준히 출제된 시험이었습니다. 간단한 개념보다 개념에 대한 이해를 요구하는 문제가 출제되기도 하였습니다. 그리고 2022년 3회 필기시험부터 문제은행식 방식인 CBT 방식이 도입됨에 따라 빈출 이론의 학습이 중요해졌습니다. 따라서 자주 출제되는 문제에서 반드시 점수를 획득해야 하며, 답을 맞출 수 있는 문제는 최대한 실수가 없어야 합니다.

출제 범위가 넓어 다양한 문제가 출제될 가능성이 있으므로, 기출문제만 보는 것은 권장하지 않습니다. 전반적인 이론 내용을 한 번 확인하여 흐름을 파악하세요. 이후에 개념이 잡히면 기출문제를 중심의 반복 학습을 권해드립니다.

필기시험의 출제기준이 실기시험의 출제기준에 포함되므로, 필기시험을 충분히 준비한다면 실기시험 준비는 보다 수월할 겁니다. 필기시험의 기출 용어가 실기에 주관식으로 나오거나, 실기시험의 기출 용어가 필기시험의 객관식으로 나오곤 합니다. 또는 각 시험에 처음 출제된 개념이 이후 시험에 응용되어 출제되기도 했습니다. 그러므로 학습의 마무리 단계에 과년도 기출문제를 풀이하여, 아는 문제는 문제 유형을 파악하고 모르는 문제는 개념 이해 위주로 학습하시기 바랍니다.

그리고 출제기준 개정 전과 개정 후의 출제 범위가 같은 이론 내용의 기출문제는 변형 없이 그대로 출제되기도 합니다. 시간적 여유가 있다면 출제 범위에 포함되는 개정 전 기출문제도 확인하는 것도 좋은 방법입니다. 본 수험서에는 개정 전 기출문제가 [이전 기출]로 수록되어 있어, 한 권의 교재로 여러 기출 유형을 확인할 수 있으므로 시험 준비에 많은 도움이 될겁니다.

포기만 하지 않는다면 충분히 합격할 수 있는 시험이니, 끝까지 나 자신과 [비단길]을 믿고 달려가기 바랍니다. 끝으로 이 책으로 정보처리기사를 준비하는 모든 수험생들이 단번에 합격할 수 있기를 진심으로 응원합니다.

소프트웨어 설계

- [소프트웨어 설계] 과목은 응용 소프트웨어를 개발하기 위한 시작 단계입니다. 현행 시스템을 분석하여 개발하고자 하는 응용 소프트웨어의 기능을 파악하고, 프로젝트 규모와 특징에 알맞은 소프트웨어 개발 방법론을 적용합니다.

- 파악한 여러 가지 기능들을 응용 소프트웨어의 요구사항으로 작성합니다. 요구사항은 모두가 알기 쉽게, 일정한 형식으로 작성해야 합니다.

- 사용자와 가장 밀접한 관계인 화면을 설계합니다. 그리고 성능이 뛰어나고, 유지보수가 편리한 응용 소프트웨어를 개발하기 위한 여러 가지 설계 기법에 대해 학습합니다.

- 두 시스템 간의 데이터 전송을 위한 연계(인터페이스)의 개념과 방식 등을 학습합니다.

합격자의 **암기 노트**

▶ **시스템의 특성 : 종목자제**
- 종합성
- 목적성
- 자동성
- 제어성

▶ **XP의 5가지 핵심 가치 : 단순 의류용 피존**
- 단순성(Simplicity)
- 의사소통(Communication)
- 류
- 용기(Courage)
- 피드백(Feedback)
- 존중(Respect)

▶ **요구사항 개발의 프로세스 : 도분명확**
- 도출 → 분석 → 명세 → 확인(검증)

▶ **UI의 설계 원칙 : 직유학유**
- 직관성
- 유효성
- 학습성
- 유연성

▶ **럼바우의 분석 활동 순서 : 객동기**
- 객체(Object) 모델링 → 동적(Dynamic) 모델링 → 기능(Functional) 모델링

▶ **설계의 종류 : 데인 사이(데인 사아) / 자알못(자알모)**
- 상위 설계 : 데이터 설계, 인터페이스 정의, 사용자 인터페이스, 아키텍처 설계
- 하위 설계 : 자료 구조 설계, 알고리즘 설계, 모듈 설계

▶ **디자인 패턴의 구분 : 생구행**
- 생성 패턴(Creational Pattern)
- 구조 패턴(Structural Pattern)
- 행위 패턴(Behavioral Pattern)

▶ **공통 모듈 명세 기법 : 일명 정완추(C4T1)**
- 일관성(Consistency)
- 명확성(Clarity)
- 정확성(Correctness)
- 완전성(Completeness)
- 추적성(Traceability)

▶ **코드의 3대 기능 : 배분식**
- 배열
- 분류
- 식별

SECTION
01

현행 시스템 분석

개발하려는 응용 소프트웨어를 이해하기 위해 우선 현행 시스템의 적용 현황을 파악합니다. 그리고 소프트웨어 개발에 필요한 운영체제, DBMS, 미들웨어, 오픈 소스에 대해 간략히 학습합니다. 이론 내용이 어렵지 않으니 가벼운 마음으로 한 번 읽어보면서 각 용어의 개념과 특징을 기억해 두세요.

권쌤이 알려줌

플랫폼은 공급자와 소비자가 좀 더 단순하고 빠르게 연계될 수 있는 공간을 제공합니다. 플랫폼의 예시로 배달 음식을 편리하게 주문할 수 있는 배달의 민족과 생활용품을 쉽게 구매할 수 있는 쿠팡 등이 있습니다.

공급자　　　플랫폼　　　소비자
(배달의 민족)　　　　　(사용자)

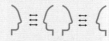

합격자의 암기법

플랫폼 성능 특성 분석 : 응가사처
• 응답시간(Response Time)
• 가용성(Availability)
• 사용률(Utilization)
• 처리량(Throughput)

권쌤이 알려줌

문제의 보기가 영문으로만 출제될 수 있으니 영문도 함께 학습하세요.

히트(Hit)
클라이언트가 웹 서버에 데이터를 요청하여 성공적으로 웹 서버가 응답했을 때의 단위

비즈니스 모델(Business Model)
기업이 현재 갖고 있는 가치를 유지하기 위해 필요한 활동 등을 어떻게 잘 실행할 것인가를 보여주는 모델

01 플랫폼

1 플랫폼(Platform)

플랫폼은 다양한 종류의 시스템이나 서비스를 제공하기 위해 공통적이고 반복적으로 사용하는 기반 모듈을 뜻한다.

- 사전적 의미는 기차나 전철에서 승객들이 타고 내리는 '승강장'을 뜻한다.
- 플랫폼은 어떤 서비스를 가능하게 하는 일종의 토대라고 할 수 있으며, 제품ㆍ서비스ㆍ자산ㆍ기술ㆍ노하우 등 모든 형태가 가능하다.

예 우버 : 교통 플랫폼, 에어비앤비 : 숙박 플랫폼

▼ 플랫폼 성능 특성 분석 [20년 2회]

성능은 최종 사용자의 관점으로 판단되어야 하지만, 정확한 성능 측정을 위해서는 가용성, 응답 시간, 처리량, 사용률 등과 같은 지표를 고려해야 한다.

구분	설명
가용성 (Availability)	응용 프로그램을 최종 사용자가 사용할 수 있는 시간
응답시간 (Response Time)	응용 프로그램이 사용자 요청에 응답하는 데 걸리는 시간
처리량(Throughput)	응용 프로그램에서 발생한 이벤트 처리량 **예** 일정 기간 내에 처리한 웹페이지 히트※율
사용률(Utilization)	서버 자원 사용률 **예** 네트워크 대역폭 사용량

2 비즈니스 융합(Business Convergence)

비즈니스 융합은 서로 다른 산업이 융합할 때 생기는 기회를 포착하여, 비즈니스 모델※ 구성 요소 중 일부 혹은 전체를 혁신하는 것을 의미한다.

- IT를 중심으로 기존 산업과 융합이 이루어질 때, IT가 존재하지 않았던 기존 산업이 변화되어 새로운 가치가 창출된다.

예 스크린 골프 = 골프 + 스크린

[20년 2회]

01 소프트웨어 설계 시 구축된 플랫폼의 성능 특성 분석에 사용되는 측정 항목이 아닌 것은?

① 응답시간(Response Time)

② 가용성(Availability)

③ 사용률(Utilization)

④ 서버 튜닝(Server Tuning)

> **해설** 플랫폼 성능 특성 분석 : 가용성, 응답시간, 처리량, 사용률
> • 서버 튜닝은 서버의 기능을 개선하기 위한 작업이다.

▶ 정답 : 01.④

---

02 현행 시스템 파악

1 현행 시스템 파악

현행 시스템이 다른 시스템들과 어떻게 구성되고 어떤 정보를 주고받는지, 제공하는 기능과 기술 요소는 무엇인지, 소프트웨어 및 하드웨어, 네트워크는 어떻게 구성되어 있는지 등을 파악하는 활동이다.

• 개발하고자 하는 응용 소프트웨어에 대한 이해를 높이기 위해, 현행 시스템의 적용 현황을 파악한다.

• 개발 범위와 향후 개발될 시스템의 이행 방향성을 분석할 수 있다.

▼ 현행 시스템 파악 절차

절차	설명
1단계	현행 시스템의 구성, 기능, 인터페이스 현황을 파악하는 단계
2단계	현행 시스템의 아키텍처 및 소프트웨어 구성 현황을 파악하는 단계
3단계	현행 시스템의 하드웨어 및 네트워크 구성 현황을 파악하는 단계

2 현행 시스템 구성, 기능, 인터페이스

1. 시스템 구성 파악

현행 시스템의 구성 현황은 조직의 주요 업무를 처리하는 기간 업무와, 이를 지원하는 지원 업무로 구분하여 기술한다.

• 각 업무에 속하는 단위 업무 정보 시스템들의 명칭과 주요 기능들을 명시함으로써, 조직 내 존재하는 모든 정보 시스템의 현황을 파악한다.

🅔 시스템 구성

구분	시스템명	시스템 내용
기간 업무	단위 업무 A 시스템	업무 A를 처리하기 위해 기능 A1, A2 등을 제공하는 시스템
	단위 업무 B 시스템	업무 B를 처리하기 위해 기능 B1, B2 등을 제공하는 시스템
지원 업무	지원 업무 C 시스템	지원 업무 C를 처리하기 위해 기능 C1, C2 등을 제공하는 시스템

2. 시스템 기능 파악

단위 업무 시스템이 현재 제공하고 있는 시스템 기능을 기술한다.

- 단위 업무 시스템에서 제공하는 기능들을 주요 기능과 하부 기능으로 구분하여 계층형으로 표시한다.

🅔 시스템 기능

시스템명	기능 L1	기능 L2	기능 L3
단위 업무 A 시스템	기능 A1	하부 기능 A11	세부 기능 A111
			세부 기능 A112
		하부 기능 A12	세부 기능 A121
			세부 기능 A122
	기능 A2	하부 기능 A21	세부 기능 A211

3. 시스템 인터페이스 파악

단위 업무 시스템이 다른 단위 업무 시스템과 주고받는 데이터의 종류, 데이터 형식, 프로토콜, 연계 유형, 주기 등을 명시한다.

- 중요한 고려사항으로는 어떤 연동 형식※(Format)으로 데이터를 주고받는지, 어떤 통신 규약※을 사용하고 있고, 연계 유형※은 무엇인지 등이 있다.

🅔 시스템 인터페이스

송신 시스템	수신 시스템	연동 데이터	연동 형식	통신 규약	연계 유형	주기
단위 업무 A 시스템	대외 기관 A 시스템	연체 정보	XML	TCP/IP	EAI	일 배치
단위 업무 A 시스템	대외 기관 B 시스템	부도 정보	XML	X.25	FEP	수시

연동 형식
🅜 XML, 고정 포맷, 가변 포맷 등

통신 규약
🅜 TCP/IP, X.25 등

연계 유형
🅜 EAI, FEP 등

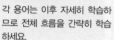
권쌤이 알려줌

각 용어는 이후 자세히 학습하므로 전체 흐름을 간략히 학습하세요.

아키텍처(Architecture)
시스템의 구조

③ 현행 시스템 아키텍처 및 소프트웨어

1. 아키텍처※ 구성도 파악

기간 업무를 수행하기 위해 계층별로 어떠한 기술 요소들을 사용하고 있는지 최상위 수준에서 그림으로 표현한 것이다.

- 단위 업무 시스템별로 아키텍처가 다른 경우에는 가장 핵심이 되는 기간 업무 처리 시스템을 기준으로 한다.

2. 소프트웨어 구성도 파악

단위 업무 시스템의 업무 처리를 위해 설치되어 있는 소프트웨어들의 제품명, 용도, 라이선스 적용 방식※, 라이선스 수를 명시한 것이다.

- 시스템 구축 시 인프라 구축 비용은 하드웨어 비용뿐만 아니라 소프트웨어 비용도 적지 않기 때문에, 상용 소프트웨어의 경우에는 라이선스 적용 방식의 기준과 보유한 라이선스 수량 파악이 중요하다.

라이선스 적용 방식
예 사이트, 서버, 프로세서, 코어(core), 사용자 수 등

예 소프트웨어 구성

구분	시스템명	SW 제품	용도	라이선스 적용 방식	라이선스 수
기간 업무	단위 업무 A 시스템	Apache Tomcat	WAS	오픈 소스 Apache License	
		MySQL	데이터베이스	GPL 또는 상용	

4 현행 시스템 하드웨어 및 네트워크

1. 하드웨어 구성도 파악

단위 업무 시스템들이 어느 위치의 서버에서 운용되고 있는지 서버의 주요 사양※과 수량, 이중화※ 적용 여부를 명시한 것이다.

- 이중화는 기간 업무의 서비스 기간, 장애 대응 정책에 따라 필요성 여부가 결정된다. 일반적으로 현행 시스템에 이중화가 적용되었다면 목표 시스템에도 이중화가 필요한 경우가 대부분이며, 이에 따라 인프라 구축 기술 난이도 및 비용 증가 가능성이 존재한다.

서버의 주요 사양
예 CPU 처리 속도, 메모리 크기, 하드디스크의 용량 등

이중화
시스템 장애 발생을 대비하여, 장애 발생 다음에도 시스템 전체의 기능을 계속 유지하도록 예비 장치를 평상시부터 백업으로서 배치해 운영하는 것

예 하드웨어 구성

구분	시스템명	서버 용도	제품명	주요 사양	수량	이중화
기간 업무	단위 업무 A 시스템	AP 서버	서버 제품명 A1	CPU 4core RAM 8GB, HDD 500GB	1	N
		DB 서버	서버 제품명 A2	CPU 8core RAM 16GB, HDD 1TB	1	N

2. 네트워크 구성도 파악

업무 처리 시스템들이 어떠한 네트워크로 구성되어 있는지를 표현한 것이다.

- 네트워크 구성도의 작성을 통해 서버의 위치, 서버 간의 네트워크 연결 방식을 파악할 수 있다. 네트워크 구성도는 조직 내 서버들의 물리적인 위치 관계 파악, 조직 내 보안 취약성 분석 및 대응, 네트워크 장애 발생 추적 및 대응 등의 다양한 용도로 활용될 수 있다.

예 네트워크 구성

위치	용도	장비 제품명	주요 사양	수량	비고
전산센터	방화벽	제품명		2	
IDC	라우터	제품명		1	

01 현행 시스템 파악 절차 중 기간 업무를 수행하기 위해 계층별로 어떠한 기술 요소들을 사용하고 있는지 최상위 수준에서 그림으로 표현하는 단계는?

① 시스템 구성 파악   ② 아키텍처 구성도 파악
③ 시스템 기능 파악   ④ 소프트웨어 구성도 파악

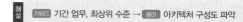

해설 키워드 기간 업무, 최상위 수준 → 용어 아키텍처 구성도 파악

▶ 정답 : 01.②

03 개발 기술 환경 정의

1 기술 개발 환경 　[21년 1회]

운영체제, DBMS, 미들웨어를 선정할 때 고려해야 할 사항을 기술하고, 오픈 소스 사용 시 주의해야 할 내용과 저작권 관련 정보를 제시한다.

2 운영체제(OS; Operating System)

운영체제는 하드웨어와 소프트웨어 자원*을 관리하고 컴퓨터 프로그램을 위한 공통 서비스를 제공하는 소프트웨어를 말한다.

- 종류 : 마이크로소프트 윈도우(Microsoft Windows), 유닉스(UNIX), 리눅스(LINUX), 아이오에스(iOS), 안드로이드(Android) 등

▼ 운영체제 관련 요구사항 식별을 위한 고려사항

고려사항	설명
가용성 (신뢰도)	• 장기간 시스템을 운영할 때 운영체제 고유의 장애 발생 가능성 • 특정 응용 프로그램의 메모리 누수*로 인한 성능 저하 및 재가동 • 운영체제의 보안상 허점으로 인한 반복적인 패치* 설치를 위한 재가동 • 운영체제의 버그 등으로 인한 패치 설치를 위한 재가동
성능	• 대규모 동시 사용자 요청 처리 • 대규모 및 대량 파일 작업 처리 • 지원 가능한 메모리 크기(32bit, 64bit)
기술 지원	• 공급 벤더들의 안정적인 기술 지원 • 다수의 사용자 간의 정보 공유 • 오픈 소스 여부
주변 기기	• 설치 가능한 하드웨어 • 다수의 주변 기기 지원 여부
구축 비용	• 지원 가능한 하드웨어 비용 • 설치할 응용 프로그램의 라이선스 정책 및 비용 • 유지 및 관리 비용 • 총 소유 비용(TCO; Total Cost of Ownership)

권쌤이 알려줌

운영체제, DBMS, 미들웨어는 이후 자세히 학습합니다. 출제되었던 기출 문제 위주로 간략히 학습하세요.

자원(Resource)
⑩ CPU, 메모리, 디스크, 입출력(I/O) 장치 등

메모리 누수(Memory Leak)
컴퓨터 프로그램이 필요하지 않은 메모리를 계속 점유하고 있는 현상

패치(Patch)
이미 발표된 소프트웨어 제품의 기능 개선 또는 버그나 오류 등을 수정하기 위한 업데이트 프로그램

권쌤이 알려줌

오픈 소스는 Linux와 같은 공개된 프로그램입니다.
• 오픈 소스(Open Source) : 소스 코드를 공개해 누구나 사용할 수 있는 소프트웨어

3 DBMS(DataBase Management System, 데이터베이스 관리 시스템)

　DBMS는 사용자, 다른 애플리케이션, 데이터베이스와 상호 작용하여 데이터를 저장하고 분석하기 위한 컴퓨터 소프트웨어 애플리케이션으로, 데이터베이스 생성, 조회, 변경 등의 관리가 주요 기능이다.

- 종류 : Oracle, IBM DB2, Microsoft SQL Server, MySQL, SQLite, MongoDB, Redis 등

▼ DBMS 관련 요구사항 식별을 위한 고려사항　[20년 2회]

고려사항	내용
가용성	• 장기간 시스템을 운영할 때 장애 발생 가능성 • DBMS의 버그 등으로 인한 패치 설치를 위한 재가동 • 백업 및 복구 편의성 • DBMS 이중화 및 복제 지원
성능	• 대규모 데이터 처리 성능(분할 테이블의 지원 여부) • 대량 거래 처리 성능 • 다양한 튜닝 옵션 지원 • 비용 기반 최적화 지원 및 설정의 최소화
기술 지원	• 공급 벤더들의 안정적인 기술 지원 • 다수의 사용자 간의 정보 공유 • 오픈 소스 여부
상호 호환성	• 설치 가능한 운영체제 종류 • 다양한 운영체제에서 지원되는 JDBC, ODBC
구축 비용	• 라이선스 정책 및 비용 • 유지 및 관리 비용 • 총 소유 비용(TCO; Total Cost of Ownership)

> **권쌤이 알려줌**
>
> 응용 시스템 DBMS 접속 기술인 JDBC와 ODBC는 이후 자세히 학습합니다.

4 미들웨어(Middleware)

　미들웨어는 운영체제와 애플리케이션 사이에 위치하는 컴퓨터 소프트웨어로, 애플리케이션에 운영체제가 제공하는 서비스를 추가 및 확장하여 제공하는 역할을 한다.

- 종류 : 웹 애플리케이션 서버(WAS) 등

1. 웹 애플리케이션 서버(WAS; Web Application Server)　[21년 1회]

　동적인 웹 사이트, 웹 애플리케이션*, 웹 서비스*의 개발을 지원하기 위해 설계된 소프트웨어로, 데이터 접근, 세션* 관리, 트랜잭션* 관리 등을 위한 라이브러리*를 제공한다.

- 종류 : Tomcat, GlassFish, JBoss, Jetty, JEUS, Resin, WebLogic, WebSphere 등

> **웹 애플리케이션(Web Application)**
> 네트워크를 통해 액세스되는 응용 프로그램으로, 주로 웹 브라우저에서 이용할 수 있는 응용 소프트웨어

> **웹 서비스(Web Service)**
> 네트워크에서 서로 다른 종류의 컴퓨터 간에 상호 작용을 하기 위한 소프트웨어 시스템

> **세션(Session)**
> 서버와 클라이언트의 연결

> **트랜잭션(Transaction)**
> 사용자가 요구하는 작업의 단위

> **라이브러리(Library)**
> 자주 사용하는 함수를 미리 작성하여 저장시켜둔 것

2. WAS 관련 요구사항 식별을 위한 고려사항

고려사항	설명
가용성	• 장기간 시스템을 운영할 때 장애 발생 가능성 • 안정적인 트랜잭션 처리 • WAS의 버그 등으로 인한 패치 설치를 위한 재가동 • WAS 이중화 지원
성능	• 대규모 거래 요청 처리 성능 • 다양한 설정 옵션 지원 • 가비지 컬렉션(GC)※의 다양한 옵션
기술 지원	• 공급 벤더들의 안정적인 기술 지원 다수의 사용자들 간의 정보 공유 • 오픈 소스 여부
구축 비용	• 라이선스 정책 및 비용 • 유지 및 관리 비용 • 총 소유 비용(TCO; Total Cost of Ownership)

권쌤이 알려줌

가비지 컬렉션(GC)의 정의가 시험에 출제되었습니다. 이후 자세히 설명합니다.

5 오픈 소스(Open Source)

오픈 소스는 소스 코드를 공개해 누구나 특별한 제한 없이 그 코드를 사용할 수 있는 오픈 소스 라이선스를 만족하는 소프트웨어를 말한다.

• 오픈 소스 사용 시 고려 사항 : 라이선스의 종류, 사용자 수, 기술의 지속 가능성 등

기출 및 예상문제

[21년 1회]

01 현행 시스템 분석에서 고려하지 않아도 되는 항목은?

① DBMS 분석
② 네트워크 분석
③ 운영체제 분석
④ 인적 자원 분석

> 해설 현행 시스템 분석 시 고려 사항에는 현행 시스템 아키텍처 및 소프트웨어, 하드웨어 및 네트워크, 운영체제, DBMS, 미들웨어, 오픈 소스 등이 있다.

[20년 2회]

02 DBMS 분석 시 고려사항으로 거리가 먼 것은?

① 가용성
② 성능
③ 네트워크 구성도
④ 상호 호환성

> 해설 DBMS 분석 시 고려사항
> : 가용성, 성능, 기술 지원, 상호 호환성, 구축 비용

[21년 1회]

03 WAS(Web Application Server)가 아닌 것은?

① JEUS
② JVM
③ Tomcat
④ WebSphere

> 해설 WAS 종류 : Tomcat, GlassFish, JBoss, Jetty, JEUS, Resin, WebLogic, WebSphere 등

▶ 정답 : 01.④, 02.③, 03.②

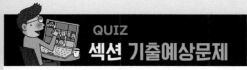

QUIZ
섹션 기출예상문제

01 다음은 무엇에 대한 설명인가?

> 원래 기차나 전철에서 승객들이 타고 내리는 승강장을 말한다. 오늘날에는 다양한 종류의 시스템이나 서비스를 제공하기 위해 공통적이고 반복적으로 사용하는 기반 모듈이라고 할 수 있다.

① 미들웨어　　　　② 운영체제
③ 플랫폼　　　　　④ DBMS

02 현행 시스템 파악 절차는 3단계로 이루어진다. 다음 중 수행되는 단계가 다른 것은?

① 네트워크 구성도 파악
② 시스템 인터페이스 파악
③ 시스템 구성 파악
④ 시스템 기능 파악

03 WAS 분석 시 고려사항으로 거리가 먼 것은?

① 가용성　　　　　② 성능
③ 기술 지원　　　　④ 상호 호환성

04 운영체제 분석 시 고려사항으로 거리가 먼 것은?

① 지원 가능한 메모리 크기
② 아키텍처 구성도 파악
③ 유지 및 관리 비용
④ 다수의 주변 기기 지원 여부

05 동적인 웹 사이트, 웹 애플리케이션, 웹 서비스의 개발을 지원하기 위하여 설계된 소프트웨어로서 데이터 접근, 세션 관리, 트랜잭션 관리 등을 위한 라이브러리를 제공하는 것은?

① OS　　　　　　② DBMS
③ Oracle　　　　　④ WAS

섹션
기출예상문제 해설

01 키워드 승강장, 공통적이고 반복적 → 용어 플랫폼(Platform)
- 미들웨어(Middleware) : 운영체제와 애플리케이션 사이에 위치하는 컴퓨터 소프트웨어
- 운영체제(OS; Operating System) : 하드웨어와 소프트웨어 자원을 관리하고 컴퓨터 프로그램을 위한 공통 서비스를 제공하는 소프트웨어
- DBMS(DataBase Management System, 데이터베이스 관리 시스템) : 사용자, 다른 애플리케이션, 데이터베이스와 상호 작용하여 데이터를 저장하고 분석하기 위한 컴퓨터 소프트웨어 애플리케이션

02 ①은 3단계에 수행하며, 그 외 ②, ③, ④는 1단계에 수행한다.

03 WAS 분석 시 고려사항 : 가용성, 성능, 기술 지원, 구축 비용

04 운영체제 분석 시 고려사항
: 가용성(신뢰도), 성능, 기술 지원, 주변 기기, 구축 비용
- 지원 가능한 메모리 크기 : 성능
- 유지 및 관리 비용 : 구축 비용
- 다수의 주변 기기 지원 여부 : 주변 기기

05 키워드 동적, 웹 애플리케이션(Web Application) → 용어 웹 애플리케이션 서버(WAS; Web Application Server)
TIP 그 외 용어는 01번 해설을 참고하세요.

정답 **01** ③　**02** ①　**03** ④　**04** ②　**05** ④

SECTION

02

소프트웨어 개발 방법론

현행 시스템을 파악하고, 어떤 기능이 반드시 포함되어야 하는지 확인한 후 응용 소프트웨어를 개발합니다. 응용 소프트웨어를 절차대로 한 번에 개발할지, 여러 번 반복하여 개발할지, 한 번에 테스트할지, 분기별로 테스트할지 등 응용 소프트웨어의 특징에 맞는 개발 절차 및 방법을 정할 수 있습니다.

★★★

01 소프트웨어 공학

1 시스템(System)

시스템은 어떤 목적을 위해 하나 이상의 상호 관련된 요소의 유기적 결합체를 의미한다.

1. 시스템의 특성

구분	설명
종합성	시스템은 종합적인 결합체이다.
목적성	시스템은 공통의 목적이 있다.
자동성	시스템은 자동 조치한다.
제어성	정해진 목표를 달성하기 위해 오류가 발생하지 않도록 상태를 감시한다.

 합격자의 **암기법**

시스템의 특성 : 종목자제
- 종(합성)
- 목(적성)
- 자(동성)
- 제(어성)

2. 시스템의 구성 요소 [21년 2회]

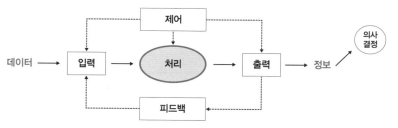

권쌤이 알려줌

가공한 데이터(Data)인 정보 (Information)는 의사결정에 도움을 줍니다.
⑩ 정보처리기사 응시자 점수 (데이터)가 60점 이상(처리)인 경우는 합격(의사결정)이다.

구성 요소	설명
입력(Input)	처리할 데이터 및 조건을 부여하는 요소
처리(Process)	결과를 산출하기 위해 입력 자료를 조건에 맞게 처리하는 요소
출력(Output)	처리 결과를 산출하는 요소
제어(Control)	각 과정의 모든 기능이 올바로 수행되는지를 통제하거나 관리하는 요소
피드백(Feedback)	처리 결과를 평가하여 불충분한 경우, 목적 달성을 위해 반복 처리하는 요소

3. 시스템 분석가(SA; System Architecture)

정보 시스템을 구축하고 활용하는 데 있어서 시스템 분석 및 설계 등 중추적인 역할을 수행하는 사람으로, 시스템의 전반적인 흐름과 사용자들의 요구사항을 파악하고 해결책을 마련한다.

- 기업의 목적을 이해하고, 업계 동향 및 관계 법규 등을 파악한다.
- 창조성과 현장 분석 경험이 중요하며, 인간 중심적으로 분석한다.
- 시간 배정과 계획 등을 빠른 시간 내에 파악해야 하며, 컴퓨터 기술과 관리 기법을 알아야 한다.

2 소프트웨어 공학

1. 소프트웨어 공학 등장 배경

소프트웨어 개발 초기에는 원칙 없이 개발자 위주로 개발하여 생산성 저하와 유지보수 어려움이 있었다.

① 소프트웨어 위기

시스템의 대규모화에 따라 소프트웨어의 신뢰성 저하, 개발 시간 지연, 인력 부족, 인건비 상승으로 인한 개발비의 증대, 계획의 지연 등의 현상이 현저하여 개발 계획의 수행을 매우 어렵게 만드는 상황이다.

- 하드웨어 성능 발달로 인해 소프트웨어 개발 속도가 하드웨어 개발 속도를 따라가지 못해, 사용자들의 요구사항을 감당할 수 없는 문제가 발생한 것을 의미한다.

② 소프트웨어 공학 [21년 1, 2회]

신뢰도가 높은 소프트웨어를 만들기 위한 방법으로, 도구와 절차들을 체계화한 학문이다.

- 소프트웨어 개발 과정에서 생산성을 높이고, 고품질의 소프트웨어를 생산하여 사용자를 만족시키는 것이 목표이다.

2. 일반적인 소프트웨어 개발 과정 [22년 1회] [20년 2, 3, 4회]

계획 → 요구분석 → 설계 → 구현(개발) → 테스트(시험) → 유지보수

개발 과정	설명
계획	비용, 기간 등 프로젝트를 수행하는 데 필요한 것에 대해 계획하는 단계
요구분석	사용자의 요구사항을 분석하고 시스템으로 구현 가능한지 판단하는 단계
설계	요구사항 분석 결과를 가지고 구체적인 기능과 구조를 체계화하는 단계
구현	프로그램 언어를 선정하고, 설계 명세서를 컴퓨터가 이해할 수 있도록 표현하는 단계
테스트	요구사항에 맞게 작동하는지 테스트하는 단계
유지보수	버전 업데이트 및 새로운 기능 추가 등을 유지보수하는 단계

권쌤이 알려줌

유지보수 단계에서 개발 비용이 가장 많이 소요됩니다.
⑩ 윈도우 운영체제 개발 후 지속적인 패치

[21년 2회]

01 시스템의 구성 요소로 볼 수 없는 것은?

① Process　　　　② Feedback

③ Maintenance　　④ Control

> 해설 시스템 구성요소 : 입력(Input), 처리(Process), 출력(Output), 제어(Control), 피드백(Feedback)

[21년 1회]

02 소프트웨어 공학에 대한 설명으로 거리가 먼 것은?

① 소프트웨어 공학이란 소프트웨어의 개발, 운용, 유지보수 및 파기에 대한 체계적인 접근 방법이다.

② 소프트웨어 공학은 소프트웨어 제품의 품질을 향상시키고, 소프트웨어 생산성과 작업 만족도를 증대시키는 것이 목적이다.

③ 소프트웨어 공학의 궁극적 목표는 최대의 비용으로 계획된 일정보다 가능한 빠른 시일 내에 소프트웨어를 개발하는 것이다.

④ 소프트웨어 공학은 신뢰성 있는 소프트웨어를 경제적인 비용으로 획득하기 위해 공학적 원리를 정립하고 이를 이용하는 것이다.

> 해설 소프트웨어 공학의 궁극적 목표는 최소의 비용으로 빠른 시일 내에 소프트웨어를 개발하는 것이다.

[21년 2회]

03 공학적으로 잘 된 소프트웨어(Well Engineered Software)의 설명 중 틀린 것은?

① 소프트웨어는 유지보수가 용이해야 한다.

② 소프트웨어는 신뢰성이 높아야 한다.

③ 소프트웨어는 사용자 수준에 무관하게 일관된 인터페이스를 제공해야 한다.

④ 소프트웨어는 충분한 테스팅을 거쳐야 한다.

> 해설 소프트웨어는 사용자 수준에 따른 적당한 사용자 인터페이스를 제공해야 한다.

[20년 2회]

04 소프트웨어 개발 방법 중 요구사항 분석(Requirements Analysis)과 거리가 먼 것은?

① 비용과 일정에 대한 제약 설정

② 타당성 조사

③ 요구사항 정의 문서화

④ 설계 명세서 작성

> 해설 다른 하나는 설계 단계에서 수행한다.

[22년 1회]

05 소프트웨어 설계에서 요구사항 분석에 대한 설명으로 틀린 것은?

① 소프트웨어가 무엇을 해야 하는가를 추적하여 요구사항 명세를 작성하는 작업이다.

② 사용자의 요구를 추출하여 목표를 정하고 어떤 방식으로 해결할 것인지 결정하는 단계이다.

③ 소프트웨어 시스템이 사용되는 동안 발견되는 오류를 정리하는 단계이다.

④ 소프트웨어 개발의 출발점이면서 실질적인 첫 번째 단계이다.

> 해설 소프트웨어 시스템이 사용되는 동안 발견되는 오류를 정리하는 단계는 테스트 단계이다.

[20년 4회]

06 소프트웨어 개발 단계에서 요구 분석 과정에 대한 설명으로 거리가 먼 것은?

① 분석 결과의 문서화를 통해 향후 유지보수에 유용하게 활용할 수 있다.

② 개발 비용이 가장 많이 소요되는 단계이다.

③ 자료 흐름도, 자료 사전 등이 효과적으로 이용될 수 있다.

④ 보다 구체적인 명세를 위해 소단위 명세서(Mini-Spec)가 활용될 수 있다.

> 해설 다른 하나는 유지보수 단계에 대한 설명이다.

▶ 정답 : 01.③, 02.③, 03.③, 04.④, 05.③, 06.②

02 소프트웨어 생명 주기

1 소프트웨어 생명 주기(Software Life Cycle)

소프트웨어 생명 주기는 소프트웨어 제품을 계획할 때부터 시작하여 운용 및 유지보수에 이르기까지 변화의 전 과정을 의미한다.

- 소프트웨어 생명 주기의 단계는 분석, 설계, 구현, 테스트, 확인, 유지보수 등 여러 단계가 있으며, 이들 단계는 중복되기도 하고 반복되기도 한다.
- 종류 : 폭포수 모델, 프로토타입 모델, 나선형 모델, 애자일 모델 등

권쌤이 알려줌

응용 소프트웨어의 목적에 맞는 소프트웨어 개발 방법론을 선택하여 응용 소프트웨어의 완성도를 높일 수 있습니다.

1. 폭포수 모델(Waterfall Model) [21년 1, 3회] [20년 2, 3, 4회]

가장 오래된 모델로 순차적으로 한 단계, 한 단계를 진행해 나가는 모델이다.

- 선형 순차적 모델, 고전적 생명주기 모형이라고도 한다.

권쌤이 알려줌

폭포수는 아래로 떨어지고, 거슬러 올라갈 수 없다고 이해하세요.

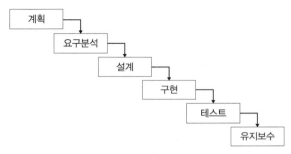

장점	• 프로세스가 단순하여 초보자도 쉽게 적용할 수 있다. • 단계별 작업 진행으로 해당 단계의 진척 관리가 쉽다. • 각 단계마다 결과물이 명확하게 출력된다.
단점	• 각 단계가 끝난 후에는 앞 단계로 되돌아갈 수 없다. • 첫 단계를 지나치게 강조하면 개발 기간이 길어질 수 있다.

2. 프로토타입 모델(Prototype Model)

사용자의 요구사항에 따라 프로토타입(시제품)*을 신속히 개발하여 제공한 후, 사용자의 피드백을 통해 개선하고 보완해가는 모델이다.

- 폭포수 모델의 단점을 보완한 모델이다.

프로토타입(Prototype, 시제품, 견본품)
최종 시스템의 예상 기능 중 일부를 빠르게 구현한 프로그램

장점	• 사용자의 참여를 유도하여 정확한 요구 도출이 가능하다. • 빠르게 모형을 개발하여 피드백을 통한 시스템 개선에 효율적이다.
단점	• 시제품을 최종 완제품으로 오해할 수 있어 기대 심리를 유발할 수 있다. • 시제품 폐기 시 비경제적이다. • 시제품 개발에 오랜 시간을 소요할 경우 시간이 낭비될 수 있다.

3. 나선형 모델(Spiral Model) [22년 1회] [21년 3회] [20년 2회]

시스템 개발 시 위험을 최소화하기 위해 점진적으로 완벽한 시스템으로 개발해 나가는 모델이다.

1. 목표 설정   2. 위험 분석
4. 고객 평가   3. 개발과 검증

장점	• 위험 관리로 인해 위험성이 큰 프로젝트를 수행할 수 있다. • 자주 변경되는 요구사항에 적용이 가능하다. • 최종 완제품에 대한 고객 만족도와 품질이 높다.
단점	• 프로젝트 기간이 오래 걸린다. • 반복 단계가 길어질수록 프로젝트 관리가 어렵다.

▼ 단계별 활동 [22년 3회] [21년 1회] [20년 3, 4회]

단계	활동	설명
1단계	목표 설정 (계획 수립)	고객의 요구사항을 분석하여 프로젝트 각 단계에 대한 특정 목표를 수립한다.
2단계	위험 분석	프로젝트 진행 시 요구사항을 기반으로 예측되는 위험 사항에 대해 추출하고, 이에 대한 대처 방안을 수립한다.
3단계	개발과 검증	구축하려는 시스템과 개발 환경에 맞는 개발 모델을 선택하여 개발 절차를 진행하고, 개발 진행 중에는 검증이 이루어진다.
4단계	고객 평가	개발과 테스트가 끝난 내용을 고객이 평가하여, 추가 반복 여부를 결정한다.

4. RAD(Rapid Application Development) 모델

사용자의 적극적인 참여와 강력한 소프트웨어 개발 도구를 이용하여 매우 짧은 주기(60~90일)로 개발을 진행하는 순차적 모델이다.

장점	• 요구사항의 완전한 이해와 프로젝트 범위를 명확히 설정한 경우 신속한 개발이 가능하다.
단점	• 위험성이 높거나 대규모 프로젝트에는 부적합하다. • 사용자의 책임감이 낮으면 실패 가능성이 크다.

5. 애자일 모델(Agile Model) [22년 2회] [20년 2회 실기]

소프트웨어 개발 과정에서 지속적으로 발생하는 변경에 유연하고 기민하게 대응하여 생산성과 품질 향상을 목표로 하는 협력적인 모델이다.

• 애자일(Agile)은 '민첩한', '기민한'이라는 의미이다.
• 사람이 중심이 되어 전체 개발 단계에서 변화에 신속히 대응할 수 있도록 일정한 주기를 반복하면서, 좋은 것을 빠르고 낭비 없게 만들기 위한 방법론이다.

- 급변하는 요구사항에 적합하며, 소규모 프로젝트에 적합하다.
- 숙달된 개발자가 필요하다.

▼ 애자일 선언문(Agile Manifesto) [22년 1, 2회] [21년 1, 3회] [20년 3회]

애자일 방법론이 추구하고 있는 가치를 요약하고 있다. 아래 선언문의 의미는 왼쪽(기존)에 있는 것들도 가치가 있지만, 우리는 오른쪽에 있는 것들에 더 높은 가치를 둔다는 것이다.

① 공정과 도구보다 → 개인과 상호작용을
② 포괄적인 문서보다 → 작동하는 소프트웨어를
③ 계약 협상보다 → 고객과의 협력을
④ 계획을 따르기보다 → 변화에 대응하기를 가치 있게 여긴다.

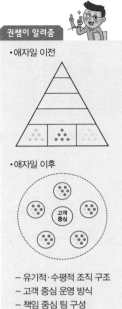

권쌤이 알려줌

- 애자일 이전

- 애자일 이후

고객
중심

- 유기적·수평적 조직 구조
- 고객 중심 운영 방식
- 책임 중심 팀 구성

[20년 2회]

01 폭포수 모형의 특징으로 거리가 먼 것은?

① 개발 중 발생한 요구사항을 쉽게 반영할 수 있다.
② 순차적인 접근방법을 이용한다.
③ 단계적 정의와 산출물이 명확하다.
④ 모형의 적용 경험과 성공사례가 많다.

해설 폭포수 모형은 각 단계가 끝난 후에는 앞 단계로 되돌아갈 수 없으므로 개발 중 발생한 요구사항 반영이 어렵다.

[20년 3회]

02 소프트웨어 생명 주기 모형 중 고전적 생명 주기 모형으로 선형 순차적 모델이라고도 하며, 타당성 검토, 계획, 요구사항 분석, 구현, 테스트, 유지보수의 단계를 통해 소프트웨어를 개발하는 모형은?

① 폭포수 모형   ② 애자일 모형
③ 컴포넌트 기반 방법론 ④ 6GT 모형

해설 키워드 고전적, 선형 순차적 → 용어 폭포수 모델(Waterfall Model)
- 컴포넌트 기반 개발 방법론(Component Based Development, CBD) : 소프트웨어를 구성하는 컴포넌트를 조립해서 하나의 새로운 응용 프로그램을 작성하는 방법론
TIP 컴포넌트 기반 방법론은 이후 자세히 학습합니다.

[20년 4회] [21년 3회]

03 다음 설명에 해당하는 생명 주기 모형으로 가장 옳은 것은?

가장 오래된 모형으로 많은 적용 사례가 있지만 요구사항 변경이 어려우며, 각 단계의 결과가 확인되어야지만 다음 단계로 넘어간다. 선형 순차적 모형으로 고전적 생명 주기 모형이라고도 한다.

① 패키지 모형   ② 코코모 모형
③ 폭포수 모형   ④ 관계형 모형

[21년 1회]

04 다음 내용이 설명하는 소프트웨어 개발 모형은?

> 소프트웨어 생명 주기 모형 중 Boehm이 제시한 고전적 생명 주기 모형으로서 선형 순차적 모델이라고도 하며, 타당성 검토, 계획, 요구사항 분석, 설계, 구현, 테스트, 유지보수의 단계를 통해 소프트웨어를 개발하는 모형

① 프로토타입 모형   ② 나선형 모형
③ 폭포수 모형   ④ RAD 모형

[20년 2회]

05 프로토타입을 지속적으로 발전시켜 최종 소프트웨어 개발까지 이르는 개발방법으로 위험관리가 중심인 소프트웨어 생명 주기 모형은?

① 나선형 모형   ② 델파이 모형
③ 폭포수 모형   ④ 기능점수 모형

[21년 3회]

06 소프트웨어 생명주기 모형 중 Spiral Model에 대한 설명으로 틀린 것은?

① 비교적 대규모 시스템에 적합하다.
② 개발 순서는 계획 및 정의, 위험 분석, 공학적 개발, 고객 평가 순으로 진행된다.
③ 소프트웨어를 개발하면서 발생할 수 있는 위험을 관리하고 최소화하는 것을 목적으로 한다.
④ 계획, 설계, 개발, 평가의 개발 주기가 한번만 수행된다.

[20년 3, 4회]

07 소프트웨어 개발 모델 중 나선형 모델의 4가지 주요활동이 순서대로 나열된 것은?

> Ⓐ 계획 수립   Ⓑ 고객 평가
> Ⓒ 개발 및 검증   Ⓓ 위험 분석

① Ⓐ-Ⓑ-Ⓓ-Ⓒ 순으로 반복
② Ⓐ-Ⓓ-Ⓒ-Ⓑ 순으로 반복
③ Ⓐ-Ⓑ-Ⓒ-Ⓓ 순으로 반복
④ Ⓐ-Ⓒ-Ⓑ-Ⓓ 순으로 반복

[21년 1회]

08 나선형(Spiral) 모형의 주요 태스크에 해당하지 않는 것은?

① 버전 관리   ② 위험 분석
③ 개발   ④ 평가

[20년 2회 실기]

09 고객의 요구사항 변화에 유연하게 대응하기 위해 일정한 주기를 반복하면서 개발하는 방법론이며, 워터폴에 대비되는 방법론으로 최근 회사에서 각광받는 방법론은?

① 폭포수 방법론   ② 애자일 방법론
③ RAD 방법론   ④ 나선형 방법론

[20년 3회]

10 애자일 기법에 대한 설명으로 맞지 않는 것은?

① 절차와 도구보다 개인과 소통을 중요하게 생각한다.
② 계획에 중점을 두어 변경 대응이 난해하다.
③ 소프트웨어가 잘 실행되는데 가치를 둔다.
④ 고객과의 피드백을 중요하게 생각한다.

해설 계획을 따르기보다 변화에 대응하는 것에 중점을 둔다.

[21년 1회]
11 애자일 소프트웨어 개발 기법의 가치가 아닌 것은?

① 프로세스와 도구보다는 개인과 상호작용에 더 가치를 둔다.

② 계약 협상보다는 고객과의 협업에 더 가치를 둔다.

③ 실제 작동하는 소프트웨어보다는 이해하기 좋은 문서에 더 가치를 둔다.

④ 계획을 따르기보다는 변화에 대응하는 것에 더 가치를 둔다.

해설 이해하기 좋은 문서보다는 실제 작동하는 소프트웨어에 더 가치를 둔다.

[21년 3회]
12 애자일 개발 방법론과 관련한 설명으로 틀린 것은?

① 빠른 릴리즈를 통해 문제점을 빠르게 파악할 수 있다.

② 정확한 결과 도출을 위해 계획 수립과 문서화에 중점을 둔다.

③ 고객과의 의사소통을 중요하게 생각한다.

④ 진화하는 요구사항을 수용하는데 적합하다.

해설 포괄적인 문서보다는 작동하는 소프트웨어에 중점을 둔다.
TIP 릴리즈(Release)는 소프트웨어 배포입니다. 애자일은 작은 규모의 릴리즈를 반복적으로 수행합니다.

▶ 정답 : 01.①, 02.①, 03.③, 04.③, 05.①, 06.④, 07.②, 08.①, 09.②, 10.②, 11.③, 12.②

★★★
03 애자일 방법론

1 애자일 방법론의 종류 [21년 2회] [20년 4회]

- 스크럼(Scrum)
- 익스트림 프로그래밍(XP; eXtreme Programing)
- 린(Lean) 소프트웨어 개발 방법론
- 칸반(Kanban)
- 적응형 소프트웨어 개발 방법론(ASD; Adaptive Software Development)
- 기능 주도 개발 방법론(FDD; Feature Driven Development, 기능 기반, 기능 중심, 특징 주도)
- 동적 시스템 개발 방법론(DSDM; Dynamic Systems Development Method)
- DAD(Disciplined Agile Delivery)
- 크리스털 패밀리(Crystal Family)
- 애자일 UP(AUP; Agile Unified Process)

권쌤이 알려줌

이 중에서 특히 세계적으로 널리 채택된 애자일 방법론은 스크럼(Scrum), 익스트림 프로그래밍(XP)이 있습니다. 초기에는 익스트림 프로그래밍을 사용했지만 스크럼이 점점 많은 인기를 끌면서 현재에는 스크럼과 익스트림 프로그래밍을 같이 사용하는 추세입니다.

2 스크럼(Scrum) [22년 1회]

스크럼은 매일 정해진 시간에 정해진 장소에서 짧은 시간의 개발을 하는 팀을 위한 프로젝트 관리 중심의 방법론이다.

스프린트(Sprint)
달력 기준 1~4주 단위의 반복
개발 주기

제품 백로그(Product Backlog)
이해관계자로부터 추출된 제품
이 제공해야 하는 기능이나 개발
할 제품에 대한 요구사항 목록

사용자 스토리(User Story)
최종 사용자의 입장에서 무엇이
필요하고, 그것이 왜 필요한지를
설명한 것
⑩ 최종 고객으로서, 빠른 속도
  로 학습하기 위해 배속 버튼
  이 있었으면 좋겠습니다.

- 30일 단위의 짧은 개발 기간으로 분리하여, 반복적으로 수행하는 스프린트※를 중심으로 진행한다.

1. 스크럼 팀 구성원

구성원	설명
제품 책임자 (Product Owner, 개발 의뢰자, 사용자)	• 제품의 기능 목록에 해당하는 제품 백로그※를 만들고, 우선순위를 조정하거나 새로운 항목을 추가하는 일을 관리한다. • 스프린트에 대한 계획을 수립할 때까지 중요한 역할을 하고, 스프린트가 시작되면 최대한 팀 운영에 관여하지 않는 것을 권장한다.
스크럼 마스터 (Scrum Master, 개발팀장)	• 문제 해결과 방해 요소 제거를 위해 노력하며, 스크럼의 원칙과 가치를 지키면서 개발이 진행될 수 있도록 지원한다.
스크럼 팀 (Scrum Team, 개발팀)	• 5~9명으로 구성되며, 하나의 스프린트 동안 구현해야 할 기능을 사용자 스토리※로 도출하고 구현한다. • 문제를 보고하며 완료하기 위해 노력하는 구성원이다.

2. 스크럼 개발 프로세스

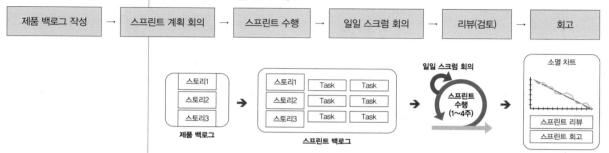

단계	설명
스프린트 계획 (Sprint Plan)	각 스프린트에 대한 목표를 세우고 제품 백로그로부터 스프린트에서 진행할 항목을 선택한다. 항목별 담당자가 배정되고, 작업(Task, 태스크) 단위로 계획을 수립한다.
일일 스크럼 (Daily Scrum)	매일 진행하는 15분간의 프로젝트 진행 상황을 공유하는 회의이다. 모든 팀원이 참석하며 매일매일 각자의 일, 문제점 등을 공유한다.
스프린트 리뷰 (Sprint Review)	스프린트 목표를 달성했는지, 작업 진행과 결과물을 확인하는 회의이다. 스프린트 동안 진행된 모든 작업에 대한 데모(Demo)를 진행한다.
스프린트 회고 (Sprint Retrospective)	스크럼 마스터가 스프린트 동안 잘된 점, 아쉬웠던 점, 개선할 사항 등을 찾기 위한 회고를 진행한다.

3. 3가지 산출물

스토리 포인트(Story Point)
개발에 소요되는 시간, 복잡도
등을 고려하여 추상적인 개념으
로 변환한 단위
⑩ 배속 버튼을 구현하기 위한
  태스크는 6 스토리 포인트가
  걸린다.

산출물	설명
제품 백로그 (Product Backlog)	• 제품에 담고자 하는 기능의 우선순위를 정리한 목록이다. • 고객을 대표하여 제품 책임자가 주로 우선순위를 결정한다.
스프린트 백로그 (Sprint Backlog)	• 하나의 스프린트 동안 개발할 목록으로 사용자 스토리와 이를 완료하기 위한 작업을 태스크로 정의한다. • 각각의 태스크의 크기는 시간 단위로 추정한다.
소멸 차트 (Burn-down Chart)	• 개발을 완료하기까지 남은 작업량을 보여주는 그래프이다. • 각 주기별로 남아있는 작업량을 스토리 포인트※로 나타낸다.

3 익스트림 프로그래밍(XP; eXtreme Programing) [22년 2회] [21년 3회]

익스트림 프로그래밍은 고객과 함께 2주 정도의 반복 개발로, 고객 만족을 강조하고 테스트와 우선 개발을 특징으로 하는 방법론이다.

- 애자일 개발 프로세스 보급에 큰 역할을 했다.
- 고객, 관리자, 개발자 각각의 역할에 초점을 맞춰 각 역할에 맞는 권리와 의무를 부여하여, 전체적인 맥락 속에서 성공적인 소프트웨어를 개발할 수 있도록 유도한다.
- 짧고 반복적인 개발 주기, 단순한 설계, 고객의 적극적인 참여를 추구한다.

1. XP의 5가지 핵심 가치(개발자와 고객 간 중요 가치) [20년 2, 4회]

핵심 가치	설명
의사소통 (Communication)	• 문제 발생 시 의사소통을 통해 해결한다. • 소통에는 개발자 ↔ 개발자, 개발자 ↔ 사용자, 개발자 ↔ 관리자 등의 소통이 모두 필요하다.
단순성 (Simplicity)	• 소프트웨어가 점점 복잡해지면서 개발 및 유지보수에 많은 시간이 소요되므로, 현재 시점에서 꼭 필요한 것만 간결하게 하여 불필요한 노력을 예방한다.
피드백 (Feedback)	• 소프트웨어 개발이 시작되면 가급적 빠른 시일 내 고객에게 피드백을 요청한다. • 고객의 빠른 피드백은 사업 목적을 이해하고 궁극적으로 올바른 요구사항을 찾는 방법이다.
용기 (Courage)	• 소프트웨어 개발은 예측하기 어려운 문제들을 해결하는 과정이다. • 모르는 것을 창피해하지 않는 용기, 새로운 방법에 도전하는 용기, 팀을 위하여 헌신하는 용기 등이 필요하다.
존중 (Respect)	• 모두가 중요하고 존중받아야 한다는 생각이 있어야 구성원 간의 원활한 협력이 가능하므로, 탁월한 팀을 만들기 위해서 반드시 필요하다.

2. XP의 실천 방법(Practice) [20년 4회]

실천 방법	설명
페어 프로그래밍 (Pair Programming, 짝 프로그래밍)	두 명 혹은 그 이상의 개발자가 함께 코딩하고, 코드 리뷰를 통해 보다 좋은 품질을 얻는다.
단체 소유권 (Collective Ownership)	시스템에 있는 코드는 누구든지 언제라도 수정이 가능하게 한다.
지속적인 통합 (Continuous Integration)	하루에 몇 번이라도 전체 시스템을 통합 및 빌드※하고 테스트할 수 있는 지속적인 통합 환경을 구축한다.
전체 팀 (Whole Team)	모든 프로젝트에 참여하는 팀원들은 개개인이 각자의 역할이 있고, 그들의 역할의 중요성을 의미한다.
고객 테스트 (Customer Tests)	반복적으로 사용자 테스트를 거쳐 최종 사용자의 요구에 부합하는 소프트웨어를 만들어 낸다.
소규모 릴리즈 (Small Releases)	필요한 기능들만 갖춘 간단한 시스템을 빠르게 제품화하고, 짧은 사이클로 자주 새로운 버전을 배포한다.
테스트 주도 기법 (Test-Driven Development)	테스트를 기반으로 한 개발을 한다.
디자인 개선 (Design Improvement) 또는 리팩토링(Refactoring)	프로그램의 기능을 바꾸지 않으면서 중복 제거, 커뮤니케이션 향상, 단순화, 유연성 추가 등을 위해 시스템을 재구성한다.

빌드(Build)
소스 코드 파일 및 컴파일된 파일들을 컴퓨터에서 실행할 수 있는 소프트웨어로 변환하는 과정
- 컴파일(Compile) : 고급 언어로 작성된 코드를 실행 가능한 목적 코드로 변경시키는 과정

3. XP 개발 프로세스

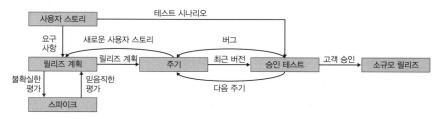

개발 프로세스	설명
사용자 스토리 (User Story)	사용자의 요구사항을 적어놓은 것으로, 스크럼의 사용자 스토리와 동일하다.
릴리즈 계획 (Release Planning)	릴리즈 시점에 대한 일정을 수립하고, 각 주기에 개발할 스토리를 사용자와 선택한다. 스파이크를 계속 만들어 보면서 프로젝트의 기간과 난이도 등을 예측한다.
스파이크(Spike)	기술적, 설계적 위험을 탐지하기 위해 프로젝트 시작 전에 핵심 기능을 간단하게 프로그램으로 구현해 본다.
주기(Iteration)	사용자 스토리와 만들어놓은 스파이크들을 활용하여 1~3주 기간 동안 개발한다. 개발 중에 사용자 스토리가 새로 추가되거나 업데이트될 수 있다.
승인(인수) 테스트 (Acceptance Test)	주기가 시작되면 동시에 고객이 스토리를 참고해서 테스트 시나리오※를 만든다. 사용자의 테스트 시나리오를 바탕으로 인수 테스트※를 실행하며, 주어진 스토리가 인수 테스트를 모두 통과하면 소규모 릴리즈를 실시한다.

테스트 시나리오(Test Scenario)
여러 개의 테스트 명세서들을 순서에 따라 묶은 집합

인수 테스트(Acceptance Test)
사용자가 요구분석 명세서에 명시된 사항을 모두 충족하는지 판정하고, 시스템이 예상대로 동작하고 있는지를 판정하는 테스트

◢ 린(Lean) 소프트웨어 개발 방법론

린 소프트웨어 개발 방법론은 자동차 제조사 도요타의 생산 방식인 '낭비를 발견하고 제거하여 고객에게 가치를 빠르게 제공하자'를 소프트웨어 개발에 적용한 방법론이다.

• 구체적인 개발 프로세스를 정의하지 않고 철학적인 접근 방식을 정의하며, 낭비는 곧 결함이기 때문에 결함을 줄이는 것이 좋은 방법이라는 사고 방식을 가진다.

1. 린(Lean)의 7가지 원칙

원칙	설명
낭비 제거	80%의 가치를 제공하는 20% 기능에 모든 초점을 맞추어 집중하고 낭비되는 요소는 제거한다.
품질 내재화※	개발 중 검증 단계에 이르러서야 결함을 발견한다면 그 프로세스는 결함이 있는 것이다.
지식 창출	과학적 방법을 사용하고 모든 사람이 따라 하고 잘 알려진 실천법을 표준에 포함하되, 누구든지 표준에 도전하고 변경하도록 장려한다.
늦은 확정	마지막까지 변화를 수용할 수 있도록 코드를 작성한다.
빠른 인도	신속한 배포, 고품질, 저비용은 동시에 가능하다.
사람 존중	효과적인 리더십을 제공하고 팀은 자부심, 책임감, 신뢰, 칭찬을 통해 번성한다.
전체 최적화	고객 요구에서 소프트웨어 배포까지 전체 가치 흐름에 초점을 맞춰야 한다.

내재화
어떤 현상이나 성질 따위가 일정한 사물이나 범위의 안에 들어 있음

[20년 4회]

01 애자일 방법론에 해당하지 않는 것은?

① 기능 중심 개발

② 스크럼

③ 익스트림 프로그래밍

④ 모듈 중심 개발

> **해설** 애자일 방법론에는 기능 중심(주도) 개발, 스크럼(Scrum), 익스트림 프로그래밍(XP), 린, 애자일 UP 등이 있다.

[21년 2회]

02 애자일 개발 방법론이 아닌 것은?

① 스크럼(Scrum)

② 익스트림 프로그래밍(XP, eXtreme Programming)

③ 기능 주도 개발(FDD, Feature Driven Development)

④ 하둡(Hadoop)

> **해설** 하둡은 오픈 소스를 기반으로 한 분산 컴퓨팅 플랫폼으로, 애자일 개발 방법론과는 거리가 멀다.

[21년 3회]

03 익스트림 프로그래밍(XP)에 대한 설명으로 틀린 것은?

① 빠른 개발을 위해 테스트를 수행하지 않는다.

② 사용자의 요구사항은 언제든지 변할 수 있다.

③ 고객과 직접 대면하며 요구사항을 이야기하기 위해 사용자 스토리(User Story)를 활용할 수 있다.

④ 기존의 방법론에 비해 실용성(Pragmatism)을 강조한 것이라고 볼 수 있다.

> **해설** 익스트림 프로그래밍은 반복적으로 사용자 테스트를 거쳐 최종 사용자의 요구에 부합하는 소프트웨어를 만들어 낸다.

[20년 2회]

04 XP(eXtreme Programing)의 5가지 가치로 거리가 먼 것은?

① 용기 ② 의사소통

③ 정형 분석 ④ 피드백

> **해설** XP의 5가지 핵심 가치 : 단순성, 의사소통, 용기, 피드백, 존중
> **TIP** XP의 5가지 핵심 가치는 "단순 의류용 피존"으로 기억하세요.

[20년 4회]

05 익스트림 프로그래밍(eXtreme Programming)의 5가지 가치에 속하지 않는 것은?

① 의사소통 ② 단순성

③ 피드백 ④ 고객 배제

> **해설** XP의 5가지 핵심 가치 : 단순성, 의사소통, 용기, 피드백, 존중

[20년 4회]

06 XP(eXtreme Programming)의 기본원리로 볼 수 없는 것은?

① Linear Sequential Method

② Pair Programming

③ Collective Ownership

④ Continuous Integration

> **해설** 선형 순차 방식(Linear Sequential Method)은 폭포수 모델에 적합한 방식이다.

▶ 정답 : 01.④, 02.④, 03.①, 04.③, 05.④, 06.①

[이전 기출]

01 소프트웨어 위기(Crisis)의 현상과 관계가 먼 것은?

① 개발 기간의 지연 및 하드웨어 비용을 초과하는 개발비용의 증가

② 성능 및 신뢰성 부족

③ 소프트웨어의 개발도구 부족

④ 유지 보수의 어려움에 따른 엄청난 비용

[이전 기출]

02 폭포수 모형(Waterfall model)의 진행 단계로 옳은 것은?

> ⓐ 시험 ⓑ 분석 ⓒ 계획
> ⓓ 코딩 ⓔ 유지보수 ⓕ 설계

① ⓐ-ⓑ-ⓒ-ⓓ-ⓔ-ⓕ

② ⓑ-ⓕ-ⓓ-ⓔ-ⓐ-ⓒ

③ ⓒ-ⓑ-ⓕ-ⓓ-ⓐ-ⓔ

④ ⓓ-ⓐ-ⓑ-ⓕ-ⓔ-ⓒ

[이전 기출]

03 프로토타입 개발 모델에 대한 설명으로 옳지 않은 것은?

① 시스템 기능을 사용자에게 확인시킴으로써 개발자와 사용자 간의 견해 차이가 해결될 수 있다.

② 분석가나 개발자는 프로토타입을 이용하여 불완전하거나 일치하지 않는 요구사항을 발견할 수 있다.

③ 완전하지는 못하지만 작동하는 시스템을 만들어 기능성과 유용성을 관리자에게 보여줄 수 있다.

④ 고객의 요구사항을 초기에 구체적으로 기술하기 어렵고 중요한 문제점이 프로젝트의 후반부에 가서야 발견된다.

[이전 기출]

04 소프트웨어 생명주기 모형에 대한 설명으로 옳은 것은?

① 폭포수 모형을 점진적 모형이라고도 한다.

② 나선형 모형은 반복적으로 개발이 진행되므로 소프트웨어의 강인성을 높일 수 있다.

③ 프로토타입 모형은 개발 단계에서 요구사항 변경이 불가능하므로 유지보수 비용이 많이 발생한다.

④ 폭포수 모형은 최종 결과물이 만들어지기 전에 의뢰자가 최종결과물의 모형을 볼 수 있다.

[이전 기출]

05 애자일 방법론에 대한 설명으로 가장 거리가 먼 것은?

① 애자일의 사전적 의미는 '날렵한', '민첩한'이다.

② 폭포수 모델 방법론보다 요구사항의 변화에 대처하기 어렵다.

③ 애자일 방법론에는 XP(eXtreme Programming) 방식, 스크럼(Scrum) 방식 등이 있다.

④ 고객의 요구사항을 바로바로 반영하고 상황에 따라 주어지는 문제를 풀어나가는 방법론이다.

[이전 기출]

06 다음에 설명하는 방법에 해당되는 것은?

> 일반적으로 30일 간의 주기를 기반으로 실제 동작하는 제품을 반복적으로 개발하면서 프로젝트를 진행하며, 매일 수행하는 프로젝트 미팅을 통하여 개발 상황을 공유하는 방법

① 프로토타입(Prototype)

② 스크럼(Scrum)

③ 스파이크(Spike)

④ 스테이지 게이트(Stage-Gate)

[이전 기출]

07 애자일(Agile) 개발 방법론에 대한 설명으로 가장 옳지 않은 것은?

① 애자일 방법론의 전제는 고객이 계속 새로운 요구사항을 제시하고 기존 요구사항을 변경한다는 것이다.

② 익스트림 프로그래밍(XP, eXtreme Programming)에서는 사용자 스토리 카드를 사용하여 요구사항을 수집한다.

③ 익스트림 프로그래밍에서는 초기에 미래에 대해 고려하여 시스템 설계를 완성하며 리팩토링(Refactoring)을 통하여 내부의 구조를 변화시킨다.

④ 스크럼(Scrum) 방법론에서는 백로그(Backlog)를 통하여 프로젝트 요구사항 및 이에 대한 변경관리를 수행한다.

[이전 기출]

08 익스트림 프로그래밍의 테스팅에 대한 설명으로 옳지 않은 것은?

① 코드를 작성하기 전에 테스트 케이스를 먼저 작성한다.

② 각 사용자 스토리에 대해 테스트 케이스를 작성한다.

③ 프로그램을 큰 단위로 나누어 릴리스 직전 테스트를 수행한다.

④ 자동화된 테스팅 도구 사용을 권장한다.

섹션
기출예상문제 해설

01 개발도구는 많으나, 개발 인력이 부족하다.

02 폭포수 모델 개발 단계 : 타당성 검토 → 계획 → 요구분석 → 설계 → 코딩(구현) → 시험(테스트, 검사) → 유지보수

03 프로토타입은 고객의 요구사항을 개발 초기에 찾아내는 것이 목적이다.

04 ①은 나선형 모형, ③은 폭포수 모형, ④는 프로토타입 모형에 대한 설명이다.

05 애자일 방법론은 지속적인 요구사항 개발 및 변경을 수용하여 폭포수 모델 방법론보다 요구사항의 변화에 대처가 쉽다.
• 폭포수 모델 방법론은 요구사항 정의 단계에서 모든 요구사항을 정하는 것을 강조하고 초기 요구사항의 변경에 대해 엄격하게 관리한다.

06 키워드 30일 간의 주기, 매일 수행하는 프로젝트 미팅 → 용어 스크럼(Scrum)

• 프로토타입(Prototype) : 최종 시스템의 예상 기능 중 일부를 빠르게 구현한 프로그램
• 스파이크(Spike) : 요구사항의 신뢰성을 높이고 기술 문제에 대한 위험을 감소시키기 위해 별도로 제작하는 간단한 프로그램
• 스테이지 게이트(Stage-Gate) : 성공적인 제품 개발을 목표로 아이디어 발의부터 출시까지의 제품 개발 전 과정을 관리하는 연구 개발(R&D) 프로세스

07 점점 복잡해지는 소프트웨어로 인해 개발 및 유지보수에 많은 시간이 소요된다. 그러므로 현 시점에서 꼭 필요한 것만 간결하게 하여 불필요한 노력을 예방한다.

08 익스트림 프로그래밍(XP)의 실천 방법 중 하나인 소규모 릴리즈(Small Releases)는 필요한 기능들만 갖춘 간단한 시스템을 빠르게 제품화하고, 짧은 사이클로 자주 새로운 버전을 배포한다.
• 테스트 케이스 : 응용 소프트웨어가 사용자의 요구사항을 준수하는지 확인하기 위해 입력 값, 실행 조건, 기대 결과로 구성된 테스트 항목의 명세서

정답 **01** ③ **02** ③ **03** ④ **04** ② **05** ② **06** ② **07** ③ **08** ③

SECTION 03 요구 공학

개발하려는 응용 소프트웨어의 필수 기능과 조건은 무엇일까요? 응용 소프트웨어의 요구사항을 확인하기 위해 요구사항을 도출하고 분석 및 명세화하여 관리하는 프로세스를 '요구 공학'이라고 합니다. 요구사항 분석을 꼼꼼히 해야 완성도 높은 응용 소프트웨어를 개발할 수 있습니다.

권쌤이 알려줌

소프트웨어 개발 생명 주기(SDLC)는 시스템을 계획, 개발, 시험, 운영하는 과정을 뜻하는 용어로, 하드웨어부터 소프트웨어까지 넓은 범위에 적용할 수 있습니다.
• 대부분 요구사항 분석 → 설계 → 개발 → 테스트 → 운영 단계로 구성되어 있습니다.

요구사항 명세서
사용자와 개발자 간의 상호 인식 차이를 없애기 위해 완전성과 정확성을 목표로 요구사항 내역을 구체화 및 세분화한 문서

권쌤이 알려줌

요구사항 개발의 각 단계는 이후 자세히 학습합니다.

합격자의 암기법

요구사항 개발의 프로세스 :
도분명확
• 도출 → 분석 → 명세 → 확인 (검증)

01 요구 공학

1 요구 공학(Requirements Engineering)

요구 공학은 요구사항의 획득, 분석, 명세, 검증 및 변경 관리 등에 대한 제반 활동과 원칙이다.

• 요구사항 생성 및 관리를 체계적이고 반복적으로 수행하는 활동이다.
• 요구사항 관리에 포함되는 모든 소프트웨어 개발 생명 주기(SDLC) 활동과 이를 지원하는 프로세스를 포함한다.
• 시스템 요구사항 문서를 생성, 검증, 관리하기 위해 수행되는 구조화된 활동의 집합이다.
• 요구사항 명세서※를 최종 산출물로 생성한다.

1. 요구 공학 프로세스

요구 공학의 프로세스는 요구사항 개발과 요구사항 관리로 구성된다.

① 요구사항 개발 [21년 2회]

| 요구사항 도출 | → | 요구사항 분석 | → | 요구사항 명세 | → | 요구사항 확인 (검증) |

② 요구사항 관리 [21년 2회]

• 요구사항 협상, 요구사항 기준선, 요구사항 변경 관리, 요구사항 확인을 수행한다.
• 프로젝트의 성공과 실패를 좌우하는 요소들의 40%가 요구사항과 관련되어 있으므로, 요구사항 정의 및 관리를 잘해야 한다.
• 부실하게 정의되고 관리된 요구사항으로부터 출발한 프로젝트는 개발과 테스트 단계에서 많은 에러를 유발하고, 이것은 일정 지연과 추가적인 비용을 발생하게 만든다.

▼ 요구사항 관리의 항목

항목	설명
요구사항 협상	가용한 자원과 수용 가능한 위험 수준에서 구현 가능한 기능을 협상한다.
요구사항 기준선 (베이스라인)	공식적으로 합의되고 검토된 요구사항 명세서를 결정하고, 결정된 요구사항 명세서는 기준선이 된다.
요구사항 변경 관리	요구사항 기준선을 기반으로 모든 변경을 공식적으로 통제하고, 요구사항 변경이 있을 경우 절차에 따른다.
요구사항 확인(검증)	구축된 시스템이 이해관계자의 요구사항에 부합되는지 확인한다.

2 요구사항 분류

1. 기술하는 내용에 따른 분류 [22년 2, 3회] [21년 1회 실기]

분류	설명
기능적 요구사항 (Functional Requirements)	• 시스템이 수행해야 하는 작업에 관한 요구사항이다. • 사용자가 제공 받기를 원하는 기능 등 시스템이 무엇을 해야 하는지에 관한 요구사항이다. ◉ 사용자는 공인 인증서로 로그인할 수 있어야 한다.
비기능적 요구사항 (Non-functional Requirements)	• 소프트웨어 기능들에 대한 조건과 제약사항에 관한 요구사항이다. • 개발 과정에서 지켜져야 할 제약조건※들에 관한 요구사항이다. ◉ 사용자가 가장 많은 황금 시간대에도 3초 이내 로그인이 완료되어야 한다.

> **제약조건**
> ◉ 사용성, 효율성, 신뢰성, 이식성, 배포성, 표준성, 상호운용성, 법적 등

2. 관점에 따른 분류

분류	설명
사용자 요구사항	• 사용자 관점의 요구사항이다. • 이해하기 쉽게 표현한다.
시스템 요구사항	• 개발자 관점의 요구사항이다. • 소프트웨어 요구사항이라고도 한다. • 기술적인 용어로 표현한다.

기출 및 예상문제

01 요구 공학

[21년 2회]

01 요구사항 개발 프로세스의 순서로 옳은 것은?

> ㉠ 도출(Elicitation) ㉡ 분석(Analysis)
> ㉢ 명세(Specification) ㉣ 확인(Validation)

① ㉠-㉡-㉢-㉣   ② ㉠-㉢-㉡-㉣
③ ㉠-㉣-㉡-㉢   ④ ㉠-㉡-㉣-㉢

> **해설** 요구사항 개발 절차 : 요구사항 도출 → 요구사항 분석 → 요구사항 명세 → 요구사항 확인(검증)
> **TIP** 요구사항 개발의 프로세스는 "도분명확"으로 기억하세요.

[21년 2회]

02 요구사항 관리 도구의 필요성으로 틀린 것은?

① 요구사항 변경으로 인한 비용 편익 분석
② 기존 시스템과 신규 시스템의 성능 비교
③ 요구사항 변경의 추적
④ 요구사항 변경에 따른 영향 평가

> **해설** 다른 하나는 성능 테스트 도구의 필요성이다.
> **TIP** 성능 테스트 도구는 이후 자세히 학습합니다.

[21년 1회 실기]

03 다음의 설명과 가장 부합하는 요구사항은?

> ⊙ 요구사항은 수행될 기능과 관련된 입력과 출력 및 그들 사이의 처리 과정과 목표 시스템 구현을 위해 소프트웨어가 가져야 할 기능적 속성에 대한 요구사항이다.
> ⓛ 요구사항은 시스템의 기능에 관련되지 않은 사항으로, 시스템이 정상적으로 작동하기 위한 성능, 보안과 같은 제약 조건에 대한 요구사항이다.

	⊙	ⓛ		⊙	ⓛ
①	기능	비기능	②	우선순위	범위
③	비기능	기능	④	범위	우선순위

해설
> 키워드 수행될 기능, 기능적 속성 → 용어 기능적 요구사항
> 키워드 성능, 보안, 제약 조건 → 용어 비기능적 요구사항

▶ 정답 : 01.①, 02.②, 03.①

★★★

02 요구사항 개발

1 요구사항 도출(Requirement Elicitation, 요구사항 수집)

권쌤이 알려줌

요구사항 도출 단계는 요구사항을 수집하여 도출하는 단계입니다.

요구사항 도출은 소프트웨어가 해결해야 할 문제를 이해하는 첫 번째 단계로서, 요구사항이 어디에 있고 어떻게 수집할 것인가와 관련되어 있다.

- 이해관계자(Stakeholder)가 식별되고, 개발팀과 고객 사이의 관계가 만들어진다.
- 다양한 이해관계자와 효율적인 의사소통이 중요하다.
- 요구사항 도출 기법 : 인터뷰, 설문 조사, 브레인 스토밍※, 워크숍, 유스케이스※, 프로토타이핑※ 등

브레인 스토밍(Brain Storming)
3인 이상이 자유롭게 의견을 교환하여 아이디어를 산출하는 기법

2 요구사항 분석(Requirement Analysis) [21년 2, 3회]

요구사항 분석은 요구사항 간에 상충되는 것을 해결하고, 소프트웨어의 범위를 파악하며, 소프트웨어가 환경과 어떻게 상호 작용하는지 이해한다.

- 기능, 비기능, 사용자, 시스템 등 기준에 따라 요구사항을 분류한다.
- 요구사항을 만족시키기 위한 구성 요소를 식별한다.
- 정형화된 언어로 요구사항을 표현한다.
- 요구사항 분석 도구 : 자료 사전, 자료 흐름도, 소단위 명세서, 개체 관계도 등

유스케이스(Usecase)
사용자의 요구사항을 기능 단위로 기술한 것

프로토타이핑(Prototyping)
최종 시스템의 예상 기능 중 일부를 빠르게 구현한 프로그램인 프로토타입을 제작하는 작업

권쌤이 알려줌

요구사항 분석 기법 도구는 이후 자세히 학습합니다.

 도메인 분석

3 요구사항 명세(Requirement Specification)

요구사항 명세는 체계적으로 검토, 평가, 승인될 수 있는 문서를 작성하는 것이다.

• 시스템 정의, 시스템 요구사항, 소프트웨어 요구사항을 작성한다.

• 기능 요구사항은 빠짐없이 기술하고, 비기능 요구사항은 필요한 것만 기술한다.

▼ 요구사항 명세 기법 [20년 4회]

비정형 명세 기법	• 사용자의 요구를 표현할 때 자연어*를 기반으로 서술하는 방법이다. • 작업 흐름도와 같은 다이어그램으로도 작성할 수도 있다. • 요구사항을 명세하는 데 특별한 기술이 필요하지 않아 작성하기 쉽다. • 명세 내용을 이해하기가 쉬워 사용자와 분석가 간의 의사 전달이 용이하다. • 자연어를 사용함으로써 표현이 애매모호할 수 있고, 그에 따라 다르게 해석할 수도 있다. • 일관성이 떨어질 수 있고 명세가 불충분할 수 있다. • 작성된 내용이 사용자의 요구를 충분히 반영하고 표현하고 있는지 완전성을 검증하기 어려울 수 있다.
정형 명세 기법	• 사용자의 요구를 표현할 때 수학적 원리와 표기법으로 이용하는 것이다. • 대표적으로 사용되는 것이 Z 정형 명세 언어 등이다. • 사용자의 요구를 정확하고 간결하게 표현할 수 있다. • 분석가가 수학적인 표기법을 충분히 이해할 수 있어야 하고, 이 표기법으로 사용자의 요구를 정확히 표현할 수 있어야 한다. • 수학에서 사용되고 있는 증명 기술을 이용하여 작성된 사용자의 요구가 일관성이 있는지, 완전한지 등을 검증할 수 있다.

자연어
사람들이 일상적으로 쓰는 언어

요구사항 명세 원리

원리	설명
완전성(Completeness)	기능적 요구사항뿐만 아니라 성능, 제약 사항 등 필요한 정보가 누락되지 않고 모두 서술되어야 한다.
명확성(Unambiguity)	표현을 명확히 하여 누구나 동일한 의미로 해석할 수 있어야 한다.
일관성(Consistency)	요구사항의 내용 간 상호 모순이 없어야 한다.
추적 가능성(Traceability)	명세서 작성 시 사용되었던 절차나 기법, 담당자 등 추적이 가능해야 한다. 만약 명세서를 변경하고자 한다면 해당하는 설계서와 코드 부분까지도 추적할 수 있어야 한다.
변경 용이성(Modifiability)	요구사항을 서로 의존적이지 않고 독립적으로 서술하여 변경으로 인한 모순이나 불일치가 발생하지 않아야 한다.
검증 가능성(Verifiability)	시스템이 요구사항을 만족하는지에 대해 체계적으로 검사할 수 있게 작성해야 한다.
기능성(Functionality)	요구사항은 '어떻게(How)'보다 '무엇을(What)'에 중점을 두어야 한다.

4 요구사항 확인(Requirement Validation) [21년 3회]

요구사항 확인은 분석가가 요구사항을 이해했는지 확인(Validation)이 필요하고, 요구사항 문서가 회사의 표준에 적합하고 이해가 가능하며, 일관성이 있고 완전한지 검증(Verification)하는 것이 중요하다.

- 자원이 요구사항에 할당되기 전에 문제를 파악하기 위해 검증을 수행한다.
- 이해관계자들이 문서를 검토해야 한다.
- 요구사항 정의 문서※들에 대해 형상 관리※를 위해 일반적으로 요구사항 관리 도구(Tool)를 이용한다.

 정형 기술 검토 [22년 1, 2, 3회] [20년 2, 3회]

정형 기술 검토(FTR; Formal Technical Review)는 소프트웨어 개발 산출물을 대상으로 요구사항의 일치 여부 및 결함 발생 여부를 검토하는 정적 분석 기법이다.

구분	설명
동료 검토 (Peer Review)	• 요구사항 명세서 작성자가 명세서 내용을 직접 설명하고 동료들이 이를 들으면서 결함을 발견하는 형태의 검토 방법이다.
워크스루 (Walkthrough)	• 비공식적 검토 과정으로 검토 회의 전에 요구사항 명세서를 미리 배포하여 사전 검토한 후에 짧은 검토 회의를 통해 결함을 발견하는 검토 방법이다. • 오류 검출에 초점을 두고 해결책은 나중으로 미룬다.
인스펙션 (Inspection)	• 요구사항 명세서 작성자를 제외한 다른 검토 전문가들이 요구사항 명세서를 확인하면서 결함을 발견하는 형태의 검토 방법이다. • 결함 발생에 대한 해결책을 제시한다.

 기출 및 예상문제

02 요구사항 개발

[21년 2회]
01 요구사항 분석이 어려운 이유가 아닌 것은?

① 개발자와 사용자 간의 지식이나 표현의 차이가 커서 상호 이해가 쉽지 않다.
② 사용자의 요구는 예외가 거의 없어 열거와 구조화가 어렵지 않다.
③ 사용자의 요구사항이 모호하고 불명확하다.
④ 소프트웨어 개발 과정 중에 요구사항이 계속 변할 수 있다.

해설 사용자의 요구는 항상 변경될 가능성이 있으므로 열거와 구조화가 어렵다.

[21년 3회]
02 요구 분석(Requirement Analysis)에 대한 설명으로 틀린 것은?

① 요구 분석은 소프트웨어 개발의 실제적인 첫 단계로 사용자의 요구에 대해 이해하는 단계라 할 수 있다.
② 요구 추출(Requirement Elicitation)은 프로젝트 계획 단계에 정의한 문제의 범위 안에 있는 사용자의 요구를 찾는 단계이다.

③ 도메인 분석(Domain Analysis)은 요구에 대한 정보를 수집하고 배경을 분석하여 이를 토대로 모델링을 하게 된다.

④ 기능적(Functional) 요구에서 시스템 구축에 대한 성능, 보안, 품질, 안정 등에 대한 요구사항을 도출한다.

> **해설** ④는 비기능적(Non-functional) 요구에 대한 설명이다.
> **TIP** 기능적 요구는 시스템이 수행해야 하는 작업에 관한 요구사항입니다. 두 가지를 잘 구분해 두세요.

[20년 4회]

03 요구사항 명세 기법에 대한 설명으로 틀린 것은?

① 비정형 명세 기법은 사용자의 요구를 표현할 때 자연어를 기반으로 서술한다.

② 비정형 명세 기법은 사용자의 요구를 표현할 때 Z 비정형 명세 기법을 사용한다.

③ 정형 명세 기법은 사용자의 요구를 표현할 때 수학적인 원리와 표기법을 이용한다.

④ 정형 명세 기법은 비정형 명세 기법에 비해 표현이 간결하다.

> **해설** 정형 명세 기법에서 대표적으로 사용되는 것이 Z 정형 명세 언어이다.

[21년 3회]

04 요구사항 검증(Requirements Validation)과 관련한 설명으로 틀린 것은?

① 요구사항이 고객이 정말 원하는 시스템을 제대로 정의하고 있는지 점검하는 과정이다.

② 개발 완료 이후에 문제점이 발견될 경우 막대한 재작업 비용이 들 수 있기 때문에 요구사항 검증은 매우 중요하다.

③ 요구사항이 실제 요구를 반영하는지, 문서상의 요구사항은 서로 상충되지 않는지 등을 점검한다.

④ 요구사항 검증 과정을 통해 모든 요구사항 문제를 발견할 수 있다.

> **해설** 요구사항 검증 과정에서 문제를 파악하기 위해 검증을 수행하지만, 모든 요구사항 문제를 발견하기는 어렵다.

[20년 2회]

05 검토 회의 전에 요구사항 명세서를 미리 배포하여 사전 검토한 후 짧은 검토 회의를 통해 오류를 조기에 검출하는 데 목적을 두는 요구사항 검토 방법은?

① 빌드 검증 ② 동료 검토

③ 워크스루 ④ 개발자 검토

> **해설** [키워드] 미리 배포, 사전 검토, 오류 조기 검출 → [용어] 워크스루

[20년 3회]

06 인터페이스 요구사항 검토 방법에 대한 설명이 옳은 것은?

① 리팩토링 : 작성자 이외의 전문 검토 그룹이 요구사항 명세서를 상세히 조사하여 결함, 표준 위배, 문제점 등을 파악

② 동료 검토 : 요구사항 명세서 작성자가 요구사항 명세서를 설명하고 이해관계자들이 설명을 들으면서 결함을 발견

③ 인스펙션 : 자동화된 요구사항 관리 도구를 이용하여 요구사항 추적성과 일관성을 검토

④ CASE 도구 : 검토 자료를 회의 전에 배포해서 사전 검토한 후 짧은 시간 동안 검토 회의를 진행하면서 결함을 발견

> **해설** ①은 인스펙션, ③은 CASE 도구, ④는 워크스루에 대한 설명이다.
> • 리팩토링(Refactoring) : 코드의 외부 행위는 바꾸지 않고 내부 구조를 개선시켜 소프트웨어 시스템을 변경하는 프로세스

▶ 정답 : 01.②, 02.④, 03.②, 04.④, 05.③, 06.②

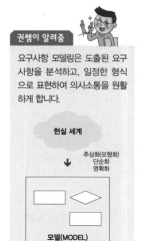

03 요구사항 모델링

1 모델링(Modeling) [22년 1, 2회] [21년 3회]

모델링은 복잡한 현실 세계의 현상을 특정한 목적에 맞추어 일정한 형식으로 이해하기 쉽게 표현하는 일을 의미한다.

- 현실 세계를 추상화, 단순화, 명확화하기 위해 일정한 표기법으로 표현하는 기법이다.
- 정보시스템 구축에서는 모델링을 계획/분석/설계할 때 업무를 분석하고 설계하는 데 이용하고, 이후 구축 및 운영 단계에서는 변경과 관리의 목적으로 이용하게 된다.

2 모델링 언어 [21년 1, 3회]

모델링 언어는 요구사항 정의 · 분석 · 설계의 결과물을 다양한 다이어그램으로 표현하는 표기법이다.

- 약속된 표기법인 모델링 언어를 사용하면 애매모호한 표현이 없으므로, 모델링하는 데 매우 유용하다.
- 개발자 간에 원활한 의사소통이 가능하다.
- 사용자 요구사항의 검증 도구로도 사용할 수 있다.
- 종류 : 자료 사전, 자료 흐름도, 소단위 명세서, 개체 관계도[※], UML[※] 등

1. 자료 사전(DD; Data Dictionary, 데이터 사전)

시스템과 관련된 모든 자료의 명세와 자료 속성을 파악할 수 있도록 조직화한 것이다.

- 데이터를 설명하는 데이터(메타 데이터)를 의미한다.
- 갱신하기 쉬워야 한다.
- 이름을 가지고 정의를 쉽게 찾을 수 있어야 한다.
- 정의하는 방식이 명확해야 한다.

▼ 자료 사전의 기호와 의미 [20년 2, 3, 4회]

기호	의미	기호	의미	기호	의미
=	정의	+	연결	[|]	선택
{ }	반복	* *	주석, 설명	( )	생략

예 자료 사전(DD)

> 고객명세 = [고객성명 \| 고객번호] + 고객주소

고객명세는 고객성명, 고객번호, 고객주소로 구성되어 있으며, 고객성명과 고객번호는 둘 중 하나만 선택이 가능하다.

2. 자료 흐름도(DFD; Data Flow Diagram) [22년 3회] [20년 4회]

데이터가 시스템에 의해서 어떻게 처리되는지 보여주는 직관적인 방법이다.

- 자료 흐름 그래프, 버블 차트라고도 한다.
- 시스템 안의 프로세스와 자료 저장소 사이의 자료 흐름을 나타내는 그래프로, 자료 흐름과 처리를 중심으로 하는 구조적 분석 기법에 이용한다.
- 자료는 처리를 거쳐 변환될 때마다 새로운 명칭이 부여되며, 처리는 입력 자료가 발생하면 기능을 수행한 후 출력 자료를 산출한다.
- 자료 흐름과 기능을 자세히 표현하기 위해 단계적으로 세분화된다.

▼ 자료 흐름도의 기호와 의미 [22년 1, 3회] [20년 2, 3회]

기호	의미	기호	의미
□	• 단말(External Entity, Terminator) • 시스템과 교신하는 외부 개체 • 데이터 입 · 출력 주체	———	• 자료 저장소(Data Store) • 자료가 저장되는 곳
○	• 처리(Process, 프로세스) • 자료를 변환시키는 처리 과정	——→	• 자료의 흐름(Data Flow) • 자료의 이동

예 자료 흐름도(DFD)

3. 소단위 명세서(Mini-Spec)

세분화된 자료 흐름도에서 최하위 단계 버블(프로세스)*의 처리 절차를 기술한 것이다.

- 프로세스 명세서라고도 한다.
- 구조적 언어*나 의사 결정표*의 형태로 자료 흐름의 최소 단위를 명세화한 것이다.

최하위 단계 버블(프로세스)
더 이상 세분화할 수 없는 단계의 프로세스
- 원시 버블(Primitive Bubble)이라고도 한다.

구조적 언어
자연어의 일부분으로, 제한된 단어, 문형과 구조를 사용하여 명세서를 작성하는데 사용하는 언어

의사 결정표(Decision Table)
복잡한 의사 결정 논리를 기술하는 데 사용하는 표
- 주로 자료 처리 분야에서 사용한다.

[21년 3회]

01 소프트웨어 공학에서 모델링(Modeling)과 관련한 설명으로 틀린 것은?

① 개발팀이 응용문제를 이해하는 데 도움을 줄 수 있다.

② 유지보수 단계에서만 모델링 기법을 활용한다.

③ 개발될 시스템에 대하여 여러 분야의 엔지니어들이 공통된 개념을 공유하는 데 도움을 준다.

④ 절차적인 프로그램을 위한 자료흐름도는 프로세스 위주의 모델링 방법이다.

해설 정보시스템 구축에서는 모델링을 계획/분석/설계할 때 업무를 분석하고 설계하는 데 이용하고, 이후 구축 및 운영 단계에서는 변경과 관리의 목적으로 이용하게 된다.

[21년 1회]

02 다음 중 요구사항 모델링에 활용되지 않는 것은?

① 애자일(Agile) 방법

② 유스케이스 다이어그램(Use Case Diagram)

③ 시퀀스 다이어그램(Sequence Diagram)

④ 단계 다이어그램(Phase Diagram)

해설 시스템을 명확히 이해하고 명세화하기 위해 분석한 요구사항을 구조화된 언어, 다이어그램 등을 이용하여 모델링한다.
• 단계 다이어그램은 물리 화학 등에서 사용되는 다이어그램이다.

[21년 3회]

03 요구사항 정의 및 분석 · 설계의 결과물을 표현하기 위한 모델링 과정에서 사용되는 다이어그램(Diagram)이 아닌 것은?

① Data Flow Diagram

② UML Diagram

③ E-R Diagram

④ AVL Diagram

해설 모델링 과정에서 사용되는 다이어그램으로는 자료 흐름도(Data Flow Diagram), 개체 관계도(ER 다이어그램), UML Diagram 등이 있다.

[20년 2회]

04 자료 사전에서 자료의 생략을 의미하는 기호는?

① { }　　　　② * *

③ =　　　　④ ( )

해설 ①은 반복, ②는 주석, 설명, ③은 정의를 의미한다.

[20년 3회]

05 자료 사전에서 자료의 반복을 의미하는 것은?

① =　　　　② ( )

③ { }　　　　④ [ ]

해설 ①은 정의, ②는 생략, ④는 선택을 의미한다.

[20년 4회]

06 다음 중 자료 사전(Data Dictionary)에서 선택의 의미를 나타내는 것은?

① [ ]　　　　② { }

③ +　　　　④ *

해설 ②는 반복, ③은 연결을 의미하며, ④는 자료 사전의 기호가 아니다.

[20년 4회]

07 DFD(data flow diagram)에 대한 설명으로 틀린 것은?

① 자료 흐름 그래프 또는 버블(bubble) 차트라고도 한다.

② 구조적 분석 기법에 이용된다.

③ 시간 흐름을 명확하게 표현할 수 있다.

④ DFD의 요소는 화살표, 원, 사각형, 직선(단선/이중선)으로 표시한다.

해설 자료 흐름도는 시간의 흐름이 아닌 자료의 흐름 및 변화 과정과 기능을 도형으로 표현한 것이다.

[20년 2회]

08 데이터 흐름도(DFD)의 구성 요소에 포함되지 않는 것은?

① Process
② Data Flow
③ Data Store
④ Data Dictionary

해설
자료 흐름도 구성 요소
: 단말(External Entity, Terminator), 자료 저장소(Data Store), 처리
(Process, 프로세스), 자료의 흐름(Data Flow)

[20년 3회]

09 자료 흐름도(Data Flow Diagram)의 구성 요소로 옳은 것은?

① Process, Data Flow, Data Store, Comment
② Process, Data Flow, Data Store, Terminator
③ Data Flow, Data Store, Terminator, Data Dictionary
④ Process, Data Store, Terminator, Mini-Spec

해설
08번 해설을 참고하세요.

▶ 정답 : 01.②, 02.④, 03.④, 04.④, 05.③, 06.①, 07.③, 08.④, 09.②

★★★

04 요구사항 분석 및 설계 도구

1 CASE(Computer Aided Software Engineering) [20년 3회]

CASE는 소프트웨어 개발 과정 일부 또는 전체를 자동화하기 위한 도구이다.

• 계획 수립에서부터 요구분석, 설계, 개발, 유지보수에 이르는 소프트웨어 생명 주기의 전 과정을 자동화할 수 있도록 지원한다.

1. CASE 분류 [21년 2회]

분류	설명
상위(Upper) CASE	• 소프트웨어 생명 주기 전반부에서 사용 • 문제를 기술하고 계획하며 요구분석과 설계 단계 지원 • 지원하는 기능 : 모델들 사이의 모순 검사, 모델의 오류 검증, 자료 흐름도 작성 등
하위(Lower) CASE	• 소프트웨어 생명 주기 하반부에서 사용 • 코드의 작성과 테스트, 문서화하는 과정 지원
통합(Integrate) CASE	• 소프트웨어 생명 주기 전체 과정 지원

2. CASE의 원천 기술 [21년 2회]

노동 집약적인 소프트웨어 개발 방식을 자동화한 CASE는 아래와 같은 여러 원천 기술이 결합하여 등장했다.

원천 기술	설명
구조적 기법	쉽게 이해할 수 있는 시스템 모델
프로토타이핑 기술	프로토타입* 제작을 위한 프로토타입용 프로그래밍 언어, 스크린 레이아웃 제작 도구, 보고서 설계 도구
자동 프로그래밍 기술	설계한 내용을 기초로 프로그램 자동 생성
정보 저장소 기술	소프트웨어를 개발하는 동안 저장된 시스템 관련 정보 보관 및 관리
분산처리 기술	클라이언트/서버 환경*에도 제공되어 다수의 사용자가 공동 사용 가능

권쌤이 알려줌

CASE의 등장 배경은 아래와 같습니다.
• 소프트웨어 위기 극복 방안
• 사용자의 요구사항과 실제 시스템 간의 차이 발생 극복 필요
• 시스템의 재사용성, 생산성 및 유지보수의 어려움 극복 필요
• 소프트웨어의 대규모화, 통합화, 다양화 및 복잡화에 따른 효율적인 관리 필요

프로토타입(Prototype, 시제품, 견본품)
최종 시스템의 예상 기능 중 일부를 빠르게 구현한 프로그램

클라이언트/서버 환경
서비스를 요청하는 클라이언트와 서비스를 제공하는 서버 간에 작업을 분리한 환경
⑩ 수강생 컴퓨터(클라이언트), 기사퍼스트 컴퓨터(서버)

3. CASE 도구의 효과 [21년 1회] [20년 2, 4회]

- 표준화된 환경 구축과 문서 과정의 자동화 및 표현성 확보
- 표준화와 보고를 통한 문서화 품질 개선
- 소프트웨어 재사용성 확보 및 안정된 소프트웨어 품질 확보
- 전 과정의 신속성 및 통합성 제공
- 모두가 데이터베이스를 이용 가능하므로 분석자들 간의 적절한 조정
- 변경이 주는 영향 추적의 용이성
- 명세에 대한 유지보수 비용의 축소

4. 요구사항 분석을 위한 CASE(자동화 도구)

요구사항을 자동으로 분석하고, 요구사항 분석 명세서를 기술하도록 개발된 도구이다.

- 요구사항의 변경 사항을 추적하고 분석 및 관리할 수 있다.

▼ 대표적인 요구사항 분석 CASE 종류 [20년 4회]

종류	설명
SADT (Structured Analysis and Design Technique)	• SoftTech사에서 개발한 것으로 시스템 정의, 소프트웨어 요구사항 분석, 시스템/소프트웨어 설계를 위해 널리 이용된 구조적 분석 및 설계 도구이다. • 구조적 요구 분석을 하기 위해 블록 다이어그램*을 채택한 자동화 도구이다.
SREM (Software Requirements Engineering Methodology) = RSL/REVS	• TRW사가 우주 국방 시스템 그룹에 의해 실시간 처리 소프트웨어 시스템에서 요구사항을 명확히 기술 할 목적으로 개발한 것으로, RSL과 REVS를 사용하는 도구이다. • RSL(Requirement Statement Language) : 요소*, 속성*, 관계*, 구조*들을 기술하는 요구사항 기술 언어 • REVS(Requirement Engineering and Validation System) : RSL로 기술된 요구사항을 자동으로 분석하여 요구사항 분석 명세서를 출력하는 요구사항 분석기
PSL/PSA	• 미시간 대학에서 개발한 것으로 PSL과 PSA를 사용하는 도구이다. • PSL(Problem Statement Language) : 요구사항(문제) 기술 언어 • PSA(Problem Statement Analyzer) : PSL로 기술한 요구사항을 자동으로 분석하여 다양한 보고서를 출력하는 요구사항 분석기
TAGS (Technology for Automated Generation of Systems)	• 시스템 공학 방법 응용에 대한 자동 접근 방법으로, 개발 주기의 전 과정에 이용할 수 있는 통합 도구이다. • 구성 : IORL, 요구사항 분석과 IORL 처리를 위한 도구, 기초적인 TAGS 방법론 • IORL : 요구사항 명세 언어

2 HIPO(Hierarchy Input Process Output) [22년 3회] [20년 2회]

HIPO는 시스템 분석, 설계, 문서화에 사용되는 도구이다.

- 기본 시스템 모델은 입력, 처리, 출력으로 구성된다.
- 하향식 소프트웨어 개발*을 위한 문서화 도구로서 이해하기 쉽다.
- 변경 및 유지보수가 쉽다.

▼ HIPO Chart의 종류

종류	설명
가시적 도표(Visual Table of Contents, 도식 목차)	시스템 전체적인 기능과 흐름을 보여주는 계층 구조도
총체적 다이어그램(Overview Diagram, 총괄 도표, 개요 도표)	입력, 처리, 출력에 대한 전반적인 정보를 제공하는 도표
세부적 다이어그램(Detail Diagram, 상세 도표)	총체적 다이어그램을 상세 기술하는 도표

3 N-S Chart(Nassi-Shneiderman Chart) [22년 3회] [20년 4회]

N-S Chart는 순서도와는 달리 논리 기술에 중점을 두고 상자 도형을 이용한 도형식 설계 도구이다.

- 박스 다이어그램이라고도 한다.
- 순차, 반복, 선택, 다중 선택의 제어 구조를 표현하는 도구이다.
- GOTO문*을 표현할 수 없으며, 화살표를 사용할 수 없다.

▲ 순차(연속) 구조
(Sequence)

▲ 반복 구조
(Repeat~until,
While, for)

▲ 선택 구조
(If~then~else, Case)

▲ 다중 선택(Case) 구조

GOTO문
프로그램 실행 중 현재 위치에서 원하는 다른 문장으로 건너뛰어 수행을 계속하기 위해 사용(유지보수 어려움, 거의 사용 안 함)

기출 및 예상문제

[20년 3회]

01 CASE 도구에 대한 설명으로 거리가 먼 것은?

① 소프트웨어 개발 과정의 일부 또는 전체를 자동화하기 위한 도구이다.

② 표준화된 개발 환경 구축 및 문서 자동화 기능을 제공한다.

③ 작업 과정 및 데이터 공유를 통해 작업자 간의 커뮤니케이션을 증대한다.

④ 2000년대 이후 소개되었으며, 객체지향 시스템에 한해 효과적으로 활용된다.

해설 | CASE라는 용어는 1980년대 처음 등장하였으며, 객체 지향 시스템, 구조적 시스템 등 여러 시스템에서 활용된다.

[21년 2회]

02 다음 중 상위 CASE 도구가 지원하는 주요 기능으로 볼 수 없는 것은?

① 모델들 사이의 모순검사 기능

② 전체 소스코드 생성 기능

③ 모델의 오류검증 기능

④ 자료흐름도 작성 기능

> **해설** 다른 하나는 하위 CASE 도구의 코드 작성에 대한 설명과 유사하다. 하지만 하위 CASE 도구는 완벽하게 전체 소스 코드 생성은 어렵다.

[21년 2회]
03 CASE(Computer-Aided Software Engineering)의 원천 기술이 아닌 것은?

① 구조적 기법
② 프로토타이핑 기술
③ 정보 저장소 기술
④ 일괄처리 기술

> **해설** CASE의 원천 기술 : 구조적 기법, 프로토타이핑 기술, 자동 프로그래밍 기술, 정보 저장소 기술, 분산처리 기술

[20년 2, 4회]
04 CASE가 갖고 있는 주요 기능이 아닌 것은?

① 그래픽 지원
② 소프트웨어 생명 주기 전 단계의 연결
③ 언어 번역
④ 다양한 소프트웨어 개발 모형 지원

> **해설** 언어 번역은 컴파일러나 인터프리터가 하는 일이다.

[21년 1회]
05 CASE(Computer Aided Software Engineering)에 대한 설명으로 틀린 것은?

① 소프트웨어 모듈의 재사용성이 향상된다.
② 자동화된 기법을 통해 소프트웨어 품질이 향상된다.
③ 소프트웨어 사용자들에게 사용 방법을 신속히 숙지시키기 위해 사용된다.
④ 소프트웨어 유지보수를 간편하게 수행할 수 있다.

> **해설** CASE는 개발자의 반복적인 작업량을 줄이기 위해 사용된다.

[20년 4회]
06 SoftTech사에서 개발된 것으로 구조적 요구 분석을 하기 위해 블록 다이어그램을 채택한 자동화 도구는?

① SREM
② PSL/PSA
③ HIPO
④ SADT

> **해설** [키워드] SoftTech, 구조적(Structured) 요구 분석(Analysis), 블록 다이어그램 → [용어] SADT(Structured Analysis and Design Technique)

[20년 2회]
07 HIPO(Hierarchy Input Process Output)에 대한 설명으로 거리가 먼 것은?

① 상향식 소프트웨어 개발을 위한 문서화 도구이다.
② HIPO 차트 종류에는 가시적 도표, 총체적 도표, 세부적 도표가 있다.
③ 기능과 자료의 의존 관계를 동시에 표현할 수 있다.
④ 보기 쉽고 이해하기 쉽다.

> **해설** HIPO는 하향식 소프트웨어 개발을 위한 문서화 도구이다.

[20년 4회]
08 NS(Nassi-Shneiderman) chart에 대한 설명으로 거리가 먼 것은?

① 논리의 기술에 중점을 둔 도형식 표현 방법이다.
② 연속, 선택 및 다중 선택, 반복 등의 제어논리구조로 표현한다.
③ 주로 화살표를 사용하여 논리적인 제어 구조로 흐름을 표현한다.
④ 조건이 복합되어 있는 곳의 처리를 시각적으로 명확히 식별하는데 적합하다.

> **해설** 화살표를 사용하지 않고 선택과 반복 구조를 시각적으로 표현한다.

▶ 정답 : 01.④, 02.②, 03.④, 04.③, 05.③, 06.④, 07.①, 08.③

[이전 기출]

01 대학교 학사관리시스템의 기능적 요구사항으로 옳지 않은 것은?

① 담당 교수는 자신이 맡은 과목의 성적을 입력 또는 수정한다.
② 학적관리자는 학생 정보를 등록, 삭제할 수 있다.
③ 학생은 자신이 수강한 모든 과목의 성적을 조회할 수 있다.
④ 시스템 장애로 인한 정지 시간이 1년에 10시간을 넘지 않아야 한다.

[이전 기출]

02 비기능 요구사항에 대한 설명으로 옳지 않은 것은?

① 예산의 제약, 조직의 정책, 다른 소프트웨어와 하드웨어 시스템과의 상호 운영성, 안정성 규칙과 프라이버시 보호법과 같은 사용자의 필요에 의해 발생한다.
② 요구사항과 목표를 혼합한 문서를 사용하여 비기능적 요구사항을 표현한다.
③ 시스템에서 제공되는 서비스나 기능에 대한 제약이다.
④ 시스템이 제공해야 하는 서비스와 시스템이 특정 입력에 대해 어떻게 반응하는지, 시스템이 특정 상황에서 어떻게 동작해야 하는지에 관한 사항이다.

[이전 기출]

03 다음 중 요구사항 명세의 원리로 거리가 먼 것은?

① 완전성   ② 변경 용이성
③ 기밀성   ④ 일관성

[이전 기출]

04 워크스루(Walk-through)의 특징으로 거리가 먼 것은?

① 발견된 오류는 문서화한다.
② 오류 검출에 초점을 두고 해결책은 나중으로 미룬다.
③ 검토를 위한 자료를 사전에 배포하여 검토하도록 한다.
④ 정해진 기간과 비용으로 프로젝트를 완성시키기 위한 대책을 수립한다.

[이전 기출]

05 자료 흐름도(DFD)의 각 요소별 표기 형태의 연결이 옳지 않은 것은?

① Process : 원
② Data Flow : 화살표
③ Data Store : 삼각형
④ Terminator : 사각형

[이전 기출]

06 자료흐름도(DFD)의 작성 지침이라고 볼 수 없는 것은?

① 자료는 처리를 거쳐 변환될 때마다 새로운 명칭을 부여해야 한다.
② 자료흐름도의 최하위 처리(Process)는 소단위명세서를 갖는다.
③ 배경도(Context diagram)에도 명칭과 번호를 부여해야 한다.
④ 어떤 처리(Process)가 출력자료를 산출하기 위해서는 필요한 자료가 반드시 입력되어야 한다.

[이전 기출]

07 세분화된 자료 흐름도에서 최하위 단계 프로세스의 처리 절차를 설명한 것은?

① ERD
② Mini-spec
③ DD
④ UML

[이전 기출]

08 데이터 모델링에 있어서 ERD(Entity Relationship Diagram)는 무엇을 나타내고자 하는가?

① 데이터 흐름의 표현
② 데이터 구조의 표현
③ 데이터 구조들과 그들 간의 관계들을 표현
④ 데이터 사전을 표현

09 CASE(Compute-Aided Software Engineering)에 관한 설명으로 옳지 않은 것은?

① 소프트웨어 모듈의 재사용성을 봉쇄하여 개발비용을 절감할 수 있다.

② 소프트웨어 품질과 일관성을 효율적으로 관리할 수 있다.

③ 소프트웨어 생명 주기의 모든 단계를 연결시켜 주고 자동화시켜 준다.

④ 소프트웨어의 유지보수를 용이하게 수행할 수 있도록 해 준다.

10 프로그램을 구성하는 기능을 기술한 것으로 입력, 처리, 출력을 기술하는 HIPO 패키지에 해당하는 것은?

① Overview Diagram

② Detail Diagram

③ Visual Table of contents

④ Entity Relationship Diagram

섹션
기출예상문제 해설

Section 03. 요구 공학

01 ④는 개발 과정에서 지켜져야 할 제약조건에 관한 요구사항으로, 비기능적 요구사항에 포함된다.

02 ④는 시스템이 수행해야 하는 작업에 관한 요구사항으로, 기능적 요구사항에 포함된다.

03 요구사항 명세 원리 : 완전성, 명확성, 일관성, 추적 가능성, 변경 용이성, 검증 가능성, 기능성

04 워크스루는 짧은 검토 회의를 통해 결함을 발견하는 검토 방법으로, 대책은 수립하지 않는다.

05 자료 저장소(Data Store)는 평행선으로 표기한다.

06 배경도(Context diagram)에는 명칭과 번호를 부여하지 않는다.

07 키워드 최하위 단계, 처리 절차 → 용어 소단위 명세서(Mini-Spec)
• 개체 관계도(Entity-Relationship Diagram/Model, ER 다이어그램) : 개체와 개체 간의 관계를 도식화한 것
• 자료 흐름도(DFD; Data Flow Diagram) : 데이터가 시스템에 의해

서 어떻게 처리되는지 보여주는 직관적인 방법
• UML(Unified Modeling Language, 통합 모델링 언어) : 객체 지향 소프트웨어 개발 과정에서 산출물을 명세화, 시각화, 문서화할 때 사용되는 모델링 기술과 방법론을 통합하여 만든 표준화된 범용 모델링 언어

08 키워드 그들 간의 관계(Relationship) 표현 → 용어 개체 관계도(Entity-Relationship Diagram/Model, ER 다이어그램)

09 소프트웨어 모듈의 재사용성을 향상시켜 개발비용을 절감할 수 있다.

10 키워드 입력, 처리, 출력 → 용어 총체적 다이어그램(Overview Diagram, 총괄 도표, 개요 도표)
• 세부적 다이어그램(Detail Diagram, 상세 도표) : 총체적 다이어그램을 상세 기술하는 도표
• 가시적 도표(Visual Table of Contents, 도식 목차) : 시스템 전체적인 기능과 흐름을 보여주는 계층 구조도
• 개체 관계도(Entity-Relationship Diagram/Model, ER 다이어그램) : 개체와 개체 간의 관계를 도식화한 것

정답 **01** ④ **02** ④ **03** ③ **04** ④ **05** ③ **06** ③ **07** ② **08** ③ **09** ① **10** ①

SECTION

04

UML

UML은 응용 소프트웨어 개발 과정에서 개발자 간 또는 고객과의 원활한 의사소통을 위해 표준화한 통합 모델링 언어입니다. 대부분의 모델링 표기법으로 UML을 사용하며, UML 다이어그램을 작성하여 개발할 응용 소프트웨어의 기능을 명확하게 파악할 수 있습니다.

★★★
01 UML

1 UML(Unified Modeling Language, 통합 모델링 언어)

[22년 1회] [20년 4회]

UML은 객체 지향 소프트웨어 개발 과정에서 산출물을 명세화, 시각화, 문서화할 때 사용되는 모델링 기술과 방법론을 통합하여 만든 표준화된 범용 모델링 언어이다.

- 고객과 개발자 또는 개발자 상호 간의 의사소통이 원활하게 이루어지도록 한다.
- 부치(Booch), 자콥슨(Jacobson), 럼바우(Rumbaugh) 등의 객체 지향 방법론을 통합했다.
- 부치 방법의 표기법, 객체 모델링 기술(OMT)※ 및 객체 지향 소프트웨어 엔지니어링(OOSE)※을 기반으로 하며 단일 언어로 통합했다.
- OMG※에서 표준으로 지정한 언어이다.
- UML의 구성 요소에는 사물(Things), 관계(Relationship), 다이어그램(Diagram)이 있다.

2 사물(Things)

사물은 모델을 구성하는 가장 중요한 기본 요소로, 다이어그램 안에서 관계가 형성될 수 있는 대상이다.

종류	설명
구조(Structural) 사물	• 모델의 정적인 부분들을 주로 정의한다. • 물리적/개념적 요소를 표현한다. • 항목 : 클래스, 인터페이스, 통신, 유스케이스, 컴포넌트, 노드 등
행동(Behavioral) 사물	• 시간과 공간에 따른 요소들의 동적인 행위들을 정의한다. • 항목 : 상호작용, 상태 머신 등
그룹(Grouping) 사물	• 요소들을 그룹화 한 것이다. • 항목 : 패키지
주해(Annotation) 사물	• 모델을 설명하는 부분으로, 부가적인 설명이나 제약조건 등을 표현한다. • 항목 : 노트

권쌤이 알려줌

고객의 요구사항을 UML 다이어그램으로 작성하면, 개발자는 UML 다이어그램을 보고 설계 내용을 분석할 수 있어야 합니다.

객체 모델링 기술(OMT; Object Modeling Technique)
분석에서 설계, 구현까지 확장한 객체 지향 개발 방법론으로, 분석 모델링과 설계 모델링으로 구분된다.
• 소프트웨어 모델링 및 설계를 위한 객체 모델링 방식이다.

객체 지향 소프트웨어 엔지니어링(OOSE; Object Oriented Software Engineering)
Jacobson이 제시한 객체 지향 프로그래밍, 모형화 및 블록 설계라는 세 가지의 다른 기법을 혼합한 방법

OMG(Object Management Group, 객체 관리 그룹)
객체 지향 기술의 보급과 표준화를 추진하는 단체

권쌤이 알려줌

UML에서 사물은 사람, 우유, 자동차, 바퀴, 학생 등과 같은 대상을 말하며 개발 과정에서 객체(Object), 클래스, 유스케이스 등으로 표현합니다.
• UML은 객체, 사물, 클래스, 관계 등 객체지향 개발과 관련된 언어이므로 SECTION 06 객체지향 기법을 우선 학습하면 이해가 쉽습니다.

권쌤이 알려줌

관계의 종류는 영문으로도 자주 출제되니, 영문도 함께 학습하세요.

3 관계(Relationship) [22년 3회] [21년 2, 3회] [20년 2, 3회] [21년 3회 실기]

관계는 사물 간의 관계(연관성)이다.

관계	표현	설명	표현 예
연관 관계 (Association)	———	• 클래스(사물)들이 개념상 서로 연결되었음을 나타낸다. • 한 클래스가 다른 클래스에서 제공하는 기능을 사용할 때를 나타낸다.	예 사람과 우유는 서로 관계가 있다. [사람] — [우유]
직접 연관 관계 (Directed Association)	——→	• 클래스들이 개념상 서로 강하게 연결되었음을 나타낸다. • 한 클래스가 다른 클래스에서 제공하는 기능을 사용할 때를 나타낸다.	예 사람이 우유를 소유하는 관계를 가진다. [사람] —→ [우유]
집합 관계, 집약 관계 (Aggregation)	——◇	• 클래스들 사이의 전체(Whole)또는 부분(Part) 같은 관계를 나타낸다. • 전체 객체의 라이프 타임과 부분 객체의 라이프 타임은 독립적이다. 즉 전체 객체가 없어져도 부분 객체는 없어지지 않는다.	예 자동차는 바퀴가 있으며, 바퀴는 다른 자동차가 될 수 있다. : 바퀴(부분)은 다른 자동차(전체)의 바퀴(부분)가 될 수 있으므로 자동차(전체)와 독립적이다. [자동차] ◇— [바퀴]
합성 관계, 복합 관계, 포함 관계 (Composition)	——◆	• 클래스들 사이의 전체(Whole)또는 부분(Part) 같은 관계를 나타낸다. • 전체 객체의 라이프 타임과 부분 객체의 라이프 타임은 의존적이다. 즉 전체 객체가 없어지면 부분 객체도 없어진다.	예 손가락은 손에 포함되며, 손가락은 다른 손의 손가락이 될 수 없다. : 내 손가락(부분)은 다른 사람 손(전체)의 손가락(부분)이 될 수 없으므로 손(전체)과 의존적이다. [손] ◆— [손가락]
의존 관계 (Dependency)	········→	• 연관 관계와 같이 한 클래스가 다른 클래스에서 제공하는 기능을 사용할 때를 나타낸다. • 차이점은 두 클래스의 관계가 한 메소드를 실행하는 동안 매우 짧은 시간만 유지되며, 클래스가 변경되면 다른 클래스에 영향을 준다.	예 학생의 학점이 높으면 장학금을 지급하고, 낮으면 지급하지 않는다. : 학생의 학점이 높은 경우만 장학금 클래스의 장학금 지급 기능(메소드)이 실행되고 장학금을 지급한다. 따라서 장학금 클래스가 변경되면 학생 클래스에 영향을 주고, 학점에 따라 매우 짧은 시간만 관계가 유지된다. [학생] ····→ [장학금]
일반화 관계, 상속 관계 (Generalization)	——▷	• 한 클래스(Parent)가 다른 클래스(Child)를 포함하는 상위 개념 관계임을 나타낸다. • 일반화된 객체와 좀 더 특수화된 객체 사이의 관계를 의미한다.	예 자동차(Parent)에는 자가용(Child), 버스(Child), 택시(Child)가 있다. 자가용, 버스, 택시는 자동차의 성질을 상속받았다. [자동차] △ [자가용] [버스] [택시]
구현 관계, 실체화 관계 (Realization, Interface Realization)	·······▷	• 책임들의 집합인 인터페이스와 이 책임들을 실제로 실현한 클래스들 사이의 관계를 나타낸다. • 한 객체가 다른 객체에게 동작(Operation, 메소드)을 수행하도록 지정하는 의미적 관계이다.	예 우유는 마실 수 있고, 물도 마실 수 있다. 그러므로 우유와 물은 마신다로 그룹화할 수 있다. ○ 음료 [우유] [물] 또는 《interface》 음료 △ ▷ [우유] [물]

4 다이어그램(Diagram) [22년 1, 3회] [21년 2회] [20년 2, 3회]

다이어그램은 사물과 관계를 도형으로 표현한 것이다.

1. 구조 다이어그램(Structural UML Diagrams)

정적인 부분을 표현하고, 시스템의 구조를 나타내기 위한 다이어그램이다.

종류	설명
클래스 다이어그램 (Class Diagram)	시스템을 구성하는 클래스와 클래스가 가지는 속성, 클래스 사이의 관계를 표현한 다이어그램
객체 다이어그램 (Object Diagram)	클래스에 속한 사물들, 즉 특정 시점의 객체들의 구조적 상태를 표현한 다이어그램
패키지 다이어그램 (Package Diagram)	요소들을 그룹화한 패키지들의 관계 및 계층적 구조를 표현한 다이어그램
컴포넌트 다이어그램 (Component Diagram)	컴포넌트 간의 구성, 관계, 인터페이스를 표현한 다이어그램
복합 구조 다이어그램 (Composite Structure Diagram)	클래스나 컴포넌트의 내부 구조를 상세히 표현한 다이어그램
배치 다이어그램 (Deployment Diagram)	컴포넌트, 프로세스, 결과물 등의 물리적 구성을 표현한 다이어그램
프로필 다이어그램 (Profile Diagram)	프로필만 간단하게 표현한 다이어그램

권쌤이 알려줌

컴포넌트 다이어그램과 배치 다이어그램은 구현 단계에서 사용합니다.

권쌤이 알려줌

구조 다이어그램과 행위 다이어그램의 종류를 구분하는 문제가 출제되므로, 각 다이어그램 이름과 다이어그램별 키워드 중심으로 암기하세요.

2. 행위 다이어그램(Behavioral UML Diagrams)

동적인 부분을 표현하고, 시스템의 행위를 나타내기 위한 다이어그램이다.

종류	설명
유스케이스 다이어그램 (Usecase Diagram)	사용자 관점에서 시스템이 제공하는 기능과 외부 환경과의 관계를 표현한 다이어그램
활동 다이어그램 (Activity Diagram)	시스템의 처리 흐름에 따라 시스템의 기능을 순서대로 표현한 다이어그램
상태 다이어그램 (State Diagram)	객체들의 상태 변화를 표현한 다이어그램
시퀀스(순차) 다이어그램 (Sequence Diagram)	상호 작용하는 시스템이나 시스템 내부 객체 간에 주고받는 메시지를 시간의 흐름에 따라 표현한 다이어그램
통신 다이어그램 (Communication Diagram)	시퀀스 다이어그램과 동일한 내용을 객체 상호 관계의 관점에서 표현한 다이어그램
타이밍 다이어그램 (Timing Diagram)	한 상태에서 객체가 얼마나 오랜 시간을 지체하는지를 명시적으로 표현한 다이어그램
상호작용 개요 다이어그램 (Interaction Overview Diagram)	상호작용 다이어그램* 간의 흐름을 표현한 다이어그램

권쌤이 알려줌

유스케이스 다이어그램은 사용자 요구사항 분석 및 애플리케이션 기능 설계에 사용합니다.

권쌤이 알려줌

통신 다이어그램을 UML 하위 버전에서는 협력 다이어그램(Collaboration Diagram)이라고 합니다.

상호작용 다이어그램
시퀀스 다이어그램, 통신 다이어그램, 타이밍 다이어그램

UML을 이용한 모델링 [21년 1회]

구분	설명
기능 모델링	• 시스템이 제공할 기능을 표현한다. • 사용자 관점의 요구 기능 설명한다. • 종류 : 유스케이스 다이어그램, 활동 다이어그램
정적 모델링	• 시스템 내부 구성 요소를 표현한다. • 요구 기능 구현을 위한 개발자 관점이다. • 종류 : 클래스 다이어그램, 패키지 다이어그램 등
동적 모델링	• 시스템 내부 구성 요소의 상태가 시간의 흐름에 따라 변화(동작)하는 과정과 변화(동작)하는 과정에서 발생하는 상호작용을 표현한다. • 종류 : 상태 다이어그램, 시퀀스 다이어그램, 통신 다이어그램 등

 기출 및 예상문제   **01 UML**

[20년 4회]

01 UML의 기본 구성요소가 아닌 것은?

① Things　　　　② Terminal
③ Relationship　　④ Diagram

> **해설** UML 구성요소
> : 사물(Things), 관계(Relationship), 다이어그램(Diagram)

[20년 2회]

02 객체지향 기법에서 클래스들 사이의 '부분-전체(part-whole)'관계 또는 '부분(is-a-part-of)'의 관계로 설명되는 연관성을 나타내는 용어는?

① 일반화　　　　② 추상화
③ 캡슐화　　　　④ 집단화

> **해설** 집단화(Aggregation, 집합 관계)
> • 클래스들 사이의 전체(Whole) 또는 부분(Part) 같은 관계
> 에 자동차와 바퀴
> • 전체 객체의 라이프 타임과 부분 객체의 라이프 타임은 독립적
> • 관계성의 종류 : part-whole, is-a-part-of, is composed of
> **TIP** 추상화와 캡슐화는 이후 자세히 학습합니다.

[20년 3회]

03 아래의 UML 모델에서 '차' 클래스와 각 클래스의 관계로 옳은 것은?

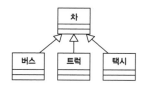

① 추상화 관계　　② 의존 관계
③ 일반화 관계　　④ 그룹 관계

> **해설** 일반화 관계는 일반화된 객체와 좀 더 특수화된 객체 사이의 관계를 의미한다.
> • 표기법 : ——▷

[21년 2회]

04 UML 모델에서 한 객체가 다른 객체에게 오퍼레이션을 수행하도록 지정하는 의미적 관계로 옳은 것은?

① Dependency　　② Realization
③ Generalization　④ Association

> **해설** **키워드** 한 객체가 다른 객체에게, 지정 → **용어** 구현 관계, 실체화 관계(Realization, Interface Realization)

[21년 3회]

05 UML 모델에서 한 사물의 명세가 바뀌면 다른 사물에 영향을 주며, 일반적으로 한 클래스가 다른 클래스를 오퍼레이션의 매개변수로 사용하는 경우에 나타나는 관계는?

① Association ② Dependency
③ Realization ④ Generalization

 키워드 한 사물의 명세가 바뀌면 다른 사물에 영향을 줌 → **용어** 의존 관계(Dependency)
TIP 매개변수는 각 클래스(또는 모듈) 간에 데이터를 넘겨주는 데 쓰이는 변수입니다.

[21년 3회 실기]

06 다음 설명의 ㉠과 ㉡에 들어갈 내용으로 옳은 것은?

> 눈에 보이지 않는 것을 개념적으로 표현하는 것을 추상화라고 하며, 이는 실세계의 복잡한 상황을 간결하고 명확하게 개념화하는 것이다. (㉠)은(는) 클래스들 사이의 전체 또는 부분 같은 관계를 나타내며, 전체 객체가 없어져도 부분 객체는 없어지지 않는다. (㉡)은(는) 한 클래스가 다른 클래스를 포함하는 상위 개념일때 IS-A 관계라고 한다.

	㉠	㉡
①	Dependency	Association
②	Generalization	Aggregation
③	Association	Dependency
④	Aggregation	Generalization

 키워드 전체 또는 부분 → **용어** 집합 관계, 집약 관계(Aggregation)
키워드 상위 개념 → **용어** 일반화 관계, 상속 관계(Generalization)

[20년 2회]

07 UML 모델에서 사용하는 Structural Diagram에 속하지 않은 것은?

① Class Diagram
② Object Diagram
③ Component Diagram
④ Activity Diagram

해설 다른 하나는 행위 다이어그램(Behavioral Diagram)에 속한다.

[20년 3회]

08 UML에서 활용되는 다이어그램 중, 시스템의 동작을 표현하는 행위(Behavioral) 다이어그램에 해당하지 않는 것은?

① 유스케이스 다이어그램
② 시퀀스 다이어그램
③ 활동 다이어그램
④ 배치 다이어그램

 해설 다른 하나는 구조(Structural) 다이어그램에 속한다.

[21년 2회]

09 UML 다이어그램이 아닌 것은?

① 액티비티 다이어그램(Activity Diagram)
② 절차 다이어그램(Procedural Diagram)
③ 클래스 다이어그램(Class Diagram)
④ 시퀀스 다이어그램(Sequence Diagram)

 해설 UML 다이어그램 종류에는 액티비티(활동) 다이어그램, 클래스 다이어그램, 시퀀스 다이어그램, 유스케이스 다이어그램 등이 있다.

[21년 1회]

10 UML(Unified Modeling Language)에 대한 설명 중 틀린 것은?

① 기능적 모델은 사용자 측면에서 본 시스템 기능이며, UML에서는 Use case Diagram을 사용한다.
② 정적 모델은 객체, 속성, 연관관계, 오퍼레이션의 시스템의 구조를 나타내며, UML에서는 Class Diagram을 사용한다.
③ 동적 모델은 시스템의 내부 동작을 말하며, UML에서는 Sequence Diagram, State Diagram, Activity Diagram을 사용한다.
④ State Diagram은 객체들 사이의 메시지 교환을 나타내며, Sequence Diagram은 하나의 객체가 가진 상태와 그 상태의 변화에 의한 동작순서를 나타낸다.

 해설 Sequence Diagram이 객체들 사이의 메시지 교환을 나타내며, State Diagram은 하나의 객체가 가진 상태와 그 상태의 변화에 의한 동작순서를 나타낸다.

▶ 정답 : 01.②, 02.④, 03.③, 04.②, 05.②, 06.④, 07.④, 08.④, 09.②, 10.④

02 UML 다이어그램

1 유스케이스 다이어그램(UseCase Diagram) [22년 2회] [21년 2회]

유스케이스 다이어그램은 사용자 관점에서 시스템이 제공하는 기능 및 그와 관련한 외부 요소를 표현한 다이어그램이다.

- 사용자 요구사항 분석 및 애플리케이션 기능 설계에 사용한다.

권쌤이 알려줌

UML 다이어그램의 표기법은 UML 다이어그램 도구 및 버전마다 다를 수 있습니다.

합격자의 맘기법

유스케이스 다이어그램의 관계
- 키워드 상호 작용 → 용어 연관(association)
- 키워드 반드시 실행 → 용어 포함(include)
- 키워드 선택적 실행 → 용어 확장(extend)
- 키워드 구체화 → 용어 일반화(generalization)

길러멧(guillemet)
≪ ≫, 겹화살괄호

권쌤이 알려줌

포함(include) 관계와 확장(extend) 관계는 의존(Dependency) 관계에 속합니다.

1. 구성 요소 [20년 2회]

구성 요소	표현 방법	설명
시스템 (System)	주문	• 만들고자 하는 프로그램
액터(Actor)	사용자	• 사용자 액터 : 시스템의 외부에서 시스템과 상호작용을 하는 사람, 시스템의 기능을 사용하는 사람 • 시스템 액터 : 시스템, 시스템에 정보를 제공하는 또 다른 시스템
유스케이스 (Usecase)	주소입력	• 사용자 입장에서 바라본 시스템의 기능
관계(Relation)	≪include≫ ┈┈> ≪extend≫ ┈┈> ──▷	• 액터와 유스케이스, 유스케이스와 유스케이스 사이의 의미 있는 관계

2. 관계 [22년 2회] [21년 1회]

관계	표현 방법	설명	표현 예
연관 (association)	─────	• 액터와 유스케이스 간 또는 유스케이스와 유스케이스 간 상호 작용이 존재하는가?	사용자 ─── 게시글을 작성한다. ▲ 연관
포함(include)	≪include≫ ┈┈>	• 유스케이스를 실행하기 위하여 반드시 실행되어야 하는 유스케이스가 존재하는가? • 기본 유스케이스에서 다른 유스케이스를 반드시 포함하는 관계로 ≪include≫*를 사용하여 표현	게시글을 작성한다. ┈≪include≫┈> 로그인 한다. ▲ 포함
확장(extend)	≪extend≫ ┈┈>	• 유스케이스를 실행함으로써 선택적으로 실행되는 유스케이스가 존재하는가? • 기본 유스케이스에서 다른 유스케이스를 선택적으로 확장되는 관계로 ≪extend≫를 사용하여 표현	게시글을 작성한다. <┈≪extend≫┈ 파일을 첨부한다. ▲ 확장
일반화 (generalization)	──▷	• 액터 또는 유스케이스가 구체화된 다른 액터 또는 유스케이스를 가지고 있는가?	게시글을 검색한다. ◁── 작성 날짜로 검색한다. / 작성자로 검색한다. ▲ 일반화

주문

주소입력

((include))

사용자

회원가입

로그인

회원   비회원

((include))

주문결제 ((extend)) 포인트 결제

해설

- '사용자'는 '회원'과 '비회원'으로 구분된다.
- '사용자'는 '회원가입', '주문결제' 기능을 사용할 수 있다.
- '사용자'는 반드시 '주소입력'을 한 후에 '회원가입' 기능을 사용할 수 있다.
- '사용자'는 반드시 '로그인'을 한 후에 '주문결제' 기능을 사용할 수 있다.
- '사용자'는 '주문결제' 기능을 수행할 때 '포인트 결제' 기능을 사용할 수 있다.

학습플러스 분석 클래스의 스테레오 타입 [20년 2회]

유스케이스 다이어그램을 기능별로 더 상세하게 분류하여 분석 클래스(모델)를 도출할 수 있다. 분석 클래스의 역할과 책임에 따라 경계 클래스, 제어 클래스, 엔티티 클래스로 분류할 수 있다.

역할 구분	스테레오 타입	아이콘	내용
경계	((boundary))		시스템과 외부 액터와의 상호작용을 담당하는 클래스
엔티티	((entity))		시스템이 유지해야 하는 정보를 관리하는 기능을 전담하는 클래스
제어	((control))		시스템이 제공하는 기능의 로직 및 제어를 담당하는 클래스

2 클래스 다이어그램(Class Diagram) [21년 1회] [21년 3회 실기]

클래스 다이어그램은 시스템을 구성하는 클래스와 클래스가 가지는 속성, 메소드, 클래스 사이의 관계를 표현한 다이어그램이다.

1. 구성 요소

① 클래스(Class) [21년 3회]

객체들의 집합으로, 각 객체가 가지는 속성※과 오퍼레이션※을 포함한다.

② 다중성(Multiplicity)

하나의 객체에 연관된 객체 수를 의미한다.

클래스명
+속성1 +속성2
+오퍼레이션1( ) +오퍼레이션2( )

권쌤이 알려줌

클래스 다이어그램에서 속성과 오퍼레이션은 생략할 수 있지만, 클래스 이름은 반드시 명시해야 합니다.

속성(Attribute)
데이터, 변수, 자료 구조
예 자가용 객체는 바퀴 4개, 엔진 1개, 좌석 5개의 속성(상태)을 가지고 있다.

오퍼레이션(Operation)
메소드, 연산자, 동작, 함수, 프로시저
예 자가용 객체는 전진, 후진, 좌회전, 우회전 오퍼레이션(동작)을 가지고 있다.

표기법	설명
0..1	연관된 객체가 0개 또는 1개만 존재
n..m	연관된 객체가 최소 n개에서 최대 m개
0..* 또는 *	연관된 객체가 0개 이상
1	연관된 객체가 1개
1..*	연관된 객체가 1개 이상

③ 접근 제한자(Access Modifier, 접근 제어자)

내 · 외부로부터 클래스 멤버에 대한 접근 범위를 설정하여 주는 것이다.

접근 제한자	표현 방법	설명
public	+	• 모든 접근을 허용한다. • 패키지와 클래스가 같지 않아도 모든 접근이 가능하다.
protected	#	• 동일 패키지 내의 클래스와 다른 패키지의 상속 관계에 있는 클래스에서도 접근 가능하다. • 다른 패키지이거나 상속 관계가 없는 다른 클래스 차단한다.
private	−	• 자신을 포함한 클래스에서만 접근이 가능하다. • 외부에 있는 클래스의 접근을 차단한다.
package	~	• 자신을 포함하는 패키지에서만 접근이 가능하다.

④ 관계(Relationship)

클래스 간의 관계(연관성)를 표현한다.

• 연관 관계, 직접 연관 관계, 집합 관계, 포함 관계, 의존 관계, 일반화 관계, 실체화 관계가 있다.

> **예제** 〈교수-학생〉 클래스 다이어그램
>
> | 교수 |
> |---|
> | +아이디
−이름 |
> | |
>
> 1..* 1..*
>
> | 학생 |
> |---|
> | +아이디
−이름 |
> | |

> **해설**
> • '교수'클래스의 속성에는 아이디(public), 이름(private)이 있다.
> • '학생'클래스의 속성에는 아이디(public), 이름(private)이 있다.
> • '교수'는 1명 이상의 학생을 가르치고, '학생'은 1명 이상의 교수로부터 가르침을 받는다.

3 시퀀스 다이어그램(Sequence Diagram) [22년 2회] [21년 3회]

시퀀스 다이어그램은 상호 작용하는 시스템이나 시스템 내부 객체 간에 주고받는 메시지를 시간의 흐름에 따라 표현한 다이어그램이다.

1. 구성 요소 [20년 3회]

구성 요소	표현 방법	설명
액터(Actor)	(사람 아이콘) Lifeline1 : 고객	• 시스템으로부터 서비스를 요청하는 외부 요소

권쌤이 알려줌

클래스의 속성과 메소드를 한 꺼번에 클래스 멤버(Class Member)라고도 부릅니다.

권쌤이 알려줌

다중성, 패키지, 상속, 관계 등 클래스 다이어그램의 구성 요소와 관련된 내용은 [4과목. 프로그래밍 언어 활용]에서 자세히 학습하므로 간략히 학습하세요.

객체(Object)	: 로그인 화면	• 메시지를 주고받는 활동 주체 • 박스 안에는 '객체명:클래스명'으로 작성하며, 한쪽은 생략 가능함
메시지(Message)	1 : 로그인 버튼 클릭 →	• 객체 간 주고받는 메시지
생명선(Lifeline)	┊	• 객체에서 아래로 뻗어나가는 선으로 시간의 흐름에 따라 발생하는 이벤트 표시 • 객체가 메모리에 존재하는 기간
활성 상자 (Activation Box, 실행)	▯	• 객체 생명선 위에 그려지는 박스로, 이 박스 위에서 객체의 호출이 이루어짐 • 현재 객체가 어떤 활동을 하고 있음을 의미
프레임(Frame)	activity 상품 주문	• 다이어그램의 전체 또는 일부를 묶어 범위를 명시하기 위한 표현

2. 메시지(Message)

메시지	표현 방법	설명
동기 (Synchronous)	⟶	메시지를 보낸 후 응답을 기다리는 메시지
응답(Reply)	---⟶	동기 메시지에 대한 응답 메시지
비동기 (Asynchronous)	⟶	메시지를 보낸 후 응답을 기다리지 않는 메시지
생성(Creation)	«create» → :	메시지를 받는 새로운 객체 생성
Self	↰	자신에게 보낸 메시지

권쌤이 알려줌

응답 메시지 표현 방법에는
············▶ 도 있습니다.

예제 〈상품 주문〉 시퀀스 다이어그램

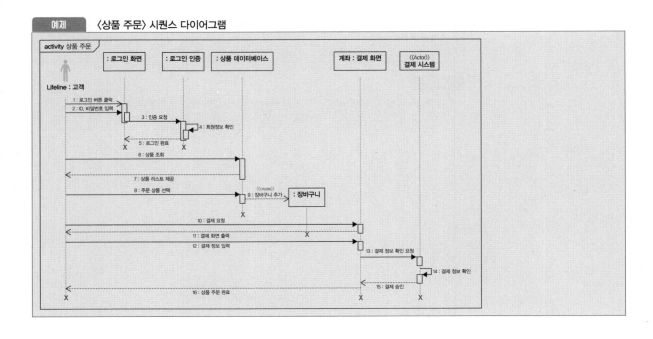

- '고객'은 '로그인 버튼 클릭'하고 'ID, 비밀번호 입력'한다.
- 입력된 ID, 비밀번호에 대해 '인증 요청'하면 '회원정보 확인'하고 '로그인 완료'한다.
- '회원정보 확인'하면 '로그인 인증' 객체는 소멸되고, '로그인 완료'되면 '로그인 화면' 객체도 소멸된다.
- '고객'이 '상품 조회' 시 '상품 리스트 제공'받아 주문할 상품을 선택하고 '장바구니 추가'할 수 있다.
- '고객'이 '결제 요청' 시 '계좌: 결제 화면'에서 '결제 정보 입력'한다.
- 입력된 '결제 정보 확인 요청'하면 '결제 정보 확인'하고 '결제 승인'한다. 그리고 '상품 주문 완료'된다.
- '결제 정보 확인'하면 '결제 시스템' 액터는 소멸되고, '결제 승인'하면 '계좌: 결제 화면' 객체가 소멸된다.

❹ 패키지 다이어그램(Package Diagram) [20년 4회 실기]

패키지 다이어그램은 요소들을 그룹화한 패키지들의 관계를 계층적 구조로 표현한 다이어그램이다.

1. 구성 요소

구성 요소	표현 방법	설명
패키지 (Package)	패키지	• 클래스들의 그룹 • 클래스들의 공통적인 요소를 그룹화한 것
의존 관계	⟪import⟫ ⟪access⟫	• 패키지 사이에 의존을 나타내는 것 • ⟪import⟫ : 패키지에 포함된 요소에 직접 접근이 가능하다. • ⟪access⟫ : 인터페이스를 통해 패키지에 포함된 요소에 접근한다.

예제 〈쇼핑몰〉 패키지 다이어그램

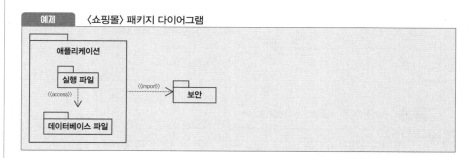

- '실행파일' 패키지는 '데이터베이스 파일' 패키지 내 요소에 인터페이스를 통해 접근이 가능하다.
- '애플리케이션' 패키지는 '보안' 패키지 내 요소에 직접 접근이 가능하다.

[21년 2회]

01 유스케이스(Usecase)에 대한 설명 중 옳은 것은?

① 유스케이스 다이어그램은 개발자의 요구를 추출하고 분석하기 위해 주로 사용한다.

② 액터는 대상 시스템과 상호 작용하는 사람이나 다른 시스템에 의한 역할이다.

③ 사용자 액터는 본 시스템과 데이터를 주고받는 연동 시스템을 의미한다.

④ 연동의 개념은 일방적으로 데이터를 파일이나 정해진 형식으로 넘겨주는 것을 의미한다.

> **해설**
> • 유스케이스 다이어그램은 개발자가 아닌 사용자의 요구를 추출하고 분석하기 위해 주로 사용한다.
> • ③은 시스템 액터에 대한 설명이다.
> • 연동의 개념은 양방향으로 데이터를 파일이나 정해진 형식으로 주고받는 것을 의미한다.

[21년 1회]

02 기본 유스케이스 수행 시 특별한 조건을 만족할 때 수행하는 유스케이스는?

① 연관   ② 확장

③ 선택   ④ 특화

> **해설** `키워드` 특별한 조건 만족 → `용어` 확장(extend)

[20년 2회]

03 UML 확장 모델에서 스테레오 타입 객체를 표현할 때 사용하는 기호로 맞는 것은?

① 《 》   ② (( ))

③ {{ }}   ④ [[ ]]

> **해설** 스테레오 타입 : 《boundary》, 《entity》, 《control》

[21년 1회]

04 UML 다이어그램 중 시스템 내 클래스의 정적 구조를 표현하고 클래스와 클래스, 클래스의 속성 사이의 관계를 나타내는 것은?

① Activity Diagram   ② Model Diagram

③ State Diagram   ④ Class Diagram

> **해설** `키워드` 클래스(Class)와 클래스, 클래스의 속성 사이의 관계 → `용어` 클래스 다이어그램(Class Diagram)

[21년 3회 실기]

05 UML 종류 중 객체들의 집합으로 각 객체들이 가지는 속성과 메소드를 포함하는 다이어그램은?

① 클래스(Class) 다이어그램

② 활동(Activity) 다이어그램

③ 패키지(Package) 다이어그램

④ 시퀀스(Sequence) 다이어그램

> **해설** `키워드` 속성, 메소드(오퍼레이션) → `용어` 클래스 다이어그램

[21년 3회]

06 클래스 다이어그램의 요소로 다음 설명에 해당하는 용어는?

> • 클래스의 동작을 의미한다.
> • 클래스에 속하는 객체에 대하여 적용될 메서드를 정의한 것이다.
> • UML에서는 동작에 대한 인터페이스를 지칭한다고 볼 수 있다.

① Instance   ② Operation

③ Item   ④ Hiding

> **해설** `키워드` 동작, 메서드 → `용어` 오퍼레이션(Operation)

07 순차 다이어그램(Sequence Diagram)과 관련한 설명으로 틀린 것은? [21년 3회]

① 객체들의 상호 작용을 나타내기 위해 사용한다.

② 시간의 흐름에 따라 객체들이 주고받는 메시지의 전달 과정을 강조한다.

③ 동적 다이어그램보다는 정적 다이어그램에 가깝다.

④ 교류 다이어그램(Interaction Diagram)의 한 종류로 볼 수 있다.

> **해설** 순차(시퀀스) 다이어그램은 상호 작용하는 시스템이나 시스템 내부 객체 간에 주고받는 메시지를 시간의 흐름에 따라 표현한 다이어그램으로, 동적 다이어그램에 포함된다.

08 UML에서 시퀀스 다이어그램의 구성 항목에 해당하지 않는 것은? [20년 3회]

① 생명선　　　　② 실행

③ 확장　　　　　④ 메시지

> **해설** 시퀀스 다이어그램 구성 요소
> : 액터, 객체, 메시지, 생명선, 실행(활성 상자), 프레임

09 다음은 인터넷 쇼핑몰 다이어그램의 일부이다. 어떤 다이어그램인가? [20년 4회 실기]

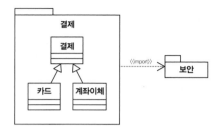

① 패키지 다이어그램　② 컴포넌트 다이어그램

③ 타이밍 다이어그램　④ 배치 다이어그램

> **해설** 패키지 다이어그램은 요소들을 그룹화한 패키지들의 관계를 계층적 구조로 표현한 다이어그램이다.

▶ 정답 : 01.②, 02.②, 03.①, 04.④, 05.①, 06.②, 07.③, 08.③, 09.①

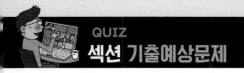
[이전 기출]

01 UML은 시스템의 정적인 부분과 동적인 부분을 표현하기 위하여 여러 다이어그램을 제공한다. 정적인 부분을 표현하는 다이어그램들은 시스템의 구조를 나타내기 위해서 사용되며, 동적인 부분을 표현하는 다이어그램들은 시스템의 행위를 나타내기 위해 사용된다. 다음 중 성격이 다른 다이어그램은?

① 클래스 다이어그램(Class diagram)
② 협동 다이어그램(Collaboration diagram)
③ 상태 다이어그램(State diagram)
④ 활동 다이어그램(Activity diagram)

[이전 기출]

02 다음은 UML 모델링을 위해 사용되는 특정 다이어그램의 활용에 대한 설명이다. 해당 다이어그램으로 가장 적절한 것은?

> • 유스케이스에서 흐름을 모델링하기 위해 사용된다.
> • 객체의 연산에 대한 플로우차트로 활용될 수 있다.
> • 비즈니스 프로세스나 작업 흐름을 모델링할 수 있다.

① 시퀀스 다이어그램(Sequence diagram)
② 액티비티 다이어그램(Activity diagram)
③ 상태 다이어그램(State diagram)
④ 협력 다이어그램(Collaboration diagram)

[이전 기출]

03 클래스 간의 관계에 대한 설명으로 옳지 않은 것은?

① 연관 관계의 다중성(Multiplicity)은 두 클래스의 연관 관계에서 실제로 연관을 가지는 객체의 수를 나타낸다.
② 집합(Aggregation) 관계는 전체와 그 객체의 구성 요소 사이의 관계를 나타내며, part-whole 관계를 나타낸다.
③ 일반화(Generalization) 관계는 일반적인 클래스와 구체적인 클래스 간의 관계 즉 상속 개념을 나타내며, is a kind of의 관계를 나타낸다.
④ 의존 관계는 하나의 클래스에 있는 멤버 함수의 인자가 변해도 다른 클래스에 영향을 미치지 않는 관계를 의미한다.

[이전 기출]

04 클래스 다이어그램의 특징으로 가장 옳지 않은 것은?

① 클래스들의 인터페이스를 나타낸다.
② 클래스는 객체의 집합이 가지는 속성과 동작을 추상적으로 나타낸다.
③ 시스템 동적 구조를 모델링한다.
④ 속성값의 타입을 정하는 것은 시스템 정의에서 중요한 일이 아니므로 객체 설계 단계까지 미뤄도 된다.

[이전 기출]

05 시스템을 구성하는 물리적인 노드와 통신 경로, 그리고 컴포넌트의 수행 환경을 표시하는 UML 다이어그램은?

① 배치(Deployment) 다이어그램
② 통신(Communication) 다이어그램
③ 컴포넌트(Component) 다이어그램
④ 타이밍(Timing) 다이어그램

[이전 기출]

06 유스케이스 다이어그램에서 A 유스케이스를 수행하는 도중에 특정 조건을 만족하면 B 유스케이스를 수행한다. A 유스케이스와 B 유스케이스 간의 관계로 옳은 것은?

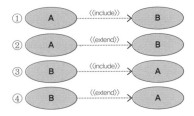

07 다음은 인터넷뱅킹을 객체 지향적으로 분석한 다이어그램이다. 어떤 다이어그램인가?

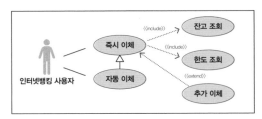

① Object Diagram ② Usecase Diagram
③ Class Diagram ④ Communication Diagram

섹션
기출예상문제 해설

01 ①은 구조 다이어그램, ②, ③, ④는 행위 다이어그램에 속한다.
- 협동(협력) 다이어그램(Collaboration diagram) : 통신 다이어그램을 UML 하위 버전에서는 협력 다이어그램이라고 하며, 시퀀스 다이어그램과 동일한 내용을 객체 상호 관계의 관점에서 표현한 다이어그램이다.

02 [키워드] 작업 흐름 → [용어] 액티비티(활동) 다이어그램(Activity Diagram)
- [키워드] 시간의 흐름에 따른 메시지 → [용어] 시퀀스 다이어그램 (Sequence Diagram)
- [키워드] 객체들의 상태 변화 → [용어] 상태 다이어그램(State Diagram)
- [키워드] 객체 상호 관계의 관점 → [용어] 협력 다이어그램 (Collaboration Diagram)

03 의존 관계는 하나의 클래스에 있는 멤버 함수의 인자가 변하면 다른 클래스에 영향을 미치는 관계를 의미한다.

04 클래스 다이어그램은 시스템 정적 구조를 모델링한다.

05 [키워드] 물리적인 노드와 통신 경로 → [용어] 배치 다이어그램 (Deployment Diagram)
- [키워드] 객체 상호 관계의 관점 → [용어] 통신 다이어그램 (Communication Diagram)
- [키워드] 컴포넌트 간의 구성 → [용어] 컴포넌트 다이어그램 (Component Diagram)
- [키워드] 한 상태에서의 객체 지체 시간 → [용어] 타이밍 다이어그램 (Timing Diagram)

06 확장(extend)은 기본 유스케이스에서 다른 유스케이스를 선택적으로 확장되는 관계를 의미한다.

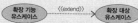

07 유스케이스 다이어그램은 액터(Acotr), 유스케이스(Usecase), 관계 (Relation) 등으로 구성되어 있다.

[정답] **01** ① **02** ② **03** ④ **04** ③ **05** ① **06** ④ **07** ②

SECTION

05

화면 설계

요구사항 분석 단계에서 파악된 화면에 대한 요구사항을 UI 표준과 지침에 따라 화면을 설계합니다. 예를 들어 개인 블로그를 생성할 때 메뉴바의 위치를 상하좌우로 정할 수 있죠. 이처럼 화면의 레이아웃을 설정하는 등 사용자 화면을 설계하는 것을 화면 설계라고 합니다.

★★★

01 사용자 인터페이스

1 UI(User Interface, 사용자 인터페이스※) [22년 2회]

> **인터페이스(Interface)**
> 상호 작용 방법을 정의하는 수단 또는 개념

UI는 사용자와 컴퓨터 상호 간의 소통을 원활하게 도와주는 장치 또는 소프트웨어를 말한다.

1. UI의 특징 [21년 2, 3회]

권쌤이 알려줌

UI는 사용자와 가장 밀접하므로 사용자 중심으로 보기 좋게 설계해야 합니다.

- 정보 제공자와 공급자의 원활하고 쉬운 매개 역할을 수행한다.
- 막연한 작업 기능에 대해 구체적인 방법을 제시해 준다.
- 사용자의 편의성을 높임으로써 작업 시간 단축과 업무에 대한 이해도를 높여 준다.
- 구현하고자 하는 결과의 오류를 최소화하고, 적은 노력으로 구현하는 결과를 얻을 수 있다.

학습 + 플러스 **UI 개발 시스템 필수 기능** [20년 4회]

> • **도움과 프롬프트(Prompt) 제공**
> CLI 등 사용자 명령을 입력할 수 있는 명령 프롬프트를 제공하고, 명령어 입력에 도움말(help)을 줄 수 있는 기능
> • **사용자 입력의 검증 및 에러 처리와 에러 메시지 처리**
> 잘못된 명령이 입력되면 검증하고, 에러 처리 후 에러 메시지 보여주는 기능

2. UI의 3가지 분야

- 정보 제공과 기능 전달을 위한 물리적 제어 분야 **예** 자동차 핸들
- 콘텐츠의 상세 표현과 전체 구성에 관한 분야 **예** 자동차 디스플레이
- 사용자의 편의성에 맞춰 쉽고 간편하게 사용하게 하는 기능적 분야 **예** 자동차 내비게이션

3. UI의 설계 원칙 [20년 2, 3회] [20년 2, 3회 실기]

설계 원칙	설명
직관성	누구나 쉽게 이해하고 사용할 수 있어야 한다.
유효성	사용자의 목적을 정확하게 달성해야 한다.
학습성	누구나 쉽게 배우고 익힐 수 있어야 한다.
유연성	사용자의 요구사항을 최대한 수용하며, 오류를 최소화해야 한다.

4. UI의 설계 지침 [22년 1, 2회]

설계 지침	설명
사용자 중심	사용자가 쉽게 이해하고 사용할 수 있는 환경을 제공하며, 실사용자에 대한 이해가 바탕이 되어야 한다.
일관성	버튼이나 조작 방법 등을 사용자가 기억하기 쉽고, 빠르게 습득할 수 있도록 설계해야 한다.
단순성	조작 방법을 단순하게 하여 인지적 부담을 감소시켜야 한다.
결과 예측 가능	작동시킬 기능만 보고도 결과 예측이 가능해야 한다.
표준화	디자인을 표준화하여 기능 구조의 선행 학습 이후 쉽게 사용할 수 있어야 한다.
접근성	사용자의 직무, 연령, 성별 등 다양한 계층을 수용해야 한다.
명확성	사용자가 개념적으로 쉽게 인지해야 한다.
가시성	메인 화면에 주요 기능을 노출하여 조작이 쉽도록 해야 한다.
오류 발생 해결	사용자가 오류에 대한 상황을 정확히 인지할 수 있어야 한다.

5. UI 종류 [22년 2, 3회] [22년 1회 실기] [21년 3회 실기]

종류	설명
CLI(Command Line Interface)	텍스트 또는 키보드 기반으로 기기를 조작하는 인터페이스
GUI(Graphical UI)	그래픽 또는 마우스 기반으로 기기를 조작하는 인터페이스
NUI(Natural UI)	사람의 말과 행동 등 감각으로 기기를 조작하는 인터페이스
VUI(Voice UI)	사람의 음성 기반으로 기기를 조작하는 인터페이스
OUI(Organic UI)	모든 자연 상태가 입력과 출력이 동시에 이뤄지는 인터페이스

2 UI 표준 및 지침

1. UI 표준

전체 시스템에 포함된 UI에 공통적으로 적용될 규약이다.

예 웹 사이트 표준 : 상단 – 사이트명, 하단 – 고객센터 정보

2. UI 지침

UI 설계 시 지켜야 할 세부 사항을 규정한 것이다.

예 UI 요구사항 구현 시 제약사항 등

학습 플러스 웹 사이트 개발 시 고려해야 하는 웹 3요소

웹 3요소	설명
웹 표준(Web Standards)	웹에서 사용되는 공식 표준이나 규칙 또는 기술
웹 접근성(Web Accessibility)	웹 사이트에서 제공하는 모든 정보에 접근하여 이용할 수 있도록 보장하는 것
웹 호환성(Cross Browsing)	서로 다른 환경에서도 모든 이용자에게 동등한 서비스를 제공하는 것

[21년 2회]

01 사용자 인터페이스(UI)의 특징으로 틀린 것은?

① 구현하고자 하는 결과의 오류를 최소화한다.

② 사용자의 편의성을 높임으로써 작업시간을 증가시킨다.

③ 막연한 작업 기능에 대해 구체적인 방법을 제시하여 준다.

④ 사용자 중심의 상호 작용이 되도록 한다.

> **해설** 사용자의 편의성을 높임으로써 작업시간을 감소시킨다.

[21년 3회]

02 사용자 인터페이스(User Interface)에 대한 설명으로 틀린 것은?

① 사용자와 시스템이 정보를 주고받는 상호작용이 잘 이루어지도록 하는 장치나 소프트웨어를 의미한다.

② 편리한 유지보수를 위해 개발자 중심으로 설계되어야 한다.

③ 배우기가 용이하고 쉽게 사용할 수 있도록 만들어져야 한다.

④ 사용자 요구사항이 UI에 반영될 수 있도록 구성해야 한다.

> **해설** 개발자가 아닌 사용자 중심으로 설계하여 사용자가 이해하기 편하고 쉽게 사용할 수 있는 환경을 제공하며 실사용자에 대한 이해가 바탕이 되어야 한다.

[20년 4회]

03 소프트웨어의 사용자 인터페이스 개발 시스템(User Interface Development System)이 가져야 할 기능이 아닌 것은?

① 사용자 입력의 검증

② 에러 처리와 에러 메시지 처리

③ 도움과 프롬프트(Prompt) 제공

④ 소스 코드 분석 및 오류 복구

> **해설** 사용자 인터페이스(UI)는 사용자와 컴퓨터 상호 간의 소통을 원활히 할 수 있도록 만들어진 매개체로, 소스 코드 분석 및 오류 복구 기능과는 거리가 멀다.

[20년 2, 3회] [20년 3회 실기]

04 UI 설계 원칙에서 누구나 쉽게 이해하고 사용할 수 있어야 한다는 것은?

① 유효성   ② 직관성

③ 무결성   ④ 유연성

> **해설** 키워드 쉽게 이해, 사용 → 용어 직관성

[20년 2회 실기]

05 UI 설계 원칙에서 사용자의 목적을 정확하게 달성하여야 한다는 것은?

① 직관성   ② 유연성

③ 유효성   ④ 학습성

> **해설** 키워드 사용자의 목적 달성 → 용어 유효성

[21년 3회 실기]

06 다음은 무엇에 대한 설명인가?

> 사용자가 그래픽을 통해 컴퓨터와 정보를 교환하는 환경을 말하며, 그래픽 또는 마우스 기반으로 기기를 조작하는 인터페이스이다. 대표적으로는 마이크로소프트의 Windows, 애플의 Mac OS 등이 있다.

① VUI   ② CLI

③ OUI   ④ GUI

> **해설** 키워드 그래픽(Graphic), 마우스 → 용어 GUI(Graphical UI)
> **TIP** Windows와 Mac OS는 이후 자세히 학습합니다.

▶ 정답 : 01.②, 02.②, 03.④, 04.②, 05.③, 06.④

권쌤이 알려줌

인터뷰 진행 시 유의사항은 아래와 같습니다.
- 사용자 리서치 시작 전에 선행되어야 한다.
- 인터뷰는 가능하면 한꺼번에 여러 명을 하지 않고 개별 진행한다.
- 다수의 목소리에 집중하여 개인의 중요한 목소리를 놓칠 위험을 염두에 두어야 한다.
- 각 인터뷰는 한 시간을 넘어서는 안 된다.

02 UI 요구사항 확인

1 UI 요구사항 확인

UI 요구사항 확인은 개발할 응용 소프트웨어에 필요한 UI 요구사항을 조사하고 작성하는 단계이다.

- UI 요구사항 확인 순서

| 목표 정의 | → | 활동 사항 정의 | → | UI 요구사항 작성 |

1. 목표 정의

사용자를 대상으로 한 심층 인터뷰를 통해 의견을 수렴하여 비즈니스 요구사항을 정의한다.

- 인터뷰를 통해 사업적, 기술적 요소를 깊게 이해하여 목표를 명확히 한다.
- 사업적, 기술적 목표가 확정되면 UI/UX 디자인 프로세스를 정의한다.

2. 활동 사항 정의

요구사항 조사 결과를 토대로 앞으로 해야 할 활동 사항을 정의한다.

- 사용자, 고객, 회사의 비전을 일치시키는 작업을 진행한다.
- 비용, 일정, 기술적 제약 및 가능성을 확인한다.
- 사업 전략과 사업 목표, 프로세스의 책임자 선정, 회의 일정 및 계획 작성, 우선순위의 선정, 개별적인 단위 업무 구분 등을 진행한다.
- 프로젝트에 대한 경영진의 이해를 돕고 논의 사항을 협의한다.

3. UI 요구사항 작성

여러 경로를 통해 수집된 사용자들의 요구사항을 검토하고 분석하여, UI 개발 목적에 맞게 실사용자 중심으로 UI 요구사항을 작성한다.

정황 시나리오
사용자의 요구사항을 도출하기 위해 사용자의 관점에서 기능 위주로 작성하는 것

- UI 요구사항 작성 순서

| 요구사항 요소 확인 | → | 정황 시나리오* 작성 | → | 요구사항 작성 |

권쌤이 알려줌

제품 품질 특성에는 기능성, 신뢰성, 사용성, 효율성, 유지보수성, 이식성 등이 있으며 이후 자세히 학습합니다.

① 요구사항 요소 확인

파악된 요구사항 요소 종류와 각각의 표현 방식 등을 검토한다.

요구사항 요소	설명
데이터 요구	사용자가 요구하는 모델과 객체들의 주요한 특성에 기반을 둔 데이터 객체들을 정리한다.
기능 요구	사용자의 목적 달성을 위해 무엇을 실행해야 하는지를 동사형으로 설명한다.
제품, 서비스의 품질	데이터 및 기능 요구 외에 중요하게 고려할 몇 개의 속성 중 제품 품질이 있으며, 여기에는 감성적인 품질도 고려한다.

제약사항	제품 출시의 데드라인(마감 기한), 개발 및 제작에 드는 비용, 시스템 준수에 필요한 규제가 포함되며, 사전에 제약사항의 변경 여부를 확인한다.

② 정황 시나리오 작성

사용자가 목표 달성을 위해 수행하는 방법을 순차적으로 묘사한다.

- 요구사항 정의의 가장 기초적인 시나리오이다.
- 사용자가 주로 사용하는 기능 위주로 작성한다.
- 육하원칙에 따르고 간결하고 명확하게 작성하여 정확하게 전달한다.
- 작성된 시나리오는 외부 전문가 또는 경험이 풍부한 사람에게 검토를 의뢰한다.

③ 요구사항 작성

작성된 정황 시나리오를 기반으로 요구사항을 작성한다.

정황 시나리오	요구사항
방문자는 상품 리스트를 확인한 후 구매를 위해 회원 가입을 했다.	• 회원 가입을 할 수 있어야 한다. • 상품 리스트를 확인할 수 있어야 한다. • 결제를 할 수 있어야 한다.

(예)

학습 플러스 UX, 감성공학, HCI

1. UX(User eXperience, 사용자 경험, 사용자 인식 반응 경험) [21년 2회 실기]

사용자가 어떤 시스템, 제품, 서비스를 직·간접적으로 이용하면서 느끼고 생각하게 되는 지각, 반응, 행동 등의 총체적 경험을 말한다.

- UX는 소프트웨어보다는 사람을 연구하는 학문에 가깝다.
- UX의 특징

특징	설명
주관성(Subjectivity)	사용자 경험은 개인적, 인지적, 신체적 특성에 따라 다르므로 주관적이다.
맥락성(Contextuality, 정황성)	경험이 일어나는 상황 또는 외적 환경에 영향을 받는다.
총체성(Holistic)	경험 시점에서 개인이 느끼는 총체적인 심리적, 감성적 결과이다.

2. 감성공학(Human Sensibility Ergonomics)

인체의 특징과 감성을 제품 설계에 최대한 반영시키는 기술이다.

- 인간이 가지고 있는 소망으로서의 이미지나 감성을 구체적인 제품 설계로 실현해내는 공학적인 접근방법이다.
- 기본 철학은 인간 중심의 설계이며, 인간의 감성을 과학적으로 해석한 후 이에 적합한 제품 설계 및 개발을 최종 목적으로 하는 과학이다.
- 감성 공학은 HCI 설계에 인간의 특성과 감성을 반영하였다.

3. HCI(Human Computer Interaction or Interface)

인간과 컴퓨터 간의 상호 작용에 관한 연구이다.

- 인간과 컴퓨터가 쉽고 편하게 상호 작용할 수 있도록 시스템을 디자인하고 평가하는 과정을 다룬 학문이다. 이 과정을 둘러싼 중요 현상들에 관한 연구도 포함한다.

권쌤이 알려줌

UI는 누구나 빠르고 편리하게 제품(서비스)을 이용할 수 있도록 시각적으로 디자인된 부분이며, UX는 사용자의 경험과 목표를 이해하고, 그것을 충족시켜줄 수 있는 UI 디자인입니다.

권쌤이 알려줌

감성공학은 인간의 감성을 자극하는 기술입니다. 시각, 청각, 후각 등의 종합적인 감각을 고려하여 제품을 설계합니다.

권쌤이 알려줌

이제 TV 속 자동차 광고는 더 이상 승용차의 완벽한 기술을 자랑하지 않습니다. 그보다 바람에 흩날리는 머릿결을 가진 모델이 등장하죠. 나만의 개성을 살린 자동차가 안정적인 승차감을 자랑하며 부드럽게 도로 위를 달립니다. 이 광고가 노린 것은 과연 무엇일까요? 바로 자동차를 향한 인간의 감성입니다.

[21년 2회 실기]

01 다음 설명과 가장 부합하는 용어를 바르게 연결한 것은?

> ㉠ 사용자가 어떤 시스템, 제품, 서비스를 직·간접적으로 이용하면서 느끼고 생각하게 되는 지각과 반응, 행동 등의 총체적 경험을 말한다.
> ㉡ 사용자와 컴퓨터 상호 간의 소통을 원활히 하게 도와주는 장치 또는 소프트웨어이다. 이것의 예로 CLI가 있다.

	㉠	㉡		㉠	㉡
①	UI	UX	②	UX	UI
③	감성공학	UI	④	UI	감성공학

해설 [키워드] 총체적 경험(Experience) → [용어] UX(User eXperience, 사용자 경험, 사용자 인식 반응 경험)
[키워드] 사용자(User)와 컴퓨터 간 소통, CLI → [용어] UI(User Interface, 사용자 인터페이스)

02 인간이 가지고 있는 소망으로서의 이미지나 감성을 구체적인 제품 설계로 실현해내는 공학적인 접근 방법이라고도 정의하며, 인체의 특징과 감성을 제품 설계에 최대한 반영시키는 기술은?

① 감성공학
② 사용자 인터페이스
③ HCI
④ 화면 설계

해설 [키워드] 인간(Human), 이미지나 감성(Sensibility) → [용어] 감성공학 (Human Sensibility Ergonomics)

▶ 정답 : 01.②, 02.①

---

03 UI 설계 도구

 권쌤이 알려줌

UI를 설계하기 위한 여러 가지 도구에 대해 학습합니다. UI 설계 시 한 가지 도구만 사용하지 않습니다. 각각의 도구를 구분하여 기억해 두세요.

레이아웃(Layout)
각 구성요소를 제한된 공간 안에 효과적으로 배치하는 것

1 UI 설계 도구

1. 와이어프레임(Wireframe)

화면 단위의 레이아웃*을 설계하는 작업으로 UI 요소 등에 대한 뼈대를 의미한다.

• 기획 단계의 초기에 제작한다.
• 이해관계자들과 레이아웃을 협의하거나 서비스의 간략한 흐름을 공유하기 위해 사용한다.

2. 목업(Mockup) [22년 1회]

디자인, 사용 방법 설명, 평가 등을 위해 실물과 흡사한 정적인 형태의 모형이다.

3. 스토리보드(Storyboard)

디자이너와 개발자의 의사소통을 위한 도구로써, UI 구현에 필요한 콘텐츠의 설명 및 페이지 간의 이동 흐름 등을 시각화한 문서이다.

• 디자이너와 개발자가 최종적으로 참고하는 산출 문서이다.

- 정책이나 프로세스 및 콘텐츠의 구성, 와이어프레임, 기능에 대한 정의, 데이터베이스의 연동 등 서비스를 위한 대부분의 정보가 수록되어 있다.

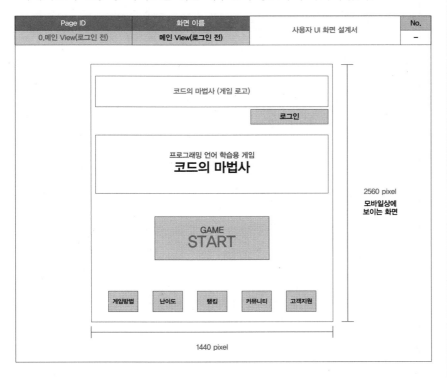

Page ID	화면 이름	사용자 UI 화면 설계서	No.
0.메인 View(로그인 전)	메인 View(로그인 전)		–

4. 프로토타입(Prototype)

정적인 화면으로 설계된 스토리보드 또는 와이어프레임에 동적 효과를 적용함으로써, 실제 구현된 것처럼 시뮬레이션※이 가능한 동적 모형이다.

- 새로운 시스템이나 소프트웨어의 설계 또는 성능, 구현 가능성을 평가하거나 요구사항을 좀 더 잘 이해하고 결정하기 위하여 전체적인 기능을 간략한 형태로 구현한 시제품이다.

시뮬레이션(Simulation)
모의 실험

2 UI 프로토타입(UI Prototype)

프로토타입은 요구사항을 기반으로 동적 효과를 적용함으로써, 실제 구현된 것처럼 시뮬레이션이 가능한 동적 모형이다.

- 확정된 요구사항을 기반으로 UI 전략을 실체화하는 과정이며, UI 디자인 작성 이전에 미리 화면을 설계하는 단계이다.

권쌤이 알려줌
프로토타입은 시제품을 의미했죠? UI 프로토타입은 실제 개발에 참고할 수 있도록 최종 소프트웨어와 가깝게 작성해야 합니다.

- 고객과 개발 스펙(Spec)을 논의할 때 설득과 이해를 돕기 위해 UI 프로토타입을 만든다.
- 기술적인 검증을 위해서 프로토타입을 만드는 경우도 있다.

1. UI 프로토타입의 장/단점

장점	• 사용자 설득과 이해가 쉽다. • 개발 시간이 감소한다. • 오류를 사전에 발견할 수 있다.
단점	• 사용자의 요구사항은 가능한 한 들어주되 적절한 타협이 필요하다. • 너무 많은 수정 과정을 거친다면 오히려 작업 시간이 늘어날 수 있다. • 자원 효율성 관점에서 보면 필요 이상으로 자원을 많이 소모한다. • 정확한 문서 작업이 생략될 수 있다.

2. UI 프로토타입 작성 도구 및 방법

합격자의 맘기법

UI 프로토타입 작성 도구
- 키워드 직접 손으로 → 용어 페이퍼 프로토타입
- 키워드 프로그램 이용 → 용어 디지털 프로토타입

구분	방법	적용 경우
페이퍼 프로토타입 (Paper Prototype, 아날로그 프로토타입)	화이트보드, 펜, 종이, 포스트잇 등을 이용하여 손으로 작성한다.	• 제작 기간이 짧은 경우 적용한다. • 제작 비용이 적을 경우 적용한다. • 업무 협의가 빠른 상황일 경우 적용한다.
디지털 프로토타입 (Digital Prototype)	파워포인트, 아크로뱃, 비지오, Invision, Marvel, Adobe XD, Flinto, Principle, Keynote, UX pin, HTML 등의 툴을 이용한다.	• 재사용이 필요한 경우 적용한다. • 산출물과 비슷한 효과를 필요로 할 경우 적용한다. • 숙련된 전문가가 있을 경우 적용한다.

예 페이퍼 프로토타입

예 디지털 프로토타입

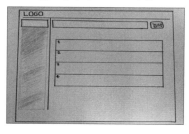

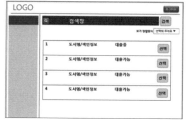

3. UI 프로토타입 작성 및 계획 시 고려할 사항

프로토타입 목표
예 아키텍처 검증(성능, 안정성, 개발 생산성 측면), 각종 규칙 확정, 개발 환경 세팅, 공통 모듈 확보, 인력 양성 등

프로토타입 작성 인원 역할
예 리더, 솔루션 담당자, 인프라 담당자, 개발 환경 리더, 공통 모듈 개발자, 프로토타입 개발자 등

아키텍처(Architecture)
시스템의 구조

작성 시 고려할 사항	• 프로토타입 작성은 계획 수립과 실행 후 결과를 보고하는 프로세스로 진행된다. • 프로토타입 범위, 목표, 기간, 비용, 유의사항을 확인한다. • 가급적 프로토타입에 투입되는 기간 및 비용을 최소화하여 목적을 달성할 수 있도록 계획한다. • 작은 범위와 적은 인원을 가지고 최소 기간 내에 위험 요소를 식별하고 해결한다. • 프로토타입 산출물을 확인하며, 산출물은 실제 개발에 그대로 참조할 수 있는 수준이 되어야 한다. • 프로토타입을 통해 개발된 UI는 참조만 하는 수준으로 활용하며, 실제 개발에 포함하는 것은 권장하지 않는다.

계획 시 고려할 사항	• 프로토타입 목표*를 확인한다. • 프로토타입을 위한 솔루션, 인프라 등 소프트웨어 및 하드웨어 환경을 마련한다. • 프로토타입 일정을 확인한다. • 핵심 UI를 프로토타입의 범위로 잡는다. • 프로토타입 작성 인원을 확인하며 역할*을 구분한다. • 기존에 수립된 아키텍처*로 주어진 비즈니스 요구사항을 모두 만족할 수 있는지 검증한다. • 프로토타입을 통해서 발생하는 이슈*를 모두 취합하여 보고한다. • 분석, 설계, 개발, 테스트 등의 표준 가이드를 최종 확정한다. • 프로토타입을 진행하면서 가장 많은 시간이 소요되는 구간을 찾아 그 원인을 찾고, 시정할 수 있는 방법을 찾아 실제 프로젝트에 적용해 시간을 절약한다. • 화면 위주의 프로토타입의 결과를 고객, PM*, PL*에게 시연하고, 프로토타입의 목적을 구체적으로 설명한다.

이슈(Issue)
시스템의 개선사항, 새로운 기능 등을 수행하기 위한 일의 단위

PM(Project Manager)
프로젝트 매니저

PL(Project Leader)
프로젝트 리더

권쌤이 알려줌

프로토타입에서 나오는 이슈의 대부분은 아키텍처 요소 검증 중에 발생합니다. 분석, 설계 이슈와 개발 환경 등의 이슈가 추가될 수 있으며, 프로토타입 이슈가 많이 발생할수록 좋습니다.

4. UI 프로토타입 제작 단계

단계	설명
1단계	• 사용자 요구사항을 분석하는 단계이다. • 작업 담당자는 기본적인 요구사항이 도출되어 확정되기 전까지 사용자 관점에서 사용자처럼 수행한다.
2단계	• 작업 담당자가 위의 1단계에서 도출된 요구사항을 충족하는 프로토타입을 손으로 직접 그리거나, 디지털 방식을 이용하여 개발한다. • 핵심적인 기능을 중심으로 개발한다.
3단계	• 작성 또는 개발된 프로토타입을 사용자가 실제로 사용하여 요구사항이 잘 수행되고 있는가를 확인하는 과정이다. • 프로토타입의 추가 사항이나 보완을 위해 다양한 제안 과정이 있다.
4단계	• 프로토타입의 결과를 토대로 수정과 합의가 이루어지는 단계이다. • 작업 담당자는 사용자가 요청한 다양한 제안사항을 포함하고 수용하여 보완 작업을 한다. • 프로토타입 결과물이 완성된 후에는 3단계로 다시 돌아간다. • 사용자의 최종 승인 완료까지 3단계와 4단계는 반복된다.

합격자의 맘기법

UI 프로토타입 제작 단계
• [키워드] 요구사항 분석 → [용어] 1단계
• [키워드] 프로토타입 개발 → [용어] 2단계
• [키워드] 프로토타입 확인 → [용어] 3단계
• [키워드] 프로토타입 수정 및 합의 → [용어] 4단계

기출 및 예상문제

03 UI 설계 도구

[이전 기출]

01 UI(User Interface) 중심의 화면 레이아웃을 설계하는 것으로, 선을 이용하여 뼈대를 만든다는 의미를 가지는 용어로 가장 적절한 것은?

① Storyboard 　② Wireframe
③ Mockup 　④ Prototype

[해설] [키워드] 화면 레이아웃, 뼈대 → [용어] 와이어프레임(Wireframe)

[이전 기출]

02 UI/UX(User Interface/User Experience) 구현에 필요한 사용자와 목표, 인터페이스 간 상호작용을 시각화한 것으로 개발자와 디자이너 간의 의사소통을 위한 도구로 가장 적절한 것은?

① 스토리보드 　② 사용자 인터페이스
③ 요구사항 명세서 　④ 설계 모델링

[해설] [키워드] 개발자, 디자이너, 의사소통 → [용어] 스토리보드 (Storyboard)

▶ 정답 : 01.②, 02.①

04 UI 설계

1 UI 설계서

UI 설계서는 UI 요구사항을 바탕으로 UI 설계의 상세 내용을 작성한 문서이다.

• UI 설계서 작성 순서

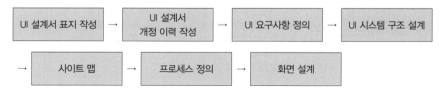

1. UI 설계서 표지 작성

UI 설계서에 포함될 프로젝트명 또는 시스템명을 포함한다.

2. UI 설계서 개정 이력 작성

UI 설계서가 수정될 때마다 수정된 부분에 대해 정리한다.

• UI 설계서를 처음 작성할 때는 첫 번째 항목으로 '초안 작성'을 포함하고, 그에 해당하는 초기 버전(version)을 1.0으로 설정한다.

• 변경 또는 보완이 충분히 이루어져 완성되었다고 판단되면 버전을 x.0으로 바꾸어 설정한다.

3. UI 요구사항 정의

UI 요구사항들을 재확인하고 정리한다.

4. 시스템 구조 설계

UI 프로토타입을 재확인하고, UI 요구사항들과 UI 프로토타입에 기초해 UI 시스템 구조를 설계한다.

5. 사이트 맵(Site Map)※

UI 시스템 구조의 내용을 사이트 맵의 형태로 작성한다.

• 사이트 맵 상세 내용(Site Map Detail)을 표 형태로 작성한다.

6. 프로세스(Process) 정의

사용자 관점에서 요구되는 프로세스들을 진행되는 순서에 맞추어 정리한다.

7. 화면 설계

UI 프로토타입과 UI 프로세스 정의를 참고해 페이지별로 필요한 화면을 설계한다.

- 화면별로 구분되도록 화면별 고유 ID를 부여하고 별도의 표지 페이지를 작성한다.
- 화면마다 필요한 화면 내용을 설계한다.

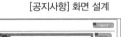 화면 설계

[공지사항] 표지 페이지

[공지사항] 화면 설계

2 UI 흐름 설계

UI 흐름 설계는 업무 진행 또는 업무 수행 절차와 관련된 흐름을 파악하여 화면과 폼(Form)※을 설계하는 단계이다.

- UI 흐름 설계 작성 순서

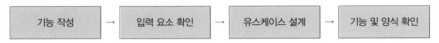

기능 작성 → 입력 요소 확인 → 유스케이스 설계 → 기능 및 양식 확인

1. 기능 작성

기능적 요구사항과 비기능적 요구사항을 검토하여 화면에 표현되어야 할 기능※을 작성한다.

2. 입력 요소 확인

화면에 표현되어야 할 기능 및 화면의 입력 요소※ 등을 확인한다.

3. 유스케이스※ 설계

앞서 작성한 시스템 중 기능에 관한 사용 사례를 바탕으로 파워포인트 또는 한글 프로그램을 사용하여 UI 유스케이스 설계를 수행한다.

4. 기능 및 양식(Form) 확인

UI 요소를 확인하고 규칙을 정의한다.

폼(Form, 입력 폼)
웹에서 사용자가 정보를 입력/선택할 수 있는 웹 프로그래밍 기술
🔘 로그인 입력폼

화면에 표현되어야 할 기능
🔘 사용자의 아이디/패스워드 입력 가능 여부

화면의 입력 요소
🔘 사용자 계정 아이디/패스워드

유스케이스(Usecase, 사용 사례)
사용자 입장에서 바라본 시스템의 기능(요구사항)

합격자의 암기법

UI 요소

- 키워드 입력 → 용어 텍스트 박스
- 키워드 한 개 선택 → 용어 라디오 버튼
- 키워드 여러 개 선택 → 용어 체크 박스
- 키워드 선택 목록 → 용어 콤보 박스
- 키워드 반전(ON/OFF) → 용어 토글 버튼

학습플러스 UI 요소 [21년 1회]

요소	설명	예
텍스트 박스 (Text Box, Input Box)	사용자로부터 텍스트를 입력 받을 수 있는 상자	아이디 [ ] 중복확인
라디오 버튼 (Radio Button)	하나만 선택 가능한 버튼	성별 ◉남 ○여
체크 박스 (Check Box)	한 개 또는 여러 개의 선택이 동시에 가능한 버튼	보유 자격증 □기사 □산업기사
콤보 박스 (Combo Box)	선택 목록을 만드는 상자	이메일 [ ] @ [naver.com ▽]
토글 버튼 (Toggle Button)	하나의 설정 값으로부터 다른 값으로 전환하는 버튼	수신 동의 (ON○)

3 UI 상세 설계

UI 상세 설계는 UI 설계서를 바탕으로 실제 구현을 위해 전체 화면에 대한 세부적인 설계를 진행하는 단계이다.

- UI 상세 설계를 하기 위해서는 반드시 UI 시나리오 문서를 작성해야 한다.

1. UI 시나리오 문서

UI의 기능 구조, 대표 화면, 일반적인 규칙, 예외처리 방식, 화면 간 인터랙션(Interaction)*의 흐름 등을 정리한 문서이다.

- UI의 전체적인 기능과 작동 방식을 개발자가 한눈에 쉽게 이해할 수 있도록 구체적으로 작성해야 한다.
- 공통적인 UI 요소와 인터랙션을 일반 규칙으로 정의한다.
- UI 일반 규칙을 지키면서 기능별 상세 기능 시나리오를 정의한다.
- UI 시나리오 규칙을 지정한다.
- 대표 화면*의 레이아웃과 그 화면들 속의 기능을 정의한다.
- 인터랙션의 흐름을 정의하며, 화면 내 또는 화면 간 인터랙션의 순서(Sequence), 분기(Branch), 조건(Condition), 루프(Loop) 등을 명시한다.
- 예외 상황에 대비한 케이스를 정의한다.

2. UI 시나리오 문서 작성의 요건

요건	설명
완전성 (Complete)	• 누락 없이 완전해야 한다. • 최대한 빠짐없이 가능한 한 상세하게 기술한다. • 시스템 기능보다 사용자 작업에 초점을 맞춰 기술한다.
일관성 (Consistent)	• 모든 문서의 UI 스타일을 일관적으로 구성한다.

인터랙션(Interaction)
사용자가 인터페이스를 통하여 시스템을 이용하는 일련의 상호작용
ⓓ 마우스로 화면의 아이콘을 클릭하여 화면이 그에 맞게 반응하는 것

대표 화면
UI 시나리오에 포함되는 서로 다른 형태를 가진 독립적인 화면들

권쌤이 알려줌
UI 시나리오 문서의 인터랙션은 프로토타입에서 발견된 문제점을 모두 개선하여 적용한 최종 인터랙션이어야 합니다.

이해성 (Understandable)	• 처음 접하는 사람도 이해하기 쉽도록 구성하고 설명한다. • 이해하지 못하는 추상적인 표현이나 이해하기 어려운 용어는 사용하지 않는다.
가독성 (Readable)	• 표준화된 템플릿을 적용하여 문서를 쉽게 읽을 수 있어야 한다. • 버전의 넘버링은 v1.0, v2.0 등과 같이 일관성 있게 한다. • 문서의 목차(Index)에 대한 규칙 적용과 목차 제공이 중요하다. • 줄의 간격은 충분하게 유지하며, 단락에 대한 구분과 들여쓰기의 기준을 마련하여 읽기 쉽고 편해야 한다. • 시각적인 효과를 위한 여백과 빈 페이지, 하이라이팅®을 일관성 있게 활용하도록 한다. • 하이퍼링크® 등을 지정하여 문서들이 서로 참조될 수 있도록 지정한다.
수정 용이성 (Modifiable)	• 수정 또는 개선 사항을 시나리오에 반영함에 있어 쉽게 적용할 수 있어야 한다. • 동일한 수정 사항을 위해 여러 문서를 편집하지 않도록 한다.
추적 용이성 (Traceable)	• 변경 사항들이 언제, 어디서, 어떤 부분들이, 왜 발생하였는지 쉽게 추적할 수 있어야 한다.

하이라이팅(Highlighting)
디자인의 구성 요소를 강조하는 기법
⑩ 글자 바탕색 변경

하이퍼링크(Hyperlink)
하이퍼텍스트 문서 내 한 곳에서 다른 곳으로 건너뛸 수 있게 하는 요소

3. UI 시나리오 문서의 기대 효과

- 요구사항 및 의사소통 오류가 감소한다.
- 개발 과정에서의 재작업이 감소하고, 혼선을 최소화한다.
- 불필요한 기능을 최소화한다.
- 시나리오 작성과 소프트웨어 개발 비용을 절감한다.
- 개발 속도를 향상시킨다.

 합격자의 **맘기법**

UI 시나리오 문서 작성의 요건 : 이 일을 추가로 완수했다.
- 이(해성)
- 일(관성)
- 을
- 추(적 용이성)
- 가(독성)
- 로
- 완(전성)
- 수(정 용이성)
- 했다.

⑩ UI 상세 설계서

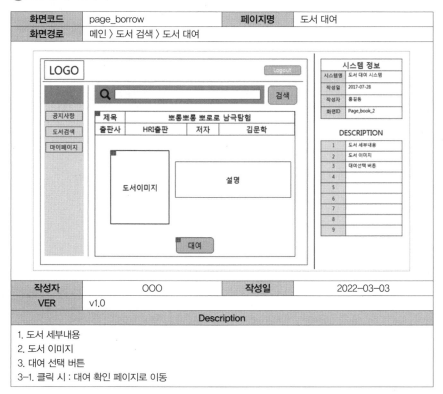

화면코드	page_borrow	페이지명	도서 대여
화면경로	메인 〉 도서 검색 〉 도서 대여		

작성자	OOO	작성일	2022-03-03
VER	v1.0		

Description
1. 도서 세부내용
2. 도서 이미지
3. 대여 선택 버튼
3-1. 클릭 시 : 대여 확인 페이지로 이동

[21년 1회]

01 여러 개의 선택 항목 중 하나의 선택만 가능한 경우 사용하는 사용자 인터페이스(UI) 요소는?

① 토글 버튼   ② 텍스트 박스

③ 라디오 버튼   ④ 체크 박스

해설   키워드 하나의 선택만 가능 → 용어 라디오 버튼(Radio Button)

02 UI 시나리오 문서 작성 원칙에 대한 설명으로 옳지 않은 것은?

① UI 시나리오 규칙을 지정한다.

② UI 일반 규칙을 지키면서 기능별 상세 기능 시나리오를 정의한다.

③ 공통적인 UI 요소와 인터랙션을 일반적인 규칙으로 정의한다.

④ UI의 전체적인 기능과 작동 방식을 사용자가 빠르게 확인할 수 있도록 간결하게 작성한다.

해설   UI 시나리오 문서는 개발자가 확인하는 문서로, 개발자가 한 눈에 쉽게 이해할 수 있도록 구체적으로 작성해야 한다.

▶ 정답 : 01.③, 02.④

[이전 기출]

01 UI(User Interface)의 기본 원칙에 대한 설명으로 가장 거리가 먼 것은?

① 직관성 : 쉽게 학습하고, 쉽게 접근하며, 쉽게 기억하도록 보장

② 유효성 : 정확하고 완벽하게 사용자의 목표가 달성될 수 있도록 제작

③ 학습성 : 초보, 숙련자 모두가 쉽게 배우고 사용할 수 있도록 제작

④ 유연성 : 사용자의 인터랙션을 최대한 포용하고 실수를 방지할 수 있도록 제작

02 정황 시나리오에 대한 설명으로 옳지 않은 것은?

① 요구사항을 정의할 때 가장 기초가 되는 시나리오이다.

② 사용자가 주로 사용하는 기능 위주로 작성한다.

③ 육하원칙에 따르며, 간결하고 명확하게 작성하여야 한다.

④ 작성된 시나리오는 정확성을 위해 의뢰인에게만 검토를 의뢰해야 한다.

03 UI 설계 도구 중 디자인, 사용 방법 설명, 평가 등을 위한 실물과 흡사한 정적인 형태의 모형은?

① 스토리보드   ② 목업

③ 프로토타입   ④ 와이어프레임

04 다음 중 디지털 프로토타입에 속하지 않는 것은?

① 파워포인트   ② 아크로뱃

③ 포스트잇   ④ 비지오

05 UI 시나리오 문서 작성의 요건에서 표준화된 템플릿을 적용하여 문서를 쉽게 읽을 수 있어야 하는 것은?

① 일관성   ② 가독성

③ 이해성   ④ 완전성

06 UI 시나리오 문서 작성 시 기대되는 효과로 옳지 않은 것은?

① 시나리오 작성과 소프트웨어 개발 비용을 절감한다.

② 개발 속도를 향상시킨다.

③ 개발 과정에서의 재작업이 감소하고, 혼선을 최대화한다.

④ 불필요한 기능을 최소화한다.

섹션
기출예상문제 해설

Section 05. 화면 설계

01 직관성은 누구나 쉽게 이해하고 사용할 수 있어야 하는 것을 의미한다.

02 작성된 시나리오는 외부 전문가 또는 경험이 풍부한 사람에게 검토를 의뢰할 수 있다.

03 [키워드] 실물과 흡사한 정적인 형태 → [용어] 목업(Mockup)
 • 스토리보드(Storyboard) : 디자이너와 개발자의 의사소통을 위한 도구
 • 프로토타입(Prototype) : 정적인 화면으로 설계된 스토리보드 또는 와이어프레임에 동적 효과를 적용함으로써 실제 구현된 것처럼 시뮬레이션이 가능한 동적 모형
 • 와이어프레임(Wireframe) : 화면 단위의 레이아웃을 설계하는 작업으로 UI 요소 등에 대한 뼈대를 의미

04 ③은 페이퍼 프로토타입에 속한다.

05 [키워드] 표준화된 템플릿, 쉽게 읽음 → [용어] 가독성(Readable)
 • 일관성(Consistent) : 모든 문서의 UI 스타일을 일관적으로 구성한다.
 • 이해성(Understandable) : 처음 접하는 사람도 이해하기 쉽도록 구성하고 설명한다.
 • 완전성(Complete) : 누락 없이 완전해야 한다.

06 개발 과정에서의 재작업이 감소하고, 혼선을 최소화한다.

[정답] **01** ①   **02** ④   **03** ②   **04** ③   **05** ②   **06** ③

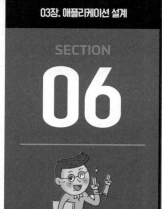

SECTION 06

객체 지향 기법

객체 지향은 현실 세계에 존재하는 실체(Entity, 개체) 및 개념들을 객체(Object)라는 독립된 단위로 구성하는 기법입니다. 기계 부품을 조립하여 제품을 만들듯이, 객체들을 조립해서 작성합니다. [4과목. 프로그래밍 언어 활용]에서 학습하는 JAVA언어는 객체 지향 프로그래밍 언어입니다.

권쌤이 알려줌

구조적 개발은 전통적인 개발 기법으로, 모듈 중심의 방법론 입니다. 구조가 단순하여 이해가 쉽지만, 소프트웨어 재사용과 유지보수가 어렵습니다.

• 구조적 개발

• 객체 지향 개발

★★★

01 객체 지향

1 객체 지향(Object-Oriented) [22년 2회] [21년 1, 3회]

객체 지향은 현실 세계의 실체(Entity, 개체)를 속성과 메소드가 결합된 독립적인 형태의 객체(Object)로 표현하는 개념으로, 이 객체들이 메시지를 통해 상호 작용함으로써 전체 시스템이 운영되는 개념이다.

• 소프트웨어 재사용과 유지보수가 어려운 구조적 개발의 단점을 보완하여 소프트웨어 위기 해결 방안으로 제시되었다.
• 객체 지향 구성 요소 : 객체(Object), 클래스(Class), 메시지(Message)
• 객체 지향 특징 : 캡슐화, 정보 은폐, 추상화, 상속, 다형성

2 객체 지향 구성 요소

1. 객체(Object) [22년 2회]

현실 세계에 존재하는 실체로, 속성과 그 속성에 관련되는 메소드를 모두 포함한 개념이다.

• 객체들 간의 상호작용은 메시지를 통해 이루어진다.
• 클래스의 인스턴스(Instance)※이다. [22년 3회] [21년 2회]

구분	설명
속성(Attribute)※	객체가 가지고 있는 상태
메소드(Method)※	객체의 데이터를 처리하는 행위

2. 클래스(Class) [22년 1, 3회] [20년 2, 3회]

사물의 특성을 소프트웨어적으로 추상화하여 모델링한 것으로, 객체를 만들 수 있는 틀(Template)이다.

• 하나 이상의 유사한 객체들을 묶어 공통된 특성을 표현한 데이터를 추상화하여 모델링한 것이다.

인스턴스(Instance)
클래스에 속한 각각의 객체

속성(Attribute)
데이터, 변수, 자료 구조, 필드

메소드(Method)
연산자, 동작, 오퍼레이션, 함수, 프로시저

• 공통된 속성과 메소드 갖는 객체의 집합으로, 객체의 일반적인 타입을 의미한다.

예제 손님 클래스

해설

손님 객체의 공통된 특성을 표현하여 데이터 추상화한 것이 클래스이고, 손님 클래스에 속한 각각의 손님1 객체와 손님2 객체는 인스턴스(Instance)이다.

3. 메시지(Message) [22년 3회] [21년 2회]

객체 간에 상호작용을 하는 데 사용되는 수단이다.

• 객체에서 객체로 메시지가 전달되면 메소드를 시작한다.

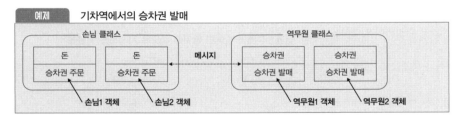

예제 기차역에서의 승차권 발매

해설

손님이 돈을 지불하고 승차권을 주문(메시지)하면 역무원은 승차권을 발매한다.

3 객체 지향 특징 [22년 1, 2회] [21년 1, 2, 3회] [20년 3, 4회]

권쌤이 알려줌

캡슐화는 정보 은폐를 통해 외부에서 변경이 되지 않도록 하여, 프로그램 변경에 대한 오류의 파급 효과를 줄입니다.

특징	설명
캡슐화(Encapsulation)	• 속성과 메소드를 하나로 묶어 객체로 구성하는 것 • 실제 구현 내용 일부를 외부에 감추어 은닉하는 것 예) 가루약을 캡슐에 담아 묶으면 약 내용을 감추어 은닉할 수 있다.
정보은폐(Information Hiding, 정보은닉)	• 다른 객체로부터 자신의 자료를 숨기고 자신의 연산만을 통하여 접근을 허용하는 것 예) 캡슐화된 약 내부를 숨기므로 정보은폐가 가능하다.
추상화(Abstraction)	• 복잡한 문제의 본질을 이해하기 위해 세부 사항은 배제하고 중요한 부분을 중심으로 간략화하는 것 • 데이터의 공통되는 속성이나 메소드를 묶어서 추출하는 것 예) 자가용, 버스, 택시 객체의 공통된 속성(바퀴, 엔진, 좌석)과 메소드(후진, 좌회전, 우회전)를 묶어서 자동차 클래스로 추상화한다.
상속(Inheritance)	• 상위 클래스의 속성과 메소드를 하위 클래스가 물려받는 것 • 다중 상속은 한 클래스가 여러 상위 클래스로부터 상속받는 것 예) 전화기 클래스와 컴퓨터 클래스의 속성과 메소드를 상속받아 스마트폰 클래스를 만들 수 있다.
다형성 (Polymorphism)	• 한 메시지가 객체에 따라 다른 방법으로 응답할 수 있는 것 • 객체들이 동일한 메소드명을 사용하여 같은 의미의 응답을 할 수 있는 것 예) '마신다'라는 메시지가 물 객체에 전달되면 '물을 마신다'가 되고, 우유 객체에 전달되면 '우유를 마신다'라고 응답할 수 있다.

[21년 1회]

01 소프트웨어를 개발하기 위한 비즈니스(업무)를 객체와 속성, 클래스와 멤버, 전체와 부분 등으로 나누어서 분석해 내는 기법은?

① 객체 지향 분석   ② 구조적 분석

③ 기능적 분석   ④ 실시간 분석

> **해설** 키워드 객체와 속성, 클래스와 멤버 → 용어 객체 지향 분석

[21년 3회]

02 객체지향의 주요 개념에 대한 설명으로 틀린 것은?

① 캡슐화는 상위클래스에서 속성이나 연산을 전달받아 새로운 형태의 클래스로 확장하여 사용하는 것을 의미한다.

② 객체는 실세계에 존재하거나 생각할 수 있는 것을 말한다.

③ 클래스는 하나 이상의 유사한 객체들을 묶어 공통된 특성을 표현한 것이다.

④ 다형성은 상속받은 여러 개의 하위 객체들이 다른 형태의 특성을 갖는 객체로 이용될 수 있는 성질이다.

> **해설** 상위클래스에서 속성이나 연산을 전달받는 것은 상속(Inheritance)에 대한 설명이다.
> • 캡슐화(Encapsulation) : 데이터와 메소드를 하나로 묶어 객체로 구성하는 것

[21년 2회]

03 객체 지향 기법에서 클래스에 속한 각각의 객체를 의미하는 것은?

① Instance   ② Message

③ Method   ④ Module

> **해설** 키워드 각각의 객체 → 용어 인스턴스(Instance)
> • 모듈(Module) : 소프트웨어 구조를 이루는 기본적인 단위

[20년 2회]

04 객체지향 프로그램에서 데이터를 추상화하는 단위는?

① 메소드   ② 클래스

③ 상속성   ④ 메시지

> **해설** 키워드 데이터 추상화 → 용어 클래스(Class)

[20년 3회]

05 객체 지향 소프트웨어 공학에서 하나 이상의 유사한 객체들을 묶어서 하나의 공통된 특성을 표현한 것은?

① 트랜잭션   ② 클래스

③ 시퀀스   ④ 서브루틴

> **해설** 키워드 유사한 객체들 묶음 → 용어 클래스(Class)
> • 트랜잭션(Transaction) : 사용자가 요구하는 작업의 단위

[21년 2회]

06 객체에게 어떤 행위를 하도록 지시하는 명령은?

① Class   ② Instance

③ Object   ④ Message

> **해설** 키워드 행위, 지시 → 용어 메시지(Message)

[20년 3회]

07 객체지향에서 정보 은닉과 가장 밀접한 관계가 있는 것은?

① Encapsulation   ② Class

③ Method   ④ Instance

> **해설** 캡슐화(Encapsulation)는 실제 구현 내용 일부를 외부에 감추어 은닉한다.

[20년 4회]

08 객체지향 기법의 캡슐화(Encapsulation)에 대한 설명으로 틀린 것은?

① 인터페이스가 단순화 된다.

② 소프트웨어 재사용성이 높아진다.

③ 변경 발생 시 오류의 파급효과가 적다.

④ 상위 클래스의 모든 속성과 연산을 하위 클래스가 물려받는 것을 의미한다.

> **해설** 다른 하나는 상속(Inheritance)에 대한 설명이다.

[21년 1회]

09 객체지향 개념에서 연관된 데이터와 함수를 함께 묶어 외부와 경계를 만들고 필요한 인터페이스만을 밖으로 드러내는 과정은?

① 메시지(Message)

② 캡슐화(Encapsulation)

③ 다형성(Polymorphism)

④ 상속(Inheritance)

해설 키워드 데이터와 함수 묶음, 외부와 경계 → 용어 캡슐화

[21년 2회]

10 객체지향 설계에서 객체가 가지고 있는 속성과 오퍼레이션의 일부를 감추어서 객체의 외부에서는 접근이 불가능하게 하는 개념은?

① 조직화(Organizing)

② 캡슐화(Encapsulation)

③ 정보은닉(Information Hiding)

④ 구조화(Structuralization)

해설 키워드 일부 감춤, 외부 접근 불가능 → 용어 정보은닉(정보은폐), 캡슐화
- 조직화(Organizing) : 목표를 달성하기 위한 책임과 역할을 부여하고 목표의 달성을 위해 작업을 배치하고 관련짓는 기능
- 구조화(Structuralization) : 여러 개의 서브 시스템으로 분해하여 구조적으로 계층화하고 통제하는 기법

[21년 3회]

11 객체지향 설계에서 정보 은닉(Information Hiding)과 관련한 설명으로 틀린 것은?

① 필요하지 않은 정보는 접근할 수 없도록 하여 한 모듈 또는 하부시스템이 다른 모듈의 구현에 영향을 받지 않게 설계되는 것을 의미한다.

② 모듈들 사이의 독립성을 유지시키는 데 도움이 된다.

③ 설계에서 은닉되어야 할 기본 정보로는 IP 주소와 같은 물리적 코드, 상세 데이터 구조 등이 있다.

④ 모듈 내부의 자료 구조와 접근 동작들에만 수정을 국한하기 때문에 요구사항 등 변화에 따른 수정이 불가능하다.

해설 정보 은닉은 필요하지 않은 정보는 접근할 수 없도록 하는 것이므로, 변화에 따른 수정이 발생할 경우 오류를 최소화할 수 있다.

▶ 정답 : 01.①, 02.①, 03.①, 04.②, 05.②, 06.④, 07.①, 08.④, 09.②, 10.②,③(중복 정답 인정), 11.④

★★★
02 객체 지향 기법

1 객체 지향 설계 원칙(S.O.L.I.D) [22년 1회] [20년 3, 4회] [22년 2회 실기]

객체 지향 설계 원칙의 SRP, OCP, LSP, ISP, DIP의 앞 글자를 따서 SOLID 원칙이라고도 부른다.

설계 원칙	설명
단일 책임 원칙(SRP; Single-Responsibility Principle)	• 클래스를 변경해야 하는 이유는 오직 하나여야 한다. • 클래스는 한 가지 기능만 갖도록 설계한다.
개방 폐쇄의 원칙(OCP; Open-Closed Principle)	• 확장에는 열려 있어야 하고, 변경에는 닫혀있어야 한다. • 클래스를 확장은 쉽게, 변경은 어렵게 설계한다.
리스코프 교체의 원칙(LSP; Liskov Substitution Principle)	• 기반 클래스(상위 클래스)는 파생 클래스(하위 클래스)로 대체할 수 있어야 한다. • 상위 타입 객체를 하위 타입 객체로 치환해도 상위 타입을 사용하는 프로그램은 정상적으로 동작해야 한다.

권쌤이 알려줌

하나의 클래스가 많은 기능을 갖고 있다면, 어떠한 기능이 변경되었을 때 해당 클래스를 테스트하기 위해 모든 기능을 점검해야 합니다. 따라서 책임 분리를 통해 어떠한 책임이 변경되더라도 다른 책임들에게 영향을 주지 않도록 합니다.

권쌤이 알려줌

개방 폐쇄의 원칙은 추가할 코드는 Open, 기존 코드는 Close와 같이 기존의 코드를 변경하지 않으면서 기능을 추가할 수 있도록 설계하는 것입니다.

인터페이스 분리의 원칙 (ISP; Interface Segregation Principle)	• 하나의 일반적인 인터페이스보다는 구체적인 여러 개의 인터페이스가 낫다. • 클라이언트는 자신이 사용하지 않는 메소드와 의존 관계를 맺거나 영향을 받으면 안 된다.
의존 관계 역전의 원칙 (DIP; Dependency Inversion Principle)	• 클라이언트는 구체 클래스가 아닌 추상 클래스에 의존해야 한다.

2 객체 지향 분석 방법론 [22년 1회] [21년 1회] [20년 2회]

방법론	설명
부치(Booch) 기법	• 자료 흐름도(DFD)를 사용해서 객체를 분해하고, 객체 간의 인터페이스를 찾아 이것들을 에이다(Ada) 프로그램으로 변환시키는 기법이다. • 전체 시스템의 가시화와 실시간 처리에 유용하다. • 설계를 위한 문서화 기법을 강조한다. • 분석 단계와 구현 세부 사항이 취약하다. • 미시적 개발 프로세스와 거시적 개발 프로세스를 모두 포함한다.
코드(Coad)와 요돈 (Yourdon) 기법	• 개체 관계도(ERD)를 사용하여 개체의 활동들을 데이터 모델링 하는 데 초점을 둔 기법이다. • 분석 절차(ERD 만드는 과정)는 객체 및 클래스 식별 → 구조 식별 → 주체 정의 → 속성 및 관계 정의 → 서비스 정의 순이다. • 문제 영영 요소, 사람과 상호 작용 요소, 작업 관리 요소, 자료 관리 요소로 구성된다.
워프-브록 (Wirfs-Brock) 기법	• 분석과 설계 간 구분이 없고, 고객 명세서를 평가하여 설계 작업까지 연속적으로 수행하는 기법이다.
제이콥슨(Jacobson) 기법	• 유스케이스(Usecase)를 사용하여 분석하는 기법이다. • 사용자가 시스템과 어떻게 상호 작용하는지 서술한다.
럼바우(Rumbaugh)의 분석 기법	• 그래픽 표기법을 이용하여 소프트웨어 구성 요소를 모델링한 기법이다. • 분석 활동은 객체 모델링, 동적 모델링, 기능 모델링을 통해 이루어진다.

3 럼바우(Rumbaugh)의 분석 기법 [22년 3회] [21년 1, 2, 3회] [20년 2, 3, 4회] [21년 2회 실기]

럼바우의 분석 방법은 그래픽 표기법을 이용하여 소프트웨어 구성 요소를 모델링한 기법이다.

• 객체 모델링 기법(OMT)*이라고도 한다.

• 분석 활동 순서

```
객체 모델링  →  동적 모델링  →  기능 모델링
```

분석 활동	설명
객체 모델링 (Object Modeling)	• 정보 모델링(Information Modeling)이라고도 한다. • 시스템에서 요구되는 객체를 찾아내어 객체들의 특성을 규명한다. • 객체 다이어그램, 개체 관계도(ERD)를 이용한다.
동적 모델링 (Dynamic Modeling)	• 객체들의 제어 흐름, 상호 반응, 연산 순서를 나타내주는 과정이다. • 상태 다이어그램(STD)을 이용한다.
기능 모델링 (Functional Modeling)	• 각 객체에서 수행되는 동작들을 기술한다. • 자료 흐름도(DFD)를 이용한다.

[20년 3회]

01 객체지향 설계 원칙 중, 서브타입(상속받은 하위 클래스)은 어디에서나 자신의 기반 타입(상위 클래스)으로 교체할 수 있어야 함을 의미하는 원칙은?

① ISP
② DIP
③ LSP
④ SRP

 키워드 서브타입, 기반 타입, 교체 → **용어** 리스코프 교체의 원칙 (LSP)

[20년 4회]

02 다음 내용이 설명하는 객체지향 설계 원칙은?

> • 클라이언트는 자신이 사용하지 않는 메소드와 의존관계를 맺으면 안 된다.
> • 클라이언트가 사용하지 않는 인터페이스 때문에 영향을 받아서는 안 된다.

① 인터페이스 분리 원칙
② 단일 책임 원칙
③ 개방 폐쇄의 원칙
④ 리스코프 교체의 원칙

키워드 의존관계 ×, 인터페이스 → **용어** 인터페이스 분리의 원칙 (ISP)

[20년 2회]

03 객체지향 분석 방법론 중 E-R 다이어그램을 사용하여 객체의 행위를 모델링하며, 객체 식별, 구조 식별, 주체 정의, 속성 및 관계 정의, 서비스 정의 등의 과정으로 구성되는 것은?

① Coad와 Yourdon 방법
② Booch방법
③ Jacobson 방법
④ Wirfs-Brocks 방법

키워드 E-R 다이어그램 → **용어** 코드(Coad)와 요돈(Yourdon) 기법

[21년 1회]

04 객체지향 분석 방법론 중 Coad-Yourdon 방법에 해당하는 것은?

① E-R 다이어그램을 사용하여 객체의 행위를 데이터 모델링하는데 초점을 둔 방법이다.
② 객체, 동적, 기능 모델로 나누어 수행하는 방법이다.
③ 미시적 개발 프로세스와 거시적 개발 프로세스를 모두 사용하는 방법이다.
④ Use Case를 강조하여 사용하는 방법이다.

②는 럼바우(Rumbaugh)의 분석 방법, ③은 부치(Booch) 기법, ④는 제이콥슨(Jacobson) 기법에 대한 설명이다.

[20년 2회]

05 럼바우(Rumbaugh)의 객체지향 분석 절차를 가장 바르게 나열한 것은?

① 객체 모형 → 동적 모형 → 기능 모형
② 객체 모형 → 기능 모형 → 동적 모형
③ 기능 모형 → 동적 모형 → 객체 모형
④ 기능 모형 → 객체 모형 → 동적 모형

TIP 럼바우의 분석 활동 순서는 "객동기"로 기억하세요.

[20년 3회] [21년 2회]

06 럼바우(Rumbaugh)의 객체지향 분석에서 사용하는 분석활동으로 옳은 것은?

① 객체 모델링, 동적 모델링, 정적 모델링
② 객체 모델링, 동적 모델링, 기능 모델링
③ 동적 모델링, 기능 모델링, 정적 모델링
④ 정적 모델링, 객체 모델링, 기능 모델링

럼바우의 분석 방법 : 객체 모델링, 동적 모델링, 기능 모델링

[20년 4회]

07 그래픽 표기법을 이용하여 소프트웨어 구성 요소를 모델링하는 럼바우 분석 기법에 포함되지 않는 것은?

① 객체 모델링　　② 기능 모델링

③ 동적 모델링　　④ 블랙박스 분석 모델링

> **해설** 럼바우의 분석 방법 : 객체 모델링, 동적 모델링, 기능 모델링

[20년 4회]

08 럼바우(Rumbaugh) 객체지향 분석 기법에서 동적 모델링에 활용되는 다이어그램은?

① 객체 다이어그램(Object Diagram)

② 패키지 다이어그램(Package Diagram)

③ 상태 다이어그램(State Diagram)

④ 자료 흐름도(Data Flow Diagram)

> **해설** `키워드` 상태 다이어그램 → `용어` 동적 모델링(Dynamic Modeling)

[21년 1회]

09 럼바우(Rumbaugh) 분석기법에서 정보 모델링이라고도 하며, 시스템에서 요구되는 객체를 찾아내어 속성과 연산 식별 및 객체들 간의 관계를 규정하여 다이어그램으로 표시하는 모델링은?

① Object　　② Dynamic

③ Function　　④ Static

> **해설** `키워드` 정보 모델링, 객체(Object)들 간의 관계 → `용어` 객체 모델링(Object Modeling)

[21년 3회]

10 럼바우(Rumbaugh)의 객체지향 분석 기법 중 자료 흐름도(DFD)를 주로 이용하는 것은?

① 기능 모델링　　② 동적 모델링

③ 객체 모델링　　④ 정적 모델링

> **해설** `키워드` 자료 흐름도(DFD) → `용어` 기능 모델링(Functional Modeling)

[21년 2회 실기]

11 다음은 럼바우(Rumbaugh) 분석 기법에 대한 설명이다. 설명과 가장 부합하는 용어를 〈보기〉와 바르게 연결한 것은?

- (㉠) Modeling : 입력에 대한 결과를 나타내며, 자료 흐름도(DFD)를 이용하여 각 객체에서 수행되는 동작들을 기술한다.
- (㉡) Modeling : 상태도(STD)를 이용하여 시간에 따라 객체들의 제어 흐름, 상호 반응, 연산 순서를 나타낸다.
- (㉢) Modeling : 시스템에서 요구되는 객체를 찾아내어 객체(Object)들의 특성을 규명하여 개체 관계도(ERD)로 표현한다.

〈보기〉
1. Abstraction　2. State
3. Information　4. Usecase
5. Function　　6. Transaction
7. Dynamic　　8. Sequence
9. Relation

① ㉠-5, ㉡-7, ㉢-3

② ㉠-8, ㉡-1, ㉢-3

③ ㉠-5, ㉡-7, ㉢-2

④ ㉠-3, ㉡-9, ㉢-7

> **해설** `키워드` 자료 흐름도(DFD) → `용어` 기능(Functional) 모델링
> `키워드` 상태도(STD) → `용어` 동적(Dynamic) 모델링
> `키워드` 개체 관계도(ERD) → `용어` 정보(Information) 모델링
> `TIP` 객체(Object) 모델링을 정보(Information) 모델링이라고도 합니다.

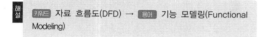

▶ 정답 : 01.③, 02.①, 03.①, 04.①, 05.①, 06.②, 07.④, 08.③, 09.①, 10.①, 11.①

[이전 기출]

01 객체에 대한 설명으로 가장 옳지 않은 것은?

① 객체는 실세계 또는 개념적으로 존재하는 세계의 사물들이다.

② 객체는 공통적인 특징을 갖는 클래스들을 모아둔 것이다.

③ 객체는 데이터를 가지며 이 데이터의 값을 변경하는 함수를 가지고 있는 경우도 있다.

④ 객체들 사이에 통신을 할 때는 메시지를 전송한다.

[이전 기출]

02 객체지향 기법에서 객체가 메시지를 받아 실행해야 할 객체의 구체적인 연산을 정의한 것은?

① Entity
② Method
③ Instance
④ Class

[이전 기출]

03 객체지향 개념에서 캡슐화에 대한 설명으로 옳지 않은 것은?

① 캡슐화를 하면 객체들 사이의 결합도가 높아지고, 객체의 응집도가 향상된다.

② 객체의 명세와 실체를 분리하는 기법으로 캡슐화된 객체들의 재사용성을 향상시킬 수 있다.

③ 객체의 상세한 내용을 객체 외부로부터 숨기고, 단순히 메시지만으로 객체와의 상호작용을 하게 하는 것을 캡슐화라고 한다.

④ 인터페이스를 단순화시킬 수 있고, 프로그램 변경에 대한 오류의 파급효과가 적다.

[이전 기출]

04 객체 지향 개념에 관한 설명 중 옳지 않은 것은?

① 객체들 간의 상호 작용은 메시지를 통해 이루어진다.

② 클래스는 인스턴스(Instance)들이 갖는 변수들과 인스턴스들이 사용할 메소드(Method)를 갖는다.

③ 다중 상속(Multiple inheritance)은 두 개 이상의 클래스가 한 클래스로부터 상속받는 것을 말한다.

④ 객체가 갖는 데이터를 처리하는 연산(Operation)을 메소드(Method)라 한다.

[이전 기출]

05 다음 객체지향 기법에 대한 설명에 해당하는 것은?

> 메시지에 의해 객체가 연산을 수행하게 될 때 하나의 메시지에 대해 각 객체가 가지고 있는 고유한 방법으로 응답할 수 있는 능력이다.

① Encapsulation
② Abstraction
③ Inheritance
④ Polymorphism

[이전 기출]

06 리스코프 대체(Liskov's substitution) 원칙으로 옳은 것은?

① 모듈의 설계는 확장(Extension)에 대해서는 열려 있어야 하고 수정(Modification)에 대해서는 닫혀 있어야 한다.

② B가 클래스 A의 자식(child) 클래스라면 A 클래스의 인스턴스가 요구되는 곳에서 B 클래스의 인스턴스가 사용될 수 있도록 설계해야 한다.

③ 구체적인 클래스보다 인터페이스나 추상클래스에 대해 의존되도록 설계해야 한다.

④ 범용적 목적의 단일한 인터페이스보다는 클라이언트별 인터페이스를 다수 갖도록 설계하는 것이 좋다.

[이전 기출]

07 객체지향 분석 기법 중 다음 설명에 해당하는 것은?

> • 미시적 개발 프로세스와 거시적 개발 프로세스를 모두 포함한다.
> • 클래스와 객체들을 분석 및 식별하고 클래스의 속성과 연산을 정의한다.
> • 클래스와 객체의 의미를 식별한다.
> • 각 작업에 대한 다이어그램, 클래스 계층 정의, 클래스들의 클러스터링 작업을 수행한다.
> • 클래스와 객체를 구현한다.

① Wirfs−Brock 방법
② Jacobson 방법
③ Booch 방법
④ Coad와 Yourdon 방법

[이전 기출]

08 코드(Coad)와 요돈(Yourdon)의 객체 지향 설계에서 구성요소로 거리가 먼 것은?

① 클래스와 객체요소
② 문제 영역 요소
③ 사람과 상호 작용 요소
④ 작업 관리 요소

[이전 기출]

09 객체 모형(Object method), 동적 모형(Dynamic model), 기능 모형(Functional model)의 3개 모형으로 구성되어 있는 개체지향 분석 기법은?

① Rumbaugh method
② Wirfs−Rrock method
③ Jacobson method
④ Coad & Yourdon method

섹션
기출예상문제 해설

Section 06. 객체 지향 기법

01 공통적인 특징을 갖는 객체들을 모아둔 것은 클래스이다.

02 키워드 연산 → 용어 메소드(Method)
- 개체(Entity) : 현실 세계에서 조직을 운영하는 데 꼭 필요한 사람이나 사물과 같이 구별되는 모든 것
- 인스턴스(Instance) : 클래스에 속한 각각의 객체
- 클래스(Class) : 사물의 특성을 소프트웨어적으로 추상화하여 모델링한 것으로, 객체를 만들 수 있는 틀

03 캡슐화를 하면 객체들 사이의 결합도는 낮아지고, 객체의 응집도는 향상된다.
TIP 캡슐화는 정보 은닉을 통해 낮은 결합도와 높은 응집도를 갖습니다. 결합도 및 응집도는 이후 자세히 학습합니다.

04 다중 상속(Multiple inheritance)은 한 클래스가 두 개 이상의 클래스로부터 상속받는 것을 말한다.

05 키워드 하나의 메시지, 각 객체의 고유한 방법 → 용어 다형성(Polymorphism)
- 캡슐화(Encapsulation) : 데이터와 메소드를 하나로 묶어 객체로 구성하는 것
- 추상화(Abstraction) : 데이터의 공통되는 성질이나 기능을 묶어서 추출하는 것
- 상속(Inheritance) : 상위 클래스의 메소드와 속성을 하위 클래스가 물려받는 것

06 ①은 개방 폐쇄의 원칙(OCP), ③은 의존 관계 역전의 원칙(DIP), ④는 인터페이스 분리의 원칙(ISP)에 대한 설명이다.

07 키워드 미시적, 거시적 → 용어 부치(Booch) 기법
- 워프−브록(Wirfs−Brock) 기법 : 분석과 설계 간 구분이 없고, 고객 명세서를 평가하여 설계 작업까지 연속적으로 수행하는 기법
- 제이콥슨(Jacobson) 기법 : 유스케이스를 사용하여 분석하는 기법
- 코드(Coad)와 요돈(Yourdon) 기법 : 개체 관계도(ERD)를 사용하여 개체의 활동들을 데이터 모델링 하는 데 초점을 둔 기법

08 코드(Coad)와 요돈(Yourdon) 기법 구성요소 : 문제 영영 요소, 사람과 상호 작용 요소, 작업 관리 요소, 자료 관리 요소

09 키워드 객체, 동적, 기능 모형 → 용어 럼바우 방법(Rumbaugh method)
TIP 그 외 용어는 07번 해설을 참고하세요.

정답 **01** ② **02** ② **03** ① **04** ③ **05** ④ **06** ② **07** ③ **08** ① **09** ①

SECTION 07

소프트웨어 설계

요구사항을 분석하여 명세화하였다면, 요구사항 명세서를 참고하여 소프트웨어 설계서를 작성합니다. 소프트웨어 설계서를 작성하기 위한 설계의 기본 원리와 개발하고자 하는 소프트웨어의 특징에 따라 어떤 설계 방식을 참고하는 것이 효율적인지에 대해 학습합니다.

★★
01 소프트웨어 설계

1 소프트웨어 설계

사용자의 요구사항에 따라 요구사항 명세서가 만들어지면, 개발팀은 이 명세서를 참조하여 설계서를 작성한 뒤 이를 기반으로 구현한다.

1. 좋은 설계의 조건

- 요구 분석 명세서의 내용을 설계서에 모두 포함해야 한다.
- 유지보수가 쉽도록 추적 가능해야 한다.
- 변화에 쉽게 적응할 수 있어야 한다.
- 시스템 변경으로 인한 영향이 최소화되도록 국지적이어야 한다.
- 설계서는 읽기 쉽고, 이해하기 쉽게 작성해야 한다.

2. 설계의 종류 [20년 4회]

요구사항 명세서와 설계 원리, 제약 조건에 따라 상위 설계와 하위 설계로 나뉜다.

상위 설계	• 전체 뼈대를 세우는 것과 유사하며, 예비 설계(Preliminary Design)라고도 한다. • 아키텍처(구조) 설계, 데이터 설계, 인터페이스 정의, 사용자 인터페이스(UI) 설계가 있다. • 전체 시스템을 여러 개의 서브 시스템으로 나누는 시스템 분할도 포함된다.
하위 설계	• 내부 구조를 상세히 나타낸다. • 모듈 설계, 자료 구조 설계, 알고리즘 설계가 있다. • 각 모듈의 실제적인 알고리즘 형태로 표현한다. • 인터페이스에 대한 설명, 자료 구조, 변수 등에 대한 상세한 정보를 작성한다.

권쌤이 알려줌

분석 단계에서 사용자 요구를 무엇(What) 관점에서 바라보았다면, 설계 단계에서는 어떻게(How) 관점에서 생각합니다.

합격자의 **맘기법**

설계의 종류 : 데인 사이(아) / 자알못(모)
- 키워드 전체 뼈대 → 용어 상위 설계
  - 데(이터 설계)
  - 인(터페이스 정의)
  - 사(용자 인터페이스)
  - 이(아키텍처 설계)
- 키워드 내부 구조 → 용어 하위 설계
  - 자(료 구조 설계)
  - 알(고리즘 설계)
  - 못(모듈 설계)

2 설계의 원리

구분	설명
분할과 정복 (Divide and Conquer)	소프트웨어 하나를 서브 시스템 여러 개로 나누고, 서브 시스템을 아주 작은 시스템으로 나눈 후 가장 세분화된 작은 시스템부터 하나씩 개발해 나간다.
추상화 (Abstraction)	주어진 문제에서 현재의 관심사에 초점을 맞추기 위해, 필수 정보만 추출하여 강조하고 관련 없는 세부 사항을 생략함으로써 본질적인 문제에 집중한다.
단계적 분해 (Stepwise Refinement)	기능을 점점 작은 단위로 나누어 점차적으로 구체화하는 하향식 설계 방법으로, 니클라우스 비르트(Niklaus Wirth)에 의해 제안되었다.
모듈화 (Modularization)	소프트웨어 기능들을 모듈* 단위로 나누는 것으로 모듈이 많으면 통합 비용이 많이 들고, 모듈이 적으면 모듈 하나의 개발 비용이 많이 든다.
정보 은닉 (Information Hiding)	모듈 내부에 포함된 정보를 숨겨 다른 모듈이 접근하거나 변경하지 못하게 한다.

모듈(Module)
소프트웨어 구조를 이루는 기본적인 단위
• 기능을 구현하기 위한 최소의 단위

학습플러스 추상화의 유형 [21년 3회]

유형	설명
과정(Procedure) 추상화	• 상세 부분은 생략하고, 전체 흐름(과정)만 파악할 수 있는 형태로 작성한다. 예 합계를 구한 후 정렬한다. : 선택 정렬, 버블 정렬 등 정렬의 구체적인 방법은 생략한다.
자료(Data) 추상화	• 데이터(속성)와 메소드를 함께 묶어 캡슐화하여 필요한 기능만 사용할 수 있게 개방한다. 예 선택 정렬의 내부 로직은 모르고 어떤 기능을 하는지만 알면 된다.
제어(Control) 추상화	• 프로그래밍 언어에서 쓰는 제어 구조를 추상화한다. • 이벤트 발생의 정확한 절차나 방법을 자세히 정의하지 않는다. 예 LOAD X / ADD Y / STORE Z → 추상화 → Z = X + Y ▲어셈블리 언어　　▲ 고급 언어

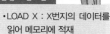
권쌤이 알려줌

• LOAD X : X번지의 데이터를 읽어 메모리에 적재
• ADD Y : Y번지의 데이터를 읽어 메모리의 데이터와 덧셈
• STORE Z : 메모리의 데이터를 Z번지에 저장

권쌤이 알려줌

아키텍처는 틀을 의미합니다. 개발하고자 하는 응용 소프트웨어의 목적에 맞는 소프트웨어 아키텍처를 참고하여 개발합니다.

3 소프트웨어 아키텍처(Software Architecture)

소프트웨어 아키텍처는 소프트웨어의 골격이 되는 기본 구조로, 복잡한 개발을 체계적으로 접근하기 위한 밑그림이다.

- 소프트웨어를 구성하는 컴포넌트[※]들의 상호 작용 및 관계, 각각의 특성을 기반으로 컴포넌트들이 결합하는 소프트웨어의 진화를 위한 여러 가지 원칙들의 집합이다.
- 소프트웨어 개발을 쉽게 하도록 기본 틀을 만들어, 전체 시스템의 구조나 설계 모형을 재사용할 때 사용한다.
- 소프트웨어 아키텍처 구축 절차

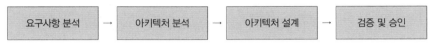

요구사항 분석 → 아키텍처 분석 → 아키텍처 설계 → 검증 및 승인

1. 요구사항 분석

소프트웨어 개발의 요구사항 분석 단계와 같다. 다만 품질 속성과 같은 비기능적인 요구사항[※]에 더 많은 관심을 둔다.

2. 아키텍처 분석

분석 단계에서는 개발 프로젝트에 필요한 품질 속성을 식별하고, 식별된 품질 속성들의 우선순위를 결정한다. 또한 품질 속성 반영 방법을 개발한다.

학습 플러스 소프트웨어 아키텍처 품질 속성 [21년 2회]

소프트웨어 아키텍처 품질 속성은 사용성, 성능과 같이 소프트웨어 아키텍처에 많은 영향을 미치는 요구사항을 반영한 것을 말한다.
- 요구하는 수준만큼 품질 속성을 달성해야 하는 것을 품질 요구사항이라 한다.

구분	설명
시스템 측면	성능, 보안, 가용성[※], 기능성, 사용성, 변경 용이성, 확장성 등
비즈니스 측면	시장 적시성, 비용과 혜택, 예상 시스템 수명 등
아키텍처 측면	개념적 무결성[※], 정확성, 구축 가능성 등

3. 아키텍처 설계

이해관계자를 파악하고, 이해관계자별 관점(View)[※]을 정의하고, 아키텍처 스타일[※]을 적용한다.

4. 검증 및 승인

아키텍처의 요구사항 만족도, 적합성, 품질 속성 등을 평가한다. 그리고 설계 방법을 도출하거나, 설계 패턴을 고려하는 등 아키텍처를 상세화(반복)하여 이해관계자들이 최종 승인을 한다.

컴포넌트(Component, 구성 부품, 요소)
독립적인 실행 단위
예 결제 시스템에서 현금 결제, 카드 결제, 계좌 이체 결제 등

비기능적인 요구사항
소프트웨어 기능들에 대한 조건과 제약사항에 관한 요구사항

가용성(Availability)
시스템을 장애 없이 정상적으로 사용 가능한 정도

무결성(Integrity)
시스템 기능의 의미가 바뀐다면, 그 바뀐 기능과 관련된 부분에서도 똑같이 적용되어야 한다.

관점(View)
시스템을 이루는 요소들의 집합과 그들의 연관 관계를 추상적으로 표현한 것
예 소프트웨어 아키텍처 4+1 관점(논리뷰, 구현뷰, 프로세스뷰, 배치뷰, 유스케이스뷰)

아키텍처 스타일
예 MVC 구조, 클라이언트/서버 구조 등

권쌤이 알려줌

아키텍처 스타일에는 MVC 모델, 클라이언트/서버 모델 등이 있으며, 스타일을 혼용하여 적용할 수 있습니다. 아키텍처 스타일은 이후 자세히 학습합니다.

[20년 4회]

01 소프트웨어의 상위 설계에 속하지 않는 것은?

① 아키텍처 설계　　② 모듈 설계

③ 인터페이스 정의　④ 사용자 인터페이스 설계

> 해설 다른 하나는 하위 설계에 속한다.
> **TIP** 설계의 종류는 "데인 사이(아)/자알못(모)"으로 기억하세요.

[21년 3회]

02 소프트웨어 설계에서 사용되는 대표적인 추상화(Abstraction) 기법이 아닌 것은?

① 자료 추상화　　② 제어 추상화

③ 과정 추상화　　④ 강도 추상화

> 해설 추상화 종류 : 과정 추상화, 자료 추상화, 제어 추상화

[21년 2회]

03 소프트웨어 아키텍처 설계에서 시스템 품질 속성이 아닌 것은?

① 가용성(Availability)

② 독립성(Isolation)

③ 변경 용이성(Modifiability)

④ 사용성(Usability)

> 해설 소프트웨어 아키텍처 시스템 품질 속성
> : 성능, 보안, 가용성, 기능성, 사용성, 변경 용이성, 확장성 등

▶ 정답 : 01.②, 02.④, 03.②

★★
02 소프트웨어 아키텍처 패턴

1 소프트웨어 아키텍처 패턴(소프트웨어 아키텍처 스타일) [21년 3회]

1. MVC 구조(Model, View, Controller) [22년 2회]

구현하려는 전체 어플리케이션을 모델(Model), 뷰(View), 컨트롤러(Controller)로 구분하고, 사용자 인터페이스와 비즈니스 로직을 서로 분리하여 개발하는 방법이다.

- 애플리케이션의 시각적 요소와 그 이면에서 실행되는 비즈니스 로직은 서로 영향을 주지 않고, 쉽게 변경 가능한 애플리케이션을 개발할 수 있다.

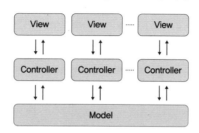

권쌤이 알려줌

소프트웨어 아키텍처 패턴은 여러 가지 소프트웨어를 분석하여 각각의 상황에 맞는 소프트웨어 아키텍처를 정의한 것입니다. 개발하고자 하는 응용 소프트웨어 목적에 맞는 소프트웨어 아키텍처 패턴을 활용합니다.

권쌤이 알려줌

컨트롤러나 모델에 상관없이 뷰를 교체하여 사용자 화면의 디자인을 변경할 수 있습니다.

권쌤이 알려줌

네이버 검색 흐름을 떠올려 보세요. 뷰는 화면, 컨트롤러는 모델 호출 및 처리 결과를 뷰에게 전달, 모델은 사용자 요청을 처리합니다.

구성 요소	설명
모델(Model)	• 사용자 요청을 처리해 사용자에게 출력할 데이터를 만드는 요소 • 내부 구성 요소, 핵심 기능, 도메인의 지식 저장 및 보관
뷰(View)	• 모델이 처리한 결과를 화면에 보여주는 요소 • 정보 표시, 사용자에게 보여줌
컨트롤러 (Controller)	• 사용자 요청을 받아 그 요청을 처리할 모델을 호출하는 요소 • 모델이 처리 후 결과를 뷰에 전달하는 요소 • 모델과 뷰 연결, 사용자와의 상호 작용 관리

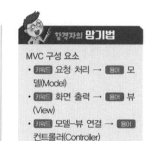

합격자의 암기법

MVC 구성 요소
• 키워드 요청 처리 → 용어 모델(Model)
• 키워드 화면 출력 → 용어 뷰(View)
• 키워드 모델–뷰 연결 → 용어 컨트롤러(Controller)

2. 클라이언트/서버 구조(Client/Server)

네트워크를 이용하는 분산 시스템 형태의 모델로, 정보를 요청하는 클라이언트와 정보를 제공하는 서버를 분할하여 사용하는 방법이다.

• 서버, 서비스, 클라이언트로 구성된다.

• 시스템 확장이 용이하고 유연성이 있으며, 많은 자원을 공유할 수 있다.

권쌤이 알려줌

서버와 클라이언트는 동기화할 때를 제외하고는 서로 독립적입니다.

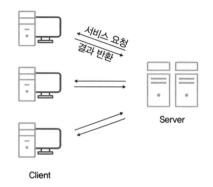

3. 저장소 구조(Repository, 데이터 중심형 모델)

공동으로 활용하는 데이터를 저장소에 보관하고, 모든 서브 시스템이 저장된 공유 데이터에 접근하여 저장, 검색, 변경하는 역할을 하는 방법이다.

• 서브 시스템은 저장소에 데이터를 요청하여 가져와 연산한 후 그 결과를 다시 저장소에 저장한다.

• 데이터가 한 곳의 저장소에 모여 있기 때문에, 데이터를 모순되지 않고 일관성 있게 관리할 수 있다.

• 대량의 데이터를 공유하는 은행 업무 시스템에 매우 유용한 모델이다.

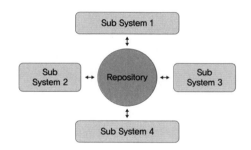

4. 계층 구조(Layering)

시스템을 계층으로 구분하여, 계층 하나를 서브 시스템으로 생각하는 고전적인
방법이다.

- 서로 마주 보는 두 개의 계층 간에만 상호 작용이 이루어진다.
- 계층 간의 역할 분담을 명확히 하여, 각 계층을 필요에 따라 쉽게 변경할 수 있다.

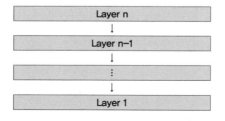

5. 데이터 흐름 구조(Pipe Filter, 파이프 필터 구조) [22년 3회] [21년 2회] [20년 4회]

필터에 해당되는 서브 시스템이 하나의 데이터를 입력으로 받아 처리한 후, 그
결과를 다음 서브 시스템으로 넘겨주는 과정을 반복하는 방법이다.

- 일반적으로 데이터를 변환하는 시스템에서 주로 사용한다.
- 필터 또는 파이프 단위로 나누어 개발할 수 있기 때문에 동시 개발이 가능하다.

6. 마스터-슬레이브 구조(Master-Slave) [21년 3회]

마스터는 슬레이브로 작업을 분할하고, 슬레이브에서 처리된 결과물을 마스터가
다시 돌려받는 방법이다.

- 마스터 프로세스는 연산, 통신, 조정을 책임지며, 슬레이브 프로세스들을 제어
  할 수 있다.
- 슬레이브 프로세스는 데이터를 수집하여 마스터 프로세스로 전달한다.
- 일반적으로 장애 허용 시스템[*], 병렬 처리 시스템, 실시간 시스템에서 사용
  된다.

장애 허용 시스템
시스템의 일부만 고장이 날 경
우 해당 기능만 사용하지 못할
뿐, 전체 시스템은 정상적으로
동작하는 시스템

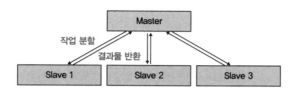

[21년 3회]

01 소프트웨어 아키텍처와 관련한 설명으로 틀린 것은?

① 파이프 필터 아키텍처에서 데이터는 파이프를 통해 양방향으로 흐르며, 필터 이동 시 오버헤드가 발생하지 않는다.

② 외부에서 인식할 수 있는 특성이 담긴 소프트웨어의 골격이 되는 기본 구조로 볼 수 있다.

③ 데이터 중심 아키텍처는 공유 데이터저장소를 통해 접근자 간의 통신이 이루어지므로 각 접근자의 수정과 확장이 용이하다.

④ 이해 관계자들의 품질 요구사항을 반영하여 품질 속성을 결정한다.

해설 파이프 필터 아키텍처에서 데이터는 파이프를 통해 단방향으로 흐르며, 필터 이동 시 데이터 변환 오버헤드가 발생한다.
TIP 오버헤드(Overhead)는 특정한 목표를 달성하기 위해 간접적 혹은 추가적으로 요구되는 시간, 메모리, 대역폭 혹은 다른 컴퓨터 자원을 의미합니다.

[20년 4회]

02 파이프 필터 형태의 소프트웨어 아키텍처에 대한 설명으로 옳은 것은?

① 노드와 간선으로 구성된다.

② 서브시스템이 입력 데이터를 받아 처리하고, 결과를 다음 서브시스템으로 넘겨주는 과정을 반복한다.

③ 계층 모델이라고도 한다.

④ 3개의 서브시스템(모델, 뷰, 제어)으로 구성되어 있다.

해설 ③은 계층 구조, ④는 MVC 구조에 대한 설명이다.

[21년 2회]

03 서브시스템이 입력 데이터를 받아 처리하고 결과를 다른 시스템에 보내는 작업이 반복되는 아키텍처 스타일은?

① 클라이언트 서버 구조

② 계층 구조

③ MVC 구조

④ 파이프 필터 구조

해설 키워드 결과를 다른 시스템에 보냄 → 용어 파이프 필터 구조

[21년 3회]

04 분산 시스템을 위한 마스터-슬레이브(Master-Slave) 아키텍처에 대한 설명으로 틀린 것은?

① 일반적으로 실시간 시스템에서 사용된다.

② 마스터 프로세스는 일반적으로 연산, 통신, 조정을 책임진다.

③ 슬레이브 프로세스는 데이터 수집 기능을 수행할 수 없다.

④ 마스터 프로세스는 슬레이브 프로세스들을 제어할 수 있다.

해설 슬레이브 프로세스는 데이터를 수집하여 마스터 프로세스로 전달한다.

▶ 정답 : 01.①, 02.②, 03.④, 04.③

★★★

03 디자인 패턴

1 디자인 패턴(Design Pattern) [22년 1회] [21년 1회] [20년 4회]

디자인 패턴은 어떤 분야에서 반복적으로 나타나는 문제점들에 대한 전문가들의 경험을 정리하여 해결 방안을 제시한 패턴이다.

- 유사한 문제를 해결하기 위해 설계들을 분류하고 각 문제 유형별로 가장 적합한 설계를 일반화하여 체계적으로 정리해 놓은 것이다.

권쌤이 알려줌

디자인 패턴은 응용 소프트웨어 개발 시 반복적으로 나타나는 문제점들에 대한 해결 방안을 제시한 것입니다. 디자인 패턴은 해결 방안만을 제시하고 프로그래밍 코드를 직접 제시하지는 않습니다. 하지만 디자인 패턴을 통해 구현 방법을 빠르게 찾아 적용할 수 있으므로 응용 소프트웨어 개발에 효율적입니다.

- 소프트웨어 개발에서 효율성과 재사용성을 높일 수 있다.
- 디자인 패턴은 GoF 디자인 패턴이 많이 활용된다.

2 GoF(Gang of Four) 디자인 패턴

[22년 1, 2, 3회] [21년 1, 2, 3회] [20년 2, 3, 4회] [20년 4회 실기]

에릭 감마(Erich Gamma), 리처드 헬름(Richard Helm), 랄프 존슨(Ralph Johnson), 존 블리시데스(John Vlissides)가 제안한 디자인 패턴이다.

- 객체 지향 개념에 따른 설계 중 재사용할 경우 유용한 설계를 디자인 패턴으로 정립한 것이다.
- 생성 패턴, 구조 패턴, 행위 패턴으로 구분하여 패턴을 설명한다.

| | | 목적에 의한 분류 | | |
		생성(Creational)	구조(Structural)	행위(Behavioral)
범위	클래스	Factory Method	Adapter(클래스)	Interpreter Template Method
	객체	Abstract Factory Builder Prototype Singleton	Adapter(객체) Bridge Composite Decorator Facade Flyweight Proxy	Chain of Responsibility Command Iterator Mediator Memento Observer State Strategy Visitor

학습+플러스 디자인 패턴 구성 요소 [20년 3회]

구성 요소	설명
패턴의 이름과 구분	패턴을 부를 때 사용하는 이름과 패턴의 유형
문제 및 배경	패턴이 사용되는 분야 또는 배경, 해결하는 문제를 의미
해법	패턴을 이루는 요소들, 관계, 협동 및 해결 방법
사례	간단한 적용 사례
결과	패턴을 사용하면 얻게 되는 이점이나 영향
샘플 코드	패턴이 적용된 원시 코드

3 생성 패턴(Creational Pattern) [20년 3회] [21년 3회 실기]

생성 패턴은 객체의 생성과 과정을 캡슐화하여 객체가 변경되어도 프로그램의 구조에 영향을 크게 받지 않도록 유연성을 더해주는 패턴이다.

종류	설명
팩토리 메소드 (Factory Method)	• 어떤 객체를 생성할지를 서브 클래스가 결정하도록 하고 책임을 위임하는 패턴 • 상위 클래스가 인터페이스※는 정의하지만 어떤 클래스의 인스턴스를 생성할지에 대한 결정은 서브 클래스가 정의하도록 해주는 패턴 • 객체의 생성과 사용을 분리함으로써 소프트웨어의 의존성 최소화 • Virtual-Constructor 패턴이라고도 함
추상※ 팩토리 (Abstract Factory)	• 상세화된 서브 클래스를 정의하지 않고도 서로 관련성 있거나 의존적인 여러 객체 그룹을 생성하여 추상적으로 표현하는 패턴 • 연관된 서브 클래스를 묶어 한 번에 교체하는 것이 가능
빌더(Builder)	• 생성 단계를 캡슐화하여 구축 공정을 동일하게 이용하도록 하는 패턴 • 생성 과정과 표현 방법을 분리하여 동일한 생성 절차로 서로 다른 결과를 만들 수 있게 해주는 패턴
프로토타입 (Prototype)	• 원본 객체를 복사하여 새 객체를 생성할 수 있도록 하는 패턴 • 데이터베이스에서 동일한 데이터를 가져올 때, 매번 데이터베이스로 접근하는 것은 비효율적이므로 원본 객체를 복사하여 새 객체를 생성하여 효율성을 높임
싱글톤 (Singleton)	• 오직 하나의 객체만을 가지도록 하는 패턴 • 객체가 사용될 때 똑같은 객체를 여러 개 만드는 것이 아니라, 기존에 생성했던 동일한 객체 사용 • 불필요한 메모리 낭비 최소화

인터페이스(Interface)
클래스들이 구현해야 하는 기능을 지정하는데 사용되는 추상 클래스

추상(Abstract)
하위 클래스들에 존재하는 공통적인 메소드를 인터페이스로 정의하는 것

권쌤이 알려줌

패턴 분류를 구분하는 문제가 다수 출제됩니다. 각 패턴에 대한 이해는 [4과목. 프로그래밍 언어 활용]에서 설명하므로 패턴 분류와 각 패턴의 키워드 위주로만 정리하세요.

④ 구조 패턴(Structural Pattern)

구조 패턴은 새로운 기능을 구현하기 위해 객체를 구성하는 방식에 초점을 두어, 클래스나 객체들을 조합하여 더 큰 구조로 만들 수 있게 해주는 패턴이다.

종류	설명
어댑터 (Adapter)※	• 인터페이스가 호환되지 않는 클래스를 함께 사용하도록 하는 패턴 • 구조가 다른 클래스 연결 • 기존의 클래스를 이용하고 싶지만 인터페이스가 일치하지 않을 때 사용
브리지 (Bridge)	• 구현부에서 추상층을 분리하여 각자 독립적으로 확장할 수 있게 하여 결합도※를 낮춘 패턴 • 기능과 구현을 두 개의 별도 클래스로 구현
컴포지트 (Composite)	• 부분-전체 계층을 표현하며 개별 객체와 복합 객체※를 동일하게 다루도록 하는 패턴 • 객체들을 트리 구조로 구성하여 디렉터리 안에 디렉터리가 있듯이 복합 객체 안에 복합 객체가 포함되는 구조로 구현 가능
데코레이터 (Decorator)	• 소스를 변경하지 않고 기능을 확장하도록 하는 패턴 • 부가적인 기능을 추가하기 위해 다른 객체들을 덧붙이는 방식으로 구현
퍼사드 (Facade※)	• 단순화된 하나의 인터페이스로 제공하는 패턴 • 복잡한 서브 클래스들 더 상위에 인터페이스를 구성함으로써 사용자는 외부에 노출되는 객체를 이용해 내부 기능을 쉽게 사용 가능
플라이웨이트 (Flyweight)	• 공유를 통하여 많은 유사한 객체들을 효과적으로 지원하는 패턴 • 메모리 절약 가능 • 게임에서 나무나 관객 등의 배경을 표현하는 것과 같이 다수의 유사 객체를 생성하거나 조작할 때 사용
프록시(Proxy)	• 객체의 대리자를 이용하여 원래 객체의 작업을 대신 처리하는 패턴 • 대용량 객체와 같은 접근이 어려운 객체와 여기에 연결하려는 객체 사이에서 인터페이스 역할 수행

어댑터(Adapter)
다른 전기나 기계 장치를 서로 연결해서 작동할 수 있도록 만들어 주는 연결 도구

결합도(Coupling)
모듈 간의 상호 의존도

복합 객체
한 객체가 다른 객체를 포함하는 객체

Facade
외관, 건물의 정면

5 행위 패턴(Behavior Pattern) [21년 2회 실기] [20년 2회 실기]

행위 패턴은 하나의 객체로 수행할 수 없는 작업을 여러 객체로 분배하여, 결합도를 최소화하도록 클래스나 객체들이 상호 작용하는 방법이나 책임 분배 방법을 정의하는 패턴이다.

종류	설명
인터프리터 (Interpreter※)	• 언어 규칙 클래스를 이용하는 패턴 • SQL과 같은 언어의 문법을 정의하고 해석
템플릿 메소드 (Template Method)	• 알고리즘 골격의 구조를 정의한 패턴 • 전체 일을 수행하는 구조는 바꾸지 않으면서 특정 단계에서 수행하는 내역을 바꾸는 패턴 • 코드 중복을 최소화함
책임 연쇄 (Chain of Responsibility)	• 객체들끼리 연결 고리를 만들어 내부적으로 전달하는 패턴 • 요청을 처리할 수 있는 각 객체들이 체인으로 연결되어 있어 한 객체가 처리하지 못하면 다음 객체에게 요청
커맨드 (Command※)	• 요청을 캡슐화 할 수 있으며, 매개변수를 써서 여러 가지 다른 요청을 추가 할 수 있는 패턴 • 캡슐화되어 있어 사용자는 단순히 요청 명령어를 사용하여 요청 가능
이터레이터 (Iterator※)	• 내부 표현은 보여주지 않고 모든 항목에 순차적으로 접근하는 패턴 • 반복이 필요한 자료 구조를 모두 동일한 인터페이스를 통해 접근할 수 있도록 함
미디에이터 (Mediator※)	• 객체 간 상호 작용을 캡슐화하여, 복잡한 관계를 단순화한 패턴 • 객체 사이 의존성을 줄여 결합도를 감소시킴
메멘토 (Memento)	• 객체의 상태 값을 미리 저장해 두었다가 복구하는 패턴 • 객체의 속성은 계속 변하므로 상태를 저장해 두면 쉽게 이전 상태로 돌릴 수 있음
옵저버 (Observer※)	• 한 객체의 상태 변화가 일어났을 때 그 객체에 의존하는 다른 객체들에게 알리고, 자동으로 내용이 갱신되는 패턴 • 일 대 다(One-To-Many) 의존성을 가짐
스테이트 (State※)	• 객체 내부 상태에 따라서 동일한 동작을 다르게 처리하는 패턴 • 객체 상태를 캡슐화 하여 클래스화 함으로써, 이를 참조하는 방식
스트레티지 (Strategy※)	• 다양한 알고리즘을 캡슐화하여 알고리즘을 교환하여 사용 가능하도록 한 패턴 • 같은 계열의 알고리즘들을 개별적으로 캡슐화하여 상호 교환할 수 있게 정의 • 게임 속 캐릭터를 움직이기 위해 걷거나 뛸 수 있다고 할 때, 사용자는 원하는 알고리즘을 선택하여 쉽게 사용할 수 있으며, 사용자에 영향 없이 알고리즘 변경 가능
비지터 (Visitor※)	• 객체의 구조와 처리 기능을 서로 다른 클래스로 분리시키는 패턴 • 분리된 처리 기능을 실행하기 위해서 해당 클래스를 방문

Interpreter
통역

Command
명령어

Iterator
반복자

Mediator
중재자

Observer
관찰자

State
상태

Strategy
전략

Visitor
방문자

권쌤이 알려줌

옵저버는 한 객체의 상태 변화만 관찰(모니터링)하는 셈이고, 미디에이터는 여러 개의 객체가 서로서로 통신한다는 것에서 차이가 있습니다.

[20년 4회]

01 디자인 패턴 사용의 장·단점에 대한 설명으로 거리가 먼 것은?

① 소프트웨어 구조 파악이 용이하다.

② 객체지향 설계 및 구현의 생산성을 높이는데 적합하다.

③ 재사용을 위한 개발 시간이 단축된다.

④ 절차형 언어와 함께 이용될 때 효율이 극대화된다.

> **해설** 객체 지향 언어와 함께 이용될 때 효율이 극대화된다.

[21년 1회]

02 디자인 패턴을 이용한 소프트웨어 재사용으로 얻어지는 장점이 아닌 것은?

① 소프트웨어 코드의 품질을 향상시킬 수 있다.

② 개발 프로세스를 무시할 수 있다.

③ 개발자들 사이의 의사소통을 원활하게 할 수 있다.

④ 소프트웨어의 품질과 생산성을 향상시킬 수 있다.

> **해설** 소프트웨어 재사용은 목표 시스템의 개발 시간 및 비용 절감을 위하여 검증된 기능을 파악하고 재구성하여 시스템에 응용하기 위한 최적화 작업으로, 개발 프로세스를 무시할 수 없다.

[20년 4회] [20년 4회 실기]

03 GoF(Gangs of Four) 디자인 패턴 분류에 해당하지 않는 것은?

① 생성 패턴   ② 구조 패턴

③ 행위 패턴   ④ 추상 패턴

> **해설** GoF 디자인 패턴 분류 : 생성 패턴, 구조 패턴, 행위 패턴
> **TIP** 디자인 패턴의 구분은 "생구행"으로 기억하세요.

[21년 1, 2회]

04 GoF(Gangs of Four) 디자인 패턴 중 생성 패턴으로 옳은 것은?

① singleton Pattern   ② adapter Pattern

③ decorator Pattern   ④ state Pattern

> **해설** ②, ③은 구조 패턴, ④는 행위 패턴에 포함된다.

[20년 2회]

05 GoF(Gang of Four)의 디자인 패턴에서 행위 패턴에 속하는 것은?

① Builder   ② Visitor

③ Prototype   ④ Bridge

> **해설** ①, ③은 생성 패턴, ④는 구조 패턴에 속한다.

[20년 3회]

06 디자인 패턴 중에서 행위적 패턴에 속하지 않는 것은?

① 커맨드(Command) 패턴

② 옵저버(Observer) 패턴

③ 프로토타입(Prototype) 패턴

④ 상태(State) 패턴

> **해설** 다른 하나는 생성 패턴에 포함된다.

[21년 3회]

07 GoF(Gang of Four) 디자인 패턴과 관련한 설명으로 틀린 것은?

① 디자인 패턴을 목적(Purpose)으로 분류할 때 생성, 구조, 행위로 분류할 수 있다.

② Strategy 패턴은 대표적인 구조 패턴으로 인스턴스를 복제하여 사용하는 구조를 말한다.

③ 행위 패턴은 클래스나 객체들이 상호작용하는 방법과 책임을 분산하는 방법을 정의한다.

④ Singleton 패턴은 특정 클래스의 인스턴스가 오직 하나임을 보장하고, 이 인스턴스에 대한 접근 방법을 제공한다.

> **해설** Strategy 패턴은 행위 패턴으로, 다양한 알고리즘을 캡슐화하여 알고리즘을 교환하여 사용 가능하도록 한 패턴을 말한다.
> • 인스턴스를 복제하여 사용하는 구조는 Prototype 패턴으로, 이는 생성 패턴에 포함된다.

[20년 3회]

08 객체지향 소프트웨어 설계 시 디자인 패턴을 구성하는 요소로서 가장 거리가 먼 것은?

① 개발자 이름 ② 문제 및 배경
③ 사례 ④ 샘플 코드

[해설] 디자인 패턴 구성요소
: 패턴의 이름과 구분, 문제 및 배경, 해법, 사례, 결과, 샘플 코드

[20년 3회] [21년 3회 실기]

09 다음 내용이 설명하는 디자인 패턴은?

> • 객체를 생성하기 위해 인터페이스를 정의하지만, 어떤 클래스의 인스턴스를 생성할지에 대한 결정은 서브클래스가 내리도록 한다.
> • Virtual-Constructor 패턴이라고도 한다.

① Visitor 패턴
② Observer 패턴
③ Factory Method 패턴
④ Bridge 패턴

[해설] **키워드** 결정, 서브클래스 → **용어** 팩토리 메소드(Factory Method)

[21년 2회 실기]

10 다음 ( ) 안에 공통적으로 들어갈 가장 적합한 용어는?

> GoF(Gang of Four) 디자인 패턴은 에릭 감마(Erich Gamma), 리처드 헬름(Richard Helm), 랄프 존슨(Ralph Johnson), 존 블리시데스(John Vlissides)가 제안한 디자인 패턴이다. 이 중 ( ) 패턴은 반복적으로 사용되는 객체들의 상호 작용을 패턴화한 것으로, 클래스나 객체들이 상호 작용하는 방법, 알고리즘 등과 관련된 패턴이다. ( ) 패턴에는 Interpreter, Observer, Command, Visitor 등이 있다.

① Creational ② Behavioral
③ Factory Method ④ Structural

[해설] **키워드** 상호 작용 → **용어** 행위(Behavioral) 패턴

[20년 2회 실기]

11 다음 설명에 해당하는 소프트웨어 설계 패턴은?

> 일 대 다의 객체 의존 관계를 정의하며, 한 객체의 상태가 변화되었을 때, 의존 관계에 있는 다른 객체들에게 자동적으로 변화를 통지한다.

① Facade ② Mediator
③ Observer ④ Decorator

[해설] **키워드** 일 대 다, 상태 변화 통지 → **용어** 옵저버(Observer)

[21년 2회]

12 GoF(Gangs of Four) 디자인 패턴에 대한 설명으로 틀린 것은?

① factory method pattern은 상위 클래스에서 객체를 생성하는 인터페이스를 정의하고, 하위 클래스에서 인스턴스를 생성하도록 하는 방식이다.
② prototype pattern은 prototype을 먼저 생성하고 인스턴스를 복제하여 사용하는 구조이다.
③ bridge pattern은 기존에 구현되어 있는 클래스에 기능 발생 시 기존 클래스를 재사용할 수 있도록 중간에서 맞춰주는 역할을 한다.
④ mediator pattern은 객체간의 통제와 지시의 역할을 하는 중재자를 두어 객체지향의 목표를 달성하게 해준다.

[해설] ③은 Adapter(어댑터) pattern에 대한 설명이다.
• Bridge(브리지) pattern : 구현부에서 추상층을 분리하여 각자 독립적으로 확장할 수 있게 하여 결합도를 낮춘 패턴

▶ 정답 : 01.④, 02.②, 03.④, 04.①, 05.②, 06.③, 07.②, 08.①, 09.③, 10.②, 11.③, 12.③

04 모듈 설계

1 모듈 설계 [21년 1회] [20년 3, 4회]

1. 모듈(Module) [22년 1회] [21년 3회]

소프트웨어 구조를 이루는 기본적인 단위이다.

- 작업 단위(단위 모듈), 소프트웨어 내 프로그램, 부 시스템, 서브루틴을 의미한다.
- 시스템을 이루는 기능을 수행하기 위한 함수 및 자원 등의 전체 집합이다.
- 하나 또는 몇 개의 논리적인 기능을 수행하기 위한 집합이다.
- 독립적으로 컴파일할 수 있고 다른 모듈 안에 삽입되거나 다른 모듈에 의해 호출도 가능하다.
- 매개변수 값을 제공받아 동작이 시작되는 프로그램이다.

2. 모듈화(Modularity) [22년 1, 2회] [21년 3회] [20년 1회 실기]

소프트웨어 설계의 기본 원리로, 소프트웨어 기능들을 모듈 단위로 분해하는 것이다.

- 소프트웨어 성능을 향상시키거나 소프트웨어의 수정 및 재사용, 유지, 관리 등을 쉽게 한다.
- 모듈화 시 소프트웨어 복잡도가 감소하고, 변경이 쉬우며 프로그램 구현이 용이해 진다.
- 모듈화 측정 척도 : 응집도(Cohesion), 결합도(Coupling)

2 응집도(Cohesion) [22년 2회] [21년 1, 2, 3회] [20년 2, 3, 4회] [21년 2회 실기]

응집도는 모듈 안의 요소들이 서로 관련되어 있는 정도이다.

- 모듈이 독립적인 기능으로 잘 정의되어 있는 정도를 말한다.
- 독립성이 높을수록 모듈을 수정하더라도 다른 모듈에 거의 영향을 미치지 않으며, 오류가 발생해도 쉽게 발견하고 해결할 수 있다.
- 독립적인 모듈이 되기 위해서는 응집도가 강해야 한다.

응집도 낮음 (낮은 품질) ───────────────→ **응집도 높음 (높은 품질)**

| 우연적 응집도 | → | 논리적 응집도 | → | 시간적 응집도 | → | 절차적 응집도 | → | 교환적 응집도 | → | 순차적 응집도 | → | 기능적 응집도 |

권쌤이 알려줌

모듈은 하나의 작업 단위입니다. 프로그램은 여러 개의 모듈로 구성되어 있습니다. 사칙연산 계산기 프로그램은 덧셈 모듈, 뺄셈 모듈로 구성될 수 있으며, 공학용 계산기 프로그램을 개발한다면 해당 모듈들을 재사용할 수 있습니다.

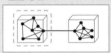

합격자의 맘기법

모듈화 측정 척도

- 키워드 모듈 안의 요소 → 용어 응집도

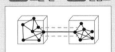

- 키워드 모듈 간 → 용어 결합도

권쌤이 알려줌

모듈의 기능적 독립성은 소프트웨어를 구성하는 각 모듈의 기능이 서로 독립됨을 의미합니다. 이는 모듈이 하나의 기능만을 수행하고, 다른 모듈과의 과도한 상호작용을 배제함으로써 이루어집니다.

권쌤이 알려줌

독립성이 높은 좋은 소프트웨어는 응집도는 높게, 결합도는 낮게 개발합니다.

기능적 응집도 (Functional Cohesion)	단일 기능의 요소로 하나의 모듈을 구성한 경우의 응집도	모듈 요소 1
순차적 응집도 (Sequential Cohesion)	요소1의 출력을 요소2의 입력으로 사용하는 두 요소가 하나의 모듈을 구성한 경우의 응집도	요소 1 →(출력/입력)→ 요소 2
교환(통신)적 응집도 (Communication Cohesion)	동일한 입력과 출력을 사용하여 서로 다른 기능을 수행하는 구성 요소들이 모여 하나의 모듈을 구성한 경우의 응집도	데이터 입력 → A의 계산 / B의 계산
절차적 응집도 (Procedural Cohesion)	모듈이 다수의 관련 기능을 가질 때 모듈 안의 구성 요소들이 그 기능을 순차적으로 수행할 경우의 응집도	요소 1 → 요소 2 → 요소 3
시간적 응집도 (Temporal Cohesion)	연관된 기능보다는 특정 시간에 처리되어야 하는 활동들을 한 모듈에서 처리하는 경우의 응집도	식사 양치 기상 출근 세수
논리적 응집도 (Logical Cohesion)	유사한 성격을 갖거나 특정 형태로 분류되는 처리 요소들이 한 모듈에서 처리되는 경우의 응집도	정수 덧셈 행렬 덧셈
우연적 응집도 (Coincidental Cohesion)	모듈 내부의 각 구성 요소들이 연관이 없을 경우의 응집도	동물원 우주

3 결합도(Coupling) [22년 2, 3회] [21년 1, 2, 3회] [20년 2, 3, 4회] [21년 1, 3회 실기]

결합도는 모듈 간의 상호 의존도이다.

• 독립적인 모듈이 되기 위해서는 결합도가 약해야 한다.

• 느슨한 결합(Loose Coupling) : 다른 모듈을 직접적으로 사용하는 모듈의 의존성을 줄인 결합으로, 코드의 재사용성과 유연성을 위해 강한 결합보다는 느슨한 결합이 좋다.

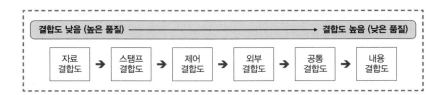

결합도 낮음 (높은 품질) ──────────→ 결합도 높음 (낮은 품질)		
자료 결합도 → 스탬프 결합도 → 제어 결합도 → 외부 결합도 → 공통 결합도 → 내용 결합도		

권쌤이 알려줌

결합도 순서를 묻는 문제가 다수 출제됩니다. 순서를 꼭 기억하세요.

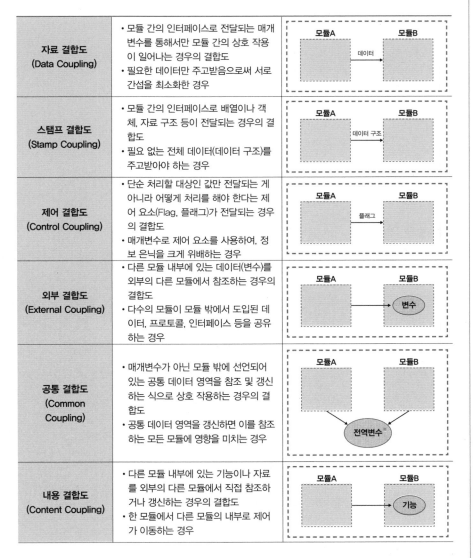

자료 결합도 (Data Coupling)	• 모듈 간의 인터페이스로 전달되는 매개변수를 통해서만 모듈 간의 상호 작용이 일어나는 경우의 결합도 • 필요한 데이터만 주고받음으로써 서로 간섭을 최소화한 경우	모듈A →데이터→ 모듈B
스탬프 결합도 (Stamp Coupling)	• 모듈 간의 인터페이스로 배열이나 객체, 자료 구조 등이 전달되는 경우의 결합도 • 필요 없는 전체 데이터(데이터 구조)를 주고받아야 하는 경우	모듈A →데이터 구조→ 모듈B
제어 결합도 (Control Coupling)	• 단순 처리할 대상인 값만 전달되는 게 아니라 어떻게 처리를 해야 한다는 제어 요소(Flag, 플래그)가 전달되는 경우의 결합도 • 매개변수로 제어 요소를 사용하여, 정보 은닉을 크게 위배하는 경우	모듈A →플래그→ 모듈B
외부 결합도 (External Coupling)	• 다른 모듈 내부에 있는 데이터(변수)를 외부의 다른 모듈에서 참조하는 경우의 결합도 • 다수의 모듈이 모듈 밖에서 도입된 데이터, 프로토콜, 인터페이스 등을 공유하는 경우	모듈A 모듈B →변수
공통 결합도 (Common Coupling)	• 매개변수가 아닌 모듈 밖에 선언되어 있는 공통 데이터 영역을 참조 및 갱신하는 식으로 상호 작용하는 경우의 결합도 • 공통 데이터 영역을 갱신하면 이를 참조하는 모든 모듈에 영향을 미치는 경우	모듈A 모듈B ↘ ↙ 전역변수※
내용 결합도 (Content Coupling)	• 다른 모듈 내부에 있는 기능이나 자료를 외부의 다른 모듈에서 직접 참조하거나 갱신하는 경우의 결합도 • 한 모듈에서 다른 모듈의 내부로 제어가 이동하는 경우	모듈A 모듈B →기능

전역 변수(Global Variable)
모듈 외부에 선언되어 모듈 전체에서 사용 가능한 변수(데이터)
• 지역 변수(Local Variable)는 모듈 내부에 선언되어 해당 모듈 내에서만 사용할 수 있는 변수(데이터)이다.

4 공유도(Fan-In)/제어도(Fan-Out) [21년 1회] [22년 2회 실기]

1. 공유도(Fan-In, 팬인) [22년 3회] [20년 1회 실기]

자신을 사용하는 모듈의 수이다.

• 어떤 모듈을 제어(호출)하는 상위 모듈의 개수이다.

• Fan-In이 높으면 재사용성이 우수하다.

권쌤이 알려줌

Fan-In과 Fan-Out을 분석하면 시스템의 복잡도를 알 수 있습니다.

2. 제어도(Fan-Out, 팬아웃)

자신이 호출하는 모듈의 수이다.

- 어떤 모듈에 의해 제어(호출)되는 하위 모듈의 개수이다.
- Fan-Out이 낮으면 재사용성이 우수하다.

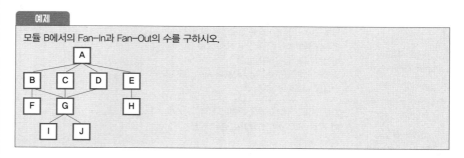

> **예제**
>
> 모듈 B에서의 Fan-In과 Fan-Out의 수를 구하시오.

> **정답 및 해설**
>
> ```
> Fan-In : 1 (A) , Fan-Out : 2 (F, G)
> ```

5 공통 모듈

공통 모듈은 정보시스템 구축 시 자주 사용하는 기능들로서, 재사용이 가능하게 패키지로 제공하는 독립된 모듈을 의미한다.

- 모듈의 재사용성 확보와 중복 개발 회피를 위해 설계 과정에서 공통 부분을 식별하고 명세를 작성하여 공통 모듈을 설계한다.

권쌤이 알려줌

공통 모듈은 여러 기능 및 프로그램에서 공통적으로 사용할 수 있는 모듈을 의미하며, 날짜 처리를 위한 유틸리티 모듈 등이 있습니다.
⑩ 오늘 날짜 반환 함수

합격자의 암기법

공통 모듈 명세 기법 : 일명 정완 추(C4T1)
- 일(관성, Consistency)
- 명(확성, Clarity)
- 정(확성, Correctness)
- 완(전성, Completeness)
- 추(적성, Traceability)

1. 공통 모듈 명세 기법 [20년 2회]

기법	설명
정확성 (Correctness)	시스템 구현 시 해당 기능이 필요하다는 것을 알 수 있도록 정확히 작성한다.
명확성 (Clarity)	해당 기능을 이해할 때 중의적으로 해석되지 않도록 명확하게 작성한다.
완전성 (Completeness)	시스템 구현을 위해 필요한 모든 것을 기술한다.
일관성 (Consistency)	공통 기능 간 상호 충돌이 발생하지 않도록 작성한다.
추적성 (Traceability)	기능에 대한 요구사항의 출처, 관련 시스템 등의 관계를 파악할 수 있도록 작성한다.

2. 공통 모듈 재사용 범위에 따른 분류 [20년 4회]

분류	설명
함수와 객체 재사용	클래스나 함수 단위로 구현한 소스 코드를 재사용한다.
컴포넌트 재사용	컴포넌트 단위로 재사용하며, 컴포넌트의 인터페이스를 통해 통신한다.
애플리케이션 재사용	공통된 기능을 제공하는 애플리케이션과의 통신으로 기능을 공유하여 재사용 한다.

학습+플러스 협약에 의한 설계(DBC; Design By Contract) [20년 3회]

협약에 의한 설계는 소프트웨어 컴포넌트를 설계할 때 클래스에 대한 여러 가정을 공유하도록 명세한 것으로, 소프트웨어 컴포넌트에 대한 정확한 인터페이스 명세를 위하여 선행 조건, 결과 조건, 불변 조건을 나타내는 설계 방법이다.

• 계약 프로그래밍, 클래스 상세 설계라고도 한다.
• 각각의 모듈이 가져야하는 기능만큼만 동작한다.
• 협약에 의한 설계의 세 가지 타입

구분	설명
선행 조건 (Precondition)	오퍼레이션[※]이 호출되기 전에 참이 되어야 할 조건 예 나눗셈 제수로 받아오는 값은 0이 되어서는 안 된다.
결과 조건 (Postcondition, 후행 조건)	오퍼레이션이 수행된 후 만족하여야 하는 조건 예 나눗셈 함수의 반환 값은 0 이상이어야만 한다.
불변 조건 (Invariant, 불변식)	클래스 내부가 실행되는 동안 항상 만족해야 하는 조건 예 항상 오름차순으로 정렬되어야 한다.

만약 호출자가 모듈의 모든 선행 조건을 충족한다면, 해당 모듈은 종료 시 모든 결과 조건과 불변 조건이 참이 될 것을 보증해야 한다.

오퍼레이션(Operation)
메소드, 연산자, 동작, 함수, 프로시저

기출 및 예상문제

04 모듈 설계

[20년 3회]
01 효과적인 모듈 설계를 위한 유의사항으로 거리가 먼 것은?

① 모듈 간의 결합도를 약하게 하면 모듈 독립성이 향상된다.
② 복잡도와 중복성을 줄이고 일관성을 유지시킨다.
③ 모듈의 기능은 예측이 가능해야 하며 지나치게 제한적이어야 한다.
④ 유지보수가 용이해야 한다.

해설 모듈의 기능은 지나치게 제한적이어서는 안 된다.

[20년 4회]
02 바람직한 소프트웨어 설계 지침이 아닌 것은?

① 적당한 모듈의 크기를 유지한다.
② 모듈 간의 접속 관계를 분석하여 복잡도와 중복을 줄인다.
③ 모듈 간의 결합도는 강할수록 바람직하다.
④ 모듈 간의 효과적인 제어를 위해 설계에서 계층적 자료 조직이 제시되어야 한다.

해설 모듈 간의 결합도는 약할수록 바람직하다.

[21년 1회]
03 바람직한 소프트웨어 설계 지침이 아닌 것은?

① 모듈의 기능을 예측할 수 있도록 정의한다.
② 이식성을 고려한다.
③ 적당한 모듈의 크기를 유지한다.
④ 가능한 모듈을 독립적으로 생성하고 결합도를 최대화한다.

해설 가능한 모듈을 독립적으로 생성하고 결합도를 최소화한다.

[21년 3회]

04 다음 설명에 부합하는 용어로 옳은 것은?

> • 소프트웨어 구조를 이루며, 다른 것들과 구별될 수 있는 독립적인 기능을 갖는 단위이다.
> • 하나 또는 몇 개의 논리적인 기능을 수행하기 위한 명령어들의 집합이라고도 할 수 있다.
> • 서로 모여 하나의 완전한 프로그램으로 만들어질 수 있다.

① 통합 프로그램　　② 저장소
③ 모듈　　　　　　④ 데이터

> **해설** **키워드** 소프트웨어 구조, 독립적인 기능, 집합 → **용어** 모듈 (Module)

[21년 3회]

05 모듈화(Modularity)와 관련한 설명으로 틀린 것은?

① 소프트웨어의 모듈은 프로그래밍 언어에서 Subroutine, Function 등으로 표현될 수 있다.
② 모듈의 수가 증가하면 상대적으로 각 모듈의 크기가 커지며, 모듈 사이의 상호교류가 감소하여 과부하(Overload) 현상이 나타난다.
③ 모듈화는 시스템을 지능적으로 관리할 수 있도록 해주며, 복잡도 문제를 해결하는 데 도움을 준다.
④ 모듈화는 시스템의 유지보수와 수정을 용이하게 한다.

> **해설** 모듈의 수가 증가하면 상대적으로 각 모듈의 크기는 감소하며, 모듈 사이의 상호교류가 증가하여 과부하(Overload) 현상이 나타난다.

[20년 2회]

06 응집도가 가장 낮은 것은?

① 기능적 응집도
② 시간적 응집도
③ 절차적 응집도
④ 우연적 응집도

> **해설** 응집도 종류 : 우연적 < 논리적 < 시간적 < 절차적 < 교환적 < 순차적 < 기능적

[21년 1, 2회]

07 다음 중 가장 강한 응집도(Cohesion)는?

① Sequential Cohesion
② Procedural Cohesion
③ Logical Cohesion
④ Coincidental Cohesion

> **해설** 응집도 종류 : 우연적(Coincidental) < 논리적(Logical) < 시간적(Temporal) < 절차적(Procedural) < 교환적(Communication) < 순차적(Sequential) < 기능적(Functional)

[20년 3회]

08 다음이 설명하는 응집도의 유형은?

> 모듈이 다수의 관련 기능을 가질 때 모듈 안의 구성 요소들이 그 기능을 순차적으로 수행할 경우의 응집도

① 기능적 응집도　　② 우연적 응집도
③ 논리적 응집도　　④ 절차적 응집도

> **해설** **키워드** 순차적으로 수행 → **용어** 절차적 응집도
> **TIP** 순차적 응집도와 헷갈리지 않게 잘 구분해 두세요.

[20년 4회]

09 응집도의 종류 중 서로 간에 어떠한 의미 있는 연관 관계도 지니지 않은 기능 요소로 구성되는 경우이며, 서로 다른 상위 모듈에 의해 호출되어 처리상의 연관성이 없는 서로 다른 기능을 수행하는 경우의 응집도는?

① Functional Cohesion
② Sequential Cohesion
③ Logical Cohesion
④ Coincidental Cohesion

> **해설** **키워드** 연관성 없음 → **용어** 우연적 응집도(Coincidental Cohesion)

[21년 3회]

10 모듈 내 구성 요소들이 서로 다른 기능을 같은 시간대에 함께 실행하는 경우의 응집도(Cohesion)는?

① Temporal Cohesion

② Logical Cohesion

③ Coincidental Cohesion

④ Sequential Cohesion

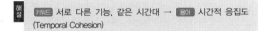
해설 키워드 서로 다른 기능, 같은 시간대 → 용어 시간적 응집도 (Temporal Cohesion)

[21년 2회 실기]

11 다음은 응집도에 대한 설명이다. 설명과 가장 부합하는 용어를 〈보기〉와 바르게 연결한 것은?

> ㉠ 어떤 구성 요소의 출력이 다음 구성 요소의 입력으로 사용되지 않고, 순서에 따라 수행되는 경우
> ㉡ 동일한 입·출력을 사용하여 서로 다른 기능을 수행하는 구성 요소들이 모인 경우
> ㉢ 단일 기능의 요소로 하나의 모듈을 구성하여 모든 기능들이 연관되어 있는 경우

> 〈보기〉
> 1. Functional Cohesion
> 2. Sequential Cohesion
> 3. Communication Cohesion
> 4. Procedural Cohesion
> 5. Temporal Cohesion
> 6. Logical Cohesion
> 7. Coincidental Cohesion

① ㉠-2, ㉡-3, ㉢-5

② ㉠-7, ㉡-6, ㉢-2

③ ㉠-4, ㉡-3, ㉢-1

④ ㉠-3, ㉡-5, ㉢-1

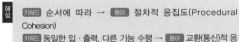
해설 키워드 순서에 따라 → 용어 절차적 응집도(Procedural Cohesion)
키워드 동일한 입·출력, 다른 기능 수행 → 용어 교환(통신)적 응집도(Communication Cohesion)
키워드 단일 기능, 연관 → 용어 기능적 응집도(Functional Cohesion)

[20년 2회]

12 시스템에서 모듈 사이의 결합도(Coupling)에 대한 설명으로 옳은 것은?

① 한 모듈 내에 있는 처리요소들 사이의 기능적인 연관 정도를 나타낸다.

② 결합도가 높으면 시스템 구현 및 유지보수 작업이 쉽다.

③ 모듈 간의 결합도를 약하게 하면 모듈 독립성이 향상된다.

④ 자료 결합도는 내용 결합도보다 결합도가 높다.

해설 • ①은 응집도(Cohesion)에 대한 설명이다.
• 결합도가 낮을수록 시스템 구현 및 유지보수 작업이 쉽다.
• 자료 결합도가 내용 결합도보다 결합도가 낮다.

[21년 3회]

13 모듈의 독립성을 높이기 위한 결합도(Coupling)와 관련한 설명으로 틀린 것은?

① 오류가 발생했을 때 전파되어 다른 오류의 원인이 되는 파문 효과(Ripple Effect)를 최소화해야 한다.

② 인터페이스가 정확히 설정되어 있지 않을 경우 불필요한 인터페이스가 나타나 모듈 사이의 의존도는 높아지고 결합도가 증가한다.

③ 모듈들이 변수를 공유하여 사용하게 하거나 제어 정보를 교류하게 함으로써 결합도를 낮추어야 한다.

④ 다른 모듈과 데이터 교류가 필요한 경우 전역변수(Global Variable)보다는 매개변수(Parameter)를 사용하는 것이 결합도를 낮추는 데 도움이 된다.

해설 ③은 결합도를 높이는 설명으로, 결합도가 높아지면 모듈의 독립성이 낮아진다.
TIP 모듈의 독립성을 높이기 위해서는 다른 모듈을 직접적으로 사용하는 모듈의 의존성을 줄인 느슨한 결합이 좋습니다.

[20년 3회]

14 다음 중 가장 결합도가 강한 것은?

① Data coupling   ② Stamp coupling

③ Common coupling ④ Control coupling

해설 결합도 종류 : 자료(Data) 〈 스탬프(Stamp) 〈 제어(Control) 〈 외부(External) 〈 공통(Common) 〈 내용(Content)

[21년 1회]

15 결합도가 낮은 것부터 높은 것 순으로 옳게 나열한 것은?

> ㄱ. 내용 결합도   ㄴ. 자료 결합도
> ㄷ. 공통 결합도   ㄹ. 스탬프 결합도
> ㅁ. 외부 결합도   ㅂ. 제어 결합도

① ㄱ → ㄴ → ㄹ → ㅂ → ㅁ → ㄷ

② ㄴ → ㄹ → ㅁ → ㅂ → ㄷ → ㄱ

③ ㄴ → ㄹ → ㅂ → ㅁ → ㄷ → ㄱ

④ ㄱ → ㄴ → ㄹ → ㅁ → ㅂ → ㄷ

> **해설** 결합도 종류 : 자료 〈 스탬프 〈 제어 〈 외부 〈 공통 〈 내용

[21년 2회]

16 다음 중 가장 약한 결합도(Coupling)는?

① Common Coupling

② Control Coupling

③ External Coupling

④ Stamp Coupling

> **해설** 결합도 종류 : 자료(Data) 〈 스탬프(Stamp) 〈 제어(Control) 〈 외부(External) 〈 공통(Common) 〈 내용(Content)

[20년 3회]

17 어떤 모듈이 다른 모듈의 내부 논리 조직을 제어하기 위한 목적으로 제어 신호를 이용하여 통신하는 경우이며, 하위 모듈에서 상위 모듈로 제어 신호가 이동하여 상위 모듈에게 처리 명령을 부여하는 권리 전도 현상이 발생하게 되는 결합도는?

① Data coupling

② Stamp coupling

③ Control coupling

④ Common coupling

> **해설** **키워드** 제어(Control) 신호(요소) → **용어** 제어 결합도(Control Coupling)

[20년 4회]

18 결합도(Coupling)에 대한 설명으로 틀린 것은?

① 데이터 결합도(Data Coupling)는 두 모듈이 매개 변수로 자료를 전달할 때, 자료구조 형태로 전달 되어 이용될 때 데이터가 결합되어 있다고 한다.

② 내용 결합도(Content Coupling)는 하나의 모듈이 직접적으로 다른 모듈의 내용을 참조할 때 두 모듈은 내용적으로 결합되어 있다고 한다.

③ 공통 결합도(Common Coupling)는 두 모듈이 동일한 전역 데이터를 접근한다면 공통 결합 되어 있다고 한다.

④ 결합도(Coupling)는 두 모듈 간의 상호작용, 또는 의존도 정도를 나타내는 것이다.

> **해설** 자료 구조 형태로 전달되는 것은 스탬프(Stamp) 결합도이다.

[21년 1회 실기]

19 다음의 설명과 가장 부합하는 용어를 바르게 연결한 것은?

> ㉠ 다른 모듈 내부에 있는 변수나 기능을 다른 모듈에서 사용하는 경우이다.
> ㉡ 모듈 간의 인터페이스로 배열이나 오브젝트(Object), 자료 구조(Structure) 등이 전달되는 경우이다.
> ㉢ 파라미터가 아닌 모듈 밖에서 선언되어 있는 전역 변수를 참조하고 전역 변수를 갱신하는 식으로 상호 작용하는 경우이다.

	㉠	㉡	㉢
①	스탬프 결합도	공통 결합도	내용 결합도
②	공통 결합도	스탬프 결합도	내용 결합도
③	내용 결합도	스탬프 결합도	공통 결합도
④	공통 결합도	내용 결합도	스탬프 결합도

> **해설** **키워드** 다른 모듈 내부, 변수나 기능 사용 → **용어** 내용 결합도
> **키워드** 오브젝트, 자료 구조 → **용어** 스탬프 결합도
> **키워드** 모듈 밖, 전역 변수 → **용어** 공통 결합도

[21년 3회 실기]

20 결합도 중 단순 처리할 대상의 값만 전달되는 게 아니라 어떻게 처리를 해야 한다는 제어 요소가 전달되는 경우의 결합도는?

① Common   ② Control
③ External   ④ Stamp

> 해설 키워드 어떻게 처리, 제어(Control) 요소 → 용어 제어 결합도 (Control Coupling)

[21년 1회]

21 다음은 어떤 프로그램 구조를 나타낸다. 모듈 F에서의 fan-in과 fan-out의 수는 얼마인가?

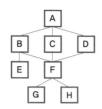

① fan-in: 2, fan-out: 3
② fan-in: 3, fan-out: 2
③ fan-in: 1, fan-out: 2
④ fan-in: 2, fan-out: 1

> 해설
> • 공유도(Fan-In) : 어떤 모듈을 제어(호출)하는 상위 모듈의 개수 → 3 (B, C, D)
> • 제어도(Fan-Out) : 어떤 모듈에 의해 제어(호출)되는 하위 모듈의 개수 → 2 (G, H)

[20년 1회 실기]

22 다음은 어떤 프로그램 구조를 나타낸다. Fan-in 개수가 2 이상인 모듈은?

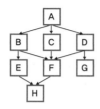

① A   ② B, C
③ F, H   ④ A, F

> 해설 공유도(Fan-In) : 어떤 모듈을 제어(호출)하는 상위 모듈의 개수
> → F : 3 (B, C, D), H : 2 (E, F)

[20년 2회]

23 공통 모듈에 대한 명세 기법 중 해당 기능에 대해 일관되게 이해되고 한 가지로 해석될 수 있도록 작성하는 원칙은?

① 상호 작용성   ② 명확성
③ 독립성   ④ 내용성

> 해설 키워드 일관, 한 가지로 해석 → 용어 명확성(Clarity)

[20년 4회]

24 공통 모듈의 재사용 범위에 따른 분류가 아닌 것은?

① 컴포넌트 재사용
② 더미코드 재사용
③ 함수와 객체 재사용
④ 애플리케이션 재사용

> 해설 공통 모듈 재사용 범위에 따른 분류
> : 함수와 객체 재사용, 컴포넌트 재사용, 애플리케이션 재사용

[20년 3회]

25 다음 설명의 ( ) 안에 들어갈 내용으로 적합한 것은?

> 컴포넌트 설계 시 "( )에 의한 설계"를 따를 경우, 해당 명세에서는
> (1) 컴포넌트의 오퍼레이션 사용 전에 참이 되어야 할 선행 조건
> (2) 사용 후 만족되어야 할 결과 조건
> (3) 오퍼레이션이 실행되는 동안 항상 만족되어야 할 불변 조건 등이 포함되어야 한다.

① 협약   ② 프로토콜
③ 패턴   ④ 관계

> 해설 키워드 선행, 결과, 불변 조건 → 용어 협약에 의한 설계

> ▶ 정답 : 01.③, 02.③, 03.④, 04.③, 05.②, 06.④, 07.①, 08.④,
> 09.④, 10.①, 11.③, 12.③, 13.③, 14.③, 15.③, 16.④,
> 17.③, 18.①, 19.③, 20.②, 21.②, 22.③, 23.②, 24.②,
> 25.①

05 코드 설계

1 코드(Code)

코드는 컴퓨터에서 자료 처리를 쉽게 하고자 사용하는 기호이다.

⑩ 주민등록번호 → 코드 : 1977년 5월 5일 홍길동 → 770505-1693333

▶ **코드의 기능** [20년 3회]

• 3대 기능 : 배열, 분류, 식별
• 기타 기능 : 표준화, 암호화, 확장성※, 연상성※(표의성), 단순화

2 코드의 종류 [22년 3회] [20년 2, 4회]

종류	설명
순차 코드 (Sequence Code)	코드화 대상 항목을 어떤 일정한 배열로 일련번호를 부여하는 방법 ⑩ 대기 순서표 1 → 1 2 → 1 2 3
블록 코드 (Block Code, 구분 코드)	공통성이 있는 것끼리 블록으로 구분하고, 각 블록 내에서 일련번호를 부여하는 방법 ⑩ 부서별 사원번호 0 1 ~ 0 3 개발부 0 4 ~ 0 8 기획부
그룹 분류 코드 (Group Classification Code)	일정 기준에 따라 대분류, 중분류, 소분류 등으로 구분하여 일련번호를 부여하는 방법 ⑩ 지사별, 부서별 사원번호 1 0 1 0 0 1 대분류 중분류 소분류 본사 - 개발부 - 1팀
10진 코드 (Decimal Code, 도서 분류 코드)	코드화 대상 항목을 0~9까지 10진 분할하고, 다시 그 각각에 대하여 10진 분할하는 방법 ⑩ 정보처리기사 출제 기준 100 정보처리기사 / 110 필기 / 111 소프트웨어 설계 / 112 소프트웨어 개발
표의 숫자 코드 (Significant Digit Code)	코드화 대상 항목의 물리적 수치※ 등을 나타내는 문자, 숫자 혹은 기호를 그대로 코드로 사용하여 일련번호를 부여하는 방법 ⑩ 합판 코드 <table><tr><td>두께</td><td>폭</td><td>길이</td><td>코드</td></tr><tr><td>110</td><td>800</td><td>500</td><td>110-800-500</td></tr></table>
연상 코드 (Mnemonic Code)	코드화 대상의 명칭이나 약호를 코드의 일부에 넣어서 대상을 외우기 쉽도록 일련번호를 부여하는 방법 ⑩ 가전 제품 <table><tr><td>제품</td><td>코드</td></tr><tr><td>텔레비전(17인치 흑백)</td><td>T-17</td></tr><tr><td>텔레비전(25인치 컬러)</td><td>T-25-C</td></tr></table>

3 코드 오류의 종류 [21년 2회]

종류	설명
필사 오류 (Transcription Error, 오자 오류)	입력 시 임의의 한 자리를 잘못 기록한 경우 예 34278 → 34578
전위 오류 (Transposition Error)	입력 시 좌우 자리를 바꾸어 기록한 경우 예 1996 → 1969
생략 오류 (Omission Error)	입력 시 한 자리를 빼놓고 기록한 경우 예 12345 → 1245
추가 오류 (Addition Error)	입력 시 한 자리를 추가로 기록한 경우 예 657 → 6597
이중 전위 오류 (Double Transposition Error)	전위 오류가 중복 발생한 경우 예 1996 → 9169
임의 오류 (Random Error)	오류가 두 가지 이상 결합하여 발생한 경우 예 1234 → 12367

기출 및 예상문제   05 코드 설계

[20년 3회]
01 코드의 기본 기능으로 거리가 먼 것은?

① 복잡성　　　　② 표준화
③ 분류　　　　　④ 식별

> **해설** 코드의 기능
> • 3대 기능 : 배열, 분류, 식별
> • 기타 기능 : 표준화, 암호화, 확장성, 연상성(표의성), 단순화

[20년 2회]
02 코드 설계에서 일정한 일련번호를 부여하는 방식의 코드는?

① 연상 코드　　　② 블록 코드
③ 순차 코드　　　④ 표의 숫자 코드

> **해설** 키워드 일정한 일련번호 → 용어 순차 코드(Sequence Code)

[20년 4회]
03 코드화 대상 항목의 중량, 면적, 용량 등의 물리적 수치를 이용하여 만든 코드는?

① 순차 코드　　　②10진 코드
③ 표의 숫자 코드　④블록 코드

> **해설** 키워드 물리적 수치 → 용어 표의 숫자 코드(Significant Digit Code)

[21년 2회]
04 코드의 기입과정에서 원래 '12536'으로 기입되어야 하는데 '12936'으로 표기되었을 경우, 어떤 코드 오류에 해당하는가?

① Addition Error　　② Omission Error
③ Sequence Error　④Transcription Error

> **해설** 임의의 한 자리를 잘못 기록하였으므로, 필사 오류(Transcription Error, 오자 오류)에 해당한다. (12536 → 12936)

▶ 정답 : 01.①, 02.③, 03.③, 04.④

01 바람직한 소프트웨어 설계 조건이 아닌 것은?

① 요구 분석 명세서의 내용을 설계서에 모두 포함해야 한다.

② 변화에 쉽게 적응할 수 있어야 한다.

③ 시스템 변경으로 인한 영향이 최대화되어야 한다.

④ 유지보수가 용이하도록 추적 가능해야 한다.

[이전 기출]

02 MVC(Model-View-Controller) 아키텍처에서 Model의 역할로 옳은 것은?

① 이벤트 형태로 사용자 입력을 처리한다.

② 처리 결과 및 콘텐츠를 사용자에게 보여주는 기능을 수행한다.

③ 어플리케이션과 관련된 데이터 및 데이터 처리에 대한 로직을 가지고 있다.

④ 최신 데이터를 가져와 표시된 정보를 갱신한다.

[이전 기출]

03 네트워크 프로토콜의 OSI 참조 모델과 가장 관련이 깊은 아키텍처 모델은?

① 계층 모델

② 클라이언트 - 서버 모델

③ 자료흐름 모델

④ 저장소(Repository) 모델

[이전 기출]

04 다음 설명에 해당하는 GoF(Gang of Four) 설계 패턴은?

> 어떤 객체에 책임(Responsibility)을 동적으로 추가할 수 있도록 한다. 기능 확장이 필요할 때 서브 클래싱(Sub classing) 대신 쓸 수 있는 유연한 대안을 제공한다.

① 장식자(Decorator) 패턴

② 싱글톤(Singleton) 패턴

③ 반복자(Iterator) 패턴

④ 상태(State) 패턴

[이전 기출]

05 디자인 패턴에 대한 설명으로 옳지 않은 것은?

① Observer 패턴 : 어떤 객체의 상태가 변할 때 그 객체에 의존성을 가진 다른 객체들이 그 변화를 통지받고 자동으로 갱신될 수 있게 만든다.

② Mediator 패턴 : 객체의 상호작용을 캡슐화하는 객체를 정의한다.

③ Composite 패턴 : 객체의 구조와 처리 기능을 분리시킨다.

④ Bridge 패턴 : 구현에서 추상을 분리하여, 이들이 독립적으로 다양성을 가질 수 있도록 한다.

[이전 기출]

06 하나의 프로그램을 몇 개의 작은 부분으로 분할하는 경우, 그 분할 단위를 일반적으로 모듈(Module)이라고 한다. 다음 중 모듈에 대한 설명으로 옳은 것은?

① 모듈의 독립성을 높여주기 위해서는 각 모듈 간의 관련성을 최소로 하며, 이 경우에 응집도(Cohesion)는 최소가 된다.

② 모듈 간의 관련성을 최대로 하면 모듈의 독립성은 저하되며, 이 경우에 모듈의 결합도(Coupling)는 최소가 된다.

③ 복잡성을 감소시키는 수단으로 독립성의 개념이 많이 적용되고 있으며, 모듈의 독립성 척도로서 결합도는 고려 대상이 아니며, 응집도만 적용된다.

④ 모듈의 결합도는 자료 결합도(Data Coupling)로, 모듈의 응집도는 기능적 응집도(Functional Cohesion)로 하는 것이 가장 바람직하다.

[이전 기출]

07 소프트웨어 구조와 관련된 용어로, 주어진 한 모듈(Module)을 제어하는 상위 모듈 수를 나타내는 것은?

① Fan-out   ② Coupling

③ Fan-in   ④ Cohesion

[이전 기출]

08 코드화 대상 자료 전체를 계산하여 이를 필요로 하는 분류단위로 블록을 구분하고, 각 블록 내에서 순서대로 번호를 부여하는 방식으로 적은 자리수로 많은 항목의 표시가 가능하고 예비코드를 사용할 수 있어 추가가 용이한 코드로서, 구분 순차코드라고도 하는 것은?

① 순차(Sequence) 코드

② 표의숫자(Significant digit)

③ 블록(Block) 코드

④ 연상(Mnemonic) 코드

[이전 기출]

09 다음 설명에 가장 부합하는 코드는?

- 도서관에서 도서 정리를 목적으로 제작
- 좌측부는 그룹 분류에 따르고 우측은 10진 수의 원칙에 따라 세분화하는 코드
- 추가하기 쉽고 무한정 확대가 가능하지만 자릿수가 많아지고 기계 처리가 불편한 단점이 있음

① 그룹 분류식 코드(Group Classification Code)

② 십진 코드(Decimal Code)

③ 구분 코드(Block Code)

④ 합성 코드(Combined Code)

섹션
기출예상문제 해설

01 시스템 변경으로 인한 영향이 최소화되어야 한다.

02 ①은 컨트롤러(Controller), ②, ④는 뷰(View)에 대한 설명이다.

03 ┃키워드┃ OSI 참조 모델 → ┃용어┃ 계층 구조(Layering)
┃TIP┃ OSI 참조 모델은 네트워크 통신을 위한 7단계의 표준 프로토콜입니다. 이후 자세히 학습합니다.

04 ┃키워드┃ 기능 확장 → ┃용어┃ 데코레이터(Decorator)
- 싱글톤(Singleton) : 오직 하나의 객체만을 가지도록 하는 패턴
- 이터레이터(Iterator) : 내부 표현은 보여주지 않고 모든 항목에 순차적으로 접근하는 패턴
- 상태(State) : 객체 내부 상태에 따라서 동일한 동작을 다르게 처리하는 패턴

05 ③은 Visitor(비지터) 패턴에 대한 설명이다.
- Composite(컴포지트) 패턴 : 부분–전체 계층을 표현하며 개별 객체와 복합 객체를 동일하게 다루도록 하는 패턴

06
- 모듈의 독립성을 높여주기 위해서는 각 모듈 간의 관련성을 최소로 하며, 이 경우에 결합도(Coupling)는 최소가 된다.
- 모듈 간의 관련성을 최대로 하면 모듈의 독립성은 저하되며, 이 경우에 모듈의 결합도(Coupling)는 최대가 된다.
- 모듈의 독립성 척도로서는 결합도와 응집도가 모두 적용된다.

07 ┃키워드┃ 상위 모듈 수 → ┃용어┃ 공유도(Fan-in)

- 제어도(Fan-Out, 팬아웃) : 어떤 모듈에 의해 제어(호출)되는 하위 모듈의 개수
- 결합도(Coupling) : 모듈 간 상호 의존도
- 응집도(Cohesion) : 모듈 안의 요소들이 서로 관련되어 있는 정도

08 ┃키워드┃ 블록(Block) 내, 순서대로 번호 부여, 구분 순차 코드 → ┃용어┃ 블록 코드(Block Code)
- 순차 코드(Sequence Code) : 코드화 대상 항목을 어떤 일정한 배열로 일련번호를 부여하는 방법
- 표의 숫자 코드(Significant Digit Code) : 코드화 대상 항목의 물리적 수치 등을 나타내는 문자, 숫자 혹은 기호를 그대로 코드로 사용하여 일련번호를 부여하는 방법
- 연상 코드(Mnemonic Code) : 코드화 대상의 명칭이나 약호를 코드의 일부에 넣어서 대상을 외우기 쉽도록 일련번호를 부여하는 방법

09 ┃키워드┃ 도서 정리, 10진수 → ┃용어┃ 십진 코드(Decimal Code, 도서 분류 코드)
- 그룹 분류식 코드(Group Classification Code) : 일정 기준에 따라 대분류, 중분류, 소분류 등으로 구분하여 일련번호를 부여하는 방법
- 구분 코드(Block Code, 블록 코드) : 공통성이 있는 것끼리 블록으로 구분하고, 각 블록 내에서 일련번호를 부여하는 방법
- 합성 코드(Combined Code) : 두 개 이상의 코드를 조합하여 만든 코드

SECTION

08

인터페이스 설계

인터페이스는 송신 시스템에서 수신 시스템으로 데이터를 전송하기 위한 서로 다른 시스템 간의 연동을 의미합니다. 두 시스템을 연동하기 위한 인터페이스 요구사항과 방식에 대해 학습하고, 시스템 간의 데이터 교환을 편리하게 해 주는 표준화된 인터페이스인 미들웨어에 대해 학습합니다.

01 인터페이스 요구사항 및 시스템

1 인터페이스 요구사항

인터페이스 요구사항은 목표 시스템과 외부 환경이 상호작용할 수 있도록 연결하기 위한 조건이나 특성 및 규약 등에 대한 요건을 기술한 것이다.

1. 인터페이스 요구사항 유형

① 시스템 인터페이스 요구사항

목표 시스템 운용 환경과 다른 소프트웨어 및 하드웨어 장치들과의 연결성에 대한 요구사항이다.

- 내·외부에 존재하는 시스템들끼리 서로 연동하여 상호 작용하기 위한 접속 방법이나 규칙에 대한 요구사항이다.

❶ 기능 인터페이스 요구사항

내·외부 시스템 연계를 통해 수행될 기능과 관련된 사항으로, 입·출력 및 처리 과정과 목표 시스템을 구현하기 위해 소프트웨어가 가져야 하는 기능적 속성에 대한 요구사항이다.

예 기능 인터페이스 요구사항 정의서

요구사항 분류	시스템 인터페이스 요구사항		요구사항 번호	SIR-001
요구사항 명칭	CRM*과 VOC* 연계			
요구사항 상세 설명	정의	CRM 시스템과 VOC 시스템 간의 인터페이스		
	세부 내용	VOC 시스템을 통해 수집된 고객 불만 정보를 CRM 시스템에 매일 1회 전달함		
산출 정보	CRM 시스템의 고객 불만 정보 테이블, 전송 로그			
요구사항 출처	CRM 업무 담당자 인터뷰			

❷ 비기능 인터페이스 요구사항

시스템의 기능에 관련되지 않는 사항으로, 시스템이 기능 요구사항을 만족시키면서 정상적으로 작동하기 위한 시스템 내·외부의 제약 조건을 의미한다.

- 비기능 요구사항에는 성능, 사용의 용이성, 신뢰도, 보안성, 운용상의 제약, 안전성 등으로 행위적 특성이나 시스템 전반과 관련된 요구사항이 포함된다.

예 비기능 인터페이스 요구사항 정의서

요구사항 분류	시스템 인터페이스 요구사항		요구사항 번호	SIR-002
요구사항 명칭	인터페이스 보안			
요구사항 상세 설명	정의	인터페이스 보안		
	세부 내용	인터페이스를 위한 연계 서버와 업무 서버 사이에 침입 차단 시스템 등 보안 장비를 활용하여 보안을 강화해야 함		
산출 정보	인터페이스 보안 방안			
요구사항 출처	보안 담당자 인터뷰			

② 사용자 인터페이스 요구사항

사용자가 해당 시스템을 사용하는 데 있어서 경험 및 편의성에 대한 요구사항이다.

2 인터페이스 시스템(연계 시스템)

인터페이스 시스템을 구성하는 시스템에는 송신 시스템과 수신 시스템이 있으며, 연계 방식에 따라 중계 서버를 둘 수 있다.

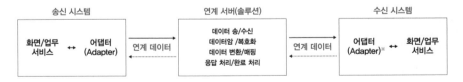

1. 송신 시스템 [21년 2회]

연계할 데이터를 데이터베이스와 애플리케이션으로부터 연계 테이블 또는 파일 형태(연계 데이터)로 생성하여 송신하는 시스템이다.

CRM(Customer Relationship Management, 고객 관계 관리)
기업이 고객 관계를 관리하기 위해 필요한 방법론이나 소프트웨어
- 현재의 고객과 잠재 고객에 대한 정보를 분석해 마케팅 정보로 변환함으로써 고객의 구매 관련 행동을 지수화하고, 이를 바탕으로 마케팅 프로그램을 개발·실현·수정하는 고객 중심의 경영 기법을 의미한다.

VOC(Voice of Customer, 고객의 소리)
콜센터에 접수되는 고객의 불만 사항에 대해 접수부터 처리까지 상황을 실시간으로 관리하고, 처리 결과를 관서별로 지표화하여 관리 및 평가함으로써 고객의 체감 서비스를 향상하는 고객 관리 시스템이다.

권쌤이 알려줌

연계 시스템은 송·수신 시스템 간 데이터 전송을 위해 구성되는 시스템입니다.

어댑터(Adapter)
다른 전기나 기계 장치를 서로 연결해서 작동할 수 있도록 만들어 주는 연결 도구

2. 연계 서버(중계 서버)

송신 시스템과 수신 시스템 사이에서 데이터를 송·수신하고, 연계 데이터의 송·수신 현황을 모니터링하는 시스템이다.

• 연계 데이터의 보안 강화 및 다중 플랫폼 지원 등이 가능하다.

3. 수신 시스템

수신한 연계 테이블 또는 파일의 데이터(연계 데이터)를 수신 시스템에서 관리하는 데이터 형식에 맞게 변환하여 데이터베이스에 저장하거나 애플리케이션에서 활용할 수 있도록 제공하는 시스템이다.

전문 공통부(인터페이스 표준 항목, 공통 항목)
• 전문 길이 : 메시지의 길이
• 시스템 공통부 : 시스템 정보
• 거래 공통부 : 전송 관리에 필요한 공통 정보

학습⊕플러스 연계 데이터(인터페이스 데이터, 송·수신 데이터)

연계 데이터는 송·수신되는 데이터로 속성, 길이, 타입 등이 포함되며, 규격화된 표준 형식(표준 전문)에 따라 전송된다.

예 송·수신 형식 구성

Header			Body	Footer
전문 공통부(고정)			전문 개별부(가변)	전문 종료부(고정)
전문 길이	시스템 공통부	거래 공통부	데이터부	전문 종료부

• 전문 공통부* : 인터페이스 표준 항목을 포함한다.
• 전문 개별부 : 송·수신 시스템에서 업무 처리에 필요한 데이터를 포함한다.
• 전문 종료부 : 전송 데이터의 끝을 표시하는 문자를 표현한다.

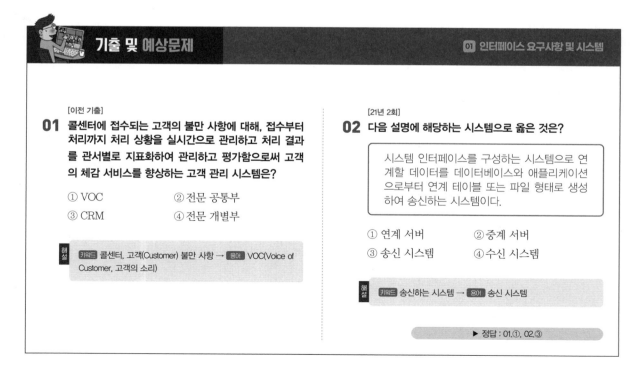

기출 및 예상문제

01 인터페이스 요구사항 및 시스템

[이전 기출]
01 콜센터에 접수되는 고객의 불만 사항에 대해, 접수부터 처리까지 처리 상황을 실시간으로 관리하고 처리 결과를 관서별로 지표화하여 관리하고 평가함으로써 고객의 체감 서비스를 향상하는 고객 관리 시스템은?

① VOC
② 전문 공통부
③ CRM
④ 전문 개별부

해설 키워드 콜센터, 고객(Customer) 불만 사항 → 용어 VOC(Voice of Customer, 고객의 소리)

[21년 2회]
02 다음 설명에 해당하는 시스템으로 옳은 것은?

시스템 인터페이스를 구성하는 시스템으로 연계할 데이터를 데이터베이스와 애플리케이션으로부터 연계 테이블 또는 파일 형태로 생성하여 송신하는 시스템이다.

① 연계 서버
② 중계 서버
③ 송신 시스템
④ 수신 시스템

해설 키워드 송신하는 시스템 → 용어 송신 시스템

▶ 정답 : 01.①, 02.③

★★★

02 인터페이스 상세 설계

1 직접 연계 방식

직접 연계 방식은 중간 매개체 없이 송신 시스템과 수신 시스템을 직접 연계하는 방식이다.

- 종류 : DB Link, API, 화면 링크, DB Connection Pool, JDBC

1. 장/단점

장점	• 연계 및 통합 구현이 단순하며 쉽다. • 개발 소요 비용 및 기간이 짧다. • 중간 매개체가 없으므로, 데이터 연계 처리 성능이 대체로 좋다.
단점	• 시스템 간의 결합도가 높아 시스템 변경에 민감하다. • 시스템 변경으로 인해 장애가 발생할 수 있다. • 보안을 위한 암·복호화 처리, 비즈니스 로직 적용 등이 불가능하다. • 연계 및 통합 가능한 시스템 환경이 제한적이다.

2. 종류

종류	설명
DB Link	• 현재의 데이터베이스에서 다른 데이터베이스에 접속하기 위한 접속 설정을 정의하는 객체이다. • 데이터베이스에서 제공하는 DB Link 객체를 이용한다.
API 또는 Open API	• 운영체제나 프로그래밍 언어 등에 있는 라이브러리*를 응용 프로그램 개발 시 이용할 수 있도록 규칙 등에 대해 정의해 놓은 인터페이스이다. • 송신 시스템의 데이터베이스와 연결하여 데이터를 제공하는 인터페이스 프로그램이다.
화면 링크(Link)	• 웹 애플리케이션 화면에서 하이퍼링크*를 이용한다.
DB Connection Pool	• 데이터베이스 요청이 필요할 때 연결을 재사용할 수 있도록 관리되는 데이터베이스 연결의 캐시*이다. • 수신 시스템에서 송신 시스템으로 연결되는 커넥션 풀(Connection Pool)을 생성한다.
JDBC	• 데이터베이스에서 자료를 쿼리*하거나 업데이트하는 방법을 제공하며, 자바에서 데이터베이스에 접속할 수 있도록 하는 자바 API이다. • 데이터베이스 접근하여 데이터를 삽입/삭제/수정/조회할 수 있도록 한다.

2 간접 연계 방식

간접 연계 방식은 송신 시스템과 수신 시스템 사이에 중간 매개체를 활용하여 연계하는 방식이다.

- 종류 : EAI, ESB, 웹 서비스, 소켓

1. 장/단점

장점	• 서로 상이한 네트워크, 프로토콜* 등 다양한 환경을 연계 및 통합할 수 있다. • 시스템 간 인터페이스 변경 시에도 장애나 오류 없이 서비스가 가능하다. • 보안이나 업무 처리를 위한 로직을 자유롭게 반영할 수 있다.
단점	• 연계 아키텍처 및 메커니즘이 복잡하고, 중간 매개체로 인해 성능 저하 요소가 존재한다. • 개발 및 적용을 위한 테스트 기간이 상대적으로 장기간 소요된다.

합격자의 암기법

인터페이스 연계 방식
- 키워드 중간 매개체 X → 용어 직접 연계 방식
- 키워드 중간 매개체 O → 용어 간접 연계 방식

라이브러리(Library)
자주 사용하는 함수를 미리 작성하여 저장시켜둔 것

하이퍼링크(Hyperlink)
하이퍼텍스트 문서 내 한 곳에서 다른 곳으로 건너뛸 수 있게 하는 요소
- 하이퍼링크를 클릭하면 현재 페이지의 다른 부분으로 가거나 전혀 다른 페이지로 이동하게 해주는 아이콘, 이미지, 텍스트 등을 일컫는다.
- 대부분의 하이퍼링크는 웹 페이지에서 밑줄이 그어져 있거나 밑줄과 색깔이 함께 표시된다.

캐시(Cache)
데이터나 값을 미리 복사해 놓는 임시 장소

쿼리(Query)
데이터베이스에게 데이터를 요청하는 것

프로토콜(Protocol)
데이터를 원활히 주고받기 위하여 약속한 여러 가지 통신 규약

2. 종류 [21년 1회] [21년 1회 실기]

종류	설명
EAI (Enterprise Application Integration, 기업 애플리케이션 통합 솔루션)	• 기업에서 운영되는 서로 다른 애플리케이션 및 플랫폼 간의 정보 전달, 연계, 통합 등 상호 연동을 가능하게 해주는 솔루션이다. • 비즈니스 간 통합 및 연계성을 증대시켜 효율성과 각 시스템 간의 확장성을 높여준다. • 실제 송·수신 처리와 진행 현황을 모니터링 및 통제하는 EAI 서버와 송·수신 시스템에 설치되는 클라이언트*를 이용한다.
ESB (Enterprise Service Bus)	• 애플리케이션 간 연계, 데이터 변환, 웹 서비스 지원, 자원 연결 및 통합 등 표준 기반의 인터페이스를 제공하는 솔루션이다. • EAI에 표준화와 분산화를 결합한 것으로, EAI와 유사하지만 애플리케이션보다는 서비스 중심의 통합을 지향한다. • 특정 서비스에 국한되지 않고, 범용적으로 사용하기 위하여 애플리케이션과의 결합도를 약하게 유지한다. • 관리 및 보안 유지가 쉽고, 높은 수준의 품질 지원이 가능하다. **Application** ↕ **Application** **ESB** ↕ ↕ ↕ **Application** **Application** **Application**
웹 서비스 (Web Service)	• 네트워크상에서 서로 다른 종류의 컴퓨터들 간에 상호 작용을 하기 위한 소프트웨어 시스템이다. • 웹 서비스는 UDDI, SOAP, WSDL 프로토콜을 이용하여 시스템 간 연계를 제공한다.
소켓 (Socket)	• 네트워크 통신에서 데이터를 송·수신할 수 있는 통신 접속점이다. • 소켓을 생성하여 포트*를 할당하고, 클라이언트의 요청을 연결하여 통신한다. • 네트워크 프로그램의 기반 기술이 된다.

클라이언트(Client)
네트워크를 통하여 서버(Server)라는 원격 서비스에 접속할 수 있는 응용 프로그램이나 서비스

포트(Port)
컴퓨터 간 상호 통신을 위해 프로토콜에서 이용하는 가상의 연결단

병목 현상
시스템의 가용 자원 중 부하가 많이 걸려 전체 시스템 효율의 저하를 초래하는 현상

학습플러스 EAI 구축 유형 [22년 3회] [21년 2회] [20년 2, 4회] [20년 3회 실기]

유형	개념도	설명	특징
Point-to-Point (PPP)		두 대의 컴퓨터가 직렬 인터페이스를 이용하여 통신할 때 사용하는 방식	• 가장 기본적인 애플리케이션 통합 방식 • 상대적 저렴하게 통합 가능 • 변경 및 재사용 어려움
Hub & Spoke	Spoke / Hub	단일 접점인 허브 시스템을 통해 데이터를 전송하는 중앙 집중형 방식	• 확장, 유지보수 용이 • 허브 장애 시 시스템 전체에 영향을 줌
Message Bus (ESB 방식)	서비스 / Bus	애플리케이션 사이에 미들웨어를 두어 처리하는 방식	• 확장성 및 대용량 처리 우수
Hybrid	Bus	그룹 내에서는 Hub & Spoke 방식으로 연결하고, 그룹 간에는 Message Bus 방식으로 사용하는 방식	• 데이터 병목 현상* 최소화

3 연계 처리 유형과 주기

1. 연계 처리 유형

업무의 성격 및 전송량을 고려하여 정의한다.

유형	설명
실시간 방식	사용자가 요청한 내용을 바로 처리해야 하는 경우
지연 처리 방식	매 건 단위로 처리하여 비용이 많이 발생하는 경우
배치 방식	대량의 데이터를 처리하는 경우

2. 연계 주기(발생 주기)

업무의 성격 및 전송량을 고려하여 매일, 수시, 주 1회 등으로 정의한다.

4 통신 유형

구분	통신 유형	설명
실시간	단방향(Notify)	• 데이터를 이용하고자 하는 시스템에서 거래 요청 • 데이터를 전송하는 상대 시스템의 응답이 필요 없는 업무에 사용
	동기(Sync)	• 데이터를 이용하고자 하는 시스템에서 거래를 요청하고 응답이 올 때까지 대기(Request-Reply) • 업무 특성상 응답을 바로 처리해야 하는 거래나 거래량이 적고 상대 시스템의 응답 속도가 빠를 경우 사용
	비동기(Async)	• 데이터를 이용하고자 하는 시스템에서 거래를 요청하는 서비스와 응답을 받아 처리하는 서비스가 분리되는 구조 • 요청을 보내고 다른 작업을 하다가 데이터가 준비되었다는 신호를 받으면 다시 처리하는 방식(Send-Receive, Send-Receive-Acknowledge, Publish-Subscribe) • 주문 업무와 같이 거래량이 많거나 데이터를 전송하는 시스템의 처리가 오래 걸리는 업무에 사용
	지연 처리(Deferred)	• 비동기(Async), 단방향(Notify) 유형과 유사 • 순차 처리 및 지연 처리가 필요한 업무에 사용
배치	DB/File 거래	• 정해진 시간에 수행되는 방식 • 연계 스케줄러*에 의해 구동되는 이벤트 방식과 타이머에 의한 방식이 있음

> 스케줄러(Scheduler)
> 시스템이 어떤 작업을 처리할지 결정하는 모듈

예 인터페이스 상세 설계

인터페이스 ID	인터페이스명	송신 시스템	수신 시스템	연계 방식	통신 유형	연계 처리 형태	연계 주기
IF-001	은행 계좌 잔액 수신	회계 시스템	은행 A	Socket	요청/응답	실시간	수시
IF-002	조직 정보 저장	인사 관리 시스템	은행 A	DB Link	단방향	배치	매일

[21년 1회]

01 통신을 위한 프로그램을 생성하여 포트를 할당하고, 클라이언트의 통신 요청 시 클라이언트와 연결하는 내·외부 송·수신 연계기술은?

① DB 링크 기술　　　② 소켓 기술
③ 스크럼 기술　　　　④ 프로토타입 기술

> 해설　키워드 포트 할당, 클라이언트 연결 → 용어 소켓(Socket)

[21년 1회 실기]

02 다음 내용이 설명하는 것은?

> 기업에서 운영되는 서로 다른 플랫폼 및 애플리케이션 간의 정보 전달, 연계, 통합을 가능하게 해주는 솔루션이다. 크게 Point to Point, Hub & Spoke, Message Bus, Hybrid 형태의 구성으로 분류될 수 있다.

① EAI　　　　　　② DB Link
③ ESB　　　　　　④ JDBC

> 해설　키워드 기업(Enterprise), 애플리케이션(Application) 간, 통합(Integration), Point to Point~Hybrid → 용어 EAI(Enterprise Application Integration, 기업 애플리케이션 통합 솔루션)

[20년 2회] [20년 3회 실기]

03 EAI(Enterprise Application Integration)의 구축 유형으로 옳지 않은 것은?

① Point-to-Point　　② Hub & Spoke
③ Message Bus　　　④ Tree

> 해설　EAI 구축 유형
> : Point-to-Point, Hub&Spoke, Message Bus, Hybrid

[20년 4회]

04 EAI(Enterprise Application Integration) 구축 유형 중 Hybrid에 대한 설명으로 틀린 것은?

① Hub & Spoke와 Message Bus의 혼합방식이다.
② 필요한 경우 한 가지 방식으로 EAI 구현이 가능하다.
③ 데이터 병목현상을 최소화할 수 있다.
④ 중간에 미들웨어를 두지 않고 각 애플리케이션을 Point to Point로 연결한다.

> 해설　다른 하나는 Point-to-Point(PPP)에 대한 설명이다.

[21년 2회]

05 EAI(Enterprise Application Integration) 구축 유형에서 애플리케이션 사이에 미들웨어를 두어 처리하지 않는 것은?

① Message Bus　　　② Point-to-point
③ Hub & Spoke　　　④ Hybrid

> 해설　Point-to-point는 중간에 미들웨어를 두지 않고 애플리케이션 간 1:1 연결을 한다.

▶ 정답 : 01.②, 02.①, 03.④, 04.④, 05.②

권쌤이 알려줌

웹 서비스는 일반적으로 인터넷 환경에서 정보 시스템을 통합/연계해 다른 시스템에 존재하는 자원을 쉽게 호출해 이용할 수 있는 기술을 의미합니다.

03 웹 서비스와 SOA

1 웹 서비스(Web Service)

웹 서비스는 네트워크에서 서로 다른 종류의 컴퓨터 간에 상호 작용을 하기 위한 소프트웨어 시스템이다.

- 웹 서비스는 UDDI, SOAP, WSDL 프로토콜을 이용하여 시스템 간 연계를 제공한다.
- XML[※] 기반으로 구성되어 있어 호환성 면에서 뛰어나다.
- 기존 인터넷 비즈니스 서비스를 쉽게 웹 서비스로 전환하거나 기존 웹 서비스들을 통합해 새로운 서비스를 제공할 수 있는 장점이 있다.

XML(eXtensible Markup Language, 확장성 마크업 언어)
웹 브라우저 간 HTML 문법이 호환되지 않는 문제와 SGML의 복잡함을 해결하기 위하여 개발된 다목적 마크업 언어

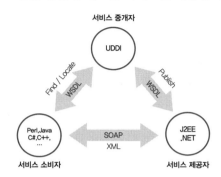

1. UDDI(Universal Description, Discovery and Integration)

웹 서비스에 대한 정보를 등록하고 검색하기 위한 저장소로, 공개적으로 접근 및 검색이 가능한 레지스트리[※](공용 등록부)이다.

- XML 기반의 구조화된 공용 등록부 서비스이다.
- 검색 엔진처럼 UDDI에서 인터넷 비즈니스 서비스를 검색하여 사용한다.

레지스트리(Registry)
정보 배포를 위한 관리자 역할을 하는 것
• 레지스트리에 정보를 등록하고, 레지스트리는 받아들인 정보를 이용하여 소비자에게 배포한다.

2. SOAP(Simple Object Access Protocol, 단순 객체 접근 프로토콜)

[20년 2회 실기]

네트워크상에서 HTTP/HTTPS[※], SMTP[※] 등을 이용하여 XML 기반의 메시지를 교환하기 위한 통신 규약이다.

- 기본적으로 HTTP 기반에서 동작한다.
- XML과 동일한 텍스트 형식의 데이터 포맷으로, 다양한 플랫폼과 시스템에서 활용된다.
- 웹 서비스에서 사용되는 메시지의 형식과 처리 방법을 지정한다.
- SOAP의 주요 요소 : Envelope, Header, Body

HTTP/HTTPS
HTTP는 인터넷의 월드 와이드 웹(WWW)에서 HTML 문서를 송·수신하기 위한 표준 프로토콜이고, HTTPS는 HTTP의 암호화된 버전이다.

SMTP(Simple Mail Transfer Protocol, 간이 전자 우편 전송 프로토콜)
메일 전송에 사용되는 프로토콜

3. WSDL(Web Service Description Language, 웹 서비스 기술 언어)

[21년 1회 실기]

웹 서비스와 관련된 포맷이나 프로토콜 등을 표준적인 방법으로 기술하고 게시하기 위한 언어이다.

- 웹 서비스가 제공하는 서비스에 대한 구체적인 내용이 기술되어 있는 언어 또는 파일을 의미한다.
- XML로 작성되었으며, UDDI의 기초가 되는 언어이다.

권쌤이 알려줌

SOAP의 주요 요소에서 Header는 생략 가능합니다.

권쌤이 알려줌

WSDL은 버전마다 주요 요소 명칭이 다릅니다.

- SOAP, XML 스키마와 결합하여 인터넷에서 웹 서비스를 제공하기 위해 사용한다.
- WSDL의 주요 요소 : types, interface, binding, service, endpoint

2 SOA(Service Oriented Architecture, 서비스 지향 아키텍처)

SOA는 기업의 정보 시스템을 공유 및 재사용이 가능한 서비스 또는 컴포넌트 중심으로 구축하는 정보 기술 아키텍처이다.

- 정보를 누구나 이용 가능한 서비스로 간주하고, 연동과 통합을 전제로 아키텍처를 구축한다.
- 서비스 지향 아키텍처(SOA) 개념을 실현하는 대표적인 기술에는 웹 서비스(Web Service)가 있다.

1. SOA 구성 요소

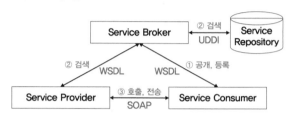

구성 요소	설명
Service Broker (서비스 중개자)	서비스 저장 및 관리를 담당하는 중재자로, 서비스에 대한 설명 정보 저장 및 검색 엔진을 제공한다.
Service Provider (서비스 제공자)	서비스 사용자가 호출 시 입력 값을 이용하여 그에 해당하는 결과를 제공한다.
Service Consumer (서비스 소비자, Service Requester, 서비스 요청자)	서비스 제공자에 의해 제공되는 하나 이상의 서비스를 사용하는 사용자이다.

2. SOA 계층 [20년 4회]

SOA 계층은 표현층, 프로세스층, 서비스층, 비즈니스층, 영속층※으로 분류된다.

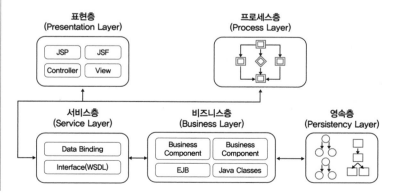

IPC(Inter-Process Communication) [21년 1회 실기]

IPC는 컴퓨터 프로세스 간 통신을 의미하는 용어로, 운영체제에서 실행 중인 프로세스 간 통신을 가능하게 하는 기술이다.
• 주요 기법에는 공유 메모리* 기법, 메시지 전달 기법이 있으며 메시지 전달 기법에 기반을 둔 기법들에는 소켓, 파이프, 세마포어, 시그널 등이 있다.

소켓(Socket)	소켓을 생성하여 포트를 할당하고, 클라이언트의 요청을 연결하여 통신하는 것
파이프(Pipe)	한 프로세스 출력(Only Write)이 다른 프로세스 입력(Only Read)으로 사용될 수 있도록 두 프로세스 사이를 연결시키는 것
세마포어 (Semaphore)	복수의 작업을 동시에 병행하여 수행하는 공유 자원에 대한 접속을 제어하기 위하여 사용되는 신호
시그널(Signal)	병행 프로세스 간에 통신이나 동기화를 위해 주고받는 신호

공유 메모리(Shared Memory)
프로세스 간 메모리 영역을 공유해서 사용하는 것

권쌤이 알려줌

공유 자원을 동시에 사용할 수 없을 때, 한 프로세스가 사용하고 있는 동안 세마포어를 세워 다른 프로세스를 대기시키고 사용이 끝나면 해제시키는 방법으로 세마포어를 사용합니다.

 기출 및 예상문제

03 웹 서비스와 SOA

[20년 2회 실기]
01 일반적으로 널리 알려진 HTTP, HTTPS, SMTP 등을 사용하여 XML 기반의 메시지를 컴퓨터 네트워크 상에서 교환하는 프로토콜은?

① SOAP   ② SOA
③ UDDI   ④ WSDL

해설 키워드 XML 기반의 메시지, 교환 → 용어 SOAP

[21년 1회 실기]
02 웹 서비스명, 제공 위치, 메시지 포맷, 프로토콜 정보 등 웹 서비스에 대한 상세 정보가 기술된 XML 형식으로 구현되어 있는 언어는?

① ESB   ② WSDL
③ Hybrid   ④ UDDI

해설 키워드 웹 서비스(Web Service), 상세 정보 → 용어 WSDL(Web Service Description Language)

[20년 4회]
03 서비스 지향 아키텍처 기반 애플리케이션을 구성하는 층이 아닌 것은?

① 표현층   ② 프로세스층
③ 제어 클래스층   ④ 비즈니스층

해설 서비스 지향 아키텍처(SOA) 계층
: 프로세스층, 비즈니스층, 서비스층, 영속층, 표현층
TIP SOA 계층은 "프비서 0표(프비서 영표)"로 기억하세요.

[21년 1회 실기]
04 다음 내용이 설명하는 것은?

• 실행 프로세스 간에 통신을 가능하게 하는 기술을 의미한다.
• 주요 기법에는 공유 메모리 기법, 메시지 전달 기법이 있다.
• 메시지 전달에 기반을 둔 기법들에는 시그널, 세마포어, 파이프, 소켓 등이 있다.

① Hybrid   ② Socket
③ EAI   ④ IPC

해설 키워드 프로세스(Process) 간 통신(Communication), 공유 메모리, 메시지 전달 기법 → 용어 IPC(Inter-Process Communication)

▶ 정답 : 01.①, 02.②, 03.③, 04.④

04 미들웨어

1 미들웨어(Middleware) [22년 2, 3회] [21년 1, 3회] [20년 4회]

미들웨어는 운영체제(Server)와 응용 프로그램(Client) 사이에 위치하는 컴퓨터 소프트웨어로, 응용 프로그램에 운영체제가 제공하는 서비스를 추가 및 확장하여 제공하는 역할을 한다.

- 표준화된 인터페이스를 제공함으로써 시스템 간의 데이터 교환에 일관성을 보장한다.
- 클라이언트와 서버 간의 통신을 담당한다.
- 분산 환경에서 구성원들을 연결하고 구성원들 간의 차이를 극복하기 위해 개발되었다.
- 미들웨어 종류에는 DB*, RPC, MOM, TP−Monitor, ORB, WAS 등이 있다.

운영체제
(Server)   미들웨어   응용 프로그램
(Client)

1. 종류 [22년 2회] [21년 1회] [20년 2, 3회]

종류	설명
RPC (Remote Procedure Call, 원격 프로시저 호출)	• 응용 프로그램의 프로시저를 사용하여 원격 프로시저를 마치 로컬 프로시저처럼 호출하는 방식의 미들웨어이다. • 분산 네트워크 환경에서 보다 편하게 프로그래밍을 할 수 있다.
MOM (Message Oriented Middleware, 메시지 지향 미들웨어)	• 이기종 시스템 간의 통신을 비동기 방식으로 지원하는 메시지 기반 미들웨어이다. • 즉각적인 응답을 원하는 경우가 아니라 다소 느리고 안정적인 응답을 필요로 하는 경우에 많이 사용된다.
TP−Monitor (Transaction Processing Monitor, 트랜잭션 처리 모니터)	• 최소 처리 단위인 트랜잭션*을 감시하여 일관성 있게 보관 및 유지하고, 트랜잭션의 완벽한 처리를 보장하기 위한 역할을 하는 트랜잭션 관리 미들웨어이다. • 항공기나 철도 예약 업무 등과 같이 사용자 수가 증가해도 빠른 응답 속도를 유지해야 하는 업무에 주로 사용된다.
ORB (Object Request Broker, 객체 요청 브로커)	• 객체 지향 미들웨어로, CORBA* 표준 스펙을 구현한 미들웨어이다. • 분산 객체* 환경에서 객체 간의 통신을 매개하는 기능을 한다. • 최근에는 TP−Monitor의 장점인 트랜잭션 처리와 모니터링 등을 추가로 구현한 제품도 있다.
WAS (Web Application Server, 웹 애플리케이션 서버)	• 사용자 또는 사용자의 요청에 따라 결과 값이 변하는 동적 콘텐츠를 처리하기 위한 웹 환경을 구현하는데 사용되는 미들웨어이다. • 안정적인 트랜잭션 처리 및 관리, 다른 이기종 시스템 간의 애플리케이션 연동 등을 지원한다.

DB(DataBase)
데이터베이스 서버와 클라이언트를 연결하기 위한 미들웨어

권쌤이 알려줌

일반적인 프로그램은 자신의 주소 공간 안에 존재하는 함수를 호출하여 사용합니다. 하지만 RPC를 사용하면 다른 주소 공간의 함수 호출을 간편하게 만들어 줍니다.

권쌤이 알려줌

MOM은 은행 창구에서의 입금이나 출금 등과 같이 즉각적인 응답이 필요한 온라인 업무에는 맞지 않으며, 여러 가지 일을 종합적으로 처리한 후에야 결과가 나오는 통계 작성 등과 같은 업무에 적합합니다.

트랜잭션(Transaction)
사용자가 요구하는 작업의 단위

CORBA(Common Object Request Broker Architecture)
분산 객체 기술의 대표적인 표준

분산 객체(Distributed Object) 기술
하나의 컴퓨터에서 실행되는 객체가 다른 컴퓨터의 객체와 통신이 가능하도록 하는 기술

학습 + 플러스

WAS의 처리 흐름

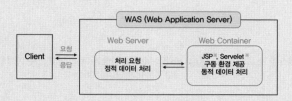

WAS는 크게 정적 웹 서비스[※]를 처리해주는 웹 서버(Web Server)와 동적 웹 서비스[※]를 처리해주는 웹 컨테이너(Web Container)로 구성된다.

1. 클라이언트(Client)가 정적 콘텐츠를 요청(Request)할 경우
웹 서버에서 정적 웹 서비스를 처리한 후 사용자의 웹 브라우저에 응답(Response) 형태로 전송한다.

2. 클라이언트(Client)가 동적 콘텐츠를 요청(Request)할 경우
웹 서버는 동적 웹 서비스를 처리하지 못하므로, 웹 컨테이너에서 처리하도록 클라이언트의 요청(Request)을 넘겨준다. 웹 컨테이너에서는 동적 웹 서비스를 처리한 후 그 결과를 웹 서버에 넘겨주고, 웹 서버는 그 결과를 사용자의 웹 브라우저에 응답(Response) 형태로 전송한다.

JSP(Java Server Pages, 자바 서버 페이지)
자바를 이용한 서버 측 스크립트

Servlet(서블릿)
웹 기반의 요청에 대한 동적인 처리가 가능한 자바 프로그램

정적 웹 서비스
이미지, 자바스크립트 등을 처리

동적 웹 서비스
DB 접속, 외부 시스템 연동 등을 처리

[20년 4회]

01 클라이언트와 서버 간의 통신을 담당하는 시스템 소프트웨어를 무엇이라고 하는가?

① 웨어러블   ② 하이웨어

③ 미들웨어   ④ 응용 소프트웨어

> 해설   키워드 클라이언트와 서버 간 통신 → 용어 미들웨어 (Middleware)

[21년 1회]

02 분산 컴퓨팅 환경에서 서로 다른 기종 간의 하드웨어나 프로토콜, 통신환경 등을 연결하여 응용프로그램과 운영환경 간에 원만한 통신이 이루어질 수 있게 서비스를 제공하는 소프트웨어는?

① 미들웨어   ② 하드웨어

③ 오픈허브웨어   ④ 그레이웨어

> 해설   키워드 응용프로그램과 운영환경 간 통신 → 용어 미들웨어

[21년 3회]

03 분산 시스템에서의 미들웨어(Middleware)와 관련한 설명으로 틀린 것은?

① 분산 시스템에서 다양한 부분을 관리하고 통신하며 데이터를 교환하게 해주는 소프트웨어로 볼 수 있다.

② 위치 투명성(Location Transparency)을 제공한다.

③ 분산 시스템의 여러 컴포넌트가 요구하는 재사용 가능한 서비스의 구현을 제공한다.

④ 애플리케이션과 사용자 사이에서만 분산 서비스를 제공한다.

> 해설   미들웨어는 애플리케이션과 운영체제 사이에 위치한다.
> TIP 위치 투명성(Location Transparency)은 데이터가 어느 위치에 있는지 몰라도 접근할 수 있다는 것입니다.

[20년 2회]

04 트랜잭션이 올바르게 처리되고 있는지 데이터를 감시하고 제어하는 미들웨어는?

① RPC   ② ORB

③ TP monitor   ④ HUB

> 해설   키워드 트랜잭션(Transaction), 처리(Processing), 감시 → 용어 TP-Monitor(Transaction Processing Monitor, 트랜잭션 처리 모니터)

[20년 3회]

05 미들웨어 솔루션의 유형에 포함되지 않는 것은?

① WAS   ② Web Server

③ RPC   ④ ORB

> 해설   미들웨어 종류 : DB, RPC, MOM, TP-Monitor, ORB, WAS

[21년 1회]

06 응용프로그램의 프로시저를 사용하여 원격 프로시저를 로컬 프로시저처럼 호출하는 방식의 미들웨어는?

① WAS(Web Application Server)

② MOM(Message Oriented Middleware)

③ RPC(Remote Procedure Call)

④ ORB(Object Request Broker)

> 해설   키워드 원격 프로시저(Remote Procedure)를 로컬 프로시저처럼 호출(Call) → 용어 RPC(Remote Procedure Call, 원격 프로시저 호출)

▶ 정답 : 01.③, 02.①, 03.④, 04.③, 05.②, 06.③

[이전 기출]

01 현재의 고객과 잠재 고객에 대한 정보 자료를 정리, 분석해 마케팅 정보로 변환함으로써 고객의 구매 관련 행동을 지수화하고, 이를 바탕으로 마케팅 프로그램을 개발, 실현, 수정하는 고객 중심의 경영 기법은?

① VOC ② CRM
③ ORB ④ EAI

[이전 기출]

02 웹 서비스(Web service)와 관련된 표준이 아닌 것은?

① SOAP ② IDL
③ UDDI ④ WSDL

03 웹 서비스에 대한 정보인 WSDL을 등록하고 검색하기 위한 저장소로, 공개적으로 접근, 검색이 가능한 레지스트리는?

① SOAP ② UDDI
③ SOA ④ Web Service

[이전 기출]

04 서비스 지향 아키텍처(Service Oriented Architecture: SOA)에 대한 설명으로 옳지 않은 것은?

① 네트워크상에서 사용할 수 있는 서비스를 이용하여 소프트웨어 애플리케이션을 구성하는 아키텍처 스타일이다.
② Find-Bind-Execute 패러다임을 사용한다.
③ SOA는 새로운 개념으로 노후한 정보시스템을 버리고 새로운 프레임워크에 맞춰 기업정보시스템을 혁신하기 위한 방법이다.
④ WSDL, SOAP, UDDI는 SOA를 구현하는 데 사용되는 핵심 기술이다.

섹션
기출예상문제 해설

Section 08. 인터페이스 설계

01 [키워드] 고객(Customer) 중심 경영 기법 → [용어] CRM(Customer Relationship Management, 고객 관계 관리)
- VOC(Voice of Customer, 고객의 소리) : 콜센터에 접수되는 고객의 불만 사항에 대해, 접수부터 처리까지 상황을 실시간으로 관리하고 처리 결과를 관서별로 지표화하여 관리 및 평가함으로써 고객의 체감 서비스를 향상하는 고객 관리 시스템
- ORB(Object Request Broker, 객체 요청 브로커) : 객체 지향 미들웨어로, CORBA 표준 스펙을 구현한 미들웨어
- EAI(Enterprise Application Integration, 기업 애플리케이션 통합 솔루션) : 기업에서 운영되는 서로 다른 애플리케이션 및 플랫폼 간의 정보 전달, 연계, 통합 등 상호 연동을 가능하게 해주는 솔루션

02 웹 서비스(Web Service)의 주요 구성 요소
: UDDI, SOAP, WSDL
- IDL(Interface Definition Language, 인터페이스 정의 언어) : 소프트웨어 컴포넌트의 인터페이스를 묘사하기 위한 명세 언어

03 [키워드] 등록, 검색, 레지스트리 → [용어] UDDI
- SOAP(Simple Object Access Protocol) : 네트워크상에서 HTTP/HTTPS, SMTP 등을 이용하여 XML 기반의 메시지를 교환하기 위한 통신 규약

- SOA(Service Oriented Architecture, 서비스 지향 아키텍처) : 기업의 정보 시스템을 공유 및 재사용이 가능한 서비스 또는 컴포넌트 중심으로 구축하는 정보 기술 아키텍처
- 웹 서비스(Web Service) : 네트워크상에서 서로 다른 종류의 컴퓨터들 간에 상호 작용을 하기 위한 소프트웨어 시스템

04 SOA는 기업의 정보 시스템을 공유 및 재사용이 가능한 서비스 또는 컴포넌트 중심으로 구축하는 정보 기술 아키텍처이다.
- Find-Bind-Execute 패러다임 : 서비스 제공자(Service Provider)는 서비스 레지스트리에 서비스를 게시한다. 서비스 소비자(Service Consumer)는 서비스 브로커(Service Broker)를 통해 서비스를 검색한다. 마지막으로 서비스 소비자는 애플리케이션에 웹 서비스를 통합하고 필요할 때 호출한다.

[정답] **01** ② **02** ② **03** ② **04** ③

소프트웨어 개발

- [소프트웨어 개발] 과목은 응용 소프트웨어 구현을 위한 자료 구조 및 알고리즘과 구현이 완료된 응용 소프트웨어(애플리케이션)를 테스트하는 방법에 대해 학습합니다.

- 소프트웨어를 테스트한 결과를 분석하여 발견된 결함을 관리 및 해결합니다. 그리고 테스트가 완료된 응용 소프트웨어를 사용자에게 배포하기 위해 패키징 도구를 이용한 패키징을 수행합니다.

- 응용 소프트웨어의 여러 버전이 배포될 경우, 변경사항을 기록하는 프로젝트 관리 도구와 애플리케이션 연동에 대해 학습합니다.

▶ 알고리즘 기법 : 동백씨 그분 알죠
- 동적 계획법(Dynamic Programming)
- 백트래킹(Backtracking)
- 씨
- 그리디 알고리즘(Greedy Algorithm)
- 분할 정복법(Divide and Conquer)
- 알고리즘 기법
- 죠

▶ 블랙박스 테스트 종류 : 오동원 경비
- 오류 예측 검사(Fault Based Testing)
- 동치 분할 검사(Equivalence Partitioning)
- 원인-효과 그래프 검사(Cause-Effect Graphing Testing)
- 경계값 분석(Boundary Value Analysis)
- 비교 검사(Comparison Testing)

▶ 스텁과 드라이버 : HSSD
- H(하향식 통합)
- Stub(스텁)
- S(상향식 통합)
- Driver(드라이버)

▶ 애플리케이션 성능 측정 지표 : 처응경자
- 처리량(Throughput)
- 응답 시간(Response Time)
- 경과 시간(Turnaround Time)
- 자원 사용률(Resource Usage)

▶ 품질 요구사항 : 기호 이번 유신사(기효 이번 유신사)
- 기능성(Functionality)
- 효율성(Efficiency)
- 이식성(Portability)
- 번
- 유지 보수성(Maintainability)
- 신뢰성(Reliability)
- 사용성(Usability)

▶ 형상 관리 절차 : 식제료 상태 보고 감사하게 되었다.
- 형상 식별 → 변경 제어 → 형상 상태 보고 → 형상 감사

▶ 테스트 오라클 유형 : 참 립스틱 세일(참 리스틱 샘일)
- 참(True) 오라클
- 휴리스틱(Heuristic) 오라클
- 샘플링(Sampling) 오라클
- 일관성 검사(Consistent) 오라클

SECTION

01

자료 구조

자료 구조란 효율적인 접근 및 수정을 가능케 하는 자료의 조직, 관리, 저장을 의미합니다. 개발하고 자 하는 응용 소프트웨어의 기능에 적합한 자료 구조를 선택해 높은 성능의 소프트웨어를 개발할 수 있습니다.

권쌤이 알려줌

데이터 저장소에서 원하는 데이터를 찾는 방법에 대해 학습합니다.

레코드(Record)
관련된 자료의 집합
ⓜ 이름과 학과는 한 학생의 레코드(행)를 구성하고, 여러 학생의 레코드가 모여 파일을 구성한다.
• 칼럼(Column) : 열

	↓칼럼1	↓칼럼2
	이름	**학과**
레코드1 →	이순신	정보
레코드2 →	홍길동	사무

★ ★ ★

01 검색

검색은 여러 데이터 중에서 원하는 데이터를 찾는 것이다.

1 선형 검색(순차 검색, Full Table Scan)

모든 레코드*를 대상으로 순차적으로 검색한다.

• 레코드들이 정렬되어 있지 않을 때 사용하며, 처리 속도가 느리다.

2 이진 검색(이분 검색, Binary Search) [22년 2회] [21년 1회]

중간 값을 비교하여 검색한다.

• 레코드들이 항상 정렬 상태를 유지하고 있어야 한다.
• 데이터가 추가되거나 삭제되면 테이블을 재정렬해야 하므로 비용이 많이 든다.
• 비교횟수를 거듭할 때마다 검색 대상이 되는 데이터의 수가 절반으로 줄어들어 검색 효율이 좋고 탐색 시간이 적게 소요된다.

ⓜ 이름순으로 정렬되지 않은 테이블 → 선형 검색에서 사용

고객번호	이름	성별	전화번호	취미
98001	김철수	M	111-2323	등산
98002	홍길동	M	731-4325	낚시
98003	김영희	F	456-1763	등산
98004	박순섭	F	345-4352	여행
98005	강고인	M	633-2156	낚시
98006	류용신	F	356-2323	여행

ⓜ 이름순으로 정렬된 테이블 → 이진 검색에서 사용

고객번호	이름	성별	전화번호	취미
98005	강고인	M	633-2156	낚시
98003	김영희	F	456-1763	등산
98001	김철수	M	111-2323	등산
98006	류용신	F	356-2323	여행
98004	박순섭	F	345-4352	여행
98002	홍길동	M	731-4325	낚시

3 인덱스(Index) 검색 [21년 3회 실기]

검색의 기준이 되는 칼럼을 뽑아 인덱스*로 지정하여 검색한다.

- 인덱스는 찾고자 하는 데이터의 주소 값을 저장하므로 테이블에 대한 검색 속도를 향상시킨다.
- 인덱스는 기억 공간을 차지한다.
- 인덱스는 항상 정렬 상태를 유지하고 있어야 하며, 데이터가 추가되거나 삭제되면 인덱스도 재정렬해야 하므로 비용이 많이 든다.

예 이름 칼럼을 인덱스로 지정한 테이블

이름	주소
강고인	5
김영희	3
김철수	1
류용신	6
박순섭	4
홍길동	2
⋮	⋮

고객번호	이름	성별	전화번호	취미
98001	김철수	M	111-2323	등산
98002	홍길동	M	731-4325	낚시
98003	김영희	F	456-1763	등산
98004	박순섭	F	345-4352	여행
98005	강고인	M	633-2156	낚시
98006	류용신	F	356-2323	여행
⋮	⋮	⋮	⋮	⋮

4 해싱(Hashing) 검색

해싱* 함수를 사용하여 검색한다.

- 해싱 함수를 이용하여 데이터를 해시 테이블에 저장하는 키-주소 변환 방법이다.
- 데이터 검색 시 해싱 함수를 이용하여 해시 테이블에 접근해 데이터를 찾는다.
- 검색 속도는 가장 빠르지만 기억 공간의 낭비가 발생한다.
- 삽입, 삭제 작업의 빈도가 높을 때 유리한 방식이다.
- 직접 접근 파일(DAM)*을 구성할 때 사용되는 방식이다.

예 하나의 버킷에 2개의 슬롯으로 구성된 해시 테이블

키(Key)

	고객번호	이름	성별	전화번호	취미
레코드1	98001	김철수	M	111-2323	등산
레코드2	98002	홍길동	M	731-4325	낚시
레코드3	98003	김영희	F	456-1763	등산
레코드4	98004	박순섭	F	345-4352	여행
레코드5	98005	강고인	M	633-2156	낚시
레코드6	98006	류용신	F	356-2323	여행

→ 4로 나눈 후 나머지 계산 →

해싱 함수

주소

0	레코드4	
1	레코드1	레코드5
2	레코드2	레코드6
3	레코드3	

해시 테이블

인덱스(Index)
빠른 검색을 위해 〈키 값, 포인터〉 쌍으로 구성된 보조적인 데이터 구조
- 키(Key) : 레코드를 식별하거나 저장 위치를 계산할 수 있는 정보를 가지고 있는 칼럼 예 이름
- 포인터(Pointer) : 물리적 주소 예 주소
- 책 마지막에 있는 인덱스(키워드, 찾아보기)를 생각하면 됩니다.

권쌤이 알려줌

인덱스는 이후 자세히 학습합니다.

해싱(Hashing)
임의 길이의 입력 데이터를 받아 고정된 길이의 출력값(해시값)으로 변환하는 것

직접 접근 파일(DAM;
Direct Access Method)
해싱 함수를 사용하여 레코드 키(해시값)에 의한 주소 계산을 통해 레코드에 접근할 수 있도록 구성한 파일

1. 해싱 관련 용어

용어	설명
해싱 함수	해시 테이블의 주소를 생성해 내는 함수
해시 테이블	해싱 함수에 의하여 참조되는 테이블
버킷(Bucket)	하나의 주소를 갖는 파일의 한 구역
슬롯(Slot)	n개의 슬롯이 모여 하나의 버킷을 형성
충돌(Collision)	서로 다른 2개 이상의 레코드가 같은 주소를 갖는 현상
시노님(Synonym)	같은 주소를 갖는 레코드의 집합
오버플로(Overflow)	버킷 내 기억 공간이 없는 현상

2. 해싱 함수 [22년 3회] [21년 1회] [20년 4회]

함수	설명
제산법 (Division)	키를 임의의 양의 정수로 나눈 나머지를 그 키의 레코드 주소로 결정하는 방법
폴딩 (Folding)	키를 여러 부분으로 나누고, 나누어진 각 부분의 값을 모두 더하거나 보수(XOR)*를 취한 결과 값을 레코드 주소로 결정하는 방법
계수 분석 (Digit Analysis, 숫자 분석)	키값을 구성하는 숫자의 분포를 파악하여 균등한 분포의 숫자를 선택하여 레코드 주소를 결정하는 방법
제곱법 (Mid-Square)	키값을 제곱한 값의 중간 부분 값을 선택하여 레코드 주소로 결정하는 방법
기수 변환 (Radix Transformation)	주어진 키값을 다른 진법으로 변환하여 얻은 결과 값을 레코드 주소로 결정하는 방법

기출 및 예상문제   01 검색

[21년 1회]

01 이진 검색 알고리즘에 대한 설명으로 틀린 것은?

① 탐색 효율이 좋고 탐색 시간이 적게 소요된다.

② 검색할 데이터가 정렬되어 있어야 한다.

③ 피보나치 수열에 따라 다음에 비교할 대상을 선정하여 검색한다.

④ 비교횟수를 거듭할 때마다 검색 대상이 되는 데이터의 수가 절반으로 줄어든다.

해설 다른 하나는 피보나치 검색(Fibonacci Search)에 대한 설명이다.
• 피보나치 검색(Fibonacci Search) : 피보나치 수열에 따라 다음 비교 대상을 선정하여 검색하는 방식

[20년 4회]

02 해싱 함수 중 레코드 키를 여러 부분으로 나누고, 나눈 부분의 각 숫자를 더하거나 XOR한 값을 홈 주소로 사용하는 방식은?

① 제산법   ② 폴딩법

③ 기수변환법   ④ 숫자분석법

해설 키워드 각 숫자를 더하거나 XOR한 값 → 용어 폴딩

[21년 1회]

03 해싱 함수(Hashing Function)의 종류가 아닌 것은?

① 제곱법(mid-square)

② 숫자분석법(digit analysis)

③ 개방주소법(open addressing)

④ 제산법(division)

> 해설 **해싱 함수의 종류**
> : 제산법, 폴딩, 숫자 분석(계수 분석), 제곱법, 기수 변환

[21년 3회 실기]

04 다음 ( ) 안에 공통적으로 들어갈 가장 적합한 용어는?

> 파일검색의 접근 기법에는 순차, ( ), 해싱이
> 있다. ( )은(는) 〈키 값, 포인터〉 쌍으로 구성된
> 구조로, 검색의 기준이 되는 칼럼을 뽑아 ( )
> (으)로 지정하여 검색할 수 있다.

① 도메인 ② 인덱스

③ 튜플 ④ 파티션

> 해설 키워드 〈키 값, 포인터〉 쌍 → 용어 인덱스(Index)

▶ 정답 : 01.③, 02.②, 03.③, 04.②

★★★

02 자료 구조

1 자료 구조(Data Structure) [22년 1, 3회] [21년 3회]

자료 구조는 자료(Data)를 저장하는 논리적인 방법이다.

선형 구조 (Linear Structure)	배열(Array)	
	선형 리스트(Linear List)	연속 리스트(Contiguous List)
		연결 리스트(Linked List)
	스택(Stack)	
	큐(Queue)	
	데크(Deque)	
비선형 구조 (Non-Linear Structure)	트리(Tree)	
	그래프(Graph)	

2 선형 구조

선형 구조는 일정한 순서에 의해 데이터를 순차적으로 하나씩 나열시킨 구조이다.

1. 배열(Array)

동일한 크기와 형식(Type)으로 구성된 연속적인 기억 공간을 가지는 자료 구조이다.

1	2	3	4
a[0]	a[1]	a[2]	a[3]

> 권쌤이 알려줌
>
> 자료 구조란 필요한 데이터에 효율적인 접근 및 수정을 가능케 하는 자료의 조직, 관리, 저장을 의미합니다. 개발하고자 하는 응용 소프트웨어의 기능에 적합한 자료 구조를 선택해 높은 성능의 소프트웨어를 개발할 수 있습니다.

2. 선형 리스트(Linear List)

일정한 순서에 의해 나열된 자료 구조이다.

연속 리스트(Contiguous List)	연결 리스트(Linked List)
배열과 같이 빈 공간 없이 연속되는 기억 공간에 저장되는 자료 구조	데이터의 저장 순서는 상관없지만, 데이터 항목의 순서에 따라 각 노드*에 포인터*를 두어 서로 연결시키는 자료 구조

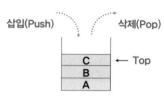

3. 스택(Stack) [22년 1, 2회] [21년 1, 3회]

리스트 한쪽으로만 삽입과 삭제가 이루어지는 후입선출(LIFO; Last In First Out) 형식의 자료 구조이다.

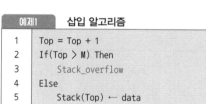

예제1	삽입 알고리즘
1	Top = Top + 1
2	If(Top > M) Then
3	Stack_overflow
4	Else
5	Stack(Top) ← data

예제2	삭제 알고리즘 [21년 3회]
1	If(Top = 0) Then
2	Stack_underflow
3	Else
4	data ← Stack(Top)
5	Top = Top - 1

해설1	
1	Top* 값 1 증가
2	만약 Top 값이 스택 크기(M)보다 크면, 즉 스택이 Full이면
3	스택 오버플로* 발생
4	그렇지 않은 경우
5	스택의 Top 위치에 자료(data) 삽입

해설2	
1	만약 Top 값이 0이면, 즉 스택이 Empty이면
2	스택 언더플로* 발생
3	그렇지 않은 경우
4	스택의 Top 위치의 자료(data) 삭제
5	Top 값 1 감소

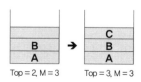
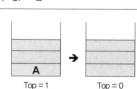

노드(Node)
데이터를 저장하는 데이터 부분과 다음 노드를 가리키는 포인터인 링크 부분으로 구성된 기억 공간
• 노드(Node) = 데이터(Data) + 링크(Link)

포인터(Pointer)
메모리의 주소를 담은 공간

Top
가장 최근에 삽입된 자료 또는 가장 먼저 삭제될 자료를 가리키는 스택 포인터
• 삽입 : Top 값 증가
• 삭제 : Top 값 감소

오버플로(Overflow)
메모리 공간을 초과할 경우 발생

언더플로(Underflow)
메모리 공간의 최솟값 아래로 벗어날 경우 발생

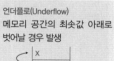
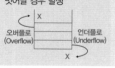

권쌤이 알려줌
스택의 삽입/삭제 알고리즘은 한 줄씩 차례대로 실행됩니다. [4과목. 프로그래밍 언어 활용]을 학습한 후 한 번 더 학습하세요.

스택(Stack)의 응용 분야 [22년 3회] [21년 2회]

- 부 프로그램 호출 시 복귀 주소를 저장할 때(함수* 호출의 순서 제어)
- 인터럽트*가 발생하여 복귀 주소를 저장할 때
- 후위 표기법(Post-fix expression)*으로 표현된 수식을 연산할 때
- 0-주소 명령어*의 자료 저장소
- 재귀(Recursive) 프로그램*의 순서 제어
- 컴파일러*를 이용한 언어 번역
- 깊이 우선 탐색(DFS; Depth First Search)*

4. 큐(Queue) [21년 1회]

한쪽에는 반드시 삽입, 또 다른 한쪽에는 반드시 삭제가 이루어지는 선입선출(FIFO; First In First Out) 형식의 자료 구조이다.

5. 데크(Deque)

스택과 큐의 장점을 조합한 구조로 양쪽 모두 삽입, 삭제가 가능한 자료 구조이다.

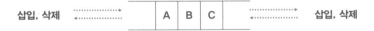

3 비선형 구조

비선형 구조는 하나의 데이터 뒤에 여러 개의 데이터가 존재할 수 있는 구조이다.

1. 트리(Tree)

정점(Node, 노드)과 가지(Branch, 링크, 간선)를 이용한 사이클(Cycle)이 이루어지지 않는 자료 구조이다.

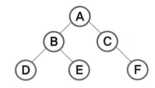

2. 그래프(Graph)

정점(V; Vertex)과 간선(E; Edge)의 두 집합으로 이루어진 사이클(Cycle)이 있는 자료 구조이다.

함수(Function)
특정한 목적의 작업을 수행하기 위한 프로그램 코드의 집합

인터럽트(Interrupt)
예기치 않은 일, 응급 등 특수한 상태가 발생하면 현재 실행 중인 프로그램이 일시 중단되고, 특수한 상태를 처리하는 프로그램으로 옮겨져 처리한 후 다시 원래의 프로그램을 처리하는 현상

후위 표기법(Post-fix expression)
연산자가 피연산자들 뒤에 위치하는 것

0-주소 명령어
연산 코드만 작성된 명령어
• 묵시적으로 연산 주소는 스택(Stack)을 이용한다.
🔘 push, pop

재귀(Recursive) 프로그램
함수 내부에서 자신을 또다시 호출하는 프로그램

컴파일러(Compiler)
고급 언어로 작성된 코드를 실행 가능한 목적 코드로 변경시키는 프로그램

깊이 우선 탐색
(DFS; Depth First Search)
노드의 자식들을 우선으로 탐색하는 방법

[21년 3회]

01 다음 중 선형 구조로만 묶인 것은?

① 스택, 트리　　　　② 큐, 데크

③ 큐, 그래프　　　　④ 리스트, 그래프

> **해설** 트리(Tree)와 그래프(Graph)는 비선형 구조이다.

[21년 1회]

02 스택에 대한 설명으로 틀린 것은?

① 입출력이 한쪽 끝으로만 제한된 리스트이다.

② Head(front)와 Tail(rear)의 2개 포인터를 가지고 있다.

③ LIFO 구조이다.

④ 더 이상 삭제할 데이터가 없는 상태에서 데이터를 삭제하면 언더플로(Underflow)가 발생한다.

> **해설** 다른 하나는 큐(Queue)에 대한 설명이다.

[21년 3회]

03 다음은 스택의 자료 삭제 알고리즘이다. ⓐ에 들어갈 내용으로 옳은 것은? (단, Top : 스택 포인터, S : 스택의 이름)

```
If Top = 0 Then
    (      ⓐ      )
Else {
    remove S(Top)
    Top = Top - 1
}
```

① Overflow　　　　② Top = Top + 1

③ Underflow　　　　④ Top = Top

> **해설** Top 값이 0인 경우, 즉 스택이 Empty이면 언더플로(Underflow)가 발생한다.
> • remove S(Top) : 스택 포인터가 가리키는 자료를 삭제한다.

[21년 3회]

04 순서가 A, B, C, D로 정해진 입력 자료를 스택에 입력한 후 출력한 결과로 불가능한 것은?

① D, C, B, A　　　　② B, C, D, A

③ C, B, A, D　　　　④ D, B, C, A

> **해설**
>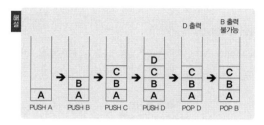

[21년 2회]

05 다음 중 스택을 이용한 연산과 거리가 먼 것은?

① 선택 정렬

② 재귀호출

③ 후위표현(Post-fix expression)의 연산

④ 깊이우선탐색

> **해설** 선택 정렬은 자료 배열 중에 최솟값(또는 최댓값)을 찾아 정렬하는 방법으로 스택(Stack)을 이용하는 연산과는 거리가 멀다.
> **TIP** 선택 정렬은 이후 자세히 학습합니다.

[21년 1회]

06 자료 구조에 대한 설명으로 틀린 것은?

① 큐는 비선형 구조에 해당한다.

② 큐는 First In-First Out 처리를 수행한다.

③ 스택은 Last In - First Out 처리를 수행한다.

④ 스택은 서브루틴 호출, 인터럽트 처리, 수식 계산 및 수식 표기법에 응용된다.

> **해설** 큐(Queue)는 선형 구조에 해당한다.

▶ 정답 : 01.②, 02.②, 03.③, 04.④, 05.①, 06.①

★★★

1 트리(Tree) [21년 1회] [20년 2, 3회]

트리는 정점(Node, 노드)과 가지 (Branch, 링크, 간선)를 이용한 사이클 (Cycle)이 이루어지지 않는 자료 구조이다.

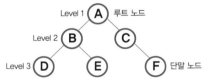

용어	설명
노드(Node)	트리를 구성하는 기본 원소 예 A, B, C, D, E, F
가지(Branch, 링크, 간선)	노드와 노드 간의 연결선
차수(Degree)	특정 노드의 자식 수 예 B의 차수 : 2
트리의 차수	트리의 모든 노드 중에 가장 높은 차수 예 2
깊이(Depth)	루트에서 특정 노드 사이의 가지 개수 예 F의 깊이 : 2
높이(Height)	트리가 가지는 최대 레벨 예 3
루트 노드(Root Node)	트리 구조상 가장 최상위 노드 예 A
단말 노드(Terminal node) = 리프 노드 (Leaf Node)	자식이 없는 노드 예 D, E, F
자식 노드(Son Node)	특정 노드의 하위 노드 예 B의 자식 노드 : D, E
부모 노드(Parent Node)	특정 노드의 상위 노드 예 C의 부모 노드 : A
형제 노드(Brother Node, Sibling)	동일한 부모를 가지는 노드 예 D의 형제 노드 : E

2 이진 트리(Binary Tree)

이진 트리는 각각의 노드가 최대 두 개의 자식 노드를 가지는 트리이다.

1. 이진 트리의 종류

종류	설명	
정(Full) 이진 트리	모든 노드가 0개 혹은 2개의 자식 노드를 가지는 트리	
포화(Perfect) 이진 트리	모든 단말 노드의 레벨이 동일하고 모든 레벨이 가득 채워져 있는 트리	
완전(Complete) 이진 트리	왼쪽 자식 노드부터 채워져 마지막 레벨을 제외하고 모든 자식 노드가 채워져 있는 트리	
편향(Skewed) 이진 트리	한 방향으로 편향된 트리	

권쌤이 알려줌

이진 트리의 운행법은 다음과
같습니다.

- Preorder(전위)
  : a → b → c
- Inorder(중위)
  : b → a → c
- Postorder(후위)
  : b → c → a

2. 이진 트리 운행법 [22년 2, 3회] [21년 1, 3회] [20년 2, 3, 4회]

트리를 구성하는 노드들을 찾아가는 방법이다.

방법	설명
Preorder(전위)	Root → Left → Right
Inorder(중위)	Left → Root → Right
Postorder(후위)	Left → Right → Root

예제   이진 트리 운행법

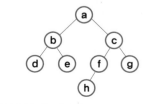

Preorder(전위) : a, b, d, e, c, f, h, g
Inorder(중위) : d, b, e, a, h, f, c, g
Postorder(후위) : d, e, b, h, f, g, c, a

정답 및 해설1   Preorder(전위) : a, b, d, e, c, f, h, g

과정	1	2	3
이진 트리			
운행 순서	a	a, b, d, e	a, b, d, e, c

과정	4	5
이진 트리		
운행 순서	a, b, d, e, c, f, h	a, b, d, e, c, f, h, g

정답 및 해설2   Inorder(중위) : d, b, e, a, h, f, c, g

과정	1	2	3
이진 트리			
운행 순서		d, b, e	d, b, e, a

과정	4	5	6
이진 트리			
운행 순서		d, b, e, a, h, f	d, b, e, a, h, f, c, g

정답 및 해설3   Postorder(후위) : d, e, b, h, f, g, c, a

과정	1	2	3
이진 트리			
운행 순서		d, e, b	

과정	4	5	6
이진 트리			
운행 순서	d, e, b, h, f	d, e, b, h, f, g, c	d, e, b, h, f, g, c, a

권쌤이 알려줌

수식 표기법 변환은 다음과 같습니다.

- PreFix(전위 표기법)
  : + a b
- InFix(중위 표기법)
  : a + b
- PostFix(후위 표기법)
  : a b +

권쌤이 알려줌

** 연산자는 거듭제곱을 의미합니다.
예) 2**3 = 2^3 = 8

권쌤이 알려줌

연산의 우선순위는 아래와 같습니다.
- 괄호 → ** → *, / → +, -

3. 수식 표기법 변환 [21년 1, 2회] [20년 4회]

산술식을 계산하기 위해 기억 공간에 기억시키는 방법으로 이진 트리를 많이 이용한다.

표기법	설명
PreFix(전위 표기법)	연산자 → Left 피연산자 → Right 피연산자
InFix(중위 표기법)	Left 피연산자 → 연산자 → Right 피연산자
PostFix(후위 표기법)	Left 피연산자 → Right 피연산자 → 연산자

예제1 중위식(InFix)을 후위식(PostFix)으로 변환

A / B ** C + D * E - A * C

정답 및 해설1 ABC**/DE*+AC*-

A / B ** C + D * E - A * C

① : BC**

왼쪽부터 연산 우선순위에 맞게 변환한다.
① : BC**
② : A / ① → ABC**/
③ : DE*
④ : AC*
⑤ : ② + ③ → ABC**/DE*+
⑥ : ⑤ - ④ → ABC**/DE*+AC*-

예제2 중위식(InFix)을 전위식(PreFix)으로 변환

A * B + C - D / E

정답 및 해설2 -+*ABC/DE

A * B + C - D / E

왼쪽부터 연산 우선순위에 맞게 변환한다.
① : *AB
② : /DE
③ : ① + C → +*ABC
④ : ③ - ② → -+*ABC/DE

예제3 전위식(PreFix)을 후위식(PostFix)으로 변환

- / * A + B C D E

정답 및 해설3 ABC+*D/E-

- / * A + B C D E

왼쪽에서 PreFix 표기인 연산자, 피연산자, 피연산자 구조를 찾아 변환한다.
① : BC+
② : * A ① → ABC+*
③ : / ② D → ABC+*D/
④ : - ③ E → ABC+*D/E-

예제4 후위식(PostFix)을 중위식(InFix)으로 변환

A B C - / D E F + * +

((A　(B　C　−)　/)　(D　(E　F　+)　*)　+)

① : (B−C)

② : (A ① /) → (A/(B−C))

③ : (E+F)

④ : (D ③ *) → (D*(E+F))

⑤ : (② ④ +) → ((A/(B−C))+(D*(E+F)))
　　→ 필요 없는 괄호 없애기

왼쪽에서 PostFix 표기인 피연산자, 피연산자, 연산자 구조를 찾아서 괄호로 묶는다.

3 그래프(Graph)

그래프는 정점(V; Vertex)과 간선(E; Edge)의 두 집합으로 이루어진 사이클(Cycle)이 있는 자료 구조이다.

권쌤이 알려줌

정점은 컴퓨터, 간선은 통신 케이블, 즉 그래프는 컴퓨터와 통신 케이블이 연결된 네트워크와 같습니다.

1. 그래프의 종류

종류	설명
무방향 그래프 (Undirected Graph)	두 정점을 연결하는 간선의 방향이 없는 그래프이다.
방향 그래프 (Directed Graph, Digraph, 다이그래프)	간선이 방향을 가지고 있는 그래프이다.
완전 그래프 (Complete Graph)	각 정점에서 다른 모든 정점을 연결하여 가능한 최대의 간선 수를 가진 그래프이다.
부분 그래프 (Sub Graph)	V(G′) ⊆ V(G)이고 E(G′) ⊆ E(G)라면, 할당 그래프 G′는 그래프 G에 부분 그래프이다.
가중 그래프 (Weight Graph)	정점을 연결하는 간선에 가중치(Weight, 비용)를 할당한 그래프이다.

그래프의 최대 간선 수 [20년 4회]

1. 정점이 n개인 무방향 그래프에서 최대 간선 수 : n(n-1)/2개
2. 정점이 n개인 방향 그래프에서 최대 간선 수 : n(n-1)개

예제 정점이 3개인 경우 무방향 그래프와 방향 그래프의 최대 간선 수를 구하시오.

정답및해설

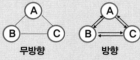

무방향   **방향**

1. 무방향 그래프 : 3(3-1)/2 = 3개
2. 방향 그래프 : 3(3-1) = 6개

2. 그래프 관련 용어

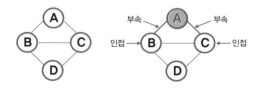

용어	설명
인접(Adjacent), 부속(Incident)	정점 A와 인접한 정점은 B와 C이고, 정점 A에 부속된 간선은 (A, B)와 (A, C)이다.
차수(Degree)	정점에 부속된 간선의 수 예 B의 차수 : 3
경로(Path)	그래프에서 간선으로 연결된 정점을 순서대로 나열한 것 예 A에서 C까지 경로: A-C, A-B-C, A-B-D-C ① 경로 길이(Path Length) : 경로상에 있는 간선의 수 예 A-B-C 경로 길이 : 2 ② 단순 경로(Simple Path) : 모두 다른 정점으로 구성된 경로 예 A에서 C까지 단순 경로 : A-B-C
사이클(Cycle)	경로의 시작 정점과 마지막 정점이 같은 경로 예 A-B-D-C-A, 예 A-B-C-A

 그래프를 인접 행렬*로 표현하기

인접 행렬은 그래프에서 어느 정점들이 간선으로 연결되었는지 나타내는 정사각 행렬이다. 그래프의 두 정점을 연결한 간선의 유무를 인접 행렬로 표현할 수 있다.

• 두 정점이 인접되어 있으면 1, 인접되어 있지 않으면 0으로 작성한다.

무방향 그래프	방향 그래프

무방향 그래프:

	A	B	C
A	0	1	1
B	1	0	1
C	1	1	0

방향 그래프:

	A	B	C
A	0	1	1
B	1	0	1
C	0	0	0

권쌤이 알려줌

A-B-D-B-C는 정점 B가 중복되므로 단순 경로가 아닙니다.

인접 행렬

그래프의 구조를 표현하기 위해 정점 수만큼의 열과 행을 가진 행렬을 이용하는 방법

3. 그래프 탐색 [21년 3회]

깊이 우선 탐색 (DFS; Depth First Search)	너비 우선 탐색 (BFS; Breadth First Search)
노드의 자식들을 우선으로 탐색하는 방법이다. 예 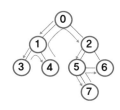 탐색 순서 : 0 → 1 → 3 → 4 → 2 → 5 → 7 → 6	노드의 인접한 모든 정점들을 우선으로 탐색하는 방법이다. 예 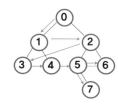 탐색 순서 : 0 → 1 → 2 → 3 → 4 → 5 → 6 → 7

기출 및 예상문제

03 트리와 그래프

[21년 1회]

01 그래프의 특수한 형태로 노드(Node)와 선분(Branch)으로 되어 있고, 정점 사이에 사이클(Cycle)이 형성되어 있지 않으며, 자료 사이의 관계성이 계층 형식으로 나타나는 비선형 구조는?

① tree
② network
③ stack
④ distributed

해설 키워드 노드(Node)와 선분(Branch), 사이클(Cycle) 형성 X, 계층 형식 → 용어 트리(Tree)

[20년 2회]

02 다음 트리의 차수(Degree)와 단말 노드(Terminal node)의 수는?

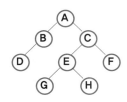

① 차수 : 4, 단말 노드 : 4
② 차수 : 2, 단말 노드 : 4
③ 차수 : 4, 단말 노드 : 8
④ 차수 : 2, 단말 노드 : 8

해설
• 트리의 차수 : 트리의 모든 노드 중 가장 높은 차수
→ 2 (A, C, E의 차수 : 2)
• 단말 노드 : 자식이 없는 노드
→ 4 (D, F, G, H)

[20년 3회]

03 다음 트리의 차수(Degree)는?

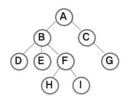

① 2
② 3
③ 4
④ 5

해설 트리의 차수 : 트리의 모든 노드 중 가장 높은 차수
→ 3 (B의 차수 : 3)

[20년 2회]

04 다음 트리를 전위 순회(Preorder traversal)한 결과는?

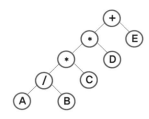

① + * A B / * C D E
② A B / C * D * E +
③ A / B * C * D + E
④ + * * / A B C D E

Preorder(전위) : Root → Left → Right
• 전위 순회는 중간 노드를 방문하고 왼쪽 서브 트리를 순회한
후 오른쪽 서브 트리를 순회한다.

[20년 3회]

05 다음 트리를 Preorder 운행법으로 운행할 경우 가장
먼저 탐색되는 것은?

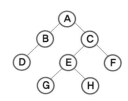

① A   ② B
③ C   ④ D

해설 운행 순서 : A → B → D → C → E → G → H → F

[21년 1회]

06 다음 트리를 Preorder 운행법으로 운행할 경우 다섯
번째로 탐색되는 것은?

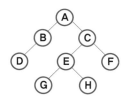

① C   ② E
③ G   ④ H

해설 운행 순서 : A → B → D → C → E → G → H → F

[21년 3회] [20년 4회]

07 다음 트리에 대한 INORDER 운행 결과는?

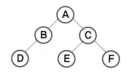

① D B A E C F
② A B D C E F
③ D B E C F A
④ A B C D E F

해설 Inorder(중위) : Left → Root → Right
• 중위 순회는 왼쪽 서브 트리를 순회한 후 중간 노드를 방문하
고 오른쪽 서브 트리를 순회한다.

[21년 2회] [20년 4회]

08 다음 Postfix 연산식에 대한 연산결과로 옳은 것은?

3 4 * 5 6 * +

① 35   ② 42
③ 77   ④ 360

해설

PostFix(후위 표기법) : Left 피연산자 → Right 피연산자 → 연산자
InFix(중위 표기법) : Left 피연산자 → 연산자 → Right 피연산자

산술문

$$\underset{\underset{③}{\underbrace{\underset{①}{\underline{(3\ 4\ *)}}\ \underset{②}{\underline{(5\ 6\ *)}}\ +}}}{((3\ 4\ *)\ (5\ 6\ *)\ +)}$$

풀이

① : (3 * 4)
② : (5 * 6)
③ : ((① + ②) → ((3 * 4) + (5 * 6))
→ 필요 없는 괄호 없애기 : (3 * 4) + (5 * 6) = 12 + 30 = 42
TIP 위 연산식을 계산하기 위해서는 InFix(중위 표기법)로 변환해야 합니다.

[21년 1회]

09 다음 전위식(prefix)을 후위식(postfix)으로 옳게 표현한 것은?

> − / * A + B C D E

① A B C + D / * E −
② A B * C D / + E −
③ A B * C + D / E −
④ A B C + + * D / E −

해설

PreFix(전위 표기법) : 연산자 → Left 피연산자 → Right 피연산자
PostFix (후위 표기법) : Left 피연산자 → Right 피연산자 → 연산자

산술문

$$\underset{\underset{\underset{\underset{④}{\underline{}}}{③}{\underline{}}}{②}{\underline{}}}{- / * A + B C D E}\atop\underset{①}{\underline{}}$$

풀이

① : B C +
② : * A ① → A B C + *
③ : / ② D → A B C + * D /
④ : − ③ E → A B C + * D / E −

[20년 4회]

10 n개의 노드로 구성된 무방향 그래프의 최대 간선 수는?

① n−1   ② n/2
③ n(n−1)/2   ④ n(n+1)

해설

무방향 그래프의 최대 간선 수는 n(n−1)/2개이다.
TIP 방향 그래프의 최대 간선 수는 n(n−1)개입니다.

[21년 3회]

11 다음 그래프에서 정점 A를 선택하여 깊이우선탐색 (DFS)으로 운행한 결과는?

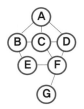

① A B E C D F G
② A B E C F D G
③ A B C D E F G
④ A B E F G C D

해설

깊이 우선 탐색(DFS; Depth First Search)은 노드의 자식들을 우선으로 탐색하는 방법이다.

▶ 정답 : 01.①, 02.②, 03.②, 04.④, 05.①,
06.②, 07.①, 08.②, 09.④, 10.③, 11.④

01 [이전 기출]
탐색 방법 중 키 값으로부터 레코드가 저장되어 있는 주소를 직접 계산하여, 산출된 주소로 바로 접근하는 방법으로 키-주소 변환 방법이라고 하는 것은?

① 이진 탐색 ② 피보나치 탐색
③ 해싱 탐색 ④ 블록 탐색

02 [이전 기출]
해싱 함수 기법 중 어떤 진법으로 표현된 주어진 레코드의 키 값을 다른 진법으로 간주하고 키 값을 변환하여 홈 주소로 취하는 방식은?

① 숫자 분석(Digit analysis) 방법
② 대수적 코딩(Algebraic coding) 방법
③ 기수(Radix) 변환법
④ 제곱(Mid-square)법

03 [이전 기출]
해싱 함수 기법에서 키 값을 양의 정수인 소수로 나누어 나머지를 홈 주소로 취하는 방법을 무엇이라고 하는가?

① 폴딩(Folding)법 ② 제곱(Mid-Square)법
③ 제산(Division)법 ④ 기수(Radix)변환법

04 [이전 기출]
운영체제의 작업 스케줄링 등에 응용될 수 있는 가장 적합한 자료 구조는?

① 스택 ② 큐
③ 연결 리스트 ④ 트리

05 [이전 기출]
큐(Queue)에 대한 설명으로 옳지 않은 것은?

① 입력은 리스트의 한끝에서, 출력은 그 상대편 끝에서 일어난다.
② 운영체제의 작업 스케줄링에 사용된다.
③ 오버플로우는 발생될 수 있어도 언더플로우는 발생되지 않는다.
④ 가장 먼저 삽입된 자료가 가장 먼저 삭제되는 FIFO 방식으로 처리된다.

06 [이전 기출]
데크(Deque)에 대한 옳은 설명으로만 짝지어진 것은?

> ⓐ 양끝에서 노드의 삽입과 삭제가 모두 가능하다.
> ⓑ 하나의 포인터를 사용한다.
> ⓒ Double ended queue의 약자이다.
> ⓓ 선형 구조이다.

① ⓐ, ⓑ ② ⓐ, ⓑ, ⓒ
③ ⓐ, ⓒ, ⓓ ④ ⓐ, ⓓ

07 [이전 기출]
트리 구조에 대한 용어 설명 중 옳지 않은 것은?

① 어떤 노드의 서브트리 수를 그 노드의 차수라고 한다.
② 차수가 0인 노드를 단말 노드라고 한다.
③ 같은 부모 노드를 가지는 노드를 형제 노드라고 한다.
④ 모든 노드는 하나의 부모 노드를 가진다.

08 [이전 기출]
다음 전위(Prefix) 표기 수식을 중위(Infix) 표기 수식으로 바꾼 것으로 옳은 것은? (단, 수식에서 연산자는 +, *, /이며 피연산자는 A, B, C, D이다.)

$$+ * A B / C D$$

① A + B * C / D ② A + B / C * D
③ A * B + C / D ④ A * B / C + D

09 [이전 기출]
깊이(depth)가 k인 이진트리(binary tree)가 가질 수 있는 최대 노드 수를 A라고 하고, 최소 노드 수를 B라고 할 때, A-B의 값은? (단, 루트노드의 레벨은 1로 한다)

① $2^{k-1}+K+1$ ② $2^{k-1}+K-1$
③ 2^k-K-1 ④ 2^k-K+1

섹션
기출예상문제 해설

01 [키워드] 카-주소 변환 방법 → [용어] 해싱(Hashing) 검색
- 이진 탐색(Binary search) : 중간 값을 비교하여 검색한다.

02 [키워드] 다른 진법으로 간주 → [용어] 기수 변환(Radix Transformation)
- 숫자 분석(Digit Analysis, 계수 분석) : 키값을 구성하는 숫자의 분포를 파악하여 균등한 분포의 숫자를 선택하여 레코드 주소를 결정하는 방법
- 대수적 코딩(Algebraic coding) : 키 값을 이루고 있는 각 자리의 비트 수를 한 다항식의 계수로 간주하고, 이 다항식을 해시표의 크기에 의해 정의된 다항식으로 나누어 얻은 나머지 다항식의 계수를 홈 주소로 삼는 방식
- 제곱법(Mid–square) : 키값을 제곱한 값의 중간 부분 값을 선택하여 레코드 주소로 결정하는 방법

03 [키워드] 나머지 → [용어] 제산법(Division)
- 폴딩(Folding) : 키를 여러 부분으로 나누고, 나누어진 각 부분의 값을 모두 더하거나 보수(XOR)를 취한 결과값을 레코드 주소로 결정하는 방법
- 기수 변환(Radix Transformation) : 주어진 키값을 다른 진법으로 변환하여 얻은 결과값을 레코드 주소로 결정하는 방법

04 큐(Queue)는 한쪽에는 반드시 삽입, 또 다른 한쪽에는 반드시 삭제가 이루어지는 FIFO(First In First Out) 형식의 자료 구조로, 작업 스케줄링에 적합하다.
- 작업 스케줄링 : 어떤 프로세스가 시스템의 자원을 차지할 수 있도록 할 것인가를 결정하여 준비상태 큐로 보내는 작업
- 큐(Queue) 응용 분야 : 운영체제의 작업 스케줄링, 키보드 버퍼 이용 시, 스풀(Spool) 처리 등

05 오버플로우와 언더플로우 모두 발생될 수 있다.
- 오버플로우(Overflow) : 큐가 꽉 차서 더 이상 자료를 넣을 수 없는 경우
- 언더플로우(Underflow) : 큐가 비어 있어 자료를 꺼낼 수 없는 경우

06 데크는 두 개의 포인터를 사용한다.

07 루트 노드를 제외한 모든 노드는 하나의 부모 노드를 가진다.

08
- PreFix(전위 표기법)
  : 연산자 → Left 피연산자 → Right 피연산자
- InFix(중위 표기법)
  : Left 피연산자 → 연산자 → Right 피연산자
    ① 인접한 피연산자 2개와 연산자를 괄호로 묶는다.
      : (+ (* A B) (/ C D))
    ② 연산자를 피연산자의 가운데로 옮긴다.
      : ((A * B) + (C / D))
    ③ 필요 없는 괄호를 제거한다.
      : A * B + C / D

09
- 깊이가 k인 이진트리의 최대 노드 수 : $2^k - 1$
- 깊이가 k인 이진트리의 최소 노드 수 : k

[정답] **01** ③ **02** ③ **03** ③ **04** ② **05** ③ **06** ③ **07** ④ **08** ③ **09** ③

SECTION

02

알고리즘

1부터 10까지의 합계를 구하는 방법은 여러 가지가 있습니다. 배열에 1에서 10까지 저장하여 배열 값을 모두 더할 수 있고, 변수 하나를 선언하여 해당 변수를 증가시키며 합계를 구할 수 있습니다. 이와 같이 어떠한 주어진 문제를 풀기 위한 방법을 알고리즘이라고 합니다.

의사코드(Pseudocode)
일반적인 언어로 코드를 흉내를 내어 알고리즘으로 써놓은 코드

★★
01 알고리즘

1 알고리즘(Algorithm)

알고리즘은 어떠한 주어진 문제를 풀기 위한 절차나 방법이다.

• 아랍의 수학자인 알콰리즈미(Al-Khowarizmi)의 이름에서 유래되었다.
• 컴퓨터 프로그램을 기술할 때 실행 명령어들의 순서를 의미한다.
• 알고리즘에서 가장 중요한 것은 효율성이라고 할 수 있는데, 동일한 문제를 풀 때 결과는 같아도 알고리즘에 따라 실행 속도나 오차 및 오류 등에 차이가 있을 수 있기 때문이다.
• 알고리즘은 명확해야 하므로 프로그래머들은 주로 순서도(Flowchart)나 의사코드(Pseudocode)[※] 등을 이용하고 있다.

1. 알고리즘의 조건

조건	설명
입력	알고리즘은 0 또는 그 이상의 외부에서 제공된 자료가 존재한다.
출력	알고리즘은 최소 1개 이상의 결과를 가진다.
명확성	알고리즘의 각 단계는 명확하여 애매함이 없어야 한다.
유한성	알고리즘은 단계들을 유한한 횟수를 거친 후 문제를 해결하고 종료해야 한다.
효과성	알고리즘의 모든 연산은 사람이 종이와 연필을 이용하여 유한한 시간 안에 정확하게 수행할 수 있을 정도로 충분히 단순해야 한다.

2. 알고리즘의 기법 [20년 3회]

기법	설명
분할 정복법 (Divide and Conquer)	여러 알고리즘의 기본이 되는 해결 방법으로, 기본적으로는 엄청나게 크고 방대한 문제를 조금씩 나눠가면서 쉽게 풀 수 있는 문제 단위로 나눈 다음, 그것들을 다시 합쳐서 해결하는 알고리즘 설계 기법
동적 계획법 (DP; Dynamic Programming)	접근 방식은 기본적으로 분할 정복 알고리즘과 비슷하며, 특정 범위까지의 값을 구하기 위해서 그것과 다른 범위까지의 값을 이용하여 효율적으로 값을 구하는 알고리즘 설계 기법 예 피보나치 수열 : 1, 1, 2, 3, 5, 8, …

그리디 알고리즘 (Greedy Algo- rithm, 욕심쟁이 알고리즘)	'매 선택에서 지금 이 순간 당장 최적인 답을 선택하여 적합한 결과를 도출하자'라는 모토를 가지는 알고리즘 설계 기법 • 종합적으로 최적이라는 보장은 없다. **예** 매 순간 최적을 따라가면 1-1-1-100의 순서로 가는데, 중간에 1-1-10-10으로 움직이 는 것이 전체적으로 더 짧은 길이 될 수 있다.
백트래킹 (Backtracking)	모든 경우의 수를 전부 고려하는 해결 방법으로, 상태 공간을 트리로 나타낼 수 있을 때 적 합한 알고리즘 설계 기법 • 일종의 트리 탐색 알고리즘이라고 봐도 된다. • 방식에 따라 깊이 우선 탐색(DFS)과 너비 우선 탐색(BFS) 등이 있다.

② 알고리즘의 효율성 평가

알고리즘의 복잡한 정도를 나타내는 척도인 시간 복잡도와 공간 복잡도로 알고리즘의 효율성을 평가한다.

- Big-O 표기법(Big O Notation)을 주로 사용한다.
- 복잡도가 높을수록 효율성은 저하된다.

1. 시간 복잡도(Time Complexity) [21년 2, 3회] [20년 2회]

프로그램을 실행시켜 완료하는 데 걸리는 시간을 계산한 것이다.

- 얼마나 많은 시간이 필요한가?

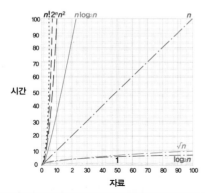

구분	설명
O(n)	• 입력 자료의 크기 n에 대하여 대략 크기 n에 비례하는 수의 연산을 수행 • 입력 자료를 차례로 하나씩 모두 처리하는 선형 복잡도 **예** 순차 검색
O(n²)	• 제곱형 복잡도 • 이중 for문 등 이중 루프 구조의 복잡도 **예** 선택 정렬, 버블 정렬, 삽입 정렬
O(1)	• 상수형 복잡도 • 자료 크기[*]와 무관하게 항상 같은 속도를 가짐 **예** 해시 함수
O(log₂n)	• 로그형 복잡도 **예** 이진 검색
O(nlog₂n)	• 선형 로그형 복잡도 **예** 퀵 정렬, 힙 정렬, 병합(합병) 정렬

2. 공간 복잡도(Space Complexity)

기억 공간의 소요량을 계산한 것이다.

- 얼마나 많은 메모리 공간이 필요한가?

기출 및 예상문제

[20년 3회]

01 알고리즘 설계 기법으로 거리가 먼 것은?

① Divide and Conquer

② Greedy

③ Static Block

④ Backtracking

> **해설** 알고리즘 기법
> - 동적 계획법(Dynamic Programming, DP)
> - 백트래킹(Backtracking)
> - 그리디 알고리즘(Greedy Algorithm, 욕심쟁이 알고리즘)
> - 분할 정복법(Divide and Conquer)
>
> **TIP** 알고리즘 기법은 "동백씨 그분 알죠"로 기억하세요.

[21년 2회] [20년 2회]

02 정렬된 N개의 데이터를 처리하는데 O(Nlog₂N)의 시간이 소요되는 정렬 알고리즘은?

① 선택 정렬　　　② 삽입 정렬

③ 버블 정렬　　　④ 합병 정렬

> **해설** 나머지는 정렬된 N개의 데이터를 처리하는데 $O(N^2)$의 시간이 소요된다.

[20년 2회]

03 알고리즘 시간복잡도 O(1)이 의미하는 것은?

① 컴퓨터 처리가 불가

② 알고리즘 입력 데이터 수가 한 개

③ 알고리즘 수행시간이 입력 데이터 수와 관계없이 일정

④ 알고리즘 길이가 입력 데이터보다 작음

> **해설** **키워드** 수행시간 일정 → **용어** O(1) (상수형 복잡도)

[21년 3회]

04 다음 중 최악의 경우 검색 효율이 가장 나쁜 트리 구조는?

① 이진 탐색 트리　　　② AVL 트리

③ 2-3 트리　　　④ 레드-블랙 트리

> **해설** 이진 탐색 트리는 트리가 한쪽으로 치우쳐 있는 경우(최악의 경우), 시간 복잡도는 O(n)이 된다.
> ②, ③, ④는 균형 이진 탐색 트리(Balanced Binary Search Tree)로, 최악의 경우에도 O(log₂n)으로 유지된다.
> - 편향 이진 트리 : 한쪽으로 치우쳐진 트리
> - 균형 이진 탐색 트리 : 왼쪽 서브 트리 높이와 오른쪽 서브 트리 높이 차이가 1 이하인 트리(트리가 한쪽으로 치우치는 것을 방지한다.)
>
>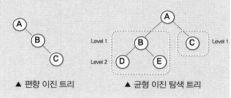
>
> ▲ 편향 이진 트리　　　▲ 균형 이진 탐색 트리

[이전 기출]

05 알고리즘이 갖추어야 할 조건으로 옳지 않은 것은?

① 적어도 하나 이상의 출력 결과를 생성해야 한다.

② 각 명령어들은 명확하고 모호하지 않아야 한다.

③ 어떤 경우에도 유한 번의 수행 단계 후에는 반드시 종료해야 한다.

④ 직접 수행 가능한 컴퓨터 프로그래밍 언어로만 작성되어야 한다.

> **해설** 알고리즘의 모든 연산은 사람이 종이와 연필을 이용하여 유한한 시간 안에 정확하게 수행할 수 있을 정도로 충분히 단순해야 한다.

▶ 정답 : 01.③, 02.④, 03.③, 04.①, 05.④

★★★

02 정렬 알고리즘

1 선택 정렬(Selection Sort) [21년 1회] [20년 3회]

선택 정렬은 자료 배열 중에 최솟값(또는 최댓값)을 찾아 그 값을 첫 번째 위치에 놓고, 첫 번째 위치를 제외한 나머지 자료 배열 중에서 최솟값을 찾아 두 번째 위치에 놓는 과정을 반복하는 정렬 방법이다.

- 오름차순의 경우 최솟값이 첫 번째 위치부터 마지막 위치까지 차례대로 정렬된다.
- 내림차순의 경우 최댓값이 첫 번째 위치부터 마지막 위치까지 차례대로 정렬된다.

예제 선택 정렬 – 오름차순

- 정렬 방법 : 기준 값과 비교 값을 비교하여, 비교 값이 기준 값보다 작은 경우에만 기준 값과 비교 값을 교환한다.
- 아래 Pass 1에서 비교 값(70)이 기준 값(100)보다 작으므로 기준 값(100)과 비교 값(70)을 교환한다.

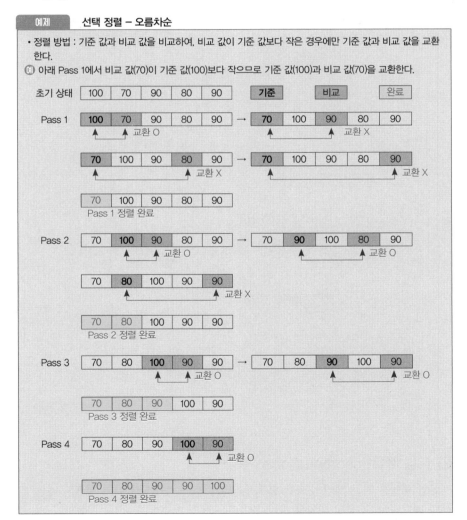

2 버블 정렬(Bubble Sort) [22년 2회] [21년 2, 3회]

버블 정렬은 자료 배열 중 인접한 두 요소를 비교하여 교체하는 정렬 방법이다.

- 오름차순의 경우 최댓값이 마지막 위치부터 첫 번째 위치까지 차례대로 정렬된다.
- 내림차순의 경우 최솟값이 마지막 위치부터 첫 번째 위치까지 차례대로 정렬된다.

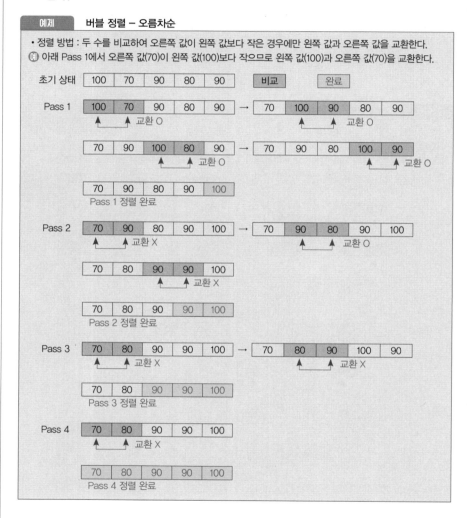

3 삽입 정렬(Insertion Sort) [20년 4회]

삽입 정렬은 자료 배열의 모든 요소를 앞에서부터 차례대로 이미 정렬된 배열 부분과 비교하여, 자신의 위치를 찾아 삽입하는 정렬 방법이다.

• 정렬 방법 : 기준 값과 비교 값을 비교하여 기준 값이 비교 값보다 작은 경우에만 배열 요소를 오른쪽으로 이동한 후 기준 값을 삽입한다.

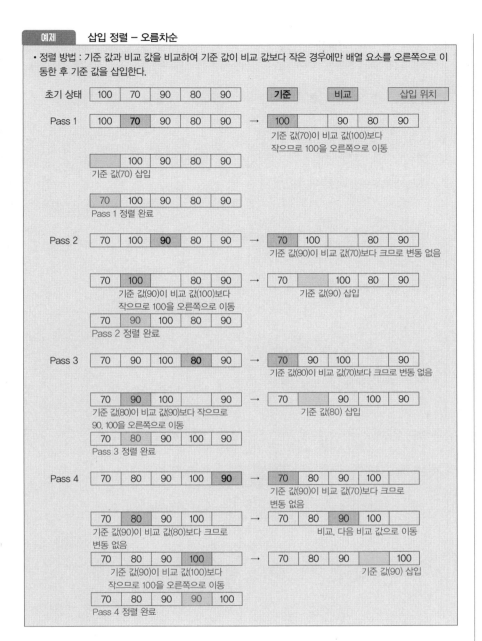

권쌤이 알려줌

삽입 정렬은 기준이 되는 데이터를 올바른 위치에 삽입해야 하므로, 삽입 시 오른쪽으로 한 칸씩 이동합니다.

4 퀵 정렬(Quick Sort)　[22년 1회] [21년 1회]

퀵 정렬은 기준점(Pivot, 피벗)을 기준으로 좌우를 비교하여 정렬하는 방법이다.

• 오름차순의 경우 기준점(Pivot)보다 작은 자료는 왼쪽, 큰 자료는 오른쪽에 위치한다.

• 내림차순의 경우 기준점(Pivot)보다 큰 자료는 왼쪽, 작은 자료는 오른쪽에 위치한다.

권쌤이 알려줌

퀵 정렬은 분할 정복법으로, 평균적으로 매우 빠릅니다.

예제   **퀵 정렬 – 오름차순**

- 정렬 방법 : Pivot과 Left 또는 Pivot과 Right를 비교하여 Left에는 Pivot보다 작은 값을, Right에는 Pivot보다 큰 값을 위치시킨다.

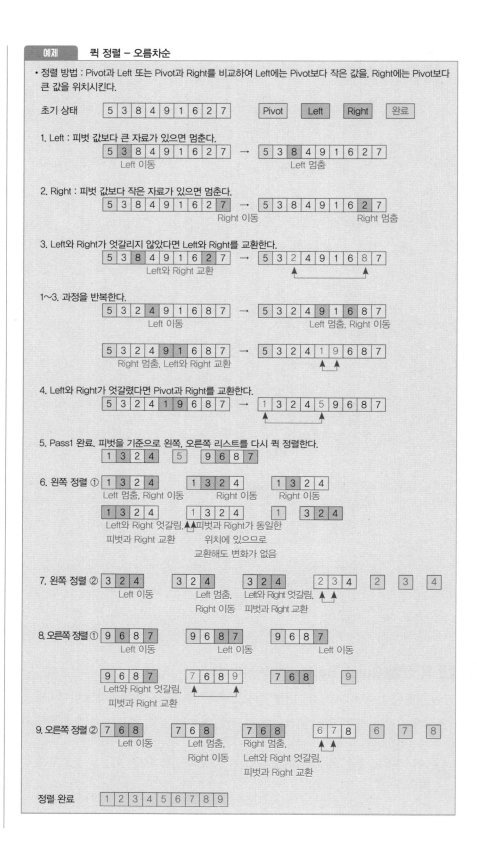

5 2-Way 병합 정렬(합병 정렬, Merge Sort)

2-Way 병합 정렬은 자료 배열을 균등한 크기로 분할하고 분할된 부분 자료 배열을 정렬한 다음, 두 개의 정렬된 부분 자료 배열을 병합하는 과정을 반복하여 정렬하는 방법이다.

예제   2-Way 병합 정렬 – 오름차순

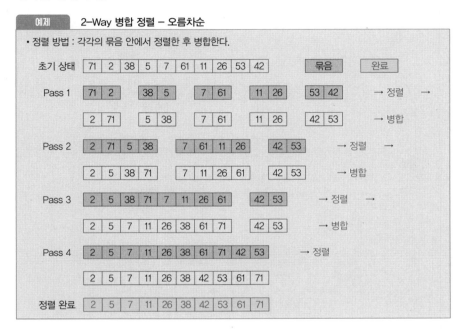

• 정렬 방법 : 각각의 묶음 안에서 정렬한 후 병합한다.

6 힙 정렬(Heap Sort)   [21년 2회]

힙 정렬은 완전 이진 트리※의 일종으로 자료 배열로 힙(Heap)을 구성하고, 가장 큰 값을 갖는 루트 노드를 제거하는 과정을 반복하여 정렬하는 방법이다.

- 최대힙은 최댓값을 루트에 배치하여 내림차순으로 정렬한 힙이다.
- 최소힙은 최솟값을 루트에 배치하여 오름차순으로 정렬한 힙이다.

> **완전 이진 트리**
> (Complete Binary Tree)
> 왼쪽 자식 노드부터 채워져 마지막 레벨을 제외하고 모든 자식 노드가 채워져 있는 트리

예제   힙 정렬 – 최대힙

1. 초기 힙 구성
최댓값(또는 최솟값)을 찾아 루트 노드에 배치한다.
- 정렬 방법 : 자료 배열의 요소를 하나씩 트리에 삽입해 부모 노드 값과 삽입한 노드 값을 비교하여, 삽입한 노드 값이 부모 노드 값보다 큰 경우 부모 노드 값과 삽입한 노드 값을 교환한다.
- 예 아래 삽입한 노드 값(10)이 부모 노드 값(4)보다 크므로, 부모 노드 값(4)과 삽입한 노드 값(10)을 교환한다.
  → 삽입한 노드 값(10)이 교환된 후 부모 노드 값(9)보다 크므로, 부모 노드 값(9)과 삽입한 노드 값(10)을 한 번 더 교환한다.

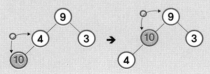

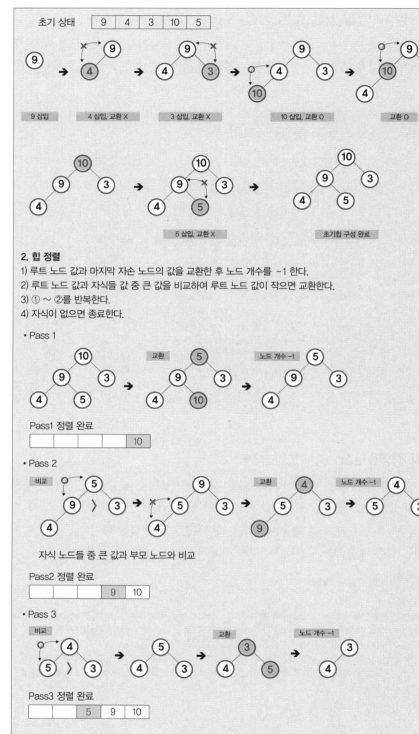

초기 상태 | 9 | 4 | 3 | 10 | 5 |

9 삽입 → 4 삽입, 교환 X → 3 삽입, 교환 X → 10 삽입, 교환 O → 교환 O

→ 5 삽입, 교환 X → 초기힙 구성 완료

2. 힙 정렬

1) 루트 노드 값과 마지막 자손 노드의 값을 교환한 후 노드 개수를 −1 한다.
2) 루트 노드 값과 자식들 값 중 큰 값을 비교하여 루트 노드 값이 작으면 교환한다.
3) ① ~ ②를 반복한다.
4) 자식이 없으면 종료한다.

• Pass 1

교환 → 노드 개수 −1

Pass1 정렬 완료

| | | | | 10 |

• Pass 2

비교 → 교환 → 노드 개수 −1

자식 노드들 중 큰 값과 부모 노드와 비교

Pass2 정렬 완료

| | | | 9 | 10 |

• Pass 3

비교 → 교환 → 노드 개수 −1

Pass3 정렬 완료

| | | 5 | 9 | 10 |

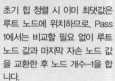

• Pass 4

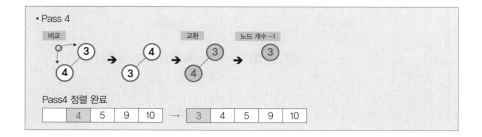

Pass4 정렬 완료

	4	5	9	10	→		3	4	5	9	10

 기출 및 예상문제

[20년 3회]

01 다음 자료에 대하여 선택(Selection) 정렬을 이용하여 오름차순으로 정렬하고자 한다. 3회전 후의 결과로 옳은 것은?

> 37, 14, 17, 40, 35

① 14, 17, 37, 40, 35 ② 14, 37, 17, 40, 35
③ 17, 14, 37, 35, 40 ④ 14, 17, 35, 40, 37

 해설
• 1회전 : 37, 14, 17, 40, 35 → <u>14</u>, <u>37</u>, 17, 40, 35
• 2회전 : 14, 37, 17, 40, 35 → 14, <u>17</u>, <u>37</u>, 40, 35
• 3회전 : 14, 17, 37, 40, 35 → 14, 17, <u>35</u>, 40, <u>37</u>
• 4회전 : 14, 17, 35, 40, 37 → 14, 17, 35, <u>37</u>, <u>40</u>

[21년 1회]

02 다음 자료에 대하여 "Selection Sort"를 사용하여 오름차순으로 정렬한 경우 Pass 3의 결과는?

> 초기 상태 : 8, 3, 4, 9, 7

① 3, 4, 7, 9, 8 ② 3, 4, 8, 9, 7
③ 3, 8, 4, 9, 7 ④ 3, 4, 7, 8, 9

 해설
• 1회전 : 8, 3, 4, 9, 7 → <u>3</u>, <u>8</u>, 4, 9, 7
• 2회전 : 3, 8, 4, 9, 7 → 3, <u>4</u>, <u>8</u>, 9, 7
• 3회전 : 3, 4, 8, 9, 7 → 3, 4, <u>7</u>, 9, <u>8</u>
• 4회전 : 3, 4, 7, 9, 8 → 3, 4, 7, <u>8</u>, <u>9</u>

[21년 2회]

03 다음 자료를 버블 정렬을 이용하여 오름차순으로 정렬할 경우 Pass 2의 결과는?

> 9, 6, 7, 3, 5

① 3, 5, 6, 7, 9 ② 6, 7, 3, 5, 9
③ 3, 5, 9, 6, 7 ④ 6, 3, 5, 7, 9

해설
• 1회전 : 9, 6, 7, 3, 5 → <u>6, 9</u>, 7, 3, 5 → 6, <u>7, 9</u>, 3, 5
　　　　 → 6, 7, <u>3, 9</u>, 5 → 6, 7, 3, <u>5, 9</u>
• 2회전 : 6, 7, 3, 5, 9 → 6, 7, 3, 5, 9 → 6, <u>3, 7</u>, 5, 9
　　　　 → 6, 3, <u>5, 7</u>, 9 → 6, 3, 5, 7, 9
• 3회전 : 6, 3, 5, 7, 9 → <u>3, 6</u>, 5, 7, 9 → 3, <u>5, 6</u>, 7, 9
　　　　 → 3, 5, 6, 7, 9
• 4회전 : 3, 5, 6, 7, 9

[21년 3회]

04 다음 자료를 버블 정렬을 이용하여 오름차순으로 정렬할 경우 Pass 3의 결과는?

> 9, 6, 7, 3, 5

① 6, 3, 5, 7, 9 ② 3, 5, 6, 7, 9
③ 6, 7, 3, 5, 9 ④ 3, 5, 9, 6, 7

해설
- 1회전 : 9, 6, 7, 3, 5 → 6, 9, 7, 3, 5 → 6, 7, 9, 3, 5 → 6, 7, 3, 9, 5 → 6, 7, 3, 5, 9
- 2회전 : 6, 7, 3, 5, 9 → 6, 7, 3, 5, 9 → 6, 3, 7, 5, 9 → 6, 3, 5, 7, 9 → 6, 3, 5, 7, 9
- 3회전 : 6, 3, 5, 7, 9 → 3, 6, 5, 7, 9 → 3, 5, 6, 7, 9 → 3, 5, 6, 7, 9
- 4회전 : 3, 5, 6, 7, 9

[20년 4회]

05 다음 초기 자료에 대하여 삽입 정렬(Insertion Sort)을 이용하여 오름차순 정렬할 경우 1회전 후의 결과는?

> 초기 자료 : 8, 3, 4, 9, 7

① 3, 4, 8, 7, 9   ② 3, 4, 9, 7, 8
③ 7, 8, 3, 4, 9   ④ 3, 8, 4, 9, 7

해설
- 1회전 : 8, 3, 4, 9, 7 → 3, 8, 4, 9, 7
- 2회전 : 3, 8, 4, 9, 7 → 3, 4, 8, 9, 7
- 3회전 : 3, 4, 8, 9, 7 → 3, 4, 8, 9, 7
- 4회전 : 3, 4, 8, 9, 7 → 3, 4, 7, 8, 9

[21년 1회]

06 퀵 정렬에 관한 설명으로 옳은 것은?

① 레코드의 키 값을 분석하여 같은 값끼리 그 순서에 맞는 버킷에 분배하였다가 버킷의 순서대로 레코드를 꺼내어 정렬한다.
② 주어진 파일에서 인접한 두 개의 레코드 키 값을 비교하여 그 크기에 따라 레코드 위치를 서로 교환한다.
③ 레코드의 많은 자료 이동을 없애고 하나의 파일을 부분적으로 나누어 가면서 정렬한다.
④ 임의의 레코드 키와 매개변수(h) 값만큼 떨어진 곳의 레코드 키를 비교하여 서로 교환해 가면서 정렬한다.

해설
- 키워드 부분적으로 나누어(분할 정복법) → 용어 퀵 정렬(Quick Sort)
- 키워드 버킷 → 용어 기수 정렬(Radix Sort)
- 키워드 인접 → 용어 버블 정렬(Bubble Sort)
- 쉘 정렬(Shell Sort) : 일정 간격만큼 떨어진 레코드를 삽입하는 방법(삽입 정렬 보완)

[21년 2회]

07 힙 정렬(Heap Sort)에 대한 설명으로 틀린 것은?

① 정렬할 입력 레코드들로 힙을 구성하고 가장 큰 키 값을 갖는 루트 노드를 제거하는 과정을 반복하여 정렬하는 기법이다.
② 평균 수행 시간은 $O(n\log_2 n)$이다.
③ 완전 이진 트리(complete binary tree)로 입력 자료의 레코드를 구성한다.
④ 최악의 수행 시간은 $O(2n^4)$이다.

해설
힙 정렬의 경우 항상 $O(n\log_2 n)$으로 보장된다.

▶ 정답 : 01.④, 02.①, 03.④, 04.②, 05.④, 06.③, 07.④

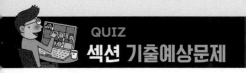

[이전 기출]

01 다음 중 빅 O(big O) 시간 복잡도가 동일한 정렬 알고리즘만을 고른 것은?

> ㄱ. 힙 정렬　　　ㄴ. 이진 검색
> ㄷ. 삽입 정렬　　ㄹ. 선택 정렬

① ㄱ, ㄴ　　　　② ㄱ, ㄹ
③ ㄴ, ㄷ　　　　④ ㄷ, ㄹ

[이전 기출]

02 인접한 데이터를 비교하면서 그 크기에 따라 데이터의 위치를 바꾸어 정렬하는 방법은?

① 퀵 정렬(Quick Sort)
② 힙 정렬(Heap Sort)
③ 셀 정렬(Shell Sort)
④ 버블 정렬(Bubble Sort)

[이전 기출]

03 입력 값으로 5, 2, 3, 1, 8이 주어졌을 때 버블 정렬(Bubble sort)의 1회전(Pass) 결과는?

① 1, 2, 3, 5, 8　　　② 2, 3, 1, 5, 8
③ 2, 5, 3, 1, 8　　　④ 8, 5, 3, 2, 1

[이전 기출]

04 다음의 자료를 삽입(insert) 정렬 기법을 사용하여 오름차순으로 정렬할 경우 PASS 2의 결과는?

> 64　28　33　76　55　12　43

① 28 64 33 76 55 12 43
② 12 28 33 55 64 76 43
③ 28 33 64 76 55 12 43
④ 12 64 28 33 76 55 43

섹션 기출예상문제 해설

Section 02. 알고리즘

01 ㄱ. 힙 정렬 → O(nlog₂n)
　　ㄴ. 이진 검색 → O(log₂n)
　　ㄷ. 삽입 정렬 → O(n²)
　　ㄹ. 선택 정렬 → O(n²)

02 키워드 인접한 데이터 비교 → 용어 버블 정렬(Bubble Sort)
　• 퀵 정렬(Quick Sort) : 기준점(Pivot, 피벗)을 기준으로 좌우를 비교하여 정렬하는 방법
　• 힙 정렬(Heap Sort) : 완전 이진 트리의 일종으로 자료 배열로 힙(Heap)을 구성하고, 가장 큰 값을 갖는 루트 노드를 제거하는 과정을 반복하여 정렬하는 방법
　• 쉘 정렬(Shell Sort) : 일정 간격만큼 떨어진 레코드를 삽입하는 방법

03 버블 정렬(Bubble Sort) : 자료 배열 중 인접한 두 요소를 비교하여 교체하는 정렬 방법
　• 1회전 : 5, 2, 3, 1, 8 → 2, 5, 3, 1, 8 → 2, 3, 5, 1, 8 → 2, 3, 1, 5, 8
　• 2회전 : 2, 3, 1, 5, 8 → 2, 3, 1, 5, 8 → 2, 1, 3, 5, 8
　• 3회전 : 2, 1, 3, 5, 8 → 1, 2, 3, 5, 8
　• 4회전 : 1, 2, 3, 5, 8

04 삽입 정렬 : 자료 배열의 모든 요소를 앞에서부터 차례대로 이미 정렬된 배열 부분과 비교하여 자신의 위치를 찾아 삽입하는 정렬 방법
　• 1회전 : 64 28 33 76 55 12 43 → 28 64 33 76 55 12 43
　• 2회전 : 28 64 33 76 55 12 43 → 28 33 64 76 55 12 43
　• 3회전 : 28 33 64 76 55 12 43 → 28 33 64 76 55 12 43
　• 4회전 : 28 33 64 76 55 12 43 → 28 33 55 64 76 12 43
　• 5회전 : 28 33 55 64 76 12 43 → 12 28 33 55 64 76 43
　• 6회전 : 12 28 33 55 64 76 43 → 12 28 33 43 55 64 76

정답 **01** ④　**02** ④　**03** ②　**04** ③

SECTION

03

애플리케이션 테스트

애플리케이션 테스트는 응용 소프트웨어가 요구사항에 맞게 제대로 구현되었는지, 기능이 올바르게 작동하는지 등에 대해 검사하는 것입니다. 애플리케이션 테스트를 통해 오류를 발견하고, 이를 수정하여 완성도 높은 소프트웨어를 개발할 수 있습니다.

권쌤이 알려줌

테스트를 실행하기 전에 소프트웨어의 유형을 분류하여 특성에 맞는 테스트 사항을 정리할 수 있습니다.

★★
01 소프트웨어 테스트

1 응용 소프트웨어의 유형 및 특성 이해

응용 소프트웨어는 불특정 일반인에게 필요한 공통 기능을 제공하는 상용 소프트웨어와 특정 사용자의 요구사항을 구현하기 위한 서비스 제공 소프트웨어로 구분할 수 있다.

1. 상용 소프트웨어의 특성 및 유형

상용 소프트웨어는 일반적으로 상업적 목적이나 판매를 목적으로 생산된 유료 소프트웨어를 말하지만, 홍보를 위한 무료 소프트웨어도 포함될 수 있다. 산업의 특성에 따라 산업 범용 소프트웨어와 산업 특화 소프트웨어로 구분된다.

① 산업 범용 소프트웨어

유형	종류
시스템 소프트웨어	응용 소프트웨어를 실행하기 위한 플랫폼을 제공하고, 컴퓨터 하드웨어를 동작시켜 하드웨어에 접근할 수 있도록 설계된 컴퓨터 소프트웨어로 시스템 전체를 작동시키는 소프트웨어이다. 예 운영체제, DBMS, 데이터 통합, 프로그래밍 언어, 스토리지 소프트웨어, 소프트웨어 공학 도구, 가상화 소프트웨어, 시스템 보안 소프트웨어 등
미들웨어	응용 프로그램(Client)과 운영체제(Server) 사이에 위치하여 운영체제가 제공하는 서비스 이외 추가적인 필요한 기능을 제공하는 소프트웨어이다. 예 웹 애플리케이션 서버(WAS), 실시간 데이터 처리, 연계 통합 솔루션, 분산 병렬 처리, 네트워크 관리, 시스템 관리, 클라우드 서비스, 접근 제어 소프트웨어 등
응용 소프트웨어	운영체제 위에서 사용자가 직접 사용하게 되는 소프트웨어를 의미한다. 예 영상 인식/분석, 영상 코덱/스트리밍, 영상 저작/편집/합성, 3D 스캐닝/프린팅, 가상 시뮬레이션, 콘텐츠 보호/관리/유통, 정보검색, 음성 처리, 오피스 소프트웨어 등

② 산업 특화 소프트웨어

산업 특화 소프트웨어는 특정한 산업 분야에서 요구하는 기능만을 구현하기 위한 목적의 소프트웨어이다.

에 자동차, 항공, 조선, 건설, 패션, 의류, 농업, 의료, 국방, 공공 분야 등을 지원하는 소프트웨어

2. 서비스 제공 소프트웨어[※]의 특성 및 유형

서비스 제공 소프트웨어는 개발된 소프트웨어의 판매가 아닌 특정한 사용자의 요구사항만을 구현함을 목적으로 생산되는 소프트웨어이다.

<aside>
서비스 제공 소프트웨어
에 판매 관리 시스템, 공장 자동화 시스템
</aside>

유형	설명
신규 개발 소프트웨어	새로운 서비스 제공을 목적으로 개발된 소프트웨어
기능 개선 소프트웨어	사용자 편의성, 응답 속도, 화면 UI(User Interface), 업무 프로세스 개선 등의 목적으로 개발되는 소프트웨어
추가 개발 소프트웨어	업무 환경 및 산업 환경의 변화, 법/제도의 개정 등으로 인해 새로운 기능을 추가로 개발하는 소프트웨어
시스템 통합 소프트웨어	각각 별도로 서비스되는 시스템을 원스톱(One-Stop) 서비스[*] 제공을 위해 업무 기능 및 데이터 등을 통합하여 개발하는 소프트웨어

<aside>
원스톱(One-Stop) 서비스
여러 과정에 걸쳐 처리해야 할 업무를 한 번에 처리할 수 있도록 해 주는 서비스
</aside>

2 소프트웨어(애플리케이션) 테스트의 이해

1. 소프트웨어 테스트의 개념

소프트웨어 테스트는 구현된 응용 애플리케이션이나 시스템이 사용자가 요구하는 기능의 동작과 성능, 사용성, 안정성 등을 만족하는지 확인하고 소프트웨어의 결함을 찾아내는 활동이다.

 테스트에 대한 시각 [21년 3회]

테스트는 사용자 입장과 개발자 입장에서 바라볼 수 있다.

구분	시각	설명
확인(Validation) 테스트	사용자 입장	고객의 요구사항에 맞게 구현되었는지 확인하는 것으로 결과가 중요하다.
검증(Verification) 테스트	개발자 또는 시험자 입장	설계 명세서에 맞게 만들어졌는지 점검하는 것으로 생산 과정이 중요하다.

<aside>
 합격자의 **암기법**

테스트에 대한 시각
• [키워드] 사용자, 요구사항, 결과 → [용어] 확인(Validation)
• [키워드] 개발자, 설계 명세서, 과정 → [용어] 검증(Verification)
</aside>

2. 소프트웨어 테스트의 필요성

관점	설명
오류 발견 관점	프로그램에 잠재된 오류를 발견하고 이를 수정하여 올바른 프로그램을 개발하는 활동이다.
오류 예방 관점	프로그램 실행 전에 코드 리뷰, 동료 검토[*], 인스펙션[*] 등을 통해 오류를 사전에 발견하는 예방 차원의 활동이다.
품질 향상 관점	사용자의 요구사항 및 기대 수준을 만족하도록 반복적인 테스트를 거쳐 제품의 신뢰도를 향상하는 품질 보증 활동이다.

<aside>
동료 검토(Peer Review)
요구사항 명세서 작성자가 명세서 내용을 직접 설명하고 동료들이 이를 들으면서 결함을 발견하는 형태의 검토 방법

인스펙션(Inspection)
요구사항 명세서 작성자를 제외한 다른 전문가들이 요구사항 명세서를 확인하면서 결함을 발견하는 검토 방법
</aside>

3. 소프트웨어 테스트의 원리

① 테스팅은 결함의 존재를 밝히는 활동이다.

테스팅은 소프트웨어의 잠재적인 결함을 줄일 수 있지만, 결함이 발견되지 않아도 결함이 없다고 증명할 수 없다.

② 완벽한 테스팅은 불가능하다.

완벽한 테스팅은 무한 경로, 무한 입력값, 무한 시간이 소요되어 불가능하므로, 위험 분석과 우선순위를 토대로 테스트에 집중할 것을 의미한다.

③ 테스팅은 개발 초기에 시작해야 한다.

애플리케이션의 개발 단계에 테스트를 계획하고 SDLC*의 각 단계에 맞춰 전략적으로 접근하는 것을 고려하라는 의미이다.

④ 결함 집중(Defect Clustering) [21년 2회] [20년 2회]

애플리케이션 결함의 대부분은 소수의 특정한 모듈에 집중되어 존재한다.

- **파레토(Pareto)의 법칙** : 전체 결함의 80%는 소프트웨어 제품의 전체 기능 중 20%에 집중되어 있다.
- **낚시의 법칙** : 낚시를 즐겨 하는 사람은 특정 자리에서 물고기가 잘 잡힌다는 사실을 경험적으로 알고 있듯이, 소프트웨어 제품의 결함도 특정 기능, 모듈*, 라이브러리*에서 결함이 많이 발견된다.

⑤ 살충제 패러독스(Pesticide Paradox)* [20년 1회 실기]

동일한 테스트 케이스(Test Case)*로 반복 실행하면 결함을 발견할 수 없으므로, 주기적으로 테스트 케이스를 리뷰하고 개선해야 한다.

⑥ 테스팅은 정황(Context, 맥락, 관계)에 의존한다.

소프트웨어 특성, 테스트 환경, 테스트 역량 등의 정황과 비즈니스 영역에 따라 테스트를 다르게 수행한다.

⑦ 오류−부재의 궤변(Absence of Errors Fallacy)

소프트웨어 결함을 모두 제거해도 사용자의 요구사항을 만족시키지 못하면 해당 소프트웨어는 품질이 높다고 할 수 없다.

⑧ 기타

테스트는 별도의 팀에서 수행해야 하고, 작은 부분에서 시작해서 점차 확대하면서 진행한다.

4. 소프트웨어 테스트의 프로세스

테스트 계획 → 테스트 분석 및 디자인 → 테스트 케이스 및 시나리오* 작성 → 테스트 수행 → 테스트 결과 평가 및 리포팅

SDLC(Software Development Life Cycle, 소프트웨어 개발 생명 주기)
시스템 계획, 개발, 시험, 운영하는 전 과정

모듈(Module)
기능을 구현하기 위한 최소의 단위

라이브러리(Library)
자주 사용하는 함수를 미리 작성하여 저장시켜둔 것

살충제 패러독스
(Pesticide Paradox)
벌레가 살충제에 내성이 생겨 죽지 않는 것

테스트 케이스(Test Case)
응용 소프트웨어가 사용자의 요구사항을 준수하는지 확인하기 위해 입력 값, 실행 조건, 기대 결과로 구성된 테스트 항목의 명세서

테스트 시나리오
테스트 수행을 위한 여러 개의 테스트 케이스의 집합으로 테스트 케이스의 동작 순서를 기술한 문서이며, 테스트를 위한 절차를 명세한 문서

프로세스	업무
테스트 계획	테스트 목적과 범위 정의, 대상 시스템 구조 파악, 테스트 일정 정의, 종료 조건 정의, 조직 및 비용 산정
테스트 분석 및 디자인	테스트 목적과 원칙 검토, 요구사항 분석, 위험 분석 및 우선순위 결정, 테스트 데이터 준비, 테스트 환경 및 도구 준비
테스트 케이스 및 시나리오 작성	테스트 케이스 작성, 테스트용 스크립트[*] 작성, 테스트 케이스 검토 및 확인, 테스트 시나리오 작성
테스트 수행	초기 데이터 로딩, 테스트 수행, 결함 리포팅
테스트 결과 및 리포팅	테스트 결과 정리, 테스트 프로세스 리뷰, 테스트 결과 평가, 테스트 리포팅

 테스트 조건, 테스트 데이터, 테스트 환경

1. 테스트 조건
• 시작 조건 : 테스트 계획 수립, 테스트 명세 작성, 테스트 일정 확정, 테스트 환경 구축, 참여 인력의 역할 정의 등이 완료되었을 때 테스트를 시작하도록 테스트 시작 조건을 정할 수 있다.
• 종료 조건 : 정상적인 테스트를 모두 수행한 경우, 테스트 일정이 만료되었을 경우, 테스트 비용을 모두 소진한 경우 등 업무 기능의 중요도에 따라 테스트 종료 조건을 정할 수 있다.

2. 테스트 데이터
컴퓨터의 동작이나 시스템의 적합성을 시험하기 위해 특별히 개발된 데이터 집합으로서, 프로그램의 기능을 하나씩 순서에 따라 확실하게 테스트할 수 있도록 조건을 갖춘 데이터이다.
• 잘못된 데이터를 사용하면 잘못된 결과가 도출되어 시간과 비용을 낭비하게 된다.
• 효율적인 테스트를 위해 올바른 테스트 데이터 준비가 필요하다.
• 실제 데이터는 연산으로 준비하거나 실제 운영 데이터를 복제하여 준비할 수 있으며, 가상의 데이터는 스크립트를 통해서 생성할 수 있다.
• 테스트 데이터 유형
 – 실제 데이터 : 선행된 연산으로 얻어진 데이터
 – 가상 데이터 : 인위적으로 만들어진 데이터

3. 테스트 환경
개발된 응용 소프트웨어가 실제 운영 시스템에서 정상적으로 작동하는지 테스트할 수 있도록, 실제 운영 시스템과 같거나 유사한 사양의 하드웨어와 소프트웨어, 네트워크 등의 테스트 환경을 구축한다.

구분	설명
하드웨어 기반의 테스트 환경 구축	서버, 클라이언트, 네트워크 장비 등의 장비를 설치하는 작업이다.
소프트웨어 기반의 테스트 환경 구축	구축된 하드웨어 환경에 테스트할 응용 소프트웨어를 설치하고 필요한 데이터를 구축하는 작업이다.
가상 시스템 기반의 테스트 환경 구축	독립된 테스트 환경을 구축하기 힘든 경우에는, 가상 머신[*] 기반의 서버 또는 클라우드 환경[*]을 이용하여 테스트 환경을 구축하고, 네트워크는 VLAN[*]과 같은 기법을 이용하여 논리적 분할 환경을 구축한다.

테스트 스크립트(Test Script)
자동화된 테스트 실행 절차에 대한 명세
• 테스트를 수행하기 위해 스크립트 언어로 작성한 파일

 권쌤이 알려줌
테스트 시작 조건을 정할 때 단계별 테스트를 수행한다면 모든 조건을 만족하지 않아도 테스트를 시작할 수 있습니다.

 권쌤이 알려줌
테스트 성공과 실패의 판단 기준으로는 테스트 시나리오에 기술된 예상 결과를 만족하면 성공, 아니면 실패로 판단할 수 있습니다. 또는 동일한 데이터를 중복하여 테스트해도 이전 테스트와 같은 결과가 나올 때 성공으로 판단할 수도 있습니다.

가상 머신(Virtual Machine)
컴퓨팅 환경을 소프트웨어로 구현한 것으로, 즉 컴퓨터를 에뮬레이션(모방)하는 소프트웨어다.
• 가상 머신 상에서 운영체제나 응용 프로그램을 설치 및 실행할 수 있다.

클라우드(Cloud) 환경
IT 자원을 구매하거나 소유할 필요 없이 필요한 만큼 사용료를 주고 사용하는 서비스 환경
⑩ 네이버 클라우드

VLAN
(Virtual Local Area Network)
물리적인 망 구성과는 상관없이 가상으로 구성된 근거리 통신망

5. 소프트웨어 테스트의 산출물

종류	설명
테스트 계획서	테스트 목적과 범위 정의, 대상 시스템 구조 파악, 테스트 수행 절차, 테스트 일정, 조직의 역할 및 책임 정의, 종료 조건 정의 등 테스트 수행을 계획한 문서
테스트 케이스	명세 기반 테스트의 설계 산출물로, 특정한 프로그램의 일부분 또는 경로에 따라 수행하거나, 특정한 요구사항을 준수하는지 확인하기 위해 설계된 입력 값, 실행 조건, 기대 결과로 구성된 테스트 항목의 명세서
테스트 시나리오	테스트 수행을 위한 여러 개의 테스트 케이스의 집합으로, 테스트 케이스의 동작 순서를 기술한 문서이며, 테스트를 위한 절차를 명세한 문서
테스트 결과서	테스트 결과를 정리한 문서로 테스트 프로세스를 리뷰하고, 테스트 결과를 평가하고 보고하는 문서

3 소프트웨어(애플리케이션) 테스트 유형

1. 테스트 목적에 따른 분류 [21년 3회] [22년 2회 실기]

구분	설명
회복(Recovery) 테스트	시스템에 고의로 실패를 유도하고 시스템이 정상적으로 복귀하는지 확인하는 테스트
안전(Security) 테스트	불법적인 소프트웨어가 접근하여 시스템을 파괴하지 못하도록 소스 코드 내의 보안 결함을 미리 점검하는 테스트
강도(Stress, 부하) 테스트	시스템에 과다 정보량을 부과하여 과부하 시에도 시스템이 정상적으로 작동되는지를 검증하는 테스트
성능(Performance) 테스트	사용자의 이벤트에 시스템이 응답하는 시간, 특정 시간 내에 처리하는 업무량, 사용자 요구에 시스템이 반응하는 속도 등을 확인하는 테스트
구조(Structure) 테스트	시스템의 내부 논리 경로, 소스 코드의 복잡도를 평가하는 테스트
회귀(Regression) 테스트	변경 또는 수정된 코드에 대하여 새로운 결함 발견 여부를 평가하는 테스트
병행(Parallel) 테스트	변경된 시스템과 기존 시스템에 동일한 데이터를 입력 후 결과를 비교하는 테스트

2. 테스트 종류에 따른 분류

구분	설명	종류
명세 기반 테스트	주어진 명세를 빠짐없이 테스트 케이스로 구현하고 있는지 확인하는 테스트	동치 분할, 검사 경계 값 분석 등
구조 기반 테스트	소프트웨어 내부 논리 흐름에 따라 테스트 케이스를 작성하고 확인하는 테스트	구문 기반, 조건 기반 등
경험 기반 테스트	유사 소프트웨어나 유사 기술 평가에서 테스터의 경험을 토대로 한, 직관과 기술 능력을 기반으로 수행하는 테스트	오류 예측 검사 등

3. 프로그램 실행 여부에 따른 분류

구분	설명	종류
정적 테스트 (Static Test)	프로그램 실행 없이 소스 코드의 구조를 분석하여 논리적으로 검증하는 테스트	코드 검사, 워크스루, 인스펙션 등
동적 테스트 (Dynamic Test)	프로그램의 실행을 요구하는 테스트	블랙박스 테스트, 화이트박스 테스트

합격자의 **암기법**

프로그램 실행 여부에 따른 분류
: 코인 정원(워)/블랙 동화
- 키워드 프로그램 실행 X →
  용어 정적 테스트
  - 코(드 검사)
  - 인(스펙션)
  - 정(적 테스트)
  - 원(워크스루)
- 키워드 프로그램 실행 O →
  용어 동적 테스트
  - 블랙(박스)
  - 동(적 테스트)
  - 화(이트 박스)

01 소프트웨어 테스트에서 검증(Verification)과 확인(Validation)에 대한 설명으로 틀린 것은?

① 소프트웨어 테스트에서 검증과 확인을 구별하면 찾고자 하는 결함 유형을 명확하게 하는 데 도움이 된다.

② 검증은 소프트웨어 개발 과정을 테스트하는 것이고, 확인은 소프트웨어 결과를 테스트하는 것이다.

③ 검증은 작업 제품이 요구 명세의 기능, 비기능 요구사항을 얼마나 잘 준수하는지 측정하는 작업이다.

④ 검증은 작업 제품이 사용자의 요구에 적합한지 측정하며, 확인은 작업 제품이 개발자의 기대를 충족시키는지를 측정한다.

> **해설** 확인(Validation) 테스트는 작업 제품이 사용자의 요구에 적합한지 측정하며, 검증(Verification) 테스트는 작업 제품이 개발자의 기대를 충족시키는지를 측정한다.

02 소프트웨어 테스트에서 오류의 80%는 전체 모듈의 20% 내에서 발견된다는 법칙은?

① Brooks의 법칙   ② Boehm의 법칙

③ Pareto의 법칙   ④ Jackson의 법칙

> **해설** 대부분의 결함은 특정 모듈에 집중되어 있다는 법칙이다.

03 다음 설명의 소프트웨어 테스트의 기본 원칙은?

> • 파레토 법칙이 좌우한다.
> • 애플리케이션 결함의 대부분은 소수의 특정한 모듈에 집중되어 존재한다.
> • 결함은 발생한 모듈에서 계속 추가로 발생할 가능성이 높다.

① 살충제 패러독스   ② 결함 집중

③ 오류 부재의 궤변   ④ 완벽한 테스팅은 불가능

> **해설** 키워드 파레토 법칙, 특정 모듈 집중 → 용어 결함 집중(Defect Clustering)

04 다음은 무엇에 대한 설명인가?

> 동일한 테스트 케이스로 동일한 테스트를 반복적으로 수행하면 나중에는 더 이상 새로운 결함을 찾아내지 못하므로, 잠재된 많은 결함을 발견하기 위해서는 테스트 케이스를 정기적으로 리뷰하고 개선해야 한다.

① 결함 집중   ② 오류 예방

③ 오류−부재의 궤변   ④ 살충제 패러독스

> **해설** 동일한 살충제만 사용하면 벌레가 내성이 생겨 죽지 않는 것처럼, 동일한 테스트 케이스만 반복적으로 사용하지 않아야 한다.

05 테스트를 목적에 따라 분류했을 때, 강도(Stress) 테스트에 대한 설명으로 옳은 것은?

① 시스템에 고의로 실패를 유도하고 시스템이 정상적으로 복귀하는지 테스트한다.

② 시스템에 과다 정보량을 부과하여 과부하 시에도 시스템이 정상적으로 작동되는지를 테스트한다.

③ 사용자의 이벤트에 시스템이 응답하는 시간, 특정 시간 내에 처리하는 업무량, 사용자 요구에 시스템이 반응하는 속도 등을 테스트한다.

④ 부당하고 불법적인 침입을 시도하여 보안 시스템이 불법적인 침투를 잘 막아내는지 테스트한다.

> **해설** ①은 회복(Recovery) 테스트, ③은 성능(Performance) 테스트, ④는 안전(Security) 테스트에 대한 설명이다.

▶ 정답 : 01.④, 02.③, 03.②, 04.④, 05.②

인터페이스(Interface)
상호 작용 방법을 정의하는 수단 또는 개념

테스트 과정
단위 테스트 → 통합 테스트 → 시스템 테스트 → 인수 테스트

1 블랙박스 테스트(Black Box Test) [20년 3회 실기]

블랙박스 테스트는 사용자의 요구사항 명세서를 보면서 구현된 기능을 테스트한다.

- 발견할 수 있는 오류는 성능, 부정확한 기능, 인터페이스※ 오류 등이 있다.
- 블랙박스(검정 상자) 내부를 볼 수 없듯이 논리 구조상의 오류는 발견할 수 없다.
- 테스트 과정※의 후반부에 적용한다.

권쌤이 알려줌

동치 분할 검사는 '동등 분할 기법', '동치 클래스 분해'라고도 합니다.

합격자의 **암기법**

블랙박스 테스트 종류 :
오동원 경비
- 오(류 예측 검사)
- 동(치 분할 검사)
- 원(인-효과 그래프 검사)
- 경(계값 분석)
- 비(교 검사)

1. 블랙박스 테스트 종류 [22년 3회] [21년 1, 2회] [20년 3, 4회] [22년 1회 실기] [21년 1회 실기]

① **동치 분할 검사(Equivalence Partitioning Testing)** [20년 4회 실기]
- 입력 자료에 초점을 맞춰 테스트 케이스를 만들고 검사하는 기법이다.
- 입력 조건에 타당한 입력 자료와 타당하지 않은 입력 자료의 개수를 균등하게 분할하여 테스트한다.
- 각 영역에 해당하는 입력값을 넣고 예상되는 출력값이 나오는지 실제값과 비교하며 테스트한다.

② **경계 값 분석(Boundary Value Analysis)** [20년 2회]
- 입력 조건의 중간 값보다 경계 값에서 오류가 발생할 확률이 높으므로 입력 조건의 경계 값으로 테스트하는 기법이다.
- 입력 자료에만 초점을 맞춘 동치 분할 검사를 보완한 검사 기법이다.
- 경계 값에 해당하는 입력값을 넣고 예상되는 출력값이 나오는지 실제값과 비교하며 테스트한다.

③ **원인-효과 그래프 검사(Cause-Effect Graphing Testing)** [21년 3회 실기]
- 입력 자료 간의 관계와 출력에 영향을 미치는 상황을 체계적으로 분석한 후 효용성이 높은 테스트 케이스를 선정해서 검사하는 기법이다.

④ **오류 예측 검사(Fault Based Testing)**
- 과거 경험이나 테스터의 감각으로 테스트하는 기법이다.
- 보충적인 검사 기법이다.

⑤ **비교 검사(Comparison Testing)**
- 여러 버전의 프로그램에 동일한 자료를 제공해 동일한 결과가 출력되는지 검사하는 기법이다.

2 화이트박스 테스트(White Box Test) [22년 2, 3회] [20년 2회]

화이트박스 테스트는 프로그램의 수행 경로 구조, 루프(Loop, 반복) 등 내부 로직을 보면서 테스트한다.

- 프로그램의 제어 구조에 따라 선택, 반복 등의 부분을 수행함으로써 논리적 경로를 제어한다.
- 화이트박스(투명 상자) 내부를 보듯이 모듈 안의 작동을 직접 관찰하며 테스트한다.
- 원시 코드의 모든 문장을 한 번 이상 수행하며 진행한다.

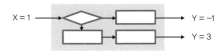

1. 화이트박스 테스트 종류 [22년 1회]

① 기초 경로 검사(Basic Path Testing) [21년 2회]

프로그램의 제어 구조를 기반으로 논리적 복잡성을 측정할 수 있게 해주는 테스트 기법이다.

- 테스트 측정 결과는 실행 경로의 기초를 정의하는 지침으로 사용된다.
- 맥케이브(McCabe)가 제안한 대표적인 화이트박스 테스트 기법이다.

▼ 맥케이브의 순환 복잡도(Cyclomatic Complexity) [20년 3회]

원시 코드의 복잡도를 정량적으로 평가하는 방법이다.

- 원시 코드가 얼마나 복잡한지, 얼마나 많은 논리적인 경로를 가지고 있는지를 측정한다.
- 공식 : 복잡도 = 영역 수(폐구간) + 1

예제

제어 흐름 그래프가 다음과 같을 때 McCabe의 Cyclomatic 수는 얼마인지 구하시오.

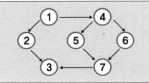

정답 및 해설   2(영역 수) + 1 = 3

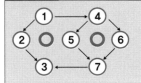

합격자의 맘기법

블랙박스 테스트와 화이트박스 테스트

[키워드] 기능 테스트
→ [용어] 블랙박스 테스트
[키워드] 구조 테스트
→ [용어] 화이트박스 테스트

권쌤이 알려줌

화이트박스 테스트를 유리 상자 테스트(Glass Box Test, 투명 상자 테스트)라고도 합니다.

권쌤이 알려줌

기초 경로(Basic Path)란 흐름 그래프의 시작 노드에서 종료 노드까지의 서로 독립된 경로를 의미합니다.

권쌤이 알려줌

If와 Case는 조건 구조, While과 Until은 반복 구조입니다.
• [4과목. 프로그래밍 언어 활용]에서 자세히 학습합니다.

제어 흐름 그래프

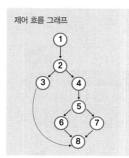

변수(Variable)
프로그램 코드에서 값을 나타내는 문자

학습+플러스 제어 흐름 그래프※ 표기법

제어 흐름 그래프(CFG; Control Flow Graph)란 프로그램이 실행 중에 횡단할 수 있는 모든 경로를 그래프 표기법을 사용하여 표현한 것이다.

순서 구조   IF 구조   CASE 구조   While 반복 구조   Until 반복 구조

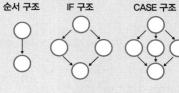 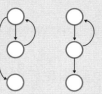

② 제어 구조 검사

종류	설명
조건 검사(Condition Testing)	논리적 조건을 테스트하는 기법
루프 검사(Loop Testing)	반복(Loop) 구조를 중심으로 테스트하는 기법
데이터 흐름 검사(Data Flow Testing)	변수※ 정의, 변수 사용 위치에 초점을 맞춰 테스트하는 기법

기출 및 예상문제   02 블랙박스 테스트와 화이트박스 테스트

[20년 3회 실기]

01 동치 분할 테스트, 경계 값 분석 테스트 등 내부 구조를 보지 않고 하는 테스트는?

① 인수 테스트
② 블랙박스 테스트
③ 단위 테스트
④ 화이트박스 테스트

해설 키워드 내부 구조 X → 용어 블랙박스(Black Box) 테스트

[20년 3회]

02 블랙박스 테스트의 유형으로 틀린 것은?

① 경계 값 분석
② 오류 예측
③ 동등 분할 기법
④ 조건, 루프 검사

해설 다른 하나는 화이트박스 테스트의 유형이다.
TIP 블랙박스 테스트 종류는 "오동원 경비"로 기억하세요.

[20년 4회]

03 블랙박스 테스트 기법으로 거리가 먼 것은?

① 기초 경로 검사
② 동치 클래스 분해
③ 경계값 분석
④ 원인 결과 그래프

해설 다른 하나는 화이트박스 테스트 기법이다.

04 [21년 1회]

다음 중 블랙박스 검사 기법은?

① 경계 값 분석
② 조건 검사
③ 기초 경로 검사
④ 루프 검사

해설 나머지는 화이트박스 검사 기법이다.

05 [21년 2회]

블랙박스 테스트를 이용하여 발견할 수 있는 오류의 경우로 가장 거리가 먼 것은?

① 비정상적인 자료를 입력해도 오류 처리를 수행하지 않는 경우
② 정상적인 자료를 입력해도 요구된 기능이 제대로 수행되지 않는 경우
③ 반복 조건을 만족하는데도 루프 내의 문장이 수행되지 않는 경우
④ 경계값을 입력할 경우 요구된 출력 결과가 나오지 않는 경우

해설 다른 하나는 화이트박스 테스트를 이용하여 발견할 수 있는 오류이다.
• 키워드 기능 → 용어 블랙박스 테스트
• 키워드 경로 → 용어 화이트박스 테스트

06 [20년 4회 실기]

다음 표와 같이 프로그램의 입력 조건에 중점을 두고, 어느 하나의 입력 조건에 대하여 타당한 값과 그렇지 못한 값을 설정하여 해당 입력 자료에 맞는 결과가 출력되는지 확인하는 테스트 기법은?

테스트 케이스	1	2	3
점수 범위	0~60점	61~70점	71~80점
입력 값	55점	65점	78점
예상 결과 값	50만 원	100만 원	200만 원
실제 결과 값	50만 원	100만 원	200만 원

① Equivalence Partitioning Testing
② Boundary Value Analysis
③ Comparison Testing
④ Cause-Effect Graphic Testing

해설 키워드 입력 조건에 중점 → 용어 동치 분할 검사(Equivalence Partitioning Testing)

07 [20년 2회]

평가 점수에 따른 성적 부여는 다음 표와 같다. 이를 구현한 소프트웨어를 경계 값 분석 기법으로 테스트하고자 할 때 다음 중 테스트 케이스의 입력 값으로 옳지 않은 것은?

평가 점수	성적
80~100	A
60~79	B
0~59	C

① 59
② 80
③ 90
④ 101

해설 경계 값 분석 기법은 입력 조건의 경계 값으로 테스트하는 기법이다. 90은 80~100의 중간값이므로 경계 값 분석 기법의 테스트 케이스의 입력 값과 거리가 멀다.

08 [21년 1회 실기]

다음의 설명과 가장 부합하는 블랙박스 테스트 기법은?

> ㉠ 0 <= x <= 100이면 x = −1, x = 0, x = 10, x = 11을 검사하는 기법
> ㉡ 입력 값의 범위가 1~1000이면 유효 값 1~100과 무효 값 −1, 0, 101, 102를 나눠서 검사하는 기법

	㉠	㉡
①	경계 값 분석 검사	동치 분할 검사
②	원인−효과 그래프 검사	동치 분할 검사
③	경계 값 분석 검사	오류 예측 검사
④	오류 예측 검사	비교 검사

해설 ㉠ 경계 값 분석 기법 : 입력 조건의 중간 값보다 경계 값에서 오류가 발생할 확률이 높으므로 입력 조건의 경계 값으로 테스트하는 기법
㉡ 동치 분할 검사 : 입력 자료에 초점을 맞춰 테스트 케이스를 만들고 검사하는 기법

[21년 3회 실기]

09 명세 기반 테스트 중 입력 자료 간의 관계와 출력에 영향을 미치는 상황을 체계적으로 분석 후 효용성이 높은 테스트 케이스를 선정해서 테스트하는 기법은?

① Equivalence Partitioning

② Boundary Value Analysis

③ Cause-Effect Graphing Testing

④ Fault Based Testing

> 해설 [키워드] 입력 자료 간의 관계와 출력 → [용어] 원인-효과 그래프 검사(Cause-Effect Graphing Testing)

[20년 2회]

10 White Box Testing에 대한 설명으로 옳지 않은 것은?

① Base Path Testing, Boundary Value Analysis가 대표적인 기법이다.

② Source Code의 모든 문장을 한 번 이상 수행함으로써 진행된다.

③ 모듈 안의 작동을 직접 관찰할 수 있다.

④ 산출물의 각 기능별로 적절한 프로그램의 제어구조에 따라 선택, 반복 등의 부분들을 수행함으로써 논리적 경로를 점검한다.

> 해설 경계값 분석(Boundary Value Analysis)은 블랙박스 테스트 종류이다.

[21년 2회]

11 소프트웨어 테스트와 관련한 설명으로 틀린 것은?

① 화이트박스 테스트는 모듈의 논리적인 구조를 체계적으로 점검할 수 있다.

② 블랙박스 테스트는 프로그램의 구조를 고려하지 않는다.

③ 테스트 케이스에는 일반적으로 시험 조건, 테스트 데이터, 예상 결과가 포함되어야 한다.

④ 화이트박스 테스트에서 기본 경로(Basis Path)란 흐름 그래프의 시작 노드에서 종료 노드까지의 서로 독립된 경로로 사이클을 허용하지 않는 경로를 말한다.

> 해설 화이트박스 테스트에서 기본 경로(Basis Path)란 흐름 그래프의 시작 노드에서 종료 노드까지의 서로 독립된 경로로, 사이클은 최대 한 번만 지나야 한다.

[20년 3회]

12 제어흐름 그래프가 다음과 같을 때 McCabe의 cyclomatic 수는 얼마인가?

① 3 ② 4

③ 5 ④ 6

> 해설 복잡도 = 영역 수 + 1 = 3 + 1 = 4
>
>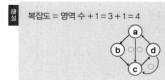

▶ 정답 : 01.②, 02.④, 03.①, 04.①, 05.③, 06.①, 07.③, 08.①, 09.③, 10.①, 11.④, 12.②

03 테스트 커버리지

1 테스트 검증 기준(Test Coverage, 테스트 커버리지)

테스트 검증 기준은 주어진 테스트 케이스에 의해 수행되는 소프트웨어의 테스트 범위를 측정하는 테스트 품질 측정 기준이며, 테스트의 정확성과 신뢰성을 향상시키는 역할을 한다.

- 테스트 케이스들이 테스트에 얼마나 적정한지를 판단하는 기준으로, 테스트 수행의 완벽성을 측정한다.

권쌤이 알려줌

테스트 커버리지는 작성된 테스트 케이스가 모든 기능 또는 모든 소스 코드를 테스트하는지 측정하는 기준을 제시하는 것입니다.

1. 기능 기반 커버리지

테스트 대상 애플리케이션의 전체 기능을 모수로 설정하고, 실제 테스트가 수행된 기능의 수를 측정한다.

- 100% 달성을 목표로 하며, 일반적으로 화면 UI*가 많은 시스템의 경우 화면 수를 모수로 사용할 수도 있다.
- 측정법 : 테스트가 수행된 기능 수 / 전체 기능 수

> UI(User Interface, 사용자 인터페이스)
> 사용자와 컴퓨터 상호 간의 소통을 원활히 하게 도와주는 장치 또는 소프트웨어

2. 라인 커버리지

애플리케이션 전체 소스 코드의 라인(Line) 수를 모수로 테스트 시나리오가 수행한 소스 코드의 라인 수를 측정한다.

- 단위 테스트*에서는 라인 커버리지를 척도로 삼기도 한다.
- 측정법 : 테스트 시나리오가 수행한 소스 코드 라인 수 / 전체 소스 코드 라인 수

> 단위 테스트(Unit Test)
> 하나의 소프트웨어 모듈이 정상적으로 기능을 수행하는지 여부를 시험하는 최소 수준의 테스트

3. 코드(소스 코드) 커버리지　[21년 2회 실기]

소스 코드의 구문, 조건, 결정 등의 구조 코드 자체가 얼마나 테스트되었는지를 측정한다.

- 화이트박스 테스트(White Box Test)의 검증 기준이다.

① 구문(Statement, 문장) 커버리지

모든 구문이 한 번 이상 수행되도록 테스트 케이스를 설계한다.

- for문, if문 등의 제어 구분이 없다.
- 커버리지 달성이 쉬우나 보장성이 낮다.
- 커버하는 영역이 가장 좁다.

권쌤이 알려줌

조건문 if ~ else는 하나의 구문(문장)입니다.
- 코드 해석은 [4과목. 프로그래밍 언어 활용]에서 자세히 학습합니다.

예제	구문 커버리지의 테스트 케이스
① `while(x != y) {`	① : x 값과 y 값이 다르면 ②~④번 수행(!= : NOT 연산)
② `if(x > y)`	② : x 값이 y 값보다 큰 경우 ③번 수행, 그렇지 않은 경우 ④번 수행
③ `x = x - y;`	③ : x에 x-y 값 저장
	`else`	④ : y에 y-x 값 저장
④ `y = y - x;`	
	`}`	

② 결정(Decision, 분기, Branch) 커버리지 [20년 3회 실기]

결정 포인트 내의 모든 조건문의 참(True)과 거짓(False)이 적어도 한 번 이상 수행되도록 테스트 케이스를 설계한다.

③ 조건(Condition) 커버리지

결정 포인트 내의 모든 개별 조건식의 참(True)과 거짓(False)이 적어도 한 번 이상 수행되도록 테스트 케이스를 설계한다.

④ 조건/결정 커버리지

모든 조건문과 각 개별 조건식의 참(True)과 거짓(False)이 적어도 한 번 이상 수행되도록 테스트 케이스를 설계한다.
• 결정 커버리지와 조건 커버리지를 합한 것이다.

⑤ 변형(변경) 조건/결정 커버리지

조건과 결정을 복합적으로 고려한 측정 방법이며, 결정 포인트 내의 다른 개별적인 조건식 결과에 상관없이 독립적으로 전체 조건식의 결과에 영향을 주는 테스트 커버리지이다.
• 전체 조건식에 영향을 주는 것만 테스트를 수행한다.

⑥ 다중 조건 커버리지

결정 포인트 내에 있는 모든 개별 조건식의 모든 가능한 논리적인 조합을 고려하여 100% 커버리지를 보장하는 테스트 커버리지이다.

예제 결정, 조건, 조건/결정, 변형 조건/결정, 다중 조건 커버리지의 테스트 케이스

```
if 성적>=90 and 학과='컴퓨터공학' then
        문장1;
else
        문장2;
```

정답 및 해설

"조건문이 <u>성적은 90점 이상</u>이고, <u>학과는 '컴퓨터공학'</u>인 경우"   T : True(참), F : False(거짓)
개별 조건식   개별 조건식

테스트 케이스	개별 조건		전체 조건
	성적 조건	학과 조건	
1	T	T	T
2	T	F	F
3	F	T	F
4	F	F	F

1. 결정(분기) 커버리지

결정 커버리지는 모든 조건문이 적어도 한 번 이상 수행되어야 하므로, 테스트 케이스 1, 2만 선택하면 결정 커버리지를 만족한다.

2. 조건 커버리지

1) 조건 커버리지는 모든 개별 조건식이 적어도 한 번 이상 수행되어야 하므로, 테스트 케이스 2, 3만 선택하면 조건 커버리지를 만족한다.
- 테스트 케이스 2, 3만 선택하여 수행할 경우 결정 커버리지는 달성되지 않는다.
  - 조건 커버리지 100% 달성
  - 결정 커버리지 50% 달성
2) 조건 커버리지는 모든 개별 조건식이 적어도 한 번 이상 수행되어야 하므로, 테스트 케이스 1, 4만 선택하면 조건 커버리지를 만족한다.
- 테스트 케이스 1, 4만 선택하여 수행할 경우 결정 커버리지도 달성된다.
  - 조건 커버리지 100% 달성
  - 결정 커버리지 100% 달성

3. 조건/결정 커버리지

조건/결정 커버리지는 모든 조건문과 각 개별 조건식이 적어도 한 번 이상 수행되어야 하므로, 테스트 케이스 1, 4만 선택하면 조건/결정 커버리지를 만족한다.

4. 변형 조건/결정 커버리지

변형 조건/결정 커버리지는 개별 조건식 결과에 상관없이 독립적으로 전체 조건식의 결과에 영향을 주는 것으로, 테스트 케이스 1, 2, 3만 선택하면 변형 조건/결정 커버리지를 만족한다.
- 개별 조건식은 전체 조건식의 결과에 영향을 준다.
- 테스트 케이스 4는 성적 조건 또는 학과 조건 결과가 T가 되어도 전체 조건의 결과가 변경되지 않으므로, 측정에서 제외한다.

5. 다중 조건 커버리지

다중 조건 커버리지는 모든 개별 조건식의 모든 가능한 논리적인 조합을 고려하는 것으로, 테스트 케이스 1, 2, 3, 4를 모두 선택하면 다중 조건 커버리지를 만족한다.

기출 및 예상문제

03 테스트 커버리지

[21년 2회 실기]

01 다음은 커버리지에 대한 설명이다. 설명과 가장 부합하는 용어를 〈보기〉와 바르게 연결한 것은?

- (㉠) 커버리지 : 모든 문장이 한 번 이상 수행되어야 한다.
- (㉡) 커버리지 : 전체 조건식에 대해 True, False가 한 번 이상 수행되어야 한다.
- (㉢) 커버리지 : 전체 조건식과 상관없이 모든 개별 조건식에 대해 True, False가 한 번 이상 수행되어야 한다.

〈보기〉
1. 조건/결정   2. 다중조건
3. 조건   4. 결정(분기)
5. 변형 조건/결정   6. 구문(문장)

① ㉠-5, ㉡-3, ㉢-4
② ㉠-6, ㉡-4, ㉢-3
③ ㉠-1, ㉡-3, ㉢-4
④ ㉠-1, ㉡-4, ㉢-3

해설
키워드 모든 문장 → 용어 구문(Statement, 문장) 커버리지
키워드 전체 조건식 → 용어 결정(Decision, 분기, Branch) 커버리지
키워드 개별 조건식 → 용어 조건(Condition) 커버리지

[20년 3회 실기]

02 다음은 화이트박스 테스트의 프로그램 제어흐름이다. 분기 커버리지로 구성할 테스트 케이스로 옳은 것은?

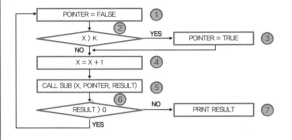

〈예시〉 1234 = 1 → 2 → 3 → 4

① 1234567, 124561 　 ② 1234561, 123456

③ 1234561, 124561 　 ④ 1234567, 124567

해설

분기(Branch, 결정, Decision) 커버리지
: 조건문 내에 존재하는 조건들의 참(True)과 거짓(False)이 적어도 한 번 이상 실행된다.

테스트 케이스	X 〉 K	RESULT 〉 0	경로
1	T	T	1 → 2 → 3 → 4 → 5 → 6 → 1
	F	F	1 → 2 → 4 → 5 → 6 → 7
2	T	F	1 → 2 → 3 → 4 → 5 → 6 → 7
	F	T	1 → 2 → 4 → 5 → 6 → 1

[이전 기출]

03 아래의 소스 코드에 대해 테스트를 수행하기 위하여 다음과 같이 테스트 데이터를 준비하였다. 조건 커버리지, 결정 커버리지, 문장 커버리지 기준으로 평가할 때, 다음 중 가장 적절한 것은?

소스 코드	테스트 데이터

``
if (x >= - 2 && y < 4)
    x = y * 5;
else
    x = y - 5;
``
	T = (−3, −2), (0, 6)
	단, 테스트 데이터는
	(x, y) 값에 해당함

① 조건 커버리지 : 50%, 결정 커버리지 : 50%, 문장 커버리지 : 50%

② 조건 커버리지 : 50%, 결정 커버리지 : 100%, 문장 커버리지 : 66%

③ 조건 커버리지 : 100%, 결정 커버리지 : 50%, 문장 커버리지 : 66%

④ 조건 커버리지 : 100%, 결정 커버리지 : 100%, 문장 커버리지 : 100%

해설

• 조건 커버리지

테스트 데이터	소스 코드	결과
(−3, −2)	if (x)= − 2 && y 〈 4)	F && T
(0, 6)	if (x)= − 2 && y 〈 4)	T && F

→ 개별 조건식이 참/거짓을 모두 한 번씩 가지므로 100%

• 결정(분기) 커버리지

테스트 데이터	소스 코드	결과
(−3, −2)	if (x)= − 2 && y 〈 4)	F
(0, 6)	if (x)= − 2 && y 〈 4)	F

→ 모든 조건문이 거짓의 값만 가지므로 50%

• 문장 커버리지
− if (x)= −2 && y 〈 4) : 실행 → F
− x = y * 5 : 실행 안함
− x = y − 5 : 실행
= 2/3 = 66%

TIP if~else는 하나의 문장입니다.

TIP &&는 AND 연산으로, 입력 값이 모두 참(T)인 경우 참(T)을 반환합니다.

▶ 정답 : 01.②, 02.①, 03.③

★★★
04 소프트웨어 개발 단계에 따른 테스트

1 소프트웨어 생명 주기의 V 모델 [22년 1회 실기] [21년 1회 실기]

V 모델*은 애플리케이션 테스트와 소프트웨어 개발 단계를 연결하여 표현한 것이다.

• 테스트는 개발 과정 전반에 걸쳐 밀접하게 연계되어 있으며, 각 단계별로 이에 적합한 테스트가 진행된다.

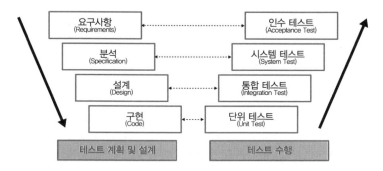

1. 단위 테스트(Unit Test) [22년 2회] [21년 2, 3회]

함수*, 서브루틴*, 컴포넌트* 등 구현된 모듈의 기능 수행 여부를 판정하고, 내부에 존재하는 논리적 오류를 검출할 수 있는 방안을 파악한다.

• 구조 기반 테스트와 명세 기반 테스트로 나뉘지만, 주로 구조 기반 테스트를 수행한다.

2. 통합 테스트(Integration Test)

모듈 간의 인터페이스 연계를 검증하고 오류를 확인하며, 모듈 간의 상호 작용 및 연계 동작 여부를 판정하는 방안을 파악한다.

3. 시스템 테스트(System Test)

단위 테스트와 통합 테스트 후 전체 시스템이 정상적으로 작동하는지 판정하는 기능 명세*를 확인하는 방안을 파악한다.

• 개발된 소프트웨어가 해당 시스템에서 완벽하게 수행되는가를 테스트한다.

• 기능적 요구사항*은 블랙박스 테스트를 수행하고, 비기능적 요구사항*은 화이트박스 테스트를 수행한다.

4. 인수 테스트(Acceptance Test) [20년 3회]

사용자가 요구분석 명세서에 명시된 사항을 모두 충족하는지 판정하고, 시스템이 예상대로 동작하고 있는지를 판정하는 방안을 파악한다.

V 모델
소프트웨어 공학에서 시스템의 검증과 테스트 작업을 강조하기 위해 고안한 모델

함수(Function)
특정한 목적의 작업을 수행하기 위한 프로그램 코드의 집합

서브루틴(Subroutine)
완전한 프로그램과 상호 관계를 가질 수 있는 한 프로그램의 독립적인 부분들
• 프로그래밍 언어에서 함수(Function) 또는 메소드(Method)의 개념이다.

컴포넌트(Component)
독립적인 실행 단위
예 결제 시스템에서 현금 결제, 카드 결제, 계좌 이체 결제 등

기능 명세
사용자 관점에서 최종 제품이 어떤 모습이며, 어떻게 동작할 것인지를 기술한 문서

기능적 요구사항
시스템이 수행해야 하는 작업에 관한 요구사항
예 사용자는 공인 인증서로 로그인할 수 있어야 한다.

비기능적 요구사항
소프트웨어 기능들에 대한 조건과 제약사항에 관한 요구사항
예 사용자가 가장 많은 피크 타임 시에도 3초 이내 로그인이 완료되어야 한다.

구분	설명
사용자 인수 테스트	사용자의 시스템 사용 적절성 확인
운영상의 인수 테스트	시스템 관리자에 의한 활동으로 백업 · 복원, 보안 취약성 등 확인
계약 인수 테스트	계약 조건 준수 여부 확인
규정 인수 테스트	정부 지침 · 법규 · 규정 등에 맞는지 확인
알파 검사	개발자의 장소에서 사용자가 시험하고 개발자는 뒤에서 결과를 지켜보는 검사
베타 검사	실 업무를 가지고 사용자가 직접 시험하는 검사

권쌤이 알려줌

알파 검사와 베타 검사 정의를 비교하여 기억해 두세요.

권쌤이 알려줌

통합 테스트는 단위 테스트가 끝난 후 단위 모듈을 통합하여 테스트하는 기법입니다. 통합 테스트의 종류와 관련 용어를 충분히 학습하세요.

빅뱅(Bigbang) 통합 테스트
모듈 간의 인터페이스를 고려하지 않고 단위 테스트가 끝난 모듈을 한꺼번에 결합시켜 테스트하는 방식

점증적
점점 증가, 순차적, 단계적

깊이-우선 방식
수직으로 통합하는 방식

• 통합 방식 : A-B-C-D-E-F-G

너비-우선 방식
수평으로 통합하는 방식

• 통합 방식 : A-B-C-D-E-F-G

2 통합 테스트(Integration Test) [22년 1, 2회]

통합 테스트는 소프트웨어 각 모듈 간의 인터페이스 관련 오류 및 결함을 찾아내기 위한 체계적인 테스트 기법이다.

• 단위 테스트가 끝난 모듈 또는 컴포넌트 단위의 프로그램이 설계 단계에서 제시한 애플리케이션과 동일한 구조와 기능으로 구현된 것인지를 확인하는 것이다.

1. 통합 테스트 방식 분류

① 비점증적 통합 방식
• 전체 프로그램을 대상으로 테스트하므로 오류 발견 및 장애 위치 파악 및 수정이 어렵다.
• 소규모 소프트웨어가 적합하며 단시간 테스트가 가능하다.
• 종류 : 빅뱅(Bigbang) 통합 테스트[※]

② 점증적[※] 통합 방식
• 오류 수정이 용이하고, 인터페이스와 연관된 오류를 완전히 테스트할 가능성이 높다.
• 종류 : 하향식 통합 테스트, 상향식 통합 테스트, 혼합식 통합 테스트

3 하향식 통합 테스트(Top Down Integration Test) [21년 1회] [20년 3회]

하향식 통합 테스트는 메인 제어 모듈로부터 아래 방향으로 제어의 경로를 따라 이동하여 하향식으로 통합하면서 테스트를 진행한다.

• 메인 제어 모듈에 통합되는 하위 모듈과 최하위 모듈은 깊이-우선 방식[※] 또는 너비-우선 방식[※]으로 통합된다.

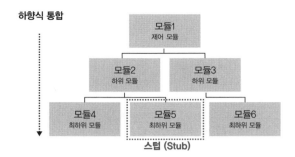

하향식 통합

1. 수행 단계

① 메인 제어 모듈은 작성된 프로그램을 사용하고, 아직 작성되지 않은 하위 제어 모듈 및 모든 하위 컴포넌트를 대신하여 더미 모듈인 스텁(Stub)을 개발한다.

② 깊이-우선 방식 또는 너비-우선 방식에 따라, 하위 모듈인 스텁이 하나씩 실제 모듈로 대체된다.

③ 각 모듈 또는 컴포넌트를 통합하면서 테스트가 수행된다.

④ 테스트가 완료되면 스텁이 실제 모듈 또는 컴포넌트로 작성된다.

학습+플러스 **스텁(Stub)** [21년 1회] [20년 2회] [21년 2회 실기]

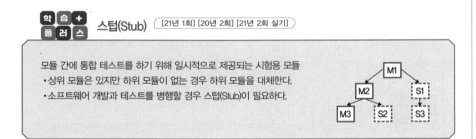

모듈 간에 통합 테스트를 하기 위해 일시적으로 제공되는 시험용 모듈
• 상위 모듈은 있지만 하위 모듈이 없는 경우 하위 모듈을 대체한다.
• 소프트웨어 개발과 테스트를 병행할 경우 스텁(Stub)이 필요하다.

4 상향식 통합 테스트(Bottom Up Integration Test) [21년 3회 실기]

상향식 통합 테스트는 애플리케이션 구조에서 최하위 레벨의 모듈 또는 컴포넌트로부터 위쪽 방향으로 제어의 경로를 따라 이동하면서 구축과 테스트를 진행한다.

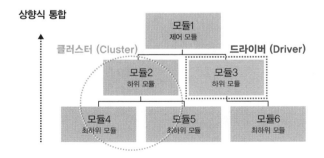

상향식 통합

합격자의 암기법

스텁과 드라이버 : HSSD
• H(하향식 통합)
• Stub
• S(상향식 통합)
• Driver

1. 수행 단계

① 최하위 레벨의 모듈 또는 컴포넌트들이 하위 모듈의 기능을 수행하는 클러스터(Cluster)로 결합된다.

② 상위의 모듈에서 데이터의 입력과 출력을 확인하기 위한 더미 모듈인 드라이버(Driver)를 작성한다.

③ 각 통합된 클러스터 단위를 테스트한다.

④ 테스트가 완료되면 각 클러스터들은 프로그램의 위쪽으로 결합되며, 드라이버는 실제 모듈 또는 컴포넌트로 대체된다.

 드라이버(Driver) [22년 1회] [21년 3회]

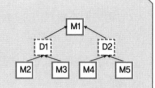

하위 모듈은 있으나 상위 모듈이 없는 경우 하위 모듈 구동하기 위한 제어 프로그램
• 테스트 대상 하위 모듈 호출, 파라미터 전달, 모듈 테스트 수행 후 결과 도출 등 상향식 테스트에 필요하다.

> 파라미터(Parameter, 매개변수)
> 각 모듈 간에 데이터를 넘겨주는 데 쓰이는 변수

5 혼합식 통합 테스트

혼합식 통합 테스트는 상위 레벨(수준)은 하향식 통합, 하위 레벨(수준)은 상향식 통합을 사용하여 최적의 테스트를 지원한다.

 통합 테스트 비교

테스트 방안	빅뱅(Big Bang)	하향식(Top Down)	상향식(Bottom Up)
테스트 수행 방법	모든 모듈을 동시에 통합 후 테스트	최상위 모듈부터 하위 모듈들을 통합하면서 테스트	최하위 모듈부터 점진적으로 상위 모듈과 함께 테스트
드라이버/스텁	드라이버/스텁 없이 실제 모듈로 테스트	테스트 스텁 필요	테스트 드라이버 필요
장점	• 단시간 테스트 가능 • 작은 시스템에 유리	• 장애 위치 파악 쉬움 • 중요 모듈의 선 테스트 가능 • 설계상 결함 조기 발견	• 장애 위치 파악 쉬움 • 모든 모듈을 개발해야 하는 시간 낭비 필요 없음
단점	• 장애 위치 파악 어려움 • 모든 모듈이 개발되어야 가능	• 많은 스텁 필요 • 하위 모듈들의 불충분한 테스트 수행	• 중요 모듈들이 마지막에 테스트될 가능성 있음

6 회귀 테스트(Regression Test)

회귀 테스트는 모듈이나 컴포넌트의 변화로 인한 오류가 생기지 않았음을 보증하기 위해 반복 테스트하는 것을 말한다.

• 통합 테스트 과정에서 오류를 제거한 프로그램이 새로운 형태의 오동작이나 오류를 일으킬 수 있다.

- 통합 테스트가 완료된 후에 변경된 모듈이나 컴포넌트가 있다면 새로운 오류 여부를 확인하기 위해 회귀 테스트를 수행할 수 있다.

1. 회귀 테스트 케이스 선정 방법

- 모든 애플리케이션의 기능을 수행할 테스트 케이스의 대표적인 샘플을 도출한다.
- 변경에 의한 영향도가 가장 높은 애플리케이션 기능에 집중한 추가적인 테스트 케이스를 도출한다.
- 실제 수정이 발생한 모듈 또는 컴포넌트에서부터 시행하는 테스트 케이스를 도출한다.

기출 및 예상문제

04 소프트웨어 개발 단계에 따른 테스트

[21년 2회]

01 다음 중 단위 테스트를 통해 발견할 수 있는 오류가 아닌 것은?

① 알고리즘 오류에 따른 원치 않은 결과
② 탈출구가 없는 반복문의 사용
③ 모듈 간의 비정상적인 상호작용으로 인한 원치 않은 결과
④ 틀린 계산 수식에 의한 잘못된 결과

> **해설** 다른 하나는 통합 테스트를 통해 발견할 수 있는 오류이다.

[21년 3회]

02 개별 모듈을 시험하는 것으로 모듈이 정확하게 구현되었는지, 예정한 기능이 제대로 수행되는지를 점검하는 것이 주요 목적인 테스트는?

① 통합 테스트(Integration Test)
② 단위 테스트(Unit Test)
③ 시스템 테스트(System Test)
④ 인수 테스트(Acceptance Test)

> **해설** 키워드 개별 모듈, 기능 수행 점검 → 용어 단위 테스트(Unit Test)

[21년 1회 실기]

03 다음의 설명과 가장 부합하는 용어를 바르게 연결한 것은?

> ⓐ 개별 모듈이 제대로 구현되어 정해진 기능을 정확히 수행하는지를 테스트
> ⓑ 소프트웨어 각 모듈 간의 상호작용이 정상적으로 실행되는지 확인하는지를 테스트

> ㄱ. 시스템 테스트   ㄴ. 인수 테스트
> ㄷ. 알파 테스트   ㄹ. 단위 테스트
> ㅁ. 통합 테스트   ㅂ. 회귀 테스트

	ⓐ	ⓑ		ⓐ	ⓑ
①	ㄱ	ㄷ	②	ㄷ	ㅁ
③	ㅂ	ㄴ	④	ㄹ	ㅁ

> **해설** 키워드 개별 모듈, 기능 수행 → 용어 단위 테스트(Unit Test)
> 키워드 상호작용 → 용어 통합 테스트(Integration Test)

[20년 3회]

04 알파, 베타 테스트와 가장 밀접한 연관이 있는 테스트 단계는?

① 단위 테스트   ② 인수 테스트
③ 통합 테스트   ④ 시스템 테스트

> **해설** 키워드 알파, 베타 테스트 → 용어 인수 테스트(Acceptance Test)

05 [20년 2, 4회]

검증 검사 기법 중 개발자의 장소에서 사용자가 개발자 앞에서 행하는 기법이며, 일반적으로 통제된 환경에서 사용자와 개발자가 함께 확인하면서 수행되는 검사는?

① 동치 분할 검사   ② 형상 검사
③ 알파 검사   ④ 베타 검사

> **해설**
> **키워드** 개발자의 장소, 사용자가 행함 → **용어** 알파 검사
> • 동치 분할 검사(Equivalence Partitioning) : 입력 자료에 초점을 맞춰 테스트 케이스를 만들고 검사하는 기법

06 [21년 1회]

필드 테스팅(field testing)이라고도 불리며 개발자 없이 고객의 사용 환경에 소프트웨어를 설치하여 검사를 수행하는 인수검사 기법은?

① 베타 검사   ② 알파 검사
③ 형상 검사   ④ 복구 검사

> **해설**
> **키워드** 개발자 없이 고객의 사용 환경에서 검사
> → **용어** 베타 검사

07 [20년 3회]

다음이 설명하는 애플리케이션 통합 테스트 유형은?

> • 깊이 우선 방식 또는 너비 우선 방식이 있다.
> • 상위 컴포넌트를 테스트하고 점증적으로 하위 컴포넌트를 테스트한다.
> • 하위 컴포넌트 개발이 완료되지 않은 경우 스텁(Stub)을 사용하기도 한다.

① 하향식 통합 테스트   ② 상향식 통합 테스트
③ 회귀 테스트   ④ 빅뱅 테스트

> **해설**
> **키워드** 상위 테스트 후 하위 테스트, 스텁(Stub)
> → **용어** 하향식 통합 테스트(Top Down Integration Test)

08 [21년 1회]

소프트웨어 설계 시 제일 상위에 있는 main user function에서 시작하여 기능을 하위 기능들로 분할해가면서 설계하는 방식은?

① 객체 지향 설계   ② 데이터 흐름 설계
③ 상향식 설계   ④ 하향식 설계

> **해설**
> **키워드** 상위에서 시작하여 하위 기능들로 분할
> → **용어** 하향식(Top Down) 설계

09 [21년 1회] [20년 2회] [21년 2회 실기]

하향식 통합에 있어서 모듈 간의 통합 시험을 위해 일시적으로 필요한 조건만을 가지고 임시로 제공되는 시험용 모듈을 무엇이라고 하는가?

① Stub   ② Driver
③ Procedure   ④ Function

> **해설**
> **키워드** 하향식 통합, 시험용 모듈 → **용어** 스텁(Stub)

10 [21년 3회] [21년 3회 실기]

테스트 드라이버(Test Driver)에 대한 설명으로 틀린 것은?

① 시험대상 모듈을 호출하는 간이 소프트웨어이다.
② 필요에 따라 매개 변수를 전달하고 모듈을 수행한 후의 결과를 보여줄 수 있다.
③ 상향식 통합 테스트에서 사용된다.
④ 테스트 대상 모듈이 호출하는 하위 모듈의 역할을 한다.

> **해설**
> 다른 하나는 스텁(Stub)에 대한 설명이다.
> • 드라이버(Driver) : 하위 모듈은 있으나 상위 모듈이 없는 경우 하위 모듈 구동하기 위한 제어 프로그램

11 [이전 기출]

Bottom-Up Integration Test의 과정이 옳게 나열된 것은?

> ⓐ "Driver"라는 제어 프로그램의 작성
> ⓑ 낮은 수준의 모듈들을 "Cluster"로 결합
> ⓒ "Cluster" 검사
> ⓓ "Driver"를 제거하고 "Cluster"를 상위로 결합

① ⓐ→ⓑ→ⓒ→ⓓ   ② ⓑ→ⓐ→ⓒ→ⓓ
③ ⓑ→ⓒ→ⓐ→ⓓ   ④ ⓐ→ⓑ→ⓓ→ⓒ

> **해설**
> 상향식 통합 테스트(Bottom Up Integration Test) 수행 단계
> : Cluster로 결합 → Driver 작성 → Cluster 검사 → Driver 제거 후 Cluster를 상위로 결합

▶ 정답 : 01.③, 02.②, 03.④, 04.②, 05.③, 06.①, 07.①, 08.④, 09.①, 10.④, 11.②

05 테스트 용어

1 테스트 케이스(Test Case) [22년 2회] [21년 1, 3회] [21년 3회 실기]

테스트 케이스는 명세 기반 테스트의 설계 산출물로, 특정한 프로그램의 일부분을 경로에 따라 수행하거나 특정한 요구사항을 준수하는지 확인하기 위해 설계된 입력 값, 실행 조건, 기대 결과로 구성된 테스트 항목의 명세서이다.

예 테스트 케이스

테스트 ID	UT-DM-xxx		단계 명	단위 테스트		
테스트 목적	사용자 로그인 테스트		테스트 기능	사용자의 ID와 패스워드 검증		
입력 데이터	사용자 ID, 패스워드					
테스트 단계	테스트 케이스 설명			예상 출력	중요도	확인
	사용자가 ID/PW 없이 로그인을 시도한다.			오류 메시지		
	사용자가 ID만 입력 후 로그인을 시도한다.			오류 메시지		
	사용자가 존재하지 않는 ID로 로그인을 시도한다.			오류 메시지		
	사용자가 잘못된 패스워드(ID="abcd01", PW=娘')로 로그인을 시도한다.			오류 메시지		
	사용자가 올바른 ID와 패스워드(ID="abcd01", PW="pw1234")로 로그인을 시도한다.			로그인 성공 메시지		
테스트 환경	개발 환경의 테스트 서버, 형상 관리 서버					
전제 조건	정상적으로 사용자 계정(ID, 패스워드)이 등록되어 있어야 함					
성공/실패 기준	기대 결과가 정상적으로 출력되면 성공					

1. 테스트 케이스 작성 순서

① 테스트 계획 검토 및 자료 확보

테스트 대상 프로젝트의 범위와 접근 방법의 이해를 위해 테스트 계획을 재검토하고, 테스트 대상 시스템의 자료와 정보를 확보하여 시스템 요구사항과 기능 명세서를 검토한다.

② 위험 평가 및 우선순위 결정

결함의 위험 정도에 따른 우선순위를 결정하고, 어느 부분에 초점을 맞춰 테스트할지 결정한다.

③ 테스트 요구사항 정의

시스템 요구사항, 테스트 대상 재검토, 테스트할 특성/조건/기능을 식별 및 분석한다.

④ 테스트 구조 설계 및 테스트 방법 결정

테스트 케이스의 일반적 형식을 결정하고, 테스트 케이스 분류 방법 및 테스트 절차, 장비, 도구, 테스트 문서화 방법을 결정한다.

⑤ 테스트 케이스 정의

각 요구사항에 대해 테스트 케이스를 작성하고, 입력 값, 실행 조건, 예상 결과를 기술한다.

권쌤이 알려줌

테스트 케이스의 정확성, 재사용성, 간결성 보장을 위해 절차에 따라 테스트 케이스를 작성합니다.

⑥ 테스트 케이스 타당성 확인 및 유지 보수

기능 또는 환경 변화에 따라 테스트 케이스를 갱신하고, 테스트 케이스의 유용성을 검토한다.

2 테스트 오라클(Test Oracle) [20년 4회]

테스트 오라클은 테스트의 결과가 참인지 거짓인지를 판단하기 위해 사전에 정의된 참 값을 입력하여 비교하는 기법 및 활동이다.

- 테스트한 결과가 옳은지를 확인하는 도구이다.

1. 테스트 오라클의 유형 [20년 4회 실기]

구분	설명
참(True) 오라클	모든 입력 값에 대해 기대하는 결과를 생성함으로써 발생된 오류를 모두 검출하는 오라클
샘플링(Sampling) 오라클	특정한 몇 개의 입력 값에 대해서만 기대하는 결과를 제공하는 오라클
휴리스틱(Heuristic) 오라클	샘플링 오라클을 개선한 오라클로, 특정 입력 값에 대해 올바른 결과를 제공하고, 나머지 값들에 대해서는 휴리스틱(추정)으로 처리하는 오라클
일관성 검사 (Consistent) 오라클	애플리케이션 변경이 있을 때, 수행 전과 후의 결과 값이 동일한지 확인하는 오라클

2. 오라클 적용 방안

- 참 오라클 : 주로 항공기, 임베디드, 발전소 소프트웨어 등 미션 크리티컬한 업무*에 적용한다.
- 샘플링/휴리스틱 오라클 : 일반, 업무용, 게임, 오락 등의 일반적인 업무에 적용한다.

3 테스트 시나리오(Test Scenario)

테스트 시나리오는 테스트 수행을 위한 여러 테스트 케이스의 집합으로서, 테스트 케이스의 동작 순서를 기술한 문서이다.

- 테스트를 위한 절차를 명세한 문서이다.
- 테스트 수행 절차를 미리 정함으로써 설계 단계에서 중요시되던 요구사항이나 대안 흐름과 같은 테스트 항목을 빠짐없이 테스트하기 위해 테스트 시나리오가 필요하다.

합격자의 **암기법**

테스트 오라클 유형 : 참 립스틱 세일(참 리스틱 샘일)
- 참
- (휴리)립스틱
- 세(샘플링)
- 일(관성 검사)

권쌤이 알려줌

휴리스틱 오라클은 확률이나 직관에 의한 예상 결과를 작성합니다.

미션 크리티컬(Mission Critical)한 업무
한 번이라도 다운되어서는 안 되는 업무

문서 번호	CS5xx-TS922		작성자	홍길동		작성일	2022.00.00		버전	1.0

다) 통합 테스트 시나리오 ① 인사

테스트 ID	테스트명	번호	메뉴 경로	주요 입력값	테스트 케이스	예상 결과	확인
IT_Hxx _01xx	기준관리	1	인사관리〉부서조직 관리	• 조직 개편일 : 2015-03-00	• 검색 조건을 입력하고 조회 버튼 클릭	• 검색 결과가 조회된다.	
		2		• 조직 개편일 : 2015-03-00 • 변경 구분, 부서명, 부서장	• 신규 버튼 클릭 • 행 추가 버튼 클릭 • 변경 구분, 부서명, 부서장을 입력하고 확정 버튼 클릭	• 조직 개편일 입력이 가능해진다. • 코드 목록에서 행이 추가된다. • 변경 구분, 부서명, 부서장이 저장된다.	
		3	인사관리〉기준관리〉 통합직급 코드관리	• 조직 개편일 : 2015-03-00	• 검색 조건을 입력하고 조회 버튼 클릭	• 검색 결과가 조회된다.	

1. 테스트 시나리오 작성 시 유의점

- 테스트 항목을 하나의 시나리오에 모두 작성하지 않고, 시스템별/모듈별/ 항목별로 테스트 시나리오를 분리하여 작성한다.
- 고객의 요구사항과 설계 문서 등을 토대로 테스트 시나리오를 작성한다.
- 각 테스트 항목은 식별자 번호, 순서 번호, 테스트 데이터, 테스트 케이스, 예상 결과, 확인 등의 항목을 포함하여 작성한다.

 기출 및 예상문제

05 테스트 용어

[21년 1회]

01 테스트 케이스에 일반적으로 포함되는 항목이 아닌 것은?

① 테스트 조건
② 테스트 데이터
③ 테스트 비용
④ 예상 결과

> **해설** 테스트 케이스(Test Case)는 테스트 데이터(입력 값), 테스트 조건 (실행 조건), 예상 결과(기대 결과)로 구성된 테스트 항목의 명세서이다.

[21년 3회]

02 테스트 케이스 자동 생성 도구를 이용하여 테스트 데이터를 찾아내는 방법이 아닌 것은?

① 스텁(Stub)과 드라이버(Driver)
② 입력 도메인 분석
③ 랜덤(Random) 테스트
④ 자료 흐름도

> **해설** 스텁(Stub)과 드라이버(Driver)는 통합 테스트(Integration Test)에서 사용된다.
> • 입력 도메인 분석 : 요구에 대한 정보를 수집하고 배경을 분석하는 과정
> • 랜덤(Random) 테스트 : 임의의 값을 선택하여 수행하는 방법
> • 자료 흐름도(DFD; Data Flow Diagram) : 데이터가 시스템에 의해서 어떻게 처리되는지 보여주는 직관적인 방법

[21년 3회 실기]
03 테이스 케이스의 빈칸에 들어갈 알맞은 용어는?

고유 번호	테스트 대상	㉠	㉡	㉢
IT_H_01	사용자 로그인	시스템 로그인 화면	올바르지 않은 사용자 ID, 패스워드	오류 메시지
IT_H_02	사용자 로그인	시스템 로그인 화면	올바른 사용자 ID, 패스워드	로그인 성공 메시지

	㉠	㉡	㉢
①	테스트 조건	테스트 데이터	예상 결과
②	테스트 데이터	테스트 조건	예상 결과
③	테스트 데이터	예상 결과	테스트 조건
④	테스트 조건	예상 결과	테스트 데이터

해설 **TIP** 테스트 케이스는 테스트 데이터(입력 값), 테스트 조건(실행 조건), 예상 결과(기대 결과)로 구성된 테스트 명세서입니다.

[20년 4회]
04 다음이 설명하는 테스트 용어는?

> • 테스트의 결과가 참인지 거짓인지를 판단하기 위해서 사전에 정의된 참 값을 입력하여 비교하는 기법 및 활동을 말한다.
> • 종류에는 참, 샘플링, 휴리스틱, 일관성 검사가 존재한다.

① 테스트 케이스   ② 테스트 시나리오
③ 테스트 오라클   ④ 테스트 데이터

해설 **키워드** 참/거짓, 참 값 입력, 샘플링, 휴리스틱, 일관성 검사
→ **용어** 테스트 오라클(Test Oracle)

[20년 4회 실기]
05 특정 몇몇 입력 값들에 대해서만 원하는 결과를 제공해 주는 오라클로, 전 범위 테스트가 불가능한 경우 사용하며 경계 값, 구간별 예상 값 결과 작성 시 사용하는 오라클은?

① 참 오라클   ② 일관성 검사 오라클
③ 휴리스틱 오라클   ④ 샘플링 오라클

해설 **키워드** 특정 몇몇 입력 값, 원하는 결과 제공
→ **용어** 샘플링(Sampling) 오라클

▶ 정답 : 01.③, 02.①, 03.①, 04.③, 05.④

---

06 테스트 자동화 도구

1 테스트 자동화 도구

테스트 도구를 활용하여 반복적인 테스트 작업을 스크립트 형태로 구현함으로써, 테스트 시간과 비용을 최소화하여 쉽고 효율적으로 테스트를 수행할 수 있다.

- 휴먼 에러(Human Error)※를 줄여 테스트 품질을 향상할 수 있는 도구이다.
- 테스트 자동화 도구는 테스트 단계별로 적용할 수 있다.

휴먼 에러(Human Error)
사람에 의한 에러

1. 테스트 단계별 테스트 자동화 도구

테스트 단계	자동화 도구	도구 설명
테스트 계획	요구사항 관리	고객 요구사항 정의 및 요구사항 관리를 지원
테스트 분석/설계	테스트 케이스 생성	테스트 기법에 따른 테스트 케이스 작성과 테스트 데이터 생성을 지원
테스트 수행	테스트 자동화	기능 테스트와 UI 테스트 등 단위 테스트 및 통합테스트를 지원
	정적 분석	코딩 표준, 런타임 오류※ 등을 검증
	동적 분석	대상 시스템 시뮬레이션※을 통한 오류 검출
	성능 테스트	부하 생성기 등을 이용하여 가상 사용자를 생성하고, 시스템의 처리 능력을 측정
	모니터링	시스템 자원(CPU, Memory 등)의 상태 확인 및 분석 지원
테스트 관리	커버리지 측정	테스트 완료 후 테스트 충분성 여부 검증 지원
	형상 관리※	테스트 수행에 필요한 도구, 데이터 및 문서 관리
	결함 추적/관리	테스트에서 발생한 결함 추적 및 관리 활동 지원

2. 테스트 자동화 도구 장/단점

장점	• 반복되는 테스트 데이터 재입력 작업의 자동화 • 사용자 요구 기능의 일관성 검증에 유리 • 테스트 결과 값에 대한 객관적인 평가 기준 제공 • 테스트 결과의 통계 작업과 그래프 등 다양한 표시 형태 제공 • UI가 없는 서비스의 경우에도 정밀한 테스트 가능
단점	• 도구 도입 후 도구 사용 방법에 대한 교육 및 학습 필요 • 도구를 프로세스 단계별로 적용하기 위한 시간, 비용, 노력 필요 • 상용 도구의 경우 고가이므로, 유지 관리 비용이 많아 추가 투자 필요

2 테스트 자동화 도구의 유형

1. 정적 분석 도구(Static Analysis Tools) [21년 3회] [20년 2회 실기]

만들어진 애플리케이션을 실행하지 않고 분석하는 도구이다.

- 대부분은 소스 코드에 대한 코딩 표준, 코딩 스타일, 코드 복잡도 및 남은 결함을 발견하기 위해 사용한다.
- 테스트를 수행하는 사람이 작성된 소스 코드에 대한 이해를 바탕으로 도구를 이용해서 분석하는 것을 말한다.

2. 테스트 실행 도구(Test Execution Tools)

테스트를 위해 작성된 스크립트를 실행하는 도구이다.

- 작성된 스크립트는 각 스크립트마다 특정 데이터와 테스트 수행 방법을 포함하고 있으며, 데이터 주도 접근 방식과 키워드 주도 접근 방식으로 나눌 수 있다.

① 데이터 주도 접근 방식

- 테스트 데이터를 스프레드시트※에 저장하고, 이 데이터를 읽고 실행하는 방식이다.
- 다양한 테스트 데이터를 이용하여 동일한 테스트 케이스를 반복해서 실행할 수 있다.

런타임 오류(Runtime Error)
예 예상치 못한 입력, 예외 처리 누락, 단순한 코딩 실수

시뮬레이션(Simulation)
모의 실험

형상 관리(SCM; Software Configuration Management)
소프트웨어의 개발 과정에서 발생하는 프로그램, 문서 데이터 등 산출물의 변경 사항을 버전 관리하기 위한 일련의 활동

권쌤이 알려줌

UI(User Interface, 사용자 인터페이스)는 로그인 화면, 회원가입 화면 등 애플리케이션 화면으로 이해하세요.

권쌤이 알려줌

스크립트(Script)란 테스트를 수행하기 위해 스크립트 언어로 작성한 파일입니다.

스프레드시트(Spreadsheet)
작업표에 데이터를 입력한 후 사용자가 원하는 계산 처리, 검색 및 관리, 도표 작성 등을 손쉽게 하도록 개발된 응용 프로그램
예 엑셀 프로그램

- 스크립트 언어에 익숙하지 않은 테스터도 미리 작성된 스크립트에 테스트 데이터만 추가하여 쉽게 테스트를 수행할 수 있다.

② **키워드 주도 접근 방식**
- 일반적으로 테스트를 수행할 동작을 나타내는 키워드와 테스트 데이터를 스프레드시트에 저장하여 실행하는 방식이다.
- 키워드를 이용하여 테스트 수행 동작을 정의할 수 있다.

3. 성능 테스트 도구(Performance Test Tools) [21년 2회]

애플리케이션의 처리량, 응답 시간, 경과 시간, 자원 사용률에 대해 가상의 사용자를 생성하고 테스트를 수행함으로써 성능 목표를 달성했는지를 확인하는 도구이다.

4. 테스트 통제 도구(Test Control Tools)

테스트 계획 및 관리를 위한 테스트 관리 도구, 테스트 수행에 필요한 데이터와 도구를 관리하는 형상 관리 도구, 테스트에서 발생한 결함에 대해 관리하거나 협업을 지원하기 위한 결함 추적/관리 도구 등이 있다.

5. 테스트 장치(Test Harness Tools, 테스트 하네스 도구)

테스트 환경을 시뮬레이션하여 모듈 및 컴포넌트가 정상적으로 테스트 되도록 지원하는 도구이다.

- 테스트 하네스(Test Harness) : 애플리케이션 모듈 및 컴포넌트를 테스트하는 환경의 일부분으로, 테스트를 지원하기 위한 코드와 데이터를 말한다.
- 단위 또는 모듈 테스트에 사용하기 위해 코드 개발자가 작성한다.

권쌤이 알려줌

테스트 시나리오는 단순 테스트 케이스의 집합이 아닌 동작 순서에 맞는 테스트 케이스의 집합이라는 점에서 테스트 슈트와 차이를 가집니다.

구성 요소	설명
테스트 드라이버 (Test Driver)	테스트 대상 하위 모듈 호출, 파라미터 전달, 모듈 테스트 수행 후의 결과 도출 등 상향식 테스트에 필요한 것
테스트 스텁 (Test Stub)	제어 모듈이 호출하는 타 모듈의 기능을 단순히 수행하는 도구로 하향식 테스트에 필요한 것
테스트 케이스 (Test Case)	입력 값, 실행 조건, 기대 결과로 구성된 테스트 항목의 명세서
테스트 슈트 (Test Suites)	테스트 대상 모듈이나 컴포넌트, 시스템에 사용되는 테스트 케이스의 집합
테스트 스크립트 (Test Script)	자동화된 테스트 실행 절차에 대한 명세
목 오브젝트 (Mock Object)	사용자의 행위를 조건부로 사전에 입력해 두면, 그 상황에 예정된 행위를 수행하는 객체

[20년 2회 실기]

01 애플리케이션을 실행하지 않고, 소스 코드에 대한 코딩 표준, 코딩 스타일, 코드 복잡도 및 남은 결함을 발견하기 위하여 사용하는 도구는?

① 성능 테스트 도구   ② 테스트 실행 도구

③ 테스트 통제 도구   ④ 정적 분석 도구

> 해설   키워드 애플리케이션 실행 X, 소스 코드 → 용어 정적 분석 도구 (Static Analysis Tools)

[21년 3회]

02 소스 코드 정적 분석(Static Analysis)에 대한 설명으로 틀린 것은?

① 소스 코드를 실행시키지 않고 분석한다.

② 코드에 있는 오류나 잠재적인 오류를 찾아내기 위한 활동이다.

③ 하드웨어적인 방법으로만 코드 분석이 가능하다.

④ 자료 흐름이나 논리 흐름을 분석하여 비정상적인 패턴을 찾을 수 있다.

> 해설   소스 코드 정적 분석은 소스 코드에 대한 코딩 표준 준수 여부, 코딩 스타일 적정 여부 등을 확인하는 것으로, 소프트웨어적인 방법으로 코드 분석이 가능하다.

[21년 2회]

03 애플리케이션의 처리량, 응답시간, 경과시간, 자원사용률에 대해 가상의 사용자를 생성하고 테스트를 수행함으로써 성능 목표를 달성하였는지를 확인하는 테스트 자동화 도구는?

① 명세 기반 테스트 설계 도구

② 코드 기반 테스트 설계 도구

③ 기능 테스트 수행 도구

④ 성능 테스트 도구

> 해설   키워드 처리량, 응답시간, 경과시간, 자원사용률, 성능 목표 → 용어 성능 테스트 도구(Performance Test Tools)

▶ 정답 : 01.④, 02.③, 03.④

---

07 결함 관리

1 소프트웨어 결함

1. 소프트웨어 결함(Software Defect) [22년 3회] [21년 3회]

소프트웨어의 결함을 말할 때 에러(Error), 결함(Defect), 결점(Fault), 버그(Bug), 실패(Failure) 등의 용어가 사용된다.

분류	설명
에러(Error)/오류	에러는 결함(Defect)의 원인이 되는 것으로, 일반적으로 소프트웨어 개발자, 분석가 등 사람에 의해 생성된 실수이다. 예 개발자가 실수로 무한 루프 코드를 작성한 경우
결함/결점/버그(Bug)	에러 또는 오류가 원인이 되어 소프트웨어 제품에 포함되어 있는 결함이다. 이를 제거하지 않으면 소프트웨어 제품이 실패(Failure)하거나 문제(Problem)가 발생할 수 있다.
실패/문제	소프트웨어 제품에 포함된 결함이 실행될 때 발생하는 현상이다.

권쌤이 알려줌

테스트 결과를 분석하여 발견된 결함을 관리 및 제거합니다. 발견된 결함은 우선순위와 심각도를 반영하여 조치합니다.

합격자의 암기법

소프트웨어 결함
- 키워드 결함의 원인
  → 용어 에러/오류
- 키워드 제품에 포함
  → 용어 결함/결점/버그
- 키워드 결함을 실행
  → 용어 실패/문제

2. 결함 관리 항목

테스트 수행 후 발견된 결함은 결함 관리 시스템(대장)에 등록하여 관리해야 하며, 등록 시 다음 항목들은 필수로 등록한다.

- 결함 내용, 결함 ID, 결함 유형, 발견일, 심각도, 우선순위, 시정 조치 예정일, 수정 담당자, 재테스트 결과, 종료일

학습 플러스 결함 심각도와 결함 우선순위

1. 결함 심각도
애플리케이션에 발생한 결함이 어떤 영향을 끼치며, 그 결함이 얼마나 치명적인지를 나타내는 척도
- 결함 관리의 정확성과 신뢰성의 향상을 위해 결함 심각도를 각 단계별 표준화된 용어로 정의해야 한다.
- 분류 : 치명적(Critical) 결함, 주요(Major) 결함, 보통(Normal) 결함, 경미한(Minor) 결함, 단순(Simple) 결함 등

2. 결함 우선순위
발생한 결함이 얼마나 빠르게 처리되어야 하는지를 결정하는 척도
- 결함 심각도가 높다고 우선순위가 반드시 높은 것은 아니며, 애플리케이션의 특성에 따라 우선순위가 결정될 수 있다.
- 분류 : 결정적(Critical), 높음(High), 보통(Medium), 낮음(Low) 또는 즉시 해결, 주의 요망, 대기, 개선 권고 등

3. 단계별 결함 유입 분류

분류	설명
기획 시 유입되는 결함	사용자 요구사항의 표준 미준수로 인해 테스트 불가능, 요구사항 불명확/불완전/불일치, 기타 결함 발생
설계 시 유입되는 결함	기획 단계에 유입된 결함 또는 설계 표준 미준수로 인해 테스트 불가능, 기능 설계 불명확/불완전/불일치, 기타 결함 발생
코딩 시 유입되는 결함	설계 단계에 유입된 결함 또는 코딩 표준 미준수로 인해 기능의 불일치/불완전, 데이터 결함, 인터페이스 결함, 기타 결함 발생
테스트 부족으로 유입되는 결함	테스트 수행 시 테스트 완료 기준의 미준수, 테스트 팀과 개발팀의 의사소통 부족, 개발자의 코딩 실수로 인한 결함 발생

4. 결함 관리 도구

종류	설명
Bugzilla	• 모질라 재단이 만든 이슈* 관리 도구 • 지속적인 결함 관리와 결함의 심각도와 우선순위 지정 가능
Trac	• 버그 관리, 이슈 관리, 소스 코드 형상 관리 및 위키* 기반의 문서관리 도구 • 결함 추적뿐만 아니라 결함을 통합하여 관리 가능
Redmine	• 프로젝트 관리와 버그 추적 기능을 제공하는 도구
Mantis	• 결함 및 이슈 관리뿐만 아니라 프로젝트 관리 도구로도 사용됨 • 소프트웨어 설계 시 단위별 작업 내용 기록 가능

합격자의 암기법

결함 관리 도구 : MBTR
- Mantis
- Bugzilla
- Trac
- Redmine

이슈(Issue)
시스템의 개선사항, 새로운 기능 등을 수행하기 위한 일의 단위

위키(Wiki)
여러 사용자가 협업하면서 문서를 작성할 수 있는 아주 효과적인 도구
🔟 위키 백과

2 결함 관리

결함 관리는 단계별로 테스트를 수행한 후 발생한 결함의 재발을 방지하고, 유사 결함 발견 시 처리 시간 단축을 위해 결함을 추적하고 관리하는 활동이다.

1. 결함 관리 프로세스

프로세스	설명
에러 발견(Open)	요구사항 분석, 설계, 테스트 실행 중 에러가 발견될 경우, 테스트 전문가와 프로젝트팀과 논의한다.
에러 등록	결함 관리 대장에 발견된 에러를 등록한다.
에러 분석	등록된 에러가 단순 에러인지 아니면 실제 결함인지 분석한다.
결함 확정	등록된 에러가 실제 결함으로 확정될 경우 결함 확정 상태로 설정한다.
결함 할당(Assigned)	결함을 해결할 담당자를 지정하여 결함을 할당하고, 결함 할당 상태로 설정한다.
결함 조치(Fixed)	결함에 대해 수정 활동을 수행하고, 수정이 완료된 경우 결함 조치 상태로 설정한다.
결함 조치 검토 및 승인 (Closed)	수정이 완료된 결함에 대해 확인 테스트를 수행하고, 정상적으로 결함 조치가 완료된 경우 결함 조치 완료 상태로 설정한다.

2. 결함 추이 분석

테스트 완료 후 발견된 결함에 대해 결함 관리 측정 지표의 속성값들을 분석하고, 향후 애플리케이션의 어떤 모듈 또는 컴포넌트에서 결함이 발생할지를 추정하는 작업이다.

▼ 결함 관리 측정 지표(결함 추이 분석 유형)

구분	설명
결함 분포	각 애플리케이션 모듈 또는 컴포넌트의 특정 속성에 해당하는 결함의 수를 측정하여 분석
결함 추세	테스트 진행 시간의 흐름에 따른 결함의 수를 측정하여 분석
결함 에이징	등록된 결함에 대해 특정한 결함 상태의 지속 시간을 측정하여 분석

권쌤이 알려줌

결함 관리 프로세스 중 오류 우선순위가 낮게 분류되어 오류 수정을 연기한 상태를 디퍼드(Deferred), 보고된 오류가 프로젝트팀에 의한 오류가 아니라고 판단된 상태를 클래시파이드(Classified)라고 합니다.

합격자의 **암기법**

결함 관리 측정 지표
• 키워드 특정 속성에 대한 결함 수 → 용어 결함 분포
• 키워드 시간 흐름에 따른 결함 수 → 용어 결함 추세
• 키워드 결함의 지속 시간 → 용어 결함 에이징

기출 및 예상문제

[21년 3회]

01 소프트웨어 개발 활동을 수행함에 있어서 시스템이 고장(Failure)을 일으키게 하며, 오류(Error)가 있는 경우 발생하는 것은?

① Fault
② Testcase
③ Mistake
④ Inspection

해설
키워드 고장(Failure)을 일으킴, 오류(Error) → 용어 결점(Fault)
• 테스트 케이스(Test Case) : 명세 기반 테스트의 설계 산출물로, 특정한 프로그램의 일부분 또는 경로에 따라 수행하거나, 특정한 요구사항을 준수하는지 확인하기 위해 설계된 입력 값, 실행 조건, 기대 결과로 구성된 테스트 항목의 명세서
• 인스펙션(Inspection) : 요구사항 명세서 작성자를 제외한 다른 전문가들이 요구사항 명세서를 확인하면서 결함을 발견하는 검토 방법

▶ 정답 : 01.①

[이전 기출]
01 테스트의 목표를 수립하고, 테스트의 범위를 선정하는 활동으로 가장 옳은 것은?

① 테스트 계획   ② 테스트 설계
③ 테스트 실행   ④ 테스트 평가

[이전 기출]
02 블랙박스 검사에 관하여 기술한 것 중 잘못된 것은?

① 모듈의 구조보다 기능을 검사한다.
② 동치 분할(Equivalence partitioning)이라는 기법을 사용한다.
③ Nassi-Shneiderman 도표를 사용하여 검정기준을 작성할 수 있다.
④ 원인-결과 그래프(Cause and effect graph)로 테스트케이스를 작성할 수 있다.

[이전 기출]
03 소프트웨어 테스트에서 화이트박스 기법의 설명에 해당하는 것은?

① 프로그램을 눈으로 보면서 확인하는 것
② 프로그램의 구조에 의거하여 테스트하는 것
③ 프로그램의 외부사양에 대하여 테스트하는 것
④ 프로그램의 외관상 관계를 파악하는 것

[이전 기출]
04 음 C 프로그램에 대해 조건-결정 커버리지(Condition-decision coverage)를 적용하여 테스트할 때 이를 만족하는 테스트 데이터 집합은?

```
void example(int a, int b, int c) {
    int p = 10;
    if ((a > 0 && b <= 15) || c > 65)
        p = p * 2;
    else
        p = p * 1;
    printf("%d", p);
}
```

① (a : 0, b : 20, c : 70), (a : 5, b : 10, c : 60)
② (a : 0, b : 10, c : 60), (a : 5, b : 20, c : 70)
③ (a : 5, b : 20, c : 70), (a : 5, b : 20, c : 60)
④ (a : 5, b : 10, c : 60), (a : 0, b : 10, c : 60)

[이전 기출]
05 V 모델은 폭포수 모델에 품질 보증을 위한 테스팅 과정이 보완된 모델이다. 이 모델에서 테스트가 수행되는 순서대로 바르게 나열한 것은?

① 단위 테스트 - 통합 테스트 - 시스템 테스트
    - 인수 테스트
② 단위 테스트 - 시스템 테스트 - 통합 테스트
    - 인수 테스트
③ 단위 테스트 - 통합 테스트 - 인수 테스트
    - 시스템 테스트
④ 단위 테스트 - 인수 테스트 - 통합 테스트
    - 시스템 테스트

[이전 기출]
06 다음 중 소프트웨어 테스트에 대한 설명으로 가장 옳지 않은 것은?

① 스트레스 테스트(Stress Test)는 비정상적으로 과도한 분량 또는 빈도로 자원을 요청할 때의 영향을 감사한다.
② 시스템 테스트(System Test)는 모듈들이 통합된 후 넓이 우선 방식 또는 깊이 우선 방식을 사용하여 테스트한다.
③ 단위 테스트(Unit Test)는 개별적인 모듈에 대한 테스트이며 테스트 드라이버(Test Driver)와 테스트 스텁(Test Stub)을 사용할 수 있다.
④ 인수 테스트(Acceptance Test)는 인수 전에 사용자의 요구사항이 만족되었는지 테스트한다.

[이전 기출]
07 다음 컴포넌트 계층 구조의 소프트웨어에 대해 하향식 통합시험을 수행하는 경우, 시험이 이루어지는 통합단위 순서로 옳은 것은?

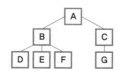

① A - BC - DEFG - ABCDEFG
② A - BC - DEF - G
③ A - ABC - ABCDEFG
④ D - E - F - G - BDEF - CG - ABCDEFG

[이전 기출]

08 소프트웨어 테스트 방법 중 한 모듈의 수정이 다른 부분에 영향을 끼칠 수도 있다고 생각하여 수정 전 모듈뿐 아니라 관련된 모듈까지 문제가 없는지 검사하는 테스트 방법은?

① 회귀 테스트(Regression Test)

② 인수 테스트(Acceptance Test)

③ 통합 테스트(Integration Test)

④ 단위 테스트(Unit Test)

섹션
기출예상문제 해설

01 `키워드` 테스트의 목표, 테스트의 범위 → `용어` 테스트 계획

02 Nassi-Shneiderman 도표는 구조적 설계 표기법으로, 화이트박스 검사에 속한다.
- N-S Chart(Nassi-Shneiderman Chart) : 순서도와는 달리 논리 기술에 중점을 두고 상자 도형을 이용한 도형식 설계 도구

03 `키워드` 구조 → `용어` 화이트박스(White Box) 기법

04 조건/결정 커버리지 : 모든 조건문과 각 개별 조건식이 적어도 한 번 이상 수행되도록 테스트 케이스 설계

조건식		테스트 케이스	
		a : 0, b : 10, c : 60	a : 5, b : 20, c : 70
개별 조건식	a 〉0	F	T
	b 〈= 15	T	F
	c 〉65	F	T
모든 조건문	(a) 0 && b 〈= 15) || c 〉65	(F && T) || F = F || F = F	(T && F) || T = F || T = T

- &&은 AND 연산으로, 입력 값이 모두 참(T)인 경우 참(T)을 반환합니다.
- \|\|은 OR 연산으로, 입력 값 중 하나라도 참(T)인 경우 참(T)을 반환합니다.

05 V 모델 테스트 수행 순서
: 단위 테스트 → 통합 테스트 → 시스템 테스트 → 인수 테스트

06 ②는 통합 테스트(Integration Test) 중 하향식 통합 테스트에 대한 설명이다.
- 시스템 테스트는 개발된 소프트웨어가 해당 시스템에서 완벽하게 수행되는가를 테스트한다.

07 하향식 통합 시험 : 깊이 우선 방식, 너비 우선 방식에 따라 하위 스텁들을 하나씩 실제 모듈로 대체한다.
- 깊이 우선 통합 : A - AB - ABDEF - AC - ACG, 또는 A - AC - ACG - AB - ABDEF
- 너비 우선 통합 : A - ABC - ABCDEFG

08 `키워드` 수정 전 모듈 뿐 아니라 관련된 모듈까지, 검사 → `용어` 회귀 테스트(Regression Test)
- 인수 테스트(Acceptance Test) : 사용자가 요구분석 명세서에 명시된 사항을 모두 충족하는지 판정하고, 시스템이 예상대로 동작하고 있는지를 판정하는 방안을 파악한다.
- 통합 테스트(Integration Test) : 모듈 간의 인터페이스 연계를 검증하고 오류를 확인하며, 모듈 간의 상호 작용 및 연계 동작 여부를 판정하는 방안을 파악한다.
- 단위 테스트(Unit Test) : 함수, 서브루틴, 컴포넌트 등 구현된 모듈의 기능 수행 여부를 판정하고, 내부에 존재하는 논리적 오류를 검출할 수 있는 방안을 파악한다.

`정답` **01** ① **02** ③ **03** ② **04** ② **05** ① **06** ② **07** ③ **08** ①

04

애플리케이션 성능 개선

애플리케이션은 주어진 시간에 얼마나 많은 기능을 실행하는지와 최소한의 자원을 사용하여 얼마나 빠르게 실행하는지가 중요합니다. 애플리케이션 성능을 분석하여 성능을 개선하는 방법에 대해 학습합니다.

권쌤이 알려줌

애플리케이션 성능 분석 도구를 사용하여 애플리케이션 성능을 점검하고, 성능 저하 원인을 분석합니다.

합격자의 암기법

애플리케이션 성능 측정 지표 :
처응경자
• 처(리량)
• 응(답 시간)
• 경(과 시간)
• 자(원 사용률)

트랜잭션(Transaction)
사용자가 요구하는 작업의 단위

권쌤이 알려줌

유형별 성능 분석 도구는 성능 점검 도구와 시스템 자원 사용량 모니터링 도구로 분류할 수 있습니다.

LDAP(Lightweight Directory Access Protocol, 경량 디렉터리 액세스 프로토콜)
TCP/IP 위에서 디렉터리 서비스를 조회하고 수정하는 응용 프로토콜
• 네트워크상의 파일이나 장치의 위치를 찾을 수 있게 해주는 프로토콜이다.

01 애플리케이션 성능 분석

1 애플리케이션 성능 점검

애플리케이션 성능 점검은 사용자의 요구 기능을 해당 애플리케이션이 최소의 자원(CPU, 메모리, 네트워크 등)을 사용하면서 얼마나 빨리, 많은 기능을 수행하는가를 육안 또는 도구를 통하여 점검하는 것이다.

1. 애플리케이션 성능을 측정하기 위한 지표 [20년 1회 실기]

지표	설명
처리량 (Throughput)	• 애플리케이션이 주어진 시간에 처리할 수 있는 트랜잭션*의 수를 의미한다. • 웹 애플리케이션의 경우 시간당 페이지 수로 표현하기도 한다.
응답 시간 (Response Time)	• 사용자 입력이 끝난 후, 애플리케이션의 응답 출력이 개시될 때까지의 시간을 의미한다. • 웹 애플리케이션의 경우 메뉴 클릭 시 해당 메뉴가 나타나기까지 걸리는 시간을 말한다.
경과 시간 (Turnaround Time)	• 애플리케이션에 사용자가 요구를 입력한 시점부터 트랜잭션 처리 후 그 결과의 출력이 완료할 때까지 걸리는 시간을 의미한다.
자원 사용률 (Resource Usage)	• 애플리케이션이 트랜잭션을 처리하는 동안 사용하는 CPU 사용량, 메모리 사용량, 네트워크 사용량 등을 말한다.

2. 유형별 성능 분석 도구

① 성능/부하/스트레스(Performance/Load/Stress) 점검 도구(성능 점검 도구)

애플리케이션의 성능 점검을 위해 가상의 사용자를 점검 도구 상에서 인위적으로 생성한 뒤, 시스템의 부하나 스트레스를 통해 성능 측정 지표인 처리량, 응답 시간, 경과 시간 등을 점검하기 위한 도구이다.

도구명	도구 설명	지원 환경
JMeter	HTTP, FTP, LDAP* 등 다양한 프로토콜 지원하는 안전성/확장성/부하/기능 테스트 도구	크로스 플랫폼 (Cross-Platform)*
LoadUI	사용자 편리성을 강화하기 위해 HTTP, JDBC 등과 같이 주로 웹 서비스 대상의 서버 모니터링을 지원하는 UI를 강화한 부하 테스트 도구	크로스 플랫폼
OpenSTA	HTTP, HTTPS 지원하는 부하 테스트 및 생산품 모니터링 도구	Windows

② 모니터링(Monitoring) 도구

애플리케이션 실행 시 자원 사용량을 확인하고 분석 가능한 도구로, 성능 모니터링, 성능 저하 원인 분석, 시스템 부하량 분석, 장애 진단, 사용자 분석, 용량 산정 등의 기능을 제공하여, 시스템의 안정적 운영을 지원하는 도구이다.

도구명	도구 설명	지원 환경
Scouter	단일 뷰 통합, 실시간 모니터링, 튜닝※에 최적화된 인프라 통합 모니터링 도구	크로스 플랫폼
Zabbix	웹 기반 서버, 서비스, 애플리케이션 모니터링 도구	크로스 플랫폼

2 애플리케이션 성능 저하의 원인

애플리케이션의 성능이 저하되는 원인은 크게 데이터베이스 연결 및 쿼리※ 실행, 내부적인 요인과 외부적인 요인, 그리고 기타 환경 설정이나 네트워크 등의 문제로 구분할 수 있다.

- 대량의 데이터 조회, 과도한 업데이트 등을 수행할 때 요청한 작업들이 잠금 (Locking)※으로 인해 대기하거나 타임아웃(시간 만료) 된다.
- 실제 필요한 데이터보다 더 많은 데이터 요청이 들어올 경우 응답시간이 저하된다.
- 데이터베이스 연결 후 해제(종료)하지 않을 경우 연결 누수(Connection Leak)※가 발생한다.
- 부적절한 커넥션 풀(Connection Pool)※ 크기, 트랜잭션이 확정(Commit)되지 않고 커넥션 풀에 반환되는 등의 경우 성능이 저하될 수 있다.
- 잘못 작성된 코드로 인해 불필요한 확정(Commit)이 자주 발생하는 경우 성능이 저하될 수 있다.
- 대량의 파일을 업로드하거나 다운로드할 경우 처리 시간이 길어져 성능이 저하될 수 있다.
- 인터넷 접속 불량, 잘못된 환경 설정, 네트워크 문제 등으로 인해 성능이 저하될 수 있다.
- 트랜잭션 수행 도중 외부 호출로 인해 다른 트랜잭션이 장기간 수행되거나 타임아웃 되는 경우 성능이 저하될 수 있다.

Cross-Platform
(크로스 플랫폼, Multi-Platform)
컴퓨터 프로그램, 운영체제, 컴퓨터 언어, 프로그래밍 언어, 컴퓨터 소프트웨어 등이 여러 종류의 컴퓨터 플랫폼에서 동작할 수 있는 것

튜닝(Tuning)
'조정'이라는 뜻으로, 소프트웨어의 효율성을 높이기 위하여 사용되는 일련의 개선 작업을 말한다.

쿼리(Query, 질의어)
데이터베이스에 자료를 조작하고 검색하는데 사용되는 데이터 언어

잠금(Locking)
하나의 프로세스가 특정 데이터 값을 변경하려고 할 때 변경 작업이 끝날 때까지 다른 프로세스가 이 데이터의 값을 변경하지 못하도록 금지하는 것

연결 누수(Connection Leak)
컴퓨터 프로그램이 필요하지 않은 연결(세션)을 계속 유지하고 있는 현상

커넥션 풀(Connection Pool)
데이터베이스 요청이 필요할 때 연결을 재사용할 수 있도록 관리되는 데이터베이스 연결 캐시

[20년 1회 실기]

01 애플리케이션 성능이란 사용자의 요구 기능을 해당 애플리케이션이 최소의 자원을 사용하면서 얼마나 빨리, 많은 기능을 신속하게 처리하는 정도를 나타낸다. 애플리케이션 성능 측정 지표에 대한 다음 설명에서 빈 칸 (㉠ ~ ㉢)에 들어갈 내용으로 적합한 것은?

㉠	일정 시간 내에 애플리케이션이 처리하는 일의 양
㉡	애플리케이션에 요청을 전달한 시간부터 응답이 도착할 때까지 걸린 시간
㉢	애플리케이션에 작업을 의뢰한 시간부터 처리가 완료될 때까지 걸린 시간
자원 사용률	애플리케이션이 의뢰한 작업을 처리하는 동안의 CPU, 메모리, 네트워크 사용량

	㉠	㉡	㉢
①	처리량	경과 시간	응답 시간
②	경과 시간	처리량	응답 시간
③	처리량	응답 시간	경과 시간
④	응답 시간	경과 시간	처리량

해설
- 키워드 처리하는 일의 양 → 용어 처리량(Throughput)
- 키워드 응답(Response) → 용어 응답 시간(Response Time)
- 키워드 처리 완료 → 용어 경과 시간(Turnaround Time)

▶ 정답 : 01.③

★★★

02 애플리케이션 성능 개선

1 소스 코드 최적화

소스 코드 최적화는 읽기 쉽고, 변경 및 추가가 쉬운 클린 코드를 작성하는 것으로, 소스 코드 품질을 위해 기본적으로 지킬 원칙과 기준을 정의하고 있다.

1. 나쁜 코드(Bad Code)

다른 개발자가 로직(Logic)을 이해하기 어렵게 작성된 코드

- 대표적인 사례로 처리 로직이 서로 얽혀 있는 스파게티 코드, 변수※나 메소드※에 대한 이름 정의를 알 수 없는 코드※, 동일한 처리 로직이 중복되게 작성된 코드 등이 있다.
- 잦은 오류 발생 가능성이 있고, 소스 코드 이해가 어려워 계속 덧붙이기만 할 경우 코드 복잡도가 증가할 수 있다.

변수(Variable)
프로그램 코드에서 값을 나타내는 문자

메소드(Method)
특정한 목적의 작업을 수행하기 위한 프로그램 코드의 집합
• 함수(Function)와 동일한 개념

이름 정의를 알 수 없는 코드
예 합계 변수명 : sum (O), a (X)

스파게티 코드

스파게티 코드란 아래와 같이 복잡한 프로그램 명령문들을 말한다.
- 소스 코드가 복잡하게 얽힌 모습을 스파게티의 면발에 비유한 표현이다.
- 스파게티 코드는 정상적으로 작동하지만, 사람이 코드를 읽으면서 그 코드의 작동을 파악하기는 어렵다.

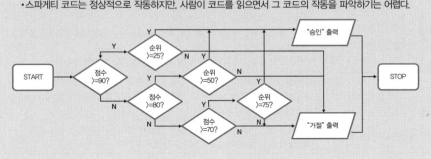

2. 외계인 코드(Alien Code) [22년 1회] [20년 2회]

아주 오래되거나 참고 문서 또는 개발자가 없어 유지보수 작업이 어려운 코드

3. 클린 코드(Clean Code)

잘 작성되어 가독성이 높고, 단순하며, 의존성을 줄이고, 중복을 최소화하여 깔끔하게 잘 정리된 코드

- 중복 코드 제거로 애플리케이션의 설계가 개선된다.
- 가독성이 높아 애플리케이션의 기능을 쉽게 이해할 수 있다.
- 버그*를 찾기 쉬워지며, 프로그래밍 속도가 빨라진다.

> **버그(Bug)**
> 프로그램상의 결함에 의해 컴퓨터 오류나 오작동이 일어나는 현상

▼ 클린 코드 작성 원칙 [22년 1회] [21년 2회] [20년 3, 4회]

작성 원칙	설명
가독성	• 이해하기 쉬운 용어를 사용한다. • 코드 작성 시 들여쓰기가 가능하다.
단순성	• 코드를 간단하게 작성하여 한 번에 한 가지 처리만 수행한다. • 클래스/메소드/함수를 최소 단위로 분리한다.
의존성	• 다른 모듈*에 미치는 영향도를 최소화한다. • 코드의 변경이 다른 부분에 영향이 없게 작성한다.
중복성	• 중복된 코드를 제거한다. • 공통된 코드를 사용한다.
추상화	• 클래스/메소드/함수에 대해 동일한 수준의 추상화를 한다. • 상세 내용은 하위 클래스/메소드/함수에서 구현한다.

> **합격자의 맘기법**
>
> 클린 코드 작성 원칙 : 죽순의 추가(중순의 추가)
> - 죽(중복성)
> - (단)순(성)
> - 의(존성)
> - 추(상화)
> - 가(독성)

> **모듈(Module)**
> 기능을 구현하기 위한 최소의 단위

2 소스 코드 최적화 기법의 유형 [21년 3회]

유형	설명
클래스 분할 배치 기법	클래스는 하나의 역할, 책임만 수행할 수 있도록 응집도*를 높이고, 크기를 작게 작성한다.
느슨한 결합(Loosely Coupled) 기법	클래스의 자료 구조, 메소드를 추상화할 수 있는 인터페이스* 클래스를 이용하여, 클래스 간의 의존성을 최소화해야 한다. • 느슨한 결합은 다른 클래스를 직접적으로 사용하는 클래스의 의존성을 줄인 결합이다. • 코드의 재사용성과 유연성을 위해 강한 결합보다는 느슨한 결합이 좋다.
코딩 형식 기법	줄 바꿈으로 개념을 구분, 종속 함수를 사용, 호출하는 함수를 먼저 배치하고 호출되는 함수는 나중에 배치, 지역 변수*는 각 함수의 맨 처음 선언할 때 사용하는 등의 형식을 취한다.
좋은 이름 사용 방법	기억하기 좋은 이름, 발음이 쉬운 용어, 접두어 사용 등 기본적인 명명 규칙(Naming Rule)을 정의하고 정의된 이름을 사용한다.
적절한 주석문 사용 방법	소스 코드 작업 시 앞으로 해야 할 일을 기록하거나, 소스 상의 중요한 부분을 강조할 때 사용한다.

3 소스 코드 품질 분석 도구 [22년 1회 실기]

소스 코드 품질 분석 도구는 소스 코드에 대한 코딩 스타일, 설정된 코딩 표준, 코드의 복잡도, 코드 내에 존재하는 메모리 누수* 현황, 스레드*의 결함 등을 발견하기 위하여 사용하는 분석 도구이며, 정적 분석 도구와 동적 분석 도구가 있다.

1. 정적 분석 도구(Static Analysis Tool) [22년 1, 3회] [20년 2, 4회] [20년 2회 실기]

작성된 소스 코드를 실행시키지 않고, 코드 자체만으로 코딩 표준 준수 여부, 코딩 스타일 적정 여부, 잔존 결함 발견 여부를 확인하는 코드 분석 도구이다.

• 사전에 결함을 발견하고 예방하는 도구, 코딩 표준 준수 여부를 분석하는 도구, 소스 코드의 복잡도를 계산하는 도구 등이 있다.

구분	도구명	설명	지원 환경
정적 분석 도구	PMD	자바 및 다른 언어 소스 코드에 대한 버그, 데드 코드* 분석 도구	Linux, Windows
	Cppcheck	C/C++ 코드에 대한 메모리 누수, 오버플로* 등 문제 분석 도구	Windows
	SonarQube	소스 코드 품질 통합 플랫폼, 플러그인 확장이 가능한 도구	크로스 플랫폼
	Checkstyle	자바 코드에 대한 코딩 표준 준수 검사 도구	크로스 플랫폼
코드 복잡도	CCM	다양한 언어의 코드 복잡도 분석 도구	크로스 플랫폼
	Cobertura	jcoverage* 기반의 테스트 커버리지 측정 도구	크로스 플랫폼

2. 동적 분석 도구(Dynamic Analysis Tool)

애플리케이션을 실행하여 코드에 존재하는 메모리 누수 현황을 발견하고, 발생한 스레드의 결함 등을 분석하기 위한 도구이다.

구분	도구명	설명	지원 환경
동적 분석 도구	Avalanche	Valgrind 프레임워크 및 STP 기반 소프트웨어 에러 및 취약점 동적 분석 도구	Linux, Android
	Valgrind	자동화된 메모리 및 스레드 결함 발견 분석 도구	크로스 플랫폼

4 리팩토링(Refactoring) [22년 2회] [20년 3회 실기]

리팩토링은 코드의 외부 행위는 바꾸지 않고 내부 구조를 개선하여 소프트웨어 시스템을 변경하는 프로세스이다.

- 기능을 추가해서는 안 되고 단지 코드의 성능과 구조에만 신경을 써서, 소프트웨어를 보다 이해하기 쉽고 수정하기 쉽게 만드는 것이다.
- 이미 존재하는 코드의 설계를 안전하게 향상시키는 기술로, 좋은 설계가 되도록 개선하는 과정을 의미한다.
- 리팩토링 대상 : 중복된 코드, 거대한 클래스, 긴 메소드 등
- 리팩토링 목적
  - 소프트웨어의 디자인을 개선해 준다.
  - 소프트웨어를 이해하기 쉽게 만들어 준다.
  - 버그를 빨리 찾을 수 있도록 도움을 준다.
  - 프로그램을 빨리 작성할 수 있도록 도와준다.

기출 및 예상문제
02 애플리케이션 성능 개선

[20년 2회]

01 외계인 코드(Alien Code)에 대한 설명으로 옳은 것은?

① 프로그램의 로직이 복잡하여 이해하기 어려운 프로그램을 의미한다.

② 아주 오래되거나 참고 문서 또는 개발자가 없어 유지보수 작업이 어려운 프로그램을 의미한다.

③ 오류가 없어 디버깅 과정이 필요 없는 프로그램을 의미한다.

④ 사용자가 직접 작성한 프로그램을 의미한다.

> **해설** 키워드 오래되어 유지보수 작업이 어려움 → 용어 외계인 코드

[20년 3회]

02 다음 중 클린 코드 작성원칙으로 거리가 먼 것은?

① 누구든지 쉽게 이해하는 코드 작성

② 중복이 최대화된 코드 작성

③ 다른 모듈에 미치는 영향 최소화

④ 단순, 명료한 코드 작성

> **해설** 클린 코드 작성 시 중복된 코드를 제거하여 중복을 최소화한다.

[20년 4회]

03 다음에서 설명하는 클린 코드 작성 원칙은?

> - 한 번에 한 가지 처리만 수행한다.
> - 클래스/메소드/함수를 최소 단위로 분리한다.

① 다형성　　　　　② 단순성

③ 추상화　　　　　④ 의존성

> **해설** 키워드 한 번에 한 가지, 최소 단위 → 용어 단순성

[21년 2회]

04 클린코드 작성원칙에 대한 설명으로 틀린 것은?

① 코드의 중복을 최소화한다.

② 코드가 다른 모듈에 미치는 영향을 최대화하도록 작성한다.

③ 누구든지 코드를 쉽게 읽을 수 있도록 작성한다.

④ 간단하게 코드를 작성한다.

해설 코드가 다른 모듈에 미치는 영향을 최소화하여, 코드의 변경이 다른 부분에 영향이 없도록 한다.

[21년 3회]

05 코드의 간결성을 유지하기 위해 사용되는 지침으로 틀린 것은?

① 공백을 이용하여 실행문 그룹과 주석을 명확히 구분한다.

② 복잡한 논리식과 산술식은 괄호와 들여쓰기(Indentation)를 통해 명확히 표현한다.

③ 빈 줄을 사용하여 선언부와 구현부를 구별한다.

④ 한 줄에 최대한 많은 문장을 코딩한다.

해설 한 줄에 오직 한 문장만 코딩한다.

[20년 2, 4회]

06 소스코드 품질 분석 도구 중 정적 분석 도구가 아닌 것은?

① pmd　　　　② cppcheck

③ valMeter　　④ checkstyle

해설 정적 분석 도구 종류
: PMD, Cppcheck, SonarQube, Checkstyle, CCM, Cobertura

[20년 3회 실기]

07 리팩토링(Refactoring)을 하는 목적으로 옳은 것은?

① 산출물의 변경 사항을 버전 관리하기 위함이다.

② 새로운 코드를 설계하는 기술로, 좋은 설계가 되도록 개선시키기 위함이다.

③ 소프트웨어의 기능을 추가하여 소프트웨어 시스템을 변경하기 위함이다.

④ 소프트웨어의 기능 변경 없이 내부 구조만을 개선하여 소프트웨어를 보다 이해하기 쉽고, 수정하기 쉽도록 만들기 위함이다.

해설
• ①은 형상 관리에 대한 설명이다.
• 이미 존재하는 코드의 설계를 안전하게 향상시킨다.
• 소프트웨어의 기능을 추가해서는 안 된다.

▶ 정답 : 01.②, 02.②, 03.②, 04.②, 05.④, 06.③, 07.④

권쌤이 알려줌

응용 소프트웨어의 품질을 향상시키고 유지보수 비용을 줄일 수 있는 재공학, 역공학, 재사용에 대해 학습합니다. 각 용어를 구분하여 기억해 두세요.

권쌤이 알려줌

소프트웨어 위기는 하드웨어 성능 발달로 인해 소프트웨어 개발 속도가 하드웨어 개발 속도를 따라가지 못하는 상황을 의미합니다.

★★
03 **소프트웨어 공학의 3R**

1 소프트웨어 공학의 3R

소프트웨어 공학의 3R은 완성된 소프트웨어 프로그램을 기반으로 재공학(Re-Engineering), 역공학(Reverse-Engineering), 재사용(Re-Use)을 통해 소프트웨어의 생산성을 극대화하는 기법이다.

▼ **소프트웨어 공학의 3R 필요성**
• 소프트웨어 위기 극복
• 소프트웨어 개발 생산성 향상
• 소프트웨어 품질 향상
• 유지보수 용이성 향상
• 유지보수 비용의 절감

2 재공학(Re-Engineering) [20년 3회]

재공학은 기존 시스템을 이용하여 보다 나은 시스템을 구축하고 새로운 기능을 추가하여 소프트웨어 성능을 향상시키는 작업이다.

- 기존에 있던 소프트웨어를 파기하지 않고 사용자의 변경된 요구사항이나 수정된 환경으로 기존 소프트웨어를 수정 및 보완하여 재구축한다.
- 소프트웨어의 위기를 해결하기 위해 개발의 생산성이 아닌 유지보수의 생산성으로 해결하려는 방법이다.

3 역공학(Reverse-Engineering)

역공학은 소프트웨어를 분석하여 소프트웨어 개발 과정과 데이터 처리 과정을 설명하는 분석 및 설계 정보를 재발견하거나 다시 만들어내는 작업이다.

- 현재 프로그램으로부터 데이터, 아키텍처[*], 그리고 절차에 관한 분석 및 설계 정보를 추출하는 과정이다.

4 재사용(Re-Use) [22년 1, 2회]

재사용은 목표 시스템의 개발 시간 및 비용 절감을 위하여 검증된 기능을 파악하고 재구성하여 시스템에 응용하기 위한 최적화 작업이다.

- 이미 개발된 소프트웨어 전체 혹은 일부분을 다른 소프트웨어의 개발이나 유지에 이용한다.
- 이미 만들어진 프로그램을 사용한다.
- 재사용 부품의 크기가 작을수록 재사용률이 높다.
- 클래스, 객체 등의 소프트웨어 요소는 소프트웨어 재사용성을 크게 향상시킨다.
- 소스 코드가 소프트웨어 재사용에 가장 많이 이용된다.
- 재사용 모듈 또는 컴포넌트[*]가 많이 있어도 분류의 문제로 인해 그들을 찾아내는 것이 어려운 경우가 많다.
- 소프트웨어 재사용을 쉽게 하는 특성을 모듈성, 저결합도, 고응집도, 캡슐화, 관심의 분리[*] 등으로 부른다.

1. 재사용 형태

① 편의적 재사용(Opportunistic Reuse)
프로젝트를 시작할 때 재사용 가능한 컴포넌트가 있는지 찾아보고 재사용한다.

구분	설명
내부 재사용(Internal Reuse)	팀 내에서 만든 컴포넌트를 재사용한다. 어디까지나 편의상이며 계획적인 것이 아니기 때문에, 인터페이스[*] 조정이 필요할 수도 있다.
외부 재사용(External Reuse)	서드 파티[*]에서 만든 컴포넌트를 구해서 사용한다.

아키텍처(Architecture)
시스템의 구조

권쌤이 알려줌

계산기 프로그램을 덧셈 모듈과 뺄셈 모듈로 나눠서 개발한 경우, 다른 프로그램에서 덧셈 모듈만 재사용할 때 편리하겠죠.

컴포넌트(Component)
독립적인 실행 단위
⑩ 결제 시스템에서 현금 결제, 카드 결제, 계좌 이체 결제 등

관심의 분리(SoC; Separation of Concerns)
프로그램 기능을 중복을 최소화하여 여러 모듈로 명확히 나누는 것

인터페이스(Interface)
상호 작용 방법을 정의하는 수단 또는 개념

서드 파티(Third Party)
프로그래밍을 도와주는 라이브러리(Library) 등을 만드는 회사
- 제조사와 사용자 외 외부 제3자

② 계획적 재사용(Planned Reuse)
컴포넌트를 후에 재사용이 가능하도록 전략적으로 설계해 나간다.

2. 재사용 방법 [20년 3회]

방법	설명
합성 중심 (Composition-Based)	• 전자 칩과 같은 소프트웨어 부품, 즉 블록(모듈)을 만든 후 끼워 맞춰 소프트웨어를 완성하는 방법이다. • 블록 구성 방법이라고도 한다.
생성 중심 (Generation-Based)	• 추상화※ 형태로 쓰인 명세를 구체화하여 프로그램을 만드는 방법이다. • 패턴 구성 방법이라고도 한다.

추상화(Abstraction)
복잡한 문제의 본질을 이해하기 위해 세부 사항은 배제하고 중요한 부분을 중심으로 간략화하는 기법

기출 및 예상문제

[20년 3회]

01 소프트웨어 재공학이 소프트웨어의 재개발에 비해 갖는 장점으로 거리가 먼 것은?

① 위험부담 감소
② 비용 절감
③ 시스템 명세의 오류 억제
④ 개발 시간의 증가

> **해설** 소프트웨어 재공학은 기존 시스템을 이용하여 보다 나은 시스템을 구축하고 새로운 기능을 추가하여 소프트웨어 성능을 향상시키는 것으로, 소프트웨어를 다시 개발하는 재개발보다 개발 시간이 감소한다.

[20년 3회]

02 전자 칩과 같은 소프트웨어 부품, 즉 블록(모듈)을 만들어서 끼워 맞추는 방법으로 소프트웨어를 완성시키는 재사용 방법은?

① 합성 중심
② 생성 중심
③ 분리 중심
④ 구조 중심

> **해설** [키워드] 블록(모듈)을 만들어서 끼워 맞추는 방법 → [용어] 합성 중심(Composition-Based)

[이전 기출]

03 소프트웨어 분석하여 소프트웨어 개발 과정과 데이터 처리 과정을 설명하는 분석 및 설계 정보를 재발견하거나 다시 만들어 내는 작업을 무엇이라 하는가?

① 순공학
② 역공학
③ 재구축
④ 전공학

> **해설** [키워드] 재발견하거나 다시 만들어내는 작업 → [용어] 역공학(Reverse-Engineering)

[이전 기출]

04 소프트웨어의 재사용(Reusability)에 대한 효과와 거리가 먼 것은?

① 사용자의 책임과 권한 부여
② 소프트웨어 품질 향상
③ 생산성 향상
④ 구축 방법에 대한 지식의 공유

> **해설** 소프트웨어 재사용은 이미 개발된 소프트웨어 기능을 다른 소프트웨어 개발이나 유지에 사용하는 것으로, 사용자의 책임과 권한을 부여하는 것과는 관련이 없다.

▶ 정답 : 01.④, 02.①, 03.②, 04.①

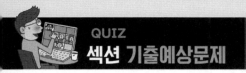

01 다음 중 동적 분석 도구로 가장 적절한 것은?

① Valgrind　　② SonarQube
③ CCM　　④ Cobertura

[이전 기출]

02 리팩토링에 대한 설명으로 옳지 않은 것은?

① 리팩토링의 대상은 읽기 어려운 코드, 중복된 로직의 코드, 복잡한 조건문이 있는 코드 등이 대표적인 것이다.
② 리팩토링은 실행 중인 프로그램의 기능 변경이 수반되어야 한다.
③ 리팩토링을 통해서 프로그램의 이해가 쉬워진다.
④ 리팩토링은 결함을 찾는 데 도움을 준다.

[이전 기출]

03 소프트웨어의 위기를 해결하기 위해 개발의 생산성이 아닌 유지보수의 생산성으로 해결하려는 방법을 의미하는 것은?

① 소프트웨어 재사용
② 소프트웨어 재공학
③ 클라이언트/서버 소프트웨어 공학
④ 전통적 소프트웨어 공학

[이전 기출]

04 소프트웨어 재사용에 대한 설명으로 옳지 않은 것은?

① 개발 시간과 비용을 감소시킨다.
② 프로젝트 실패의 위험을 줄여 준다.
③ 재사용 부품의 크기가 작을수록 재사용 확률이 낮다.
④ 소프트웨어 개발자의 생산성을 증가시킨다.

[이전 기출]

05 재사용 라이브러리가 가져야 할 속성이 아닌 것은?

① 확장성
② 비표준화된 요소 표현 형식
③ 재사용 요소들의 생성, 편집 등을 허용하는 연산
④ 편리한 접근, 탐색, 버전관리, 제어 변경

**섹션
기출예상문제 해설**

Section 04. 애플리케이션 성능 개선

01 동적 분석 도구에는 Valgrind, Avalanche 등이 있다.

02 리팩토링은 기능을 추가해서는 안 되고 단지 코드의 성능과 구조에만 신경 써, 소프트웨어를 보다 이해하기 쉽고, 수정하기 쉽도록 만드는 것이다.

03 [키워드] 유지보수의 생산성으로 해결 → [용어] 재공학(Re-Engineering)
[TIP] 재공학은 이미 개발된 소프트웨어를 수정 및 보완하여 재구축하는 것이고, 재사용은 이미 개발된 소프트웨어 기능을 다른 소프트웨어에 사용하는 것입니다.

04 재사용 부품의 크기가 작을수록 재사용 확률이 높다.

05 재사용 라이브러리는 새로운 프로그램을 구현할 때, 표준화된 요소 표현 형식의 라이브러리의 코드를 사용해 그 작업들을 실행하도록 한다.

정답 **01** ① **02** ② **03** ② **04** ③ **05** ②

SECTION 05

제품 소프트웨어 패키징

응용 소프트웨어 배포를 위해 패키징 도구를 활용하여 제품 소프트웨어 패키지를 제작하고, 응용 소프트웨어 설치와 사용에 필요한 매뉴얼을 작성합니다. 그리고 패키징 시에 무단 배포 등을 막기 위한 보안에 대해서도 학습합니다.

권쌤이 알려줌

여러 모듈을 묶어 설치 파일을 만드는 것을 패키징이라고 합니다.

패치(Patch)
이미 발표된 소프트웨어 제품의 기능 개선 또는 버그나 오류 등을 수정하기 위한 업데이트 프로그램

릴리즈 노트(Release Note)
조직의 최종 사용자인 고객과 릴리즈 정보를 공유하는 문서
• 릴리즈 : 배포

권쌤이 알려줌

UI(User Interface, 사용자 인터페이스)는 설치 화면, 실행 화면 등 소프트웨어 화면으로 이해하세요.

매니지드 서비스(Managed Service, 세심한 관리 서비스)
IT 자원이나 서비스 운영과 관리를 제3자를 통하여 대행하게 하는 것
• 고객의 네트워크와 시스템을 24시간 모니터링하고, 장애가 생기면 현장에 출동하여 체계적인 운영 관리와 유지보수를 제공하는 서비스이다.

---

01 제품 소프트웨어 패키징과 릴리즈 노트

1 제품 소프트웨어 패키징

제품 소프트웨어 패키징은 개발이 완료된 제품 소프트웨어를 고객에게 전달하기 위한 형태로 패키징하고, 설치와 사용에 필요한 내용을 포함하는 매뉴얼(Manual, 설명서)을 작성하며, 제품 소프트웨어에 대한 패치* 개발과 업그레이드를 위해 버전 관리를 수행하는 능력이다.

• 고객 편의성 중심으로 진행되며, 이를 위한 매뉴얼 및 버전 관리를 포함한다.

1. 제품 소프트웨어 적용상의 특성 [22년 1, 3회] [21년 2회]

• 제품 소프트웨어는 개발자가 아닌 사용자 중심으로 진행된다.

• 신규 및 변경된 소스 코드를 식별하고, 이를 모듈화하여 상용 제품으로 패키징한다.

• 고객의 편의성을 위해 신규 및 변경 이력을 확인하고, 버전 관리 및 릴리즈 노트*를 통해 지속적으로 관리한다.

• 사용자의 실행 환경을 이해하고 범용 환경에서 사용할 수 있도록 일반적인 배포 형태로 분류하여 패키징한다.

2. 사용자 관점에서의 패키징 고려사항

• 사용자의 시스템 환경, 즉 운영체제나 CPU, 메모리 등의 실행 최소 환경을 정의한다.

• 사용자가 직관적으로 확인할 수 있는 UI를 제공하고, 매뉴얼과 일치시켜 패키징한다.

• 제품 소프트웨어는 하드웨어와 함께 통합 적용될 수 있도록, 패키징은 매니지드 서비스(Managed Service)* 형태로 제공한다.

- 제품 소프트웨어는 고객 편의성을 위해 안정적 배포가 가장 중요하고, 다양한 사용자군(群)의 요구사항을 반영하기 위해 항상 패키징의 변경 및 개선 관리를 고려하여 배포한다.

 제품 소프트웨어 매뉴얼과 버전 관리

1. 제품 소프트웨어 매뉴얼
제품 소프트웨어 개발 단계부터의 적용 기준이나 패키징 이후 설치 및 사용자 측면의 주요 내용 등을 문서로 기록한 것으로, 사용자 중심의 기능 및 방법을 나타낸 설명서와 안내서

2. 제품 소프트웨어 버전 관리
패키지의 변경 내용을 관리하고, 소프트웨어의 변화를 시간에 따라 기록하며 특정 시점의 버전을 다시 꺼내올 수 있도록 관리하는 체계

2 패키징 작업 – 수행 순서

항목	설명
1. 기능 식별	신규 개발 소스의 목적 및 기능을 식별한다.
2. 모듈화	모듈 단위 분류 및 모듈화를 순서에 맞게 진행한다.
3. 빌드[※] 진행	제품 소프트웨어의 빌드 도구를 활용한 빌드를 단위(모듈)별로 진행한다.
4. 사용자 환경 분석	고객 편의성을 위한 사용자 요구사항 및 사용 환경을 사전에 분석한다.
5. 패키징 적용 시험	최종 패키징에 대해 사용자 입장의 불편한 점을 체크한다.
6. 패키징 변경 개선	사용자 입장을 반영하여 패키징에서 변경 및 개선을 진행한다.

 제품 소프트웨어 배포본과 배포용 미디어

1. 제품 소프트웨어 배포본
최종 완성 단계에서 사용자가 정상 사용할 수 있도록 개발된 컴포넌트 또는 패키지에 대해 제품화하고, 배포 정보를 포함하여 공식적인 인증 절차를 통해 사용자에게 배포되도록 한다.
- 버전, 시스템 설치 및 운영을 위해 요구사항, 설치 방법, 달라진 기능, 알려진 버그 및 대처 방법 등을 포함하여 배포한다.
- 제품 소프트웨어의 배포본은 최종 완성된 제품으로 안정성을 고려하여 배포한다.
- 신규 및 변경을 고려하여 배포본에는 고유 버전 및 배포 단위의 기준을 정한다.
- 배포용 미디어를 제작할 때는 저작권 및 보안에 유의하여 제작한다.
- 배포본은 자체의 고유 시리얼 넘버(Serial Number)[※]를 반드시 부착하여 복제 및 사후 지원을 고려하여 제작한다.

2. 제품 소프트웨어 배포용 미디어
배포용 미디어는 온라인, 오프라인으로 각각 제작할 수 있으며, 각 유형별로 특성에 맞추어 제작한다.
1) 오프라인 미디어
CD나 USB 메모리와 같이 오프라인상으로 제품을 배포할 수 있도록 제작한다.
- CD나 USB 메모리에는 반드시 고유의 시리얼 넘버를 포함하여 복제 등의 불법 유통을 방지한다.
- 시리얼 넘버는 체계적으로 등록 및 관리해야 하며, 미디어 제작과는 별도로 시리얼 넘버에 대한 관리 시스템을 사전에 확보해야 한다.
- 배포본에는 패키지 설치 기준의 인스톨(Install, 설치) 버전을 작성하고, 문서 파일은 사용자 매뉴얼 및 설치 매뉴얼이 전부 포함될 수 있도록 한다.

 권쌤이 알려줌

[패키징 작업 – 수행 순서]의 세부 내용은 아래와 같습니다.
1. 기능 식별 : 기능 수행을 위한 입출력 데이터와 함수의 기능과 흐름 등을 확인한다.
2. 모듈화 : 기능을 모듈로 분류하고, 결합도와 응집도를 식별하여 모듈화한다.
3. 빌드 진행 : 개발 소스 및 결과물을 준비하고, 빌드 수행과 함께 빌드 도구의 다양한 기능을 확인한다.
4. 사용자 환경 분석 : 실제 사용자 환경을 사전에 정의 및 분석하고, 모듈 단위로 사용자 환경을 테스트한다.
5. 패키징 적용 시험 : 사용자 환경과 동일한 상황으로 패키징을 적용하여 테스트한다.
6. 패키지 변경 개선 : 사용자 입장과 사용자 환경 내에서 개선할 부분을 정리한다.

빌드(Build)
소스 코드 파일 및 컴파일 된 파일들을 컴퓨터에서 실행할 수 있는 소프트웨어로 변환하는 과정

시리얼 넘버(Serial Number)
소프트웨어를 구분하기 위한 소프트웨어 식별 번호

3 릴리즈 노트(Release Note)

릴리즈 노트는 최종 사용자인 고객과 릴리즈 정보를 공유하는 문서이다.

• 일반적으로 특정 소프트웨어 릴리즈의 최근 변경사항, 개선사항 및 버그 수정을 간결히 요약한 것이다.

• 릴리즈(Release)[※]는 상세 서비스를 포함하여 회사가 제공하는 제품을 만들어 수정 및 변경 또는 개선하는 일련의 작업이며, 릴리즈 정보들이 릴리즈 노트와 같은 문서를 통해 제공된다.

• 테스트를 진행하고, 개발팀에서 제공하는 사양에 대해 최종 승인된 후 배포된다.

1. 릴리즈 노트의 중요성

• 릴리즈 노트에는 테스트 결과와 정보가 포함된다.

• 사용자에게 더욱 확실한 정보를 제공한다.

• 기본적으로 전체적인 제품의 수행 기능 및 서비스의 변화를 공유한다.

• 전체적인 버전 관리 및 릴리즈 정보를 체계적으로 관리할 수 있다.

2. 릴리즈 노트 작성 시 고려사항

• 릴리즈 노트는 개발팀에서 직접 작성해야 한다.

• 현재 시제로 작성되어야 하며, 정확하고 완전한 정보를 제공한다.

• 배포부터 신규 소스, 빌드 등의 이력을 정확하게 관리하여 진행한다.

• 개발자와 테스터가 함께 협업해야 하고, 최초 및 변경/개선 항목까지 연결되어 아래 항목에 대한 정보들이 릴리즈 노트를 통해 작성되어야 한다.

① 초기 버전 릴리즈 노트 작성 항목 [20년 1회 실기]

개발 조직 차원에서의 릴리즈 노트에 대한 표준 형식은 없다. 하지만 통상적으로 배포되는 정보의 유형과 사용자의 요구사항에 기초하여 공통 항목으로 서식에 대한 다음 스타일은 정의되어야 한다.

권쌤이 알려줌

사용자는 릴리즈 노트를 보면서 응용 소프트웨어 테스트가 어떻게 진행됐는지, 개발팀의 제공 사양을 얼마나 준수했는지를 확인할 수 있습니다.

릴리즈(Release)

공식적인 승인 과정과 테스트를 거친 소프트웨어, 관련된 문서 등의 변경사항을 사용자에게 성공적으로 전달하는 것

항목	설명
Header	문서 이름(릴리즈 노트 이름), 제품 이름, 버전 번호, 릴리즈 날짜, 참고 날짜, 노트 버전 등
개요	제품 및 변경에 대한 간략한 전반적 개요
목적	릴리스 버전의 버그 수정 및 새로운 기능과 릴리즈 노트의 목적에 대한 간략한 개요
이슈※ 요약	버그의 간단한 설명 또는 릴리즈의 추가 항목 요약
재현 항목	버그 발견에 대한 과정 설명
수정/개선 내용	수정/개선의 간단한 설명 기술
사용자 영향도	버전 변경에 따른 최종 사용자 기준의 기능 및 응용 프로그램상의 영향도 기술
SW 지원 영향도	버전 변경에 따른 소프트웨어의 지원 프로세스 및 영향도 기술
노트	소프트웨어 및 하드웨어 Install 항목, 제품, 문서를 포함한 업그레이드 항목 메모
면책 조항	회사 및 표준 제품과 관련된 메시지, 프리웨어※, 불법 복제 방지, 중복 등 참조에 대한 고지 사항
연락 정보	사용자 지원 및 문의 관련한 연락처 정보

<aside>
이슈(Issue)
시스템의 개선사항, 새로운 기능 등을 수행하기 위한 일의 단위

프리웨어(Freeware)
저작자 또는 개발자에 의해 무상으로 배포되는 프로그램
</aside>

② 릴리즈 노트 추가 작성 시 고려사항(예외 케이스)

테스트 단계에서 베타 버전이 출시되거나, 긴급 버그 수정, 자체 기능 향상 등의 특이한 케이스 등이 발생할 수 있으므로, 이러한 경우에도 추가 항목이 작성되어야 한다.

항목	설명
테스트 단계에서의 베타 버전 출시	자체 기준에 따라 현재의 베타 버전을 신규 소스로 하여 릴리즈를 할 것인지, 예외 사항으로 베타 버전에 대한 릴리즈 노트를 따로 만들지 사전에 정의한다.
긴급 버그 수정 시	보통 긴급히 버그가 수정되면 릴리즈 노트 작성을 놓치는 경우가 많다. 반드시 버그 번호를 포함한 모든 수정된 버그를 기술하여 릴리즈 노트에 추가한다.
자체 기능 향상을 포함한 모든 추가 기능의 향상	자체적으로 기능 개선을 완료했을 때 정식으로 릴리즈 버전을 추가하고, 이에 따른 신규 릴리즈 노트를 작성한다. 업그레이드는 소프트웨어 및 하드웨어에 대한 항목까지 포함된다.
사용자 요청에 따른 특이한 케이스 발생	개발팀 내부에서 허용되는 범위 내에서 사용자의 의견이 접수될 경우 이를 자체 기능 향상과는 별도의 버전으로 새로 추가하여 릴리즈 노트를 작성할 수 있다.

④ 릴리즈 노트 작성 – 수행 순서

항목	설명
1. 모듈 식별	신규 패키징 제품의 모듈 및 빌드 내용을 식별한다.
2. 릴리즈 정보 확인	패키징된 문서 이름, 제품 이름, 버전 번호, 릴리즈 날짜 등 릴리즈 정보를 확인한다.
3. 릴리즈 노트 개요 작성	빌드 내용에 따라 릴리즈 노트의 개요를 작성한다.
4. 영향도 체크	이슈, 버그 및 추가 영향도를 체크하여 기술한다.
5. 정식 릴리즈 노트 작성	항목에 따른 내용을 포함하여 정식 릴리즈 노트를 작성한다.
6. 추가 개선 항목 식별	추가 개선에 따른 추가 항목을 식별하여 릴리즈 노트를 작성한다.

<aside>

권쌤이 알려줌

[릴리즈 노트 작성 – 수행 순서]의 세부 내용은 아래와 같습니다.
1. 모듈 식별 : 입출력 데이터와 전체적인 기능 및 흐름을 정리한다.
2. 릴리즈 정보 확인 : 릴리즈 정보 및 패키징 수행 진행 날짜, 릴리즈 노트 갱신 버전 등을 확인한다.
3. 릴리즈 노트 개요 작성 : 제품 및 변경에 대한 개요, 빌드에 따른 결과물, 버전 및 형상 관리에 대해 전반적으로 기록한다.
4. 영향도 체크 : 이슈 및 버그 발생에 따른 사용자 입장에서의 영향도를 기술한다.
5. 정식 릴리즈 노트 작성 : 릴리즈 정보, 헤더(Header) 및 개요를 반드시 포함하여 작성한다.
6. 추가 개선 항목 식별 : 베타 버전, 긴급 버그, 기능 추가, 사용자 요청 등과 같은 추가 개선을 고려한다.
</aside>

[21년 2회]

01 소프트웨어 패키징에 대한 설명으로 틀린 것은?

① 패키징은 개발자 중심으로 진행한다.

② 신규 및 변경 개발소스를 식별하고, 이를 모듈화하여 상용제품으로 패키징 한다.

③ 고객의 편의성을 위해 매뉴얼 및 버전관리를 지속적으로 한다.

④ 범용 환경에서 사용이 가능하도록 일반적인 배포 형태로 패키징이 진행된다.

> 해설 패키징은 개발자가 아닌 사용자 중심으로 진행한다.

[20년 1회 실기]

02 릴리즈 노트는 보통 특정 소프트웨어 릴리즈의 최근 변경사항, 개선사항 및 버그 수정을 간결히 요약한 것이다. 릴리즈 노트 작성 시 문서 이름, 제품 이름, 버전 번호, 릴리즈 날짜, 참고 날짜, 노트 버전 등이 포함된 항목은?

① 목적　　　　　② 개요

③ 헤더　　　　　④ 이슈 요약

> 해설 키워드 문서 이름, 제품 이름, …, 노트 버전 → 용어 헤더 (Header)

▶ 정답 : 01.①, 02.③

 권쌤이 알려줌

유료 소프트웨어의 경우 무단 배포 등의 저작권 위배 행위가 발생할 수 있으므로, 저작권 보호를 위해 패키징 시 전자 서명 등과 같은 저작권 보호 기술을 적용합니다.

라이선스(License)
상표 등록된 기술 또는 솔루션을 일정 기간 사용하기 위하여 대가를 지불하고 상업적 권리를 부여받는 계약

 권쌤이 알려줌

패키징 도구를 사용하여 사용자 입장에서 불편해질 수 있는 문제를 고려해 최대한 효율적으로 적용될 수 있도록 합니다.

 권쌤이 알려줌

여러 가지 암호화 알고리즘 중 제품 소프트웨어의 종류에 맞는 알고리즘을 선택하여 배포 시 범용성에 지장이 없도록 합니다.

★★★

02 패키징 도구 활용

1 패키징 도구

패키징 도구는 패키징 작업 진행 시 암호화/보안 기능을 고려하여 패키징할 수 있도록 도와준다.

1. 패키징 도구 암호화/보안 기능

• 디지털 콘텐츠의 불법 사용 및 복제를 방지하여 디지털 콘텐츠의 지적 재산권을 보호 및 관리한다.

• 정상 사용자 검증 기술을 통해 과금 서비스와 같은 사용 권한에 따른 제어 기술을 포함한다.

• 안전한 유통과 배포, 라이선스[※] 관리, 권한 통제 기술을 포함한다.

2. 패키징 도구 활용 시 고려 사항 [20년 2, 3, 4회]

• 암호화/보안을 고려한다.

• 다양한 이기종 연동을 고려한다.

• 사용자 편의성을 위한 복잡성 및 비효율성 문제를 고려한다.

• 제품 소프트웨어의 종류에 적합한 암호화 알고리즘 적용을 고려한다.

2 저작권 보호

1. 저작권(Copyright)

문학 학술 또는 예술의 범위에 속하는 창작물인 저작물에 대한 배타적 독점적 권리※로 타인의 침해를 받지 않을 고유한 권한이다.

2. 저작권 보호 기술

콘텐츠 및 컴퓨터 프로그램과 같이 복제가 쉬운 저작물에 대해 불법 복제 및 배포 등을 막기 위한 기술적인 방법이다.

- 배포된 제품 소프트웨어는 무한 복제가 가능하고 원본과 복사본이 동일하게 무단으로 배포될 수 있다. 그러므로 제품 소프트웨어의 무단 배포를 막기 위해 패키징 시 원작자에 대한 권리 보호가 우선적으로 필요하다.
- 제품 소프트웨어 패키징 시 사용자 확인과 상용화 과금 정책 수립이 연계되어 콘텐츠 복제를 제한적으로 허용한다.
- 종량제※ BM(Business Model)을 갖는 제품 소프트웨어의 경우 요금 부과는 클리어링 하우스(Clearing House)※를 통한 이용 시간에 비례한 과금을 청구한다.
- 패키징 제작자가 지정한 비즈니스 룰(Business Rule)과 암호가 함께 패키징되어 배포하기 위해 암호화/보안 등의 기능을 고려한다.

3 저작권 보호 측면의 패키징 도구 활용

1. 패키징 수행과 디지털 저작권 관리(DRM)※의 절차 및 흐름 [22년 2회]

① 저작권 관리의 흐름

중앙의 클리어링 하우스에서 콘텐츠 제공자, 분배자, 소비자 간의 패키징 배포 및 키 관리, 라이선스 발급 관리를 수행한다.

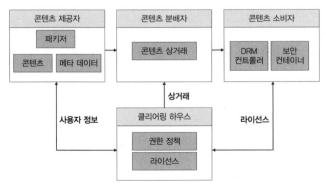

② 저작권 관리 구성 요소 [21년 2, 3회] [20년 4회]

구성 요소	설명
콘텐츠 제공자 (Contents Provider)	콘텐츠를 제공하는 저작권자 • 패키저(Packager) : 콘텐츠를 메타 데이터*와 함께 배포 가능한 단위로 묶는 기능
콘텐츠 분배자 (Contents Distributor)	쇼핑몰 등으로써 암호화된 콘텐츠 제공
클리어링 하우스 (Clearing House)	키 관리 및 라이선스 발급 관리
콘텐츠 소비자 (Contents Customer)	콘텐츠를 구매하는 주체 • DRM 컨트롤러(DRM Controller) : 배포된 콘텐츠의 이용 권한 통제 • 보안 컨테이너(Security Container) : 원본을 안전하게 유통하기 위한 전자적 보안 장치

2. 패키징 도구(DRM) 구성 요소(암호화/보안 기술 요소)

[22년 3회] [21년 1회] [20년 2, 3, 4회]

구성 요소	설명
암호화 (Encryption)	콘텐츠 및 라이선스를 암호화하고, 전자 서명*을 할 수 있는 기술
키 관리 (Key Management)	콘텐츠를 암호화한 키에 대한 저장 및 배포 기술
암호화 파일 생성 (Packager)	콘텐츠를 암호화된 콘텐츠로 생성하기 위한 기술
식별 기술 (Identification)	콘텐츠에 대한 식별 체계 표현 기술 ⑩ 물리적인 도서에 부여되는 ISBN(국제표준 도서번호)
저작권 표현 (Right Expression)	라이선스의 내용 표현기술
정책 관리 (Policy Management)	라이선스 발급 및 사용에 대한 정책 표현 및 관리 기술
크랙 방지 (Tamper Resistance)	크랙*에 의한 콘텐츠 사용 방지 기술
인증 (Authentication)	라이선스 발급 및 사용의 기준이 되는 사용자 인증 기술 ⑩ ID/Password

4 패키징 도구 설치 및 배포 – 수행 순서

수행 순서	설명
1. 빌드 내용 식별	신규 패키징 제품의 모듈 및 빌드 내용을 식별한다.
2. 패키징 도구 식별	암호화/보안 중심의 패키징 도구를 식별한다.
3. 패키징 수행	DRM 흐름을 확인하여 패키징을 수행한다.
4. 패키징 도구 설치	환경에 맞게 패키징 도구 설치 작업을 진행하고, 패키징 도구 설치 완료 후 정상 동작을 확인한다.
5. 배포 작업	패키징 도구 설치 이후 제품 소프트웨어의 배포 작업을 진행하고 배포 작업 후 최 종 패키징 결과를 확인한다.
6. 정상 배포 확인	최종 패키징 완료 후 암호화/보안 기능이 정상적으로 적용되었는지 확인한다.

메타 데이터(Meta Data)
데이터(Data)에 대한 데이터로, 데이터를 설명해 주는 데이터를 의미한다.
⑩ 음악의 메타 데이터는 '제목', '작곡가', '작사가' 등이 있다.

전자 서명(Digital Signature)
전자 문서의 변경 여부를 확인할 수 있도록 작성자의 고유 정보를 암호화하여 문서에 포함하는 기술

크랙(Crack)
복사 방지나 등록 기술 등이 적용된 상용 소프트웨어의 비밀을 풀어 불법으로 복제하거나 파괴하는 것

[20년 2회]

01 SW 패키징 도구 활용 시 고려사항과 거리가 먼 것은?

① 패키징 시 사용자에게 배포되는 SW이므로 보안을 고려한다.

② 사용자 편의성을 위한 복잡성 및 비효율성 문제를 고려한다.

③ 보안상 단일 기종에서만 사용할 수 있도록 해야 한다.

④ 제품 SW 종류에 적합한 암호화 알고리즘을 적용한다.

> **해설** 다양한 이기종 연동을 고려하여 일반적인 배포 형태로 분류하여 패키징이 진행된다.

[20년 3회]

02 제품 소프트웨어 패키징 도구 활용 시 고려사항이 아닌 것은?

① 제품 소프트웨어의 종류에 적합한 암호화 알고리즘을 고려한다.

② 추가로 다양한 이기종 연동을 고려한다.

③ 사용자 편의성을 위한 복잡성 및 비효율성 문제를 고려한다.

④ 내부 콘텐츠에 대한 보안은 고려하지 않는다.

> **해설** 반드시 내부 콘텐츠에 대한 암호화 및 보안을 고려해야 한다.

[20년 4회]

03 소프트웨어 패키징 도구 활용 시 고려사항으로 틀린 것은?

① 반드시 내부 콘텐츠에 대한 암호화 및 보안을 고려한다.

② 보안을 위하여 이기종 연동을 고려하지 않아도 된다.

③ 사용자의 편의성을 위한 복잡성 및 비효율성 문제를 고려한다.

④ 제품 소프트웨어 종류에 적합한 암호화 알고리즘을 적용한다.

> **해설** 범용 환경에서 사용이 가능하도록 다양한 이기종 연동을 고려하여야 한다.

[20년 4회]

04 저작권 관리 구성 요소에 대한 설명이 틀린 것은?

① 콘텐츠 제공자(Contents Provider) : 콘텐츠를 제공하는 저작권자

② 콘텐츠 분배자(Contents Distributor) : 콘텐츠를 메타 데이터와 함께 배포 가능한 단위로 묶는 기능

③ 클리어링 하우스(Clearing House) : 키 관리 및 라이선스 발급 관리

④ DRM 컨트롤러 : 배포된 콘텐츠의 이용 권한을 통제

> **해설** ②는 패키저(Packager)에 대한 설명이다.
> • 콘텐츠 분배자(Contents Distributor) : 쇼핑몰 등으로써 암호화된 콘텐츠 제공

[21년 2회]

05 디지털 저작권 관리(DRM) 구성 요소가 아닌 것은?

① Dataware house

② DRM Controller

③ Packager

④ Contents Distributor

> **해설** 데이터 웨어하우스(Dataware house)는 사용자의 의사 결정에 도움을 주기 위하여 시스템에서 추출/변환/통합되고 요약된 주제 중심적인 데이터베이스로, 디지털 저작권 관리와는 거리가 멀다.

[21년 3회]

06 저작권 관리 구성 요소 중 패키저(Packager)의 주요 역할로 옳은 것은?

① 콘텐츠를 제공하는 저작권자를 의미한다.

② 콘텐츠를 메타 데이터와 함께 배포 가능한 단위로 묶는다.

③ 라이선스를 발급하고 관리한다.

④ 배포된 콘텐츠의 이용 권한을 통제한다.

해설 ①은 콘텐츠 제공자, ③은 클리어링 하우스, ④는 DRM 컨트롤러의 역할이다.

[21년 1회] [20년 2회]

07 디지털 저작권 관리(DRM)의 기술 요소가 아닌 것은?

① 크랙 방지 기술   ② 정책 관리 기술

③ 암호화 기술   ④ 방화벽 기술

해설 DRM의 기술 요소 : 암호화, 키 관리, 암호화 파일 생성, 식별 기술, 저작권 표현, 정책 관리, 크랙 방지, 인증

[20년 3, 4회]

08 디지털 저작권 관리(DRM) 기술과 거리가 먼 것은?

① 콘텐츠 암호화 및 키 관리

② 콘텐츠 식별체계 표현

③ 콘텐츠 오류 감지 및 복구

④ 라이선스 발급 및 관리

해설 DRM 기술 요소 중 ①은 암호화 및 키 관리, ②는 식별 기술, ④는 정책 관리에 대한 설명이다.

▶ 정답 : 01.③, 02.④, 03.②, 04.②, 05.①, 06.②, 07.④, 08.③

---

03 제품 소프트웨어 설치 매뉴얼

1 제품 소프트웨어 설치 매뉴얼 [20년 4회]

제품 소프트웨어 설치 매뉴얼은 제품 소프트웨어 개발 단계부터 적용한 기준이나 패키징 이후 설치의 주요 내용 등을 문서로 기록한 것이다.

- 사용자 기준으로 작성한다.
- 최초 설치 실행부터 완료까지 순차적으로 진행한다.
- 각 단계별 메시지 및 해당 화면을 순서대로 전부 캡처하여 설명한다.
- 설치 중간에 이상 발생 시 해당 메시지와 에러 내용을 분류하여 설명한다.

2 제품 소프트웨어 설치 매뉴얼 작성 항목

1. 목차 및 개요

- 목차 : 매뉴얼 전체의 내용을 순서대로 요약
- 개요 : 설치 매뉴얼의 특징, 구성, 설치 방법, 순서 등에 대해 기술

2. 서문

① 문서 이력 정보

예 문서 이력 정보

버전	작성자	작성일	검토자	일시	검수인
v0.1	홍길동	2020-10-01			
변경 내용	최초 작성				

권쌤이 알려줌

설치 매뉴얼 작성 시 기본적인 개요 및 서문 이외에도 설치 상세 항목에 대해서 순서대로 설명하는 것이 중요합니다.

② 설치 매뉴얼의 주석
- 주의 사항 : 사용자가 제품 설치 시 반드시 숙지해야 하는 중요한 정보 주석 표시
- 참고 사항 : 설치에 영향을 미치는 특별한 사용자 환경 및 상황에 대한 내용 주석 표시

③ 설치 도구의 구성
- exe*, dll*, ini*, chm* 등 설치 관련 파일에 대한 설명
- 폴더 및 설치 프로그램 실행 파일 설명
- 설치 이후에 설치 결과를 기록하는 Log* 폴더 설명

④ 설치 환경 체크 항목
- 사용자 환경 : 사용자의 CPU 및 Memory, 운영체제(OS) 등 적합한 환경
- 응용 프로그램 : 설치 전 다른 응용 프로그램의 종료
- 업그레이드 버전 : 업그레이드 이전 버전에 대한 존재 유무 확인
- 백업 폴더 확인 : 데이터 저장 폴더를 확인하여 설치 시 폴더 동기화

3. 기본 사항 [21년 1회]

기본 사항	설명
제품 소프트웨어 개요	• 주요 기능 및 UI 설명 • UI 및 화면상의 버튼, 프레임 등을 도식화하여 설명
설치 관련 파일	• 설치하기 위한 관련 파일(exe, ini, log 등) 설명
설치 아이콘(Installation)	• 설치 아이콘 설명
프로그램 삭제	• 설치된 소프트웨어 삭제 방법 설명
관련 추가 정보	• 제품 소프트웨어 이외의 관련 설치 프로그램 정보 기술 • 관련 프로그램 제작사 추가 정보 기술

3 제품 소프트웨어 설치 매뉴얼 작성 방법 상세 가이드

제품 소프트웨어의 설치 방법을 순서대로 상세하게 설명하고, 진행 화면을 계속 캡처하여 사용자가 이해하기 쉽도록 구성한다.

1. 설치 화면 및 UI

설치 실행 시 표시되는 내용 및 안내창의 메시지를 설명한다.
- 설치 실행 : exe 등의 인스톨(Install) 파일을 실행하도록 화면을 첨부한다.
- 메인 화면 및 안내창 : 이미지로 해당 내용을 직접 첨부하여 설치 시 나타나는 내용을 설명한다.

2. 설치 이상 시 메시지 설명

설치가 잘못되었거나 잘못된 환경일 경우, 해당 이상 내용에 따른 메시지를 설명한다.
- 설치 단계별 참고 사항 및 주의 사항 등을 메모로 추가한다.

exe
실행 가능한(executable) 파일

dll
장치의 드라이버 등 소프트웨어 설치 과정에서 필요한 경우 호출해서 사용하는 동적 링크 라이브러리(dynamic link library) 파일

ini
Windows 기반 컴퓨터의 기본 구성 값을 변경해야 하는 경우 사용되는 설정 초기화(initialization) 파일

chm
HTML(Microsoft Compiled HTML)로 구성된 도움말 파일
• 웹 브라우저에서 볼 수 있다.

Log
설치 과정 및 결과가 기록되는 파일 확장자
• 향후 문제 발생 시 이를 진단하기 위한 자료로 사용된다.

예 시스템 이상/xx파일 오류 등으로 해당 항목에 대한 설치가 불가능합니다.
- 해당 원인 및 메시지 설명과 오류 코드 등을 표로 첨부한다.
- 해당 화면을 캡처하여 첨부한다.

3. 설치 완료 및 결과

정상 설치 완료 시 최종 메시지를 출력하여, 설치가 잘 되었음을 최종 통지한다.

4. FAQ

실제 설치 시 자주 발생하는 어려움을 FAQ※로 정리하여 제품이 설치되지 않을 때를 대비한다.

FAQ(Frequently Asked Questions, 단골 문답)
많은 사람이 자주 물어보는 질문과 그에 대한 답을 정리해 놓은 문서

5. 설치 시 점검 사항

설치 전 사용자 환경에 맞추어 점검할 내용들을 설명한다.
- 사용자 계정 및 설치 권한을 확인할 수 있도록 한다.
- 설치 중간에 에러 발생 시 체크할 사항을 설명한다.

6. Network 환경 및 보안

- 설치 시 Network 문제로 인해 오류가 발생하지 않도록 사전에 접속을 체크한다.
- 보안 및 방화벽 등의 문제로 설치가 되지 않을 때를 대비해 환경을 체크할 수 있도록 안내한다.

7. 고객 지원 방법

유선 및 E-mail, 웹 사이트 URL 등을 안내한다.

8. 준수 정보 & 제한 보증(Compliance Information & Limited Warranty)

시리얼(Serial) 보존, 불법 등록 사용 금지 등의 준수 사항 권고, 저작권 정보 관련 내용을 작성한다.

▌4 제품 소프트웨어 설치 매뉴얼 작성 – 수행 순서

권쌤이 알려줌

UI 분류 시 사전에 작성된 UI 정의서 항목을 참조하여 분류합니다.

수행 순서	설명
1. 기능 식별	제품 소프트웨어 개발 목적, 주요 기능을 흐름 순으로 정리하여 설명한다.
2. UI 분류	설치 매뉴얼에 작성될 순서대로 UI를 분류한다.
3. 설치 파일/백업 파일 확인	설치할 파일(exe) 및 백업 파일의 이름과 폴더 위치 확인하고, 실행/환경/ Log/백업 등의 다양한 파일들을 확인하고 기능을 숙지한다.
4. Uninstall 절차 확인	제품을 제거할 때를 고려하여 Uninstall 파일 및 진행 단계를 설명하고, Uninstall 이후 설치 전 상태를 기록한다.
5. 이상 Case 확인	설치 시 발생하는 이상 현상 관련 테스트를 수행하고, 다양한 이상 현상 발생에 따른 메시지 정리한다. • 다양한 이상 현상의 내용에 맞는 메시지가 간결하고 정상적으로 표시되는지 확인한다.
6. 최종 매뉴얼 적용	설치 완료 후 메시지와 화면을 캡처하여 설명한다.

01 [20년 4회]
소프트웨어 설치 매뉴얼에 대한 설명으로 틀린 것은?

① 설치 과정에서 표시될 수 있는 예외상황에 관련 내용을 별도로 구분하여 설명한다.

② 설치 시작부터 완료할 때까지의 전 과정을 빠짐없이 순서대로 설명한다.

③ 설치 매뉴얼은 개발자 기준으로 작성한다.

④ 설치 매뉴얼에는 목차, 개요, 기본사항 등이 기본적으로 포함되어야 한다.

> **해설** 설치 매뉴얼은 개발자 기준이 아닌 사용자 기준으로 작성한다.

02 [21년 1회]
소프트웨어 설치 매뉴얼이 포함될 항목이 아닌 것은?

① 제품 소프트웨어 개요

② 설계 관련 파일

③ 프로그램 삭제

④ 소프트웨어 개발 기간

> **해설** 소프트웨어 설치 매뉴얼 작성 항목 : 제품 소프트웨어 개요, 설치 관련 파일, 설치 아이콘, 프로그램 삭제, 관련 추가 정보

▶ 정답 : 01.③, 02.④

---

04 제품 소프트웨어 사용자 매뉴얼

1 제품 소프트웨어 사용자 매뉴얼

제품 소프트웨어 사용자 매뉴얼은 사용에 필요한 절차 및 환경 등 전체 내용을 포함하는 매뉴얼을 작성하고, 제품 기능 및 고객 지원까지를 포함하여 문서로 기록한 것이다.

- 사용자 관점으로 진행된다.
- 제품 소프트웨어의 특성을 먼저 이해하고 작성을 진행해야 한다.
- 컴포넌트 명세서[※]나 컴포넌트 구현 설계서[※]를 기반으로 개발된 컴포넌트 사용 시 알아야 할 내용을 기술한다.

 사용자 매뉴얼 작성 4단계 [21년 3회]

작성 단계	내용
1. 작성 지침 정의	• 사용자 매뉴얼을 작성하기 위한 지침을 설정한다. • 실제 사용자 환경에 필요한 정보를 제공할 수 있는 형태로 작성될 수 있도록 하여야 한다.
2. 사용자 매뉴얼 구성 요소 정의	• 제품 소프트웨어의 기능, 구성 객체 목록, 객체별 메소드[※] 및 파라미터[※] 설명, 실제 사용 예제 등을 정의한다. • 사용자 환경 세팅 방법을 정의한다.
3. 구성 요소별 내용 작성	• 제품 소프트웨어 구성 요소별로 내용을 작성한다.

 권쌤이 알려줌

제품 소프트웨어 사용자 매뉴얼은 제품 소프트웨어를 설치 후 사용 방법을 위한 설명서입니다.

컴포넌트 명세서
컴포넌트의 개요 및 내부 클래스의 동작, 인터페이스를 통해 외부와 통신하는 명세를 정의한 문서

컴포넌트 구현 설계서
컴포넌트 구현에 필요한 컴포넌트 구조도, 컴포넌트 목록, 컴포넌트 명세, 인터페이스 명세로 구성된 문서

메소드(Method)
특정한 목적의 작업을 수행하기 위한 프로그램 코드의 집합
• 함수(Function)와 동일한 의미를 가진다.

파라미터(Parameter, 매개변수)
각 모듈 간에 데이터를 넘겨주는 데 쓰이는 변수

4. 사용자 매뉴얼 검토	• 작성된 사용자 매뉴얼이 개발된 제품의 기능을 제대로 설명하는지, 제품 사용 시 부족한 정보가 없는지 등을 검사한다. • 해당 기능별 관련 개발자와 함께 검토하면 보다 정확히 반영할 수 있어서 더욱 효과적이다. • 개발된 프로그램을 사용자 지침서의 내용에 따라 수행시키고, 프로그램과 맞지 않는 부분이 있는지 점검한다.

2 사용자 매뉴얼 작성 항목

1. 목차 및 개요

- 목차 : 매뉴얼 전체의 내용을 순서대로 요약
- 개요 : 제품 소프트웨어의 주요 특징, 사용자 매뉴얼의 구성과 실행 방법, 메뉴에 대한 설명 및 사용법, 각 항목에 따른 점검 기준, 그리고 설정 방법 등에 대해 기술

2. 서문

① 문서 이력 정보

예 문서 이력 정보

버전	작성자	작성일	검토자	일시	검수인
v0.1	홍길동	2020-10-01			
변경 내용	최초 작성				

② 사용자 매뉴얼의 주석

- 주의 사항 : 사용자가 반드시 숙지해야 하는 중요한 정보의 주석 표시
- 참고 사항 : 특별한 사용자 환경 및 상황에 대한 내용의 주석 표시

③ 기록 보관

- 제품 소프트웨어 등록과 관련한 기록※에 대한 내용 기재
- 향후 필요한 경우나 도움이 되는 추가 제품 정보를 받기 위한 내용 기재
- 인터넷을 이용한 지원이 가능하도록 웹 사이트 URL 기재

제품 소프트웨어 등록 관련 기록
- 제품 소프트웨어 명칭
- 제품 소프트웨어의 모델명(버전명)
- 문서 번호 : 릴리즈 번호(Rev), 날짜 등
- 제품 번호 : 고유한 제품의 시리얼 넘버(Serial number)
- 구입 날짜

3. 기본 사항

기본 사항	설명
제품 소프트웨어 개요	• 주요 기능 및 UI 설명 • UI 및 화면상의 버튼, 프레임 등을 도식화하여 설명
제품 소프트웨어 사용	• PC 사양(CPU, Memory 등)과 운영체제 버전 등 최소 환경 설명 • 최초 동작을 위한 설명(실행 파일, URL 등) • 제품 소프트웨어 동작 시 프로그램 충돌 사항 혹은 안전하게 이용하기 위한 개인정보, 보안 등의 주의 사항 설명
제품 소프트웨어 관리	• 제품 소프트웨어의 사용 종료 및 관리 등에 대한 내용 설명
모델, 버전별 특징	• 제품 구별을 위한 모델, 버전별 UI 및 기능의 차이를 간단히 설명

기능, 인터페이스의 특징	• 제품 소프트웨어 이외 관련 설치 프로그램 정보 기술 • 관련 프로그램 제작사 추가 정보 기술
제품 소프트웨어 구동 환경	• 개발 언어 및 호환 운영체제 설명 • 설치 마법사(Setup Wizard) 이후 사용자가 구동하기까지의 과정을 운영체제 별로 설명

3 제품 소프트웨어 사용자 매뉴얼 작성 방법 상세 가이드

제품 소프트웨어의 사용 방법을 다양한 측면별로 나누어 상세하게 설명하고, 화면을 계속 캡처하여 사용자가 이해하기 쉽도록 구성한다.

1. 사용자 화면 및 UI

- 주의 사항 : 사용자가 반드시 숙지해야 하는 중요한 정보를 설명한다.
- 참고 사항 : 특별한 사용자 환경 및 상황에 대한 내용을 설명한다.

2. 주요 기능 분류

주요 기능을 포함한 화면을 첨부하고, 동작하는 기능을 화면의 순서대로 분류한다.

- 기능 동작 시 참고 사항, 주의 사항 등을 메모로 추가한다.

3. 응용 프로그램(Programs)/설정(Settings)

소프트웨어 동작 시 함께 동작하는 애플리케이션(Application)이나 설치시 충돌될 수 있는 응용 프로그램을 보여준다.

- 소프트웨어 동작 시 사전에 실행해야 할 애플리케이션이 있으면 기술한다.
- 소프트웨어의 설정(Settings)과 관련한 사항이나 기본값에 대한 내용을 설명한다.

4. 장치 연동

제품 소프트웨어가 임베디드(Embedded)※ 관련된 제품일 경우에 연동되는 장치(Device)는 무엇이 있는지 설명한다.

5. 네트워크 환경

네트워크에 정상 연결되었는지, 이를 위한 관련 설정값은 무엇이 있는지 등 제품 소프트웨어와 관련한 네트워크 정보를 표시한다.

6. Profile 설명

Profile은 제품 소프트웨어 구동 시 체크하는 환경 파일로, 환경 파일의 경로를 변경하거나 이동을 금지하도록 설명한다.

- Profile과 같은 구동 시 필수 파일의 내용을 간략히 설명한다.

> 임베디드 시스템(Embedded System, 내장형 시스템)
> 마이크로프로세서에 장착해 설계함으로써 효과적인 제어를 할 수 있도록 하는 내장시킨 형태의 시스템
> ◎ 스마트 냉장고 : 냉장고 문을 열지 않고 우유가 있는지 모니터를 통해 확인하고 바로 주문할 수 있다.

7. 고객 지원 방법(Customer Support)

유선 및 E-mail, 웹 사이트 URL 등을 안내한다.

8. 준수 정보 & 제한 보증(Compliance Information & Limited Warranty)

시리얼(Serial) 보존, 불법 등록 사용 금지 등의 준수 사항 권고 관련 내용을 작성한다.

❹ 제품 소프트웨어 사용자 매뉴얼 작성 – 수행 순서

수행 순서	설명
1. 기능 식별	제품 소프트웨어 개발 목적, 주요 기능을 흐름 순으로 정리하여 설명한다.
2. UI 분류	사용자 매뉴얼에 작성될 순서대로 UI를 분류한다.
3. 사용자 환경 파일 확인	설치할 파일(exe) 및 백업 파일의 이름과 폴더 위치 확인하고, 실행/환경/Log/백업 등의 다양한 파일들을 확인하고 기능을 숙지한다.
4. 초기화 절차 확인	제품을 제거할 때를 고려하여 Uninstall 파일을 설명하고, 초기화 단계 및 초기화 후 재사용을 위한 절차를 기술한다.
5. 이상 Case 확인	설치 시 발생하는 이상 현상 관련 테스트 수행하고, 다양한 이상 현상 발생 시 이에 따른 대응 방향 및 매뉴얼을 정리한다. • 다양한 이상 현상의 내용에 맞는 메시지가 간결하고 정상적으로 표시되는지 확인한다.
6. 최종 매뉴얼 적용	사용자 대응을 위한 대응사항 확인(FAQ) 및 결과에 대한 코드를 정리 후 추가 지원 방향을 검토한다.

[21년 3회]

01 제품 소프트웨어의 사용자 매뉴얼 작성 절차로 (가)~(다)와 [보기]의 기호를 바르게 연결한 것은?

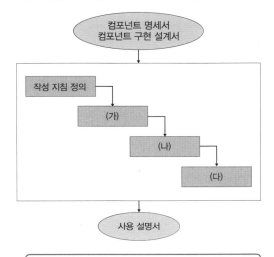

[보기]
㉠ 사용 설명서 검토
㉡ 구성 요소별 내용 작성
㉢ 사용 설명서 구성 요소 정의

① (가)-㉠, (나)-㉡, (다)-㉢
② (가)-㉢, (나)-㉡, (다)-㉠
③ (가)-㉠, (나)-㉢, (다)-㉡
④ (가)-㉢, (나)-㉠, (다)-㉡

해설 사용자 매뉴얼 작성 4단계 : 작성 지침 정의 → 사용자 설명서 구성 요소 정의 → 구성 요소별 내용 작성 → 사용자 설명서 검토

02 제품 소프트웨어 사용자 매뉴얼에 대한 설명으로 가장 거리가 먼 것은?

① 사용자가 제품 구매 후 최초 설치 시 참조하는 매뉴얼이다.
② 주로 화면을 계속 캡처하여 사용자가 이해하기 쉽도록 구성한다.
③ 제품 소프트웨어가 임베디드(Embedded) 관련된 제품일 경우 해당 장치에는 어떤 것이 있는지, 연동되는 장치에는 무엇이 있는지 설명한다.
④ 제품 소프트웨어 동작 시 사전에 실행해야 할 애플리케이션(Application)이 있으면 기술한다.

해설 다른 하나는 제품 소프트웨어 설치 매뉴얼에 대한 설명이다.

▶ 정답 : 01.②, 02.①

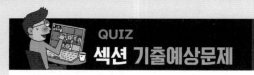

QUIZ 섹션 기출예상문제

01 제품 소프트웨어 배포본의 중요사항에 대한 설명으로 옳지 않은 것은?

① 배포본에는 고유 버전 및 배포 단위의 기준을 정한다.

② 배포용 미디어를 제작할 때, 저작권은 신경 쓰지 않아도 되며 보안에 유의하여 제작한다.

③ 배포본은 자체의 고유 시리얼 넘버를 반드시 부착하여 복제 및 사후 지원을 고려하여 제작한다.

④ 제품 소프트웨어의 배포본은 최종 완성된 제품으로 안정성을 고려하여 배포한다.

02 다음 중 초기 버전 릴리즈 노트 작성 항목이 아닌 것은?

① 이슈 요약 ② 연락 정보
③ 개발팀 정보 ④ 헤더

03 패키징 도구 구성 요소 중 콘텐츠를 암호화한 키에 대한 저장 및 배포 기술을 수행하는 것은?

① 정책 관리 ② 키 관리
③ 크랙 방지 ④ 식별 기술

04 사용자 매뉴얼에 기록해야 할 사항이 아닌 것은?

① 문서 번호 ② 제품 번호
③ 구입 날짜 ④ 판매자 정보

섹션 기출예상문제 해설

01 배포용 미디어를 제작할 때는 저작권 및 보안에 유의하여 제작한다.

02 초기 버전 릴리즈 노트 작성 항목
- Header(헤더)
- 개요
- 목적
- 이슈 요약
- 재현 항목
- 수정/개선 내용
- 노트
- 사용자 영향도
- SW 지원 영향도
- 면책 조항
- 연락 정보

03 키워드 암호화한 키 → 풀이 키 관리(Key Management)
- 정책 관리(Policy Management) : 라이선스 발급 및 사용에 대한 정책 표현 및 관리 기술
- 크랙 방지(Tamper Resistance) : 크랙에 의한 콘텐츠 사용 방지 기술
- 식별 기술(Identification) : 콘텐츠에 대한 식별 체계 표현 기술

04 사용자 매뉴얼 기록 항목
- 제품 소프트웨어 명칭
- 제품 소프트웨어의 모델명(버전명)
- 문서 번호
- 제품 번호
- 구입 날짜

정답 **01** ② **02** ③ **03** ② **04** ④

SECTION 06

소프트웨어 품질

응용 소프트웨어의 품질을 평가하는 기준을 국제 표준 제품 품질 특성이라고 합니다. 완성된 제품을 평가하는 제품 품질과 개발 과정을 평가하는 프로세스 품질로 구분할 수 있습니다. 응용 소프트웨어의 목적에 맞는 국제 표준을 참고하여 완성도 높은 응용 소프트웨어를 개발할 수 있습니다.

★★

01 소프트웨어 품질

1 소프트웨어 품질(Software Quality)

소프트웨어 품질은 사용자의 소프트웨어 요구사항을 충족하기 위한 능력에 영향을 미치는 소프트웨어 제품의 모든 특성과 속성이다.

• 사용자의 요구와 부합되는 정도를 의미한다.

1. 품질 측정(목표, 표준) 항목 [21년 1, 3회] [20년 2, 3회]

항목	설명
정확성(Correctness)	사용자의 요구 기능을 충족시키는 정도
신뢰성(Reliability)	정확하고 일관된 결과를 얻기 위해 요구되는 기능을 오류 없이 수행하는 정도
효율성(Efficiency)	요구되는 기능을 수행하기 위한 필요한 자원의 소요 정도
무결성(Integrity)	허용되지 않는 사용이나 자료의 변경을 제어하는 정도
사용 용이성(Usability)	사용에 필요한 노력을 최소화하고 쉽게 사용할 수 있는 정도
유지보수성(Maintainability)	변경 및 오류의 교정에 대한 노력을 최소화하는 정도
유연성(Flexibility)	소프트웨어를 얼마만큼 쉽게 수정할 수 있는가 하는 정도
시험 용이성(Testability)	의도대로 기능이 수행되는 것을 보장하기 위해 프로그램을 시험(Test)할 수 있는 정도
이식성(Portability)	다양한 하드웨어 환경에서도 운용할 수 있도록 쉽게 수정할 수 있는 정도
재사용성(Reusability)	전체나 일부 소프트웨어를 다른 응용 목적으로 사용할 수 있는가 하는 정도
상호 운용성(Interoperability)	다른 소프트웨어와 정보를 교환할 수 있는 정도

권쌤이 알려줌

보기가 영문으로도 출제되니, 영문과 함께 학습하세요.

합격자의 모답 노트

품질 측정 항목 주요 오답
• 간결성 (X)
• 종속성 (X)
• 중복성 (X)
• 복잡성 (X)
• 최적화 (X)

2. 품질 보증

어떤 항목이나 제품이 설정된 기술적 요구사항과 일치하는가를 적절하게 확인하는데 필요한 체계적이고도 계획적인 유형의 활동이다.

2 국제 표준 제품 품질 특성

국제 표준 제품 품질 특성은 제품에 대해 명확하게 정의된 특성을 의미하며, 소프트웨어 품질을 평가하는 기준 항목이다.

• 제품 품질 특성 평가와 프로세스 품질 특성 평가로 나눌 수 있다.

제품 품질 특성 평가 : 완성된 제품에 대한 평가	프로세스 품질 특성 평가 : 개발 과정에 대한 평가
• ISO/IEC 9126 • ISO/IEC 14598 • ISO/IEC 12119 • ISO/IEC 25000	• ISO/IEC 9000(품질 경영과 품질 보증) • ISO/IEC 12207 • ISO/IEC 15504(SPICE) • ISO/IEC 15288 • CMMI

 기출 및 예상문제

[20년 2회]

01 소프트웨어 품질 측정을 위해 개발자 관점에서 고려해야 할 항목으로 거리가 먼 것은?

① 정확성   ② 무결성
③ 사용성   ④ 간결성

해설   소프트웨어 품질 측정 항목 중 간결성은 포함되지 않는다.

[20년 3회]

02 소프트웨어 품질 목표 중 주어진 시간 동안 주어진 기능을 오류 없이 수행하는 정도를 나타내는 것은?

① 직관성   ② 사용 용이성
③ 신뢰성   ④ 이식성

해설   키워드 오류 없이 → 용어 신뢰성(Reliability)

[21년 1회]

03 소프트웨어의 일부분을 다른 시스템에서 사용할 수 있는 정도를 의미하는 것은?

① 신뢰성(Reliability)
② 유지보수성(Maintainability)
③ 가시성(Visibility)
④ 재사용성(Reusability)

해설   키워드 일부분을 다른 시스템에서 사용 → 용어 재사용성 (Reusability)

[21년 1회]

04 소프트웨어 품질 목표 중 쉽게 배우고 사용할 수 있는 정도를 나타내는 것은?

① Correctness   ② Reliability
③ Usability   ④ Integrity

해설   키워드 쉽게 배우고 사용 → 용어 사용 용이성(Usability)

[21년 3회]

05 소프트웨어 품질 목표 중 하나 이상의 하드웨어 환경에서 운용되기 위해 쉽게 수정될 수 있는 시스템 능력을 의미하는 것은?

① Portability   ② Efficiency
③ Usability   ④ Correctness

해설   키워드 하드웨어 환경에서 운용 → 용어 이식성(Portability)

▶ 정답 : 01.④, 02.③, 03.④, 04.③, 05.①

02 소프트웨어 품질 표준

1 ISO/IEC 9126

ISO/IEC 9126은 품질 특성 및 측정 기준을 제시한 것으로, 국제 표준으로 널리 사용된다.

1. 품질 모델(Quality Model)

품질 요구사항을 명세하고 품질을 평가하는 기준을 제공하는 특성 집합과 그들 간의 상호관계를 의미한다.

- 소프트웨어 품질은 정의된 품질 모델을 사용하여 평가해야 한다.
- 소프트웨어 품질 요구사항을 6가지 특성으로 구분한다.

품질 요구사항	상세 품질 요구사항
기능성 (Functionality)	적절성, 정밀성, 상호 운용성, 보안성, 준수성
신뢰성 (Reliability)	성숙성, 고장 허용성, 회복성, 준수성
사용성 (Usability)	이해성, 학습성, 운용성, 친밀성, 준수성
효율성 (Efficiency)	시간 효율성, 자원 활용성, 준수성
유지 보수성 (Maintainability)	분석성, 변경성, 안정성, 시험성, 준수성
이식성 (Portability)	적용성, 설치성, 대체성, 공존성, 준수성

① 기능성(Functionality) [22년 3회] [20년 2회]

실제 수행 결과와 품질 요구사항과의 차이를 분석하고, 실제 사용 시 정확하지 않은 결과가 발생할 확률을 확인하는 등 시스템의 동작을 관찰할 수 있는가?

- 사용자 요구사항을 정확하게 만족하는 기능을 제공하는지 여부를 나타낸다.

구분	설명
적절성/적합성 (Suitability)	주어진 작업과 사용자의 목표에 필요 적절한 기능들을 제공해 줄 수 있는 능력
정밀성/정확성 (Accuracy)	요구되는 정확도로 올바른 결과를 산출할 수 있는 능력
상호 운용성 (Interoperability)	다른 시스템과 상호 작용하여 운영될 수 있는 능력
보안성 (Security)	프로그램과 데이터에 대해 비인가된 접근을 차단하고, 우연 또는 고의적인 접근을 인지하여 대처할 수 있는 능력
준수성 (Compliance)	기능과 관련된 표준, 규약, 관례, 법적 규제 및 유사성 규정 등을 준수할 수 있는 능력

권쌤이 알려줌

시험에 출제되었던 소프트웨어 품질 표준을 중심으로 학습하세요.

합격자의 암기법

품질 요구사항 : 기호 이번 유신 사(기호 이번 유신사)

- 기(능성)
- 호(효율성)
- 이(식성)
- 번
- 유(지 보수성)
- 신(뢰성)
- 사(용성)

합격자의 암기법

품질 요구사항 특성

- 키워드 요구사항 기능 만족 → 용어 기능성
- 키워드 오류 없이 사용 가능 → 용어 신뢰성
- 키워드 다시 사용하고 싶은가 → 용어 사용성
- 키워드 할당된 시간, 한정된 자원 → 용어 효율성
- 키워드 요구사항 개선 및 확장 용이 → 용어 유지보수성
- 키워드 다른 플랫폼 적용 → 용어 이식성

② 신뢰성(Reliability)

시스템이 일정한 시간 또는 작동되는 시간 동안 의도하는 기능을 수행함을 보증하는가?

• 오류 없이 믿고 사용할 수 있는지 여부를 나타낸다.

구분	설명
성숙성 (Maturity)	소프트웨어 결함으로 인한 고장을 회피할 수 있는 능력
고장 허용성/결함 수용성 (Fault Tolerance)	소프트웨어 결함이나 인터페이스 결여 시에도 특정 수준 이상의 성능을 유지할 수 있는 능력
회복성/복구성 (Recoverability)	소프트웨어 오류로 인해 문제 발생 시 데이터를 복구하고 성능 수준을 다시 확보할 수 있는 능력

③ 사용성(Usability)

사용자와 컴퓨터 사이에 발생하는 어떠한 행위를 정확하고 쉽게 인지할 수 있는가?

• 향후 다시 사용하고 싶은지 여부를 나타낸다.

구분	설명
이해성 (Understandability)	소프트웨어의 논리적인 개념(사용 방법)과 적용 가능성을 구분하는 데 필요한 사용자의 노력 정도에 따른 특성
학습성/학습 용이성 (Learnability)	소프트웨어 애플리케이션 학습에 필요한 사용자의 노력 정도에 따른 특성
운용성 (Operability)	소프트웨어의 운용과 운용 통제에 필요한 사용자의 노력 정도에 따른 특성
친밀성 (Attractiveness)	사용자가 소프트웨어를 다시 사용하고 싶어 하도록 하는 특성

④ 효율성(Efficiency)

할당된 시간에 한정된 자원으로 얼마나 빨리 처리하는가?

구분	설명
시간 효율성 (Time Behaviour)	소프트웨어의 기능을 수행하는 데 있어 반응 시간, 처리 시간 및 처리율에 따른 소프트웨어 특성
자원 활용성/자원 효율성 (Resource Behaviour)	소프트웨어의 기능을 수행하는 데 있어 사용되는 자원의 양과 그 지속 시간에 따른 특성

⑤ 유지 보수성(Maintainability)

요구사항을 개선하고 확장하는 데 있어 얼마나 용이한가?

구분	설명
분석성/분석 용이성 (Analyzability)	소프트웨어 고장의 원인이나 결손 진단 또는 수정이 요구되는 부분을 확인하는 데 필요한 노력 정도에 따른 특성
변경성 (Changeability)	결함 제거 또는 환경 변화에 따른 수정에 필요한 노력 정도에 따른 특성
안정성 (Stability)	소프트웨어의 변경으로 발생하는 예상치 못한 결과를 최소화할 수 있는 특성
시험성 (Testability)	소프트웨어가 변경되어 검증에 필요한 노력의 정도에 따른 특성

⑥ 이식성(Portability)

운영체제 또는 환경 등 다른 플랫폼에서도 많은 추가 작업 없이 얼마나 쉽게 적용이 가능한가?

구분	설명
적용성/환경 적응성 (Adaptability)	소프트웨어의 목적을 위해 제공된 수단이나 다른 조치 없이 특정 환경으로 전환될 수 있는 능력
설치성/설치가능성 (Installability)	특정 환경에서 소프트웨어를 설치하는 데 필요한 노력의 정도에 따른 특성
대체성/대체 가능성 (Replaceability)	특정 환경에서 동일한 목적 달성을 위해 다른 소프트웨어를 대신 사용할 수 있는 능력
공존성/병행 존재성 (Co-Existence)	자원을 공유하는 환경에서 다른 소프트웨어와 공존할 수 있는 능력

 ISO/IEC 25010

ISO/IEC 9126은 호환성과 보안성 강화를 위해 2011년에 ISO/IEC 25010으로 대체되었다.

ISO/IEC 9126	기능성	신뢰성	사용성	효율성	유지 보수성	이식성		
ISO/IEC 25010	기능 적합성	신뢰성	사용성	실행 효율성	유지 보수성	이식성	호환성	보안성

2 ISO/IEC 14598

ISO/IEC 14598은 소프트웨어 제품 평가 프로세스의 개요와 평가에 대한 안내 지침 및 요구사항을 제공한다.

- 개발자에 대한 소프트웨어 제품 품질 향상과 구매자의 제품 품질 선정 기준을 제공한다.
- 개발자, 구매자, 평가자 별로 수행해야 할 프로세스를 규정한다.
- ISO/IEC 9126의 사용을 위한 절차와 소프트웨어 평가 프로세스에 대한 표준을 규정하며, ISO/IEC 9126 규정에 따른다.

▼ ISO/IEC 14598 특징

특징	설명
반복성 (Repeatability)	특정 제품을 동일 평가자가 동일 사양으로 평가하면 동일한 결과가 나와야 한다.
재현성 (Reproducibility)	특정 제품을 다른 평가자가 동일 사양을 평가하면 유사한 결과가 나와야 한다.
공정성 (Impartiality)	평가가 특정 결과에 편향되지 않아야 한다.
객관성 (Objectivity)	평가 결과는 객관적 자료에 의해서만 평가되어야 한다.

3 ISO/IEC 12119 [20년 3회]

ISO/IEC 12119는 소프트웨어의 품질 평가를 위해 정보기술과 소프트웨어 패키지에 대한 품질 요구사항 및 시험 사항을 규정한 국제 표준이다.

- 소프트웨어 제품 패키지 품질은 ISO/IEC 12119를 참조한다.

4 ISO/IEC 25000 [22년 1회]

ISO/IEC 25000은 ISO/IEC 9126, 14598, 12119 등의 여러 표준 문서를 통합하고 재구성하여 만든 표준 문서이다.

5 ISO/IEC 9000

ISO/IEC 9000은 품질 경영[※]과 품질 보증[※]에 관한 국제 규격이다.

- ISO/IEC 9000의 세부 내용에는 9001(설계, 개발, 서비스), 9002(생산과 설치), 9003(최종 검사 및 시험), 9004(지침 표준)가 포함된다.

6 ISO/IEC 12207

ISO/IEC 12207은 소프트웨어의 개발, 운영, 유지보수 등을 체계적으로 관리하기 위한 소프트웨어 개발 생명 주기[※] 표준을 제공한다.

- ISO/IEC 12207 프로세스 구분 [21년 2회]

구분	설명
기본 생명 주기 프로세스	획득(계약 준비), 공급(계약), 개발(SW 구현), 운영, 유지보수 프로세스
지원 생명 주기 프로세스	품질 보증, 검증, 확인, 활동 검토, 감사, 문서화, 형상 관리[※], 문제 해결 프로세스
조직 생명 주기 프로세스	관리, 기반 구조, 개선, 훈련(교육) 프로세스

7 ISO/IEC 15504(SPICE) [20년 3, 4회]

ISO/IEC 15504(SPICE)는 소프트웨어 프로세스 평가를 위한 표준이며, 정보시스템 분야에 특화된 품질 표준이자 인증 규격의 역할을 하고 있다.

- 5개의 프로세스 범주로 구분된 40개 프로세스로 구성되어 있으며, 프로세스의 수행 능력을 6단계로 구분하였다.
- SPICE를 통한 평가는 40개 프로세스에 대해 기본 지침의 실행 여부와 산출물 유무로 판정한다.

1. SPICE 모델의 프로세스

프로세스	설명
고객-공급 (Customer-Supplier) 프로세스	• 소프트웨어를 개발하여 고객에게 전달하는 것을 지원하고, 소프트웨어를 정확하게 운용하고 사용하도록 하기 위한 프로세스로 구성 • 구성 요소 : 인수, 공급, 요구 도출, 운영 • 관련 프로세스 : 10개
공학(Engineering) 프로세스	• 시스템과 소프트웨어 제품의 명세화, 구현, 유지보수하는 프로세스로 구성 • 구성 요소 : 개발, 소프트웨어 유지보수 • 관련 프로세스 : 9개
지원(Support) 프로세스	• 소프트웨어 생명 주기에서 다른 프로세스에 의해 이용되는 프로세스로 구성 • 구성 요소 : 문서화, 형상, 품질 보증, 검증, 확인, 리뷰, 감사, 품질 문제 해결 • 관련 프로세스 : 8개
관리(Management) 프로세스	• 소프트웨어 생명 주기에서 프로젝트 관리자에 의해 사용되는 프로세스로 구성 • 구성 요소 : 관리, 프로젝트 관리, 품질/위험 관리 • 관련 프로세스 : 4개
조직(Organization) 프로세스	• 조직의 업무 목적을 수립하고, 조직이 업무 목표를 달성하는 데 도움을 주는 프로세스로 구성 • 구성 요소 : 조직 배치, 개선 활동 프로세스, 인력 관리, 기반 관리, 측정 도구, 재사용 • 관련 프로세스 : 9개

합격자의 **맘기법**

SPICE 모델 프로세스 : 조교 공지 관리(조고 공지 관리)
• **조**(직 프로세스)
• **교**(고객-관리 프로세스)
• **공**(학 프로세스)
• **지**(원 프로세스)
• **관리**(프로세스)

2. SPICE 모델의 프로세스 수행 능력 6단계 [21년 2회]

6단계	프로세스	내용
Level 0. 불완전(Incomplete) 단계	미구현 또는 미달성	• 프로세스가 구현되지 않음 • 프로세스가 목적을 달성하지 못함
Level 1. 수행(Performed) 단계	프로세스 수행 및 목적 달성	• 프로세스를 수행하고 목적을 달성함 • 프로세스가 정의된 산출물을 생산함
Level 2. 관리(Managed) 단계	프로세스 수행 계획 및 관리	• 정의된 자원의 한도 내에서 그 프로세스가 작업 산출물을 인도함
Level 3. 확립(Established) 단계	정의된 표준 프로세스 사용	• 소프트웨어 공학 원칙을 기반으로 정의된 프로세스를 수행함
Level 4. 예측(Predictable) 단계	프로세스의 정량적 이해 및 통제	• 프로세스가 목적 달성을 위해 통제됨 • 프로세스가 양적 측정을 통해 일관되게 수행됨
Level 5. 최적화(Optimizing) 단계	프로세스를 지속적으로 개선	• 프로세스 수행을 최적화함 • 지속적 개선을 통해 업무 목적을 만족시킴

8 ISO/IEC 15288

ISO/IEC 15288은 프로세스 및 생명 주기 단계를 포함하는 시스템 엔지니어링 표준이다.

• 세부 내용에는 합의 프로세스, 조직 프로세스, 과제 프로세스, 기술 프로세스 가 포함된다.

권쌤이 알려줌

ISO/IEC 15288이 개발되면서 소프트웨어 생명 주기 프로세스 표준인 ISO/IEC 12207과의 일관성 문제가 발생하기도 하였습니다.

9 CMMI(능력 성숙도 통합 모델)

CMMI(Capability Maturity Model Integration)는 소프트웨어 개발 조직의 업무 능력 및 조직의 성숙도를 평가하는 모델이다.

• 조직의 프로세스 개선을 위해 개발되었으며, 기업에 표준 프로세스를 만들 수 있는 지침을 제시하고 그 기준이 된다.

• 프로젝트 목표 및 계획을 정량적으로 수립할 수 있고 최종 목표 달성에 대한 예측도 가능하여 생산성과 품질이 향상된다.

CMMI 5단계 (소프트웨어 프로세스 성숙도)	프로세스	내용
1. 초기(Initial) 단계	프로세스 없음	예측/통제 불가능
2. 관리(Managed) 단계	규칙화된 프로세스	기본적인 프로젝트 관리 체계 수립
3. 정의(Defined) 단계	표준화된 프로세스	조직 차원의 표준 프로세스를 통한 프로젝트 지원
4. 정량적 관리(Quantitatively Managed) 단계	예측 가능한 프로세스	정량적으로 프로세스가 측정/통제됨
5. 최적화(Optimizing) 단계	지속적 개선 프로세스	프로세스 개선 활동

학습 + 플러스 **CMM(능력 성숙도 모델)** [22년 3회] [20년 2, 4회]

CMM(Capability Maturity Model)은 소프트웨어 품질 관리 체계 중 하나로 소프트웨어 기술을 지원하는 조직의 응용 프로그램을 개선하는 데 도움을 주기 위해 미국 소프트웨어 공학 연구소에서 개발한 절차이다.

CMM 5단계(소프트웨어 개발을 위한 조직의 능력, 성숙도)
1. 초기(Initial) 단계
2. 반복(Repeatable) 단계
3. 정의(Defined) 단계
4. 관리(Managed) 단계
5. 최적화(Optimizing) 단계

[20년 2회]

01 ISO/IEC 9126의 소프트웨어 품질 특성 중 기능성 (Functionality)의 하위 특성으로 옳지 않은 것은?

① 학습성　　　② 적합성

③ 정확성　　　④ 보안성

해설　다른 하나는 사용성(Usability)의 하위 특성이다.

[20년 3회]

02 패키지 소프트웨어의 일반적인 제품 품질 요구사항 및 테스트를 위한 국제 표준은?

① ISO/IEC 2196　　② IEEE 19554

③ ISO/IEC 12119　　④ ISO/IEC 14959

해설　키워드 패키지, 품질 요구사항 및 테스트 → 용어 ISO/IEC 12119

[21년 2회]

03 ISO 12207 표준의 기본 생명 주기의 주요 프로세스에 해당하지 않는 것은?

① 획득 프로세스　　② 개발 프로세스

③ 성능평가 프로세스　④ 유지보수 프로세스

해설　기본 생명 주기 프로세스 : 획득(계약 준비), 공급(계약), 개발(SW 구현), 운영, 유지보수 프로세스

[20년 3회]

04 소프트웨어 개발 표준 중 소프트웨어 품질 및 생산성 향상을 위해 소프트웨어 프로세스를 평가 및 개선하는 국제 표준은?

① SCRUM　　　② ISO/IEC 12509

③ SPICE　　　④ CASE

해설　키워드 프로세스 평가 → 용어 SPICE(ISO/IEC 15504)

[20년 4회]

05 소프트웨어 프로세스에 대한 개선 및 능력 측정 기준에 대한 국제 표준은?

① ISO 14001　　　② IEEE 802.5

③ IEEE 488　　　④ SPICE

해설　키워드 프로세스 개선 및 능력 측정 → 용어 SPICE(ISO/IEC 15504)
- ISO 14001 : 조직이나 기업의 환경을 개선하는 활동을 위해 ISO 에서 제정한 환경에 관한 국제 표준
- IEEE 802.5 : 토큰링 방식의 표준 규격
- IEEE 488 : 단거리 디지털 통신 버스

[21년 2회]

06 SPICE 모델의 프로세스 수행능력 수준의 단계별 설명 이 틀린 것은?

① 수준 7 - 미완성 단계

② 수준 5 - 최적화 단계

③ 수준 4 - 예측 단계

④ 수준 3 - 확립 단계

해설　SPICE 모델의 프로세스 수행 능력 6단계는 Level 0. 불완전 단계 부터 Level 5. 최적화 단계까지로 구성되어 있다.

[20년 2, 4회]

07 CMM(Capability Maturity Model) 모델의 레벨로 옳지 않은 것은?

① 최적 단계　　　② 관리 단계

③ 정의 단계　　　④ 계획 단계

해설　CMM 5단계는 초기 단계, 반복 단계, 정의 단계, 관리 단계, 최적 화 단계로 구성되어 있다.
TIP　CMM 5단계는 "초반 정리 최적화"로 기억하세요.

▶ 정답 : 01.①, 02.③, 03.③, 04.③, 05.④, 06.①, 07.④

[이전 기출]

01 다음은 소프트웨어의 특성에 대한 설명이다. 각 특성의 정의를 올바르게 짝지은 것은?

> (1) 사용자의 기능 변경의 필요성을 만족하기 위하여 소프트웨어를 진화하는 것이 가능해야 한다.
> (2) 소프트웨어가 자원을 쓸데없이 낭비하지 않아야 한다.
> (3) 소프트웨어는 적절한 사용자 인터페이스와 문서를 가지고 있어야 한다.

	(1)	(2)	(3)
①	효율성	유지보수성	사용용이성
②	사용용이성	유지보수성	효율성
③	유지보수성	효율성	사용용이성
④	효율성	사용용이성	유지보수성

[이전 기출]

02 어떤 웹 서비스 시스템은 다음과 같은 특징을 가지고 있다. 이 시스템과 관련하여 ISO/IEC 9126 품질 특성 중에서 개선할 필요가 있는 것은?

> • 온라인/오프라인 도움말을 제공하지 않는다.
> • 시스템이 제공하는 기능을 메뉴명으로 이해하기 어렵다.
> • 모든 웹 페이지에서 홈페이지로 바로 가는 '홈 버튼'이 제공되지 않아 이전 페이지로 이동하는 '뒤로 가기 버튼'을 이용하여 여러 단계를 거쳐 홈페이지로 갈 수 밖에 없다.

① 효율성(efficiency)
② 사용성(usability)
③ 이식성(portability)
④ 유지보수성(maintainability)

[이전 기출]

03 ISO/IEC 25010에서는 ISO/IEC 9126-2의 표준 문서에서 제시한 소프트웨어 품질 평가의 6가지 품질 특성에 2가지의 품질 특성을 추가하여 8개의 소프트웨어 품질 특성에 대해 평가방안을 제시하고 있다. ISO/IEC 25010에 추가된 2가지의 소프트웨어 품질 특성으로 가장 적절한 것은?

① 호환성과 이식성　②호환성과 보안성
③ 유지보수성과 이식성 ④ 유지보수성과 보안성

[이전 기출]

04 ISO 12207의 조직 생명 주기 프로세스(Organizational Life Cycle Process)에 속하지 않는 것은?

① 공급 프로세스(Supply process)
② 관리 프로세스(Management process)
③ 개선 프로세스(Improvement process)
④ 교육 프로세스(Training process)

[이전 기출]

05 소프트웨어 개발 조직의 프로세스를 평가하기 위한 SPICE 모델을 고려하자. SPICE의 성숙도 수준을 낮은 단계에서 높은 단계 순으로 나열한다고 할 때, 다음 보기 중에서 가장 올바른 것은?

① Established − Performed − Managed − Optimizing − Predictable
② Performed − Managed − Established − Predictable − Optimizing
③ Established − Managed − Performed − Predictable − Optimizing
④ Performed − Established − Managed − Optimizing − Predictable

[이전 기출]

06 ISO의 소프트웨어 프로세스 평가를 위한 국제 표준인 SPICE에 대한 설명이다. 이에 해당하는 프로세스 범주는?

> 시스템과 소프트웨어 제품을 개발하는 모든 프로세스, 즉 요구사항 분석(명세화), 설계, 구현, 테스트 등이 이 범주에 속한다.

① 조직 프로세스(Organization Process)
② 공학 프로세스(Engineering Process)
③ 고객−공급 프로세스(Customer−Supplier Process)
④ 지원 프로세스(Support Process)

[이전 기출]

07 CMMI과 SPICE에 관한 설명 중 맞는 것은?

① SPICE와 CMMI의 평가 레벨은 다섯 단계로 같다.

② SPICE는 조직에 대한 평가이다.

③ CMMI는 프로젝트 목표 및 계획을 정량적으로 수립할 수 있고 최종 목표 달성에 대한 예측도 가능하다.

④ CMMI이나 SPICE의 결과는 ISO와 같은 인증을 목표로 한다.

[이전 기출]

08 다음에서 설명하는 CMMI의 성숙도 단계에 해당하는 것은?

> 표준 프로세스를 면밀히 검토하여 보완하고 최신 기술들을 반영하여 지속적으로 프로세스를 개선하고 이 개선된 프로세스를 전 조직이 사용하도록 한다.

① 관리(Managed) 단계

② 정의(Defined) 단계

③ 정량적 관리(Quantitatively managed) 단계

④ 최적화(Optimizing) 단계

섹션
기출예상문제 해설

01 • 유지보수성 : 변경 및 오류의 교정에 대한 노력을 최소화하는 정도
• 효율성 : 요구되는 기능을 수행하기 위한 필요한 자원의 소요 정도
• 사용 용이성 : 사용에 필요한 노력을 최소화하고 쉽게 사용할 수 있는 정도

02 사용성(Usability)은 사용자와 컴퓨터 사이에 발생하는 어떠한 행위에 대하여 사용자가 정확하게 이해하고 사용하며, 향후 다시 사용하고 싶은 정도를 나타낸다.

03 ISO/IEC 9126은 호환성과 보안성 강화를 위해 2011년에 ISO/IEC 25010으로 대체되었다.

04 ①은 기본 생명 주기 프로세스에 속한다.

05 SPICE 모델의 프로세스 수행 능력 6단계
• Level 0. 불완전(Incomplete) 단계
• Level 1. 수행(Performed) 단계
• Level 2. 관리(Managed) 단계
• Level 3. 확립(Established) 단계
• Level 4. 예측(Predictable) 단계
• Level 5. 최적화(Optimizing) 단계

06 [키워드] 요구사항 분석(명세화), 설계, 구현, 테스트 → [용어] 공학(Engineering) 프로세스
• 조직(Organization) 프로세스 : 조직의 업무 목적을 수립하고, 조직이 업무 목표를 달성하는 데 도움을 주는 프로세스로 구성
• 고객-공급(Customer-Supplier) 프로세스 : 소프트웨어를 개발하여 고객에게 전달하는 것을 지원, 소프트웨어를 정확하게 운용하고 사용하도록 하기 위한 프로세스로 구성
• 지원(Support) 프로세스 : 소프트웨어 생명 주기에서 다른 프로세스에 의해 이용되는 프로세스로 구성

07 • CMMI는 다섯 단계이지만, SPICE는 여섯 단계이다.
• CMMI가 조직에 대한 평가를 한다.
• SPICE는 다른 말로 ISO 15504이지만, CMMI는 ISO가 아닌 미국 방성의 지원을 받아 만든 것이다.

08 [키워드] 지속적으로 프로세스 개선 → [용어] 최적화(Optimizing) 단계
• 관리(Managed) 단계 : 기본적인 프로젝트 관리 체계 수립
• 정의(Defined) 단계 : 조직 차원의 표준 프로세스를 통한 프로젝트 지원
• 정량적 관리(Quantitatively managed) 단계 : 정량적으로 프로세스가 측정/통제됨

[정답] 01 ③ **02** ② **03** ② **04** ① **05** ② **06** ② **07** ③ **08** ④

SECTION

07

프로젝트 관리 도구

대규모 프로젝트는 여러 명이 하나의 팀을 구성하여 응용 소프트웨어를 개발합니다. 프로젝트 진행 도중에 변경 사항이 발생하면 모든 팀원이 확인하고 각자 수정 작업을 진행해야 합니다. 이때 변경 사항을 공유하고 수정 작업 내역을 확인할 수 있는 프로젝트 관리 도구에 대해 학습합니다.

권쌤이 알려줌

형상 관리는 응용 소프트웨어의 버전 관리, 배포 관리, 변경 관리 등 다양한 활동을 포함하고 있습니다. 즉, 프로젝트 진행을 원활히 하기 위해 계획서, 소스 코드, 테스트 문서 등을 관리하는 일련의 활동을 형상 관리라고 합니다.

형상
사물의 생긴 모양이나 상태

합격자의 모답 노트

형상 관리 주요 오답
• 비용 관리 (X)

★★★

01 | 형상 관리와 버전 관리

1 형상 관리 [22년 2, 3회] [21년 1, 2회] [20년 2회] [20년 2회 실기]

(SCM; Software Configuration Management)

형상[※] 관리는 소프트웨어의 개발 과정에서 발생하는 산출물의 변경사항을 버전 관리하기 위한 일련의 활동이다.

- 소프트웨어 변경사항을 파악하고 제어하며, 적절히 변경되고 있는지 확인하여 해당 담당자에게 통보하는 작업이다.
- 프로젝트 생명 주기의 전 단계에서 수행하는 활동이며, 유지 보수 단계에서도 수행되는 활동이다.
- 형상 관리를 함으로써 소프트웨어 개발의 전체 비용을 줄이고, 개발 과정에서 발생하는 여러 가지 문제점 발생 요인이 최소화되도록 보증하는 것을 목적으로 한다.
- 형상 관리는 버전 관리, 배포 관리, 변경 관리 등 다양한 활동을 포함한다.

학습 + 플러스   **형상 항목(형상 관리 대상이 되는 항목)** [20년 4회]

- 소프트웨어 공학 기반 표준과 절차(방법론, WBS, 개발 표준)
- 소프트웨어 프로젝트 계획서
- 소프트웨어 요구사항 명세서
- 소프트웨어 아키텍처, 실행 가능한 프로토타입
- 소프트웨어 화면, 프로그램 설계서
- 데이터베이스 기술서(스키마, 파일 구조, 초기 내용)
- 소스 코드 목록 및 소스 코드
- 실행 프로그램
- 테스트 계획, 절차, 결과
- 시스템 사용 및 운영과 설치에 필요한 매뉴얼
- 유지 보수 문서(변경 요청서, 변경 처리 보고서 등)

1. 제품 소프트웨어의 형상 관리 [20년 3회]

소프트웨어의 변화를 시간에 따라 기록하고 특정 시점의 버전을 다시 꺼내올 수 있도록 관리하는 체계를 의미한다.

- 소프트웨어에서 변경 통제 시점인 베이스라인※을 정하고, 변경을 철저히 관리 및 통제하는 것이 중요하다. 이에 따라 전체적인 버전 체계가 관리된다.
- 형상 관리를 통해 이전 변경이나 버전에 대한 정보에 언제든지 접근 가능하므로 배포본 관리에 매우 유용하다.
- 불필요한 소스의 수정을 제한할 수 있다.
- 동일한 프로젝트에 대해 여러 개발자의 동시 개발이 가능하다.
- 에러가 발생했을 경우 빠른 시간 내에 복구가 가능하다.

권쌤이 알려줌

소프트웨어의 형상은 지속적으로 변하는 특성이 있습니다. 그러므로 각 단계별로 변경의 이정표가 되는 베이스라인을 설정하고, 주요 단계별로 변경의 이력을 관리하여 추적하고 통제가 가능하도록 합니다.

베이스라인(Baseline)
요구사항 기준선

2. 형상 관리의 중요성

- 제품 소프트웨어는 지속적으로 변경되는데, 이에 대한 개발 통제가 중요하다.
- 형상 관리가 잘되지 않으면 배포판의 버그 및 수정에 대한 추적이 결여되거나 무절제한 변경이 난무할 수 있다.
- 형상 관리가 잘되지 않으면 제품 소프트웨어의 가시성(Visibility)※의 결핍이 일어난다.
- 형상 관리가 잘되지 않으면 전체적인 조망이나 통찰력이 결여되어 장기적인 관리 체계에 문제를 야기할 수 있다.

가시성(Visibility)
대상을 확인할 수 있는 정도

3. 형상 관리 절차 [21년 3회]

| 형상 식별 | ➡ | 변경 제어 | ➡ | 형상 상태 보고 | ➡ | 형상 감사 |

합격자의 암기법

형상 관리 절차 :
식제료 상태 보고 감사하게 되었다.
- 형상 식별 → 변경 제어 → 형상 상태 보고 → 형상 감사

① 형상 식별
- 형상 관리 대상을 식별하여 이름과 관리 번호를 부여하고, 계층(Tree) 구조로 구분하여 수정 및 추적이 쉽게 하는 작업으로, 베이스라인의 기준을 정하는 활동이다.

② 변경 제어(=형상 통제) [20년 3회 실기]
- 식별된 형상 항목의 변경 요구를 검토 및 승인하여 적절히 통제함으로써 현재의 베이스라인에 잘 반영될 수 있도록 조정하는 작업이다.
- 적절한 형상 통제가 이루어지기 위해서는 형상 통제 위원회의 승인을 통한 통제가 이루어질 수 있어야 한다.

③ 형상 상태 보고(기록)
- 베이스라인의 현재 상태 및 변경 항목들이 제대로 반영되는지 여부를 보고하는 절차이다.
- 형상의 식별, 통제, 감사 작업의 결과를 기록 및 관리하고 보고서를 작성하는 작업이다.

④ 형상 감사
- 베이스라인의 무결성을 평가하기 위하여 확인 · 검증 과정을 통해 공식적으로 승인하는 작업이다.

라이브러리(Library)
자주 사용하는 함수를 미리 작성하여 저장시켜둔 것

권쌤이 알려줌

저장소(Repository, 리포지토리)는 작업한 파일을 저장하는 공간입니다. 중앙 집중형 서버 저장소의 경우 여러 개발자가 하나의 저장소에 동시에 접근하여 개발합니다.

Diff 도구
파일 내용을 비교하여 서로 다른 부분을 찾아 주는 도구

권쌤이 알려줌

하나의 프로젝트를 개발자 A와 개발자 B가 함께 개발한다고 할 때, 개발자 A가 작성한 코드를 저장소에 추가합니다. 그리고 개발자 B가 저장소의 코드를 인출하여 수정한 후 커밋합니다. 이후 개발자 A는 수정된 코드를 자신의 작업 공간에 동기화하고, 수정된 부분을 Diff 도구를 이용해 확인하고 이어서 작업합니다.

② 버전 관리(Version Control, Revision Control)

버전 관리는 소프트웨어 개발과 관련하여 코드와 라이브러리*, 관련 문서 등 시간의 변화에 따른 변경을 관리하는 전체 활동이다.

1. 버전 관리의 주요 용어 [21년 2회] [20년 3회]

용어	설명
저장소(Repository)	파일의 현재 버전과 변경 이력 정보를 저장하는 저장소이다.
가져오기(Import)	버전 관리가 되지 않은 저장소에 파일을 처음으로 복사한다.
체크아웃(Check-out)	프로그램 수정을 위해 저장소 파일을 받는다.
체크인(Check-in)	프로그램 수정 후 저장소에 새로운 버전으로 갱신한다.
커밋(Commit)	체크인 시 이전 갱신 사항이 있는 경우 충돌(Conflict)을 알리고, Diff 도구* 이용하여 수정한 후 파일 갱신을 완료한다.
동기화(Update)	자신의 작업 공간을 저장소의 최신 버전으로 동기화한다.

2. 작업 단계별 버전 등록 기법

추가(Add) ➡ 인출(Check-out) ➡ 커밋(Commit) ➡ 동기화(Update) ➡ 차이(Diff)

용어	설명
가져오기(Import) 또는 추가(Add)	개발자가 신규로 어떤 파일을 저장소(Repository)에 추가한다.
인출(Check-out)	추가되었던 파일을 개발자가 인출(Check-out)한다.
예치, 커밋(Commit)	개발자가 인출된 파일을 수정한 다음, 저장소에 예치(Commit)하면서 설명을 붙인다.
동기화(Update)	예치(Commit) 작업 이후 새로운 개발자가 자신의 작업 공간을 동기화(Update)한다. 이때 기존 개발자가 추가했던 파일이 전달된다.
차이(Diff)	새로운 개발자가 추가된 파일의 수정 기록(Change Log)을 보면서 기존 개발자가 처음 추가한 파일과 이후 변경된 파일의 차이(Diff)를 확인한다.

기출 및 예상문제

[20년 2회]

01 소프트웨어 형상 관리의 의미로 적절한 것은?

① 비용에 관한 사항을 효율적으로 관리하는 것
② 개발 과정의 변경 사항을 관리하는 것
③ 테스트 과정에서 소프트웨어를 통합하는 것
④ 개발 인력을 관리하는 것

해설 키워드 개발 과정, 변경 사항 → 용어 형상 관리(SCM; Software Configuration Management)

[20년 2회 실기]

02 다음 설명의 ( ) 안에 들어갈 내용으로 적합한 것은?

> 소프트웨어 ( )은(는) 변경 제어, 개발 전반 산출물에 대하여 관리하는 것을 의미한다. 이를 지원하는 도구로는 Git, SVN 등이 있다.

① 빌드 도구
② 협업 도구
③ IDE 도구
④ 형상 관리

해설

키워드 개발 전반 산출물 → 용어 형상 관리
- 빌드 도구 : 개발자가 작성한 소스에 대한 빌드 및 배포를 지원하며, 프로젝트에서 사용되는 구성 요소들과 라이브러리들에 대한 의존성 관리를 지원하는 도구
- 협업 도구 : 공동 작업 관리를 위한 프로그램으로, 개발에 참여하는 사람들이 서로 다른 작업 환경에서 원활히 프로젝트를 수행할 수 있도록 돕는 도구
- IDE 도구 : 코딩, 디버그, 컴파일, 빌드, 배포 등 프로그램 개발에 관련된 모든 작업을 하나의 프로그램 안에서 처리하는 환경을 제공하는 소프트웨어

TIP 빌드/협업/IDE 도구는 이후 자세히 학습합니다.

[21년 1회]

03 소프트웨어 형상 관리(Configuration management)에 관한 설명으로 틀린 것은?

① 소프트웨어에서 일어나는 수정이나 변경을 알아내고 제어하는 것을 의미한다.

② 소프트웨어 개발의 전체 비용을 줄이고, 개발 과정의 여러 방해 요인이 최소화되도록 보증하는 것을 목적으로 한다.

③ 형상 관리를 위하여 구성된 팀을 "chief programmer team"이라고 한다.

④ 형상 관리의 기능 중 하나는 버전 제어 기술이다.

해설 형상 관리는 프로젝트 조직과 관계없이 모든 프로젝트에서 수행된다.
TIP 책임 프로그래머 팀은 이후 자세히 학습합니다.

[21년 2회]

04 소프트웨어 형상 관리에 대한 설명으로 거리가 먼 것은?

① 소프트웨어에 가해지는 변경을 제어하고 관리한다.

② 프로젝트 계획, 분석서, 설계서, 프로그램, 테스트 케이스 모두 관리 대상이다.

③ 대표적인 형상 관리 도구로 Ant, Maven, Gradle 등이 있다.

④ 유지 보수 단계뿐만 아니라 개발 단계에도 적용할 수 있다.

해설 Ant, Maven, Gradle은 빌드 도구에 해당한다.

[20년 4회]

05 소프트웨어 형상 관리에서 관리 항목에 포함되지 않는 것은?

① 프로젝트 요구 분석서

② 소스 코드

③ 운영 및 설치 지침서

④ 프로젝트 개발 비용

해설 형상 관리는 소프트웨어의 변경 사항을 관리하기 위해 개발된 일련의 활동으로, 프로젝트 개발 비용을 관리하는 것과는 거리가 멀다.

[20년 3회]

06 제품 소프트웨어의 형상 관리 역할로 틀린 것은?

① 형상 관리를 통해 이전 리비전이나 버전에 대한 정보에 접근 가능하여 배포본 관리에 유용

② 불필요한 사용자의 소스 수정 제한

③ 프로젝트 개발 비용을 효율적으로 관리

④ 동일한 프로젝트에 대해 여러 개발자 동시 개발 가능

해설 TIP 비용과 관련된 오답이 자주 출제됩니다.

[21년 3회]

07 형상 관리의 개념과 절차에 대한 설명으로 틀린 것은?

① 형상 식별은 형상 관리 계획을 근거로 형상 관리의 대상이 무엇인지 식별하는 과정이다.

② 형상 관리를 통해 가시성과 추적성을 보장함으로써 소프트웨어의 생산성과 품질을 높일 수 있다.

③ 형상 통제 과정에서는 형상 목록의 변경 요구를 즉시 수용 및 반영해야 한다.

④ 형상 감사는 형상 관리 계획대로 형상관리가 진행되고 있는지, 형상 항목의 변경이 요구사항에 맞도록 제대로 이뤄졌는지 등을 살펴보는 활동이다.

해설 적절한 형상 통제가 이루어지기 위해서는 형상 통제 위원회의 승인을 통한 통제가 이루어질 수 있어야 한다.

[20년 3회 실기]

08 다음은 무엇에 대한 설명인가?

> 식별된 형상 항목에 대한 변경 요구를 검토하여 현재의 기준선이 잘 반영될 수 있도록 조정하는 작업

① 형상 식별　　　② 형상 감사

③ 형상 통제　　　④ 형상 상태 보고

> **해설** [키워드] 변경 요구, 현재의 기준선(베이스라인), 조정 → [용어] 형상 통제(=변경 제어)

[20년 3회]

09 형상 관리 도구의 주요 기능으로 거리가 먼 것은?

① 정규화(Normalization)

② 체크인(Check-in)

③ 체크아웃(Check-Out)

④ 커밋(Commit)

> **해설** 정규화란 이상 현상 발생 가능성을 줄이기 위한 릴레이션의 무손실 분해 행위를 의미하며, 형상 관리 도구의 주요 기능과는 거리가 멀다.
> **TIP** 정규화는 이후 자세히 학습합니다.

[21년 2회]

10 버전 관리 항목 중 저장소에 새로운 버전의 파일로 갱신하는 것을 의미하는 용어는?

① 형상 감사(Configuration Audit)

② 롤백(Rollback)

③ 단위 테스트(Unit Test)

④ 체크인(Check-In)

> **해설** [키워드] 새로운 버전, 갱신 → [용어] 체크인(Check-in)
> • 롤백(Rollback) : 작업을 취소하고 이전 상태로 되돌리는 기능
> • 단위 테스트(Unit Test) : 하나의 소프트웨어 모듈이 정상적으로 기능을 수행하는지 여부를 시험하는 최소 수준의 테스트

> ▶ 정답 : 01.②, 02.④, 03.③, 04.③, 05.④, 06.③, 07.③, 08.③, 09.①, 10.④

02　버전 관리 도구

1 버전 관리 방식

버전 관리 도구를 통해 현업에서는 다양한 방향으로 버전 관리를 진행해 간다.

- 효율적인 버전 관리 도구 사용을 위해서는 버전 관리 도구의 다양한 기능 활용, 지속적인 버전 관리 및 기준 등이 필요하다.
- 버전 관리 도구의 사용과 관련한 문제 발생 시 해결 매뉴얼의 사전 준비가 필요하다.
- 제품 소프트웨어의 기능이 적을수록 버전 관리의 정도를 그에 맞게 적절히 조정한다.
- 버전 관리 항목을 정하고 버전 관리 도구에 의한 변경사항은 공식적인 합의에 의해 실시한다.
- 배포 후 수정 중인 소프트웨어의 버전 관리 도구 사용은 신중하게 진행한다.

1. 공유 폴더 방식

개발 완료 파일을 약속된 위치의 공유 폴더에 복사하는 방식이다.

권쌤이 알려줌

버전 관리는 시간의 변화에 따른 응용 소프트웨어의 변경을 관리하는 활동입니다. 대규모 프로젝트는 여러 명의 개발자가 소스 코드를 작성하여 병합하며, 각자의 소스 코드를 편리하게 병합하기 위해 버전 관리 도구를 사용합니다.

- 담당자 한 명이 매일 공유 폴더의 파일을 자기 PC로 복사하고 컴파일[*]하여 에러 확인과 정상 동작 여부를 확인한다.
- 정상 동작일 경우 다음날 각 개발자가 동작 여부를 다시 확인한다.
- 종류 : RCS, SCCS 등

2. 클라이언트/서버 방식

중앙에 버전 관리 시스템이 항시 동작하여 관리하는 방식이다.

- 개발자들의 현재 작업 내용과 이전 작업 내용 축적에 용이하다.
- 서로 다른 개발자가 같은 파일을 작업했을 때 경고를 출력한다.
- 트랙(Trac)[*]과 같은 GUI[*] 툴을 이용하여 모니터링이 가능하다.
- 종류 : CVS, 서브버전(SVN), 클리어 케이스(Clear Case) 등

3. 분산 저장소 방식(DVCS; Distributed Version Control Systems) [21년 2회]

로컬 저장소와 원격 저장소로 분산된 구조로 파일을 원격 저장소와 개발자의 로컬 저장소에 함께 저장하여 관리하는 방식이다.

- 원격 저장소에서 로컬 저장소로 파일을 복사(Clone)하여 개발자는 자신만의 로컬 저장소를 가진다.
- 개발 완료한 파일을 로컬 저장소에 커밋(Commit)한 이후, 다시 원격 저장소에 반영(Push)한다.
- 종류 : 비트키퍼(Bitkeeper), 깃(Git) 등

2 버전 관리 도구 종류 [22년 2회]

종류	설명
RCS(Revision Control System)	CVS와 달리 파일의 수정을 한 사람만으로 제한하여 다수의 사람이 파일의 수정을 동시에 할 수 없도록 파일을 잠금하는 방식으로 버전 관리한다.
CVS(Concurrent Versions System)	서버와 클라이언트로 구성되어 다수의 인원이 동시에 접근하여 버전 관리를 가능하게 한다.
서브버전 (Subversion, SVN)	GNU[*]의 버전 관리 시스템으로, CVS의 장점은 이어받고 단점은 개선하여 2000년에 발표되었다.
클리어케이스 (Clear Case)	IBM에서 제작되어 복수 서버, 복수 클라이언트 구조이며 서버가 부족할 때 필요한 서버를 하나씩 추가하여 확장할 수 있다.
비트키퍼 (Bitkeeper)	SVN과 비슷한 중앙 통제 방식의 분산 저장소 방식 툴로서 대규모 프로젝트에서 빠른 속도를 내기 위해 개발되었다.
깃 (Git)	비트키퍼(Bitkeeper)를 대체하기 위해서 리누스 토발즈가 개발한 분산형 버전 관리 시스템으로, 네트워크와 원격 저장소에 의존하지 않고 작업이 가능하다.

1. 서브버전(Subversion, SVN)

GNU의 버전 관리 시스템으로 CVS의 장점은 이어받고 단점은 개선하여 2000년에 발표되었다.

컴파일(Compile)
고급 언어로 작성된 코드를 실행 가능한 목적 코드로 변경시키는 과정

트랙(Trac)
오픈 소스 웹 기반 프로젝트 관리 겸 버그 추적 툴

GUI(Graphic User Interface, 그래픽 사용자 인터페이스)
사용자가 편리하게 사용할 수 있도록 아이콘과 같은 그래픽으로 나타내어 마우스를 이용하는 인터페이스

권쌤이 알려줌

CVS는 통합 개발 도구인 이클립스(Eclipse)에 내장되어 있습니다.

GNU
소프트웨어의 공개 개념을 표방하는 자유 소프트웨어 재단의 종합적인 프로젝트이다. GNU는 컴퓨터 프로그램은 물론 모든 관련 정보를 돈으로 주고 구입하는 것을 반대하는 것을 기본 이념으로 하고 있다.

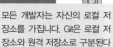

• 클라이언트/서버 방식으로, 서버에 최신 버전의 파일이 저장된다.
• 모든 프로젝트 개발 작업은 트렁크(trunk)[※]에서 작업되며, 추가 작업은 브랜치(branch)[※]를 생성하여 작업한 후 트렁크와 병합(merge)한다.
• 커밋(commit)하면 리비전(revision)[※]이 1씩 증가한다.
• CVS의 단점이었던 디렉터리의 이름 변경, 이동 등이 가능하다.
• 오픈 소스[※]이므로 무료로 사용할 수 있다.

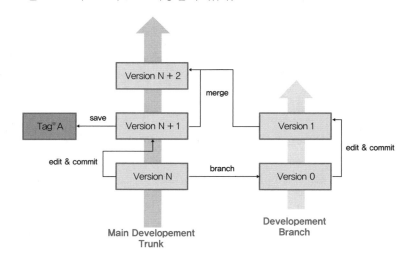

2. 깃(Git)

비트키퍼(Bitkeeper)를 대체하기 위해서 리누스 토발즈가 개발한 분산형 버전 관리 시스템이다.

• 네트워크와 원격 저장소(중앙 서버)에 의존하지 않고 작업이 가능하다.
• 속도에 중점을 두었으며, 대형 프로젝트에서 효과적이고 실제로도 유용하다.
• Git의 작업 폴더는 모두 전체 기록과 각 기록을 추적할 수 있는 정보를 포함하는 완전한 형태의 저장소이다.
• SVN과 다르게 커밋(commit)은 로컬 저장소에서 이루어지고, 푸시(push)라는 동작으로 원격 저장소에 반영된다.
• 로컬 저장소에서 작업이 이루어지므로 매우 빠른 응답을 받을 수 있다.
• 풀(Pull) 또는 패치(Fetch)로 서버에서 변경된 내역을 받아올 수 있다.
• Git은 GNU GPL v2.0[※] 하에 배포되는 자유 소프트웨어이다.
• 파일의 변화를 스냅샷(Snapshot)[※]으로 저장한다.

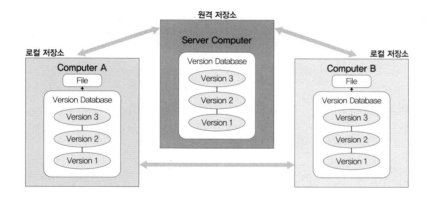

 Git의 주요 명령어

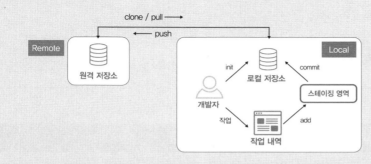

명령어	기능
init	로컬 저장소 생성
remote add	원격 저장소에 연결
clone	원격 저장소의 모든 내역을 로컬 저장소에 복제
fork	지정한 원격 저장소의 내용을 자신의 원격 저장소로 복제
add	작업 내역을 로컬 저장소에 저장하기 위해 스테이징 영역에 저장
commit	작업 내역을 로컬 저장소에 저장
push	로컬 저장소의 변경 내역을 원격 저장소에 반영
pull	원격 저장소의 변경 내역을 로컬 저장소에 반영
branch	새로운 브랜치 생성
checkout	지정한 브랜치로 이동
merge	다른 브랜치의 변경 내용을 현재 브랜치에 병합

권쌤이 알려줌

• add –A 명령어로 모든 파일을 저장할 수 있습니다.
• branch –d 명령어로 브랜치를 삭제할 수 있습니다.

3 버전 관리 도구 사용 시 유의점

• 형상 관리 지침에 의거하여 버전에 대한 정보에 언제든지 접근할 수 있어야 한다.

• 제품 소프트웨어 개발자, 배포자 이외에 불필요한 사용자가 소스를 수정할 수 없도록 해야 한다.

• 동일한 프로젝트에 대해서 여러 개발자가 동시에 개발할 수 있어야 한다.

• 에러 발생 시 최대한 빠른 시간 내에 복구해야 한다.

• 새로운 버전의 소프트웨어를 배포할 경우 새 버전을 유지하면서 기존 버전의 관리도 함께 수행해야 한다.

권쌤이 알려줌

기존 버전과 새 버전을 동시에 유지 및 관리하기 위해 백업 및 장애 복구 등의 추가적인 사항도 고려해야 합니다.

01 [21년 2회]
다음 설명의 소프트웨어 버전 관리도구 방식은?

> • 버전 관리 자료가 원격 저장소와 로컬 저장소에 함께 저장되어 관리된다.
> • 로컬 저장소에서 버전 관리가 가능하므로 원격 저장소에 문제가 생겨도 로컬 저장소의 자료를 이용하여 작업할 수 있다.
> • 대표적인 버전 관리 도구로 Git이 있다.

① 단일 저장소 방식　　② 분산 저장소 방식
③ 공유 폴더 방식　　　④ 클라이언트 · 서버 방식

 해설 키워드 원격저장소, 로컬저장소, 깃(Git) → 용어 분산 저장소 방식

02 소프트웨어 버전 관리 도구가 아닌 것은?

① CVS　　　　　② Bikeeper
③ SVN　　　　　④ Maven

해설 메이븐(Maven)은 빌드 도구이다.

▶ 정답 : 01.②, 02.④

권쌤이 알려줌

빌드 도구는 대부분 통합 개발 환경(IDE)에 포함되어 있습니다.

빌드(Build)
소스 코드 파일 및 컴파일 된 파일들을 컴퓨터에서 실행할 수 있는 소프트웨어로 변환하는 과정

메이크(make)
유닉스 계열 운영체제에서 주로 사용되는 프로그램 빌드 도구

POM(Project Object Model)
프로젝트의 다양한 정보를 처리하기 위한 객체 모델
• pom.xml : 프로젝트의 중요한 정보를 정의하고 정리한 파일

★★
03 빌드 도구, IDE 도구, 협업 도구

1 빌드(Build) 도구 [20년 4회]

빌드 도구는 개발자가 작성한 소스 코드에 대한 빌드 및 배포를 지원하며, 프로젝트에서 사용되는 구성 요소들과 라이브러리들에 대한 의존성 관리를 지원하는 도구이다.

1. 빌드 도구 종류 [22년 1회]

종류	설명
앤트(Ant; Another Neat Tool)	• JAVA 언어에서 사용하는 자동화된 소프트웨어 빌드 도구이다. • 유닉스 계열 운영체제에서 사용되는 메이크(make)와 비슷하나, JAVA 언어로 구현되어 있어 JAVA 실행 환경이 필요하며, JAVA 프로젝트들을 빌드하는 데 표준으로 사용한다.
메이븐(Maven)	• JAVA 기반 프로젝트를 빌드하고, 구성 요소 및 라이브러리 의존성을 관리하는 도구이다. • 프로젝트에 필요한 라이브러리를 POM 파일(pom.xml)만으로 쉽게 구성할 수 있다. • CoC(Convention over Configuration) 개념으로 관례적인 프로젝트 폴더 구조를 사용한다.
그래들(Gradle)	• 안드로이드 앱 개발 환경에서 사용하는 소프트웨어 빌드 자동화 도구이다. • 앤트(Ant)와 메이븐(Maven)을 조합하여 보다 효과적인 빌드 자동화를 실현한다. • 실행할 처리 명령들을 모아 태스크(Task)로 만든 후 태스크 단위로 실행한다. • 그루비(Groovy)에 기반한 DSL(Domain Specific Language)을 사용한다.
젠킨스(Jenkins)	• 서블릿 컨테이너에서 실행되는 서버 기반 도구이다. • 빌드, 배포 등 반복되는 작업에 사용하는 CI 도구이다. • 쉬운 설치 및 웹 기반으로 된 쉬운 UI(사용자 화면)를 제공한다. • 여러 프로젝트의 동시 빌드를 제공한다.

 CI와 CD

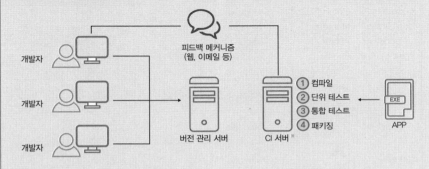

1. CI(Continuous Integration, 지속적인 통합)

개발자들이 각자 작성한 코드를 초기에 그리고 자주 통합하는 것으로, 자주 통합하는 과정에서 여러 가지 문제점을 조기에 발견할 수 있다. 짧은 피드백 사이클을 통해 소프트웨어 개발의 품질과 생산성을 향상시키고, 배포 시간을 줄이는 데 초점이 맞추어져 있다.

- 흔히 발생하는 일반적인 위험을 줄여준다.
- 오류를 초기에 발견할 수 있으며, 오류 발생 확률이 줄어들어 개발 시간을 낭비하지 않을 수 있다.
- 자주 통합 할수록 오류 발생 범위가 좁아지므로 오류를 해결하는 것이 수월해진다.
- 자동 빌드와 자동 테스트가 가능하다.
- 언제 어느 때라도 배포할 수 있는 소프트웨어를 생성해 낸다.
- 소스 코드의 일관성을 유지할 수 있다.
- 반복적인 수작업을 줄여준다.
- 프로젝트 가시성을 좋게 해준다.

개발자 → 피드백 메커니즘 (웹, 이메일 등)
개발자 → 버전 관리 서버 → CI 서버※
① 컴파일
② 단위 테스트
③ 통합 테스트
④ 패키징
← EXE APP
개발자

2. CD(Continuous Delivery, 지속적인 배포)

팀이 짧은 주기로 소프트웨어를 배포하는 것으로, 소프트웨어가 언제든지 신뢰 가능한 수준으로 출시될 수 있도록 보증하기 위함이다.

- 소프트웨어를 더 빠르고 주기적으로 빌드하고 테스트하여 출시하는 것을 목표로 한다.
- 변경 사항 배포에 대한 비용, 시간, 위험을 줄일 수 있다.

2 IDE(Integrated Development Environment, 통합 개발 환경)

IDE는 코딩, 디버그, 컴파일, 빌드, 배포 등 프로그램 개발에 관련된 모든 작업을 하나의 프로그램 안에서 처리하는 환경을 제공하는 소프트웨어이다.

- 소프트웨어 개발에 필요한 컴파일러※, 텍스트 편집기, 디버거 등을 하나로 묶어 제공한다.
- 최근의 통합 개발 환경(IDE)은 응용 프로그램 개발용 고속 개발 도구가 많다.

CoC(Convention over Configuration, 설정보다 관례, 설정보다 관습, 구성보다 관습)
소프트웨어 개발자들이 결정하여야 할 수많은 결정들을 줄여 단순성을 확보하고, 유연성을 잃어버리지 않도록 하기 위한 소프트웨어 디자인 패러다임
Ⓜ Maven의 CoC : 소스 코드는 /src/java, 테스트 코드는 /src/test에 생성된다. 이러한 관례를 따른다면 Maven이 저장 폴더를 알아서 설정해 주므로 사용자가 해야 할 일이 없다.

그루비(Groovy)
JAVA에 Python, Ruby, Smalltalk 등의 장점을 결합한 동적 객체지향 프로그래밍 언어

DSL(Domain Specific Language, 도메인 특화 언어)
웹 페이지 영역에 특화되어 사용되는 HTML과 같이 특정한 도메인에 특화된 컴퓨터 언어

서블릿 컨테이너 (Sevlet Container)
클라이언트 요청을 처리하기 위한 서버 측에서 실행되는 작은 프로그램인 서블릿을 실행하고 서블릿의 생명 주기를 관리하는 역할

CI 서버
소스 코드를 버전 관리 서버에서 꺼낸 후 컴파일하고, 빌드하여 실행 가능한 산출물을 생성해 낸다.

컴파일러(Compiler)
고급 언어로 작성된 코드를 실행 가능한 목적 코드로 변경시키는 프로그램

1. 디버깅(Debugging)　[21년 2회]

　디버그(Debug) 또는 디버깅(Debugging)은 컴퓨터 프로그램의 논리적인 오류(Bug)를 찾아 수정하는 과정을 말한다.

2. 디버거(Debugger)

　디버그를 돕는 도구이다.

　• 디버거는 디버깅을 하려는 코드에 중단점을 지정하여 프로그램 실행을 중단하고, 코드를 단계적으로 실행하여 저장된 값을 확인 할 수 있도록 지원한다.

1. IDE 도구 종류

통합 개발 환경	개발사	운영체제	지원 언어
Eclipse	IBM 이클립스 재단	Windows, Linux, OS X 등	Java, C, C++, PHP, JSP 등
Visual Studio	Microsoft	Windows	Basic, C, C++, C#, .net 등
X Code	Apple	MacOS, iOS	C, C++, Object-C, Java 등
Android Studio	Google	Windows, Linux, MacOS	Java, C, C++
Lazarus	Lazarus Team	Windows, Linux, OS X 등	Pascal
IDEA	JetBrains (이전 IntelliJ)	Windows, Linux, MacOS	Java, JSP, XML, Kotlin, PHP 등
C++ Builder	Embarcadero Technologies	Windows	C, C++
J Builder	Embarcadero Technologies	Windows	Java

2. IDE 도구의 주요 기능　[22년 2, 3회] [21년 2회]

• **코드 작성 및 실행 자동화 기능**

　소스 코드를 자동 생성하거나 작성이 가능하며, 작성된 코드의 실행이 가능한 자동화 기능을 제공한다.

• **비주얼한 디버깅 제공 기능**

　소스 코드의 실행 및 테스트 시 식별된 오류를 수정할 수 있는 자동화 도구 기능(시각화)을 제공한다.

• **소프트웨어 형상 관리(SCM)*와 연동 기능**

　소스 코드 버전 관리를 포함해서 제품의 배포 버전, 버그* 추적, 기능 목록 관리 등의 기능을 제공하는 형상 관리 도구와 연동하여 개발에 필요한 정보 공유 기능을 제공한다.

3 협업 도구

　협업 도구는 공동 작업 관리를 위한 프로그램으로, 개발에 참여하는 사람들이 서로 다른 작업 환경에서 원활히 프로젝트를 수행할 수 있도록 돕는 도구이다.

형상 관리(SCM; Software Configuration Management)
소프트웨어의 개발 과정에서 발생하는 프로그램, 문서 데이터 등 산출물의 변경사항을 버전 관리하기 위한 일련의 활동

버그(Bug)
프로그램상의 결함에 의해 컴퓨터 오류나 오작동이 일어나는 현상

- 그룹웨어(Groupware), 협업 소프트웨어 등으로 불린다.
- 정보 공유, 일정 관리, 커뮤니케이션, 업무 진행 관리 등의 업무 보조 도구가 포함된다.
- PC, 스마트폰 등 다양한 플랫폼에서 사용할 수 있도록 제공한다.
- 개발자 간 작업 및 의견 공유, 오류 현상 공유, 프로젝트 일정 공유 등 다양한 의사소통을 제공한다.

▼ 협업 도구의 종류

종류	설명
파일 공유 및 커뮤니케이션	• 팀원 간 또는 고객과 파일을 공유하고 대화하는 도구 • 종류 : 구글 드라이브(Google Drive), 슬랙(Slack), 잔디(Jandi) 등
프로젝트 및 일정 관리	• 프로젝트의 개별 업무들의 진행 상태, 일정 등을 공유하는 도구 • 종류 : 구글 캘린더(Google Calendar), 지라(Jira), 레드마인(Redmine), 트렐로(Trello), 태스크월드(Taskworld), 컨플루언스(Confluence), 플로우(Flow), 원더리스트(Wunderlist) 등
디자인	• 디자인 전문가가 사용하거나 디자이너가 설계한 이미지를 공유하는 도구 • 종류 : 스케치(Sketch), 제플린(Zeplin), 인비전(Invision) 등
기타	• 깃(Git)의 웹 호스팅 서비스 : 깃허브(GitHub) • 아이디어 공유 : 에버노트(Evernote) • API 문서화 : 스웨거(Swagger)

기출 및 예상문제

03 빌드 도구, IDE 도구, 협업 도구

[20년 4회]

01 빌드 자동화 도구에 대한 설명으로 틀린 것은?

① Gradle은 실행할 처리 명령들을 모아 태스크로 만든 후 태스크 단위로 실행한다.

② 빌드 자동화 도구는 지속적인 통합개발환경에서 유용하게 활용된다.

③ 빌드 자동화 도구에는 Ant, Gradle, Jenkins 등이 있다.

④ Jenkins는 Groovy기반으로 한 오픈소스로 안드로이드 앱 개발 환경에서 사용된다.

해설
④는 Gradle에 대한 설명이다.
• Jenkins : 서블릿 컨테이너에서 실행되는 서버 기반 도구로 빌드, 배포 등 반복되는 작업에 사용하는 CI 도구

[21년 2회]

02 테스트와 디버그의 목적으로 옳은 것은?

① 테스트는 오류를 찾는 작업이고, 디버깅은 오류를 수정하는 작업이다.

② 테스트는 오류를 수정하는 작업이고, 디버깅은 오류를 찾는 작업이다.

③ 둘 다 소프트웨어의 오류를 찾는 작업으로 오류 수정은 하지 않는다.

④ 둘 다 소프트웨어 오류의 발견, 수정과 무관하다.

해설
키워드 오류를 찾는 작업 → 용어 테스트(Test)
키워드 오류를 수정하는 작업 → 용어 디버깅(Debugging)

▶ 정답 : 01.④, 02.①

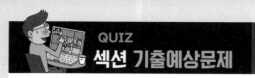

QUIZ
섹션 기출예상문제

[이전 기출]

01 소프트웨어 형상 관리의 활동으로 가장 적절하지 않은 것은?

① 형상 관리 항목의 식별
② 변경 제어
③ 형상 항목의 생성
④ 형상 상태 보고 및 감사

02 소프트웨어 버전 관리 도구 유형에 대한 설명으로 가장 거리가 먼 것은?

① 공유 폴더 방식은 매일 개발 완료 파일은 약속된 위치의 공유 폴더에 복사한다.
② 클라이언트/서버 방식은 로컬 저장소와 원격 저장소로 구성된다.
③ 분산 저장소 방식은 개발 완료한 파일 수정 이후 로컬 저장소에 커밋한 이후 다시 원격저장소에 반영하는 방식이다.
④ 공유 폴더 방식은 담당자가 매일 공유 폴더 파일을 컴파일하여 에러 확인과 정상 동작 여부를 확인한다.

03 다음은 무엇에 대한 설명인가?

> 자바용 프로젝트 관리 도구로, 아파치 Ant의 대안으로 만들어졌다. 아파치 라이선스로 배포되는 오픈 소스 소프트웨어이며, 프로젝트에 필요한 라이브러리를 POM 파일(pom.xml)만으로 쉽게 구성이 가능하다.

① IDEA　　　　② X Code
③ Jenkins　　　④ Maven

04 다음은 무엇에 대한 설명인가?

> 코딩, 디버그, 컴파일 배포 등 프로그램 개발에 관련된 모든 작업을 하나의 프로그램 안에서 처리하는 환경을 제공하는 소프트웨어이다. 원래 소프트웨어 개발에서는 컴파일러, 텍스트 편집기, 디버거 등을 따로 사용했지만, 이러한 프로그램들을 하나로 묶어 대화형 인터페이스를 제공한 것이다.

① Integrated Development Environment
② Continuous Integration
③ Computer Aided Software Engineering
④ Software Configuration Management

섹션
기출예상문제 해설

01 형상 관리 절차 : 형상 식별 → 변경 제어 → 형상 상태 보고 → 형상 감사
　[TIP] 형상 관리 절차는 "식제료 상태 보고 감사하게 되었다."로 기억하세요.

02 ②는 분산 저장소 방식에 대한 설명이다.

03 [키워드] Ant의 대안, POM 파일 → [용어] Maven
　• Jenkins : 서블릿 컨테이너에서 실행되는 서버 기반 도구

04 [키워드] 개발에 관련된 모든 작업을 하나의 프로그램 → [용어] IDE(Integrated Development Environment, 통합 개발 환경)
　• CI(Continuous Integration, 지속적인 통합) : 개발자들이 각자 작성한 코드를 초기에 그리고 자주 통합하는 것
　• CASE(Computer Aided Software Engineering) : 소프트웨어 개발 과정 일부 또는 전체를 자동화하기 위한 도구
　• 형상 관리(SCM; Software Configuration Management) : 소프트웨어의 개발 과정에서 발생하는 산출물의 변경 사항을 버전 관리하기 위한 일련의 활동

[정답] **01** ③　**02** ②　**03** ④　**04** ①

SECTION

08

인터페이스 구현

인터페이스는 서로 다른 시스템 간의 연동을 의미합니다. 인터페이스를 구현하기 위한 방법과 구현 시 발생하는 오류 및 예외 처리에 대해 학습합니다. 그리고 인터페이스 시스템을 이용해 데이터 송·수신 시 정상적으로 전달하고 또는 전달받았는지 테스트합니다.

★ ★ ★

01 인터페이스 구현 및 예외처리

1 인터페이스 구현 [22년 2회]

인터페이스는 여러 가지 방법으로 구현될 수 있지만, 대표적인 방법으로는 데이터 통신을 이용한 인터페이스 구현 방법과 인터페이스 테이블을 이용한 인터페이스 구현 방법으로 나눌 수 있다.

2 데이터 통신을 통한 인터페이스 구현 [22년 1회]

애플리케이션 영역에서 인터페이스 형식에 맞춘 데이터 포맷을 인터페이스 대상으로 전송하고, 이것을 수신 측에서 파싱(Parsing)*하여 해석하는 방법이다.

• 주로 JSON 및 XML 형식의 데이터 포맷을 사용하여 인터페이스를 구현한다.

1. JSON(JavaScript Object Notation, 제이슨) [22년 2, 3회] [20년 2회] [20년 1회 실기]

속성-값의 쌍(Attribute-Value Pairs)으로 이루어진 데이터 객체(Object)를 전달하기 위해 사용하는 개방형 표준 포맷이다.

• AJAX에서 많이 사용되고 XML을 대체하는 주요 데이터 포맷이다.

• 언어 독립형 데이터 포맷으로 다양한 프로그래밍 언어에서 사용되고 있다.

 AJAX(비동기식 자바스크립트 XML) [20년 3회] [20년 2회 실기]

> AJAX(Asynchronous JavaScript and XML)는 전체 페이지를 새로 고치지 않고 페이지의 일부만을 위한 데이터를 로드하는 기법이다.
> • 별도 프로그램을 설치하거나 웹 페이지를 다시 로딩하지 않고도 메뉴 등의 화면 상 객체를 자유롭게 움직이고 다룰 수 있다.
> • HTML*만으로 어려운 다양한 작업들을 웹 페이지에서 구현하여, 이용자가 웹 페이지와 자유롭게 상호작용할 수 있다.
> • 비슷한 기능의 액티브 X*나 플래시*에 비해 가볍고 속도가 빨라 차세대 웹 기술로 각광받고 있다.

권쌤이 알려줌

인터페이스(Interface)는 서로 다른 시스템 간의 연동을 의미합니다.

파싱(Parsing, 구문 분석, 데이터 추출)
컴퓨터에서 고급 언어를 기계어로 번역하는 과정의 한 단계로, 각 문장의 문법적인 구성 또는 구문을 분석하는 과정

HTML(HyperText Markup Language, 하이퍼텍스트 마크업 언어)
하이퍼텍스트 문서를 만들기 위한 표준 언어로 인터넷 웹 페이지를 만들 때 사용하는 언어

액티브 X(Active X)
마이크로소프트 윈도우 환경에서 응용 프로그램이나 웹 브라우저가 인터넷을 통해 추가 기능을 다운로드 및 실행할 수 있도록 지원하는 소프트웨어
⑩ 공인인증서
• Windows 10 환경에서 인터넷 익스플로러 11은 액티브 엑스를 지원하지만, 최신 Microsoft Edge 브라우저는 지원하지 않는다.

플래시(Flash)
Adobe사에서 제공하는 웹 기술 및 도구 중 하나

▼ JSON의 기본 자료형

구분	예시	설명
수(Number)	정수 : 174 실수 : 3.14	• 기본 자료형이다. • 8진수나 16진수 표현 방법은 지원하지 않는다.
문자열(String)	"1234", "문자"	• 큰따옴표(" ")로 묶어야 한다.
배열(Array)	[10, "V": 20, [30, "마흔"]]	• 배열은 대괄호([ ])로 나타낸다. • 배열의 각 요소는 기본 자료형, 객체, 배열이다. • 각 요소는 쉼표(,)로 구분된다.
객체(Object)	{"name2": 50, "name3":"값3", "name1": true}	• 객체는 이름:값 쌍의 집합으로 중괄호{ }를 사용한다. • 이름은 문자열이기 때문에 반드시 큰따옴표(" ")로 표현하며 값은 기본 자료형을 사용한다.

⑩ JSON의 사용 예

```
{
"이름" : "홍길동",
"나이" : 38,
"성별" : "남",
"주소" : "경기도 용인시 기흥구 중동",
"특기" : ["프로그래밍", "영어"],
"가족관계" : {"#", 3, "아내": "전지현", "딸": "김고은"},
"회사" : "서울시 강남구 논현동"
}
```

2. XML(eXtensible Markup Language) [20년 1회 실기]

웹 브라우저 간에 HTML 문법이 호환되지 않는 문제와 SGML※의 복잡함을 해결하기 위해 개발된 다목적 마크업 언어※로, 파일 확장자는 xml이다.

- 유니코드※ 기반으로 다국어를 지원한다.
- 대·소문자를 구분하며, 띄어쓰기를 인식한다.
- 속성 값은 반드시 큰따옴표(" ")로 묶어야 한다.
- 다른 목적의 마크업 언어를 만드는데 사용된다.
- 사용자가 직접 문서의 태그(Tag)※를 정의할 수 있다.
- 트리 구조로 구성되어 있으며, 상위 태그는 여러 개의 하위 태그를 가질 수 있다.
- 모든 태그는 종료 태그를 가져야 하며, 시작 태그와 종료 태그의 요소명은 동일해야 한다.

① XML 선언

XML 문서는 맨 첫 줄에 〈xml〉 태그를 사용하여 XML 문서임을 명시해야 한다.

```
<?xml version="XML문서버전" encoding="문자셋" standalone="yes|no"?>
```

합격자의 맘기법

JSON, AJAX, XML
- 키워드 속성-값의 쌍의 데이터 포맷 → 용어 JSON
- 키워드 설치 및 새로고침 없이 로딩 가능한 웹 페이지 기술 → 용어 AJAX
- 키워드 SGML 복잡함을 해결한 다목적 마크업 언어 → 용어 XML

SGML(Standard Generalized Markup Language)
전자문서가 어떠한 시스템 환경에서도 정보의 손실 없이 전송/저장/자동 처리가 가능하도록 국제 표준화 기구(ISO)에서 정한 문서처리 표준

마크업 언어(Markup Language)
태그 등을 이용하여 문서나 데이터의 구조를 명기하는 언어
• 문서의 논리적 구조와 배치 양식에 대한 정보를 표현하는 언어이다.

유니코드(Unicode)
컴퓨터에서 세계 각국의 언어를 통일된 방법으로 표현할 수 있게 제안된 국제적인 문자 코드 규약

태그(Tag)
문서를 이루는 문법적 표시
⑩ 〈title〉 기사 〈/title〉

- encoding : XML 문서의 문자셋※을 명시하며, 기본값은 UTF–8로 설정된다.
- standalone : XML 문서를 해석할 때 외부 문서의 참조 여부를 명시하며, 기본값은 no로 설정된다. no로 설정되면 외부 문서를 참조한다는 의미이다.

② XML 요소(Element)

<요소이름 속성1="값1" 속성2="값2" ……> 내용 </요소이름>

- 요소 이름 : 사용자가 임의로 지정할 수 있다.
- 속성, 값, 내용 : 생략이 가능하다.

예 XML의 사용 예

```
<?xml version="1.0" encoding="UTF-8"?>
<회원정보>
  <회원>
    <이름> 홍길동 </이름>
    <생년월일> 980101 </생년월일>
    <성별> 남자 </성별>
  </회원>
  <회원>
    <이름> 김길동 </이름>
    <생년월일> 980102 </생년월일>
    <성별> 남자 </성별>
  </회원>
</회원 정보>
```

3 인터페이스 엔티티(테이블)를 통한 인터페이스 구현

인터페이스가 필요한 시스템 사이에 별도의 인터페이스 엔티티(테이블)를 두어 상호 연계한다.

- 데이터베이스에서 인터페이스 엔티티(테이블)을 두어 각 시스템 간 데이터 교환에 활용하는 방법이 업계에서 많이 사용된다.
- 송신 시스템에서 전달할 내역을 송신 인터페이스 테이블에 쓰면(Write), 수신 인터페이스 테이블과 네트워크로 연결된 송신 인터페이스 테이블은 프로시저(Procedure)※, 트리거(Trigger)※ 등을 사용하여 데이터를 수신 인터페이스 테이블에 전달하게 된다. 이후 수신 시스템은 전달된 데이터를 선택하여 활용할 수 있다.

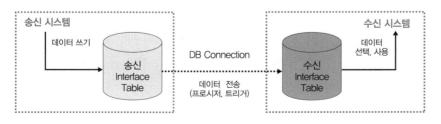

권쌤이 알려줌
encoding과 standalone은 생략이 가능합니다.

문자셋(Character set)
컴퓨터에서 문자를 어떠한 코드로 저장할 것인가에 대한 정의를 의미하는 약속된 문자의 표현 방법

권쌤이 알려줌
XML은 HTML과 다르게 띄어쓰기를 인식합니다.
예 코드 :
<p>띄　어 쓰 기</p>
- HTML : 띄어쓰기
- XML : 띄　어 쓰 기

권쌤이 알려줌
XML 사용 예시에서 root 요소(상위 태그)는 회원정보 1개이고, 하위 요소(하위 태그)는 회원 2개입니다.

프로시저(Procedure)
특정 기능을 수행하는 일종의 트랜잭션 언어로 호출을 통해 실행되어 미리 저장해 놓은 작업을 수행하는 프로그램

트리거(Trigger)
데이터베이스의 데이터 입력, 갱신, 삭제 등의 이벤트가 발생할 때마다 관련 작업이 자동으로 수행되는 프로그램

4 인터페이스 예외 처리 방안

인터페이스를 구현하고 동작하다 보면 환경이나 입력값 등 다양한 이유로 예외 처리가 되는 경우가 있다. 인터페이스 구현 방법에 따라 예외 처리 방안을 다르게 가져갈 수 있다.

1. 데이터 통신을 사용한 인터페이스에서 예외 처리 방안

AJAX 방식을 사용하여 JSON 객체를 전달하므로, AJAX 방식의 예외 처리 방식에 따라 구현한다.

- 인터페이스 객체 송·수신 시 예외가 발생하는 케이스를 정의하고, 각각의 예외 케이스마다 예외 처리 방안을 정의한다.
- 예외가 발생하는 경우는 시스템의 환경과 송·수신하는 데이터, 프로그램 자체의 원인이 있을 수 있다.

예 인터페이스 객체 송신 시 예외 처리 방안

구분	예외 원인	예외 처리 방안
시스템 환경	네트워크 불안정	• POST* 이후 에러 메시지를 확인한다. • 404 에러*일 경우 네트워크, 서버 상태 확인한다.
송신 데이터	송신 데이터 크기, 데이터 정합성* 체크 오류	• 적절한 송신 데이터 형태로 전송되도록 사전에 데이터를 정제* 한다. • 송신 시 데이터 정합성 및 크기를 체크하는 기능을 추가하여 사전 예방한다.
프로그램 자체 원인	송신 데이터 생성 시 프로세스의 논리적 결함	• 논리적 결함을 수정한다. • 충분한 테스트로 사전 예방한다. • 프로세스에 따라 예상되는 예외를 알람을 통해 사용자에게 알려 준다.

예 인터페이스 객체 수신 시 예외 처리 방안

구분	예외 원인	예외 처리 방안
시스템 환경	네트워크 불안정	• 입력 대기 큐를 통해서 요청을 쌓아 놓고 순차적으로 처리하여 서버 정상 가동 시 동작할 수 있도록 한다.
송신 데이터	데이터 정합성 체크 오류	• 특수문자 입력 케이스를 사전 파악하여 파싱 시 특수문자는 오류가 나지 않는 문자로 대치한 후 추후 재처리한다.
프로그램 자체 원인	수신 인터페이스 데이터 처리 시 프로그램의 논리적 결함	• 논리적 결함을 수정한다. • 충분한 테스트로 사전 예방한다. • 프로세스에 따라 예상되는 예외를 알람을 통해 사용자에게 알려 준다. • 예외 사항이 들어오지 않도록 송신 측 프로그램을 수정한다.

2. 인터페이스 엔티티를 사용한 인터페이스에서 예외 처리 방안

인터페이스 엔티티(테이블)를 통해 인터페이스 기능상의 문제에서 예외 사항이 발생했을 경우, 예외 처리 메시지와 함께 예외 처리가 발생한 원인을 인터페이스 이력에 같이 기록한다.

예 송신 인터페이스 테이블을 통한 인터페이스 기능 실패 시 예외 처리 방안

POST
서버에게 요청하는 메소드 중 하나로, 클라이언트의 데이터를 서버에 전송하기 위해 사용한다.

404 에러
서버를 찾지 못할 때 발생하는 에러

데이터 정합성
데이터의 값이 서로 모순 없이 일치해야 하는 것

데이터 정제
데이터 전환에 불필요한 데이터를 정리하거나 오류 데이터를 교정하는 등의 데이터의 삭제 및 수정 작업

구분	예외 원인	예외 처리 방안
인터페이스 데이터 생성	선택 SQL※, 프로그램 오류, 데이터 객체 생성 오류	• 오류 발생 시 사용자에게 오류 원인을 포함해 알린다. • 예외 케이스가 재발하지 않도록 프로그램을 개선한다.
인터페이스 테이블에 입력	입력 SQL의 오류, 데이터 정합성 오류	• 입력 실패 결과 원인을 인터페이스 테이블에 기록한다. • 사용자에게 실패 결과를 알린다. • 예외 케이스를 분석하여 발생하지 않도록 프로그램을 개선한다.
인터페이스 데이터 전송	DB Connection (네트워크 서버 설정 등) 오류	• 통신 결과를 읽어서 실패 결과와 원인을 인터페이스 테이블에 기록한다. • 실패 결과 및 원인을 사용자, 관리자에게 메일 등 별도 매체를 통해 알린다.
	데이터 전송 주체의 논리적 오류	• 실패 결과, 원인을 등록한다. • 사용자, 관리자에게 별도 매체를 통해 결과를 전송한다. • 예외 케이스가 재발하지 않도록 프로그램을 개선한다.

예 수신 인터페이스 테이블을 통한 인터페이스 기능 실패 시 예외 처리 방안

구분	예외 원인	예외 처리 방안
인터페이스 데이터 Read	데이터 선택 시 오류 (SQL, 프로그램)	• 오류 발생 시 사용자에게 오류 원인을 포함해 알린다. • 인터페이스 테이블에 예외 상황을 기록한다. • 재발하지 않도록 프로그램을 개선한다.
데이터 트랜잭션	데이터 트랜잭션※ 시 프로그램의 논리상 오류	• 사용자에게 예외를 알린다. • 인터페이스 테이블에 예외 사항을 기록한다. • 재발하지 않도록 프로그램을 개선한다.
처리 결과 응답	DB Connection (네트워크 서버 설정 등) 오류	• 인터페이스 테이블에 예외 사항을 기록한다. • 송·수신자에게 예외 사항 발생 메일 등을 통해 알린다.

5 인터페이스 구현 검증 도구 [22년 2, 3회] [21년 2회] [20년 2, 4회] [22년 1회 실기]

인터페이스 구현을 검증하기 위해서는 인터페이스 단위 기능 및 시나리오※에 기반한 통합 테스트가 필요하다. 테스트 자동화 도구를 이용하여 단위 및 통합 테스트의 효율성을 높일 수 있다.

도구	설명
xUnit	java(Junit), C++(Cppunit), .Net(Nunit) 등 다양한 언어를 지원하는 단위 테스트 프레임워크
STAF	서비스 호출, 컴포넌트※ 재사용 등 다양한 환경을 지원하는 테스트 프레임워크
FitNesse	웹 기반 테스트 케이스※ 설계/실행/결과 확인 등을 지원하는 테스트 프레임워크
NTAF	STAF와 FitNesse를 통합한 Naver 테스트 자동화 프레임워크
Selenium	다양한 브라우저 지원 및 개발 언어를 지원하는 웹 애플리케이션 테스트 프레임워크
watir	Ruby 프로그래밍 언어 기반 웹 애플리케이션 테스트 프레임워크

6 인터페이스 감시 도구

인터페이스의 동작이 잘 진행되는지 확인하기 위해 애플리케이션 모니터링 툴 (APM)※을 사용하여 동작 상태를 감시할 수 있다.

• 상용 제품 및 오픈 소스를 이용한 애플리케이션 모니터링 툴이 있다.

• 데이터베이스, 웹 애플리케이션의 트랜잭션과 변수 값, 호출 함수, 로그 및 시스템 부하 등 종합적인 정보를 조회하고 분석할 수 있다.

SQL(Structured Query Language, 구조화된 질의어)
관계형 데이터베이스 관리 시스템의 조작과 관리를 위한 표준 언어

트랜잭션(Transaction)
데이터베이스의 상태를 변화시키는 논리적 연산의 집합

시나리오(Scenario)
테스트를 위한 절차를 명세한 문서

컴포넌트 (Component, 구성 부품, 요소)
독립적인 실행 단위
예 결제 시스템에서 현금 결제, 카드 결제, 계좌 이체 결제 등

테스트 케이스(Test Case)
입력 값, 실행 조건, 기대 결과로 구성된 테스트 항목의 명세서

APM(Application Performance Management/Monitoring)
운영 중인 시스템에 대한 가용성 확보, 다운타임 최소화 등을 통해 안정적인 시스템 운영을 목적으로 부하량 및 접속자 파악, 장애 진단 등을 하는 애플리케이션 성능 관리/모니터링 도구

[20년 2회] [20년 1회 실기]

01 웹과 컴퓨터 프로그램에서 용량이 적은 데이터를 교환하기 위해 데이터 객체를 속성·값의 쌍 형태로 표현하는 형식으로 자바스크립트(JavaScript)를 토대로 개발되어진 형식은?

① Python
② XML
③ JSON
④ WEB SEVER

> **해설** **키워드** 속성·값의 쌍, 자바스크립트(JavaScript)
> → **용어** JSON(JavaScript Object Notation)
> • Python: 귀도 반 로섬(Guido van Rossum)이 발표한 객체 지향 기능을 지원하는 대화형 인터프리터 언어

[20년 3회] [20년 2회 실기]

02 인터페이스 구현 시 사용하는 기술 중 다음 내용이 설명하는 것은?

> JavaScript를 사용한 비동기 통신기술로 클라이언트와 서버 간에 XML 데이터를 주고받는 기술

① Procedure
② Trigger
③ Greedy
④ AJAX

> **해설** **키워드** JavaScript, 비동기(Asynchronous), XML 데이터를 주고받음 → **용어** AJAX(Asynchronous JavaScript and XML, 비동기식 자바스크립트 XML)
> • 프로시저(Procedure) : 특정 기능을 수행하는 일종의 트랜잭션 언어
> • 트리거(Trigger) : 데이터베이스의 데이터 삽입, 수정, 삭제 등의 이벤트가 발생할 때마다 관련 작업이 자동으로 수행되는 프로그램
> • 그리디 알고리즘(Greedy Algorithm, 욕심쟁이 알고리즘) : "매 선택에서 지금 이 순간 당장 최적인 답을 선택하여 적합한 결과를 도출하자"라는 모토를 가지는 알고리즘 설계 기법

[20년 1회 실기]

03 웹 페이지의 기본 형식인 HTML의 문법이 각 웹 브라우저에서 상호 호환적이지 못하다는 문제와 SGML의 복잡함을 해결하기 위하여 개발된 것으로, 다른 특수한 목적을 가지는 마크업 언어를 만드는 데 사용하도록 권장하는 다목적 마크업 언어는?

① XML
② AJAX
③ JSON
④ TAG

> **해설** **키워드** SGML의 복잡함 해결, 다목적 마크업 언어(Markup Language) → **용어** XML(eXtensible Markup Language)

[20년 2회]

04 인터페이스 구현 검증 도구 중 아래에서 설명하는 것은?

> • 서비스 호출, 컴포넌트 재사용 등 다양한 환경을 지원하는 테스트 프레임워크
> • 각 테스트 대상 분산 환경에 데몬을 사용하여 테스트 대상 프로그램을 통해 테스트를 수행하고, 통합하여 자동화하는 검증 도구

① xUnit
② STAF
③ FitNesse
④ RubyNode

> **해설** **키워드** 서비스 호출, 컴포넌트 재사용 → **용어** STAF

[21년 2회] [20년 4회]

05 인터페이스 구현 검증 도구가 아닌 것은?

① ESB
② xUnit
③ STAF
④ NTAF

> **해설** 인터페이스 구현 검증 도구 종류
> : xUnit, STAF, FitNesse, NTAF, watir, Selenium

▶ 정답 : 01.③, 02.④, 03.①, 04.②, 05.①

02 인터페이스 보안

1 인터페이스 보안

인터페이스는 시스템 모듈 간 통신 및 정보 교환을 지원하므로 데이터 변조·탈취 및 인터페이스 모듈 자체의 보안 취약점이 있을 수 있다.

• 네트워크, 애플리케이션, 데이터베이스 영역에 보안 기능을 적용한다.

1. 네트워크 구간 보안 기능 적용 [20년 2, 3, 4회]

인터페이스 송·수신 간 중간자에 의한 데이터 탈취, 위·변조를 막기 위해서는 네트워크 트래픽에 대한 암호화가 필요하다.

단계	고려 사항	보안 기능 적용
Transport Layer Network 보안	상대방 인증*을 적용	• IPsec AH 적용 • IKE 프로토콜 적용
	데이터 기밀성* 보장 필요	• IPsec ESP 적용
	End-to-End 보안 적용	• IPsec Transport mode 적용
Application Layer Network 보안	서버만 공개키 인증서를 가지고 통신	• SSL*의 서버 인증 모드 운영
	연결 단위 외 메시지 단위로도 인증 및 암호화 필요	• S-HTTP*를 적용하여 메시지 암호화 • 서버/클라이언트 상호 인증 필요

 IPsec(인터넷 보안 프로토콜) [22년 3회] [21년 2회] [20년 2회 실기]

IPsec(Internet Protocol Security)은 망 계층(Network Layer)의 인터넷 프로토콜(IP)에서 보안성을 제공해 주는 표준화된 기술이다.
• IPv4에서는 선택으로 IPv6에서는 필수로 제공하도록 되어 있다.
• 암호화 수행 시 양방향 암호화를 지원한다.

1. IKE(Internet Key Exchange, 인터넷 표준 암호키 교환 프로토콜, 키 관리 프로토콜)
생성한 암호키를 상대방에게 안전하게 송신하기 위한 방법
• 일반적으로 데이터의 암호화는 세션*마다 임의의 암호키를 생성한다. 이러한 동일한 암호키를 오랫동안 사용하면 밝혀지기 쉬우므로, IKE를 사용한다.

2. 실제 보안 서비스를 제공하는 프로토콜

프로토콜	설명
AH(Authentication Header, 인증 헤더)	출발지 인증, 데이터 무결성*은 제공하지만, 기밀성은 제공하지 않는다.
ESP(Encapsulating Security Payload, 보안 페이로드 캡슐화)	기밀성, 출발지 인증, 데이터 무결성 등을 지원한다.

권쌤이 알려줌

인터페이스는 시스템 간의 데이터 교환을 수행하므로 보안적 요소를 고려해야 합니다.
• 보안 관련 용어는 이후 학습하므로 간단히 살펴보세요.

인증(Authentication)
참이라는 근거가 있는 무언가를 확인하거나 확증하는 행위

기밀성(Confidentiality)
인가된 사용자만 정보 자산에 접근할 수 있는 것

SSL(Secure Socket Layer, 보안 소켓 계층)
웹 브라우저와 서버 간의 통신에서 정보를 암호화하는 것

S-HTTP(Secure Hypertext Transfer Protocol, 보안 하이퍼텍스트 전송 프로토콜)
웹에서 네트워크 트래픽을 암호화하는 주요 방법 중 하나

세션(Session)
클라이언트와 서버의 논리적인 연결

데이터 무결성(Data Integrity)
적절한 권한을 가진 사용자에 의해 인가된 방법으로만 정보를 변경할 수 있도록 하는 것

 합격자의 암기법

IPsec 구성 프로토콜
• [키워드] 출발지 인증 O, 데이터 무결성 O, 기밀성 X → [용어] AH
• [키워드] 출발지 인증 O, 데이터 무결성 O, 기밀성 O → [용어] ESP

3. 동작 모드(운영 모드)

동작 모드	설명
전송 모드 (Transport Mode)	• 종단 호스트 간의 보안 터널을 제공한다. • 컴퓨터와 컴퓨터를 연결한다. • 서로 신뢰되지 않은 인터넷에서 사용한다. • IP 상위의 프로토콜 정보인 전송(Transport) 프로토콜 정보를 인터넷을 통해 안전하게 전달한다. • IP 헤더 다음에 IPsec 헤더 정보를 추가한다.
터널 모드 (Tunnel Mode)	• 보안 게이트웨이* 간의 보안 터널을 제공한다. • LAN*과 LAN을 연결한다. • VPN*에서 사용한다. • 터널 시작점과 종점에 IPsec Gateway를 설치한다. • 원래 IP 데이터그램* 들을 한 묶음으로 처리한다. • 기존 호스트들의 변경없이 투명하게 보안 서비스를 제공한다.

2. 애플리케이션 보안 기능 적용

애플리케이션 구현 코드 상에서 보안 취약점을 보완하는 방향으로 애플리케이션 보안 기능을 적용한다. 주로 시큐어 코딩* 가이드를 참조하여 보안 기능을 적용한다.

• 고려사항 : 비인가자 접근 권한 관리, 악의적 코드 삽입 금지, 악의적 시도 시 에러 처리

3. 데이터베이스 보안 기능 적용

데이터베이스의 접근 권한 및 SQL, 프로시저, 트리거 등 데이터베이스 동작 객체의 보안 취약점을 보완하기 위해 보안 기능을 적용한다.

• 고려사항 : 데이터베이스 접근 권한, 악의적 코드 삽입 금지, 민감 데이터 관리(암호화), 악의적 시도 시 에러 처리

기출 및 예상문제

[20년 2, 3, 4회]

01 인터페이스 보안을 위해 네트워크 영역에 적용될 수 있는 솔루션과 거리가 먼 것은?

① IPSec
② SMTP
③ SSL
④ S-HTTPS

해설 SMTP(Simple Mail Transfer Protocol)는 메일 전송에 사용되는 프로토콜이다.
TIP 네트워크 프로토콜은 이후 자세히 학습합니다.

[20년 2회 실기]

02 망 계층(Network Layer)인 인터넷 프로토콜(IP)에서 보안성을 제공해 주는 표준화된 기술은?

① SSL   ② S-HTTP
③ VPN   ④ IPSec

> **해설**
> **키워드** 인터넷 프로토콜(IP), 보안성 제공
> → **용어** IPsec(Internet Protocol Security, IP 보안 프로토콜)

[21년 2회]

03 IPSec(IP Security)에 대한 설명으로 틀린 것은?

① 암호화 수행 시 일방향 암호화만 지원한다.
② ESP는 발신지 인증, 데이터 무결성, 기밀성 모두를 보장한다.
③ 운영모드는 Tunnel 모드와 Transport 모드로 분류된다.
④ AH는 발신지 호스트를 인증하고, IP 패킷의 무결성을 보장한다.

> **해설**
> IPSec은 암호화 수행 시 양방향 암호화를 지원한다.

[이전 기출]

04 웹 브라우저와 웹 서버 간에 안전한 정보 전송을 위해 사용되는 암호화 방법은?

① PGP   ② SSH
③ SSL   ④ S/MIME

> **해설**
> **키워드** 웹 브라우저와 웹 서버 간, 정보 전송, 암호화 → **용어** SSL(Secure Socket Layer, 보안 소켓 계층)
> • PGP(Pretty Good Privacy) : 컴퓨터 파일을 암호화하고 복호화하는 프로그램
> • SSH(Scecure SHell, 시큐어 셸) : 보안 취약점을 가지고 있는 프로토콜(TELNET, FTP) 등을 대체하여 사용하는 네트워크를 통한 원격 호스트 연결 과정을 보호하기 위한 프로토콜
> • S/MIME(Secure/MIME) : MIME 데이터의 공개키 암호화 및 서명을 위한 표준

[이전 기출]

05 IPSec 프로토콜의 기능이 아닌 것은?

① Pretty Good Privacy
② Authentication Header
③ Internet Key Exchange
④ Encapsulating Security Payload

> **해설**
> IPSec 프로토콜의 기능에는 IKE, AH, ESP가 있다.

▶ 정답 : 01.②, 02.④, 03.①, 04.③, 05.①

---

03 인터페이스 테스트 및 오류

1 연계(인터페이스) 테스트

연계(인터페이스) 테스트는 구축된 연계 시스템과 연계 시스템의 구성 요소가 정상적으로 동작하는지 확인하고 검증하는 활동이다.

- 절차 : 연계 테스트 케이스 작성 → 연계 테스트 환경 구축 → 연계 테스트 수행 → 연계 테스트 수행 결과 검증

1. 연계 테스트 케이스 작성

테스트 케이스(Test Case) 작성 시 가장 핵심적인 사항은 테스트 항목의 도출이다. 테스트할 대상 및 기능 등이 충분히(완전하게), 누락 없이, 일관성 있게, 구체적으로 식별되어야 한다.

>
> **권쌤이 알려줌**
> 연계 시스템의 구성요소에는 송신 모듈, 수신 모듈, 연계 서버 및 엔진, 모니터링 현황 등이 있습니다.

> **합격자의 암기법**
> 연계 테스트 절차 : 작구수결
> • 테스트 케이스 작성 → 테스트 환경 구축 → 테스트 수행 → 테스트 수행 결과 검증

① **단위 테스트 케이스 작성**
- 송 · 수신 시스템에서 확인해야 할 사항을 각각 도출한다.
- 송 · 수신 시스템 각각에서 단순 개별 데이터의 유효 값을 체크하는 경우의 수와 데이터 간의 연관 관계를 체크하는 경우의 수로 식별하여 작성한다.

② **연계 테스트 케이스 작성**
- 송 · 수신용 연계 응용 프로그램의 기능 위주 결함을 확인하는 단위 테스트 케이스 형태로 작성한다.
- 작성한 단위 테스트 케이스를 연계 테이블 간 송 · 수신 절차의 전후로 연결하여 흐름을 확인하는 내용으로 작성한다.

2. 연계 테스트 환경 구축

송 · 수신 기관 간에 테스트 수행 전에 테스트 일정, 절차, 방법, 소요 시간, 테스트 환경, 환경 구축 기간 등을 협의하여 계획을 수립하고 테스트 환경을 구축한다.

- 연계 서버, 송 · 수신용 어댑터(Adapter)[※], 송 · 수신 운영 데이터베이스 및 데이터, 송 · 수신용 연계 응용 프로그램들을 설치 및 준비한다.

3. 연계 테스트 수행

연계 테스트 케이스의 시험 항목 및 처리 절차대로 실제 연계 응용 프로그램을 실행하며 테스트하고 결과를 확인한다.

- 송 · 수신용 연계 응용 프로그램의 단위 테스트를 수행한다.
- 단위 테스트가 오류 없이 수행 완료되면 작성한 테스트 케이스를 바탕으로 데이터 추출, 송 · 수신 데이터 반영 과정의 연계 테스트를 수행한다.

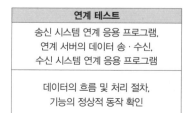

테스트명	단위 테스트	연계 테스트
테스트 대상	송 · 수신 시스템의 연계 응용 프로그램	송신 시스템 연계 응용 프로그램, 연계 서버의 데이터 송 · 수신, 수신 시스템 연계 응용 프로그램
테스트 내용	기능 동작 여부 및 결함 여부 (데이터 추출, 코드 및 데이터 변환, 데이터 반영 등)	데이터의 흐름 및 처리 절차, 기능의 정상적 동작 확인

4. 연계 테스트 수행 결과 검증

연계 테스트 케이스의 테스트 항목 및 처리 절차 순서에 따라 테스트를 진행하면서 수행한 테스트 결과가 예상한 정상적인 결과인지를 확인하기 위해 검증을 수행한다. 테스트 항목에 따라 다음과 같은 검증 방법을 사용한다.

- 운영 데이터베이스 테이블의 건수를 카운트(Count)하는 방법
- 실제 테이블이나 파일을 열어서 데이터를 확인하는 방법
- 파일 생성 위치의 파일 생성 여부와 파일 크기를 확인하는 방법
- 연계 서버에서 제공하는 모니터링 화면의 내용을 확인하는 방법

2 인터페이스 오류

1. 인터페이스 오류 유형

시스템 연계 과정에서 발생할 수 있는 장애나 오류 유형은 연계 서버(연계 시스
템)의 오류와 송신 시스템의 연계 프로그램 오류 또는 수신 시스템의 연계 프로그
램 오류, 연계 데이터 자체 오류 등으로 구분할 수 있다.

2. 인터페이스 오류 처리 방법

① 사용자 화면에서 오류 발생

인터페이스 오류가 발생하였을 경우 알람 형태로 사용자 화면에 표시된다.

- 가장 직관적으로 오류를 인지할 수 있어 가장 많이 쓰이는 방법이다.
- 주로 즉시적으로 데이터가 연계되는 경우에 사용된다.

② 인터페이스 오류 로그 생성

시스템 운영 로그에 인터페이스 오류 관련 오류 로그가 생성되도록 한다.

- 인터페이스 오류의 자세한 내역을 알기 위해 사용되며, 시스템 관리자나 운
  영자가 오류 로그를 확인할 수 있다.

예 인터페이스 오류 로그 생성

```
[2018-07-27 10:01:070001][ERRORCODE100] 인사발령번호 = 2018-444
(EMP_NOTC_NM) = xxxxxxx 인사발령 구분
Length Exceed Exception : 발령내역 길이가 초과하였습니다.
```

③ 인터페이스 관련 테이블에 오류 사항 기록

테이블을 통한 인터페이스 기능을 구현할 경우나 인터페이스 트랜잭션 기록을
별도로 보관하는 경우 테이블에 오류 사항을 기록한다.

- 이력을 직관적으로 보기 쉬워 운영자가 관리하기 쉬운 장점이 있다.

예 인터페이스 관련 테이블 오류 기록

송신 일시	변경 구분	발령 번호	사번	발령 내용	…	처리 일시	처리 상태	오류 코드	오류내용
18.7.27	입력	2018 -111	18-001, 18-002	신규 채용	…	18.7.27	실패	E-003	수신 데이터베이 스 연결 실패

3 인터페이스 오류 정의와 설계

장애 및 오류 현황을 기록하고 확인하기 위해 다음 항목들을 정의하고 설계한다.

1. 장애 및 오류 관리 대상(범위)

연계 서버에서 관리하는 장애 및 오류는 연계 서버의 실행 여부, 네트워크 접근 가능 여부, 송·수신 폴더 및 테이블의 권한 여부 등 시스템 전반적인 사항에 주로 해당하며 적용하는 연계 솔루션에 의해 결정된다.

- 기록하는 방식을 제외하고는 연계 솔루션에서 제공하는 기능을 변경하거나 추가 설계하여 적용할 수 없다.

2. 장애 및 오류 코드와 메시지 정의

송신 시스템에서 운영 데이터베이스로부터 연계 데이터를 추출하고, 코드 및 데이터를 다른 형식으로 전환하여 연계 테이블에 등록하는 과정에서 발생 가능한 오류를 정의한다.

- 식별한 오류 내용을 주제별로 분류하고, 각 오류 내용에 코드를 부여한다.
- 오류 코드는 규칙에 따라 부여한다.
- 오류 내용을 사용자 및 운영자가 이해하기 쉽도록 보완 작성한다.

4 인터페이스 오류 코드[※]

인터페이스 장애 및 오류 처리를 위해 발생할 수 있는 오류 유형별로 오류 코드를 정의하고 시스템에서 공통으로 사용할 수 있도록 표준화된 오류 코드를 공통 코드로 등록하는 작업을 수행한다.

▼ 오류 코드와 오류 내용

구분	설명
오류 코드	• 오류를 식별할 수 있는 코드이다. • 오류 발생지와 오류 유형, 일련번호를 포함하도록 오류 코드 명명규칙을 정의한 후 인터페이스 표준화 지침 및 가이드 문서로 정리해서 공유한다.
오류 내용	• 오류 발생 내용과 원인을 포함하도록 설명을 기술한다. • 데이터 에러, 네트워크 에러, 암·복호화 에러 등 오류 발생 원인을 포함하는 메시지를 기술한다.

코드(Code)
컴퓨터에서 자료 처리를 쉽게 하기 위해 사용하는 기호

권쌤이 알려줌

암호화는 평문을 암호문으로 변환하는 것을 의미하고, 복호화는 암호문을 평문으로 변환하는 것을 의미합니다.

1. 오류 코드 부여 규칙 예시

```
E   A   D   ##
①  ②  ③  ④
```

① 장애 및 오류 여부 구분 코드(1자리)
• Error의 'E' 사용

② 오류가 발생하는 위치 구분(1자리)
• 연계 서버(엔진), 시스템 : S
• 연계 응용 프로그램 : A

③ 오류 유형 또는 분류 구분(1자리)
• 데이터 형식 관련 오류 : F
• 데이터 길이 관련 오류 : L
• 코드 관련 오류 : C
• 데이터 관련 오류(중복 또는 미등록 등) : D
• 필수 입력 관련 오류 : M
• 접근 권한 등 시스템 관련 오류 : S

④ 일련번호(3자리)
• 오류 유형 및 분류별로 일련번호 부여

2. 오류 코드 관리 방식

오류 코드 및 메시지를 일관되게 참조하기 위해 오류 코드를 관리한다. 오류 코드 관리 방식은 테이블 관리 방식과 파일 관리 방식으로 나눌 수 있다.

방식	설명
테이블 관리 방식	• 검색 및 참조, 생성 등 관리가 쉽다. • 성능이 우수하여 관리 대상 오류 코드 및 메시지가 많을 경우에 사용한다. • 데이터베이스 접근이 가능한 경우에만 사용할 수 있다. 예 <table><tr><td>오류 코드</td><td>오류 메시지</td></tr><tr><td>EAD001</td><td>등록된 ○○○○○○이(가) 존재합니다.</td></tr><tr><td>⋮</td><td>⋮</td></tr></table>
파일 관리 방식	• 관리 대상 오류 코드 및 메시지가 적을 경우에 사용한다. • 데이터베이스에 접근할 수 없는 경우에도 사용할 수 있다. 예 Error message.properties 파일 EAD001 = 등록된 ○○○이(가) 존재합니다.

01 연계 테스트 결과를 검증하는 방법으로 거리가 먼 것은?

① 파일 생성 위치의 파일 접근 권한을 확인하는 방법

② 연계 서버에서 제공하는 모니터링 화면의 내용을 확인하는 방법

③ 시스템에서 기록하는 로그를 확인하는 방법

④ 실제 테이블이나 파일을 열어서 데이터를 확인하는 방법

> **해설** 연계 테스트 수행 결과를 검증하기 위해 관련 파일 생성 여부를 확인하거나 파일 크기를 확인한다.
> **TIP** 파일에 접근할 수 있는 권한을 확인하는 것으로 연계 데이터의 송·수신 여부를 확인하기 어렵습니다.

02 장애 및 오류 현황을 기록하고 확인하기 위해 장애 및 오류 코드와 메시지를 정의하는 것에 대한 설명으로 옳지 않은 것은?

① 오류 코드는 규칙에 따라 부여한다.

② 오류 내용을 사용자 및 운영자가 이해하기 쉽도록 작성한다.

③ 모든 오류는 각기 다른 개인적인 상황이므로 오류 코드를 공통 코드로 등록해선 안 된다.

④ 식별한 오류 내용을 주제별로 분류한다.

> **해설** 오류 코드는 시스템에서 공통으로 사용할 수 있도록 표준화하여 공통 코드로 등록한다.

▶ 정답 : 01.①, 02.③

01 java(Junit), C++(Cppunit), .Net(Nunit) 등 다양한 언어를 지원하는 단위 테스트 프레임워크는?

① xUnit   ② NTAF

③ watir   ④ FitNesse

[이전 기출]

02 IPSec 프로토콜의 인증 헤더(AH)와 보안 페이로드 캡슐화(ESP)에서 제공하는 보안 서비스 중 ESP에서만 제공하는 보안 서비스는?

① 재전송 공격 방지(Replay Attack Protection)

② 메시지 기밀성(Confidentiality)

③ 메시지 무결성(Integrity)

④ 개체 인증(Entity Authentication)

03 연계 테스트 절차를 올바르게 나열한 것은?

> Ⓐ 연계 테스트 환경 구축
> Ⓑ 연계 테스트 수행
> Ⓒ 연계 테스트 케이스 작성
> Ⓓ 연계 테스트 수행 결과 검증

① Ⓒ-Ⓑ-Ⓓ-Ⓐ

② Ⓒ-Ⓓ-Ⓐ-Ⓑ

③ Ⓒ-Ⓑ-Ⓐ-Ⓓ

④ Ⓒ-Ⓐ-Ⓑ-Ⓓ

04 테이블 관리 방식으로 오류 코드를 관리하는 것에 대한 설명으로 옳지 않은 것은?

① 데이터베이스에 접근할 수 없는 경우에도 사용이 가능하다.

② 검색 및 참조, 생성 등의 관리가 용이하다.

③ 관리 대상 오류 코드 및 메시지가 많을 경우 사용한다.

④ 오류 코드 및 메시지를 일관되게 참조할 수 있다.

섹션
기출예상문제 해설

Section 08. 인터페이스 구현

01 [키워드] Junit, Cppunit, Nunit → [용어] xUnit
- NTAF : STAF와 FitNesse를 통합한 Naver 테스트 자동화 프레임워크
- watir : Ruby 프로그래밍 언어 기반 웹 애플리케이션 테스트 프레임워크
- FitNesse : 웹 기반 테스트 케이스 설계/실행/결과 확인 등을 지원하는 테스트 프레임워크

02 [키워드] 출발지 인증 O, 데이터 무결성 O, 기밀성 O → [용어] ESP
[키워드] 출발지 인증 O, 데이터 무결성 O, 기밀성 X → [용어] AH

03 연계 테스트 절차 : 연계 테스트 케이스 작성 → 연계 테스트 환경 구축 → 연계 테스트 수행 → 연계 테스트 수행 결과 검증
[TIP] 연계 테스트 절차는 "작구수결"로 기억하세요.

04 데이터베이스에 접근이 가능한 경우에만 사용할 수 있다.

[정답] **01** ①   **02** ②   **03** ④   **04** ①

3 과목

데이터베이스 구축

- [데이터베이스 구축] 과목은 데이터를 효율적으로 관리하기 위한 데이터 저장소인 데이터베이스에 대해 학습합니다.

- 논리적인 관점과 물리적인 관점에서의 데이터 저장 방법과 데이터 삽입, 수정, 삭제, 검색을 위해 특수한 용도로 만들어진 SQL 언어를 학습합니다.

- 실행하려는 SQL 문을 분석하여 성능을 개선하는 방법을 학습합니다.

- 효율적인 데이터 삽입, 수정, 삭제, 검색 등을 위해 정규화를 수행하거나, 인덱스 또는 클러스터 설정 등 데이터베이스의 다양한 기능에 대해 학습합니다.

합격자의 **암기 노트**

▶ DBMS 필수 기능, SQL 구분 : 정조제 = DMC
- 정의 기능 = Definition
- 조작 기능 = Manipulation
- 제어 기능 = Control

▶ 데이터 모델 표시 요소 : 연고제(연구제)
- 연산(Operation)
- 구조(Data Structure)
- 제약조건(Constraint)

▶ 이상 현상의 종류 : 삽살개(삽삭갱)
- 삽입 이상(Insertion Anomaly)
- 삭제 이상(Deletion Anomaly)
- 갱신 이상(Update Anomaly)

▶ 정규화 절차 : 두부이걸다줘(도부이결다조)
- 제1정규형 : 도메인이 원자값
- 제2정규형 : 부분 함수적 종속 제거
- 제3정규형 : 이행적 함수 종속 제거
- BCNF : 결정자가 후보키
- 제4정규형 : 다치 종속 제거
- 제5정규형 : 조인 종속성

▶ 스토리지 종류 : DNS
- DAS → Direct, 소규모
- NAS → Network, 중규모
- SAN → Storage, 대규모

▶ 데이터베이스 설계 순서 : 요괴눈물(요개논물)
- 요구조건 분석
- 개념적 설계
- 논리적 설계
- 물리적 설계

▶ 분산 데이터베이스의 4대 목표 : 중위병장 = RLCF
- 중복 투명성 = Replication
- 위치 투명성 = Location
- 병행 투명성 = Concurrency
- 장애 투명성 = Failure

▶ 접근 통제 : 신임 보강 역할
- 신원 → 임의 접근 통제(DAC; Discretionary Access Control)
- 보안 레벨 → 강제 접근 통제(MAC; Mandatory Access Control)
- 역할 → 역할 기반 접근 통제(RBAC; Role-Based Access Control)

▶ 병행 제어 기법 종류 : 낙타로 타(다)
- 낙관적 기법
- 타임 스탬프 기법
- 로킹 기법
- 다중 버전 기법

01

데이터베이스 기초

데이터베이스는 많은 자료를 효율적으로 관리하기 위한 데이터의 저장 공간으로, 사용자가 컴퓨터로 데이터베이스에 접근하여 원하는 자료를 쉽게 사용할 수 있습니다. 이번 섹션에서 학습할 데이터베이스의 개념 및 관련 용어는 앞으로 심화되는 데이터베이스의 기초이므로 충분히 학습하세요.

데이터 중복성(Data Redundancy)
시스템 내에 같은 데이터가 중복되게 저장·관리되는 것

데이터 종속성(Data Dependency)
응용 프로그램과 데이터 간 상호 의존관계로 데이터를 변경하면 응용 프로그램도 같이 변경해야 하는 것

데이터 무결성(Data Integrity)
데이터베이스 내 정확하고 유효한 데이터만 유지시키는 것

권쌤이 알려줌

• 중복성 : 인사 관리 프로그램과 급여 관리 프로그램 각각에 '홍길동' 사원의 데이터가 중복하여 존재합니다.
• 종속성 : 인사 관리 프로그램과 급여 관리 프로그램은 서로 독립적으로 운영되므로 각 프로그램에 종속된 파일 시스템을 가지고 있습니다. 따라서 프로그램이 변경되면 종속된 파일 시스템도 함께 변경되어야 합니다.
• 무결성 : '홍길동' 사원의 데이터가 변경되면 각 파일 시스템의 데이터를 모두 변경해야 합니다. 실수로 하나의 파일 시스템만 변경하면 데이터의 정확성과 일관성을 위배하게 됩니다.

합격자의 암기법

데이터베이스 정의
기사퍼스트는 자격증 취득을 위해 DB를 (운영)하고 있으며, 강의와 자료를 (통합, 저장)하여 여러 회원들에게 (공용)하고 있다.

★★
01 데이터베이스 개요

1 데이터베이스(Database)

데이터베이스는 특정 조직이 업무를 수행하는 데 필요한 관련성이 있는 자료들의 집합체이다.

• 업무와 관련된 데이터를 독립된 파일 단위로 저장하면, 데이터 중복성※과 종속성※이 발생하여 데이터 무결성※을 위배할 가능성이 크다.
• 이러한 파일 시스템의 문제점을 해결하기 위해 데이터베이스가 도입되었다.

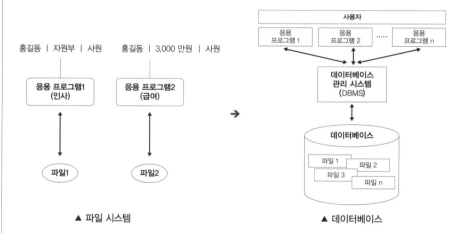

▲ 파일 시스템　　　　　　　　　▲ 데이터베이스

1. 데이터베이스 정의

구분	설명
운영 데이터 (Operational Data)	조직의 업무를 수행하는 데 있어서 존재 가치가 확실하고 필수적인 데이터의 집합
통합 데이터 (Integrated Data)	데이터의 중복을 배제 또는 최소화한 데이터의 집합
저장 데이터 (Stored Data)	컴퓨터가 접근 가능한 저장 매체에 저장된 데이터의 집합
공용 데이터 (Shared Data)	여러 응용 프로그램들이 공동으로 이용할 수 있는 데이터의 집합

2. 데이터베이스의 특징

구분	설명
계속적인 변화 (Continuous Evolution)	데이터의 삽입, 삭제, 갱신 작업으로 항상 최신의 데이터를 유지해야 한다.
동시 공용, 공유성 (Concurrent Sharing)	여러 사용자가 같이 쓸 수 있어야 한다.
실시간 접근 (Real Time Accessibility)	내가 원할 때마다 언제든지 바로 접근해서 데이터를 처리할 수 있다.
내용에 의한 참조 (Content Reference)	위치나 주소가 아닌 데이터의 내용, 즉 값에 따라 참조할 수 있다. ⑩ 게시판 검색 시 '정보처리기사'처럼 값 입력

2 데이터베이스 관리 시스템(DBMS; Database Management System)

데이터베이스 관리 시스템(DBMS)은 응용 프로그램 또는 사용자와 데이터베이스 사이에서 사용자의 요청에 따라 데이터베이스를 생성 및 관리해주는 소프트웨어이다.

- 사용자, 애플리케이션, 데이터베이스와 상호 작용하여 데이터를 저장하고 분석하기 위한 컴퓨터 소프트웨어로, 데이터베이스 생성, 조회, 변경 등의 관리가 주요 기능이다.
- 데이터를 통합 관리하므로 데이터 중복을 최소화하고 일관성과 무결성을 유지할 수 있다.

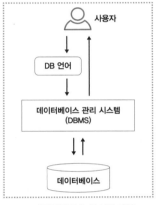

▲ 데이터베이스 시스템 구성

1. DBMS의 필수 기능

기능	설명
정의(Definition) 기능	데이터베이스에 저장된 데이터의 형(Type)과 구조, 이용 방식, 제약조건 등을 명시하는 기능
조작(Manipulation) 기능	데이터 삽입, 갱신, 삭제, 검색 등 데이터 처리를 위한 사용자와 데이터베이스 사이 인터페이스 수단을 제공하는 기능
제어(Control) 기능	데이터의 정확성과 보안성을 유지하기 위한 무결성 관리와 병행 제어*, 접근 제어* 등을 제공하는 기능

2. DBMS의 장단점

장점	단점
• 논리적/물리적 독립성 보장 • 데이터 중복 제거 • 공동으로 자료 이용 • 일관성 유지 • 데이터 무결성 유지 • 데이터 표준화 • 데이터 통합 관리 • 최신 데이터 유지 • 데이터 실시간 처리	• 전문가 부족 • 전산화 비용 증가 • 액세스(Access, 접근)할 때 오버헤드* 발생 • 시스템이 복잡하여 자료 처리가 복잡함 • 예비 조치(Backup)와 회복(Recovery) 기법이 어려움

합격자의 맘기법

데이터베이스의 특징
기사퍼스트는 DB를 최신 자료로 갱신(계속적인 변화)하므로 여러 회원(동시 공용)이 (실시간 접근)하여 자료를 검색(내용에 의한 참조)할 수 있다.

권쌤이 알려줌

[정보처리기사]라는 테이블을 만들고, '점수=100점'이라는 데이터를 삽입하고자 합니다. [정보처리기사]라는 테이블 구조에 '점수'라는 속성을 만들고(정의), '100점'을 삽입(조작)하죠. 만약, '점수' 속성에 잘못된 데이터가 삽입될 경우 삽입을 취소합니다(제어).

[정보처리기사]
점수
100점

병행 제어(Concurrency Control, 동시성 제어)
트랜잭션을 동시에 여러 개 수행할 때, 데이터베이스 일관성 유지를 위해 트랜잭션 간의 상호 작용을 제어하는 것

접근 제어(Access Control, 접근 통제)
데이터베이스에 저장된 데이터에 대해 사용자별 접근 권한에 따라 접근을 제한하기 위한 기술

합격자의 맘기법

DBMS 필수 기능 : 정조제 = DMC
• 정(의, Definition)
• 조(작, Manipulation)
• 제(어, Control)

오버헤드(Overhead)
특정한 목표를 달성하기 위해 간접적 혹은 추가적으로 요구되는 시간, 메모리, 대역폭 혹은 다른 컴퓨터 자원

3. 데이터 언어 [20년 2회]

종류	설명
데이터 정의어 (DDL; Data Definition Language)	데이터의 형태, 구조, 데이터베이스의 저장에 관한 내용을 정의 및 변경하는 기능 예 정의, 변경, 제거
데이터 조작어 (DML; Data Manipulation Language)	사용자의 요구에 따라 삽입, 갱신, 삭제, 검색 등을 지원하는 기능 예 검색, 삽입, 갱신, 삭제
데이터 제어어 (DCL; Data Control Language)	무결성 유지, 보안, 권한, 병행 수행 제어, 회복 등 정확성과 안정성을 유지하는 기능 예 권한 부여, 권한 취소 등

4. 데이터베이스 사용자

구분	업무
응용 프로그래머 (Application Programmer)	데이터베이스 활용, 사용자 인터페이스 제공
일반 사용자 (End User)	데이터 삽입, 갱신, 삭제, 검색 등의 목적으로 DBMS 이용
데이터베이스 관리자 (DBA; DataBase Administrator)	데이터베이스 설계와 조작에 대한 책임 및 행정적 책임, 시스템 감시 및 성능 분석
Data 관리자 (DA; Data Administrator)	조직 내에서 데이터에 대한 정의, 체계화, 감독 및 보안 업무 담당, 데이터 관리 총괄
Data 설계자 (DA; Data Architect)	조직의 업무 수행에 필요한 데이터의 구조를 체계적으로 정의

 DBA의 역할

DBA(DataBase Administrator, 데이터베이스 관리자)는 데이터베이스 시스템의 모든 관리와 운영에 대한 책임을 지고 있는 사람 또는 그룹으로서, DDL이나 DCL을 사용하며 아래의 역할을 수행한다.
- 데이터베이스 스키마* 정의
- 보안 정책과 무결성(Integrity) 유지
- 예비 조치(Backup)*와 회복(Recovery)*에 대한 절차 수립
- 데이터베이스 설계와 운영
- 사용자의 요구와 불평을 청취하고 해결
- 시스템 감시 및 성능 분석
  예 사용자 요구 변화 분석, 장비 성능 감시, 데이터 사용 추세 분석
- DBMS 및 데이터베이스 구조 관리
- 데이터베이스 데이터 사전* 구성
- 저장 구조와 액세스 방법 정의
- 데이터베이스의 이상* 현상 감시

3 DBMS의 구성

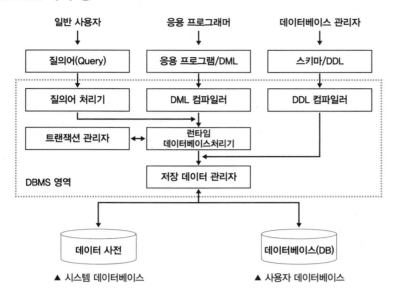

▲ 시스템 데이터베이스   ▲ 사용자 데이터베이스

구성 요소	설명
질의어※ 처리기	사용자의 데이터 처리 요구를 해석하여 처리하는 역할을 담당하고 있는 요소
DML 컴파일러※	DML로 작성된 데이터의 처리 요구를 분석하여, 런타임 데이터베이스 처리기가 이해할 수 있도록 해석하는 요소
DDL 컴파일러	DDL로 명세된 정의를 데이터 사전에 저장하는 요소
트랜잭션※ 관리자	데이터베이스에 접근하는 과정에서 사용자의 접근 권한이 유효한지를 검사하고, 데이터베이스 무결성을 유지하기 위한 제약조건 위반 여부를 확인하며, 회복이나 병행 수행과 관련된 작업도 담당하는 요소
런타임 데이터베이스 처리기	저장 데이터 관리자를 통해 데이터베이스에 접근하여, DML 컴파일러로부터 전달받은 데이터 처리 요구를 데이터베이스에서 실제로 실행하는 요소
저장 데이터 관리자	디스크에 저장된 시스템 데이터베이스와 사용자 데이터베이스를 관리하고, 여기에 실제로 접근하는 역할을 하는 요소

학습플러스 데이터 사전(Data Dictionary) [22년 2, 3회] [21년 1, 2회]

1. 시스템 자신이 필요로 하는 여러 객체(Object)※에 관한 정보를 포함하고 있는 시스템 데이터베이스
   - 시스템 카탈로그(System Catalog)라고도 한다.
   - 사용자도 SQL을 이용하여 검색할 수 있다. 단, DBMS만 스스로 갱신 및 유지할 수 있고, 사용자는 갱신할 수 없다.
2. DBMS에서 사용되는 모든 파일, 속성, 변수의 목록
   사용자가 데이터베이스를 사용할 때, 해당 데이터베이스 내에 어떤 자료가 있는지 또는 그 자료가 어떻게 정의되어 있는지 등을 쉽게 알 수 있도록 한다.

질의어(Query, 쿼리)
데이터베이스에 자료를 조작하고 검색하는 데 사용되는 데이터 언어

컴파일러(Compiler)
고급 언어로 작성된 코드를 실행 가능한 목적 코드로 변경시키는 프로그램

트랜잭션(Transaction)
데이터베이스의 상태를 변화시키는 논리적 연산의 집합
- 사용자 A가 B에게 돈을 송금하는 과정은 A의 계좌에서 출금하여 B에게 돈을 입금하는 과정을 의미한다. 즉, '송금'이라는 작업 단위(출금 → 입금)를 하나의 트랜잭션이라고 한다.

권쌤이 알려줌

데이터베이스는 시스템 데이터베이스(데이터 사전)와 사용자 데이터베이스(DB)로 나뉘게 됩니다. 데이터 사전은 사용자 데이터베이스가 아니라 시스템 데이터베이스이므로, DBMS만 스스로 갱신 및 유지합니다. 따라서 사용자는 갱신할 수 없습니다.

객체(Object)
데이터베이스를 구성하는 모든 것
- 테이블(Table), 인덱스(Index), 뷰(View) 등

권쌤이 알려줌

데이터 사전에 저장된 데이터를 메타 데이터(Meta Data)라고 합니다.
- 메타 데이터 : 데이터(Data)에 대한 데이터로, 데이터를 설명해 주는 데이터를 의미한다.
- 음악의 메타 데이터는 '제목', '작곡가', '작사가' 등이 있다.

[20년 2회]

01 데이터 제어 언어(DCL)의 기능으로 옳지 않은 것은?

① 데이터 보안
② 논리적, 물리적 데이터 구조 정의
③ 무결성 유지
④ 병행 수행 제어

> **해설** 다른 하나는 데이터 정의어(DDL)에 대한 설명이다.

[21년 1회]

02 시스템 카탈로그에 대한 설명으로 틀린 것은?

① 시스템 카탈로그의 갱신은 무결성 유지를 위하여 SQL을 이용하여 사용자가 직접 갱신하여야 한다.
② 데이터베이스에 포함되는 데이터 객체에 대한 정의나 명세에 대한 정보를 유지 관리한다.
③ DBMS가 스스로 생성하고 유지하는 데이터베이스 내의 특별한 테이블 집합체이다.
④ 카탈로그에 저장된 정보를 메타 데이터라고도 한다.

> **해설** DBMS만 시스템 카탈로그의 내용을 갱신할 수 있다. 사용자는 갱신은 불가하지만, SQL을 이용한 검색은 가능하다.

[21년 2회]

03 시스템 카탈로그에 대한 설명으로 옳지 않은 것은?

① 사용자가 직접 시스템 카탈로그의 내용을 갱신하여 데이터베이스 무결성을 유지한다.
② 시스템 자신이 필요로 하는 스키마 및 여러 가지 객체에 관한 정보를 포함하고 있는 시스템 데이터베이스이다.
③ 시스템 카탈로그에 저장되는 내용을 메타 데이터라고도 한다.
④ 시스템 카탈로그는 DBMS가 스스로 생성하고 유지한다.

> **해설** 사용자가 아닌 DBMS가 시스템 카탈로그의 내용을 갱신하여 데이터베이스 무결성을 유지한다.

[이전 기출]

04 데이터베이스의 정의 중 다음 설명과 관계되는 것은?

> 조직에서 그 고유의 기능을 수행하기 위해 반드시 유지해야 할 데이터가 있다. 조직의 존재 목적이나 기능을 수행하는 데 없어서는 안 될 데이터의 집합이다.

① Integrated Data
② Stored Data
③ Operational Data
④ Shared Data

> **해설** 키워드 조직, 고유 기능 수행 → 용어 운영 데이터(Operational Data)

[이전 기출]

05 데이터베이스의 특성으로 옳지 않은 것은?

① 질의에 대하여 실시간 처리 및 응답이 가능하도록 지원해 준다.
② 삽입, 삭제, 갱신으로 항상 최신의 데이터를 유지한다.
③ 다수의 사용자가 동시에 이용할 수 있다.
④ 데이터 참조 시 데이터 값에 의해서는 참조될 수 없으므로 위치나 주소에 의하여 데이터를 찾는다.

> **해설** 데이터 참조 시 주소가 아닌 데이터 값에 의해 데이터를 찾는다.

[이전 기출]

06 데이터베이스 관리 시스템(DBMS)의 장점으로 거리가 먼 것은?

① 데이터의 중복을 최소화할 수 있다.
② 데이터의 일관성을 유지할 수 있다.
③ 데이터를 표준화시킬 수 있다.
④ 예비(backup)와 회복(recovery) 기법이 간단하다.

> **해설** DBMS는 구조가 복잡하고 많은 데이터를 대상으로 작업하므로, 예비(backup)와 회복(recovery) 기법이 어렵다.

▶ 정답 : 01.②, 02.①, 03.①, 04.③, 05.④, 06.④

1 스키마(Schema) [20년 3회 실기]

스키마는 데이터베이스의 구조와 제약조건에 대한 명세를 기술한 것이다.

- 데이터베이스를 구성하는 데이터 개체(Entity), 이들의 속성(Attribute), 이들 간에 존재하는 관계(Relationship) 그리고 데이터의 조작 또는 데이터 값들이 갖는 제약조건에 관한 정의를 총칭하는 용어이다.

⑩ 스키마

[학생]	학번	이름	주소	성별	
[운전면허증]	ID	이름	주민등록번호	주소	발급일

1. 스키마의 종류 [21년 1회] [20년 4회]

종류	설명
외부(External) 스키마	• 사용자나 응용 프로그래머가 보는 관점 • 서브스키마, 사용자 뷰 • 사용자에 따라 다르며 여러 개 존재 ⑩ 코끼리의 부분(코끼리 코, 몸통, 다리, 꼬리)
개념(Conceptual) 스키마	• 데이터베이스의 전체적인 논리적 구조 • 전체적인 뷰, 범기관적, 총괄적 입장 ⑩ 코끼리 전체 모양
내부(Internal) 스키마	• 데이터베이스의 전체적인 물리적 구조 • 실제 데이터를 저장 • DBA가 관리 ⑩ 코끼리 뼈대

2. 데이터 독립성※

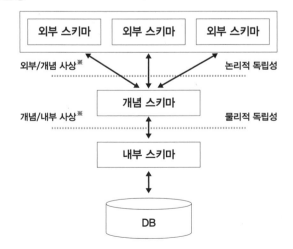

권쌤이 알려줌

데이터베이스의 스키마는 구조, 인스턴스는 실제 값입니다.

권쌤이 알려줌

데이터베이스의 구성 요소인 개체, 속성, 관계는 이후 자세히 학습합니다.

권쌤이 알려줌

스키마라고 하면 일반적으로 개념 스키마를 의미합니다.

권쌤이 알려줌

• 외부 스키마는 코끼리를 처음 보는 사람이 안대를 하고 코끼리를 만졌을 때를 생각하면 됩니다. 코끼리 모습은 사람마다 다르므로 여러 개가 존재합니다.
• 개념 스키마는 안대를 벗고 코끼리를 보면 전체적인 구조(논리적 구조)가 보이게 되는 개념입니다.
• 내부 스키마는 코끼리의 뼈대(물리적 구조)라고 생각하면 됩니다.

데이터 독립성(Data Independence)
하위 단계의 데이터 구조가 변경되더라도 상위 단계에 영향을 미치지 않는 속성

외부/개념 사상
외부 스키마와 개념 스키마의 대응 관계
• 응용 인터페이스(Application Interface)라고도 한다.

개념/내부 사상
개념 스키마와 내부 스키마의 대응 관계
• 저장 인터페이스(Storage Interface)라고도 한다.

구분	설명
논리적 데이터 독립성	데이터의 논리적 구조를 변경시키더라도 응용 프로그램은 변경되지 않는 것을 말한다.
물리적 데이터 독립성	기존 응용 프로그램에 영향을 주지 않고 데이터의 물리적인 구조를 변경할 수 있는 것을 말한다.

3. 스키마의 특징

• 데이터 사전에 저장된다.
• 데이터베이스의 구조(개체, 속성, 관계)에 대해 정의한다.
• 다른 이름으로 메타 데이터*라고 한다.
• 스키마는 시간에 따라 불변인 특성을 갖는다.

2 인스턴스(Instance)

인스턴스는 정의된 스키마에 따라 데이터베이스에 실제로 저장된 값이다.

• 시간에 따라 동적으로 변화한다.

예 인스턴스

[학생]

A001	홍길동	서울시 ……	남
A002	이순신	대구시 ……	남

[운전면허증]

서울10	홍길동	910303─……	서울시 ……	2010. 03. 04
대구13	이순신	940911─……	대구시 ……	2013. 12. 31

학습＋플러스 객체(Object)와 개체(Entity)의 차이점

구분	내용
객체(Object)	데이터베이스를 구성하는 모든 것을 뜻한다. 예 테이블(Table), 인덱스(Index), 뷰(View), Stored Procedure, Trigger 등
개체(Entity)	현실 세계에서 조직을 운영하는 데 꼭 필요한 사람이나 사물과 같이 구별되는 모든 것을 뜻한다. 예 학생, 운전면허증 등

[20년 3회 실기]

01 데이터베이스의 구조와 제약조건에 대한 명세를 기술한 것으로, 데이터베이스를 구성하는 데이터 개체, 이들의 속성, 이들 간에 존재하는 관계, 그리고 데이터의 조작 또는 이들 데이터 값들이 갖는 제약조건에 관한 정의를 총칭하는 용어는?

① Schema   ② Instance

③ DA   ④ DBA

해설   키워드 구조와 제약조건에 대한 명세 → 용어 스키마(Schema)

[21년 1회]

02 다음에서 설명하는 스키마(Schema)는?

> 데이터베이스 전체를 정의한 것으로 데이터 개체, 관계, 제약조건, 접근권한, 무결성 규칙 등을 명세화한 것

① 개념 스키마   ② 내부 스키마

③ 외부 스키마   ④ 내용 스키마

해설   키워드 데이터베이스 전체 정의 → 용어 개념(Conceptual) 스키마

[20년 4회]

03 데이터베이스의 정의 중 다음 설명과 관계되는 것은?

> 물리적 저장 장치의 입장에서 본 데이터베이스 구조로서 실제로 데이터베이스에 저장될 레코드의 형식을 정의하고 저장 데이터 항목의 표현 방법, 내부 레코드의 물리적 순서 등을 나타낸다.

① 외부 스키마   ② 내부 스키마

③ 개념 스키마   ④ 슈퍼 스키마

해설   키워드 물리적 저장 장치 입장 → 용어 내부(Internal) 스키마

[이전 기출]

04 물리적 데이터 독립성에 대한 설명으로 가장 적합한 것은?

① 기존 응용 프로그램에 영향을 주지 않고 데이터의 물리적인 구조를 변경할 수 없는 것을 말한다.

② 기존 응용 프로그램에 영향을 주지 않고 데이터의 물리적인 구조를 변경할 수 있는 것을 말한다.

③ 기존 응용 프로그램을 변경하면 데이터의 물리적 구조도 이에 따라 변경되는 것을 말한다.

④ 데이터의 물리적 구조를 변경할 때, 자동적으로 데이터의 논리적 구조도 변경되는 것을 말한다.

해설   키워드 응용 프로그램에 영향을 주지 않고, 물리적인 구조를 변경 → 용어 물리적 데이터 독립성

▶ 정답 : 01.①, 02.①, 03.②, 04.②

[이전 기출]
01 데이터베이스 구성의 장점이 아닌 것은?

① 데이터 중복 최소화
② 여러 사용자에 의한 데이터 공유
③ 데이터 간의 종속성 유지
④ 데이터 내용의 일관성 유지

[이전 기출]
02 데이터베이스의 정의로 보기 어려운 것은?

① 동일한 데이터의 중복을 최소화한다.
② 컴퓨터가 접근할 수 있는 저장매체에 저장된 데이터의 집합이다.
③ 특정 프로그램을 위한 독자적인 데이터이다.
④ 존재 목적이나 유용성 면에서 필수적인 데이터이다.

[이전 기출]
03 데이터베이스 관리 시스템(DataBase Management System)에 대한 설명으로 옳지 않은 것은?

① 응용 프로그램에 대한 데이터의 독립성이 보장된다.
② 데이터가 중복 저장되는 것을 방지하여 데이터의 일관성을 유지한다.
③ 데이터베이스의 구성과 저장, 접근 방법, 유지 및 관리를 위한 시스템 소프트웨어이다.
④ 고속/고용량의 메모리나 CPU 등이 요구되지 않으므로 시스템 운영비를 감소시킬 수 있다.

[이전 기출]
04 DBMS에 대한 설명으로 가장 거리가 먼 것은?

① 기존의 파일 시스템이 갖는 데이터의 종속성과 중복성의 문제를 해결하기 위해 제안된 시스템이다.
② 모든 응용 프로그램들이 데이터베이스를 공용할 수 있도록 관리해 준다.
③ DBMS는 데이터베이스의 구성, 접근 방법, 유지관리에 대한 모든 책임을 진다.
④ DBMS의 필수 기능에는 정의, 보안, 제어 기능이 있다.

[이전 기출]
05 데이터베이스 관리시스템에서 데이터 언어(Data-language)에 대한 설명으로 옳지 않은 것은?

① 데이터 정의어(DDL)는 데이터베이스를 정의하거나 그 정의를 수정할 목적으로 사용하는 언어이다.
② 데이터베이스를 정의하고 접근하기 위해서 시스템과의 통신 수단이 데이터 언어이다.
③ 데이터 조작어(DML)는 사용자와 데이터베이스 관리시스템 간의 인터페이스를 제공한다.
④ 데이터 제어어(DCL)는 주로 응용 프로그래머와 일반 사용자가 사용하는 언어이다.

[이전 기출]
06 데이터베이스 관리자(DBA)의 역할 중 거리가 먼 것은?

① 사용자의 요구와 불평을 해결
② 시스템 감시 및 성능 분석
③ 데이터베이스 설계와 운영
④ 정보추출을 위한 데이터베이스 접근

[이전 기출]
07 시스템 자신이 필요로 하는 여러 가지 객체에 관한 정보를 포함하고 있는 시스템 데이터베이스로서, 포함하고 있는 객체로는 테이블, 데이터베이스, 뷰, 접근권한 등이 있는 것은?

① 스키마(Schema)
② 시스템 카탈로그(System catalog)
③ 관계(Relation)
④ 도메인(Domain)

[이전 기출]
08 데이터베이스의 구조를 3단계로 구분할 때, 해당되지 않는 것은?

① 내부 스키마
② 외부 스키마
③ 개념 스키마
④ 내용 스키마

[이전 기출]

09 다음 데이터베이스에 관한 설명 중 옳은 것은?

① 개념 스키마는 개체 간의 관계와 제약 조건을 정의한다.

② 데이터베이스는 응용 프로그램의 네트워크 종속성을 해결한다.

③ 데이터의 논리적 구조가 변경되어도 응용 프로그램은 변경되지 않는 속성을 물리적 데이터 독립성이라고 한다.

④ 외부 스키마는 물리적 저장장치와 밀접한 계층이다.

섹션
기출예상문제 해설

01 파일 시스템의 중복성과 종속성을 해결하기 위해 데이터베이스가 도입되었다.

02 데이터베이스는 여러 사용자가 사용하는 공용 데이터이다.

03 DBMS는 많은 데이터를 처리하므로, 고속/고용량의 메모리나 CPU 등이 필요하여 시스템 운영비가 증가한다.

04 DBMS의 필수 기능에는 정의, 조작, 제어 기능이 있다.
[TIP] DBMS 필수 기능은 "정조제=DMC"로 기억하세요.

05 데이터 제어어(DCL)는 주로 DBA가 사용하는 언어이다.

06 ④는 일반 사용자(End User)의 역할이다.

07 [키워드] 객체에 관한 정보, 시스템(System) 데이터베이스 → [용어] 시스템 카탈로그(System Catalog)
 • 스키마(Schema) : 데이터베이스의 구조와 제약조건에 대한 명세를 기술한 것
 • 관계(Relation) : 두 개체 간에 의미 있는 연결
 • 도메인(Domain) : 한 속성에 나타날 수 있는 값들의 범위
  ⑩ '성별'의 도메인 : 남, 여

08 데이터베이스 구조 3단계(스키마의 종류) : 외부(External) 스키마, 개념(Conceptual) 스키마, 내부(Internal) 스키마

09 데이터베이스는 응용 프로그램의 데이터 종속성을 해결한다.
③은 논리적 데이터 독립성, ④는 내부 스키마에 대한 설명이다.

정답 **01** ③ **02** ③ **03** ④ **04** ④ **05** ④ **06** ④ **07** ② **08** ④ **09** ①

SECTION 02

데이터베이스 설계 및 모델링

현실 세계의 학생 데이터를 컴퓨터 세계의 [학생] 테이블 구조로 기술하는 것을 데이터베이스 설계라고 합니다. 그리고 이러한 데이터베이스를 구축하기 위한 분석 및 설계의 과정을 데이터 모델링이라고 합니다.

★★★

01 데이터베이스 설계

1 데이터베이스 설계의 개요

데이터베이스 설계는 현실 세계의 업무 프로세스를 컴퓨터 세계로 데이터베이스화하기 위한 과정이다.

2 데이터베이스 설계의 순서 [20년 2회 실기]

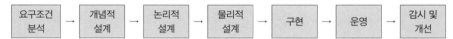

요구조건 분석 → 개념적 설계 → 논리적 설계 → 물리적 설계 → 구현 → 운영 → 감시 및 개선

1. 요구조건 분석

업무 프로세스를 분석한 후 요구조건 명세서를 작성한다.

📋 요구조건 명세서

> 한국대학교의 주된 개체는 학생과 과목이다. 학생은 고유의 학번이 부여되며, 추가로 이름과 전화번호 정보를 가진다. 과목은 고유의 과목코드가 부여되며, 추가로 과목명과 과목내용을 가진다. 한 명의 학생은 여러 개의 과목을 수강할 수 있다.

2. 개념적 설계 [22년 2회] [21년 1회 실기]

개체 타입과 이들 간의 관계 타입을 이용해 현실 세계를 개념적으로 표현한다.

- ER 다이어그램 작성
- DBMS에 독립적인 개념 스키마 모델링
- 트랜잭션* 모델링

📋 개념적 설계

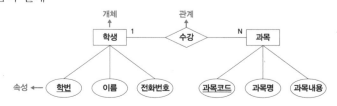

합격자의 암기법

데이터베이스 설계 순서 : 요괴눈물(요개논물)
- 요(구조건 분석)
- 괴(개념적 설계)
- 눈(논리적 설계)
- 물(리적 설계)

트랜잭션(Transaction)

데이터베이스의 상태를 변화시키는 논리적 연산의 집합
📋 사용자 A가 B에게 돈을 송금하는 과정은 A의 계좌에서 출금하여 B에게 돈을 입금하는 과정을 의미한다. 즉, '송금'이라는 작업 단위(출금 → 입금)를 하나의 트랜잭션이라고 한다.

3. 논리적 설계 [20년 2회] [21년 1회 실기]

목표 DBMS에 맞추어 논리적 모델로 설계한다.

- 트랜잭션 인터페이스 설계
- 스키마 평가 및 정제
- 목표 DBMS에 맞는 스키마 설계
- 정규화 과정 수행

(예) 논리적 설계

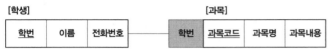

▲ 관계형 DBMS

4. 물리적 설계 [22년 1, 2회] [21년 1, 2, 3회] [20년 4회] [21년 1회 실기]

저장 레코드* 양식의 설계 및 물리적 구조 데이터를 표현한다.

- 설계 시 고려사항 : 응답시간, 저장 공간의 효율성, 트랜잭션의 처리량
- 어떤 인덱스*를 만들 것인지에 대한 고려
- 성능 향상을 위한 개념 스키마의 변경 여부 검토
- 빈번한 질의와 트랜잭션들의 수행 속도를 높이기 위한 고려
- 접근 경로 설계
- 레코드 집중의 분석 및 설계
- 트랜잭션의 세부 사항 설계

(예) 물리적 설계

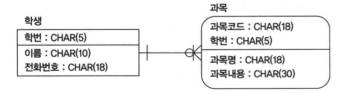

5. 구현

목표 DBMS의 DDL*로 스키마를 작성(정의)하고, 응용 프로그램을 위한 트랜잭션을 작성한다.

권쌤이 알려줌

논리적 모델 목표 DBMS의 종류에는 관계형, 계층형, 망형이 있습니다. 이후 자세히 학습합니다.

권쌤이 알려줌

정규화는 데이터 중복을 최소화하여 효율적으로 데이터를 저장하기 위해 데이터를 구조화하는 프로세스입니다. 이후 자세히 학습합니다.

레코드(Record)
관련된 자료의 집합
(예) 이름과 학과는 한 학생의 레코드(행)를 구성하고 여러 학생의 레코드가 모여 파일을 구성한다.

	이름	학과
레코드1 →	이순신	정보
레코드2 →	홍길동	사무

인덱스(Index)
검색을 빠르게 하기 위해 쓰이는 보조적인 데이터 구조
- 책의 색인과 같은 기능을 한다.

권쌤이 알려줌

CHAR(5)는 크기가 5인 문자열 타입을 의미합니다. CHAR(10)은 크기가 10인 문자열 타입이죠.

DDL(Data Definition Language, 데이터 정의어)
데이터의 형태, 구조, 데이터베이스의 저장에 관한 내용을 정의 및 변경하는 데이터 언어

데이터베이스 설계 및 모델링

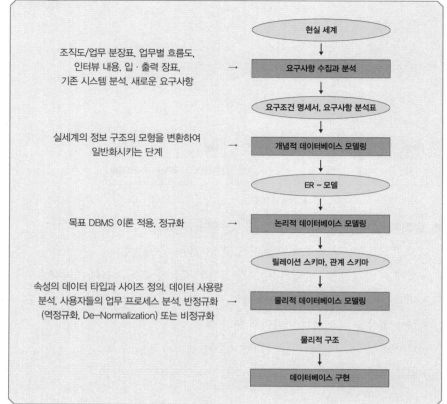

조직도/업무 분장표, 업무별 흐름도, 인터뷰 내용, 입·출력 장표, 기존 시스템 분석, 새로운 요구사항 →	현실 세계 ↓ 요구사항 수집과 분석 ↓ 요구조건 명세서, 요구사항 분석표
실세계의 정보 구조의 모형을 변환하여 일반화시키는 단계 →	개념적 데이터베이스 모델링 ↓ ER – 모델
목표 DBMS 이론 적용, 정규화 →	논리적 데이터베이스 모델링 ↓ 릴레이션 스키마, 관계 스키마
속성의 데이터 타입과 사이즈 정의, 데이터 사용량 분석, 사용자들의 업무 프로세스 분석, 반정규화 (역정규화, De–Normalization) 또는 비정규화 →	물리적 데이터베이스 모델링 ↓ 물리적 구조 ↓ 데이터베이스 구현

권쌤이 알려줌

반정규화는 성능 향상과 관리의 효율성 증가를 위해 정규화 원칙 위배 행위를 의미합니다. 이후 자세히 학습합니다.

기출 및 예상문제

[20년 2회 실기]
01 데이터베이스 설계 순서를 바르게 나열한 것은?

> ㄱ. 요구조건의 분석   ㄴ. 물리적 설계
> ㄷ. 데이터베이스 구현   ㄹ. 개념적 설계
> ㅁ. 논리적 설계

① ㄱ→ㄴ→ㄷ→ㄹ→ㅁ ② ㄱ→ㄷ→ㄴ→ㄹ→ㅁ
③ ㄱ→ㄹ→ㅁ→ㄴ→ㄷ ④ ㄱ→ㄴ→ㄹ→ㄷ→ㅁ

해설
데이터베이스 설계 순서 : 요구조건 분석 → 개념적 설계 → 논리적 설계 → 물리적 설계 → 구현 → 운영 → 감시 및 개선
TIP 데이터베이스 설계 순서는 "요괴눈물(요개논물)"로 기억하세요.

[20년 2회]
02 데이터베이스의 논리적 설계(logical design) 단계에서 수행하는 작업이 아닌 것은?

① 레코드 집중의 분석 및 설계
② 논리적 데이터베이스 구조로 매핑(mapping)
③ 트랜잭션 인터페이스 설계
④ 스키마의 평가 및 정제

해설
다른 하나는 물리적 설계 단계에서 수행한다.
• 매핑(mapping) : 변환

[21년 2회] [20년 4회]

03 데이터베이스 설계 시 물리적 설계 단계에서 수행하는 사항이 아닌 것은?

① 저장 레코드 양식 설계

② 레코드 집중의 분석 및 설계

③ 접근 경로 설계

④ 목표 DBMS에 맞는 스키마 설계

해설 다른 하나는 논리적 설계 단계에서 수행한다.

[21년 1회]

04 데이터베이스 설계 단계 중 저장 레코드 양식 설계, 레코드 집중의 분석 및 설계, 접근 경로 설계와 관계되는 것은?

① 논리적 설계   ② 요구 조건 분석

③ 개념적 설계   ④ 물리적 설계

해설 키워드 저장 레코드, 접근 경로 → 용어 물리적 설계

[21년 3회]

05 물리적 데이터베이스 설계에 대한 설명으로 거리가 먼 것은?

① 물리적 설계의 목적은 효율적인 방법으로 데이터를 저장하는 것이다.

② 트랜잭션 처리량과 응답시간, 디스크 용량 등을 고려해야 한다.

③ 저장 레코드의 형식, 순서, 접근 경로와 같은 정보를 사용하여 설계한다.

④ 트랜잭션의 인터페이스를 설계하며, 데이터 타입 및 데이터 타입들 간의 관계로 표현한다.

해설 트랜잭션 인터페이스 설계는 논리적 설계 단계, 데이터 타입 및 데이터 타입들 간의 관계로 표현은 개념적 설계 단계에 대한 설명이다.

[21년 1회 실기]

06 다음 설명과 가장 부합하는 데이터베이스 설계 단계는?

ㄱ 데이터베이스 파일의 저장 구조 및 접근 경로를 결정하고, 테이블 정의서 등이 결과로 작성되는 단계

ㄴ ER 다이어그램, 트랜잭션 모델링을 병행적으로 수행하는 단계

ㄷ 테이블을 설계하고, 정규화 과정을 거치는 단계

	ㄱ	ㄴ	ㄷ
①	개념적 설계	논리적 설계	물리적 설계
②	논리적 설계	물리적 설계	개념적 설계
③	물리적 설계	개념적 설계	논리적 설계
④	물리적 설계	논리적 설계	개념적 설계

해설 키워드 저장 구조, 접근 경로 → 용어 물리적 설계
키워드 ER 다이어그램, 트랜잭션 모델링 → 용어 개념적 설계
키워드 정규화 → 용어 논리적 설계

▶ 정답 : 01.③, 02.①, 03.④, 04.④, 05.④, 06.③

★★★

02 데이터베이스 모델링

1 데이터 모델링

데이터 모델링은 업무에서 필요로 하는 데이터를 분석하고 설계하여 정보시스템을 구축하는 과정이다. 즉 데이터베이스를 구축하기 위한 분석 및 설계의 과정으로 정의할 수 있다.

1. 데이터 모델※의 종류

종류	설명
개념적 데이터 모델	현실 세계를 추상적으로 표현 ⑩ ER 모델
논리적 데이터 모델	개념적 데이터 모델을 컴퓨터가 이해할 수 있도록 표현 ⑩ 관계형 데이터 모델
물리적 데이터 모델	저장 레코드 양식의 설계 및 물리적 구조 데이터 표현

2. 데이터 모델에 표시할 요소 [22년 2, 3회] [20년 4회] [21년 1회 실기]

요소	설명
구조(Data Structure)	개체 간의 관계
연산(Operation)	데이터를 처리하는 방법
제약조건(Constraint)	실제 데이터의 논리적인 제약조건

2 ER 모델(Entity-Relationship Model, ER Diagram, 개체관계도)

ER 모델은 개체와 개체 간의 관계를 도식화한 개체관계도이다.

• 1976년 P.Chen이 처음으로 제안했다.

▼ ER 모델의 구성 요소 [22년 1, 3회] [21년 1, 2회] [20년 2, 4회]

요소	개체	관계	속성	기본키 속성	연결, 링크
기호	사각형	마름모	타원, 원	(타원)	선

⑩ 학생과 과목 간의 관계를 나타낸 ER 모델

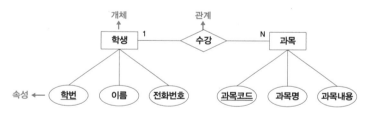

1. 개체(Entity)

데이터베이스에 표현하려고 하는 현실 세계의 대상체이다.

• 파일 시스템의 레코드(Record)이다.

⑩ 학생 개체

	학번	이름	주소	성별
레코드1 ⋯	A001	홍길동	서울시 ⋯	남
레코드2 ⋯	A002	이순신	대구시 ⋯	남
레코드3 ⋯	A003	강지연	부산시 ⋯	여

속성(항목, 필드)
개체 타입(레코드 타입)
개체 인스턴스
개체 Set

▲ 학생 개체

2. 속성(Attribute)

개체의 성질, 분류, 식별, 수량, 상태 등을 나타낸다.

- 파일 시스템의 데이터 항목 또는 데이터 필드(Field)이다.
- 데이터베이스를 구성하는 가장 작은 논리적 단위이다.

① 속성 특성에 따른 분류

분류	설명
기본 속성※	• 업무 분석을 통해 정의한 가장 일반적인 속성 • 코드로 정의한 속성은 기본 속성에서 제외
설계 속성※	• 원래 업무에는 존재하지 않고 설계 과정에서 도출해내는 속성 • 업무 규칙화를 위해 속성을 새로 만들거나 변형하여 정의하는 속성
파생 속성※	• 다른 속성으로부터 계산이나 변형 등의 영향을 받아 발생하는 속성

기본 속성
⑩ 수강 과목, 날짜

설계 속성
⑩ 과목 코드
 - A01(기사 필기)
 - A02(기사 실기)

파생 속성
⑩ 총 수강기간 = 수강날짜, 종료날짜 속성으로 계산

② 개체 구성 방식에 따른 분류

분류	설명
기본키 속성	개체를 식별할 수 있는 속성
외래키 속성	다른 개체와의 관계에서 포함된 속성
일반 속성	기본키, 외래키에 포함되지 않고 개체에 포함되어 있는 속성

3. 관계(Relationship)

두 개체 간의 의미 있는 연결을 의미한다.

구분	설명
1:1 관계	개체집합 E1에 있는 한 개의 데이터는 개체집합 E2에 있는 한 개의 데이터와 일치하는 관계이다.
1:N 관계	개체집합 E1에 있는 각각의 데이터는 개체집합 E2에 있는 하나 이상의 데이터와 일치하나, 개체집합 E2에 있는 데이터는 개체집합 E1에 있는 데이터와 오직 하나만 일치하는 관계이다.
N:M 관계	개체집합 E1에 있는 각각의 데이터는 개체집합 E2에 있는 하나 이상의 데이터와 일치하고, 개체집합 E2에 있는 데이터도 개체집합 E1에 있는 하나 이상의 데이터와 일치하는 관계이다.

권쌤이 알려줌

기본키와 외래키는 이후 자세히 학습합니다.

⑩ 1:1 관계, 1:N 관계, N:M 관계

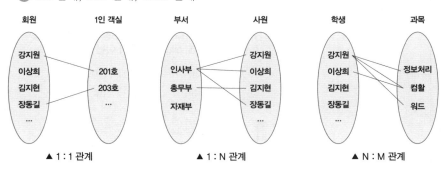

▲ 1 : 1 관계 ▲ 1 : N 관계 ▲ N : M 관계

[20년 4회]

01 데이터 모델에 표시해야 할 요소로 거리가 먼 것은?

① 논리적 데이터 구조 ② 출력 구조
③ 연산 ④ 제약조건

> **해설** 데이터 모델에 표시할 요소
> : 연산(Operation), 데이터 구조(Data Structure), 제약조건(Constraint)
> **TIP** 데이터 모델 표시 요소는 "연고제(연구제)"로 기억하세요.

[21년 1회 실기]

02 다음 설명과 가장 부합하는 데이터 모델 구성요소는?

> ㉠ 데이터베이스에 저장된 실제 데이터를 처리하는 방법에 대한 명세로서 데이터베이스를 조작하는 기본 도구이다.
> ㉡ 논리적으로 표현된 개체 타입들 간의 관계로서 데이터 구조 및 정적 성질을 표현한다.

       ㉠   ㉡
① 구조(Structure)   연산(Operation)
② 연산(Operation)   구조(Structure)
③ 구조(Structure)   제약조건(Constraint)
④ 연산(Operation)   제약조건(Constraint)

> **해설** **키워드** 실제 데이터 처리, 기본 도구 → **용어** 연산(Operation)
> **키워드** 개체 타입들 간의 관계 → **용어** 구조(Structure)

[20년 2회]

03 E-R 모델의 표현 방법으로 옳지 않은 것은?

① 개체타입 : 사각형
② 관계타입 : 마름모
③ 속성 : 오각형
④ 연결 : 선

> **해설** 속성 : 타원, 원

[20년 4회]

04 개체-관계 모델의 E-R 다이어그램에서 사용되는 기호와 그 의미의 연결이 틀린 것은?

① 사각형 – 개체 타입
② 삼각형 – 속성
③ 선 – 개체 타입과 속성을 연결
④ 마름모 – 관계 타입

> **해설** 타원, 원 – 속성

[21년 1회]

05 E-R 다이어그램의 표기법으로 옳지 않은 것은?

① 개체타입 – 사각형
② 속성 – 타원
③ 관계집합 – 삼각형
④ 개체타입과 속성을 연결 – 선

> **해설** 관계집합 – 마름모

[21년 2회]

06 개체-관계 모델(E-R)의 그래픽 표현으로 옳지 않은 것은?

① 개체타입 – 사각형   ② 속성 – 원형
③ 관계타입 – 마름모   ④ 연결 – 삼각형

> **해설** 연결 – 선

[이전 기출]

07 개체 집합 X와 Y가 있을 때, 구성되는 사상 원소수(mapping cardinality)의 경우가 아닌 것은?

① 일 대 일(1:1)   ② 일 대 다(1:n)
③ 다 대 다(n:m)   ④ 다 대 일(n:1)

> **해설** 관계의 형태 : 일 대 일(1:1), 일 대 다(1:n), 다 대 다(n:m)
> **TIP** 사상 원소수란 관계의 대응 수를 의미합니다.

▶ 정답 : 01.②, 02.②, 03.③, 04.②, 05.③, 06.④, 07.④

01 [이전 기출]
데이터베이스 설계 단계 중 논리적 설계 단계에 해당하는 것은?

① 데이터 및 처리 요구 조건을 설계한다.
② 트랜잭션을 모델링한다.
③ 목표 DBMS에 맞는 스키마를 설계한다.
④ 트랜잭션의 세부 설계를 한다.

02 [이전 기출]
데이터베이스 설계 단계 중 물리적 설계에 해당하는 것은?

① ER 다이어그램을 작성한다.
② 트랜잭션의 인터페이스를 설계한다.
③ 파일 조직 방법과 저장 방법 그리고 파일 접근 방법 등을 선정한다.
④ 사용자들의 요구사항을 입력으로 하여 응용프로그램의 골격인 스키마를 작성한다.

03 [이전 기출]
현실 세계의 정보들을 컴퓨터에 표현하기 위해서 단순화, 추상화 형태로 체계적으로 표현한 개념적 모형을 무엇이라 하는가?

① 현실 모델   ② 정보 모델
③ 개념 스키마 모델   ④ 데이터 모델

04 [이전 기출]
데이터의 가장 작은 논리적 단위로서 파일 구조상의 데이터 항목 또는 데이터 필드에 해당하는 것은?

① Tuple   ② Relation
③ Domain   ④ Attribute

05 [이전 기출]
학생과 학교 개체 간의 학적 관계를 E-R 다이어그램으로 옳게 표현한 것은?

섹션 기출예상문제 해설

Section 02. 데이터베이스 설계 및 모델링

01 ①은 요구조건 분석, ②는 개념적 설계, ④는 물리적 설계에 해당한다.

02 ①은 개념적 설계, ②, ④는 논리적 설계에 해당한다.

03 [키워드] 현실 세계의 정보, 컴퓨터에 표현 → [용어] 데이터 모델

04 [키워드] 가장 작은 논리적 단위, 항목, 필드 → [용어] 속성(Attribute)
 • 튜플(Tuple) : 속성의 모임으로 구성된 릴레이션을 구성하는 각 행

 • 릴레이션(Relation) : 데이터들을 표(Table) 형태로 표현한 것
 • 도메인(Domain) : 한 속성에 나타날 수 있는 값들의 범위
 [TIP] 튜플, 릴레이션, 도메인은 이후 자세히 학습합니다.

05 학생과 학교는 개체이므로 사각형으로 나타내고, 학적 관계는 관계이므로 마름모로 나타낸다.

[정답] **01** ③ **02** ③ **03** ④ **04** ④ **05** ①

SECTION 03

논리 데이터베이스 설계

논리 데이터베이스 설계는 ER 모델로 표현된 개념 스키마를 DBMS에 따라 관계형, 계층형, 네트워크형 데이터베이스 스키마로 변환하는 과정입니다. 주로 사용하는 관계형 데이터베이스 구조에 대해 자세히 학습합니다.

★★★
01 관계형 데이터 모델

권쌤이 알려줌
관계의 표현 방법에 따라 논리적 데이터 모델을 분류합니다.

1 논리적 데이터 모델의 종류

종류	구조	관계 표현	특징
관계형	표, 테이블, 릴레이션	• 키(기본키, 외래키) • 1:1, 1:N, N:M	• 대표적 언어 : SQL • 가장 많이 사용되는 데이터 모델
계층형	트리	• 부모-자식 관계 • N:M 직접 표현 불가	• 사이클(Cycle) 불가능 • 개체 삭제 시 연쇄 삭제 발생
네트워크형 (망형)	그래프, 망	• 오너-멤버 관계 • N:M 직접 표현 불가	• 사이클(Cycle) 가능 • 상 · 하위 개체가 복수 대응

예 관계형 데이터 모델

[학생]
| 학번 | 이름 | 전화번호 |

[과목]
| 학번 | 과목코드 | 과목명 | 과목내용 |

예 계층형 데이터 모델

→ 개체 = 노드, 레코드
→ 관계 = 링크

예 네트워크형 데이터 모델

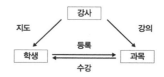

권쌤이 알려줌
관계형 데이터베이스는 데이터를 테이블 형태로 저장하는 방법으로, 각 테이블 간의 관계를 설정합니다. 하나의 테이블에 수만 개의 데이터를 저장한다면 비효율적이지요. 여러 테이블을 생성하고 각 테이블을 연결하여 사용한다면 데이터 중복을 최소화하고, 데이터 관리도 수월합니다.

릴레이션 스키마(스킴, 내연)
속성 이름들(릴레이션 틀, 구조)

릴레이션 인스턴스(외연)
튜플들의 집합(릴레이션 실제값)

2 관계형 데이터베이스 릴레이션 구조

1. 릴레이션 관련 용어 [22년 1, 2, 3회] [21년 1, 2회] [20년 2, 3, 4회] [21년 1회 실기]

기본키(Primary Key, 주키) = 주식별자
릴레이션(Relation, 테이블) = 개체(Entity)   속성(Attribute) = 열(Column)

[학생]
학번	이름	주소	성별
A001	홍길동	서울시 …	남
A002	이순신	대구시 …	남
A003	강지연	부산시 …	여

튜플(Tuple) = 행(Row)

▶ 릴레이션 스키마(스킴, 내연)*
▶ 릴레이션 인스턴스(외연)*

용어	설명
릴레이션(Relation)	데이터들을 표(Table) 형태로 표현한 것 **예** [학생] 릴레이션, [학생] 테이블
튜플(Tuple)	속성의 모임으로 구성된 릴레이션을 구성하는 각 행
속성(Attribute)	개체의 성질, 분류, 식별, 수량, 상태 등을 나타낸 것
도메인(Domain)	한 속성에 나타날 수 있는 값들의 범위 **예** 성별 속성의 도메인은 '남'또는 '여'로, 그 외의 값이 입력될 수 없다.
카디널리티(Cardinality)	튜플들의 수 **예** [학생] 릴레이션의 카디널리티는 30이다.
차수(Degree, 디그리)	속성들의 수 **예** [학생] 릴레이션의 차수는 4이다.
널(Null)	'해당 없음'등의 이유로 정보 부재를 나타내기 위해 사용하는 특수한 데이터 값

학습플러스 릴레이션 특징 [22년 2, 3회] [21년 2회] [20년 3, 4회]

- 한 릴레이션에 정의된 튜플들은 모두 다르며, 순서에 무관하다.
- 튜플들은 시간에 따라 변한다.
- 릴레이션 스키마를 구성하는 속성들도 순서에 무관하다.
- 속성의 명칭은 유일해야 하지만, 속성의 값은 동일해도 된다.
- 속성은 더 이상 쪼갤 수 없는 원자 값※으로 구성된다.
- 릴레이션을 구성하는 튜플을 유일하게 식별하기 위한 속성들의 부분 집합을 키(Key)로 설정한다.

2. 키(Key)

릴레이션에서 튜플을 유일하게 구별하는 속성 또는 속성들의 집합이다.

- 식별자(Identifier)라고도 한다.

▼ 키의 특성

특성	설명
유일성(Uniqueness)	하나의 키 값으로 하나의 튜플을 유일하게 식별할 수 있다.
최소성(Minimality)	필요한 최소의 속성으로 키를 구성해야 한다.

▼ 키 종류 [22년 1, 2, 3회] [21년 3회] [20년 2, 4회] [22년 1회 실기]

종류	설명
슈퍼키 (Super Key)	• 한 릴레이션 내에 있는 속성 또는 속성들의 집합 • 유일성은 만족하지만, 최소성은 만족하지 못함
후보키 (Candidate Key)	• 한 릴레이션 내에 있는 모든 튜플을 유일하게 식별할 수 있는 속성 또는 속성들의 집합 • 유일성과 최소성을 모두 만족함 **예** 학번, 주민등록번호
기본키 (Primary Key)	• 후보키 중에서 특별히 선정된 키 • 중복이 되어서는 안되며, 널(Null) 값을 가질 수 없음 **예** 학번
대체키 (Alternate Key)	• 후보키 중에서 기본키를 제외한 후보키 • 후보키가 둘 이상인 경우 그 중 하나를 기본키로 지정하면, 나머지 후보키들은 대체키가 됨 **예** 주민등록번호
외래키 (Foreign Key)	• 다른 릴레이션의 기본키를 참조하는 속성 또는 속성들의 집합 • 참조 릴레이션의 기본키와 동일 • 릴레이션들 간의 관계를 나타내기 위해 사용

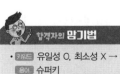

예제1 [회원] 릴레이션의 키의 종류

학번	이름	주소	주민등록번호	전공
K001	홍길동	서울	111111	컴퓨터
K002	이순신	대구	222222	수학
K003	강감찬	부산	333333	물리

해설1

- 슈퍼키 : (학번, 이름), (학번, 주소),
  (학번, 주민등록번호), (학번, 전공), …
- 후보키 : (학번), (주민등록번호)
- 기본키 : (학번)
- 대체키 : (주민등록번호)

권쌤이 알려줌

기본키는 속성에 밑줄로 표시합니다.

권쌤이 알려줌

[성적관리] 릴레이션에서 학번 'K001'은 과목이 '자료구조'이고, 담당교수는 '박세리', 성적은 'A'입니다. 그리고 외래키인 학번 'K001'은 [학생관리] 릴레이션의 기본키인 학번 속성 'K001'을 참조하므로, 이름은 '홍길동', 번호는 '011-111-1111', 주소는 '서울 구로구'라는 관계가 형성되어 있습니다.

권쌤이 알려줌

- 참조 무결성 : [성적관리] 릴레이션의 외래키(학번)에 'K006' 값을 삽입할 경우, [학생관리] 릴레이션의 기본키(학번)에 'K006' 값이 없으므로 참조할 수 없죠. 따라서 참조 무결성에 위배하게 됩니다.
- 개체 무결성 : [학생관리] 릴레이션의 기본키(학번)에 'K001' 값을 삽입하거나 Null 값을 가져서는 안 됩니다. 왜냐하면 동일한 학번을 가지거나 학번이 없는 학생은 존재할 수 없기 때문입니다.
- 도메인 무결성 : 성적 속성은 'A~F' 외의 값을 입력할 수 없습니다.

예제2 [성적관리] 릴레이션의 외래키

관계 형성을 통한 상위 테이블의 기본키(PK) 전이

기본키 [학생관리]

학번	이름	번호	주소
K001	홍길동	011-111-1111	서울 구로구
K002	이순신	012-111-1111	서울 영등포구
K003	강감찬	013-111-1111	서울 강남구
K004	선동열	014-111-1111	서울 서초구
K005	박찬호	015-111-1111	서울 종로구

외래키 [성적관리]

학번	과목	담당교수	성적
K001	자료구조	박세리	A
K002	데이터베이스	이미연	B
K005	컴퓨터구조	강동원	C

해설2

[학생관리] 릴레이션과 [성적관리] 릴레이션의 관계를 나타내기 위해 [학생관리] 릴레이션의 기본키인 학번 속성을 참조하는 [성적관리] 릴레이션의 학번 속성을 외래키로 지정한다.

3. 무결성 제약조건

① 무결성(Integrity)

데이터의 정확성과 일관성을 유지하고 보증하는 것이다.

- 데이터베이스 내 부정확한 데이터의 삽입 또는 갱신을 방지하기 위한 제약조건을 의미한다.
- 정식 허가를 받은 사용자에 의한 삽입 또는 갱신으로부터 데이터베이스를 보호한다.

예 기사퍼스트 회원(정식으로 허가받은 사용자)이 회원 정보 변경 시, 본인 아이디가 중복되거나 Null 값을 입력할 경우 개체 무결성을 위배하게 된다.

② 무결성 종류 [22년 3회] [21년 1, 2, 3회] [20년 2, 3회]

종류	설명
참조 무결성 (Referential Integrity)	릴레이션은 참조할 수 없는 외래키 값을 가질 수 없다.
개체 무결성 (Entity Integrity)	한 릴레이션의 기본키를 구성하는 속성값은 널(Null) 값이나 중복 값을 가질 수 없다.
도메인 무결성 (Domain Integrity)	각 속성 값은 반드시 정의된 도메인에 속한 값이어야 한다.

③ 무결성 규정 [21년 3회]

데이터베이스의 무결성이 유지된다는 것을 판단하기 위한 규정이다.

- 계속적으로 변하는 데이터베이스의 무결성 유지는 상당히 어려운 문제이다. 따라서 실제적으로 무결성 규정 또는 무결성 제약을 미리 정해 놓고 이것들이 위배되지 않는 한, 무결성이 유지되는 것으로 간주한다.
- 대상 : 도메인, 키, 종속성※, 관계성 등
- 종류 : 도메인 무결성 규정, 릴레이션 무결성 규정

종류	설명
도메인 무결성 규정 (Domain Integrity Rules)	• '각 속성 값은 반드시 정의된 도메인에 속한 값이어야 한다.'라는 도메인 무결성에 관한 규정이다. • 삽입이나 갱신 연산에 적용된다.
릴레이션 무결성 규정 (Relation Integrity Rules)	• 한 튜플이 릴레이션에 삽입될 수 있는가, 한 릴레이션과 또 다른 릴레이션의 튜플 간의 관계는 적절한가에 대한 규정이다. • 릴레이션을 조작하는 과정에서의 의미적 관계(Semantic Relationship)를 명세한 것이다. • 삽입, 갱신, 삭제 연산의 수행 전과 후에 대한 관계를 정의한 것이다.

3 Mapping Rule(사상)

Mapping Rule(사상)은 ER 다이어그램에서 관계형 데이터베이스 이론에 기반하여 릴레이션 스키마로 변환하는 과정이다.

▼ 변환 방법

ER 다이어그램 → 릴레이션 스키마
개체 → 릴레이션
속성 → 속성
주식별자 → 기본키
관계 → 외래키

예제 | 교수와 학생 간의 관계를 나타낸 ER 다이어그램을 릴레이션 스키마로 변환하시오.

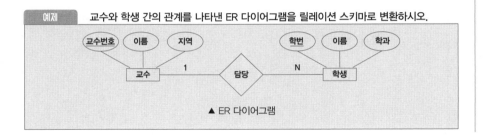

▲ ER 다이어그램

종속성(Dependency)
응용 프로그램과 데이터 간 상호 의존 관계
• 데이터를 변경하면 응용 프로그램도 같이 변경하여야 하는 것

정답 및 해설

1. ERD → 릴레이션 스키마

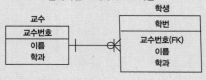

▲ 릴레이션 스키마

2. ERD → 릴레이션 스키마 : IE 표기법

기호	의미
		필수(Mandatory)
O	선택(Optional)
⟨	다중(Multiple)

- 교수는 담당 학생이 여러 명 있거나 없을 수도 있다.
- 학생은 반드시 한 명의 담당 교수가 있다.

학습+플러스 식별 관계, 비식별 관계

1. 식별 관계(Identifying Relationship)
상위 개체 A의 기본키(PK)가 하위 개체 B의 기본키(PK)이면서, 동시에 외래키(FK)가 되는 관계를 말한다.
- 하위 개체 B가 상위 개체 A에 의존적인 경우에 발생한다.
- ER 모델에서 실선으로 표시한다.

2. 비식별 관계(Non-Identifying Relationship)
상위 개체 A의 기본키(PK)가 하위 개체 B의 일반 속성에서 외래키(FK)가 되는 관계를 말한다.
- 일반적으로 비식별 관계로 존재하는 관계가 많다.
- ER 모델에서 점선으로 표시한다.

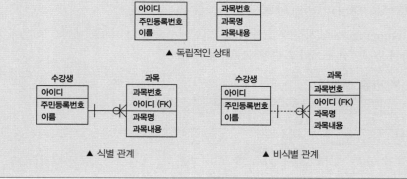

[20년 2회]

01 하나의 애트리뷰트가 가질 수 있는 원자 값들의 집합을 의미하는 것은?

① 도메인 　　　　② 튜플
③ 엔티티 　　　　④ 다형성

해설
키워드 원자 값들의 집합 → **용어** 도메인(Domain)
• 다형성(Polymorphism) : 한 메시지가 객체에 따라 다른 방법으로 응답할 수 있는 것

[20년 3회]

02 다음 관계형 데이터 모델에 대한 설명으로 옳은 것은?

고객ID	고객이름	거주도시
S1	김상길	대구
S2	현소희	서울
S3	이지상	부산
S4	박상훈	서울
S5	서민아	울산

① Relation 3개, Attribute 3개, Tuple 5개
② Relation 3개, Attribute 5개, Tuple 3개
③ Relation 1개, Attribute 5개, Tuple 3개
④ Relation 1개, Attribute 3개, Tuple 5개

해설
• 릴레이션(Relation) = 테이블(Table)
• 속성(Attribute) = 열(Column)
• 튜플(Tuple) = 행(Row)

[20년 4회]

03 한 릴레이션 스키마가 4개 속성, 2개 후보키 그리고 그 스키마의 대응 릴레이션 인스턴스가 7개 튜플을 갖는다면 그 릴레이션의 차수(Degree)는?

① 1 　　　　② 2
③ 4 　　　　④ 7

해설
차수(Degree, 디그리) : 속성들의 수 → 4

[21년 1회] [21년 1회 실기]

04 다음 릴레이션의 카디널리티와 차수를 옳게 나타낸 것은?

아이디	성명	나이	등급	적립금	가입년도
yuyu01	원유철	36	3	2000	2008
sykim10	김성일	29	2	3300	2014
kshan4	한경선	45	3	2800	2009
namsu52	이남수	33	5	1000	2016

① 카디널리티 : 4, 차수 : 4
② 카디널리티 : 4, 차수 : 6
③ 카디널리티 : 6, 차수 : 4
④ 카디널리티 : 6, 차수 : 6

해설
• 카디널리티(Cardinality) : 튜플들의 수 → 4
• 차수(Degree) : 속성들의 수 → 6

[21년 1회]

05 관계 데이터 모델에서 릴레이션(relation)에 관한 설명으로 옳은 것은?

① 릴레이션의 각 행을 스키마(schema)라 하며, 예로 도서 릴레이션을 구성하는 스키마에는 도서번호, 도서명, 저자, 가격 등이 있다.
② 릴레이션의 각 열을 튜플(tuple)이라 하며, 하나의 튜플은 각 속성에서 정의된 값을 이용하여 구성된다.
③ 도메인(domain)은 하나의 속성이 가질 수 있는 같은 타입의 모든 값의 집합으로, 각 속성의 도메인은 원자값을 갖는다.
④ 속성(attribute)은 한 개의 릴레이션의 논리적인 구조를 정의한 것으로, 릴레이션의 이름과 릴레이션에 포함된 속성들의 집합을 의미한다.

해설
• 릴레이션의 각 행을 튜플(Tuple)이라 한다.
• 릴레이션의 각 열을 속성(Attribute)이라 한다.
• ④는 릴레이션 스키마(Relation Schema)에 대한 설명이다.

06 [21년 2회]
관계 데이터베이스 모델에서 차수(Degree)의 의미는?

① 튜플의 수 　　② 테이블의 수
③ 데이터베이스의 수 　④ 애트리뷰트의 수

> **해설** 차수(Degree) : 애트리뷰트(속성)의 수

07 [21년 2회]
속성(Attribute)에 대한 설명으로 옳지 않은 것은?

① 속성은 개체의 특성을 기술한다.
② 속성은 데이터베이스를 구성하는 가장 작은 논리적 단위이다.
③ 속성은 파일 구조상 데이터 항목 또는 데이터 필드에 해당된다.
④ 속성의 수를 'Cardinality'라고 한다.

> **해설** 속성의 수를 'Degree'라고 하고, 튜플의 수를 'Cardinality'라고 한다.

08 [20년 3회]
릴레이션에 대한 설명으로 거리가 먼 것은?

① 튜플들의 삽입, 삭제 등의 작업으로 인해 릴레이션은 시간에 따라 변한다.
② 한 릴레이션에 포함된 튜플들은 모두 상이하다.
③ 애트리뷰트는 논리적으로 쪼갤 수 없는 원자 값으로 저장한다.
④ 한 릴레이션에 포함된 튜플 사이에는 순서가 있다.

> **해설** 한 릴레이션에 포함된 튜플 사이에는 순서가 없다.

09 [20년 4회]
A1, A2, A3 3개 속성을 갖는 한 릴레이션에서 A1의 도메인은 3개 값, A2의 도메인은 2개 값, A3의 도메인은 4개의 값을 갖는다. 이 릴레이션에 존재할 수 있는 가능한 튜플(Tuple)의 최대 수는?

① 24 　　② 12
③ 8 　　④ 9

> **해설** 릴레이션 특징 : 한 릴레이션에 정의된 튜플들은 모두 다르다.
> → 3 X 2 X 4 = 24

10 [21년 2회]
관계형 데이터 모델의 릴레이션에 대한 설명으로 틀린 것은?

① 모든 속성 값은 원자 값을 갖는다.
② 한 릴레이션에 포함된 튜플은 모두 상이하다.
③ 한 릴레이션에 포함된 튜플 사이에는 순서가 없다.
④ 한 릴레이션을 구성하는 속성 사이에는 순서가 존재한다.

> **해설** 한 릴레이션을 구성하는 속성 사이에는 순서가 없다.

11 [21년 3회] [20년 4회]
다음은 관계형 데이터베이스의 키(Key)를 설명하고 있다. 해당되는 키는?

> 한 릴레이션 내의 속성들의 집합으로 구성된 키로서, 릴레이션을 구성하는 모든 튜플에 대한 유일성은 만족시키지만 최소성은 만족시키지 못한다.

① 후보키 　　② 대체키
③ 슈퍼키 　　④ 외래키

> **해설** [키워드] 유일성 O, 최소성 X → [용어] 슈퍼키(Super Key)

12 [20년 2회]
다음 설명의 ( ) 안에 들어갈 내용으로 적합한 것은?

> "후보키는 릴레이션에 있는 모든 튜플에 대해 유일성과 ( )을 모두 만족시켜야 한다."

① 중복성 　　② 최소성
③ 참조성 　　④ 동일성

> **해설** 후보키(Candidate Key)는 유일성과 최소성을 모두 만족한다.

[20년 2회]

13 다음 두 릴레이션에서 외래키로 사용된 것은? (단, 밑줄 친 속성은 기본키이다.)

> 과목(<u>과목번호</u>, 과목명)
> 수강(<u>수강번호</u>, 학번, 과목번호, 학기)

① 수강번호   ② 과목번호
③ 학번   ④ 과목명

> **해설** 외래키(Foreign Key)는 다른 릴레이션을 참조할 때 참조 기준이 되는 속성으로서, 참조하고자 하는 릴레이션의 기본키와 동일하다.

[20년 2회]

14 데이터 무결성 제약조건 중 "개체 무결성 제약" 조건에 대한 설명으로 맞는 것은?

① 릴레이션 내의 튜플들이 각 속성의 도메인에 지정된 값만을 가져야 한다.
② 기본키에 속해 있는 애트리뷰트는 널 값이나 중복 값을 가질 수 없다.
③ 릴레이션은 참조할 수 없는 외래키 값을 가질 수 없다.
④ 외래키 값은 참조 릴레이션의 기본키 값과 동일해야 한다.

> **해설** ①은 도메인 무결성, ③, ④는 참조 무결성에 대한 설명이다.

[21년 2회] [20년 3회]

15 관계 데이터 모델의 무결성 제약 중 기본키 값의 속성 값이 널(Null)값이 아닌 원자 값을 갖는 성질은?

① 개체 무결성   ② 참조 무결성
③ 도메인 무결성   ④ 튜플의 유일성

> **해설** [키워드] 기본키, 널(Null)값이 아닌 원자 값 → [용어] 개체 무결성
> • 튜플의 유일성 : 하나의 릴레이션에 포함된 튜플은 모두 서로 달라야 한다.

[21년 1회]

16 릴레이션 R1에 속한 애트리뷰트의 조합인 외래키를 변경하려면 이를 참조하고 있는 릴레이션 R2의 기본키도 변경해야 하는데 이를 무엇이라 하는가?

① 정보 무결성   ② 고유 무결성
③ 널 제약성   ④ 참조 무결성

> **해설** [키워드] 외래키 → [용어] 참조 무결성(Referential Integrity)

[21년 3회]

17 다음 중 기본키는 NULL 값을 가져서는 안되며, 릴레이션 내에 오직 하나의 값만 존재해야 한다는 조건을 무엇이라 하는가?

① 개체 무결성 제약조건
② 참조 무결성 제약조건
③ 도메인 무결성 제약조건
④ 속성 무결성 제약조건

> **해설** [키워드] 기본키, NULL 값 X, 오직 하나의 값 → [용어] 개체 무결성

[21년 3회]

18 데이터베이스의 무결성 규정(Integrity Rule)과 관련한 설명으로 틀린 것은?

① 무결성 규정에는 데이터가 만족해야 될 제약 조건, 규정을 참조할 때 사용하는 식별자 등의 요소가 포함될 수 있다.
② 무결성 규정의 대상으로는 도메인, 키, 종속성 등이 있다.
③ 정식으로 허가 받은 사용자가 아닌 불법적인 사용자에 의한 갱신으로부터 데이터베이스를 보호하기 위한 규정이다.
④ 릴레이션 무결성 규정(Relation Integrity Rules)은 릴레이션을 조작하는 과정에서의 의미적 관계(Semantic Relationship)을 명세한 것이다.

> **해설** 무결성 규정은 정식으로 허가 받은 사용자에 의한 갱신으로부터 데이터베이스를 보호하기 위한 규정이다.

> ▶ 정답 : 01.①, 02.④, 03.③, 04.②, 05.③, 06.④, 07.④, 08.④, 09.①, 10.④, 11.③, 12.②, 13.②, 14.②, 15.①, 16.④, 17.①, 18.③

★★★

02 정규화

1 이상(Anomaly) [22년 3회] [21년 1, 2, 3회] [20년 3회] [22년 1회 실기] [20년 4회 실기]

이상은 릴레이션에서 일부 속성들의 종속으로 인해 데이터의 중복이 발생하여 테이블 조작 시 불일치가 발생하는 것이다.

종류	설명
삽입 이상 (Insertion Anomaly)	불필요한 정보를 함께 저장하지 않고는 어떤 정보를 저장하는 것이 불가능한 현상이다.
삭제 이상 (Deletion Anomaly)	유용한 정보를 함께 삭제하지 않고는 어떤 정보를 삭제하는 것이 불가능한 현상이다.
갱신 이상 (Update Anomaly)	반복된 데이터 중에 일부만 수정하면 데이터의 불일치가 발생하는 현상이다.

2 정규화(Normalization)

정규화란 이상 현상 발생 가능성을 줄이기 위한 릴레리션의 무손실 분해* 행위이다.

• 정규화를 하는 이유는 데이터의 중복을 방지하고 보다 효율적으로 데이터를 저장하기 위함이다.

| 과정 | 1NF | → | 2NF | → | 3NF | → | BCNF | → | 4NF | → | 5NF |

▼ **정규화의 특징** [21년 3회] [20년 3, 4회]

• 정규화의 목적은 논리적 데이터베이스 구조상에 있어 삽입, 수정, 삭제 결과로 발생하는 이상 현상을 제거하는 데 있다.

• 정규화되지 못한 릴레이션의 조작 시 발생하는 이상 현상의 근본적인 원인은 여러 가지 사실들이 하나의 릴레이션에 표현되기 때문이다.

• 릴레이션을 분리함으로써 삽입/삭제/갱신 이상의 발생 가능성을 줄인다.

• 레코드들의 관련 속성 간의 종속성을 최소화하기 위한 구성 기법이다.

• 릴레이션을 분리하면 일반적으로 연산 시간이 증가하는 단점이 있다.

• 정규화를 잘못하면 데이터의 불필요한 중복을 야기하므로 릴레이션 조작 시 문제를 일으킨다.

• 정규화는 논리적 처리 및 품질에 큰 영향을 미친다.

• 상위 단계 정규형은 이전 단계의 정규형을 만족한다.

• 정규형은 차수가 높아질수록(제1정규형 → 제5정규형) 만족시켜야 할 제약 조건이 증가된다.

3 정규화 과정

1. 제1정규형(1NF) [21년 1회] [20년 3회]

반복되는 속성을 제거하여 모든 속성이 원자 도메인만으로 되어 있는 정규형이다.

- 제1정규형에 위배되는 테이블은 중복 발생으로 공간이 낭비되고, 이상 발생으로 무결성이 위배될 수 있다.

예제

[회원]

회원번호	이름	주소	수강과목	과목내용
K001	이상희	서울	정보처리 컴활	A B
K002	김시현	광주	사무자동화	C

[회원]

회원번호	이름	주소
K001	이상희	서울
K002	김시현	광주

[수강]

회원번호	수강과목	과목내용
K001	정보처리	A
K001	컴활	B
K002	사무자동화	C

해설

회원번호 'K001'은 수강과목('정보처리', '컴활')과 과목내용('A', 'B') 속성 값이 원자 도메인이 아니므로 제1정규형을 만족하지 못한다. 따라서 [회원] 테이블을 [회원] 테이블과 [수강] 테이블로 분리하여 제1정규형을 만족하도록 한다.

2. 제2정규형(2NF) [20년 2회] [21년 2회 실기]

제1정규형이고, 부분 함수적 종속을 제거하여 완전(충분한) 함수적 종속을 만족하는 정규형이다.

① **함수적 종속** [21년 3회] [22년 2회 실기]

어떤 릴레이션 R에서 X와 Y를 각각 R의 속성 집합의 부분 집합이라고 할 경우, 속성 X의 값 각각에 대하여 시간에 관계없이 항상 속성 Y의 값이 오직 하나만 연관되어 있을 때, Y는 X에 함수적 종속이라 한다.

- X를 결정자, Y를 종속자라고 한다.
- 표기법 : X → Y

예제   [회원] 릴레이션의 함수적 종속

[회원]

회원번호	이름	주소
K001	이상희	서울
K002	김시현	광주

권쌤이 알려줌

함수적 종속(함수 종속)은 '회원번호'를 알면 '이름'을 알 수 있다는 것으로 이해하세요.
- 회원번호(결정자) → 이름(종속자)

[회원] 테이블에서 이름, 주소는 회원번호에 함수적 종속이다.
– 함수적 종속

회원번호 → 이름 회원번호 → 주소	또는	회원번호 → 이름, 주소

② 부분/완전 함수적 종속 [22년 2회 실기]

구분	설명
부분 함수적 종속	속성 Y가 속성 X에 함수적 종속이면서, 속성 집합 X의 진부분 집합에 대해서도 함수적 종속일 때, Y는 X의 부분 함수적 종속이라 한다.
완전 함수적 종속	속성 Y가 속성 X에 함수적 종속이면서, 속성 집합 X의 진부분 집합에는 함수적 종속이 아닐 때, Y는 X의 완전 함수적 종속이라 한다.

권쌤이 알려줌

부분/완전 함수적 종속은 [예제]를 통해 개념을 이해하세요.

예제1 부분 함수적 종속

[성적]

회원번호	수강과목	성적	이름
K001	정보필기	80	이상희
K002	정보필기	90	김시현
K002	정보실기	70	김시현
K001	정보실기	100	이상희

해설1

[성적] 테이블에서 성적은 기본키(회원번호, 수강과목)를 모두 알고 있어야 결정된다. 기본키의 일부인 회원번호만 알거나 수강과목만 알아서는 성적을 결정할 수 없다. 완전 함수적 종속은 어떤 속성이 기본키에 대해 완전히 종속될 때를 의미한다. 하지만 이름은 회원번호만 알면 결정되므로 기본키(회원번호, 수강과목) 중 부분에 대해서만 함수적 종속 관계이다. 이런 경우를 부분 함수적 종속이라 한다. 따라서 [성적] 테이블에서 부분 함수적 종속을 제거하여 완전 함수적 종속 관계를 만족하도록 제2정규형을 수행해야 한다.

– 함수적 종속

회원번호, 수강과목 → 성적 회원번호 → 이름

– 부분 함수적 종속

회원번호 → 이름

– 완전 함수적 종속

회원번호, 수강과목 → 이름

[성적]					[성적]				[회원]	
회원번호	**수강과목**	**성적**	**이름**		**회원번호**	**수강과목**	**성적**		**회원번호**	**이름**
K001	정보필기	80	이상희		K001	정보필기	80		K001	이상희
K002	정보필기	90	김시현	→	K002	정보필기	90		K002	김시현
K002	정보실기	70	김시현		K002	정보실기	70			
K001	정보실기	100	이상희		K001	정보실기	100			

해설2

부분 함수적 종속이 존재하는 이름 속성을 분리하여 [성적] 테이블은 완전 함수적 종속 상태가 되었다.

3. 제3정규형(3NF)   [22년 1회]

제2정규형이고, 이행적 함수 종속 관계를 제거하여 비이행적 함수 종속 관계를 만족하는 정규형이다.

▼ 이행적 함수 종속   [20년 2, 3회] [22년 2회 실기]

X → Y이고, Y → Z인 경우, X → Z는 이행적 함수 종속 관계이다.

예제1   이행적 함수 종속

[신청]

신청번호	**제품번호**	**회원번호**	**회원취미**
1	A1	K001	독서
2	B2	K002	영화
3	C3	K003	음악
4	A1	K004	축구

해설1

[신청] 테이블에서 회원번호는 신청번호에 함수적 종속이고, 회원취미는 회원번호에 함수적 종속일 때 회원취미는 신청번호에 이행적 함수 종속이다.

– 함수적 종속	– 이행적 함수 종속
신청번호 → 회원번호, 회원번호 → 회원취미	신청번호 → 회원취미

예제2   비이행적 함수 종속

[신청]					[신청]				[회원]	
신청번호	**제품번호**	**회원번호**	**회원취미**		**신청번호**	**제품번호**	**회원번호**		**회원번호**	**회원취미**
1	A1	K001	독서		1	A1	K001		K001	독서
2	B2	K002	영화	→	2	B2	K002		K002	영화
3	C3	K003	음악		3	C3	K002		K003	음악
4	A1	K004	축구		4	A1	K001		K004	축구

해설2

회원번호, 회원취미 속성을 [회원] 테이블로 분리하여 [신청] 테이블은 비이행적 함수 종속 상태가 되었다.

4. BCNF(Boyce/Codd Normal Form) [22년 2, 3회] [21년 1, 2회] [20년 3, 4회]

제3정규형이고, 결정자가 후보키가 아닌 함수적 종속을 제거하여 모든 결정자가 후보키인 정규형이다.

5. 제4정규형(4NF)

BCNF이고, 다치(다중값) 종속을 제거한 정규형이다.

▼ 다치 종속

릴레이션 R에서 속성 X의 값에 대해 속성 Y의 값이 여러 개가 연관되어 있을 때 다치 종속이라 한다.
– 표기법: $X \longrightarrow\!\!\!\rightarrow Y$

6. 제5정규형(5NF) [22년 1회] [21년 3회]

제4정규형이고, 조인 종속성을 이용한 정규형이다.

▼ 조인 종속

테이블을 분해한 결과를 다시 조인(JOIN)했을 때 원래의 테이블과 동일하게 복원되는 것을 조인 종속이라 한다.

학습 플러스 정규화 과정 정리

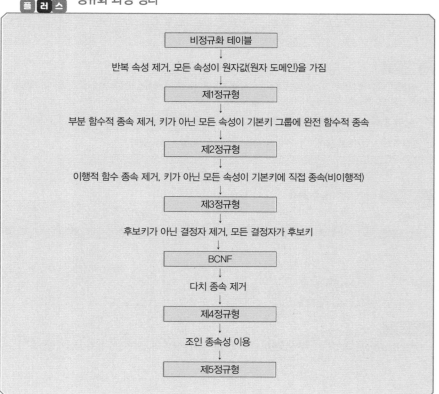

[20년 3회]

01 릴레이션 조작 시 데이터들이 불필요하게 중복되어 예기치 않게 발생하는 곤란한 현상을 의미하는 것은?

① Normalization ② Degree
③ Cardinality ④ Anomaly

> 해설 키워드 중복, 곤란한 현상 → 용어 이상(Anomaly)

[21년 3회]

02 데이터의 중복으로 인하여 관계연산을 처리할 때 예기치 못한 곤란한 현상이 발생하는 것을 무엇이라 하는가?

① 이상(Anomaly)
② 제한(Restriction)
③ 종속성(Dependency)
④ 변환(Translation)

> 해설 키워드 중복, 곤란한 현상 → 용어 이상(Anomaly)

[21년 1회]

03 정규화를 거치지 않아 발생하게 되는 이상(anomaly) 현상의 종류에 대한 설명으로 옳지 않은 것은?

① 삭제 이상이란 릴레이션에서 한 튜플을 삭제할 때 의도와는 상관없는 값들도 함께 삭제되는 연쇄 삭제 현상이다.
② 삽입 이상이란 릴레이션에서 데이터를 삽입할 때 의도와는 상관없이 원하지 않는 값들도 함께 삽입되는 현상이다.
③ 갱신 이상이란 릴레이션에서 튜플에 있는 속성값을 갱신할 때 일부 튜플의 정보만 갱신되어 정보에 모순이 생기는 현상이다.
④ 종속 이상이란 하나의 릴레이션에 하나 이상의 함수적 종속성이 존재하는 현상이다.

> 해설 이상의 종류 : 삽입 이상, 삭제 이상, 갱신 이상
> TIP 이상 현상의 종류는 "삽살개(삽삭갱)"로 기억하세요.

[21년 2회] [20년 4회 실기]

04 데이터 속성 간의 종속성에 대한 엄밀한 고려 없이 잘못 설계된 데이터베이스에서는 데이터 처리 연산 수행 시 각종 이상 현상이 발생할 수 있는데, 이러한 이상 현상이 아닌 것은?

① 검색 이상 ② 삽입 이상
③ 삭제 이상 ④ 갱신 이상

> 해설 이상의 종류 : 삽입 이상, 삭제 이상, 갱신 이상

[20년 3회]

05 정규화의 목적으로 옳지 않은 것은?

① 어떠한 릴레이션이라도 데이터베이스 내에서 표현 가능하게 만든다.
② 데이터 삽입 시 릴레이션을 재구성할 필요성을 줄인다.
③ 중복을 배제하여 삽입, 삭제, 갱신 이상의 발생을 야기한다.
④ 효과적인 검색 알고리즘을 생성할 수 있다.

> 해설 정규화의 목적은 삽입, 삭제, 갱신 이상의 발생을 방지한다.

[20년 4회]

06 정규화의 필요성으로 거리가 먼 것은?

① 데이터 구조의 안정성 최대화
② 중복 데이터의 활성화
③ 수정, 삭제 시 이상현상의 최소화
④ 테이블 불일치 위험의 최소화

> 해설 정규화는 중복 데이터를 최소화한다.

[21년 3회]

07 정규화에 대한 설명으로 적절하지 않은 것은?

① 데이터베이스의 개념적 설계 단계 이전에 수행한다.

② 데이터 구조의 안정성을 최대화한다.

③ 중복을 배제하여 삽입, 삭제, 갱신 이상의 발생을 방지한다.

④ 데이터 삽입 시 릴레이션을 재구성할 필요성을 줄인다.

> **해설** 정규화는 데이터베이스의 논리적 설계 단계에서 수행된다.

[20년 3회]

08 다음과 같이 왼쪽 릴레이션을 오른쪽 릴레이션으로 정규화를 하였을 때 어떤 정규화 작업을 한 것인가?

국가	도시
대한민국	서울, 부산
미국	워싱턴, 뉴욕
중국	베이징

→

국가	도시
대한민국	서울
대한민국	부산
미국	워싱턴
미국	뉴욕
중국	베이징

① 제1정규형 ② 제2정규형
③ 제3정규형 ④ 제4정규형

> **해설** 제1정규형은 반복되는 속성을 제거하여 모든 속성이 원자 도메인만으로 되어 있는 정규형이다.

[21년 1회]

09 다음 정의에서 말하는 기본 정규형은?

> 어떤 릴레이션 R에 속한 모든 도메인이 원자값(Atomic Value)만으로 되어 있다.

① 제1정규형(1NF)
② 제2정규형(2NF)
③ 제3정규형(3NF)
④ 보이스/코드 정규형(BCNF)

> **해설** 키워드 도메인이 원자값 → 용어 제1정규형(1NF)

[20년 2회]

10 정규화 과정 중 1NF에서 2NF가 되기 위한 조건은?

① 1NF를 만족하고 모든 도메인이 원자값이어야 한다.

② 1NF를 만족하고 키가 아닌 모든 애트리뷰트들이 기본키에 이행적으로 함수 종속되지 않아야 한다.

③ 1NF를 만족하고 다치 종속이 제거되어야 한다.

④ 1NF를 만족하고 키가 아닌 모든 속성이 기본키에 대하여 완전 함수적 종속 관계를 만족해야 한다.

> **해설** 키워드 완전 함수적 종속 → 용어 제2정규형(2NF)

[21년 2회 실기]

11 아래 테이블을 참고하여 설명의 ( ) 안에 들어갈 가장 적합한 것은?

> 제 ( ) 정규형은 부분 함수적 종속을 제거하여 완전 함수적 종속을 만족한다.

[수강]

학번	수강과목	이름	성적
A001	데이터베이스	이상희	80
A002	운영체제	김시현	90
A002	프로그래밍	김시현	70
A003	운영체제	권상태	100

↓

[학생]

학번	이름
A001	이상희
A002	김시현
A003	권상태

[성적]

학번	수강과목	성적
A001	데이터베이스	80
A002	운영체제	90
A002	프로그래밍	70
A003	운영체제	100

① 1 ② 2
③ 3 ④ 4

> **해설** 키워드 부분 함수적 종속 제거, 완전 함수적 종속 → 용어 제2정규형

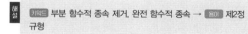

12 [21년 3회]
어떤 릴레이션 R에서 X와 Y를 각각 R의 애트리뷰트 집합의 부분 집합이라고 할 경우 애트리뷰트 X의 값 각각에 대해 시간에 관계없이 항상 애트리뷰트 Y의 값이 오직 하나만 연관되어 있을 때 Y는 X에 함수 종속이라고 한다. 이 함수 종속의 표기로 옳은 것은?

① Y → X　　　　② Y ⊂ X
③ X → Y　　　　④ X ⊂ Y

> **해설** X를 결정자, Y를 종속자라고 하며, 표기법은 X → Y이다.

13 [20년 2회]
이행적 함수 종속 관계를 의미하는 것은?

① A→B이고 B→C일 때, A→C를 만족하는 관계
② A→B이고 B→C일 때, C→A를 만족하는 관계
③ A→B이고 B→C일 때, B→A를 만족하는 관계
④ A→B이고 B→C일 때, C→B를 만족하는 관계

> **해설** A → B이고 B → C일 때, A → C는 이행적 함수 종속 관계이다.

14 [20년 3회]
다음에 해당하는 함수 종속의 추론 규칙은?

> X→Y이고 Y→Z이면 X→Z이다.

① 분해 규칙　　　② 이행 규칙
③ 반사 규칙　　　④ 결합 규칙

> **해설** X → Y이고 Y → Z인 경우, X → Z는 이행 규칙(이행적 함수 종속)이다.

15 [20년 3회]
릴레이션 R의 모든 결정자가 후보키이면 그 릴레이션 R은 어떤 정규형에 속하는가?

① 제1정규형　　　② 제2정규형
③ 보이스/코드 정규형　④ 제4정규형

> **해설** 키워드 결정자, 후보키 → 용어 보이스/코드 정규형(BCNF)

16 [21년 2회] [20년 4회]
제3정규형에서 보이스코드 정규형(BCNF)으로 정규화하기 위한 작업은?

① 원자 값이 아닌 도메인을 분해
② 부분 함수 종속 제거
③ 이행 함수 종속 제거
④ 결정자가 후보키가 아닌 함수 종속 제거

> **해설** 키워드 결정자, 후보키 → 용어 보이스/코드 정규형(BCNF)

17 [21년 1회]
3NF에서 BCNF가 되기 위한 조건은?

① 이행적 함수 종속 제거
② 부분적 함수 종속 제거
③ 다치 종속 제거
④ 결정자이면서 후보키가 아닌 것 제거

> **해설** 키워드 결정자, 후보키 → 용어 보이스/코드 정규형(BCNF)

18 [21년 3회]
이전 단계의 정규형을 만족하면서 후보키를 통하지 않는 조인 종속(JD : Join Dependency) 제거해야 만족하는 정규형은?

① 제3정규형　　　② 제4정규형
③ 제5정규형　　　④ 제6정규형

> **해설** 키워드 조인 종속 → 용어 제5정규형(5NF)

> ▶ 정답 : 01.④, 02.①, 03.④, 04.①, 05.③, 06.②, 07.①, 08.①,
> 09.①, 10.④, 11.②, 12.③, 13.①, 14.②, 15.③, 16.④, 17.④,
> 18.③

03 논리 데이터 모델 품질 검토

1 논리 데이터 모델 품질 검토

권쌤이 알려줌

논리적 설계와 물리적 설계의 결과물을 품질 기준에 맞게 검토합니다.

권쌤이 알려줌

논리 데이터 모델의 품질 기준은 물리 데이터 모델의 품질 기준과 동일합니다.

논리 데이터 모델과 물리 데이터 모델은 모든 이해 관계자들이 가장 관심을 갖고 검토하는 산출물이므로, 검토 과정은 향후의 모든 공정에 대해 영향을 미칠 수 있는 매우 의미 있는 작업이다.

▼ 데이터 모델의 품질 기준(논리, 물리)

품질 기준	설명
정확성	데이터 모델이 표기법에 따라 정확하게 표현되었고, 업무 영역 또는 요구사항이 정확하게 반영되어 있음
완전성	요구사항 및 업무 영역 반영에 있어서 누락이 없음
준거성	제반 준수 요건들이 누락 없이 정확하게 준수되어 있음 ⑩ 데이터 표준, 표준화 규칙, 법적 요건을 준수하였는가?
최신성	데이터 모델이 현행 시스템의 최신 상태를 반영하고 있고, 이슈 사항들이 지체 없이 반영되고 있음
일관성	여러 영역에서 공통 사용되는 데이터 요소가 전사 수준에서 한 번만 정의되고, 이를 여러 다른 영역에서 참조·활용 되면서 표현상의 일관성을 유지하고 있음
활용성	작성된 모델과 그 설명 내용이 이해관계자에게 의미를 충분하게 전달할 수 있으면서, 업무 변화 시에 설계 변경이 최소화되도록 유연하게 설계되어 있음

기출 및 예상문제

03 논리 데이터 모델 품질 검토

01 다음은 데이터 모델 품질 검증 기준 중 무엇에 대한 설명인가?

> 데이터 모델이 현행 시스템의 최신 상태를 반영하고 있고, 이슈 사항들이 지체 없이 반영되고 있음을 의미한다.

① 최신성 ② 일관성
③ 활용성 ④ 정확성

해설 키워드 최신 상태 → 용어 최신성

02 데이터 모델의 품질 기준 중 요구사항 및 업무 영역 반영에 있어서 누락이 없는 것을 의미하는 것은?

① 일관성 ② 정확성
③ 준거성 ④ 완전성

해설 키워드 누락이 없음 → 용어 완전성

▶ 정답 : 01.①, 02.④

[이전 기출]

01 논리적 데이터 모델에 대한 설명으로 옳지 않은 것은?

① 개체관계 모델은 개체와 개체 사이의 관계성을 이용하여 데이터를 모델링한다.

② 관계형 모델은 논리적 데이터 모델에 해당한다.

③ SQL은 관계형 모델을 따르는 DBMS의 표준 데이터 언어이다.

④ 네트워크 모델, 계층 모델은 레거시 데이터 모델로도 불린다.

[이전 기출]

02 다음의 논리적인 데이터 모델에서 데이터 간의 관계를 기본 키(Primary key)와 이를 참조하는 외래 키(Foreign key)로 표현하는 데이터 모델은?

① 관계형 데이터 모델 ② 네트워크 데이터 모델

③ 계층적 모델 ④ 객체지향 데이터 모델

[이전 기출]

03 계층형 데이터 모델의 특징이 아닌 것은?

① 개체 타입 간에는 상위와 하위 관계가 존재한다.

② 개체 타입들 간에는 사이클(cycle)이 허용된다.

③ 루트 개체 타입을 가지고 있다.

④ 링크를 사용하여 개체와 개체 사이의 관계성을 표시한다.

[이전 기출]

04 다음 지문은 데이터베이스에서 키의 유형에 대한 설명이다. 지문에 적합한 키는 무엇인가?

- 여러 개의 후보키 중에서 기본키로 선정되고 남은 나머지 키를 지칭
- 기본키를 〈학번〉으로 선정했다면, 〈이름, 학과〉를 지칭

① Candidate Key ② Primary Key

③ Alternate Key ④ Foreign Key

[이전 기출]

05 다음과 같은 직원 테이블에서 키(Key)와 관련된 설명으로 옳지 않은 것은? (단, 사번과 주민등록번호는 각 유일한 값을 갖고, 부서번호는 부서 테이블을 참조하는 속성이며, 나이가 같은 동명이인이 존재할 수 있다.)

> 직원(사번, 이름, 주민등록번호, 주소, 나이, 성별, 부서번호)

① 부서번호는 외래키이다.

② 사번은 기본키가 될 수 있다.

③ 이름, 나이는 후보키가 될 수 있다.

④ 주민등록번호는 대체키가 될 수 있다.

[이전 기출]

06 학생 테이블에 튜플들이 아래와 같이 저장되어 있을 때, 〈NULL, '김영희', '서울'〉 튜플을 삽입하고자 한다. 해당 연상에 대한 [결과]와 [원인]으로 옳은 것은? (단, 학생 테이블의 기본키는 학번이다.)

학번	이름	주소
100	강감찬	포항
200	홍길동	대구
300	이순신	울산

　　[결과]　　　　　　[원인]

① 삽입 가능 – 무결성 제약조건 만족

② 삽입 불가 – 관계 무결성 위반

③ 삽입 불가 – 개체 무결성 위반

④ 삽입 불가 – 참조 무결성 위반

[이전 기출]

07 릴레이션 R의 두 애트리뷰트 A와 B 사이에 함수적 종속성 A→B가 성립할 때, 그 의미를 가장 정확히 설명한 것은?

① 애트리뷰트 A는 릴레이션 R의 후보키이다.

② 애트리뷰트 A의 값 각각에 대해 애트리뷰트 B의 값이 반드시 하나만 연관된다.

③ 애트리뷰트 B는 애트리뷰트 A로부터 어떤 함수를 적용해서 구해지는 값이다.

④ 애트리뷰트 A는 애트리뷰트 B로부터 어떤 함수를 적용해서 구해지는 값이다.

[이전 기출]

08 다음은 관계형 데이터베이스의 정규화 작업을 설명한 것이다. 제1정규형, 제2정규형, 제3정규형, BCNF를 생성하는 정규화 작업을 순서대로 나열한 것은?

> ㄱ. 결정자가 후보키가 아닌 함수 종속성을 제거한다.
> ㄴ. 부분 함수 종속성을 제거한다.
> ㄷ. 속성을 원자값만 갖도록 분해한다.
> ㄹ. 이행적 함수 종속성을 제거한다.

① ㄱ → ㄴ → ㄷ → ㄹ
② ㄱ → ㄷ → ㄹ → ㄴ
③ ㄷ → ㄱ → ㄴ → ㄹ
④ ㄷ → ㄴ → ㄹ → ㄱ

섹션
기출예상문제 해설

01 개체관계 모델은 개념적 데이터 모델에 해당한다.
- 레거시 시스템(Legacy system) : 새로운 시스템과 구별하여 기존 시스템을 일컫는 말

02 키워드 기본키, 외래키 → 용어 관계형 데이터 모델
- 네트워크 데이터 모델 : 오너–멤버 관계
- 계층형 데이터 모델 : 부모–자식 관계

03 계층형 데이터 모델은 개체 타입들 간 사이클(cycle)이 허용되지 않는다.

04 대체키(Alternate Key)는 후보키 중에서 기본키를 제외한 후보키를 의미한다.

05 이름, 나이는 속성 값이 중복될 수 있어 유일성을 만족하지 못하므로 후보키가 될 수 없다.

06 개체 무결성 : 한 릴레이션의 기본키를 구성하는 속성값은 널 (NULL) 값이나 중복 값을 가질 수 없다.

07 속성 X의 값 각각에 대하여 속성 Y의 값이 오직 하나만 연관되어 있을 때, Y는 X에 함수 종속이라 한다.
- 표기법 : X → Y

08
- 제1정규형 : 속성을 원자값만 갖도록 분해한다.
- 제2정규형 : 부분 함수 종속성을 제거한다.
- 제3정규형 : 이행적 함수 종속성을 제거한다.
- BCNF : 결정자가 후보키가 아닌 함수 종속성을 제거한다.
  TIP 정규화 절차는 "두부이걸다줘(도부이결다조)"로 기억하세요.

정답 **01** ① **02** ① **03** ② **04** ③ **05** ③ **06** ③ **07** ② **08** ④

SECTION 04

물리 데이터베이스 설계

논리 데이터 모델링의 결과를 데이터베이스 저장 구조에 맞게 변환하는 과정을 물리 데이터 모델링이라고 합니다. 물리 데이터 저장소 구성을 위한 인덱스, 뷰 등 데이터베이스 객체 설계에 대해 학습합니다.

01 논리-물리 모델 변환

1 물리 데이터 모델링하기(논리-물리 모델 변환)

1. 단위 개체(Entity)를 테이블(Table)로 변환

- 테이블은 데이터를 저장하는 데이터베이스의 가장 기본적인 객체(Object)로, 로우(Row, 행)과 칼럼(Column, 열)으로 구성되어 있다.
- 일반적으로 테이블과 개체 명칭을 동일하게 하는 것을 권고한다.
- 개체는 한글명을 사용하고, 테이블은 소스 코드의 가독성을 위해 영문명을 사용한다.
- 메타 데이터 시스템※과 같은 사전에 표준화된 용어가 있을 경우, 등록되어 있는 단어를 사용하여 명명한다.
- 변환 후 테이블 목록 정의서를 작성하여 전체 테이블이 목록으로 요약 관리 되어야 한다.

2. 슈퍼타입과 서브타입을 테이블로 변환

① 슈퍼타입 기준 테이블 변환

서브타입에 적은 양의 속성이나 관계를 가진 경우에는 서브타입을 슈퍼타입에 통합하여 하나의 테이블로 만든다.

- 통합된 테이블에는 모든 서브타입의 데이터를 포함해야 한다.

장점	• 복잡한 처리를 하나의 SQL문으로 통합하기가 용이하다. • 조인(JOIN)이 감소하고, 데이터 액세스(Access)가 좀 더 간편하다. • 뷰(View)※를 활용하여 각 서브타입만을 액세스하거나 수정이 가능하다. • 수행 속도가 좋아지는 경우가 많다. • 서브타입 구분 없는 임의 집합에 대한 처리가 용이하다.
단점	• 테이블의 칼럼 수가 증가하므로, 테이블의 저장 공간(블록 수)이 증가한다. • 특정 서브타입의 처리마다 서브타입 유형(TYPE) 구분이 필요해지는 경우가 많다. • 여러 칼럼이 통합되어 있으므로 인덱스(Index)※ 크기가 증가한다.

권쌤이 알려줌

컴퓨터 세계의 데이터를 데이터베이스에 저장하기 위한 설계를 학습합니다. 즉 학생 개체를 [학생] 테이블로, [학생] 테이블의 속성은 '학번', '이름', '주소' '성별'로 설계하는 것이죠.

메타 데이터 시스템
메타 데이터를 수집하거나 편리하게 사용할 수 있도록 제공하는 시스템

합격자의 암기법

슈퍼타입과 서브타입을 테이블로 변환
- 키워드 슈퍼타입에 통합 → 용어 슈퍼타입 기준
- 키워드 서브타입에 각각 → 용어 서브타입 기준
- 키워드 슈퍼타입, 서브타입 각각 → 용어 개별타입 기준

뷰(View)
사용자에게 접근이 허용된 자료만을 제한적으로 보여주기 위해 하나 이상의 기본 테이블로부터 유도된 가상 테이블

인덱스(Index)
검색을 빠르게 하기 위해 쓰이는 보조적인 데이터 구조

② 서브타입 기준 테이블 변환

서브타입에 많은 양의 속성이나 관계를 가진 경우에는 슈퍼타입 속성들을 각 서브타입에 추가하여 각각의 서브타입마다 하나의 테이블로 만든다.

- 분할된 테이블에는 해당 서브타입의 데이터만 포함돼야 한다.

장점	• 각 서브타입 속성들의 선택 사양이 명확한 경우에 유리하다. • 서브타입 처리마다 서브타입 유형(TYPE) 구분이 불필요하다. • 단위 테이블의 크기가 감소하므로, 전체 테이블 스캔 시 유리하다.
단점	• 서브타입 구분 없이 데이터 처리하는 경우 UNION(합집합)이 발생한다. • 복잡한 처리를 하나의 SQL문으로 통합이 어려워진다. • 처리 속도가 감소하는 경우가 많다. • 트랜잭션 처리 시 여러 테이블을 처리하는 경우가 증가한다. • 부분 범위 처리*가 불가능해질 수 있다. • 여러 테이블을 합친 뷰는 조회만 가능하다. • UID(식별자) 유지관리가 어렵다.

예제 — 슈퍼타입 [사원] 테이블과 서브타입 [정규직] 테이블, [임시직] 테이블의 변환

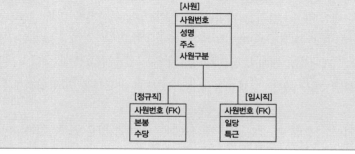

정답 및 해설

1. 슈퍼타입 기준 테이블 변환
   - [정규직] 테이블과 [임시직] 테이블을 [사원] 테이블로 통합해서 변환한다.
   - [사원] 테이블 : 사원번호, 성명, 주소, 사원구분, 본봉, 수당, 일당, 특근
2. 서브타입 기준 테이블 변환
   - [정규직] 테이블 : 사원번호, 성명, 주소, 사원구분, 본봉, 수당
   - [임시직] 테이블 : 사원번호, 성명, 주소, 사원구분, 일당, 특근

③ 개별타입 기준 테이블 변환

슈퍼타입과 서브타입을 각각 테이블로 변환한 경우이다.

- 슈퍼타입과 서브타입 테이블 간에는 1:1 관계가 생성된다.

▼ 개별타입 기준 테이블 변환을 적용하는 경우

- 전체 데이터 처리가 빈번하게 발생할 경우
- 서브타입의 처리가 주로 독립적으로 발생할 경우
- 테이블을 통합했을 때 칼럼의 수가 너무 많아지는 경우
- 서브타입의 칼럼 수가 많은 경우

3. 속성을 칼럼으로 변환

① 일반 속성 변환

- 칼럼의 명칭은 속성의 명칭과 반드시 일치할 필요는 없으나, 개발자와 사용자 간 의사소통을 위하여 가능한 한 표준화된 약어를 사용하도록 한다.
- SQL 예약어[※] 사용은 피해야 한다.
- SQL문의 가독성을 높이기 위해 칼럼 명칭은 가능한 한 짧은 것이 좋다.
- 특정 테이블에 칼럼을 정의한 후, 하나의 로우에 해당하는 샘플 데이터를 작성하여 칼럼의 정합성을 검증한다.
- 칼럼명으로 복합 단어를 사용할 경우 미리 정의된 표준에 의해 명명하여야 한다.

예약어(Reserved Word)
어느 정해진 의미를 가지고, 그 이외의 의미로 사용해서는 안 되는 언어

② Primary UID – 기본키(Primary Key) 변환

논리 데이터 모델의 주 식별자(Primary UID)는 물리 데이터 모델의 기본키(Primary Key)로 만든다.

③ Primary UID(관계의 UID Bar[※]) – 기본키(Primary Key) 변환

다른 개체와의 관계에 의해서 생성된 주 식별자(Primary UID)는 기본키(Primary Key)로 만든다.

UID Bar
개체에 포함된 식별자가 아닌, 다른 개체와의 관계에 의해서 생성된 식별자

④ Secondary(Alternate) UID – 대체키(Unique Key) 변환

논리 데이터 모델의 보조(대체) 식별자(Secondary UID, Alternate UID)는 물리 데이터 모델의 대체키(Unique Key)로 만든다.

4. 관계를 외래키(Foreign Key)로 변환

- 1:1 관계 : 개체 A의 기본키를 개체 B의 외래키로 선언한다.
- 1:N 관계 : 개체 A의 기본키를 개체 B의 외래키로 선언하거나 별도의 테이블로 표현한다.
- N:M 관계 : 개체 A와 B의 기본키를 모두 포함하는 별도의 테이블로 표현한다.
- 외래키명은 1 영역의 기본키 이름을 그대로 사용하나 다른 의미를 가질 경우 변경하여 명명할 수 있다.
- 자기 자신을 참조하는 순환 관계에서 자신의 기본키는 외래키로 정의된다.

권쌤이 알려줌

- (학생:성적표)이 (1:1) 관계가 성립할 때, 학생(1)의 기본키를 성적표(1)의 외래키로 선언합니다.
- (교수:학생)이 (1:N) 관계가 성립할 때, 교수(1)의 기본키를 학생(N)의 외래키로 선언합니다.
- (학생:과목)이 (N:M) 관계가 성립할 때, 학생(N)의 기본키와 과목(M)의 기본키를 모두 포함하는 별도의 테이블로 표현합니다.

5. 칼럼 유형(Type)과 길이(Length)를 정의(데이터 타입 설정)

정의된 각 칼럼에 대해 적용 DBMS에서 제공하는 데이터 유형 중 적절한 유형을 정의하고, 해당 데이터의 최대 길이를 파악하여 길이를 설정한다.

권쌤이 알려줌

Oracle은 관계형 데이터베이스 관리 시스템의 하나로, 데이터베이스 응용 프로그램입니다.

▼ Oracle에서 자주 사용되는 데이터 유형

유형	설명
CHAR	고정길이 문자열 Data(최대 2,000Byte까지 저장 가능)
VARCHAR2	가변길이 문자열 Data(최대 4,000Byte까지 저장 가능)
NUMBER	38자릿수의 숫자 저장 가능
DATE	날짜 값 저장

6. 반정규화(Denormalization, 비정규화, 역정규화)

정규화한 테이블의 연산 성능이 비효율적일 경우 반정규화를 수행한다.

기출 및 예상문제

01 슈퍼타입을 기준으로 테이블을 변환할 때의 장점이 아닌 것은?

① 수행 속도가 좋아지는 경우가 많다.
② 뷰를 활용하여 각 서브타입만을 액세스하거나 수정이 가능하다.
③ 복잡한 처리를 하나의 SQL문으로 통합하기가 용이하다.
④ 단위 테이블의 크기가 감소하므로, 전체 테이블 스캔 시 유리하다.

> **해설** 슈퍼타입을 기준으로 테이블을 변환하는 것은 서브타입을 슈퍼타입에 통합하여 하나의 테이블로 만드는 것이므로 테이블의 크기가 증가합니다.

02 다음 중 개별타입 기준 테이블 변환을 사용하는 경우로 옳지 않은 것은?

① 부분 데이터에 대한 처리가 자주 발생하는 경우 사용한다.
② 서브타입 처리가 대부분 독립적으로 발생하는 경우 사용한다.
③ 통합하는 테이블의 칼럼 수가 지나치게 많은 경우 사용한다.
④ 서브타입 칼럼 수가 다수인 경우 사용한다.

> **해설** 부분 데이터가 아닌 전체 데이터에 대한 처리가 자주 발생하는 경우 사용한다.

▶ 정답 : 01.④, 02.①

★★
02 반정규화

1 반정규화(비정규화, 역정규화) [20년 4회] [21년 1회 실기] [20년 1회 실기]

반정규화는 데이터 중복의 최소화와 데이터의 일관성, 안정성 등을 보장하기 위해 정규화된 데이터 모델을 시스템 성능 향상, 개발 과정의 편의성, 운영의 단순화를 목적으로 수행되는 의도적인 정규화 원칙 위배 행위를 의미한다.

- 데이터 모델을 중복(추가), 통합(병합), 분리(분할)하는 과정이다.
- 반정규화된 데이터 구조는 성능과 관리의 효율성이 증가하는 장점이 있다.

- 데이터의 일관성 및 정합성※ 저하와 유지를 위한 비용이 별도로 발생하여 과도할 경우 오히려 성능에도 나쁜 영향을 미칠 수 있다.
- 데이터의 일관성과 무결성을 우선으로 할지(정규화) 데이터베이스의 성능과 단순화에 우선순위를 둘 것인지(반정규화)를 비교하여 조정하는 과정이 매우 중요하다.

데이터 정합성
데이터의 값이 서로 모순 없이 일치해야 하는 것

1. 테이블 분할

하나의 테이블을 수직 혹은 수평으로 분할하는 것이다.

예 테이블 분할

분할 ◄┈┈┈┈

아이디	이름	지역	회원구분
1	남하준	서울	Y
2	표미희	서울	N
3	노윤자	대전	Y
4	신우선	대구	N

수직 분할 ▼

권쌤이 알려줌

반정규화는 다양한 경험을 보유한 작업자가 수행하는 것이 효과적입니다.

① 수평 분할(Horizontal Partitioning) [21년 2회]

레코드(Record)를 기준으로 테이블을 분할한다.
- 하나의 테이블에 데이터가 너무 많이 있고, 레코드 중에서 특정 한 덩어리의 범위만을 주로 액세스하는 경우에 사용한다.
- 분할된 각 테이블은 서로 다른 디스크에 위치시켜 물리적인 디스크의 효용성을 극대화할 수 있다.

② 수직 분할(Vertical Partitioning)

속성(Attribute)을 기준으로 분할한다.
- 하나의 테이블에 속성이 너무 많이 있는 경우 속성을 기준으로 테이블을 분할한다.
- 갱신이 자주 일어나는 속성, 자주 조회되는 속성, 크기가 큰 속성, 보안을 적용해야 하는 속성을 분할한다.

구분	설명
갱신 위주의 속성 분할	데이터를 갱신하는 작업이 일어날 때 레코드의 잠금(Locking)※으로 인해 다른 작업을 수행할 수 없으므로, 갱신이 자주 일어나는 속성들을 수직 분할한다.
자주 조회되는 속성 분할	테이블의 특정한 속성들이 자주 조회될 때 이러한 속성들을 분리해서 별도의 테이블로 관리하면 조회되는 쿼리※의 작업 성능을 향상시킬 수 있다.
특정 속성의 크기가 아주 큰 경우 분할	2GB 이상의 텍스트나 이미지와 같은 LOB(Large Objects)※ 데이터 형식을 백업/복원/접근할 때 데이터베이스 성능 저하 요인으로 작용할 수 있으므로 이러한 속성들을 수직 분할한다.
특정 칼럼에 보안을 적용해야 하는 경우의 분할	테이블 단위로 보안 설정은 가능하나 속성 단위의 보안 설정은 제공하지 않으므로, 보안이 필요한 속성을 별도의 테이블로 수직 분할한다.

잠금(Locking)
데이터 무결성을 지키기 위한 수단으로 하나의 프로세스가 특정 데이터 값을 변경하려고 할 때 변경 작업이 끝날 때까지 다른 프로세스가 이 데이터의 값을 변경하지 못하도록 금지하는 것

쿼리(Query, 질의어)
데이터베이스에 자료를 조작하고 검색하는데 사용되는 데이터 언어

LOB(Large Objects)
대용량 데이터를 저장할 수 있는 데이터 형식

2. 중복 테이블 생성 〔20년 2회〕

작업의 효과적인 수행을 위해 별도의 통계 테이블을 두거나 중복 테이블을 추가하는 것이다.

- 추가된 테이블의 처리를 위한 오버헤드*를 고려하여 결정한다.
- 클러스터링*을 이용하여 해결할 수 있는지를 철저히 검토한 후 결정한다.
- 중복 테이블을 생성하는 경우
  - 정규화에 충실하면 종속성, 활용성은 향상되나 수행 속도 감소가 발생하는 경우
  - 많은 범위를 자주 처리해야 하는 경우
  - 처리 범위를 줄이지 않고는 수행 속도를 개선할 수 없는 경우
  - 특정 범위의 데이터만 자주 처리되는 경우
  - 요약 자료만 주로 요구되는 경우

① 집계 테이블 추가
집계 데이터를 위해 테이블을 추가한다.
- 원본 테이블에 트리거*를 설정하므로 트리거 오버헤드에 주의하고, 데이터의 일관성 보장에 유의하여야 한다.

② 진행 테이블 추가
이력 관리* 등을 목적으로 테이블을 추가한다.
- 데이터양이 적절하고 활용도가 좋아지도록 기본키를 선정한다.

③ 특정 부분만을 포함하는 테이블 추가
특정 범위의 데이터만 자주 처리되는 경우 그 범위만 테이블로 추가한다.

3. 중복 속성 생성

자주 사용하는 속성을 추가로 생성한다.

- 빈번하게 조인(JOIN)을 일으키는 속성에 대해 고려한다.
- 접근 경로의 단축을 위해서 부모 개체의 속성을 자식 개체에 중복시킬 수 있다.
- 액세스의 조건으로 자주 사용되는 속성에 대해 고려한다.
- 기본키의 칼럼이 길거나 여러 개의 칼럼으로 구성되어 있는 경우 인위적인 기본키를 추가할 수 있다.

4. 테이블 통합

대부분의 처리가 두 개 이상의 테이블에 대해 항상 같이 일어나는 경우 테이블을 통합한다.

오버헤드(Overhead)
특정한 목표를 달성하기 위해 간접적 혹은 추가적으로 요구되는 시간, 메모리, 대역폭 혹은 다른 컴퓨터 자원

클러스터링(Clustering)
자주 사용되는 테이블의 데이터를 디스크의 같은 위치에 저장시키는 방법

트리거(Trigger)
데이터의 입력, 수정, 삭제 등의 이벤트가 발생할 때마다 자동으로 실행되는 작업

이력 관리
속성 값 변화 기록을 위해 속성 값 변경 전, 변경 후 값을 관리

① 테이블을 통합하는 경우 고려사항
- 데이터 액세스가 보다 간편하지만 로우 수가 증가하여 처리량이 증가하는 경우가 발생될 수 있다.
- 입력/수정/삭제 규칙이 복잡해질 수 있음에 유의해야 한다.
- Not Null*, Default*, Check* 등의 제약조건을 완벽히 설계하기 어렵다.

② 테이블 통합 종류

1:1 관계 테이블 통합, 1:N 관계 테이블 통합, 슈퍼타입-서브타입 테이블 통합 등이 있다.

5. 테이블 제거

테이블 재정의 또는 칼럼의 중복화로 더이상 액세스 되지 않는 테이블이 발생할 경우 테이블을 제거한다.

- 관리 소홀로 인해, 유지보수 단계에서 많이 발생하는 현상이다.
- 초기 설계 시 예상하지 못했던 새로운 요구사항이 증가하여 급하게 테이블의 추가나 변경이 함부로 일어나게 되면서 시스템은 일관성과 통합성이 무너지게 된다. 이를 유지보수 단계에서 해당 테이블을 재정의하거나 제거한다.

> **Not Null**
> 속성 값이 Null이 될 수 없다.
>
> **Default**
> 속성 값이 생략될 경우, 기본값을 설정한다.
>
> **Check**
> 속성 값의 범위, 조건 등을 설정하여 설정된 값만 허용한다.

기출 및 예상문제   02 반정규화

[20년 4회] [21년 1회 실기] [20년 1회 실기]

01 정규화된 엔티티, 속성, 관계를 시스템의 성능 향상과 개발 운영의 단순화를 위해 중복, 통합, 분리 등을 수행하는 데이터 모델링 기법은?

① 인덱스 정규화   ② 반정규화

③ 집단화   ④ 머징

> **해설** 키워드 단순화, 중복, 통합, 분리 → 용어 반정규화
> - 집단화(Aggregation, 집합 관계) : 클래스들 사이의 전체 (Whole) 또는 부분(Part) 같은 관계
> - 머징(Merging) : 소스 코드들의 충돌을 방지하고 적절하게 누락되지 않게 통합하기 위해 사용하는 것

[21년 2회]

02 병렬 데이터베이스 환경 중 수평분할에서 활용되는 분할 기법이 아닌 것은?

① 라운드-로빈   ② 범위 분할

③ 예측 분할   ④ 해시 분할

> **해설** 수평 분할은 레코드를 기준으로 테이블을 분할하는 것으로, 예측 분할은 존재하지 않는 방식이다.
> **TIP** 그 외 분할 기법은 이후 자세히 학습합니다.

[20년 2회]

03 반정규화(Denormalization) 유형 중 중복 테이블을 추가하는 방법에 해당하지 않는 것은?

① 빌드 테이블의 추가

② 집계 테이블의 추가

③ 진행 테이블의 추가

④ 특정 부분만을 포함하는 테이블 추가

> **해설** 중복 테이블 추가 방법 : 집계 테이블 추가, 진행 테이블 추가, 특정 부분만을 포함하는 테이블 추가

▶ 정답 : 01.②, 02.③, 03.①

권쌤이 알려줌

테이블 제약 조건은 참조 무결성을 관리하기 위한 제약조건입니다.

03 테이블 제약조건

1 테이블 제약조건 설계

1. 삭제 제약조건(Delete Constraint)

참조된 기본키의 값이 삭제될 경우의 처리내용을 정의한다.

구분	설명	
Cascade	참조한 테이블에 있는 외래키와 일치하는 모든 Row가 삭제된다.	연쇄
Restricted	참조한 테이블에 있는 외래키에 없는 것만 삭제가 가능하다.	제한
Nullify	참조한 테이블에 정의된 외래키와 일치하는 것은 Null로 수정된다.	무효

예제   부서 테이블에서 기본키인 부서코드 125를 삭제할 경우

[부서] (부모, 상위)

부서코드	부서명
101	영업부
125	관리부
146	생산1부
150	생산2부

[사원] (자식, 하위)

사원번호	이름	부서코드
05-121	김철수	101
05-122	홍길동	101
05-123	강만규	125
05-124	이재천	146

정답 및 해설

1. Cascade : 사원 테이블에 있는 부서코드 125도 삭제된다.
2. Restricted : 사원 테이블에 부서코드 125가 있으므로 모두 삭제되지 않는다.
3. Nullify : 사원 테이블에 있는 부서코드 125는 Null로 수정된다.

2. 수정 제약조건(Update Constraint)

참조된 기본키의 값이 수정될 경우의 처리내용을 정의한다.

구분	설명	
Cascade	참조한 테이블에 있는 외래키와 일치하는 모든 Row가 수정된다.	연쇄
Restricted	참조한 테이블에 있는 외래키에 없는 것만 수정이 가능하다.	제한
Nullify	참조한 테이블에 정의된 외래키와 일치하는 것은 Null로 수정된다.	무효

예제   부서 테이블에서 기본키인 부서코드 125를 100으로 수정할 경우

[부서] (부모, 상위)

부서코드	부서명
101	영업부
125	관리부
146	생산1부
150	생산2부

[사원] (자식, 하위)

사원번호	이름	부서코드
05-121	김철수	101
05-122	홍길동	101
05-123	강만규	125
05-124	이재천	146

정답 및 해설

1. Cascade : 사원 테이블에 있는 부서코드 125도 100으로 수정된다.
2. Restricted : 사원 테이블에 부서코드 125가 있으므로 모두 수정되지 않는다.
3. Nullify : 사원 테이블에 부서코드 125는 Null로 수정된다.

01 테이블 제약조건 중 삭제 제약 조건의 옵션으로 가장 거리가 먼 것은?

① Cascade ② Nullify
③ Restricted ④ Plus

해설 삭제 제약조건(Delete Constraint) : Cascade, Restricted, Nullify

02 테이블의 참조된 기본키의 값이 수정될 경우의 내용을 정의하는 제약 조건의 옵션에 대한 설명으로 가장 거리가 먼 것은?

① Cascade : 참조한 테이블에 있는 외래키와 일치하는 모든 Row가 수정된다.
② Restricted : 참조한 테이블에 있는 외래키에 없는 것만 수정 가능하다.
③ Insert : 참조한 테이블에 있는 외래키를 삽입하여 수정한다.
④ Nullify : 참조한 테이블에 정의된 외래키와 일치하는 것을 Null로 수정한다.

해설 수정 제약조건(Update Constraint) : Cascade, Restricted, Nullify

▶ 정답 : 01.④, 02.③

★★
04 인덱스

1 인덱스(Index) 설계

1. 인덱스 [22년 2, 3회] [21년 1, 3회]

검색을 빠르게 하기 위해 〈키 값, 포인터〉 쌍으로 구성된 보조적인 데이터 구조이다.

• 키(Key) : 레코드를 식별하거나 저장 위치를 계산해 낼 수 있는 정보를 가지고 있는 필드 (예) 이름
• 포인터 : 물리적 주소 (예) 주소

(예) [회원] 릴레이션의 이름 속성에 대한 인덱스

[인덱스]

이름	주소
강고인	5
김영희	3
김철수	1
류용신	6
박순섭	4
홍길동	2
⋮	⋮

[회원]

고객번호	이름	성별	전화번호	취미
98001	김철수	남	111-2323	등산
98002	홍길동	남	731-4325	낚시
98003	김영희	여	456-1763	등산
98004	박순섭	여	345-4352	여행
98005	강고인	남	633-2156	낚시
98006	류용신	여	356-2323	여행
⋮	⋮	⋮	⋮	⋮

권쌤이 알려줌

인덱스는 빠른 검색을 위한 보조적인 데이터 구조로, 책의 목차(색인)와 유사한 기능을 합니다. 인덱스를 정의하면 테이블 검색 속도는 빨라지나 삽입, 삭제 시 인덱스도 수정하므로 수행 속도가 느려질 수 있습니다. 그리고 인덱스 저장을 위한 기억 공간을 차지하므로 불필요한 인덱스는 기억 공간을 낭비하게 됩니다.

권쌤이 알려줌

인덱스를 사용하면 이름이 정렬되어 있으므로, 순차 검색(Table Scan, 전체 테이블 스캔)을 할 필요 없이 이진 검색(Binary Search)과 같은 알고리즘에 의해 적은 횟수의 검색만으로 원하는 튜플을 찾을 수 있습니다.

권쌤이 알려줌

레코드의 삽입과 삭제가 많이 발생하면, 인덱스도 그에 맞춰 변경해야 하므로 인덱스를 신중히 정의해야 합니다.

분포도(선택성, Selectivity)
전체에서 선택했을 때 얼마만큼 자주 선택되어지는가에 대한 비율

결합 인덱스(Concatenate Index)
여러 칼럼들을 묶어 하나의 인덱스로 구성한 인덱스

권쌤이 알려줌

칼럼의 분포도가 10%~15% 이내인 경우 인덱스로 적용합니다. ⑩ 성별 칼럼은 가질 수 있는 값이 '남' 또는 '여'이므로, 성별을 조건으로 검색하면 전체 튜플의 50% 정도가 검색 결과에 포함될 것입니다. 이런 경우는 인덱스를 통해 검색하는 것보다 순차 접근에 의해 데이터를 읽어 오는 것이 더 빠릅니다.

권쌤이 알려줌

학점 칼럼은 값의 범위가 A~F 이므로 분포도는 1/6 * 100 = 17%입니다.

루트 노드(Root Node)
최상위 노드

브랜치 노드(Branch Node)
루트 노드와 리프 노드를 연결하는 노드

리프 노드(Leaf Node, 단말 노드, 단 노드)
자식이 없는 노드

포인터(Pointer)
데이터의 메모리 주소를 가리키고 있는 것

학 습 플 러 스 **클러스터드 인덱스, 넌클러스터드 인덱스**

1. 클러스터드 인덱스(Clustered Index)
인덱스의 순서에 따라 데이터베이스 내 튜플(행)을 정렬하여 저장되는 방식이다.
• 데이터들이 물리적으로 인접하므로 넌클러스터드 인덱스보다 검색 속도가 빠르다.
• 하나의 테이블에 단 1개만 만들 수 있다.

2. 넌클러스터드 인덱스(Non Clustered Index)
인덱스만 정렬되어 있을 뿐 데이터베이스 내 튜플(행)은 정렬되지 않는 방식이다.
• 하나의 테이블에 여러 개를 만들 수 있다.

2. 인덱스 특징

• 데이터가 저장되는 물리적 구조와 밀접한 관계가 있다.
• 레코드의 삽입과 삭제가 수시로 일어나는 경우에는 인덱스의 개수를 최소로 설계해야 한다.
• 인덱스 구성 시 가장 많이 사용하는 검색 트리는 B 트리이다.

3. 인덱스 칼럼 선정

• 분포도※가 좋은 칼럼은 단독적으로 생성하여 활용도를 향상시킨다.
  – 분포도 = (칼럼 값의 평균 Row수 / 테이블의 총 Row수) × 100
  – 조건에 맞는 레코드의 숫자가 적은 경우 분포도가 좋다고 한다.
• 자주 조합되어 사용되는 칼럼은 결합 인덱스※로 생성하여 활용한다.
• 가능한 한 수정이 빈번하지 않은 칼럼을 선정한다.

4. 인덱스 설계 시 고려사항

• 새로 추가되는 인덱스가 기존 액세스 경로에 영향을 미칠 수 있음에 유의한다.
• 지나치게 많은 인덱스는 오버헤드로 작용한다.
• 인덱스는 추가적인 저장 공간이 필요함을 고려해야 한다.
• 넓은 범위를 인덱스 처리 시 오히려 전체 처리보다 많은 오버헤드를 발생시킬 수 있음에 유의해야 한다.
• 인덱스와 테이블 데이터의 저장 공간을 적절히 분리될 수 있도록 설계해야 한다.

2 인덱스 종류

1. B 트리 인덱스

루트 노드※(블록)에서 브랜치 노드※(블록)로 키값의 크기를 비교해 나가면서 리프 노드※(블록)에서 찾고자 하는 데이터를 검색하는 방법이다.

• 한 노드 안에 있는 키값과 레코드를 가리키는 포인터※들은 오름차순을 유지한다.

- 모든 리프 노드는 같은 레벨에 있다.
- 루트 노드는 리프가 아닌 이상 적어도 두 개의 서브 트리를 갖는다.
- 탐색, 추가, 삭제는 루트 노드부터 시작한다.
- 범위(Range) 검색에 활용될 수 있다.

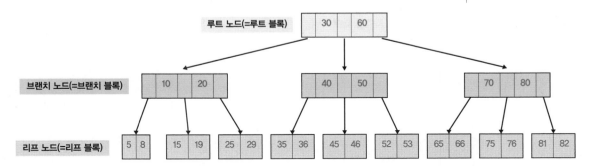

2. 비트맵(Bitmap) 인덱스

인덱스 칼럼의 데이터를 bit 값인 0, 1로 변환하여 인덱스 키로 사용하는 방법이다.

- 인덱스의 목적은 주어진 키값을 포함하고 있는 로우에 대한 주소 정보를 제공하는 것이다.
- 동일한 값이 반복되는 경우가 많으므로 압축 효율이 좋다.
- 분포도가 좋은 칼럼에 적합하다.
- 다중 조건을 만족하는 튜플의 개수를 계산하는데 적합하다.

3. 비트맵 조인 인덱스

다수의 조인된 객체로 구성하는 방법이다.

- 비트맵 인덱스와 물리적 구조는 동일하다.
- 단일 객체로만 구성되었던 기존 인덱스와 달리 여러 객체의 구성 요소로 인덱스 생성이 이뤄지므로 기존의 인덱스 테이블 액세스 방법과는 구조가 다르다.

4. 함수 기반 인덱스

칼럼의 값 대신 칼럼에 특정 함수나 수식을 적용하여 산출된 값을 사용하는 방법이다.

- B+ 트리*, 비트맵 인덱스 생성에 사용한다.

5. 도메인 인덱스

개발자가 자신이 원하는 인덱스 타입을 생성할 수 있는 방법이다.

- 데이터베이스에 존재하지 않는 새로운 구조의 인덱스 타입을 자신이 스스로 정의하여 DBMS에서 지원하는 인덱스처럼 사용할 수 있다.

권쌤이 알려줌

B 트리에서 45를 찾는 방법은 아래와 같습니다.
1. 루트 노드 30과 60사이이므로 가운데 포인터로 이동한다.
2. 브랜치 노드 40과 50 사이이므로 가운데 포인터로 이동한다.
3. 이동결과 리프 노드이므로 45를 검색한다.

B+ 트리
B 트리를 변형한 구조로, 리프 노드가 연결 리스트로 연결된 구조

[21년 1회]

01 데이터베이스 성능에 많은 영향을 주는 DBMS의 구성 요소로 테이블과 클러스터에 연관되어 독립적인 저장 공간을 보유하며, 데이터베이스에 저장된 자료를 더욱 빠르게 조회하기 위하여 사용되는 것은?

① 인덱스(Index)
② 트랜잭션(Transaction)
③ 역정규화(Denormalization)
④ 트리거(Trigger)

 해설 **키워드** 독립적인 저장 공간, 자료를 더욱 빠르게 조회 → **용어** 인덱스(Index)
- 트랜잭션(Transaction) : 데이터베이스의 상태를 변화시키는 논리적 연산의 집합
- 역정규화(Denormalization, 반정규화) : 정규화된 데이터 모델의 성능 저하를 해결하기 위해 의도적으로 정규화 원칙을 위배한 행위
- 트리거(Trigger) : 데이터베이스의 데이터 삽입, 수정, 삭제 등의 이벤트가 발생할 때마다 관련 작업이 자동으로 수행되는 프로그램
TIP 트랜잭션, 트리거는 이후 자세히 학습합니다.

[21년 3회]

02 데이터베이스에서 인덱스(Index)와 관련한 설명으로 틀린 것은?

① 인덱스의 기본 목적은 검색 성능을 최적화하는 것으로 볼 수 있다.
② B-트리 인덱스는 분기를 목적으로 하는 Branch Block을 가지고 있다.
③ BETWEEN 등 범위(Range) 검색에 활용될 수 있다.
④ 시스템이 자동으로 생성하여 사용자가 변경할 수 없다.

 해설 테이블에 기본키로 정의한 칼럼이 있을 경우, 인덱스가 자동으로 생성되며 사용자도 인덱스 생성 및 변경이 가능하다.

▶ 정답 : 01.①, 02.④

권쌤이 알려줌

뷰는 물리적으로는 존재하지 않는 편의를 위한 가상 테이블입니다.

권쌤이 알려줌

기사퍼스트 수강생 테이블에서 주로 정보처리기사 필기 수강생에 대한 정보를 조회한다면, 물리적으로 존재하는 수강생 전체 테이블에서 조회하기 보다는, 정보처리기사 필기 수강생 데이터만 가상 테이블로 만들어 조회하면 검색 효율이 더 좋아집니다.

권쌤이 알려줌

뷰(View)를 생성하는 방법은 이후 자세히 학습합니다. 뷰의 정의와 특징을 기억해 두세요.

★★★
05 뷰

1 뷰(View) 설계

1. 뷰

사용자에게 접근이 허용된 자료만을 제한적으로 보여주기 위해 하나 이상의 기본 테이블로부터 유도된 가상 테이블이다.

테이블1		
C1	C2	C3

테이블2		
C4	C5	C6

테이블3		
C7	C8	C9

C1	C5	C6	C8

뷰(View)

2. 뷰 특징　[22년 1, 2회] [21년 1회] [20년 2, 3, 4회]

- 뷰의 구조는 기본 테이블과 거의 유사하다.
- 물리적으로 존재하지 않고 논리적으로만 존재한다.
- 논리적 독립성을 제공한다.
- 필요한 데이터로만 구성할 수 있어 관리가 수월하고 명령이 간단하다.

- 뷰를 통해서만 접근할 경우 뷰에 나타나지 않는 데이터는 안전하게 보호되므로 데이터 보안에 효율적이다.
- 삽입, 삭제, 갱신 연산이 가능하지만 제한적이다.
- 정의된 뷰는 다른 뷰의 정의에 기초가 될 수도 있다.
- Cascade 옵션을 사용하여 하나의 뷰를 삭제하면 그 뷰를 기초로 만들어진 다른 뷰도 자동으로 삭제한다.
- 독립적인 인덱스를 가질 수 없다.
- 뷰에 대한 검색은 일반 테이블과 같다.
- 뷰의 정의를 변경(Alter)할 수 없다.

권쌤이 알려줌

뷰에 기본키가 포함될 경우에 삽입, 삭제, 갱신 연산이 가능합니다.

3. 뷰 설계 순서

대상 테이블 선정	→	대상 칼럼 선정	→	뷰 정의서 작성

권쌤이 알려줌

뷰는 Alter 명령어를 사용할 수 없습니다. Alter 명령어는 이후 자세히 학습합니다.

기출 및 예상문제

05 뷰

[20년 2회]

01 뷰(View)에 대한 설명으로 옳지 않은 것은?

① 뷰는 CREATE 문을 사용하여 정의한다.
② 뷰는 데이터의 논리적 독립성을 제공한다.
③ 뷰를 제거할 때에는 DROP 문을 사용한다.
④ 뷰는 저장장치 내에 물리적으로 존재한다.

해설 뷰는 저장장치 내에 물리적으로 구현되지 않으며, 논리적으로만 존재한다.

[20년 3회]

02 뷰(View)의 장점이 아닌 것은?

① 뷰 자체로 인덱스를 가짐
② 데이터 보안 용이
③ 논리적 독립성 제공
④ 사용자 데이터 관리 용이

해설 뷰는 독립적인 인덱스를 가질 수 없다.

[20년 4회]

03 뷰(View)에 대한 설명으로 틀린 것은?

① 뷰 위에 또 다른 뷰를 정의할 수 있다.
② 뷰에 대한 조작에서 삽입, 갱신, 삭제 연산은 제약이 따른다.
③ 뷰의 정의는 기본 테이블과 같이 ALTER문을 이용하여 변경한다.
④ 뷰가 정의된 기본 테이블이 제거되면 뷰도 자동적으로 제거된다.

해설 뷰의 정의는 기본 테이블과 달리 ALTER문을 이용하여 변경이 불가능하다.

[21년 1회]

04 뷰(VIEW)에 대한 설명으로 옳지 않은 것은?

① DBA는 보안 측면에서 뷰를 활용할 수 있다.
② 뷰 위에 또 다른 뷰를 정의할 수 있다.
③ 뷰에 대한 삽입, 갱신, 삭제 연산 시 제약 사항이 따르지 않는다.
④ 독립적인 인덱스를 가질 수 없다.

해설 뷰에 대한 삽입, 갱신, 삭제 연산이 가능하지만 제약 사항이 따른다.

▶ 정답 : 01.④, 02.①, 03.③, 04.③

1 파티션(Partition) 설계

1. 파티션

대용량 테이블이나 인덱스를 관리하기 쉬운 논리적 단위인 파티션으로 분리하는 것이다.

2. 파티션 장/단점

장점	• 데이터 액세스 범위를 줄여 성능이 향상된다. • 전체 데이터의 훼손 가능성이 줄어든다. • 데이터 가용성이 향상된다. • 각 분할 영역을 독립적으로 백업하고 복구할 수 있다. • 디스크 스트라이핑(Disk Striping)*으로 입·출력 성능을 향상시킬 수 있다.
단점	• 테이블 간의 조인에 대한 비용이 증가한다. • 용량이 작은 테이블에 파티셔닝을 수행하면 성능이 저하된다. • 테이블과 인덱스를 별도로 파티션할 수 없어 테이블과 인덱스를 같이 파티셔닝해야 한다.

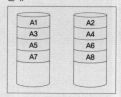

3. 파티션 종류 [22년 3회] [20년 3회]

종류	설명
범위 분할 (Range Partitioning)	• 지정한 열의 값을 기준으로 분할한다. • 관리가 쉽다.
해시 분할 (Hash Partitioning)	• 해시 함수에 따라 데이터를 분할한다. • 해시 함수에 따라 데이터가 분산되므로 특정 파티션에 데이터가 집중되는 범위 분할의 단점을 보완한다.
조합 분할 (Composite Partitioning)	• 범위 분할에 의해 데이터를 분할한 후 해시 함수를 적용하여 다시 분할한다.
라운드 로빈 분할 (Round Robin Partitioning)	• 데이터를 균일하게 순차적으로 분할한다.
목록 분할 (List Partitioning)	• 지정한 열의 값에 대한 목록을 만든 후 해당 목록을 기준으로 분할한다.

4. 파티션 설계 순서

파티션의 종류 결정	→	파티션 키*의 선정	→	파티션 수의 결정

5. 파티션 키 선정 시 고려사항

• 입·출력 분산을 어떻게 할 것인가를 고려한다.

• 액세스 유형*에 따라 파티셔닝이 이루어질 수 있도록 파티션 키를 선정한다.

• 이력 데이터*의 경우, 생성주기 또는 소멸주기가 파티션과 일치하도록 한다.

② 인덱스 파티션 설계

1. 인덱스 파티션(파티션 인덱스)

파티션된 테이블의 데이터를 관리하기 위해 인덱스를 분할한 것이다.

- 파티션된 테이블의 인덱스를 의미한다.

권쌤이 알려줌

Local Partitioned Index는 테이블 파티션 키를 기준으로 동일하게 인덱스 파티션이 구성되므로 관리가 편리합니다.

2. 파티션된 테이블의 종속 여부에 따른 분류

분류	설명
Local Partitioned Index	테이블 파티션과 인덱스 파티션이 1:1 대응되도록 구성한다.
Global Partitioned Index	테이블 파티션과 인덱스 파티션을 독립적으로 구성한다.

3. 인덱스 파티션 키 칼럼 위치에 따른 분류

분류	설명
Prefixed Partitioned Index	인덱스 파티션 키와 인덱스 첫 번째 칼럼이 동일하다.
Non-prefixed Partitioned Index	인덱스 파티션 키와 인덱스 첫 번째 칼럼이 다르다.

권쌤이 알려줌

Prefixed Partitioned Index란 (과목, 성적) 칼럼으로 인덱스를 정의할 경우 가장 왼쪽에 위치한 과목 칼럼을 인덱스 파티션 키로 정의하는 것입니다.

기출 및 예상문제
06 파티션

[20년 3회]
01 물리 데이터 저장소의 파티션 설계에서 파티션 유형으로 옳지 않은 것은?

① 범위 분할(Range Partitioning)
② 해시 분할(Hash Partitioning)
③ 조합 분할(Composite Partitioning)
④ 유닛 분할(Unit Processing)

> 해설 파티션 종류 : 범위 분할, 해시 분할, 조합 분할, 라운드 로빈 분할, 목록 분할

02 연속적인 숫자나 날짜 기준으로 Partitioning 하는 방법으로, 손쉬운 관리 기법 제공에 따른 관리 시간을 단축시킨다. 우편번호, 일별, 월별, 분기별 등의 데이터에 적합한 파티셔닝의 범위로 가장 적절한 것은?

① Range Partitioning
② List Partitioning
③ Composite Partitioning
④ Hash Partitioning

> 해설 키워드 관리 시간 단축 → 용어 범위 분할(Range Partitioning)

▶ 정답 : 01.④, 02.①

---

07 클러스터

① 클러스터(Cluster) 설계

1. 클러스터

데이터 저장 시 동일한 성격의 데이터를 동일한 데이터 블록에 저장하는 물리적 저장 기법이다.

권쌤이 알려줌

파티션은 파티션이라는 논리적 단위를 사용하여 저장 공간을 분리하는 것이고, 클러스터는 동일한 성격의 데이터를 동일한 저장 공간에 저장하는 것입니다.

클러스터링 키(Clustering Key)
클러스터를 나누는 기준이 되는 칼럼

권쌤이 알려줌

[학과] 테이블과 [학생] 테이블을 클러스터링하면 클러스터링 키인 [학과] 테이블의 '학과코드' 칼럼에서 조회를 시작하여 [학생] 테이블의 '학번' 칼럼 순으로 조회합니다.

- 함께 자주 쓰이는 데이터가 물리적으로 동일한 위치에 저장되어 있으므로 디스크 입·출력이 줄어든다.
- 클러스터링 키*의 순서대로 저장하고, 여러 개의 테이블이 하나의 클러스터에 저장된다.

예제 [학과] 테이블과 [학생] 테이블의 클러스터링

클러스터링 전 테이블

[학과]

학과코드	학과
A	사무
B	정보

[학생]

학번	이름	학과코드
A001	김기영	A
A002	최현주	B
A003	홍길동	B

클러스터링 후 테이블

학과코드	학과		
A	사무		
		학번	이름
		A001	김기영
B	정보		
		A002	최현주
		A003	홍길동

정답 및 해설

[학과] 테이블과 [학생] 테이블의 조인이 빈번히 발생할 경우, 클러스터링을 사용할 수 있다. 클러스터링 하였을 때 클러스터링 키인 [학과] 테이블의 학과코드 속성 순서대로 저장되며, [학과] 테이블과 [학생] 테이블이 하나의 클러스터에 저장된다.

분포도
아이디 〈 성별

2. 클러스터 적용 기준

- 분포도*가 넓을수록 오히려 유리한 기법이다.
- 분포도가 넓은 테이블의 클러스터링은 저장 공간의 절약이 가능하다.
- 액세스 효율 향상(검색)을 위한 물리적 저장 방법이다.
- 여러 개의 테이블이 빈번히 조인을 일으킬 때 활용하거나 대량의 범위를 자주 액세스하는 경우 적용한다.
- 반복 칼럼이 정규화에 의해 어쩔 수 없이 분할된 경우 활용한다.

3. 클러스터 특징 및 설계 시 고려사항

권쌤이 알려줌

ORDER BY, GROUP BY, UNIUON은 이후 자세히 학습합니다.

- 검색 효율은 높여 주나 입력/수정/삭제 시는 부하가 증가함을 고려해야 한다.
- 클러스터링된 테이블에 물리적으로 데이터를 정렬하는 클러스터드 인덱스(Clustered Index)를 생성하면 접근 성능이 향상된다.
- ORDER BY, GROUP BY, UNION이 빈번한 테이블에 적용한다.
- 대용량을 처리하는 트랜잭션은 테이블을 전체 스캔하는 일이 자주 발생하므로, 클러스터링하지 않는 것이 효과적이다.
- 파티셔닝된 테이블에는 클러스터링을 할 수 없다.
- 처리 범위가 넓은 경우 단일 테이블 클러스터링*, 조인이 많은 경우 다중 테이블 클러스터링*을 사용한다.

단일 테이블 클러스터링
한 개의 클러스터에 하나의 테이블을 생성하는 방법

다중 테이블 클러스터링
한 개의 클러스터에 여러 개의 테이블을 생성하는 방법

01 데이터 저장 시 동일한 성격의 데이터를 동일한 데이터 블록에 저장하는 물리적 저장 기법은?

① Cluster　　　　② View

③ Partition　　　④ Index

해설　키워드 동일한 성격, 동일한 데이터 블록 → 용어 클러스터(Cluster)
- 뷰(View) : 사용자에게 접근이 허용된 자료만을 제한적으로 보여주기 위해서 하나 이상의 기본 테이블로부터 유도된 가상 테이블
- 파티션(Partition) : 대용량 테이블이나 인덱스를 관리하기 쉬운 논리적 단위인 파티션으로 분리하는 것
- 인덱스(Index) : 검색을 빠르게 하기 위해 〈키 값, 포인터〉 쌍으로 구성된 보조적인 데이터 구조

02 클러스터에 대한 설명으로 가장 거리가 먼 것은?

① ORDER BY, GROUP BY, UNION이 빈번한 테이블에 적용한다.

② 입력, 수정, 삭제 시는 부하가 증가함을 고려해야 한다.

③ 클러스터링된 테이블에 클러스터드 인덱스를 생성하면 접근 성능이 향상된다.

④ 파티셔닝된 테이블도 클러스터링이 가능하다.

해설　파티셔닝된 테이블은 이미 물리적으로 파티션된 상태이므로 클러스터링이 불가능하다.

▶ 정답 : 01.①, 02.④

08　디스크 구성 설계

1 디스크 구성 설계(DB 용량 설계, DB 저장 공간 설계)

1. 디스크 구성 설계

테이블에 저장할 데이터양과 인덱스, 클러스터 등이 차지하는 공간을 예측해서 설계한다.

- 테이블당 트랜잭션 양과 보존 기간 등을 고려해서 데이터베이스가 저장될 디스크의 용량을 산정할 수 있다.

2. 디스크 구성 설계 목적

- 정확한 용량을 산정하여 디스크 사용의 효율을 높인다.
- 업무량이 집중되어 있는 디스크를 분리하여 설계함으로써 집중화된 디스크에 대한 입·출력 부하를 분산한다.
- 입·출력 경합을 최소화하여 데이터의 접근 성능을 향상시킨다.
  - 테이블 객체를 위한 테이블 스페이스※와 인덱스 객체를 위한 테이블 스페이스를 분리하여 구성한다.
  - 테이블 스페이스와 임시 테이블 스페이스를 분리하여 구성한다.
  - 테이블을 마스터 테이블과 트랜잭션 테이블로 분류한다.

권쌤이 알려줌

물리 데이터저장소 구성 수행 순서는 아래와 같습니다.
1. 다양한 객체(Object) 설계 : 테이블 제약조건, 인덱스, 뷰, 파티션, 클러스터 등
2. 디스크 구성 설계

테이블 스페이스(Table Space)
테이블이 저장되는 논리적인 영역
- 하나의 테이블 스페이스에 여러 개의 테이블을 저장하여 관리할 수 있다.
- 데이터베이스에 저장되는 내용에 따라 테이블 스페이스는 테이블, 인덱스, 임시(Temporary) 등의 용도로 구분하여 설계할 수 있다.
- 테이블 스페이스는 데이터 용량을 관리하는 단위로 이용할 수 있다.

    – 트랜잭션이 과도하게 집중되는 테이블이 있으면 각각 다른 테이블 스페이스에 배치하여 디스크 입·출력을 분산시킨다.
- 시스템 및 디스크의 구성에 따라 테이블 스페이스의 개수와 사이즈 등을 결정한다.
- 파티션할 테이블은 별도로 분류한다.

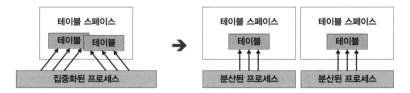

3. DB 용량 산정 순서

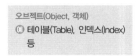

오브젝트(Object, 객체)
🛈 테이블(Table), 인덱스(Index)
등

익스텐트(Extent)
공간(용량)을 확장하는 단위

① **용량 분석의 목적 이해하기**
- 디스크 사용 효율, 입·출력 부하 분산, 데이터의 접근 성능을 향상시켜야 한다.
- 데이터베이스 오브젝트(Object)※의 익스텐트(Extent)※ 발생을 줄여야 한다.

② **기초 데이터 수집하기**
    테이블명, 로우 길이, 보존기간, 초기건수 및 발생 건수, 발생 주기, 증가율 등 용량 분석을 위한 기초 자료를 수집한다.

③ **오브젝트별로 용량 산정하기**
    오브젝트별 용량을 산정하기 위해 오브젝트 설계와 테이블 스페이스, 디스크 등의 용량을 산정한다.
- 테이블 스페이스 용량은 (테이블 용량 + 테이블 용량 × 40%) 정도로 계산한다.

④ **디스크 용량 산정**
    모든 데이터 용량과 데이터베이스 설치 및 관리를 위한 용량을 합하여 산정한다.

기출 및 예상문제
08 디스크 구성 설계

01 **디스크(Disk) 구성 설계 목적으로 틀린 것은?**
① 정확한 용량을 산정하여 디스크 사용의 효율을 높인다.
② 입·출력 경합을 최대화하여 데이터의 접근 성능을 향상시킨다.
③ 파티션할 테이블은 별도로 분류한다.
④ 업무량이 집중되어 있는 디스크를 분리하여 설계함으로써 집중화된 디스크에 대한 입·출력 부하를 분산한다.

해설 입·출력 경합을 최소화하여 데이터의 접근 성능을 향상시킨다.

▶ 정답 : 01.②

01 반정규화 유형 중 수직 분할 방법에 해당하지 않는 것은?

① 자주 조회되는 속성 분할
② 갱신 위주의 속성 분할
③ 특정 칼럼에 보안을 적용해야 하는 경우의 분할
④ 특정 레코드의 크기가 아주 큰 경우 분할

02 인덱스에 대한 설명으로 가장 거리가 먼 것은?

① 인덱스 칼럼은 되도록이면 수정이 빈번한 칼럼을 선정한다.
② 지나치게 많은 인덱스는 오버헤드로 작용하므로 주의한다.
③ 자주 조합되어 사용되는 칼럼은 결합 인덱스로 생성하여 활용한다.
④ 분포도가 좋은 칼럼은 단독적으로 생성하여 활용도를 향상시킨다.

[이전 기출]

03 뷰(View)에 대한 설명 중 잘못된 것으로만 짝지어진 것은?

> ⓐ 논리적 독립성을 제공한다.
> ⓑ 데이터에 대한 보안을 제공한다.
> ⓒ 물리적 독립성을 제공한다.
> ⓓ 정의된 사항에 대하여 변경이 가능하다.
> ⓔ 삽입, 삭제, 변경 연산에 제한이 있다.
> ⓕ 동일 데이터를 다양하게 표현할 수 있다.

① ⓐ, ⓓ
② ⓒ, ⓓ
③ ⓐ, ⓑ, ⓓ
④ ⓑ, ⓒ, ⓓ

[이전 기출]

04 데이터베이스관리자가 기본 테이블에서 임의로 유도하여 만드는 테이블로서 사용자에게 접근이 허용된 자료만을 제한적으로 보여주기 위한 테이블을 무엇이라 하는가?

① 임시 테이블(Temporary table)
② 뷰 테이블(View table)
③ 색인 테이블(Index table)
④ 기본 테이블(Base table)

05 파티션의 종류에 대한 설명으로 가장 거리가 먼 것은?

① 범위분할 : 지정한 열의 값을 기준으로 분할
② 논리분할 : 논리적 설계에 따라 개체 기준으로 분할
③ 해시분할 : 해시 함수에 따라 데이터 분할
④ 조합 분할 : 범위분할에 의해 데이터를 분할한 다음 해시 함수를 적용하여 다시 분할

**섹션
기출예상문제 해설**

Section 04. 물리 데이터베이스 설계

01 수직 분할은 속성을 기준으로 분할하므로, 특정 속성의 크기가 아주 큰 경우의 분할이 해당된다.

02 인덱스 칼럼은 가능한 한 수정이 빈번하지 않은 칼럼을 선정한다.

03 ⓒ 논리적 독립성을 제공한다.
ⓓ 정의된 사항에 대하여 변경이 불가능하다.

04 키워드 임의로 유도하여 만드는 테이블 → 용어 뷰 테이블(View table)

05 파티션 종류 : 범위 분할, 해시 분할, 조합 분할, 라운드 로빈 분할, 목록 분할

정답 **01** ④ **02** ① **03** ② **04** ② **05** ②

SECTION

05

데이터베이스 응용

물리적으로 분산된 데이터베이스를 논리적으로 하나의 데이터베이스로 인식하는 분산 데이터베이스, 데이터베이스를 복제하여 관리하는 데이터베이스 이중화 등 데이터베이스와 관련된 여러 가지 기술에 대해 학습합니다.

권쌤이 알려줌

여러 대의 컴퓨터에 각각 데이터베이스가 분산되어 있지만, 하나의 데이터베이스로 인식하는 기법을 분산 데이터베이스라고합니다. 예를 들어 Youtube의 데이터베이스가 지역적(아시아, 유럽, 미국)으로 나눠져 분산되어 있어도, 우리는 의식할 필요 없이 Youtube 사이트에 접속해서 하나의 데이터베이스로 인식하고 동영상을 검색할 수 있습니다.

합격자의 암기법

분산 데이터베이스의 4대 목표 : 중위병장 = RLCF
• 중(복 투명성) = Replication
• 위(치 투명성) = Location
• 병(행 투명성) = Concurrency
• 장(애 투명성) = Failure

★★
01 분산 데이터베이스

1 분산 데이터베이스 [22년 1, 2회]

분산 데이터베이스는 컴퓨터 네트워크상에 물리적으로 분산된 데이터베이스를 논리적인 하나의 데이터베이스로 인식하는 기법이다.

- 자료 공유가 용이하고, 시스템 성능이 향상된다.
- 시스템 용량 확장이 용이하다.
- 설계가 어렵고, 소프트웨어 개발 비용이 증가한다.
- 오류 발생 가능성이 높다.

1. 분산 데이터베이스의 4대 목표 [22년 3회] [20년 2, 3회]

목표	설명
위치 투명성 (Location Transparency)	사용자가 물리적으로 저장되어 있는 곳을 알 필요 없이 논리적인 입장에서 데이터가 모두 자신의 사이트에 있는 것처럼 처리한다.
중복(복제) 투명성 (Replication Transparency)	트랜잭션은 데이터의 중복 개수나 중복 사실을 모르고도 데이터 처리가 가능하다.
병행 투명성 (Concurrency Transparency)	분산 데이터베이스와 관련된 다수의 트랜잭션들이 동시에 실현되더라도 그 트랜잭션의 결과는 영향을 받지 않는다.
장애 투명성 (Failure Transparency)	트랜잭션, DBMS, 네트워크, 컴퓨터 장애에도 불구하고 트랜잭션을 정확하게 처리한다.

2. 분산 데이터베이스 설계

① 테이블 위치 분산

데이터베이스 테이블을 각기 다른 서버에 분산시켜 배치한다.
- 테이블의 구조는 변하지 않으며, 다른 데이터베이스의 테이블과 중복되지 않는다.

📖 테이블 위치 분산

위치＼테이블	상품번호	주문번호	주문일자	주문고객	수량
본사	○				○
지사		○	○	○	

② 테이블 분할(Fragment) 분산

테이블의 데이터를 분할하여 분산시키는 유형이다.

구분	설명
수평 분할	행(Row)을 기준으로 분할한다. 📖 주문일자를 기준으로 본사는 최근 주문 목록을 관리하고, 지사는 과거 주문 목록을 관리한다.
수직 분할	열(Column)을 기준으로 분할한다. 📖 본사는 상품 목록을 관리하고, 지사는 주문 목록을 관리한다.

📖 테이블 분할 분산

상품번호	수량	주문번호	주문일자

➡ 수평 분할

↓ 수직 분할

③ 테이블 복제(Replication) 분산

동일한 테이블을 다른 서버에서 동시에 생성하여 관리하는 유형이다.

구분	설명
부분 복제 (Segmentation Replication)	마스터 데이터베이스에서 테이블의 일부 내용만 다른 서버에 위치시킨다. 📖 본사에는 전국 고객 정보를 관리하고, 지사1은 지사1에 속한 고객 정보를 지사2는 지사2에 속한 고객 정보를 관리한다.
광역 복제 (Broadcast Replication)	마스터 데이터베이스의 테이블 내용을 각 서버에 위치시킨다. 📖 본사, 지사1, 지사2에서 동일한 데이터를 모두 가지고 있다.

📖 테이블 복제 분산

위치＼테이블	고객정보
본사	●
지사1	◐
지사2	◑

▲ 부분 복제

위치＼테이블	고객정보
본사	●
지사1	●
지사2	●

▲ 광역 복제

④ 테이블 요약(Summarization) 분산

각 서버 간 데이터가 비슷하지만 서로 다른 유형으로 존재하는 경우이다.

구분	설명
분석 요약 (Rollup Summarization)	분산되어 있는 동일한 내용의 데이터를 이용하여 통합된 데이터를 산출하는 방식 예 지사1 '키보드' 판매실적, 지사2 '키보드' 판매실적 → 본사가 통합하여 '키보드' 판매실적을 산출한다.
통합 요약 (Consolidation Summarization)	분산되어 있는 다른 내용의 데이터를 이용하여 통합된 데이터를 산출하는 방식 예 지사1 '키보드' 판매실적, 지사2 '마우스' 판매실적 → 본사가 통합하여 '키보드와 마우스' 판매실적을 산출한다.

기출 및 예상문제

01 분산 데이터베이스

[20년 2회]

01 분산 데이터베이스 목표 중 "데이터베이스의 분산된 물리적 환경에서 특정 지역의 컴퓨터 시스템이나 네트워크에 장애가 발생해도 데이터 무결성이 보장된다."는 것과 관계있는 것은?

① 장애 투명성　　② 병행 투명성
③ 위치 투명성　　④ 중복 투명성

 해설

[키워드] 장애(Failure), 무결성 보장 → [용어] 장애 투명성(Failure Transparency)

[20년 3회]

02 분산 데이터베이스의 투명성(Transparency)에 해당하지 않는 것은?

① Location Transparency
② Replication Transparency
③ Failure Transparency
④ Media Access Transparency

 해설

분산 데이터베이스의 4대 목표
• 중복(복제) 투명성(Replication Transparency)
• 위치 투명성(Location Transparency)
• 병행 투명성(Concurrency Transparency)
• 장애 투명성(Failure Transparency)
TIP 분산 데이터베이스의 4대 목표는 "중위병장=RLCF"로 기억하세요.

▶ 정답 : 01.①, 02.④

권쌤이 알려줌

데이터베이스 이중화는 데이터베이스에 장애가 발생하더라도 복제한 데이터베이스를 사용하여 장애 없이 정상적으로 운영되는 능력을 극대화시키는 기술입니다.

가용성(Availability)
시스템이 장애 없이 정상적으로 사용 가능한 정도

02　데이터베이스 이중화

1 데이터베이스 이중화(Database Replication)

데이터베이스 이중화는 데이터베이스 중단이나 물리적 손상 발생 시 이를 복구하기 위해 동일한 데이터베이스를 복제하여 관리하는 것이다.

• 문제가 발생하면 복제된 데이터베이스를 이용하여 문제를 해결할 수 있으므로 가용성※을 극대화 시켜준다.
• 데이터베이스 이중화를 이용하면 쉽게 백업 서버를 운영할 수 있다.

- 여러 개의 데이터베이스로 분산시켜 작업(요청)을 처리할 수 있으므로 데이터 베이스의 부하를 줄일 수 있다.

1. 변경 내용 전달 방식

기법	설명
Eager 기법	트랜잭션 수행 중 데이터 변경이 발생하면 이중화된 모든 데이터베이스에 즉시 전달하여 변경 내용이 즉시 적용되는 기법
Lazy 기법	트랜잭션의 수행이 종료되면 변경 내용을 새로운 트랜잭션에 작성하여 각 데이터베이스에 전달되는 기법

2. 구성 방법

① 활동-대기(Active-Standby)

활성 데이터베이스에 장애가 발생하면 대기 상태에 있던 데이터베이스가 자동 으로 모든 서비스를 대신 수행한다.

- 구성 방법이 쉽고 관리하기 쉽다.

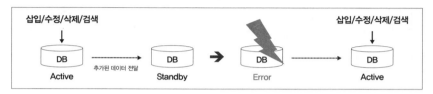

② 활동-활동(Active-Active)

두 개의 데이터베이스가 서로 다른 서비스를 제공하다가 둘 중 한 쪽 데이터베 이스에 문제가 발생하면 나머지 다른 데이터베이스가 모든 서비스를 제공한다.

- 두 데이터베이스가 모두 처리하므로 처리율은 높지만, 구성 방법이 복잡 하다.

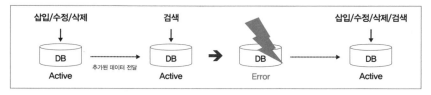

3. 클러스터링(Clustering) [22년 1회]

두 대 이상의 시스템을 하나의 시스템처럼 운영하는 기술이다.

- 이중화 및 공유 스토리지를 사용하여 서버의 고가용성(HA)[※]을 제공한다.

▼ 클러스터링 종류

기법	설명
고가용성 클러스터링	두 대 이상의 시스템을 하나의 클러스터로 묶어서 한 시스템의 장애 시 클러스터 내의 다른 시스템이 신속하게 서비스를 페일오버(Failover)[※]해 서비스 중단을 방지한다.
병렬처리 클러스터링	전체 처리율을 높이기 위해 하나의 작업을 여러 개의 서버에서 분산하여 처리한다.

고가용성(HA; High Availability)
시스템이 오랫동안 지속적으로 정상 운영이 가능한 성질

페일오버(Failover)
서버, 시스템, 네트워크 등에서 이상이 생겼을 때 시스템 대체 작동 또는 장애 극복을 위하여 예비 시스템으로 자동 전환되는 기능

01 데이터베이스 이중화에 대한 설명으로 옳지 않은 것은?

① 데이터베이스 중단이나 물리적 손상 발생 시 이를 복구하기 위해 동일한 데이터베이스를 복제하여 관리한다.

② 구성 방법에는 Active-Standby와 Active-Active가 있다.

③ 데이터베이스의 부하를 발생시킬 수 있다.

④ 데이터베이스에 문제가 발생하면 복제된 데이터베이스를 이용하여 문제를 해결할 수 있다.

> 해설 데이터베이스 이중화는 여러 개의 데이터베이스로 분산시켜 작업을 처리할 수 있으므로, 데이터베이스의 부하를 줄일 수 있다.

▶ 정답 : 01.③

★★
03 스토리지

권쌤이 알려줌

데이터를 저장할 수 있는 구성 방법에 대해 학습합니다. 서버와 저장장치의 연결 방법에 따른 특징을 구분하여 기억하세요.

합격자의 암기법

스토리지 종류 : DNS
• D(AS) → Direct, 소규모
• N(AS) → Network, 중규모
• S(AN) → Storage, 대규모

1 스토리지(Storage)

스토리지는 대용량 데이터를 저장할 수 있는 저장 장치를 말한다.

1. DAS(Direct Attached Storage) [22년 1회] [20년 4회]

서버와 저장장치를 직접 연결하는 방법이다.

• 각 서버는 자신이 직접 저장장치를 관리한다.
• 저장장치를 직접 연결하므로 속도가 빠르다.
• 직접 연결 방식이므로 다른 서버와 파일을 공유할 수 없다.
• 소규모 시스템에 적합하다.

2. NAS(Network Attached Storage)

서버와 저장장치를 네트워크로 연결하는 방법이다.

• 파일 공유가 가능하다.

- 장소에 구애받지 않고 저장장치에 쉽게 접근할 수 있다.
- 접속 증가 시 성능이 저하 된다.
- 파일 시스템을 공유하기 때문에 높은 수준의 보안을 요구하는 곳에서는 문제가 된다.
- 중규모 시스템에 적합하다.

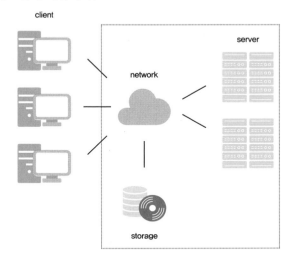

3. SAN(Storage Area Network) [21년 2회]

서버와 저장장치를 연결하는 전용 네트워크를 별도로 구성하는 방법이다.

- DAS의 빠른 처리와 NAS의 파일 공유 장점을 혼합한 방식이다.
- 파이버 채널* 스위치(FCS)를 이용하여 네트워크를 구성한다.
- 광 채널 스위치의 이점인 고속 전송과 장거리 연결 및 멀티 프로토콜 기능을 활용한다.
- 높은 트랜잭션 처리에 효과적이고, 확장성과 유연성 등이 뛰어나다.
- 별도의 네트워크를 구축해야 하므로 비용이 많이 든다.
- 대규모 시스템에 적합하다.

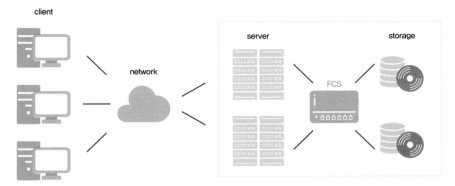

파이버 채널(FC; Fiber Channel)
데이터 전송 속도가 기가비트(Gb)인 네트워크 기술
- 슈퍼컴퓨터 분야에 주로 사용되기 시작하였으나 지금은 기업용 자료 보관을 위한 SAN의 표준 연결 형태가 되어가고 있다.

01 다음 내용이 설명하는 스토리지 시스템은?

- 하드디스크와 같은 데이터 저장장치를 호스트 버스 어댑터에 직접 연결하는 방식
- 저장장치와 호스트 기기 사이에 네트워크 디바이스가 있지 말아야 하고 직접 연결하는 방식으로 구성

① DAS   ② NAS

③ N-SCREEN   ④ NFC

 해설   키워드 직접(Direct) 연결 → 용어 DAS(Direct Attached Storage)
- 엔 스크린(N screen) : 하나의 콘텐츠를 PC · TV · 휴대폰 등 여러 단말기에 공유하여 끊김 없이 이용하는 체계
- NFC(Near Field Communication, 근접 무선 통신) : 10cm 이내의 가까운 거리에서 다양한 무선 데이터를 주고받는 통신 기술

02 다음 내용이 설명하는 것은?

- 네트워크상에 광 채널 스위치의 이점인 고속 전송과 장거리 연결 및 멀티 프로토콜 기능을 활용
- 각기 다른 운영체제를 가진 여러 기종들이 네트워크상에서 동일 저장장치의 데이터를 공유하게 함으로써, 여러 개의 저장장치나 백업 장비를 단일화시킨 시스템

① SAN   ② MBR

③ NAC   ④ NIC

 해설   키워드 광 채널 스위치, 멀티 프로토콜 → 용어 SAN(Storage Area Network)
- MBR(Master Boot Record, 마스터 부트 레코드) : 하드디스크의 맨 앞에 기록되어 있는 시스템 기동용 영역
- NAC(Network Access Control, 네트워크 접근 제어) : 사전에 인가하지 않은 누리꾼이나 보안 체계를 갖추지 않은 정보기기의 통신망(네트워크) 접속을 적절히 조절하는 일 또는 솔루션
- NIC(Network Interface Card, 네트워크 인터페이스 카드) : PC나 서버 등의 컴퓨터를 네트워크에 연결시키기 위한 장치

▶ 정답 : 01.①, 02.①

권쌤이 알려줌

사용자의 의사 결정에 필요한 정보를 효율적으로 지원하기 위한 통합된 데이터를 가진 양질의 데이터베이스를 데이터 웨어하우스라고 하며, 보다 작은 규모의 데이터 웨어하우스를 데이터 마트라고 합니다. 그리고 대량의 데이터를 분석하여 의미 있는 패턴을 찾는 과정을 데이터 마이닝이라고 합니다. 데이터베이스 관련 용어를 구분하여 꼭 기억해 두세요.

빅 데이터(Big data)

기존의 데이터베이스로는 처리하기 어려울 정도로 방대한 양의 데이터

★★
04 데이터 웨어하우스, 데이터 마트, 데이터 마이닝, OLAP

1 데이터 웨어하우스(DW; Data Warehouse)

데이터 웨어하우스는 사용자의 의사 결정에 도움을 주기 위해 시스템에서 추출/변환/통합되고 요약된 주제 중심적인 데이터베이스이다.

- 데이터베이스는 축적된 데이터를 통해 데이터의 전체 흐름을 파악하는 것이고, 데이터 웨어하우스는 쌓여있는 데이터를 빅 데이터* 분석으로 활용하는 것이다.
- 데이터베이스는 업무 처리 중심이고, 데이터 웨어하우스는 주제 중심이다.
- 데이터베이스에서 데이터 간의 관계는 업무 처리상의 상관관계에 의해서 테이블 간의 관계가 유지되지만, 데이터 웨어하우스에서는 시간을 비롯한 여러 가지 분석 관점에 따른다.

예 금융 시스템의 데이터베이스가 저축, 대출, 신용도, 카드 등으로 구성되는 반면, 데이터 웨어하우스는 고객 및 상품 등에 관한 추세를 분석할 수 있도록 고객, 자금운용, 기획 등 주제 중심으로 구성된다.

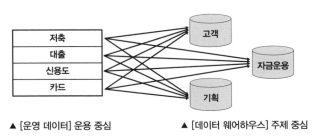

▲ [운영 데이터] 운용 중심   ▲ [데이터 웨어하우스] 주제 중심

2 데이터 마트(Data Mart)

데이터 마트는 데이터의 한 부분으로서, 특정 사용자가 관심을 갖는 데이터들을 담은 비교적 작은 규모의 데이터 웨어하우스이다.

- 데이터 웨어하우스와 데이터 마트의 구분은 사용자의 기능 및 제공 범위를 기준으로 한다.
- 데이터 웨어하우스는 정부 기관 또는 정부 전체의 상세 데이터를 포함하는 데 비해, 데이터 마트는 데이터 웨어하우스에 있는 일부 데이터를 가지고 특정 사용자를 대상으로 한다.
- 데이터 마트는 데이터 웨어하우스 환경에서 정의된 접근 계층으로, 데이터 웨어하우스에서 데이터를 꺼내 사용자에게 제공하는 역할을 한다.

3 데이터 마이닝(Data Mining) [20년 3회] [20년 1회 실기]

데이터 마이닝은 많은 데이터 가운데 숨겨져 있는 유용한 상관관계를 발견하여, 미래에 실행 가능한 정보를 추출해 내고 의사 결정에 이용하는 과정을 말한다.

- 데이터 웨어하우스에 존재하는 대량의 데이터 집합으로부터 의미 있는 패턴이나 규칙을 발견한다.
- 데이터 마이닝 도구에는 OLAP(On-Line Analytical Processing)이 있다.

예 퇴근 후 기저귀를 사러 마트에 간 고객이 맥주도 함께 구매하는 경우가 많다면, 기저귀와 맥주의 상관관계가 높다고 볼 수 있다. 그러면 기저귀 옆에 맥주를 배치하여 고객의 소비 욕구를 증대시켜 매출을 올릴 수 있다.

4 OLAP(On-Line Analytical Processing, 온라인 분석 처리, 올랩)

OLAP은 사용자가 다양한 각도에서 직접 대화식으로 정보를 분석하는 과정으로, 데이터 웨어하우스를 다차원적으로 분석하고 시각화하는 과정이다.

- OLAP은 단독으로 존재하는 정보시스템이 아니며, 데이터 웨어하우스나 데이터 마트와 같은 시스템과 상호 연관된다.

권쌤이 알려줌

데이터 마이닝을 통해 성공한 대표적 기업으로는 미국의 전자 상거래 업체 아마존과 스트리밍 사이트 넷플릭스가 거론됩니다. 아마존은 고객이 지금까지 아마존에서 검색하고 구입한 책의 목록을 통해 고객의 취향과 관심 영역을 파악해, 고객이 관심을 갖고 있는 분야의 책이 나올 때마다 잊지 않고 꼬박꼬박 알려주고 있습니다. 넷플릭스 역시 회원이 전에 보았던 영화를 바탕으로 좋아할 만한 영화를 추천하는 '시네매치(Cinematch)' 서비스를 개발해 개인화 마케팅을 진행하고 있죠.

- 데이터 웨어하우스가 데이터를 저장하고 관리한다면, OLAP은 데이터 웨어하우스의 데이터를 전략적인 정보로 변환시키는 역할을 한다.
- OLAP은 기본적인 접근과 조회/계산/시계열/복잡한 모델링까지도 가능하다.

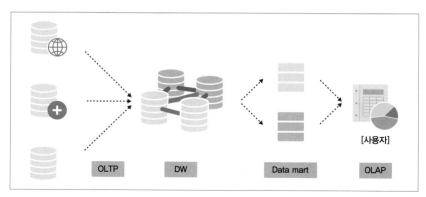

[사용자]

OLTP※	DW	Data mart	OLAP
온라인 거래 처리	주제 중심적으로 DB를	• DW와 사용자 중간층	• 분석하고 시각화
예 금융전산시스템	통합	• 하나의 주제 중심 DW	• 효율적인 의사결정

▼ OLAP 연산　[20년 4회]

종류	설명
Drill Up(Roll-Up)	상세한 작은 범위에서 요약된 큰 범위로 단계적 접근하는 기능
Drill Down	요약된 큰 범위에서 상세한 작은 범위로 단계적 접근하는 기능
Drill Across	다른 큐브의 데이터에 건너서(Across) 접근하는 기능
Drill Through	OLAP에서 데이터 웨어하우스 또는 OTLP에 존재하는 상세 데이터에 접근하는 기능
Pivoting	보고서의 열과 행, 페이지의 차원들을 바꿔서 볼 수 있는 기능
Slicing	특정 관점으로 큐브를 잘라서 볼 수 있는 기능
Dicing	Slicing 기법에서 더 세분화하는 기능

학습플러스 데이터 큐브(Data Cube)

큐브는 다차원을 의미하며, 데이터 큐브는 데이터들을 추상화하고 차원별로 우리가 상상하지 못하는 데이터들을 효과적으로 운용할 수 있게 해준다.
- 데이터 큐브에서 셀은 각 차원들이 가진 멤버※들의 조합 수만큼 존재한다.
- 예 이차원 테이블의 경우 지역 차원에 대해서는 집계할 수 없다. → 데이터 큐브를 사용하여 수강생 수를 강의별, 지역별, 기간별 등 다양한 차원에서 분석한다.

	정보처리기사	정보처리산업기사	사무자동화산업기사
1월	100	50	200
2월	200	60	300
⋮	⋮	⋮	⋮

▲ 이차원 테이블

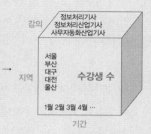

▲ 데이터 큐브

[20년 3회] [20년 1회 실기]

01 빅 데이터 분석 기술 중 대량의 데이터를 분석하여 데이터 속에 내재되어 있는 변수 사이의 상호관계를 규명하여 일정한 패턴을 찾아내는 기법은?

① Data Mining   ② Wm-Bus
③ Digital Twin   ④ Zigbee

> **해설** **키워드** 상호관계, 일정한 패턴 → **용어** 데이터 마이닝(Data Mining)
> • Wm-Bus(Wireless Meter-bus, 무선 미터 버스) : 전기 · 가스 · 수도 등의 원격 검침을 위한 스마트 미터링 또는 AMI에 사용되는 무선 프로토콜
> • 디지털 트윈(Digital Twin) : 물리적인 사물과 컴퓨터에 동일하게 표현되는 가상 모델

> • 지그비(Zigbee) : IEEE 802.15 표준을 기반으로 만들어진 것으로, 저속, 저비용, 저전력 무선망을 위한 기술

[20년 4회]

02 데이터 웨어하우스의 기본적인 OLAP(On-Line Analytical Processing) 연산이 아닌 것은?

① Translate   ② Roll-Up
③ Dicing   ④ Drill-Down

> **해설** OLAP 연산 : Roll-Up(Drill Up), Drill Down, Drill Across, Drill Through, Pivoting, Slicing, Dicing

▶ 정답 : 01.①, 02.①

05 CRUD, ORM, NoSQL, DBMS 접속 기술

1 CRUD 매트릭스(Create Read Update Delete Matrix)   [20년 4회]

CRUD 매트릭스는 업무 프로세스와 데이터 간 상관 분석표이다.

- 행은 업무 프로세스, 열은 개체 타입으로 구성되며 행과 열이 만나는 교차점에 상태를 표시한다.
- 일반적으로 생성(Create), 이용(Read), 수정(Update, 갱신), 삭제(Delete)로 나누어 표시하여, 이를 CRUD 매트릭스라고 부른다.

구분	설명	
Create	하나의 업무 기능이 하나의 데이터를 생성하는 관계	Insert
Read	하나의 업무 기능이 업무 수행의 목적을 달성하기 위하여 데이터를 참조하는 관계	Select
Update	하나의 업무를 수행하는 과정에서 데이터가 수정되는 관계	Update
Delete	하나의 업무를 수행하는 과정에서 데이터가 삭제되는 관계	Delete

권쌤이 알려줌

Insert, Select, Update, Delete는 데이터 조작어(DML)로, 이후 자세히 학습합니다.

예제   거래 업무의 CRUD 매트릭스

개체 / 프로세스	거래처	주문서	거래명세서	상품 정보
거래처 등록	C			
거래처 정보 변경	R, U			
상품 등록				C, U
주문 신청	R	C		R
물품 납품	R	R	C	
주문 취소		D	D	
거래처 조회	R			

② ORM(Object–Relational Mapping, 객체 관계 매핑)

ORM은 객체 지향 프로그래밍의 객체와 관계형 데이터베이스를 연결(Mapping)하는 기술이다.

- 데이터베이스와 객체 지향 프로그래밍 언어 간의 호환되지 않는 데이터를 변환 및 연결하는 프로그래밍 기법이다.
- ORM을 사용하게 되면 SQL문을 쓰지 않고, 프로그래밍 언어로 객체 또는 테이블 간의 관계를 풀어낼 수 있다.

예 ORM 사용 전과 사용 후

> 비즈니스 로직(Business Logic)
> 데이터베이스와 사용자 인터페이스 사이의 연결, 자료 가공 등의 정보 교환을 처리하는 알고리즘

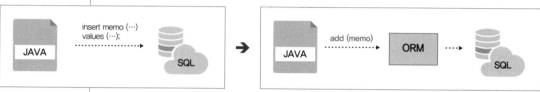

장점	• SQL문을 직접 입력하지 않고, 객체 지향적인 접근으로 인해 생산성이 증가한다. • 개발자는 직관적으로 객체 간의 관계를 파악할 수 있으며, 비즈니스 로직*에 집중할 수 있다.
단점	• ORM은 자동으로 SQL문을 작성하기 때문에 개발자가 의도한 대로 SQL문이 작성되지 않을 수 있다. • 프로젝트 복잡성이 커질수록 어려워지고, 잘못 구현되었을 경우 속도 저하가 발생한다.

③ No SQL(Not only SQL)

No SQL은 빅 데이터 처리를 위한 비관계형 DBMS이다.

- 빅 데이터로 인해 데이터를 처리하는 데 필요한 비용이 증가되어 No SQL이 등장하였다.

예 NoSQL 데이터베이스의 데이터 모델 종류

> **권쌤이 알려줌**
> No SQL은 빅 데이터 처리를 위한 데이터베이스 관리 시스템입니다. 관계형 데이터베이스는 데이터가 테이블 형태로 저장되지만, No SQL은 보다 자유롭게 그래프 구조, 키-값 구조 등 다양한 구조를 제공하는 시스템입니다.

> **권쌤이 알려줌**
> No SQL은 관계형 데이터베이스를 사용하지 않는 것이 아니라, 관계형 데이터베이스보다 덜 제한적이고 여러 유형의 데이터베이스를 사용한다는 것입니다.

SQL Database	NoSQL Database	
Relational	Key–Value	Column–Family
Analyticals (OLAP)	Graph	Document

장점	스키마가 없어 다루기가 쉽고, 부하의 분산 또한 간편하다.
단점	스키마가 없으므로 데이터에 대한 규격화된 결과값을 얻기 힘들다.

4 응용 시스템 DBMS 접속 기술

1. 응용 시스템과 DBMS와의 관계

사용자는 응용 시스템을 통해 DBMS에 접속하여 조회하고 저장하는 것이 가장 일반적인 형태이다.

- 응용 시스템은 DBMS에 데이터를 전달하고 SQL문을 실행하여, 그 결과를 사용자에게 전달하는 일종의 매개체이다.

▼ 웹 응용 시스템의 구조

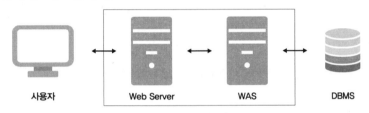

사용자　　Web Server　　WAS　　DBMS

웹 응용 시스템

2. 응용 시스템 DBMS 접속 기술

① **자바 데이터베이스 연결**(JDBC; Java DataBase Connectivity)

Java에서 데이터베이스에 접속할 수 있도록 하는 표준 API*이다.

- 마이크로소프트사의 ODBC(Open Database Connectivity)*와 비교할 수 있다.
- 프로그래밍 코드에 SQL문이 섞여 코드가 복잡하여, 사용 및 유지보수가 어렵다.

예 JDBC API 사용 – 사용자명을 입력받아 SQL문 실행

```
String SQL_GETID = "SELECT * FROM USER_INFO WHERE USER_NAME = ?";
// SQL_GETID 변수에 쿼리(USER_NAME을 parameter로 받음) 저장
connection = dataSource.getConnection(); // JDBC 연결
sql_exec = connection.preparestatement(SQL_GETID);
sql_exec.setString(1, user_name); // parameter 전달
sql_result = sql_exec.executeQuery(); // JDBC를 통해서 쿼리 실행
```

② **마이바티스**(MyBatis)

SQL 매핑(SQL Mapping)* 기반 오픈 소스 접속 프레임워크이다.

- 프로그래밍 코드와 SQL문을 분리하여 코드를 단순화한다.
- 사용 및 유지보수가 편리하고, 우수한 성능을 보여준다.
- SQL문을 거의 그대로 사용할 수 있다.
- SQL문을 별도의 XML 파일로 분리하고 Mapping을 통해서 SQL문을 실행한다.

권쌤이 알려줌

프로그래밍 언어에서 DBMS에 접근하기 위한 응용 시스템에 대해 학습합니다. 개념 이해가 다소 어렵습니다. 출제 가능성이 낮으므로 한 번 읽어보면서 간략히 학습하세요.

API(Application Programming Interface)

운영체제나 프로그래밍 언어 등에 있는 라이브러리를 응용 프로그램 개발 시 이용할 수 있도록 규칙 등에 대해 정의해 놓은 인터페이스 **예** 안드로이드 API

ODBC(Open DataBase Connectivity)

개발 언어와 관계없이 데이터베이스에 접근할 수 있도록 하는 표준 API

권쌤이 알려줌

프로그래밍 언어마다 DBMS에 접근할 수 있게 하는 기술은 여러 가지가 있으나, 기본적인 개념은 유사합니다.

권쌤이 알려줌

코드에 설명을 적을 수 있는데, 이것을 주석(Comment)이라고 합니다. 주석은 // 기호를 사용합니다.

SQL 매핑(SQL Mapping)

SQL문으로 호출되는 테이블이나 데이터를 프로그래밍 언어에 맞도록 변환하여 연결하는 것

예 MyBatis 사용 – 사용자명과 생년월일을 입력받아 ID를 표시

```
<mapper>
    <select id = "findId" resultType = "map">
        SELECT USER_ID   // 사용자 ID를 표시하라.
        FROM USER_INFO   // [USER_INFO] 테이블에서
        WHERE USER_NM = #{user_nm} AND BIRTH_DAT #{user_birth_day}
        // 입력받은 사용자명과 생년월일이 같은
    </select>
</mapper>
```

기출 및 예상문제

[20년 4회]

01 데이터베이스에 영향을 주는 생성, 읽기, 갱신, 삭제 연산으로 프로세스와 테이블 간에 매트릭스를 만들어서 트랜잭션을 분석하는 것은?

① CASE 분석　　　② 일치 분석

③ CRUD 분석　　　④ 연관성 분석

해설
키워드 생성, 읽기, 갱신, 삭제(CRUD), 매트릭스 → 용어 CRUD(Create Read Update Delete) 분석

[이전 기출]

02 다음은 무엇에 대한 설명인가?

> 관계형 데이터베이스와 객체지향 프로그래밍 언어 간의 호환되지 않는 데이터를 변환하는 프로그래밍 기법이다. 객체지향 언어에서 사용하는 객체를 관계형 데이터베이스로 변환하여 테이블을 구성하는데 활용된다.

① No SQL　　　② Data Mart

③ ORM　　　④ CRUD

해설
키워드 관계형(Relational) 데이터베이스, 객체(Object)지향 프로그래밍언어, 호환되지 않는 데이터 변환(Mapping) → 용어 ORM(Object-Relational Mapping, 객체 관계 매핑)
• 데이터 마트(Data Mart) : 데이터의 한 부분으로서, 특정 사용자가 관심을 갖는 데이터들을 담은 비교적 작은 규모의 데이터 웨어하우스

▶ 정답 : 01.③, 02.③

QUIZ 섹션 기출예상문제

01 분산 데이터베이스 시스템의 장점으로 거리가 먼 것은?

① 사이트 간의 데이터들이 서로 오류가 발생할 가능성이 줄어든다.

② 데이터베이스 구축 이후에 점차적으로 새로운 사이트를 추가할 수 있다.

③ 특정한 사이트에서 장애가 발생하더라도 다른 사이트는 계속 운용할 수 있다.

④ 해당 지역에 필요한 데이터를 지역적으로 관리할 수 있다.

[이전 기출]

02 다음 중 스토리지 시스템이 아닌 것은?

① DAS ② NAS
③ SAN ④ FAS

[이전 기출]

03 조직이나 기업체의 중심이 되는 업무시스템에서 모아진 정보를 일관된 스키마로 저장한 저장소를 의미하는 것은?

① Data Warehouse ② Data Mining
③ IoT ④ SDS

[이전 기출]

04 다음 표는 다차원 데이터 모델에서의 OLAP 연산들을 설명한 것이다. 표의 ㉮, ㉯에 들어갈 연산들이 바르게 짝지어진 것은?

연산 이름	연산 설명
㉮	하나 혹은 그 이상의 축을 중심으로 셀들을 선택
㉯	속성 값의 범위를 명시하여 셀들의 부분집합(부분큐브)을 선택
Roll-up	작은 단위(예: day)에서 큰 단위(예: month, year)로 집계 수행
Drill-down	큰 단위(예: year)에서 작은 단위(예: month, day)로 집계 수행

	㉮	㉯		㉮	㉯
①	다이싱	슬라이싱	②	슬라이싱	다이싱
③	피벗팅	다이싱	④	다이싱	피벗팅

섹션 기출예상문제 해설

Section 05. 데이터베이스 응용

01 분산 처리로 인해 오류 발생 가능성이 높아진다.

02 스토리지 시스템
- DAS(Direct Attached Storage)
- NAS(Network Attached Storage)
- SAN(Storage Area Network)
- TIP 스토리지 종류는 "DNS"로 기억하세요.

03 키워드 중심이 되는 업무시스템, 저장소 → 용어 데이터 웨어하우스(DW; Data Warehouse)
- 데이터 마이닝(Data Mining) : 많은 데이터 가운데 숨겨져 있는 유용한 상관관계를 발견하여, 미래에 실행 가능한 정보를 추출해내고 의사 결정에 이용하는 과정

- IoT(Internet of Things, 사물 인터넷) : 가전제품, 전자 기기뿐만 아니라 헬스케어, 원격 검침, 스마트홈, 스마트카 등 다양한 분야에서 사물을 네트워크로 연결해 정보를 공유하는 기술
- SDS(Software Defined Storage, 소프트웨어 정의 스토리지) : 소프트웨어를 이용하여 전체 스토리지 자원을 관리하는 데이터 저장장치 체계

04 키워드 축을 중심으로(특정 관점) → 용어 슬라이싱(Slicing)
키워드 부분집합(부분큐브) → 용어 다이싱(Dicing)
- 피벗팅(Pivoting) : 보고서의 열과 행, 페이지의 차원들을 바꿔서 볼 수 있는 기능

정답 **01** ① **02** ④ **03** ① **04** ②

SECTION 06

데이터베이스 보안

데이터베이스에 저장된 데이터에 접근하는 사용자를 식별하여 데이터 접근 여부를 정하거나, 접근 하고자 하는 데이터와 접근하려는 사용자에게 등급(레벨)을 부여하여 접근 여부를 정할 수 있습니다. 또는 사용자를 그룹핑하여 사용자 그룹에 역할을 부여할 수 있습니다.

★★★

01 접근 통제

1 데이터베이스 보안

데이터베이스 보안은 데이터베이스 자원이 허가받지 않은 사용자에 의해 노출, 변조, 파괴 등이 되는 것을 방지하는 것이다.

- 사용자는 원하는 작업을 수행하기 위해서 필요한 자원에 대한 허가가 있어야 한다.
- 인가된 사용자는 데이터 접근 및 수정이 가능하도록 보장되어야 한다.
- 일반적인 DBMS는 다양한 보안 기능을 제공하고 있다.

2 접근 통제(Access Control, 접근 제어) [21년 1회]

접근 통제는 사용자가 특정 자원에 접근할 때 접근을 요구하는 사용자에 대한 식별과 보안 정책에 근거하여 접근을 승인하거나 거부하는 것이다.

- 허가받지 않은 사용자의 자원에 대한 불법적 접근과 파괴 등의 행위를 예방하는 보안 관리의 모든 행위를 의미한다.

1. 임의 접근 통제(DAC; Discretionary Access Control, 신분 기반 정책) [21년 1회 실기]

자원(객체※)에 접근하는 사용자(주체※)의 신원에 따라 접근 권한을 부여하는 방식이다.

- 해당 자원의 소유권을 가진 사람이 다른 사용자가 자신의 자원에 접근하려 했을 때 접근 통제 권한을 지정하고 제어할 수 있다.

예 DCL의 GRANT(권한 부여), REVOKE(권한 회수)

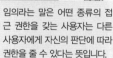

권쌤이 알려줌

임의라는 말은 어떤 종류의 접근 권한을 갖는 사용자는 다른 사용자에게 자신의 판단에 따라 권한을 줄 수 있다는 뜻입니다.

객체

접근통제가 이뤄지는 테이블, 칼럼, 뷰 등과 같은 데이터베이스의 객체

주체

객체에 접근을 시도하는 사용자

2. 강제 접근 통제(MAC; Mandatory Access Control, 규칙 기반 정책) [21년 3회] [20년 4회]

사용자와 자원 모두 보안 레벨(등급, 수준)을 부여받아 서로의 레벨을 비교하여 접근 권한을 부여하는 방식이다.

- 보안 레이블(Security Label) 정보에 기초하여 접근 권한을 부여 및 통제한다.
- 데이터베이스 객체별로 보안 등급을 부여할 수 있고, 사용자별로 인가 등급을 부여할 수 있다.
- 제3자가 접근 통제 권한을 지정한다.

예 주체보다 보안 등급이 높은 객체에 대해서는 읽기, 수정, 등록 모두 불가능하다.

3. 역할 기반 접근 통제(RBAC; Role-Based Access Control) [22년 2회]

사용자에게 할당된 역할(Role)에 기반하여 접근 권한을 부여하는 방식이다.

- 직책에 따라 권한을 부여한다.
- 사용자가 바뀌어도 역할에는 변함없다.

예 수행하는 역할을 기반으로 사용자 그룹에 권한을 부여한다.

학습플러스 사용자 그룹 관리

사용자 그룹 관리는 역할기반 접근 제어(RBAC) 그룹 관리를 기반으로, 사용자를 개별적으로 분할하지 않고 수행하는 역할을 기반으로 그룹핑하여 사용자 그룹에 권한을 부여한다.
- 사용자 그룹 관리 시 해당 사용자 그룹에 다양한 권한을 부여할 수 있다.
- 데이터 질의어(DQL)*, 데이터 조작어(DML)*, 데이터 정의어(DDL)* 모두 부여가 가능하다.

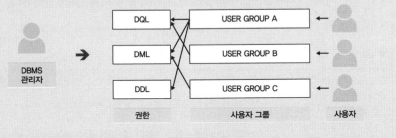

용어	설명
사용자(User)	데이터베이스에 접속하여 사용하는 대상자이다.
사용자 그룹 (User Group)	동일한 권한과 제약을 가지는 사용자들이 공통으로 사용하는 계정이다. 다수의 사용자가 동시에 접속하여 사용할 수 있다.

합격자의 맘기법

접근 통제 : 신임 보강 역할
- 신(원) → 임(의)
- 보(안 레벨) → 강(제)
- 역할 → 역할 (기반)

권쌤이 알려줌

RBAC는 사용자를 그룹화하여 해당 그룹에 여러 권한을 부여합니다.

데이터 질의어(DQL)

SELECT

데이터 조작어(DML)
INSERT, UPDATE, DELETE

데이터 정의어(DDL)
CREATE, ALTER, DROP

권쌤이 알려줌

DML(SELECT, INSERT, UPDATE, DELETE)을 아래와 같이 분류하기도 합니다.
- 데이터 질의어(DQL) : SELECT
- 데이터 조작어(DML) : INSERT, UPDATE, DELETE

권한(E, R, W)
•E – 실행 가능(Execute)
•R – 판독 가능(Read)
•W – 기록 가능(Write)

3 접근 제어 모델 〉DAC 보안 모델

1. 접근 제어 행렬(Access Control Matrix, 접근 통제 행렬)

자원 보호의 일반적인 모델로, 객체에 대한 접근 권한을 행렬로써 표시한 기법이다.

예 접근 제어 행렬

객체 주체	사원	급여	상여	사원평가
김길현	ALL	ERW※	R	–
이지영	ALL	ALL	ALL	R
하영하	R	R	R	ALL

2. 자격 목록※(Capability List, Capability Tickets)

접근 제어 행렬에 있는 각 행, 즉 주체를 중심으로 자격 목록을 구성한 것이다.

•한 주체가 갖는 자격들의 목록이다.

자격 목록
예

김길현
사원	ALL
급여	ERW
상여	R
사원평가	–

3. 접근 제어 목록※(ACL; Access–Control List)

접근 제어 행렬에 있는 각 열, 즉 객체를 중심으로 접근 목록을 구성한 것이다.

•객체의 관점에서 객체에 어떤 주체가 어떤 접근 권한을 갖는지 명시한다.

접근 제어 목록
예

객체	접근 제어 목록
사원	(김길현 ALL), (이지영 ALL), (하영아 R)

4 접근 제어 모델 〉MAC 보안 모델

1. 벨–라파듈라 모델(BLP; Bell–LaPadula Confidentiality Model) [21년 2회]

기밀성을 강조한 최초의 수학적 모델이다.

•미 육군에서 근무하던 벨–라파듈라가 고안해낸 군사용 보안 정책이다.

•무결성※과 가용성※은 고려하지 않는다.

무결성(Integrity)
데이터베이스 내 정확하고 유효한 데이터만 유지시키는 것

가용성(Availability)
데이터베이스를 장애 없이 정상적으로 사용 가능한 정도

▼ 보안 규칙

보안 규칙	설명
단순 보안 속성 (No read up)	주체는 같거나 낮은 보안 수준의 객체만 읽을 수 있다.
성형 보안 속성 (No write down)	주체는 같거나 높은 보안 수준의 객체에만 쓸 수 있다.
특수 속성 규칙 (Strong star property rule)	주체는 동일 레벨에서 읽기와 쓰기가 가능하다.

2. 비바 무결성 모델(Biba Integrity Model)

무결성을 위한 최초의 상업적 모델이다.

•비인가자에 의한 데이터 변형 방지만 취급한다.

•BLP 모델을 보완하였다.

▼ 보안 규칙

보안 규칙	설명
단순 무결성* (Simple Integrity)	객체의 무결성 수준이 주체의 무결성 수준보다 높을 때만 주체는 객체를 읽을 수 있다.
무결성 제한* (Star Integrity)	주체의 무결성 수준이 객체의 무결성 수준보다 높을 때만 주체는 객체를 변경할 수 있다.
호출 속성 (Invocation Property)	낮은 무결성 수준을 갖는 주체는 높은 무결성 수준을 갖는 주체에게 서비스를 요청할 수 없다.

단순 무결성
하위 레벨 읽기 금지

무결성 제한
상위 레벨 쓰기 금지

3. 클락-윌슨 무결성 모델(CWM; Clark-Wilson integrity Model)

주체가 직접 객체에 접근할 수 없고 프로그램을 통해서만 객체에 접근할 수 있는 무결성 중심의 상업적 모델이다.

▼ 무결성의 3가지 목표

목표	설명
비인가자의 위변조 방지	비인가자가 수정하는 것을 방지한다.
정확한 트랜잭션	내·외부 일치성을 유지한다.
직무 분리	인가자에 의한 부적절한 수정을 방지한다.

4. 만리장성 모델(CWM; Chinese Wall Model, Brewer-Nash Model)

주체의 이전 동작에 따라 변화할 수 있는 접근 통제를 제공하는 모델이다.

• 이해 충돌을 야기하는 주체와 객체 사이에는 정보가 흐르지 않게 한다.

• 이해 충돌을 방지하기 위해 만리장성이라 불리는 벽을 사용한다.

• MAC, DAC 개념을 모두 이용한다.

기출 및 예상문제

01 접근 통제

[21년 1회]

01 정보 보안을 위한 접근통제 정책 종류에 해당하지 않는 것은?

① 임의적 접근 통제

② 데이터 전환 접근 통제

③ 강제적 접근 통제

④ 역할 기반 접근 통제

> 해설 접근 통제 종류 : 임의 접근 통제(DAC), 강제 접근 통제(MAC), 역할 기반 접근 통제(RBAC)

[21년 1회 실기]

02 다음은 무엇에 대한 설명인가?

> 시스템 객체에 대한 접근을 사용자 개인 또는 그룹의 식별자를 기반으로 제한하는 접근 통제 방법이다. 사용자나 그룹이 객체의 소유자라면 다른 주체에 대해 자신의 판단에 의해서 이 객체에 대한 접근 권한을 줄 수 있다.

① DAC   ② MAC

③ VIEW   ④ SAN

키워드 개인 또는 식별자, 접근(Access) 권한을 줌 → **용어** 임의 접근 통제(DAC; Discretionary Access Control, 신분 기반 정책)
- 뷰(View) : 사용자에게 접근이 허용된 자료만을 제한적으로 보여 주기 위해 하나 이상의 기본 테이블로부터 유도된 가상 테이블
- SAN(Storage Area Network) : 서버와 저장장치를 연결하는 전 용 네트워크를 별도로 구성하는 방법

[20년 4회]

03 다음은 정보의 접근 통제 정책에 대한 설명이다. (ㄱ)에 들어갈 내용으로 옳은 것은?

정책	(ㄱ)	DAC	RBAC
권한 부여	시스템	데이터 소유자	중앙 관리자
접근 결정	보안등급 (Label)	신분 (Identity)	역할 (Role)
정책 변경	고정적 (변경어려움)	변경 용이	변경 용이
장점	안정적 중앙 집중적	구현 용이 유연함	관리 용이

① NAC   ② MAC
③ SDAC   ④ AAC

TIP 접근 통제는 "신임 보강 역할"로 기억하세요.
- NAC(Network Access Control, 망 접근 제어) : 내부망에 접속 하는 단말의 보안성을 강화할 수 있는 망 보안 시스템
- AAC(Advanced Audio Coding, 고급 오디오 부호화) : 오디오 압 축 방식의 하나로, 인터넷을 사용한 음악 분배 서비스 등에 이용

[21년 3회]

04 정보 시스템 내에서 어떤 주체가 특정 개체에 접근하려 할 때 양쪽의 보안 레이블(Security Label)에 기초하여 높은 보안 수준을 요구하는 정보(객체)가 낮은 보안 수준 의 주체에게 노출되지 않도록 하는 접근 제어 방법은?

① Mandatory Access Control
② User Access Control
③ Discretionary Access Control
④ Data-Label Access Control

키워드 보안 레이블(Security Label) → **용어** 강제 접근 통제(MAC; Mandatory Access Control, 규칙 기반 정책)

[21년 2회]

05 다음 내용이 설명하는 접근 제어 모델은?

- 군대의 보안 레벨처럼 정보의 기밀성에 따 라 상하 관계가 구분된 정보를 보호하기 위 해 사용
- 자신의 권한보다 낮은 보안 레벨 권한을 가 진 경우에는 높은 보안 레벨의 문서를 읽을 수 없고 자신의 권한보다 낮은 수준의 문서 만 읽을 수 있다.
- 자신의 권한보다 높은 보안 레벨의 문서에 는 쓰기가 가능하지만 보안 레벨이 낮은 문 서의 쓰기 권한은 제한한다.

① Clark Wilson Integrity Model
② PDCA Model
③ Bell-Lapadula Model
④ Chinese Wall Model

키워드 군대, 기밀성 → **용어** 벨-라파듈라 모델(BLP; Bell- LaPadula Confidentiality Model)

▶ 정답 : 01.②, 02.①, 03.②, 04.①, 05.③

01 [이전 기출]
다음은 무엇에 대한 설명인가?

> 정보시스템 내에서 어떤 주체가 특정 객체에 접근하려 할 때 양쪽의 보안 레이블(Security Label)에 기초하여 높은 보안 수준을 요구하는 객체가 낮은 보안 수준의 주체에게 노출되지 않도록 접근을 제한하는 통제 방법이다. 그리고 통제 권한이 제 3자에게 있으며, 주체는 접근 통제 권한과 무관하다.

① 강제 접근 통제   ② 임의 접근 통제
③ 보안 접근 통제   ④ 역할기반 접근 통제

02 [이전 기출]
다음 설명에 해당하는 접근통제(Access Control) 모델은?

> 조직의 사용자가 수행해야 하는 직무와 직무 권한 등급을 기준으로 객체에 대한 접근을 제어한다. 접근 권한은 직무에 허용된 연산을 기준으로 허용함으로 조직의 기능 변화에 따른 관리적 업무의 효율성을 높일 수 있다. 사용자가 적절한 직무에 할당되고, 직무에 적합한 접근 권한이 할당된 경우에만 접근할 수 있다.

① Mandatory Access Control
② Role-Based Access Control
③ Discretionary Access Control
④ Access Control List

03 접근 제어 모델 중 주체의 이전 동작에 따라 변화할 수 있는 접근 통제를 제공하는 모델은?

① 만리장성 모델   ② 클락-윌슨 무결성 모델
③ 벨-라파듈라 모델   ④ 비바 무결성 모델

섹션
기출예상문제 해설

Section 06. 데이터베이스 보안

01 키워드 보안 레이블, 통제(Control) 권한 제 3자 → 용어 강제 접근 통제(MAC; Mandatory Access Control, 규칙 기반 정책)
- 임의 접근 통제(DAC; Discretionary Access Control, 신분 기반 정책) : 자원에 접근하는 사용자의 신원에 따라 접근 권한을 부여하는 방식
- 역할 기반 접근 통제(RBAC; Role-Based Access Control) : 사용자에게 할당된 역할에 기반하여 접근 권한을 부여하는 방식

02 키워드 직무(역할) 기준(Role-Based) → 용어 역할 기반 접근 통제(RBAC; Role-Based Access Control)
- 강제 접근 통제(MAC; Mandatory Access Control, 규칙 기반 정책) : 사용자와 자원 모두 보안 레벨을 부여받아 서로의 레벨을 비교하여 접근 권한을 부여하는 방식

- 접근 제어 목록(ACL; Access Control List) : 접근 제어 행렬에 있는 각 열, 즉 객체를 중심으로 접근 리스트를 구성한 것

03 키워드 주체의 이전 동작 → 용어 만리장성 모델(CWM; Chinese Wall Model, Brewer-Nash Model)
- 클락-윌슨 무결성 모델(CWM; Clark-Wilson integrity Model) : 주체가 직접 객체에 접근할 수 없고 프로그램을 통해서만 객체에 접근할 수 있는 무결성 중심의 상업적 모델
- 벨-라파듈라 모델(BLP; Bell-LaPadula Confidentiality Model) : 기밀성을 강조한 최초의 수학적 모델
- 비바 무결성 모델(Biba Integrity Model) : 무결성을 위한 최초의 상업적 모델

정답 **01** ①   **02** ②   **03** ①

SECTION 07

SQL 기본

SQL은 사용자가 DBMS를 이용하여 데이터베이스에 접근하기 위한 질의어입니다. SQL을 이용하여 원하는 데이터를 검색할 수 있으며, 데이터 삽입, 삭제, 수정 등의 데이터 관리도 할 수 있습니다. 데이터를 관리하기 위한 DDL, DML, DCL에 대해 학습합니다.

질의어(쿼리, Query)
데이터베이스에 자료를 조작하고 검색하는데 사용되는 데이터 언어

관계 대수
원하는 정보를 어떻게 유도하는가를 연산자와 연산규칙 이용하여 기술한 절차 중심의 언어

관계 해석
원하는 정보가 무엇이라는 것만 정의한 결과 중심의 언어

권쌤이 알려줌

비절차적 언어인 SQL은 사용자가 원하는 데이터를 명시할 뿐, 데이터를 구하는 방법을 절차적으로 명시하지는 않습니다.
ⓔ 절차적 언어 : C언어

합격자의 암기법

SQL 구분 : 정조제 = DMC
• 정(의어, Definition)
• 조(작어, Manipulation)
• 제(어어, Control)

★★★
01 SQL 기초

1 SQL(Structured Query Language, 구조화된 질의어)

SQL은 관계형 데이터베이스 관리 시스템(RDBMS)의 조작과 관리를 위한 표준 질의어※이다.

- 관계 대수※와 관계 해석※을 기초로 한 고급 데이터 언어로, 이해하기 쉬운 형태이다.
- 대화식 질의어로 사용이 가능하다.
- 데이터 정의 기능, 조작 기능, 제어 기능을 제공한다.
- 내장 SQL은 COBOL, C, PASCAL 등의 언어에 삽입되어 있다.
- DBMS에서 사용하는 비절차적 대화형 언어이다.

2 SQL 구분 [22년 2, 3회] [21년 3회] [20년 2, 3회]

1. 데이터 정의어(DDL; Data Definition Language) [21년 2회]

데이터의 형태, 구조, 데이터베이스의 저장에 관한 내용을 정의 및 변경하는 데이터 언어

종류	설명
CREATE	도메인, 테이블, 뷰, 인덱스를 정의한다.
ALTER	테이블 구조를 변경한다.
DROP	도메인, 테이블, 뷰, 인덱스를 제거한다.

2. 데이터 조작어(DML; Data Manipulation Language)

사용자의 요구에 따라 삽입, 수정, 삭제, 검색 등을 지원하는 데이터 언어

종류	설명
INSERT	튜플을 삽입한다.
UPDATE	튜플을 수정(갱신)한다.
DELETE	튜플을 삭제한다.
SELECT	튜플을 검색한다.

3. 데이터 제어어(DCL; Data Control Language)

무결성 유지, 보안, 권한, 병행 수행 제어, 회복 등 정확성과 안정성을 유지하는 데이터 언어

종류	설명
GRANT	데이터베이스 사용자에게 권한을 부여한다.
REVOKE	데이터베이스 사용자의 권한을 취소한다.
COMMIT	트랜잭션이 성공했을 경우 그 결과를 데이터베이스에 적용하여 작업을 완료시킨다.
ROLLBACK	트랜잭션의 실패로 작업을 취소하고, 이전 상태로 되돌린다.
SAVEPOINT	트랜잭션 내에 롤백할 위치인 저장점을 지정한다.

기출 및 예상문제

[20년 2회]
01 SQL의 분류 중 DDL에 해당하지 않는 것은?

① UPDATE ② ALTER
③ DROP ④ CREATE

해설 다른 하나는 DML문에 해당한다.

[21년 2회]
02 SQL에서 VIEW를 삭제할 때 사용하는 명령은?

① ERASE ② KILL
③ DROP ④ DELETE

해설
• DROP : 도메인, 테이블, 뷰, 인덱스 삭제
• DELETE : 튜플 삭제

[21년 2회]
03 DDL(Data Define Language)의 명령어 중 스키마, 도메인, 인덱스 등을 정의할 때 사용하는 SQL문은?

① ALTER ② SELECT
③ CREATE ④ INSERT

해설 키워드 정의 → 용어 CREATE
①은 변경, ②는 검색, ④는 삽입할 때 사용하는 SQL문이다.

[21년 3회]
04 다음 중 SQL에서의 DDL문이 아닌 것은?

① CREATE ② DELETE
③ ALTER ④ DROP

해설 다른 하나는 DML문에 해당한다.

[20년 2회]
05 DML에 해당하는 SQL 명령으로만 나열된 것은?

① DELETE, UPDATE, CREATE, ALTER
② INSERT, DELETE, UPDATE, DROP
③ SELECT, INSERT, DELETE, UPDATE
④ SELECT, INSERT, DELETE, ALTER

해설 TIP DDL문, DML문, DCL문을 잘 구분하여 학습해 두세요.

[20년 3회]
06 DML 명령어가 아닌 것은?

① INSERT ② UPDATE
③ ALTER ④ DELETE

해설 다른 하나는 DDL 명령어에 해당한다.

[20년 3회]
07 DCL 명령어가 아닌 것은?

① COMMIT ② ROLLBACK
③ GRANT ④ SELECT

해설 다른 하나는 DML 명령어에 해당한다.

▶ 정답 : 01.①, 02.③, 03.③, 04.②, 05.③, 06.③, 07.④

★★★
02 DDL(데이터 정의어)

1 DDL(Data Definition Language, 데이터 정의어) [21년 1회]

DDL은 도메인, 테이블, 뷰, 인덱스를 정의, 변경, 제거하는 언어이다.

• DDL로 정의된 내용은 메타 데이터가 되며, 시스템 카탈로그에 저장된다.
• 종류 : CREATE, ALTER, DROP

2 CREATE DOMAIN

도메인*을 정의한다.

형식

```
CREATE DOMAIN 도메인명 데이터타입
    [DEFAULT 기본값]
    [CONSTRAINT 제약조건명 CHECK(제약조건)];
```

• 도메인명 : 임의로 지정한 도메인 이름
• 데이터타입 : SQL에서 지원하는 데이터 형식
  – 문자형* : CHAR, 날짜형 : DATE, 정수형 : INTEGER 등
• DEFAULT 기본값 : 데이터 값을 입력하지 않았을 경우 자동으로 입력되는 값
• CONSTRAINT 제약조건명 : 임의로 지정한 제약조건 이름
• CHECK(제약조건) : 데이터베이스에 저장된 데이터의 정확성을 보장하기 위해 정확하지 않은 데이터가 데이터베이스 내에 저장되는 것을 방지하기 위한 조건

예제 SUNG 도메인 정의

```
1    CREATE DOMAIN SUNG CHAR(2)
2        DEFAULT '여'
3        CONSTRAINT SUNG_ck CHECK (SUNG='남' or SUNG='여');
```

해설

```
1    CREATE DOMAIN SUNG CHAR(2)
         크기가 2Byte인 문자열 타입(CHAR)의 SUNG이라는 사용자 데이터 타입을 정의한다.
2    DEFAULT '여'
         데이터값을 입력하지 않았을 경우 기본값은 '여'로 입력한다.
3    CONSTRAINT SUNG_ck CHECK (SUNG='남' or SUNG='여');
         사용자 데이터 타입 SUNG에는 '남' 또는 '여'만 저장될 수 있다. 이 제약조건을
         SUNG_ck라고 한다.
         - 만약 SUNG에 '여자'가 입력되면, 제약조건 SUNG_ck가 성립하지 않으므로 오류가
         발생한다.
```

3 CREATE TABLE [22년 1회]

테이블을 정의한다.

```
CREATE TABLE 테이블명 (
    속성명 데이터타입 [DEFAULT 기본값] [NOT NULL]
    , ...
    [,PRIMARY KEY(기본키_속성명)]
    [,UNIQUE(대체키_속성명)]
    [,FOREIGN KEY(외래키_속성명) REFERENCES 참조테이블명(참조테이블기본키_속성명)]
    [,CECHK(제약조건)]
);
```

- 테이블명 : 임의로 지정한 테이블 이름
- 속성명 : 테이블에 포함될 임의로 지정한 속성 이름
- 데이터타입 : 속성의 데이터 형식
- DEFAULT 기본값 : 해당 속성의 기본값을 지정
- NOT NULL※ : 해당 속성은 NULL 값을 가질 수 없음
- PRIMARY KEY(기본키_속성명) : 해당 속성을 기본키로 지정
  - 기본키로 지정된 속성은 NULL 값을 가질 수 없고 중복되어서는 안 된다.
- UNIQUE(대체키_속성명) : 해당 속성을 대체키로 지정
  - 대체키로 지정된 속성은 중복되면 안 된다.
- FOREIGN KEY(외래키_속성명) : 해당 속성을 외래키로 지정
  - 옵션1. ON DELETE[UPDATE] CASCADE : 부모 데이터가 삭제[수정]되면, 관련된 자식 데이터도 연쇄 삭제[수정]된다.
  - 옵션2. ON DELETE[UPDATE] SET NULL : 부모 데이터가 삭제[수정]되면, 관련된 자식 데이터는 NULL 이 된다.
  - 옵션3. ON DELETE[UPDATE] SET DEFAULT : 부모 데이터가 삭제[수정]되면, 관련된 자식 데이터는 기본(Default)값이 된다.
- REFERENCES 참조테이블명(참조테이블기본키_속성명) : 외래키로 지정된 속성은 참조테이블의 기본키 를 참조함
- CHECK(제약조건) : 데이터베이스에 저장된 데이터의 정확성을 보장하기 위해 정확하지 않은 데이터가 데 이터베이스 내에 저장되는 것을 방지하기 위한 조건

NULL
데이터 값이 존재하지 않는다.

권쌤이 알려줌

FOREIGN KEY 옵션 중 NO ACTION은 부모 테이블에 변화 가 있어도, 관련된 자식 테이블 에는 아무런 작업을 하지 않는 것입니다.

권쌤이 알려줌

외래키는 두 테이블을 서로 연 결하는 데 사용되는 키입니다.
- 외래키가 포함된 테이블을 자 식(하위) 테이블이라 하고, 외 래키 값을 제공하는 테이블을 부모(상위) 테이블이라 합니다.

예제   [학생] 테이블 정의

```
1   CREATE TABLE 학생 (
2       학번 CHAR(18),
3       이름 CHAR(18) NOT NULL,
4       학과코드 CHAR(10),
5       성별 SUNG,
6       생년월일 DATE,
7           PRIMARY KEY(학번),
8           UNIQUE(이름),
9           FOREIGN KEY(학과코드) REFERENCES 학과(학과코드),
10          CHECK (생년월일 >= ' 1974-05-01 ')
11  );
```

해설

1	CREATE TABLE 학생 테이블명이 [학생]인 테이블을 정의한다.
2	학번 CHAR(18), 크기가 18Byte인 문자열 타입의 학번 속성을 정의한다.
3	이름 CHAR(18) NOT NULL, 크기가 18Byte인 문자열 타입의 이름 속성을 정의한다. 이름 속성은 NULL 값을 가질 수 없다.

4	학과코드 CHAR(10), 　크기가 10Byte인 문자열 타입의 학과코드 속성을 정의한다.
5	성별 SUNG, 　사용자 데이터 타입 SUNG의 성별 속성을 정의한다. 　- SUNG은 SQL에서 지원하는 기본 데이터 형식이 아니므로 반드시 CREATE DOMAIN을 사 　용하여 사용자 데이터 타입을 먼저 정의해야 한다.
6	생년월일 DATE, 　날짜 타입의 생년월일 속성을 정의한다.
7	PRIMARY KEY(학번), 　학번 속성을 기본키로 지정한다.
8	UNIQUE(이름), 　이름 속성을 대체키로 지정한다.
9	FOREIGN KEY(학과코드) REFERENCES 학과(학과코드), 　학과코드 속성을 외래키로 지정한다. 학과코드 속성은 [학과] 테이블의 학과코드 속성 　을 참조한다.

부모 테이블　　　　　　　　　　　　　　자식 테이블

[학과]

학과코드	...	...

PK
(Primary
Key)

[학생]

학번	이름	성별	생년월일	학과코드

PK　　　　　　　　　　　　　　　　　　　FK
(Primary　　　　　　　　　　　　　　　(Foreign
Key)　　　　　　　　　　　　　　　　　　Key)

10	CHECK(생년월일 >= '1974-05-01') 　생년월일 속성에는 ' 1974-05-01 ' 이상 날짜만 저장될 수 있다. 　- 생년월일 속성에 ' 1974-05-01 ' 미만의 날짜가 입력되면 오류가 발생한다.

4 CREATE VIEW

뷰(View)*를 정의한다.

뷰(View)
사용자에게 접근이 허용된 자료
만을 제한적으로 보여주기 위해
서 하나 이상의 기본 테이블로
부터 유도된 가상 테이블

형식

```
CREATE VIEW 뷰테이블명(속성1, 속성2, …) AS
    SELECT문
    [WITH CHECK OPTION];
```

• 뷰테이블명 : 뷰로 생성할 임의로 지정한 뷰테이블 이름
• 속성 : 뷰테이블에 포함될 속성들
• SELECT문 : SELECT문의 결과를 뷰로 정의
　– SELECT문은 부속질의(Subquery) 형태이다.
• WITH CHECK OPTION : 뷰를 정의하는 SELECT문에 WHERE절이 있는 경우 그 조건에 사용되어진 칼럼
값은 뷰를 통한 변경이 불가능하다는 옵션

권쌤이 알려줌

SELECT문은 DML에서 자세히
학습합니다. DML을 학습한 후
CREATE VEIW문을 한 번 더 학
습하세요.

예제 | **[학생] 테이블에서 이름 속성과 성별(여) 속성을 뷰로 정의**

1	CREATE VIEW 여학생_view(이름, 성별) AS
2	SELECT 이름, 성별
3	FROM 학생
4	WHERE 성별='여'
5	WITH CHECK OPTION;

결과   임의로 [학생] 테이블에 데이터를 입력한 후 결과

학생

학번	이름	성별	생년월일	학과코드
A001	김기영	남	78년10월04일	사무
A002	최현주	여	79년04월09일	정보
A003	이미영	여	82년12월12일	사무

→ 여학생_view

이름	성별
최현주	여
이미영	여

5 CREATE INDEX [20년 2회 실기]

인덱스(Index)※를 정의한다.

> **인덱스(Index)**
> 검색을 빠르게 하기 위해 만든 보조적인 데이터 구조

형식

```
CREATE [UNIQUE] INDEX 인덱스명
    ON 테이블명(속성1 [ASC|DESC], 속성2 [ASC|DESC], …)
    [CLUSTER];
```

- 인덱스명 : 임의로 지정한 인덱스 이름
- UNIQUE : 인덱스로 정의되는 속성값의 중복을 허용하지 않음
- 생략할 경우 중복을 허용한다.
- ON 테이블명(속성) : 인덱스를 생성할 테이블과 인덱스로 지정할 속성
- ASC : 오름차순 정렬, 생략 시 기본값으로 오름차순 정렬
- DESC : 내림차순 정렬
- CLUSTER : 클러스터드 인덱스(Clustered Index)※로 설정
- 생략할 경우 넌클러스터드 인덱스(Non Clustered Index)※로 설정된다.

> **클러스터드 인덱스(Clustered Index)**
> 인덱스의 순서에 따라 데이터베이스 내 튜플(행)을 정렬하여 저장되는 방식

예제   [학생] 테이블에서 이름 속성을 인덱스로 정의

```
1  CREATE UNIQUE INDEX 이름_idx
2      ON 학생(이름 ASC)
3      CLUSTER;
```

> **넌클러스터드 인덱스(Non Clustered Index)**
> 인덱스만 정렬되어 있을 뿐 데이터베이스 내 튜플(행)을 정렬되지 않는 방식

해설

1	CREATE UNIQUE INDEX 이름_idx 　　인덱스명이 이름_idx인 인덱스를 정의하고, 인덱스로 지정된 속성은 중복을 허용하지 않는다.
2	ON 학생(이름 ASC) 　　[학생] 테이블의 이름 속성을 오름차순으로 정렬한다.
3	CLUSTER; 　　클러스터드 인덱스로 설정한다.

권쌤이 알려줌

사용자 그룹 생성 방법은 아래와 같습니다.
- CREATE USER [사용자그룹명] IDENTIFIED BY [비밀번호];

6 ALTER TABLE [21년 1회] [20년 4회] [20년 3회 실기]

테이블 구조를 변경한다.

> **형식**
>
> ① ALTER TABLE 테이블명 ADD 속성명 데이터타입;
> ② ALTER TABLE 테이블명 ALTER 속성명 SET DEFAULT 기본값;
> ③ ALTER TABLE 테이블명 DROP 속성명;
>
> ① 테이블에 새로운 속성(열)을 추가한다.
> ② 테이블의 속성(열)의 기본값을 변경한다.
> ③ 테이블의 속성(열)을 제거한다.

> **예제1**
>
> ALTER TABLE 학과 ADD 연락처 CHAR(18);

> **해설1**
>
> [학과] 테이블에 크기가 18Byte의 문자열 타입의 연락처 속성을 추가한다.

> **예제2**
>
> ALTER TABLE 학과 ALTER 학과명 SET DEFAULT '정보';

> **해설2**
>
> [학과] 테이블의 학과명 속성의 기본 값을 '정보'로 변경한다.

> **예제3**
>
> ALTER TABLE 학과 DROP 학과명;

> **해설3**
>
> [학과] 테이블의 학과명 속성을 제거한다.

7 DROP TABLE [22년 1회] [20년 2회]

테이블을 제거한다.

> **형식**
>
> DROP TABLE 테이블명 [CASCADE¦RESTRICT];
>
> - DROP TABLE 테이블명 : 테이블 삭제
> - CASCADE : 참조하는 테이블을 연쇄적으로 제거
> - RESTRICT : 참조하는 테이블이 있을 경우 제거 안 됨
>   - 생략할 경우 기본값으로 RESTRICT이 설정된다.

> **예제**
>
> [학생] 테이블이 [학과] 테이블을 참조하고 있을 때, [학과] 테이블을 삭제하시오.

TRUNCATE TABLE

TRUNCATE 명령어는 테이블에서 모든 튜플(행)을 삭제하는 데이터 정의어(DDL)이다.

- DELETE 테이블명 다음에 WHERE절이 없는 구문과 동일하다.
- DELETE 명령어는 데이터는 지워지지만 테이블 용량은 줄어들지 않는다.
- TRUNCATE 명령어는 테이블 용량이 줄어들고, 실행 후 자동으로 커밋을 하므로 TRUNCATE를 실행한 테이블은 롤백을 할 수 없다.
  - 커밋(Commit) : 데이터베이스에 적용하고 작업을 완료시키는 기능
  - 롤백(Rollback) : 작업을 취소하고 이전 상태로 되돌리는 기능

 권쌤이 알려줌

DELETE문은 DML로 테이블 내 튜플을 삭제하는 명령어입니다. 이후 자세히 학습합니다.

이름	성별
홍길동	남
임꺽정	여
장발장	남

→ DELETE 후

이름	성별

→ TRUNCATE 후

이름	성별

→ DROP 후

삭제

 기출 및 예상문제　　　　　**02 DDL(데이터 정의어)**

[21년 1회]

01 SQL에서 스키마(schema), 도메인(domain), 테이블(table), 뷰(view), 인덱스(index)를 정의하거나 변경 또는 삭제할 때 사용하는 언어는?

① DML(Data Manipulation Language)
② DDL(Data Definition Language)
③ DCL(Data Control Language)
④ IDL(Interactive Data Language)

해설
키워드 도메인, 테이블, …, 정의(Definition), 변경, 삭제 → **용어** DDL(Data Definition Language, 데이터 정의어)
- IDL(Interactive Data Language, 대화형 데이터 언어) : 데이터 분석용으로 쓰이는 프로그래밍 언어

[20년 2회 실기]

02 다음 SQL 문에서 ( ) 안에 들어갈 내용으로 옳은 것은?

CREATE INDEX idx_name ( ) student(name);

① IN
② IS
③ ON
④ FROM

해설
CREATE INDEX문 일반 형식
: CREATE INDEX 인덱스명 ON 테이블명(속성명)
- CREATE INDEX idx_name ON student(name);
: [student] 테이블의 name 속성을 인덱스명이 idx_name인 인덱스로 정의한다.

[20년 4회]

03 학생 테이블을 생성한 후, 성별 필드가 누락되어 이를 추가하려고 한다. 이에 적합한 SQL 명령어는?

① INSERT ② ALTER

③ DROP ④ MODIFY

> **해설**
> ALTER는 테이블의 구조를 변경하며, 속성 추가가 가능하다.
> ①은 튜플 삽입, ③은 도메인, 테이블, 뷰, 인덱스를 삭제할 때 사용한다.

[21년 1회]

04 [회원] 테이블 생성 후 [주소] 필드(칼럼)가 누락되어 이를 추가하려고 한다. 이에 적합한 SQL 명령어는?

① DELETE ② RESTORE

③ ALTER ④ ACCESS

> **해설**
> ALTER는 테이블의 구조를 변경하며, 속성 추가가 가능하다.
> ①은 튜플을 삭제할 때 사용한다.

[20년 3회 실기]

05 학생 테이블에 주소 속성을 추가하는 SQL문을 작성하고자 한다. 다음에 주어진 SQL문의 빈칸을 알맞게 채운 것은?

> SQL)㉠ TABLE 학생 ㉡ 주소 VARCHAR(20);

① ㉠ ALTER, ㉡ ALTER

② ㉠ ALTER, ㉡ ADD

③ ㉠ UPDATE, ㉡ ADD

④ ㉠ ALTER, ㉡ DROP

> **해설**
> ALTER TABLE : ADD(새로운 속성 추가), ALTER(기본값 변경), DROP(속성 제거)

[20년 2회]

06 참조 무결성을 유지하기 위하여 DROP문에서 부모 테이블의 항목 값을 삭제할 경우 자동적으로 자식 테이블의 해당 레코드를 삭제하기 위한 옵션은?

① CLUSTER ② CASCADE

③ SET-NULL ④ RESTRICTED

> **해설**
> 키워드 자동적, 자식 테이블의 해당 레코드 삭제 → 용어 CASCADE
> • 클러스터(Cluster) : 데이터 저장 시 동일한 성격의 데이터를 동일한 데이터 블록에 저장하는 물리적 저장 기법
> • SET-NULL : 개체를 변경/삭제할 때 다른 개체가 변경/삭제할 개체를 참조하고 있을 경우 참조하고 있는 값는 NULL로 세팅
> • RESTRICTED : 참조하는 테이블이 있을 경우 제거 안 됨

▶ 정답 : 01.②, 02.③, 03.②, 04.③, 05.②, 06.②

★★★

03 DML(데이터 조작어)

1 DML(Data Manipulation Language, 데이터 조작어)

DML은 데이터베이스에 저장된 튜플(행)을 삽입, 수정, 삭제, 검색하기 위한 언어이다.

• 종류 : INSERT, UPDATE, DELETE, SELECT

2 INSERT

튜플을 삽입한다.

```
INSERT INTO 테이블명[(속성)]
VALUES (데이터1, 데이터2, …);
```

- INSERT INTO 테이블명 : 튜플을 삽입할 테이블명
- 속성 : 데이터를 삽입할 속성
  - 생략할 경우 테이블의 모든 속성에 데이터를 삽입한다.
- 데이터 : 테이블에 삽입할 데이터값

수강생

이름	과목	주소	수강료
남기욱	정보	서구	100
권지온	컴활	중구	80
김상현	워드	북구	50

예제1

INSERT INTO 수강생 VALUES ('김길현', '정보', '남구', 100);

해설1

[수강생] 테이블에 (이름—김길현, 과목—정보, 주소—남구, 수강료—100)을 삽입한다.

예제2

INSERT INTO 수강생(이름, 수강료) VALUES ('이상인', 120);

해설2

[수강생] 테이블에 (이름—이상인, 수강료—120)을 삽입한다.

형식2

```
INSERT INTO 테이블명[(속성)]
    SELECT문;
```

- INSERT INTO 테이블명 : 튜플을 삽입할 테이블명
- 속성 : 데이터를 삽입할 속성
  - 생략할 경우 테이블의 모든 속성에 데이터를 삽입한다.
- SELECT문 : SELECT문의 결과를 테이블의 튜플로 삽입

예제

INSERT INTO 정보수강생(이름, 과목, 수강료)
    SELECT 이름, 과목, 수강료 FROM 수강생 WHERE 주소='남구';

해설

[수강생] 테이블에서 주소 속성이 '남구'인 튜플을 [정보수강생](이름, 과목, 수강료) 테이블에 삽입한다.

권쌤이 알려줌

SQL에서 데이터 형식이 문자형일 경우 반드시 데이터값은 작은따옴표(' ')로 묶어야 합니다.
- 문자형 : '김길현', '정보'
- 숫자형 : 100, 120

3 UPDATE [22년 3회] [21년 2회] [20년 4회] [21년 2회 실기]

튜플을 수정한다.

형식

```
UPDATE 테이블명
SET 속성명 = 데이터
[WHERE 조건];
```

- UPDATE 테이블명 : 튜플을 수정할 테이블명
- SET 속성명 = 데이터 : 해당 속성을 데이터값으로 수정
- WHERE 조건 : 조건에 만족하는 튜플 수정

예제1

UPDATE 수강생 SET 과목='사무' WHERE 이름='이상인';

해설1

[수강생] 테이블에서 이름 속성이 '이상인'인 튜플의 과목을 '사무'로 수정한다.

예제2

UPDATE 수강생 SET 수강료=수강료+10 WHERE 과목='정보';

해설2

[수강생] 테이블에서 과목 속성이 '정보'인 튜플의 수강료를 수강료+10 값으로 수정한다.

4 DELETE [22년 1회] [20년 3회 실기]

튜플을 삭제한다.

형식

```
DELETE FROM 테이블명
[WHERE 조건];
```

- DELETE FROM 테이블명 : 튜플을 삭제할 테이블명
- WHERE 조건 : 조건에 만족하는 튜플 삭제

예제

DELETE FROM 수강생 WHERE 과목='정보';

해설

[수강생] 테이블에서 과목 속성이 '정보'인 튜플을 삭제한다.

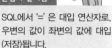

권쌤이 알려줌

SQL에서 '='은 대입 연산자로, 우변의 값이 좌변의 값에 대입(저장)됩니다.
예

좌변   우변
수강료 = 수강료 + 10
                  ▲
                 대입

권쌤이 알려줌

헷갈리지 마세요! 튜플을 삭제하는 명령어는 DELETE이고, 테이블을 삭제하는 명령어는 DROP입니다.

권쌤이 알려줌

주의하세요!
WHERE절이 없으면 해당 테이블의 모든 튜플을 삭제합니다.
예 DELETE FROM 수강생;
   // [수강생] 테이블의 모든 튜플을 삭제한다.

5 SELECT – 기본 구조 [22년 1회] [21년 2회] [20년 2, 3회] [20년 1회 실기]

튜플을 검색한다.

형식

```
SELECT [DISTINCT] 속성 [AS 별칭]
FROM 테이블명
[WHERE 조건];
```

- SELECT 속성 : 해당 속성을 검색
- DISTINCT : 중복되는 튜플을 배제하여 출력
  - 생략할 경우 검색 결과에 중복되는 튜플도 출력된다.
- AS 별칭 : 해당 속성의 이름을 별칭으로 표시
- FROM 테이블명 : 튜플을 검색할 테이블명
- WHERE 조건 : 조건에 만족하는 튜플 검색

예제1

SELECT * FROM 수강생;

해설1

[수강생] 테이블의 모든 튜플을 검색한다.

예제2

SELECT 수강생.* FROM 수강생;

해설2

[수강생] 테이블의 모든 튜플을 검색한다.

예제3

SELECT 이름, 과목, 주소, 수강료 FROM 수강생;

해설3

[수강생] 테이블의 모든 튜플을 검색한 후 이름 속성, 과목 속성, 주소 속성, 수강료 속성을 검색한다.

예제4

SELECT 수강생.이름, 수강생.과목, 수강생.주소, 수강생.수강료 FROM 수강생;

해설4

[수강생] 테이블의 모든 튜플을 검색한 후 이름 속성, 과목 속성, 주소 속성, 수강료 속성을 검색한다.

예제5

SELECT DISTINCT 과목 FROM 수강생;

권쌤이 알려줌

*는 모든, 전부를 의미합니다.

권쌤이 알려줌

[테이블명].[속성]은 해당 테이블의 속성을 의미하며, 다른 테이블과 속성 이름이 중복될 경우 주로 사용합니다.

[수강생] 테이블에서 모든 튜플을 검색한 후 중복 제거된 과목 속성을 검색한다.

수강생

이름	과목	주소	수강료
김길현	정보	남구	100
이상인	정보	서구	120
남기욱	정보	서구	100
권지온	컴활	중구	80
김상현	워드	북구	50

[예제 1~4 결과]

이름	과목	주소	수강료
김길현	정보	남구	100
이상인	정보	서구	120
남기욱	정보	서구	100
권지온	컴활	중구	80
김상현	워드	북구	50

[예제 5 결과]

과목
정보
컴활
워드

6 SELECT - 조건

1. 비교 연산자 [20년 2회 실기]

연산자	설명	연산자	설명
A = B 또는 A IN B	A와 B는 같다.	A 〈 〉 B 또는 A NOT IN B	A와 B는 같지 않다.
A 〉 B	A는 B보다 크다.	A 〉= B	A는 B보다 크거나 같다.
A 〈 B	A는 B보다 작다.	A 〈= B	A는 B보다 작거나 같다.

예제1

SELECT * FROM 수강생 WHERE 과목='정보';

해설1

[수강생] 테이블에서 과목 속성이 '정보'인 튜플을 검색한다.

예제2

SELECT * FROM 수강생 WHERE 수강료 〉 100;

해설2

[수강생] 테이블에서 수강료 속성이 100 초과인 튜플을 검색한다.

수강생

이름	과목	주소	수강료
김길현	정보	남구	100
이상인	정보	서구	120
남기욱	정보	서구	100
권지온	컴활	중구	80
김상현	워드	북구	50

[예제 1 결과]

이름	과목	주소	수강료
김길현	정보	남구	100
이상인	정보	서구	120
남기욱	정보	서구	100

[예제 2 결과]

이름	과목	주소	수강료
이상인	정보	서구	120

2. 논리 연산자 [21년 2, 3회]

연산자	설명
조건1 AND 조건2	조건1과 조건2가 모두 참일 경우 참을 반환
조건1 OR 조건2	조건1, 조건2 둘 중 하나라도 참일 경우 참을 반환
NOT 조건	조건의 부정을 반환

예제

SELECT * FROM 수강생 WHERE 과목='컴활' OR 과목='워드';

해설

[수강생] 테이블에서 과목 속성이 '컴활'이거나 '워드'인 튜플을 검색한다.

수강생

이름	과목	주소	수강료
김길현	정보	남구	100
이상인	정보	서구	120
남기욱	정보	서구	100
권지온	컴활	중구	80
김상현	워드	북구	50

[예제 결과]

이름	과목	주소	수강료
권지온	컴활	중구	80
김상현	워드	북구	50

3. LIKE [21년 1회] [21년 2회 실기]

연산자	설명	연산자	설명
%	모든 문자를 의미	_	한 글자를 의미

예제1

SELECT * FROM 수강생 WHERE 이름 LIKE '김%';

해설1

[수강생] 테이블에서 이름 속성이 '김'으로 시작하는 튜플을 검색한다.

예제2

SELECT * FROM 수강생 WHERE 이름 LIKE '김__';

해설2

[수강생] 테이블에서 이름 속성이 '김'으로 시작하고 3글자인 튜플을 검색한다.

수강생

이름	과목	주소	수강료
김길현	정보	남구	100
이상인	정보	서구	120
남기욱	정보	서구	100
권지온	컴활	중구	80
김상현	워드	북구	50

[예제 1~2 결과]

이름	과목	주소	수강료
김길현	정보	남구	100
김상현	워드	북구	50

4. 기타 연산자 [22년 1회] [21년 3회] [20년 3회]

연산자	설명
BETWEEN A AND B	A와 B 사이의 값
IS NULL	NULL 값
IS NOT NULL	NULL 값이 아닌 값

권쌤이 알려줌

AND, OR, NOT 연산자의 진리표는 다음과 같습니다.
• 참 : T, 거짓 : F
• AND

입력		출력
조건1	조건2	
F	F	F
F	T	F
T	F	F
T	T	T

• OR

입력		출력
조건1	조건2	
F	F	F
F	T	T
T	F	T
T	T	T

• NOT

입력	출력
F	T
T	F

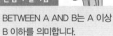

권쌤이 알려줌

BETWEEN A AND B는 A 이상 B 이하를 의미합니다.

권쌤이 알려줌

주의하세요!
CREATE TABLE 문에서 속성을 정의할 때는 Null, Not Null이고, SELECT 문에서는 Is Null, Is Not Null입니다.

수강생

이름	과목	주소	수강료
김길현	정보	남구	100
이상인		서구	120
남기욱	정보		100
권지온	컴활	중구	80
김상현	워드	북구	50

[예제 1 결과]

이름	과목	주소	수강료
권지온	컴활	중구	80
김상현	워드	북구	50

[예제 2 결과]

이름	과목	주소	수강료
이상인		서구	120

[예제 3 결과]

이름	과목	주소	수강료
김길현	정보	남구	100
남기욱	정보		100
권지온	컴활	중구	80
김상현	워드	북구	50

7 SELECT – 부속(Subquery, 서브쿼리) [22년 2회] [21년 1회] [20년 2, 4회]

SQL문 내부에 사용하는 SELECT문으로, 부속질의 결과를 WHERE절의 조건으로 사용한다.

다음과 같은 [수강생] 테이블, [수강과목] 테이블에 대해 예제의 결과를 확인하시오.

권쌤이 알려줌

서브쿼리는 SELECT문 안에 다시 SELECT문이 기술된 형태의 쿼리입니다. 서브쿼리의 결과를 메인쿼리에서 받아 처리하는 구조이기 때문에 중첩된 쿼리라고도 합니다.

수강생

이름	주소
김길현	남구
이상인	서구
남기욱	서구
백서연	중구
김상현	북구

수강과목

수강생이름	과목
김길현	정보
이상인	정보
권우석	정보
백서연	컴활
김상현	워드

수강과목이 '정보'인 수강생의 주소를 검색하시오.

정답 및 해설1

- SQL문 : SELECT 주소 FROM 수강생
    WHERE 이름 **IN** (
       SELECT 수강생이름 FROM 수강과목 WHERE 과목 = '정보');
- IN은 서브쿼리의 결과 건수에 상관없이 사용하는 다중 행 비교 연산자이다.

권쌤이 알려줌

NOT IN (...)은 포함되지 않는 데이터를 출력합니다.

예제2

수강과목이 '워드'인 수강생의 주소를 검색하시오.

정답 및 해설2

- SQL문 : SELECT 주소 FROM 수강생
    WHERE 이름 **=** (
       SELECT 수강생이름 FROM 수강과목 WHERE 과목 = '워드');
- =은 서브쿼리 결과가 반드시 1건 이하이어야 하는 단일 행 비교 연산자이다.

권쌤이 알려줌

부속질의 결과가 단일 행이므로 =를 사용합니다. 물론 IN도 사용 가능합니다.

예제3

수강과목이 '정보'인 수강생의 주소를 검색하시오.

정답 및 해설3

- SQL문 : SELECT 주소 FROM 수강생
    WHERE **EXISTS** (
       SELECT 수강생이름 FROM 수강과목 WHERE 과목 = '정보' AND 이름 = 수강생이름);
- 이름 = 수강생이름 : [수강생] 테이블과 [수강과목] 테이블에 공통으로 있는 이름을 [수강과목] 테이블에서 검색한다.

권쌤이 알려줌

EXISTS는 IN보다 성능이 좋습니다.

예제4

수강과목이 '정보'가 아닌 수강생의 주소를 검색하시오.

정답 및 해설4

- SQL문 : SELECT 주소 FROM 수강생
    WHERE **NOT EXISTS** (
       SELECT 수강생이름 FROM 수강과목 WHERE 과목 = '정보' AND 이름 = 수강생이름);
- 부속질의 실행 결과를 제외한 튜플을 출력한다.

[예제 1 결과]

주소
남구
서구

[예제 2 결과]

주소
북구

[예제 3 결과]

주소
남구
서구

[예제 4 결과]

주소
서구
중구
북구

8 SELECT- 확장 구조 [22년 2, 3회] [21년 3회] [22년 1회 실기] [21년 1회 실기] [20년 3, 4회 실기]

튜플을 검색한다.

형식

```
SELECT [DISTINCT] 속성 | 집계함수 [AS 별칭]
FROM 테이블명
[WHERE 조건]
[GROUP BY 속성 [HAVING 조건]]
[ORDER BY 속성 [ASC | DESC]];
```

• SELECT 속성 : 해당 속성을 검색
• SELECT 집계함수 : GROUP BY절에 지정된 그룹별로 속성의 합계, 평균 등을 검색하기 위한 함수
• DISTINCT : 중복되는 튜플을 배제하여 출력
 – 생략할 경우 검색 결과에 중복되는 튜플도 출력된다.
• AS 별칭 : 해당 속성의 이름을 별칭으로 표시
• FROM 테이블명 : 튜플을 검색할 테이블명
• WHERE 조건 : 조건에 만족하는 튜플 검색
• GROUP BY 속성 : 해당 속성을 그룹화
• HAVING 조건 : 그룹에 대한 조건
• ORDER BY 속성 : 해당 속성을 정렬
 – ASC : 오름차순 정렬, 생략 시 기본 값으로 오름차순 정렬
 – DESC : 내림차순 정렬

▼ 집계 함수(Aggregate Function)*

함수	기능	함수	기능
COUNT(속성)	그룹별 튜플 수	AVG(속성)	그룹별 평균
SUM(속성)	그룹별 합계	MAX(속성)	그룹별 최댓값
MIN(속성)	그룹별 최솟값	STDDEV(속성)	그룹별 표준편차
VARIAN(속성)	그룹별 분산		

집계 함수(Aggregate Function)
여러 행 또는 테이블 전체 튜플(행)로부터 하나의 집계 결과값을 반환하는 함수

권쌤이 알려줌

SQL문 수행 순서는 아래와 같습니다.
• FROM → WHERE → GROUP BY → HAVING → SELECT → ORDER BY

예제1 [수강생] 테이블에서 수강료가 100 이상인 과목 중 수강생이 2명 이상인 과목을 검색

1	SELECT 과목, COUNT(*) AS 수강생수 FROM 수강생
2	WHERE 수강료 >= 100
3	GROUP BY 과목
4	HAVING COUNT(*) >= 2;

해설1

1	SELECT 과목, COUNT(*) AS 수강생수 FROM 수강생 [수강생] 테이블에서 과목 속성과 과목별 튜플 수를 검색 - COUNT(*)의 속성 별칭은 수강생수이다.
2	WHERE 수강료 >= 100 수강료 속성이 100 이상인 튜플의
3	GROUP BY 과목 과목 속성을 그룹화하여
4	HAVING COUNT(*) >= 2; 과목별 튜플 수가 2개 이상인 튜플의

수강생

이름	과목	주소	수강료
김길현	정보	남구	100
이상인	컴활	서구	120
남기욱	정보		100
권지온	컴활	중구	80
김상현	워드	북구	50

→

[예제 1 검색 과정]

이름	과목	주소	수강료
김길현	정보	남구	100
이상인	컴활	서구	120
남기욱	정보		100

→

과목	수강생수
정보	2
컴활	1

→

[예제 1 결과]

과목	수강생수
정보	2

학습 플러스 ➕

COUNT() : 그룹별 튜플 수 [22년 2회 실기]

- COUNT(*) : NULL 값을 포함한 튜플 수 반환
- COUNT(속성명) : NULL 값을 포함하지 않는 튜플 수 반환
- COUNT(DISTINCT 속성명) : NULL 값과 중복을 제외한 튜플 수 반환

예제2 [수강생] 테이블에서 '정보' 과목을 수강하는 수강생 이름을 내림차순 정렬하여 검색

1	SELECT * FROM 수강생
2	WHERE 과목='정보'
3	ORDER BY 이름 DESC;

해설2

1	SELECT * FROM 수강생 　[수강생] 테이블에서 모든 튜플을 검색
2~3	WHERE 과목='정보' ORDER BY 이름 DESC; 　과목 속성이 '정보'인 튜플에서 이름 속성을 기준으로 내림차순 정렬

수강생

이름	과목	주소	수강료
김길현	정보	남구	100
이상인	컴활	서구	120
남기욱	정보		100
권지온	컴활	중구	80
김상현	워드	북구	50

→

[예제 2 검색 과정]

이름	과목	주소	수강료
김길현	정보	남구	100
남기욱	정보		100

→

[예제 2 결과]

이름	과목	주소	수강료
남기욱	정보		100
김길현	정보	남구	100

▼ 집합 연산자 [22년 1회] [21년 2회]

연산자	설명
UNION	중복을 제거한 합집합* 연산자
UNION ALL	중복을 포함한 합집합 연산자
INTERSECT	교집합* 연산자
EXCEPT	차집합* 연산자

예제3 [수강생] 테이블과 [정회원] 테이블의 모든 튜플을 중복 없이 하나의 결과로 병합 검색

1	SELECT * FROM 수강생
2	UNION
3	SELECT * FROM 정회원;

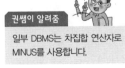

권쌤이 알려줌

일부 DBMS는 차집합 연산자로 MINUS를 사용합니다.

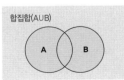

합집합(A∪B)

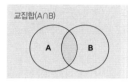

교집합(A∩B)

차집합(A−B)

1	SELECT * FROM 수강생
	[수강생] 테이블에서 모든 튜플과
2	UNION
	중복 없이 하나의 결과로 병합하여 검색
3	SELECT * FROM 정회원;
	[정회원] 테이블에서 모든 튜플을

(A)

수강생

이름	과목
김길현	정보
이상인	컴활
남기욱	정보
권지온	컴활
김상현	워드

(B)

정회원

이름	과목
김길현	정보
최기영	컴활
남기욱	정보
권지온	컴활
송기성	워드

→

[예제 3 결과]

이름	과목
김길현	정보
이상인	컴활
남기욱	정보
권지온	컴활
김상현	워드
최기영	컴활
송기성	워드

기출 및 예상문제

03 DML(데이터 조작어)

[20년 4회]

01 다음 SQL문에서 빈칸에 들어갈 내용으로 옳은 것은?

> UPDATE 회원 ( ) 전화번호 = '010-14'
> WHERE 회원번호 = 'N4';

① FROM ② SET

③ INTO ④ TO

해설 UPDATE문 일반 형식
: UPDATE 테이블명 SET 속성명 = 데이터 [WHERE 조건];
• [SQL문] : [회원] 테이블에서 회원번호가 'N4'인 튜플의 전화번호를 '010-14'로 수정한다.

[21년 2회]

02 다음 SQL 문에서 ( ) 안에 들어갈 내용으로 옳은 것은?

> UPDATE 인사급여 ( ) 호봉 = 15
> WHERE 성명='홍길동';

① SET ② FROM

③ ON ④ IN

해설 [SQL문] : [인사급여] 테이블에서 성명이 '홍길동'인 튜플의 호봉을 15로 수정한다.

[21년 2회 실기]

03 학생 테이블에서 점수가 90점 이상인 학생의 학점을 'A'로 변경하고자 한다. 다음 SQL문에서 ( ) 안에 들어갈 내용으로 옳은 것은?

> (㉠) 학생 (㉡) 학점 = 'A'
> WHERE 점수 >= 90;

	㉠	㉡		㉠	㉡
①	SELECT	SET	②	UPDATE	SET
③	INSERT	IN	④	UPDATE	IN

해설 튜플을 변경(수정)할 때 UPDATE 명령어를 사용한다.

[20년 3회 실기]

04 학생 테이블에서 이름이 '민수'인 튜플을 삭제하는 명령은?

① DELETE FROM 학생 WHERE 이름 = '민수' ;

② DROP FROM 학생 WHERE 이름 = '민수' ;

③ ALTER FROM 학생 WHERE 이름 = '민수' ;

④ SELECT FROM 학생 WHERE 이름 = '민수' ;

해설 **TIP** DROP은 테이블의 구조를 삭제합니다.

[20년 2회]

05 STUDENT 테이블에 독일어과 학생 50명, 중국어과 학생 30명, 영어영문학과 학생 50명의 정보가 저장되어 있을 때, 다음 두 SQL문의 실행 결과 튜플 수는? (단, DEPT 칼럼은 학과명)

> ⓐ SELECT DEPT FROM STUDENT;
> ⓑ SELECT DISTINCT DEPT FROM STUDENT;

① ⓐ 3, ⓑ 3

② ⓐ 50, ⓑ 3

③ ⓐ 130, ⓑ 3

④ ⓐ 130, ⓑ 130

해설 ⓐ [STUDENT] 테이블에서 모든 학과명(DEPT)을 검색한다.
ⓑ [STUDENT] 테이블에서 중복 제거된 학과명(DEPT)만 검색한다.
• DISTINCT : 중복되는 튜플 배제

[20년 3회]

06 관계 데이터베이스인 테이블 R1에 대한 아래 SQL문의 실행 결과로 옳은 것은?

[R1]

학번	이름	학년	학과	주소
1000	김상길	1	컴퓨터공학	대구
2000	현소희	1	전기공학	서울
3000	이지상	2	전자공학	부산
4000	박상훈	2	컴퓨터공학	서울
5000	서민아	3	전자공학	부산

[SQL문]

> SELECT DISTINCT 학년 FROM R1;

①

학년
1
1
2
2
3

②

학년
1
2
3

③

이름	학년
김상길	1
현소희	1
이지상	2
박상훈	2
서민아	3

④

이름	학년
김상길	1
이지상	2
서민아	3

해설 [SQL문] : [R1] 테이블에서 중복 제거된 학년만 검색한다.

[21년 2회]

07 SQL문에서 SELECT에 대한 설명으로 옳지 않은 것은?

① FROM 절에는 질의에 의해 검색될 데이터들을 포함하는 테이블명을 기술한다.

② 검색 결과에 중복되는 레코드를 없애기 위해서 WHERE 절에 'DISTINCT' 키워드를 사용한다.

③ HAVING 절은 GROUP BY 절과 함께 사용되며, 그룹에 대한 조건을 지정한다.

④ ORDER BY 절은 특정 속성을 기준으로 정렬하여 검색할 때 사용한다.

해설 'DISTINCT' 키워드는 SELECT절에 사용한다.
예 SELECT DISTINCT 과목 FROM 수강생;
: [수강생] 테이블에서 중복 제거된 과목만 검색한다.

[20년 1회 실기]

08 학생(STUDENT) 테이블에 전산과 학생이 50명, 전자과 학생이 100명, 기계과 학생이 50명 있다고 할 때, 다음 SQL 문 ㉠, ㉡, ㉢의 실행 결과 튜플 수는 각각 얼마인가? (단, DEPT 필드는 학과명을 의미한다.)

> ㉠ SELECT DEPT FROM STUDENT;
> ㉡ SELECT DISTINCT DEPT FROM STUDENT;
> ㉢ SELECT COUNT (DISTINCT DEPT) FROM STUDENT WHERE DEPT='전산과';

① ㉠ 3 ㉡ 3 ㉢ 1

② ㉠ 200 ㉡ 3 ㉢ 1

③ ㉠ 200 ㉡ 3 ㉢ 50

④ ㉠ 200 ㉡ 200 ㉢ 50

㉠ [STUDENT] 테이블에서 모든 학과명(DEPT)을 검색한다.
㉡ [STUDENT] 테이블에서 중복 제거된 학과명(DEPT)만 검색한다.
㉢ [STUDENT] 테이블에서 학과명(DEPT)이 '전산과'인 튜플의 중복을 제거한 개수를 검색한다.

[20년 2회 실기]

09 학생 테이블에서 3학년과 4학년인 학생의 학번과 이름을 나타내는 명령은?

① create 학번, 이름 from 학생 where 학년 in (3,4);

② alter 학번, 이름 from 학생 where 학년 in (3,4);

③ select 학번, 이름 from 학생 where 학년 in (3,4);

④ select 학번, 이름 from 학생 where 학년 = (3,4);

select : 검색, in : 다중값
TIP select문은 실행 결과를 화면에 출력합니다.

[21년 2회]

10 다음 R1과 R2의 테이블에서 아래의 실행결과를 얻기 위한 SQL문은?

[R1] 테이블

학번	이름	학년	학과	주소
1000	홍길동	1	컴퓨터공학	서울
2000	김철수	1	전기공학	경기
3000	강남길	2	전자공학	경기
4000	오말자	2	컴퓨터공학	경기
5000	장미화	3	전자공학	서울

[R2] 테이블

학번	과목번호	과목이름	학점	점수
1000	C100	컴퓨터구조	A	91
2000	C200	데이터베이스	A+	99
3000	C100	컴퓨터구조	B+	89
3000	C200	데이터베이스	B	85
4000	C200	데이터베이스	A	93
4000	C300	운영체제	B+	88
5000	C300	운영체제	B	82

[실행결과]

과목번호	과목이름
C100	컴퓨터구조
C200	데이터베이스

① SELECT 과목번호, 과목이름
　FROM R1, R2 WHERE R1.학번 = R2.학번
　AND R1.학과 = '전자공학' AND R1.이름 = '강남길';

② SELECT 과목번호, 과목이름
　FROM R1, R2 WHERE R1.학번 = R2.학번
　OR R1.학과 = '전자공학' OR R1.이름 = '홍길동';

③ SELECT 과목번호, 과목이름
　FROM R1, R2 WHERE R1.학번 = R2.학번
　AND R1.학과 = '컴퓨터공학' AND R1.이름 = '강남길';

④ SELECT 과목번호, 과목이름
　FROM R1, R2 WHERE R1.학번 = R2.학번
　OR R1.학과 = '컴퓨터공학' OR R1.이름 = '홍길동';

• SELECT 과목번호, 과목이름 : 과목번호와 과목이름을 검색한다.
• FROM R1, R2 : [R1], [R2] 테이블에서
• WHERE R1.학번 = R2.학번 AND : [R1] 테이블의 학과와 [R2] 테이블의 학번이 같고

과목번호	과목이름
C100	컴퓨터구조
C200	데이터베이스
C100	컴퓨터구조
C200	데이터베이스
C200	데이터베이스
C300	운영체제
C300	운영체제

• R1.학과 = '전자공학' AND : [R1] 테이블의 학과가 '전자공학'이고

과목번호	과목이름
C100	컴퓨터구조
C200	데이터베이스
C300	운영체제

• R1.이름 = '강남길' : [R1] 테이블의 이름이 '강남길'인

과목번호	과목이름
C100	컴퓨터구조
C200	데이터베이스

[21년 3회]

11 SQL의 논리 연산자가 아닌 것은?

① AND　　　　② OTHER

③ OR　　　　 ④ NOT

논리 연산자 종류 : AND, OR, NOT

[21년 1회]

12 아래와 같은 결과를 만들어내는 SQL문은?

[공급자] Table

공급자번호	공급자명	위치
16	대신공업사	수원
27	삼진사	서울
39	삼양사	인천
62	진아공업사	대전
70	신촌상사	서울

[결과]

공급자번호	공급자명	위치
16	대신공업사	수원
70	신촌상사	서울

① SELECT * FROM 공급자 WHERE 공급자명 LIKE '%신%';
② SELECT * FROM 공급자 WHERE 공급자명 LIKE '대%';
③ SELECT * FROM 공급자 WHERE 공급자명 LIKE '%사';
④ SELECT * FROM 공급자 WHERE 공급자명 IS NOT NULL;

> 해설
> ① 공급자명에 '신'이 포함되는 모든 튜플을 검색한다.
> ② 공급자명이 '대'로 시작하는 모든 튜플을 검색한다.
> ③ 공급자명이 '사'로 끝나는 모든 튜플을 검색한다.
> ④ 공급자명이 NULL이 아닌 모든 튜플을 검색한다.

[21년 2회 실기]

13 다음은 수강생 테이블을 이용하여 이름이 '이'로 시작하는 모든 튜플을 수강료를 기준으로 내림차순으로 검색하는 SQL문을 작성하고자 한다. 다음 SQL문에서 ( ) 안에 들어갈 내용으로 옳은 것은?

> SELECT * FROM 수강생 WHERE 이름
> LIKE '(㉠)' ORDER BY 수강료 (㉡);

	㉠	㉡		㉠	㉡
①	이%	DESC	②	컴%	DESC
③	이%	ASC	④	컴%	ASC

> 해설
> '이'로 시작하는: 이%, 내림차순 : DESC

[20년 3회]

14 player 테이블에는 player_name, team_id, height 칼럼이 존재한다. 아래 SQL문에서 문법적 오류가 있는 부분은?

> ⓐ SELECT player_name, height
> ⓑ FROM player
> ⓒ WHERE team_id = 'Korea'
> ⓓ AND height BETWEEN 170 OR 180;

① ⓐ   ② ⓑ
③ ⓒ   ④ ⓓ

> 해설
> BETWEEN A AND B : A와 B 사이의 값

[21년 3회]

15 학적 테이블에서 전화번호가 Null값이 아닌 학생명을 모두 검색할 때, SQL 구문으로 옳은 것은?

① SELECT 학생명 FROM 학적 WHERE 전화번호 DON'T NULL;
② SELECT 학생명 FROM 학적 WHERE 전화번호 != NOT NULL;
③ SELECT 학생명 FROM 학적 WHERE 전화번호 IS NOT NULL;
④ SELECT 학생명 FROM 학적 WHERE 전화번호 IS NULL;

> 해설
> IS NOT NULL은 NULL 값이 아닌 값을 의미한다.

[20년 2회]

16 다음 SQL문의 실행 결과는?

> SELECT 가격 FROM 도서가격
> WHERE 책번호 = (SELECT 책번호
> FROM 도서 WHERE 책명='자료구조');

[도서]

책번호	책명
111	운영체제
222	자료구조
333	컴퓨터구조

[도서가격]

책번호	가격
111	20,000
222	25,000
333	10,000
444	15,000

① 10,000   ② 15,000

③ 20,000   ④ 25,000

해설

- 서브쿼리
  - SELECT 책번호 : 책번호를 검색한다.
  - FROM 도서 : [도서] 테이블에서
  - WHERE 책명='자료구조' : 책명이 '자료구조'인

책번호
222

- 메인쿼리
  - SELECT 가격 : 가격을 검색한다.
  - FROM 도서가격: [도서가격] 테이블에서
  - WHERE 책번호 = 222(서브쿼리 결과값) : 책번호가 222인

가격
25,000

[20년 4회]

17 다음 SQL문의 실행 결과는?

> SELECT 과목이름
> FROM 성적
> WHERE EXISTS(SELECT 학번
> FROM 학생 WHERE 학생.학번 = 성적.학번
> AND 학과 IN ('전산', '전기') AND 주소 = '경기');

[학생] 테이블

학번	이름	학년	학과	주소
1000	김철수	1	전산	서울
2000	고영준	1	전기	경기
3000	유진호	2	전자	경기
4000	김영진	2	전산	경기
5000	정현영	3	전자	서울

[성적] 테이블

학번	과목번호	과목이름	학점	점수
1000	A100	자료구조	A	91
2000	A200	DB	A+	99
3000	A100	자료구조	B+	88
3000	A200	DB	B	85
4000	A200	DB	A	94
4000	A300	운영체제	B+	89
5000	A300	운영체제	B	88

①

과목이름
DB

②

과목이름
DB
DB

③

과목이름
DB
DB
운영체제

④

과목이름
DB
운영체제

해설

- 서브쿼리
  - SELECT 학번 : 학번을 검색한다.
  - FROM 학생 : [학생] 테이블에서
  - WHERE 학생.학번 = 성적.학번 AND : [학생] 테이블의 학번과 [성적] 테이블의 학번이 같으면서
  - 학과 IN ('전산', '전기') AND : 학과가 '전산' 또는 '전기'이면서
  - 주소 = '경기' : 주소가 '경기'인

학번
2000
4000

- 메인쿼리
  - SELECT 과목이름 : 과목이름을 검색한다.
  - FROM 성적 : [성적] 테이블에서
  - WHERE EXISTS : EXISTS 이하 서브쿼리 결과를 조건으로 하여

과목이름
DB
DB
운영체제

[21년 1회]

18 아래의 SQL문을 실행한 결과는?

[R1 테이블]

학번	이름	학년	학과	주소
1000	홍길동	4	컴퓨터	서울
2000	김철수	3	전기	경기
3000	강남길	1	컴퓨터	경기
4000	오말자	4	컴퓨터	경기
5000	장미화	2	전자	서울

[R2 테이블]

학번	과목번호	성적	점수
1000	C100	A	91
1000	C200	A	94
2000	C300	B	85
3000	C400	A	90
3000	C500	C	75
3000	C100	A	90
4000	C400	A	95
4000	C500	A	91
4000	C100	B	80
4000	C200	C	74
5000	C400	B	85

[SQL문]

```
SELECT 이름
FROM R1
WHERE 학번 IN
        (SELECT 학번
         FROM R2
         WHERE 과목번호 = 'C100');
```

①

이름
홍길동
강남길
장미화

②

이름
홍길동
강남길
오말자

③

이름
홍길동
김철수
강남길
오말자
장미화

④

이름
홍길동
김철수

해설
- 서브쿼리
  - SELECT 학번 : 학번을 검색한다.
  - FROM R2 : [R2] 테이블에서
  - WHERE 과목번호 = 'C100' : 과목번호가 'C100'인

학번
1000
3000
4000

- 메인쿼리
  - SELECT 이름 : 이름을 검색한다.
  - FROM R1 : [R1] 테이블에서
  - WHERE 학번 IN (1000, 3000, 4000) : 학번이 1000, 3000, 4000인

이름
홍길동
강남길
오말자

[21년 3회]

19 SQL문에서 HAVING을 사용할 수 있는 절은?

① LIKE 절　　　　② WHERE 절
③ GROUP BY 절　　④ ORDER BY 절

해설
HAVING은 특정 속성을 기준으로 그룹화하여 검색할 때 그룹에 대한 조건을 지정하는 절로 GROUP BY와 함께 사용한다.

[20년 3회 실기]

20 성적 테이블의 과목별 점수 평균이 90 이상인 과목이름의 최소점수와 최대점수를 나타내는 SQL문을 작성하고자 한다. 다음에 주어진 SQL문의 빈칸을 알맞게 채운 것은?

```
SQL)select 과목이름, min(점수) as 최소점수,
max(점수) as 최대점수 from 성적
  ㉠ 과목이름 ㉡ avg(점수) >= 90;
```

① ㉠ group by　㉡ =
② ㉠ order by　㉡ in
③ ㉠ group by　㉡ having
④ ㉠ order by　㉡ having

해설
- 과목별 : group by 과목이름
- 점수 평균이 90 이상 : having avg(점수) >= 90;

[21년 1회 실기]

21 테이블 EMP에 대한 아래 SQL문의 실행 결과로 옳은 것은?

[EMP]

EMPNO	SAL
100	1000
200	3000
300	2000

[SQL문]

```
SELECT COUNT(*)
FROM EMP
WHERE EMPNO > 100
AND SAL >= 3000
OR EMPNO = 200;
```

① 1　　　　　　　② 2
③ 3　　　　　　　④ 4

해설
[SQL문] : [EMP] 테이블에서 EMPNO가 100 초과이고, SAL이 3000 이상이거나 EMPNO가 200인 개수를 검색한다.

COUNT(*)
1

22 테이블 R1, R2에 대하여 다음 SQL문의 결과는?

[21년 2회]

```
(SELECT 학번 FROM R1)
INTERSECT
(SELECT 학번 FROM R2)
```

[R1] 테이블

학번	학점 수
20201111	15
20202222	20

[R2] 테이블

학번	과목번호
20202222	CS200
20203333	CS300

①
학번	학점 수	과목번호
20202222	20	CS200

②
학번
20202222

③
학번
20201111
20202222
20203333

④
학번	학점 수	과목번호
20201111	15	NULL
20202222	20	CS200
20203333	NULL	CS300

해설 [SQL문] : [R1] 테이블의 학번과 [R2] 테이블의 학번의 교집합을 검색한다.
• INTERSECT : 교집합 연산자

학번
20201111
20202222

INTERSECT

학번
20202222
20203333

=

학번
20202222

▶ 정답 : 01.②, 02.①, 03.②, 04.①, 05.③, 06.②, 07.②, 08.②, 09.③, 10.①, 11.②, 12.①, 13.①, 14.④, 15.③, 16.④, 17.③, 18.②, 19.③, 20.③, 21.①, 22.②

★ ★ ★

04 DCL(데이터 제어어)

1 DCL(Data Control Language, 데이터 제어어) [22년 1, 2회]

DCL은 데이터베이스 관리자(DBA)가 데이터 관리를 목적으로 보안, 회복, 사용자 권한 등을 정의하기 위한 언어이다.

• 종류 : GRANT, REVOKE, COMMIT, ROLLBACK, SAVEPOINT

2 GRANT [22년 2, 3회] [20년 4회] [21년 3회 실기]

데이터베이스 사용자에게 권한을 부여한다.

형식

```
GRANT 권한리스트
ON 테이블명
TO 사용자명
[WITH GRANT OPTION];
```

• GRANT 권한리스트 : 부여할 권한 종류
  – 권한 종류 : ALL, INSERT, DELETE, UPDATE, SELECT 등
• ON 테이블명 : 사용자가 권한을 가질 테이블명
• TO 사용자명 : 권한을 가질 사용자
• WITH GRANT OPTION : 부여받은 권한을 다른 사용자에게 부여할 수 있는 권한을 가짐
  – 생략할 경우 부여받는 권한을 다른 사용자에게 부여할 수 없다.

예제1

GRANT SELECT ON 수강생 TO KWS;

해설1

KWS에게 [수강생] 테이블에 대한 SELECT 권한을 부여한다.

예제2

GRANT SELECT ON 수강생 TO KWS WITH GRANT OPTION;

해설2

KWS에게 [수강생] 테이블에 대한 SELECT 권한을 부여하고, 부여받은 권한을 다른 사용자에게 권한을 부여할 수 있는 권한까지 부여한다.

3 REVOKE [22년 1회] [20년 4회]

데이터베이스 사용자의 권한을 취소한다.

형식

```
REVOKE 권한리스트
ON 테이블명
FROM 사용자명
[CASCADE];
```

- REVOKE 권한리스트 : 취소할 권한 종류
  - 권한 종류 : ALL, INSERT, DELETE, UPDATE, SELECT 등
- ON 테이블명 : 사용자로부터 권한을 취소할 테이블명
- FROM 사용자명 : 권한을 취소할 사용자
- CASCADE : 해당 사용자가 다른 사용자에게 권한을 부여했을 경우 연쇄적으로 권한 취소

예제

REVOKE SELECT ON 수강생 FROM KWS CASCADE;

해설

KWS로부터 [수강생] 테이블에 대한 SELECT 권한을 취소하고, KWS로부터 권한을 부여받은 다른 사용자도 연쇄적으로 권한을 취소한다.

4 COMMIT

트랜잭션*이 성공했을 경우 그 결과를 데이터베이스에 적용하여 작업을 완료시킨다.

5 ROLLBACK [21년 2회] [20년 2회 실기]

트랜잭션의 실패로 작업을 취소하고, 이전 상태로 되돌린다.

> 트랜잭션(Transaction)
> 데이터베이스의 상태를 변화시키는 논리적 연산의 집합
> ⓔ 사용자 A가 B에게 돈을 송금하는 과정은 A의 계좌에서 출금하여 B에게 돈을 입금하는 과정을 의미한다. 즉, '송금'이라는 작업 단위(출금 → 입금)를 하나의 트랜잭션이라고 한다.

권쌤이 알려줌

COMMIT, ROLLBACK, SAVEPOINT는 트랜잭션을 제어하는 명령어로 TCL(Transaction Control Language, 트랜잭션 제어어)이라고도 합니다.

권쌤이 알려줌

모든 작업이 성공한 경우 커밋(Commit)하고, 중간에 실수가 있는 경우 롤백(Rollback) 합니다.

6 SAVEPOINT

트랜잭션 내에 롤백할 위치인 저장점을 지정한다.

예제	COMMIT, ROLLBACK, SAVEPOINT
1	INSERT INTO 학과 VALUES('A001', '정보');
2	COMMIT;
3	UPDATE 학과 SET 학과명='사무' WHERE 학과코드='A001';
4	SAVEPOINT sp;
5	DELETE FROM 수강생 WHERE 과목='사무';
6	ROLLBACK TO sp;

권쌤이 알려줌

만약, 6번 라인에서 'ROLLBACK'을 실행하면, COMMIT 시점 바로 이후의 데이터베이스 상태로 되돌아갑니다.
• 즉 DELETE 연산과 UPDATE 연산이 모두 취소됩니다.

해설	
1	INSERT INTO 학과 VALUES('A001', '정보');
	[학과] 테이블에 ('A001', '정보')를 삽입한다.
2	COMMIT;
	데이터베이스에 적용한다.
	- 커밋을 수행했으므로, INSERT 연산 이전으로 데이터베이스를 롤백할 수 없다.
3	UPDATE 학과 SET 학과명='사무' WHERE 학과코드='A001';
	[학과] 테이블에서 학과코드 속성이 'A001'인 튜플의 학과명을 '사무'로 수정한다.
4	SAVEPOINT sp;
	세이브포인트 sp 위치를 지정한다.
5	DELETE FROM 학과 WHERE 과목='사무';
	[학과] 테이블에서 과목 속성이 '사무'인 튜플을 삭제한다.
6	ROLLBACK TO sp;
	세이브포인트 sp까지 작업을 취소하고, 되돌린다.
	- 세이브포인트를 지정하고 삭제했으므로, 롤백을 통해 DELETE 연산이 취소된다.

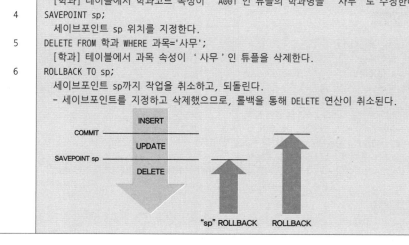

기출 및 예상문제

04 DCL(데이터 제어어)

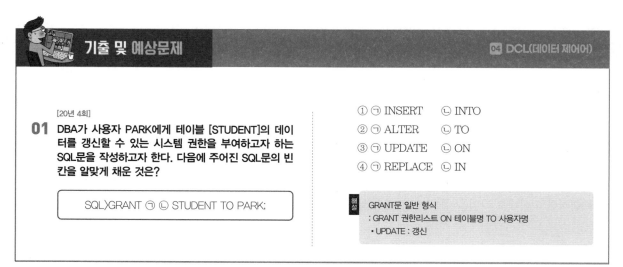

[20년 4회]

01 DBA가 사용자 PARK에게 테이블 [STUDENT]의 데이터를 갱신할 수 있는 시스템 권한을 부여하고자 하는 SQL문을 작성하고자 한다. 다음에 주어진 SQL문의 빈칸을 알맞게 채운 것은?

SQL〉GRANT ㉠ ㉡ STUDENT TO PARK;

① ㉠ INSERT ㉡ INTO
② ㉠ ALTER   ㉡ TO
③ ㉠ UPDATE ㉡ ON
④ ㉠ REPLACE ㉡ IN

해설 GRANT문 일반 형식
: GRANT 권한리스트 ON 테이블명 TO 사용자명
• UPDATE : 갱신

[21년 3회 실기]

02 데이터 제어어 중 사용자에게 권한을 부여하는 명령어는?

① GRANT　　　　② REVOKE
③ COMMIT　　　　④ ROLLBACK

> **해설** **키워드** 권한 부여 → **용어** GRANT

[20년 4회]

03 사용자 X1에게 department 테이블에 대한 검색 연산을 회수하는 명령은?

① delete select on department to X1;
② remove select on department from X1;
③ revoke select on department from X1;
④ grant select on department from X1;

> **해설** REVOKE : 데이터베이스 사용자의 권한 취소

[21년 2회] [20년 2회 실기]

04 트랜잭션의 실행이 실패하였음을 알리는 연산자로 트랜잭션이 수행한 결과를 원래의 상태로 원상 복귀시키는 연산은?

① COMMIT 연산　　　② BACKUP 연산
③ LOG 연산　　　　　④ ROLLBACK 연산

> **해설** **키워드** 트랜잭션의 실행 실패, 복귀 → **용어** ROLLBACK

> ▶ 정답 : 01.③, 02.①, 03.③, 04.④

---

05 데이터 분석 함수

1 데이터 분석 함수

데이터 분석 함수는 복수 행 기준의 데이터를 모아 총합, 평균 등의 데이터 분석을 위한 처리를 목적으로 하는 함수이다.

- 단일 행을 기반으로 산출하지 않고 복수 행을 그룹별로 모아 놓고 그룹당 단일 계산 결과를 반환한다.
- GROUP BY절을 활용하여 복수 행을 그룹핑한다.
- SELECT, HAVING, ORDER BY 등의 구문에 활용한다.
- 종류 : 집계 함수, 그룹 함수, 윈도우 함수

> **권쌤이 알려줌**
>
> 데이터 분석 함수란 평균, 합계, 최솟값, 최댓값과 같이 그룹별 데이터 분석을 위해 사용되는 함수입니다.
> • 집계 함수를 기본으로 하여 그룹 함수나 윈도우 함수에도 적용됩니다. 그래서 집계 함수도 그룹 함수의 한 부분이며, 통합하여 언급하기도 합니다.
> • 집계 함수 중 COUNT( ), SUM( ), AVG( ), MAX( ), MIN( )을 기억해 두세요.

2 집계 함수(Aggregate Function) [20년 3회]

집계 함수는 여러 행 또는 테이블 전체 튜플(행)로부터 하나의 집계 결과값을 반환하는 함수이다.

함수	기능	설명
COUNT(속성)	그룹별 튜플 수	• 해당 속성의 NULL이 아닌 튜플의 수 • *인 경우 NULL이 포함된 튜플의 수
SUM(속성)	그룹별 합계	• 해당 속성의 NULL이 아닌 값의 합계
AVG(속성)	그룹별 평균	• 해당 속성의 NULL이 아닌 값의 평균

MAX(속성)	그룹별 최댓값	• 해당 속성의 최댓값 • 문자열이나 날짜 데이터 형식에도 가능
MIN(속성)	그룹별 최솟값	• 해당 속성의 최솟값 • 문자열이나 날짜 데이터 형식에도 가능
STDDEV(속성)	그룹별 표준편차	• 해당 속성의 표준편차
VARIAN(속성)	그룹별 분산	• 해당 속성의 분산

3 그룹 함수(Group Function)

그룹 함수는 소그룹 간의 소계 및 중계 등의 중간 합계 분석 데이터를 산출하는 함수이다.

함수	기능
ROLLUP(속성)	그룹별 중간 집계 값
CUBE(속성)	다차원 그룹별 중간 집계 값
GROUPING SETS(속성)	개별 집계

다음과 같은 [수강생] 테이블에 대해 예제의 결과를 확인하시오.

수강생

과목	주소	수강료
기사	강릉	100
기사	서울	100
기사	서울	100
컴활	서울	110
컴활	판교	110

예제1

```
SELECT 과목, SUM(수강료) AS 합계 FROM 수강생
    GROUP BY 과목;
```

예제2

```
SELECT 과목, 주소, SUM(수강료) AS 합계 FROM 수강생
    GROUP BY ROLLUP(과목, 주소);
```

예제3

```
SELECT 과목, 주소, SUM(수강료) AS 합계 FROM 수강생
    GROUP BY CUBE(과목, 주소);
```

예제4

```
SELECT 과목, 주소, SUM(수강료) AS 합계 FROM 수강생
    GROUP BY GROUPING SETS(과목, 주소);
```

[예제 1 결과]	
과목	합계
기사	300
컴활	220

[예제 2 결과]		
과목	주소	합계
기사	강릉	100
기사	서울	200
기사		300
컴활	서울	110
컴활	판교	110
컴활		220
		520

[예제 3 결과]			
과목	주소	합계	
		520	‣ 레벨1 : 수강료 합계
	강릉	100	‣ 레벨2 : 주소별 합계
	서울	310	
	판교	110	
기사		300	‣ 레벨2 : 과목별 합계
기사	강릉	100	‣ 레벨3 : 과목별, 주소별 합계
기사	서울	200	
컴활		220	‣ 레벨2 : 과목별 합계
컴활	서울	110	‣ 레벨3 : 과목별, 주소별 합계
컴활	판교	110	

[예제 4 결과]		
과목	주소	합계
	강릉	100
	서울	310
	판교	110
기사		300
컴활		220

4 윈도우 함수(Window Function)

윈도우 함수는 시장 분석, 통계 작성, 경영 계획 분석 등의 온라인 분석 처리 용도로 데이터 기반 의사 결정을 위한 함수이다.

- OLAP[※](OnLine Analytical Processing) 함수라고도 한다.

구분	함수	기능
순위 반환 함수	RANK	중복 순위 다음은 해당 개수만큼 건너뛰고 반환
	DENSE_RANK	중복 순위 다음은 중복 개수 상관없이 순차적으로 반환
	ROW_NUMBER	중복과 관계없이 무조건 순서대로 반환

> OLAP(올랩, 온라인 분석 처리)
> 사용자가 다양한 각도에서 직접 대화식으로 정보를 분석하는 과정
> ⓔ 수강생 수를 강의별, 지역별, 기간별 등 다양한 차원에서 즉시 분석한다.

다음과 같은 [부서] 테이블에 대해 예제의 결과를 확인하시오.

부서

부서	사번	나이
A	A001	50
B	A005	30
A	A003	40
B	A004	40
A	A002	45

예제1

```
SELECT 사번, 나이, RANK() OVER(ORDER BY 나이 DESC) AS 순위
    FROM 부서;
```

예제2

```
SELECT 사번, 나이, DENSE_RANK() OVER(ORDER BY 나이 DESC) AS 순위
    FROM 부서;
```

예제3

```
SELECT 사번, 나이, ROW_NUMBER() OVER(ORDER BY 나이 DESC) AS 순위
    FROM 부서;
```

예제4

```
SELECT 부서, 사번, 나이, RANK() OVER(PARTITION BY※ 부서 ORDER BY 나이 DESC) AS 순위
    FROM 부서;
```

> PARTITION BY절
> 순위의 기준이 되는 대상으로, PARTITION BY절에 지정된 속성으로 파티션을 나누어 그 파티션 안에서 순위를 매긴다.

[예제 1 결과]				[예제 2 결과]				[예제 3 결과]				[예제 4 결과]			
사번	나이	순위		사번	나이	순위		사번	나이	순위		부서	사번	나이	순위
A001	50	1		A001	50	1		A001	50	1		A	A001	50	1
A002	45	2		A002	45	2		A002	45	2		A	A002	45	2
A003	40	3		A003	40	3		A003	40	3		A	A003	40	3
A004	40	3		A004	40	3		A004	40	4		B	A004	40	1
A005	30	5		A005	30	4		A005	30	5		B	A005	30	2

기출 및 예상문제

[20년 3회]

01 다음 중 SQL의 집계 함수가 아닌 것은?

① AVG
② COUNT
③ SUM
④ CREATE

> **해설** 집계 함수 종류
> : COUNT, SUM, AVG, MAX, MIN, STDDEV, VARIAN

[이전 기출]

02 다음의 성적 테이블에서 학생별 점수 평균을 구하기 위한 SQL문으로 옳은 것은?

[성적]

성명	과목	점수
홍길동	국어	95
홍길동	영어	90
홍길동	수학	85
강감찬	국어	100
강감찬	영어	60
강감찬	수학	80

[결과]

성명	평균점수
홍길동	90
강감찬	80

① SELECT 성명, (AVG)점수 AS 평균점수 FROM 성적 ORDER BY 성명;
② SELECT 성명, AVG(점수) AS 평균점수 FROM 성적 ORDER BY 성명;
③ SELECT 성명, AVG(점수) AS 평균점수 FROM 성적 GROUP BY 과목;
④ SELECT 성명, AVG(점수) AS 평균점수 FROM 성적 GROUP BY 성명;

> **해설** SELECT문 일반 형식 : SELECT 속성 | 집계 함수 [AS 별칭] FROM 테이블명 [WHERE 조건] [GROUP BY 속성 [HAVING 조건]]
> • 성적 테이블에서 : FROM 성적
> • 학생별 : GROUP BY 성명
> • 점수 평균 : AVG(점수)

03 다음 중 그룹 함수가 아닌 것은?

① ROLLUP
② GROUPING SETS
③ ROW_NUMBER
④ CUBE

> **해설** 다른 하나는 윈도우 함수에 포함된다.

▶ 정답 : 01.④, 02.④, 03.③

06 JOIN

1 JOIN(조인)

JOIN은 두 개 이상의 테이블을 '연결한다(JOIN)'의 의미로, 하나의 SQL문으로 두 개의 테이블에 저장된 데이터를 한 번에 검색할 수 있는 기능이다.

- 두 개의 테이블을 연결하기 위해서 조인 속성을 사용한다.
- 조인의 기본 개념을 정확하게 이해하고 사용할 경우에는 아주 유용하지만, 잘 못 사용하면 오히려 질의 처리 성능을 저하시키는 경우도 발생할 수 있다.
- 종류 : CROSS JOIN, INNER JOIN, OUTER JOIN, SELF JOIN

2 CROSS JOIN [21년 3회 실기]

CORSS JOIN은 테이블 간의 모든 경우의 수에 대한 행이 생성되는 조인 방식이다.

- 실제로 많이 사용하진 않지만, SQL 성능 튜닝에 사용되기도 한다.
- 카티션 프로덕트(Cartesian Product)와 검색 결과가 같다.

> **예제**
>
> SELECT * FROM 부서 CROSS JOIN 사원;

부서

부서번호	부서명
A001	생산부
A002	자재부
A003	인사부

CROSS JOIN

사원

사원이름	부서번호
김윤환	A001
장기영	A001
김옥분	A002

→

[예제 결과]

부서번호	부서명	사원이름	부서번호
A001	생산부	김윤환	A001
A002	자재부	김윤환	A001
A003	인사부	김윤환	A001
A001	생산부	장기영	A001
A002	자재부	장기영	A001
A003	인사부	장기영	A001
A001	생산부	김옥분	A002
A002	자재부	김옥분	A002
A003	인사부	김옥분	A002

3 INNER JOIN(내부 조인) [21년 2회 실기]

INNER JOIN은 조인된 테이블 사이에 조건이 부합하는 행에 대해서만 행이 생성되는 조인 방식이다.

- 일반적으로 부르는 조인은 내부 조인을 의미한다.
- 항상 양쪽에 데이터가 연결되는 데이터값이 존재해야 테이블에 데이터를 가져올 수 있다.
- EQUI JOIN과 NON-EQUI JOIN으로 구분된다.

권쌤이 알려줌

JOIN은 하나의 SQL문을 실행하여 여러 테이블에 저장된 데이터를 한 번에 검색할 수 있는 기능입니다. 예제를 통해 JOIN의 개념을 학습하세요.

권쌤이 알려줌

DBMS 종류와 버전에 따라 문법은 조금씩 다릅니다.

권쌤이 알려줌

카티션 프로덕트는 관계 대수의 한 종류로, 이후 자세히 학습합니다.

권쌤이 알려줌

아래와 같이 SELECT문을 사용해도 같은 결과가 출력됩니다.
- SELECT * FROM 부서, 사원;

구분	설명
EQUI JOIN	• '=' 비교를 이용하는 조인 • JOIN 속성이 두 번 표기되므로, 실제로 거의 사용되지 않음 • 중복된 속성을 제거하기 위해 NATURAL JOIN 사용
Non-EQUI JOIN	• '='이 아닌 나머지 비교 연산자(〈, 〈=, 〉, 〉=, 〈 〉)를 사용하는 조인

예제1

```
SELECT 부서.부서번호, 부서명, 사원이름
   FROM 부서 INNER JOIN 사원 ON 부서.부서번호=사원.부서번호;
```

예제2

```
SELECT 부서.부서번호, 부서명, 사원이름
   FROM 부서 JOIN 사원 ON 부서.부서번호=사원.부서번호;
```

예제3

```
SELECT 부서.부서번호, 부서명, 사원이름
   FROM 부서 NATURAL JOIN 사원;
```

예제4

```
SELECT 부서.부서번호, 부서명, 사원이름
   FROM 부서 JOIN 사원 USING(부서번호);
```

부서

부서번호	부서명
A001	생산부
A002	자재부
A003	인사부

INNER JOIN →

사원

사원이름	부서번호
김윤환	A001
장기영	A001
김옥분	A002

[예제 1~4 결과]

부서번호	부서명	사원이름
A001	생산부	김윤환
A001	생산부	장기영
A002	자재부	김옥분

4 OUTER JOIN(외부 조인)

OUTER JOIN은 조인된 테이블 사이에 조건이 부합하지 않아도 행을 생성하는 조인 방식이다.

• 조인되는 A 테이블에서 B 테이블에 연결되는 데이터값이 존재하지 않더라도 A 테이블의 데이터를 가져올 수 있다.

• Oracle에서는 외부 조인을 위해 '(+)' 기호를 이용하고, MS-SQL에서는 '*' 기호를 이용한다.

1. LEFT OUTER JOIN

왼쪽 테이블의 것을 모두 결합해서 조인하는 방식이다.

예제1

```
SELECT 부서.부서번호, 부서명, 사원이름
   FROM 부서, 사원 WHERE 부서.부서번호=사원.부서번호(+);
```

SELECT 부서.부서번호, 부서명, 사원이름
    FROM 부서 **LEFT OUTER JOIN** 사원 **ON** 부서.부서번호=사원.부서번호;

부서

부서번호	부서명
A001	생산부
A002	자재부
A003	인사부

OUTER JOIN

사원

사원이름	부서번호
김윤환	A001
장기영	A001
김옥분	A004

→

[예제 1~2 결과]

부서번호	부서명	사원이름
A001	생산부	김윤환
A001	생산부	장기영
A002	자재부	NULL
A003	인사부	NULL

2. RIGHT OUTER JOIN

오른쪽 테이블의 것을 모두 결합해서 조인하는 방식이다.

SELECT 부서.부서번호, 부서명, 사원이름
    FROM 부서, 사원 WHERE 부서.부서번호**(+)**=사원.부서번호;

SELECT 부서.부서번호, 부서명, 사원이름
    FROM 부서 **RIGHT OUTER JOIN** 사원 **ON** 부서.부서번호=사원.부서번호;

부서

부서번호	부서명
A001	생산부
A002	자재부
A003	인사부

OUTER JOIN

사원

사원이름	부서번호
김윤환	A001
장기영	A001
김옥분	A004

→

[예제 1~2 결과]

부서번호	부서명	사원이름
A001	생산부	김윤환
A001	생산부	장기영
NULL	NULL	김옥분

3. FULL OUTER JOIN

LETF OUTER JOIN과 RIGHT OUTER JOIN을 합친 방식이다.

SELECT 부서.부서번호, 부서명, 사원이름
    FROM 부서, 사원 **FULL OUTER JOIN** 사원 **ON** 부서.부서번호=사원.부서번호;

부서

부서번호	부서명
A001	생산부
A002	자재부
A003	인사부

OUTER JOIN

사원

사원이름	부서번호
김윤환	A001
장기영	A001
김옥분	A004

→

[예제 결과]

부서번호	부서명	사원이름
A001	생산부	김윤환
A001	생산부	장기영
A002	자재부	NULL
A003	인사부	NULL
NULL	NULL	김옥분

권쌤이 알려줌

MS-SQL에서는 아래와 같이 사용합니다.
• SELECT 부서.부서번호, 부서명, 사원이름 FROM 부서, 사원 WHERE 부서.부서번호 =* 사원.부서번호;

권쌤이 알려줌

SELECT절에 부서.부서번호로 작성되었습니다. 김옥분 사원의 부서번호에 해당하는 A004가 [부서] 테이블에 존재하지 않으므로 NULL이 출력됩니다.

권쌤이 알려줌

FULL OUTER JOIN에서는 '(+)' 또는 '*' 기호를 사용하지 않습니다.

4. SELF JOIN

자기 자신 테이블을 조인하는 방식이다.

예제

SELECT A.사번, A.성명, B.성명 AS 상급자성명
　　FROM 사원 A JOIN 사원 B ON A.상급자=B.사번;

사원

사번	성명	상급자
a001	권지온	a003
a002	장보현	a004
a003	권우석	
a004	백서연	

→

[예제 결과]

사번	성명	상급자성명
a001	권지온	권우석
a002	장보현	백서연

기출 및 예상문제

[21년 3회 실기]

01 다음 두 테이블을 참고하여 아래 SQL문의 실행 결과로 옳은 것은?

[A]

NAME
SMITH
ALLEN
SCOTT

[B]

RULE
S%
%T%

```
SELECT COUNT(*) CNT
FROM A CROSS JOIN B
WHERE A.NAME LIKE B.RULE;
```

① 2　　　　　　　　② 4
③ 6　　　　　　　　④ 8

해설
· FROM A CROSS JOIN B : A 테이블과 B 테이블을 CROSS JOIN하여

NAME	RULE	
SMITH	S%	→ ○
SMITH	%T%	→ ○
ALLEN	S%	→ ×
ALLEN	%T%	→ ×
SCOTT	S%	→ ○
SCOTT	%T%	→ ○

· WHERE A.NAME LIKE B.RULE : A 테이블의 NAME이 B 테이블의 RULE과 같은 ⑩ WHERE SMITH LIKE S% → O

· SELECT COUNT(*) CNT : 튜플의 개수를 검색한다.

CNT
4

[21년 2회 실기]

02 학생정보 테이블의 학과와 학과정보 테이블의 학과가 같은 학생의 이름을 검색하고자 한다. 다음 SQL문에서 ( ) 안에 들어갈 내용으로 옳은 것은?

```
SELECT 이름 FROM 학생정보 a JOIN 학과정보 b
( ㉠ )a.학과 = b.( ㉡ )
```

	㉠	㉡			㉠	㉡
①	ON	학과		②	ON	학생
③	IN	학과		④	IN	학생

해설
· FROM 학생정보 a JOIN 학과정보 b : [학생정보] 테이블과 [학과정보] 테이블을 JOIN하여([학생정보] 테이블 별칭 : a, [학과정보] 테이블 별칭 : b)
· ON a.학과 = b.학과 : [학생정보] 테이블의 학과와 [학과정보] 테이블의 학과와 값이 같은
· SELECT 이름 : 이름을 검색한다.

▶ 정답 : 01.②, 02.①

[이전 기출]

01 SQL의 DROP문에 관한 설명 중 잘못된 것은?

① 해당 Table에 삽입된 Tuple들도 없어진다.

② 해당 Table에 대해 만들어진 Index가 없어진다.

③ 해당 Table에 대해 만들어진 View가 없어진다.

④ 해당 Table에 참조관계가 있는 Table이 없어진다.

[이전 기출]

02 SQL문에서 STUDENT(SNO, SNAME, YEAR, DEPT) 테이블에 "학번 600, 성명 홍길동, 학년 2학년"인 학생 튜플을 삽입하는 명령으로 옳은 것은? (단, SNO는 학번, SNAME은 성명, YEAR는 학년, DEPT는 학생, 교수 구분 필드임.)

① INSERT STUDENT INTO VALUES (600, '홍길동', 2);

② INSERT FROM STUDENT VALUES (600, '홍길동', 2);

③ INSERT INTO STUDENT(SNO, SNAME, YEAR) VALUES(600, '홍길동', 2);

④ INSERT TO STUDENT(SNO, SNAME, YEAR) VALUES(600, '홍길동', 2);

[이전 기출]

03 SQL의 UPDATE문에 대한 설명으로 옳은 것은?

① 새로운 튜플을 삽입할 때 사용한다.

② 테이블 전체를 UPDATE 하기 위해서는 반드시 WHERE 절을 사용하여야 한다.

③ UPDATE 될 속성의 순서는 CREATE TABLE에 명시되었던 순서이어야 한다.

④ 튜플의 내용을 변경하는데 사용한다.

[이전 기출]

04 다음의 질의를 SQL 문으로 가장 잘 변환한 것은?

> 3학년 이상의 전자계산과 학생들의 이름을 검색하시오.

① SELECT * FROM 학생 WHEN 학년>=3 AND 학과="전자계산"

② SELECT 이름 FROM 학생 WHERE 학년>=3 OR 학과="전자계산"

③ SELECT * FROM 학생 FOR 학년>=3 AND 학과="전자계산"

④ SELECT 이름 FROM 학생 WHERE 학년>=3 AND 학과="전자계산"

[이전 기출]

05 다음 SQL 문에서 WHERE 절의 조건이 의미하는 것은?

```
SELECT CNO CNAME
FROM COURSE
WHERE CNO LIKE 'S _ _'
```

① S로 시작되는 3문자의 CNO를 검색한다.

② S로 시작되는 모든 문자 CNO를 검색한다.

③ 문자열로만 이루어진 모든 CNO를 검색한다.

④ S를 포함한 모든 CNO를 검색한다.

[이전 기출]

06 다음 두 테이블 R과 S에 대한 아래 SQL 문의 실행 결과로 옳은 것은?

R			S	
A	B		A	B
1	A		1	A
2	B		2	B
3	C		4	C

```
SELECT A FROM R
UNION
SELECT A FROM S;
```

① 1 2 3

② 1 2

③ 2 3

④ 1 2 3 4

[이전 기출]

07 SQL에서 각 기능에 대한 내장함수의 연결이 옳지 않은 것은?

① 열에 있는 값들의 개수 – COUNT

② 열에 있는 값들의 평균 – AVG

③ 열에 있는 값들의 합 – TOT

④ 열에서 가장 큰 값 – MAX

Section 07. SQL 기본

[이전 기출]

08 다음 두 테이블 고객과 주문에 대한 아래 SQL 문의 실행 결과로 옳은 것은?

[고객]

고객번호	이름
A	Alice
B	Bob
C	Choi
D	David

[주문]

주문번호	고객번호	수량
1	A	15
2	C	18
3	A	65
4	B	14
5	Z	21

```
SELECT 고객.고객번호, 이름, 수량
FROM 고객 RIGHT OUTER JOIN 주문
ON 고객.고객번호 = 주문.고객번호
```

①

고객번호	이름	수량
A	Alice	15
A	Alice	65
B	Bob	14
C	Choi	18
NULL	NULL	21

②

고객번호	이름	수량
A	Alice	15
B	Bob	14
C	Choi	18
D	David	NULL

③

고객번호	이름	수량
A	Alice	15
A	Alice	65
B	Bob	14
C	Choi	18
D	David	NULL

④

고객번호	이름	수량
A	Alice	15
A	Alice	65
B	Bob	14
C	Choi	18

섹션
기출예상문제 해설

Section 07. SQL 기본

01 DROP문과 CASCADE 옵션을 함께 사용해야 참조관계가 있는 Table이 삭제된다.

02 INSERT문 일반 형식
: INSERT INTO 테이블명[(속성)] VALUES (데이터)

03 • ①은 INSERT문에 대한 설명이다.
• UPDATE문의 WHERE절은 선택사항이다.
• UPDATE 될 속성은 속성의 이름으로 구분되기 때문에 CREATE TABLE에 명시되었던 순서와 상관이 없다.

04 SELECT문 일반 형식
: SELECT 속성 FROM 테이블명 [WHERE 조건]
• 3학년 이상의 : WHERE 학년>=3
• 전자계산과 학생들의 : AND 학과="전자계산"

• 이름을 검색하시오. : SELECT 이름
TIP 문제에서 테이블명이 주어지지 않았으나, 보기에서 모두 'FROM 학생'이라고 명시되어 있으므로 질의에 맞게 나머지 답안을 선택하면 됩니다.

05 LIKE의 '_'는 한 글자를 의미한다.

06 UNION은 중복을 제거한 합집합 연산자이다.

07 열에 있는 값들의 합은 SUM을 사용한다.

08 RIGHT OUTER JOIN : 오른쪽의 데이터를 모두 가져온다.
TIP SELECT절에서 고객.고객번호로 작성되었습니다. [주문] 테이블의 고객번호 Z는 [고객] 테이블에 존재하지 않으므로 NULL이 출력됩니다.

정답 **01** ④ **02** ③ **03** ④ **04** ④ **05** ① **06** ④ **07** ③ **08** ①

SECTION 08

관계 데이터 연산

관계 데이터 연산은 SQL 문법의 이론적 바탕이 되는 언어입니다. 관계 데이터 연산에는 관계 대수와 관계 해석이 있습니다. 이 중 관계 대수에 대해 자세히 학습합니다. 관계 대수와 관계 해석을 구분하여 기억해 두세요. 그리고 관계 대수 종류를 구분하여 충분히 학습하세요.

★★★

01 관계 대수

1 관계 데이터 연산 [22년 1, 3회] [21년 2, 3회] [20년 3, 4회] [22년 2회 실기]

관계 데이터 연산은 원하는 데이터를 얻기 위해 릴레이션에 필요한 처리 요구를 수행하는 데이터 언어이다.

- 종류에는 관계 대수, 관계 해석*이 있다.
- 기본적으로 관계 대수와 관계 해석은 관계 데이터베이스를 처리하는 기능과 능력면에서 동등하다.
- 관계 해석으로 표현한 식은 관계 대수로 표현할 수 있다.

관계 대수	관계 해석
• 절차적 언어(절차 중심) • 원하는 정보를 어떻게 유도하는가를 연산자와 연산 규칙 이용하여 기술 • 분류 – 순수 관계 연산자 : SELECT, PROJECT, JOIN, DIVISION – 일반 집합 연산자 : 합집합, 교집합, 차집합, 카티션 프로덕트(교차곱)	• 비절차적 언어(결과 중심) • 원하는 정보가 무엇이라는 것만 정의 • 분류 : 튜플 관계 해석, 도메인 관계 해석

2 SELECT(σ) [21년 1회]

SELECT는 릴레이션에서 주어진 조건을 만족하는 튜플들을 검색하는 것이다.

- 기호는 그리스 문자의 시그마(σ)를 이용한다.
- 형식 : σ조건(R*)

예제

σ이름 = '김길현'(수강생)

해설

[수강생] 테이블에서 이름 속성이 '김길현'인 튜플을 검색한다.

관계 해석(Relational Calculus)
관계 데이터 모델의 제안자인 코드(E. F. Codd)가 수학의 Predicate Calculus(프레디킷 해석, 술어 해석)에 기반을 두고 관계 데이터베이스를 위해 제안하였다.

 합격자의 **암기법**

관계 대수 종류 : 셀프로 디비줘(조) / 교차합, 교차곱

- 순수 관계 연산자
 – 셀(렉트, Select)
 – 프로(젝트, Project)
 – 디비(전, Division)
 – 줘(조인, Join)
- 일반 집합 연산자
 – 교(집합, INTERSECTION)
 – 차(집합, DIFFERENCE)
 – 합(집합, UNION)
 – 교차곱(CARTESIAN PRODUCT)

R(Relation)
릴레이션, 테이블

수강생

이름	과목	주소	수강료
김길현	정보	남구	100
이상인	정보	서구	120
남기욱	정보	서구	100
최영희	컴활	중구	80
김상현	워드	북구	50

[예제 결과]

이름	과목	주소	수강료
김길현	정보	남구	100

3 PROJECT(π) [22년 2회 실기]

PROJECT는 릴레이션에서 주어진 조건을 만족하는 속성들을 검색하는 것이다.

- 기호는 그리스 문자의 파이(π)를 이용한다.
- 연산 결과에 중복이 발생하면 중복이 제거된다.
- 형식 : $\Pi_{속성}(R)$

예제

$\Pi_{이름}(수강생)$

해설

[수강생] 테이블에서 이름 속성을 검색한다.

수강생

이름	과목	주소	수강료
김길현	정보	남구	100
이상인	정보	서구	120
남기욱	정보	서구	100
최영희	컴활	중구	80
김상현	워드	북구	50

[예제 결과]

이름
김길현
이상인
남기욱
최영희
김상현

4 JOIN($\bowtie$) [20년 2회]

JOIN은 두 개의 릴레이션 R와 S에서 공통된 속성을 연결하는 것이다.

- 형식 : R $\bowtie_{조인속성_r = 조인속성_s}$ S

예제1

R $\bowtie_{b=b}$ S

해설1

[R] 테이블과 [S] 테이블을 b 속성을 기준으로 조인하라.
– EQUI JOIN의 결과로 공통 속성값이 중복되어 검색된다.

예제2

R $\bowtie_b$ S

해설2

[R] 테이블과 [S] 테이블을 b 속성을 기준으로 조인하라.
– NATURAL JOIN의 결과로 공통 속성값이 제거되어 검색된다.

R

a	b
a1	b1
a2	b2
a3	b3
a4	b4

S

b	c
b1	c1
b2	c2
b3	c3
b4	c4

[예제 1 결과]

a	R.b	S.b	c
a1	b1	b1	c1
a2	b2	b2	c2
a3	b3	b3	c3
a4	b4	b4	c4

[예제 2 결과]

a	b	c
a1	b1	c1
a2	b2	c2
a3	b3	c3
a4	b4	c4

[R]과 [S]의 공통 속성값 : b1, b2, b3, b4

5 DIVISION(÷) [20년 3회] [20년 3회 실기]

DIVISION은 X ⊃ Y인 두 개의 릴레이션 R(X)와 S(Y)가 있을 때, R의 속성이 S의 속성 값을 모두 가진 튜플에서 S가 가진 속성을 제외한 속성만을 구하는 연산이다.

• 형식 : $R[속성r ÷ 속성s]S$

예제

R [x ÷ y] S

해설

[R] 테이블의 x 속성이 [S] 테이블의 y 속성 값을 가진 모든 튜플에서 [S] 테이블이 가진 속성을 제외한 속성만을 구한다.

R

a	x
a1	b1
a1	b2
a3	b4
a4	b5
a5	b2
a6	b3
a5	b1

S

y
b1
b2

[예제 결과]

a
a1
a5

[R]과 [S]의 공통 속성값 : b1, b2

6 합집합(UNION, ∪)

합집합은 두 릴레이션에 존재하는 튜플의 합집합을 구하되, 결과로 생성된 릴레이션에서 중복되는 튜플을 제거한다.

R

a	b
a1	b1
a1	b2
a2	b3

S

a	b
a1	b1
a2	b1
a2	b3
a3	b3

→ R ∪ S

a	b
a1	b1
a1	b2
a2	b1
a2	b3
a3	b3

＊ 수학적 표현

R ∪ S = {t|t ∈ R ∨ t ∈ S}
– t는 릴레이션 R 또는 릴레이션 S에 존재하는 튜플이다.

＊ 카디널리티

|R ∪ S| ≤ |R|+|S|
– 합집합의 카디널리티는 두 릴레이션 카디널리티의 합보다 크지 않다.

합격자의 **맘기법**

순수 관계 연산자

• 키워드 행, 수평적 연산 → 용어 SELECT
• 키워드 열, 수직적 연산 → 용어 PROJECT
• 키워드 공통된 속성 → 용어 JOIN
• 키워드 제외한 속성 → 용어 DIVISION

권쌤이 알려줌

관계 대수 연산자 중 합집합, 교집합, 차집합 연산은 이항 연산으로서 연산에 참가하는 두 개의 릴레이션은 차수와 도메인이 같아야 연산을 수행할 수 있습니다.

7 교집합(INTERSECTION, ∩)

교집합은 두 릴레이션에 존재하는 튜플의 교집합을 구하는 연산이다.

R	
a	**b**
a1	b1
a1	b2
a2	b3

S	
a	**b**
a1	b1
a2	b1
a2	b3
a3	b3

→

R ∩ S	
a	**b**
a1	b1
a2	b3

＊수학적 표현

R ∩ S = {t|t ∈ R ∧ t ∈ S}

– t는 릴레이션 R과 릴레이션 S에 동시에 존재하는 튜플이다.

＊카디널리티

교집합: |R ∩ S| ≤ MIN{|R|,|S|}

– 교집합의 카디널리티는 두 릴레이션 중 카디널리티가 적은 릴레이션의 카디널리티보다 크지 않다.

8 차집합(DIFFERENCE, −)

차집합은 두 릴레이션에 존재하는 튜플의 차집합을 구하는 연산이다.

R	
a	**b**
a1	b1
a1	b2
a2	b3

S	
a	**b**
a1	b1
a2	b1
a2	b3
a3	b3

→

R − S	
a	**b**
a1	b2

S − R	
a	**b**
a2	b1
a3	b3

＊수학적 표현

R − S = {t|t ∈ R ∧ t ∉ S}

– t는 릴레이션 R에는 존재하고 S에 없는 튜플이다.

＊카디널리티

|R − S| ≤ |R|

– 차집합의 카디널리티는 릴레이션 R의 카디널리티보다 크지 않다.

9 카티션 프로덕트(Cartesian Product, 교차곱, ×) [21년 2, 3회]

카티션 프로덕트는 두 릴레이션에 있는 튜플들의 순서쌍을 구하는 연산이다.

R
r
r1
r2

S
s
s1
s2

→

R×S	
R.r	**S.s**
r1	s1
r1	s2
r2	s1
r2	s2

＊수학적 표현

R × S = {r · s|r ∈ R ∧ s ∈ S}

– r은 R에 존재하는 튜플이고, s는 S에 존재하는 튜플이다.

＊카디널리티

|R × S| = |R| × |S|

– 교차곱은 두 릴레이션의 카디널리티를 곱한 것과 같다.

기출 및 예상문제

01 관계 대수

[20년 3회]

01 관계 대수의 순수 관계 연산자가 아닌 것은?

① Select
② Cartesian Product
③ Division
④ Project

> 해설 다른 하나는 일반 집합 연산자이다.
> **TIP** 순수 관계 연산자는 "셀프로 디비줘(조)", 일반 집합 연산자는 "교차합, 교차곱"으로 기억하세요.

[20년 4회]

02 관계 대수에 대한 설명으로 틀린 것은?

① 주어진 릴레이션 조작을 위한 연산의 집합이다.

② 일반 집합 연산과 순수 관계 연산으로 구분된다.

③ 질의에 대한 해를 구하기 위해 수행해야 할 연산의 순서를 명시한다.

④ 원하는 정보와 그 정보를 어떻게 유도하는가를 기술하는 비절차적 방법이다.

해설 관계 대수는 원하는 정보와 그 정보를 어떻게 유도하는가를 기술하는 절차적 방법이다.

[21년 2회]

03 다음 관계대수 중 순수 관계연산자가 아닌 것은?

① 차집합(difference)   ② 프로젝트(project)

③ 조인(join)   ④ 디비전(division)

해설 다른 하나는 일반 집합 연산자이다.

[21년 3회]

04 관계 대수에 대한 설명으로 틀린 것은?

① 원하는 릴레이션을 정의하는 방법을 제공하며 비절차적 언어이다.

② 릴레이션 조작을 위한 연산의 집합으로 피연산자와 결과가 모두 릴레이션이다.

③ 일반 집합 연산과 순수 관계 연산으로 구분된다.

④ 질의에 대한 해를 구하기 위해 수행해야 할 연산의 순서를 명시한다.

해설 관계 대수는 원하는 릴레이션을 정의하는 방법을 제공하는 절차적 언어이다.

[21년 3회]

05 관계 데이터베이스에 있어서 관계 대수 연산이 아닌 것은?

① 디비전(Division)   ② 프로젝트(Project)

③ 조인(Join)   ④ 포크(Fork)

해설 **TIP** 관계 대수 종류는 "셀프로 디비줘(조)/교차합, 교차곱"으로 기억하세요.

[21년 1회]

06 조건을 만족하는 릴레이션의 수평적 부분집합으로 구성하며, 연산자의 기호는 그리스 문자 시그마(σ)를 사용하는 관계대수 연산은?

① Select   ② Project

③ Join   ④ Division

해설 키워드 수평적 부분집합, 시그마(σ) → 용어 SELECT(σ)

[20년 2회]

07 관계 대수 연산에서 두 릴레이션이 공통으로 가지고 있는 속성을 이용하여 두 개의 릴레이션을 하나로 합쳐서 새로운 릴레이션을 만드는 연산은?

① $\bowtie$ ② $\supset$

③ π ④ σ

해설 키워드 공통으로 가지고 있는 속성, 합침 → 용어 JOIN($\bowtie$)

[20년 3회]

08 다음 R과 S 두 릴레이션에 대한 Division 연산의 수행 결과는?

R

D1	D2	D3
a	1	A
b	1	A
c	2	A
d	2	B

S

D2	D3
1	A

①
D3
A
B

②
D2
2
2

③
D3
A

④
D1
a
b

해설
DIVISION은 X ⊃ Y인 두 개의 릴레이션 R(X)와 S(Y)가 있을 때, R의 속성이 S의 속성 값을 모두 가진 튜플에서 S가 가진 속성을 제외한 속성만을 구한다.

	R		÷		S		=	
D1	D2	D3		D2	D3			D1
a	1	A		1	A			a
b	1	A						b
c	2	A						
d	2	B						

[20년 3회 실기]

09 X ⊃ Y인 두 개의 릴레이션 R(X)와 S(Y)가 있을 때, R의 속성이 S의 속성 값을 모두 가진 튜플에서 S가 가진 속성을 제외한 속성만을 구하는 연산은?

① σ   ② ⊃
③ π   ④ ÷

 해설
키워드 제외한 속성만 → 용어 DIVISION(÷)

[21년 2회]

10 릴레이션의 R의 차수가 4이고 카디널리티가 5이며, 릴레이션의 S의 차수가 6이고 카디널리티가 7일 때, 두 개의 릴레이션을 카티션 프로덕트한 결과의 새로운 릴레이션의 차수와 카디널리티는 얼마인가?

① 24, 35   ② 24, 12
③ 10, 35   ④ 10, 12

해설
카티션 프로덕트는 두 릴레이션의 차수(Degree)는 더하고, 카디널리티(Cardinality)는 곱한다.
• 차수 : 4 + 6 = 10
• 카디널리티 : 5 × 7 = 35

[21년 3회]

11 다음 두 릴레이션 R1과 R2의 카티션 프로덕트(cartesian product) 수행 결과는?

R1

학년
1
2
3

R2

학과
컴퓨터
국문
수학

①

학년	학과
1	컴퓨터
2	국문
3	수학

②

학년	학과
2	컴퓨터
2	국문
2	수학

③

학년	학과
3	컴퓨터
3	국문
3	수학

④

학년	학과
1	컴퓨터
1	국문
1	수학
2	컴퓨터
2	국문
2	수학
3	컴퓨터
3	국문
3	수학

해설
카티션 프로덕트(Cartesian Product, 교차곱)는 두 릴레이션에 있는 튜플들의 순서쌍을 구하는 연산이다.

▶ 정답 : 01.②, 02.④, 03.①, 04.①, 05.④, 06.①, 07.①, 08.④, 09.④, 10.③, 11.④

[이전 기출]

01 다음 관계 언어 중 절차적 특성을 갖는 것은?

① 관계 대수 ② 관계 해석
③ 도메인 해석 ④ 튜플 해석

[이전 기출]

02 관계 해석(Relational calculus)에 대한 설명으로 옳지 않은 것은?

① 관계 해석으로 질의어를 사용한다.
② 비절차적인 언어이다.
③ 튜플 관계해석과 도메인 관계 해석이 있다.
④ 릴레이션의 조작을 위한 연산의 집합이다.

[이전 기출]

03 관계 데이터 연산에 관한 내용으로 적당하지 않는 것은?

① 관계대수는 원하는 정보와 그 정보를 어떻게 유도하는가를 기술하는 절차적인 방법이다.
② 관계해석은 원하는 정보가 무엇이라는 것만 정의하는 비절차적 특성을 지닌다.
③ 관계해석에는 튜플 관계해석(Tuple relational calculus)과 도메인 관계해석(Domain relational calculus)이 있다.
④ 관계해석으로 표현한 식은 관계대수로 표현할 수 없다.

[이전 기출]

04 관계대수의 프로젝트 연산의 연산자 기호는?

① π ② ∩
③ ÷ ④ ∪

[이전 기출]

05 관계 대수(Relational Algebra)의 연산 중에서 두 릴레이션(Relation)의 교차 곱을 수행하기 때문에 두 릴레이션의 공통 튜플 수와 관계가 없는 것은?

① UNION ② INTERSECTION
③ DIFFERENCE ④ CARTESIAN PRODUCT

섹션
기출예상문제 해설

Section 08. 관계 데이터 연산

01 키워드 절차적 특성 → 용어 관계 대수
• 관계 해석은 비절차적 특성을 가진다.

02 ④는 관계 대수에 대한 설명이다.

03 관계 해석은 관계 대수와 기능 면에서 동등하므로, 관계 해석으로 표현한 식은 관계 대수로 표현할 수 있다.

04 프로젝트(PROJECT) 연산은 π를 사용한다.

05 키워드 교차 곱 → 용어 카티션 프로덕트(Cartesian Product, 교차곱, ×)
• 합집합(UNION, ∪) : 두 릴레이션에 존재하는 튜플의 합집합을 구하는 연산(중복 제거)
• 교집합(INTERSECTION, ∩) : 두 릴레이션에 존재하는 튜플의 교집합을 구하는 연산
• 차집합(DIFFERENCE, −) : 두 릴레이션에 존재하는 튜플의 차집합을 구하는 연산

정답 **01** ① **02** ④ **03** ④ **04** ① **05** ④

SECTION

09

절차형 SQL

절차형 SQL은 단순 검색이 아닌 분기, 반복 등의 제어문이 포함된 SQL문입니다. 만약 신입 사원 정보를 데이터베이스에 저장할 때, 즉 [사원] 테이블에 튜플이 추가되면 자동으로 급여 정보를 세팅하고자 할 때 절차형 SQL을 사용할 수 있습니다.

01 프로시저

1 절차형 SQL

절차형 SQL은 프로그래밍 언어처럼 절차적인 프로그램이 가능한 SQL이다.

- Oracle의 절차형 SQL은 PL/SQL이다.
- BEGIN/END의 블록(Block)화된 구조로 되어있어 각 기능별로 모듈화가 가능하다.
- 조건문*, 반복문* 등 단일 SQL문으로는 실행하기 어려운 연속적인 작업을 처리하는 데에 적합하다.
- 절차형 SQL 종류 : 프로시저(Procedure), 사용자 정의 함수(Function), 트리거(Trigger)

▼ 절차형 SQL 필수 구성 요소

구성 요소	설명
DECLARE	대상이 되는 프로시저, 사용자 정의 함수, 트리거 정의
BEGIN	프로시저, 사용자 정의 함수, 트리거가 실행되는 시작점
END	프로시저, 사용자 정의 함수, 트리거가 실행되는 종료점

2 프로시저(Procedure)

프로시저는 특정 기능을 수행하는 일종의 트랜잭션 언어로, 호출을 통해 미리 저장해 놓은 SQL문을 실행하는 프로그램이다.

- 주기적으로 수행되는 업무를 프로시저로 작성하여 활용하고 관리한다.

권쌤이 알려줌

절차형 SQL마다 전체 구성 요소는 조금씩 다릅니다.

제어문
프로그램의 흐름을 제어할 수 있도록 도와주는 실행문
- 조건문 : 조건에 따라 실행해야 할 명령문을 지정
- 반복문 : 특정 실행문을 여러 번 반복 실행할 수있도록 지정

권쌤이 알려줌

프로시저는 자주 사용하는 SQL문의 집합입니다. 월말 정산을 위해 [음료] 테이블, [과자] 테이블을 정산하는 SQL문을 미리 프로시저로 저장해 두고, 매월 정산 프로시저를 실행하면 빠르게 처리할 수 있겠죠?

▼ 프로시저 구성

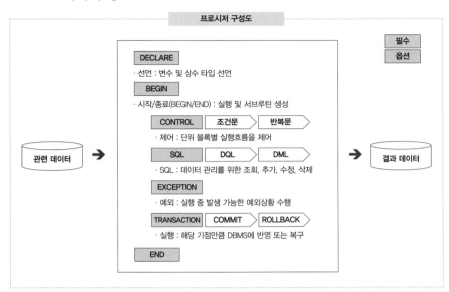

프로시저 구성도

구성 요소	설명
DECLARE	프로시저의 명칭, 변수*와 인수* 그리고 그에 대한 데이터 타입을 정의하는 선언부
BEGIN / END	프로시저의 시작과 종료 표현
CONTROL	IF, LOOP 등 제어문이 삽입되어 순차적으로 처리
SQL	DQL, DML이 삽입되어 데이터 관리를 위한 조회, 추가, 수정, 삭제 작업 수행
EXCEPTION	BEGIN ~ END절에서 실행되는 SQL문이 실행될 때 예외 발생 시 예외 처리 방법 정의
TRANSACTION	프로시저에서 수행된 내역을 DBMS에 적용 또는 취소 여부를 결정하는 처리부

3 프로시저 생성 문법

형식

```
CREATE [OR REPLACE] PROCEDURE 프로시저명 (파라미터명 [MODE] 데이터타입) [IS｜AS]
    변수 선언
BEGIN
    프로시저 BODY;
END;
```

- OR REPLACE : 기존 프로시저 존재 시에 현재 내용으로 덮어쓴다.
 - 동일한 프로시저가 존재하는 경우, CREATE 명령문만 사용하면 에러가 발생한다.
- 프로시저명 : 임의로 프로시저 이름을 지정한다.
- 파라미터*명 : 외부에서 프로시저 호출 시 변수를 입·출력할 수 있는 변수 이름을 임의로 지정한다.
- MODE
 - IN : 호출 프로그램이 프로시저에게 값을 전달
 - OUT : 프로시저에서 처리된 결과를 호출 프로그램으로 반환
 - INOUT : IN과 OUT의 두 가지 기능을 동시에 수행
- 데이터타입 : 파라미터로 사용하는 변수의 데이터 타입을 입력한다.
- 변수 선언 : 지역 변수*로 사용할 변수를 선언한다.
- 프로시저 BODY : 프로시저 코드를 작성한다.
 - 최소 하나 이상의 SQL문이 있어야 한다.

권쌤이 알려줌

DML(SELECT, INSERT, UPDATE, DELETE)을 아래와 같이 분류하기도 합니다.
- 데이터 질의어(DQL : SELECT)
- 데이터 조작어(DML : INSERT, UPDATE, DELETE)

권쌤이 알려줌

IF문은 조건문, LOOP문은 반복문입니다.

변수(Variable)
프로그램 코드에서 값을 나타내는 문자

인수(Argument)
프로그램을 호출할 때 사용되는 값

파라미터(Parameter, 매개변수)
각 모듈 간에 데이터를 넘겨주는 데 쓰이는 변수

지역 변수(Local Variable)
변수가 선언된 함수나 블록 내에서만 사용할 수 있는 변수

권쌤이 알려줌

변수, 인수, 파라미터, 지역 변수 등은 [4과목. 프로그래밍 언어 활용]에서 자세히 학습합니다. 절차형 SQL 내용이 어렵다면 [4과목. 프로그래밍 언어 활용]을 먼저 학습해 주세요.

컴파일(Compile)
고급 언어(SQL문)로 작성된 코드를 실행 가능한 코드로 변경시키는 과정

함수(Function)
특정한 목적의 작업을 수행하기 위한 프로그램 코드의 집합

실행 계획(Execution Plan)
사용자가 질의한 SQL문에 대한 최적의 실행 방법
· SQL 처리 경로

예 사원의 급여를 10% 인상하는 프로시저

```
CREATE OR REPLACE PROCEDURE update_sal(v_empno IN NUMBER) IS
// 프로시저명 : update_sal, 파라미터명 : v_empno(숫자형)
// IN : 호출 프로그램이 프로시저에게 전달한 사원 번호를 v_empno에 저장
BEGIN
     UPDATE emp
     SET sal = sal * 1.1          // 호출 프로그램으로부터 전달받은 사원의 급여를 10% 인상
     WHERE empno = v_empno;
END;
```

4 프로시저 실행

형식

```
EXECUTE 프로시저명;
EXEC 프로시저명;
CALL 프로시저명;
```

예 급여 인상 프로시저 실행(매개변수 - 101)

```
EXECUTE update_sal(101);
// 사원 번호가 101인 사원의 급여를 10% 인상하는 프로시저 실행
```

 일반 질의문 vs 프로시저

구분	설명
일반 질의문	· 사용자 또는 응용 프로그램이 실행하고자 하는 SQL문을 DBMS에 전송하고 그 결과를 받는다. · 대량의 복잡한 SQL문이 반복적으로 입력되면 그만큼 시스템에 부담이 되고, DBMS에도 처리해야 하는 일이 늘어난다.
프로시저	· 연속된 SQL문들을 하나로 모아 서버에 미리 컴파일*해서 저장해 놓은 개체로서, 프로그램에서 함수*와 같은 역할을 한다. · 사용자나 응용 프로그램은 해당 SQL문을 반복해서 입력할 필요 없이 저장된 프로시저 이름과 매개변수 값만을 전송하면 되므로 복잡한 SQL문을 단순화한다. · 재사용성을 높이고, 실행 계획*도 미리 작성되어 있어 DBMS의 처리 부담이 감소한다.

01 절차형 SQL 특징으로 틀린 설명은?

① 조건문, 반복문 등 단일 SQL 문장으로 실행하기 어려운 연속적인 작업 처리가 가능하다.

② 연속적인 실행이나, 분기, 반복 등의 제어가 가능하다.

③ BEGIN/END의 Block화된 구조로 되어 있어 각 기능별로 모듈화가 가능하다.

④ 프로그래밍 언어와 달리 비절차적인 프로그램을 지원한다.

> 해설   절차형 SQL은 프로그래밍 언어처럼 절차적인 프로그램이 가능하다.

02 프로시저의 설명으로 옳지 않은 것은?

① 특정 기능을 수행하는 일종의 트랜잭션 언어이다.

② 일련의 SQL 작업을 포함하는 데이터 제어어 (DCL, Data Control Language)를 수행한다.

③ 일일 마감 작업 또는 일련의 배치 작업 등을 프로시저를 활용하여 관리하고 주기적으로 수행하기도 한다.

④ 구현이 복잡한 트랜잭션을 수행하는 SQL 블록을 데이터베이스에 저장하기 위해 생성한다.

> 해설   프로시저는 DML, DQL이 삽입되어 데이터 관리를 위한 조회, 추가, 수정, 삭제 작업을 수행한다.

> ▶ 정답 : 01.④, 01.②

---

02   사용자 정의 함수

1 사용자 정의 함수(Function)

사용자 정의 함수는 프로시저와 유사하게 SQL문을 사용하여 일련의 작업을 연속적으로 처리하며, 종료 시 예약어 RETURN을 사용하여 처리 결과를 단일 값으로 반환하는 프로그램이다.

• 기본적인 개념 및 사용법, 문법 등은 프로시저와 동일하지만 종료 시 단일 값을 반환한다는 것이 프로시저와의 가장 큰 차이점이다.

• 주로 SELECT문에 포함되어 DML의 호출에 의해 실행된다.

• 예약어 RETURN을 통해 값을 반환하므로 출력 파라미터(OUT)가 없다.

권쌤이 알려줌

프로시저와 동일하나, 사용자 정의 함수는 실행 시 값을 반환합니다. 즉, 월말 정산 프로시저를 실행하면 정산 값은 반환하지 않지만, 월말 정산 함수를 실행하면 정산 값을 반환하여 정산 등급(圓 100만원 이상 : A, 200만원 이상 : B 등)을 구할 수 있습니다. 이처럼 각 상황에 맞춰 프로시저 또는 함수를 작성하면 됩니다.

▼ 사용자 정의 함수 구성

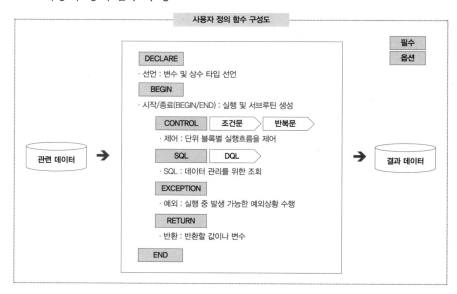

구성 요소	설명
DECLARE	사용자 정의 함수의 명칭, 변수와 인수 그리고 그에 대한 데이터 타입을 정의하는 선언부
BEGIN / END	사용자 정의 함수의 시작과 종료 표현
CONTROL	IF, LOOP 등 제어문이 삽입되어 순차적으로 처리
SQL	DQL이 삽입되어 데이터 관리를 위한 조회 작업 수행
EXCEPTION	BEGIN ~ END절에서 실행되는 SQL문이 실행될 때 예외 발생 시 예외 처리 방법 정의
RETURN	사용자 정의 함수의 결과로 반환할 값이나 변수

2 사용자 정의 함수 생성 문법

형식

```
CREATE [OR REPLACE] FUNCTION 함수명 (파라미터명 [MODE] 데이터타입)
    RETURN 데이터타입
IS
    변수선언
BEGIN
    사용자정의함수 BODY;
    RETURN 반환값;
END;
```

- OR REPLACE : 기존 사용자 정의 함수 존재 시에 현재 내용으로 덮어쓴다.
 − 동일한 사용자 정의 함수가 존재하는 경우, CREATE 명령문만 사용하면 에러가 발생한다.
- 함수명 : 임의로 사용자 정의 함수 이름을 지정한다.
- 파라미터명 : 외부에서 프로시저 호출 시 변수를 입·출력할 수 있는 변수 이름을 임의로 지정한다.
- MODE
 − IN : 호출 프로그램이 프로시저에게 값을 전달
- 데이터타입 : 파라미터로 사용하는 변수의 데이터 타입을 입력한다.
- RETURN 데이터타입 : 반환값의 데이터 타입을 입력한다.
- 변수선언 : 지역 변수로 사용할 변수를 선언한다.
- 사용자정의함수 BODY : 사용자 정의 함수 코드를 작성한다.
 − 최소 하나 이상의 SQL문이 있어야 한다.
- 반환값 : 반환할 값이나 반환 값이 저장된 변수를 호출 프로그램으로 반환한다.

예 2개 값을 받아 합계를 구하는 함수

```
CREATE OR REPLACE FUNCTION func_sum(v_number1 NUMBER, v_number2 NUMBER)
// 사용자 정의 함수명 : func_sum, 파라미터명 : v_number1(숫자형), v_number2(숫자형)
    RETURN NUMBER    // 반환 데이터 형식 : 숫자형
IS
BEGIN
    RETURN v_number1 + v_number2;
    // 호출 프로그램으로부터 전달받은 두 수의 합계를 숫자형으로 반환
END;
```

3 사용자 정의 함수 실행

DML에서 속성명이나 값이 놓일 자리를 대체하여 사용한다.

형식

```
SELECT 사용자정의함수명 FROM 테이블명;
UPDATE 테이블명 SET 속성명 = 사용자정의함수명;
INSERT INTO 테이블명(속성명) VALUES(사용자정의함수명);
DELETE FROM 테이블명 WHERE 속성명 = 사용자정의함수명;
```

권쌤이 알려줌

사용자 정의 함수 제거 문법은 아래와 같습니다.
• DROP FUNCTION 함수명;

예 두 수의 합계 함수의 반환값을 테이블에 삽입(매개변수 – 10, 20)

```
INSERT INTO emp(total) VALUES(func_sum(10,20));
// 10과 20의 합계를 반환받아 [emp] 테이블의 total 속성에 삽입한다.
```

기출 및 예상문제
02 사용자 정의 함수

01 사용자 정의 함수에 대한 설명으로 틀린 것은?

① DBMS에서 제공되는 공통적 함수 이외에 사용자가 직접 정의하고 작성하는 것이다.

② 출력 파라미터가 없다.

③ 주로 SELECT문에 포함되어 실행된다.

④ 프로시저와 결과값을 반환하는 부분이 동일하다.

해설 사용자 정의 함수 구성의 기본사항은 프로시저와 동일하지만, 결과값을 반환하는 부분은 상이하다. 사용자 정의 함수에서는 RETURN을 통해 반환하고, 프로시저에서는 OUT을 통해 반환한다.

▶ 정답 : 01.④

03 트리거

1 트리거(Trigger) [20년 2회]

트리거는 데이터베이스의 데이터 삽입, 수정, 삭제 등의 이벤트가 발생할 때마다
관련 작업이 자동으로 수행되는 프로그램이다.

- 반환이 없다는 점, DML을 주된 목적으로 한다는 점에서는 프로시저와 유사
  하다.
- 이벤트 명령어를 통해 트리거를 실행한다는 점과 외부 변수 IN, OUT이 없다
  는 점이 프로시저나 사용자 정의 함수와 다르다.
- 데이터 무결성 유지 및 로그* 메시지 출력 등에 트리거를 활용한다.

▼ 트리거 구성

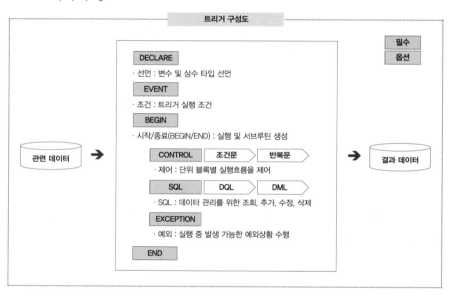

구성 요소	설명
DECLARE	트리거의 명칭, 변수와 인수 그리고 그에 대한 데이터 타입을 정의하는 선언부
EVENT	트리거의 실행 조건 명시
BEGIN / END	트리거의 시작과 종료 표현
CONTROL	IF, LOOP 등 제어문이 삽입되어 순차적으로 처리
SQL	DML이 삽입되어 데이터 관리를 위한 조회, 추가, 수정, 삭제 작업 수행
EXCEPTION	BEGIN ~ END절에서 실행되는 SQL문이 실행될 때 예외 발생 시 예외 처리 방법 정의

2 트리거 생성 문법

형식

```
CREATE [OR REPLACE] TRIGGER 트리거명
동작시기 동작 ON 테이블명
[REFERENCING NEW|OLD AS 테이블명]
[FOR EACH ROW [WHEN 조건식]]
BEGIN
      트리거 BODY;
END;
```

- OR REPLACE : 기존 트리거 존재 시에 현재 내용으로 덮어쓴다.
  - 동일한 트리거가 존재하는 경우, CREATE 명령문만 사용하면 에러가 발생한다.
- 트리거명 : 임의로 트리거 이름을 지정한다.
- 동작시기 : 트리거가 동작하는 시기를 지정한다.
  - AFTER : 테이블이 변경된 후 실행
  - BEFORE : 테이블이 변경되기 전 실행
- 동작 : 트리거가 실행되게 할 작업의 종류를 지정한다.
  - INSERT : 테이블에 튜플이 삽입될 때 실행
  - UPDATE : 테이블의 튜플이 수정될 때 실행
  - DELETE : 테이블의 튜플이 삭제될 때 실행
- 테이블명 : 이벤트 발생을 확인할 테이블을 지정한다.
- NEW|OLD : 트리거가 적용될 테이블의 별칭을 지정한다.
  - NEW : 추가 또는 수정에 참여할 튜플들의 집합(테이블)
  - OLD : 수정 또는 삭제 전 대상이 되는 튜플들의 집합(테이블)
- FOR EACH ROW : 각 튜플마다 트리거를 적용한다는 의미이다.
- WHEN 조건식 : 트리거를 적용할 튜플의 조건을 작성한다.
- 트리거 BODY : 트리거 코드를 작성한다.
  - 최소 하나 이상의 SQL문이 있어야 한다.

🅳 신입 사원 입사 시, 급여가 1,500,000미만인 경우 급여를 10% 인상하는 트리거

```
CREATE OR REPLACE TRIGGER tri_salary    // 트리거명 : tri_salary
AFTER INSERT ON emp
// [emp] 테이블에 튜플이 삽입되어 테이블이 변경된 후 트리거 실행
REFERENCING NEW AS new_emp     // 삽입된 튜플들만 저장된 테이블명 : new_emp
FOR EACH ROW
WHEN (:new_emp.sal < 1500000)
// [new_emp] 테이블의 튜플의 급여(sal)가 1,500,000 미만인 경우
BEGIN
      UPDATE emp
      SET sal = sal * 1.1          // 해당 사원의 급여를 10% 인상
      WHERE empno = :new_emp.empno;
END;
```

 커서(Cursor)

커서는 SQL문 처리 결과가 저장되어 있는 메모리 공간을 가리키는 포인터이다.

• 데이터 검색의 결과를 반복해서 사용할 경우 커서(Cursor)로 저장하여 검색을 실행하지 않고 검색
  결과를 계속 불러올 수 있다.
• 커서를 사용하면 처리된 SQL문의 결과 집합에 접근할 수 있다.
• 종류 : 묵시적 커서(Implicit Cursor), 명시적 커서(Explicit Cursor)

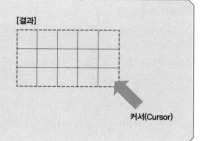

[결과]

커서(Cursor)

 기출 및 예상문제

03 트리거

[20년 2회]

01 데이터베이스 시스템에서 삽입, 갱신, 삭제 등의 이벤트가 발생할 때마다 관련 작업이 자동으로 수행되는 절차형 SQL은?

① 트리거(Trigger)
② 무결성(Integrity)
③ 잠금(Lock)
④ 복귀(Rollback)

해설   키워드 이벤트 발생, 자동 수행 → 용어 트리거(Trigger)

02 트리거를 제거하는 SQL 명령은?

① DROP TRIGGER 트리거명;
② REVOKE TRIGGER 트리거명;
③ ALTER TRIGGER 트리거명;
④ DELETE TRIGGER 트리거명;

해설   트리거 제거 시 DROP 명령어를 사용한다.

▶ 정답 : 01.①, 02.①

01 프로시저 구성의 설명으로 틀린 것은?

① DECLARE : 프로시저의 명칭, 변수와 인수, 데이터 타입을 정의하는 선언부이다.

② BEGIN/END : 프로시저의 시작과 종료를 표현한다.

③ TRANSACTION : BEGIN~END절에서 실행되는 SQL문이 실행될 때 예외가 발생하는 경우 예외 처리 방법을 정의한다.

④ SQL : DQL, DML을 주로 사용한다.

02 절차형 SQL의 종류에 대한 설명으로 틀린 것은?

① 트리거 : 데이터베이스 시스템에서 데이터의 삽입, 수정, 삭제 등의 이벤트(Event)가 발생할 때마다 관련 작업이 자동으로 수행된다.

② 프로시저 : 특정 기능을 수행하는 일종의 트랜잭션 언어로, 호출을 통해 실행되어 미리 저장해 놓은 SQL 작업을 수행한다.

③ 마이바티스 : DBMS에 질의하기 위한 SQL 쿼리를 별도로 XML 파일을 분리하고, 매핑을 통하여 SQL을 실행한다.

④ 사용자 정의 함수 : 프로시저와 유사하게 SQL문을 사용하여 일련의 작업을 연속적으로 처리하며, 종료 시 예약어 Return을 사용하여 처리 결과를 단일 값으로 반환한다.

03 트리거 생성 문법에 대한 설명으로 옳지 않은 것은?

① NEW – 추가되거나 수정에 참여할 튜플들의 집합

② WHERE 조건식 – 트리거를 적용할 튜플의 조건

③ INSERT – 테이블에 튜플이 삽입될 때 실행

④ AFTER – 테이블이 변경된 후 실행

**섹션
기출예상문제 해설**

Section 09. 절차형 SQL

01 ③은 EXCEPTION에 대한 설명이다.
• TRANSACTION : 프로시저에서 수행된 내역을 DBMS에 적용(Commit) 또는 취소(Rollback) 여부를 결정하는 처리부

02 절차형 SQL 종류 : 프로시저(Procedure), 사용자 정의 함수(Function), 트리거(Trigger)

03 ②는 WHEN 조건식에 대한 설명이다.

정답 01 ③ 02 ③ 03 ②

SECTION

10

SQL 최적화

SQL문을 분석하여 최적화합니다. SQL문을 최적화하기 위해 모니터링 도구와 SQL문을 분석해 주는 TKPROF, EXPLAIN PLAN 도구에 대해 간략히 학습합니다. 그리고 DBMS 내에서 SQL문이 어떻게 동작하는지를 파악하여 SQL문 성능을 개선하는 방법에 대해 학습합니다.

01 쿼리 성능 개선

1 쿼리 성능 개선(SQL 최적화)

쿼리 성능 개선(SQL 최적화)은 조인 방식, 테이블 조회 방식, 연산 순서 등을 참고하여 자원을 효율적으로 사용하여 최적의 방법으로 SQL문을 실행할 수 있도록 애플리케이션 성능을 향상시키는 작업이다.

- 업무의 중요도나 트랜잭션 빈도, 그리고 사용하는 사용자 수에 따라 우선순위를 부여한 뒤 우선순위가 높은 SQL문부터 최적화를 진행한다.

권쌤이 알려줌

모니터링(Monitoring)이란 관찰, 감시라는 뜻을 가지고 있습니다.

가용성(Availability)
시스템이 장애 없이 정상적으로 사용 가능한 정도

다운타임(Downtime)
시스템을 이용할 수 없는 시간으로 시스템이 오프라인이거나 사용할 수 없는 상황에 놓인 상태

1. APM[Application Performance Management(Monitoring), 애플리케이션 성능 모니터링]

운영 중인 시스템에 대한 가용성* 확보, 다운타임* 최소화 등을 통해 안정적인 시스템 운영을 위하여 부하량 및 접속자 파악, 장애 진단 등을 목적으로 하는 성능 모니터링 도구이다.

- 쿼리 성능을 최적화하기 전에 애플리케이션 성능 모니터링 도구로 최적화할 쿼리를 선정해야 한다.
- 성능 모니터링 결과로 문제시되는 SQL문에 대한 처리 흐름과 해당 SQL문이 DBMS 내에서 어떻게 동작하는지를 파악할 수 있는 쿼리 성능 측정 도구인 TKPROF, EXPLAIN PLAN 등을 활용할 수 있다.
- 종류 : 리소스 모니터링, 엔드 투 엔드 모니터링

종류	설명
리소스(Resource) 모니터링	• 모니터링 대상 자원 : CPU, 메모리, 네트워크, 디스크 등 • 종류 : Nagios, Zabbix, Cacti
엔드 투 엔드(End to End) 모니터링	• 모니터링 대상 자원 : 애플리케이션 수행 관점 에 비즈니스 트랜잭션 관리 및 최종 사용자 등을 모니터링 • 종류 : Visual VM, Jennifer, Pharos, SysMaster

2. TKPROF

실행되는 SQL문에 대해 분석 정보를 제공하여 사용자가 특정 SQL문을 어떻게 사용해야 할 것인지에 대한 가이드라인을 제공해 주는 도구이다.

- EXPLAIN PLAN과 병행하여 사용하는 것이 좋다.
- Oracle에서 제공하는 유틸리티※이다.

예 TKPROF 실행 화면

```
SELECT AVG(CNT),MAX(CNT),MIN(CNT),SUM(CNT),COUNT(COMP_DATE)
FROM
(
Select Comp_Date , Count(*) Cnt From Orders Group By Comp_Date    [분석할 SQL 문장]
)
        수행된 횟수   cpu 시간  경과 시간                                처리 건수
call    count    cpu   elapsed    disk    query    current    rows
------- ------- ------ -------- ------- -------- --------- -------
Parse      1     0.00    0.00       0        0         0        0
Execute    1     0.00    0.00       0        0         0        0
Fetch      1     0.07    0.08       0     1212         0        1
------- ------- ------ -------- ------- -------- --------- -------
total      3     0.07    0.08       0     1212         0        1

Misses in library cache during parse: 1
Optimizer mode: ALL_ROWS
Parsing user id: 81
```

3. EXPLAIN PLAN

사용자들이 SQL문의 액세스※ 경로를 확인하여 성능 개선할 수 있도록 SQL문을 분석하고 해석하여 실행 계획※을 수립하고, 관련 테이블(plan_table)에 저장하도록 지원해 주는 도구이다.

- Oracle에서 제공하는 유틸리티이다.

예 EXPLAIN PLAN 실행 화면

```
SQL> set autotrace on
SQL> select * from dept where deptno = 10;  SQL 입력

    DEPTNO DNAME         LOC            실행 결과
    ---------- -------------- -------------
        10 ACCOUNTING    NEW YORK

Execution Plan                           실행 계획
---------------------------------------------------
    0        SELECT STATEMENT Optimizer=CHOOSE
    1    0    TABLE ACCESS (FULL) OF 'DEPT'

Statistics                               통계 정보
---------------------------------------------------
      178  recursive calls
        0  db block gets
       27  consistent gets
        7  physical reads
        0  redo size
      629  bytes sent via SQL*Net to client
      655  bytes received via SQL*Net from client
        2  SQL*Net roundtrips to/from client
        2  sorts (memory)
        0  sorts (disk)
        1  rows processed
```

② SQL 처리 흐름 이해하기

1. 옵티마이저(Optimizer)※

사용자가 작성한 SQL문에 대해 최적의 실행 방법을 결정하는 역할을 하는 모듈이다.

TKPROF와 EXPLAIN PLAN은 SQL문에 대한 분석 정보를 제공하여 SQL문 성능 개선 방향을 파악할 수 있는 도구입니다.

유틸리티(Utility)
시스템 동작에 필수적이지는 않지만 유용한 작업을 수행하는 것

액세스(Access)
접근

실행 계획(Execution Plan)
사용자가 질의한 SQL문에 대한 최적의 실행 방법 실행
- SQL 처리 경로

Optimize
최적화하다.

• 최적의 실행 방법을 실행 계획(Execution Plan)이라고 한다.

• DBMS는 옵티마이저가 결정한 실행 방법대로 데이터를 처리하여 결과를 사용자에게 전달한다.

• 옵티마이저가 선택한 실행 방법은 질의 수행 속도에 가장 큰 영향을 미친다.

• 최적의 실행 방법 결정은 실제로 SQL문을 처리해본 적 없는 상태에서 결정해야 하므로 어렵다.

• 옵티마이저 종류는 최적의 실행 방법을 결정하는 방식에 따라 우선순위 중심의 규칙기반 옵티마이저(RBO; Rule Based Optimizer)와 수행 시간 중심의 비용기반 옵티마이저(CBO; Cost Based Optimizer)로 구분한다.

2. SQL 처리 단계

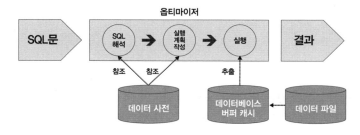

① 구문 분석* 단계(PARSE)

SQL문이 데이터베이스에서 처음 사용된 문장인지 이미 사용된 문장인지를 확인하는 단계이다.

• 처음 사용된 문장인 경우, SQL문에 포함된 테이블, 뷰 등이 데이터베이스에 존재하는 객체(Object)인지를 확인한다.

• 확인 후, 옵티마이저는 가장 빠르게 데이터를 검색해 줄 수 있는 실행 계획을 찾는다.

• 이미 사용된 문장인 경우, 구문 분석 작업을 할 필요 없이 이전에 작성된 실행 계획을 사용한다.

② 실행 단계(EXECUTE)

구문 분석이 정상적으로 실행되면 데이터베이스 버퍼 캐시* 영역에서 필요한 데이터가 존재하는지 검색하는 단계이다.

• 서버 프로세스는 메모리 영역의 데이터베이스 버퍼 캐시 영역을 검색하여 다른 SQL문에 의해 필요한 데이터가 데이터베이스 버퍼 캐시 영역에 이미 존재하는지를 검색한다.

• 필요한 데이터가 데이터베이스 버퍼 캐시 영역에 존재한다면, 데이터베이스 버퍼 캐시 영역의 데이터를 그대로 추출한다.

• 필요한 데이터가 데이터베이스 버퍼 캐시 영역에 존재하지 않는다면, 필요한 데이터를 데이터 파일*로부터 읽어서 데이터베이스 버퍼 캐시 영역에 저장한다.

- SQL문이 SELECT가 아닌 INSERT, UPDATE, DELETE라면 데이터베이스 버퍼 캐시 영역에서 새로운 데이터로 삽입, 수정, 삭제하게 된다.

③ 추출 단계(FETCH)

실행 단계가 끝나면 서버는 데이터베이스 버퍼 캐시 영역에서 필요한 데이터를 읽어 사용자(클라이언트)에게 요청을 전달하는 단계이다.

- SELECT를 실행하는 경우에만 추출 단계가 실행되고, INSERT, UPDATE, DELETE 실행 시 추출 단계가 실행되지 않는다.

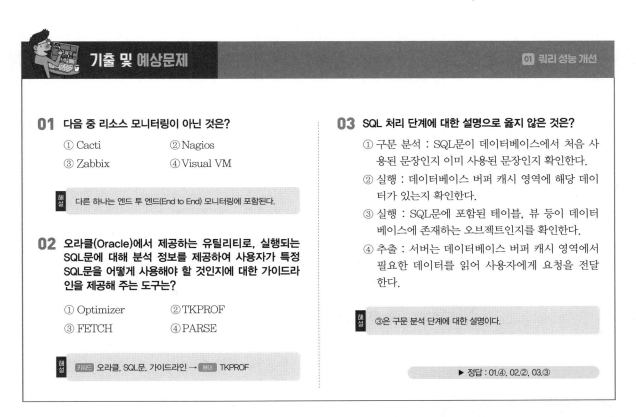

기출 및 예상문제

01 쿼리 성능 개선

01 다음 중 리소스 모니터링이 아닌 것은?

① Cacti
② Nagios
③ Zabbix
④ Visual VM

> **해설** 다른 하나는 엔드 투 엔드(End to End) 모니터링에 포함된다.

02 오라클(Oracle)에서 제공하는 유틸리티로, 실행되는 SQL문에 대해 분석 정보를 제공하여 사용자가 특정 SQL문을 어떻게 사용해야 할 것인지에 대한 가이드라인을 제공해 주는 도구는?

① Optimizer
② TKPROF
③ FETCH
④ PARSE

> **해설** 키워드 오라클, SQL문, 가이드라인 → 용어 TKPROF

03 SQL 처리 단계에 대한 설명으로 옳지 않은 것은?

① 구문 분석 : SQL문이 데이터베이스에서 처음 사용된 문장인지 이미 사용된 문장인지 확인한다.
② 실행 : 데이터베이스 버퍼 캐시 영역에 해당 데이터가 있는지 확인한다.
③ 실행 : SQL문에 포함된 테이블, 뷰 등이 데이터베이스에 존재하는 오브젝트인지를 확인한다.
④ 추출 : 서버는 데이터베이스 버퍼 캐시 영역에서 필요한 데이터를 읽어 사용자에게 요청을 전달한다.

> **해설** ③은 구문 분석 단계에 대한 설명이다.

▶ 정답 : 01.④, 02.②, 03.③

02 SQL 성능 개선 순서

1 SQL 성능 개선 순서

1. 문제 있는 SQL 식별

APM, TKPROF 또는 EXPLAIN PLAN과 같은 유틸리티를 사용하여 성능에 문제가 있는 SQL문을 확인한다.

2. 옵티마이저(Optimizer) 통계 확인

비용 기반 옵티마이저 모드에서 최적의 처리 경로를 생성하기 위해서는 옵티마이저가 활용하는 통계 정보를 주기적으로 현행화(변경)해야 한다.

> **권쌤이 알려줌**
>
> SQL 최적화 도구의 분석 결과를 바탕으로 SQL문의 성능을 개선합니다.

3. 실행 계획 검토

드라이빙 테이블(Driving Table)※이 최상의 필터를 가지고 있는지를 중심으로 검토한다.

4. SQL문 재구성

• 검색 범위를 줄이기 위해 특정 값을 지정하는 where절을 최대한 많이 사용하여 처리 속도를 빠르게 한다.
• where절에 연산자를 포함하면 인덱스를 활용하지 못하므로 최대한 연산자를 사용하지 않도록 한다.
• 서브쿼리(Subquery)에 EXISTS※를 사용하여 불필요한 검색을 하지 않도록 한다.
• 옵티마이저가 비정상적인 실행 계획을 수립하여 처리된다면, 힌트(Hint)※를 사용하여 옵티마이저의 액세스 경로 및 조인 순서를 제어할 수 있도록 한다.

5. 인덱스 재구성

• 성능에 중요한 액세스 경로 및 분포도를 고려하여 인덱스화한다.
(예) 분포도가 높은 성별 속성이 아닌 분포도가 낮은 사번 속성을 인덱스화한다.
• 실행 계획을 검토하여 기존 인덱스의 열 순서를 변경하거나 추가할 수 있도록 한다.
• 인덱스 추가 시 정상적으로 처리되고 있던 다른 SQL문에 영향을 줄 수 있으므로 관련 SQL문 결과와 함께 검토한다.
• 사용하지 않는 불필요한 인덱스들은 제거한다.

6. 실행 계획 유지 관리

데이터베이스 버전 업그레이드 등 시스템 환경의 변경 사항 발생 시에도 실행 계획이 유지되고 있는지 모니터링하고 관리한다.

기출 및 예상문제 　　　　　　　　　　　02 SQL 성능 개선 순서

01 SQL 성능 개선 순서를 올바르게 나열한 것은?

ㄱ. 문제있는 SQL 식별
ㄴ. 실행 계획 검토
ㄷ. 인덱스 재구성
ㄹ. 실행 계획 유지 관리
ㅁ. SQL문 재구성
ㅂ. 옵티마이저 통계 확인

① ㄱ－ㅂ－ㄴ－ㅁ－ㄷ－ㄹ
② ㄱ－ㄹ－ㅂ－ㄴ－ㄷ－ㅁ
③ ㅂ－ㄱ－ㄴ－ㅁ－ㄷ－ㄹ
④ ㄴ－ㅂ－ㄱ－ㄷ－ㅁ－ㄹ

해설 SQL 성능 개선 순서
: 문제 있는 SQL 식별 → 옵티마이저 통계 확인 → 실행 계획 검토 → SQL문 재구성 → 인덱스 재구성 → 실행 계획 유지 관리

▶ 정답 : 01.①

01 운영 중인 시스템에 대한 가용성 확보, 다운타임 최소화 등을 통해 안정적인 시스템 운영을 위하여, 부하량 및 접속자 파악, 장애진단 등을 목적으로 하는 애플리케이션 성능 모니터링 도구는?

① APM　　　　　　② EXPLAIN PLAN

③ TKPROF　　　　　④ Optimizer

02 사용자들이 SQL문의 액세스 경로를 확인하여 성능 개선을 할 수 있도록 SQL문을 분석하고 해석하여 실행 계획을 수립하고, 관련 테이블에 저장하도록 지원해 주는 도구는?

① Optimizer　　　　② PARSE

③ FETCH　　　　　④ EXPLAIN PLAN

03 SQL 처리 단계 중 실행(EXECUTE) 단계에 대한 설명으로 옳지 않은 것은?

① 구문 분석이 정상적으로 실행되면 데이터베이스 버퍼 캐시 영역에 해당 데이터가 존재하는지 검색한다.

② 데이터베이스 버퍼 캐시 영역에 존재하지 않는다면 필요한 데이터를 데이터 파일로부터 읽어서 데이터베이스 버퍼 캐시 영역에 저장한다.

③ 데이터베이스 버퍼 캐시 영역에 존재한다면 버퍼 캐시영역의 데이터를 그대로 추출한다.

④ 옵티마이저는 가장 빠르게 데이터를 검색해 줄 수 있는 실행 계획을 찾는다.

04 SQL 성능 개선에 대한 설명으로 가장 거리가 먼 것은?

① where절에 최대한 연산자를 많이 사용한다.

② 가능한 한 where절을 많이 써서 특정 값 지정으로 범위를 줄여 처리속도를 빠르게 한다.

③ 사용하지 않는 불필요한 인덱스들은 제거한다.

④ 문제 있는 SQL을 식별하기 위해 Oracle의 경우 TKPROF 또는 EXPLAIN PLAN과 같은 유틸리티를 사용한다.

섹션
기출예상문제 해설

Section 10. SQL 최적화

01 키워드 가용성, 다운타임, 애플리케이션 성능 모니터링 → 용어 APM[Application Performance Management(Monitoring), 애플리케이션 성능 모니터링]
- EXPLAIN PLAN : 사용자들이 SQL문의 액세스 경로를 확인하여 성능 개선을 할 수 있도록 SQL문을 분석하고 해석하여 실행 계획을 수립하고, 관련 테이블(plan_table)에 저장하도록 지원해 주는 도구
- TKPROF : 실행되는 SQL문에 대해 분석 정보를 제공하여 사용자가 특정 SQL문을 어떻게 사용해야 할 것인지에 대한 가이드라인을 제공해 주는 도구
- 옵티마이저(Optimizer) : 사용자가 작성한 SQL문에 대해 최적의 실행 방법을 결정하는 역할을 하는 모듈

02 키워드 액세스 경로, 실행 계획 수립 → 용어 EXPLAIN PLAN
- 구문 분석 단계(PARSE) : SQL문이 데이터베이스에서 처음 사용된 문장인지 이미 사용된 문장인지를 확인하는 단계
- 추출 단계(FETCH) : 실행 단계가 끝나면 서버는 데이터베이스 버퍼 캐시 영역에서 필요한 데이터를 읽어 사용자(클라이언트)에게 요청을 전달하는 단계

03 ④는 구문 분석(PARSE) 단계에 대한 설명이다.

04 where절에 연산자를 포함하면 인덱스를 활용하지 못하므로 최대한 연산자를 사용하지 않도록 한다.

정답 **01** ①　**02** ④　**03** ④　**04** ①

SECTION

11

데이터베이스 고급

트랜잭션은 데이터베이스의 작업 단위입니다. 여러 개의 트랜잭션을 동시에 실행할 때 발생하는 공유 자원에 대한 문제를 해결하기 위한 기법을 병행 제어라고 합니다. 그리고 데이터베이스 장애 발생 시 데이터베이스를 회복하는 방법과 장애 발생 대비를 위한 데이터베이스 백업에 대해 학습합니다.

권쌤이 알려줌

트랜잭션은 하나의 작업 단위입니다. 예를 들어 출금 프로세스는 '출금 금액 입력 → 출금 → 잔액 출력'이 하나의 트랜잭션이 됩니다.

병행 제어(Concurrency Control, 동시성 제어)
트랜잭션을 동시에 여러 개 수행할 때, 데이터베이스 일관성 유지를 위해 트랜잭션 간의 상호 작용을 제어하는 것

권쌤이 알려줌

트랜잭션의 ACID 특성 중 가장 중요한 것은 원자성입니다. 원자성을 만족하지 못하는 트랜잭션은 예기치 못한 부작용이 발생할 수 있습니다.
• 원자성(Atomicity) : All or Nothing

★★★

01 트랜잭션

1 트랜잭션(Transaction) [21년 3회]

트랜잭션은 데이터베이스의 상태를 변화시키는 논리적 연산의 집합이다.

• 사용자의 데이터베이스 접근 기본 단위로서 병행 제어(Concurrency Control, 동시성 제어)※의 기본 단위이기도 하다.

1. 트랜잭션의 특성(ACID) [22년 2회] [21년 1, 3회] [20년 2, 3, 4회] [21년 2회 실기] [20년 1회 실기]

특성	설명
원자성 (Atomicity)	트랜잭션이 데이터베이스에 모두 반영되거나 아니면 전혀 반영되지 않아야 된다.
일관성 (Consistency)	트랜잭션이 그 실행을 성공적으로 완료하면 항상 일관성 있는 데이터베이스 상태로 변환해야 한다.
독립성, 격리성 (Isolation)	둘 이상의 트랜잭션이 동시에 병행 실행되고 있을 때, 또 다른 하나의 트랜잭션의 연산이 끼어들 수 없다.
영속성, 지속성 (Durability)	트랜잭션의 결과는 영구적으로 반영되어야 한다.

2. 트랜잭션 상태 [22년 1, 2, 3회]

상태	설명
활동(Active)	트랜잭션의 실행을 시작하였거나 실행 중인 상태이다.
부분적 완료 (Partially Committed)	트랜잭션의 마지막 명령문을 성공적으로 실행한 직후의 상태이다.
실패(Failed)	트랜잭션이 정상적인 실행을 더 이상 수행할 수 없는 상태이다.
완료(Committed)	트랜잭션이 실행을 성공적으로 완료하여 커밋(Commit) 연산을 수행한 상태이다.
철회(Aborted)	트랜잭션이 실행에 실패하여 롤백(Rollback) 연산을 수행한 상태이다. • 철회한 트랜잭션은 재시작하거나 폐기할 수 있다.

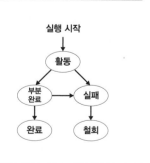

2 트랜잭션 스케줄(Transaction Schedule)

트랜잭션 스케줄은 여러 개의 트랜잭션이 동시에 병행 실행되는 경우, 트랜잭션의 연산 순서를 정하는 것이다.

- 트랜잭션들의 개개 연산들이 실행되는 순서를 의미한다.

1. 직렬 스케줄(Serial Schedule)

하나의 트랜잭션 연산을 모두 실행하고, 다음 트랜잭션을 수행한다.

- 인터리빙※이 허용되지 않는다.

2. 비직렬 스케줄(NonSerial Schedule)

트랜잭션들을 병행 수행하는 기법으로, 각 트랜잭션 연산들을 번갈아가며 수행한다.

- 인터리빙이 허용된다.

3. 직렬가능 스케줄(Serializable Schedule)

병행 수행을 최대한 허용하면서, 직렬 스케줄과 동일한 결과를 갖도록 실행 순서를 제어한다.

- 직렬 스케줄 결과와 비직렬 스케줄 결과가 같다.

> 인터리빙(Interleaving)
> 사전적 의미는 '끼어들기'로, 병행성 확보를 위해 여러 트랜잭션이 매우 짧은 시간동안 번갈아가면서 수행하는 것

실행 순서

T1	T2
read(x)	
x = x + 50	
write(x)	
	read(x)
	x = x * 2
	write(x)

▲ 직렬 스케줄

실행 순서

T1	T2
read(x)	
	read(x)
x = x + 50	
	x = x * 2
write(x)	
	write(x)

▲ 비직렬 스케줄

기출 및 예상문제

01 트랜잭션

[21년 3회]

01 데이터베이스에서 하나의 논리적 기능을 수행하기 위한 작업의 단위 또는 한꺼번에 모두 수행되어야 할 일련의 연산들을 의미하는 것은?

① 트랜잭션　　② 뷰
③ 튜플　　④ 카디널리티

> 해설
> 키워드 논리적, 작업의 단위, 일련의 연산들 → 용어 트랜잭션
> - 뷰(View) : 사용자에게 접근이 허용된 자료만을 제한적으로 보여주기 위해서 하나 이상의 기본 테이블로부터 유도된 가상 테이블
> - 튜플(Tuple) : 속성의 모임으로 구성된 릴레이션을 구성하는 각 행
> - 카디널리티(Cardinality) : 튜플들의 수

[20년 2, 4회] [21년 2회 실기]

02 트랜잭션의 특성 중 다음 설명에 해당하는 것은?

> 트랜잭션의 연산은 데이터베이스에 모두 반영되든지 아니면 전혀 반영되지 않아야 한다.

① Durability ② Share
③ Consistency ④ Atomicity

해설 키워드 모두 반영, 전혀 반영 X → 용어 원자성(Atomicity)

[20년 3회]

03 Commit과 Rollback 명령어에 의해 보장받는 트랜잭션의 특성은?

① 병행성 ② 보안성
③ 원자성 ④ 로그

해설 원자성(Atomicity)은 트랜잭션의 연산이 데이터베이스에 모두 반영되도록 완료(Commit)되든지, 아니면 전혀 반영되지 않도록 복구(Rollback)되어야 한다.

[21년 1회]

04 트랜잭션의 특성 중 다음 설명에 해당하는 것은?

> 시스템이 가지고 있는 고정 요소는 트랜잭션 수행 전과 트랜잭션 수행 완료 후에 같아야 한다.

① 원자성(atomicity)
② 일관성(consistency)
③ 격리성(isolation)
④ 영속성(durability)

해설 키워드 전과 후에 같아야 한다. → 용어 일관성(Consistency)

[21년 3회] [20년 1회 실기]

05 트랜잭션의 특성 중 둘 이상의 트랜잭션이 동시에 병행 실행되는 경우 어느 하나의 트랜잭션 실행 중에 다른 트랜잭션의 연산이 끼어들 수 없음을 의미하는 것은?

① Log ② Consistency
③ Isolation ④ Durability

해설 키워드 끼어들 수 없음 → 용어 독립성, 격리성(Isolation)
• 로그(Log) : 데이터베이스에서 데이터를 변경하기 이전 값과 변경 이후의 값을 기록한 정보

[이전 기출]

06 다음 그림은 트랜잭션 상태도를 나타내고 있다. 각 상태에 대한 설명으로 옳지 않은 것은?

① 활동(Active) – 트랜잭션의 실행을 시작하였거나 실행 중인 상태
② 부분 완료(Partially Committed) – 트랜잭션이 명령문 중 일부를 실행한 직후의 상태
③ 철회(Aborted) – 트랜잭션이 실행에 실패하여 Rollback 연산을 수행한 상태
④ 완료(Committed) – 트랜잭션이 실행을 성공적으로 Commit 연산을 수행한 상태

해설 부분 완료(Partially Committed)는 트랜잭션의 마지막 명령문을 성공적으로 실행한 직후의 상태를 의미한다.

[이전 기출]

07 여러 개의 트랜잭션이 동시에 병행 실행되는 경우, 트랜잭션 연산 순서를 정하는 방법 중 하나의 트랜잭션 연산을 모두 실행하고, 다음 트랜잭션을 수행하는 방법은?

① 직렬 스케줄 ② 비직렬 스케줄
③ 병렬 스케줄 ④ 비병렬 스케줄

해설 키워드 모두 실행하고, 다음 트랜잭션 수행 → 용어 직렬 스케줄

▶ 정답 : 01.①, 02.④, 03.③, 04.②, 05.③, 06.②, 07.①

★★★
02 병행 제어

1 병행 제어(Concurrency Control, 동시성 제어)

병행 제어는 트랜잭션을 동시에 여러 개 수행할 때, 데이터베이스 일관성 유지를 위해 트랜잭션 간의 상호 작용을 제어하는 것이다.

- 여러 개의 트랜잭션이 동시에 실행될 경우에 예기치 못한 부작용이 발생할 수 있다. 특히, 동일한 데이터를 판독(Read)하고 갱신(Update)하는 연산을 포함한 트랜잭션일 경우 병행 제어가 필수적으로 필요하다.
- 병행 제어 목적 [22년 1회]
  - 데이터베이스 공유 최대화
  - 시스템 활용도 최대화
  - 데이터베이스 일관성 유지
  - 사용자에 대한 응답시간 최소화

2 병행 제어의 필요성

현상	설명
갱신 내용 손실 (Lost Update)	• 하나의 트랜잭션이 갱신한 내용을 다른 트랜잭션이 덮어씀으로써 갱신이 무효화가 되는 현상이다. • Dirty Write라고도 한다.
모순성 (Inconsistency)	• 복수의 사용자가 동시에 같은 데이터를 갱신할 때, 데이터베이스 내의 데이터들이 상호 일치하지 않아 모순된 결과가 발생하는 현상이다. • 불일치 분석(Inconsistent Analysis)이라고도 한다.
연쇄적인 복귀 (Cascading Rollback)	• 병행 수행되던 트랜잭션들 중 어느 하나에 문제가 생겨 롤백(Rollback)되는 경우 다른 트랜잭션들도 함께 롤백(Rollback)되는 현상이다. • 또는 다른 트랜잭션이 처리한 부분에 대해 취소가 불가능한 현상이다.(= 회복 불가, Unrecoverable)
현행 파악 오류 (Dirty Read)	• 트랜잭션의 중간 수행 결과를 다른 트랜잭션이 참조함으로써 발생하는 오류이다. • 비완료 의존성(Uncommitted Dependency)이라고도 한다.

3 병행 제어 기법의 종류 [21년 2회]

병행 제어 기법에는 로킹 기법, 타임 스탬프 순서 기법, 낙관적 기법, 다중 버전 기법이 있다.

1. 로킹(Locking) 기법 [21년 2회 실기]

특정 트랜잭션이 데이터 항목에 대하여 잠금(Lock)을 설정하여, 잠금을 설정한 트랜잭션은 잠금을 해제(Unlock)할 때까지 데이터 항목을 독점적으로 사용하는 기법이다.

- 트랜잭션들이 사용하는 자원에 대하여 상호 배제※ 기능을 제공하는 것이다.

① **로킹 단위(Locking Granularity)** [22년 3회] [21년 1, 3회] [20년 2, 3, 4회]

로킹 기법에서 사용하는 잠금 연산의 대상을 의미한다.

- 전체 데이터베이스부터 데이터베이스를 구성하는 최소 단위인 속성까지 다양하다.
- 로킹 단위가 클 경우 동시성 제어 기법은 간단하나 동시성(병행성)의 정도가 떨어지는 단점이 있다.
- 로킹 단위가 작을 경우 동시성 제어 기법은 복잡하나 동시성(병행성)의 정도가 향상되는 장점이 있다.

② **2단계 로킹 프로토콜(2PLP; Two Phase Locking Protocol)**

잠금을 설정하는 확장 단계와 해제하는 축소 단계로 나누어 수행하는 기법이다.

- 로킹 기법을 이용하여 동시성 제어를 제공하는 기법 중 가장 널리 이용되고 있는 기법이다.
- 2단계 로킹 프로토콜이라는 이름은 다음과 같이 두 개의 단계로 구성되기 때문에 붙여진 것이다.

단계	설명
확장 단계 (Growing Phase)	확장 단계에서는 트랜잭션들은 잠금(Lock) 연산만을 수행할 수 있고, 해제(Unlock) 연산은 수행할 수 없다.
축소 단계 (Shrinking Phase)	축소 단계에서는 트랜잭션들은 해제(Unlock) 연산만을 수행할 수 있고, 잠금(Lock) 연산은 수행할 수 없다.

▲ 2단계 잠금

2. 타임 스탬프 순서(Time Stamp Ordering) 기법 [21년 3회]

시스템에서 생성하는 고유 번호인 타임 스탬프를 트랜잭션에 부여하는 기법이다.

- 시스템에 들어오는 트랜잭션의 순서대로 타임 스탬프를 미리 지정하여 동시성 제어의 기준으로 사용하는 것이다.

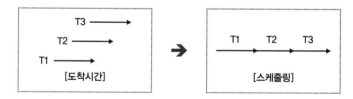

3. 낙관적 기법

읽기 전용(Read Only) 트랜잭션이 대부분인 경우 트랜잭션 간의 충돌률이 매우 낮아 병행 제어를 하지 않아도 문제가 없는 점을 이용한 기법이다.

- 검증과 확인하는 과정이 필요하여 검증 기법, 확인 기법이라고도 한다.

4. 다중 버전 기법

타임 스탬프 기법을 이용하며 버전을 부여하여 관리하는 기법이다. 즉 타임 스탬프 기법은 트랜잭션이 이용될 때 시간으로 관리하지만, 다중 버전 기법은 트랜잭션이 갱신될 때마다 버전을 부여하여 관리한다.

• 다중 버전 타임 스탬프 기법이라고도 한다.

기출 및 예상문제

[21년 2회]

01 병행제어 기법의 종류가 아닌 것은?

① 로킹 기법   ② 시분할 기법
③ 타임 스탬프 기법   ④ 다중 버전 기법

해설
병행 제어 기법 종류
: 낙관적 기법, 타임 스탬프 기법, 로킹 기법, 다중 버전 기법
TIP 병행 제어 기법 종류는 "낙타로 타(다)"로 기억하세요.

[21년 2회 실기]

02 병행 제어 기법 중 트랜잭션들이 사용하는 자원에 대하여 하나의 트랜잭션이 사용하는 데이터베이스 내에 데이터를 다른 트랜잭션이 접근하지 못하게 상호 배제(Mutual Exclusive) 기능을 제공하는 기법은?

① 다중 버전 기법   ② 낙관적 기법
③ 로킹 기법   ④ 타임 스탬프 순서

해설
키워드 다른 트랜잭션 접근 못함, 상호 배제 → 용어 로킹 기법

[20년 2회]

03 병행 제어의 로킹(Locking) 단위에 대한 설명으로 옳지 않은 것은?

① 데이터베이스, 파일, 레코드 등은 로킹 단위가 될 수 있다.
② 로킹 단위가 작아지면 로킹 오버헤드가 감소한다.
③ 로킹 단위가 작아지면 데이터베이스 공유도가 증가한다.
④ 한꺼번에 로킹할 수 있는 객체의 크기를 로킹 단위라고 한다.

해설
로킹 단위가 작아지면 로킹 오버헤드가 증가한다.

[20년 3회]

04 병행제어 기법 중 로킹에 대한 설명으로 옳지 않은 것은?

① 로킹의 대상이 되는 객체의 크기를 로킹 단위라고 한다.
② 데이터베이스, 파일, 레코드 등은 로킹 단위가 될 수 있다.
③ 로킹의 단위가 작아지면 로킹 오버헤드가 증가한다.
④ 로킹의 단위가 커지면 데이터베이스 공유도가 증가한다.

해설
로킹의 단위가 커지면 데이터베이스 공유도가 저하된다.

[21년 1회] [20년 4회]

05 로킹(Locking) 기법에 대한 설명으로 틀린 것은?

① 로킹의 대상이 되는 객체의 크기를 로킹 단위라고 한다.
② 로킹 단위가 작아지면 병행성 수준이 낮아진다.
③ 데이터베이스도 로킹 단위가 될 수 있다.
④ 로킹 단위가 커지면 로크 수가 작아 로킹 오버헤드가 감소한다.

해설
로킹 단위가 작아지면 병행성 수준이 높아진다.

06 [21년 3회] 로킹 단위(Locking Granularity)에 대한 설명으로 옳은 것은?

① 로킹 단위가 크면 병행성 수준이 낮아진다.

② 로킹 단위가 크면 병행 제어 기법이 복잡해진다.

③ 로킹 단위가 작으면 로크(lock)의 수가 적어진다.

④ 로킹은 파일 단위로 이루어지며, 레코드와 필드는 로킹 단위가 될 수 없다.

> **해설**
> • 로킹 단위가 크면 병행 제어 기법이 간단해진다.
> • 로킹 단위가 작으면 로크(lock)의 수가 많아진다.
> • 로킹 단위는 전체 데이터베이스부터 데이터베이스를 구성하는 최소 단위인 속성까지 다양하다.

07 [21년 3회] 동시성 제어를 위한 직렬화 기법으로 트랜잭션 간의 처리 순서를 미리 정하는 방법은?

① 로킹 기법   ② 타임 스탬프 기법

③ 검증 기법   ④ 배타 로크 기법

> **해설**
> 키워드 직렬화 기법, 처리 순서 미리 정함 → 용어 타임 스탬프 (Time Stamp) 기법

▶ 정답 : 01.②, 02.③, 03.②, 04.④, 05.②, 06.①, 07.②

★★

03 장애, 회복, 백업

1 장애

장애란 시스템이 제대로 동작하지 않는 상태를 말한다.

▼ 장애의 유형

유형	설명
트랜잭션 장애	트랜잭션 수행 중 오류가 발생하여 트랜잭션 실행이 중지된 상태 예 잘못된 데이터 입력
시스템 장애	하드웨어 결함으로 정상적인 수행을 계속할 수 없는 상태 예 정전, 하드웨어 오동작
미디어 장애	디스크 등 저장 장치의 결함으로 손상된 상태 예 디스크 헤드 손상

2 회복(Recovery, 복구) [21년 1회]

회복이란 장애가 발생했을 때 데이터베이스를 장애가 발생하기 전의 상태로 복구시키는 것을 말한다.

- DBMS의 회복 관리자(Recovery Manager)*가 담당한다.
- 회복 관리자는 덤프(Dump)*와 로그(Log)* 등을 이용하여 회복 기능을 수행한다.

1. 덤프나 로그 방법을 이용한 가장 기본적인 회복 방법 [22년 1회 실기]

방법	설명
undo 연산	로그에 기록된 변경 연산 이전의 값을 이용하여 변경 연산을 취소하는 연산
redo 연산	로그에 기록된 변경 연산 이후의 값을 이용하여 변경 연산을 재실행하는 연산

2. 회복 기법 [20년 3회] [20년 4회 실기]

기법		설명
로그를 이용한 회복 기법	즉시 갱신 (Immediate Update) 기법	• 트랜잭션 수행 도중에 데이터에 변경이 생기면 즉시 데이터베이스에 해당 변경 사항을 반영하는 기법이다. • 장애가 발생할 경우를 대비해서 갱신된 내용들을 모두 로그 형태로 보관한다. • 회복 작업 시 redo와 undo 작업 모두 가능하다.
	연기 갱신 (Deferred Update) 기법	• 트랜잭션이 성공적으로 완료되기 전까지 실제 데이터베이스에 적용을 연기하는 기법이다. • 데이터베이스에 즉시 반영하지 않고 로그 파일에만 기록한다. • 트랜잭션 수행 중 장애가 발생한 경우 데이터베이스에 적용되지 않은 상태이므로 로그 내용만 버린다. • 회복 작업 시 redo 작업만 가능하다. • 지연 갱신 기법이라고도 한다.
검사점(Check Point) 기법		• 트랜잭션 실행 중 주기적으로 변경되는 내용이나 시스템 상황 등에 관한 정보와 함께 검사점을 로그에 보관하는 기법이다. • 로그 전체를 분석해 회복에 너무 많은 시간이 소요되는 로그를 이용한 회복 기법의 비효율성 문제를 보완한 기법이다. • 장애 발생 시 로그 전체를 조사하지 않고 최근 검사점으로부터 회복 작업을 수행한다. • 체크 포인트 기법이라고도 한다.
미디어 회복 (Media Recovery) 기법		• 전체 데이터베이스의 내용을 일정 주기마다 다른 안전한 저장 장치에 복사해두는 덤프(Dump)를 이용하는 기법이다. • 장애가 발생하면 가장 최근에 복사해둔 덤프를 이용해 복구한다.
그림자 페이징 (Shadow Paging) 기법		• 로그를 사용하지 않고 데이터베이스를 일정 크기의 페이지로 나누어 각 페이지마다 복사하여 그림자 페이지를 보관하는 기법이다. • 변경되는 내용은 원본 페이지에만 적용하고, 장애가 발생되는 경우 그림자 페이지를 이용해 회복한다.

권쌤이 알려줌

• 즉시 갱신 기법은 변경 내용을 즉시 데이터베이스에 반영하므로 변경 연산을 취소(undo)하거나 반영 도중 오류가 발생했다면, 로그에 저장된 갱신된 내용을 재실행(redo)하여 회복할 수 있습니다.
• 연기 갱신 기법은 로그에 기록된 내용을 버리거나 재실행(redo)하여 회복할 수 있습니다.

3 백업(Backup)

백업은 데이터베이스에 저장된 데이터를 임시로 복제해 두어, 전산 장비의 장애 발생 시 데이터를 보호하고 복구하기 위한 것이다.

• 피해를 최소화하기 위해서는 데이터베이스를 정기적으로 백업해야 한다.
• DBMS는 데이터베이스 고장 및 중단이 발생하면 이를 복구할 수 있는 기능을 제공한다.

권쌤이 알려줌

데이터베이스 장애에 대비하여 데이터베이스에 저장된 데이터를 백업합니다. 이때 백업이란 또 다른 저장소에 데이터를 복사해 두는 작업을 의미합니다.

1. 복구 수준에 따른 백업 종류

종류	설명
물리 백업 (Physical Backup)	• 데이터베이스 파일 자체를 백업하는 방법이다. • 백업 속도가 빠르고 작업이 단순하다. • 문제 발생 시 원인 파악 및 문제 해결이 어렵다.
논리 백업 (Logical Backup)	• 데이터베이스 내의 논리적 객체들을 백업하는 방법이다. • 즉, 각 객체를 SQL문 등으로 저장하여 백업한다. • 복원 시 데이터 손상을 막고 문제 발생 시 원인 파악 및 해결이 수월하다. • 백업 및 복원 시 시간이 많이 소요된다.

2. 데이터베이스 운영 여부에 따른 백업 종류

종류	설명
콜드 백업 (Cold Backup, Closed Backup)	데이터베이스가 폐쇄(Shutdown)된 상태에서 진행하는 백업
핫 백업 (Hot Backup, Open Backup)	데이터베이스가 운영(Open)된 상태에서 진행하는 백업

3. 백업 방식

방식	설명
전체 백업(Full Backup)	데이터 전체를 백업받는 방식
증분 백업 (Incremental Backup)	백업 대상 데이터 영역 중 변경되거나 증가된 데이터만을 백업받는 방식
차등 백업 (Differential Backup)	전체 백업 이후 변경 사항을 모두 백업받는 방식

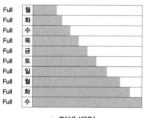

▲ 전체 백업

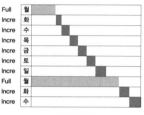

▲ 증분 백업

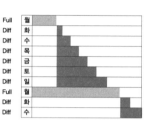

▲ 차등 백업

기출 및 예상문제

03 장애, 회복, 백업

[21년 1회]

01 트랜잭션을 수행하는 도중 장애로 인해 손상된 데이터베이스를 손상되기 이전의 정상적인 상태로 복구시키는 작업은?

① Recovery ② Commit
③ Abort ④ Restart

해설 | 키워드 정상적인 상태로 복구(Recovery) → 용어 회복(Recovery, 복구)

[20년 3회]

02 데이터베이스 로그(Log)를 필요로 하는 회복 기법은?

① 즉각 갱신 기법 ② 대수적 코딩 방법
③ 타임 스탬프 기법 ④ 폴딩 기법

해설 | 로그를 필요로 하는 회복 기법에는 즉각 갱신(Immediate Update) 기법과 연기 갱신(Deferred Update) 기법이 있다.

[20년 4회 실기]

03 다음은 무엇에 대한 설명인가?

> 트랜잭션 수행 도중 데이터를 변경하면 변경 정보를 로그 파일에 저장하고, 트랜잭션이 부분 완료되기 전이라도 모든 변경 내용을 즉시 데이터베이스에 반영하는 기법으로, 회복 시 로그 파일을 참조하여 Redo와 Undo 연산을 모두 실행한다.

① 검사점 기법 ② 연기 갱신 기법
③ 즉시 갱신 기법 ④ 그림자 페이징 기법

해설 키워드 즉시 반영, Redo와 Undo 모두 실행 → 용어 즉시 갱신 (Immediate Update) 기법

[이전 기출]

04 장애 유형 중 하드웨어의 결함으로 인해 정상적인 수행을 계속할 수 없는 상태는?

① 트랜잭션 장애　② 사용자 장애
③ 시스템 장애　④ 미디어 장애

해설 키워드 하드웨어의 결함 → 용어 시스템 장애

[이전 기출]

05 백업 방식 중 백업 대상 데이터 영역 중 변경되거나 증가된 데이터만을 백업받는 방식은?

① 전체 백업　② 차등 백업
③ 부분 백업　④ 증분 백업

해설 키워드 변경되거나 증가된 데이터만 → 용어 증분 백업

▶ 정답 : 01.①, 02.①, 03.③, 04.③, 05.④

04　데이터베이스 표준화

1 데이터베이스 표준화

　데이터베이스 표준화는 데이터 정보 요소에 대한 명칭, 정의, 형식, 규칙에 대한 원칙을 수립하여 이를 전사적으로 적용하는 것이다.

- 데이터의 정확한 의미를 파악할 수 있다.

| 데이터 명칭 |
| 데이터 정의 |
| 데이터 형식 |
| 데이터 규칙 |
| 데이터 표준 적용 |

데이터 표준화 →

- 한글명
- 영문명
- 영문 약어명
- 데이터 타입
- 데이터 길이
- 소수점 이하 길이
⋮

권쌤이 알려줌

동일한 의미의 데이터를 표준화하여 일관성 있게 데이터를 관리하고 업무 능력을 향상시킬 수 있습니다. 날짜 데이터는 10자리로 저장하고, 학번은 6자리로 저장하는 것과 같이 데이터 형식을 미리 정하여 효율적으로 관리합니다.

구분	설명
데이터 명칭	해당 기업 내에서 데이터를 유일하게 구별해 주는 이름 (예) 회원번호
데이터 정의	해당 데이터가 의미하는 범위 및 자격요건 (예) 회원가입을 위한 8자리
데이터 형식	데이터 표현 형태 정의 (예) Number(8) : 가입일자+순번
데이터 규칙	발생 가능한 데이터 값을 사전에 정의 (예) 2010150001 ~ 9912319999

	[데이터 표준화 전 문제점]	[데이터 표준화 후 기대효과]

데이터 정제
데이터 전환에 불필요한 데이터를 정리하거나 오류 데이터를 교정하는 등의 데이터의 삭제 및 수정 작업

[데이터 표준화 전 문제점]
- 데이터 중복 및 조직, 업무, 시스템별 데이터 불일치 발생
- 데이터에 대한 의미 파악 지연으로 정확한 정보 제공의 어려움
- 데이터 통합의 어려움
- 정보시스템 변경 및 유지보수 곤란

→ 데이터 표준화 →

[데이터 표준화 후 기대효과]
- 명칭 통일로 인한 명확하고 신속한 의사소통 가능
- 필요한 데이터의 소재 파악에 소요되는 시간 및 노력 감소
- 일관된 데이터 형식 및 규칙의 적용으로 인한 데이터 품질 향상
- 정보시스템 간 데이터 인터페이스 시 데이터 변환, 정제* 비용 감소

2 데이터베이스 표준화 구성요소

1. 데이터 표준

일반적으로 데이터 표준으로 관리되는 대상에는 용어, 단어, 도메인, 코드가 있다.

- 데이터 표준화는 기본적으로 데이터 모델 및 데이터베이스에서 정의할 수 있는 모든 객체(Object)를 대상으로 수행하는 것이 이상적이지만, 주로 관리해야 될 필요성이 있는 객체(Object)만을 대상으로 데이터 표준화를 하는 것이 효율적이다.

예 데이터 표준

표준 단어 사전

한글명	영문 약어명
회원	CUST
구분	TYP
코드	CD
아이디	ID

표준 용어 사전

용어	용어 영문
회원 구분 코드	CUST_TYP_CD
회원 아이디	CUST_ID

표준 코드

코드	
회원 구분 코드	
01	개인
02	법인
03	기타

표준 도메인 사전

도메인	데이터 타입
ID	CHAR(8)

권쌤이 알려줌

데이터 표준을 관리하는 사람은 데이터 관리자(DA) 입니다. 데이터베이스 관리자(DBA)와 헷갈리지 마세요!

2. 데이터 표준 관리 조직

전사적으로 수립된 데이터 표준 원칙, 데이터 표준, 데이터 표준 준수 여부 관리 등을 위해서는 데이터 관리자(DA; Data Administrator)의 역할이 요구된다.

- 데이터 관리자는 하나의 기업 또는 조직 내에서 데이터에 대한 정의, 체계화, 감독 및 보안 업무를 담당하는 관리자를 의미한다.
- 데이터 관리자는 기업 또는 조직 전반에 걸쳐 존재하는 데이터에 대한 관리를 총괄하고 정보 활용에 대한 중앙 집중적인 계획 수립 및 통제를 수행한다.

3. 데이터 표준화 절차

데이터 표준화 요구사항 수집 → 데이터 표준 정의 → 데이터 표준 확정 → 데이터 표준 관리

412 3과목____데이터베이스 구축

01 데이터베이스를 표준화함으로써 기대되는 효과로 보기 어려운 것은?

① 정보시스템 간 데이터 인터페이스 시 데이터 변환, 정제 비용 증가

② 일관된 데이터 형식 및 규칙의 적용으로 인한 데이터 품질 향상

③ 명칭의 통일로 인한 명확하고 신속한 의사소통 가능

④ 필요한 데이터의 소재 파악에 소요되는 시간 및 노력 감소

> **해설** 정보시스템 간 데이터 인터페이스 시, 별도의 변환 및 정제 작업을 수행하지 않고 그대로 사용하면 되므로 비용이 감소한다.

02 데이터 표준 관리 대상이 아닌 것은?

① 비용　　　　② 도메인
③ 코드　　　　④ 용어

> **해설** 데이터 표준 관리 대상 : 용어, 단어, 도메인, 코드

▶ 정답 : 01.①, 02.①

[이전 기출]

01 트랜잭션에 대한 설명으로 옳지 않은 것은?

① 트랜잭션은 작업의 논리적 단위이다.

② 하나의 트랜잭션은 Commit 되거나 Rollback 되어야 한다.

③ 트랜잭션은 일반적으로 회복의 단위가 된다.

④ 구조점(Savepoint)은 트랜잭션당 한 번만 지정할 수 있다.

[이전 기출]

02 A 은행에서 B 라는 사람이 고객 인증 절차를 거쳐 잔액을 조회한 후, 타인에게 송금하는 도중에 장애가 발생하였을 경우 문제가 발생한다. 이러한 경우의 부작용을 방지할 수 있는 트랜잭션의 특성은?

① 일관성(Consistency)

② 고립성(Isolation)

③ 지속성(Duration)

④ 원자성(Atomicity)

[이전 기출]

03 하나의 트랜잭션이 데이터를 액세스하는 동안 다른 트랜잭션이 그 데이터 항목을 액세스할 수 없도록 하는 방법을 무엇이라고 하는가?

① Normalization(정규화)

② Locking(로킹)

③ Logging(사용흔적의 일지화)

④ Fire wall(방화벽)

[이전 기출]

04 관계 데이터베이스를 설계할 때 고려해야 할 사항들과 관련 있는 용어들의 연결 중 옳지 않은 것은?

① 무결성 – 기본키　　② 일관성 – 외래키

③ 보안 – 뷰　　④ 회복 – 로킹

05 데이터 표준화 절차를 올바르게 나열한 것은?

> ㄱ. 데이터 표준 정의
> ㄴ. 데이터 표준화 요구사항 수집
> ㄷ. 데이터 표준 확정
> ㄹ. 데이터 표준 관리

① ㄱ－ㄴ－ㄷ－ㄹ　　② ㄴ－ㄱ－ㄷ－ㄹ

③ ㄴ－ㄹ－ㄱ－ㄷ　　④ ㄱ－ㄴ－ㄹ－ㄷ

**섹션
기출예상문제 해설**

Section 11. 데이터베이스 고급

01 구조점(Savepoint)은 트랜잭션이 작은 경우는 보통 한 번만 있으면 되지만 트랜잭션이 큰 경우는 구조점이 여러 번 있어야 한다.

- 구조점(Savepoint, 저장점) : 트랜잭션 내에 ROLLBACK할 위치를 지정할 수 있는 저장점

02 트랜잭션이 데이터베이스에 모두 반영되거나 아니면 전혀 반영되지 않는 원자성(Atomicity)으로 이를 방지할 수 있다.

03 로킹(Locking) 기법은 트랜잭션들이 사용하는 자원에 대하여 상호 배제(Mutual Exclusive) 기능을 제공한다.

- 정규화(Normalization) : 이상 현상 발생 가능성을 줄이기 위한 무손실 분해 행위

- Logging(사용흔적의 일지화) : 컴퓨터 동작 상태에 따른 변화를 시간에 따라 기록하는 것
- 방화벽(Firewall) : 해킹 등에 의해 외부로 정보 유출을 막기 위해 사용하는 보안 시스템

04 로킹 기법은 병행 제어와 관련된 기법이다.

05 데이터 표준화 절차 : 데이터 표준화 요구사항 수집 → 데이터 표준 정의 → 데이터 표준 확정 → 데이터 표준 관리

정답 **01** ④　**02** ④　**03** ②　**04** ④　**05** ②

SECTION

12

데이터베이스 전환

데이터 복제를 위해 데이터를 추출하여 수신 데이터베이스에 맞춰 변환 후 적재하는 과정을 데이터 전환이라고 합니다. 데이터 전환 수행을 위한 계획과 수행 단계를 학습합니다. 출제 가능성이 낮으니 용어 위주로 간략히 학습하세요.

01   데이터베이스 전환 기술

1 데이터 전환

데이터 전환이란 기존의 원천 시스템(Source System)에서 데이터를 추출 (Extraction)하여 목적 시스템(Target System)의 데이터베이스에 적합한 형식과 내용으로 변환(Transformation)한 후 목적 시스템에 적재(Loading)하는 과정을 말한다.

Source DB → 추출 → 변환 → 적재 → Target DB

As-Is 시스템(현행, 원천)　　　　　　　　　**To-Be 시스템(목표)**

> **권쌤이 알려줌**
> 데이터 전환을 데이터 이행(Data Migration) 또는 데이터 이관이라고도 합니다.

1. ETL(Extraction, Transformation, Loading)

ETL은 소스 시스템으로부터 필요한 데이터를 추출(Extraction)하여 변환 (Transformation) 작업을 거쳐 타깃 시스템으로 전송 및 적재(Loading)하는 과정이다.

> **권쌤이 알려줌**
> 데이터 전환의 실행 순서는 추출 → 변환 → 적재입니다.

> **순차 파일(SAM; Sequential Access Method)**
> 파일 내의 각 레코드를 논리적 순서에 따라 물리적으로 연속된 위치에 기록한 파일

① 데이터 추출(Extraction)

원천 데이터의 종류에 따라 데이터 추출 방법이 결정된다.
- 데이터베이스에서 데이터를 추출할 경우에는 SQL문을 활용하며, 데이터 추출을 위한 SQL문의 구현 방법에 따라 전환 프로그램의 성능이 좌우된다.
- 순차적 접근 방법(SAM)[※] 파일에서 데이터를 추출할 경우에는 파일 오픈 후 레코드(Record) 단위로 데이터를 읽어 들여 처리한다.

② 데이터 변환(Transformation)

데이터 전환 설계서의 변환 규칙(Rule)에 따라 데이터 변환이 이루어지도록 프로그램을 구현한다.

③ 데이터 적재(Loading)

목적 데이터베이스에 맞게 변환된 데이터를 데이터베이스에 저장한다.

01 다음은 무엇에 대한 설명인가?

> 새로운 정보 시스템을 개발하거나 기존의 시스템을 재구축한 경우 기존의 시스템에서 사용하던 데이터를 새로운 시스템으로 이행하기 위해 이전 시스템(원천 시스템)에서 데이터를 추출, 변환하여 새로운 시스템(목표 시스템)으로 적재하는 일련의 작업을 말한다.*

① 데이터 정제   ② 데이터 전환
③ 데이터 정규화   ④ 데이터 마이닝

해설 키워드 원천 시스템, 추출, 변환, 목표 시스템, 적재 → 용어 데이터 전환
• 데이터 마이닝(Data Mining) : 많은 데이터 가운데 숨겨져 있는 유용한 상관관계를 발견하여, 미래에 실행 가능한 정보를 추출해 내고 의사 결정에 이용하는 과정

02 데이터 전환 설계서의 변환 규칙(Rule)에 따라 데이터 변환이 이루어지도록 프로그램을 구현하는 단계는?

① 정비   ② 변환
③ 추출   ④ 적재

해설 키워드 변환(Transformation) 규칙 → 용어 변환(Transformation)

▶ 정답 : 01.②, 02.②

02 데이터베이스 전환 수행 및 전환 계획

1 데이터 전환 수행 단계

1. 데이터 전환 계획 및 요건정의 단계

권쌤이 알려줌

AS-IS 분석 기법은 있는 그대로, 현재의 업무 프로세스를 분석하는 것이고, TO-BE 분석 기법은 미래에 구현하고자 하는 업무 프로세스를 정의하는 분석 기법입니다.

리스크(Risk)
위험

매핑(Mapping)
변환

데이터 전환 수행을 위해서는 우선 데이터 전환 프로젝트의 계획을 수립하고 현행 정보시스템(As-Is 분석) 및 원천 데이터의 구조를 분석해야 한다. 현행 정보시스템의 분석이 끝나면 목표 시스템(To-Be 분석)에 대한 분석을 진행한다.

• 전환 계획서를 작성하여 데이터 전환 시 발생할 수 있는 리스크(Risk)*를 사전에 예방한다.

2. 데이터 전환 설계 단계

데이터 전환을 위한 데이터 매핑(Mapping)* 및 검증 규칙(Rule)을 설계한다.
• 전환 설계서를 작성한다.

3. 데이터 전환 개발 단계

전환 및 검증 프로그램을 구현한다.

4. 데이터 전환 테스트 및 검증 단계

전환 테스트를 진행하고 계획된 대로 전환이 되었는지를 검증한다.

5. 데이터 전환 단계

데이터 전환 검증이 완료되면 실제 원천 시스템의 데이터를 목적 시스템에 전환한다.

• 데이터 전환 절차 : 추출 → 정제[*] → 변환 → 적재 → 검증

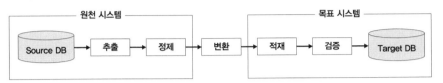

권쌤이 알려줌

데이터 정제와 데이터 검증에 대해서는 이후 자세히 학습합니다.

정제
데이터 전환에 불필요한 데이터를 정리하거나 오류 데이터를 교정하는 등의 원천 데이터의 삭제 및 수정 작업.

2 데이터베이스 전환 계획

1. 데이터 전환 계획서 항목

항목	상세 항목 예시
데이터 전환 개요	데이터 전환 목표, 성공적인 데이터 전환을 위한 주요 요인, 데이터 전환 작업을 위한 전제 조건 및 제약 사항
데이터 전환 대상 및 범위	전환 대상 정보[*], 전환 제외 대상, 업무에 사용되는 테이블 수, 테이블 크기
데이터 전환 환경 구성	원천/목적 시스템 구성도, 디스크 용량 산정
데이터 전환 조직 및 역할	
데이터 전환 일정	
데이터 전환 방안	데이터 전환 계획/설계/규칙/절차/방법, 전환 프로그램 개발 및 테스트 계획, 검증 방안
데이터 정비 방안	데이터 정비 대상
비상 계획	비상시 대처 방안 수립, 의사소통 체계
데이터 복구 대책	

권쌤이 알려줌

성공적인 데이터 전환 작업을 위해 필요한 데이터의 범위와 환경, 비상 계획 등을 문서로 작성한 것을 데이터 전환 계획서라고 합니다.

전환 대상 정보
⑩ 상세 내용, 데이터 형식, 대상 건수

2. 체크리스트

체크리스트는 데이터 전환 수행자가 수행할 작업의 상세 항목, 작업 내용, 예정 시작 및 종료 시각, 작업 담당자를 기재한 것이다.

• 전환 프로그램의 에러, 시간 제약, 업무 프로세스의 변경, 빈번한 데이터 요건 변경, 하드웨어 장애 등의 위험 요소에 최대한 대응할 수 있는 계획을 바탕으로 체크리스트를 작성한다.

• 향후 전환 결과서 작성의 자료가 될 수 있도록 한다.

⑩ 데이터 전환 체크리스트

단계	작업내용	작업자	수행실적	작업 예정 시간	
				시작 시간	종료 시간
사전 준비	1. 운영 환경에 대한 설정 및 점검				
	2. 전환 환경에 대한 사전 점검				
	3. DB 상태 점검 수행(가동 · 접속 여부, 스페이스 확인)				
데이터 전환	4. 수작업 테이블 이관 〈총 000개〉				
	5. 데이터 추출, 변환, 적재, 수행 〈총 000개〉				
데이터 점검	6. 전환 검증 요건 항목 검증 〈000개 항목 검사 수행〉				
	7. 업무계 0개 테이블에 대한 후속 SQL 작업(응용 팀)				

01 데이터 전환 수행 절차를 올바르게 나열한 것은?

① 데이터 전환 → 데이터 전환 계획 및 요건 정의 → 데이터 전환 설계 → 데이터 전환 개발 → 데이터 전환 테스트 및 검증

② 데이터 전환 → 데이터 전환 계획 및 요건 정의 → 데이터 전환 개발 → 데이터 전환 설계 → 데이터 전환 테스트 및 검증

③ 데이터 전환 계획 및 요건 정의 → 데이터 전환 설계 → 데이터 전환 개발 → 데이터 전환 테스트 및 검증 → 데이터 전환

④ 데이터 전환 계획 및 요건 정의 → 데이터 전환 개발 → 데이터 전환 설계 → 데이터 전환 테스트 및 검증 → 데이터 전환

> 해설 데이터 전환 수행 절차 : 데이터 전환 계획 및 요건 정의 → 데이터 전환 설계 → 데이터 전환 개발 → 데이터 전환 테스트 및 검증 → 데이터 전환

02 데이터 전환 절차를 올바르게 나열한 것은?

ㄱ. 변환	ㄴ. 검증	ㄷ. 추출
ㄹ. 정제	ㅁ. 적재	

① ㄷ - ㄹ - ㄱ - ㅁ - ㄴ
② ㄹ - ㄷ - ㄱ - ㅁ - ㄴ
③ ㄷ - ㄱ - ㄹ - ㄴ - ㅁ
④ ㄹ - ㄷ - ㄱ - ㄴ - ㅁ

> 해설 데이터 전환 절차 : 추출 → 정제 → 변환 → 적재 → 검증

03 데이터 전환 수행자가 수행할 작업의 상세 항목, 작업 내용, 예정 시작 및 종료 시각, 작업 담당자 항목을 기재한 것은?

① 검증 데이터 확인서
② 데이터 체크리스트
③ 데이터 전환 계획서
④ 데이터 품질 검토서

> 해설 키워드 데이터 전환 수행자, 수행할 작업 기재 → 용어 데이터 체크리스트

▶ 정답 : 01.③, 02.①, 03.②

01 다음은 데이터 전환 절차 중 어느 단계에 대한 설명인가?

> 데이터 전환 수행을 위해서는 우선 데이터 전환 프로젝트의 계획을 수립하고 현행 정보시스템(As-Is) 및 원천 데이터의 구조를 분석해야 한다. 현행 정보시스템의 데이터 구조 분석은 IT 시스템을 활용하는 각 업무 영역들에 대한 분석으로 볼 수 있다. 현행 정보시스템의 분석이 끝나면 목표 시스템(To-Be)에 대한 분석을 진행한다.

① 데이터 전환 설계 단계
② 데이터 전환 개발 단계
③ 데이터 전환 계획 및 요건정의 단계
④ 데이터 전환 단계

02 다음 중 데이터 전환 계획서 항목으로 가장 거리가 먼 것은?

① 데이터 복구 대책
② 데이터 전환 환경 구성
③ 데이터 정비 방안
④ 데이터 오류 발생 시간

섹션 기출예상문제 해설

Section 12. 데이터 전환

01 용어 현행 정보시스템(As-Is), 목표 시스템(To-Be) → 용어 데이터 전환 계획 및 요건정의 단계
- 데이터 전환 설계 단계 : 데이터 전환을 위한 데이터 매핑(Mapping) 및 검증 규칙(Rule)을 설계한다.
- 데이터 전환 개발 단계 : 전환 및 검증 프로그램을 구현한다.
- 데이터 전환 단계 : 데이터 전환 검증이 완료되면 실제 원천 시스템의 데이터를 목적 시스템에 전환한다.

02 데이터 전환을 위한 계획서에 데이터 오류 발생 시간은 필요하지 않다.

정답 **01** ③ **02** ④

SECTION

13

데이터베이스 정제

데이터 전환을 수월하게 하기 위해 불필요한 데이터는 삭제하고, 데이터 형식에 맞게 수정하는 등의 작업을 데이터 정제라고 합니다. 데이터 정제 후 전환을 수행하여 전환이 완료된 데이터베이스를 검증하고 분석합니다. 출제 가능성이 낮으니 용어 위주로 간략히 학습하세요.

01 데이터베이스 정제 및 데이터베이스 검증

1 데이터 정제

데이터 정제는 불필요한 데이터 삭제, 데이터 교정 등과 같이 원천 시스템의 데이터를 삭제 또는 수정하는 작업이다.

- 전환에 불필요한 데이터를 사전에 정리하여 전환 시간을 축소한다.
- 원천 시스템 내의 오류 데이터 및 목적 시스템과의 데이터베이스 특성이 상이함에 따라 발생하는 데이터 교정 작업을 한다.

▼ 데이터 정제 대상 항목

정제 대상	상세 내역 예시
전환 제외 대상	• 데이터 전환에 불필요한 데이터 • 프로그램 유지보수 과정에서의 생성된 임시 데이터
정합성[※] 미비	• 데이터 상호 간의 동일한 정보가 서로 불일치하는 경우 • 중복 관리되는 정보의 상호 불일치
불필요한 데이터 필드	• 사용하지 않는 필드에 데이터값이 존재하는 경우 • 데이터베이스 초기 생성 시 초기화되지 않은 불필요한 데이터가 존재하는 경우
손실된 데이터	• 지정된 필드의 사이즈가 작아 일부 데이터가 손실되는 경우
불일치 데이터 타입	• 숫자형 필드에 영문자 또는 한글이 존재하는 경우
오류 데이터	• 일자 오류 : 년/월/일이 아닌 일반 숫자 형태로 되어 있는 경우
전환 테스트 결과로 발견된 오류 데이터	• 1단계 정제 대상 중에서 사전에 인지하지 못하여 1단계에서 정제가 완료되지 않은 데이터
전환 과정에서의 정제	• 기타 매핑(Mapping) 과정에서 수정이 필요한 경우 • 오류의 유형이 일정하고 단순하게 수정이 가능한 경우 • 일정한 로직(Logic)에 의하여 수정이 가능한 경우

정합성
데이터의 값이 서로 모순없이 일치해야 하는 것

2 데이터베이스 검증

데이터베이스 검증은 원천 시스템의 데이터를 목적 시스템의 데이터로 전환하는 과정이 정상적으로 수행되었는지를 확인하는 과정이다.

권쌤이 알려줌

데이터 전환 작업이 잘 실행되었는지 검증 프로그램을 사용하여 데이터를 검증합니다. 여러 가지 검증 단계와 방법에 따라 데이터 검증 작업을 실행할 수 있습니다.

1. 검증 단계에 따른 분류

구분	설명
추출 검증	원천 데이터 추출을 검증한다.
전환 검증	변환 규칙이 정확히 적용되었는지 검증한다.
적재 검증	변환된 데이터가 목적 데이터베이스에 정확히 등록되었는지 검증한다.
업무 검증	현업 업무별 조회 화면을 통해 주요 업무 데이터를 검증한다.
통합 검증	목적 데이터베이스에 적재된 데이터와 원천 데이터의 개수, 데이터 합계 값이 맞는지 검증한다.

2. 검증 방법에 따른 분류

구분	설명
로그 검증	전환 시 수행되는 추출 및 적재 로그를 작성하여 검증한다.
기본 항목 검증	로그 검증 외 별도 검증 요청 항목을 기준으로 검증 프로그램을 작성하고 파일 또는 데이터베이스 등을 이용하여 검증한다.
응용 프로그램 검증	응용 애플리케이션을 통하여 검증한다.
응용 데이터 검증	사전 정의된 업무 규칙을 통하여 데이터 정합성을 검증한다.

3. 검증 조건 3가지

구분	설명
완전성 (Exhaustiveness)	원천 데이터의 모든 데이터는 하나도 빠짐없이 변환 규칙을 적용해서 적재되어야 한다.
데이터 값의 일관성 (Consistency)	목적 데이터베이스에 존재하는 요구사항과 제약조건을 충족시켜야 한다.
관계의 일관성 (Coherence)	원천 데이터 간 관계(Dependencies)는 보전되어 목적 데이터베이스로 이전되어야 한다.

4. 데이터 검증 절차

① 전환 프로그램의 정상 동작을 확인한다.

② 데이터 전환 계획서와 체크리스트에 따라 전환 결과를 검증한다.

③ 데이터 전환 결과 보고서를 작성한다.

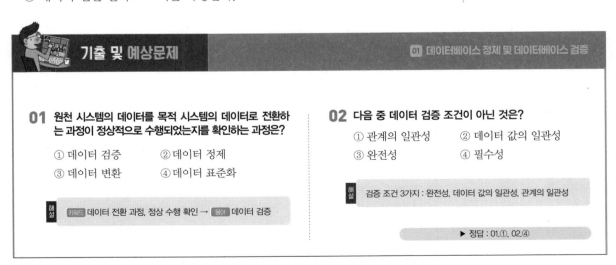

기출 및 예상문제

01 데이터베이스 정제 및 데이터베이스 검증

01 원천 시스템의 데이터를 목적 시스템의 데이터로 전환하는 과정이 정상적으로 수행되었는지를 확인하는 과정은?

① 데이터 검증　② 데이터 정제
③ 데이터 변환　④ 데이터 표준화

해설　키워드 데이터 전환 과정, 정상 수행 확인 → 용어 데이터 검증

02 다음 중 데이터 검증 조건이 아닌 것은?

① 관계의 일관성　② 데이터 값의 일관성
③ 완전성　④ 필수성

해설　검증 조건 3가지 : 완전성, 데이터 값의 일관성, 관계의 일관성

▶ 정답 : 01.①, 02.④

02 데이터 품질 분석과 오류 데이터 측정

1 데이터 품질 분석

데이터 품질 분석은 원천 데이터를 분석하여 정합성 여부를 확인하고 오류 데이터의 유형과 건수를 측정하는 과정이다.

- 데이터 품질 기준에 따라 정상 데이터와 오류 데이터를 분리하고 그 수량을 정확히 측정하여 오류 관리 목록에 기재한다.

1. 원천 데이터의 품질 분석

- 원천 데이터의 품질이 보장되지 않으면 전환 후의 데이터도 정확하지 않으며, 전환 후의 데이터 정합성 검증 시 오류가 발생할 때 그 원인을 찾기도 어렵다.
- 전환 전에 원천 데이터의 품질을 검증함으로써 전환의 정확성을 보장할 수 있으며, 이전에 미처 발견하지 못한 데이터의 오류도 찾아낼 수 있다.

예 원천 데이터의 품질 검증을 위한 대표적인 정합성 검증 항목

- 필수 항목의 데이터가 모두 존재하는가?
- 데이터의 유형(문자형, 숫자형, 날짜형 등)이 정확하게 관리되고 있는가?
- 날짜의 경우 날짜로서 유효한 형태를 가지고 있는가?
- 금액의 경우 유효한 값의 범위인가?
- 계좌 번호 등이 정해진 법칙에 따른 번호인가?
- 영업점이 실제로 존재하는 영업점인가?
- 코드값이 정해진 범위에 속하는가?
- 개설 일자, 해지 일자 등 모든 일자의 시점이 업무 규칙에 위배되지 않고 정확하게 설정되어 있는가? 특히 선후 관계가 정확하게 표현되어 있는가?
- 업무 규칙에 위배되는 잘못된 정보가 존재하는가?
- 잔액의 총합이 회계 정보와 동일한가?
- 보고서값과 실제 데이터값이 일치하는가?

2. 전환된 목적 데이터베이스의 품질 분석

- 전환이 완료된 목적 데이터베이스도 검증 계획에 따라 예외가 발생된 데이터의 유형과 건수를 측정한다.
- 현재 업무에서 사용하는 보고서나 통계용 정보를 사전에 조사하여 검증에 필요한 내용을 선정하고, 현재의 원장*을 바탕으로 검증용 정보를 도출한다.
- 전환 데이터의 검증은 데이터 전환팀 인원뿐만 아니라, 현업 인원도 함께 검증을 수행함으로써 검증의 정확성을 높이고 시간을 단축시키는 것이 중요하다.

예 전환 데이터의 품질 검증을 위한 대표적인 정합성 검증 항목

- 과목별 좌수* 및 잔액
- 특정 기준으로 분류된 좌수 및 잔액
- 보고서 항목 또는 통계 수치
- 계좌 및 고객을 샘플링(Sampling)*한 사항을 모두 검증
- 특수한 관계가 있는 고객과 관련된 데이터가 정확한지 검증

3. 데이터 중 정상 데이터와 오류 데이터를 정량적으로 측정

데이터 품질 기준에 따라 정상 데이터와 오류 데이터를 분리하고 그 수량을 정확히 측정하여 오류 관리 목록에 기재한다.

2 오류 데이터 측정

오류 데이터 측정은 오류 목록의 내용을 확인하고 오류 해결 방안을 참조하여 원천 데이터의 정제를 요청할 것인지, 아니면 전환 프로그램을 수정할 것인지 데이터 정제 여부를 결정하는 과정이다.

1. 발견된 데이터 오류를 분석하고 원인을 파악한다.

오류 관리 목록에 기록된 오류 내용을 확인하고 오류의 상태와 심각도를 결정한 후 오류 원인을 파악한다.

예 오류 데이터

순번	오류ID	정제ID	오류 내용 (원인)	해결방안	심각도	상태	발생 일자	예상 해결 일자	담당자
1	ERR01	20170812	국가 코드 미존재	코드 정보에 미반 영 국가 추가	상	Open	2017-07-01 13:00	–	–

① 해결 방안

오류의 내용과 원인을 분석하여 해결 가능한 오류는 향후 처리 방침을 기술하고, 해결 불가능한 오류는 고객과 협의한 내용을 기술한다.

② 심각도

데이터 전환 전반에 미치는 영향을 상·중·하로 나누어 부여한다.

- 상 : 더이상 데이터 전환을 진행할 수 없게 만드는 오류
- 중 : 데이터 전환 전반에 영향을 미치는 오류
- 하 : 데이터 전환의 흐름에는 영향을 미치지 않는 오류이나, 상황에 맞지 않는 용도 및 배치 오류

③ 상태

데이터 전환 오류의 현재 상태를 기록한다.

상태	설명
Open	오류가 보고되었지만 아직 분석되지 않은 상태
Assigned	영향 분석 및 수정을 위해 오류를 개발자에게 할당한 상태
Fixed	개발자가 오류를 수정한 상태
Closed	오류가 수정되었는지 확인하고 재테스트 시 오류가 발견되지 않은 상태 • 만약 수정된 오류가 만족스럽지 않을 경우 오류의 상태를 'Open'으로 변경
Deferred	오류 우선순위가 낮게 분류되어 오류 수정을 연기한 상태
Classified	보고된 오류가 프로젝트 팀에 의한 오류가 아니라고 판단된 상태

2. 파악된 원인을 기반으로 원천 데이터와 전환 프로그램의 정제 필요 여부를 결정한다.

파악된 오류 원인을 기반으로 해결 방안을 협의하고, 무시해야 하는 오류가 아닌 경우에는 원천 데이터의 정제를 통해 해결할 것인지, 전환 프로그램을 수정할 것인지를 결정한다.

기출 및 예상문제

01 데이터 품질 분석에 대한 설명으로 틀린 것은?

① 원천 데이터를 분석하여 정합성 여부를 확인하고 오류 데이터의 유형과 건수를 측정하는 과정이다.
② 원천 데이터의 품질이 보장되지 않으면 전환 후의 데이터도 정확하지 않다.
③ 원천 데이터의 품질을 검증함으로써 전환의 정확성을 보장할 수 있다.
④ 전환이 완료된 목적 데이터베이스는 완벽하므로 데이터의 유형과 건수를 측정하지 않는다.

> **해설** 전환이 완료된 목적 데이터베이스도 검증 계획에 따라 예외가 발생된 데이터의 유형과 건수를 측정한다.

02 오류 데이터 측정에 대한 설명으로 틀린 것은?

① 오류 관리 목록에 기록된 오류 내용을 확인하고 오류의 상태와 심각도를 결정한 후 오류 원인을 파악한다.
② 심각도는 데이터 전환 전반에 미치는 영향을 상·중·하로 나누어 부여한다.
③ 해결 불가능한 오류는 오류 관리 목록에 기록하지 않는다.
④ 파악된 오류 원인을 기반으로 해결 방안을 협의한다.

> **해설** 해결 불가능한 오류는 고객과 협의한 내용을 기술한다.

▶ 정답 : 01.④, 02.③

03 데이터 정제 요청서 및 정제 보고서

1 데이터 정제 요청서

데이터 정제 요청서는 오류 내역 중 원천 데이터의 정제가 필요한 부분과 전환 프로그램의 수정이 필요한 부분으로 나누어 작성한다.

1. 정제가 필요한 원천 데이터와 전환 프로그램의 수정이 필요한 부분을 확인한다.

분석된 오류 내용을 근거로 정제 유형을 분류하고 현재 정제 상태를 기록한다.

권쌤이 알려줌

데이터 정제 요청서를 위해 정제 요건 목록을 작성합니다.

(예) 정제 요건 목록

순번	정제 ID	정제 제목	정제 유형	방법	상태	수행실적		작업 예정 시간		
						일자	이름	검토자	조치자	확인자
1	20170812	국가 코드 오류	일치성	원천	1차 확인	07/30	XXX	OOO		
⋮	⋮	⋮	⋮	⋮	⋮	⋮	⋮	⋮	⋮	⋮

① 정제 유형

유형	설명
완전성	업무적으로 반드시 있어야 하는 자료가 누락된 경우 **(예)** 고객 정보에 주민등록번호 또는 사업자등록번호가 없는 경우
유효성	항목의 값이 유효하지 않은 경우 **(예)** 생년월일이 현재 일자보다 큰 경우
일치성	상호 관련이 있는 자료 항목이 서로 상이한 경우 **(예)** 성별이 남자이면서 주민등록번호 뒤 7자리가 2 또는 4로 시작되는 경우
유일성	유일해야 하는 항목의 값이 중복되는 경우 **(예)** 서로 다른 사람의 주민등록번호가 동일한 경우
기타	그 외의 정제 유형

② 정제 방법

- 원천 : 원천 데이터 수정이 필요한 경우
- 전환 : 전환 프로그램 수정이 필요한 경우
- 모두 : 원천 데이터와 전환 프로그램 수정이 모두 필요한 경우

③ 상태

진행 상태를 최종 변경자가 다음의 상태로 변경한다.

- 상태 : 요건 제기, 1~3차 검토/조치/확인 등

2. 데이터 정제와 전환 프로그램 수정을 위한 정제 요청서를 작성한다.

데이터 정제 요청서에는 전환 시 발생한 오류를 해결하기 위한 데이터 정제 요청 내용을 작성한다. 정제 요청 내용에는 가능한 한 해결 방안을 같이 작성하여 정제 검토 시 빠른 의사 결정을 내릴 수 있도록 도움을 준다.

권쌤이 알려줌

정제 요청서는 정제 요건 목록을 기반으로 작성합니다.

(예) 정제 요청서

정제 ID	정제 ID	200807-001	상태	1차확인
	정제 제목	국가코드 오류	정제 유형	일치성
	시스템	OOO	서브시스템	△△△
	관련 테이블	CC_FILED	예상 처리 건수	1,234

데이터 정제 요청	요건 요청됨		RQ1		
	요청일자	2020-08-07	요청자		XXX
	국가코드 : UN 기준 약어로 표시, 대문자 기준, 공백 제거				

데이터 정제 검토	1차 검토부서	A1	1차 검토자	OOO	1차 검토일자	2020-08-08
	1차 검토내역 : UN 기준에 없는 국가코드 존재					
	2차 검토부서	B1	2차 검토자	□□□	2차 검토일자	2020-08-09
	2차 검토내역 : 서로 다른 국가를 공백을 제거하니 동일 국가로 인식					
	3차 검토부서	C1	3차 검토자	△△△	3차 검토일자	2020-08-10
	3차 검토내역 : 특이사항 없음					

2 데이터 정제 보고서

정제 요청서에 의해 정제된 원천 데이터를 확인하고 검증한다. 그리고 검증된 결과를 토대로 데이터 정제 보고서를 작성하고 수행 결과를 보고한다.

1. 정제된 원천 데이터를 확인하여 정제 수행 결과를 확인한다.

- 정제를 요청한 원천 데이터와 정제된 데이터 항목을 육안으로 일일이 비교한다.
- 정제된 데이터를 데이터 전환 프로그램으로 전환하여 기존 오류가 재발생되었는지를 확인하고 최종 목적 데이터베이스에 적재된 데이터를 확인한다.

2. 데이터 정제 보고서를 작성한다.

- 정제 결과를 확인한 후 정제된 결과를 반영한 정제 보고서를 작성한다.
- 정제 보고서에는 다음과 같은 항목을 포함한다.
  - 정제 ID별로 정제 내역을 기록한다.
  - 정제 요청건과 비교하여 실제 정제 건수를 기록한다.
  - 데이터 정제 후 데이터 전환 결과도 함께 기록한다.
  - 만약 정제되지 않은 건은 그 이유와 건수를 함께 기록한다.
  - 향후 대응 방안을 기록한다.

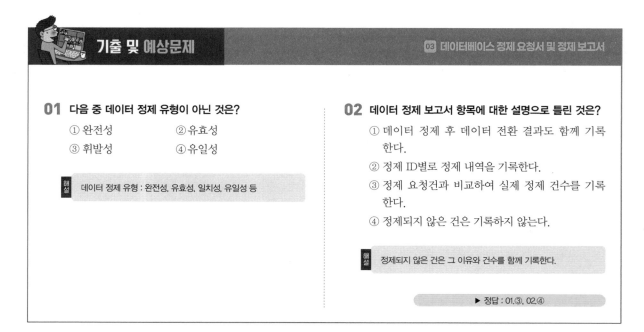

기출 및 예상문제

03 데이터베이스 정제 요청서 및 정제 보고서

01 다음 중 데이터 정제 유형이 아닌 것은?

① 완전성   ② 유효성
③ 휘발성   ④ 유일성

> **해설** 데이터 정제 유형 : 완전성, 유효성, 일치성, 유일성 등

02 데이터 정제 보고서 항목에 대한 설명으로 틀린 것은?

① 데이터 정제 후 데이터 전환 결과도 함께 기록한다.
② 정제 ID별로 정제 내역을 기록한다.
③ 정제 요청건과 비교하여 실제 정제 건수를 기록한다.
④ 정제되지 않은 건은 기록하지 않는다.

> **해설** 정제되지 않은 건은 그 이유와 건수를 함께 기록한다.

▶ 정답 : 01.③, 02.④

01 다음 중 데이터 검증 단계에 속하지 않는 것은?

① 추출 검증　　　② 업무 검증

③ 전환 검증　　　④ 동적 검증

02 데이터 검증 단계 중 목적 데이터베이스에 적재된 데이터와 원천 데이터의 개수, 데이터 합계 값이 맞는지 검증하는 단계는?

① 통합 검증　　　② 적재 검증

③ 로그 검증　　　④ 전환 검증

03 오류 분석 내용의 데이터 전환 오류의 상태에 대한 설명으로 가장 거리가 먼 것은?

① Deferred : 오류 우선순위가 낮게 분류되어 오류 수정을 연기한 상태

② Classified : 개발자가 오류를 수정한 상태

③ Open : 오류가 보고되었지만 아직 분석되지 않은 상태

④ Assigned : 영향 분석 및 수정을 위해 오류를 개발자에게 할당한 상태

**섹션
기출예상문제 해설**

Section 13. 데이터베이스 정제

01 데이터 검증 단계
　: 추출 검증, 전환 검증, 적재 검증, 업무 검증, 통합 검증

02 키워드 원천 데이터의 개수, 데이터 합계 값 → 용어 통합 검증
・적재 검증 : 변환된 데이터가 목적 데이터베이스에 정확히 등록되었는지 검증한다.
・로그 검증 : 전환 시 수행되는 추출 및 적재 로그를 작성하여 검증한다.
・전환 검증 : 변환 규칙이 정확히 적용되었는지 검증한다.

03 ②는 Fixed에 대한 설명이다.
・Classified : 보고된 오류가 프로젝트 팀에 의해 오류가 아니라고 판단된 상태

정답 **01** ④　**02** ①　**03** ②

프로그래밍 언어 활용

- [프로그래밍 언어 활용] 과목에서는 응용 소프트웨어 개발을 위한 개발환경 구축과 일관성 있는 개발을 편리하게 지원해 주는 프레임워크에 대해 학습합니다.

- 프로그래밍의 기본 문법을 학습합니다. 계산기 프로그램을 구현하기 위해서는 숫자를 입력받고, 결과를 화면에 출력해야 합니다. 프로그래밍 언어별 기본 문법은 조금씩 다르지만, 키보드로 입력을 받거나 화면에 출력하는 것과 같은 주요 기능은 동일합니다. C언어, JAVA언어, Python언어의 기본 문법과 주요 기능, 그리고 프로그래밍 언어의 특징에 대해 학습합니다.

- 컴퓨터 시스템 자원을 효율적으로 사용할 수 있게 도와주는 운영체제와 서로 다른 시스템과 데이터를 송·수신하기 위해 필요한 네트워크의 기본적인 이론 내용을 학습합니다.

▶ **배치 프로그램 필수 요소**

 : 건성은 안 되지(견성은 안 대자)

 • 견고함

 • 성능

 • 은

 • 안정성

 • 대용량 데이터

 • 자동화

▶ **운영체제의 기능적 분류 – 제어 프로그램**

 : 감자데이터(감작데이터)

 • 감시 프로그램(Supervisor Program)

 • 작업 제어 프로그램(Job Control Program)

 • 데이터 관리 프로그램(Data Management Program)

▶ **프로세스 스케줄링 종류 : FFIN / SRR**

 • 비선점 스케줄링 : SJF, FIFO, HRN

 • 선점 스케줄링 : SRT, RR

▶ **교착상태 4가지 조건 : 삼점대 비환영(상점대 비환형)**

 • 상호 배제(Mutual Exclusion)

 • 점유와 대기(Hold & Wait)

 • 비선점(Nonpreemption)

 • 환형 대기(Circular Wait)

▶ **파일 권한 명령어 : UGO**

 • User(사용자)

 • Group(그룹)

 • Other(다른 사용자)

▶ **OSI 7계층 : 물데네전세표응**

 • 물리 계층(Physical Layer, 1계층)

 • 데이터 링크 계층(Data Link Layer, 2계층)

 • 네트워크 계층(Network Layer, 3계층)

 • 전송 계층(Transport Layer, 4계층)

 • 세션 계층(Session Layer, 5계층)

 • 표현 계층(Presentation Layer, 6계층)

 • 응용 계층(Application Layer, 7계층)

▶ **네트워크 장비 : 허리 부수랑게(허리 브스라게)**

 • 허브(Hub)

 • 리피터(Repeater)

 • 브리지(Bridge)

 • 스위치(Switch)

 • 라우터(Router)

 • 게이트웨이(Gateway)

▶ **프로토콜의 기본 요소 : 구타의미**

 • 구문(Syntax)

 • 타이밍(Timing)

 • 의미어(Semantics)

SECTION

01

개발환경 구축

응용 소프트웨어를 개발하기 위한 환경을 구축하기 위해서는 응용 소프트웨어에 대한 이해를 바탕으로 이에 맞는 하드웨어 및 소프트웨어 선정이 이루어져야 합니다. 그리고 개발 시간을 단축하고 일관된 개발을 지원해 주는 소프트웨어 프레임워크에 대해 학습합니다.

권쌤이 알려줌

JVM 적용 버전을 개발 표준에 명시하여 모든 개발자가 동일한 버전을 사용하는 것을 권장합니다.

01 개발환경 구축

1 개발환경 구축

프로젝트의 목적과 구축 설계에 대한 명확한 이해가 필요하며, 프로그램 개발을 위해 운영 환경과 유사한 구조로 소프트웨어 및 하드웨어 개발환경을 구축한다.

2 개발 소프트웨어 환경

1. 시스템 소프트웨어

인터프리터(Interpreter)
고급 언어로 작성된 코드를 한 라인씩 해석하여 실행시키는 프로그램

정적 웹 서비스
이미지, 자바스크립트 등을 처리
예 회사 소개 페이지

동적 웹 서비스
DB 접속, 외부 시스템 연동 등을 처리
예 게시판 검색

HTTP/HTTPS
HTTP는 인터넷의 월드 와이드 웹(WWW)에서 HTML 문서를 송·수신하기 위한 표준 프로토콜이고, HTTPS는 HTTP의 암호화된 버전이다.

CSS(Cascading Style Sheets)
HTML 등 마크업 언어로 작성된 웹 문서에서 레이아웃이나 구성 요소들의 스타일을 담당하는 언어

종류	설명
운영체제 (OS; Operating System)	• 컴퓨터를 작동시키고 운영을 관리하여 컴퓨터를 효율적으로 실행시킬 수 있는 환경을 제공하는 소프트웨어 예 Windows, Linux, UNIX(HPUX, Solaris, AIX) 등
JVM(Java Virtual Machine, 자바 가상 머신)	• 자바로 작성된 응용 프로그램을 윈도우나 유닉스와 같은 컴퓨터 운영체제에서 원활히 운용될 수 있도록 하는 소프트웨어 • 자바 관련 응용 프로그램을 기동하기 위한 인터프리터※ 환경
Web Server (웹 서버)	• 정적 웹 서비스※를 수행하는 미들웨어 • 웹 브라우저 화면에서 요청하는 정적 파일 제공 예 Apache, Nginx, IIS(Internet Information Server), GWS(Google Web Server) 등
WAS(Web Application Server, 웹 애플리케이션 서버)	• 동적 웹 서비스※를 수행하는 미들웨어 • Web Server와 JSP/Servlet 애플리케이션 수행을 위한 엔진인 Web Container로 구성 예 Tomcat, Undertow, JEUS, Weblogic, Websphere 등
DBMS(Database Management System, 데이터베이스 관리 시스템)	• 데이터 저장과 관리를 위한 데이터베이스 관리 시스템 예 Oracle, DB2, Sybase, SQL Server, MySQL 등

학 습 + 플 러 스 웹 서버의 기능

• HTTP/HTTPS※를 이용한 요청(Request) 및 응답(Response) 처리 기능
• HTML, CSS※, 이미지 등 정적 파일 저장 및 관리 기능

- 합법적인 사용자인지 인증(Authentication)하는 기능
- 하나의 서버로 여러 도메인 이름을 연결하는 가상 호스팅(Virtual Hosting) 기능
- 처리한 요청을 로그(Log) 파일에 기록하는 기능
- 네트워크 트래픽의 포화를 방지하기 위해 응답 속도(대역폭)를 제한하는 기능

2. 개발 소프트웨어

종류	설명
요구사항 관리 도구	• 목표 시스템의 기능과 제약 조건 등 고객의 요구사항을 수집, 분석, 추적을 쉽게 할 수 있게 지원하는 도구 ⑩ JFeature, JRequisite, OSRMT, Trello 등
설계/모델링 도구	• 기능을 논리적으로 결정하기 위해 통합 모델링 언어(UML) 지원, 데이터베이스 설계 지원 등 설계 및 모델링을 지원하는 도구 ⑩ ArgoUML, DB Designer, StarUML 등
구현 도구	• 문제 해결 방법을 프로그래밍 언어를 통해 구현 및 개발을 지원하는 도구 ⑩ Eclipse, IntelliJ, Visual Studio, NetBeans 등
빌드* 도구	• 개발자가 작성한 소스에 대한 빌드 및 배포를 지원하며, 프로젝트에서 사용되는 구성 요소들과 라이브러리*들에 대한 의존성 관리를 지원하는 도구 ⑩ Ant, Maven, Gradle 등
형상 관리 도구	• 대다수의 프로젝트들은 여러 명의 개발자들로 구성된 팀 단위 프로젝트로 진행되며, 개발자들이 작성한 소스 등 산출물의 변경 사항을 버전별로 관리하여 목표 시스템의 품질 향상을 지원하는 도구 ⑩ CVS, Subversion, Git 등
테스트 도구	• 구현 및 개발된 모듈들이 요구사항에 적합하게 구현되어 있는지에 대한 테스트를 지원하는 도구 ⑩ JUnit, CppUnit, JMeter SpringTest 등

3 개발 하드웨어 환경

1. 클라이언트(Client) 환경 구성

서버 시스템에서 제공하는 서비스를 활용하기 위해 사용자와의 인터페이스*를 제공하는 하드웨어이다.

- PC, 웹 브라우저 화면, 스마트 폰(모바일 앱)이 클라이언트로 활용된다.

2. 서버(Server) 환경 구성

종류	설명
웹 서버(Web Server)	• 정적 웹 서비스를 수행하는 서버
WAS(Web Application Server, 웹 애플리케이션 서버)	• 동적 웹 서비스를 수행하는 서버 • 웹 서버로부터 요청을 받아 수행하거나, 서버 사이의 인터페이스를 제공하는 서버
데이터베이스 서버 (Database Server)	• 데이터베이스가 설치되는 서버
파일 서버(File Server)	• 서비스 제공에 필요한 파일을 저장하고, 공유하기 위한 파일 저장 서버

학습 플러스 개발 언어의 선정 기준 　[22년 1회]

개발 언어 선정 시 아래 항목들 이외에도 알고리즘과 계산상의 난이도, 소프트웨어의 수행 환경, 자료 구조의 난이도, 개발자의 경험과 지식 등이 고려되어야 한다.

기준	설명
적정성	대상 업무의 성격, 즉 개발하려는 시스템이나 응용 프로그램의 목적에 적합해야 한다.
효율성	프로그래밍의 효율성이 고려되어야 한다.
이식성	일반적인 PC 및 운영체제 개발환경에 설치가 가능해야 한다.
친밀성	개발자가 그 언어를 이해하고 사용할 수 있어야 한다.
범용성	다양한 과거 개발 실적이나 사례가 존재하고, 광범위한 분야에 사용되고 있어야 한다.

기출 및 예상문제

01 개발환경 구축

[22년 1회]

01 정보시스템 개발 단계에서 프로그래밍 언어 선택 시 고려할 사항으로 가장 거리가 먼 것은?

① 개발 정보시스템의 특성
② 사용자의 요구사항
③ 컴파일러의 가용성
④ 컴파일러의 독창성

> **해설** 컴파일러의 독창성은 프로그래밍 언어 선택 시 고려할 사항과 관계가 없다.
> - 프로젝트 상황에 맞는(기능을 실현하기에 가장 적합한) 프로그래밍 언어를 사용한다.
> - 유지보수를 사용자가 직접 담당하는 경우 특정 언어를 요구할 수 있다.
> - 사용자가 원하는 프로그램을 소스 코드로 받아 컴파일할 수 있다.

▶ 정답 : 01.④

★★
02 프레임워크

1 프레임워크(Framework)

프레임워크는 소프트웨어에서 특정 기능을 수행하기 위해 필요한 클래스나 인터페이스 등을 모아둔 집합체이다.

▼ 프레임워크 특징 [22년 2회] [21년 2, 3회]

특징	설명
모듈화 (Modularity)	• 프레임워크는 인터페이스에 의한 캡슐화※를 통해 모듈화를 강화하고, 설계와 구현의 변경에 따르는 영향을 극소화하여 소프트웨어의 품질을 향상시킨다.
재사용성 (Reusability)	• 프레임워크가 제공하는 인터페이스는 반복적으로 사용할 수 있는 컴포넌트※를 정의할 수 있게 하여 재사용성을 높여 준다. • 프레임워크 컴포넌트를 재사용하는 것은 소프트웨어의 품질을 향상시킬 뿐만 아니라 개발자의 생산성도 높여 준다.
확장성 (Extensibility)	• 프레임워크는 다형성※을 통해 애플리케이션이 프레임워크의 인터페이스를 확장할 수 있게 한다. • 프레임워크 확장성은 애플리케이션 서비스와 특성을 변경하고, 프레임워크를 애플리케이션의 가변성으로부터 분리함으로써 재사용성의 이점을 얻게 한다.
제어의 역흐름 (Inversion Of Control)	• 프레임워크 코드가 전체 애플리케이션의 처리 흐름을 제어하여 특정한 이벤트가 발생할 때 다형성을 통해 애플리케이션이 확장한 메소드※를 호출함으로써 제어가 프레임워크로부터 애플리케이션으로 거꾸로 흐르게 한다. • 개발자가 관리하고 통제해야 하는 객체들의 제어 권한을 프레임워크에 넘겨 생산성을 향상시킨다.

② 소프트웨어 개발 프레임워크 [22년 2회] [20년 2, 4회]

소프트웨어 개발 프레임워크는 소프트웨어 개발에 공통적으로 사용되는 구성 요소와 아키텍처(Architecture, 시스템의 구조)를 일반화하여 손쉽게 구현할 수 있도록 여러 가지 기능들을 제공해 주는 시스템이다.

- 효율적인 정보시스템 개발을 위한 코드 라이브러리, 애플리케이션 인터페이스, 설정 정보 등의 집합이다.
- 재사용이 가능하도록 소프트웨어 구성에 필요한 기본 뼈대를 제공한다.
- 광의적으로 정보시스템의 개발 및 운영을 지원하는 도구 및 가이드 등을 포함한다.

▼ 소프트웨어 개발 프레임워크의 종류

구분	설명
스프링 프레임워크 (Spring Framework)	• 자바 플랫폼을 위한 오픈 소스의 경량형 애플리케이션 프레임워크 • 공공기관의 웹 서비스 개발 시 사용을 권장하고 있는 전자정부 표준 프레임워크의 기반 기술
전자정부 프레임워크	• 오픈 소스 기반으로 우리나라의 공공부문 정보화 사업 시 플랫폼별로 표준화된 개발 프레임워크 • 정보시스템 개발을 위해 필요한 기능 및 아키텍처를 미리 만들어 제공함으로써, 대·중·소기업이 동일한 개발 기반 위에서 공정한 경쟁을 가능하게 함
닷넷 프레임워크 (.NET Framework)	• 마이크로소프트(Microsoft)사에서 개발한 윈도우(Windows) 프로그램 개발 및 실행 환경을 제공하는 프레임워크

③ 서버 개발 프레임워크

서버 개발 프레임워크는 서버 프로그램 개발을 쉽게 처리할 수 있도록 여러 가지 기능들을 제공해 주는 시스템이다.

권쌤이 알려줌

소프트웨어 프레임워크는 응용 소프트웨어 개발을 위한 구성 요소의 집합으로, 업무별로 만들어진 프레임워크를 사용하면 개발 시간을 단축시켜주고 일관된 개발을 지원해 줍니다.

캡슐화(Encapsulation)
데이터와 함수를 함께 묶어 외부와 경계를 만들고 필요한 인터페이스만을 밖으로 드러내어 내부와 외부를 분리하는 것

컴포넌트
(Component, 구성 부품, 요소)
독립적인 실행 단위
⑩ 결제 시스템에서 현금 결제, 카드 결제, 계좌 이체 결제 등

다형성(Polymorphism)
하나의 메소드나 클래스가 있을 때 다양한 방법으로 동작하는 것

메소드(Method)
특정한 목적의 작업을 수행하기 위한 프로그램 코드의 집합
• 함수(Function)와 동일한 개념이다.

모델-뷰-컨트롤러

(MVC; Model View Control)
시스템을 세 부분(Model, View, Control)으로 분리하여 서로 영향을 받지 않고 개발이 가능한 소프트웨어 아키텍처

- 대부분은 모델-뷰-컨트롤러(MVC)※ 패턴을 기반으로 개발된다.
- 지원하는 프로그래밍 언어에 따라 선정할 수 있는 프레임워크도 제한적이다.

▼ 서버 개발 프레임워크 종류

구분	설명
스프링(Spring)	• Java 기반 프레임워크 • 전자정부 표준 프레임워크의 기반 기술로 사용되고 있음
Node.js	• JavaScript 기반 프레임워크 • 비동기 입 · 출력 처리와 이벤트 위주의 높은 성능을 가짐 • 실시간으로 입 · 출력이 많은 애플리케이션에 적합함
장고(Django)	• Python 기반 프레임워크 • 컴포넌트의 재사용과 플러그인※을 제공함
Ruby on Rails	• Ruby 프로그래밍 언어 기반 프레임워크 • 데이터베이스 작업을 단순화 및 자동화시켜 개발 코드의 길이가 짧음 • 테스트를 위한 웹 서버를 지원함
코드이그나이터 (Codeigniter)	• PHP 기반 프레임워크 • 인터페이스가 간편하며 서버 자원을 적게 사용함

플러그인(Plug in, 추가 기능)
추가 프로그램을 설치하여 특정 기능을 수행할 수 있도록 하는 컴퓨터 프로그램
☑ 웹 브라우저는 플러그인 (Adobe Flash Player)을 사용하여 동영상을 재생한다.

기출 및 예상문제
02 프레임워크

[21년 2회]

01 프레임워크(Framework)에 대한 설명으로 옳은 것은?

① 소프트웨어 구성에 필요한 기본 구조를 제공함으로써 재사용이 가능하게 해준다.

② 소프트웨어 개발 시 구조가 잡혀있기 때문에 확장이 불가능하다.

③ 소프트웨어 아키텍처(Architecture)와 동일한 개념이다.

④ 모듈화(Modularity)가 불가능하다.

해설
- 프레임워크는 다형성을 통해 애플리케이션이 프레임워크의 인터페이스를 확장할 수 있게 한다.
- 프레임워크보다 소프트웨어 아키텍처가 더 큰 개념이다.
  - 프레임워크(Framework) : 소프트웨어에서는 특정 기능을 수행하기 위해 필요한 클래스나 인터페이스 등을 모아둔 집합체
  - 소프트웨어 아키텍처(Architecture) : 소프트웨어의 골격이 되는 기본 구조로, 복잡한 개발을 체계적으로 접근하기 위한 밑그림
- 프레임워크의 특징에는 모듈화, 재사용성, 확장성, 제어의 역흐름이 있다.

[22년 2회] [21년 3회]

02 소프트웨어 개발 프레임워크와 관련한 설명으로 가장 적절하지 않은 것은?

① 반제품 상태의 제품을 토대로 도메인별로 필요한 서비스 컴포넌트를 사용하여 재사용성 확대와 성능을 보장받을 수 있게 하는 개발 소프트웨어이다.

② 라이브러리와는 달리 사용자 코드에서 프레임워크를 호출해서 사용하고, 그에 대한 제어도 사용자 코드가 가지는 방식이다.

③ 설계 관점에 개발방식을 패턴화시키기 위한 노력의 결과물인 소프트웨어 상태로 집적화시킨 것으로 볼 수 있다.

④ 프레임워크의 동작 원리를 그 제어 흐름의 일반적인 프로그램 흐름과 반대로 동작한다고 해서 IoC(Inversion of Control)라고 설명하기도 한다.

해설
개발자(사용자)가 관리하고 통제해야 하는 객체들의 제어 권한을 프레임워크에 넘겨 생산성을 향상시킨다(제어의 역흐름).

[22년 2회]

03 다음 설명에 해당되는 소프트웨어는?

> • 개발해야 할 애플리케이션의 일부분이 이미 내
> 장된 클래스 라이브러리로 구현이 되어 있다.
> • 따라서, 그 기반이 되는 이미 존재하는 부분
> 을 확장 및 이용하는 것으로 볼 수 있다.
> • JAVA 기반의 대표적인 소프트웨어로는 스
> 프링(Spring)이 있다.

① 전역 함수 라이브러리
② 소프트웨어 개발 프레임워크
③ 컨테이너 아키텍처
④ 어휘 분석기

해설 키워드 기반이 되는 이미 존재하는 부분을 확장 및 이용, 스프링
(Spring) → 용어 소프트웨어 개발 프레임워크

TIP 어휘 분석기는 소스 코드를 읽어 문법적으로 의미있는 최소
의 단위인 토큰(Token)으로 분리하는 도구입니다.

[20년 2, 4회]

04 다음 설명에 해당되는 소프트웨어는?

① 공통 컴포넌트 재사용으로 중복 예산 절감
② 기술종속으로 인한 선행사업자 의존도 증대
③ 표준화된 연계모듈 활용으로 상호 운용성 향상
④ 개발표준에 의한 모듈화로 유지보수 용이

해설 다른 기업의 자체 프레임워크를 사용했을 경우 기술 종속으로 증
가되는 선행사업자에 대한 의존도를 표준 프레임워크 도입으로
일정 부분을 해소할 수 있다.

▶ 정답 : 01.①, 02.②, 03.②, 04.②

---

03 배치 프로그램

1 배치 프로그램(Batch Program)

배치 프로그램은 사용자와의 상호작용 없이 일련의 작업을 작업 단위로 묶어, 정
기적으로 반복 수행하거나 정해진 규칙에 따라 일괄 처리(Batch Processing)*하
는 프로그램이다.

• 대용량 데이터를 처리해 자원을 많이 차지하므로, 다른 애플리케이션을 방해
하지 않도록 주로 야간이나 새벽에 수행한다.

일괄 처리(Batch Processing)
예 월 매출 마감, 월 지급 계산

합격자의 **암기법**

배치 프로그램 필수 요소 : 건성
은 안 되지(건성은 안 대자)
• 건(견고함)
• 성(능)
• 은
• 안(정성)
• 도(대용량 데이터)
• 지(자동화)

1. 배치 프로그램의 필수 요소 [20년 3회]

구분	설명
대용량 데이터	대용량의 데이터를 처리할 수 있어야 한다.
자동화	심각한 오류 상황 외에는 사용자의 개입 없이 동작해야 한다.
견고함	유효하지 않은 데이터인 경우도 처리해서 비정상적인 동작 중단이 발생하지 않아야 한다.
안정성	어떤 문제가 생겼는지, 언제 발생했는지 등을 추적할 수 있어야 한다.
성능	주어진 시간 내에 처리를 완료할 수 있어야 하고, 동시에 동작하고 있는 다른 애플리케이션을 방해하지 말아야 한다.

정기 배치
예 백업

이벤트성 배치
예 외부 데이터베이스 변경 시
최신 자료로 갱신

2. 배치 프로그램 자동 수행 주기에 따른 분류

구분	설명
정기 배치*	일/주/월과 같이 정해진 기간에 정기적으로 수행
이벤트성 배치*	특정 조건을 설정해 두고 조건이 충족될 때만 수행
On-Demand* 배치	사용자 요청으로 수행

Demand
요구

권쌤이 알려줌

스케줄러(Scheduler)란 어떤 프로세스에게 자원을 할당할지를 결정하는 모듈입니다. 즉 시스템이 어떤 작업을 처리할지 결정하는 기능을 가지고 있습니다.

② 배치 스케줄러(Batch Scheduler)

배치 스케줄러는 일괄 처리를 위해 주기적으로 발생하거나 반복적으로 발생하는 작업을 지원하는 도구이다.

- 배치 스케줄러 종류 : 스프링 배치(Spinrg Batch), 퀴츠 스케줄러(Quartz Scheduler), 크론(Cron)

1. 스프링 배치(Spring Batch)

Spring Source사와 Accenture사의 공동 작업으로 2007년에 탄생한 배치 기반 오픈 소스 프레임워크이다.

- 스프링 프레임워크의 특성을 그대로 가져와 스프링이 가지고 있는 다양한 기능들을 모두 사용할 수 있다.
- 배치 처리 시 공통적으로 필요한 컴포넌트를 제공한다.
- 트랜잭션 관리, 작업 재시작, 로그 관리, 추적, 작업 처리 통계, 모니터링 등 실행 관리와 관리 기능을 제공한다.

권쌤이 알려줌

Step은 Job의 각 단계를 의미하며, Job은 Step의 집합입니다.

▼ 스프링 배치의 핵심 컴포넌트

컴포넌트	설명
Job	수행할 작업 정의
Step	Job 처리를 위한 제어 정보
Job Repository	Step의 제어 정보 등과 같이 작업 실행을 위한 모든 정보 저장
Job Launcher	실행을 위한 컴포넌트

2. 퀴츠 스케줄러(Quartz Scheduler, Spring Quartz)

스프링 프레임워크에 플러그인되어 수행하는 Job과 Trigger를 분리하여 유연성을 제공하는 오픈 소스 스케줄러이다.

▼ 퀴츠 스케줄러의 구성 요소

컴포넌트	설명
Scheduler	실행 환경 관리
Job	수행할 작업 정의
JobDetail	Job의 상세 정보
Trigger	Job의 실행 스케줄 정의

3. 크론(Cron)

리눅스의 스케줄러로, crontab 명령어를 사용해서 작업을 예약한다.

▼ crontab 명령어

명령어	설명
crontab -e	편집기(editor)를 호출하여 작업 추가 및 수정
crontab -l	작업 목록(list) 출력
crontab -r	작업 삭제(remove)

크론(Cron) 표현식

[초] [분] [시] [일] [월] [요일] [연도] [명령어]

형식	[초]	[분]	[시]	[일]	[월]	[요일]	[연도]	[명령어]
범위	0~59	0~59	0~23	1~31	1~12	0~6	생략 가능	

문자	*	/	?	–
의미	모든	시작시기/반복간격	미사용	시작시기-종료시기

예 크론 설정으로 test.sh 예약 실행

```
0 50 1 * * * /home/script/test.sh          // 매일 1시 50분에 실행
0 * 1 * * * /home/script/test.sh           // 매일 1시 0분부터 59분까지 매분 실행
0 /10 * * * * /home/script/test.sh         // 10분마다 실행
0 0/10 1 * * * /home/script/test.sh        // 매일 1시에 시작해서 10분 간격으로 실행
0 0 1 ? * MON-SAT /home/script/test.sh     // 월요일에서 토요일까지 1시에 실행
```

 기출 및 예상문제

03 배치 프로그램

[22년 2회]

01 배치 프로그램의 필수 요소에 대한 설명으로 틀린 것은?

① 자동화는 심각한 오류 상황 외에는 사용자의 개입 없이 동작해야 한다.

② 안정성은 어떤 문제가 생겼는지, 언제 발생했는지 등을 추적할 수 있어야 한다.

③ 대용량 데이터는 대용량의 데이터를 처리할 수 있어야 한다.

④ 무결성은 주어진 시간 내에 처리를 완료할 수 있어야 하고, 동시에 동작하고 있는 다른 애플리케이션을 방해하지 말아야 한다.

해설 ④는 무결성이 아니라 성능에 대한 설명이다.

TIP 배치 프로그램의 필수 요소는 "건성은 안 되지(건성은 안 대자)"로 기억하세요.

02 스프링 배치(Spring Batch)에 대한 설명으로 옳지 않은 것은?

① 스프링 프레임워크에 플러그인(Plug-in)되어 수행하는 Job과 Trigger를 분리하여 유연성을 제공하는 오픈 소스 스케줄러이다.

② 스프링 프레임워크의 특성을 그대로 가져와 스프링이 가지고 있는 다양한 기능들을 모두 사용할 수 있다.

③ 실행 관리 기능과 관리 기능을 제공한다.

④ 배치 처리 시 공통적으로 필요한 컴포넌트를 제공한다.

해설 다른 하나는 쿼츠 스케줄러(Quartz Scheduler)에 대한 설명이다.

▶ 정답 : 01.④, 02.①

01 다음은 무엇에 대한 설명인가?

> 자바로 작성된 응용 프로그램을 윈도우나 유닉스와 같은 컴퓨터 운용체계에서 원활히 운용될 수 있도록 하는 소프트웨어이다. Java 관련 응용 프로그램을 기동하기 위한 인터프리터 환경으로, 적용 버전을 개발 표준에서 명시하여 모든 개발자가 동일한 버전을 적용하는 것이 좋다.

① WAS   ② Web Server
③ DBMS   ④ JVM

02 프레임워크(Framework)의 특징으로 거리가 먼 것은?

① 모듈화   ② 확장성
③ 재사용성   ④ 종속성

03 배치 프로그램(Batch Program)의 필수 요소가 아닌 것은?

① 대용량 데이터   ② 안정성
③ 실시간 처리   ④ 성능

[이전 기출]

04 리눅스 계열 운영체제에서 매주 금요일 오후 6시 50분에 /usr/adm/backuplog.sh에 위치한 쉘 스크립트를 실행시키기 위해 crontab에 입력할 내용은?

① * 50 18 * 5 —exec {/usr/adm/backuplog.sh}
② 50 18 * * 5 /usr/adm/backuplog.sh
③ 50 18 * * 5 —exec {/usr/adm/backuplog.sh}
④ 5 * * 18 50 /usr/adm/backuplog.sh

섹션
기출예상문제 해설

Section 01. 개발환경 구축

01 키워드 자바(Java), 응용 프로그램, 인터프리터 환경 → 용어 JVM(Java Virtual Machine, 자바 가상 머신)
- WAS(Web Application Server, 웹 애플리케이션 서버) : 사용자 또는 사용자의 요청에 따라 결과 값이 변하는 동적 콘텐츠를 처리하기 위한 웹 환경을 구현하는데 사용되는 미들웨어
- Web Server(웹 서버) : 정적 웹 서비스를 수행하는 미들웨어
- DBMS(Database Management System, 데이터베이스 관리 시스템) : 응용 프로그램 또는 사용자와 데이터베이스 사이에서 사용자의 요청에 따라 데이터베이스를 생성 및 관리해주는 소프트웨어

02 프레임워크 특징 : 모듈화, 재사용성, 확장성, 제어의 역흐름

03 배치 프로그램 필수 요소 : 견고함, 성능, 안전성, 대용량 데이터, 자동화
   TIP 배치 프로그램의 특징은 "건성은 안되지"로 기억하세요.

04 50 18 * * 5 - 분 시간 일 월 요일
   TIP 요일 표기 방법 : 숫자, 텍스트(영문 약어)
- 숫자 : 0~6(일요일~토요일)
- 텍스트 : SUN, MON, TUE, WEB, THU, FRI, SAT

정답 **01** ④   **02** ④   **03** ③   **04** ②

SECTION 02

C언어

다양한 프로그래밍 언어의 뿌리는 C언어라고 할 수 있습니다. 프로그래밍 코드를 이해하기 위해서는 C언어의 기초 문법을 충분히 학습하여 코드의 흐름을 이해할 수 있어야 합니다. C언어에서 학습하는 기초 문법은 JAVA언어, Python언어에도 적용되는 개념이므로 꼭 기억해 두세요.

★★★

01 데이터 타입, 변수

1 C언어 기본 구조

코드 1부터 10까지 덧셈

```
1    #include <stdio.h>
2    main()
3    {
4        int number;
5        int sum;
6        number = 1;
7        sum = 0;
8        while (number <= 10)
9        {
10           sum = sum + number;
11           number++;
12       }
13       printf("1+2+....+10=%d", sum);
14   }
```

출력 결과 `1+2+....+10=55`

해설

1	`#include <stdio.h>` 데이터 입·출력을 위해 stdio.h 파일을 현재 파일에 포함한다. stdio.h 파일을 포함하면 출력 함수(printf())를 사용할 수 있다.
2	`main() {...}` 프로그램 실행 시 main() 함수를 가장 먼저 호출하여 실행한다.
4~7	`int number; int sum; number = 1; sum = 0;` 변수 선언 및 초기화한다.
8~12	`while (number <= 10) {...}` 조건(number <= 10)을 검사한 후 조건에 만족하면 9~12번 라인을 반복 실행하고, 조건에 만족하지 않으면 9~12번을 실행하지 않고 13번을 실행한다.
13	`printf("1+2+....+10=%d", sum);` 화면에 출력한다.

권쌤이 알려줌

C언어는 절차적 프로그래밍 언어로 한 줄씩 차례대로 실행됩니다. C언어의 기본 구조만 확인하고, 각 문법은 더 자세히 학습하게 되니 걱정하지 마세요.

권쌤이 알려줌

프로그래밍 언어에서 ;(세미콜론)은 문장의 끝을 의미하는 마침표입니다. ;(세미콜론) 작성 위치에 ;(세미콜론)이 생략되면 에러가 발생합니다.

#include
외부 파일을 현재 파일에 포함시키기 위해 사용하는 선행처리 지시자

선행처리(PreProcessor) 지시자
사전 준비적인 계산을 행하는 프로그램
• 기호 : #

stdio.h
표준 입출력(STanDard Input Output) 헤더 파일

헤더 파일(.h)
자주 사용되는 변수나 함수를 외부에서 편리하게 사용하기 위해 만들어진 파일

권쌤이 알려줌

%d는 sum을 10진수(decimal) 정수로 표시하라는 의미입니다.

2 데이터 타입(Data Type, 자료형)

데이터 타입은 변수(Variable)에 저장될 데이터 형식을 나타낸다.

• 정수형, 실수형, 문자형 등 어떤 형식의 값을 변수에 저장할지 미리 데이터 타입을 지정하여 변수[*]와 함께 선언한다.

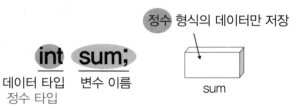

정수 형식의 데이터만 저장

데이터 타입 / 변수 이름
정수 타입 / sum

1. C/C++의 데이터 타입 [20년 3회]

종류(C/C++)	데이터 타입	크기
정수형	short	2 Byte
	int	4 Byte
	long	4 Byte
	long long	8 Byte
부호 없는 정수형	unsigned short	2 Byte
	unsigned int	4 Byte
	unsigned long	4 Byte
실수형	float	4 Byte
	double	8 Byte
	long double	8 Byte
문자형	char	1 Byte
부호 없는 문자형	unsigned char	1 Byte

2. JAVA의 데이터 타입 [20년 4회]

종류(Java)	데이터 타입	크기
정수형	byte	1 Byte
	short	2 Byte
	int	4 Byte
	long	8 Byte
실수형	float	4 Byte
	double	8 Byte
문자형	char	2 Byte
논리형	boolean	1 Byte

3. Python의 데이터 타입

종류(Python)	데이터 타입	크기
정수형	int	제한 없음
실수형	float	8 Byte
	complex	16 Byte
문자형	str	제한 없음

불(Boolean, 불린) [20년 4회] [21년 3회 실기]

불(Boolean) 데이터 타입은 프로그래밍 언어마다 출력 결과가 조금씩 다르다.

언어	코드	출력 결과
C	printf("%d", true);	1
	printf("%d", !true);	0
	printf("%d", 5>3);	1
JAVA	System.out.println(true);	true
	System.out.println(!true);	false
	System.out.println(5>3);	true
Python	print(True)	True
	print(not True)	False
	print(5>3)	True

 권쌤이 알려줌

C언어에서 불(Boolean) 데이터 타입을 사용하기 위해서는 true, false가 정의된 〈stdbool.h〉 헤더 파일을 먼저 포함해야 합니다.
• JAVA언어, Python언어에서는 기본적으로 제공합니다.

③ 변수(Variable) [21년 1회]

변수는 프로그램에 필요한 값을 저장하기 위한 공간으로, 데이터 형식에 맞는 값을 변수에 저장해야 한다.

> 예 int a = 3; (O) | int a = '정보'; (X)
> // int는 정수형을 의미하므로 변수 a에는 정수 값만 저장할 수 있다.

 권쌤이 알려줌

변수는 데이터를 담는 상자입니다. 상자 안의 데이터는 변할 수 있으며, 데이터 타입에 따라 정수형 변수, 실수형 변수 등으로 구분합니다.

1. 변수명 작성 규칙 [22년 3회] [21년 1, 3회] [20년 2, 3회]

• 영문자, 숫자, _(언더스코어)를 사용한다.
• 첫 글자는 영문자 또는 _를 사용하며, 숫자는 올 수 없다.
• 공백이나 *, +, −, / 등의 특수문자를 사용할 수 없다.
• 대 · 소문자를 구분한다.
• 예약어※를 변수명으로 사용할 수 없다.
• 변수 선언 시 문장 끝에 반드시 세미콜론(;)을 붙여야 한다.
• 글자 수에 제한이 없다.

 권쌤이 알려줌

소스 코드에 코드의 설명을 적을 수 있는데, 이런 것을 주석(Comment)이라고 합니다. C언어와 JAVA언어에서 주석은 // 기호를 사용합니다.

2. 변수 선언

 권쌤이 알려줌

밑줄 문자(_)는 언더스코어(Underscore), 언더라인(Underline), 언더바(Underbar)라고도 합니다.

예약어(Reserved Word)
어느 정해진 의미를 가지고, 그 이외의 의미로 사용해서는 안 되는 언어
예 char, double, for, while 등

> **형식**
>
> 데이터타입 변수명; 또는 데이터타입 변수명 = 초기값;
> • 데이터타입 : 변수에 저장될 자료형
> • 변수명 : 변수 이름을 임의로 지정
> • 초기값 : 변수에 저장할 값 지정(생략 가능)
> 예 int count; // 정수형 변수 count 선언
> 예 float b = 5.3; // 실수형 변수 b 선언 및 초기화

 권쌤이 알려줌

프로그래밍 언어의 '=' 연산자는 우변의 값을 좌변에 대입하는 대입 연산자입니다.

변수 명명법(Casing) [20년 3회 실기]

변수 명명법은 변수 이름의 일관성을 유지하고 코드의 가독성을 높이기 위한 규칙으로써, 코드의 이해와 유지보수를 쉽게 할 수 있다.
- 어떤 방법이 가장 좋은 것인지를 따지는 것이 아니라, 프로젝트 상황에 가장 적합한 명명법을 팀에서 결정하여 모든 개발자가 규칙을 따라 코드를 작성하도록 한다.

명명법	설명	예
카멜 케이싱 (Camel Casing)	• 소문자로 시작 • 단어 사이의 단락을 대문자로 표기	String camelCasing; int size;
파스칼 케이싱 (Pascal Casing)	• 대문자로 시작 • 단어 사이의 단락을 대문자로 표기	String PascalCasing; int Size;
스네이크 케이싱 (Snake Casing)	• 소문자로 시작 • 단어 사이의 단락을 _(언더스코어)로 표기	String snake_casing; int size;
헝가리안 표기법 (Hungarian Notation)	• 이름 앞에 데이터 타입을 명시 • 데이터 타입은 정해진 약어로 표시	String strHungarianCasing; int nSize;
GNU Naming Convention	• 모든 문자 소문자 • 단어 사이 단락을 _(언더스코어)로 표기	String gnu_naming_convention int size;
상수※ 표기법	• 모든 문자 대문자 • 단어 사이의 단락을 _(언더스코어)로 표기	String MACRO_CASING; int SIZE;

상수(Constant)
프로그램이 시작되어 값이 한 번 저장되면, 프로그램이 종료될 때까지 변경되지 않는 값
- 상수를 의미하는 예약어
 – C언어 : const
 – JAVA언어 : final
예 const char c = 'A';
   c = 'B'; (X)
   // c는 상수이므로 저장된 값을 변경할 수 없다.

권쌤이 알려줌

대부분의 명명법에서 상수를 표기하는 방법은 거의 동일합니다.

기출 및 예상문제

01 데이터 타입, 변수

[20년 3회]

01 C언어에서 정수 자료형으로 옳은 것은?

① int ② float
③ char ④ double

> 해설 ②, ④는 실수형, ③은 문자형이다.

[20년 4회]

02 Java 프로그래밍 언어의 정수 데이터 타입 중 'long'의 크기는?

① 1 byte ② 2 byte
③ 4 byte ④ 8 byte

> 해설 정수형 : byte(1 Byte), short(2 Byte), int(4 Byte), long(8 Byte)

[21년 1회]

03 JAVA에서 변수와 자료형에 대한 설명으로 틀린 것은?

① 변수는 어떤 값을 주기억 장치에 기억하기 위해서 사용하는 공간이다.
② 변수의 자료형에 따라 저장할 수 있는 값의 종류와 범위가 달라진다.
③ char 자료형은 나열된 여러 개의 문자를 저장하고자 할 때 사용한다.
④ boolean 자료형은 조건이 참인지 거짓인지 판단하고자 할 때 사용한다.

> 해설 ③은 string 클래스에 대한 설명이다.
> • char 자료형 : 하나의 문자를 저장하고자 할 때 사용한다.
> TIP JAVA의 string 클래스는 이후 자세히 학습합니다.

[20년 2회]

04 C언어에서 사용할 수 없는 변수명은?

① student2019　　② text−color

③ _korea　　④ amount

 해설　변수명은 *, +, −, / 등의 특수문자를 사용할 수 없다.

[20년 3회]

05 파이썬의 변수 작성 규칙 설명으로 옳지 않은 것은?

① 첫 자리에 숫자를 사용할 수 없다.

② 영문 대문자/소문자, 숫자, 밑줄(_)의 사용이 가능하다.

③ 변수 이름의 중간에 공백을 사용할 수 있다.

④ 이미 사용되고 있는 예약어는 사용할 수 없다.

해설　변수명은 공백을 사용할 수 없다.

[21년 1회]

06 C언어에서 변수로 사용할 수 없는 것은?

① data02　　② int01

③ _sub　　④ short

해설　예약어를 변수명으로 사용할 수 없다.

[21년 3회]

07 C언어에서의 변수 선언으로 틀린 것은?

① int else;　　② int Test2;

③ int pc;　　④ int True;

해설　예약어를 변수명으로 사용할 수 없다.
　TIP else는 제어문에서 사용되는 예약어입니다. 조건문은 이후 자세히 학습합니다.

[20년 3회 실기]

08 마이크로소프트(Microsoft)의 찰스 시모니(Charles Simonyi)가 개발 책임자로 있을 때 제안한 것으로, 컴퓨터 프로그래밍에서 변수 및 함수의 이름 인자 앞에 데이터 타입을 명시하는 코딩 규칙은?

① Camel Casing　　② Pascal Casing

③ Snake Casing　　④ Hungarian Notation

해설　키워드 데이터 타입 → 용어 헝가리안 표기법(Hungarian Notation)

▶ 정답 : 01.①, 02.④, 03.③, 04.②, 05.③, 06.④, 07.①, 08.④

★★★

02 연산자

1 연산자의 종류

1. 증가/감소 연산자

기호	사용법	의미
++	++A	(전치) A를 1 증가시킨 후 사용
	A++	(후치) A를 사용 후 1 증가
−−	−−A	(전치) A를 1 감소시킨 후 사용
	A−−	(후치) A를 사용 후 1 감소

2. 산술 연산자　[21년 1회]

기호	사용법	예
+	덧셈	10 + 5 = 15
−	뺄셈	4 − 2 = 2
*	곱셈	6 * 3 = 18
/	나눗셈	8 / 2 = 4
%	나머지	5 % 2 = 1

권쌤이 알려줌

프로그래밍 언어에서 연산자는 자주 사용됩니다. 각 연산자별 사용 방법과 출력 결과를 기억해 두세요. 프로그래밍 언어는 문법 오류 발생 시 프로그램 실행이 불가능합니다.

권쌤이 알려줌

증감 연산자에서 전치/후치의 예는 아래와 같습니다.

```
int x = 10, y;
y = ++x;
// x=11, y=11
```
```
int x = 10, y;
y = x++;
// x=11, y=10
```

AND

입력값이 모두 True(1)이면 True(1) 반환

입력1	입력2	출력
0	0	0
0	1	0
1	0	0
1	1	1

OR

입력값 중 하나라도 True(1)이면 True(1) 반환

입력1	입력2	출력
0	0	0
0	1	1
1	0	1
1	1	1

NOT

입력값의 부정을 반환
• 입력값이 0인 경우 True(1), 입력값이 0이 아닌 경우 False(0) 반환

입력	출력
0	1
1	0

권쌤이 알려줌

프로그래밍 언어에서 '같다'는 ==, '같지 않다'는 !=입니다. '='는 대입 연산자입니다. 헷갈리지 마세요!

XOR

입력값 중 하나만 True(1)이면 True(1)을 반환

입력1	입력2	출력
0	0	0
0	1	1
1	0	1
1	1	0

권쌤이 알려줌

패딩 비트(Padding Bit)는 시프트 후 생기는 빈자리에 채우는 비트로, 예외적인 경우를 제외하고 패딩 비트는 0입니다.
⑩ int a=3;
　 a << 1;
　 // 3을 2진수로 변환 후 왼쪽으로 1bit 시프트
　 00000011 → 00000110
　 　　　　　　 패딩 비트

---

3. 논리 연산자 [22년 1, 2회] [21년 3회] [22년 1회 실기]

2개의 논리 값을 연산하여 True(1), False(0) 결과를 반환한다.

기호	사용법	의미
&&	A && B	A와 B를 AND* 연산한다.
||	A || B	A와 B를 OR* 연산한다.
!	!A	A를 NOT* 연산한다.

4. 관계 연산자

기호	사용법	의미
〉	A 〉 B	A가 B보다 크다.
〉=	A 〉= B	A가 B보다 크거나 같다.
〈	A 〈 B	A가 B보다 작다.
〈=	A 〈= B	A가 B보다 작거나 같다.
==	A == B	A와 B는 같다.
!=	A != B	A와 B는 같지 않다.

5. 대입 연산자(할당 연산자)

대입 연산자에는 산술/관계/논리/비트 연산자 모두 사용할 수 있다.

기호	사용법	의미
+=	A += B	A = A + B
-=	A -= B	A = A - B
*=	A *= B	A = A * B
/=	A /= B	A = A / B

6. 비트 연산자 [21년 2회] [20년 2회]

비트별(0 또는 1)로 연산한다.

기호	사용법	의미
& (비트곱, and)	피연산자1 & 피연산자2	피연산자1과 피연산자2를 각각 2진수로 표현한 후, 각 비트 단위로 AND 시킨다.
| (비트합, or)	피연산자1 | 피연산자2	피연산자1과 피연산자2를 각각 2진수로 표현한 후, 각 비트 단위로 OR 시킨다.
^ (배타적 논리합, xor*)	피연산자1 ^ 피연산자2	피연산자1과 피연산자2를 각각 2진수로 표현한 후, 각 비트 단위로 XOR 시킨다.
~ (비트 부정, not)	~피연산자	피연산자를 2진수로 표현한 후, 피연산자의 각 비트를 반전시킨다. 즉 1의 보수를 구한다.
《 (왼쪽 시프트)	피연산자1 《 피연산자2	피연산자1을 2진수로 표현한 후, 피연산자2만큼 왼쪽으로 이동시킨 값이다.
》 (오른쪽 시프트)	피연산자1 》 피연산자2	피연산자1을 2진수로 표현한 후, 피연산자2만큼 오른쪽으로 이동시킨 값이다.

7. 조건 연산자(삼항 연산자) [22년 2, 3회] [20년 3회]

조건에 따라 다른 수식을 실행한다.

형식

조건 ? 수식1 : 수식2; • [조건]이 참(True)이면 [수식1]을 실행하고, 거짓(False)이면 [수식2]를 실행한다.
⑩ 3 == 2 ? a : b ; // 조건(3 == 2)이 거짓이므로 b를 실행한다.

8. cast 연산자(형 변환 연산자)

데이터 타입을 변경한다.

9. sizeof 연산자

자료형의 크기를 Byte 단위로 반환한다.

권쌤이 알려줌

형 변환 연산자의 예는 아래와 같습니다.
예) a = (int)2.2;
// 실수 값인 2.2는 정수로 변환되어 2가 변수 a에 저장됩니다.

2 연산자의 우선순위 [22년 1, 2회] [21년 2, 3회] [21년 3회 실기]

우선순위	연산자		설명	결합법칙
1	++ -- ! ~ (자료형) sizeof	단항	증감 연산자, 논리NOT, 비트 NOT, 형 변환, 자료형의 크기	←
2	* / %	산술	곱셈, 나눗셈, 나머지	→
3	+ -		덧셈, 뺄셈	
4	<< >>	시프트	왼쪽 시프트, 오른쪽 시프트	
5	< <= > >=	관계	작다, 작거나 같다, 크다, 크거나 같다	
6	== !=		같다, 다르다	
7	& ^ |	비트	비트AND, 비트XOR, 비트OR	
8	&& ||	논리	논리AND, 논리OR	
9	? :	조건(삼항)	조건 ? 수식1 : 수식2	
10	= += -= *= /= 등	대입(할당)	A = B, A += B	←
11	,	쉼표	i=1, j=2	→

권쌤이 알려줌

sizeof 연산자의 예는 아래와 같습니다.
예) int a = 1;
sizeof(a);
// 변수 a는 정수형이므로, 4를 반환합니다.
(int의 크기 : 4Byte)

권쌤이 알려줌

동일한 우선순위를 가진 연산자는 결합 법칙에 따라 순서대로 계산됩니다.

기출 및 예상문제 ｜ 02 연산자

[21년 1회]

01 C언어에서 산술 연산자가 아닌 것은?

① % ② *
③ / ④ =

해설 다른 하나는 대입 연산자이다.

[21년 3회]

02 다음 C언어 프로그램이 실행되었을 때의 결과는?

```
#include <stdio.h>
int main(void) {
    int a = 3, b = 4, c = 2;
    int r1, r2, r3;

    r1 = b <= 4 || c == 2;
    r2 = (a > 0) && (b < 5);
    r3 = !c;
```

```
    printf("%d", r1+r2+r3);
    return 0;
}
```

① 0 ② 1
③ 2 ④ 3

해설 논리 연산자 : 2개의 논리 값을 연산하여 True(1), False(0) 결과 반환
• && : 모두 T이면 T (AND 연산)
• || : 하나라도 T이면 T (OR 연산)
• ! : 값이 0인 경우 1, 0이 아닌 경우 0 (NOT 연산)

```
r1 = b <= 4 || c == 2; // T || T = T(1)
r2 = (a > 0) && (b < 5); // T && T = T(1)
r3 = !c; // F(0)

printf("%d", r1+r2+r3); // 1+1+0 = 2 출력
return 0; // 프로그램 종료(생략 가능)
```

TIP printf()는 화면에 출력하는 함수입니다. 이후 자세히 학습합니다.

[20년 2회]

03 C언어에서 비트 논리 연산자에 해당하지 않는 것은?

① ^   ② ?

③ &   ④ ~

> **해설** 비트 논리 연산자는 0과 1의 각 자리에 대한 연산을 수행하며, 0 또는 1의 결과 값을 가지는 연산자를 의미한다.
> • 종류 : &, |, ^, ~

[21년 2회]

04 다음 C언어 프로그램이 실행되었을 때의 결과는?

```c
#include <stdio.h>
int main(int argc, char *argv[]) {
    int a = 4;
    int b = 7;
    int c = a | b;
    printf("%d", c);
    return 0;
}
```

① 3   ② 4

③ 7   ④ 10

> **해설** |(비트합, or) : 두 비트 중 어느 하나라도 1이면 1, 그렇지 않으면 0 이다.
> • 4 | 7 = 0100 | 0111 = 0111 = 7

[21년 2회]

05 C언어에서 연산자 우선순위가 높은 것에서 낮은 것으로 바르게 나열된 것은?

㉠ ( )	㉡ ==	㉢ <
㉣ <<	㉤ ||	㉥ /

① ㉠, ㉥, ㉣, ㉢, ㉡, ㉤

② ㉠, ㉣, ㉥, ㉢, ㉡, ㉤

③ ㉠, ㉣, ㉥, ㉢, ㉤, ㉡

④ ㉠, ㉥, ㉣, ㉣, ㉡, ㉢

> **해설** 연산자 우선순위(높 → 낮) : ( ) → / → << → < → == → ||

[21년 3회]

06 다음 중 JAVA에서 우선순위가 가장 낮은 연산자는?

① --   ② %

③ &   ④ =

> **해설** 연산자 우선순위(높 → 낮) : -- → % → & → =

▶ 정답 : 01.④, 02.③, 03.②, 04.③, 05.①, 06.④

권쌤이 알려줌

프로그래밍 코드의 실행 결과를 출력하기 위한 출력 함수와 키보드로 데이터를 입력 받아 프로그래밍 코드에 이용하는 입력 함수에 대해 학습합니다. 사용 방법을 충분히 학습하세요.

권쌤이 알려줌

변수가 메모리(기억 공간)에 저장된 위치를 변수의 주소라고 합니다. 변수의 주소 개념은 이후 자세히 학습합니다.

★★
03 입·출력 함수

1 출력 함수 printf()

화면(모니터)에 출력한다.

> **형식**
>
> printf(서식문자열, 변수);
> • 서식문자열 : 변수의 데이터 타입에 맞는 서식 문자열을 입력
> • 변수 : 서식 문자열의 순서에 맞게 출력할 변수를 입력
> ⓔ printf("%d %d", sum, result); // 정수형 변수 sum과 result의 값을 10진수 정수로 출력한다.

2 입력 함수 scanf()

키보드로 데이터를 입력받는다.

형식

scanf(서식문자열, 변수의주소);

- 서식문자열 : 변수의 데이터 타입에 맞는 서식 문자열을 입력
- 변수의주소 : 데이터를 입력받아 저장할 변수를 입력
  - 단, 변수의 주소로 입력받아야 하므로 변수에 주소 연산자 &를 붙인다.
- **예** scanf("%d %d", &x, &y); // 10진수 정수형 데이터를 입력받아 정수형 변수 x와 y에 저장한다.

3 서식 문자열

서식 문자	의미	설명
%o	octal	8진수 정수
%d	decimal	10진수 정수
%u	unsigned unit	10진수 정수
%x	hexadecimal	16진수 정수
%c	character	문자
%s	string	문자열

 제어 문자

제어 문자는 인쇄할 수 없거나 키보드로 표현할 수 없는 특별한 문자를 가리키며, 역슬래시(\, 한글 키보드에서는 ₩)와 한 개의 문자를 결합하여 작성한다.

- 서식 문자열에 제어 문자를 넣어 출력물의 위치를 조정할 수 있다.

제어 문자	의미	기능
\n	new line	커서를 다음 줄로 바꿈(개행)
\r	carriage return	커서를 그 줄의 맨 앞으로 이동
\f	form feed	한 페이지를 넘김
\b	backspace	커서를 그 줄의 한 문자만큼 앞으로 이동
\t	tab	커서를 그 줄의 tab만큼 이동

예 printf("1+2+....+10=%d", sum);
- 출력 결과 : `1+2+....+10=55`

예 printf("\n 1+2+....+10=%d \n", sum);
- 출력 결과 :
`1+2+....+10=55`

권쌤이 알려줌

7bit는 27개의 정보를 표현할 수 있으므로, ASCII코드는 총 128개 문자만 표현할 수 있습니다.

권쌤이 알려줌

ASCII 코드의 단점을 보완하여 각 나라별 언어를 모두 표현하기 위해 나온 코드 체계가 Unicode(유니코드)입니다. 유니코드는 16bit 부호 체계이므로 최대 65,536자까지 표현할 수 있습니다.

 ASCII 코드와 문자 연산 [21년 2회]

1. ASCII 코드(American Standard Code for Information Interchange Code)
ASCII Code(아스키 코드)는 미국표준협회에서 표준화한 정보교환용 7bit 부호 체계이다.

- C언어에서 문자를 설계할 때 미국 표준 문자인 ASCII 코드로 표현할 수 있게 했다.
- 96개의 대·소 영문자, 숫자, 특수 문자와 32개의 제어 문자를 포함하여 128개의 문자만 표현할 수 있으므로, 여러 언어(한국어 등)들을 섞어 쓸 수 없는 문제점이 있다.
  - **예** A는 ASCII 코드표에서 65이고, Z는 ASCII 코드표에서 90이다.
  - **예** a는 ASCII 코드표에서 97이고, z는 ASCII 코드표에서 122이다.

10진수	16진수	문자	10진수	16진수	문자	10진수	16진수	문자	10진수	16진수	문자
0	0x00	NUL	32	0×20	Space	64	0x40	@	96	0x60	'
1	0x01	SOH	33	0×21	!	65	0x41	A	97	0x61	a
2	0x02	STX	34	0×22	"	66	0x42	B	98	0x62	b
3	0x03	ETX	35	0×23	#	67	0x43	C	99	0x63	c
4	0x04	EOT	36	0×24	$	68	0x44	D	100	0x64	d
5	0x05	ENQ	37	0×25	%	69	0x45	E	101	0x65	e
6	0x06	ACK	38	0×26	&	70	0x46	F	102	0x66	f
7	0x07	BEL	39	0×27	'	71	0x47	G	103	0x67	g
8	0x08	BS	40	0×28	(	72	0x48	H	104	0x68	h
9	0x09	TAB	41	0×29	)	73	0x49	I	105	0x69	i
10	0x0A	LF	42	0×2A	*	74	0x4A	J	106	0x6A	j
11	0x0B	VT	43	0×2B	+	75	0x4B	K	107	0x6B	k
⋮	⋮	⋮	⋮	⋮	⋮	⋮	⋮	⋮	⋮	⋮	⋮

2. 문자 연산

C언어에서 문자형(char)은 ASCII 코드 규칙에 의해 정수로 저장된다.

• 문자형은 정수처럼 덧셈, 뺄셈 등을 할 수 있다.

코드 **1부터 10까지 덧셈**

```
1  #include <stdio.h>
2  int main() {
3      char c1 = 'a';
4      char c2 = 'A';
5      printf("%d\n", c1 + c2);
6      printf("%c\n", c1+1);
7      printf("%c", c2+5);
8  }
```

출력 결과
```
162
b
F
```

해설

3~4 char c1 = 'a'; char c2 = 'A';
　　　변수 선언 및 초기화
5　　printf("%d \n", c1 + c2);
　　　화면에 c1과 c2를 덧셈한 값 출력 후 개행
　　　- ASCII 코드표에서 'a'는 10진수로 97이다.
　　　- ASCII 코드표에서 'A'는 10진수로 65이다.
　　　- 문자형은 ASCII 코드 규칙에 의해 10진수 정수로 저장되므로 연산이 가능하다.
6　　printf("%c \n", c1+1);
　　　화면에 c1에서 1을 덧셈한 값 출력 후 개행
　　　- 연산 값을 ASCII 코드 규칙에 맞게 변환 후 문자형 서식 문자를 사용하여 출력한다.
7　　printf("%c", c2+5);
　　　화면에 c2에서 5를 덧셈한 값 출력

[21년 2회]

01 다음 C언어 프로그램이 실행되었을 때의 결과는?

```
#include <stdio.h>
int main(int argc, char *argv[]) {
    char a;
    a = 'A' + 1;
    printf("%d", a);
    return 0;
}
```

① 1
② 11
③ 66
④ 98

해설 **코드해설**

```
char a; // 문자형 변수 a 선언
a = 'A' + 1; // a에 'A' + 1 값 저장(a = 'B')
printf("%d", a); // a 값을 10진수 정수로 출력
                 → 아스키코드에서 B는 66
return 0; // 프로그램 종료
```

TIP C언어의 문자형(char) 변수는 아스키코드를 사용합니다. 아스키 코드에서 대문자 A는 65, 소문자 a는 97을 기억해 두세요.
에 A = 65, B = 66, C = 67, … a = 97, b = 98, …

[이전 기출]

02 C언어에서 문자열을 출력하기 위해 사용되는 것은?

① %x
② %d
③ %s
④ %h

해설 string의 약자

[이전 기출]

03 C언어에서 사용되는 제어 문자와 그 의미의 연결이 옳지 않은 것은?

① \b : 한 페이지를 넘긴다.
② \n : 커서를 다음 줄로 바꾼다.
③ \t : 커서를 그 줄의 tab 만큼 이동한다.
④ \r : 커서를 그 줄의 맨 앞으로 이동한다.

해설 ①은 \f에 대한 설명이다.
• \b : 커서를 그 줄의 한 문자만큼 앞으로 이동

▶ 정답 : 01.③, 02.③, 03.①

★★★

04 제어문

1 제어문

제어문은 프로그래밍 언어에서 조건에 따라 실행해야 할 문장을 제어하거나 실행 순서를 변경시키기 위해 사용한다.

• 일반적으로 프로그램은 위에서 아래로 순차적으로 실행하는데, 제어문을 사용하면 조건에 따라 문장을 선택적으로 실행하거나 반복하여 실행하는 등 실행 순서를 제어할 수 있다.

▼ 제어문의 종류

구분	명령문
선택적 실행문	if, if~else, 다중 if, switch~case
반복적 실행문	while, do~while, for
그 외	break, continue, goto

권쌤이 알려줌

프로그래밍 코드의 흐름을 제어하는 문을 제어문이라고 합니다. 같은 코드를 반복하거나 조건에 따라 분기하는 등으로 실행 순서에 영향을 줍니다.

권쌤이 알려줌

C언어의 제어문 if, if~else, 다중 if, switch~case, while, do~while, for, break, continue 는 JAVA언어에서도 같은 문법으로 사용합니다.
• JAVA언어는 goto문이 없습니다.

② 단순 if문 [22년 2회] [20년 3회]

형식 1

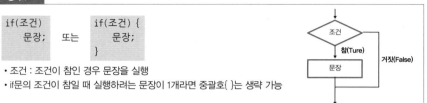

if(조건)   if(조건) {
    문장;   또는   문장;
                  }

- 조건 : 조건이 참인 경우 문장을 실행
- if문의 조건이 참일 때 실행하려는 문장이 1개라면 중괄호{ }는 생략 가능

예제 1　절댓값 구하기

```
1    #include <stdio.h>
2    int main() {
3        int a = -1;
4        if(a < 0)
5            a = -a;
6        printf("%d", a);
7    }
```

출력
결과   **1**

해설 1

```
3    int a = -1;
       변수 선언 및 초기화
4    if(a < 0)
       a가 0보다 작은 경우, 즉 if문의 조건이 참인 경우 5번 실행
5    a = -a;
       변수 a에 -a 값 저장
6    printf("%d", a);
       a 값 출력
```

권쌤이 알려줌

제어문의 중괄호{ }는 처리 문장이 1개일 때 생략 가능합니다. 하지만 처리 문장이 여러 개인 경우에는 중괄호{ }로 처리 문장을 묶어서 작성해야 합니다.

형식 2

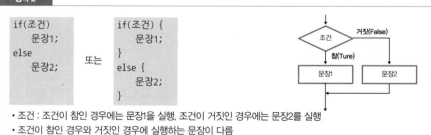

if(조건)   if(조건) {
    문장1;   문장1;
else   }
    문장2;   또는   else {
                      문장2;
                  }

- 조건 : 조건이 참인 경우에는 문장1을 실행, 조건이 거짓인 경우에는 문장2를 실행
- 조건이 참인 경우와 거짓인 경우에 실행하는 문장이 다름

예제 2　60점 이상 합격 출력

```
1    #include <stdio.h>
2    int main() {
3        int score = 65;
4        if(score > 60) {
5            printf("합격\n");
```

6	printf("축하합니다.");
7	}
8	else {
9	printf("불합격");
10	}
11	}

| 출력
결과 | 합격
축하합니다. |

해설 2

3	int score = 65; 변수 선언 및 초기화
4	if(score > 60) score가 60보다 큰 경우, 즉 if문의 조건이 참인 경우 5~6번 실행
5	printf("합격\n"); "합격" 출력 및 개행
6	printf("축하합니다."); "축하합니다." 출력
8	else score가 60보다 크지 않은 경우, 즉 if문의 조건이 거짓인 경우 9번 실행
9	printf("불합격"); "불합격" 출력

3 다중 if문

형식

```
if(조건1)
    문장1;
else if(조건2)
    문장2;
else if(조건3)
    문장3;
else
    문장4;
```
또는
```
if(조건1) {
    문장1;
}
else if(조건2) {
    문장2;
}
else if(조건3) {
    문장3;
}
else {
    문장4;
}
```

• 조건에 따라 문장을 실행
• 모든 조건에 만족하지 않으면 else의 문장4를 실행

예제   점수에 따라 A학점~F학점 출력

```
1    #include <stdio.h>
2    int main() {
3        int j = 75;
4        if(j >= 90)
5            printf("A학점");
6        else if(j >= 80)
7            printf("B학점");
```

8	else if(j >= 70)
9	printf("C학점");
10	else if(j >= 60)
11	printf("D학점");
12	else
13	printf("F학점");
14	}
출력 결과	C학점

해설

3	int j = 75; 변수 선언 및 초기화
4~5	if(j >= 90) printf("A학점"); j가 90보다 크거나 같은 경우 "A학점" 출력
6~7	if(j >= 80) printf("B학점"); j가 80보다 크거나 같은 경우 "B학점" 출력
8~9	if(j >= 70) printf("C학점"); j가 70보다 크거나 같은 경우 "C학점" 출력
10~11	if(j >= 60) printf("D학점"); j가 60보다 크거나 같은 경우 "D학점" 출력
12~13	else printf("F학점"); 만족하는 조건이 없을 경우, 즉 j가 60보다 크지 않은 경우 "F학점" 출력

4 switch~case문 [22년 3회] [22년 2회 실기] [20년 1회 실기]

형식

enum(열거형)
변수를 나열해서 사용하는 데이터 형식
⑩ enum week { SUN, MON, TUE, WED, THU, FRI, SAT };

```
switch (조건) {
    case 조건값1:
        문장1;
        break;
    case 조건값2:
        문장2;
        break;
    case 조건값3:
        문장3;
        break;
    default:
        문장4;
        break;
}
```

- 다중 if문 간략화
- 조건값에는 한 개의 상수만 지정할 수 있으며 int, char, enum*형의 상수값만 가능
- break : switch~case문 종료 문법
- 만약 break문을 생략하면 일치하는 실행문부터 switch~case문이 종료될 때까지 모든 문장 실행
- default는 가장 마지막에 실행되므로 default의 break는 생략 가능

예제   점수에 따라 A학점 ~ F학점 출력

1	#include <stdio.h>
2	int main() {
3	int j = 75;
4	switch(j / 10)
5	{

6	case 10:
7	case 9:
8	printf("A학점");
9	break;
10	case 8:
11	printf("B학점");
12	break;
13	case 7:
14	printf("C학점");
15	break;
16	case 6:
17	printf("D학점");
18	break;
19	default:
20	printf("F학점");
21	}
22	}
출력 결과	C학점

해설

3	int j = 75; 변수 선언 및 초기화
4	switch(j / 10) 조건의 결과 값과 일치하는 case 문장 실행
6	case 10: 조건의 결과 값이 10인 경우 아무것도 실행하지 않고, break문이 없으므로 다음 문장 을 계속하여 실행
7	case 9: 조건의 결과 값이 9인 경우 8~9번 실행
8	printf("A학점"); "A학점" 출력
9	break; switch~case문 종료
10	case 8: 조건의 결과 값이 8인 경우 11~12번 실행
11	printf("B학점"); "B학점" 출력
12	break; swtich~case문 종료
13	case 7: 조건의 결과 값이 7인 경우 14~15번 실행
14	printf("C학점"); "C학점" 출력
15	break; swtich~case문 종료
16	case 6: 조건의 결과 값이 6인 경우 17~18번 실행
17	printf("D학점"); "D학점" 출력
18	break; swtich~case문 종료

권쌤이 알려줌

75 / 10 = 7.50이지만, int형은 10진수 정수로 저장되므로 소수점 아래는 버림하여 j = 7이 됩니다.

19	default: 　만족하는 조건의 결과 값이 없을 경우, 즉 j가 59 이하인 경우 20번 실행
20	printf("F학점"); 　"F학점" 출력

5 while문　[22년 1회 실기] [20년 3회 실기]

형식

```
while(조건)            while(조건) {
    문장;      또는        문장;
                       }
```

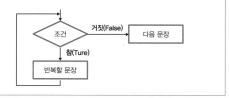

- 조건 : 조건이 참인 경우 문장을 반복 실행
- while문의 조건이 참일 때 실행하려는 문장이 1개라면 중괄호{ }는 생략 가능

권쌤이 알려줌

코드는 문제가 없는지 결과는 맞는지를 묻는 문제가 출제되므로 코드와 결과 검증이 필요합니다.
- 컴퓨터가 있으면 실행해서 검증할 수 있으나, 시험장에서는 컴퓨터를 이용할 수 없으므로 손으로 직접 디버깅표를 만들어 변수 값이 어떻게 변하는지, 최종 결과 값은 어떻게 되는지 추적해 보세요.
- 디버깅표의 결과(55)와 우리가 계산한 1부터 10까지 합계(55)가 맞다면 코드는 정확하다고 예상할 수 있습니다.
- 디버깅표는 시험에 출제되지 않습니다. 스스로 검증하는 과정이고, 디버깅표는 개인이 편한 방식으로 작성하세요.

디버깅표

number	sum
1	1
2	3
3	6
4	10
5	15
6	21
7	28
8	36
9	45
10	55
11	while문 종료

예제　**1부터 10까지 합계 구하기**

```
1   #include <stdio.h>
2   int main()
3   {
4       int number;
5       int sum;
6       number = 1;
7       sum = 0;
8       while(number <= 10)
9       {
10          sum = sum + number;
11          number++;
12      }
13      printf("%d", sum);
14  }
```

출력 결과

55

해설

4~5	int number; int sum; 　변수 선언
6~7	number = 1; sum = 0; 　변수에 값 저장
8	while(number <= 10) 　number가 10보다 작거나 같은 동안 10~11번 라인 반복
10	sum = sum + number; 　변수 sum에 sum + number 값 저장
11	number++; 　number 값 1 증가
13	printf("%d", sum); 　sum 값 출력

6 do~while문 [21년 2회]

형식

```
do {
    문장;
} while(조건)
```

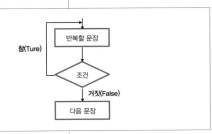

• 조건 : 조건이 참인 경우 문장을 반복 실행
• 조건을 먼저 판단하는 while문과는 달리, 문장을 우선 한 번 실행한 후 조건 판단

예제 1부터 10까지 합계 구하기

```
1   #include <stdio.h>
2   int main()
3   {
4       int number;
5       int sum;
6       number = 1;
7       sum = 0;
8       do {
9           sum = sum + number;
10          number++;
11      } while(number <= 10);
12      printf("%d", sum);
13  }
```

출력
결과 | 55

해설

4~5	int number; int sum; 변수 선언
6~7	number = 1; sum = 0; 변수에 값 저장
8	do do~while문 시작. 우선 9~10번 한 번 실행
9	sum = sum + number; 변수 sum에 sum + number 값 저장
10	number++; number 값 1 증가
11	while(number <= 10); number가 10보다 작거나 같은 동안 9~10번 라인 반복
12	printf("%d", sum); sum 값 출력

디버깅표

number	sum
1	1
2	3
3	6
4	10
5	15
6	21
7	28
8	36
9	45
10	55
11	while문 종료

7 for문 [20년 3회] [21년 1회 실기]

for(초기값; 조건; 증감값)
    문장;

또는

for(초기값; 조건; 증감값) {
    문장;
}

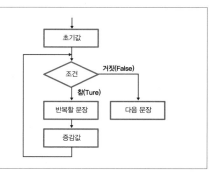

- 초기값 : for문 실행 시 가장 먼저 한 번만 실행되는 값
- 조건 : 조건이 참이면 문장을 반복 실행
- 증감값 : 문장 실행 후 증감식을 실행
- for문의 조건이 참일 때 실행하려는 문장이 1개라면 중괄호{}는 생략 가능
- for문 실행 순서 : 초기값 → 조건 → 문장 → 증감값

권쌤이 알려줌

for문의 증감식의 ++i, i++는 모두 for문을 실행한 후 i를 1씩 증가하는 의미입니다. 수행 속도에만 차이가 있을 뿐 수행 결과는 동일합니다.

예제   0부터 2까지 출력

```
1   #include <stdio.h>
2   int main()
3   {
4       int i;
5       for(i = 0; i < 3; i++)
6           printf("%d\n", i);
7   }
```

출력 결과
0
1
2

해설

디버깅표

i	i < 3	출력
0	T	0
1	T	1
2	T	2
3	F	for문 종료

5~6   for(i = 0; i < 3; i++) printf("%d\n", i);

for(①i = 0; ②i < 3; ④i++)
   ③printf("%d\n, i);

① 변수 i를 0으로 초기화
② i가 3보다 작은 경우 ③번 실행
③ i 값 출력 및 개행
④ i 값 1 증가
⑤ ②~④ 반복. 만약 i가 3보다 작지 않은 경우 for문 종료

8 무한 반복(무한 루프) [22년 1회] [21년 1회] [20년 4회]

무한 반복은 조건이 항상 참인 경우 반복문이 계속 실행되어 프로그램이 종료되지 않는 것을 말한다.

권쌤이 알려줌

단, C언어에서 true를 사용하기 위해서는 true, false가 정의된 <stdbool.h> 헤더 파일을 먼저 포함해야 합니다.

형식 1

```
while(true)          또는      while(1)
```
- while문의 조건식이 true 또는 1인 경우 무한 반복

형식 2

```
for(;;)
```
- for문의 초기값, 조건, 증감값을 생략하면 무한 반복

1. break문

for문, while문, do~while문, switch~case문의 제어를 벗어나기 위해 사용하는 명령문이다.

- 가장 가까운 곳에 있는 하나의 루프(loop)만 벗어난다.

2. continue문

for문, while문, do~while문에서 다음 반복을 실행하기 위해 사용하는 명령문이다.

- continue문을 실행하게 되면 continue문의 다음 문장을 실행하지 않고, 바로 그 루프(loop)의 선두로 되돌아가서 실행한다.

- continue문을 실행하게 되면 for문에서는 증감식을 실행하고, while문이나 do~while문에서는 조건식을 검사하게 된다.

권쌤이 알려줌

- JAVA언어에서도 for(; ;)를 사용하여 무한 반복을 구현할 수 있습니다.
- C언어에서 무한 반복의 경우 while(1), while(true)를 모두 사용할 수 있습니다. 하지만 JAVA언어에서 while(1)은 사용할 수 없으며, 무한 루프를 구현하기 위해서는 while(true)를 사용해야 합니다.
  ⓞ JAVA : while(1) (X)
  　　　 while(true) (O)

예제	1부터 10까지 홀수 합계

```
1    #include <stdio.h>
2    int main() {
3            int i = 0, odd = 0;
4            while(1) {
5                    i++;
6                    if(i > 10)
7                            break;
8                    if(i % 2 == 0)
9                            continue;
10                   odd += i;
11           }
12           printf("%d", odd);
13   }
```

출력 결과	
	25

해설	

3	int i = 0, odd = 0; 변수 선언 및 초기화
4	while(1) 무한 루프 실행. 5~10번 라인 반복 실행
5	i++; i 값 1 증가
6	if(i > 10) i가 10보다 큰 경우 7번 실행
7	break; while문 종료. 가장 가까운 루프문을 종료한다.
8	if(i % 2 == 0) i를 2로 나눈 나머지 값이 0인 경우, 즉 i가 짝수인 경우 9번 실행
9	continue; while문 내 continue문의 이후 문장은 실행하지 않고, 루프의 선두로 되돌아가서 실행 - 11번을 실행하지 않고 5번을 실행한다.
10	odd += i; 변수 odd에 odd + i 값 저장
12	printf("%d", odd); while문이 종료되면 odd 값 출력

디버깅표

number	odd
1	1
2	
3	4
4	
5	9
6	
7	16
8	
9	25
10	
11	break문 종료

9 goto문

goto문은 지정된 레이블(Label)로 무조건 분기하는 명령문이다.

- 현재 실행 위치에서 원하는 다른 문장으로 건너뛰어 실행한다.
- 프로그램 이해와 유지보수가 어려워 거의 사용하지 않는다.

형식

goto 레이블명; 레이블명: 　문장;	• 레이블(Label) : 실행하고자 하는 일부 문장들의 집합 　- 레이블명은 임의로 지정한다. • 들여쓰기로 지정 레이블로 분기 시 실행되는 문장을 구분

예제　　0부터 4까지 합계 구하기

```
1    #include <stdio.h>
2    int main()
3    {
4        int n = 0, sum = 0;
5        begin:
6            sum += n;
7            n++;
8        if(n == 5)
9            printf("%d", sum);
10       else
11           goto begin;
12   }
```

출력 결과	10

해설

4	int n = 0, sum = 0; 　변수 선언 및 초기화
5	begin: 　레이블 begin 선언. 레이블 begin으로 분기될 경우 6~7번 실행
6	sum += n; 　변수 sum에 sum + n 값 저장
7	n++; 　n 값 1 증가
8	if(n == 5) 　n이 5인 경우 9번 실행
9	printf("%d", sum); 　sum 값 출력
10	else 　n이 5가 아닌 경우 11번 실행
11	goto begin; 　레이블 begin으로 무조건 분기 　- 5번을 실행한다.

디버깅표

n	sum
0	0
1	1
2	3
3	6
4	10
5	9번 라인 실행 후 프로그램 종료

권쌤이 알려줌

11번 라인을 실행하면 레이블명이 begin인 5번 라인으로 건너뛰어 실행합니다.

[20년 3회]

01 다음 자바 프로그램 조건문에 대해 삼항 조건 연산자를 사용하여 옳게 나타낸 것은?

```
int i = 7, j = 9;
int k;
if (i > j)
    k = i - j;
else
    k = i + j;
```

①
```
int i = 7, j = 9;
int k;
k = (i > j)?(i - j):(i + j);
```

②
```
int i = 7, j = 9;
int k;
k = (i < j)?(i - j):(i + j);
```

③
```
int i = 7, j = 9;
int k;
k = (i > j)?(i + j):(i - j);
```

④
```
int i = 7, j = 9;
int k;
k = (i < j)?(i + j):(i - j);
```

해설 삼항(조건) 연산자 형식 : 조건 ? 수식1 : 수식2
→ [조건]이 참이면 [수식1] 실행, 거짓이면 [수식2] 실행

[20년 1회 실기]

02 다음 C 프로그램의 결과 값은?

```
#include <stdio.h>
int main(void) {
    int i = 3;
    int k = 1;
    switch(i) {
        case 0:
        case 1:
        case 2:
        case 3: k = 0;
        case 4: k += 3;
```

```
        case 5: k -= 10;
        default: k--;
    }
    printf("%d", k);
}
```

① −8   ② 19
③ 25   ④ 27

해설 break문을 생략할 경우 일치하는 실행문부터 switch문이 종료될 때까지 모든 문장을 실행한다.
• case 3의 k = 0부터 default의 k--까지 처리
→ 0 + 3 − 10 − 1 = −8

[20년 3회 실기]

03 다음 C 프로그램의 결과 값은?

```
#include <stdio.h>
int main() {
    int i, c = 0;
    while(i < 10) {
        i++;
        c *= i;
    }
    printf("%d", c);
}
```

① 0   ② 1
③ 5   ④ 10

해설

코드해설

```
int i, c = 0; // 변수 선언 및 초기화
while(i < 10) { // i가 10보다 작은 동안 while문 실행
    i++; // i 값 1 증가
    c *= i; // c에 c * i 값 저장
}
printf("%d", c); // c 값 출력
```

디버깅표

i	c
	0
1	0×1 = 0
2	0×2 = 0
:	:
9	0×9 = 0
10	0×10 = 0

[20년 3회 실기]

04 다음 JAVA 프로그램의 결과 값은?

```
public class Gisafirst {
    public static void main(String[] args) {
        int i = 0;
        int sum = 0;
        while(i < 10) {
            i++;
            if(i % 2 == 1)
                continue;
            sum += i;
        }
        System.out.print(sum);
    }
}
```

① 15   ② 20

③ 30   ④ 35

해설

1부터 10까지 짝수 합계

```
while(i < 10) { // i가 10보다 작은 동안 while문 실행
    i++; // i 값 1 증가
    if(i % 2 == 1)
    // i를 2로 나눈 나머지 값이 1인 경우
        continue; // 이후 문장은 실행하지 않고,
                  //         while문의 선두로 되돌아가서 실행
    sum += i; // sum에 sum + i 값 저장
}
System.out.print(sum); // sum 값 출력
```

디버깅표

i	i % 2	sum
0		0
1	1 % 2 = 1	
2	2 % 2 = 0	2
:	:	:
8	8 % 2 = 0	20
9	9 % 2 = 1	
10	10 % 2 = 0	30

TIP JAVA는 이후 자세히 학습합니다. System.out.print문은 C언어의 printf문과 같은 출력 함수입니다. 지금은 제어문 위주로 학습해 두세요.

[21년 2회]

05 다음 JAVA 프로그램이 실행되었을 때의 결과는?

```
public class array1 {
    public static void main(String[] args) {
        int cnt = 0;
        do {
            cnt++;
        } while (cnt < 0);
```

```
        if (cnt == 1)
            cnt++;
        else
            cnt = cnt + 3;
        System.out.printf("%d", cnt);
    }
}
```

① 2   ② 3

③ 4   ④ 5

해설

코드해설

```
① int cnt = 0; // 변수 선언 및 초기화
② do {
③     cnt++; // cnt 값 1 증가 → cnt = 1
④ } while (cnt < 0);
   // cnt가 0보다 작은 동안 do-while문 실행
⑤ if (cnt == 1) // cnt가 1인 경우
⑥     cnt++; // cnt 값 1 증가 → cnt = 2
   else // cnt가 1이 아닌 경우
       cnt = cnt + 3; // cnt에 cnt + 3 값 저장
⑦ System.out.printf("%d", cnt); // cnt 값 출력 → 2
```

[20년 3회]

06 다음 C 프로그램의 결과 값은?

```
main(void) {
    int i;
    int sum = 0;
    for(i = 1; i <= 10; i = i+2)
        sum = sum + i;
    printf("%d", sum);
}
```

① 15   ② 19

③ 25   ④ 27

해설

1부터 10까지 홀수 합계

```
for(i=1; i<=10; i=i+2)
// i는 1부터 10보다 작거나 같을 때까지 2씩 증가하며
   for문 실행
    sum = sum + i; // sum에 sum + i 값 저장
printf("%d", sum); // sum 값 출력
```

디버깅표

i	sum
	0
1	1
3	4
5	9
7	16
9	25
11	for문 종료

[21년 1회 실기]

07 다음 JAVA 프로그램의 결과 값은?

```java
public class Gisafirst {
    public static void main(String[] args) {
        int j, i;
        for(j = 0, i = 0; i <= 5; i++) {
            j += i;
            System.out.print(i);
            if(i == 5) {
                System.out.print("=");
                System.out.print(j);
            } else {
                System.out.print("+");
            }
        }
    }
}
```

① 15
② 0+1+2+3+4+5
③ 1+2+3+4+5=15
④ 0+1+2+3+4+5=15

해설

코드해설

```java
for(j = 0, i = 0; i <= 5; i++) {
// i는 0부터 5보다 작거나 같을 때까지 for문 실행
    j += i; // j에 j + i 값 저장
    System.out.print(i); // i 값 출력
    if(i == 5) { // i가 5인 경우
        System.out.print("="); // "=" 출력
        System.out.print(j); // j 값 출력
    } else { // i가 5가 아닌 경우
        System.out.print("+"); // "+" 출력
    }
}
```

디버깅표

i	j	출력
0	0	0+
1	1	0+1+
2	3	0+1+2+
3	6	0+1+2+3+
4	10	0+1+2+3+4+
5	15	0+1+2+3+4+5=15
6		for문 종료

[20년 4회]

08 다음 자바 코드를 실행한 결과는?

```java
int x = 1, y = 6;
while (y--) {
    x++;
}
System.out.println("x = " + x + "y = " + y);
```

① x = 7 y = 0
② x = 6 y = −1
③ x = 7 y = −1
④ Unresolved compilation problem 오류 발생

해설

while문의 조건식에 오류가 있다. while(y-- > 0)처럼 조건문의 결과가 true 또는 fasle 형태여야 한다.
• JAVA언어에서 조건문의 결과가 boolean이 아니면 while문 실행이 불가능하다.
TIP C언어에서는 0은 false이고, 나머지 다른 것들은 전부 true로 처리합니다.

[이전 기출]

09 다음 C 프로그램의 결과 값은?

```c
#include <stdio.h>
void main(void) {
    int a = 3, b = 10;
    if(b > 5)
        printf("%x", a + b);
    else
        printf("%x", b - a);
}
```

① 7
② 13
③ D
④ A

해설

코드해설

```c
if(b > 5) // b가 5보다 큰 경우
    printf("%x", a + b);
    // a + b 값을 16진수 정수로 변환하여 출력
else // b가 5보다 크지 않은 경우
    printf("%x", b - a);
    // b - a 값을 16진수 정수로 변환하여 출력
```

TIP 10진수 10을 16진수로 변환할 경우 A임을 기억해 두세요.
예

10진수	10	11	12	13	14	15
16진수	A	B	C	D	E	F

▶ 정답 : 01.①, 02.①, 03.①, 04.③, 05.①, 06.③, 07.④, 08.④, 09.③

권쌤이 알려줌

일반 변수는 주택이고, 배열은 아파트라고 생각하세요. 0층부터 동일한 형식으로 쌓아 올린 형태이므로 일반적으로 인덱스는 0부터 시작합니다. 따라서 인덱스 범위는 '0 ~ 배열의 크기-1'입니다.

권쌤이 알려줌

• 배열을 선언할 때 배열의 크기를 생략하는 경우 반드시 초기 값을 지정해야 합니다. 초기 값을 지정한 개수에 따라 주소 공간을 할당받기 때문입니다.
㉠ char c[]; (X)
   char c[] = {'A', 'B', 'C'}; (O)
• 초기값이 배열의 크기보다 적으면, 나머지 값은 모두 0으로 초기화됩니다.
㉠ int score[4] = {80, 90};

0	1	2	3
80	90	0	0

★★

05 배열과 문자열

1 배열(Array)

배열은 한 가지 데이터 타입(Data Type, 자료형)을 연속적으로 나열한 것이다.

1. 배열의 선언 [20년 2회]

형식 1

데이터타입 배열명[배열의크기];
배열명[인덱스] = 값;

• 데이터타입 : 배열에 저장될 자료형
• 배열명 : 배열 이름을 임의로 지정
• 배열의크기 : 배열에 저장될 최대 요소 개수
• 인덱스 : 배열에서 특정 위치
  – 배열 인덱스는 항상 0부터 시작한다.
• 값 : 배열에 저장할 값
㉠ int score[3];
   score[0] = 90;
   score[1] = 100;
   score[2] = 85;

인덱스	0	1	2
값	90	100	85

배열 score

형식 2

데이터타입 배열명[배열의크기] = {값1, 값2, …};

• 데이터타입 : 배열에 저장될 자료형
• 배열명 : 배열 이름을 임의로 지정
• 배열의크기 : 배열에 저장될 최대 요소 개수(생략 가능)
• 값 : 배열에 저장할 값
㉠ int score[3] = {90, 100, 85};
㉠ int score[] = {90, 100, 85};

인덱스	0	1	2
값	90	100	85

배열 score

2. 배열의 사용 [20년 1회 실기]

형식

배열명[인덱스];

• 배열명 : 배열 이름
• 인덱스 : 원하는 값이 저장된 배열의 위치

예제 1차원 배열 출력

```
1   #include <stdio.h>
2   int main() {
3       int array[3] = {19, 21, 18};
4       for(int i = 0; i < 3; i++) {
5           printf("%d\n", array[i]);
6       }
7   }
```

출력 결과	19 21 18

<table>
<tr><td>해설</td><td></td></tr>
</table>

3	int array[3] = {19, 21, 18};
	크기가 3인 배열 array 선언 및 초기화
	
	    0 1 2
	    19 21 18

4	for(int i = 0; i < 3; i++) i는 0부터 3보다 작을 때까지 1씩 증가하며 5번 라인 반복
5	printf("%d\n", array[i]); 배열 array의 i번째 값 출력 후 개행

디버깅표

i	array[i]
0	array[0]=19
1	array[1]=21
2	array[2]=18

3. 2차원 배열

행과 열로 조합한 배열이다.

형식 1

데이터타입 배열명[행개수][열개수];
배열명[행][열] = 값;

• 데이터타입 : 배열에 저장될 자료형
• 배열명 : 배열 이름을 임의로 지정
• 행개수, 열개수 : 배열의 행 크기와 열 크기
• 행, 열 : 배열에서 특정 위치
• 값 : 배열에 저장할 값

⬛ char ch[2][2];
   ch[0][0] = 'a';
   ch[0][1] = 'b';
   ch[1][0] = 'c';
   ch[1][1] = 'd';

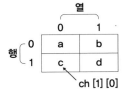

권쌤이 알려줌

2차원 배열은 테이블(Table, 표)
형식과 동일합니다.

형식 2

데이터타입 배열명[행개수][열개수] = {{값1, 값2,...}, {값3, 값4, ...}}

• 데이터타입 : 배열에 저장될 자료형
• 배열명 : 배열 이름을 임의로 지정
• 행개수, 열개수 : 배열의 행 크기와 열 크기
• 값 : 배열에 저장할 값

⬛ char ch[2][2] = {{'a', 'b'}, {'c', 'd'}};

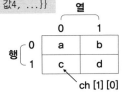

예제	2차원 배열 출력

```
1  #include <stdio.h>
2  int main() {
3      int array[3][4] = {
4          {11, 22, 33, 44},
5          {55, 66, 77, 88},
6          {99, 111, 222, 333}
7      };
```

8	
9	`for(int i = 0; i < 3; i++) {`
10	`    for(int j = 0; j < 4; j++) {`
11	`        printf("%d ", array[i][j]);`
12	`    }`
13	`    printf("\n");`
14	`}`
15	`}`

출력 결과	11 22 33 44 55 66 77 88 99 111 222 333

디버깅표

i	j	array[i][j]
0	0	array[0][0]=11
	1	array[0][1]=22
	2	array[0][2]=33
	3	array[0][3]=44
		개행
1	0	array[1][0]=55
	1	array[1][1]=66
	2	array[1][2]=77
	3	array[1][3]=88
		개행
2	0	array[2][0]=99
	1	array[2][1]=111
	2	array[2][2]=222
	3	array[2][3]=333
		개행

해설

3~7	`int array[3][4] = {{11, 22, 33, 44}, {55, 66, 77, 88}, {99, 111, 222, 333}};` 3행 4열 배열 array 선언 및 초기화

	0	1	2	3
0	11	22	33	44
1	55	66	77	88
2	99	111	222	333

9	`for(int i = 0; i < 3; i++)` i는 0부터 3보다 작을 때까지 1씩 증가하며 10~13번 라인 반복
10	`for(int j = 0; j < 4; j++)` j는 0부터 4보다 작을 때까지 1씩 증가하며 11번 라인 반복
11	`printf("%d ", array[i][j]);` 배열 array의 i 행 j 열 값 출력
13	`printf("\n");` 개행 - 안쪽 for문이 종료되면, 즉 각 행의 모든 값을 출력했으면 개행한다.

2 문자열

- C언어에서는 문자 자료형인 char은 있지만, 문자열은 저장할 수 없다.
- 문자열을 저장하기 위해 문자(char) 배열 또는 포인터를 사용한다.
- 배열에 문자열을 저장하면 문자열의 끝을 알리는 널 문자(\0)가 문자열 끝에 자동으로 저장된다.

예 `char string = "gisa first";` (X)

예 `char string[10] = {'g','i','s','a',' ','f','i','r','s','t'};` (O)
// 배열 내에 공백 ' '도 저장할 수 있다.

예 `char string[] = "gisa first";` (O) // 문자열은 큰따옴표 " "로 묶는다.
`printf("%s", string);` // 문자열 출력을 위한 서식 문자는 %s이다.
→ [출력 결과]

`printf("%c", string[7]);` // 문자열 배열에 저장된 문자 출력을 위한 서식
문자는 %c이다. → [출력 결과] r

인덱스	0	1	2	3	4	5	6	7	8	9	10
값	g	i	s	a		f	i	r	s	t	\0

배열 string

 권쌤이 알려줌

포인터(Pointer)는 이후 자세히 학습합니다. 포인터는 C언어에서 문자열을 저장하는 방식 중 하나라는 것만 기억하세요.

 권쌤이 알려줌

C언어에서 문자 배열에 대입 연산자를 사용하면 에러가 발생합니다.
예 `char string[10];`
`string = "gisa";` (X)

학습 플러스 문자열 관련 함수

1. 문자열 복사 – strcpy()

문자열 배열 선언 이후 문자열을 저장하면 에러가 발생하므로, 이미 선언한 문자 배열에 문자열을 저장하기 위해서는 strcpy 함수를 사용한다.

형식

strcpy(대상문자열, 원본문자열)

• 대상문자열 : 덮어쓰여질 문자열
• 원본문자열 : 덮어쓸 문자열

예
```
char string[10];
strcpy(string, "gisa");
// string = gisa
```

2. 문자열 덧붙이기 – strcat() [22년 3회] [21년 3회]

두 문자열을 덧붙이기 위해서 strcat 함수를 사용한다.

형식

strcat(대상문자열, 원본문자열)

• 대상문자열 : 덧붙여질 문자열
• 원본문자열 : 덧붙일 문자열

예
```
char ch[] = "gisafirst";
char a[] = "best";
strcat(ch, a);
// ch = gisafirstbest, a = best
```

기출 및 예상문제

05 배열과 문자열

[20년 2회]

01 C언어에서 배열 b[5]의 값은?

```
static int b[9] = {1, 2, 3};
```

① 0　　　　　　② 1
③ 2　　　　　　④ 3

 해설　초기화 값이 배열의 크기보다 적으면, 나머지 값은 모두 0으로 초기화된다.

• 배열 b

b[0]	b[1]	b[2]	b[3]	b[4]	b[5]	b[6]	b[7]	b[8]
1	2	3	0	0	0	0	0	0

[20년 1회 실기]

02 다음 C 프로그램의 결과 값은?

```c
#include <stdio.h>
#define SIZE 5
int main(void) {
    int arr[SIZE] = {75, 100, 95, 50, 85};
    int i, j, temp;
    for(i = 1; i < SIZE; i++) {
        for(j = 0; j < SIZE-i; j++) {
            if(arr[j] > arr[j+1]) {
                temp = arr[j];
                arr[j] = arr[j+1];
                arr[j+1] = temp;
            }
        }
    }
    for(i = 0; i < SIZE; i++) {
        printf("%d ", arr[i]);
    }
}
```

① 75   ② 100 95 85 75 50

③ 50 75 85   ④ 50 75 85 95 100

해설 버블 정렬(오름차순)

```
#define SIZE 5
// 상수 SIZE 선언 및 초기화 → #define : 상수 등을
   특정 문자로 치환하는 선행처리 지시자
int main(void) {
    int arr[SIZE] = {75, 100, 95, 50, 85};
    // 크기가 5인 배열 arr 선언 및 초기화
```

arr[0]	arr[1]	arr[2]	arr[3]	arr[4]
75	100	95	50	85

```
    int i, j, temp; // 변수 선언
    for(i = 1; i < SIZE; i++) {
    // i는 1부터 SIZE보다 작을 때까지 for문 실행
        for(j = 0; j < SIZE-i; j++) {
        // j는 0부터 SIZE-i보다 작을 때까지 for문 실행
            if(arr[j] > arr[j+1]) {
            // arr[j] 값이 arr[j+1]보다 큰 경우
                temp = arr[j];
                // temp에 arr[j] 값 저장
                arr[j] = arr[j+1];
                // arr[j]에 arr[j+1] 값 저장
                arr[j+1] = temp;
                // arr[j+1]에 temp 값 저장
            }
        }
    }
    for(i = 0; i < SIZE; i++) {
    // i는 0부터 SIZE보다 작을 때까지 for문 실행
        printf("%d ", arr[i]); // arr[i] 값 출력
    }
}
```

[21년 3회]

03 다음 C언어 프로그램이 실행되었을 때의 결과는?

```
#include <stdio.h>
#include <string.h>
int main(void) {
        char str[50] = "nation";
        char *p2 = "alter";
        strcat(str, p2);
        printf("%s", str);
    return 0;
}
```

① nation   ② nationalter

③ alter   ④ alternation

해설 코드해설

```
char str[50] = "nation";
// 크기가 50인 문자형 배열 str 선언 및 초기화
char *p2 = "alter";
// 문자형 포인터 변수 p2 선언 및 초기화
strcat(str, p2); // str = nationalter, p2 = alter
printf("%s", str); // str 값 출력
```

TIP *p2에서 '*'은 포인터를 의미합니다. C언어에서 문자열을 저장하기 위해 문자 배열 또는 포인터를 사용합니다.

▶ 정답 : 01.①, 02.④, 03.②

★★

06 구조체

1 구조체(Struct)   [22년 2회] [20년 4회] [22년 2회 실기]

구조체는 데이터를 체계적으로 관리하기 위한 문법으로, 관련 정보를 하나의 의미로 묶을 때 사용한다.

• 배열은 같은 데이터 타입의 묶음이면, 구조체는 서로 다른 데이터 타입의 묶음이다.

1. 구조체의 선언

```
struct 구조체명{
    구조체멤버
};
```
• 구조체명 : 구조체 이름을 임의로 지정
• 구조체멤버 : 구조체에 저장할 변수

 예
```
struct PERSON {
    char name[50];
    int age;
    char address[100];
};
```

이름과 주소는 문자형이고, 나이는 정수형입니다. 구조체는 이렇게 서로 다른 데이터 타입을 묶어 처리할 수 있습니다.

2. 구조체의 사용

```
struct 구조체명 구조체변수;
```
• 구조체명 : 구조체 이름
• 구조체변수 : 구조체 멤버에 접근하기 위한 변수

 예
```
struct PERSON p1;
strcpy(p1.name, "기사퍼스트");
p1.age = 10;
strcpy(p1.address, "대한민국");
```

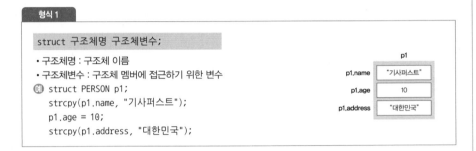

이미 선언한 문자열 배열 char name[50]에 문자열 "기사퍼스트"를 저장하기 위해서는 strcpy 함수를 사용해야 합니다.

```
struct 구조체명 구조체변수 = {값};
```
• 구조체명 : 구조체 이름
• 구조체변수 : 구조체 멤버에 접근하기 위한 변수
• 값 : 구조체에 저장할 값

 예
```
struct PERSON p1 = {"기사퍼스트", 10, "대한민국"};
```

문자열과 정수를 구분하기 위해 문자열은 큰따옴표("")로 표현했습니다.

구조체 출력

```
1    #include <stdio.h>
2    #include <string.h>
3
4    struct PERSON {
5        char name[50];
6        int age;
7    };
8
9    int main() {
10       struct PERSON p1 = {"류현진", 30};
11
12       struct PERSON p2;
13       strcpy(p2.name, "김연아");
14       p2.age = 20;
15
```

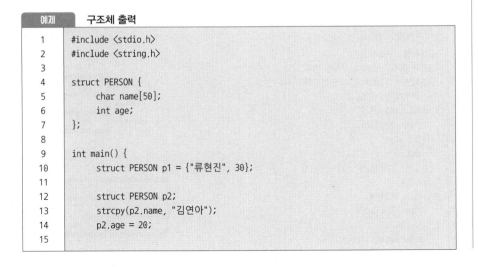

16	struct PERSON p3[2] = {
17	{"박지성", 30},
18	{"페이커", 20}
19	};
20	
21	printf("이름: %s 나이: %d\n", p1.name, p1.age);
22	printf("이름: %s 나이: %d\n", p2.name, p2.age);
23	printf("이름: %s 나이: %d", p3[0].name, p3[0].age);
24	}

출력 결과	이름: 류현진 나이: 30 이름: 김연아 나이: 20 이름: 박지성 나이: 30

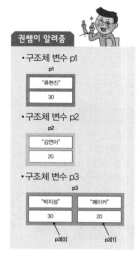

해설

4~7	struct PERSON {...} 　구조체 PERSON 정의
10	struct PERSON p1 = {"류현진", 30}; 　구조체 변수 p1 선언 및 초기화
12	struct PERSON p2; 　구조체 변수 p2 선언
13	strcpy(p2.name, "김연아"); 　구조체 변수 p2의 문자열 배열 name에 "김연아" 저장
14	p2.age = 20; 　구조체 변수 p2의 정수형 변수 age에 20 저장
16~19	struct PERSON p3[2] = {{"박지성", 30}, {"페이커", 20}}; 　구조체 배열 p3 선언 및 초기화
21	printf("이름: %s 나이: %d\n", p1.name, p1.age); 　구조체 변수 p1의 name 값과 age 값 출력 및 개행
22	printf("이름: %s 나이: %d\n", p2.name, p2.age); 　구조체 변수 p2의 name 값과 age 값 출력 및 개행
23	printf("이름: %s 나이: %d", p3[0].name, p3[0].age); 　구조체 배열 p3의 첫 번째 요소의 name 값과 age 값 출력 　- 배열의 첫 번째 요소의 인덱스는 0이다.

형식 3

```
struct 구조체명{
    구조체멤버
} 구조체변수 = {값};
```

• 구조체명 : 구조체 이름
• 구조체멤버 : 구조체에 저장할 변수
• 구조체변수 : 구조체 멤버에 접근하기 위한 변수
• 값 : 구조체에 저장할 값

예
```
struct PERSON {
    char name[50];
    int age;
    char address[100];
} p4 = {"류현진", 30, "대전"};
```

예
```
struct PERSON {
    char name[50];
    int age;
    char address[100];
} p5[] = {"류현진", 30, "대전", "김연아", 20, "서울"} ;
```

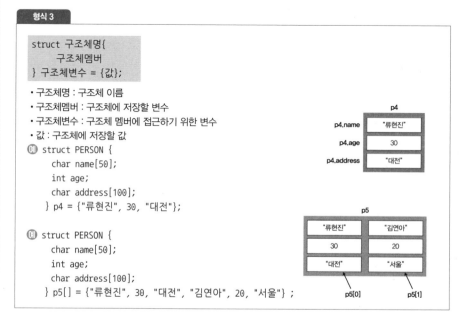

[20년 4회]

01 C언어에서 구조체를 사용하여 데이터를 처리할 때 사용하는 것은?

① for   ② scanf

③ struct   ④ abstract

> 해설 구조체(struct)는 데이터를 체계적으로 관리하기 위한 문법으로, 관련 정보를 하나의 의미로 묶을 때 사용한다.

02 다음 C 프로그램의 결과 값은?

```c
#include <stdio.h>
#include <string.h>

struct School {
    int num;
    char major[20];
    char subject[20];
} S1 = {100, "컴퓨터공학", "프로그래밍"};

int main() {
    printf(S1.subject);
}
```

① 100   ② 컴퓨터공학

③ 프로그래밍   ④ 100, 컴퓨터공학

> **해설 코드해설**
> ```c
> struct School { // 구조체 School 정의
>     int num;
>     char major[20];
>     char subject[20];
> } S1 = {100, "컴퓨터공학", "프로그래밍"};
>     // 구조체 변수 S1 선언 및 초기화
> ```
>
> | | S1 |
> |---|---|
> | num | 100 |
> | major | "컴퓨터공학" |
> | subject | "프로그래밍" |
>
> ```c
> int main() {
>     printf(S1.subject);
>     // 구조체 변수 S1의 subject 값 출력
> }
> ```

▶ 정답 : 01.③, 02.③

★★★

07 포인터

1 포인터(Pointer) [21년 3회] [20년 4회 실기]

1. 포인터

포인터는 변수의 주소이다.

- 프로그램에서 변수를 선언하면 변수는 메모리(기억 장소)에 저장된다.
- 포인터를 사용하여 변수가 할당된 메모리 주소를 알아내거나, 메모리 주소에 접근하여 해당 메모리 주소에 저장된 값을 사용할 수 있다.

2. 포인터 변수

어떤 데이터가 차지하는 메모리의 주소를 저장하기 위한 변수이다.

>
> **권쌤이 알려줌**
>
> 변수는 데이터를 저장하는 저장 공간이죠. 포인터는 변수 저장 공간의 주소 값을 가리키고 있습니다. 개념 이해가 다소 어려우니, 프로그래밍 언어 기본 문법을 충분히 학습한 후에 한 번 더 학습하세요.

권쌤이 알려줌

변수명 앞에 *(간접 참조 연산
자)를 입력해서 포인터 변수를
선언하면 됩니다.
· int*a; 처럼 데이터 타입 다
음에 입력해도 됩니다.

형식

데이터타입 *포인터변수명

예 int *a; // 메모리의 주소를 저장하기 위한 포인터 변수 a 선언

3. 주소 연산자(&)

변수의 메모리 주소를 반환하는 연산자이다.

예제	포인터와 주소 연산자(&)

```
1   #include <stdio.h>
2   int main() {
3       char ch = 'g';
4       char *p;
5       p = &ch;
6   }
```

해설

3
char ch = 'g';
　변수 선언 및 초기화
　- 임의 메모리 공간에 변수 ch를 할당하고 값을 저장한다.

메모리 주소	값
100	g

4
char *p;
　포인터 변수 p 선언
　- 임의 메모리 공간에 포인터 변수 p를 할당한다.

메모리 주소	값
200	

5
p = &ch;
　포인터 변수 p에 변수 ch의 메모리 주소 저장

메모리 주소	값		메모리 주소	값
200	100 ●	→	100	g

권쌤이 알려줌

포인터에서 설명된 메모리 주
소는 이해를 돕기 위한 임의
주소이며 실제 프로그램에 저
장되는 메모리 주소는 다를 수
있습니다.

권쌤이 알려줌

&ch는 변수 ch의 주소를 의미
합니다.

4. 간접 참조 연산자(*)

변수가 가리키는 메모리 주소의 값을 반환하는 연산자이다.

예제	포인터와 간접 참조 연산자(*)

```
1   #include <stdio.h>
2   int main() {
3       int a = 10;
4       int *p;
5       p = &a;
6       *p = *p + 10;
7   }
```

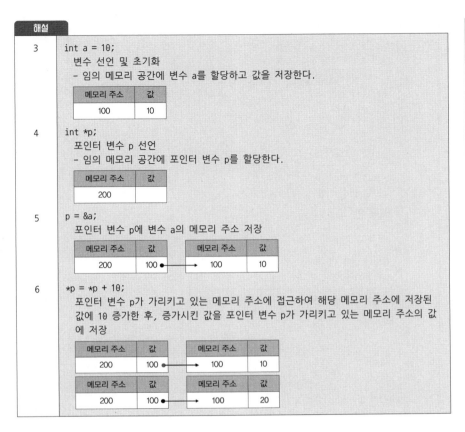

3　　int a = 10;
　　　변수 선언 및 초기화
　　　- 임의 메모리 공간에 변수 a를 할당하고 값을 저장한다.

메모리 주소	값
100	10

4　　int *p;
　　　포인터 변수 p 선언
　　　- 임의 메모리 공간에 포인터 변수 p를 할당한다.

메모리 주소	값
200	

5　　p = &a;
　　　포인터 변수 p에 변수 a의 메모리 주소 저장

메모리 주소	값	메모리 주소	값
200	100 →	100	10

6　　*p = *p + 10;
　　　포인터 변수 p가 가리키고 있는 메모리 주소에 접근하여 해당 메모리 주소에 저장된
　　　값에 10 증가한 후, 증가시킨 값을 포인터 변수 p가 가리키고 있는 메모리 주소의 값
　　　에 저장

메모리 주소	값	메모리 주소	값
200	100 →	100	10

메모리 주소	값	메모리 주소	값
200	100 →	100	20

2 배열과 포인터 [22년 1, 2회] [21년 2회] [22년 2회 실기] [21년 2, 3회 실기]

　C언어에서 배열은 메모리의 연속적인 공간을 차지하고 있으므로, 포인터 연산자를 이용해서 배열에 접근할 수 있다.

• 배열 변수는 배열의 첫 번째 값의 주소를 의미한다.

예제 1　배열과 포인터

```
1  #include <stdio.h>
2  int main() {
3      int a[5] = {1, 2, 3, 4, 5};
4      int *p;
5      p = a;
6      for(int i = 0; i < 5; i++) {
7          printf("%d", *(p+i));
8      }
9  }
```

출력
결과

```
12345
```

3 int a[5] = {1, 2, 3, 4, 5};
   크기가 5인 배열 a 선언 및 초기화

	메모리 주소	값
a[0]	100	1
a[1]	104	2
a[2]	108	3
a[3]	112	4
a[4]	116	5

4 int *p;
   포인터 변수 p 선언

메모리 주소	값
200	

5 p = a;
   포인터 변수 p에 배열 a의 시작 주소 저장
   - 배열 a의 시작 주소는 배열 a의 첫 번째 값의 주소와 동일하다.

메모리 주소	값
200	100 ●

메모리 주소	값
100	1
104	2
108	3
112	4
116	5

6 for(int i = 0; i < 5; i++)
   i는 0부터 5보다 작을 때까지 1씩 증가하며 7번 라인 반복

7 printf("%d", *(p+i));
   (포인터 변수 p가 가리키고 있는 메모리 주소+i)의 메모리 주소에 접근하여 해당 메모리 주소에 저장된 값 출력

*(p+i)	메모리 주소	값	a[i]
*(p+0)	100	1	a[0]
*(p+1)	104	2	a[1]
*(p+2)	108	3	a2]
*(p+3)	112	4	a[3]
*(p+4)	116	5	a[4]

예제 2 **포인터 배열**

```
1  #include <stdio.h>
2  int main()
3  {
4      int *arr[2];
5      int x = 3, y = 7;
6      arr[0] = &x;
7      arr[1] = &y;
8      printf("%d, %d", *arr[0], **arr);
9  }
```

출력 결과	3, 3

4	int *arr[2]; 크기가 2인 포인터 배열 arr 선언 - 포인터 배열 : 메모리 주소를 저장하는 배열
5	int x = 3, y = 7; 변수 선언 및 초기화
6	arr[0] = &x; 포인터 배열 arr[0]에 변수 x의 메모리 주소 저장
7	arr[1] = &y; 포인터 배열 arr[1]에 변수 y의 메모리 주소 저장
8	printf("%d, %d", *arr[0], **arr); *arr[0] : 포인터 배열 arr[0]이 가리키고 있는 메모리 주소에 접근하여 해당 메모리 주소에 저장된 값 출력 **arr : 배열 변수 arr에 저장된 값이 주소가 되고(*arr), 그 주소가 가리키고 있는 메모리 주소에 접근하여 해당 메모리 주소에 저장된 값(**arr) 출력 - *arr은 arr[0]과 같다.

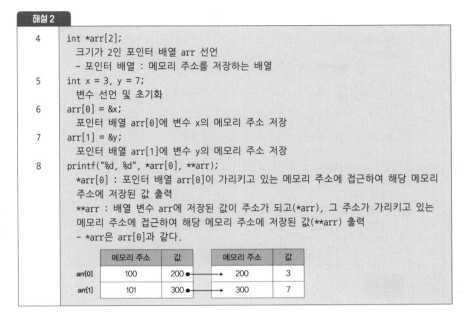

	메모리 주소	값		메모리 주소	값
arr[0]	100	200 ● →		200	3
arr[1]	101	300 ● →		300	7

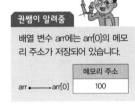

권쌤이 알려줌

배열 변수 arr에는 arr[0]의 메모리 주소가 저장되어 있습니다.

	메모리 주소
arr → arr[0]	100

학습 플러스

문자열 포인터 [22년 1회] [22년 2회 실기]

C언어에서 문자열을 저장하기 위해 포인터를 사용한다.
- 문자열 포인터는 문자열의 시작 주소를 가리키고 있다.
- 문자열 포인터는 배열처럼 사용할 수 있다.

예 char *string = "gisa first"; // 문자열 포인터 string 선언 및 초기화
    printf("%s\n", string); // 문자열 포인터 string의 시작 주소부터 문자열의 끝까지 출력
    printf("%s\n", string+2); // 문자열 포인터 string의 (시작 주소+2)부터 문자열의 끝까지
               출력
    printf("%c\n", *string); // 문자열 포인터 string의 시작 주소에 접근하여, 해당 메모리 주
               소에 저장된 값 출력
    printf("%c", string[5]); // 문자열 포인터 string의 6번째 값 출력

[출력 결과]

```
gisa first
sa first
g
f
```

권쌤이 알려줌

	메모리 주소	값
string →	100	g
string+2	101	i
→	102	s
	103	a
	104	
	105	f
	106	i
	107	r
	108	s
	109	t
	110	\0

3 구조체와 포인터 [21년 1, 3회 실기]

C언어에서 구조체는 배열과 마찬가지로 메모리의 연속적인 공간을 차지하고 있으므로, 포인터 연산자를 이용해서 구조체에 접근할 수 있다.

- 구조체 변수는 구조체의 첫 번째 값의 주소를 의미한다.

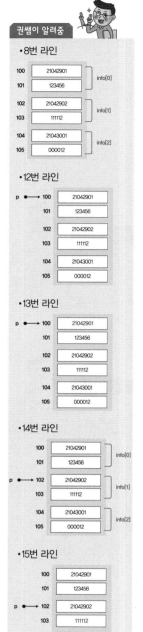

권쌤이 알려줌

• 8번 라인

100	21042901	info[0]
101	123456	
102	21042902	info[1]
103	111112	
104	21043001	info[2]
105	000012	

• 12번 라인

p → 100	21042901
101	123456
102	21042902
103	111112
104	21043001
105	000012

• 13번 라인

p → 100	21042901
101	123456
102	21042902
103	111112
104	21043001
105	000012

• 14번 라인

100	21042901	info[0]
101	123456	
p → 102	21042902	info[1]
103	111112	
104	21043001	info[2]
105	000012	

• 15번 라인

100	21042901
101	123456
p → 102	21042902
103	111112
104	21043001
105	000012

예제 구조체와 포인터

```
1   #include <stdio.h>
2   int main() {
3       struct INFO {
4           int id;
5           int pw;
6       };
7
8       struct INFO info[] = {21042901, 123456, 21042902, 111112, 21043001, 000012};
9
10      struct INFO *p;
11
12      p = info;
13      printf("%d\n", p->id);
14      p++;
15      printf("%d", p->pw);
16  }
```

출력
결과
```
21042901
111112
```

해설

3~6	struct INFO {...};
	구조체 INFO 정의
8	struct INFO info[] = {...};
	구조체 배열 info 선언 및 초기화
10	struct INFO *p;
	구조체 포인터 변수 p 선언
	- 포인터 변수 p의 데이터 타입이 struct INFO이다.
12	p = info;
	구조체 포인터 변수 p에 구조체 배열 info의 시작 주소 저장
	- 구조체 포인터 변수 p는 해당 메모리 주소를 가리키고 있다.
	- 구조체 배열 info의 시작 주소는 구조체 배열 info의 첫 번째 값의 주소와 동일하다.
13	printf("%d\n", p->id);
	구조체 포인터 변수 p가 가리키는 메모리 주소에 접근하여 id 값 출력 및 개행
	- 화살표 연산자(->) : 구조체 포인터 변수가 구조체 멤버에 접근할 때 사용하는 연산자
14	p++;
	구조체 포인터 변수 p는 가리키고 있던 구조체 배열의 다음 번째의 구조체 배열 주소로 이동
15	- 구조체 포인터 변수는 구조체 묶음 단위로 포인터를 이동시킨다.
	printf("%d", p->pw);
	구조체 포인터 변수 p가 가리키는 메모리 주소에 접근하여 pw 값 출력

[21년 3회]

01 다음 C언어 프로그램이 실행되었을 때의 결과는?

```
#include <stdio.h>
int main(void) {
    int n = 4;
    int* pt = NULL;
    pt = &n;

    printf("%d", &n + *pt - *&pt + n);
    return 0;
}
```

① 0　　　　　　　　　② 4

③ 8　　　　　　　　　④ 12

해설

코드해설

```
int n = 4; // 변수 선언 및 초기화
int* pt = NULL; // 포인터 변수 pt 선언 및 초기화
pt = &n;
// 포인터 변수 pt에 변수 n의 메모리 주소 저장
```

메모리 주소	값	메모리 주소	값
150	300●	→300	4

```
printf("%d", &n + *pt - *&pt + n);
// 300 + 4 - 300 + 4 = 8 출력
return 0; // 프로그램 종료
```

TIP NULL이 들어있는 포인터를 널 포인터(Null Pointer)라고 하며, 아무것도 가리키지 않는 상태를 의미합니다.

TIP *&pt는 pt와 동일합니다.

[20년 4회 실기]

02 다음 C 프로그램의 결과 값은?

```
#include <stdio.h>
int main() {
    char *p = "KOREA";
    printf("%s\n", p);
    printf("%s\n", p+3);
    printf("%c\n", *p);
    printf("%c\n", *(p+3));
    printf("%c ", *p+2);
}
```

① | KOREA |　　② | EA |

③
```
KOREA
EA
K
EA
REA
```

④
```
KOREA
EA
K
E
M
```

해설

코드해설

```
① char *p = "KOREA";
② printf("%s\n", p);
③ printf("%s\n", p+3);
④ printf("%c\n", *p);
⑤ printf("%c\n", *(p+3));
⑥ printf("%c ", *p+2);
```

① 문자열 포인터 p 선언 및 초기화

	메모리 주소	값
p →	100	K
	101	O
	102	R
	103	E
	104	A

② 문자열 포인터 p의 시작 주소부터 문자열 끝까지 출력 및 개행

③ 문자열 포인터 p의 (시작 주소+3)부터 문자열 끝까지 출력 및 개행

④ 문자열 포인터 p의 시작 주소에 접근하여, 해당 메모리 주소에 저장된 값 출력 및 개행

⑤ (문자열 포인터 p의 시작 주소+3)의 메모리 주소에 저장된 값 출력 및 개행

⑥ 문자열 포인터 p의 시작 주소에 저장된 값에 2를 덧셈한 값 출력

TIP C언어에서 문자는 아스키코드 규칙에 의해 정수로 저장되므로 덧셈, 뺄셈 등의 연산이 가능합니다.

예 A = 65, K = 75, M = 77

[21년 2회]

03 다음 C언어 프로그램이 실행되었을 때의 결과는?

```
#include <stdio.h>
int main(int argc, char *argv[]) {
    int a[2][2] = {{11, 22}, {44, 55}};
    int i, sum = 0;
    int* p;
    p = a[0];
    for (i = 1; i < 4; i++)
    sum += *(p + i);
    printf("%d", sum);
    return 0;
}
```

① 55　　② 77　　③ 121　　④ 132

코드해설

```
int a[2][2] = {{11, 22}, {44, 55}};
// 2행 2열 배열 a 선언 및 초기화
```

100	101	← 메모리 주소
11	22	
44	55	
102	103	← 메모리 주소

```
int i, sum = 0; // 변수 선언 및 초기화
int* p; // 포인터 변수 p 선언
p = a[0]; // 포인터 변수 p에 배열 a[0]의 주소 저장
          (a[0]은 a[0][0]을 의미)
for (i = 1; i < 4; i++)
// i는 1부터 4보다 작을 때까지 for문 실행
sum += *(p + i); // sum에 sum + *(p + i) 값 저장
printf("%d", sum); // sum 값 출력
return 0; // 프로그램 종료
```

디버깅표

i	p	p + i	sum
1	100	101	22
2	100	102	22+44 = 66
3	100	103	22+44+55 = 121

TIP for문이 중괄호{ }로 묶여있지 않을 때는 바로 아래 한 문장만 실행합니다. 즉, i는 1부터 4보다 작을 때까지 sum += *(p + i);를 실행합니다.

[21년 2회 실기]

04 다음 C언어 프로그램이 실행되었을 때의 결과는?

```
#include <stdio.h>
int main() {
    int arr[3];
    int x = 0;
    *(arr + 0) = 1;
    arr[1] = *(arr + 0) + 2;
    arr[2] = *arr + 3;
    for (int i = 0; i < 3; i++) {
        x = x + arr[i];
    }
    printf("%d", x);
}
```

① 1   ② 3

③ 4   ④ 8

코드해설

```
int arr[3]; // 크기가 3인 배열 arr 선언
int x = 0; // 변수 선언 및 초기화
*(arr + 0) = 1;
// 배열 첫 번째 주소(100)의 데이터값에 1 저장
arr[1] = *(arr + 0) + 2;
// arr[1]에 배열 첫 번째 주소(100)의 데이터값(1)
과 2를 더한 값 저장 → arr[1] = 3
arr[2] = *arr + 3;
```

```
// arr[2]에 배열 첫 번째 주소(100)의 데이터값(1)
과 3을 더한 값 저장 → arr[2] = 4
for (int i = 0; i < 3; i++) {
// i는 0부터 3보다 작을 때까지 for문 수행
    x = x + arr[i]; // x에 x + arr[i] 값 저장
}
printf("%d", x); // x 값 출력(1 + 3 + 4 = 8)
```

TIP (arr + 0) = (배열 첫 번째 주소 + 0) = 배열 첫 번째 주소, *(arr + 0) = 배열 첫 번째 주소의 데이터값 = *arr 과 같이 정리해 두세요.

[21년 3회 실기]

05 다음 C언어 프로그램이 실행되었을 때의 결과는?

```
#include <stdio.h>
int main() {
    int *array[3];
    int a = 12, b = 24, c = 36;
    array[0] = &a;
    array[1] = &b;
    array[2] = &c;

    printf("%d", *array[1] + **array + 1);
}
```

① 25   ② 37

③ 49   ④ 61

코드해설

```
int *array[3]; // 크기가 3인 포인터 배열 array 선언
int a = 12, b = 24, c = 36; // 변수 선언 및 초기화
array[0] = &a;
// 포인터 배열 array[0]에 변수 a의 메모리 주소 저장
array[1] = &b;
// 포인터 배열 array[1]에 변수 b의 메모리 주소 저장
array[2] = &c;
// 포인터 배열 array[2]에 변수 c의 메모리 주소 저장
printf("%d", *array[1] + **array + 1); // 24+12+1
// *array[1] : 포인터 배열 array[1]이 가리키고 있는
메모리 주소에 접근하여 해당 메모리 주소에 저장된 값
// **array : 배열 변수 array에 저장된 값이 주소가 되고
(*array), 그 주소가 가리키고 있는 메모리 주소에 접근하
여 해당 메모리 주소에 저장된 값(**array)
```

	메모리 주소	값		메모리 주소	값
array[0]	100	200	→	200	12
array[1]	101	201	→	201	24
array[2]	102	202	→	202	36

[21년 1회 실기]

06 다음 C 프로그램의 결과 값은?

```
#include <stdio.h>
int main() {
    struct insa{
```

```
        char name[10];
        int age;
    } a[] = {"Kim", 28, "Lee", 38, "Park", 41,
"Choi", 30};
    struct insa *p;
    p = a;
    p++;
    printf("%s\n", p->name);
    printf("%d", p->age);
    return 0;
}
```

① Kim   ② Lee

 28   38

③ Park   ④ Choi

 41   30

해설 코드해설

```
① struct insa{
      char name[10];
      int age;
}② a[] = {"Kim", 28, "Lee", 38 , "Park", 41, "Choi",
30};
③ struct insa *p;
④ p = a;
⑤ p++;
⑥ printf("%s\n", p->name);
⑦ printf("%d", p->age);
```

① 구조체 insa 정의
② 구조체 배열 a 선언 및 초기화

	a[0]	a[1]	a[2]	a[3]
name	"Kim"	"Lee"	"Park"	"Choi"
age	28	38	41	30

③ 구조체 포인터 변수 p 선언
④ 구조체 포인터 변수 p에 구조체 배열 a의 시작 주소 저장

    p
    ↓

	a[0]	a[1]	a[2]	a[3]
name	"Kim"	"Lee"	"Park"	"Choi"
age	28	38	41	30

⑤ 구조체 포인터 변수 p는 가리키고 있던 구조체 배열의 다음 번째(두 번째)의 구조체 배열로 이동

      p
      ↓

	a[0]	a[1]	a[2]	a[3]
name	"Kim"	"Lee"	"Park"	"Choi"
age	28	38	41	30

⑥ 구조체 포인터 변수 p가 가리키는 메모리 주소의 name 값 출력 및 개행

      p
      ↓

	a[0]	a[1]	a[2]	a[3]
name	"Kim"	"Lee"	"Park"	"Choi"
age	28	38	41	30

⑦ 구조체 포인터 변수 p가 가리키는 메모리 주소의 age 값 출력

      p
      ↓

	a[0]	a[1]	a[2]	a[3]
name	"Kim"	"Lee"	"Park"	"Choi"
age	28	38	41	30

[21년 3회 실기]

07 다음 C 프로그램의 결과 값은?

```
#include <stdio.h>
struct src {
    char name[12];
    int os, db, hab, hhab;
};
int main() {
    struct src st[3] = {{"가", 95, 88}, {"나",
84, 91}, {"다", 86, 75}};
    struct src* p;

    p = &st[0];

    (p+1)->hab = (p+1)->os + (p+2)->db;
    (p+1)->hhab = (p+1)->hab + p->os + p->db;

    printf("%d", (p+1)->hab + (p+1)->hhab);
}
```

① 84   ② 159

③ 342   ④ 501

해설 구조체 배열 st

	p ↓ st[0]	p+1 ↓ st[1]	p+2 ↓ st[2]
name	"가"	"나"	"다"
os	95	84	86
db	88	91	75
hab		159	
hhab		342	

```
(p+1)->hab = (p+1)->os + (p+2)->db;
// 84 + 75 = 159
(p+1)->hhab = (p+1)->hab + p->os + p->db;
// 159 + 95 + 88 = 342
(p+1)->hab + (p+1)->hhab
// 159 + 342 = 501
```

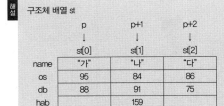

▶ 정답 : 01.③, 02.④, 03.③, 04.④, 05.②, 06.②, 07.④

08 함수

1 함수(Function)

함수는 특정한 목적의 작업을 수행하기 위한 프로그램 코드의 집합이다.

• 특정 기능을 위해 코드들을 묶어 하나의 명령어처럼 사용할 수 있다.

• 코드의 반복을 줄일 수 있다.

• 여러 개의 함수로 나누어 작성하면 전체적인 코드의 가독성이 좋아진다.

▼ 함수의 종류

종류	설명
표준 함수	기능과 사용법이 표준으로 정의되어 있으며, 라이브러리*에 포함되어 사용자가 불러서 사용할 수 있는 함수이다. ⓐ printf(), scanf()
사용자 정의 함수	사용자가 임의로 만들어 정의할 수 있는 함수이다.

2 사용자 정의 함수 [22년 1, 2회 실기] [21년 2회 실기] [20년 3회 실기]

형식

```
반환형 함수명(매개변수)
{
    수행할 동작
    return;
}
```

• 반환형(리턴형) : 함수가 반환하는 값의 데이터 타입(반환 값이 없을 경우 : void)
• 함수명 : 함수 이름을 임의로 지정
• 매개변수(Parameter, 파라미터) : 함수가 전달받는 값을 저장하는 변수
  – 함수 내에서 쓰일 데이터 타입과 변수명을 함께 작성한다.
  – 매개변수는 없을 수도 있고, 여러 개가 있을 수도 있다.
  – 호출하는 곳에서 보내준 값의 순서와 데이터 타입이 일치해야 한다.
• return* : 반환 값(반환 값이 없을 경우 생략 가능)

예제	실행순서	계산기 프로그램
1		`#include <stdio.h>`
2		
3	④	`int add(int x, int y) {`
4	⑤	`    int z = x + y;`
5	⑥	`    return z;`
6		`}`
7		
8	⑨	`int sub(int x, int y) {`
9	⑩	`    if(x > y)`
10	⑪	`        return x - y;`
11		`    else`
12		`        return y - x;`
13		`}`
14		
15	①	`int main() {`
16	②	`    int result1, result2;`
17	③¦⑦	`    result1 = add(4, 10);`

18	⑧~⑫	`result2 = sub(8, 2);`
19		
20	⑬	`printf("%d, %d", result1, result2);`
21	⑭	`return 0;`
22		`}`

출력 결과	14, 6

해설

3	`int add(int x, int y)`
	함수 add 선언(반환형 : 정수형, 매개변수 : x, y)
4	`int z = x + y;`
	변수 z에 x + y 값 저장
5	`return z;`
	z 값 반환
8	`int sub(int x, inty)`
	함수 sub 선언(반환형 : 정수형, 매개변수 : x, y)
9	`if(x > y)`
	x가 y보다 큰 경우 10번 실행
10	`return x - y;`
	x - y 값 반환
11	`else`
	x가 y보다 크지 않은 경우 12번 실행
12	`return y - x;`
	y - x 값 반환
15	`main()`
	메인 함수 선언
	- 프로그램 실행 시 main() 함수를 가장 먼저 호출하여 실행한다.
16	`int result1, result2;`
	변수 선언
17	`result1 = add(4, 10);`
	함수 add를 호출(전달인자 : 4, 10)한 후, 함수의 반환 값을 변수 result1에 저장

```
 → result1 = add(4, 10);

        int add(int x, int y) {
                int z = x + y;
                return z;
        }
```

18	`result2 = sub(8, 2);`
	함수 sub을 호출(전달인자 : 8, 2)한 후, 함수의 반환 값을 변수 result2에 저장

```
 → result2 = sub(8, 2);

        int sub(int x, int y) {
                if(x > y)
                        return x - y;
                else
                        return y - x;
        }
```

20	`printf("%d, %d", result1, result2);`
	result1 값과 result2 값 출력
21	`return 0;`※
	프로그램 종료

return 0;
main()에서 return 0은 프로그램의 정상적인 종료를 의미하며, 생략이 가능하다.

[20년 3회 실기]

01 다음 C 프로그램의 결과 값은?

```c
#include <stdio.h>
int r1() {
    return 4;
}
int r10() {
    return (30+r1());
}
int r100() {
    return (200+r10());
}
int main() {
    printf("%d", r100());
    return 0;
}
```

① 4　　　　　　　② 200

③ 230　　　　　　④ 234

해설 | **return문**

```
⑦    int r1() {
⑧        return 4;
     }
⑤    int r10() {
⑥¦⑨   return (30+r1());
     }
③    int r100() {
④¦⑩   return (200+r10());
     }
①    int main() {
②¦⑪   printf("%d", r100());
⑫        return 0;
     }
```

① 메인 함수 실행
②¦⑪ 함수 r100을 호출한 후 함수의 반환 값 출력
③ 함수 r100 실행
④¦⑩ 함수 r10을 호출한 후, 함수의 반환 값에 200을 덧셈하여 함수를 호출한 곳(main)으로 반환 → 234
⑤ 함수 r10 실행
⑥¦⑨ 함수 r1을 호출한 후, 함수의 반환 값에 30을 덧셈하여 함수를 호출한 곳(r100)으로 반환 → 34
⑦ 함수 r1 실행
⑧ 함수를 호출한 곳(r10)으로 4 반환
⑫ 프로그램 종료

[21년 2회 실기]

02 다음 C 프로그램의 결과 값은?

```c
#include <stdio.h>
int sq(int num, int ran);
int main() {
    int res;
    res = sq(2, 10);
    printf("%d", res);
    return 0;
}
int sq(int num, int ran) {
    int res = 1;
    for (int i = 0; i < ran; i++) {
        res = res * num;
    }
    return res;
}
```

① 128　　　　　　② 256

③ 512　　　　　　④ 1024

해설 | **2제곱 반복**

```
int main() {
    int res; // 변수 선언
    res = sq(2, 10); // res에 sq(2, 10) 값 저장
    printf("%d", res); // res 값 출력
    return 0; // 프로그램 종료
}
int sq(int num, int ran) {
    int res = 1; // 변수 선언 및 초기화
    for (int i = 0; i < ran; i++) {
        // i는 0부터 10보다 작을 때까지 for문 실행
        res = res * num;
        // res에 res * 2 값 저장
    }
    return res; // res 값 반환
}
```

디버깅표

i	num	ran	res
	2	10	1
0			1 * 2 = 2
1			2 * 2 = 4
2			4 * 2 = 8
:	:	:	:
8			256 * 2 = 512
9			512 * 2 = 1024
10			for문 종료

▶ 정답 : 01.④, 02.④

01 다음 C 프로그램의 실행 후, 출력 결과 값은?

```
void main(void) {
    int a, b;
    a = 20;
    b = (a > 10)? a+a : a*a;
    printf("b=%d\n", b);
}
```

① b=20　　　　　② b=40

③ b=400　　　　④ b=202

02 다음 C 코드 결과로 나타날 수 있는 값은?

```
void main() {
    int k;
    k = 1;
    while(k < 60) {
        if(k % 4 == 0)
            printf("%d\n", k-2);
        k++;
    }
}
```

① 0　　　　　　② 8

③ 24　　　　　④ 30

03 다음 C 프로그램에서 최종적으로 출력되는 n, t의 값을 순서대로 나열한 것은?

```
void main(void) {
    int n = 0, t = 0;
    do {
        t += n;
        printf("n=%2d, t=%2d\n", n++, t);
    }
    while(n < 10);
}
```

① 10, 55　　　　② 9, 45

③ 10, 45　　　　④ 9, 55

04 다음 C 프로그램의 실행 결과로 옳은 것은?

```
#include <stdio.h>
int main() {
    int a = 120, b = 45;
    while(a != b) {
        if(a > b) a = a - b;
        else b = b - a;
    }
    printf("%d", a);
}
```

① 5　　　　　　② 15

③ 20　　　　　④ 25

05 다음 C 프로그램의 실행 결과는?

```
#include <stdio.h>
int main( ) {
    int a = 0, b = 1;
    switch (a) {
        case 0 : printf("%d\n", b++); break;
        case 1 : printf("%d\n", ++b); break;
        default : printf("0\n", b); ; break;
    }
    return 0;
}
```

① 0　　　　　　② 1

③ 2　　　　　　④ 3

06 다음 C 프로그램의 실행 결과는?

```
#include <stdio.h>
void main() {
    int a, b;
    a = 4 * (1 / 2);
    b = a++;
    printf("%d", b);
}
```

① 0　　　　　　② 1

③ 2　　　　　　④ 3

[이전 기출]

07 입력 안내에 따라 두 사람의 나이를 입력받고 그 합을 구하는 C 프로그램을 작성하려고 한다. 프로그램이 정상적으로 동작하도록 다음의 코드 조각을 올바른 순서로 나열한 것은?

```
ㄱ. scanf("%d%d", &age1, &age2);
ㄴ. result = age1 + age2;
ㄷ. int age1, age2, result;
ㄹ. printf("나이의 합은 %d살입니다.\n", result);
ㅁ. printf("철수와 영희의 나이를 입력하세요 :");
```

① ㄷ→ㅁ→ㄱ→ㄴ→ㄹ

② ㄷ→ㄱ→ㄴ→ㅁ→ㄹ

③ ㅁ→ㄱ→ㄷ→ㄹ→ㄴ

④ ㄷ→ㄱ→ㅁ→ㄴ→ㄹ

[이전 기출]

08 다음 C 프로그램의 실행 결과는?

```c
#include <stdio.h>
int main() {
    int count = 2;
    int sum = 0;
    while(count <= 10) {
        sum += count;
        count += 2;
    }
    printf("%d\n", sum);
}
```

① 2

② 10

③ 20

④ 30

[이전 기출]

09 다음 C언어 함수를 이용하여 do_something(660, 735)를 수행한 결과 값은?

```c
unsigned int do_something(unsigned int x, un-
signed int y)
{
    while(y != 0) {
        int temp;
        temp = x % y;
        x = y;
        y = temp;
    }
    return x;
}
```

① 5

② 9

③ 15

④ 25

[이전 기출]

10 〈보기〉의 프로그램이 실행되면 값이 바뀌는 배열의 요소는?

```
〈보기〉
int a[5], *p;
p=a;
(*p)++;
```

① a[0]

② a[1]

③ a[2]

④ a[3]

섹션
기출예상문제 해설

Section 02. C언어

01 조건 ? 수식1 : 수식2
→ [조건]이 참이면 [수식1] 실행, 거짓이면 [수식2] 실행
• b=(a > 10)? a+a : a*a;
→ (a > 10) 조건이 참이므로, a+a 실행

02 코드해설
```
while(k < 60) {
// k가 60보다 작은 동안 while문 실행
   if(k % 4 == 0)
```

```
        // k를 4로 나눈 나머지 값이 0인 경우
            printf("%d\n", k-2);
            // k-2 값 출력 및 개행
        k++; // k 값 1 증가
}
```

- 결과로 나타날 수 있는 값 : 2, 6, 10, 14, 18, 22, 26, 30, 34, 38, 42, 46, 50, 54

03 • %2d : 두 자리의 정수형 10진수로 출력 ⑩ 1 → _1, 23 → 23
- n++ : n을 사용 후 1 증가

디버깅표

t	printf	n
0	n=0, t=0	1
1	n=1, t=1	2
3	n=2, t=3	3
6	n=3, t=6	4
10	n=4, t=10	5
15	n=5, t=15	6
21	n=6, t=21	7
28	n=7, t=28	8
36	n=8, t=36	9
45	n=9, t=45	10

04 코드해설

```
int a = 120, b = 45; // 변수 선언 및 초기화
while(a != b) {
// a와 b가 같지 않은 동안 while문 실행
    if(a > b) // a가 b보다 큰 경우
        a = a - b; // a에 a - b 값 저장
    else // a가 b보다 크지 않은 경우
        b = b - a; // b에 b - a 값 저장
}
printf("%d", a); // a 값 출력
```

디버깅표

a	b
120	45
75	45
30	45
30	15
15	15

05 case 0 실행
- b++ : b를 사용 후 1 증가(b=1 → b 값(1) 출력 → b = 2)

06 • a = 4 * (1 / 2) = 0
- b = a++ : a를 사용 후 1 증가 → b = 0, a = 1
  TIP a는 정수형 변수이므로 (1 / 2)의 결과 값 0.5에서 소수점을 버리면 0이 됩니다.

07 코드해설

```
int age1, age2, result; // 변수 선언
printf("철수와 영희의 나이를 입력하세요 : ");
```

```
// 데이터 입력을 위한 안내 메시지 출력
scanf("%d%d", &age1, &age2); // 데이터 입력
result = age1 + age2; // 두 사람의 나이 합 계산
printf("나이의 합은 %d살입니다.\n", result);
// 결과 값 출력
```

08 1부터 10까지 짝수 합계

```
int count = 2; // 변수 선언 및 초기화
int sum = 0; // 변수 선언 및 초기화
while(count <= 10) {
// count가 10보다 작거나 같은 동안 while문 실행
    sum += count; // sum에 sum + count 값 저장
    count += 2; // count에 count + 2 값 저장
}
printf("%d\n", sum); // sum 값 출력 및 개행
```

디버깅표

count	sum
2	2
4	6
6	12
8	20
10	30
12	while문 종료

09 코드해설

```
while(y != 0) { // y가 0이 아닌 동안 while문 실행
    int temp; // 변수 선언
    temp = x % y;
    // temp에 x % y 값 저장
    x = y; // x에 y 값 저장
    y = temp; // y에 temp 값 저장
}
return x; // x 값 반환
```

디버깅표

x	y	temp
660	735	660
735	660	75
660	75	60
75	60	15
60	15	0
15	0	while문 종료

TIP unsigned int는 부호가 없는 정수형으로 크기는 int와 동일한 4 Byte입니다.

10 코드해설

```
int a[5], *p;
// 크기가 5인 배열 a와 포인터 변수 p 선언
p=a; // 포인터 변수 p에 배열 a의 시작 주소 대입
(*p)++;
// 포인터 변수 p가 가리키고 있는 메모리 주소의
  값(a[0]) 1 증가
```

정답 **01** ② **02** ④ **03** ② **04** ② **05** ② **06** ① **07** ① **08** ④ **09** ③ **10** ①

SECTION

03

JAVA

JAVA언어는 객체 지향 언어로 프로그래밍 언어를 명령어의 집합으로 보는 시각에서 벗어나 여러 개의 독립된 단위인 객체들의 모임으로 파악하고자 합니다. 그리고 C언어의 기본 구조의 개념을 바탕으로 JAVA언어와 어떻게 다른지 주의 깊게 학습하세요.

★ ★ ★

01 클래스, 객체

1 객체 지향(Object—Oriented)

객체 지향은 현실 세계에 존재하는 실체(Entity, 개체) 및 개념들을 객체(Object)라는 독립된 단위로 구성하고, 이 객체들이 메시지를 통해 상호작용함으로써 전체 시스템이 운영되는 개념이다.

2 클래스(Class)

클래스는 사물의 특성을 소프트웨어적으로 추상화하여 모델링한 것으로, 객체를 만들 수 있는 틀(Template)이다.

권쌤이 알려줌

클래스는 개념적인 의미이고, 객체는 구체적인 의미입니다. 예를 들어, 은행 업무를 클래스로 작성한다면, 속성으로는 계좌번호와 잔액 등이 있으며, 메소드로는 입금하기와 출금하기 등이 있습니다.

- 하나 이상의 유사한 객체들을 묶음으로써 공통된 특성을 표현한 데이터를 추상화하여 모델링한 것이다.
- 공통된 속성과 메소드를 갖는 객체의 집합으로, 객체의 일반적인 타입을 의미한다.

권쌤이 알려줌

접근 제한자는 이후 자세히 학습합니다.

형식 1

접근제한자 class 클래스명
- 접근제한자 : 내 · 외부로부터 클래스 멤버에 대한 접근 범위 설정
- 클래스명 : 클래스 이름을 임의로 지정

예제 Car 클래스

```
1   package Gisafirst;
2
3   public class Car {
4       int Wheel;
5       int Engine;
6
7       public void Drive() {
8           ...
9       }
10  }
```

해설	
3	public class Car 　클래스 Car 생성
4~5	int Wheel; int Engine; 　속성* 선언
7~9	public void Drive() { … } 　메소드* 선언

속성(Attribute)
객체의 정보(상태)
• 데이터, 변수, 자료 구조, 필드

메소드(Method)
객체의 동작(기능)
• 연산자, 동작, 오퍼레이션, 함수, 프로시저

3 객체(Object) [22년 2회 실기] [20년 2회 실기]

객체는 현실 세계에 존재하는 실체로, 클래스를 실제 사용할 수 있도록 만든 것이다.

• 클래스에 속한 각각의 객체를 인스턴스(Instance)라고 한다.

권쌤이 알려줌

클래스의 속성과 메소드를 한꺼번에 클래스 멤버(Class Member)라고도 부릅니다.

권쌤이 알려줌

JAVA언어에서 객체를 생성하기 위해 new를 사용합니다.

형식 1

클래스명 객체변수명 = new 클래스명();

• 클래스명 : 객체를 생성할 클래스명
• 객체변수명 : 객체 변수 이름을 임의로 지정

예제　　Human 클래스

```
1   package Gisafirst;
2
3   public class Human {
4       public static void main(String[] args) {
5           Car Bus = new Car();
6           Car Taxi = new Car();
7
8           Bus.Wheel = 4;
9           Bus.Drive();
10      }
11  }
```

해설	
3	public class Human 　클래스 Human 생성
4	public static void main(String[] args) 　메인 함수 선언 　- 프로그램 실행 시 main() 함수를 가장 먼저 호출하여 실행한다.
5	Car Bus = new Car(); 　클래스 Car의 객체 Bus 생성 → 인스턴스(Instance) 생성
6	Car Taxi = new Car(); 　클래스 Car의 객체 Taxi 생성 → 인스턴스(Instance) 생성
8~9	Bus.Wheel = 4; Bus.Drive(); 　객체 Bus의 속성 및 메소드 사용

학습플러스 static 메소드(정적 메소드) [22년 1, 2회] [22년 1회 실기] [21년 2회 실기]

JAVA언어에서 static 메소드는 객체 생성 없이 호출할 수 있는 메소드를 말한다.
- 클래스 내의 메소드를 선언할 때 static 예약어를 붙인다.
- '클래스명.메소드명'으로 메소드를 호출할 수 있다.

예제	static 메소드

```
1   public class Car {
2       static public void Drive() {
3           ...
4       }
5   }
6   public class Human {
7       public static void main(String[] args) {
8           Car.Drive();
9       }
10  }
```

해설	
2~4	static public void Drive() { ... } 　static 메소드 선언 　- 클래스 Car의 메소드 Drive는 객체 생성 없이 호출할 수 있다.
8	Car.Drive(); 　클래스 Car의 메소드 Drive 호출

4 생성자(Constructor) [22년 3회] [20년 3회 실기]

생성자는 객체 생성 시 초기화 작업을 위한 함수이다.

- 객체가 처음 생성될 때 반드시 호출되고, 제일 먼저 실행된다.

- 반드시 클래스명과 동일하게 정의해야 하며, 반환 값이 없다.

형식

```
public 클래스명(매개변수) {
    수행할 동작
}
```

- 클래스명 : 생성자를 포함하는 클래스명
- 매개변수(Parameter, 파라미터) : 생성자가 전달받는 값을 저장하는 변수
  - 함수 내에서 쓰일 데이터 타입과 변수명을 함께 작성한다.
  - 매개변수는 없을 수도 있고, 여러 개가 있을 수도 있다.

예제	실행순서	생성자
1 2 3 4		package Gisafirst; public class Car { 　int Wheel;

5		`int Engine;`
6		
7	③ ⑦	`public Car(int a, int b) {`
8	④ ⑧	`Wheel = a;`
9	⑤ ⑨	`Engine = b;`
10		`}`
11		
12	⑪	`public void Drive() {`
13	⑫	`...`
14		`}`
15		`}`
16		
17		`public class Human {`
18	①	`public static void main(String[] args) {`
19	②	`Car Bus = new Car(4, 1);`
20	⑥	`Car Taxi = new Car(4, 2);`
21		
22	⑩	`Bus.Drive();`
23		`}`
24		`}`

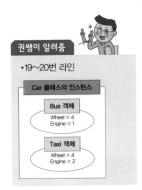

해설

3	public class Car 클래스 Car 생성
4~5	int Wheel; int Engine; 속성 선언
7	public Car(int a, int b) 클래스 Car의 생성자 선언(매개변수 : a, b)
8	Wheel = a; 클래스 Car의 변수 Wheel에 매개변수로 전달받은 값 a 저장
9	Engine = b; 클래스 Car의 변수 Engine에 매개변수로 전달받은 값 b 저장
12~14	public void Drive() { ... } 메소드 Drive 선언
17	public class Human 클래스 Human 생성
18	public static void main(String[] args) 메인 함수 선언 - 프로그램 실행 시 main() 함수를 가장 먼저 호출하여 실행한다.
19	Car Bus = new Car(4, 1); 클래스 Car의 객체 Bus 생성 → 인스턴스(Instance) 생성 - 객체 생성 시 클래스 Car의 생성자 호출(전달 인자 : 4, 1)
20	Car Taxi = new Car(4, 2); 클래스 Car의 객체 Taxi 생성 → 인스턴스(Instance) 생성 - 객체 생성 시 클래스 Car의 생성자 호출(전달 인자 : 4, 2)
22	Bus.Drive() 클래스 Car의 객체 Bus의 메소드 Dirve 호출

5 접근 제한자(접근 제어자) [20년 2, 4회]

접근 제한자는 내·외부로부터 클래스 멤버에 대한 접근 범위를 설정하여 주는 것이다.

- 클래스 멤버들은 객체 자신들만의 속성과 메소드이므로, 접근을 제한할 필요가 있다.

1. public

모든 접근을 허용한다.

- 패키지※와 클래스가 같지 않아도 모든 접근이 가능하다.

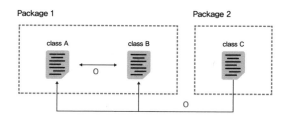

2. protected

동일 패키지 내의 클래스와 다른 패키지의 상속※ 관계에 있는 클래스에서도 접근이 가능하다.

- 다른 패키지이거나 상속 관계가 없는 다른 클래스 차단한다.

① 클래스 C가 상속 관계가 아닐 경우

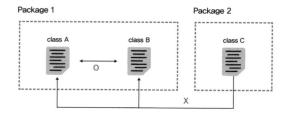

② 클래스 C가 상속 관계일 경우

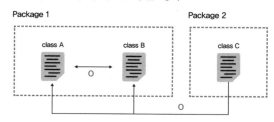

3. default

아무런 접근 제한자를 명시하지 않으면 default 값이 되며, 동일 패키지에서만 접근이 가능하다.

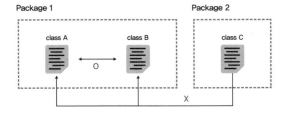

4. private

자신을 포함한 클래스에서만 접근이 가능하다.

• 외부에 있는 클래스의 접근을 차단한다.

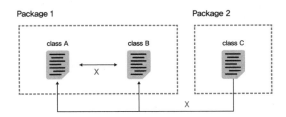

	public	protected	default	private	
자신을 포함한 클래스	O	O	O	O	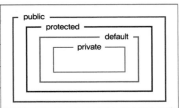
동일 패키지	O	O	O	X	
상속받은 클래스	O	O	X	X	
모든 영역	O	X	X	X	

[20년 2회 실기]

01 JAVA언어로 구현된 코드와 〈출력〉을 분석하여 ( ) 안에 들어갈 가장 적합한 JAVA언어 코드는?

```
class Parent {
    public void print() {
        System.out.println("Parent");
    }
}
class Child extends Parent {
    public void print() {
        System.out.println("Child");
    }
}
public class Gisafirst {
```

```
    public static void main(String[] args) {
        Parent pa = (      ) Child();
        pa.print();
    }
}
```

〈출력〉

```
Child
```

① new   ② int
③ public   ④ char

객체(Object)는 현실 세계에 존재하는 실체로, 클래스를 실제 사용할 수 있도록 만든 것이다.
- 형식 : 클래스명 변수명 = new 클래스명();

TIP "Parent pa = new Child();"에서 클래스 Child의 객체 pa를 생성하는 이유는 오버라이딩을 하기 위해 하위 클래스(Child)로 객체 변수를 생성하고 데이터 타입은 상위 클래스(Parent)로 지정합니다. 이는 이후 자세히 학습합니다.

[21년 2회 실기]

02 JAVA언어로 구현된 코드와 〈출력〉을 분석하여 ( ) 안에 들어갈 가장 적합한 JAVA언어 코드는?

```java
public class Gisafirst {
    public static void main(String[] args) {
        System.out.print(Gisafirst.test(1));
    }
    (      ) String test(int num) {
        return (num >= 0) ? "positive" : "negative";
    }
}
```

〈출력〉

```
positive
```

① public ② new
③ default ④ static

static 메소드는 객체 생성 없이 호출할 수 있는 메소드이다.

[21년 3회 실기]

03 다음 JAVA 프로그램이 실행되었을 때의 결과는?

```java
class Singleton {
    private static Singleton instance = null;
    private int count = 0;

    static public Singleton getInstance() {
        if(instance == null) {
            instance = new Singleton();
            return instance;
        }
        return instance;
    }
    public void count() {
        count++;
```

```java
    }
    public int getCount() {
        return count;
    }
}
public class Gisafirst {
    public static void main(String[] args) {
        Singleton sg1 = Singleton.getInstance();
        sg1.count();

        Singleton sg2 = Singleton.getInstance();
        sg2.count();

        Singleton sg3 = Singleton.getInstance();
        sg3.count();

        System.out.print(sg1.getCount());
    }
}
```

① 0 ② 1
③ 2 ④ 3

싱글톤 패턴은 오직 하나의 객체만을 가지도록 하며, 객체가 사용될 때 똑같은 객체를 여러 개 만드는 것이 아닌 기존에 생성했던 동일한 객체를 사용한다.
- 싱글톤 패턴을 생성할 때는 기본적으로 private를 사용하여 외부에 있는 클래스의 접근을 차단한다.

```java
class Singleton { // 클래스 Singleton 생성
    private static Singleton instance = null;
    // 싱글톤 객체를 static 변수로 선언 및 초기화
    → 유일한 인스턴스를 저장하기 위함
    private int count = 0; // 변수 선언 및 초기화

    static public Singleton getInstance() {
    // 메소드 getInstance 선언
        if(instance == null) {
        // instance가 null인 경우
            instance = new Singleton();
            // 클래스 Singleton의 객체 instance 생성
            return instance; // instance 값 반환
        }
        return instance; // instance 값 반환
    }
④⑧⑫ public void count() { // 메소드 count 선언
⑤⑨⑬ count++; // count 값 1 증가(0 → 1 → 2 → 3)
    }
⑮ public int getCount() { // 메소드 getCount 선언
⑯     return count; // count 값 반환
    }
}
```

```
public class Gisafirst {
①   public static void main(String[] args) {
        // 메인 함수 선언
②       Singleton sg1 = Singleton.getInstance();
        // 클래스 Singleton의 메소드 getInstance의
        // 객체 sg1 생성
③       sg1.count(); // 객체 sg1의 메소드 count 호출

⑥       Singleton sg2 = Singleton.getInstance();
        // 클래스 Singleton의 메소드 getInstance의
        // 객체 sg2 생성
⑦       sg2.count(); // 객체 sg2의 메소드 count 호출

⑩       Singleton sg3 = Singleton.getInstance();
        // 클래스 Singleton의 메소드 getInstance의
        // 객체 sg3 생성
⑪       sg3.count(); // 객체 sg3의 메소드 count 호출

⑭⑰      System.out.print(sg1.getCount());
        // 객체 sg1의 메소드 getCount 호출 및 출력
    }
}
```

TIP getInstance가 최초로 불리면 클래스 Singleton의 객체 instance는 new에 의해 객체가 생성됩니다. instance는 static 변수이므로, 처음 생성 이후 항상 동일한 instance를 리턴합니다.

[20년 2, 4회]

04 JAVA언어에서 접근 제한자가 아닌 것은?

① public   ② protected

③ package   ④ private

해설 접근 제한자 : public, protected, default, private

[이전 기출]

05 다음 프로그램의 A3 클래스에서 사용할 수 있는 객체 변수들로 옳은 것만을 모두 고르면?

```
public class A1 {
    public int x;
    private int y;
    protected int z;
    ...
}
public class A2 extends A1 {
    protected int a;
    private int b;
    ...
}
public class A3 extends A2 {
    private int q;
    ...
}
```

① x, q   ② x, y, b, q

③ x, y, z, q   ④ x, z, a, q

해설 클래스 A3은 A2, A1을 상속받고 있으므로, 접근 제한자에 따라 변수(속성)을 사용할 수 있다.
- public : 모든 접근 허용(x)
- private : 자신을 포함한 클래스에서만 접근 가능(q)
- protected : 동일 패키지 내의 클래스와 다른 패키지의 상속 관계에 있는 클래스에서도 접근 가능(z, a)

▶ 정답 : 01.①, 02.④, 03.④, 04.③, 05.④

★★

02 입·출력 함수

1 출력 함수 System.out.print() [20년 4회]

화면(모니터)에 출력한다.

형식 1

```
System.out.print(출력값);
```

- 출력값 : 숫자, 문자 등의 값이나 변수, 식 입력
📝 int a = 55;
```
System.out.print(a); // 변수 a 값을 출력한다.
System.out.print(a);
```
- 출력 결과 : 5555

합격자의 맘기법

JAVA언어의 출력 함수
- 키워드 기본 출력 → 용어 print
- 키워드 출력 후 줄(line) 나눔 → 용어 println
- 키워드 형식(format)에 맞게 출력 → 용어 printf

권쌤이 알려줌

서식 문자는 C언어, JAVA언어, Python언어 구분 없이 사용합니다.

학습 플러스 + 연산자 [22년 3회] [21년 1, 2회]

JAVA언어의 출력 함수에서 문자열과 변수의 값을 함께 출력할 경우 + 연산자를 사용한다.
- 만약 괄호() 내 + 연산자가 사용되면 덧셈 연산을 의미한다.
예 int a = 123;
   System.out.print("a=" + a);
   // 큰따옴표("") 안의 문자열은 그대로 출력하고 변수 a의 값을 출력한다.
     - 출력 결과 : `a=123`
예 int a = 123;
   System.out.print("결과는 " + a + (a + 1) + " 입니다.")
   // 큰따옴표("") 안의 문자열은 그대로 출력하며, 변수 a의 값을 출력한다.
     그리고 괄호() 내의 덧셈 연산을 실행한 값을 출력한다.
     - 출력 결과 : `결과는 123124 입니다.`

2 입력 함수 Scanner 클래스 [22년 3회] [21년 3회]

키보드로 데이터를 입력받는다.

권쌤이 알려줌

import는 C언어의 #include와 같은 개념으로, 해당 파일에 프로그램에 내장된 함수(라이브러리)를 포함한다는 의미입니다.
- 라이브러리(Library) : 자주 사용하는 함수를 미리 작성하여 저장시켜둔 것

형식

```
Scanner 객체변수명 = new Scanner(System.in);
```

- 객체변수명 : 데이터를 입력받아 저장할 객체 변수 입력
예 Scanner a = new Scanner(System.in); // 키보드로 데이터를 입력받기 위한 클래스 Scanner의
                                        객체 a를 생성한다.

예제 Scanner 클래스

1	`import java.util.Scanner;`
2	
3	`public class Gisafirst {`

4	`    public static void main(String[] args) {`
5	`        Scanner scanf = new Scanner(System.in);`
6	
7	`        int k;`
8	`        k = scanf.nextInt();`
9	
10	`        scanf.close();`
11	`    }`
12	`}`

해설

1	`import java.util.Scanner;`
	Scanner 클래스를 사용하기 위해 Scanner 라이브러리를 현재 클래스에 반드시 포함
3	`public class Gisafirst`
	클래스 Gisafirst 생성
4	`public static void main(String[] args)`
	메인 함수 선언
5	`Scanner scanf = new Scanner(System.in);`
	키보드로 데이터를 입력받기 위한 클래스 Scanner의 객체 scanf 생성
7	`int k;`
	변수 k 선언
8	`k = scanf.nextInt();`
	변수 k에 키보드로 입력받은 값 저장
	– nextInt()는 키보드로 정수 값을 입력받아 저장한다.
10	`scanf.close();`
	객체 변수 scanf를 메모리에서 해제
	– 객체를 생성하면 메모리의 일부분을 객체가 차지하게 된다. 객체 사용이 끝나면, 메모리에서 할당을 해제하여 다른 곳에 사용할 수 있도록 하는 것을 권장한다.
	– JAVA언어에서는 더 이상 사용되지 않는 객체를 자동으로 메모리에서 제거하도록 하는 가비지 컬렉션(GC; Garbage Collection)이라는 개념을 사용한다.

기출 및 예상문제　　02 입·출력 함수

[20년 4회]

01 Java에서 사용되는 출력 함수가 아닌 것은?

① System.out.print()

② System.out.println()

③ System.out.printing()

④ System.out.printf()

해설
- System.out.print(), System.out.printf() : 출력
- System.out.println() : 출력 및 개행

[21년 1회]

02 다음 JAVA 코드 출력문의 결과는?

```
…생략…
System.out.println("5 + 2 = " + 3 + 4);
System.out.println("5 + 2 = " + (3 + 4));
…생략…
```

① 5 + 2 = 34　　　② 5 + 2 + 3 + 4
　　5 + 2 = 34　　　　　5 + 2 = 7

③ 7 = 7　　　　　④ 5 + 2 = 34
　　7 + 7　　　　　　　5 + 2 = 7

해설 JAVA언어의 출력 함수에서 문자열과 변수의 값을 함께 출력할 경우 + 연산자를 사용한다.
- 괄호 X : 문자열 이어 붙이기 예 3 + 4 → 34
- 괄호 O : 덧셈 예 (3 + 4) → 7

[21년 2회]

03 다음 JAVA 프로그램이 실행되었을 때의 결과는?

```java
public class Operator {
    public static void main(String[] args) {
        int x = 5, y = 0, z = 0;
        y = x++;
        z = --x;
        System.out.print(x + ", " + y + ", " + z);
    }
}
```

① 5, 5, 5   ② 5, 6, 5
③ 6, 5, 5   ④ 5, 6, 4

해설
- y = x++; // x를 사용 후 1 증가 → y = 5, x = 6
- z = --x; // x를 1 감소시킨 후 사용 → x = 5, z = 5

[21년 3회]

04 JAVA에서 힙(Heap)에 남아있으나 변수가 가지고 있던 참조 값을 잃거나 변수 자체가 없어짐으로써 더 이상 사용되지 않는 객체를 제거해주는 역할을 하는 모듈은?

① Heap Collector   ② Garbage Collector
③ Memory Collector   ④ Variable Collector

해설 키워드 사용되지 않는 객체 제거 → 용어 가비지 컬렉터(Garbage Collector)
TIP 힙(Heap)은 메모리의 영역 중 하나로, 객체가 저장되는 곳입니다.

[21년 3회 실기]

05 다음 JAVA 프로그램이 실행되었을 때의 결과는?

```java
public class Gisafirst {
    public static void main(String[] args) {
        int w = 3, x = 4, y = 3, z = 5;
```

```java
        if((w == 2 | w == y) & !(y > z) & (1
== x ^ y != z)) {
            w = x + y;

            if(7 == x ^ y != w) {
                System.out.println(w);
            } else {
                System.out.println(x);
            }
        } else {
            w = y + z;

            if(7 == y ^ z != w) {
                System.out.println(w);
            } else {
                System.out.println(z);
            }
        }
    }
}
```

① 3   ② 5
③ 7   ④ 8

해설 코드해설

```java
int w = 3, x = 4, y = 3, z = 5;
// 변수 선언 및 초기화
if((w == 2 | w == y) & !(y > z) & (1 == x ^ y != z)) {
// (F | T) & !(F) & (F ^ T) = T & T & T = T
    w = x + y; // w에 x + y 값 저장 → 7

    if(7 == x ^ y != w) { // (F ^ T) = T
        System.out.println(w); // w 값 출력
    }
```

TIP
- &(비트곱, and) : 모두 T이면 T
- ^(배타적 논리합, xor) : 하나만 T이면 T

TIP if~else문은 if문의 값이 참(T)일 경우 if문만 실행하며, if문의 값이 거짓(F)일 경우 else문을 실행합니다.

▶ 정답 : 01.③, 02.④, 03.①, 04.②, 05.③

03 배열과 문자열

1 배열

JAVA언어에서 배열은 new 연산자를 사용하여 선언 및 초기화한다.

1. 1차원 배열 [21년 3회] [20년 1, 4회 실기]

형식 1

```
데이터타입 배열명[] = new 데이터타입[배열의크기];        또는
배열명[인덱스] = 값;

데이터타입[] 배열명 = new 데이터타입[배열의크기];
배열명[인덱스] = 값;
```

- 데이터타입 : 배열에 저장될 자료형
- 배열명 : 배열 이름을 임의로 지정
- 배열크기 : 배열에 저장될 최대 요소 개수
- 인덱스 : 배열에서 특정 위치
  - 배열 인덱스는 항상 0부터 시작한다.
- 값 : 배열에 저장할 값

예
```
int score[] = new int[3];
score[0] = 90;
score[1] = 100;
score[2] = 85;
```

인덱스	0	1	2
값	90	100	85

배열 score

형식 2

```
데이터타입 배열명[] = {값1, 값2, ...};        또는

데이터타입[] 배열명 = {값1, 값2, ...};
```

- 데이터타입 : 배열에 저장될 자료형
- 배열명 : 배열 이름을 임의로 지정
- 값 : 배열에 저장할 값

인덱스	0	1	2
값	90	100	85

배열 score

예 int score[] = {90, 100, 85};

2. 2차원 배열 [21년 1회 실기] [20년 4회 실기]

행과 열로 조합한 배열이다.

형식 1

```
데이터타입 배열명[][] = new 데이터타입[행개수][열개수];        또는
배열명[행][열] = 값;

데이터타입[][] 배열명 = new 데이터타입[행개수][열개수];
배열명[행][열] = 값;
```

- 데이터타입 : 배열에 저장될 자료형
- 배열명 : 배열 이름을 임의로 지정
- 행개수, 열개수 : 배열의 행 크기와 열 크기
- 행, 열 : 배열에서 특정 위치
- 값 : 배열에 저장할 값

예
```
char ch[][] = new char[2][2];
ch[0][0] = 'a';
ch[0][1] = 'b';
ch[1][0] = 'c';
ch[1][1] = 'd';
```

	열 0	열 1
행 0	a	b
행 1	c	d

ch [1] [0]

권쌤이 알려줌

JAVA언어는 객체 지향 프로그래밍 언어이므로 배열과 문자열 사용 시 객체의 개념을 적용합니다.

권쌤이 알려줌

JAVA언어에서 배열의 크기를 지정할 경우 자동으로 값이 0으로 초기화 됩니다.

권쌤이 알려줌

배열의 선언과 초기화를 동시에 할 경우 배열의 크기는 입력하지 않습니다.

권쌤이 알려줌

C언어에서는 하나의 행이 가지는 요소 개수가 같지만, JAVA언어에서는 하나의 행이 가지는 요소 개수가 다를 수 있습니다.

- C언어 : int a[3][3] = {{1}, {2,3}, {4,5,6}};

1	0	0
2	3	0
4	5	6

배열 a

// 초기 값이 배열의 크기보다 적으므로 나머지 값은 0으로 초기화됩니다.

- JAVA언어 : int[][] a = {{1}, {2,3}, {4,5,6}};

1		
2	3	
4	5	6

배열 a

// 초기 값이 없는 공간은 메모리에 할당되지 않습니다.

데이터타입 배열명[][] = {{값1, 값2, …}, {값3, 값4, …}};

또는

데이터타입[][] 배열명 = {{값1, 값2, …}, {값3, 값4, …}};

• 데이터타입 : 배열에 저장될 자료형
• 배열명 : 배열 이름을 임의로 지정
• 값 : 배열에 저장할 값

예 char ch[][] = {{'a', 'b'}, {'c', 'd'}};

		열	
		0	1
행	0	a	b
	1	c	d

ch [1] [0]

학습＋플러스 개선된 for문

개선된 for문을 사용하면 배열의 요소를 쉽게 사용할 수 있다.

형식

```
for(데이터타입 변수명:배열명) {
    문장;
}
```

• 데이터타입 : 배열의 자료형
• 변수명 : 배열의 요소를 저장할 변수명
• 배열명 : 사용할 배열명
• for문 실행 순서

```
for(①변수:②배열) {
    ③문장;
}
```

②배열의 요소를 순서대로 ①변수에 저장하며 ③문장을 실행한다.

예제   배열 출력

```
1  public class Gisafirst {
2      public static void main(String[] args) {
3          int[] a = {11, 22, 33};
4
5          for(int i : a) {
6              System.out.println(i);
7          }
8      }
9  }
```

출력
결과

```
11
22
33
```

해설

3	int[] a = {11, 22, 33}; 배열 a 선언 및 초기화	인덱스	0	1	2
		값	11	22	33

배열 a

디버깅표

i	출력
a[0] = 11	11
a[1] = 22	22
a[2] = 33	33

| 5~6 | `for(int i : a) { System.out.println(i); }`

`for(①int i : ②a) {`
    `③System.out.println(i);`
`}`

① 배열 요소를 저장할 변수 i 선언
② 변수 i에 배열 a의 요소(값) 저장
- a[0]부터 변수 i에 저장된다.
③ i 값 출력 및 개행 → 배열 a[i] 값 출력 및 개행
④ 배열의 크기만큼 ②~③ 반복 후 for문 종료 |

2 문자열

JAVA언어에서 문자열은 String 클래스로 지원하므로 String 클래스를 이용하여 문자열을 저장할 수 있다.

권쌤이 알려줌

C언어에서 문자열은 배열 또는 포인터를 사용하여 저장할 수 있습니다.

형식

```
String 변수명;
변수명 = "문자열";
```
또는
```
String 변수명 = "문자열";
```

- 변수명 : 문자열을 저장할 변수명을 임의로 지정
- 문자열 : 반드시 큰따옴표(" ")를 사용하여 문자열 표현
- 예 String str = "gisafirst"; // String은 문자열 클래스이고, str은 클래스 String의 객체
        변수이다.

권쌤이 알려줌

JAVA언어에서 문자열은 String 클래스를 사용합니다. String은 데이터 타입처럼 사용할 수 있습니다.

 length() 함수

String 클래스의 length() 함수는 문자열 길이를 반환한다. 배열 변수에도 사용할 수 있으며, 배열 변수와 함께 사용할 경우 배열 길이(크기)를 반환한다.

예
```
String str = "gisafirst";
int n = str.length(); // 문자열 str의 길이를 정수형 변수 n에 저장한다.
System.out.printf("%d", n);
```
- 출력 결과 : 9

[21년 3회]

01 다음 JAVA 프로그램이 실행되었을 때의 결과는?

```java
public class ovr {
    public static void main(String[] args) {
        int arr[];
        int i = 0;
        arr = new int[10];
        arr[0] = 0;
        arr[1] = 1;
        while(i < 8) {
            arr[i+2] = arr[i+1] + arr[i];
            i++;
        }
        System.out.println(arr[9]);
    }
}
```

① 13   ② 21

③ 34   ④ 55

해설 코드해설

```
int arr[]; // 배열 arr 선언
int i = 0; // 변수 선언 및 초기화
arr = new int[10]; // 배열 arr의 크기를 10으로 지정
arr[0] = 0; // arr[0]에 0 저장
arr[1] = 1; // arr[1]에 1 저장
while(i < 8) { // i가 8보다 작은 동안 while문 실행
    arr[i+2] = arr[i+1] + arr[i];
    // arr[i+2]에 arr[i+1] + arr[i] 값 저장
    i++; // i 값 1 증가
}
System.out.println(arr[9]); // arr[9] 값 출력 및 개행
```

디버깅표

i	arr[i+2] = arr[i+1]+arr[i]
0	arr[2] = 1+0 = 1
1	arr[3] = 1+1 = 2
2	arr[4] = 2+1 = 3
3	arr[5] = 3+2 = 5
4	arr[6] = 5+3 = 8
5	arr[7] = 8+5 = 13
6	arr[8] = 13+8 = 21
7	arr[9] = 21+13 = 34

[20년 1회 실기]

02 다음 JAVA 프로그램의 결과 값은?

```java
public class Gisafirst {
    static int nSize = 4;
    public static void main(String[] args) {
        int[] arr = new int[nSize];
        makeArray(arr);
        for(int i = 0; i < nSize; i++) {
            System.out.print(arr[i] + " ");
        }
    }
    public static void makeArray(int[] arr) {
        for(int i = 0; i < nSize; i++) {
            arr[i] = i;
        }
    }
}
```

① 0 1 2 3   ② 1 2 3 4

③ 0 2 4 6   ④ 1 3 5 7

해설 코드해설

```
static int nSize = 4; // 전역 변수 선언 및 초기화
public static void main(String[] args) {
    int[] arr = new int[nSize];
    // 크기가 4인 배열 arr 선언
    makeArray(arr);
    // 메소드 makeArray 호출(전달인자 : arr)
    for(int i = 0; i < nSize; i++) {
    // i는 0부터 nSize보다 작을 때까지 for문 실행
        System.out.print(arr[i] + " ");
        // arr[i] 값 출력 및 한 칸 띄움
    }
}
public static void makeArray(int[] arr) {
// 메소드 makeArray 선언(매개변수 : arr)
    for(int i = 0; i < nSize; i++) {
    // i는 0부터 nSize보다 작을 때까지 for문 실행
        arr[i] = i; // arr[i]에 i 저장
    }
```

a[0]	a[1]	a[2]	a[3]
0	1	2	3

```
}
```

TIP 위에서 사용된 static은 전역 변수로, 소스 코드 전체에서 사용 가능한 변수를 의미합니다. 전역 변수는 이후 자세히 학습합니다.

[20년 4회 실기]

03 다음 JAVA언어로 구현된 프로그램에서 코드와 〈출력〉을 분석하여 빈칸(㉠, ㉡)에 들어갈 내용으로 적합한 것은?

```java
public class Gisafirst {
    public static void main(String[] args) {
        int a[] = new int[8];
        int i = 0, n = 10;
        while(( ㉠ )) {
            a[i++] = ( ㉡ );
            n /= 2;
        }
        for(i = 7; i >= 0; i--)
            System.out.printf("%d", a[i]);
    }
}
```

〈출력〉

```
00001010
```

	㉠	㉡
①	n > 0	n % 2
②	n >= 0	n % 2
③	n > 0	n % 1
④	n >= 0	n % 1

2진수 변환

```
int a[] = new int[8]; // 크기가 8인 배열 a 선언
int i = 0, n = 10; // 변수 선언 및 초기화
while(n > 0) { // n이 0보다 큰 동안 while문 실행
    a[i++] = n % 2; // a[i]에 n % 2 값 저장 후
                    i 값 1 증가
    n /= 2; // n에 n / 2 값 저장
}
for(i = 7; i >= 0; i--)
// i는 7부터 0보다 크거나 같을 때까지 1씩 감소하며
   for문 실행(배열 역순 출력)
    System.out.printf("%d", a[i]); // a[i] 값 출력
```

디버깅표

i	n	n > 0	a[i++]	배열 a
0	10	T	a[0]=10%2=0	00000000
1	5	T	a[1]=5%2=1	01000000
2	2	T	a[2]=2%2=0	01000000
3	1	T	a[3]=1%2=1	01010000
4	0	F		while문 종료

TIP n은 정수형이므로 2.5는 소수점 아래 절삭되어 2가 저장됩니다.

[20년 4회 실기]

04 다음 JAVA언어로 구현된 프로그램에서 코드와 〈출력〉을 분석하여 빈칸(㉠, ㉡)에 들어갈 내용으로 적합한 것은?

```java
public class Gisafirst {
    public static void main(String[] args) {
        int[][] array = new int [(㉠)][(㉡)];
        for(int i = 0; i < 3; i++) {
            for(int j = 0; j < 5; j++) {
                array[i][j] = 3 * j + i + 1;
                System.out.print(array[i][j] +
" ");
            }
            System.out.println();
        }
    }
}
```

〈출력〉

```
1 4 7 10 13
2 5 8 11 14
3 6 9 12 15
```

	㉠	㉡		㉠	㉡
①	3	5	②	5	3
③	2	4	④	4	2

이차원 배열

```
① int[][] array = new int[3][5];
② for(int i = 0; i < 3; i++) {
③     for(int j = 0; j < 5; j++) {
④         array[i][j] = 3 * j + i + 1;
⑤         System.out.print(array[i][j] + " ");
⑥     }
⑦     System.out.println();
```

① 3행 5열 배열 array 생성
②~⑥ 3행 5열 배열에 요소 저장 후 출력
⑦ 개행
• 안쪽 for문이 종료되면, 즉 각 행의 모든 값을 출력했으면 개행한다.

1	4	7	10	13
2	5	8	11	14
3	6	9	12	15

[21년 1회 실기]

05 다음 JAVA 프로그램의 결과 값은?

```java
public class Gisafirst{
    public static void main(String []args){
        int a[][] = {{45, 50, 75}, {89}};
        System.out.println(a[0].length);
        System.out.println(a[1].length);
        System.out.println(a[0][0]);
        System.out.println(a[0][1]);
        System.out.println(a[1][0]);
    }
}
```

① 3 1 45 50 89

② 45 89 45 50 75

③
3
1
45
50
89

④
45
89
45
50
75

해설

코드해설

```java
int a[][] = {{45, 50, 75}, {89}};
// 이차원 배열 a 선언 및 초기화
```

a[0]	45	50	75
a[1]	89		

```java
System.out.println(a[0].length);
// a[0]의 길이 출력 후 개행 → 3
System.out.println(a[1].length);
// a[1]의 길이 출력 후 개행 → 1
System.out.println(a[0][0]);
// 배열 a의 0행 0열 요소 출력 후 개행 → 45
System.out.println(a[0][1]);
// 배열 a의 0행 1열 요소 출력 후 개행 → 50
System.out.println(a[1][0]);
// 배열 a의 1행 0열 요소 출력 후 개행 → 89
```

▶ 정답 : 01.③, 02.①, 03.①, 04.①, 05.③

---

04 상속, 오버라이딩, 오버로딩, 추상 클래스

1 상속(Inheritance) [20년 2회 실기]

상속은 상위(부모) 클래스*의 멤버들을 하위(자식) 클래스*가 물려받아 사용하는 것이다.

• 하위 클래스는 상위 클래스의 속성과 메소드를 정의하지 않고 바로 사용할 수 있다.

형식

class 하위클래스 extends 상위클래스

• 하위클래스* : 상위 클래스의 속성과 메소드를 물려받는 클래스
• 상위클래스* : 하위 클래스에게 속성과 메소드를 물려주는 클래스

예제 상속

```java
1  class SuperObject {
2      String name;
3  }
4
5  class SubObject extends SuperObject {
6      String subject;
```

권쌤이 알려줌

상속은 코드의 중복을 최소화하기 위해 상위 클래스의 속성과 메소드를 하위 클래스가 상속받는 것입니다. 개념 이해가 다소 어려우니, 프로그래밍 기본 문법을 충분히 이해하고 학습하세요.

하위 클래스
서브 클래스, 자식 클래스

상위 클래스
슈퍼 클래스, 부모 클래스

7	`    }`
8	
9	`public class Gisafirst {`
10	`    public static void main(String[] args) {`
11	`        SubObject a = new SubObject();`
12	`        a.name = "gisafirst";`
13	`        a.subject = "정보처리기사";`
14	`        System.out.print(a.name + a.subject);`
15	`    }`
16	`}`
출력 결과	gisafirst정보처리기사

해설

1~3	`class SuperObject { String name; }` 클래스 SuperObejct 생성 및 멤버 선언
5~7	`class SubObject extends SuperObject { String subject; }` 클래스 SuperObject를 상속받는 클래스 SubObject 생성 및 멤버 선언
9	`public class Gisafirst` 클래스 Gisafirst 생성
10	`public static void main(String[] args)` 메인 함수 선언
11	`SubObject a = new SubObject();` 클래스 SubObject의 객체 a 생성
12	`a.name = "gisafirst";` 클래스 SuperObject로부터 상속받은 속성 사용
13	`a.subject = "정보처리기사";` 클래스 SubObject의 속성 사용
14	`System.out.print(a.name + a.subject);` a.name 값과 a.subject 값 출력

2 오버라이딩(Overriding) [21년 2회 실기] [20년 4회 실기]

오버라이딩은 하위(자식) 클래스에서 상위(부모) 클래스의 메소드를 재정의하는
과정이다.

- 상위 클래스의 메소드와 동일한 메소드를 하위 클래스에 재정의하고, 해당 메
소드가 수행하는 기능을 다르게 한다.
- 하위 클래스의 오버라이딩 메소드는 상위 클래스 메소드보다 우선순위가 높다.

예제	실행순서	오버라이딩
1		`class SuperObject {`
2		`    public void paint() {`
3		`        draw();`
4		`    }`
5	⑥	`    public void draw() {`
6	⑦	`        draw();`
7	⑩	`        System.out.println("Super Object");`
8		`    }`
9		`}`
10		

권쌤이 알려줌

실행 순서 ⑦번은 하위 클래스
의 오버라이딩 메소드입니다. 오
버라이딩 메소드는 상위 클래스
메소드보다 우선순위가 높으므
로, 클래스 SubObject의 메소드
draw를 실행합니다.

11		`class SubObject extends SuperObject {`
12	④	`    public void paint() {`
13	⑤	`        super.draw();`
14		`    }`
15	⑧	`    public void draw() {`
16	⑨	`        System.out.println("Sub Object");`
17		`    }`
18		`}`
19		
20		`public class Gisafirst {`
21	①	`    public static void main(String[] args) {`
22	②	`        SuperObject a = new SubObject();`
23	③	`        a.paint();`
24		`    }`
25		`}`

출력 결과	Sub Object Super Object

권쌤이 알려줌

실행 순서 ③번은 하위 클래스의 오버라이딩 메소드입니다. 오버라이딩 메소드는 상위 클래스 메소드보다 우선순위가 높으므로, 클래스 SubObject의 메소드 paint를 실행합니다.

super
상위 클래스를 호출하는 예약어

해설

1	`class SuperObject` 　클래스 SuperObject 생성
2	`public void paint()` 　메소드 paint 선언
3	`draw();` 　메소드 draw 호출
5	`public void draw()` 　메소드 draw 선언
6	`draw();` 　메소드 draw 호출
7	`System.out.println("Super Object");` 　"Super Object" 출력 및 개행
11	`class SubObject extends SuperObject` 　클래스 SuperObject를 상속받는 클래스 SubObject 생성
12	`public void paint()` 　메소드 paint 선언
13	`super`*`.draw();` 　상위 클래스의 메소드 draw 호출 → 클래스 SuperObject의 메소드 draw 호출
15	`public void draw()` 　메소드 draw 선언
16	`System.out.println("Sub Object");` 　"Sub Object" 출력 후 개행
20	`public class Gisafirst` 　클래스 Gisafirst 생성
21	`public static void main(String[] args)` 　메인 함수 선언
22	`SuperObject a = new SubObject();` 　클래스 SubObject의 객체 a 생성 　- 오버라이딩하기 위해 하위 클래스로 객체 변수를 생성하고 데이터 타입은 상위 클래스로 지정한다.
23	`a.paint();` 　객체 a의 메소드 paint 호출 → 클래스 SubObject의 메소드 paint 호출 　- 하위 클래스의 오버라이딩 메소드는 상위 클래스 메소드보다 우선순위가 높다.

3 오버로딩(Overloading) [22년 2회]

오버로딩은 하나의 클래스 내에서 같은 이름으로 여러 개의 메소드를 정의하는 과정이다.

- 같은 이름의 메소드를 여러 개 정의하고, 매개변수의 데이터 타입과 개수를 다르게 하여 다양한 유형의 호출에 응답한다.

예제	실행순서	오버로딩
1		`class A {`
2	④	`    public void show() {`
3	⑤	`        System.out.println("null");`
4		`    }`
5	⑦	`    public void show(int a) {`
6	⑧	`        System.out.println(a);`
7		`    }`
8	⑩	`    public void show(int a, int b) {`
9	⑪	`        System.out.println(a + "," + b);`
10		`    }`
11		`}`
12		
13		`public class Gisafirst {`
14	①	`    public static void main(String [] args) {`
15	②	`        A a = new A();`
16	③	`        a.show();`
17	⑥	`        a.show(10);`
18	⑨	`        a.show(10,20);`
19		`    }`
20		`}`

출력 결과		`null`
		`10`
		`10,20`

해설

1	`class A` 클래스 A 생성
2	`public void show()` 메소드 show 선언(매개변수 : 없음)
3	`System.out.println("null");` "null" 출력 및 개행
5	`public void show(int a)` 메소드 show 선언(매개변수 : a)
6	`System.out.println(a);` a 값 출력 및 개행
8	`public void show(int a, int b)` 메소드 show 선언(매개변수 : a, b)
9	`System.out.println(a + "," + b);` a 값, b 값 출력 및 개행
13	`public class Gisafirst` 클래스 Gisafirst 생성
14	`public static void main(String [] args)` 메인 함수 선언

15	A a = new A(); 　클래스 A의 객체 a 생성
16	a.show(); 　객체 a의 메소드 show 호출(전달인자 : 없음) 　- 클래스 A에서 매개변수가 없는 메소드 show가 호출된다.
17	a.show(10); 　객체 a의 메소드 show 호출(전달인자 : 10) 　- 클래스 A에서 매개변수가 정수형이고 1개인 메소드 show가 호출된다.
18	a.show(10,20); 　객체 a의 메소드 show 호출(전달인자 : 10, 20) 　- 클래스 A에서 매개변수가 정수형이고 2개인 메소드 show가 호출된다.

학습+플러스 오버라이딩과 오버로딩 비교

	오버라이딩(Overriding)	오버로딩(Overloading)
적용 범위	상속 관계	같은 클래스 내
반환형	같다.	같거나 다르다.
메소드명	같다.	같다.
매개변수	같다.	다르다.

4 추상 클래스(Abstract Class) [20년 3회 실기]

추상 클래스는 클래스들의 공통되는 속성과 메소드를 정의한 구체적이지 않은 클래스이다.

- 상위 클래스(추상 클래스)에는 메소드의 형태만 정의해 놓고, 그 메소드의 실제 동작 방법은 이 메소드를 상속받은 하위 클래스(실체 클래스)의 책임으로 위임한다.
- 추상 클래스는 실체성이 없고 구체적이지 않으므로 추상 클래스의 객체는 생성할 수 없다.
- 추상 클래스와 실체 클래스는 상속 관계를 가진다.

형식

abstract class 클래스명
- 클래스명 : 추상 클래스 이름을 임의로 지정

예제	실행순서	추상 클래스
1		`public abstract class Coffee {  abstract void drink();  }`
2		
3	④	`class Americano extends Coffee {`
4	⑤	`    void drink() { System.out.println("아메리카노"); }`
5		`}`
6		
7		`class Latte extends Coffee {`
8		`    void drink() { System.out.println("라떼"); }`
9		`}`
10		
11		`public class Gisafirst {`
12	①	`    public static void main(String[] args) {`
13	②	`    Americano a = new Americano();`
14	③	`    a.drink();`
15		`    }`
16		`}`
출력 결과		아메리카노

해설

1	`public abstract class Coffee {  abstract void drink();  }`
	추상 클래스 Coffee 생성 및 추상 메소드 drink 선언
3	`class Americano extends Coffee`
	추상 클래스 Coffee를 상속받는 클래스 Americano 생성
4	`void drink() { System.out.println("아메리카노"); }`
	메소드 drink 선언
	- 추상 클래스 Coffee의 추상 메소드 drink의 동작 방법을 구체화한다.
7	`class Latte extends Coffee`
	추상 클래스 Coffee를 상속받는 클래스 Latte 생성
8	`void drink() { System.out.println("라떼");`
	메소드 drink 선언
	- 추상 클래스 Coffee의 추상 메소드 drink의 동작 방법을 구체화한다.
11	`public class Gisafirst`
	클래스 Gisafirst 생성
12	`public static void main(String [] args)`
	메인 함수 선언
13	`Americano a = new Americano();`
	클래스 Americano의 객체 a 생성
14	`a.drink();`
	객체 a의 메소드 drink 호출 → 클래스 Americano의 메소드 drink 호출

권쌤이 알려줌

추상 클래스 Coffee의 메소드 drink의 동작 방법을 클래스 Americano와 클래스 Latte에서 구체화합니다.
- 즉 추상 클래스는 공통되는 속성과 메소드의 형태만 정의합니다.

[20년 4회 실기]

01 다음 JAVA 프로그램의 실행 결과는?

```
class Parent {
    int compute(int num) {
        if(num <= 1)
            return num;
        return compute(num-1) + compute(num-2);
    }
}
class Child extends Parent {
    int compute(int num) {
        if(num <= 1)
            return num;
        return compute(num-1) + compute(num-3);
    }
}
public class Gisafirst {
    public static void main(String[] args) {
        Parent obj = new Child();
        System.out.print(obj.compute(4));
    }
}
```

① 1   ② 2
③ 3   ④ −1

해설

오버라이딩, 재귀 함수

```
class Child extends Parent {
④   int compute(int num) {
⑤       if(num <= 1)
            return num;
⑥       return compute(num-1) + compute(num-3);
    }
}
public class Gisafirst {
①   public static void main(String[] args) {
②       Parent obj = new Child();
③       System.out.print(obj.compute(4));
    }
```

① 메인 함수 실행
② 클래스 Child의 객체 obj 생성
- 오버라이딩하기 위해 하위 클래스로 객체 변수를 생성하고 데
이터 타입은 상위 클래스로 지정한다.
③ 객체 obj의 메소드 compute 호출(전달 인자 : 4)
  → 클래스 Child의 메소드 compute 호출
④ 메소드 compute 실행(num : 4)
⑤ if(4 <= 1) → FALSE
⑥ return compute(3) + compute(1)
  → 메소드 compute 호출(재귀 함수)
⑦ ④~⑥번 반복

TIP 재귀 함수는 자기 자신을 다시 호출하는 함수를 의미합니다.

재귀 함수

num	num <= 1	return
4	F	compute(3)+compute(1)
3	F	compute(2)+compute(0)
2	F	compute(1)+compute(−1)
0	T	0
1	T	1
−1	T	−1

```
    compute(3)  +  compute(1)
                        1
  compute(2)  +  compute(0)
                    0
compute(1)  +  compute(−1)
    1              −1
∴ 1 + (−1) + 0 + 1 = 1
```

[21년 2회 실기]

02 다음 JAVA 프로그램의 실행 결과는?

```
public class over1 {
    public static void main(String[] args) {
        over1 a1 = new over1();
        over2 a2 = new over2();
        System.out.println(a1.result(3, 2) +
a2.result(3, 2));
    }
    int result(int x, int y) {
        return x + y;
    }
}
class over2 extends over1 {
    int result(int x, int y) {
        return x - y + super.result(x, y);
    }
}
```

① 1   ② 4
③ 5   ④ 11

해설

상속, 오버라이딩

• super : 상위 클래스를 호출하는 예약어

```
public class over1 {
    public static void main(String[] args) {
①       over1 a1 = new over1();
②       over2 a2 = new over2();
③¦⑪   System.out.println(a1.result(3, 2)+a2.
result(3, 2));
    }
④¦⑧   int result(int x, int y) {
```

```
⑤¦⑨  return x + y;
        }
    }
class over2 extends over1 {
⑥   int result(int x, int y) {
⑦¦⑩   return x - y + super.result(x, y);
        }
    }
```

①,② 객체 변수 생성
③¦⑪ a1.result(3, 2)와 a2.result(3, 2)를 더한 결과 출력
　→ 5 + 6 = 11
④,⑤ a1.result(3, 2)의 실행값인 3 + 2 = 5 반환
⑥,⑦ x - y 연산 및 상위 클래스의 result() 수행
⑧,⑨ 3 + 2 = 5 반환
⑩ a2.result(3, 2)의 실행값인 3 - 2 + 5 = 6 반환

[20년 3회 실기]

03 다음 JAVA 프로그램의 실행 결과는?

```java
abstract class Vehicle {
    String name;
    abstract public String getName(String val);
    public String getName() {
        return "Vehicle name:" + name;
    }
}
class Car extends Vehicle {
    String name;
    public Car(String val) {
        name = super.name = val;
    }
    public String getName(String val) {
        return "Car name:" + val;
    }
    public String getName(byte val[]) {
        return "Car name:" + val;
    }
}
public class Gisafirst {
    public static void main(String args[]) {
        Vehicle obj = new Car("Spark");
        System.out.print(obj.getName());
    }
}
```

① Spark　　　　　② Vehicle name:Spark

③ Car name:　　　④ Car name:Spark

해설 코드해설

```java
abstract class Vehicle {
    String name;
    abstract public String getName(String val);
⑥   public String getName() {
⑦       return "Vehicle name:" + name;
    }
}
```

```java
class Car extends Vehicle {
    String name;
③   public Car(String val) {
④       name = super.name = val;
    }
    public String getName(String val) {
        return "Car name:" + val;
    }
    public String getName(byte val[]) {
        return "Car name:" + val;
    }
}
public class Gisafirst {
①   public static void main(String args[]) {
②       Vehicle obj = new Car("Spark");
⑤¦⑧     System.out.print(obj.getName());
    }
}
```

① 메인 함수 실행
② 클래스 Car의 객체 obj 생성
－ 객체 생성 시 클래스 Car의 생성자 호출(전달인자 : Spark)
③ 객체 생성 시 호출되는 생성자 함수 실행(val : Spark)

Car 클래스　　　　　　Vehicle 클래스

⑤¦⑧ 객체 obj의 메소드 getName 호출 및 함수의 반환 값 출력
⑥ 매개변수가 없는 메소드 getName 실행(오버로딩)
⑦ Vehicle name:Spark 반환

▶ 정답 : 01.①, 02.④, 03.②

[이전 기출]

01 다음 Java 프로그램의 출력 결과는?

```java
public class Gisafirst {
    public static void main(String[] args) {
        int i, j, k;
        for (i = 1, j = 1, k = 0; i < 5; i++) {
            if ((i % 2) == 0)
                continue;
            k += i * j++;
        }
        System.out.println(k);
    }
}
```

① 5　　　　② 7　　　　③ 11　　　　④ 13

[이전 기출]

02 다음 Java 프로그램의 출력 결과는?

```java
class Gisafirst {
    public static void main(String[] args) {
        int a = 101;
        System.out.println((a >> 2) << 3);
    }
}
```

① 0　　　　　　　② 200
③ 404　　　　　　④ 600

[이전 기출]

03 Java에서 하위클래스에서 상위클래스를 참조하기 위해 사용하는 명령어는?

① Extends　　　　② Static
③ Super　　　　　④ Method

[이전 기출]

04 객체지향 언어에서 클래스 A와 클래스 B는 상속관계에 있다. A는 부모 클래스, B는 자식 클래스라고 할 때 클래스 A에서 정의된 메서드(Method)와 원형이 동일한 메서드를 클래스 B에서 기능을 추가하거나 변경하여 다시 정의하는 것을 무엇이라고 하는가?

① 추상 클래스(Abstract class)
② 인터페이스(Interface)
③ 오버로딩(Overloading)
④ 오버라이딩(Overriding)

[이전 기출]

05 다음의 Java 프로그램에서 사용되지 않은 기법은?

```java
class Adder {
    public int add(int a, int b) {
        return a + b; }
    public double add(double a, double b) {
        return a + b; }
}
class Computer extends Adder {
    private int x;
    public int calc(int a, int b, int c) {
        if (a == 1)
            return add(b, c);
        else
            return x; }
    Computer() {
        x = 0; }
}
public class Gisafirst {
    public static void main(String args[]) {
        Computer c = new Computer();
        System.out.println("100 + 200 = " +
c.calc(1, 100, 200));
        System.out.println("5.7 + 9.8 = " +
c.add(5.7, 9.8));
    }
}
```

① 캡슐화(Encapsulation)
② 상속(Inheritance)
③ 오버라이딩(Overriding)
④ 오버로딩(Overloading)

[이전 기출]

06 다음 Java 프로그램의 실행 결과는?

```java
class Calculate {
    public int cal(int a, int b) {
        return a - b; }
    public float cal(float a, float b) {
        return a - b; }
    public double cal(double a, double b) {
        return a + b; }
    public double cal(int a, int b, int c) {
        return a + b + c; }
}
public class Gisafirst {
    public static void main(String[] args) {
        Calculate a = new Calculate();
```

```
        System.out.println(a.cal(31, 69, 25));
        System.out.println(a.cal(24.8, 5.1));
    }
}
```

① 75
   29.9

② 125
   29.9

③ 125
   19.7

④ 100
   29

섹션
기출예상문제 해설

01. 코드해설

```
for (i = 1, j = 1, k = 0; i < 5; i++) {
// i는 1부터 5보다 작을 때까지 for문 실행
    if ((i % 2) == 0) // i를 2로 나눈 나머지 값이 0인 경우
        continue; // 이후 문장은 실행하지 않고 for문의 선두
                  로 되돌아가서 실행
    k += i * j++; // k에 k + (i * j) 값 저장 후 j 값 1 증가
}
System.out.println(k); // k 값 출력 및 개행
```

디버깅표

i	j	i % 2	k
1	1	1	0 + (1 * 1) = 1
2	2	0	
3	2	1	1 + (3 * 2) = 7
4	3	0	
5			for문 종료

02 • a >> 2 → 101(01100101)을 오른쪽으로 2bit 이동 → 00011001
  • 00011001 << 3 → 00011001을 왼쪽으로 3bit 이동 → 11001000 = 200

> **TIP** 2진수 변환 없이 10진수로 바로 풀이하는 법
> : 10진수 a를 오른쪽으로 nbit shift하면 $a/2^n$이고, 왼쪽으로 nbit
> shift하면 $a*2^n$입니다.

> **풀이** $101/2^2$ = 25.5 = 25(양의 홀수인 경우 소수점 아래 절삭) →
> $25*2^3$ = 200

03 **키워드** 상위클래스 참조 → **용어** Super

04 **키워드** 상속 관계, 부모 클래스에 정의된 메서드 다시 정의 → **용어**
오버라이딩(Overriding)
- 추상 클래스(Abstract Class) : 클래스들의 공통되는 속성과 메소
드를 정의한 구체적이지 않은 클래스
- 인터페이스(Interface) : 상호작용 방법을 정의하는 수단 또는 개념
- 오버로딩(Overloading) : 하나의 클래스 내에서 같은 이름으로 여
러 개의 메소드를 정의하는 과정

05 하위(자식) 클래스에서 상위(부모) 클래스의 메소드를 재정의하는
과정인 오버라이딩(Overriding)은 사용되지 않았다.
- 캡슐화(Encapsulation) : 데이터(속성)와 기능(메소드)을 하나의 객
체로 묶어 구성 → 클래스는 캡슐화로 정의된다.

- 상속(Inheritance) : 하위(자식) 클래스는 상위(부모) 클래스의 메소
드와 변수들을 정의하지 않고 바로 사용 → extends 키워드를 사
용해서 상속받는다.
- 오버로딩(Overloading) : 하나의 클래스 내에서 같은 이름으로 여
러 개의 메소드 정의 → 클래스 Adder에서 반환형과 매개변수가
다른 메소드 add를 2개 정의했다.

06 오버로딩

```
class Calculate {
    public int cal(int a, int b) {
        return a - b; }
    public float cal(float a, float b) {
        return a - b; }
⑧  public double cal(double a, double b) {
    // 메소드 cal 실행(a : 24.8, b : 5.1)
⑨      return a + b; // a + b 값 반환 }
④  public double cal(int a, int b, int c) {
    // 메소드 cal 선언(a : 31, b : 69, c : 25)
⑤      return a + b + c; // a + b + c 값 반환 }
}
public class Example {
①  public static void main(String[] args) {
    // 메인 함수 실행
②      Calculate a = new Calculate();
    // 클래스 Calculate의 객체 a 생성
③│⑥    System.out.println(a.cal(31, 69, 25));
    // 객체 a의 메소드 cal 호출(전달인자 : 31, 69, 25)한 후 함
수의 반환 값 출력 및 개행
    // 매개변수가 정수형이고 3개인 메소드 cal 호출
⑦│⑩    System.out.println(a.cal(24.8, 5.1));
    // 객체 a의 메소드 cal 호출(전달인자 : 24.8, 5.1)한 후 함수
의 반환 값 및 출력 및 개행
    // 매개변수가 실수형이고 2개인 메소드 cal 호출
    }
}
```

> **TIP** 실수는 double형이 기본 데이터 타입이므로, ⑦번에서 double
> 형으로 인식합니다. 실수 뒤에 'F' 또는 'f'를 붙여주면 float형
> 데이터로 인식하게 됩니다.
> **떼** 24.8f, 5.1F : float형으로 인식

정답 **01** ② **02** ② **03** ③ **04** ④ **05** ③ **06** ②

SECTION

04

Python

Python언어는 변수 선언 시 데이터 타입을 명시하지 않아도 되고, 코드에서 마침표와 같은 세미콜론(;)을 필수로 작성하지 않아도 되는 등 C언어와 JAVA언어보다 구조가 간편하여 접근성이 좋은 프로그래밍 언어입니다. 문법에서 차이가 크므로 C, JAVA, Python의 문법 구조를 구분하여 기억해 두세요.

권쌤이 알려줌

Python언어는 배우기 쉽고, 플랫폼에 독립적인 언어입니다. 그리고 인터프리터식, 객체 지향적, 동적 타이핑 언어입니다.

인터프리터(Interpreter)
고급 언어로 작성된 코드를 한 라인씩 해석하여 실행시키는 프로그램

자료형 검사
프로그램이 자료형의 제약 조건을 지키는지 검증하는 것
· 자료형 검사는 컴파일 타임(정적 검사, 정적 타이핑) 또는 런 타임(동적 검사, 동적 타이핑)에 실행된다.
· 컴파일 타임 : 프로그래밍 언어를 기계어로 번역할 때
· 런 타임 : 번역된 기계어를 실행할 때

디버깅표

i	a	b
0		
1	1	1
2		
3	4	2
4		
5	9	3
6		
7	16	4
8		
9	25	5

---

01 입 · 출력 함수

1 Python언어 기본 구조

예제	1부터 10까지 홀수 합계와 홀수 개수

```
1   a = 0
2   b = 0
3
4   for i in range(10):
5       if(i % 2):
6           a=a+i
7           b=b+1
8
9   print(a, b)
```

출력 결과	25 5

해설	

1~9
 - 프로그램을 실행하면 먼저 실행되는 main 함수가 없다.
 - 문장 끝에 세미콜론(;)을 입력할 필요가 없다.
  · 여러 문장을 한 줄에 입력할 경우에는 세미콜론을 입력한다.
  예 a = 10; print(a)

1~2 a=0 b=0
변수 선언 및 초기화
 - 변수의 데이터 타입에 대한 선언이 없다.
 - 변수의 데이터 타입은 실행 시 변수에 저장된 값에 따라 자동으로 데이터 타입이 지정된다.
 - 동적 타이핑(Dynamic Typing) : 실행 시간에 자료형 검사*를 한다.

4~7 for문
for 등 코드 블록을 포함하는 명령문 작성 시 코드 블록은 콜론(:)과 여백으로 구분한다.
 - 같은 수준의 코드들은 반드시 동일한 여백(들여쓰기)을 가져야 한다.
 - 여백은 일반적으로 탭(tab)으로 입력한다.

9 print(a, b)
화면에 출력한다.

---

2 출력 함수 print() [21년 3회 실기]

화면(모니터)에 출력한다.

형식 1

```
print(출력값, sep = 분리문자, end = 종료문자)
```

- 출력값 : 숫자, 문자 등의 값이나 변수, 식 입력
- sep : 여러 값을 출력할 때 값과 값 사이를 구분하기 위한 문자
  - 생략할 경우 : 공백 한 칸
- end : 맨 마지막에 표시할 문자
  - 생략할 경우 : 개행

예 print('Gisa')
　 print('first')
　 - 출력 결과 : `Gisa`
　　　　　　　`first`

예 print('Gisa', 'first')
　 - 출력 결과 : `Gisa first`

예 print('Gisa', 'first', sep='-')
　 - 출력 결과 : `Gisa-first`

예 print('Gisa', end=' ')
　 print('first', end='!')
　 - 출력 결과 : `Gisa first!`

형식 2

```
print(서식 문자열 % 변수)
```

- 서식 문자열 : 변수의 데이터 타입에 맞는 서식 문자열 입력
- 변수 : 서식 문자열의 순서에 맞게 출력할 변수 입력

예 a = 55
　 print('%3d' % a) # 3자리 정수를 10진수로 출력한다.
　 print('%d' % a)
　 print('a = %d' % a)
　 - 출력 결과 : ` 55`
　　　　　　　`55`
　　　　　　　`a = 55`

  연산자

Python언어의 출력 함수에서 문자열과 변수의 값을 함께 출력할 경우 ,(콤마) 연산자를 사용한다.

예 a = 55
　 print("a =" , a)
　 # 큰따옴표("") 안의 문자열은 그대로 출력하고 변수 a의 값을 출력한다.
　 - 출력 결과 : `a = 55`

권쌤이 알려줌

Python언어의 출력 함수는 옵션을 지정하지 않으면 반드시 개행됩니다. 그리고 C언어와 JAVA언어와는 문법이 조금 다릅니다. 서로 다른 문법을 기억해 두세요.

권쌤이 알려줌

출력값이 여러 개일 경우의 문법은 아래와 같습니다. 단 출력값이 한 개일 경우 괄호는 생략 가능합니다.
- print((출력값1, 출력값2, …), sep = 분리문자, end = 종료문자)

권쌤이 알려줌

서식 문자는 C언어, JAVA언어, Python언어 구분 없이 사용합니다.

권쌤이 알려줌

Python언어에서 주석은 # 기호를 사용합니다.
- 주석(Comment) : 코드의 설명

권쌤이 알려줌

Python언어의 논리 연산자는 기호가 아닌 and, or, not을 사용합니다.
예 a and b (O), a or b (O), not a (O)
예 a && b (X), a || b (X), !a (X)

권쌤이 알려줌

input()으로 받는 값은 문자열로 인식하므로 숫자로 사용하기 위해서는 형 변환(데이터 타입 변환)을 해야 합니다.
• 형식 : 형변환데이터타입(값 또는 변수명)
🔢 a = int(input())
　# 키보드로 입력받은 문자열(str)을 정수형 (int)으로 변환하여 변수 a에 저장

3 입력 함수 input()

키보드로 데이터를 입력받는다.

형식 1

변수명 = input(출력문자)

• 변수명 : 데이터를 입력받아 저장할 변수 입력
• 출력문자 : 데이터를 입력받기 전 화면에 출력할 문자 입력
🔢 a = input('숫자를 입력하세요. ')
　① '화면에 숫자를 입력하세요. '라고 표시된 후 그 뒤에 커서가 있다.
　　숫자를 입력하세요.
　② 값을 입력하고 엔터를 누르면 변수 a에 문자열로 저장된다.
　　숫자를 입력하세요. 5

형식 2

변수명1, 변수명2, ... = input(출력문자).split(분리문자)

• 변수명 : 데이터를 입력받아 저장할 변수 입력
• 출력문자 : 데이터를 입력받기 전 화면에 출력할 문자 입력
• 분리문자 : 여러 값을 입력할 때 값과 값 사이를 구분하기 위한 문자
　– 분리문자를 기준으로 값을 구분하여 변수에 저장한다.
🔢 a, b = input().split('-') # Gisa-first를 입력하면 Gisa는 변수 a, first는 변수 b에 저장한다.
　print(a)
　print(b)
– 출력 결과 : Gisa
　　　　　　 first

기출 및 예상문제

01 입·출력 함수

[21년 3회 실기]

01 다음 Python 프로그램의 실행 결과는?

```
x, y = 100, 200
print(x==y)
```

① True　　　　　② False
③ 100　　　　　④ 200

해설 Python은 연산의 결과가 거짓일 경우 False를 반환한다.
TIP 프로그래밍 언어는 대·소문자를 구분하는 점을 유의해 주세요.

02 아래 결과 값을 출력하기 위한 Python 코드는?

```
i = 7
```

①
```
i = 7
print(i)
```

②
```
i = 7
print("i =", i)
```

③
```
i = 7
print("i ="+ i)
```

④
```
i = 7
print("i =/ i)
```

해설 문자열과 숫자형을 조합하기 위해 콤마(,) 기호를 사용한다.

03 다음 Python언어로 구현된 프로그램을 분석하여 'happy/day'를 입력했을 때, 그 실행 결과는?

```
a, b = input().split('/')
print(a)
print(b)
```

① happy

② day

③ happy/
day

④ happy
day

► 정답 : 01.②, 02.②, 03.④

★★★

02 숫자형, 문자열, 리스트, 튜플, 딕셔너리, 집합

1 숫자형(Number)

숫자형은 숫자 형태로 이루어진 자료형이다.

(예) 정수형(Integer) : 123, −178, 0

(예) 실수형(Floating−point) : 2.1, −3.14

사친연산	설명	예
+	덧셈	1 + 2 = 3
−	뺄셈	2 − 3 = −1
*	곱셈	2 * 4 = 8
**	제곱	$2 ** 4 = 2^4 = 16$
/	나눗셈 후 실수형 몫	4 / 2 = 2.0
//	나눗셈 후 정수형 몫	4 // 2 = 2
%	나눗셈 후 나머지	30 % 2 = 0

2 문자열(String)

문자열은 문자, 단어 등으로 구성된 문자들의 집합으로, 큰따옴표(" ") 또는 작은따옴표(' ') 모두 사용할 수 있다.

(예) "gisafist", "a", "1234", 'gisa'

1. 문자열 더하기, 곱하기

+ 연산자와 * 연산자를 사용하여 문자열을 연결한다.

(예) a = "gisa"; b = "first"
print(a+b)
- 출력 결과 : gisafirst

(예) a = "gisa"
print(a*2)
- 출력 결과 : gisagisa

2. 문자열 길이 구하기

len() 함수를 사용하여 문자열 길이를 반환한다.

> **형식**
>
> len(변수명)
>
> • 변수명 : 문자열 변수 이름
>
> 📖 a = "gisa"
> print(len(a))
>   - 출력 결과 : 4

3. 문자열 인덱싱

문자열에서 특정 위치의 값을 반환한다.

> **형식**
>
> 변수명[인덱스]
>
> • 변수명 : 문자열 변수 이름
> • 인덱스 : 문자열에서 특정 위치
>
> 📖 a = "gisa first"
> print(a[3])
>   - 출력 결과 : a
> 📖 a = "gisa first"
> print(a[-2])
>   - 출력 결과 : s

인덱스(음수)	-10	-9	-8	-7	-6	-5	-4	-3	-2	-1
인덱스(양수)	0	1	2	3	4	5	6	7	8	9
값	g	i	s	a		f	i	r	s	t

4. 문자열 슬라이싱 [20년 3, 4회] [22년 2회 실기]

지정한 시작 위치에서 지정한 끝 위치까지의 문자열을 반환한다.

> **형식 1**
>
> 변수명[시작인덱스:끝인덱스]
>
> • 변수명 : 문자열 변수 이름
> • 시작인덱스 : 문자열의 시작 위치
>   - 생략할 경우 : 처음 인덱스부터
> • 끝인덱스 : 문자열의 끝 위치
>   - 끝인덱스-1 위치까지 반환된다.
>   - 생략할 경우 : 마지막 인덱스까지
>
> 📖 a = "gisa first"
> print(a[1:3])
>   - 출력 결과 : is
> 📖 a = "gisa first"
> print(a[0:-1])
>   - 출력 결과 : gisa firs

인덱스(음수)	-10	-9	-8	-7	-6	-5	-4	-3	-2	-1
인덱스(양수)	0	1	2	3	4	5	6	7	8	9
값	g	i	s	a		f	i	r	s	t

변수명[시작인덱스:끝인덱스:증가값]

- 변수명 : 문자열 변수 이름
- 시작인덱스 : 문자열의 시작 위치
- 끝인덱스 : 문자열의 끝 위치
  - 끝인덱스-1 위치까지 반환된다.
- 증가값 : 인덱스의 증가폭

예 a = "gisa first"
```
print(a[::2])
print(a[::3])
```
- 출력 결과 : gs is
  gait

3 리스트(List)

리스트는 여러 개의 자료를 하나의 변수로 관리하는 자료형으로, 대괄호[ ]를 사용하여 선언한다.

- 리스트도 문자열과 마찬가지로 더하기, 곱하기, len() 함수, 인덱싱, 슬라이싱이 가능하다.

형식

| 리스트명 = [값1, 값2, ...] | 또는 | 리스트명 = list([값1, 값2, ...]) |

- 리스트명 : 리스트 이름을 임의로 지정
- 값 : 리스트에 저장할 값

예 l = ['ab', 1, 23, 456]
```
print(l)
```
- 출력 결과 : ['ab', 1, 23, 456]

인덱스(음수)	-4	-3	-2	-1
인덱스(양수)	0	1	2	3
값	'ab'	1	23	456

학습+플러스 **2차원 리스트** [20년 4회 실기]

2차원 리스트는 행과 열로 조합한 리스트이다.

형식 1

리스트명 = [[값1, 값2, ...], [값3, 값4, ...]]

- 리스트명 : 리스트 이름을 임의로 지정
- 값 : 리스트에 저장할 값

예 l = [[1, 2], ['a', 'b']]
```
print(l)
```
- 출력 결과 : [[1, 2], ['a', 'b']]

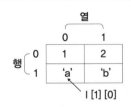

```
리스트명a = [값1, 값2, ...]
리스트명b = [값1, 값2, ...]
리스트명c = [리스트명a, 리스트명b]
```

- 리스트명a, b : 1차원 리스트
- 리스트명c : 2차원 리스트
- 값 : 리스트에 저장할 값

```
예  l1 = [3, 4, 'a']
    l2 = ['c', 'd', 5, 6]
    l3 = [l1, l2]
    print(l3)
    - 출력 결과 : [[3, 4, 'a'], ['c', 'd', 5, 6]]
```

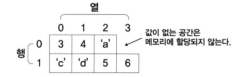

값이 없는 공간은 메모리에 할당되지 않는다.

4 튜플(Tuple) [22년 2회]

튜플은 여러 개의 자료를 하나의 변수로 관리하는 자료형으로, 소괄호( )를 사용하여 선언한다.

- 리스트와 달리 한 번 저장된 값은 변경할 수 없다.
- 튜플도 문자열과 마찬가지로 더하기, 곱하기, len() 함수, 인덱싱, 슬라이싱이 가능하다.

```
튜플명 = (값1, 값2, ...)          또는    튜플명 = 값1, 값2, ...          또는
튜플명 = tuple((값1, 값2, ...))   또는    튜플명 = tuple([값1, 값2, ...])
```

- 튜플명 : 튜플 이름을 임의로 지정
- 값 : 리스트에 저장할 값

```
예  t = ('abc', 123, 'f')
    print(t)
    - 출력 결과 : ('abc', 123, 'f')
예  t = 'abc', 123, 'f'
    print(t)
    - 출력 결과 : ('abc', 123, 'f')
예  t = (1,) # 단 하나의 데이터만 가질 때는 데이터 뒤에 콤마(,)를 반드시 붙여야 한다.
             붙이지 않으면 t = (1)에서 t의 데이터 타입은 tuple이 아닌 int로 지정된다.
    print(t)
    - 출력 결과 : (1,)
```

인덱스(음수)	-3	-2	-1
인덱스(양수)	0	1	2
값	'abc'	123	'f'

5 딕셔너리(Dictionary) [22년 1회]

딕셔너리는 키(Key)와 값(Value)을 한 쌍(Key:Value)으로 저장할 수 있는 자료형으로, 중괄호{Key:Value}를 사용하여 선언한다.

- 키(Key) : 변하지 않는 고유한 값만을 사용해야 한다.
- 값(Value) : 변하는 값, 변하지 않는 값을 모두 사용할 수 있다.

형식

딕셔너리명 = {키1:값1, 키2:값2, …}   또는   딕셔너리명 = dict({키1:값1, 키2:2값2, …})

- 딕셔너리명 : 딕셔너리 이름을 임의로 지정
- 키 : 딕셔너리에 저장할 키
- 값 : 딕셔너리에 저장할 값

예 d1 = {'김연아':'010-1111-2222', '손흥민':'010-3333-4444'}

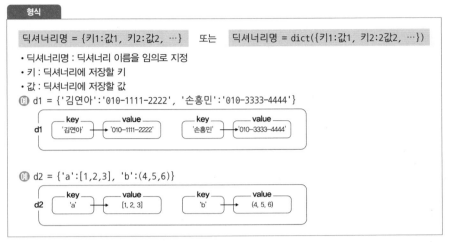

예 d2 = {'a':[1,2,3], 'b':(4,5,6)}

권쌤이 알려줌

딕셔너리(Dictionary)는 사전처럼 키워드(키, Key)를 찾아 내용(값, Value)을 확인할 수 있는 구조입니다.

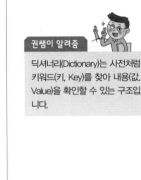

학습 플러스 딕셔너리 사용

딕셔너리는 인덱스가 아닌 키(Key)를 사용하여 값(Value)을 반환한다.

형식

딕셔너리명[키]

- 딕셔너리명 : 딕셔너리 변수 이름
- 키 : 찾고자 하는 값(Value)의 키(Key) 값

예 d = {'name':'gisa', 'subject':'python'}
   print(d['name'])
   - 출력 결과 : gisa

예 d = {1:'a', 2:'b'}
   print(d[1])
   - 출력 결과 : a

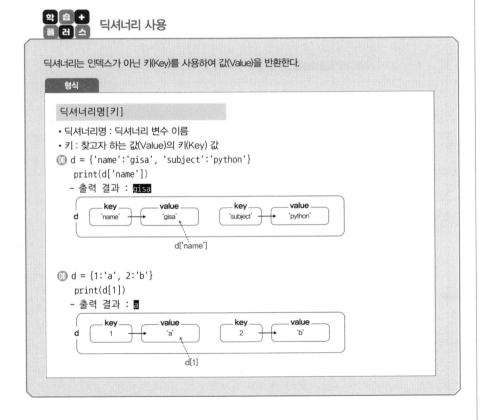

권쌤이 알려줌

키(Key)는 변하지 않는 고유한 값이므로 중복을 허용하지 않습니다.
예 d = {1:'a', 1:'b', 1:'c'}
   print(d)
   - 출력 결과 : {1:'c'}
   - 마지막 한 개만 출력됩니다.

6 집합(Set)

집합은 순서가 없고 중복을 허용하지 않는 자료형으로, 중괄호{ }를 사용하여 선언한다.

형식 1

집합명 = {값1, 값2, …}   또는   집합명 = set({값1, 값2, …})   또는

집합명 = set([값1, 값2, …])

- 집합명 : 집합 이름을 임의로 지정
- 값 : 집합에 저장할 값

예 s = {'g', 'i', 's', 'a'}
   print(s) # 집합은 순서가 없으므로 여러 결과가 출력된다.
   - 출력 결과1 : `{'g', 'i', 's', 'a'}`
   - 출력 결과2 : `{'i', 's', 'a', 'g'}`

형식 2

집합명 = set(문자열)

- 집합명 : 집합 이름을 임의로 지정
- 문자열 : 집합에 저장할 문자열

예 s = set("hello")
   print(s) # 집합은 중복을 허용하지 않는다.
   - 출력 결과 : `{'o', 'e', 'l', 'h'}`

 집합 추가와 삭제 [20년 2회 실기]

1. 집합 추가 – add(), update()
집합에 한 개의 값을 추가할 때는 add() 함수를, 여러 개의 값을 추가할 때는 update() 함수를 사용한다.

형식 1

add(값)

- 값 : 추가할 값

예 s = {1, 2, 3, 4}
   s.add(5)
   print(s)
   - 출력 결과 : `{1, 2, 3, 4, 5}`

형식 2

update([값1, 값2, ...])

- 값 : 추가할 값

예 s = {1, 2, 3, 4}
   s.update([3,4,5,6])
   print(s)
   - 출력 결과 : `{1, 2, 3, 4, 5, 6}`

2. 집합 삭제 – remove()
집합에서 값을 찾아서 삭제할 때는 remove() 함수를 사용한다.

형식

remove(값)

- 값 : 삭제할 값

예 s = {1, 2, 3, 4}
   s.remove(3)
   print(s)
   - 출력 결과 : `{1, 2, 4}`

[20년 3회]

01 다음은 사용자로부터 입력받은 문자열에서 처음과 끝의 3글자를 추출한 후 합쳐서 출력하는 파이썬 코드에서 ㉠에 들어갈 내용은?

```
string = input("7문자 이상 문자열을 입력하시오 :")
m = (        ㉠        )
print(m)
```

```
입력 값 : Hello World
최종 출력 : Helrld
```

① string[1:3] + string[-1:]

② string[:3] + string[-3:-1]

③ string[0:3] + string[-3:]

④ string[0:] + string[:-1]

해설 문자열 string

-11	-10	-9	-8	-7	-6	-5	-4	-3	-2	-1
0	1	2	3	4	5	6	7	8	9	10
H	e	l	l	o		W	o	r	l	d

• string[n:m] : 문자열 string[n]부터 string[m-1]까지 슬라이싱한다.

• string[0:3] : Hel, string[-3:] : rld

[20년 4회]

02 다음 파이썬으로 구현된 프로그램의 실행 결과로 옳은 것은?

```
>>> a = [0, 10, 20, 30, 40, 50, 60, 70, 80, 90]
>>> a[:7:2]
```

① [20, 60]

② [60, 20]

③ [0, 20, 40, 60]

④ [10, 30, 50, 70]

해설 리스트 a

0	1	2	3	4	5	6	7	8	9
0	10	20	30	40	50	60	70	80	90

• a[:7:2] : 리스트의 a[0]부터 인덱스를 2씩 증가시키면서 a[6]까지 출력

[20년 2회 실기]

03 다음 Python 프로그램의 실행 결과는?

```
asia= {'한국', '중국', '일본'}
asia.add('베트남')
asia.add('중국')
asia.remove('일본')
asia.update(['홍콩', '한국', '태국'])
print(asia)
```

① {'태국', '홍콩', '중국', '한국', '베트남'}

② {'중국', '한국', '베트남', '일본'}

③ {'중국', '한국', '베트남'}

④ {'중국', '한국'}

해설 집합 – 순서 없음, 중복 X

```
asia.add('베트남') # {'중국', '한국', '베트남', '일본'}
asia.add('중국') # {'중국', '한국', '베트남', '일본'}
asia.remove('일본') # {'중국', '한국', '베트남'}
asia.update(['홍콩', '한국', '태국'])
# {'베트남', '중국', '한국', '홍콩', '태국'}
```

TIP 집합은 순서가 없으므로 여러 결과가 출력됩니다. 순서 상관 없이, 집합 요소만 중복 없이 포함되어 있으면 정답입니다.

▶ 정답 : 01.③, 02.③, 03.①

★ ★ ★

03 if문, for문

1 if문 [22년 2회]

형식

```
if 조건1:
    문장1
elif 조건2:
    문장2
elif 조건3:
    문장3
else:
    문장4
```

• 조건에 따라 문장 실행
• 모든 조건에 만족하지 않으면 else의 문장4를 실행

예제   점수에 따라 A학점~F학점 출력

```
1     j = 75
2     if j >= 90:
3         print('A학점')
4     elif j >= 80:
5         print('B학점')
6     elif j >= 70:
7         print('C학점')
8     elif j >= 60:
9         print('D학점')
10    else:
11        print('F학점')
```

출력 결과	C학점

해설

1	j = 75;
	변수 선언 및 초기화
2~3	if j >= 90: print('A학점')
	j가 90보다 크거나 같은 경우 "A학점" 출력
4~5	elif j >= 80: print('B학점')
	j가 80보다 크거나 같은 경우 "B학점" 출력
6~7	elif j >= 70: print('C학점')
	j가 70보다 크거나 같은 경우 "C학점" 출력
8~9	elif j >= 60: print('D학점')
	j가 60보다 크거나 같은 경우 "D학점" 출력
10~11	else: print('F학점')
	만족하는 조건이 없는 경우 "F학점" 출력

2 for문 [22년 1, 3회] [21년 2회 실기] [20년 4회 실기]

권쌤이 알려줌

Python언어에서 무한 반복의 경우 while(1), while(True)를 모두 사용할 수 있습니다.

형식 1

```
for 변수명 in range(초기값, 최종값, 증감값):
    문장
```

- 변수명 : 변수 이름을 임의로 지정
- 초기값 : 변수에 처음으로 저장할 초기값
  - 생략할 경우 : 0
- 최종값 : 변수에 마지막으로 저장할 최종값
  - 최종값-1까지 저장된다.
- 증감값 : 문장 실행 후 증감 값 실행
  - 생략할 경우 : 1

권쌤이 알려줌

range : 연속된 숫자를 생성하는 것(반복문 등에서 사용)
- range(최종값) : 0~최종값-1까지 숫자 생성
- range(초기값, 최종값) : 초기값~최종값-1 까지 숫자 생성
- range(초기값, 최종값, 증가값) : 초기값~최종값-1 까지 증가하면서 숫자 생성

예제 1 　 0부터 3까지 합계 출력

```
1   sum = 0
2   for i in range(4):
3       sum += i
4   print(sum)
```

출력 결과 : 6

해설 1

```
1   sum = 0
        변수 선언 및 초기화
2   for i in range(4):
        i는 0부터 3까지 1씩 증가하며 3번 라인 반복
3   sum += i
        sum에 sum + i 값 저장
4   print(sum)
        sum 값 출력
```

디버깅표

i	sum
0	0
1	1
2	3
3	6

예제 2 　 1부터 3까지 홀수 합계 출력

```
1   sum = 0
2   for i in range(1, 4, 2):
3       sum += i
4   print(sum)
```

출력 결과 : 4

해설 2

```
1   sum = 0
        변수 선언 및 초기화
2   for i in range(1, 4, 2):
        i는 1부터 3까지 2씩 증가하며 3번 라인 반복
3   sum += i
        sum에 sum + i 값 저장
4   print(sum)
        sum 값 출력
```

디버깅표

i	sum
1	1
3	4

```
for 변수명 in 리스트명:
    문장
```

• 변수명 : 리스트의 요소를 저장할 변수 이름
• 리스트명 : 사용할 리스트 이름
  − 튜플, 문자열도 가능하다.
• for문 실행 순서

```
for(①변수명 in ②리스트명:) {
    ③문장;
}
```

②리스트의 요소를 순서대로 ①변수에 저장하며 ③문장을 실행한다.

예제	리스트 요소의 합계 출력

1	`a = [19, 25, 6, 51]`
2	`sum = 0`
3	`for i in a:`
4	`    sum += i`
5	`print(sum)`

출력 결과	101

디버깅표

i	sum
a[0] = 19	19
a[1] = 25	44
a[2] = 6	50
a[3] = 51	101

해설

1　`a = [19, 25, 6, 51]`
　　리스트 선언 및 초기화
2　`sum = 0`
　　변수 선언 및 초기화
3~4　`for i in a: sum += i`

```
for(①i : ②a):
    ③sum += i
```

① 리스트 요소를 저장할 변수 i 선언
② 변수 i에 리스트 a의 요소(값)를 저장
　 − a[0]부터 변수 i에 저장된다.
③ sum에 sum + i 값 저장
④ 배열의 크기만큼 ②~③ 반복 후 for문 종료
5　`print(sum)`
　　sum 값 출력

[20년 4회 실기]

01 다음 Python 프로그램의 실행 결과는?

```python
lol = [[1,2,3], [4,5], [6,7,8,9]]
print(lol[0])
print(lol[2][1])
for sub in lol:
    for item in sub:
        print(item, end=" ")
    print()
```

①
```
[1,2,3]
7 1 2 3
4 5 6 7 8 9
```

②
```
[1,2,3]
[7]
1 2 3 4 5
6 7 8 9
```

③
```
[1,2,3]
7
1 2 3
4 5
6 7 8 9
```

④
```
1,2,3
7
1 2 3
4 5
6 7 8 9
```

해설

코드해설

```python
print(lol[0])
# 전체 리스트(lol)의 1행 출력
print(lol[2][1])
# 전체 리스트(lol)의 3행 2열 출력
① for sub in lol:
    # 전체 리스트(lol)의 부분 리스트(sub) 반복
② for item in sub:
    # 부분 리스트(sub)의 요소(item) 반복
        print(item, end=" ")
        # 리스트 내 정수(요소) 출력 후 한 칸 띄움
    print() # 개행
```

① sub → 부분 리스트

1	2	3	
4	5		
6	7	8	9

② item → 정수(요소)

```
1   2   3
4   5
6   7   8   9
```

[21년 2회 실기]

02 다음 Python 프로그램의 실행 결과는?

```python
num = 100
res = 0
for i in range(1, 3):
    res = num >> i
    res = res + 1
print(res)
```

① 24　　　　　　② 25

③ 26　　　　　　④ 27

해설

코드해설

```python
for i in range(1, 3): # i는 1부터 2까지 for문 실행
    res = num >> i
    # res에 num을 2진수로 표현한 후,
      i만큼 오른쪽으로 이동시킨 값 저장
    res = res + 1 # res 값 1 증가
```

디버깅표

i	num	num >> i	res + 1
1	$100 = 01100100_{(2)}$	$00110010_{(2)} = 50$	51
2	$100 = 01100100_{(2)}$	$00011001_{(2)} = 25$	26

[21년 1회]

03 다음은 파이썬으로 만들어진 반복문 코드이다. 이 코드의 결과는?

```python
>> while(True):
    print('A')
    print('B')
    print('C')
    continue
    print('D')
```

① A, B, C 출력이 반복된다.

② A, B, C까지만 출력된다.

③ A, B, C, D 출력이 반복된다.

④ A, B, C, D까지만 출력된다.

해설 continue문을 실행하게 되면 continue 이후 문장은 실행하지 않고, 루프(loop)의 선두로 되돌아가서 실행한다. 즉, A, B, C만 출력된다. 그리고 while(True)는 무한 루프로(쉼표 삭제) break문을 실행해야 종료되지만, 코드에 break문이 없으므로 A, B, C 출력이 반복된다.

▶ 정답 : 01.③, 02.③, 03.①

04 함수, 클래스, 객체

1 함수(Function) [21년 2, 3회] [22년 1회 실기]

형식

```
def 함수명(매개변수):
    수행할 동작
    return
```

• 함수명 : 함수 이름을 임의로 지정
• 매개변수(Parameter, 파라미터) : 함수가 전달받는 값을 저장하는 변수
  – 함수 내에서 쓰일 변수명을 작성한다.
  – 매개변수는 없을 수도 있고 여러 개가 있을 수도 있다.
• return : 반환 값
  – 반환 값이 없는 경우 생략 가능하다.

예제	실행순서	계산기 프로그램
1	②	`def add(x, y):`
2	③	`    z = x + y`
3	④	`    return z`
4		
5	⑦	`def sub(x, y):`
6	⑧	`    if(x > y):`
7	⑨	`        return x - y`
8		`    else:`
9		`        return y - x`
10		
11	①¦⑤	`result1 = add(4, 10)`
12	⑥¦⑩	`result2 = sub(8, 2)`
13	⑪	`print(result1, result2)`
출력 결과		`14 6`

해설

1	`def add(x, y):` 함수 add 선언(매개변수 : x, y)
2	`z = x + y` 변수 z에 x + y 값 저장
3	`return z` z 값 반환
5	`def sub(x, y):` 함수 sub 선언(매개변수 : x, y)
6	`if(x > y):` x가 y보다 큰 경우 7번 실행
7	`return x - y` x - y 값 반환
8	`else:` x가 y보다 크지 않은 경우 9번 실행
9	`return y - x` y - x 값 반환

11	result1 = add(4, 10)
	함수 add를 호출(전달인자 : 4, 10)한 후, 함수의 반환 값을 변수 result1에 저장
12	result2 = sub(8, 2)
	함수 sub을 호출(전달인자 : 8, 2)한 후, 함수의 반환 값을 변수 result2에 저장
13	print(result1, result2)
	result1 값과 result2 값 출력

2 클래스(Class) [21년 2회] [21년 1회 실기]

형식

class 클래스명:

• 클래스명 : 클래스 이름을 임의로 지정

예제   Car 클래스

```
1   class Car:
2       Wheel = 0
3       Engine = 0
4
5       def Drive(self):
6           ...
```

해설

1	class Car:
	클래스 Car 생성
2~3	Wheel = 0 Engine = 0
	속성 선언
5	def Drive(self※):
	메소드 Drive 선언

3 객체(Object)

형식

변수명 = 클래스명();

• 변수명 : 변수 이름을 임의로 지정
• 클래스명 : 객체를 생성할 클래스명

예제   Human 클래스

```
1   class Human:
2       Bus = Car()
3       Taxi = Car()
4
5       Bus.Wheel = 4
6       Bus.Drive()
7
8   human = Human()
```

권쌤이 알려줌

Python언어의 클래스, 객체, 생성자, 상속은 선언 방법만 다를 뿐 JAVA언어의 클래스, 객체, 상속, 생성자와 동일한 기능을 합니다.

self
객체 자기 자신을 참조하는 매개변수
• Python에서 클래스 내 생성된 모든 메소드는 첫 번째 매개변수로 self 매개변수를 가지고 있다.
• 함수 호출 시 객체가 자동으로 전달되므로, self는 생략 가능하다.

권쌤이 알려줌

들여쓰기에 따라 8번 라인부터 실행되며 이후 1~6번 라인이 차례대로 실행됩니다.

해설

1	class Human: 클래스 Human 생성
2	Bus = Car() 클래스 Car의 객체 Bus 생성
3	Taxi = Car() 클래스 Car의 객체 Taxi 생성
5~6	Bus.Wheel = 4 Bus.Drive() 객체 Bus의 속성 및 메소드 사용
8	human = Human() 클래스 Human의 객체 human 생성

4 생성자(Constructor)

형식

```
class 클래스명:
    def __init__(self, 매개변수):
        수행할 동작
```

- 클래스명 : 생성자*를 포함하는 클래스명
- 매개변수(Parameter, 파라미터) : 생성자가 전달받는 값을 저장하는 변수
  - 함수 내에서 쓰일 데이터 타입과 변수명을 함께 작성한다.
  - 매개변수는 없을 수도 있고 여러 개가 있을 수도 있다.

생성자(= 생성자 메소드)
객체 생성 시 초기화 작업을 위한 메소드(함수)로써, 객체를 생성할 때 반드시 호출되고, 제일 먼저 실행되는 특수 메소드
- 특수 메소드 : 언더바 2개로 묶인 함수
  - __init__() 메소드는 객체가 생성될 때 자동으로 호출된다.
  - initialize : 초기화

예제	실행순서	생성자
1	④ ⑨	class Car:
2	⑤ ⑩	def __init__(self, a, b):
3	⑥ ⑪	self.Wheel = a;
4	⑦ ⑫	self.Engine = b;
5		
6	⑭ ⑰	def Drive(self):
7	⑮ ⑱	print(self.Wheel, self.Engine)
8		
9	②	class Human:
10	③	Bus = Car(4, 1)
11	⑧	Taxi = Car(4, 2)
12		
13	⑬	Bus.Drive()
14	⑯	Taxi.Drive()
15		
16	①	human = Human()
출력 결과		4 1 4 2

해설

1	class Car: 클래스 Car 생성
2	def __init__ (self, a, b): 클래스 Car의 생성자 선언(매개변수 : a, b)

3	self.Wheel = a;
	클래스 Car의 속성 Wheel에 매개변수로 전달받은 값 a 저장
4	self.Engine = b;
	클래스 Car의 속성 Engine에 매개변수로 전달받은 값 b 저장
6	def Drive(self):
	메소드 Drive 선언
7	print(self.Wheel, self.Engine)
	self.Wheel 값과 self.Engine 값 출력
9	class Human:
	클래스 Human 생성
10	Bus = Car(4, 1)
	클래스 Car의 객체 Bus 생성 → 인스턴스(Instance) 생성
	- 객체 생성 시 클래스 Car의 생성자 호출(전달 인자 : 4, 1)

```
Bus = Car(4, 1)

def __init__(self, a, b)
```

11	Taxi = Car(4, 2)
	클래스 Car의 객체 Taxi 생성 → 인스턴스(Instance) 생성
	- 객체 생성 시 클래스 Car의 생성자 호출(전달 인자 : 4, 2)

```
Taxi = Car(4, 2)

def __init__(self, a, b)
```

13	Bus.Drive()
	객체 Bus의 메소드 Drive 실행
14	Taxi.Drive()
	객체 Taxi의 메소드 Drive 실행
16	human = Human()
	클래스 Human의 객체 human 생성 → 인스턴스(Instance) 생성

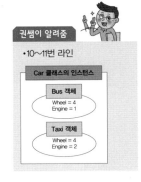

권쌤이 알려줌

• 10~11번 라인

Car 클래스의 인스턴스

Bus 객체
Wheel = 4
Engine = 1

Taxi 객체
Wheel = 4
Engine = 2

학습 플러스 상속(Inheritance)

형식

class 하위클래스(상위클래스)

• 하위클래스 : 상위 클래스의 속성과 메소드를 물려받는 클래스
• 상위클래스 : 하위 클래스에게 속성과 메소드를 물려주는 클래스

예제	실행순서	상속
1		class A:
2	⑤	def __init__(self, n):
3	⑥	self.a = n
4		
5	⑧	def show(self):
6	⑨	print("a =", self.a)
7		
8	②	class B(A):
9	③	def __init__(self, m):

10	④	super().__init__(m)
11	⑦	super().show()
12		
13	①	obj = B(10)
출력 결과		`a = 10`

해설

```
1    class A:
        클래스 A 생성
2    def __init__(self, n):
        클래스 A의 생성자 선언(매개변수 : n)
3    self.a = n
        클래스 A의 변수 a에 매개변수로 전달받은 값 n 저장
5    def show(self):
        메소드 show 선언
6    print("a =", self.a)
        "a ="와 self.a 값 출력
8    class B(A):
        클래스 A를 상속받는 클래스 B 생성
9    def __init__(self, m):
        클래스 B의 생성자 선언(매개변수 : m)
10   super().__init__(m)
        상위 클래스의 생성자 호출
11   super().show()
        상위 클래스의 메소드 show 호출
13   obj = B(10)
        클래스 B의 객체 obj 생성
     - 객체 생성 시 클래스 B의 생성자 호출(전달 인자 : 10)
```

super()
상위 클래스를 호출하는 예약어

기출 및 예상문제

04 함수, 클래스, 객체

[21년 3회]

01 다음 파이썬(Python) 프로그램이 실행되었을 때의 결과는?

```
def cs(n):
    s = 0
    for num in range(n+1):
        s += num
    return s

print(cs(11))
```

① 45
② 55
③ 66
④ 78

해설

코드해설

```
② def cs(n): # 함수 cs 선언(매개변수 : n)
③     s = 0 # 변수 선언 및 초기화
④     for num in range(n+1):
          # num은 0부터 n까지 for문 실행
⑤         s += num # s에 s + num 값 저장
⑥     return s # s 값 반환

①¦⑦ print(cs(11))
      # 함수 cs 호출(전달인자 : 11) 및 출력
```

디버깅표

num	s
0	0
1	1
2	3
⋮	⋮
9	45
10	55
11	66

[21년 2회]

02 다음 파이썬(Python) 프로그램이 실행되었을 때의 결과는?

```
class FourCal:
    def setData(self, fir, sec):
        self.fir = fir
        self.sec = sec
    def add(self):
        result = self.fir + self.sec
        return result
a = FourCal()
a.setData(4, 2)
print(a.add())
```

① 0
② 2
③ 4
④ 6

해설

코드해설

```
class FourCal: # 클래스 FourCal 생성
③  def setData(self, fir, sec):
      # 함수 setData 선언(매개변수 : fir, sec)
④      self.fir = fir # self.fir에 fir 값 저장
⑤      self.sec = sec # self.sec에 sec 값 저장
⑦  def add(self): # 함수 add 선언
⑧      result = self.fir + self.sec
          # result에 self.fir + self.sec 값 저장
⑨      return result # result 값 반환
①  a = FourCal() # 클래스 FourCal의 객체 a 생성
②  a.setData(4, 2)
      # 객체 a의 함수 setData 호출(전달인자 : 4, 2)
⑥∣⑩ print(a.add()) # 객체 a의 함수 add 호출 및 출력
```

```
a.setData(4, 2)    def setData(self, fir, sec)
```

[21년 1회 실기]

03 다음 Python 프로그램의 실행 결과는?

```
class arr:
    a = ["Seoul","Kyeonggi","Incheon","Daejeon",
    "Daegu","Pusan"]
str01=' '
for i in arr.a:
    str01 = str01 + i[0]
print(str01)
```

① Pusan
② Seoul
③ Inchon
④ SKIDDP

해설

코드해설

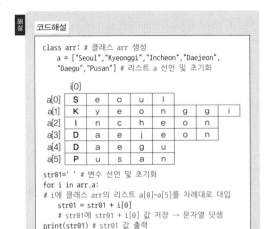

```
class arr: # 클래스 arr 생성
    a = ["Seoul","Kyeonggi","Incheon","Daejeon",
    "Daegu","Pusan"] # 리스트 a 선언 및 초기화
```

	i[0]					
a[0]	S	e	o	u	l	
a[1]	K	y	e	o	n	g	g	i
a[2]	I	n	c	h	e	o	n
a[3]	D	a	e	j	e	o	n
a[4]	D	a	e	g	u
a[5]	P	u	s	a	n

```
str01=' ' # 변수 선언 및 초기화
for i in arr.a:
# i에 클래스 arr의 리스트 a[0]~a[5]를 차례대로 대입
    str01 = str01 + i[0]
    # str01에 str01 + i[0] 값 저장 → 문자열 덧셈
print(str01) # str01 값 출력
```

▶ 정답 : 01.③, 02.④, 03.④

01 다음 Python 프로그램의 실행 결과는?

```
l = [5, 2, 9, 4, 'h']
i = l[0:4]
print(i)
```

① [5, 2, 9, 4]   ② [5, 2, 1, 4]

③ [5, 2, 9, 1, 4]   ④ [5, 2, 9, 4, 'h']

02 사용자에게 입력 받은 정수가 홀수인지 짝수인지 판별하는 Python 프로그램에서 ( ) 안에 들어갈 가장 적합한 답은?

```
a = int(input())
if a % 2 = (      ):
    print("홀수")
else:
    print("짝수")
```

① 0   ② 1

③ 2   ④ 3

03 다음 Python 프로그램의 결과 값은?

```
def wz(x, y) :
    w = x * y
    return w
    z = x - y
    return z
x = 4
y = 2
print(wz(x, y))
```

① 0   ② 2

③ 8   ④ ERROR

04 Python에서 〈출력〉을 나타내기 위해 코드의 ( ) 안에 들어갈 가장 적합한 답은?

```
class X:
    def func(self):
        print("함수 X 호출")
class Y:
    def func(self):
        print("함수 Y 호출")
class Z(X, Y):
    def zfunc(self):
        X.func(self)
        Y.func(self)
z = (        )
z.zfunc()
z.func()
```

〈출력〉

```
함수 X 호출
함수 Y 호출
함수 X 호출
```

① X( )   ② Y( )

③ Z( )   ④ zfunc( )

섹션
기출예상문제 해설

01 리스트 I

0	1	2	3	4
5	2	9	4	'h'

• i = l[0:4] # i에 리스트 l[0]부터 l[3]까지 저장한다.

02 코드해설

```
if a % 2 == 1:
    # a를 2로 나눈 나머지 값이 1인 경우
    print("홀수") # "홀수" 출력
else: # a를 2로 나눈 나머지 값이 1이 아닌 경우
    print("짝수") # "짝수" 출력
```

03 반환 값이 여러 개인 경우, 첫 번째 return문에서 값을 반환한 후 함수를 종료한다. → ⑥번 return w 실행 후 종료

```
④   def wz(x, y) :
        # 함수 wz 선언(매개변수 : x, y)
⑤       w = x * y # w에 x * y 값 저장
⑥       return w # w 값 반환
        z = x - y
        return z
①   x = 4 # 변수 선언 및 초기화
②   y = 2 # 변수 선언 및 초기화
③⑦ print(wz(x, y))
        # 함수 wz 호출(전달인자 : x, y) 및 출력
```

04 다중 상속

• self : 객체 자기 자신을 참조하는 매개변수

```
class X: # 클래스 X 생성
⑤⑪ def func(self): # 함수 func 선언
⑥⑫   print("함수 X 호출") # "함수 X 호출" 출력
class Y: # 클래스 Y 생성
⑧   def func(self): # 함수 func 선언
⑨       print("함수 Y 호출")
            # "함수 Y 호출" 출력
class Z(X, Y):
# 클래스 X, Y를 상속받는 클래스 Z 생성
③   def zfunc(self): # 함수 zfunc 선언
④       X.func(self) # 클래스 X의 함수 func 호출
⑦       Y.func(self) # 클래스 Y의 함수 func 호출
①   z = Z() # 클래스 Z의 객체 z 생성
②   z.zfunc() # 객체 z의 함수 zfunc 호출
⑩   z.func() # 객체 z의 함수 func 호출
```

TIP ⑩번에서 클래스 X만 호출된 이유는 class Z(X, Y)의 상속받는 순서에 따라 이름을 찾아 첫 번째 클래스인 X에서 함수 func를 찾습니다. 만약, class Z(Y, X)로 생성할 경우 마지막 결과값은 "함수 Y 호출"이 됩니다.

정답 **01** ① **02** ② **03** ③ **04** ③

SECTION
05
프로그래밍 언어 활용

변수를 선언하게 되면 메모리를 차지하고, 변수를 참조할 때 시간이 소요됩니다. 따라서 변수 사용 범위에 따라 변수를 효율적으로 선언하는 것을 권장합니다. 라이브러리는 자주 사용하는 함수를 미리 작성하여 저장시켜둔 것으로, 필요에 따라 쉽고 편리하게 사용할 수 있습니다.

01 변수의 구분

1 지역 변수, 전역 변수

일시적
프로그램 중간에 일시적으로 사용되었다가 소멸됨

지속적
프로그램이 실행되는 순간부터 종료될 때까지 계속 사용됨

	지역(Local) 변수	전역(Global) 변수
정의	변수가 선언된 함수나 블록 내에서만 사용할 수 있는 변수	함수 외부에 선언해 소스 코드 전체에서 사용 가능한 변수
변수 수명	일시적※	지속적※
장점	메모리를 효율적으로 사용 가능	사용하기 편리함
단점	변수 접근이 까다로움	메모리 낭비, 프로그램 관리가 어려움

📖 지역 변수, 전역 변수

```
#include <stdio.h>
int global = 1; // 전역 변수 : 소스 코드 전체에서 사용 가능하다.
int main() {
    int local = 2; // 지역 변수 : 변수가 선언된 함수에서만 사용 가능하다.
    printf("%d %d", global, local);
}
```
출력 결과 : `1 2`

2 기억 클래스

권쌤이 알려줌

변수가 저장되는 기억 영역과 변수의 수명에 따라 변수를 분류할 수 있습니다.

변수가 저장되는 기억 영역을 결정하고, 기억 영역에 따라 사용하는 변수의 유효 범위※를 결정하는 작업이다.

유효 범위
변수가 기억 장소를 점유하는 시간
• 변수의 수명

쓰레기 값(Garbage Value)
아무런 의미가 없는 값

▼ C언어의 기억 클래스

예약어	종류	기억 영역	생존 기간	사용범위	초기화 여부
auto	자동 변수	메모리(스택)	일시적	지역적	쓰레기 값※
register	레지스터 변수	CPU(레지스터)		지역적	쓰레기 값
extern	외부 변수	메모리(데이터)	영구적	전역적	0
static	내부 정적 변수			지역적	
	외부 정적 변수			전역적	

1. 자동 변수

함수나 블록 내에 선언하여, 메모리의 스택(Stack)에 기억 영역을 일시적으로 할당하는 변수이다.

- auto는 생략 가능하며, 변수를 초기화하지 않으면 예상하지 못한 오류가 발생할 수 있다.

2. 레지스터 변수

메모리가 아닌 CPU 내부의 레지스터에 기억 영역을 할당하는 변수이다.

- 자주 사용되는 변수를 레지스터에 저장하여 처리 속도를 높이기 위해 사용한다.

3. 외부 변수

현재 파일이나 다른 파일에서 선언된 변수나 함수를 참조하기 위한 변수이다.

4. 정적 변수

① 내부 정적 변수 : 함수나 블록 내에서 선언하여 선언한 함수나 블록 내에서만 사용할 수 있는 변수이다.

② 외부 정적 변수 : 모든 함수에서 사용할 수 있는 변수이다.

스택(Stack)
메모리의 스택 영역은 함수의 호출과 관계되는 지역 변수와 매개변수가 저장되는 영역이다.

권쌤이 알려줌

CPU 내부에 메모리(Memory)와 레지스터(Register)가 있으며, 레지스터는 데이터 처리 속도를 높이기 위한 고속의 기억장치입니다.

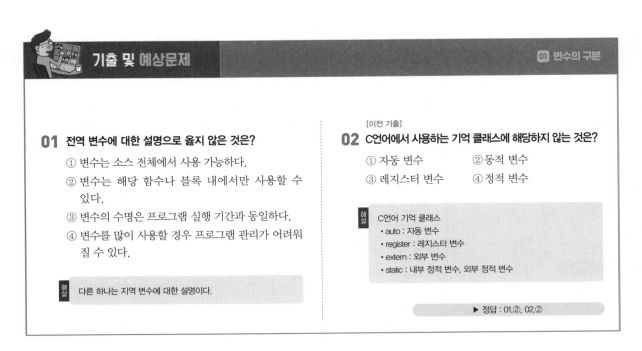

기출 및 예상문제　　　　　　　　　　　**01 변수의 구분**

01 전역 변수에 대한 설명으로 옳지 않은 것은?

① 변수는 소스 전체에서 사용 가능하다.

② 변수는 해당 함수나 블록 내에서만 사용할 수 있다.

③ 변수의 수명은 프로그램 실행 기간과 동일하다.

④ 변수를 많이 사용할 경우 프로그램 관리가 어려워질 수 있다.

해설 다른 하나는 지역 변수에 대한 설명이다.

[이전 기출]

02 C언어에서 사용하는 기억 클래스에 해당하지 않는 것은?

① 자동 변수　　　　② 동적 변수

③ 레지스터 변수　　④ 정적 변수

해설 C언어 기억 클래스
- auto : 자동 변수
- register : 레지스터 변수
- extern : 외부 변수
- static : 내부 정적 변수, 외부 정적 변수

▶ 정답 : 01.②, 02.②

목적 프로그램
원시 프로그램을 컴파일러를 이용해서 기계어로 번역한 파일

실행 프로그램
하나 이상의 목적 프로그램들을 엮어서 실행 가능한 상태로 만든 파일

02 프로그래밍 언어

1 프로그래밍 언어

구분	설명
고급 프로그래밍 언어	사람이 이해하기 쉽게 작성된 프로그래밍 언어이다. ⑩ C, JAVA, Python, Basic 등
저급 프로그래밍 언어	컴퓨터가 이해하기 쉽게 작성된 프로그래밍 언어이다. ⑩ 기계어, 어셈블리어 등

2 컴파일러(Compiler), 인터프리터(Interpreter)

1. 컴파일러, 인터프리터

컴파일러와 인터프리터는 고급 프로그래밍 언어를 기계어로 변환하는 기능을 수행한다.

구분		컴파일러	인터프리터
공통점		고급 프로그래밍 언어를 기계어로 변환하는 기능	
차이점	번역 단위	전체를 번역	줄 단위로 번역
	목적 프로그램 생성 여부	생성 O	생성 X
	실행	실행 프로그램 실행	번역과 동시에 실행
	실행 속도	빠름	느림

2. 컴파일 타임, 런 타임

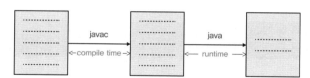

구분	설명
컴파일 타임 (Compile Time)	고급 프로그래밍 언어를 기계어로 변환하고 목적 프로그램*을 생성하는 과정
런 타임 (Run Time)	컴파일 과정을 마친 후 사용자에 의해서 실행 프로그램*이 실행되는 과정

3 절차적 프로그래밍 언어

절차적 프로그래밍 언어는 일련의 처리 절차를 정해진 문법에 따라 순서대로 기술해 나가는 언어이다.

▼ 종류

언어	설명
C	• 시스템 프로그래밍 언어로 널리 사용된다. • UNIX의 일부가 C언어로 구현되었다. • 고급 프로그래밍 언어이면서 저급 프로그래밍 언어의 특징(하드웨어 제어 등 시스템 프로그램 개발)을 모두 갖추고 있다. • 이식성이 좋아 컴퓨터 기종과 관계없이 프로그램 작성이 가능하다.

ALGOL	• 수치 계산이나 논리 연산과 같은 알고리즘의 연구개발을 목적으로 한 언어이다.
COBOL	• 사무 처리용 언어이다.
FORTRAN	• 주로 과학적인 계산을 하기 위해 시작된 과학 기술 계산용 언어이다.
BASIC	• 교육용 대화형 언어이다.

4 객체 지향 프로그래밍 언어

객체 지향 프로그래밍 언어는 현실 세계의 개체(Entity)를 기계의 부품처럼 하나의 객체(Object)라는 기본 단위로 나눠, 이 객체들의 상호작용으로 프로그래밍하는 방식으로 기술해 나가는 언어이다.

▼ 종류

구분	설명
JAVA	• 썬 마이크로시스템에서 개발된 객체 지향 프로그래밍 언어이다. • 응용 프로그램의 개발 도구로 각광 받고 있다. • 운영제제 및 하드웨어에 독립적이며, 이식성이 강하다.
C++	• C에 객체 지향 개념을 적용한 언어이다.
C#	• C와 C++의 발전된 형태로 Java와 비슷한 특색을 가진 객체 지향 프로그래밍 언어이다. • 마이크로소프트의 닷넷(.NET)※ 플랫폼에서 쓰인다.
Smalltalk	• 1세대 객체 지향 언어로, 최초로 GUI※를 제공한 언어이다.

5 스크립트 언어

스크립트 언어는 응용 소프트웨어를 제어하는 컴퓨터 프로그래밍 언어로, 응용 프로그램과 독립되어 사용된다.

• 사용자가 응용 프로그램의 동작을 사용자의 요구에 맞게 수행할 수 있도록 해 준다.

▼ 특징

장점	단점
• 컴파일 없이 실행하므로 결과를 바로 확인할 수 있다. • 배우고 코딩하기 쉽다. • 개발 시간이 짧고, 소스 코드를 쉽고 빠르게 수정할 수 있다.	• 실행할 때마다 소스 코드를 읽고 해석해야 하는 작업이 필요하므로, 실행 속도가 느리다. • 런 타임 오류가 많이 발생한다.

▼ 분류

분류	설명
서버용	파이썬(Python), PHP, ASP, JSP
클라이언트용	자바스크립트(JavaScript)

권쌤이 알려줌

JAVA는 대표적인 객체 지향 프로그래밍 언어입니다. 현실 세계의 실체를 객체로 표현하여 객체 중심으로 프로그래밍하는 방식을 객체 지향 프로그래밍이라고 합니다.

닷넷(.NET)
마이크로소프트에서 개발한 윈도우 프로그램 개발 및 실행 환경

GUI(Graphic User Interface)
사용자가 편리하게 사용할 수 있도록 아이콘과 같은 그래픽으로 나타내어 마우스를 이용하는 인터페이스

권쌤이 알려줌

Python과 PHP는 대표적인 스크립트 언어입니다. 다른 응용 프로그램의 동작을 제어하는 언어를 스크립트 언어라고 합니다.

권쌤이 알려줌

Python은 프로그램 개발에도 사용되지만 스크립트 언어로써 사용하기 편리하여 스크립트 언어라 불리기도 합니다.
• Python언어는 객체 지향 언어이면서도 스크립트 언어입니다.

▼ 종류   [21년 2, 3회] [20년 2회]

종류	설명
Python	• 귀도 반 로섬(Guido van Rossum)이 발표한 객체 지향 기능을 지원하는 대화형 인터프리터 언어이다.
PHP (Professional Hypertext Preprocessor)	• 동적 웹페이지를 만들기 위해 설계된 언어로, Linux, Unix, Windows 운영체제에서 사용이 가능하다. • C, JAVA 등과 문법이 유사하므로 배우기 쉬워 웹 페이지 제작에 많이 사용된다.
ASP (Active Server Page)	• 서버 측에서 동적으로 수행되는 페이지를 만들기 위한 언어로, 마이크로소프트에서 개발했다. • Windows 운영체제에서만 수행 가능한 프로그래밍 언어이다.
JSP (Java Server Page)	• JAVA로 만들어진 언어로, 다양한 운영체제에서 사용이 가능하다. • HTML[※] 내 자바 코드를 삽입해 웹 서버에서 동적으로 웹 페이지를 생성하여 웹 브라우저에 돌려준다.
JCL (Job Control Language)	• IBM 메인프레임[※] 운영체제에서 사용되는 언어이다. • 일괄 처리 작업을 수행하거나 하부 시스템을 시작하는 방법을 시스템에 지시한다.
자바스크립트 (JavaScript)	• 클라이언트 웹 브라우저 내에서 주로 사용하며, 프로토타입 기반[※] 객체 지향 스크립트 언어이다. • 클래스를 지원하지 않았으나, ES6[※]에서 class라는 문법이 추가되었다.

학습 플러스   PHP 연산자   [20년 4회]

구분	종류
증감 연산자	++A, A++, --A, A--
산술 연산자	• 사칙 연산자 : +, −, *, / • 나머지 연산자 : % • 제곱 연산자 : **
논리 연산자	&&, and, ‖, or, xor, !
관계 연산자	〉, 〉=, 〈, 〈=, ==, ===[※], !=, 〈〉[※], !==[※]
대입 연산자 (할당 연산자)	• =, +=, −=, *=, /=, … • 산술/관계/논리/비트 연산자 모두 사용 가능
비트 연산자	&, ‖, ^, ~, 〈〈, 〉〉
조건 연산자 (삼항 연산자)	조건 ? 수식1 : 수식 2;

문자열 연산자	.(마침표)
	⑩ $var_1 = "happy"; // 변수 var_1 선언 및 초기화한다.
	　　$var_2 = "birthday"; // 변수 var_2 선언 및 초기화한다.
	　　$var_3 = $var_1.$var_2; // 변수 var_3에 변수 var_1 값과 변수 var_2 값을 연결하여 저장한다.
	　　echo $var_3; // 변수 var_3을 출력한다. (PHP 출력 함수 : echo)
	　　− 출력 결과 : happybirthday

오류제어 연산자	@ ⑩ @foo( ) // 만약 foo() 함수 실행 중 에러가 나도 무시한다.
배열 합집합 연산자	+[※]

6 명령형 언어

명령형 언어는 순차적인 명령 수행을 기본으로 하는 언어로, 어떤 방법으로 (HOW) 문제 처리를 할 것인지에 초점을 둔다.

- 알고리즘을 명시하고 목표는 명시하지 않는다.
- 특정 구문의 연산을 이용하여 상태를 변경시키고 프로그램을 동작시킨다.
- 절차적 언어와 객체 지향 언어가 있다.

> **예제** 명령형 언어 – C

```
int find (int[] arr) {
    int result = 0;
    for (int i = 0; i < arr.length; i++)
        result += arr[i]
    return result;
}
```

7 선언형 언어

선언형 언어는 프로그램이 어떤 방법으로 해야 하는지를 나타내기보다 무엇 (WHAT)과 같은지에 초점을 둔다.

- 명령형 언어와 반대되는 개념의 언어이다.
- 목표를 명시하고 알고리즘은 명시하지 않는다.
- 함수형 언어*와 논리형 언어* 등이 있다.
- 가독성이나 재사용성이 좋다.
- 작동 순서를 구체적으로 작성하지 않기 때문에 오류가 적다.

> **예제** 선언형 언어 – SQL

```
SELECT 이름 FROM 학생 WHERE 학년=1;
```

▼ 종류

구분	설명
HTML(HyperText Markup Language)	• 인터넷 웹 페이지를 만들 때 사용하는 표준 마크업 언어이다. • 특별한 데이터 타입이 없는 단순한 텍스트이므로 호환성이 좋고 사용이 편리하다.
LISP(리스프)	• 인공지능 분야에 사용되는 언어이다.
PROLOG(프롤로그)	• 논리식을 토대로 한 언어로, 인공지능 분야에서의 논리적인 추론이나 패턴 매칭 등에 적합하다.
XML	• 기존 HTML의 단점을 보완하여 웹에서 구조화된 다양한 문서들을 상호 교환할 수 있도록 설계된 언어이다. • 인터넷 환경에 적합하도록 간결성, 보편성, 활용성에 중점을 두고 설계되었다.
Haskell (하스켈, 해스켈)	• 함수형 프로그래밍 언어이다. • 코드가 간결하고 에러 발생의 가능성이 낮다.
SQL	• 관계형 데이터베이스 관리 시스템(RDBMS)*의 데이터를 관리하기 위한 언어이다.

합격자의 암기법

명령형 언어와 선언형 언어
- 키워드 알고리즘 O, 목표 X →
  용어 명령형 언어
- 키워드 알고리즘 X, 목표 O →
  용어 선언형 언어

함수형 언어
수학적 수식과 같은 함수들로 프로그램을 구성하여 호출하는 방식의 언어
예 LISP

논리형 언어
규칙에 대한 활성화 조건이 만족되면 연관된 규칙이 실행되는 구조로, 추론과 관계 규칙에 의해 원하는 결과를 얻는 언어
예 PROLOG

관계형 데이터베이스 관리 시스템
(RDBMS; Relational DBMS)
대량의 데이터를 관계형 모델에 따라 구조화해 저장/관리하는 데이터베이스 관리 시스템

[21년 1회]

01 구현 단계에서의 작업 절차를 순서대로 맞게 나열한 것은?

> ㉠ 코딩한다.
> ㉡ 코딩작업을 계획한다.
> ㉢ 코드를 테스트한다.
> ㉣ 컴파일한다.

① ㉠-㉡-㉢-㉣ ② ㉡-㉠-㉣-㉢
③ ㉢-㉠-㉡-㉣ ④ ㉣-㉡-㉠-㉢

> **해설** 구현 단계 작업 절차 : 코딩작업 계획 → 코딩 → 컴파일 → 코드 테스트

[20년 2회]

02 스크립트 언어가 아닌 것은?

① PHP ② Cobol
③ Basic ④ Python

> **해설** 스크립트 언어는 컴파일 방식이 아닌 인터프리터 방식으로 동작한다.
> • Cobol : 컴파일 방식을 통해 동작한다.
> • Basic : 인터프리터 방식과 컴파일 방식 모두 가능하다.

[21년 2회]

03 자바스크립트(JavaScript)와 관련한 설명으로 틀린 것은?

① 프로토타입(Prototype)의 개념이 존재한다.
② 클래스 기반으로 객체 상속을 지원한다.
③ Prototype Link와 Prototype Object를 활용할 수 있다.

④ 객체 지향 언어이다.

> **해설** 자바스크립트(JavaScript)는 클라이언트 웹 브라우저 내에서 주로 사용하며, 프로토타입 기반 객체 지향 스크립트 언어이다. 이전에는 클래스를 지원하지 않았으나, ES6에서 class라는 문법이 추가되었다.

[21년 3회]

04 귀도 반 로섬(Guido van Rossum)이 발표한 언어로 인터프리터 방식이자 객체 지향적이며, 배우기 쉽고 이식성이 좋은 것이 특징인 스크립트 언어는?

① C++ ② JAVA
③ C# ④ Python

> **해설** 키워드 귀도 반 로섬, 인터프리터 방식, 객체 지향적 → 용어 Python

[20년 4회]

05 PHP에서 사용 가능한 연산자가 아닌 것은?

① @ ② #
③ <> ④ ===

> **해설** • @ : 오류제어 연산자
> • <> : A <> B → A와 B는 같지 않다.
> • === : A === B → A와 B는 같고, 데이터 타입도 같다.

▶ 정답 : 01.②, 02.②, 03.전항 정답, 04.④, 05.②

★★

03 라이브러리

1 라이브러리(Library) [21년 1회]

라이브러리는 효율적인 프로그램 개발을 위해 필요한 함수, 데이터 등 프로그램을 모아 놓은 집합체로, 필요할 때 찾아서 쓸 수 있도록 모듈화되어 제공된다.

- 사용자(개발자)는 라이브러리를 호출하여 사용하며, 라이브러리 내 코드의 흐름을 직접 제어할 수 없다.
- 일반적으로 라이브러리를 사용하기 위한 도움말, 설치파일, 샘플코드 등을 제공한다.

▼ 라이브러리 구분

구분	설명
표준 라이브러리	• 프로그래밍 언어가 기본적으로 가지고 있는 라이브러리이다. • 각 프로그래밍 언어의 표준 라이브러리는 여러 종류의 모듈*과 패키지*를 가지며, 표준 라이브러리를 이용하면 별도의 파일 설치 없이 일반적으로 많이 사용하는 날짜와 시간 등의 기능을 이용할 수 있다.
외부 라이브러리	• 표준 라이브러리와 달리 별도의 파일을 설치하여야 하는 라이브러리이다. • 누구나 개발하여 설치할 수 있으며, 인터넷 등을 이용하여 공유할 수도 있다.

모듈(Module)
한 개의 파일에서 기능을 제공한다.

패키지(Package)
여러 개의 모듈을 한 개의 폴더에 묶어서 기능을 제공한다.

2 C언어 표준 라이브러리 [22년 2, 3회] [21년 2회]

라이브러리	설명	예
stdio.h	데이터 입·출력 라이브러리	• scanf : 입력, printf : 출력
string.h	문자열 처리 라이브러리	• strlen : 문자열 길이 반환 • strcpy : 문자열 복사 • strcat : 문자열 덧붙이기
math.h	수학 함수 처리 라이브러리	• power : 제곱
stdlib.h	자료형 변환, 난수* 발생, 메모리 할당 등 라이브러리	• atoi : 문자열 형변환 • rand : 난수
time.h	시간 라이브러리	• time : 현재 시간

권쌤이 알려줌

C언어 라이브러리 사용 방법은 아래와 같습니다.
• #include ⟨stdio.h⟩

난수
정의된 범위 내에서 무작위로 추출된 수

학습+플러스 C언어 문자열 형변환 함수 [21년 1회]

함수	설명
atoi()	문자열을 정수형으로 변환(Ascii to Integer)
itoa()	정수형을 문자열로 변환(Integer to Ascii)
atof()	문자열을 실수형으로 변환(Ascii to Float)
ftoa()	실수형을 문자열로 변환(Float to Ascii)

예 printf("%d", atoi("2021"));
// 문자열 2021을 정수형으로 변환하므로, 서식 문자는 %d를 사용한다.

권쌤이 알려줌

문자열 형변환 함수 사용을 위해 ⟨stdlib.h⟩ 헤더 파일을 먼저 포함해야 합니다.

3 JAVA 표준 라이브러리

라이브러리	설명	예
java.lang	기본적으로 필요한 자료형, 예외 처리 등 라이브러리	String : 문자열
java.util	날짜 처리, 난수 발생 등 라이브러리	Random : 난수
java.io	파일 입·출력 라이브러리	FileInputStream : 파일 읽어오기
java.sql	데이터베이스 라이브러리	Connection : DBMS와 연결
java.net	네트워크 라이브러리	Socket : 소켓 통신
java.awt	사용자 인터페이스(UI) 라이브러리	Checkbox : 체크박스

권쌤이 알려줌

JAVA언어 라이브러리 사용 방법은 아래와 같습니다.
• import java.util.Random;
　　　　패키지　모듈

권쌤이 알려줌

import.java.util.*과 같이 util 라이브러리 안의 모든 함수를 포함할 수 있습니다.

로그(Log)
시스템 사용에 관련된 전체의 기록, 즉 입·출력 내용, 프로그램 사용 내용, 자료변경내용, 시작 시간, 종료 시간 등의 기록

4 Python 표준 라이브러리

라이브러리	설명
string	문자열 연산 라이브러리
re	문자열 패턴 탐색, 치환 라이브러리
math	수학 함수 라이브러리
random	난수 라이브러리
datetime	날짜, 시간, 일자 라이브러리
logging	로그※ 출력 라이브러리

기출 및 예상문제

03 라이브러리

[21년 1회]
01 라이브러리의 개념과 구성에 대한 설명 중 틀린 것은?

① 라이브러리란 필요할 때 찾아서 쓸 수 있도록 모듈화되어 제공되는 프로그램을 말한다.

② 프로그래밍 언어에 따라 일반적으로 도움말, 설치 파일, 샘플코드 등을 제공한다.

③ 외부 라이브러리는 프로그래밍 언어가 기본적으로 가지고 있는 라이브러리를 의미하며, 표준 라이브러리는 별도의 파일 설치를 필요로 하는 라이브러리를 의미한다.

④ 라이브러리는 모듈과 패키지를 총칭하며, 모듈이 개별 파일이라면 패키지는 파일들을 모아 놓은 폴더라고 볼 수 있다.

해설 표준 라이브러리는 프로그래밍 언어가 기본적으로 가지고 있는 라이브러리를 의미하며, 외부 라이브러리는 별도의 파일 설치를 필요로 하는 라이브러리를 의미한다.

[21년 2회]
02 C언어 라이브러리 중 stdlib.h에 대한 설명으로 옳은 것은?

① 문자열을 수치 데이터로 바꾸는 문자 변환 함수와 수치를 문자열로 바꿔주는 변환 함수 등이 있다.

② 문자열 처리 함수로 strlen()이 포함되어 있다.

③ 표준 입출력 라이브러리이다.

④ 삼각 함수, 제곱근, 지수 등 수학적인 함수를 내장하고 있다.

해설 ②는 string.h, ③은 stdio.h, ④는 math.h에 대한 설명이다.

[21년 1회]
03 C언어에서 문자열을 정수형으로 변환하는 라이브러리 함수는?

① atoi()　　　　② atof()

③ itoa()　　　　④ ceil()

해설 키워드 문자열(ascii)을 정수형(integer)으로 → 용어 atoi()

▶ 정답 : 01.③, 02.①, 03.①

04 예외 처리

1 예외(Exception) [22년 1회]

예외는 프로그램의 정상적인 실행을 방해하는 조건이나 상태를 의미한다.

▼ 예외의 원인

컴퓨터 하드웨어의 문제, 운영체제의 설정 실수, 라이브러리 손상, 사용자의 입력 실수, 받아들일 수 없는 연산 등 다양하다.

(예) 주민등록번호 입력란에 한글을 입력한 경우

2 예외 처리(Exception Handling)

예외 처리는 예외가 발생했을 때 개발자가 해당 문제에 대비해 작성해 놓은 처리 루틴※을 수행하도록 하는 것이다.

(예) '숫자만 입력 가능합니다.'라는 경고 메시지를 출력한다.

1. JAVA 예외 처리 문법

```
try {
    예외 발생할 가능성이 있는 코드;  (예) 주민등록번호를 입력받는다.
}
catch (Exception e) {
    예외 발생 시 실행 코드;  (예) '숫자만 입력 가능' 메시지를 출력한다.
}
finally {
    예외 발생 여부와 관계없이 무조건 실행되는 코드;
}
```

2. Python 예외 처리 문법

```
try:
    예외 발생할 가능성이 있는 코드  (예) 주민등록번호를 입력받는다.
except:
    예외 발생 시 실행 코드  (예) '숫자만 입력 가능' 메시지를 출력한다.
else:
    예외 발생하지 않을 시 실행 코드  (예) 다음 페이지로 넘어간다.
finally:
    예외 발생 여부와 관계없이 무조건 실행되는 코드
```

루틴(Routine)
특정 작업을 실행하기 위한 일련의 명령

기출 및 예상문제

04 예외 처리

01 예외의 원인으로 가장 거리가 먼 것은?

① 라이브러리 복구
② 사용자의 입력 실수
③ 운영체제 설정 실수
④ 받아들일 수 없는 연산

해설 예외의 원인 : 컴퓨터 하드웨어 문제, 운영체제 설정 실수, 라이브러리 손상, 사용자의 입력 실수, 받아들일 수 없는 연산 등

▶ 정답 : 01.①

[이전 기출]

01 표준 C언어에서 저장 클래스를 명시하지 않은 변수는 기본적으로 어떤 변수로 간주하는가?

① AUTO   ② REGISTER

③ STATIC   ④ EXTERN

[이전 기출]

02 다음 설명과 관계가 있는 C언어의 변수들로 묶은 것은?

> 프로그램의 실행 시작 시점에 기억장소를 할당받아 실행이 끝날 때까지 지속적으로 기억장소를 유지한다.

① 전역변수, 지역변수

② 전역변수, 정적변수

③ 지역변수, 동적변수

④ 정적변수, 동적변수

[이전 기출]

03 다음 C 프로그램의 실행 결과로 옳은 것은?

```c
#include <stdio.h>
main() {
    int a = 1, b = 2, c = 3;
    {
        int b = 4, c = 5;
        a = b;
        {
            int c;
            c = b;
        }
        printf("%d %d %d", a, b, c);
    }
}
```

① 1 2 3   ② 1 4 5

③ 4 2 3   ④ 4 4 5

[이전 기출]

04 고급 프로그래밍 언어에 관한 설명 중 옳지 않은 것은?

① COBOL 언어는 회사의 사무용 자료처리 언어로 개발되었으며, 기계 독립적인 부분과 기계 종속적인 부분을 분리하는 데 성공한 언어이다.

② PASCAL 언어는 간결하면서도 강력한 언어로 손꼽히고 있으며, 교육용 언어로는 뛰어나다는 평가를 받고 있다.

③ C언어는 고급 언어 프로그래밍과 저급 언어 프로그래밍도 가능한 언어이며, 인터프리터 방식의 대표적 언어이다.

④ FORTRAN은 계산용 언어로서, 뛰어난 실행 효율성으로 성공한 언어이며, 번역기를 구현한 최초의 고급 언어로 평가된다.

[이전 기출]

05 C언어의 특징으로 옳지 않은 것은?

① 이식성이 뛰어나 컴퓨터 기종에 관계없이 프로그램을 작성할 수 있다.

② UNIX 운영체제를 구성하는 시스템 프로그램이다.

③ 기호 코드(Mnemonic Code)라고도 한다.

④ 포인터에 의한 번지 연산 등 다양한 연산 기능을 가진다.

[이전 기출]

06 객체 지향 프로그래밍의 개념인 클래스를 지원하지 않는 프로그래밍 언어는?

① C   ② C#

③ C++   ④ Java

07 JAVA에서의 표준 라이브러리와 그 의미가 잘못 연결된 것은?

① java.util – 날짜 처리, 난수 발생 등 라이브러리

② java.io – 파일 입출력 라이브러리

③ java.net – 사용자 인터페이스(UI) 라이브러리

④ java.lang – 기본적으로 필요한 자료형, 예외 처리 등 라이브러리

섹션
기출예상문제 해설

01 auto는 생략 가능한 변수로, 저장 클래스를 명시하지 않을 경우 auto로 간주한다.

02 • 전역 변수, 정적 변수 : 지속적
　　 • 지역 변수 : 일시적

03 코드해설

```
①  int a = 1, b = 2, c = 3;
    {
②      int b = 4, c = 5;
③      a = b;
       {
④          int c;
⑤          c = b;
       }
⑥      printf("%d %d %d", a, b, c);
    }
```

• ⑥번의 출력 함수가 포함된 블록{ } 내에 선언된 변수 ②~③번이 변수 ①번보다 우선순위가 높다.
• 변수 ④~⑤번은 블록{ }이 종료되면 소멸된다.

04 C언어는 컴파일러 방식의 대표적 언어이다.

05 어셈블리어를 기호 코드(Mnemonic Code)라고도 한다.
• 어셈블리어(Assembly Language) : 기계어와 일대일 대응이 되는 저급 프로그래밍 언어

06 C는 절차적 프로그래밍 언어에 포함된다.
• 객체 지향 프로그래밍 언어 종류 : JAVA, C++, C#, Smalltalk, Delphi(델파이)

07 • java.net – 네트워크 라이브러리
• java.awt – 사용자 인터페이스(UI) 라이브러리

정답 **01** ① **02** ② **03** ④ **04** ③ **05** ③ **06** ① **07** ③

06

운영체제 기초 활용

운영체제는 컴퓨터 시스템의 한 부분으로, 모든 하드웨어와 소프트웨어를 관리하는 실행 관리자라고 정의할 수 있습니다. 즉 컴퓨터 자원을 누가 사용할 수 있고, 어떻게 사용할 수 있는지를 관리하는 소프트웨어입니다. 운영체제의 기본 개념 및 종류와 자원을 관리하는 기법 등에 대해 학습합니다.

★★

01 운영체제

1 운영체제(OS; Operating System) [20년 3회]

> 인터페이스(Interface)
> 상호 작용 방법을 정의하는 수단 또는 개념

운영체제는 사용자가 컴퓨터의 하드웨어를 쉽게 사용할 수 있도록 인터페이스*를 제공해 주는 소프트웨어이다.

> 자원(Resource)
> ⑩ CPU, 메모리, 디스크, I/O 장치 등

- 사용자 편의성을 위한 인터페이스인 동시에 다양한 자원*을 관리하는 자원 관리자이다.

1. 운영체제의 목적

처리 능력의 향상, 신뢰도 향상, 사용 가능도 향상, 응답시간(반환시간) 단축 등이 있다.

목적	설명
처리 능력(Throughput)	일정 시간 내에 시스템이 처리하는 일의 양
신뢰도(Reliability)	시스템이 주어진 문제를 정확하게 해결하는 정도
사용 가능도(Availability)	시스템을 사용할 필요가 있을 때 즉시 사용 가능한 정도
응답시간, 반환시간 (Turn Around Time)	시스템에 작업을 의뢰한 시간부터 처리가 완료될 때까지 걸린 시간

> 권쌤이 알려줌
>
> 스케줄링은 이후 자세히 학습합니다.

2. 운영체제의 기능

- 자원의 효율적인 스케줄링 및 관리를 수행한다.
- 데이터 공유 및 주변 장치를 관리한다.
- 입 · 출력 장치와 사용자 프로그램을 제어한다.
- 다른 응용 프로그램이 유용한 작업을 할 수 있도록 환경을 마련해 준다.
- 시스템 사용 도중 발생하는 내 · 외부적인 오류로부터 시스템을 보호한다.
- 오류 검사 및 복구 기능을 제공한다.
- 운영체제 이외의 프로그램들은 운영체제가 제공하는 기능에 의존하여 컴퓨터 시스템의 자원에 접근할 수 있다.

3. 운영체제 주요 자원 관리

구분	설명
프로세스 관리	프로세스 생성과 제거, 시작과 정지, 메시지 전달, 프로세스 스케줄링 및 동기화 등의 기능 담당
기억 장치 관리	프로세스에 메모리 할당 및 회수 관리
주변 장치 관리	입·출력 장치 스케줄링 및 전반적인 관리
파일 관리	파일 생성, 삭제, 변경, 유지 등 담당

2 운영체제의 종류

구분	운영체제	설명
개인용 OS	MS-DOS	Windows 이전에 Microsoft에서 개발한 운영체제
	Windows	Microsoft 운영체제
	MacOS	Apple이 UNIX 기반으로 개발한 운영체제
서버용 OS	Windows NT (Server)	Microsoft가 공개한 서버 운영체제
	UNIX	AT&T 벨(Bell) 연구소, MIT, General Electric이 공동 개발한 운영체제
	LINUX	리누스 토발즈(Linus Torvalds)가 개발한 UNIX와 호환이 가능한 운영체제
모바일 OS	Android	Google이 공개한 모바일 운영체제
	iOS	Apple이 UNIX 기반으로 개발한 모바일 운영체제

3 운영체제의 기능적 분류

1. 제어 프로그램　[21년 1회]

시스템 전체의 작동 상태 감시, 작업의 순서 지정, 작업에 사용되는 데이터 관리 등의 역할을 수행하는 프로그램이다.

구분	설명
감시 프로그램 (Supervisor Program)	여러 가지 프로그램의 처리와 실행에 관여하고, 프로그램의 흐름 전체를 관리/감독/제어하는 프로그램
작업 제어 프로그램 (Job Control Program)	작업의 연속 처리를 위한 스케줄 및 시스템 자원 할당 등을 담당하는 프로그램
데이터 관리 프로그램 (Data Management Program)	주기억장치와 보조기억장치 사이의 자료 전송, 파일의 조작 및 처리 등 시스템에서 취급하는 파일과 데이터를 표준적인 방법으로 처리할 수 있도록 관리하는 프로그램

2. 처리 프로그램

제어 프로그램의 지시를 받아 사용자가 요구한 문제를 해결하기 위한 프로그램이다.

구분	설명
서비스 프로그램 (Service Program)	효율성을 위해 사용 빈도가 높은 프로그램
문제 프로그램 (Problem Program)	특정 업무 해결을 위해 사용자가 작성한 프로그램
언어 번역 프로그램 (Language Translator Program)	저급 언어, 고급 언어로 작성한 프로그램을 기계어로 번역하는 프로그램 ⓓ 어셈블러, 컴파일러, 인터프리터

4 Windows

Windows는 당시 널리 쓰이던 MS-DOS에서 멀티태스킹※과 GUI 환경을 제공하기 위한 응용 프로그램으로 출시된 운영체제이다.

- 마이크로소프트(Microsoft)사에서 1995년도에 Windows 95를 발표한 이후 98, ME, XP, 7, 8, 10, 11 등의 버전이 지속적으로 출시되고 있다.
- 유료 운영체제로 마이크로소프트사에서만 수정 및 배포할 수 있다.
- 고객 지원이 체계적이라는 장점이 있지만, 버그 등의 문제점이 발견되었을 시 수정에 시간이 걸린다는 단점이 있다.
- 문제점 해결에 시간적인 차이를 이용하는 악성 해커들로 인해 UNIX 계열의 운영체제에 비해 보안에 취약하다는 문제점이 있다.

특징	설명
GUI(Graphic User Interface, 그래픽 사용자 인터페이스)	사용자가 편리하게 사용할 수 있도록 아이콘과 같은 그래픽으로 나타내어 마우스를 이용하여 소프트웨어를 실행시키는 편리한 인터페이스
선점형 멀티태스킹 (Preemptive MultiTasking, 양보)	우선순위가 높은 다른 프로세스가 할당된 CPU※를 강제로 빼앗을 수 있는 방법
PnP(Plug and Play, 자동 감지 기능)	컴퓨터에 주변기기를 추가할 때 별도의 물리적인 설정을 하지 않아도 설치만 하면 그대로 사용할 수 있도록 하는 기능
OLE(Object Linking and Embedding, 개체 연결 및 삽입)	다른 응용 프로그램에서 작성한 그림, 차트, 도표 등을 연결 또는 삽입하여 사용할 수 있는 기능 예 그림판에서 그린 그림을 문서 작성 프로그램에 제공해 보다 효과적으로 문서를 꾸밀 수 있도록 한다.
Single-User 시스템	컴퓨터 한 대를 한 사람만이 독점으로 사용하는 시스템

5 UNIX(유닉스) [22년 2회] [20년 4회 실기]

UNIX는 1960년대 말에 미국 AT&T 벨(Bell) 연구소에서 개발한 운영체제이다.

- C언어라는 고급 프로그래밍 언어로 작성되어 이식성과 확장성이 높은 운영체제이다.
- 개방형 시스템, 다중 사용자 시스템※, 대화식 시분할 시스템※, 다중 작업(멀티태스킹) 운영체제이다.
- 파일 시스템※은 계층(트리) 구조를 가진다.
- 사용자 위주의 시스템 명령어를 제공한다.
- 다양한 네트워킹 기능을 제공한다.

멀티태스킹
(Multi-Tasking, 다중 작업)
여러 가지 작업을 동시에 수행하는 것

CPU(Control Process Unit, 중앙 처리 장치)
컴퓨터 시스템을 통제하고, 연산을 실행하고 처리하는 가장 핵심적인 컴퓨터의 제어 장치

다중 사용자 시스템
(Multi-User System)
컴퓨터 시스템에 여러 명의 사용자의 동시 접근을 허용하는 시스템

시분할 시스템
(Time Sharing System)
각 사용자들에게 컴퓨터 자원을 시간적으로 분할하여 사용할 수 있게 해 주는 운영체제

파일 시스템(File System)
보조기억장치에 저장되는 파일에 대해 수정, 삭제, 추가, 검색 등의 작업을 체계적으로 할 수 있도록 지원하는 관리 시스템

합격자의 **모답 노트**

UNIX 특징의 주요 오답
- 단일 작업용 (X)
- Stand alone(독립형, 자립형, 고립형 시스템) (X)

UNIX 시스템의 구성

| 사용자 |
| 쉘 |
| 커널 |
| 하드웨어 |

1. 커널(Kernel) [20년 4회]

UNIX의 가장 핵심적인 부분으로, 주기억장치에 적재된 후 상주하면서 실행된다.

- 자원 활용도를 높이기 위해 스케줄링, 프로세스, 기억장치, 파일, 입·출력 관리를 수행한다.
- 프로세스 간 통신, 데이터 전송 및 변환 등 여러 가지 기능을 제공한다.
- 파일 시스템의 접근 권한을 처리한다.

2. 쉘(Shell) [22년 1회] [20년 2회]

시스템과 사용자 간의 인터페이스를 담당하는 명령어 해석기이다.

- 종류 : Bourne Shell[*], Bash Shell[*], C Shell[*], Korn Shell[*] 등

Bourne Shell(본 쉘)
UNIX의 가장 기본적인 쉘
- AT&T 벨 연구소의 본(Steve Bourne)이 개발

Bash Shell(배쉬 쉘)
LINUX, Mac OS 등 운영체제의 기본 쉘

C Shell
C언어를 기반으로 만들어진 쉘

Korn Shell(콘 쉘)
Bourne Shell을 확장하고, C Shell의 기능을 모두 제공한 쉘

6 LINUX(리눅스)

LINUX는 1991년 리누스 토발즈(Linus Torvalds)가 만든 운영체제이다.

- 인터넷에 소스가 공개된 오픈 소스 소프트웨어로, 누구나 사용할 수 있다.
- UNIX와 완벽하게 호환이 가능하며, UNIX의 특징과 대부분 동일하다.

 UNIX와 LINUX 비교

분류	유닉스(UNIX)	리눅스(LINUX)
비용	대부분 유료	대부분 무료이며 지원 정책에 따라 일부 유료 서비스 제품도 있음
주 사용자	메인 프레임[*], 워크스테이션[*] 등 대형 시스템 관리자	개발자, 일반 사용자
개발사	IBM, HP 등	커뮤니티
개발 배포	대부분 사업자에 의해 배포	오픈 소스 개발
사용량	인터넷 서버 등 대형 서비스에 주로 사용	모바일, 태블릿 등 다양하게 사용
사용자 편의	• CLI 기반이 주였으나 GUI도 제공하는 추세, 파일시스템 제공 • 기본은 Bourne Shell, 현재는 많은 Shell과 호환 가능	• GUI 제공, 파일시스템 지원 • Bash Shell 사용

메인 프레임(Main Frame)
통계 데이터나 금융 관련 전산 업무 등과 같이 복잡한 작업을 처리하는 대형 컴퓨터

워크스테이션(Workstation)
주로 과학 기술 연산, 공학 설계, 통계 처리, 금융 자료 분석, 컴퓨터 그래픽스 등 전문 분야 작업을 염두에 둔 고성능 개인용 컴퓨터

7 Mac OS(매킨토시 OS)

Mac OS는 UNIX 기반으로 만들어져 애플(Apple)의 제품군에서만 사용이 가능한 그래픽 기반 운영체제이다.

- 1999년 OS X로 업데이트를 했다. 이후에는 클라이언트, 서버 등으로 제품군을 확대했으며, 2017년 OS X 시에라, 2018년 모하비 등을 지속적으로 발표하고 있다.
- install과 uninstall의 과정 및 드라이버[*] 설치가 간단하다.

8 안드로이드(Android) [20년 2회 실기]

안드로이드는 리눅스 커널 위에서 동작하며 자바 및 코틀린[*] 언어로 앱을 만들어 작동하는 휴대 전화나 소형 기기에서 사용되는 운영체제이다.

- 구글이 공개한 개방형 모바일 운영체제이다.
- 안드로이드의 모든 소스 코드를 오픈 소스로 배포하고 있어, 프로그램을 독자적으로 개발해 탑재할 수 있으며, 구글 플레이(Google Play)를 통해 판매가 가능하다.

9 iOS

iOS는 OS X를 기반으로 만들어져 있고, 멀티 터치[*]를 비롯한 스마트 폰에는 없었던 사용자 인터페이스로 구현한 운영체제이다.

- 애플의 모바일 운영체제이다.
- 처음 공개되었을 당시에는 사용자가 개발한 애플리케이션의 추가가 허용되지 않았으나, 2008년 이후 애플의 앱 스토어(App Store)를 통해 자유롭게 사용자 애플리케이션 판매가 가능하다.

기출 및 예상문제

01 운영체제

[20년 3회]
01 운영체제에 대한 설명으로 거리가 먼 것은?

① 다중 사용자와 다중 응용프로그램 환경 하에서 자원의 현재 상태를 파악하고 자원 분배를 위한 스케줄링을 담당한다.

② CPU, 메모리 공간, 기억 장치, 입출력 장치 등의 자원을 관리한다.

③ 운영체제의 종류로는 매크로 프로세서, 어셈블러, 컴파일러 등이 있다.

④ 입출력 장치와 사용자 프로그램을 제어한다.

해설 다른 하나는 시스템 소프트웨어의 종류에 대한 설명이다.
• 운영체제의 종류 : Windows, Linux, Unix 등

[21년 1회]
02 운영체제를 기능에 따라 분류할 경우 제어 프로그램이 아닌 것은?

① 데이터 관리 프로그램

② 서비스 프로그램

③ 작업 제어 프로그램

④ 감시 프로그램

해설 다른 하나는 처리 프로그램에 포함된다.
TIP 제어 프로그램은 "감자데이터(감작데이터)"로 기억하세요.

[20년 4회 실기]

03 다음은 무엇에 대한 설명인가?

> 1960년대 말에 미국 AT&T 벨(Bell) 연구소에서 개발한 운영체제이다. 원래 워크스테이션/서버용이었지만, 데스크탑이나 임베디드용으로도 쓰인다. 이는 무엇보다도 처음으로 어셈블리가 아니라 C언어라는 고급 프로그래밍 언어로 커널까지 작성된 운영체제이다.

① Shell ② Linux
③ Windows ④ Unix

> 해설 키워드 벨(Bell) 연구소, C언어, 커널 → 용어 Unix(유닉스)

[20년 4회]

04 운영체제에서 커널의 기능이 아닌 것은?

① 프로세스 생성, 종료
② 사용자 인터페이스
③ 기억 장치 할당, 회수
④ 파일 시스템 관리

> 해설 다른 하나는 쉘(Shell)의 기능이다.

[20년 2회]

05 UNIX의 쉘(Shell)에 관한 설명으로 옳지 않은 것은?

① 명령어 해석기이다.
② 시스템과 사용자 간의 인터페이스를 담당한다.
③ 여러 종류의 쉘이 있다.
④ 프로세스, 기억장치, 입출력 관리를 수행한다.

> 해설 다른 하나는 커널(Kernel)에 대한 설명이다.

[20년 2회 실기]

06 다음은 무엇에 대한 설명인가?

> 리눅스 커널 위에서 동작하며 자바 및 코틀린 언어로 앱을 만들어 작동하는 휴대 전화나 소형기기에서 사용되는 운영체제로, 구글이 공개한 개방형 모바일 운영체제이다.

① iOS ② Android
③ Mac OS ④ LINUX

> 해설 키워드 자바, 코틀린, 앱, 휴대 전화 → 용어 안드로이드(Android)

▶ 정답 : 01.③, 02.②, 03.④, 04.②, 05.④, 06.②

★★★

02 메모리 관리

1 기억장치 관리 전략

1. 반입(Fetch) 전략

보조기억장치의 프로그램이나 데이터를 언제 주기억장치로 적재할 것인지를 결정한다.

구분	설명
요구 반입	요구할 때 적재하는 방법
예상 반입	미리 예상하여 적재하는 방법

2. 배치(Placement) 전략 [22년 1, 3회] [21년 1회] [20년 3회]

보조기억장치의 프로그램이나 데이터를 주기억장치의 어디에 위치시킬 것인지를 결정한다.

권쌤이 알려줌

실행하지 않는 프로그램은 보조기억장치에 저장되어 있고, 프로그램을 실행하기 위해서는 주기억장치에 프로그램이 할당되어야 합니다. 주기억장치는 용량이 크지 않으므로 효율적으로 관리해야 합니다.

단편화 (Fragmentation)
기억장치의 빈 공간 또는 자료가 여러 개의 조각으로 나뉘는 현상

• 내부 단편화 : 할당 후 남은 공간
  – 메모리 공간의 낭비
• 외부 단편화 : 할당하지 못한 공간
  – 여유 공간이 여러 조각으로 나뉨

권쌤이 알려줌

주기억장치에 프로그램을 할당할 때 단편화를 가장 작게 남기는 것이 효율적입니다.

권쌤이 알려줌

단편화 해결 방법은 아래와 같습니다.

• 통합(Coalescing) 기법 : 주기억장치 내에 인접해 있는 단편화된 공간을 하나의 공간으로 통합하는 작업
• 집약(Compaction) 기법, 압축, 쓰레기 수집(Garbage Collection) : 주기억장치 내에 분산되어 있는 단편화된 빈 공간을 결합하여 하나의 큰 가용 공간을 만드는 작업

구분	설명
최초 적합(First Fit)	첫 번째에 배치시키는 방법
최적 적합(Best Fit)	단편화*를 가장 작게 남기는 분할 영역에 배치시키는 방법
최악 적합(Worst Fit)	단편화를 가장 많이 남기는 분할 영역에 배치시키는 방법

예제

First Fit, Best Fit, Worst Fit 방법에 대해서 10K 프로그램이 할당받게 되는 영역의 번호를 구하시오.

영역 1	9K
영역 2	15K
영역 3	10K
영역 4	30K

정답 및 해설

영역 1	9K	
영역 2	15K	→ First Fit
영역 3	10K	→ Best Fit
영역 4	30K	→ Worst Fit

1. First Fit : 영역 2
   – 할당 가능한 영역 중 가장 첫 번째 영역에 배치시키는 방법
   – 5K 내부 단편화 발생
2. Best Fit : 영역 3
   – 할당 가능한 영역 중 단편화를 가장 작게 남기는 영역에 배치시키는 방법
   – 내 · 외부 단편화 발생하지 않음
3. Worst Fit : 영역 4
   – 할당 가능한 영역 중 단편화를 가장 많이 남기는 영역에 배치시키는 방법
   – 20K 내부 단편화 발생
4. 영역 1은 메모리 크기가 할당 프로그램 크기보다 작으므로 할당 불가능

3. 교체(Replacement) 전략

주기억장치의 모든 영역이 이미 사용 중인 상태에서 보조기억장치의 프로그램이나 데이터를 주기억장치에 배치하려고 할 때, 주기억장치의 이미 사용되고 있는 영역 중에서 어느 영역을 교체하여 사용할 것인지를 결정한다.

예 FIFO, OPT, LRU, LFU, NUR, SCR 등

2 주기억장치 할당 기법

1. 연속 할당 기법

프로그램을 주기억장치에 연속으로 할당하는 기법이다.

① 단일 분할 할당(단일 프로그래밍)

• 스와핑(Swapping) : 하나의 프로그램 전체를 주기억장치에 할당하여 사용하다가, 필요에 따라 다른 프로그램과 교체하는 기법이다.
• 오버레이(Overlay) : 실행되어야 할 프로그램의 크기가 커서 주기억장치에 할당할 수 없을 경우, 프로그램의 모든 부분이 동시에 주기억장치에 상주해 있을 필요가 없으므로 작업을 분할하여 필요한 부분만 교체하는 기법이다.

권쌤이 알려줌

오버레이 기법은 스와핑 기법의 단점을 보완한 기법입니다.

② 다중 분할 할당(다중 프로그래밍)

- 고정 분할(정적 분할) : 주기억장치를 미리 여러 개의 고정된 크기로 분할하고, 준비상태 큐에서 준비 중인 프로그램을 각 영역에 할당하는 기법이다.
- 내부 단편화 및 외부 단편화가 발생하여 주기억장치 낭비가 크므로, 현재는 사용되지 않는다.

예제

주기억장치	준비상태 큐
50K 50K 50K	← P1(20K) P2(40K) P3(100K)

해설

주기억장치를 미리 고정된 크기(50K)로 분할하고, 준비상태 큐의 프로그램을 각 영역에 할당하면 P1, P2는 내부 단편화가 발생하고 P3은 할당할 수 없다.

- 가변 분할(동적 분할) : 고정 분할 할당 기법의 단편화를 줄이기 위한 것으로, 미리 주기억장치를 분할해 놓는 것이 아니라, 프로그램을 주기억장치에 적재하면서 필요한 만큼의 크기로 영역을 분할하는 기법이다.

예제

주기억장치	준비상태 큐
20K 30K 40K	← P1(20K) P2(30K) P3(40K)

해설

주기억장치를 준비 상태 큐의 영역에 맞는 크기(20K, 30K, 40K)로 분할하여 할당한다.

2. 분산 할당 기법(가상기억장치 기법) [21년 1회]

프로그램을 특정 단위의 조각으로 나누어 주기억장치 내에 분산하여 할당하는 기법이다.

① 페이징(Paging) [21년 2회]

가상기억장치에 보관되어 있는 프로그램과 주기억장치의 영역을 동일한 크기로 나눈 후, 나뉜 프로그램을 주기억장치의 영역에 동일하게 적재시켜 실행하는 기법이다.

- 프로그램을 동일한 크기로 나눈 단위를 페이지(Page)라고 한다.
- 고정 분할(정적 분할) 기법이다.
- 외부 단편화는 발생하지 않으나, 내부 단편화가 발생할 수 있다.
- 주소 변환을 위한 페이지 맵 테이블(페이지 사상표)이 필요하다.

② 세그먼테이션(Segmentation)

가상기억장치에 보관되어 있는 프로그램을 다양한 크기의 논리적인 단위로 나

권쌤이 알려줌

가변 분할은 식당에서 칸막이를 이용하여 손님의 수에 따라 자리를 만들어주는 것과 같은 개념입니다.

권쌤이 알려줌

페이지 크기가 작을 경우(10K → 1K)의 장·단점은 아래와 같습니다.
- 한 개의 페이지를 주기억장치로 이동하는 시간이 줄어든다.
- 필요한 내용만 주기억장치에 적재할 수 있으므로, 유용도가 커지고 내부 단편화가 감소하며 기억장치 효율이 높아진다.
- 페이지 수가 증가하면 페이지 매핑 테이블이 커지고, 매핑 속도가 느려져 공간 낭비가 발생한다.
- 디스크 접근 횟수가 증가하며 전체적인 입·출력 시간이 늘어난다.

눈 후, 주기억장치에 적재시켜 실행시키는 기법이다.

- 논리적인 크기로 나눈 단위를 세그먼트(Segment)라고 하며, 각 세그먼트는 고유한 이름과 크기를 갖고 있다.
- 가변 분할(동적 분할) 기법이다.
- 외부 단편화는 발생할 수 있으나, 내부 단편화는 발생하지 않는다.
- 주소 변환을 위한 세그먼트 맵 테이블(세그먼트 사상표)이 필요하다.
- 다른 세그먼트에게 할당된 영역을 침범할 수 없으며, 이를 위해 기억장치 보호키(Storage Protection Key)가 필요하다.

 가상기억장치(Virtual Memory)

> 가상기억장치는 보조기억장치의 일부분을 주기억장치처럼 사용하는 것으로, 용량이 작은 주기억장치를 마치 큰 용량이 있는 것처럼 사용할 수 있다.
> - 주기억장치보다 용량이 큰 프로그램을 실행하기 위해 사용한다.
> - 가상기억장치에 저장된 프로그램을 실행하려면 가상기억장치의 주소를 주기억장치의 주소로 변환하는 주소 변환(Mapping) 작업이 필요하다.

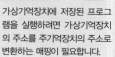

권쌤이 알려줌

가상기억장치에 저장된 프로그램을 실행하려면 가상기억장치의 주소를 주기억장치의 주소로 변환하는 매핑이 필요합니다.

3 주소 변환(Mapping, 매핑) [20년 4회]

주소 변환은 가상기억장치에서 주기억장치로 프로그램의 페이지(세그먼트)를 옮길 때 주소를 조정해 주는 것이다.

- 주소 변환 시 CPU는 논리 주소 값으로 명령을 내리고, 각 페이지의 실제 메모리 주소가 저장되어 있는 테이블에서 물리 주소로 변경되어 메모리에 저장된다.

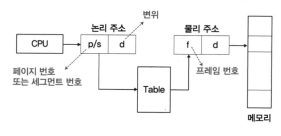

구분	설명
논리 주소(Logical Address)	CPU가 요구하는 주소 값, 주소 공간
물리 주소(Physical Address)	기억 공간
변위(Displacement)	시작 주소에 더해지는 값
페이지(Page), 세그먼트(Segment)	논리적인 크기로 나눈 단위
프레임(Frame)	물리적인 크기로 나눈 단위

예제 1

세그먼트 번호가 2이고 변위가 100인 논리 주소를 물리 주소로 변환하시오.

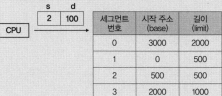

세그먼트 번호	시작 주소 (base)	길이 (limit)
0	3000	2000
1	0	500
2	500	500
3	2000	1000

정답 및 해설1

물리 주소 = 세그먼트 번호의 시작 주소 + 변위 = 500 + 100 = 600

예제 2

논리 주소(0, 6000)의 물리 주소를 구하시오.

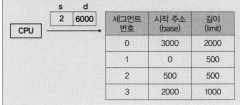

세그먼트 번호	시작 주소 (base)	길이 (limit)
0	3000	2000
1	0	500
2	500	500
3	2000	1000

정답 및 해설2

길이(limit, 한계)를 초과하므로 Segfault 오류가 발생한다.

4 페이지 교체(Replacement) 알고리즘 [21년 3회]

페이지 교체 알고리즘은 페이지 부재(Page Fault)※가 발생할 경우, 가상기억장치의 필요한 페이지를 주기억장치의 어떤 페이지 프레임을 선택하여 교체해야 하는가를 결정하는 기법이다.

- 종류 : FIFO(First In First Out), OPT(OPTimal Replacement), LRU(Least Recently Used), LFU(Least Frequently Used), NUR(Not Used Recently)

페이지 부재
(Page Fault, 페이지 오류율)
프로그램 실행 시 참조한 페이지가 주기억장치에 없는 현상

1. FIFO(First In First Out) [20년 2, 4회]

가장 먼저 들여온 페이지를 먼저 교체시키는 기법이다.

- 주기억장치 내에 가장 오래 있었던 페이지를 교체한다.

2. OPT(OPTimal Replacement, 최적 교체)

앞으로 가장 오랫동안 사용하지 않을 페이지를 교체하는 기법이다.

- 실현 가능성이 낮다.

3. LRU(Least Recently Used) [22년 2회]

최근에 가장 오랫동안 사용하지 않은 페이지를 교체하는 기법이다.

• 각 페이지에 계수기를 두어 현재 시점에서 볼 때 가장 오래전에 사용된 페이지를 교체한다.

> **예제**
>
> LRU 알고리즘을 사용하여 교체했을 때 페이지 부재의 수를 구하시오.
> – 참조 페이지 : 1, 2, 3, 4, 1, 3, 5, 3, 2, 3
> – 페이지 프레임 수 : 3

정답 및 해설 7

참조 페이지	1	2	3	4	1	3	5	3	2	3
페이지 프레임	1	1	1	4	4	4	5	5	5	5
		2	2	2	1	1	1	1	2	2
			3	3	3	3	3	3	3	3
페이지 부재	√	√	√	√	√		√		√	

4. LFU(Least Frequently Used)

사용 횟수가 가장 적은 페이지를 교체하는 기법이다.

5. NUR(Not Used Recently)

최근에 사용하지 않은 페이지를 교체하는 기법이다.

• '최근 사용하지 않은 페이지들은 가까운 미래에도 사용하지 않을 가능성이 크다.'라는 이론에 근거한다.

• 페이지마다 2개의 하드웨어 비트(호출 비트, 변형 비트)가 사용된다.

• 가장 우선적으로 교체 대상은 참조도 안 되고 변형(갱신)도 안 된 페이지이다.

페이지	1	2	3	4
호출(참조) 비트	0	0	1	1
변형 비트	0	1	0	1
교체 순서	1	2	3	4

 벨레이디의 모순(Belady's Anomaly) 현상

벨레이디의 모순 현상은 페이지 프레임 수를 증가시켰는데도 불구하고, 페이지 부재가 증가하는 현상이다.

> **예제 1**
>
> FIFO 알고리즘을 사용하여 교체했을 때 페이지 부재의 수를 구하시오.
> – 참조 페이지 : 1, 2, 3, 4, 1, 2, 5, 1, 2, 3, 4, 5 – 페이지 프레임 수 : 3

정답 및 해설1 9

참조 페이지	1	2	3	4	1	2	5	1	2	3	4	5
페이지 프레임	1	1	1	4	4	4	5	5	5	5	5	5
		2	2	2	1	1	1	1	1	3	3	3
			3	3	3	2	2	2	2	2	4	4
페이지 부재	√	√	√	√	√	√	√			√	√	

5 가상기억장치 성능에 영향을 미치는 요인 [21년 2회]

1. 워킹 셋(Working Set) [22년 3회] [21년 1회]

프로세스가 일정 시간 동안 자주 참조하는 페이지들의 집합이다.

• 자주 참조되는 워킹 셋을 주기억장치에 상주시킴으로써, 페이지 부재 및 페이지 교체 현상을 줄인다.

• 시간이 지남에 따라 워킹 셋은 변경된다.

2. 스래싱(Thrashing)

프로세스의 처리 시간보다 페이지 교체 시간이 더 많아져 CPU 이용률이 저하되는 현상이다.

• 페이지 오류율(Page Fault)이 크면 스래싱이 많이 일어난 것이다.

• 다중 프로그래밍※의 정도가 높을수록 스래싱의 발생 빈도는 높아진다.

• 스래싱 방지 방법 : 다중 프로그래밍의 정도를 줄인다, CPU 이용률을 높인다, 워킹 셋 방법을 사용한다.

3. 구역성(Locality, 국부성), 참조 국부성(Locality Of Reference)

프로세스가 실행되는 동안 일부 페이지만 집중적으로 참조하는 성질이다.

구분	설명
시간 구역성	최근에 참조된 기억장소가 가까운 미래에도 계속 참조될 가능성이 높다. 예 Loop(반복), 부프로그램(Sub Routine), 스택(Stack), 카운팅(Counting, 1씩 증감), 집계(Totaling)에 사용되는 변수 등
공간 구역성	하나의 기억장소가 참조되면 그 근처의 기억장소가 계속 참조될 가능성이 높다. 예 순차적 코드 실행, 배열 순회, 같은 영역에 있는 변수 참조 등

> 다중 프로그래밍
> (Multi-Programming)
> CPU 작업과 입·출력 작업을 병행하여 수행하는 것

> **권쌤이 알려줌**
>
> • 시간 구역성
> 예 오전에 비가 오면, 오후에도 비가 올 가능성이 높다.
> • 공간 구역성
> 예 서울에 비가 오면, 인근 지역에도 비가 올 가능성이 높다.

[20년 3회]

01 메모리 관리 기법 중 Worst Fit 방법을 사용할 경우 10K 크기의 프로그램 실행을 위해서는 어느 부분에 할당되는가?

영역번호	메모리 크기	사용 여부
NO.1	8K	FREE
NO.2	12K	FREE
NO.3	10K	IN USE
NO.4	20K	IN USE
NO.5	16K	FREE

① NO.2 ② NO.3
③ NO.4 ④ NO.5

> **해설** 최악 적합(Worst Fit)은 단편화를 가장 많이 남기는 분할 영역에 배치시키는 방법이다.
> - 영역 No.1에 할당할 경우 : 메모리 크기가 할당 프로그램 크기보다 작으므로 할당 불가능
> - 영역 No.2에 할당할 경우 : 내부 단편화 2K 발생
> - 영역 No.5에 할당할 경우 : 내부 단편화 6K 발생
>
> **TIP** 사용 중(IN USE)인 메모리에는 다른 프로그램을 할당할 수 없습니다.

[21년 1회]

02 기억 공간 15K, 23K, 22K, 21K 순으로 빈 공간이 있을 때 기억장치 배치 전략으로 "First Fit"을 사용하여 17K의 프로그램을 적재할 경우 내부 단편화의 크기는 얼마인가?

① 5K ② 6K
③ 7K ④ 8K

> **해설** 최초 적합(First Fit)은 첫 번째에 배치시키는 방법이다.
> - 15K 공간에 할당 : 메모리 크기가 할당 프로그램 크기보다 작으므로 할당 불가능
> - 23K 공간에 할당 : 내부 단편화 6K 발생

[21년 1회]

03 다음 설명의 ㉠과 ㉡에 들어갈 내용으로 옳은 것은?

> 가상기억장치의 일반적인 구현 방법에는 프로그램을 고정된 크기의 일정한 블록으로 나누는 (㉠) 기법과 가변적인 크기의 블록으로 나누는 (㉡) 기법이 있다.

① ㉠: Paging, ㉡: Segmentation
② ㉠: Segmentation, ㉡: Allocation
③ ㉠: Segmentation, ㉡: Compaction
④ ㉠: Paging, ㉡: Linking

> **해설** **키워드** 고정된 크기 → **용어** 페이징(Paging)
> **키워드** 가변적인 크기 → **용어** 세그먼테이션(Segmentation)

[21년 2회]

04 페이징 기법에서 페이지 크기가 작아질수록 발생하는 현상으로 거리가 먼 것은?

① 기억장소 이용 효율이 증가한다.
② 입 · 출력 시간이 늘어난다.
③ 내부 단편화가 감소한다.
④ 페이지 맵 테이블의 크기가 감소한다.

> **해설** 페이지 크기가 작아질수록 페이지 맵 테이블의 크기가 증가한다.

[20년 4회]

05 다음과 같은 세그먼트 테이블을 가지는 시스템에서 논리 주소(2, 176)에 대한 물리 주소는?

세그먼트 번호	시작 주소	길이(바이트)
0	670	248
1	1752	422
2	222	198
3	996	604

① 398 ② 400
③ 1928 ④ 1930

> **해설** 물리 주소 = 세그먼트 번호의 시작 주소 + 변위
> = 222 + 176 = 398

[21년 3회]

06 다음 중 페이지 교체(Page Replacement) 알고리즘이 아닌 것은?

① FIFO(First-In-First-Out)

② LUF(Least Used First)

③ Optimal

④ LRU(Least Recently Used)

> 해설
> 페이지 교체 알고리즘 종류 : FIFO, OPT, LRU, LFU, NUR

[20년 2회]

07 다음의 페이지 참조 열(Page reference string)에 대해 페이지 교체 기법으로 선입선출 알고리즘을 사용할 경우 페이지 부재(Page Fault) 횟수는? (단, 할당된 페이지 프레임 수는 3이고, 처음에는 모든 프레임이 비어 있다.)

〈페이지 참조 열〉

> 7, 0, 1, 2, 0, 3, 0, 4, 2, 3, 0, 3, 2, 1, 2, 0, 1, 7, 0

① 13   ② 14

③ 15   ④ 20

> 해설
> 선입선출(FIFO; First In First Out)
> : 가장 먼저 들여온 페이지를 먼저 교체시키는 기법
>
> | 7 | 0 | 1 | 2 | 0 | 3 | 0 | 4 | 2 | 3 | 0 | 3 | 2 | 1 | 2 | 0 | 1 | 7 | 0 |
> |---|---|---|---|---|---|---|---|---|---|---|---|---|---|---|---|---|---|---|
> | 7 | 7 | 7 | 2 | 2 | 2 | 2 | 4 | 4 | 4 | 0 | 0 | 0 | 0 | 0 | 0 | 0 | 7 | 7 |
> | | 0 | 0 | 0 | 0 | 3 | 3 | 3 | 2 | 2 | 2 | 2 | 2 | 1 | 1 | 1 | 1 | 1 | 0 |
> | | | 1 | 1 | 1 | 1 | 0 | 0 | 0 | 3 | 3 | 3 | 3 | 3 | 2 | 2 | 2 | 2 | 2 |
> | ✓ | ✓ | ✓ | | | ✓ | ✓ | ✓ | ✓ | ✓ | | | | ✓ | | | ✓ | ✓ | ✓ |

[20년 4회]

08 4개의 페이지를 수용할 수 있는 주기억장치가 있으며, 초기에는 모두 비어 있다고 가정한다. 다음의 순서로 페이지 참조가 발생할 때, FIFO 페이지 교체 알고리즘을 사용할 경우 페이지 결함의 발생 횟수는?

> 페이지 참조 순서 : 1, 2, 3, 1, 2, 4, 5, 1

① 6회   ② 7회

③ 8회   ④ 9회

> 해설
>
>
> | 참조 페이지 | 1 | 2 | 3 | 1 | 2 | 4 | 5 | 1 |
> |---|---|---|---|---|---|---|---|---|
> | 페이지 프레임 | 1 | 1 | 1 | 1 | 1 | 1 | 5 | 5 |
> | | | 2 | 2 | 2 | 2 | 2 | 2 | 1 |
> | | | | 3 | 3 | 3 | 3 | 3 | 3 |
> | | | | | | | 4 | 4 | 4 |
> | 부재 발생 | ✓ | ✓ | ✓ | | | ✓ | ✓ | ✓ |

[21년 1회]

09 운영체제의 가상기억장치 관리에서 프로세스가 일정 시간동안 자주 참조하는 페이지들의 집합을 의미하는 것은?

① Locality   ② Deadlock

③ Thrashing   ④ Working Set

> 해설
> 자주 참조, 페이지 집합 → 물이 워킹 셋(Working Set)
> • 교착상태(Deadlock) : 둘 이상의 프로세스들이 자원을 점유한 상태에서 서로 다른 프로세스가 점유하고 있는 자원을 요구하며 무한정 기다리는 현상

[21년 2회]

10 프로세스 적재 정책과 관련한 설명으로 틀린 것은?

① 반복, 스택, 부프로그램은 시간 지역성(Temporal Locality)과 관련이 있다.

② 공간 지역성(Spatial Locality)은 프로세스가 어떤 페이지를 참조했다면 이후 가상주소 공간상 그 페이지와 인접한 페이지들을 참조할 가능성이 높음을 의미한다.

③ 일반적으로 페이지 교환에 보내는 시간보다 프로세스 수행에 보내는 시간이 더 크면 스레싱(Thrashing)이 발생한다.

④ 스레싱(Thrashing) 현상을 방지하기 위해서는 각 프로세스가 필요로 하는 프레임을 제공할 수 있어야 한다.

> 해설
> 페이지 수행에 보내는 시간보다 프로세스 교환에 보내는 시간이 더 크면 스레싱(Thrashing)이 발생한다.

> ▶ 정답 : 01.④, 02.②, 03.①, 04.④, 05.①,
> 06.②, 07.②, 08.①, 09.④, 10.③

03 프로세스 스케줄링

1 프로세스(Process) [21년 3회]

프로세스[※]는 주기억장치에 저장된 현재 실행 중인 프로그램[※]이다.

- 운영체제가 관리하는 최소 단위의 작업이다.
- 비동기적 행위를 일으키는 주체이다.
- 프로시저(프로그램 일부)의 활동이다.
- PCB(Process Control Block)를 가진 프로그램이다.
- 프로세서[※]가 할당되는 실체이다.
- CPU에 의해 수행되는 사용자 및 시스템 프로그램이다.
- 지정된 결과를 얻기 위한 일련의 동작이다.

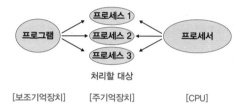

2 스레드(Thread) [20년 2회]

스레드는 프로세스를 분할하여 하나의 프로세스 내에 병행성을 증대시키기 위한 기법이다.

- 경량 프로세스라고도 하며, 소프트웨어적 접근 방법이다.
- 동일 프로세스 환경에서 서로 독립적인 다중 수행이 가능하다.
- 커널 스레드는 운영체제에 의해서 스레드를 운용하고, 사용자 스레드는 사용자가 만든 라이브러리[※]를 사용하여 스레드를 운용한다.
- 프로세스의 생성이나 문맥 교환 등의 오버헤드(Overhead)[※]를 줄여 운영체제의 성능이 개선된다.

3 프로세스 제어 블록(PCB; Process Control Block)

프로세스 제어 블록은 운영체제가 프로세스에 대한 중요한 정보를 저장해 놓은 곳이다.

- 운영체제에게 프로세스에 대한 정보를 제공해 주는 프로세스 정보 리스트이다.
- 각 프로세스가 생성될 때마다 PCB가 생성되고, 완료되면 PCB는 제거된다.
- 저장 정보 : 프로세스의 현재 상태, 프로세스 우선순위, 프로세스 식별자(고유번호), 레지스터[※] 저장 장소, 관련 레지스터 정보, 할당된 자원에 대한 포인터

프로세스(Process)
CPU가 실행 중인 프로그램

프로그램(Program)
보조기억장치에 저장된 프로그램

프로세서(Processor)
CPU
• 프로세스 실행

합격자의 모답 노트

프로세스 정의 관련 주요 오답
• 디스크에 저장된 프로그램 (X)
• 보조기억장치에 저장된 프로그램 (X)

라이브러리(Library)
자주 사용하는 함수를 미리 작성하여 저장시켜둔 것

오버헤드(Overhead)
특정한 목표를 달성하기 위해 간접적 혹은 추가적으로 요구되는 시간, 메모리, 대역폭 혹은 다른 컴퓨터 자원

합격자의 모답 노트

프로세스 제어 블록의 주요 오답
• 부모 프로세스와 자식 프로세스는 PCB를 공유 (X)

레지스터(Register)
CPU가 요청을 처리하는 데 필요한 데이터를 일시적으로 저장하는 기억장치

---

4 프로세스 상태 전이도 [20년 2회] [20년 4회 실기]

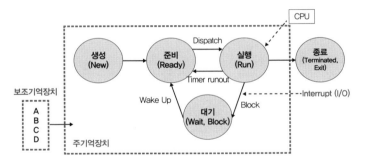

1. 프로세스 상태

구분	설명
생성 상태(New)	프로세스가 막 생성된 상태
준비 상태(Ready)	프로세스가 CPU를 사용하여 실행될 수 있는 상태
실행 상태(Run)	프로세스가 CPU를 차지하여 실행 중인 상태
대기 상태(Wait, Block)	어떤 사건이 발생하기를 기다리는 상태
종료 상태(Terminated, Exit)	프로세스가 CPU를 할당받아 주어진 시간 내에 완전히 수행을 종료한 상태

2. 프로세스 상태 관련 용어

구분	설명
디스패치(Dispatch)	준비상태에 있는 여러 프로세스 중 프로세스를 선정하여 CPU를 할당하는 것
시간 만료 (Timer Runout)	CPU를 할당받아 실행 중인 프로세스가 할당 시간을 초과하면, CPU를 다른 프로세스에게 양도하고 자신은 준비 상태로 전이되는 것
인터럽트 (Interrupt)	예기치 않은 일, 응급 사태 등 어떠한 특수한 상태가 발생하면, 현재 실행하고 있는 프로그램이 일시 중단되고, 그 특수한 상태를 처리하는 프로그램으로 옮겨져 처리한 후 다시 원래의 프로그램을 처리하는 현상
Block	실행 중인 프로세스가 지정된 시간 이전에 다른 작업을 위해 스스로 프로세서를 양도하고 대기 상태로 전이되는 것
Wake Up	실행 중인 프로세스가 완료되어 대기 중인 프로세스를 준비 상태로 전이하는 것
교통량 제어기 (Traffic Controller)	프로세스의 상태에 대한 조사와 통보 담당
스풀링 (Spooling)	다중 프로그래밍 환경에서 디스크를 이용한 저속의 입·출력 장치와 고속의 CPU 간의 속도 차이를 해소하기 위한 방법 • 디스크 일부를 매우 큰 버퍼* 처럼 사용하는 방법이다. • 어떤 작업의 입·출력과 다른 작업의 계산을 병행처리 하는 방법이다. 예 각 사용자 프로그램의 출력할 데이터를 직접 프린터로 보내지 않고 디스크에 모았다가 나중에 한꺼번에 출력함으로써 프린터 장치의 공유 및 프린터 처리 속도를 보완한다. [디스크] CPU → Spool → 입·출력 장치

5 프로세스 스케줄링(CPU 스케줄링)

프로세스 스케줄링은 컴퓨터 시스템의 성능을 높이기 위해 주기억장치에 저장되어 있는 프로그램의 CPU 사용 순서를 결정하기 위한 정책이다.

• 프로세스 스케줄링의 목적은 우선순위 제도를 지원하여 처리율 증가, CPU 이용률 증가, 오버헤드 최소화, 응답시간/반환시간/대기시간 최소화, 균형있는 자원 사용, 무한 연기 회피 등이 있다.

▼ 프로세스 스케줄링 종류

종류	설명
비선점 (Non Preemptive) 스케줄링	• 프로세스에게 이미 할당된 CPU를 강제로 빼앗을 수 없고, 사용이 끝날 때까지 기다려야 하는 방법이다. • 일괄 처리, 실시간 처리가 안 되므로 중요한 작업이 기다리는 경우가 발생한다. • 대표적인 스케줄링 기법 : FIFO, SJF, HRN
선점 (Preemptive) 스케줄링	• 우선순위가 높은 다른 프로세스가 할당된 CPU를 강제로 빼앗을 수 있는 방법이다. • 실시간 처리, 대화식 시분할 처리에 사용한다. • 대표적인 스케줄링 기법 : RR, SRT

6 비선점 스케줄링 기법

1. FIFO(First-In First-Out) = FCFS(First-Come First-Service)

준비 상태에서 도착한 순서에 따라 CPU를 할당하는 기법이다.

예제

아래와 같은 프로세스가 있을 때, FIFO 스케줄링 기법을 이용하여 평균 실행시간, 평균 대기시간, 평균 반환시간을 구하시오.

프로세스	실행시간
A	20
B	6
C	3

정답 및 해설

1. 평균 실행시간 : 프로세스의 평균 실행시간
2. 평균 대기시간 : 각 프로세스가 실행되기까지의 평균 대기시간
3. 평균 반환시간 : 프로세스의 대기시간과 실행시간의 합
   - 평균 반환시간 = 평균 실행시간 + 평균 대기시간

실행시간	A(20초), B(6초), C(3초)	평균 실행시간 = 29/3
대기시간	A(0초), B(20초), C(26초)	평균 대기시간 = 46/3
반환시간	A(20초), B(26초), C(29초)	평균 반환시간= 75/3

2. SJF(Shortest Job First) [20년 4회]

작업이 끝나기까지의 실행시간 추정치가 가장 작은 작업을 먼저 실행하는 기법이다.

• 보통 평균 대기시간이 FIFO 기법보다 짧지만, 긴 작업의 경우에는 더 길고 예측이 더욱 어렵다.

• 작업 시간이 긴 경우 오랫동안 대기해야 한다.

아래와 같은 프로세스가 있을 때, SJF 스케줄링 기법을 이용하여 평균 실행시간, 평균 대기시간, 평균 반환시간을 구하시오.

프로세스	실행시간
A	20
B	6
C	3

정답 및 해설1

실행시간	C(3초), B(6초), A(20초)	평균 실행시간 = 29/3
대기시간	C(0초), B(3초), A(9초)	평균 대기시간 = 12/3
반환시간	C(3초), B(9초), A(29초)	평균 반환시간 = 41/3

예제 2

아래와 같은 프로세스가 있을 때, SJF 스케줄링 기법을 이용하여 평균 실행시간, 평균 대기시간, 평균 반환시간을 구하시오.

프로세스	도착시간	실행시간
A	0	20
B	1	6
C	2	3

정답 및 해설2

실행시간	A(20초), C(3초), B(6초)	평균 실행시간 = 29/3
대기시간	A(0초), C(20−2초), B(23−1초)	평균 대기시간 = 40/3
반환시간	A(20+0초), C(3+20−2초), B(6+23−1초)	평균 반환시간 = 69/3

3. HRN(Highest Response ratio Next) [22년 2, 3회] [20년 2, 3회] [20년 1회 실기]

우선순위를 부여하고 그 중 가장 높은 프로세스에게 먼저 CPU를 할당하는 기법이다.

- SJF 기법의 단점인 긴 작업과 짧은 작업 간의 지나친 불평등을 보완한다.
- 우선순위 계산식 : (대기시간 + 서비스시간) / 서비스시간

예제

아래와 같은 프로세스가 있을 때, HRN 스케줄링 기법을 이용하여 우선순위를 구하시오.

프로세스	대기시간	서비스시간
A	5	5
B	10	6
C	15	7
D	20	8

정답 및 해설

작업	대기시간	서비스시간	우선순위 계산식	우선순위
A	5	5	(5 + 5) / 5 = 2	4
B	10	6	(10 + 6) / 6 = 2.6	3
C	15	7	(15 + 7) / 7 = 3.1	2
D	20	8	(20 + 8) / 8 = 3.5	1

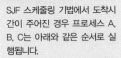

권쌤이 알려줌

SJF 스케줄링 기법에서 프로세스 A, B, C는 아래와 같은 순서로 실행됩니다.

C	B	A
3초	6초	20초

권쌤이 알려줌

SJF 스케줄링 기법에서 도착시간이 주어진 경우 프로세스 A, B, C는 아래와 같은 순서로 실행됩니다.

A	C	B
20초	3초	6초

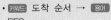

합격자의 **암기법**

비선점 스케줄링 기법
- 키워드 도착 순서 → 용어 FIFO
- 키워드 실행 시간 → 용어 SJF
- 키워드 우선순위식 → 용어 HRN

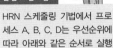

권쌤이 알려줌

HRN 스케줄링 기법에서 프로세스 A, B, C, D는 우선순위에 따라 아래와 같은 순서로 실행됩니다.

D	C	B	A
8초	7초	6초	5초

7 선점 스케줄링 기법

1. RR(Round Robin, 라운드 로빈)

대화식 시분할 시스템(Time Sharing System)을 위해 고안된 방식으로, Time Slice를 지정하여 할당하는 기법이다.

- FIFO 기법의 선점형 기법이다.
- 할당되는 시간이 클 경우 FIFO 기법과 같아지고, 할당되는 시간이 작을 경우 문맥 교환 및 오버헤드가 자주 발생된다.

예제

아래와 같은 프로세스가 있을 때, RR 스케줄링 기법을 이용하여 프로세스 실행 순서를 구하시오.

프로세스	실행시간	Time Slice
A	8	
B	7	5초
C	6	

정답 및 해설

A	B	C	A	B	C
5초	5초	5초	3초	2초	1초

2. SRT(Shortest Remaining Time)

현재 실행 중인 프로세스의 남은 시간과 준비상태 큐에 새로 도착한 프로세스의 실행시간을 비교하여 가장 짧은 실행시간을 요구하는 프로세스에게 CPU를 할당하는 기법이다.

- SJF 기법의 선점형 기법이다.

예제

아래와 같은 프로세스가 있을 때, SRT 스케줄링 기법을 이용하여 프로세스 실행 순서를 구하시오.

프로세스	도착시간	실행시간
A	0	15
B	1	6
C	2	3

정답 및 해설

A	B	C	B	A
1초	1초	3초	5초	14초

 학습플러스 노화(Aging) 기법과 문맥 교환(Context Switching)

1. 노화(Aging) 기법
자원이 할당되기를 오랜 시간 동안 기다린 프로세스는 기다린 시간에 비례하는 높은 우선순위를 부여하여, 가까운 시간 안에 자원이 할당되도록 하는 기법이다.

- SJF 기법에서 실행시간이 긴 작업은 기근 현상(Starvation)※과 같은 무한 연기 가능성이 있으므로 노화 (Aging) 기법을 사용하여 강제 우선순위를 부여해 해결할 수 있다.

2. 문맥 교환(Context Switching)

다중 프로그래밍 시스템에서 CPU가 할당되는 프로세스를 변경하기 위하여 현재 CPU를 사용하여 실행되고 있는 프로세스의 상태 정보를 저장하고, 앞으로 실행될 프로세스의 상태 정보를 설정한 다음 CPU를 할당하여 실행되도록 하는 작업을 의미하는 것이다.

- 문맥 교환은 오버헤드의 큰 요인 중 하나이다.

기근 현상(Starvation, 기아 상태)
프로세스가 필요한 컴퓨터 자원을 끊임없이 가져오지 못하는 상황

기출 및 예상문제   03 프로세스 스케줄링

[21년 3회]
01 프로세스와 관련한 설명으로 틀린 것은?

① 프로세스가 준비 상태에서 프로세서가 배당되어 실행 상태로 변화하는 것을 디스패치(Dispatch)라고 한다.

② 프로세스 제어 블록(PCB, Process Control Block)은 프로세스 식별자, 프로세스 상태 등의 정보로 구성된다.

③ 이전 프로세스의 상태 레지스터 내용을 보관하고 다른 프로세스의 레지스터를 적재하는 과정을 문맥 교환(Context Switching)이라고 한다.

④ 프로세스는 스레드(Thread) 내에서 실행되는 흐름의 단위이며, 스레드와 달리 주소 공간에 실행 스택(Stack)이 없다.

> **해설** 스레드가 프로세스 내에서 실행되는 흐름의 단위이며, 프로세스도 주소 공간에 실행 스택(Stack)이 존재한다.

[20년 2회]
02 스레드(Thread)에 대한 설명으로 옳지 않은 것은?

① 한 개의 프로세스는 여러 개의 스레드를 가질 수 없다.

② 커널 스레드의 경우 운영체제에 의해 스레드를 운용한다.

③ 사용자 스레드의 경우 사용자가 만든 라이브러리를 사용하여 스레드를 운용한다.

④ 스레드를 사용함으로써 하드웨어, 운영체제의 성능과 응용 프로그램의 처리율을 향상시킬 수 있다.

> **해설** 스레드(Thread)는 동일 프로세스 환경에서 서로 독립적인 다중 수행이 가능하다.

[20년 2회]
03 프로세스 상태의 종류가 아닌 것은?

① Ready   ② Running

③ Request   ④ Exit

> **해설** 프로세스 상태 종류 : New, Ready, Run, Wait, Exit

[20년 4회 실기]
04 다음은 프로세스 상태 전이도를 나타낸 것이다. ㉠~㉢에 들어갈 내용으로 적합한 것은?

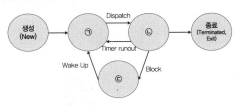

	㉠	㉡	㉢
①	대기(Wait)	실행(Run)	준비(Ready)
②	실행(Run)	준비(Ready)	대기(Wait)
③	준비(Ready)	실행(Run)	대기(Wait)
④	준비(Ready)	대기(Wait)	실행(Run)

> **해설** 프로세스 주요 3가지 상태는 준비(Ready), 실행(Run), 대기(Wait, Block)이다.

[20년 4회]

05 다음과 같은 프로세스가 차례로 큐에 도착했을 때, SJF(Shortest Job First) 정책을 사용할 경우 가장 먼저 처리되는 작업은?

프로세스 번호	실행시간
P1	6
P2	8
P3	4
P4	3

① P1   ② P2

③ P3   ④ P4

> **해설** SJF 스케줄링 기법은 작업이 끝나기까지의 실행시간 추정치가 가장 작은 작업을 먼저 실행한다.

[20년 2회]

06 HRN(Highest Response-ratio Next) 스케줄링 방식에 대한 설명으로 옳지 않은 것은?

① 대기 시간이 긴 프로세스일 경우 우선순위가 높아진다.

② SJF 기법을 보완하기 위한 방식이다.

③ 긴 작업과 짧은 작업 간의 지나친 불평등을 해소할 수 있다.

④ 우선순위를 계산하여 그 수치가 가장 낮은 것부터 높은 순으로 우선순위가 부여된다.

> **해설** 수치가 가장 높은 것부터 낮은 순으로 우선순위가 부여된다.

[20년 3회]

07 HRN 방식으로 스케줄링할 경우, 입력된 작업이 다음과 같을 때 처리되는 작업 순서로 옳은 것은?

작업	대기시간	서비스(실행)시간
A	5	20
B	40	20
C	15	45
D	20	2

① A → B → C → D   ② A → C → B → D

③ D → B → C → A   ④ D → A → B → C

> **해설** 우선순위 계산식 : (대기시간 + 서비스시간) / 서비스시간
>
> | 작업 | 우선순위 계산식 | 계산 결과 | 우선순위 |
> |:---:|:---:|:---:|:---:|
> | A | (5 + 20) / 20 | 1.25 | 4 |
> | B | (40 + 20) / 20 | 3 | 2 |
> | C | (15 + 45) / 45 | 1.3 | 3 |
> | D | (20 + 2) / 2 | 11 | 1 |

[20년 1회 실기]

08 HRN 스케줄링에서 우선순위 계산식으로 올바른 것은?

① (대기 시간 + 서비스 시간) / 서비스 시간

② (대기 시간 + 서비스 시간) / 대기 시간

③ (대기 시간 + 응답 시간) / 응답 시간

④ (대기 시간 + 응답 시간) / 대기 시간

> **해설** HRN 스케줄링은 우선순위를 부여하고 그 중 가장 높은 프로세스에게 CPU를 할당하는 기법이다.

▶ 정답 : 01.④, 02.①, 03.③, 04.③, 05.④, 06.④, 07.③, 08.①

04 디스크 스케줄링

1 디스크 스케줄링(보조기억장치 스케줄링)

디스크 스케줄링은 사용할 데이터가 디스크 상의 여러 곳에 저장되어 있을 경우, 데이터에 접근하기 위해 디스크 헤드가 움직이는 경로를 결정하는 기법이다.

- 디스크 스케줄링의 목적은 처리량 최대화, 응답시간의 최소화, 응답시간 편차의 최소화 등이 있다.
- 종류 : FCFS, SSTF, SCAN, C-SCAN, N-step SCAN, LOOK, C-LOOK

> **디스크 헤드(Disk Head)**
> 데이터를 기록하고, 기록된 데이터를 판독하는 부분

1. FCFS(First-Come First-Service)

입 · 출력 요청 대기 큐에 들어온 순서대로 서비스하는 기법이다.

예제

아래와 같은 순서로 큐에 들어있을 때, FCFS 스케줄링 기법을 이용하여 이동 순서와 이동 거리를 구하시오.
– 대기 큐 : 108 193 47 132 24 134 75 77
– 현재 헤드 위치 : 1

정답 및 해설

1. 이동 순서: 1 → 108 → 193 → 47 → 132 → 24 → 134 → 75 → 77
2. 이동 거리: 107 + 85 + 146 + 85 + 108 + 110 + 59 + 2 = 702

2. SSTF(Shortest Seek Time First) [21년 3회]

탐색 거리가 가장 짧은 트랙*에 대한 요청을 먼저 서비스하는 기법이다.

- 현재 헤드 위치에서 가장 가까운 곳에 있는 요구를 먼저 처리한다.
- FCFS보다 처리량이 많고, 평균 응답 시간이 짧다.
- 탐색 시간 편차가 크다. 즉, 안쪽 트랙이나 바깥쪽 트랙이 가운데 트랙보다 서비스를 덜 받는 경향이 있다.
- 헤드에서 멀리 떨어진 요청은 기아 상태(Starvation)가 발생할 수 있다.
- 처리량이 많은 일괄 처리 시스템에 유용하고, 응답 시간의 편차가 크므로 대화형 시스템에는 부적합하다.

예제

아래와 같은 순서로 큐에 들어있을 때, SSTF 스케줄링 기법을 이용하여 이동 순서와 이동 거리를 구하시오.
– 대기 큐 : 108 193 47 132 24 134 75 77
– 현재 헤드 위치 : 63

정답 및 해설

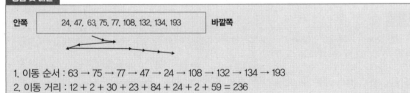

안쪽 24, 47, 63, 75, 77, 108, 132, 134, 193 **바깥쪽**

1. 이동 순서 : 63 → 75 → 77 → 47 → 24 → 108 → 132 → 134 → 193
2. 이동 거리 : 12 + 2 + 30 + 23 + 84 + 24 + 2 + 59 = 236

3. SCAN

현재 진행 중인 한 방향으로 가장 짧은 탐색 거리에 있는 요청을 먼저 서비스 하는 기법이다.

- 현재 헤드의 위치에서 진행 방향이 결정되면 탐색 거리가 짧은 순서에 따라 그 방향의 모든 요청을 서비스하고, 끝까지 이동한 후 역방향의 요청을 서비스한다.
- 디스크 스케줄링의 기본 전략이다.

합격자의 **암기법**

디스크 스케줄링 기법
- 키워드 순서대로 → 용어 FCFS
- 키워드 탐색 거리가 가장 짧은 트랙부터 → 용어 SSTF
- 키워드 현재 진행 중인 한 방향으로 → 용어 SCAN
- 키워드 항상 바깥쪽에서 안쪽으로 → 용어 C-SCAN

트랙(Track)
디스크의 회전축을 중심으로 데이터가 기록되는 동심원

- SSTF 기법이 갖는 탐색 시간의 편차를 해소하기 위한 기법이다.
- 안쪽, 바깥쪽 트랙 번호가 없을 경우에는 대기 큐에 있는 작업만 탐색한다.
- 끝까지 이동하지 않을 경우는 LOOK 기법이다.

예제

현재 바깥쪽 트랙으로 이동 중이며, 아래와 같은 순서로 큐에 들어있을 때, SCAN 스케줄링 기법을 이용하여 이동 순서와 이동 거리를 구하시오.
– 대기 큐 : 108 193 47 132 24 134 75 77
– 현재 헤드 위치 : 63
– 제일 안쪽 : 1번, 제일 바깥쪽: 200번

정답 및 해설

안쪽   1, 24, 47, 63, 75, 77, 108, 132, 134, 193, 200   바깥쪽

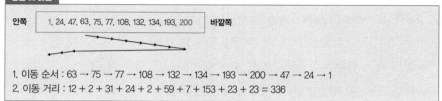

1. 이동 순서 : 63 → 75 → 77 → 108 → 132 → 134 → 193 → 200 → 47 → 24 → 1
2. 이동 거리 : 12 + 2 + 31 + 24 + 2 + 59 + 7 + 153 + 23 + 23 = 336

4. C–SCAN(Circular SCAN)

항상 바깥쪽에서 안쪽으로 이동하면서 가장 짧은 탐색 거리에 있는 요청을 먼저 서비스 하는 기법이다.

- 트랙의 바깥쪽에서 안쪽으로 한 방향으로만 움직이며 끝까지 이동한 후, 안쪽 요청이 더 이상 없으면 가장 바깥쪽의 끝으로 이동한 후 다시 안쪽으로 이동하면서 요청을 서비스한다.
- 디스크 스케줄링 기법 중 가장 안쪽과 가장 바깥쪽 트랙에 대한 차별 대우를 없앤 기법이다.
- 끝까지 이동하지 않을 경우는 C–LOOK 기법이다.

예제

아래와 같은 순서로 큐에 들어있을 때, C–SCAN 스케줄링 기법을 이용하여 이동 순서와 이동 거리를 구하시오.
– 대기 큐 : 108 193 47 132 24 134 75 77
– 현재 헤드 위치 : 63
– 제일 안쪽 : 1번, 제일 바깥쪽 : 200번

정답 및 해설

안쪽   1, 24, 47, 63, 75, 77, 108, 132, 134, 193, 200   바깥쪽

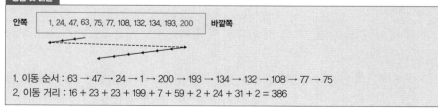

1. 이동 순서 : 63 → 47 → 24 → 1 → 200 → 193 → 134 → 132 → 108 → 77 → 75
2. 이동 거리 : 16 + 23 + 23 + 199 + 7 + 59 + 2 + 24 + 31 + 2 = 386

5. N-step SCAN

SCAN 기법의 무한 대기 발생 가능성을 제거한 것으로, SCAN 기법과 같이 진행 방향상의 요청을 서비스하지만, 진행 중에 새로 추가된 요청은 서비스하지 않고 다음 진행 시 서비스하는 기법이다.

- SCAN 기법보다 응답 시간의 편차가 적다.

기출 및 예상문제

[21년 3회]

01 사용자가 요청한 디스크 입·출력 내용이 다음과 같은 순서로 큐에 들어 있다. 이 때 SSTF 스케줄링을 사용한 경우의 처리 순서는? (단, 현재 헤드 위치는 53이고, 제일 안쪽이 1번, 바깥쪽이 200번 트랙이다.)

> 큐의 내용 : 98 183 37 122 14 124 65 67

① 53-65-67-37-14-98-122-124-183
② 53-98-183-37-122-14-124-65-67
③ 53-37-14-65-67-98-122-124-183
④ 53-67-65-124-14-122-37-183-98

해설 SSTF 스케줄링은 탐색 거리가 가장 짧은 트랙에 대한 요청을 먼저 서비스하는 기법이다.

> 14 37 53 65 67 98 122 124 183

[이전 기출]

02 디스크 스케줄링에서 SCAN기법을 사용할 경우, 다음과 같은 작업대기 큐의 작업들을 수행하기 위한 헤드의 총 트랙 이동 거리는? (단, 초기 헤드의 위치는 30이고, 현재 0번 트랙으로 이동 중이다.)

> 작업대기 Queue : 7 46 15 38 3

① 39   ② 59
③ 70   ④ 151

해설 SCAN : 현재 진행 중인 한 방향으로 가장 짧은 탐색 거리에 있는 요청을 먼저 서비스 하는 기법

- 이동 순서 : 30 → 15 → 7 → 3 → 38 → 46
- 이동 거리 : 15 + 8 + 4 + 35 + 8 = 70

> 3, 7, 15, 30, 38, 46

[이전 기출]

03 현재 헤드의 위치가 50에 있고, 요청 대기열의 순서가 다음과 같을 경우, C-SCAN 스케줄링 알고리즘에 의한 헤드의 총 이동 거리는 얼마인가? (단, 현재 헤드의 이동 방향은 안쪽이며, 안쪽의 위치는 0으로 가정한다.)

> 요청 대기열의 순서 : 100, 180, 40, 120, 0, 130, 70, 80, 150, 200

① 790   ② 380
③ 370   ④ 250

해설 C-SCAN : 항상 바깥쪽에서 안쪽으로 이동하면서 가장 짧은 탐색 거리에 있는 요청을 먼저 서비스 하는 기법

- 이동 순서 : 50 → 40 → 0 → 200 → 180 → 150 → 130 → 120 → 100 → 80 → 70
- 이동 거리 : 10 + 40 + 200 + 20 + 30 + 20 + 10 + 20 + 20 + 10 = 380

> 0, 40, 50, 70, 80, 100, 120, 130, 150, 180, 200

▶ 정답 : 01.①, 02.③, 03.②

05 파일 관리

1 파일(File)

파일은 사용자가 작성한 서로 관련 있는 레코드*의 집합체이다.

- 프로그램 구성의 기본 단위가 되며, 보조기억장치에 저장된다.
- 각 파일마다 이름, 위치, 크기, 작성 시기 등의 여러 속성을 가지고 있다.
- 파일 특성을 결정하는 기준
  - 소멸성(Volatility) : 파일 추가/제거 빈도수
  - 활성률(Activity) : 프로그램 한 번 수행 시 처리되는 레코드 수의 백분율
  - 크기(Size) : 파일의 정보량

2 파일 시스템(File System)

파일 시스템은 파일의 저장, 접근, 공유, 보호 등 보조기억장치에서의 파일을 총 괄하는 파일 관리 기술이다.

- 사용자가 파일을 생성, 수정, 제거할 수 있도록 한다.
- 적절한 제어 방식을 통해 다른 사람의 파일을 공동으로 사용할 수 있도록 한다.
- 사용자가 이용하기 편리하도록 사용자에게 익숙한 인터페이스를 제공한다.
- 정보의 암호화와 해독에 대한 기능을 제공한다.
- 불의의 사태에 대비한 예비(Backup)와 복구(Recovery) 능력을 갖추어야 한다.
- 파일의 무결성*과 보안을 유지할 수 있는 방안을 제공한다.

3 파일 디스크립터(= FCB; File Control Block, 파일 제어 블록) [21년 3회]

파일 디스크립터는 파일을 관리하기 위한 시스템이 필요로 하는 파일에 대한 정 보를 갖는 제어 블록이다.

- 파일이 액세스(Access)되는 동안 운영체제가 관리 목적으로 알아야 할 정보를 모아 놓은 자료 구조이다.
- 파일마다 독립적으로 존재하며, 시스템마다 다른 구조를 가진다.
- 보통 보조기억장치에 저장되었다가 파일이 열릴 때 주기억장치로 전달된다.
- 사용자가 직접 참조할 수 없다.
- 파일 정보 : 생성 날짜 및 시간, 위치, 액세스 횟수, 이름, 구조, 크기, 접근 제 어, 수정 시간

레코드(Record)
관련된 자료의 집합
⑩ 이름과 학과는 한 학생의 레 코드(행)를 구성하고 여러 학 생의 레코드가 모여 파일을 구성한다.

	이름	학과
레코드1 →	이순신	정보
레코드2 →	홍길동	사무

무결성(Intergrity)
적절한 권한을 가진 사용자에 의해 인가된 방법으로만 정보를 변경할 수 있도록 하는 것

[21년 3회]

01 파일 디스크립터(File Descriptor)에 대한 설명으로 틀린 것은?

① 파일 관리를 위해 시스템이 필요로 하는 정보를 가지고 있다.

② 보조기억장치에 저장되어 있다가 파일이 개방(open)되면 주기억장치로 이동된다.

③ 사용자가 파일 디스크립터를 직접 참조할 수 있다.

④ 파일 제어 블록(File Control Block)이라고도 한다.

> 파일 디스크립터는 파일 시스템이 관리하므로 사용자가 직접 참조할 수 없다.

[이전 기출]

02 파일 시스템에 대한 설명으로 옳지 않은 것은?

① 고급 언어에 대한 번역 기능을 제공한다.

② 사용자가 파일을 생성, 수정, 제거할 수 있도록 한다.

③ 파일 공유를 위해서 여러 종류의 접근 제어 기법을 제공한다.

④ 불의의 사태에 대비한 예비(backup)와 복구(recovery) 능력을 갖추어야 한다.

> 다른 하나는 언어 번역 프로그램에 대한 설명이다.

▶ 정답 : 01.③, 02.①

★★★

06   교착상태

1 교착상태(Dead Lock)

교착상태는 둘 이상의 프로세스들이 자원을 점유한 상태에서 서로 다른 프로세스가 점유하고 있는 자원을 요구하며 무한정 기다리는 현상이다.

- 상호 배제(Mutual Exclusion)에 의해 나타나는 문제점이다.

1. 교착상태 발생의 4가지 필요충분조건   [21년 1회] [20년 2회]

교착상태가 발생하기 위해서는 다음 4가지 조건을 동시에 만족해야 한다.

조건	설명
상호 배제 (Mutual Exclusion)	한 번에 한 개의 프로세스만이 공유 자원을 사용할 수 있어야 한다.
점유와 대기 (Hold & Wait)	최소한 하나의 자원을 점유하고 있으면서, 다른 프로세스에 할당되어 사용되고 있는 자원을 추가로 점유하기 위해서 대기하는 프로세스가 있어야 한다.
비선점 (Nonpreemption)	프로세스에 할당된 자원은 사용이 끝날 때까지 강제로 빼앗을 수 없다.
환형 대기 (Circular Wait)	공유 자원과 공유 자원을 사용하기 위해 대기하는 프로세스들이 원형으로 구성되어 있어, 자신에게 할당된 자원을 점유하면서 앞이나 뒤에 있는 프로세스의 자원을 요구해야 한다.

권쌤이 알려줌

교착상태는 하나의 자원에 대한 상대방의 작업이 서로 끝나기만을 기다리고 있기 때문에 결과적으로 아무것도 완료되지 못하는 상태를 의미합니다.

권쌤이 알려줌

상호 배제는 한 프로세스가 공유 자원을 사용하고 있을 때 다른 프로세스들이 사용하지 못하도록 배제시키는 제어 기법입니다.

합격자의 암기법

교착상태 4가지 조건 : 삼점대 비환영(상점대 비환형)

- 삼(상호 배제)
- 점(유와)
- 대(기)
- 비(선점)
- 환영(환형 대기)

은행원 알고리즘
(Banker's Algorithm)
프로세스는 사전에 자신의 작업
에서 필요한 자원의 수를 요구
한다. 운영체제는 자원 할당 전
에 할당량을 미리 시뮬레이션하
여 안전 여부를 검사한다. 그리
고 안정 상태를 유지할 수 있는
요구만을 수락하고 불안전 상태
를 초래할 요구는 만족될 수 있
을 때까지 계속 거절하는 교착
상태 회피 알고리즘이다.
• 다익스트라(Dijkstra)가 제안한
회피(Avoidance) 기법이다.

2. 교착상태 해결 방안 [21년 2회] [20년 2회]

기법	설명
예방 기법 (Prevention)	• 교착상태가 발생되지 않도록 사전에 시스템을 제어하는 방법으로, 교착상태 발생의 4가지 조건 중에서 어느 하나를 제거(부정)함으로써 수행되는 기법
회피 기법 (Avoidance)	• 교착상태 발생 가능성을 인정하고, 교착상태가 발생하려고 할 때 교착상태 가능성을 피해가는 기법 • 주로 은행원 알고리즘(Banker's Algorithm)※이 사용됨
발견 기법 (Detection)	• 시스템에 교착상태가 발생했는지 점검하여 교착상태에 있는 프로세스와 자원을 발견하는 기법
회복 기법 (Recovery)	• 교착상태를 일으킨 프로세스를 종료하거나 교착상태의 프로세스에 할당된 자원을 선점하여 프로세스나 자원을 회복하는 기법

기출 및 예상문제   06 교착상태

[20년 2회]
01 교착 상태 발생의 필요 충분 조건이 아닌 것은?

① 상호 배제(Mutual Exclusion)
② 점유와 대기(Hold and Wait)
③ 환형 대기(Circular Wait)
④ 선점(Preemption)

> 해설 교착상태 발생의 4가지 필요충분조건 : 상호 배제, 점유와 대기, 비선점, 환형 대기
> TIP 교착상태 4가지 조건은 "삼점대 비환영"으로 기억하세요.

[21년 1회]
02 교착상태가 발생할 수 있는 조건이 아닌 것은?

① Mutual exclusion ② Hold and wait
③ Nonpreemption ④ Linear wait

> 해설 교착상태 필요충분조건은 환형 대기(Circular Wait)이다.

[21년 2회] [20년 2회]
03 은행가 알고리즘(Banker's Algorithm)은 교착상태의 해결 방법 중 어떤 기법에 해당하는가?

① Avoidance ② Detection
③ Prevention ④ Recovery

> 해설 키워드 은행가 알고리즘 → 용어 회피 기법(Avoidance)

▶ 정답 : 01.④, 02.④, 03.①

07 환경 변수 ★

1 환경 변수(Environment Variable)

프로세스가 컴퓨터에서 동작하는 방식에 영향을 미치는 동적인 값들의 모임이다.

• 시스템의 기본 정보를 저장하고, 변수명과 값으로 구성된다.
• 환경 변수는 자식 프로세스에 상속된다.

권쌤이 알려줌

환경 변수 구성은 아래와 같습니다.
• 변수명 = 값
에 USERNAME=gisafirst

- 환경 변수에는 시스템 전체에 영향을 미치는 시스템 변수와 사용자 계정에만 영향을 미치는 사용자 변수가 있다.

▼ 환경 변수 관련 명령어 [21년 2회] [20년 4회]

구분		설명
환경 변수 설정	DOS/Windows	set
	UNIX/LINUX	set, env, printenv, export※
환경 변수 출력		환경 변수 설정하는 명령어(set, env, printenv)를 변수 없이 사용하면 모든 환경 변수와 값을 확인할 수 있다.
특정 환경 변수 값 확인	DOS/Windows	echo %[환경변수]%
	UNIX/LINUX	echo $[환경변수]

export 명령어
UNIX/LINUX에서 일반 변수에 export 명령어를 사용하면 시스템 환경 변수로 지정할 수 있다.

2 Windows 주요 환경 변수

Windows에서 환경 변수를 사용하려면 변수명 앞뒤에 %를 입력해야 한다.

환경 변수	설명
%Path%	실행 파일을 찾는 경로
%USERNAME%※	로그인한 계정 이름
%USERDOMAIN%	로그인한 시스템의 도메인명(컴퓨터명)
%HomeDrive%	로그인한 계정의 정보가 들어있는 드라이브
%HomePath%	로그인한 계정의 기본 폴더
%SystemDrive%	윈도우가 부팅된 드라이브
%SystemRoot%	부팅된 운영체제가 들어있는 폴더
%ProgramFiles%	기본 프로그램 설치 폴더
%TEMP%, %TMP%	임시 파일이 저장되는 폴더
%ComSpec%	기본 명령 프롬프트 프로그램
%USERPROFILE%	로그인한 사용자의 프로필이 들어있는 폴더명
%ALLUSERSPROFILE%	모든 사용자 프로필이 저장된 폴더
%APPDATA%	설치된 프로그램의 필요 데이터가 저장된 폴더
%LOGONSERVER%	로그인한 계정이 접속한 서버명
%PathEXT%	명령 프롬프트에서 실행할 수 있는 파일의 확장자 목록
%WINDIR%	Windows가 설치된 폴더

%USERNAME%
사용자 이름
ⓜ 기사퍼스트 홈페이지 로그인 시 환경 인사 보여주기 : %USERNAME%님 방문을 환영합니다. → 기사퍼스트님 문을 환영합니다.

프롬프트(prompt)
CLI의 명령줄 대기모드
•사용자 입력을 기다리는 커서의 대기모드
ⓜ user@host:/home$

사용자 프로필
사용자 계정과 관련된 바탕 화면 설정과 기타 정보가 들어 있다.

X Window
유닉스 계열 운영체제에서 GUI을 사용하기 위한 프로그램

3 UNIX/LINUX 주요 환경 변수

UNIX/LINUX에서 환경 변수를 사용하려면 변수명 앞에 $를 입력해야 한다.

환경 변수	설명
$PATH	실행 파일을 찾는 경로
$DISPLAY	현재 X Window※ 디스플레이 위치/식별자
$HOME	사용자 홈 디렉터리※
$HOSTNAME	호스트 이름(현재 사용 중인 컴퓨터의 이름)
$PS1	쉘 프롬프트 설정값
$PWD	현재 작업 디렉터리
$SHELL	사용하는 쉘 프로그램 이름
$TERM	터미널※ 종류의 이름
$MAIL	메일이 저장된 파일의 경로
$MAILCHECK	메일의 도착 여부를 검사하는 시간(초) 간격
$LANG	프로그램 사용 시 기본적으로 지원되는 언어
$USER	사용자 이름

디렉터리(Directory)
파일을 분류하기 위해 사용하는 공간
•Windows의 폴더(Folder)

터미널(Terminal)
텍스트 터미널 또는 텍스트 콘솔은 텍스트 입력 및 표시를 위한 컴퓨터 인터페이스이다.

[20년 4회]

01 UNIX SHELL 환경 변수 관련 명령어가 아닌 것은?

① configenv

② printenv

③ env

④ setenv

 UNIX 환경 변수 관련 명령어 : set, env, printenv, export
• getenv("변수") : 환경 변수 값 확인
• putenv("변수=값") : 환경 변수 추가/수정
• setenv("변수", "값", "덮어쓰기 여부") : 환경 변수 설정

[21년 2회]

02 리눅스 Bash 쉘(Shell)에서 export와 관련한 설명으로 틀린 것은?

① 변수를 출력하고자 할 때는 export를 사용해야 한다.

② export가 매개변수 없이 쓰일 경우 현재 설정된 환경변수들이 출력된다.

③ 사용자가 생성하는 변수는 export 명령어로 표시하지 않는 한 현재 쉘에 국한된다.

④ 변수를 export 시키면 전역(Global)변수처럼 되어 끝까지 기억된다.

해설 일반 변수를 시스템 환경 변수로 지정하고자 할 때 export 명령어를 사용한다.

▶ 정답 : 01.①, 02.①

---

08 운영체제 기본 명령어

1 운영체제 기본 명령어 [21년 3회]

권쌤이 알려줌

GUI 방식의 운영체제에서는 마우스로 폴더를 생성할 수 있지만, CLI 방식의 운영체제에서는 md(make directory)와 같은 명령어를 사용하여 폴더를 생성해야 합니다.

운영체제를 제어하는 방법은 CLI(Command Line Interface)와 GUI(Graphic User Interface)가 있다.

• CLI는 사용자가 직접 명령어를 입력하여 컴퓨터에 명령을 내리는 방식이다.

• GUI는 마우스로 화면을 클릭하여 컴퓨터를 제어하는 방식이다.

• 초기에는 대부분 CLI로 운영체제를 설치해야 했으나, 마우스 기반의 제어 시스템인 GUI가 개발되면서 화면 위주로 설치하게 되어 CLI의 사용 빈도가 줄어들게 되었다.

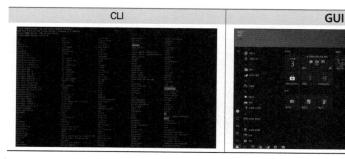

CLI	GUI

2 Windows 기본 명령어

명령 프롬프트(Command) 창에서 입력한다.

명령어	설명
dir	파일 목록 표시(directory)
copy	파일 복사
type	파일 내용 확인
ren	파일 이름 변경(rename)
del	파일 삭제(delete)
attrib	파일의 속성 변경(attribute)
find	파일 찾기
move	파일 이동
comp	파일 비교(compare)
md	디렉터리 생성(make directory)
cd	디렉터리 위치 변경(change directory)
chkdsk	디스크 상태 점검(check disk)
format	디스크 초기화
cls	화면 내용 지움(clear screen)
exit	명령 프롬프트 종료

권쌤이 알려줌

주요 명령어는 영어 단어의 의미를 생각하면서 충분히 학습하세요.

3 Unix / Linux 주요 명령어 [22년 1, 3회] [21년 1회] [20년 3회]

셸 프롬프트(Shell)에서 입력한다.

명령어	설명
fork	프로세스 생성
exec	프로세스 실행(execute)
wait	부모 프로세스가 자식 프로세스 종료를 기다리며 일시 중지
kill	프로세스 제거
ps	현재 프로세스 상태 확인(process status)
getpid	자신의 프로세스 아이디 확인
getppid	부모 프로세스 아이디 확인
chmod	파일 접근 권한 모드 설정(change mode)
chown	파일 소유자 변경(change owner)
cat	파일 내용을 화면에 표시
grep	파일 내용에서 지정한 문자열 찾기
cp	파일 복사(copy)
find	파일 찾기
rm	파일 삭제(remove)
ls	디렉터리 내용 보기(list)
mount	새로운 파일 시스템을 기존 파일 시스템의 서브 디렉터리에 연결
unmount	새로운 파일 시스템을 기존 파일 시스템의 서브 디렉터리에서 해제
chdir	디렉터리 위치 변경(change directory)
fsck	파일 시스템 검사 및 보수(file system check)
uname	시스템 정보(커널 이름, 커널 버전, 사용자 이름 등) 출력
who	현재 시스템에 접속한 사용자 정보 출력
sleep	지정한 시간동안 대기

권쌤이 알려줌

명령어를 조합 및 연결하여 사용할 때는 파이프(Pipe) 명령어를 사용하며, 기호는 | 입니다.
· 명령어1 | 명령어2 : 명령어 1의 결과를 명령어2의 입력으로 사용한다.

학습플러스 파일 권한(Permission) [20년 2회 실기]

파일 권한은 10자리로 표시하는데 1번째 자리는 디렉터리(d) 또는 파일(–)을, 2~4번째 자리는 소유자(Owner, 사용자, User) 권한을, 5~7번째 자리는 그룹(Group) 권한을, 8~10번째 자리는 다른 사용자(Other) 권한을 의미한다.
- 각 자리는 r(읽기), w(쓰기), x(실행), –(권한 없음)으로 표시한다.

예) – r w x – w – r – x
　　① 　②　　③　　④

① 파일구분(–) : 파일을 의미
② 소유자(rwx) : 읽기, 쓰기, 실행 가능
③ 그룹(–w–) : 쓰기만 가능
④ 다른 사용자(r–x) : 읽기, 실행만 가능

예제 1

다음 중 UNIX파일 시스템에서 –rwxr–xr–x 권한에 대한 설명으로 옳은 것은?
① 디렉터리에 대한 접근권한을 설명하고 있다.
② 이 파일의 소유자는 읽기와 실행만이 가능하다.
③ 이 파일은 모든 사용자가 실행할 수 있다.
④ 이 파일은 모든 사용자가 쓰기 권한을 갖는다.

정답 및 해설1　③

– 파일구분(–) : 파일
– 소유자(rwx) : 읽기, 쓰기, 실행 가능
– 그룹(r–x) : 읽기, 실행만 가능
– 다른 사용자(r–x) : 읽기, 실행만 가능

예제 2

LINUX에서 a.txt 파일에 사용자에게는 읽기/쓰기/실행, 그룹에게는 실행 권한을 부여하고, 기타에게는 아무런 권한을 부여하지 않는 명령어를 한 줄로 쓰시오. (8진법 숫자)

정답 및 해설2　chmod 710 a.txt

사용자(User)			그룹(Group)			다른 사용자(Other)		
R	W	X	R	W	X	R	W	X
4	2	1	4	2	1	4	2	1
7 = 4 + 2 + 1			1			0		

4 쉘 스크립트(Shell Script)

쉘 스크립트는 쉘(Shell)에서 사용할 수 있는 명령어들의 조합을 모아서 만든 파일이다.

- 쉘은 이 파일을 읽어서 마치 프롬프트에 직접 명령어를 입력하여 실행하는 것처럼 수행한다.
- 쉘 스크립트라는 말은 UNIX/LINUX 쉘을 위해 쓰인 스크립트를 말한다. Windows의 명령줄 스크립트는 배치 파일이라고 불리지만, 쉘 스크립트 안에 포함하기도 한다.

1. 쉘 스크립트 작성 및 실행

쉘 스크립트는 .sh 확장자를 가진 파일이며, 파일 실행이 가능하다.

예제	test.sh 파일 : 파일 존재 여부 출력
1	#!/bin/bash
2	
3	if [-f $1]; then
4	echo "file does exist"
5	else
6	echo "file doesn't exist"
7	fi
실행	./test.sh gisafirst.txt

권쌤이 알려줌

쉘 스크립트 실행 형식은 아래와 같습니다.

./파일명 [매개변수]

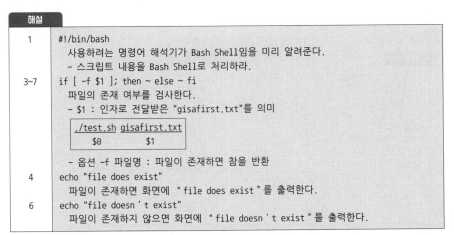

해설	
1	#!/bin/bash
	사용하려는 명령어 해석기가 Bash Shell임을 미리 알려준다.
	- 스크립트 내용을 Bash Shell로 처리하라.
3~7	if [-f $1]; then ~ else ~ fi
	파일의 존재 여부를 검사한다.
	- $1 : 인자로 전달받은 "gisafirst.txt"를 의미

./test.sh gisafirst.txt
  $0 $1

- 옵션 -f 파일명 : 파일이 존재하면 참을 반환

4 echo "file does exist"
  파일이 존재하면 화면에 "file does exist"를 출력한다.
6 echo "file doesn't exist"
  파일이 존재하지 않으면 화면에 "file doesn't exist"를 출력한다.

권쌤이 알려줌

echo는 화면(모니터)에 출력하는 함수입니다.

2. 쉘 스크립트 제어문 [20년 3회]

① 선택적 실행문

if문	case문
주어진 조건의 참, 거짓 여부에 따라 명령을 실행한다.	주어진 변수의 값에 따라 실행할 명령을 따로 지정한다.

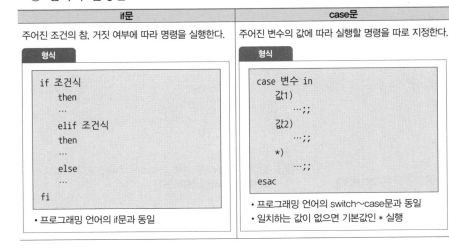

if문 형식
```
if 조건식
    then
    …
    elif 조건식
    then
    …
    else
    …
fi
```
• 프로그래밍 언어의 if문과 동일

case문 형식
```
case 변수 in
    값1)
        …;;
    값2)
        …;;
    *)
        …;;
esac
```
• 프로그래밍 언어의 switch~case문과 동일
• 일치하는 값이 없으면 기본값인 * 실행

② 반복 실행문 [20년 4회]

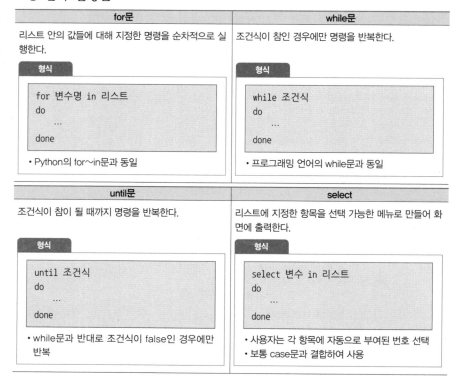

for문	while문
리스트 안의 값들에 대해 지정한 명령을 순차적으로 실행한다.	조건식이 참인 경우에만 명령을 반복한다.

형식
```
for 변수명 in 리스트
do
    ...
done
```
• Python의 for~in문과 동일

형식
```
while 조건식
do
    ...
done
```
• 프로그래밍 언어의 while문과 동일

until문	select
조건식이 참이 될 때까지 명령을 반복한다.	리스트에 지정한 항목을 선택 가능한 메뉴로 만들어 화면에 출력한다.

형식
```
until 조건식
do
    ...
done
```
• while문과 반대로 조건식이 false인 경우에만 반복

형식
```
select 변수 in 리스트
do
    ...
done
```
• 사용자는 각 항목에 자동으로 부여된 번호 선택
• 보통 case문과 결합하여 사용

기출 및 예상문제

08 운영체제 기본 명령어

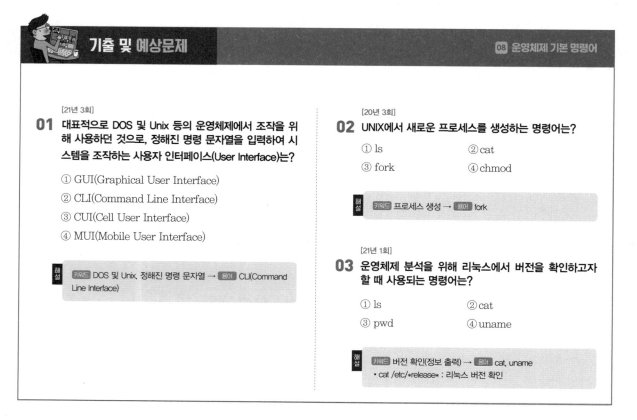

[21년 3회]

01 대표적으로 DOS 및 Unix 등의 운영체제에서 조작을 위해 사용하던 것으로, 정해진 명령 문자열을 입력하여 시스템을 조작하는 사용자 인터페이스(User Interface)는?

① GUI(Graphical User Interface)
② CLI(Command Line Interface)
③ CUI(Cell User Interface)
④ MUI(Mobile User Interface)

해설 키워드 DOS 및 Unix, 정해진 명령 문자열 → 용어 CLI(Command Line Interface)

[20년 3회]

02 UNIX에서 새로운 프로세스를 생성하는 명령어는?

① ls   ② cat
③ fork   ④ chmod

해설 키워드 프로세스 생성 → 용어 fork

[21년 1회]

03 운영체제 분석을 위해 리눅스에서 버전을 확인하고자 할 때 사용되는 명령어는?

① ls   ② cat
③ pwd   ④ uname

해설 키워드 버전 확인(정보 출력) → 용어 cat, uname
• cat /etc/*release* : 리눅스 버전 확인

[20년 2회 실기]

04 LINUX에서 a.txt 파일에 사용자에게는 읽기, 쓰기, 실행 권한, 그룹에게는 읽기, 실행 권한, 기타에게는 실행 권한만 부여하는 명령어는? (단, 8진법으로 표현한다.)

① chmod 751 a.txt
② chmod 351 a.txt
③ chmod 731 a.txt
④ chmod 750 a.txt

 파일 권한

사용자(User)			그룹(Group)			다른 사용자(Other)		
R	W	X	R	W	X	R	W	X
4	2	1	4	2	1	4	2	1
7			5			1		

[20년 3회]

05 다음 중 bash 쉘 스크립트에서 사용할 수 있는 제어문이 아닌 것은?

① if
② for
③ repeat_do
④ while

해설
• 선택적 제어문(실행문) : if, case
• 반복 제어문(실행문) : for, while, until, select

[20년 4회]

06 다음 쉘 스크립트의 의미로 옳은 것은?

```
until who | grep wow
do
sleep 5
done
```

① wow 사용자가 로그인한 경우에만 반복문을 수행한다.
② wow 사용자가 로그인할 때까지 반복문을 수행한다.
③ wow 문자열을 복사한다.
④ wow 사용자에 대한 정보를 무한 반복하여 출력한다.

해설
5초마다 사용자 중 wow의 계정이 로그인 했는지 확인한 후, 로그인 했을 시 반복문 종료
• who : 현재 시스템에 접속한 사용자 정보 출력
• Pipe(|) : 왼쪽 명령어의 결과(output)를 오른쪽에 있는 명령어에 입력(input)으로 전달
• grep : 파일 내용에서 지정한 문자열 찾기
• sleep 5 : 5초마다

▶ 정답 : 01.②, 02.③, 03.②,④(중복 정답 인정), 04.①, 05.③, 06.②

[이전 기출]

01 운영체제의 목적이 아닌 것은?

① 처리 능력의 향상
② 반환 시간의 최대화
③ 사용 가능도 증대
④ 신뢰도 향상

[이전 기출]

02 Microsoft의 Windows 운영체제의 특징이 아닌 것은?

① GUI기반 운영체제이다.
② 트리 디렉터리 구조를 가진다.
③ 선점형 멀티태스킹 방식을 사용한다.
④ 소스가 공개된 개방형(Open) 시스템이다.

[이전 기출]

03 UNIX의 특징으로 옳지 않은 것은?

① 하나 이상의 작업에 대하여 백그라운드에서 수행 가능하다.
② Multi-Tasking은 지원하지만 Multi-User는 지원하지 않는다.
③ 트리 구조의 파일 시스템을 갖는다.
④ 이식성이 높으며 장치 간의 호환성이 높다.

[이전 기출]

04 기억장치의 고정 분할 할당에서 총 24K의 공간이 그림과 같이 8K, 8K, 4K, 4K로 나누어져 있고, 작업 큐에는 5K, 5K, 10K, 10K의 작업이 순차적으로 대기 중이라고 할 때 발생하는 전체 기억공간의 낭비를 계산하면?

운영체제
8K
8K
4K
4K

① 6K　　　　　　②14K
③ 18K　　　　　④20K

[이전 기출]

05 가상기억장치 구현에서 세그먼테이션(Segmentation) 기법의 설명으로 옳지 않은 것은?

① 주소 변환을 위해서 페이지 맵 테이블(Page Map Table)이 필요하다.
② 세그먼테이션은 프로그램을 여러 개의 블록으로 나누어 수행한다.
③ 각 세그먼트는 고유한 이름과 크기를 갖는다.
④ 기억장치 보호키가 필요하다.

[이전 기출]

06 4개의 페이지를 수용할 수 있는 주기억장치가 있으며, 초기에는 모두 비어 있다고 가정한다. 다음의 순서로 페이지 참조가 발생할 때, LRU 페이지 교체 알고리즘을 사용할 경우 몇 번의 페이지 결함이 발생하는가?

> 페이지 참조 순서 : 1, 2, 3, 1, 2, 4, 1, 2, 5

① 5회　　　　　　②6회
③ 7회　　　　　　④8회

[이전 기출]

07 페이지 부재율(Page Fault Ratio)과 스래싱(Thrashing)의 관계에 대한 설명 중 가장 옳은 것은?

① 페이지 부재율이 크면 스래싱이 많이 일어난 것이다.
② 페이지 부재율과 스래싱은 관계가 없다.
③ 다중 프로그래밍의 정도가 높아지면 페이지 부재율과 스래싱이 감소한다.
④ 스래싱이 많이 발생하면 페이지 부재율이 감소한다.

[이전 기출]

08 프로세스의 정의로 거리가 먼 것은?

① 운영체제가 관리하는 실행 단위
② PCB를 갖는 프로그램
③ 동기적 행위를 일으키는 주체
④ 실행 중인 프로그램

09 [이전 기출]
Process Control Block(PCB)의 내용이 아닌 것은?

① 프로세스의 현재 상태

② 프로세스의 식별자

③ 프로세스의 우선순위

④ 페이지 부재(Page fault) 발생 횟수

10 [이전 기출]
선점 기법과 대비하여 비선점 스케줄링 기법에 대한 설명으로 옳지 않은 것은?

① 모든 프로세스들에 대한 요구를 공정히 처리한다.

② 응답 시간의 예측이 용이하다.

③ 많은 오버헤드(Overhead)를 초래할 수 있다.

④ CPU의 사용 시간이 짧은 프로세스들이 사용 시간이 긴 프로세스들로 인하여 오래 기다리는 경우가 발생할 수 있다.

11 [이전 기출]
FIFO 기법을 적용하여 작업 스케줄링을 했을 때, 다음 작업들의 평균 회수시간(Turnaround time)은? (단, 문맥교환시간은 무시한다.)

작업	도착시간	실행시간
A	0	6
B	1	3
C	2	1
D	3	4

① 6.75 ② 7.25

③ 7.75 ④ 8.25

12 [이전 기출]
다음 표와 같이 작업이 제출되었을 때, 라운드로빈 정책을 사용하여 스케줄링 할 경우 평균 반환시간을 계산한 결과로 옳은 것은? (단, 작업할당 시간은 4시간으로 한다.)

작업	제출시간	실행시간
Task 1	0	8
Task 2	1	4
Task 3	2	9
Task 4	3	5

① 6.5 ② 9.25

③ 11.75 ④ 18.25

13 [이전 기출]
다음 표는 단일 CPU에 진입한 프로세스의 도착 시간과 처리하는 데 필요한 실행 시간을 나타낸 것이다. 프로세스 간 문맥 교환에 따른 오버헤드는 무시한다고 할 때, SRT(Shortest Remaining Time) 스케줄링 알고리즘을 사용한 경우 네 프로세스의 평균 반환시간(Turnaround time)은?

프로세스	도착시간	실행시간
P1	0	8
P2	2	4
P3	4	1
P4	6	4

① 4.25 ② 7

③ 8.75 ④ 10

14 [이전 기출]
프로세스가 자원을 기다리고 있는 시간에 비례하여 우선순위를 부여함으로써 무기한 연기 문제를 방지하는 기법은?

① Aging ② Reusable

③ Circular wait ④ Deadly embrace

15 [이전 기출]
다음 디스크 스케줄링과 관계된 방법 중 그 성격이 다른 하나는?

① C-SCAN ② FCFS

③ SLTF ④ SSTF

16 [이전 기출]
UNIX에서 파일 내용을 화면에 표시하는 명령과 파일의 소유자를 변경하는 명령을 순서적으로 옳게 나열한 것은?

① mount, chown ② cat, chown

③ fsck, chmod ④ getpid, cat

섹션
기출예상문제 해설

01 운영체제의 목적은 처리 능력의 향상, 신뢰도 향상, 사용 가능도 증대(향상), 응답시간(반환시간) 단축 등이 있다.

02 Windows 운영체제는 마이크로소프트만이 수정 및 배포할 수 있다.

03 UNIX는 Multi-Tasking과 Multi-User를 모두 지원한다.

04 낭비 공간 = 3 + 3 + 4 + 4 = 14

운영체제	프로그램 할당	단편화	낭비 공간
8K	5K	내부 단편화	3K
8K	5K	내부 단편화	3K
4K	10K	외부 단편화	4K
4K	10K	외부 단편화	4K

05 주소 변환을 위해서 세그먼트 맵 테이블이 필요하다.

06 LRU(Least Recently Used) : 최근에 가장 오랫동안 사용하지 않은 페이지를 교체하는 기법

참조 페이지	1	2	3	1	2	4	1	2	5
페이지 프레임	1	1	1	1	1	1	1	1	1
		2	2	2	2	2	2	2	2
			3	3	3	3	3	3	3
						4	4	4	4
부재 발생	√	√	√			√			√

07 • 페이지 부재율과 스래싱은 관계가 있다.
• 다중 프로그래밍의 정도가 높아지면 페이지 부재율과 스래싱이 증가한다.
• 스래싱이 많이 발생하면 페이지 부재율이 증가한다.

08 프로세스는 비동기적 행위를 일으키는 주체이다.

09 프로세스 제어 블록 저장 정보 : 프로세스의 현재 상태, 프로세스 우선순위, 프로세스 식별자(고유 번호), 레지스터 저장 장소, 관련 레지스터 정보, 할당된 자원에 대한 포인터

10 비선점 스케줄링 기법보다 선점 스케줄링 기법이 선점으로 인해 많은 오버헤드를 초래한다.

11 FIFO(First-In First-Out) : 준비 상태에서 도착한 순서에 따라 CPU를 할당하는 기법

실행시간	A(6), B(3), C(1), D(4)	평균 실행시간 = 14/4
대기시간	A(0), B(6-1), C(9-2), D(10-3)	평균 대기시간 = 19/4
반환시간	A(6+0), B(3+6-1), C(1+9-2), D(4+10-3)	평균 회수(반환)시간 = 33/4 = 8.25

12 RR(Round Robin, 라운드 로빈) : FIFO 기법의 선점형 기법

진행시간	0		4		8		12		16
작업순서		Task 1		Task 2		Task 3		Task 4	
실행시간		4		4		4		4	

진행시간		20		24		25		26
작업순서		Task 1		Task 3		Task 4		Task 3
실행시간		4		4		1		1

• 반환시간 : 실행 종료시간 – 제출시간(도착시간)
• Task 1 반환시간 : 20 – 0 = 20
• Task 2 반환시간 : 8 – 1 = 7
• Task 3 반환시간 : 26 – 2 = 24
• Task 4 반환시간 : 25 – 3 = 22
• 평균 반환시간 : (20 + 7 + 24 + 22) / 4 = 18.25

13 SRT(Shortest Remaining Time) : SJF 기법의 선점형 기법

진행시간	0		2		4	5		7		11		17
작업순서		P1		P2		P3		P2		P4		P1
실행시간		2		2		1		2		4		6

• 반환시간 : 실행 종료시간 – 도착시간
• P1 반환시간: 17 – 0 = 17
• P2 반환시간: 7 – 2 = 5
• P3 반환시간: 5 – 4 = 1
• P4 반환시간: 11 – 6 = 5
• 평균 반환시간 : (17 + 5 + 1 + 5) / 4 = 7

14 키워드 기다리고 있는 시간, 우선순위, 무기한 연기 방지 → 용어 노화(Aging) 기법
• 환형 대기(Circular Wait) : 공유 자원과 공유 자원을 사용하기 위해 대기하는 프로세스들이 원형으로 구성되어 있어 자신에게 할당된 자원을 점유하면서 앞이나 뒤에 있는 프로세스의 자원을 요구함
• 교착상태(Dead Lock, Deadly embrace) : 둘 이상의 프로세스들이 자원을 점유한 상태에서 서로 다른 프로세스가 점유하고 있는 자원을 요구하며 무한정 기다리는 현상

15. • Seek time(탐색 시간) 최적화 : C-SCAN, FCFS, SSTF 등
• Latency(지연 시간) 최적화 : SLTF, Sector Queuing 등

16 키워드 화면에 표시 → 용어 cat
키워드 소유자 변경 → 용어 chown
• mount : 새로운 파일 시스템을 기존 파일 시스템의 서브 디렉터리에 연결
• fsck : 파일 시스템 검사 및 보수
• chmod : 파일 접근 권한 모드 설정
• getpid : 자신의 프로세스 아이디 확인

정답 **01** ② **02** ④ **03** ② **04** ② **05** ① **06** ① **07** ① **08** ③
09 ④ **10** ③ **11** ④ **12** ④ **13** ② **14** ① **15** ③ **16** ②

SECTION 07

네트워크 기초 활용

네트워크는 컴퓨터 간의 정보 교환과 정보 처리를 위한 통신망으로, 네트워크를 통해 서로 정보를 주고받을 수 있습니다. 네트워크에서 정보를 주고받기 위해 필요한 통신 규약과 기능 그리고 네트워크 장비 등에 대해 학습합니다.

★★★ 01 인터넷

1 인터넷(Internet)

인터넷은 TCP/IP 프로토콜*을 이용하여 전 세계 수많은 컴퓨터와 네트워크들이 연결된 광범위한 컴퓨터 네트워크이다.

- 미국 국방부가 구축한 ARPANET에서 시작되었다.
- 다른 네트워크 또는 같은 네트워크를 연결하여 그 중추 역할을 하는 네트워크를 백본망(Backbone Network, 백본)이라고 한다.
- 네트워크 장비에는 브리지, 라우터, 게이트웨이 등이 있다.
- 인터넷에 연결된 컴퓨터는 고유 IP 주소를 가진다.

> **권쌤이 알려줌**
> 인터넷을 이용해서 국내뿐만이 아니라, 전 세계의 네트워크에 접속합니다.
>
> **TCP/IP 프로토콜**
> 서로 다른 기종의 컴퓨터들이 데이터를 주고받을 수 있도록 하는 인터넷 표준 프로토콜

> **학습＋플러스** 네트워크(Network)
>
> 네트워크는 정보를 원하는 수신자 또는 기기에 정보를 정확하게 전송하기 위한 기반 인프라이다. 네트워크는 거리에 따라 LAN과 WAN으로 분류한다.
>
> | LAN(Local Area Network, 근거리 네트워크) | • 구내나 동일 건물 내에서 프로그램, 파일 또는 주변 장치 등 자원을 공유할 수 있는 통신망이다.
• 속도가 빠르고 에러율이 적다.
• 전송 거리가 좁다. |
> |---|---|
> | WAN(Wide Area Network, 광대역 네트워크, 인터넷) | • 각기 다른 LAN을 통합시켜 국가, 대륙과 같이 광범위한 지역을 상호 연결시킨 광역 통신망이다.
• LAN보다 속도가 느리고 에러율도 높다.
• 전송 거리가 넓어 경로 설정 알고리즘이 필요하다. |

> **권쌤이 알려줌**
> 네트워크 장비는 이후 자세히 학습합니다.

2 IP 주소(Internet Protocol Address) [21년 1회 실기]

IP 주소는 인터넷에 연결된 모든 컴퓨터의 자원을 구분하기 위한 고유한 주소이다.

- 무한히 할당할 수 있는 자원이 아니라, 전 세계적으로 관리되는 유한한 자원이다.
- IPv4(IP version 4)는 8비트씩 4부분, 총 32비트로 구성된다.

> **권쌤이 알려줌**
> IP 주소는 인터넷에 연결된 자원의 주소입니다. 네이버, 구글, 다음 등의 모든 웹 사이트의 주소가 다르죠? 그 이유는 IP 주소가 모두 다르기 때문입니다.

- 각 부분을 마침표(.)로 구분하여 표현하고, 각 구분은 10진수로 표현한다.
⑩ IP 주소 : 211.48.179.177
- 총 5개의 클래스(A~E 클래스)로 나뉜다.

1. A 클래스

- 국가나 대형 통신망에 사용
- 시작 주소 : 0~127
- 연결 가능 호스트 수 : $256 \times 256 \times 256 = 2^{24}$

▨ 네트워크 주소　　▨ 호스트 주소

2. B 클래스

- 중대형 통신망에 사용
- 시작 주소 : 128~191
- 연결 가능 호스트 수 : $256 \times 256 = 2^{16}$

3. C 클래스　[21년 3회]

- 소규모 통신망에 사용
- 시작 주소 : 192~223
- 연결 가능 호스트 수 : $256 = 2^8$

4. D 클래스

- 멀티캐스트[※]용으로 사용
- 시작 주소 : 224~239

5. E 클래스

- 실험적 주소로 공용되지 않음

3 IPv6(Internet Protocol version 6) [22년 1, 3회] [20년 2, 3회] [20년 4회 실기]

IPv6는 IPv4의 주소 고갈 문제를 해결하기 위해 기존의 IPv4 주소 체계를 128 비트 크기로 확장한 인터넷 프로토콜 주소이다.

- 16비트씩 8부분, 총 128비트로 구성된다.
- 각 부분을 콜론(:)으로 구분하여 표현하고, 각 구분은 16진수로 표현한다.

예) 2001:0230:abcd:ffff:0000:0000:ffff:1111

- 확장성, 융통성, 연동성, 품질, 보안, 속도, 멀티미디어 기능이 우수하다.

1. IPv6의 특징

구분	설명
IP 주소의 확장	IPv4의 기존 32비트 주소 공간에서 벗어나, IPv6는 128비트 주소 공간을 제공한다.
호스트 주소 자동 설정	IPv6 호스트는 IPv6 네트워크에 접속하는 순간 자동으로 네트워크 주소를 부여받는다. 이는 네트워크 관리자로부터 IP 주소를 부여받아 수동으로 설정해야 했던 IPv4에 비해 중요한 이점이다.
패킷[※] 크기 확장	IPv4에서 패킷 크기는 64KB로 제한되었으나, IPv6의 옵션을 사용하면 특정 호스트 사이에는 임의로 큰 크기의 패킷을 주고받을 수 있도록 제한이 없어지게 된다.
효율적인 라우팅[※]	IP 패킷의 처리를 신속하게 할 수 있도록 고정 크기의 단순한 헤더[※]를 사용하는 동시에, 확장 헤더를 통해 네트워크 기능에 대한 확장이 쉬운 구조로 정의했다.
플로 레이블링 (Flow Labeling)	플로 레이블(Flow Label)[※] 개념을 도입하여, 특정 트래픽은 별도의 특별한 처리(실시간 통신 등)를 통해 높은 품질의 서비스를 제공할 수 있도록 한다.
인증 및 보안 기능	패킷 출처 인증과 데이터 무결성 및 비밀 보장 기능을 IP 프로토콜 체계에 반영했으며, IPv6 확장 헤더를 통해 적용할 수 있다.
이동성	IPv6 호스트는 네트워크의 물리적 위치에 제한받지 않고, 같은 주소를 유지하면서 자유롭게 이동할 수 있다.

2. IPv6 주소 체계 [21년 1회] [20년 2회]

구분	설명
유니캐스트(Unicast)[※]	• 특정 1인에게 송신하는 1:1 방식이다.
멀티캐스트(Multicast)[※]	• 특정 다수에게 송신하는 1:다 방식이다.
애니캐스트(Anycast)	• 수신자들을 묶어 하나의 그룹으로 나타낸 주소를 사용하여 그룹 내에서 가장 가까운 호스트에게만 송신하는 1:1 방식이다. • IPv4의 브로드캐스트[※]가 없어지고, IPv6에서 애니캐스트가 새로 생성됐다.

3. IPv6 전환 기술

새로운 IPv6 망을 확대해 나가면서 기존 IPv4 망과의 서비스를 상당 기간 유지 및 공존하려는 점진적인 해결책이다.

기술	설명
듀얼 스택 (Dual Stack)	• 호스트에서 IPv4, IPv6를 모두 지원하여 동시 처리가 가능하다. • 싱글 스택(Single Stack)은 IPv4 또는 IPv6만 지원한다.
터널링 (Tunneling)	• 2개의 IPv6 호스트 사이에 IPv4 망이 있을 경우, IPv4 망에 터널을 만들어 IPv6 패킷을 통과시키는 개념이다.
헤더 변환 (Header Translation)	• IP 계층에서 IPv6 패킷 헤더를 IPv4 패킷 헤더나 그 반대로 변환한다.

4 서브넷(Subnet) [22년 2회 실기]

1. 서브넷(Subnet)

IP 주소에서 하나의 네트워크가 분할되어 나눠진 작은 네트워크이다.

> 예 클래스 B를 어느 기업체에 할당했는데, 65,000여 개의 IP를 다 쓰는 것이 아니라 10,000개 정도만 쓴다고 가정한다. 남은 55,000개의 IP는 쓰이지 않은 채 이 기업은 클래스 B 하나를 점유하고 있는 상태가 되므로 비효율적이다. 따라서 할당된 주소를 다시 여러 개의 작은 네트워크로 나누어 필요한 만큼만 사용할 수 있다.

네트워크 주소	호스트 주소

↓

네트워크 주소	서브넷 주소	호스트 주소

권쌤이 알려줌

사용 가능한 IP 주소는 한정적입니다. 그러므로 필요한 IP 주소만 할당받아 사용하는 것이 효율적입니다. 이때 할당받은 IP 주소를 여러 개의 서브 네트워크로 나누어 사용하는 것을 서브네팅이라고 합니다.

2. 서브넷 마스크(Subnet Mask, 마스크) [21년 2회]

IP 주소에서 네트워크 주소와 호스트 주소를 구별하는 방식이다.

- 4Byte(32bit)의 IP 주소 중 네트워크 주소와 호스트 주소를 구분하기 위한 비트이다.

구분	서브넷 마스크
A 클래스	255.0.0.0
B 클래스	255.255.0.0
C 클래스	255.255.255.0

① 서브넷 마스크 사용법

IP 주소와 서브넷 마스크를 AND 연산하여 네트워크 주소를 얻는다.

예제

IP 주소 116.81.97.8의 네트워크 주소를 구하시오.

정답 및 해설 116.0.0.0

IP 주소 116.81.97.8은 A 클래스에 포함되므로 서브넷 마스크는 255.0.0.0 이다.

IP 주소 :	116.81.97.8		01110100 . 01010001 . 01100001 . 00001000
서브넷 마스크 :	255.0.0.0	AND	11111111 . 00000000 . 00000000 . 00000000
네트워크 주소 :	116.0.0.0		01110100 . 00000000 . 00000000 . 00000000

네트워크 주소   호스트 주소

권쌤이 알려줌

경로 설정 시 네트워크 주소와 호스트 주소가 합쳐진 IP 주소를 확인합니다. 송·수신지의 네트워크 주소가 같다면 라우터를 거치지 않고 통신이 가능합니다.

② 서브넷 마스크 활용

- 특수 목적으로 사용되는 IP 주소 : 각 네트워크의 첫 번째 IP 주소와 마지막 IP 주소는 특수 목적으로 사용되므로 일반적으로 사용할 수 없다.

구분	설명
네트워크 ID	네트워크를 대표하는 값으로, 각 네트워크의 첫 번째 IP 주소
브로드캐스트 주소	각 네트워크의 마지막 IP 주소

권쌤이 알려줌

IP 부족 현상을 해결하기 위해 네트워크에서 IP Subnet-zero를 적용할 경우 특수 목적으로 사용되는 네트워크 ID와 브로드캐스트 주소를 사용할 수 있습니다.

- 서브네팅 방식 [21년 3회] [20년 3회]

구분	설명				
FLSM (Fixed Length Subnet Mask)	서브넷 길이를 고정하여 네트워크마다 할당된 호스트 수를 모두 동일하게 나누는 방식이다.	32 32 32 32 32 32 32 32			
VLSM (Variable Length Subnet Mask)	서브넷 길이를 가변적으로 하여 네트워크마다 할당된 호스트 수를 다르게 나누는 방식이다.	128 64 / 32 32			

예제 1

10.0.0.0 네트워크 전체에서 마스크 값으로 255.240.0.0을 사용할 경우 네트워크 개수를 구하시오.

정답 및 해설1 16개

서브넷 마스크 255.240.0.0은 다음과 같다.

1 1 1 1 1 1 1 1	.	1 1 1 1 0 0 0 0	.	0 0 0 0 0 0 0 0	.	0 0 0 0 0 0 0 0

IP 주소 10.0.0.0은 A 클래스에 포함되며, 호스트 주소에서 4bit를 네트워크 주소로 사용하므로 총 2^4=16개의 네트워크로 나누어진다.

네트워크	IP 주소 범위
1	10.0.0.0 ~ 10.15.0.0
2	10.16.0.0 ~ 10.31.0.0
3	10.32.0.0 ~ 10.47.0.0
⋮	⋮
15	10.224.0.0 ~ 10.239.0.0
16	10.240.0.0 ~ 10.255.0.0

예제 2

192.168.1.0/24[※] 네트워크를 FLSM 방식을 이용하여 6개 subnet으로 나누었을 때 2번째 네트워크 ID를 구하시오.

정답 및 해설2 192.168.1.32

192.168.1.0/24는 IP 주소가 192.168.1.0이고, 네트워크 주소 비트가 24bit를 의미한다. IP 주소 192.168.1.0은 C 클래스에 포함되고, 서브넷 마스크는 255.255.255.0이며, 다음과 같다.

1 1 1 1 1 1 1 1	.	1 1 1 1 1 1 1 1	.	1 1 1 1 1 1 1 1	.	0 0 0 0 0 0 0 0

서브네팅에서 FLSM 방식을 이용하는 것은 네트워크마다 할당된 호스트 수가 모두 동일함을 의미하고, 6개의 subnet으로 나누기 위해서는 3bit의 네트워크 주소가 필요하다. 그 이유는 subnet을 6개 가지기 위해서는 2^2=4개는 6을 포함하지 못하므로 2^3=8개이다.

1 1 1 1 1 1 1 1	.	1 1 1 1 1 1 1 1	.	1 1 1 1 1 1 1 1	.	1 1 1 0 0 0 0 0

즉, 서브네팅하여 호스트 주소 비트에서 3bit를 네트워크 주소로 사용하고, 6개의 subnet으로 나누면 다음과 같다.

네트워크	호스트 수	IP 주소 범위	
1	32	11000000.10101000.00000001.00000000 ~ 11000000.10101000.00000001.00011111	192.168.1.0 ~ 192.168.1.31
2	32	11000000.10101000.00000001.00100000 ~ 11000000.10101000.00000001.00111111	192.168.1.32 ~ 192.168.1.63
3	32	11000000.10101000.00000001.01000000 ~ 11000000.10101000.00000001.01011111	192.168.1.64 ~ 192.168.1.95

권쌤이 알려줌

서브넷 마스크에서 네트워크 주소 부분은 1이 연속적으로 있어야 하며, 호스트 주소 부분은 0이 연속적으로 있어야 합니다.

CIDR(Classless Inter-Domain Routing) 표기법
보편적으로 사용하는 서브넷 마스크 표기법 중 하나로, 192.168.1.0/24와 같이 IP 주소 뒤에 '/네트워크주소비트'를 표기하여 네트워크 영역과 호스트 영역을 식별할 수 있게 한다.

4	32	11000000.10101000.00000001.01100000 ~ 11000000.10101000.00000001.01111111	192.168.1.96 ~ 192.168.1.127
5	32	11000000.10101000.00000001.10000000 ~ 11000000.10101000.00000001.10011111	192.168.1.128 ~ 192.168.1.159
6	32	11000000.10101000.00000001.10100000 ~ 11000000.10101000.00000001.10111111	192.168.1.160 ~ 192.168.1.191

네트워크 ID는 네트워크를 대표하는 값으로, 각 네트워크의 첫 번째 IP 주소이므로 각각의 네트워크 ID는 192.168.1.0, 192.168.1.32, 192.168.1.64, 192.168.1.96, 192.168.1.128, 192.168.1.160이다.

예제 3

203.230.7.110/29의 IP 주소 범위에 포함되어있는 네트워크 및 브로드캐스트 주소를 구하시오.

정답 및 해설3   네트워크 주소 : 203.230.7.104   브로드캐스트 주소 : 203.230.7.111

203.230.7.110/29는 IP 주소가 203.230.7.110이고, 네트워크 주소 비트가 29bit를 의미하므로, 서브넷 마스크는 255.255.255.248이며, 다음과 같다.

| 1 | 1 | 1 | 1 | 1 | 1 | 1 | 1 | . | 1 | 1 | 1 | 1 | 1 | 1 | 1 | 1 | . | 1 | 1 | 1 | 1 | 1 | 1 | 1 | 1 | . | 1 | 1 | 1 | 1 | 1 | 0 | 0 | 0 |

네트워크 주소는 IP 주소와 서브넷 마스크를 AND 연산하여 구할 수 있다.

IP 주소 :   203.230.7.110   11001011 . 11100110 . 00000111 . 01101110
서브넷 마스크 :   255.255.255.248   AND   11111111 . 11111111 . 11111111 . 11111000
네트워크 주소 :   203.230.7.104   ───
                                        11001011 . 11100110 . 00000111 . 01101000
                                                  네트워크 주소   호스트 주소

브로드캐스트 주소는 각 네트워크의 가장 마지막 IP 주소를 의미한다. 그러므로 브로드캐스트 주소는 IP 주소에서 호스트 주소 부분을 모두 1로 변경한 IP인 203.230.7.111이 된다.

| 1 | 1 | 0 | 0 | 1 | 0 | 1 | 1 | . | 1 | 1 | 1 | 0 | 0 | 1 | 1 | 0 | . | 0 | 0 | 0 | 0 | 0 | 1 | 1 | 1 | . | 0 | 1 | 1 | 0 | 1 | 1 | 1 | 1 |

예제 4

192.168.1.24/26의 PC에서 회사 정책상 default-gateway는 해당 subnet의 할당 가능한 영역 중에서 시작 IP address를 사용하도록 되어있다면 PC의 default-gateway의 IP 주소를 구하시오.

정답 및 해설4   192.168.1.1, 192.168.1.65, 192.168.1.129, 192.168.1.193

192.168.1.24/26은 IP 주소가 192.168.1.24이고, 네트워크 주소 비트가 26bit를 의미하므로, 서브넷 마스크는 255.255.255.192이며, 다음과 같다.

| 1 | 1 | 1 | 1 | 1 | 1 | 1 | 1 | . | 1 | 1 | 1 | 1 | 1 | 1 | 1 | 1 | . | 1 | 1 | 1 | 1 | 1 | 1 | 1 | 1 | . | 1 | 1 | 0 | 0 | 0 | 0 | 0 | 0 |

서브네팅했으므로 총 2^2=4개의 subnet을 가지며 다음과 같다.

네트워크	호스트 수	IP 주소 범위	
1	64	11000000.10101000.00000001.00000000 ~ 11000000.10101000.00000001.00111111	192.168.1.0 ~ 192.168.1.63
2	64	11000000.10101000.00000001.01000000 ~ 11000000.10101000.00000001.01111111	192.168.1.64 ~ 192.168.1.127
3	64	11000000.10101000.00000001.10000000 ~ 11000000.10101000.00000001.10111111	192.168.1.128 ~ 192.168.1.191
4	64	11000000.10101000.00000001.11000000 ~ 11000000.10101000.00000001.11111111	192.168.1.192 ~ 192.168.1.255

IP 주소 범위 중 실제 할당할 수 있는 주소는 특수 목적으로 사용되는 첫 번째 주소와 마지막 주소를 제외해야 한다. 즉, 할당 가능한 영역 중 시작 IP address는 192.168.1.1, 192.168.1.65, 192.168.1.129, 192.168.1.193이다.

01 다음 설명의 ㉠과 ㉡에 들어갈 내용으로 옳은 것은?

> • IPv6는 16비트씩 총 (㉠)비트로 구성되어 있다.
> • IPv4는 (㉡)비트씩 총 32비트로 구성되어 있다.

① ㉠ 64, ㉡ 4   ② ㉠ 64, ㉡ 8

③ ㉠ 128, ㉡ 4   ④ ㉠ 128, ㉡ 8

> **해설** 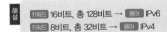 키워드 16비트, 총 128비트 → 용어 IPv6
> 키워드 8비트, 총 32비트 → 용어 IPv4

02 C Class에 속하는 IP address는?

① 200.168.30.1   ② 10.3.2.1

③ 225.2.4.1   ④ 172.16.98.3

> **해설** C 클래스의 시작 주소는 192~223이다.

03 IPv4의 주소 고갈 문제를 해결하기 위하여 기존의 IPv4 주소 체계를 128비트 크기로 확장한 차세대 인터넷 프로토콜 주소는?

① IPv5   ② IPv6

③ IPv7   ④ IPv8

> **해설** 키워드 IPv4 주소 고갈, 128비트 크기로 확장 → 용어 IPv6(Internet Protocol version 6)

04 IPv6에 대한 설명으로 틀린 것은?

① 32비트의 주소체계를 사용한다.

② 멀티미디어의 실시간 처리가 가능하다.

③ IPv4보다 보안성이 강화되었다.

④ 자동으로 네트워크 환경구성이 가능하다.

> **해설** IPv6는 128비트의 주소 체계를 사용한다.

05 IPv6에 대한 설명으로 틀린 것은?

① 128비트의 주소 공간을 제공한다.

② 인증 및 보안 기능을 포함하고 있다.

③ 패킷 크기가 64Kbyte로 고정되어 있다.

④ IPv6 확장 헤더를 통해 네트워크 기능 확장이 용이하다.

> **해설** IPv4의 패킷 크기가 64Kbyte로 제한되어 있으며, IPv6는 임의로 큰 크기의 패킷을 주고받을 수 있다.

06 IPv6의 주소 체계로 거리가 먼 것은?

① Unicast   ② Anycast

③ Broadcast   ④ Multicast

> **해설** IPv6 주소 체계 : 유니캐스트(Unicast), 멀티캐스트(Multicast), 애니캐스트(Anycast)

07 IPv6에 대한 설명으로 틀린 것은?

① 멀티캐스트(Multicast) 대신 브로드캐스트(Broadcast)를 사용한다.

② 보안과 인증 확장 헤더를 사용함으로써 인터넷 계층의 보안기능을 강화했다.

③ 애니캐스트(Anycast)는 하나의 호스트에서 그룹 내의 가장 가까운 곳에 있는 수신자에게 전달하는 방식이다.

④ 128비트 주소체계를 사용한다.

> **해설** IPv4의 브로드캐스트(Broadcast)가 없어지고 IPv6에서 애니캐스트(Anycast)가 새로 생성됐다.

[21년 2회]

08 CIDR(Classless Inter–Domain Routing) 표기로 203.241.132.82/27과 같이 사용되었다면, 해당 주소의 서브넷 마스크(subnet mask)는?

① 255.255.255.0   ② 255.255.255.224

③ 255.255.255.240   ④ 255.255.255.258

> **해설** 203.241.132.82/27는 IP 주소가 203.241.132.82이고 네트워크 주소 비트가 27bit를 의미한다.
> • 서브넷 마스크 : 11111111.11111111.11111111.11100000

[20년 3회]

09 200.1.1.0/24 네트워크를 FLSM 방식을 이용하여 10 개의 subnet으로 나누고 ip subnet-zero를 적용했다. 이때 서브네팅된 네트워크 중 10번째 네트워크의 broadcast IP 주소는?

① 200.1.1.159   ② 201.1.5.175

③ 202.1.11.254   ④ 203.1.255.245

> **해설** 10개의 subnet으로 나누기 위해서는 4bit의 네트워크 주소가 필요하다. ($2^3 < 10 < 2^4$)
>
> | 네트워크 | 추가 네트워크 주소 | 호스트 주소 |
> |---|---|---|
> | 1 | 0000 | 0000 ~ 1111 |
> | 2 | 0001 | 0000 ~ 1111 |
> | 3 | 0010 | 0000 ~ 1111 |
> | 4 | 0011 | 0000 ~ 1111 |
> | 5 | 0100 | 0000 ~ 1111 |
> | 6 | 0101 | 0000 ~ 1111 |
> | 7 | 0110 | 0000 ~ 1111 |
> | 8 | 0111 | 0000 ~ 1111 |
> | 9 | 1000 | 0000 ~ 1111 |
> | 10 | 1001 | 0000 ~ 1111 |
> | : | : | : |
> | 16 | 1111 | 0000 ~ 1111 |
>
> • broadcast IP 주소는 각 네트워크의 가장 마지막 주소이므로, 10번째 네트워크의 broadcast IP 주소는 200.1.1.159이다.

[21년 3회]

10 192.168.1.0/24 네트워크를 FLSM 방식을 이용하여 4 개의 Subnet으로 나누고 IP Subnet-zero를 적용했다. 이 때 Subnetting 된 네트워크 중 4번째 네트워크의 4 번째 사용가능한 IP는 무엇인가?

① 192.168.1.192   ② 192.168.1.195

③ 192.168.1.196   ④ 192.168.1.198

> **해설** $4(2^2)$개의 Subnet으로 나누기 위해서는 2bit의 네트워크 주소가 필요하다.
>
> | 네트워크 | 추가 네트워크 주소 | 호스트 주소 |
> |---|---|---|
> | 1 | 00 | 000000 ~ 111111 |
> | 2 | 01 | 000000 ~ 111111 |
> | 3 | 10 | 000000 ~ 111111 |
> | 4 | 11 | 000000 ~ 111111 |
>
> 4번째 네트워크에서 첫 번째 IP 주소와 마지막 IP 주소는 특수용 도로 사용하므로 일반적으로 사용할 수 없다.
> • 첫 번째 IP 주소 : 192.168.1.11000001
> • 두 번째 IP 주소 : 192.168.1.11000010
> • 세 번째 IP 주소 : 192.168.1.11000011
> • 네 번째 IP 주소 : 192.168.1.11000100 → 192.168.1.196
>
> **TIP** IP Subnet-zero는 Subnet 부분이 모두 0인 네트워크를 말하며, 192.168.1.0도 사용한다는 것을 의미합니다.

▶ 정답 : 01.④, 02.①, 03.②, 04.①, 05.③, 06.③, 07.①, 08.②, 09.① 10.③

권쌤이 알려줌

OSI 7계층은 데이터 전송 과정을 계층별로 분류하여 계층마다 서로 다른 기능을 합니다. 계층별로 분류하면 독립성을 유지하여 효율적인 통신이 가능합니다.

★★★
02 OSI 7계층

1 OSI 7계층(Open System Interconnection 7 Layer, OSI 참조 모델) [21년 3회 실기]

OSI 7계층은 다른 시스템 간의 원활한 통신을 위해 국제표준화기구(ISO)에서 제안한 7단계의 표준화 프로토콜이다.

- 시스템 상호 간에 접속하기 위한 개념이다.
- OSI 규격을 개발하기 위한 범위를 정한다.
- 관련 규격의 적합성을 조정하기 위한 공동 기반을 제공한다.
- 적절한 수의 계층을 두어 시스템의 복잡도를 최소화한다.
- 서비스 접점의 경계를 두어 되도록 적은 상호작용을 유지한다.
- 인접한 상 · 하위 계층 간에는 인터페이스를 둔다.

OSI 7계층		
상위 계층	Layer 7	응용 계층(Application Layer)
	Layer 6	표현 계층(Presentation Layer)
	Layer 5	세션 계층(Session Layer)
	Layer 4	전송 계층(Transport Layer)
하위 계층	Layer 3	네트워크 계층(Network Layer)
	Layer 2	데이터 링크 계층(Data Link Layer)
	Layer 1	물리 계층(Physical Layer)

1. 물리(Physical) 계층 [20년 1회 실기]

- 물리적인 연결 방식 규정
- 매체 간의 전기적, 기능적, 절차적 기능 및 인터페이스 정의
- 1계층 장비 : 리피터, 허브
- 관련 표준 프로토콜 : RS-232C, X.21

2. 데이터 링크(Data Link) 계층 [21년 1회] [20년 3회]

- 두 컴퓨터 간 데이터 통신 규정
- 흐름 제어, 프레임 동기화, 오류 제어, 에러 검출 및 정정, 순서 제어
- 2계층 장비 : 브리지, 스위치, NIC(랜카드)[※]
- 관련 표준 프로토콜 : HDLC, LAPB, LLC, ADCCP, BSC, ISDN, PPP, Ethernet, ATM, ARQ, IEEE 802

3. 네트워크(Network) 계층 [22년 3회] [21년 2회]

- 네트워크 연결을 설정, 유지, 해제하는 기능 및 데이터 통신 규정
- 교환 기술, 경로 설정, 패킷 정보 전송
- 3계층 장비 : 라우터
- 관련 표준 프로토콜 : X.25, IP, ICMP, IGMP, ARP, RARP

합격자의 암기법

OSI 7계층 : 물데네전세표응
- 물(리, 1계층)
- 데(이터 링크, 2계층)
- 네(트워크, 3계층)
- 전(송, 4계층)
- 세(션, 5계층)
- 표(현, 6계층)
- 응(용, 7계층)

권쌤이 알려줌

네트워크 장비는 이후 자세히 학습합니다.

NIC(Network Interface Card, 랜카드, 이더넷 카드, 네트워크 어댑터) 컴퓨터를 네트워크에 연결하는 장치로, 정보가 전송 매체를 통해 전송될 수 있도록 정보 형태를 변경한다.

합격자의 암기법

OSI 7계층
- [키워드] 물리적인 연결 방식(케이블) → [용어] 물리
- [키워드] 두 컴퓨터 간 데이터 통신 규정(오류 제어, 흐름 제어) → [용어] 데이터 링크
- [키워드] 여러 컴퓨터 간 데이터 통신 규정(경로 선택, 교환 기술) → [용어] 네트워크
- [키워드] 실제 전송을 하기 위한 규정(다중화, 주소 설정) → [용어] 전송
- [키워드] 데이터 교환 규정(암호화, 코드), 대화 제어 → [용어] 세션
- [키워드] 데이터 표현을 관리하기 위한 규정 → [용어] 표현
- [키워드] 사용자 프로그램 → [용어] 응용

4. 전송(Transport) 계층 [20년 2, 4회]

- 종단 시스템(End-to-End) 간에 신뢰성 있는 데이터 전송을 하기 위한 규정
- 주소 설정, 다중화, 오류 제어, 흐름 제어
- 4계층 장비 : 게이트웨이
- 관련 표준 프로토콜 : TCP, UDP, RTP, RTCP, SCTP

5. 세션(Session) 계층

- 데이터 교환 관리 및 대화 제어를 위한 규정
- 전송하는 정보의 일정한 부분에 동기점을 두어 대화(회화) 동기 조절
- 5계층 장비 : PC
- 관련 표준 프로토콜 : SSL, TLS

6. 표현(Presentation) 계층

- 데이터 변환 및 데이터 표현 규정
- 코드 변환, 구문 검색, 암호화, 형식 변환, 압축
- 6계층 장비 : PC
- 관련 표준 프로토콜 : ASCII, MIME, JPEG, MPEG, SSL, TLS

7. 응용(Application) 계층

- 사용자가 OSI 7계층 환경에 접근할 수 있도록 서비스 제공
- 7계층 장비 : PC
- 관련 표준 프로토콜 : HTTP, TELNET, FTP, DNS, DHCP, SNMP, SMTP, SSH, POP3

2 프로토콜 데이터 단위(PDU; Protocol Data Unit)

프로토콜 데이터 단위란 동일 계층 간에 전달되는 정보의 단위이다.

OSI 7계층	전달되는 정보 및 형태	프로토콜 데이터 단위
응용 계층		메시지(Message, Data)
표현 계층		
세션 계층	Data	
전송 계층	Data TCP 헤더	세그먼트(Segment)
네트워크 계층	Data TCP 헤더 IP 헤더	패킷(Packet)
데이터링크 계층	Data TCP 헤더 IP 헤더 MAC 주소	프레임(Frame)
물리 계층	010101000001011011	비트(Bit)

1. MAC 주소(Media Access Control Address)

통신을 위해 랜카드 등에 부여된 물리적 주소이다.

🔘 00-24-1F-AB-2C-12

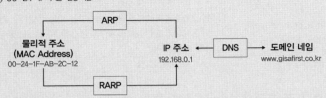

- ARP(Address Resolution Protocol, 주소 결정 프로토콜)

  네트워크상에서 IP 주소를 MAC 주소로 대응시키기 위해 사용되는 프로토콜이다.

- RARP(Reverse ARP, 역 주소 결정 프로토콜)

  네트워크상에서 상대방 호스트의 MAC 주소로부터 IP 주소를 얻기 위해 사용되는 프로토콜이다.

2. 도메인 네임(Domain Name)

외우거나 식별하기 어려운 IP 주소 192.168.0.1을 www.gisafirst.co.kr처럼 기억하기 쉽게 만들어주는 네트워크 호스트 이름을 말한다.

```
www.gisafirst.co.kr
    ①        ②     ③  ④
```

① 호스트 컴퓨터 이름
② 소속 기관
③ 소속 기관의 종류
④ 소속 국가

- DNS(Domain Name System, 도메인 네임 시스템)

  IP 주소와 도메인 네임(호스트 이름) 간의 변화를 제공하는 시스템

3 OSI 7계층의 계층별 표준 프로토콜

1. 물리 계층 표준 프로토콜

프로토콜	설명
RS-232C	DTE※와 DCE※를 상호 접속하는 물리적 인터페이스
X.21	국제전기통신연합(ITU)※에서 제정한 동기식 전송을 위한 DTE/DCE 접속 규격

2. 데이터 링크 계층 표준 프로토콜 [22년 1회]

프로토콜	설명
HDLC (High-level Data Link Control procedure)	비트 위주 데이터 링크 제어 프로토콜
LAPB (Link Access Protocol Balanced)	X.25※ 인터페이스 기반의 패킷 교환망 링크 접속 프로토콜(LAP) 표준 버전의 하나
LLC(Logical Link Control, 논리적 연결 제어)	LAN 시스템 제어를 위한 프로토콜 표준
ADCCP(Advanced Data Communication Control Procedures, 고급 데이터 통신 제어 절차)	미국 표준 협회(ANSI)에서 제정한 비트 중심 데이터 연결 제어 절차의 일종
BSC(Binary Synchronous Communication, 2진 동기 통신)	2진 부호 데이터의 동기 전송을 하기 위해 사용하는 문자 동기 방식 프로토콜
ISDN(Integrated Services Digital Network, 종합 정보 통신망)	전화, 데이터, 비디오 등 성격이 다른 서비스를 종합적으로 취급하는 디지털 통신망

DTE(Data Terminal Equipment)
단말 장치 🔘 컴퓨터

DCE(Data Circuit Equipment)
신호 변환 장치, 전송 장치, 회선 종단 장치 🔘 모뎀

국제전기통신연합(ITU)
국제 간 통신규격 제정
- V 시리즈 : 공중 전화망(PSTN)을 통한 데이터 전송
- X 시리즈 : 공중 데이터망을 통한 데이터 전송

ITU X 시리즈
- X.20 : 비동기식 전송을 위한 DTE/DCE 접속 규격
- X.21 : 동기식 전송을 위한 DTE/DCE 접속 규격
- X.25 : 패킷 전송을 위한 DTE/DCE 접속 규격

프로토콜	설명
PPP(Point-To-Point Protocol)	두 점 간을 접속하여 데이터 통신을 할 때 이용하는 WAN용 프로토콜
Ethernet	가장 많이 보급된 형태인 CSMA/CD 방식을 사용하는 LAN
ATM(Asynchronous Transfer Mode, 비동기 전송 방식)	B-ISDN※을 실현하기 위한 방식으로, 데이터 전송에서 대량의 정보를 '셀'이라고 불리는 짧은 패킷으로 분할하여, 비동기 고속 디지털 정보를 다중 전송하는 방식
ARQ(Automatic Repeat Request, 자동 반복 요청)	통신 경로에서 오류 발생 시 수신측은 오류의 발생을 송신측에 통보하고 송신측은 오류가 발생한 프레임을 재전송하는 오류 제어 방식
IEEE 802	LAN 표준 프로토콜

B-ISDN(Broadband-ISDN, 광대역 종합 정보 통신망)
기존의 종합 정보 통신망(ISDN) 서비스의 대역을 초과하는 화상이나 고속 데이터 전송에 소요되는 대역을 갖는 종합 정보 통신망

3. 네트워크 계층 표준 프로토콜 [22년 1, 3회] [20년 2, 4회] [21년 1회 실기] [20년 3회 실기]

프로토콜	설명
X.25	국제전기통신연합(ITU)에서 제정한 패킷 전송을 위한 DTE/DCE 접속 규격
IP(Internet Protocol, 인터넷 프로토콜)	데이터그램을 기반으로 한 IP 주소에 따라 다른 네트워크 간 패킷의 전송 및 경로 제어를 위한 프로토콜
ICMP(Internet Control Message Protocol, 인터넷 제어 메시지 프로토콜)	TCP/IP에서 신뢰성 없는 IP를 대신하여 송신측으로 네트워크의 IP 상태 및 에러 메시지를 전달해주는 프로토콜
IGMP(Internet Group Management Protocol, 멀티 캐스트 라우팅)	네트워크상에서 라우터와 호스트 간의 멀티캐스트 환경을 제공하는 그룹 관리 프로토콜
ARP(Address Resolution Protocol, 주소 결정 프로토콜)	네트워크상에서 IP 주소를 MAC 주소로 대응시키기 위해 사용되는 프로토콜
RARP(Reverse ARP, 역순 주소 결정 프로토콜)	네트워크상에서 상대방 호스트의 MAC 주소로부터 IP 주소를 얻기 위해 사용되는 프로토콜

4. 전송 계층 표준 프로토콜

프로토콜	설명
TCP(Transmission Control Protocol, 전송 제어 프로토콜)	네트워크의 정보 전달을 통제하고, 프로세스 간에 신뢰할 수 있는 통신을 제공하는 프로토콜
UDP(User Datagram Protocol, 사용자 데이터그램 프로토콜)	프로세스 간의 비연결성, 순서 제어가 없는 통신을 제공하는 데이터그램 방식을 지원하기 위한 프로토콜
RTP(Real-time Transport Protocol, 실시간 전송 프로토콜)	실시간으로 음성, 오디오, 비디오 데이터 등을 송·수신하기 위한 프로토콜
RTCP(RTP control Protocol)	인터넷을 통한 영상이나 음성의 스트리밍용 프로토콜인 RTP를 제어하기 위한 프로토콜
SCTP(Stream Control Transmission Protocol, 스트림 제어 전송 프로토콜)	공중 교환 전화망(PSTN)※ 메시지를 전송하여 인터넷을 통한 음성 전화를 지원해 주는 프로토콜

공중 교환 전화망(PSTN; Public Switched Telephone Network)
통신 사업자가 제공하는 통상적인 가입 전화 서비스를 위한 전화망

5. 표현 계층 표준 프로토콜

프로토콜	설명
ASCII(아스키)	미국 표준 협회(ANSI)가 제정한 정보 교환용 표준 코드
MIME(Multipurpose Internet Mail Extensions, 다목적 인터넷 전자 우편)	아스키(ASCII) 형식이 아닌 텍스트나 화상, 음성, 영상 등 멀티미디어 데이터를 그대로 전자 우편으로 송신하기 위한 프로토콜
JPEG(제이팩)	정지 영상의 저장 및 전송을 위한 압축 표준

MPEG(엠펙)	동영상을 압축하고 코드로 표현하는 방법의 표준 또는 멀티미디어의 표준 개발을 담당하는 그룹
SSL(Secure Sockets Layer, 보안 소켓 계층)	인터넷상에서 데이터 통신 보안을 제공하는 암호 프로토콜
TLS(Transport Layer Security, 전송 계층 보안)	인터넷상에서 데이터의 도청이나 변조를 막기 위해 사용되며 SSL보다 보안성이 강화된 프로토콜

6. 응용 계층 표준 프로토콜 [21년 2회] [22년 2회 실기]

프로토콜	설명
HTTP (Hyper Text Transfer Protocol, 하이퍼텍스트* 전송 프로토콜)	인터넷의 월드 와이드 웹(WWW)*에서 HTML 문서를 송·수신하기 위한 표준 프로토콜
TELNET	가상 터미널 기능을 제공하여 원격지에서 컴퓨터에 접속할 수 있게 하는 프로토콜
FTP(File Transfer Protocol, 파일 전송 프로토콜)	인터넷에서 파일을 전송하기 위한 프로토콜
DNS(Domain Name System, 도메인 네임 시스템)	IP 주소와 도메인 네임 간의 변환을 제공하는 시스템
DHCP(Dynamic Host Configuration Protocol, 동적 호스트 설정 프로토콜)	TCP/IP 통신을 실행하기 위한 필요한 설정 정보를 자동적으로 할당 및 관리하기 위한 통신 프로토콜
SNMP(Simple Network Management Protocol, 간이 망 관리 프로토콜)	네트워크 장비를 관리 및 감시하기 위한 목적으로 UDP상에 정의된 프로토콜
SMTP(Simple Mail Transfer Protocol, 간이 전자 우편 전송 프로토콜)	메일 전송에 사용되는 프로토콜
POP3(Post Office Protocol version 3)	메일 수신에 사용되는 프로토콜
SSH(Secure SHell, 시큐어 셸)	보안 취약점을 가지고 있는 프로토콜(TELNET, FTP) 등을 대체하여 사용하는 네트워크를 통한 원격 호스트 연결 과정을 보호하기 위한 프로토콜

 CSMA/CD, CSMA/CA

1. CSMA/CD
데이터 송신 전 회선을 먼저 확인한 후, 비어있는 상태로 감지되면 즉각 데이터를 전송하는 방식이다.
- 인터넷 환경에서 주로 적용되는 방식이다.
- CS(Carrier Sense) : 회선의 사용 여부 확인
- MA(Multiple Access) : 회선이 비어있으면 누구나 사용 가능
- CD(Collision Detection) : 데이터 프레임을 전송하면서 충돌 여부를 검사하여, 충돌이 발생하면 충돌 발생 사실을 알리고 전송 속도 조절하는 통신 방식

2. CSMA/CA [21년 2회]
데이터 송신 전 회선을 먼저 확인한 후, 임의 시간을 기다려 사전에 충돌을 가능한 한 회피하고 데이터를 전송하는 방식이다.
- 회선이 사용 중이라면 임의 시간보다 더 오래 기다린 후에 미사용으로 판단한 경우에만 전송한다.
- CS(Carrier Sense) : 회선의 사용 여부 확인
- MA(Multiple Access) : 회선이 비어있으면 누구나 사용 가능
- CA(Collision Avoidance) : 충돌 여부를 검사하여 피하는 통신 방식

권쌤이 알려줌
SSL 프로토콜과 TLS 프로토콜은 OSI 7계층의 어느 한 계층에 속해서 동작하는 것이 아닌, 응용 계층과 전송 계층 사이에서 동작합니다.

하이퍼텍스트(Hypertext)
일반 텍스트와 달리 문장이나 단어 등이 링크를 통해 한 문서에서 다른 문서로 즉시 접근할 수 있는 텍스트

월드 와이드 웹(WWW; World Wide Web)
하이퍼텍스트를 기반으로 문자, 동영상, 음성 등과 같은 멀티미디어를 볼 수 있도록 하는 서비스

권쌤이 알려줌
SSH는 서로 연결되어 있는 컴퓨터 간 전송되는 데이터를 암호화하여, 강력한 보안 기능을 제공합니다.
- 키(Key)를 통한 인증을 위해서는 클라이언트의 공개키를 서버에 등록해야 합니다.
- 기본적으로 22번 포트를 사용합니다.

학습 플러스 IEEE 표준 규격

1. IEEE 802 주요 표준 규격 [21년 1회]

규격	설명	규격	설명
802.1	전체의 구성, OSI 참조 모델과의 관계, 통신망 관리 등	802.6	MAN(도시형 통신망), DQDB(이중 버스 통신망)
802.2	논리 링크 제어(LLC) 계층	802.7	광대역 LAN
802.3	CSMA/CD	802.11	무선 LAN(Wi-Fi)
802.4	토큰 버스(Token Bus)	802.15	WPAN*/블루투스(Bluetooth)
802.5	토큰 링(Token Ring)		

2. IEEE에 의한 무선 LAN 표준 규격 [20년 2회]

규격	설명
802.11(초기버전)	2.4GHz 대역에서 2Mbps까지 동작하는 확장 표준
802.11a	5GHz에서 최대 54Mbps까지 동작하는 확장 표준 • OFDM 기술 사용
802.11b	2.4GHz 대역에서 최대 11Mbps까지 올린 확장 표준 • HR-DSSS 기술 사용
802.11e	802.11의 부가 기능 표준으로 QoS* 강화를 위해 MAC* 지원 기능 채택
802.11g	802.11b를 2.4GHz 대역에서 최대 54Mbps 등 고속 동작을 위한 확장 표준 • OFDM, DSSS 기술 사용
802.11n	2.4GHz 대역과 5GHz 대역을 사용하는 규격으로 최대 600Mbps까지 동작 • OFDM 기술 사용

WPAN(Wireless Personal Area Network, 단거리 통신망)
10m 이내의 거리에서 무선 서비스를 제공하기 위한 무선 개인 통신망

QoS(Quality of Service)
네트워크에서 통신 품질 보장 개념
• 통신의 주체인 양 끝 단에서 요구하는 데이터 전송 대역폭 등 전송 계층에 필요한 통신 품질 보장을 목적으로 한다.

MAC(Media Access Control, 미디어 접근 제어)
• LAN에서 하나의 통신 회선을 여러 단말장치가 원활하게 공유할 수 있도록 해주는 방식

기출 및 예상문제　　　　02 OSI 7계층

[20년 1회 실기]

01 OSI 7계층 모델에서 기계적, 전기적, 절차적 특성을 정의한 계층은?

① 전송 계층　　　　② 데이터링크 계층
③ 물리 계층　　　　④ 표현 계층

> **해설** [키워드] 기계적, 전기적, 절차적 → [용어] 물리(Physical) 계층

[20년 3회]

02 OSI-7 Layer에서 링크의 설정과 유지 및 종료를 담당하며, 노드 간의 오류 제어와 흐름 제어 기능을 수행하는 계층은?

① 데이터링크 계층　　② 물리 계층
③ 세션 계층　　　　④ 응용 계층

> **해설** [키워드] 오류 제어, 흐름 제어 → [용어] 데이터링크(Data Link) 계층

[21년 1회]

03 OSI 7계층에서 물리적 연결을 이용해 신뢰성 있는 정보를 전송하려고 동기화, 오류 제어, 흐름 제어 등의 전송 에러를 제어하는 계층은?

① 데이터 링크 계층　　② 물리 계층
③ 응용 계층　　　　④ 표현 계층

> **해설** [키워드] 물리적 연결, 동기화, 오류 제어, 흐름 제어 → [용어] 데이터 링크(Data Link) 계층

[21년 2회]

04 OSI 7계층 중 네트워크 계층에 대한 설명으로 틀린 것은?

① 패킷을 발신지로부터 최종 목적지까지 전달하는 책임을 진다.

② 한 노드로부터 다른 노드로 프레임을 전송하는 책임을 진다.

③ 패킷에 발신지와 목적지의 논리 주소를 추가한다.

④ 라우터 또는 교환기는 패킷 전달을 위해 경로를 지정하거나 교환 기능을 제공한다.

> **해설** 다른 하나는 데이터 링크 계층에 대한 설명이다.

[20년 2회]

05 OSI-7계층에서 종단 간 신뢰성 있고 효율적인 데이터를 전송하기 위해 오류 검출과 복구, 흐름 제어를 수행하는 계층은?

① 전송 계층 　② 세션 계층

③ 표현 계층 　④ 응용 계층

> **해설** 키워드 종단 간 → 용어 전송(Transport) 계층

[20년 4회]

06 OSI 7계층에서 단말기 사이에 오류 수정과 흐름 제어를 수행하여 신뢰성 있고 명확한 데이터를 전달하는 계층은?

① 전송 계층 　② 응용 계층

③ 세션 계층 　④ 표현 계층

> **해설** 키워드 단말기 사이 → 용어 전송(Transport) 계층

[21년 3회 실기]

07 다음은 OSI 7계층에 대한 설명이다. 설명과 가장 부합하는 계층을 바르게 연결한 것은?

> ㉠ 동기화, 오류제어, 흐름제어 등의 전송에러를 제어하는 계층
> ㉡ 중계 기능, 경로 설정 등을 주로 수행하는 계층
> ㉢ 코드 변환, 암호화, 데이터 압축 등을 담당하는 계층

	㉠	㉡	㉢
①	데이터 링크	네트워크	프레젠테이션
②	네트워크	프레젠테이션	데이터 링크
③	프레젠테이션	네트워크	데이터 링크
④	네트워크	데이터 링크	프레젠테이션

> **해설** 키워드 동기화, 오류제어, 흐름제어 → 용어 데이터 링크(Data Link)
> 키워드 중계 기능, 경로 설정 → 용어 네트워크(Network)
> 키워드 코드 변환, 암호화, 데이터 압축 → 용어 프레젠테이션 (Presentation, 표현)

[20년 3회 실기]

08 TCP/IP에서 신뢰성 없는 IP를 대신하여 송신측으로 네트워크의 IP 상태 및 에러 메시지를 전달해주는 프로토콜은?

① HDLC 　② ICMP

③ SMTP 　④ IGMP

> **해설** 키워드 신뢰성 없는 IP 대신 → 용어 ICMP

[20년 2회]

09 TCP/IP 네트워크에서 IP 주소를 MAC 주소로 변환하는 프로토콜은?

① UDP 　② ARP

③ TCP 　④ ICMP

> **해설** 키워드 IP 주소를 MAC 주소로 → 용어 ARP

[20년 4회]

10 TCP/IP에서 사용되는 논리 주소를 물리 주소로 변환시켜 주는 프로토콜은?

① TCP 　② ARP

③ FTP 　④ IP

> **해설** 키워드 논리(IP) 주소를 물리(MAC) 주소로 → 용어 ARP

[21년 1회 실기]

11 호스트의 물리 주소를 통하여 논리 주소인 IP 주소를 얻어 오기 위해 사용되는 프로토콜은?

① ICMP   ② IGMP

③ ARP   ④ RARP

해설 **키워드** 물리(MAC) 주소를 통하여 논리(IP) 주소를 얻음 → **용어** RARP

[21년 2회]

12 SSH(Secure Shell)에 대한 설명으로 틀린 것은?

① SSH의 기본 네트워크 포트는 220번을 사용한다.

② 전송되는 데이터는 암호화된다.

③ 키를 통한 인증은 클라이언트의 공개키를 서버에 등록해야 한다.

④ 서로 연결되어 있는 컴퓨터 간 원격 명령실행이나 셸 서비스 등을 수행한다.

해설 SSH 프로토콜은 기본적으로 22번 포트를 사용한다.

[21년 2회]

13 다음 설명에 해당하는 방식은?

- 무선 랜에서 데이터 전송 시, 매체가 비어있음을 확인한 뒤 충돌을 회피하기 위해 임의 시간을 기다린 후 데이터를 전송하는 방법이다.
- 네트워크에 데이터의 전송이 없는 경우라도 동시 전송에 의한 충돌에 대비하여 확인 신호를 전송한다.

① STA   ② Collision Domain

③ CSMA/CA   ④ CSMA/CD

해설 **키워드** 충돌 회피(Collision Avoidance), 임의 시간 → **용어** CSMA/CA

[21년 1회]

14 IEEE 802.3 LAN에서 사용되는 전송매체 접속제어 (MAC) 방식은?

① CSMA/CD   ② Token Bus

③ Token Ring   ④ Slotted Ring

해설 **키워드** 802.3 → **용어** CSMA/CD

[20년 2회]

15 IEEE 802.11 워킹 그룹의 무선 LAN 표준화 현황 중 QoS 강화를 위해 MAC 지원 기능을 채택한 것은?

① 802.11a   ② 802.11b

③ 802.11g   ④ 802.11e

해설 **키워드** QoS 강화 → **용어** 802.11e

▶ 정답 : 01.③, 02.①, 03.①, 04.②, 05.①,
06.①, 07.①, 08.②, 09.②, 10.②,
11.④, 12.①, 13.③, 14.①, 15.④

★★
03 네트워크 장비

1 네트워크 장비

네트워크 장비는 하나 이상의 네트워크를 상호 연결하는 장비이다.

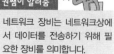

권쌤이 알려줌

네트워크 장비는 네트워크상에서 데이터를 전송하기 위해 필요한 장비를 의미합니다.

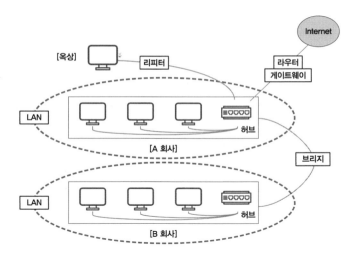

합격자의 **맘기법**

네트워크 장비 : 허리 부수랑게
(허리 브스라게)
• 허(브, Hub)
• 리(피터, Repeater)
• 부(브리지, Bridge)
• 수(스위치, Switch)
• 랑(라우터, Router)
• 게(이트웨이, Gateway)

1. 허브(Hub)

여러 대의 컴퓨터를 연결하여 네트워크로 보내거나, 하나의 네트워크로 수신된 정보를 여러 대의 컴퓨터로 송신하기 위한 장비이다.

- OSI 1계층 장비이다.
- 더미 허브(Dummy Hub) : 연결되어 있는 모든 컴퓨터에 데이터를 전달해 주는 단순한 연결 기능을 가진 허브
- 스위칭 허브(Switching Hub) : 스위치 기능을 가진 허브

2. 리피터(Repeater)

장거리 데이터 전송에서 신호를 증폭시키는 장비이다.

- OSI 1계층 장비이다.

3. 브리지(Bridge), 스위치(Switch)

두 개의 LAN을 연결하여 훨씬 더 큰 LAN을 만들기 위한 장비이다.

- OSI 2계층 장비이다.

구분	브리지(Bridge)	스위치(Switch)
처리 방식	소프트웨어 방식으로 처리하므로 속도가 느리다.	하드웨어 기반으로 처리하므로 속도가 빠르다.
비용	스위치에 비해 저렴하다.	브리지보다 비싸다.
속도	포트들이 같은 속도를 지원한다.	포트들이 각기 다른 속도를 지원하도록 제어할 수 있다.
포트 수	제공하는 포트 수가 2~3개이다.	제공하는 포트 수가 수십~수백 개이다.
전송 방식	Store and Forwardisng※ 전송 방식만 사용한다.	Store and Forwarding, Cut Through※, Fragment Free※ 전송 방식을 사용한다.

Store and Forwarding
데이터를 모두 받은 후 스위칭하는 방식

Cut Through
데이터의 목적지 주소만을 확인한 후 스위칭하는 방식

Fragment Free
Store and Forwarding 장점과 Cut-through 장점을 결합한 방식

4. 라우터(Router) [21년 2회]

네트워크 계층에서 연동하여 경로를 설정하고 전달하는 기능을 제공하는 장비이다.

- OSI 3계층 장비이다.
- 네트워크 연결과 경로 설정 기능이 있다.
- 1계층에서 3계층 사이의 프로토콜이 서로 다른 네트워크를 상호 접속하는 기능을 제공한다.
- 게이트웨이(Gateway) 기능을 지원한다.

5. 게이트웨이(Gateway)

프로토콜 구조가 전혀 다른 외부 네트워크와 접속하기 위한 장비이다.

- OSI 4계층 장비이다.
- 프로토콜이 다른 네트워크 사이를 결합하는 기능을 제공한다.

2 스위치(Switch)

1. 스위치 분류

구분	설명
L2 스위치	• 가장 원초적인 스위치로, 스위치라고 하면 보통 L2 스위치를 의미한다. • OSI 2계층 장비이다.
L3 스위치	• IP 계층에서의 스위칭을 수행하여 외부로 전송한다. • OSI 3계층 장비이다. • L2 스위치에 라우팅 기능이 추가되었다.
L4 스위치	• TCP/UDP 기반 스위칭을 수행한다. • OSI 4계층 장비이다. • L3 스위치에 로드 밸런서*가 추가되었다. • 정교한 로드 밸런싱* 수행이 불가능하다.
L7 스위치	• 세밀한 로드 밸런싱을 수행한다. • OSI 7계층 장비이다. • L2~L4 스위치의 기능들을 포함하고 있다.

로드 밸런서(Load Balancer)
신호 또는 트래픽을 처리하는 장치들 간에 신호나 트래픽을 적절히 분담시켜 특정 처리 장치에 집중되는 문제를 해결하기 위한 장비

로드 밸런싱(Load Balancing, 부하 분산)
한 곳에 들어오는 트래픽을 여러 장비에 분산시켜 주는 네트워크 기술

백본(Backbone, 백본망, Backbone Network)
여러 네트워크를 연결할 때 중추적 역할을 하는 네트워크

2. 백본 스위치(Backbone Switch)

백본*에서 스위칭 역할을 하는 장비이다.

- 백본 스위치는 모든 패킷이 지나가는 네트워크의 중심에 배치한다.
- 주로 L3 스위치가 백본 스위치 역할을 한다.

3. Hierarchical 3 Layer 모델(네트워크 3계층 구조)

네트워크 구성 시 사용되는 모델의 한 종류로, 액세스 계층, 디스트리뷰션 계층, 코어 계층으로 나뉜다.

계층	설명	구성도
액세스 계층 (Access Layer)	• 사용자가 네트워크에 접속할 때 최초로 연결되는 지점으로, 사용자들로부터 오는 통신을 집약해서 디스트리뷰션 계층으로 전송한다. • 액세스 계층에 배치되는 장비는 성능이 낮아도 되지만, 포트 수는 사용자 수만큼 있어야 한다. • L2 스위치를 사용한다.	
디스트리뷰션 계층 (Distribution Layer)	• 액세스 계층의 장치들이 연결되는 지점으로, 액세스 계층에서 오는 통신을 집약해서 코어 계층으로 전송한다. • LAN 간에 라우팅 기능을 수행한다. • 라우터, L3 스위치를 사용한다.	
코어 계층 (Core Layer)	• 디스트리뷰션 계층에서 오는 통신을 집약해 인터넷에 연결하는 계층으로 백본 계층이라고도 한다. • 인터넷 접속, 화상 회의, 이메일 등의 기능을 수행한다. • 백본 스위치를 사용한다.	

3 네트워크 토폴로지(Network Topology, 네트워크 구성) [21년 1회] [20년 3회]

네트워크 토폴로지는 네트워크를 구성하는 장비들을 공간적으로 배치하는 방법으로, 장비들의 물리적인 위치에 따라 분류할 수 있다.

구분	설명	구성도
성형 = 스타형(Star)	• 모든 사이트가 하나의 중앙 사이트에 직접 연결되는 중앙 집중형 방식이다. • 중앙 사이트가 고장 날 경우 모든 통신이 단절된다. • 교환 노드의 수가 가장 적다.	
버스형(Bus)	• 공유 버스에 연결된 구조이다. • 사이트의 고장은 다른 사이트의 통신에 영향을 주지 않지만, 버스의 고장은 전체 시스템에 영향을 준다.	
링형(Ring) = 환형, 루프형	• 인접하는 다른 두 사이트와만 직접 연결된 구조이다. • 정보는 단방향 또는 양방향으로 전달될 수 있다. • 노드(Node)가 절단되어도 우회로를 구성하여 통신이 가능하다는 융통성이 있다. • 목적 사이트에 데이터를 전달하기 위해 링을 순환할 경우 통신 비용이 증가한다. • 노드의 추가와 변경이 비교적 어렵다.	

계층형(Hierarchy) = 트리형, 분산형	• 분산 처리 시스템의 가장 대표적인 형태이다. • 부모 사이트가 고장 나면 그 자식 사이트들은 통신이 불가능하다. • 성형에 비해 신뢰도가 높다.	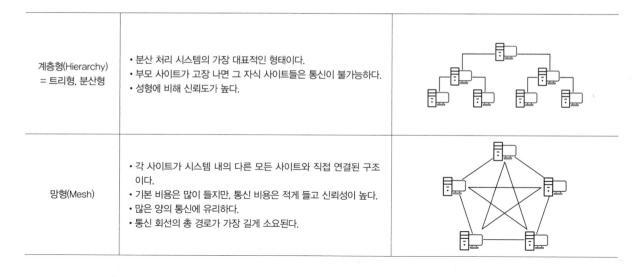
망형(Mesh)	• 각 사이트가 시스템 내의 다른 모든 사이트와 직접 연결된 구조 이다. • 기본 비용은 많이 들지만, 통신 비용은 적게 들고 신뢰성이 높다. • 많은 양의 통신에 유리하다. • 통신 회선의 총 경로가 가장 길게 소요된다.	

기출 및 예상문제

03 네트워크 장비

[21년 2회]

01 서로 다른 네트워크 대역에 있는 호스트를 상호 간에 통신할 수 있도록 해주는 네트워크 장비는?

① L2 스위치　　② HIPO

③ 라우터　　　　④ RAD

> 해설
> 키워드 네트워크 대역, 상호 간 통신 → 용어 라우터(Router)
> • HIPO(Hierarchy Input Process Output) : 분석, 설계, 문서화에 사용되는 도구
> • RAD(Rapid Application Development) 모델 : 사용자의 적극적인 참여와 강력한 소프트웨어 개발 도구를 이용하여 매우 짧은 주기(60~90일)로 개발을 진행하는 순차적 모델

[21년 1회] [20년 3회]

02 다음 LAN의 네트워크 토폴로지는 어떤 형인가?

데이터 전송 방향

스테이션1　스테이션2　스테이션3　스테이션4　스테이션5

① 버스형　　　② 성형

③ 링형　　　　④ 그물형

> 해설
> 버스형(Bus)은 공유 버스에 연결된 구조이다.

[이전 기출]

03 두 개의 LAN이 데이터 링크 계층에서 서로 결합되어 있는 경우에 이들을 연결하는 요소를 무엇이라 하는가?

① 브리지(Bridge)　　② 허브(Hub)

③ 라우터(Router)　　④ 게이트웨이(Gateway)

> 해설
> 키워드 두 개의 LAN, 데이터 링크 계층 → 용어 브리지(Bridge)

[이전 기출]

04 25개의 구간을 망형으로 연결하면 필요한 회선의 수는 몇 회선인가?

① 250　　　　② 300

③ 350　　　　④ 500

> 해설
> 회선 수 = n(n−1)/2 = 25*24/2 = 300
> TIP n은 구간(노드)의 수입니다. 네트워크에서 노드(Node)란 정보를 송·수신 할 수 있는 모든 물리적 장치를 의미합니다.

▶ 정답 : 01.③, 02.①, 03.①, 04.②

★★★

04 TCP/IP

1 TCP/IP 프로토콜

TCP/IP 프로토콜은 서로 다른 기종의 컴퓨터들이 데이터를 주고받을 수 있도록 하는 인터넷 표준 프로토콜이다.

1. TCP/IP 구조 [21년 1회] [20년 2회]

OSI 7계층	TCP/IP 계층	기능
응용 계층 표현 계층 세션 계층	응용 계층	• 응용 프로그램 간의 데이터 송·수신 제공 • HTTP, TELNET, FTP, SMTP, SNMP, DNS 등
전송 계층	전송 계층	• 호스트들 간의 신뢰성 있는 통신 제공 • TCP, UDP 등
네트워크 계층	인터넷 계층	• 데이터 전송을 위한 주소 지정, 경로 설정 제공 • IP, ICMP, IGMP, ARP, RARP 등
데이터 링크 계층 물리 계층	네트워크 액세스 계층	• 실제 데이터를 송·수신하는 역할 • IEEE 802, Ethernet, HDLC, X.25, RS-232C, ARQ 등

2. IP, TCP, UDP [22년 2회] [21년 1, 2회] [20년 3, 4회]

프로토콜	설명
IP (Internet Protocol, 인터넷 프로토콜)	• OSI 7계층의 네트워크 계층에 해당 • 신뢰성과 안정성이 낮은 데이터그램 방식을 기반으로 하는 비연결형 서비스 • 패킷 분해/조립, 주소 지정, 경로 선택 기능
TCP (Transmission Control Protocol, 전송 제어 프로토콜)	• OSI 7계층의 전송 계층에 해당 • 가상 회선 연결 형태로 신뢰성과 안정성이 높음 • 속도보다는 신뢰성이 중요한 네트워크에 사용 • 패킷의 다중화, 순서 제어, 오류 제어, 흐름 제어 기능 • 스트림(Stream)* 위주의 전달 • 전이중(Full-Duplex) 방식* • TCP 헤더 크기는 기본 20Byte이고 옵션(0~40Byte) 따라 60Byte까지 확장 가능
UDP (User Datagram Protocol, 사용자 데이터그램 프로토콜)	• OSI 7계층의 전송 계층에 해당 • 데이터 전송 전 연결 설정하지 않는 비연결형으로 신뢰성과 안정성이 낮음 • TCP보다 속도가 빠르고 실시간 전송에 유리 • TCP보다 단순한 헤더 구조로 오버헤드가 적음 • 전송 시 순서가 없으므로 순서 제어, 흐름 제어가 없음 • 신뢰성보다는 속도가 중요한 네트워크에 사용 • 단방향(Simplex) 방식* • UDP 헤더 크기는 기본 8Byte 고정

권쌤이 알려줌

TCP/IP는 TCP 프로토콜과 IP 프로토콜만을 지칭하는 것이 아니라 UDP, ICMP, ARP 등 관련된 프로토콜을 통칭합니다.

권쌤이 알려줌

OSI 7계층은 전반적인 통신 기술을 표준화한 참조 모델이며, TCP/IP는 실제 인터넷에 사용되는 통신 규약입니다.

권쌤이 알려줌

IP에는 오류 제어, 흐름 제어 기능이 없습니다.

권쌤이 알려줌

TCP와 UDP는 전송 계층에서 응용 계층과 인터넷 계층 사이의 통신을 담당합니다.

스트림(Stream)
일반적으로 데이터, 패킷, 비트 등의 일련의 연속성을 갖는 흐름
• 음성, 영상, 텍스트 등의 작은 데이터 조각들이 하나의 줄기를 이루며, 순서대로 물 흐르듯이 전송하는 것을 의미한다.

통신 방식
• 단방향(Simplex) 통신 : 한쪽 방향으로만 전송하는 방식 ⑩ 라디오
• 반이중(Half-Duplex) 통신 : 양방향 전송이 가능하지만 동시에 양쪽 방향에서 전송할 수 없는 방식 ⑩ 무전기
• 전이중(Full-Duplex, 양방향) 통신 : 동시에 양방향 전송이 가능한 방식 ⑩ 전화

학습 플러스 TCP 헤더, UDP 헤더

1. TCP 헤더 [21년 3회]

Source Port(16bit)							Destination Port(16)	
Sequence Number(32)								
Acknowledgement Number(32)								
HLEN (6)	Resesrved (6)	U R G	A C K	P S H	R S T	S Y N	F I N	Window Size(16)
Checksum(16)							Urgent Pointer(16)	
[Options] (0~320)								

20Byte
0~40Byte

- 송신자 포트 번호(Source Port)
- 수신자 포트 번호(Destination Port)
- 순서 번호(Sequence Number) : 송신자가 전송하는 데이터 순서 번호
- 응답 번호(Acknowledgement Number) : 제대로 수신했는지 여부를 수신자로부터 전달받는 번호
- 헤더 길이(Header Length, HLEN) : 헤더의 크기(최대 60Byte)
- 예약 필드(Reserved) : 다른 사용 목적으로 확보된 필드(실제 사용 안 함)
- 윈도우 크기(Window Size, 전송 패킷의 최대치) : 수신자의 수신 가능한 버퍼 크기(최대 2^{16} = 65,535Byte)
- 체크섬(Checksum) : 헤더와 데이터의 오류 검사용
- 긴급 포인터(Urgent Pointer) : 긴급 데이터 처리용

2. UDP 헤더

Source Port(16bit)	Destination Port(16)
UDP Length(16)	UDP Checksum(16)

8Byte

- 송신자 포트 번호(Source Port)
- 수신자 포트 번호(Destination Port)
- 길이(UDP Length) : 헤더와 데이터를 포함한 크기
- 체크섬(UDP Checksum) : 헤더와 데이터의 오류 검사용

기출 및 예상문제 04 TCP/IP

[20년 2회]

01 TCP/IP 프로토콜 중 전송 계층 프로토콜은?

① HTTP ② SMTP

③ FTP ④ TCP

해설 나머지는 응용 계층 프로토콜이다.

[21년 1회]

02 TCP/IP 프로토콜에서 TCP가 해당하는 계층은?

① 데이터 링크 계층 ② 네트워크 계층

③ 트랜스포트 계층 ④ 세션 계층

해설 TCP는 트랜스포트(전송) 계층에 해당한다.

[20년 3회]

03 TCP 프로토콜에 대한 설명으로 거리가 먼 것은?

① 신뢰성 있는 연결 지향형 전달 서비스이다.

② 기본 헤더 크기는 100byte이고 160byte까지 확장 가능하다.

③ 스트림 전송 기능을 제공한다.

④ 순서 제어, 오류 제어, 흐름 제어 기능을 제공한다.

> **해설** TCP 헤더 크기는 기본 20Byte이고, 옵션(0~40Byte) 따라 60Byte까지 확장 가능하다.

[21년 2회]

04 TCP 프로토콜과 관련한 설명으로 틀린 것은?

① 인접한 노드 사이의 프레임 전송 및 오류를 제어한다.

② 흐름 제어(Flow Control)의 기능을 수행한다.

③ 전이중(Full Duplex) 방식의 양방향 가상회선을 제공한다.

④ 전송 데이터와 응답 데이터를 함께 전송할 수 있다.

> **해설** 다른 하나는 데이터 링크 계층에 대한 설명이다.
> **TIP** TCP 프로토콜은 전송 계층에 포함됩니다.

[20년 4회]

05 UDP 특성에 해당되는 것은?

① 데이터 전송 후, ACK를 받는다.

② 송신 중에 링크를 유지 관리하므로 신뢰성이 높다.

③ 흐름 제어나 순서 제어가 없어 전송 속도가 빠르다.

④ 제어를 위한 오버헤드가 크다.

> **해설** 나머지는 TCP에 대한 설명이다.
> **TIP** ACK(ACKnowledge)는 긍정 응답을 의미하며, UDP는 비연결형이므로 수신측의 응답을 받지 않습니다.

[21년 1회]

06 UDP 특성에 해당되는 것은?

① 양방향 연결형 서비스를 제공한다.

② 송신 중에 링크를 유지 관리하므로 신뢰성이 높다.

③ 순서제어, 오류제어, 흐름제어 기능을 한다.

④ 흐름제어나 순서제어가 없어 전송 속도가 빠르다.

> **해설** 나머지는 TCP에 대한 설명이다.

[21년 3회]

07 TCP 헤더와 관련한 설명으로 틀린 것은?

① 순서번호(Sequence Number)는 전달하는 바이트마다 번호가 부여된다.

② 수신번호확인(Acknowledgement Number)은 상대편 호스트에서 받으려는 바이트의 번호를 정의한다.

③ 체크섬(Checksum)은 데이터를 포함한 세그먼트의 오류를 검사한다.

④ 윈도우 크기는 송수신 측의 버퍼 크기로 최대크기는 32767bit 이다.

> **해설** 윈도우 크기는 수신 측의 버퍼 크기로 최대 크기는 65,535Byte이다.

▶ 정답 : 01.④, 02.③, 03.②, 04.①, 05.③, 06.④, 07.④

★★
05 프로토콜

1 프로토콜(Protocol) [20년 3회 실기]

프로토콜은 컴퓨터 통신에서 컴퓨터 상호 간 또는 컴퓨터와 단말기 간에 데이터를 송·수신하기 위한 통신 규약이다.

- 심리학자 톰 마릴은 컴퓨터가 메시지를 전달하고, 메시지가 제대로 도착했는지 확인하며, 도착하지 않았을 경우 메시지를 재전송하는 일련의 방법을 가리켜 기술적 은어라고 했다.

1. 프로토콜의 기본 요소 [20년 1회 실기]

- 구문(Syntax) : 데이터 형식
- 타이밍(Timing) : 순서 조절, 속도 조절
- 의미(Semantics) : 오류 정보, 제어 정보

2. 프로토콜의 기능

구분	설명
캡슐화*(요약화)	• 데이터와 프로토콜 제어 정보, 에러 검출 코드, 주소 등 제어 정보를 캡슐화하는 기능
동기 제어	• 송신측과 수신측의 시점을 맞추는 기능 • 기법 : 동기/비동기식
경로 제어(라우팅)	• 전송 경로 중에서 최적의 경로를 설정하는 기능 • 기법 : Flooding, RIP, EGP
에러(오류) 제어	• 전송 중에 발생하는 오류를 검출하고 정정하여, 데이터나 제어 정보의 파손에 대비하는 기능 • 기법 : ARQ, 해밍 코드*
흐름 제어	• 수신측의 처리 능력에 따라 송신측에서 송신하는 데이터의 전송량이나 전송 속도를 조절하는 기능 • 기법 : Stop-and-Wait, Sliding Window
순서 제어	• 순차적으로 전송되도록 하여 흐름 제어 및 오류 제어를 용이하게 하는 기능
주소 지정	• 정확하게 전송될 수 있도록 목적지 이름, 주소, 경로를 부여하는 기능
다중화	• 한 개의 통신 회선을 여러 가입자들이 동시에 사용하도록 하는 기능 • 기법 : FDM, TDM, STDM, ATDM, WDM, CDM
단편화	• 송신측에서 전송할 데이터를 전송에 알맞은 일정 크기의 작은 블록으로 자르는 기능
재결합	• 수신측에서 단편화된 블록을 원래의 데이터로 모으는 기능

2 동기 제어

동기 제어는 송신측과 수신측의 시점을 맞추는 기능이다.

1. 동기식 전송

미리 정해진 수만큼의 문자열을 한 블록으로 만들어 일시에 전송하는 방식이다.

- 전송 속도가 빠르고, Start Bit와 Stop Bit로 인한 오버헤드가 없다.
- 휴지 시간(Idle Time)*이 없으므로 효율적이다.

2. 비동기식 전송

송신측에 관계없이 수신측에서 수신 신호로 타이밍을 식별하는 방식이다.

- Start Bit와 Stop Bit를 붙여서 한 번에 한 문자씩 전송한다.
- 전송 효율이 낮아 저속, 단거리 전송에 사용한다.
- 문자와 문자 사이의 휴지 시간(Idle Time)이 불규칙하다.

3 경로 제어(= 라우팅, Routing)

경로 제어는 송·수신측 간의 전송 경로 중에서 최적 패킷 교환 경로를 선택하는 기능이다.

- 경로 설정은 경로 제어 표(Routing Table)를 참조한다.
- 라우터에 의해 수행된다.
- 경로 배정(선택) 요소 : 성능 기준, 경로의 결정 시간과 장소, 네트워크 정보 발생지, 경로 정보 갱신 시간

1. 라우팅 방식 [22년 2회 실기]

① IGP(Interior Gateway Protocol, 내부 게이트웨이 프로토콜)

근거리 통신망과 같은 자율 시스템[※] 내 라우팅 정보를 주고받는 데 사용되는 프로토콜이다.

- 프로토콜 종류 : RIP, IGRP, OSPF [22년 2, 3회] [21년 2회] [20년 2, 3회] [20년 3회 실기]

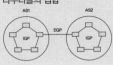
프로토콜	설명
RIP (Routing Information Protocol, 경로 선택 정보 프로토콜)	• 거리 벡터 기반 라우팅 프로토콜이다. • 경유하는 라우터의 대수(홉[※] 수)에 따라 최단 경로를 동적으로 결정한다. • 전송 속도나 지연 등을 고려하지 않으므로, 최적의 경로가 아닌 경우가 발생할 수 있다. • 30초 주기로 전체 라우팅 정보 갱신하므로, 변화 업데이트 시 많은 시간이 소요된다. • 최대 홉 수를 15 이하로 한정하므로 소규모 동종 네트워크에 적합하다.
IGRP (Interior Gateway Routing Protocol, 내부 경로 제어 프로토콜)	• RIP의 문제점 개선을 위해 시스코(Cisco)에서 개발한 프로토콜이다. • 거리 벡터 기반 라우팅 프로토콜이다. • 전송 속도, 대역폭 등 네트워크 상태를 고려하여 라우팅한다. • 중규모 네트워크에 적합하다.
OSPF (Open Shortest Path First, 최단 경로 우선 프로토콜)	• RIP의 난점을 해결하여, 발생한 변경 정보에 대해 RIP보다 빠른 업데이트 제공하는 프로토콜이다. • 링크 상태 알고리즘 기반 라우팅 프로토콜이다. • 최단 경로를 선정할 수 있도록 라우팅 정보에 노드 간의 거리 정보, 링크 상태 정보를 실시간으로 조합하여 최단 경로로 라우팅을 지원한다. • 경로 수에 제한이 없어 대규모 네트워크에 사용한다.

② EGP(Exterior Gateway Protocol, 외부 게이트웨이 프로토콜)

자율 시스템 간 라우팅 정보를 주고받는 데 사용되는 프로토콜이다.

- 프로토콜 종류 : BGP

구분	설명
BGP(Border Gateway Protocol, 경계 게이트웨이 프로토콜)	• 발전된 형태의 거리 벡터 라우팅 프로토콜이다. • 보안과 제어가 목적인 EGP의 단점인 속도 문제점을 보완한 프로토콜이다. • 규모가 큰 네트워크, 여러 자율 시스템 간에 라우팅 정보를 교환한다. • 인터넷 서비스 업체(ISP)[※] 간의 상호 라우팅 기능을 지원한다.

2. 라우팅 알고리즘

① 거리 벡터 알고리즘(Distance Vector Algorithm)

라우터와 라우터 간의 거리(Distance), 방향(Vector) 정보를 이용하여 최단 경로 찾고, 그 최적 경로를 이용할 수 없을 경우에 다른 경로를 찾는 방식이다.

- 벨만 포드(Bellman-Ford) 알고리즘을 사용한다.
- 프로토콜 종류 : RIP, IGRP, BGP

② 링크 상태 알고리즘(Link State Algorithm)

라우터와 라우터 간의 모든 경로를 파악한 뒤, 대체 경로를 사전에 마련해 두는 방식이다.

- 라우팅 정보에 변화가 생길 경우, 변화된 정보만 네트워크 내의 모든 라우터에게 알리는 방식이다.
- 다익스트라(Dijkstra) 알고리즘을 사용한다.
- 프로토콜 종류 : OSPF

 패킷 교환 방식 [21년 2회 실기]

패킷 교환 방식은 송신측에서 메시지를 일정한 크기의 패킷(Packet)으로 분해하여 전송하고, 수신측에서 패킷을 재조립하는 방식이다.

- 다른 목적지로 가는 여러 패킷들이 동일한 회선을 공유할 수 있으므로 회선 이용률이 높다.
- 패킷 분해와 결합에 지연 시간이 발생하므로, 대량의 데이터를 전송할 경우 전송 지연이 발생한다.
- 패킷 교환 방식에는 가상 회선 방식과 데이터그램 방식이 있다.

구분	설명
가상 회선 방식※	• 연결형 교환 방식으로, 정보 전송 전에 가상 경로를 설정하여 목적지에 미리 연결 후 전달한다. • 송신측에서 전송한 순서와 수신측에 도착한 순서가 동일하며, 정해진 시간 내 또는 다량의 데이터를 연속으로 전송할 때 적합한 방식이다.
데이터그램 방식※	• 비연결형 교환 방식으로, 가상 경로를 설정하지 않고 헤더에 주소, 패킷 번호를 붙여서 전달한다. • 라우터는 순간마다 최적의 경로를 선택하여 패킷을 전송하므로, 서로 다른 경로로 전송될 수 있다. • 송신측에서 전송한 순서와 수신측에 도착한 순서가 다를 수 있으며, 짧은 메시지의 일시적인 전송에 적합한 방식이다.

가상 회선 방식

데이터그램 방식

4 오류 제어(= 에러 제어)

오류 제어는 오류를 검출하고 정정하여, 데이터나 제어 정보의 파손에 대비하는 기능이다.

1. ARQ(Automatic Repeat reQuest, 자동 반복 요청) [21년 3회]

통신 경로에서 오류 발생 시 수신측은 오류의 발생을 송신측에 통보하고 송신측은 오류가 발생한 프레임을 재전송하는 오류 제어 방식이다.

구분	설명
정지–대기 (Stop–and–Wait) ARQ	송신측은 하나의 블록을 전송한 후 수신측에서 에러의 발생을 점검한 다음 에러 발생 유무 신호(ACK[※], NAK[※])를 보내올 때까지 기다리는 방식
Go–Back–N ARQ	여러 블록을 연속적으로 전송하고 부정 응답(NAK) 이후 모든 블록을 재전송하는 방식
선택적 재전송 (Selective –Repeat) ARQ	여러 블록을 연속적으로 전송하고 부정 응답(NAK)이 있던 블록만 재전송하는 방식
적응적(Adaptive) ARQ	전송 효율을 최대로 하기 위해 데이터 블록의 길이를 채널의 상태에 따라 그때그때 동적으로 변경하는 방식

ACK(ACKnowledge)
긍정 응답

NAK(Negative AcKnowledge)
부정 응답

5 트래픽 제어(Traffic Control)

트래픽 제어는 전송되는 패킷의 흐름과 그 양을 조절하는 기능이다.

1. 흐름 제어(Flow Control) [20년 4회]

네트워크 내의 원활한 흐름을 위해 송·수신측 사이에 전송되는 패킷의 양과 속도를 규제하는 트래픽 제어이다.

- 데이터 전송률을 조정한다.
- 송신측과 수신측의 데이터 처리 속도 차이로 인한 송신측의 데이터 전송량을 수신측의 처리량에 따라 조절한다.

구분	설명
정지 및 대기 (Stop–and–Wait)[※]	• 수신자에게 데이터를 보낸 후 응답이 올 때까지 기다리는 방식이다. • 한 번에 하나의 패킷만 전송한다. • 수신측의 긍정 응답(ACK)을 받은 후 다음 패킷을 전송한다.
슬라이딩 윈도우 (Sliding Window)	• 수신측에서 설정한 윈도우 크기만큼 송신측에서 긍정 응답 없이 데이터를 전송할 수 있게 하여 데이터 흐름을 동적으로 조절하는 방식이다. • 한 번에 여러 패킷을 전송할 수 있어 전송 효율이 좋다. • 수신측으로부터 이전에 송신한 패킷에 대한 긍정 응답(ACK)이 전달된 경우 윈도우 크기는 증가하고, 수신측으로부터 이전에 송신한 패킷에 대한 부정 응답(NAK)이 전달된 경우 윈도우 크기는 감소한다.

2. 혼잡 제어(Congestion Control)

네트워크 내에서 패킷의 대기 지연이 너무 높아 트래픽이 붕괴되지 않도록 패킷의 흐름을 제어하는 트래픽 제어이다.

- 네트워크 오버플로와 데이터 손실을 방지하기 위함이다.

구분	설명
AIMD (Additive Increase/ Multiplicative Decrease)[※]	패킷이 문제없이 도착하면 혼잡 윈도우 크기를 1씩 증가시키지만, 중간에 데이터가 유실되거나 응답이 오지 않는 등의 혼잡 현상이 발생하면 혼잡 윈도우 크기를 반으로 줄이는 방식이다.
Slow Start[※]	패킷이 문제없이 도착하면 혼잡 윈도우 크기를 각 패킷마다 1씩 증가시켜 한 주기가 지나면 혼잡 윈도우 크기가 2배로 되지만, 혼잡 현상 발생 시 혼잡 윈도우 크기를 1로 줄여버리는 방식이다.

권쌤이 알려줌

송신측에서 많은 양의 데이터를 전송하여 수신측에서 감당하지 못할 경우, 흐름을 제어하거나 그 양을 조절하는 기능을 트래픽 제어라고 합니다.

정지 및 대기(Stop–and–Wait)

송신   수신

ACK

ACK

권쌤이 알려줌

하나의 라우터에 데이터가 몰려 혼잡할 경우 데이터를 모두 처리할 수 없으므로 강제적으로 속도를 줄여야 합니다.

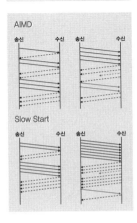

AIMD

송신 수신 송신 수신

Slow Start

송신 수신 송신 수신

3. 교착상태 회피

교환기 내에 패킷들을 기억하는 공간이 가득 차 있을 때, 다음 패킷들이 기억공간에 들어가기 위해 무한정 기다리는 현상을 교착상태라고 한다.

- 교착상태 발생 시 교착상태에 있는 한 단말장치를 선택하여 패킷 버퍼를 폐기한다.

6 다중화(Multiplexing) [20년 4회]

다중화는 하나의 통신 회선을 분할하여 여러 대의 단말기가 동시에 사용할 수 있도록 다수의 통신로를 구성하는 기술이다.

- 통신 회선을 공유하면 전송 효율이 높아지고 비용을 절감할 수 있다.

타임 슬롯(Time Slot)
시간 폭

종류	설명	
주파수 분할 다중화 (FDM; Frequency Division Multiplexing)	통신 회선의 주파수를 여러 개로 분할한 것	
시분할 다중화 (TDM; Time Division Multiplexing)	타임 슬롯*으로 나누어 여러 대의 단말 장치를 동시에 사용할 수 있도록 한 것	
동기식 시분할 다중화 (STDM; Synchronous TDM)	모든 단말 장치에 타임 슬롯을 고정 할당한 것	
비동기식 시분할 다중화 (ATDM; Asynchronous TDM)	전송할 데이터가 있는 단말 장치에만 타임 슬롯을 동적으로 할당한 것	
파장 분할 다중화 (WDM; Wavelength Division Multiplexing)	광섬유를 이용한 통신에서, 서로 다른 파장의 빛을 이용하여 여러 채널을 동시에 전송하는 것	
코드 분할 다중화 (CDM; Code Division Multiplexing)	코드를 이용하여 신호를 다중화 하는 것	

[20년 3회 실기]

01 다음 설명의 ( ) 안에 들어갈 가장 적합한 용어는?

> 심리학자 톰 마릴은 컴퓨터가 메시지를 전달하고, 메시지가 제대로 도착했는지 확인하며, 도착하지 않았을 경우 메시지를 재전송하는 일련의 방법을 '기술적 은어'를 뜻하는 ( )(이)라는 용어로 정의했다.

① 인터넷   ② 프로토콜
③ WWW   ④ TCP/IP

> 해설 키워드 톰 마릴, 기술적 은어 → 용어 프로토콜(Protocol)

[20년 1회 실기]

02 프로토콜의 기본 구성요소가 아닌 것은?

① 개체(Entity)   ② 구문(Syntax)
③ 의미(Semantic)   ④ 타이밍(Timing)

> 해설 프로토콜의 기본 구성요소 : 구문, 의미, 타이밍
> TIP 프로토콜의 기본 요소는 "구타의미"로 기억하세요.

[20년 2회]

03 최대 홉 수를 15로 제한한 라우팅 프로토콜은?

① RIP   ② OSPF
③ IGRP   ④ BGP

> 해설 키워드 최대 홉 수 15 → 용어 RIP

[20년 3회]

04 RIP(Routing Information Protocol)에 대한 설명으로 틀린 것은?

① 거리 벡터 라우팅 프로토콜이라고도 한다.
② 소규모 네트워크 환경에 적합하다.
③ 최대 홉 카운트를 115홉 이하로 한정하고 있다.
④ 최단 경로 탐색에는 Bellman-Ford 알고리즘을 사용한다.

> 해설 RIP의 최대 홉 카운트는 15 이하로 한정한다.

[20년 3회 실기]

05 다음이 설명하고 있는 라우팅 프로토콜은?

> 내부 라우팅 프로토콜이며 링크 상태 알고리즘을 사용하는 대규모 네트워크에 적합하다.

① BGP   ② RIP
③ OSPF   ④ EGP

> 해설 키워드 링크 상태 알고리즘, 대규모 → 용어 OSPF

[21년 2회]

06 라우팅 프로토콜인 OSPF(Open Shortest Path First)에 대한 설명으로 옳지 않은 것은?

① 네트워크 변화에 신속하게 대처할 수 있다.
② 거리 벡터 라우팅 프로토콜이라고 한다.
③ 멀티캐스팅을 지원한다.
④ 최단 경로 탐색에 Dijkstra 알고리즘을 사용한다.

> 해설 OSPF는 링크 상태 알고리즘 기반 라우팅 프로토콜이다

[21년 2회 실기]

07 다음은 패킷 교환 방식에 대한 설명이다. 설명과 가장 부합하는 용어를 바르게 연결한 것은?

> ㉠ 연결형 교환 방식으로, 정보 전송 전에 제어 패킷에 의해 가상 경로를 설정하여 목적지 호스트에 미리 연결 후 통신한다. 가상 경로를 미리 설정하여 송신 측에서 전송한 순서와 수신 측에 도착한 순서가 동일하다.
> ㉡ 비연결형 교환 방식으로, 가상 경로를 설정하지 않고 헤더에 붙여서 개별적으로 전달한다. 패킷을 수신한 라우터는 순간마다 최적의 경로를 선택하여 전송하므로, 패킷은 서로 다른 경로로 전송될 수 있다.

	㉠	㉡
①	데이터그램 방식	가상 회선 방식
②	가상 회선 방식	데이터그램 방식
③	메시지 교환 방식	가상 회선 방식
④	가상 회선 방식	메시지 교환 방식

해설
키워드 연결형, 가상 경로 미리 설정 → 용어 가상 회선 방식
키워드 비연결형, 헤더, 최적의 경로 → 용어 데이터그램 방식

[21년 3회]

08 오류 제어에 사용되는 자동반복 요청방식(ARQ)이 아닌 것은?

① Stop-and-wait ARQ

② Go-back-N ARO

③ Selective-Repeat ARQ

④ Non-Acknowledge ARQ

해설
ARQ 기법 : Stop-and-wait ARQ, Go-back-N ARQ, Selective-repeat ARQ, Adaptive ARQ

[20년 4회]

09 TCP 흐름제어기법 중 프레임이 손실되었을 때, 손실된 프레임 1개를 전송하고 수신자의 응답을 기다리는 방식으로 한 번에 프레임 1개만 전송할 수 있는 기법은?

① Slow Start

② Sliding Window

③ Stop and Wait

④ Congestion Avoidance

해설
키워드 한 번에 프레임 1개만 → 용어 Stop-and-Wait

[20년 4회]

10 다음이 설명하는 다중화 기술은?

- 광섬유를 이용한 통신기술의 하나를 의미한다.
- 파장이 서로 다른 복수의 광신호를 동시에 이용하는 것으로 광섬유를 다중화하는 방식이다.
- 빛의 파장 축과 파장이 다른 광선은 서로 간섭을 일으키지 않는 성질을 이용한다.

① Wavelength Division Multiplexing

② Frequency Division Multiplexing

③ Code Division Multiplexing

④ Time Division Multiplexing

해설
 키워드 광섬유, 파장(Wavelength) → 용어 파장 분할 다중화 (WDM; Wavelength Division Multiplexing)

▶ 정답 : 01.②, 02.①, 03.①, 04.③, 05.③, 06.②, 07.②, 08.④, 09.③, 10.①

[이전 기출]

01 IPv4망에서 IPv6망으로의 천이 기법이 아닌 것은?

① Dual Stack   ② Tunneling

③ Translation   ④ Fragmentation

[이전 기출]

02 IP address에 대한 설명으로 틀린 것은?

① 5개의 클래스(A, B, C, D, E)로 분류되어 있다.

② A, B, C 클래스만이 네트워크 주소와 호스트 주소 체계의 구조를 가진다.

③ D 클래스 주소는 멀티캐스팅(multicasting)을 사용하기 위해 예약되어 있다.

④ E 클래스는 실험적 주소로 공용으로 사용된다.

[이전 기출]

03 IPv4(Internet Protocol version 4) 주소 체계에서 사용 가능한 서브넷 마스크의 표현으로 옳지 않은 것은?

① 255.192.0.0   ② 255.255.126.0

③ 255.255.240.0   ④ 255.255.252.0

[이전 기출]

04 OSI 참조 모델의 상위 계층(Higher layer)에 해당되지 않는 것은?

① 세션계층(Session layer)

② 표현계층(Presentation layer)

③ 응용계층(Application layer)

④ 망계층(Network layer)

[이전 기출]

05 OSI 7계층 참조 모델 중 응용 프로세스 간의 정보교환, 전자 사서함, 파일 전송 등을 취급하는 계층은?

① 물리 계층   ② 응용 계층

③ 데이터링크 계층   ④ 전송 계층

[이전 기출]

06 OSI의 7계층 중 통신망의 연결을 수행하는 기능을 제공하며 ITU-T 권고 X.25 프로토콜의 대표적인 계층은?

① 응용 계층   ② 프리젠테이션 계층

③ 네트워크 계층   ④ 세션 계층

[이전 기출]

07 네트워크 관리자가 원격으로 네트워크 장비를 모니터링하고 환경 설정을 수행하고자 할 때, 네트워크 구성 요소에 의해 유지되는 변수 값을 조회하거나 변경할 수 있도록 고안된 프로토콜은?

① FTP   ② TELNET

③ SNMP   ④ SMTP

[이전 기출]

08 다음이 설명하고 있는 LAN의 매체 접근 제어방식은?

> • 버스 또는 트리 토폴로지에서 가장 많이 사용된다.
> • 전송하고 하는 스테이션이 전송 매체의 상태를 감지하다가 유휴(idle) 상태인 경우 데이터를 전송하고, 전송이 끝난 후에도 계속 매체의 상태를 감지하여 다른 스테이션과의 충돌 발생 여부를 감시한다.

① CSMA/CD   ② Token bus

③ Token ring   ④ Slotted ring

[이전 기출]

09 네트워크 통신 장치들에 대한 설명으로 옳지 않은 것은?

① 리피터(Repeater)는 네트워크 각 단말기를 연결시키는 집선 장치로 일종의 분배기 역할을 한다.

② 브리지(Bridge)는 데이터링크 계층에서 망을 연결하며 패킷을 적절히 중계하고 필터링하는 장치이다.

③ 라우터(Router)는 네트워크 계층에서 망을 연결하고 라우팅 알고리즘을 이용하여 최적의 경로를 선택하여 패킷을 전송한다.

④ 게이트웨이(Gateway)는 두 개의 서로 다른 형태의 네트워크를 상호 연결시켜 주는 관문 역할을 하는 장치이다.

[이전 기출]

10 그림과 같은 네트워크 형상(Topology)에 해당되는 것은?

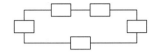

① 성(Star)형　　② 버스(Bus)형
③ 로터리(Rotary)형　④ 링(Ring)형

[이전 기출]

11 TCP/IP 프로토콜에 대한 설명으로 틀린 것은?

① TCP/IP 프로토콜은 인터넷에서 기본 프로토콜로
　사용한다.
② IP는 데이터의 전달을 위해 연결성 방식을 사용
　한다.
③ TCP/IP 모델은 OSI 모델과는 달리 엄격한 계층
　적인 구조를 요구하지 않는다.
④ TCP는 OSI 7계층 중 전송 계층에 해당한다.

[이전 기출]

12 UDP(User Datagram Protocol)의 헤더 포맷에 포함되
어 있는 필드는?

① 시퀀스 번호(Sequence number)
② 목적지 IP 주소(Destination IP address)
③ 체크섬(Checksum)
④ 헤더 길이(Header length)

[이전 기출]

13 회선 양쪽 시스템이 처리 속도가 다를 때 데이터양이나
통신 속도를 수신 축이 처리할 수 있는 능력을 넘어서
지 않도록 조정하는 기술은?

① 에러 제어　　② 흐름 제어
③ 주소 지정　　④ 경로 제어

[이전 기출]

14 라우팅 프로토콜 중 Distance vector 방식이 아닌 것은?

① RIP　　　　② BGP
③ IGRP　　　④ OSPF

[이전 기출]

15 Go-Back-N ARQ에서 7번째 프레임까지 전송했는데
수신 측에서 6번째 프레임에 오류가 있다고 재전송을
요청해 왔다. 재전송되는 프레임의 개수는?

① 1　　　　　② 2
③ 3　　　　　④ 4

섹션
기출예상문제 해설

01 IPv6 전환 기술 : 듀얼 스택, 터널링, 헤더 변환

02 E 클래스는 실험적 주소로 공용되지 않는다.

03 서브넷 마스크의 네트워크 주소 부분은 1이 연속적으로 있어야 하며, 호스트 주소 부분은 0이 연속적으로 있어야 한다.
- 255.192.0.0 → 11111111.11000000.00000000.00000000
- 255.255.126.0 → 11111111.11111111.01111110.00000000
- 255.255.240.0 → 11111111.11111111.11110000.00000000
- 255.255.252.0 → 11111111.11111111.11111100.00000000

04
- 상위 계층 : 전송 계층, 세션 계층, 표현 계층, 응용 계층
- 하위 계층 : 물리 계층, 데이터 링크 계층, 네트워크 계층
- ⓣⓘⓟ OSI 참조 모델 계층은 "물데네/전세표응"으로 기억하세요.

05 키워드 응용 프로세스 간, 파일 전송 → 용어 응용(Application) 계층
- 물리(Physical) 계층 : 매체 간의 전기적, 기능적, 절차적 기능 및 인터페이스 정의
- 데이터 링크(Data Link) 계층 : 흐름 제어, 프레임 동기화, 오류 제어, 에러 검출 및 정정, 순서 제어
- 전송(Transport) 계층 : 주소 설정, 다중화, 오류 제어, 흐름 제어

06 키워드 X.25 프로토콜 → 용어 네트워크(Network) 계층

07 키워드 네트워크 장비 모니터링 → 용어 SNMP(Simple Network Management Protocol, 간이 망 관리 프로토콜)
- FTP(File Transfer Protocol, 파일 전송 프로토콜) : 인터넷에서 파일을 전송하기 위한 프로토콜
- TELNET : 가상 터미널 기능을 제공하여 원격지에서 컴퓨터에 접속할 수 있게 하는 프로토콜
- SMTP(Simple Mail Transfer Protocol, 간이 전자 우편 전송 프로토콜) : 메일 전송에 사용되는 프로토콜

08 키워드 전송 매체 상태 감지(Detection), 충돌(Collision) 발생 여부 감지 → 용어 CSMA/CD
- ⓣⓘⓟ 유휴(idle) 상태는 시스템이 정상적으로 작동하고 있지만 생산적으로 사용되지 않는 상태를 의미합니다.

09 ①은 허브(Hub)에 대한 설명이다.
- 리피터(Repeater) : 장거리 데이터 전송에서 신호를 증폭시키는 장치

10 링형(Ring)은 인접하는 다른 두 사이트와만 직접 연결된 구조이다.

11 IP는 신뢰성, 안정성이 낮은 데이터그램 방식을 기반으로 하는 비연결형 서비스이다.

12 UDP 헤더 : 송신자 포트 번호(Source Port), 수신자 포트 번호(Destination Port), 길이(UDP Length), 체크섬(UDP Checksum)

13 키워드 처리 속도, 조정 → 용어 흐름 제어
- 에러 제어 : 전송 중에 발생하는 오류를 검출하고 정정하여, 데이터나 제어 정보의 파손에 대비하는 기능
- 주소 지정 : 정확하게 전송될 수 있도록 목적지 이름, 주소, 경로를 부여하는 기능
- 경로 제어 : 전송 경로 중에서 최적의 경로를 설정하는 기능

14
- 거리 벡터 알고리즘(Distance Vector Algorithm) 프로토콜 종류 : RIP, IGRP, BGP
- 링크 상태 알고리즘(Link state algorithm) 프로토콜 종류 : OSPF

15 Go-Back-N ARQ는 여러 블록을 연속적으로 전송하고 부정 응답(NAK) 이후 모든 블록을 재전송하는 방식이므로 6, 7번을 재전송한다.

정답 **01** ④ **02** ④ **03** ② **04** ④ **05** ② **06** ③ **07** ③ **08** ① **09** ①
10 ④ **11** ② **12** ③ **13** ② **14** ④ **15** ②

정보시스템 구축 관리

- [정보시스템 구축 관리] 과목은 소프트웨어 개발을 효율적으로 진행하기 위한 소프트웨어 개발 방법론과 비용 산정, 조직 구성 등의 프로젝트 관리에 대해 학습합니다.

- 보안적 요소를 고려한 소프트웨어 개발을 위해 소프트웨어 개발 전 단계에 보안 요소를 갖추고, 비밀번호와 같이 암호화가 필요한 데이터는 암호 알고리즘을 적용합니다.

- 설계 및 구현 단계에서 발생할 수 있는 보안 취약점을 확인하고 소프트웨어 개발 보안 가이드를 참고하여 제거합니다.

- 꾸준히 출제되고 있는 IT 신기술 용어에 대해 학습합니다.

합격자의 **암기 노트**

▶ LOC 산정 공식 : 개인라인(일)
- 개발 기간 × 투입 인원
- 라인 수 / 1인당 월평균 생산 코드 라인 수

▶ 보헴의 COCOMO 유형 : 내 코 좀 바(반)
- 내장형(Embedded Mode)
- 코코모(COCOMO)
- 조직형(Organic Mode)
- 반분리형(Sem–Detached Mode)

▶ 보안 3요소 : 무기가
- 정보 변경 → 무결성
- 접근 허용 → 기밀성
- 접근 시간 → 가용성

▶ CLASP의 5가지 관점 : 개구취 역평
- 개념 관점, Ⅰ
- 구현 관점, Ⅳ
- 취약점 관점, Ⅴ
- 역할 관점, Ⅱ
- 평가 관점, Ⅲ

▶ 보안 운영체제의 목적 : 보안OS 안심(신)
- 보안성
- OS
- 안정성
- 신뢰성

▶ 양방향 암호 방식 분류 : LC / DASA / RC
- Stream 방식 : LFSR, RC4
- Block 방식 : DES, AES, SEED, ARIA
- 비대칭키 암호화 기법 : RSA, ECC

▶ 인증 유형 : 생소한 행위지
- 생체 기반 인증
- 소유 기반 인증
- 한
- 행위 기반 인증
- 위치 기반 인증
- 지식 기반 인증

▶ 취약점 분석 평가 절차 : 계대분평
- 계획 → 대상 선정 → 분석 → 평가

SECTION 01

소프트웨어 개발 방법론

빠른 시간 내에 완성도 높은 소프트웨어를 개발하기 위해 적용할 수 있는 소프트웨어 개발 방법론에 대해 학습합니다. 개발 기간 감소, 재사용을 통한 개발 등 보다 편리하게 개발할 수 있는 여러 방법론이 있습니다.

★★★

01 소프트웨어 개발 방법론

1 소프트웨어 개발 방법론

소프트웨어 개발 방법론은 소프트웨어 개발의 전 과정에서 지속적으로 적용할 수 있는 방법과 절차, 기법 등을 말한다.

- 개발 프로세스는 각 단계에서 해야 할 작업만 명시하고, 개발 방법론은 각 작업을 어떻게 수행하느냐를 정한 것이다.
- 즉 방법론은 프로세스의 구현이라고 생각할 수 있다.

세대	방법론
1970년대	구조적 방법론
1980년대	정보공학 방법론
1990년대	객체 지향 방법론
2000년대	컴포넌트 기반 방법론
2000년대	애자일(Agile) 방법론
2010년대	제품 계열 방법론

2 소프트웨어 개발 방법론의 종류

1. 구조적 방법론   [21년 1회]

1970년대까지 가장 많이 적용되었던 소프트웨어 개발 방법론이다. 구조화 프로그래밍 또는 구조적인 프로그램 작성이라 한다. 절차(프로세스) 단위로 문제를 해결한다.

- 절차

타당성 검토 → 계획 → 요구사항 분석 → 설계 → 구현 → 시험 → 운용/유지보수

2. 정보공학 방법론   [22년 2회]

기업 전체 또는 기업의 주요 부분에 대한 계획, 분석, 설계 및 구축에 정형화된 기법들을 상호 연관성 있게 통합 · 적용하는 데이터 중심 방법론이다. 경영 정보시스템 개발을 공학적으로 접근하기 위해 체계화시킨 개발 방법론이다.

• 등장 배경 : 구조적 방법론의 거시적 관점 부재, 데이터 통합과 기업 전체 조망의 어려움

3. 객체 지향 방법론

현실 세계의 실체(Entity, 개체)를 속성과 메소드가 결합된 독립적인 형태의 객체(Object)로 표현하는 개념으로 구현 대상을 하나의 객체로 보고 객체와 객체 간의 관계로 모델링하는 방법이다.

컴포넌트(Component, 구성 부품, 요소)
독립적인 실행 단위
⑩ 결제 시스템에서 현금 결제, 카드 결제, 계좌 이체 결제 등

4. 컴포넌트 기반(CBD; Component Based Design) 방법론 [21년 1, 2회] [20년 4회]

소프트웨어를 구성하는 컴포넌트*를 조립해서 하나의 새로운 응용 프로그램을 작성하는 방법론이다. 전통적인 코딩 개발 방식에서 발전되어 소프트웨어 구성단위인 모듈*을 미리 파악하고, 필요한 모듈을 조립함으로써 개발한다. 즉 문제를 조각으로 나눈 후, 다시 조합하는 재사용성에 초점을 둔 방법론이다.

모듈(Module)
기능을 구현하기 위한 최소의 단위

• 절차

개발 준비 → 분석 → 설계 → 구현 → 시험 → 전개 (운영환경에 전개) → 인도

5. 애자일(Agile) 방법론

고객의 요구사항 변화에 유연하게 대응하기 위해 일정한 주기를 반복하면서 개발하는 방법론이다.

6. 제품 계열 방법론

특정 제품에 적용하고 싶은 공통된 기능을 정의하여 개발하는 방법론이다. 임베디드 소프트웨어*를 작성하는 데 유용한 방법론이다.

임베디드 소프트웨어(Embedded Software)
임베디드 시스템을 제어하기 위해 작성된 특정 하드웨어에 특화된 소프트웨어

 소프트웨어 개발 방법론 비교 [21년 3회]

구분	구조적	정보공학	객체 지향	CBD
시기	1970년대	1980년대	1990년대	2000년대
특징	모듈화, 유지보수성 향상	기업업무 중심의 정보시스템 개발 최적화	실세계의 객체 모형을 반영	재사용성 및 효율성 극대화
주요 관점	프로세스 중심	데이터 중심	객체 중심	컴포넌트 중심
개발 방식	하향식 (Top-down)	하향식 (Top-down)	상향식 (Bottom-Up)	상향식 (Bottom-Up)

임베디드 시스템(Embedded System)
마이크로프로세서(CPU)를 장착해 설계함으로써 효과적인 제어를 할 수 있도록 하는 내장시킨 형태의 시스템
⑩ 스마트 냉장고 : 냉장고 문을 열지 않고 우유가 있는지 모니터를 통해 확인할 수 있다.

[21년 1회]

01 정형화된 분석 절차에 따라 사용자 요구사항을 파악, 문서화하는 체계적 분석방법으로 자료흐름도, 자료 사전, 소단위 명세서의 특징을 갖는 것은?

① 구조적 개발 방법론

② 객체지향 개발 방법론

③ 정보공학 방법론

④ CBD 방법론

> **해설** 구조적 분석 도구에는 자료 흐름도(DFD), 자료 사전(DD), 소단위 명세서(Mini-Specification), 개체 관계도(ERD), 상태 전이도(STD) 등이 있다.

[20년 4회]

02 CBD(Component Based Development)에 대한 설명으로 틀린 것은?

① 개발 기간 단축으로 인한 생산성 향상

② 새로운 기능 추가가 쉬운 확장성

③ 소프트웨어 재사용이 가능

④ 1960년대까지 가장 많이 적용되었던 소프트웨어 개발 방법

> **해설** CBD 방법론은 2000년대 주요 소프트웨어 개발 방법론이다.

[21년 1회]

03 소프트웨어 개발 방법론 중 CBD(Component Based Development)에 대한 설명으로 틀린 것은?

① 생산성과 품질을 높이고, 유지보수 비용을 최소화할 수 있다.

② 컴포넌트 제작 기법을 통해 재사용성을 향상시킨다.

③ 모듈의 분할과 정복에 의한 하향식 설계방식이다.

④ 독립적인 컴포넌트 단위의 관리로 복잡성을 최소화할 수 있다.

> **해설** CBD 방식은 컴포넌트를 조립해서 하나의 새로운 응용 프로그램을 작성하는 방법론이므로, 모듈의 분할과 정복에 의한 상향식 설계 방식이다.
> • 분할과 정복(Divide and Conquer) : 큰 시스템을 여러 개의 서브 시스템으로 나누어, 세분화된 서브 시스템부터 하나씩 개발하는 방법
> • 상향식 설계 : 하위 모듈에서 상위 모듈로 이동하면서 설계하는 방식
> • 하향식 설계 : 상위 모듈에서 하위 모듈로 이동하면서 설계하는 방식

[21년 2회]

04 CBD(Component Based Development) SW 개발 표준 산출물 중 분석 단계에 해당하는 것은?

① 클래스 설계서

② 통합시험 결과서

③ 프로그램 코드

④ 사용자 요구사항 정의서

> **해설** ①은 설계, ②는 시험, ③은 구현 단계에 해당한다.
> • CBD 방법론 절차 : 개발 준비 → 분석 → 설계 → 구현 → 시험 → 전개(운영환경에 전개) → 인도

[21년 3회]

05 객체지향 분석 기법과 관련한 설명으로 틀린 것은?

① 동적 모델링 기법이 사용될 수 있다.

② 기능 중심으로 시스템을 파악하며 순차적인 처리가 중요시되는 하향식(Top-down) 방식으로 볼 수 있다.

③ 데이터와 행위를 하나로 묶어 객체를 정의내리고 추상화시키는 작업이라 할 수 있다.

④ 코드 재사용에 의한 프로그램 생산성 향상 및 요구에 따른 시스템의 쉬운 변경이 가능하다.

> **해설** 객체 지향 분석 기법은 객체 중심으로 기술하는 상향식 방식이다.

▶ 정답 : 01.①, 02.④, 03.③, 04.④, 05.②

02 소프트웨어 개발 방법론 테일러링

1 소프트웨어 개발 방법론 테일러링 [22년 1회]

소프트웨어 개발 방법론 테일러링(Tailoring)*은 프로젝트 상황 및 특성에 맞도록 정의된 소프트웨어 개발 방법론으로 절차나 사용 기법, 산출물 등을 수정하여 적용하는 작업이다.

- 테일러링 수행 절차

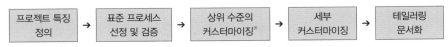

> 테일러링(Tailoring)
> 주어진 대상에 딱 맞게 줄이거나 늘리는 것

> 커스터마이징(Customizing, 맞춤 제작, 맞춤 서비스)
> 사용자가 원하는 형태로 만들어 주는 것

2 테일러링의 필요성 [20년 2회]

소프트웨어 개발 방법론 테일러링은 내부적 요건과 외부적 요건의 차이로 인해 필요하다.

1. 내부적 요건(내부 기준)

기준	설명
목표 환경	시스템의 개발 유형 및 환경이 다르다.
요구사항	프로젝트에서 우선적으로 고려해야 할 요구사항이 다르다.
프로젝트 규모	규모별로 적용될 사업비, 참여 인력, 개발 기간 등 프로젝트 규모가 다르다.
보유 기술	프로세스, 방법론, 산출물, 인력의 성숙도 등이 다르다.

2. 외부적 요건(외부 기준)

기준	설명
법적 제약사항	프로젝트별로 적용될 IT 컴플라이언스(Compliance)*가 다르다.
표준 품질 기준	금융, 의료, 제조 등 업종별 표준 품질 기준이 다르다.

> IT 컴플라이언스(IT Compliance)
> 기업에서 반드시 준수되어야 하는 법적 규제사항과 지침
> ⓔ 금융 업종의 경우 개인정보 보호법이 준수되어야 하며 계산의 정확도와 실시간 처리가 중요하다.

3 테일러링 기법

1. 프로젝트 규모와 복잡도에 따른 테일러링

가장 일반적으로 적용되는 테일러링 가이드로서 프로젝트 인원, 프로젝트 업무 난이도, 프로젝트 복잡도 등으로 구분하여 테일러링 가이드를 제공한다.

2. 프로젝트 구성원에 따른 테일러링

구성원의 기술적 성숙도와 방법론에 대한 이해 정도를 파악하여 테일러링 수준을 결정한다.

3. 팀 내 방법론 지원에 따른 테일러링

각 팀 내 방법론을 담당하는 역할을 두어 방법론 전담자와 실무자 사이의 커뮤니케이션 통로 역할을 수행한다.

4. 자동화에 따른 테일러링

중간 산출물 중에 자동화할 수 있는 부분을 자동화 도구를 통해 지원함으로써 작업 부하를 낮춘다.

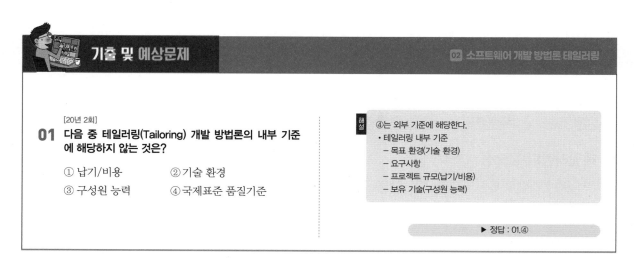

기출 및 예상문제

[20년 2회]

01 다음 중 테일러링(Tailoring) 개발 방법론의 내부 기준에 해당하지 않는 것은?

① 납기/비용　　② 기술 환경
③ 구성원 능력　　④ 국제표준 품질기준

해설

④는 외부 기준에 해당한다.
- 테일러링 내부 기준
  - 목표 환경(기술 환경)
  - 요구사항
  - 프로젝트 규모(납기/비용)
  - 보유 기술(구성원 능력)

▶ 정답 : 01.④

01 정보시스템 개발을 공학적으로 접근하기 위해 체계화시킨 개발 방법론은?

① 정보공학 방법론　② 컴포넌트 기반 방법론
③ 구조적 방법론　④ 제품 계열 방법론

[이전 기출]
02 데이터와 그 데이터에 관련되는 동작을 모두 포함하는 방법론으로, 분석, 설계, 구현의 전 과정을 객체 중심으로 개발하는 방법론은?

① 객체지향 방법론　② 정보공학 방법론
③ 애자일 방법론　④ 구조적 방법론

03 다음 중 소프트웨어 개발 방법론이 아닌 것은?

① 구조적 방법론　② 프로그래밍 방법론
③ 제품 계열 방법론　④ 컴포넌트 기반 방법론

04 다음 중 테일러링 기법으로 가장 거리가 먼 것은?

① 팀 내 방법론 지원에 따른 테일러링
② 하드웨어 이중화에 따른 테일러링
③ 자동화에 따른 테일러링
④ 프로젝트 구성원에 따른 테일러링

섹션
기출예상문제 해설

Section 01. 소프트웨어 개발 방법론

01 [키워드] 정보시스템 개발 → [용어] 정보공학 방법론
- 컴포넌트 기반(CBD; Component Based Design) 방법론 : 소프트웨어를 구성하는 컴포넌트를 조립해서 하나의 새로운 응용 프로그램을 작성하는 방법론
- 구조적 방법론 : 절차(프로세스) 단위로 문제를 해결하는 방법론
- 제품 계열 방법론 : 특정 제품에 적용하고 싶은 공통된 기능을 정의하여 개발하는 방법론

02 [키워드] 객체 중심으로 개발 → [용어] 객체 지향 방법론
- 정보공학 방법론 : 정보시스템 개발에 필요한 관리 절차와 작업 기법을 체계화한 방법론
- 애자일(Agile) 방법론 : 고객의 요구사항 변화에 유연하게 대응하기 위해 일정한 주기를 반복하면서 개발하는 방법론

03 소프트웨어 개발 방법론 종류
: 구조적 방법론, 정보공학 방법론, 객체 지향 방법론, 컴포넌트 기반 방법론, 애자일 방법론, 제품 계열 방법론

04 테일러링 기법
- 프로젝트 규모와 복잡도에 따른 테일러링
- 프로젝트 구성원에 따른 테일러링
- 팀 내 방법론 지원에 따른 테일러링
- 자동화에 따른 테일러링

정답 **01** ①　**02** ①　**03** ②　**04** ②

SECTION 02

프로젝트 관리

소프트웨어 개발 시 잘못된 예측으로 인한 위험성을 최소화하기 위해 프로젝트 수행 전에 프로젝트를 미리 계획합니다. 프로젝트 계획에 필요한 조직 구성, 비용 산정, 일정 계획 등 프로젝트가 계획대로 완료될 수 있도록 프로젝트를 관리합니다.

★★
01 프로젝트 관리

1 프로젝트 관리 [22년 1회]

프로젝트 관리는 프로젝트가 계획대로 완료될 수 있도록 프로젝트를 관리하는 것을 의미한다.

- 주어진 기간 내에 최소의 비용으로 사용자를 만족시키는 시스템을 개발하기 위함이다.
- 프로젝트 관리 대상 : 프로젝트 계획, 조직 구성(개발팀 관리), 비용 관리, 일정 관리, 위험 관리, 형상 관리※, 품질 관리 등

▼ 효과적인 프로젝트 관리를 위한 3대 요소(3P)
- 사람(People) : 인적 자원
- 문제(Problem) : 문제 인식
- 프로세스(Process) : 작업 계획

2 프로젝트 계획

프로젝트 계획은 프로젝트가 수행되기 전에 소프트웨어 개발 영역(범위)을 결정하고, 필요한 자원, 비용, 일정 등을 예측하여 프로젝트의 위험성을 최소화하는 작업이다.

- 예측 대상 : 범위, 비용, 일정, 성능
- 소프트웨어 영역(범위) 결정 사항 : 기능, 성능, 제약조건, 인터페이스 및 신뢰도

3 조직 구성

구분	내용
중앙 집중식 조직	• 책임 프로그래머※가 의사 결정을 하고 팀 구성원(보조 프로그래머※, 프로그래머※, 프로그램 사서※)은 해당 결정을 따르는 조직이다. • 의사 결정이 빠르고, 소규모 프로젝트에 적합하다. • 한 사람의 능력과 경험이 프로젝트의 성패를 좌우한다.

형상 관리(SCM; Software Configuration Management)
소프트웨어의 개발 과정에서 발생하는 프로그램, 문서, 데이터 등 산출물의 변경사항을 버전 관리하기 위한 일련의 활동

합격자의 **오답 노트**

프로젝트 관리 대상 주요 오답
• 고객 관리 (X)

합격자의 **암기법**

프로젝트 관리 3대 요소
• 프로젝트 관리는 프로세스보다 사람이 문제야

권쌤이 알려줌

프로젝트 계획을 수립하고 예측하면 위험성을 최소화할 수 있습니다. 여기에서 위험성은 예측을 잘못했을 때 발생하는 문제입니다. 예를 들어, 잘못된 예측으로 예산을 초과한다면 프로젝트 진행에 문제가 발생하겠죠.

책임 프로그래머
분석, 설계, 작업 지시 등 모든 기술적 판단을 담당하는 관리자

보조 프로그래머
책임 프로그래머 업무를 지원하는 구성원

분산형 팀 조직	• 민주주의식 의사 결정으로, 서로 협동하여 수행하는 비이기적인(Ego-less) 조직이다. • 의사 교류가 활성화되지만, 의사 결정이 지연될 수 있으므로 대규모에는 적합하지 않다. • 장기 프로젝트에 적합하다. • 책임이 명확하지 않은 일이 발생되기도 한다.
혼합형 팀 조직 (= 계층적 팀 조직)	• 집중형, 분산형의 단점을 보완한 혼합형 조직이다. • 초보자와 경험자를 분리한다. • 소프트웨어 기능에 따라 계층적으로 분산한다. • 의사 전달 경로가 길다.

프로그래머
코딩, 검사, 디버깅, 문서 작성 등을 하는 구성원

프로그램 사서
프로그램 리스트, 설계 문서, 검사 계획 등을 하는 구성원

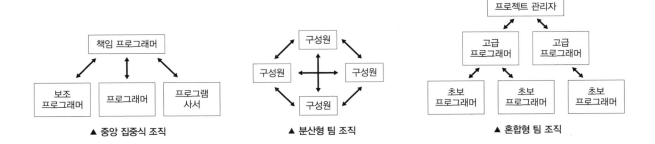

▲ 중앙 집중식 조직   ▲ 분산형 팀 조직   ▲ 혼합형 팀 조직

 위험 분석(Risk Analysis) [22년 1, 2, 3회]

위험 분석은 프로젝트 추진 과정에서 예상되는 각종 돌발 상황을 미리 예상하고, 이에 대한 적절한 대책을 수립하는 활동이다.

• 절차

위험 요소 식별	→	위험 분석	→	위험 계획 수립	→	위험 감시
잠재적인 위험 목록		중요도가 결정된 위험 목록		대응 방안 결정		적절성 평가

절차	내용
위험 요소* 식별	프로젝트에 직·간접적으로 영향을 미칠 수 있는 요소를 찾아내는 작업이다.
위험 분석	과거 프로젝트에서 데이터와 위험을 분석한 경험이 많은 개발자에게 의존하여 해당 위험 요소가 발생할 가능성과 영향력을 판단한다.
위험 계획 수립	식별된 위험 요소의 위험을 관리하기 위해 전략을 찾는 과정이다.
위험 감시	식별된 위험 요소의 발생 확률과 변화 등을 관리한다.

권쌤이 알려줌

위험 요소 징후들에 대해 계속해서 인지하는 것을 위험 모니터링이라고 합니다.

위험 요소
📵 요구사항 변경, 인력 부족, 예산 부족, 개발 기간 부족 등

[이전 기출]

01 소프트웨어 프로젝트 관리에 대한 설명으로 가장 옳은 것은?

① 주어진 기간 내에 최소의 비용으로 사용자를 만족시키는 시스템을 개발
② 주어진 기간은 연장하되 최소의 비용으로 시스템을 개발
③ 소요인력은 최소화하되 정책 결정은 신속하게 처리
④ 개발에 따른 산출물 관리

> **해설** 키워드 주어진 기간 내, 최소 비용 → 용어 프로젝트 관리 목적

[이전 기출]

02 소프트웨어 프로젝트 계획 수립 시 소프트웨어 영역 (Software Scope) 결정 사항에 포함되지 않는 것은?

① 기능   ② 성능
③ 위험성   ④ 제약조건

> **해설** 소프트웨어 영역 결정 사항 : 기능, 성능, 제약조건, 신뢰도

[이전 기출]

03 분산형 팀 구성에 관한 설명 중 옳지 않은 것은?

① 의사결정을 민주주의식으로 하며 팀 구성원의 작업만족도를 높이고 이직률을 낮게 한다.
② 팀 구성원 각자가 서로의 일을 검토하고 다른 구성원이 일한 결과에 대하여 같은 그룹의 일원으로 책임을 진다.
③ 팀 구성원 사이의 의사교류를 활성화시키므로, 복잡한 장기 프로젝트에 적합하지 않다.
④ 링 모양의 구조는 계층 없이 전체 팀 구성원이 동등한 레벨에 있다는 것을 나타낸다.

> **해설** 분산형 팀 구성은 팀 구성원 사이의 의사 교류를 활성화시키므로, 복잡한 장기 프로젝트에 적합하다.

▶ 정답 : 01.①, 02.③, 03.③

★★★

02 비용 산정

1 비용 산정

비용 산정은 소프트웨어 개발에 필요한 기능과 규모를 기반으로 소요되는 인원과 기간, 자원 등을 확인하여 필요한 비용을 예측하는 활동이다.

- 개발 비용과 개발 기간의 상관관계※ : 개발 완료 기간을 앞당기면 비용은 더 증가한다.

▼ 비용 결정 요소

구분	내용
프로젝트 요소	개발 제품의 복잡도, 시스템 크기, 신뢰도
자원 요소	인적 자원※, 개발에 필요한 하드웨어/소프트웨어 자원
생산성 요소	개발자의 능력, 개발 기간

개발 비용과 개발 기간의 상관관계
일반적으로 기간을 앞당기려면 인원을 더 투입해야 한다.

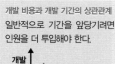

인적 자원
ⓜ 개발자들

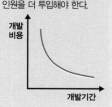

2 비용 산정 기법 [22년 3회] [21년 2회] [20년 4회]

비용 산정 기법 종류에는 하향식 산정 기법, 상향식 산정 기법이 있다.

1. 하향식 산정 기법

프로그램의 규모를 예측하고 과거 경험을 바탕으로 예측한 규모에 대한 소요 인력과 기간을 추정하는 기법이다.

- 종류 : 전문가 판단 기법, 델파이 기법

① 전문가 판단 기법

조직 내에 경험이 많은 두 명 이상의 전문가에게 비용 산정을 의뢰하는 기법이다.

② 델파이(Delphi) 기법

전문가 판단 기법의 주관적인 편견을 보완하기 위해 많은 전문가의 의견을 종합하여 산정하는 기법이다.

2. 상향식 산정 기법

소요 기간을 구하고 여기에 투입되어야 할 인력과 투입 인력의 참여도를 곱하여 최종 인건 비용을 계산하는 기법이다.

- 종류 : LOC 기법, 개발 단계별 노력 기법, 수학적 산정 기법

① LOC(Line of Code, 원시 코드 라인 수) 기법
[22년 1, 2, 3회] [21년 1, 3회] [20년 2회] [20년 1회 실기]

예측치를 이용해서 노력(인월※)과 개발 기간, 개발 비용, 생산성 등을 산정하는 기법으로, 측정이 간단하고 이해가 쉬워서 가장 많이 사용된다.

 LOC※ 산정 공식

- **노력(인월)** = 개발 기간 × 투입 인원, LOC / 1인당 월평균 생산 코드 라인 수
- **개발 기간** = 노력(인월) / 투입 인원
- **개발 비용** = 노력(인월) × 단위 비용(1인당 월평균 인건비)
- **생산성** = LOC / 노력(인월)

[예제1] 두 명의 개발자가 5개월에 걸쳐 10,000라인의 코드를 개발했을 때, 월별(Person Month) 생산성 계산식과 답을 작성하시오.

[정답 및 해설1] 생산성 = LOC / 노력(인월) = LOC / (개발 기간 × 투입 인원)
= 10,000 / (5 × 2) = 1,000

[예제2] 어떤 소프트웨어 개발을 위해 10명의 개발자가 10개월 동안 참여하였다. 그런데 그중 7명은 10개월 동안 계속 참여했지만, 3명은 3개월 동안만 부분적으로 참여했다. 이 소프트웨어 개발을 위한 인월(Man Month) 계산식과 답을 작성하시오.

[정답 및 해설2] 인월 = 개발 기간 × 투입 인원
= (10 × 7) + (3 × 3) = 79

[예제3] LOC 기법에 따라 예측된 총 라인 수가 25,000라인일 경우 개발에 투입될 프로그래머의 수가 5명이고, 프로그래머들의 평균 생산성이 월당 500라인일 때, 개발 소요 기간 계산식과 답을 작성하시오.

인월(Person Month, Man Month, Programmer Month)
개발에 소요되는 기간을 1개월로 고정할 경우 필요한 총 인원 수
⬚ 10인월 : 10명이 1개월 동안 작업해야 하는 작업의 양

LOC(Line of Code)
코드의 라인 수

 **합격자의 맘기법**

LOC 산정 공식 : 개인라인(일)
- **개**발 기간 × 투입 **인**원
- **라인**수 / 1인당 월평균 생산 코드 라인 수

> **정답및해설3** 개발 소요 기간 = 노력(인월) / 투입 인원
> = (LOC / 1인당 월평균 생산 코드 라인 수) / 투입 인원
> = (25,000 / 500) / 5 = 10
>
> **예제4** 개발에 소요되는 노력이 40 PM(Programmer Month)으로 계산되었다. 개발에 소요되는 기간이 5개월이고, 1인당 인건비가 100만 원이라면 이 프로젝트에 소요되는 총 인건비 계산식과 답을 작성하시오.
>
> **정답및해설4** 인건비(개발 비용) = 노력(인월) × 단위 비용
> = 40 × 100 = 4,000

② 개발 단계별 노력(Effort Per Task) 기법

LOC 기법을 보완하기 위해 각 기능을 구현시키는 데 필요한 노력을 생명 주기의 각 단계별로 산정하는 기법이다.

3 수학적 산정 기법

수학적 산정 기법은 개발 비용 산정의 자동화를 목표로 하는 상향식 비용 산정 기법 중 하나로, 경험적 추정 기법 또는 실험적 추정 기법 또는 비용 추정 모형이라고 한다.

- 종류 : COCOMO 모형, 푸트남(Putnam) 모형, 기능 점수(FP) 모형

1. COCOMO(COnstructive COst MOdel) 모형 [22년 2, 3회] [21년 1, 2회]

보헴(Boehm)이 제안*한 모형으로, 원시 프로그램의 규모인 LOC에 의한 비용 산정 기법이다.

- 소프트웨어 규모(LOC)를 예측한 후 소프트웨어 종류에 따라 각 비용 산정 공식에 대입하여 비용을 산정한다.
- 비용 견적의 강도 분석 및 유연성이 높아 개발비 견적에 널리 통용되고 있다.
- 같은 규모의 프로그램이라도 프로그램 성격에 따라 비용이 다르게 산정된다.

① COCOMO의 소프트웨어 개발 유형 [21년 3회] [20년 2, 3회]

소프트웨어의 복잡도나 원시 프로그램의 규모에 따라 분류된다.

- 종류 : 조직형(Organic Mode), 반분리형(Semi-Detached Mode), 내장형(Embedded Mode)

유형	설명
조직형 (Organic Mode)	• 기관 내부에서 개발된 중소규모의 소프트웨어 • 일괄 자료 처리, 과학 기술 계산용, 비즈니스 자료 처리용 • 5만(= 50KDSI*) 라인 이하의 소프트웨어 • 사무용, 업무용 등 응용 소프트웨어 개발에 적합
반분리형 (Semi-Detached Mode)	• 트랜잭션 처리 시스템, 운영체제, 데이터베이스 관리 시스템 • 30만(= 300KDSI) 라인 이하의 소프트웨어 • 컴파일러*, 인터프리터*와 같은 유틸리티 개발에 적합

보헴(Boehm) 제안
- 폭포수 모델(Waterfall Model)
- 나선형 모델(Spiral Model)
- COCOMO 모형

KDSI(Kilo Delivered Source Instruction)
전체 라인 수를 1,000라인 단위로 묶은 것으로, KLOC(Kilo LOC)와 같은 의미

내장형 (Embedded Mode)	• 최대형 규모의 트랜잭션 처리 시스템, 운영체제 • 30만(= 300KDSI) 라인 이상의 소프트웨어 • 신호기 제어 시스템, 미사일 유도 시스템, 실시간 처리 시스템 등의 시스템 프로그램 개발에 적합

② COCOMO 모형의 종류

비용 산정 단계 및 적용 변수의 구체화 정도에 따라 분류된다.

- 종류 : 기본형(Basic) COCOMO, 중간형(Intermediate) COCOMO, 발전형(Detailed) COCOMO

종류	설명
기본형(Basic) COCOMO	소프트웨어 크기(LOC)와 개발 유형만을 이용하여 비용을 산정하는 모형
중간형(Intermediate) COCOMO	기본형 COCOMO를 토대로 사용하나 4가지 특성의 15가지 요인에 의해 비용을 산정하는 모형
발전형(Detailed) COCOMO	중간형 COCOMO를 보완하여 만들어진 방법으로, 개발 공정별로 보다 자세하고 정확하게 노력을 산출하여 비용을 산정하는 모형

 4가지 특성과 15가지 요인

구분	내용
제품의 특성	요구되는 신뢰도, 데이터베이스 크기, 제품의 복잡도
컴퓨터의 특성	수행 시간의 제한, 기억장소의 제한, 가상 기계*의 안정성, 반환 시간*
개발 요원의 특성	분석가의 능력, 개발 분야의 경험, 가상 기계의 경험, 프로그래머의 능력, 프로그래밍 언어의 경험
프로젝트 특성	소프트웨어 도구의 이용, 프로젝트 개발 일정, 최신 프로그래밍 기법의 이용

2. 푸트남(Putnam) 모형 [20년 2회]

푸트남(Putnam)이 제안한 모형으로, 소프트웨어 생명 주기의 전 과정에 사용될 노력의 분포를 가정해 주는 모형이다.

- 생명 주기 예측 모형이라고도 하며, 시간에 따른 함수로 표현되는 레일리-노든(Rayleigh-Norden) 곡선의 분포도를 기초로 한다.
- 대형 프로젝트의 인월(M/M) 분포 산정에 이용되는 기법으로, 개발 기간이 늘어날수록 프로젝트 적용 인원의 인월(M/M)의 노력이 감소한다.
- 자동화 추정 도구 : SLIM [20년 3회]

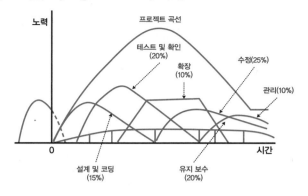

▼ 레일리−노든(Rayleigh−Norden) 곡선

3. 기능 점수(FP; Function Point) 모형

알브레히트(A. Albrecht)가 제안한 모형으로, 소프트웨어의 기능을 증대시키는 요인별로 가중치※를 부여하고 합산하여 총 기능 점수를 산출한 다음, 총 기능 점수와 영향도※를 이용하여 기능 점수(FP)를 구한 후 비용을 산정하는 기법이다.

- 비용 산정 기법 중 최선의 평가를 받는다.
- 국제 표준 소프트웨어의 규모 측정 방법이다.
- 자동화 추정 도구 : ESTIMACS※

▼ 소프트웨어 기능 증대 요인(비용 산정에 이용되는 요인) [20년 3회]

소프트웨어 기능 증대 요인
자료 입력(입력 양식)
정보 출력(출력 보고서)
명령어(사용자 질의 수)
데이터 파일
필요한 외부 루틴과의 인터페이스

가중치
단순, 보통, 복잡

영향도
복잡도 요소들을 측정한 것
• 복잡도 요소 : 데이터 통신, 시스템 성능, 사용 환경 등

ESTIMACS
다양한 프로젝트와 개인별 요소를 수용할 수 있도록 FP 모형을 기초로 개발된 자동화 추정 도구

기출 및 예상문제   02 비용 산정

[21년 2회] [20년 4회]

01 소프트웨어 비용 추정 모형(Estimation Models)이 아닌 것은?

① COCOMO   ② Putnam
③ Function−Point   ④ PERT

> **해설** 다른 하나는 일정 계획 기법에 포함된다.
> • PERT(Program Evaluation and Review Technique, 프로그램 평가 및 검토 기술) : 낙관치, 기대치, 비관치의 세 가지 경우로 나누어 일정을 예측하는 기법
> **TIP** PERT는 이후 자세히 학습합니다.

[21년 3회]

02 S/W 각 기능의 원시 코드 라인 수의 비관치, 낙관치, 기대치를 측정하여 예측치를 구하고 이를 이용하여 비용을 산정하는 기법은?

① Effort Per Task 기법   ② 전문가 감정 기법
③ 델파이 기법   ④ LOC 기법

> **해설** **키워드** 원시 코드 라인(Line of Code) 수 → **용어** LOC(Line of Code, 원시 코드 라인 수) 기법

[21년 1회] [20년 2회]

03 LOC 기법에 의해 예측된 총 라인 수가 36,000라인, 개발에 참여할 프로그래머가 6명, 프로그래머들의 평균 생산성이 월간 300라인일 때 개발에 소요되는 기간은?

① 5개월   ② 10개월

③ 15개월   ④ 20개월

> **해설**
> 개발 기간 = 인월 / 투입 인원 = 120 / 6 = 20
> • 인월 = LOC / 1인당 월평균 생산 코드 라인 수
> = 36,000라인 / 300라인 = 120
> **TIP** LOC 산정 공식은 "개인라인(일)"로 기억하세요.

[20년 1회 실기]

04 총 라인 30,000, 개발자 5명, 인당 월평균 300라인인 경우, LOC 기법 개발 기간 계산식과 답으로 옳은 것은?

① (30,000/300)/5 = 20개월

② (30,000/300)−5 = 95개월

③ (30,000/300)+5 = 105개월

④ (30,000/300)×5 = 500개월

> **해설**
> 개발 기간 = 인월 / 투입 인원 = 100 / 5 = 20
> • 인월 = LOC / 1인당 월평균 생산 코드 라인 수
> = 30,000라인 / 300라인 = 100

[21년 1, 2회]

05 소프트웨어 비용 산정 기법 중 개발 유형으로 Organic, semi-detached, embedded로 구분되는 것은?

① PUTNAM   ② COCOMO

③ FP   ④ SLIM

> **해설**
> **키워드** Organic, semi-detached, embedded → **용어** COCOMO

[21년 3회] [20년 2회]

06 COCOMO model 중 기관 내부에서 개발된 중소규모의 소프트웨어로 일괄 자료 처리나 과학기술 계산용, 비즈니스 자료 처리용으로 5만 라인 이하의 소프트웨어를 개발하는 유형은?

① Embedded   ② Organic

③ Semi-Detached   ④ Semi-Embedded

> **해설**
> **키워드** 5만 라인 이하 → **용어** 조직형(Organic Mode)

[20년 3회]

07 COCOMO 모델의 프로젝트 유형으로 거리가 먼 것은?

① Organic   ② Semi-detached

③ Embedded   ④ Sequential

> **해설**
> COCOMO의 소프트웨어 개발 유형 : 조직형(Organic Mode), 반분리형(Semi-Detached Mode), 내장형(Embedded Mode)
> **TIP** COCOMO 유형은 "내 코 좀 배(반)"로 기억하세요.

[20년 2회]

08 Rayleigh-Norden 곡선의 노력 분포도를 이용한 프로젝트 비용 산정 기법은?

① Putnam 모형   ② 델파이 모형

③ COCOMO 모형   ④ 기능점수 모형

> **해설**
> **키워드** Rayleigh-Norden 곡선 → **용어** 푸트남(Putnam) 모형

[20년 3회]

09 Putnam 모형을 기초로 해서 만든 자동화 추정 도구는?

① SQLR/30   ② SLIM

③ MESH   ④ NFV

> **해설**
> **키워드** Putnam 모형 기초, 자동화 추정 도구 → **용어** SLIM

[20년 3회]

10 기능 점수(Function Point)모형에서 비용 산정에 이용되는 요소가 아닌 것은?

① 클래스 인터페이스   ② 명령어(사용자 질의수)

③ 데이터파일   ④ 출력보고서

> **해설**
> 클래스 인터페이스가 아니라, 필요한 외부 루틴과의 인터페이스가 이용된다.

> ▶ 정답 : 01.④, 02.④, 03.④, 04.①, 05.②, 06.②,
> 07.④, 08.①, 09.②, 10.①

03 일정 계획

1 일정 계획

일정 계획은 프로젝트의 프로세스를 이루는 소작업을 파악하고 예측된 노력을 각 소작업에 분배하며, 소작업의 순서와 일정을 정하는 활동이다.

1. 사람-노력 관계 [20년 3회]

- 소규모 개발 프로젝트에서는 한 사람이 요구사항을 분석하고 설계, 코딩, 테스트까지 수행할 수 있지만, 프로젝트 크기가 증가할수록 더 많은 사람이 참여해야 한다.
- 브룩스(Brooks) 법칙 : 진행 중인 소프트웨어 개발 프로젝트에 새로운 개발 인력을 추가로 투입할 경우 의사소통 채널의 증가와 작업 적응 기간 등 부작용으로 인해 개발 기간이 더 길어진다.

2. 노력 분배

- 예측된 노력은 각 개발 과정에 분배할 때는 40-20-40 규칙을 권장하며, 이는 분석과 설계에 40%, 코딩에 20%, 테스트에 40%를 분배한다는 의미이다.
- 일반적으로 노력은 요구분석이 10~20%, 설계가 20~25%, 코딩이 15~25%, 테스팅과 디버깅이 30~40%를 차지한다.

2 일정 계획의 순서 [22년 3회]

프로젝트규모 추정 → 소단위 작업 분해(WBS) → PERT/CPM 네트워크로 표현 → 간트 차트로 표현

1. WBS(Work Breakdown Structure, 작업 분해 구조도)

프로젝트를 여러 개의 작은 소단위로 분해하여 계층 구조로 표현한 것이다.

예 WBS

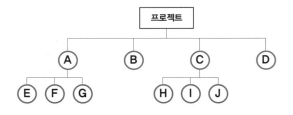

2. PERT/CPM

프로젝트의 지연을 방지하고 계획대로 진행되도록 일정을 계획하는 것으로, 적은 비용으로 빠른 기간 내에 프로젝트를 완성하기 위한 방법이다.

① PERT(Program Evaluation and Review Technique, 프로그램 평가 및 검토 기술) [22년 2회]

소요 기간 예측이 어려운 소프트웨어에서 사용하는 기법이다.

- 낙관치, 기대치, 비관치의 세 가지 경우로 나누어 예측한다.

예 PERT

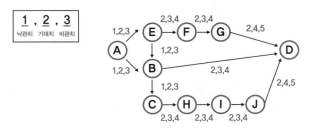

② CPM(Critical Path Method, 임계 경로 기법)

작업 시간이 정확하게 주어졌을 때 사용하는 기법이다.

예 CPM

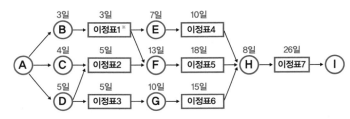

③ 임계 경로(Critical Path)※ [22년 3회] [20년 3회]

임계 경로는 여러 단계의 과정을 거치는 작업을 완성하기 위한 여러 경로 중 시간이 가장 많이 걸리는 경로이다.

예 임계 경로

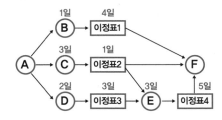

가능 경로	소요 기간(일)
A-B-이정표1-F	5
A-C-이정표2-F	4
A-C-이정표2-E-이정표4-F	12
A-D-이정표3-E-이정표4-F	13

↑
임계 경로

4. 간트 차트(Gantt Chart) [22년 1회]

프로젝트의 각 작업들이 언제 시작하고 언제 종료되는지에 대한 작업 일정을 막대 도표를 이용하여 표시하는 프로젝트 일정표이다.

- 시간선(Time-Line) 차트라고도 한다.
- 포함되는 내용 : 이정표, 작업 일정, 작업 기간, 산출물

이정표
- 프로젝트의 중간 점검을 의미한다.
- 해당 이정표까지의 예상 완료 시간을 표시한다.
- 한 이정표에서 다른 이정표에 도달하기 전에는 그 전까지의 모든 작업이 완료되어야 한다.

임계 경로(Critical Path)
- 전체 공정 중 가장 많은 기간을 소요하는 경로
- 시작점에서 종료점에 이르는 가장 긴 경로

 합격자의 **모답 노트**

간트 차트의 포함 내용 주요 오답
- 작업 경로 (X)

예 간트 차트

작업 단계 \ 작업 일정	이정표												산출물
	1	2	3	4	5	6	7	8	9	10	11	12	
A	■	■	■										AA
B				■	■	■							BB
C						■	■	■					CC
D				■	■	■	■						DD

기출 및 예상문제

03 일정 계획

[20년 3회]

01 소프트웨어 공학의 기본 원칙이라고 볼 수 없는 것은?

① 품질 높은 소프트웨어 상품 개발

② 지속적인 검증 시행

③ 결과에 대한 명확한 기록 유지

④ 최대한 많은 인력 투입

해설

Brooks의 법칙
: 진행 중인 소프트웨어 개발 프로젝트에 새로운 개발 인력을 추가로 투입할 경우 의사소통 채널의 증가와 작업 적응 기간 등 부작용으로 인해 개발 기간이 더 길어진다.

[20년 3회]

02 CPM 네트워크가 다음과 같을 때 임계 경로의 소요 기일은?

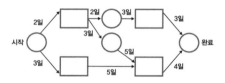

① 10일   ② 12일

③ 14일   ④ 16일

해설

임계 경로 : 여러 경로 중 시간이 가장 많이 걸리는 경로
= 2 + 3 + 5 + 4 = 14

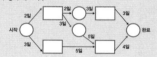

▶ 정답 : 01.④, 02.③

[이전 기출]

01 효과적인 소프트웨어 프로젝트 관리를 위한 3P에 해당되지 않는 것은?

① People(사람) : 인적 자원

② Product(생산물) : 생산 일정

③ Problem(문제) : 문제 인식

④ Process(프로세스) : 작업 계획

[이전 기출]

02 민주주의적 팀(Democratic teams)에 대한 내용으로 옳은 것은?

① 프로젝트 팀의 목표 설정 및 의사 결정 권한이 팀 리더에게 주어진다.

② 조직적으로 잘 구성된 중앙 집중식 구조이다.

③ 팀 구성원 간의 의사 교류를 활성화시키므로, 팀원의 참여도와 만족도를 증대시킨다.

④ 팀 리더의 개인적 능력이 중요하다.

[이전 기출]

03 프로젝트 추진 과정에서 예상되는 각종 돌발 상황을 미리 예상하고 이에 대한 적절한 대책을 수립하는 일련의 활동을 무엇이라고 하는가?

① 위험관리   ② 일정관리

③ 코드관리   ④ 모형관리

[이전 기출]

04 프로젝트의 개발 비용 산정 시 결정에 영향을 주는 요소로서 거리가 먼 것은?

① 비용 산정 기법   ② 시스템의 크기

③ 시스템의 신뢰도   ④ 제품의 복잡도

[이전 기출]

05 다음과 같은 프로젝트 산정기법으로 가장 옳은 것은?

> 유사한 프로젝트 경험을 가진 전문가 집단을 구성하고, 이 전문가들에게 규모, 공수, 비용의 산정 의견을 구하되, 의견 일치가 이루어지지 않을 경우 의견의 근거를 익명으로 집단 내에 배포하고 자신들의 산정을 수정할 수 있도록 한다. 이 과정을 필요한 만큼 반복함으로써 의견 일치를 이루어 최종적인 산정 값을 구한다.

① COCOMO   ② 기능 점수

③ WBS   ④ 델파이 기법

[이전 기출]

06 어떤 소프트웨어의 총 개발 기간은 12개월이며, 5명의 개발 인력이 처음에 투입되었다. 5개월 시작 시점에 추가로 3명이 투입되어 개발이 완료되었다면, 이 소프트웨어의 개발에 투입된 총 인−월(Man−Month)은?

① 75   ② 81

③ 84   ④ 96

[이전 기출]

07 COCOMO법에 의한 소프트웨어 모형에 속하지 않는 것은?

① Basic COCOMO

② Putnam COCOMO

③ Intermediate COCOMO

④ Detailed COCOMO

[이전 기출]

08 일정 계획과 관계가 먼 것은?

① 작업 분해   ② CPM 네트워크

③ 프로그램 명세서   ④ 간트 차트(Gantt Chart)

[이전 기출]

09 Gantt Chart에 포함되지 않는 사항은?

① 이정표   ② 작업 일정

③ 작업 기간   ④ 주요 작업 경로

[이전 기출]

10 일정 계획 방법에서 이용되는 PERT/CPM(Program-Evaluation and Review technique/Critical Path Method)이 제공하는 도구가 아닌 것은?

① 프로젝트 개발기간을 결정하는 임계경로

② 통계적 모델을 적용해서 개별 작업의 가장 근접한 시간 측정 기준

③ 정의작업에 대한 시작시간을 정의하여 작업들 간의 경계시간 계산

④ 프로젝트 개발기간 중 투입되는 노력과 비용기준

[이전 기출]

11 CPM(Critical Path Method) 네트워크에 대한 설명으로 옳지 않은 것은?

① 노드에서 작업을 표시하고 간선은 작업 사이의 전후 의존관계를 나타낸다.

② 프로젝트의 완성에 필요한 작업을 나열하고 작업에 필요한 소요기간을 예측하는데 사용한다.

③ 박스노드는 프로젝트의 중간 점검을 뜻하는 이정표로 이 노드 위에서 예상완료 시간을 표시한다.

④ 한 이정표에서 다른 이정표에 도달하기 전의 작업은 모두 완료되지 않아도 다음 작업을 진행할 수 있다.

섹션
기출예상문제 해설

01 프로젝트 관리 3대 요소(3P)
: 사람(People), 문제(Problem), 프로세스(Process)

02 ①, ②, ④는 중앙 집중식 조직에 대한 설명이다.
TIP 분산형 팀을 민주주의적 팀이라고도 합니다.

03 키워드 돌발 상황 미리 예상, 대책 수립 → 용어 위험 관리

04 비용 결정 요소
• 프로젝트 요소 : 개발 제품의 복잡도, 시스템 크기, 신뢰도
• 자원 요소 : 인적 자원, 개발에 필요한 하드웨어/소프트웨어 자원
• 생산성 요소 : 개발자의 능력, 개발 기간

05 키워드 전문가 집단 → 용어 델파이(Delphi) 기법
• COCOMO(COnstructive COst MOdel) : 원시 프로그램의 규모인 LOC에 의한 비용 산정 기법
• 기능 점수(FP; Function Point) : 기능 점수(FP)를 구한 후 비용을 산정하는 기법
• WBS(Work Breakdown Structure, 작업 분해 구조도) : 프로젝트를 여러 개의 작은 소단위로 분해하여 계층 구조로 표현한 것

06 노력(인월) = 개발 기간 × 투입 인원
= (4×5) + (8×8) = 84
TIP LOC 산정 공식은 "개인라인(일)"으로 기억하세요.

07 COCOMO 모형 종류
: 기본형(Basic), 중간형(Intermediate), 발전형(Detailed)

08 일정 계획 순서 : 프로젝트 규모 추정 → 소단위 작업 분해(WBS) → PERT/CPM 네트워크로 표현 → 간트 차트로 표현

09 간트 차트(Gantt Chart) 포함 내용
: 이정표, 작업 일정, 작업 기간, 산출물

10 프로젝트 개발기간 중 투입되는 노력과 비용기준은 COCOMO 모형 등을 이용하여 확인할 수 있다.

11 CPM은 일정 계획 방법론이다. 일정 계획은 대부분 단계별로 순차적으로 연결되어 진행되므로, 하나의 작업이 끝나기 전에 다음 작업을 진행할 수 없다.

정답 **01** ② **02** ③ **03** ① **04** ① **05** ④ **06** ③ **07** ② **08** ③ **09** ④ **10** ④ **11** ④

03

소프트웨어 개발 보안 구축

응용 소프트웨어를 개발할 경우 보안적 요소를 고려하여야 합니다. 소프트웨어 개발 보안 가이드를 참고하여 보안 요소를 고려한 응용 소프트웨어 개발 방법론과 시큐어 코딩, 암호 알고리즘 등에 대해 학습합니다.

★★★

01 소프트웨어 개발 보안 설계

1 소프트웨어 개발 보안

소프트웨어 개발 보안은 사이버 공격의 원인인 보안 취약점을 소프트웨어 개발 단계에서 미리 제거하고, 소프트웨어 개발 생명 주기에서 단계적으로 보안 업무를 수행하는 개발 방법이다.

- 보안 요소를 만족하는 안전한 소프트웨어※를 개발 및 운영하기 위한 목적으로 수행한다.

> **안전한 소프트웨어**
> 보안 관련 기능을 수행하는 소프트웨어가 아닌, 신뢰성이 위협받는 상황에서도 시스템을 신뢰할 수 있는 상태로 유지할 수 있도록 만들어진 소프트웨어

1. 소프트웨어 개발 보안의 3요소 [22년 2회] [21년 1회] [20년 2, 3회] [20년 4회 실기]

소프트웨어 개발 보안에서 정보보안의 3원칙인 기밀성, 무결성, 가용성을 지키고, 보안 취약점을 사전에 방지하여 외부 위협과 내부 위협으로부터 위험을 최소화하는 구축 방법을 말한다.

3요소	설명
기밀성 (Confidentiality)	인가(Authorization)된 사용자만 정보 자산에 접근할 수 있는 것 예 방화벽, 암호
무결성 (Integrity)	적절한 권한을 가진 사용자에 의해 인가된 방법으로만 정보를 변경할 수 있도록 하는 것 예 지폐는 오직 정부(적절한 권한을 가진 사용자)만이 한국은행을 통해(인가된 방법으로만) 만들거나 변경할 수 있다.
가용성 (Availability)	정보 자산에 대해 적절한 시간 또는 시점에 접근 가능한 것 예 24시간 편의점은 무엇인가 필요할 때 언제든지 이용할 수 있다(가용하다).

 합격자의 암기법

보안 3요소 : 무기가
- 키워드 정보 변경 →
  용어 무결성
- 키워드 접근 허용 →
  용어 기밀성
- 키워드 접근 시간 →
  용어 가용성

 3요소 외 보안 요소

그 외 요소	설명
인증 (Authentication)	시스템이 각 사용자를 정확히 식별하고자 할 때 사용하는 방법 예 보안 절차-로그인
부인 방지 (Non-repudiation)	메시지 송·수신이나 교환 후 또는 통신이나 처리가 실행된 후에 그 사실을 증명함으로써 사실 부인을 방지하는 보안 기술 예 이메일을 송신하고도 송신하지 않았다고 주장하는 송신자의 부인을 막는 송신 부인 방지

2. 소프트웨어 개발 보안 용어

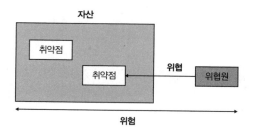

용어	설명
자산 (Asset)	조직의 데이터 또는 조직의 소유자가 가치를 부여한 대상 예 서버의 하드웨어 및 소프트웨어와 기업의 중요 데이터
위협원 (Threat Agents)	조직 자산의 파괴와 손해가 발생하는 행동을 할 수 있는 내·외부의 주체 예 해커, 인가받지 않은 내부 임직원, 단체, 자연재해
위협 (Threat)	조직의 자산에 대한 위협이 되는 위협원의 공격 행동 예 해킹, 삭제, 자산의 불법적인 유출, 위·변조, 파손
취약점 (Vulnerability)	위협이 발생하기 위한 사전 조건 및 상황 예 평문* 전송, 입력값을 검증하지 않음, 비밀번호를 공유하는 행위 등
위험 (Risk)	위협원이 취약점을 이용해 위협적인 행동으로 자산에 나쁜 영향의 결과를 가져올 확률과 영향도 예 해커에 의한 실질적인 공격, 취약점에 의한 정보 유출

> 평문(Plaintext, Cleartext)
> 누구나 읽을 수 있는 암호화되기 전의 원본 메시지

2 소프트웨어 개발 보안 체계와 직무별 보안 활동

SW 개발 보안 관련 활동 주체는 행정안전부, 발주기관(행정기관 등), 한국인터넷진흥원(KISA), 사업자, 감리법인 등으로 구분할 수 있으며, 개발 보안 주체별로 잘 정의된 개발 보안 활동과 주체 간의 유기적인 협력이 필요하다.

▼ 활동 주체별 개발 보안 역할(SW 개발 보안 가이드, KISA, 2019)

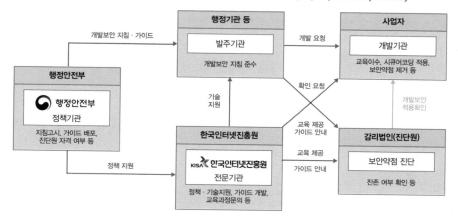

활동 주체	역할
행정안전부	• SW 개발 보안 정책 총괄 • SW 개발 보안 관련 법규, 지침, 제도 정비 • 국정원과 협의하여 'SW 개발 보안 가이드' 공지 • 감리법인(진단원) 양성과 관련된 업무 수행
한국인터넷진흥원	• SW 개발 보안 정책 및 가이드 개발 • SW 개발 보안 기술지원, 교육과정 운영 및 자격제도 운영
발주기관 (행정기관 및 공공기관 등)	• SW 개발 보안 계획 수립 • 제안요청서에 'SW 개발 보안 적용' 명시 • SW 개발 보안 역량을 갖춘 사업자 선정 • SW 개발 보안 준수 여부 점검 • SW 개발 보안 진단역량을 갖춘 감리법인 선정
사업자(개발자)	• SW 개발 보안 관련 기술 수준 및 적용계획 명시 • 개발 인력 대상 SW 개발 보안 관련 교육 실시 • SW 개발 보안 가이드를 참조하여 개발 • 자체적으로 보안 약점 진단 및 제거 • SW 보안 약점 관련 시정 요구 이행 • SW 보안 약점이 제거된 사업 결과물 및 증빙서류 등 제출
감리법인	• 감리계획 수립 및 협의 • 분석단계 중요정보 및 중요기능 분류 및 설계항목 정의 확인 • 설계단계 설계산출물에 대한 설계항목 반영 확인 • SW 보안 약점 제거 여부 진단 및 조치 결과 확인

▼ SW 개발 직무별 보안 활동(SW 개발 보안 가이드, KISA, 2019)

개발 직무	보안 활동
프로젝트 관리자 (Project Manager)	팀 구성원에게 보안 전략을 알리고, 보안 영향을 이해시킨다.
요구사항 분석가 (Requirement Specifier)	아키텍트가 고려해야 할 보안 관련 비즈니스 요구사항[*]을 설명한다.
아키텍트 (Architect, 구조 설계자)	보안 오류가 발생하지 않도록 보안 기술 문제를 충분히 이해하고, 적절한 보안 요구사항을 시스템에 적용한다.
설계자 (Designer)	특정 기술이 설계 보안 항목을 만족하는지 확인하고, 제대로 그 기술이 사용될 수 있는 방법을 파악한다. 그리고 소프트웨어에서 식별된 보안 위협에 대응한다.
구현 개발자 (Implementer)	코드를 구현하는 개발자는 안전한 코딩 표준을 준수하여 개발한다.
테스트 분석가 (Test Analyst)	요구사항과 구현 결과를 반복적으로 테스트한다.
보안 감사자 (Security Auditor)	프로젝트의 전체 단계에서 프로젝트 현재 상태를 검사하고 현재 상태의 보안을 보장한다.

비즈니스 요구사항
시스템의 최종 사용자 관점에서 제안된 시스템의 특성으로, 이해 관계자 요구사항이라고도 한다.

3 SW 개발 보안 관련 법규

보안 요구사항은 법률적인 요구사항의 검토가 필수적이다. 전체 법조항이 필요한 경우는 국가법령정보센터(www.law.go.kr)를 참조하여 검토한다.

1. 정보보호 관련 법령 목록

구분	법령명
국가기밀보호	보안 업무 규정, 군사기밀 보호법과 군형법 등
중요정보의 국외 유출 방지	산업기술의 유출 방지 및 보호에 관한 법률, 기술의 이전 및 사업화 촉진에 관한 법률, 민군겸용기술사업 촉진법, 부정경쟁 방지 및 영업 비밀 보호에 관한 법률 등
전자서명 및 인증	전자서명법, 전자정부법 등
정보통신망과 정보시스템의 보호 추진	국가정보화 기본법, 정보통신기반 보호법, 정보통신망 이용 촉진 및 정보보호 등에 관한 법률, 전자정부법, 전자 문서 및 전자거래 기본법, 국가 사이버 안전관리 규정 등
침해행위의 처벌	전자무역 촉진에 관한 법률, 형법, 정보통신기반 보호법, 정보통신망 이용촉진 및 정보보호에 관한 법률 등
개인정보 보호	개인정보 보호법, 정보통신망 이용촉진 및 정보보호 등에 관한 법률, 신용정보의 이용 및 보호에 관한 법률 등

2. 개인정보 보호 관련 법규

관련 법규	주요 내용
개인정보 보호법	개인정보 처리 과정상의 정보 주체와 개인정보 처리자의 권리, 의무 등 규정
정보통신망 이용촉진 및 정보보호 등에 관한 법률	정보통신망을 통하여 수집, 처리, 보관, 이용되는 개인정보의 보호에 관한 규정
신용정보의 이용 및 보호에 관한 법률	개인 신용정보의 취급단계별 보호조치 및 의무사항에 관한 규정
위치정보의 보호 및 이용 등에 관한 법률	개인위치 정보수집, 이용, 제공 파기 및 정보 주체의 권리 등 규정
표준 개인정보보호 지침	개인정보 취급자 및 처리자가 준수해야 하는 개인정보의 처리에 관한 기준, 개인정보 침해의 유형 및 예방조치 등에 관한 세부사항 규정
개인정보의 안전성 확보 조치 기준 고시	개인정보 처리자가 개인정보를 처리함에 있어 개인정보가 분실, 도난, 유출, 변조, 훼손되지 아니하도록 안전성을 확보하기 위해 취해야 하는 세부적인 기준 규정
개인정보 영향평가에 관한 고시	영향평가 수행을 위한 평가기관의 지정 및 영향평가의 절차 등에 관한 세부 기준 규정

3. IT 기술 관련 규정/법규

RFID(Radio Frequency IDentification, 전자 태그)
극소형 칩에 상품정보를 저장하고 안테나를 달아 무선으로 데이터를 송신하는 장치로써 유통 분야에서 일반적으로 물품 관리를 위해 사용된 바코드를 대체할 차세대 인식기술
예 아파트 주차장 차량 인식

관련 규정	주요 내용
RFID* 프라이버시 보호 가이드라인	RFID 활용 시 개인정보보호 조치 사항
위치정보의 보호 및 이용 등에 관한 법률 / 위치정보의 관리적, 기술적 보호조치 가이드	위치정보 수집 및 이용 시 개인정보보호 조치 사항
바이오 정보보호 가이드라인	지문, 홍채 등 생체 정보수집 및 이용 시 개인정보 조치 사항
뉴미디어 서비스 개인정보 보호 가이드라인	뉴미디어 서비스 이용 및 제공 시 개인정보 침해사고 예방을 위한 준수 사항

[21년 1회] [20년 3회]

01 정보보안의 3대 요소에 해당하지 않는 것은?

① 기밀성　　　　② 휘발성
③ 무결성　　　　④ 가용성

해설 소프트웨어 개발 보안의 3요소 : 무결성, 기밀성, 가용성
TIP 보안 3요소는 "무기가"로 기억하세요.

[20년 2회]

02 시스템 내의 정보는 오직 인가된 사용자만 수정할 수 있는 보안 요소는?

① 기밀성　　　　② 부인방지
③ 가용성　　　　④ 무결성

해설 키워드 인가된 사용자만 수정 → 용어 무결성(Integrity)

[20년 4회 실기]

03 시스템 내의 정보 자산에 대해 적절한 시점에 접근이 가능한 보안 요소는?

① 인증　　　　　② 가용성
③ 기밀성　　　　④ 무결성

해설 키워드 적절한 시점에 접근 → 용어 가용성(Availability)

04 아래의 보안 활동을 하는 역할로 가장 적절한 것은?

> 명백한 보안 오류가 발생하지 않도록 충분하게 보안 기술 문제를 이해하고 시스템에 사용되는 모든 리소스를 가능한 한 자세하게 정의한다. 프로젝트에 참여하는 구성원들에게 각각의 직무별 보안 활동을 정의하여, 프로젝트가 수행되는 동안 책임감을 가지고 보안 활동을 수행한다.

① 프로젝트 관리자(Project Manager)
② 아키텍트(Architect)
③ 구현개발자(Implementer)
④ 요구사항 분석가(Requirement Specifier)

해설 키워드 보안 기술 문제 이해 → 용어 아키텍트(Architect)

▶ 정답 : 01.②, 02.④, 03.②, 04.②

★★
02 Secure SDLC와 Secure OS

1 Secure SDLC(Software Development Life Cycle)

　Secure SDLC(소프트웨어 개발 보안 생명주기)는 소프트웨어 개발의 각 단계별로 요구되는 보안 활동을 수행함으로써 안전한 소프트웨어를 만들 수 있도록 하는 방법론이다.

- 대표적인 방법론 : MS-SDL, Seven Touchpoints, CLASP 등

단계	주요 보안 활동
요구사항 분석 단계	• 보안 항목에 해당하는 요구사항을 식별한다. • 조직의 정보보호 관련 보안 정책을 참고하여 소프트웨어 개발에 적용할 수 있는 보안 정책 항목들의 출처, 요구 수준, 세부 내용 등을 문서화한다.

권쌤이 알려줌

Secure SDLC는 소프트웨어 개발 생명 주기에 보안 활동이 추가된 것입니다.

권쌤이 알려줌

주민등록번호와 같은 데이터는 필수 요구사항, 예약번호와 같은 데이터는 선택 요구사항으로 요구 수준을 분류할 수 있습니다.

물리적 보안
⑩ CCTV, 잠금장치, 출입통제 장비 등

표준 코딩 정의서
⑩ 명명 규칙(Naming Rule), 들여쓰기 규칙 등

시큐어 코딩(Secure Coding)
개발하고 있는 소프트웨어의 보안 취약점을 사전에 제거 및 보완하면서 프로그래밍하는 것

패치(Patch)
이미 발표된 소프트웨어 제품의 기능 개선 또는 버그나 오류 등을 수정하기 위한 업데이트 프로그램

설계 단계	• 식별된 보안 요구사항을 소프트웨어 설계서에 반영하고, 보안 설계서를 작성한다. • 위협을 식별하여 보안대책, 소요 예산, 사고 발생 시 영향 범위와 대응책 등을 수립한다. • 서버, 네트워크, 개발 프로그램, 물리적 보안* 등 환경에 대한 보안 통제 기준을 수립하여 설계에 반영한다.
구현 단계	• 표준 코딩 정의서*와 시큐어 코딩* 및 소프트웨어 개발 보안 가이드를 준수하며 구현한다. • 소스 코드 보안 취약점을 진단 및 개선한다.
테스트 단계	• 보안 설계서를 바탕으로 보안 사항들이 정확히 반영되고 동작하는지 점검한다. • 테스트 결과를 문서화하여 보존하고 개발자에게 피드백한다.
유지보수 단계	• 보안 사고를 식별하고, 사고 발생 시 이를 해결하고 보안 패치*를 실시한다.

2 소프트웨어 개발 보안 방법론(소프트웨어 개발 보안 적용 사례)

1. MS-SDL(Microsoft-Secure Development Lifecycle)

마이크로소프트에서 보안 수준이 높은 안전한 소프트웨어를 개발하기 위해 자체 수립한 개발 방법론이다.

• 방법론이 적용되기 전 버전보다 50% 이상 취약점이 감소했다.

• 교육부터 대응까지 총 7단계로 나뉜다.

1단계	2단계	3단계	4단계	5단계	6단계	7단계
교육 (Training)	계획 · 분석 (Requirement)	설계 (Design)	구현 (Implementa- tion)	시험 · 검증 (Verification)	배포 · 운영 (Release)	대응 (Response)

보안 교육   사고 대응 계획 사고 대응 수행

2. Seven Touchpoints [20년 3회]

실무적으로 검증된 개발 보안 방법론 중 하나로, 소프트웨어 보안의 모범 사례를 SDLC에 통합한 방법론이다.

• 공통 위험 요소를 파악하고 이해하며, 보안을 설계하고, 모든 소프트웨어 산출물에 대해 철저하고 객관적인 위험 분석 및 테스트를 거쳐 안전한 소프트웨어를 만드는 방법을 정의하고 있다.

• SDLC 내의 개발 단계와 7개의 중점 관리 대상, 즉 터치포인트*를 제안하여 개발자에게 집중적인 관리를 요구한다.

7 터치포인트
• 악용 사례
• 보안 요구사항
• 위험 분석
• 위험 기반 보안 테스트
• 코드 검토
• 침투 테스팅
• 보안 운영

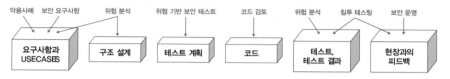

단계	설명
요구사항과 UseCases 단계	악용 사례와 위험 분석을 통해 설계 보안 항목 및 요구사항에 대한 정의와 명세 작성, 악용 사례에 대한 정의 및 케이스 예시 작성
구조 설계 단계	공격 저항 분석, 모호성 분석, 허점 분석 등을 통해 위험 요소 분석
테스트 계획 단계	공격 패턴, 위험 분석 결과, 악용 사례를 기반으로 위험기반 보안 테스트 수행

코드 단계	구현 오류에 중점을 두며 특히 소스 코드에 존재하는 취약점을 발견할 목적으로 코드 정적 분석※ 위주로 수행
테스트 및 테스트 결과 단계	위험 분석 및 모의 해킹 등의 침투 테스트※ 수행
현장과의 피드백 단계	보안 운영을 통해 얻은 공격자와 공격 도구에 대한 경험과 지식을 개발자에게 다시 피드백

정적 분석(Static Test)
프로그램을 실행하지 않고 분석하는 방법

침투 테스트(Penetration Testing)
실제 환경과 유사한 상황에서 침투 테스트를 수행하여 대상 시스템의 취약점을 파악하고 이를 보강하기 위한 것

3. CLASP(Comprehensive, Lightweight Application Security Process)

소프트웨어 개발 생명 주기 초기 단계에 보안 강화를 목적으로 하는 정형화된 프로세스로써, 활동 중심 및 역할 기반의 프로세스로 구성된 방법론이다.

- 이미 운영 중인 시스템에 적용하기 좋다.
- 5가지의 활동 관점을 제시함으로써 이들 관점 내에서의 활동을 정의한다.
- 5가지의 활동 관점 : 개념 관점(Ⅰ), 역할 기반 관점(Ⅱ), 활동 평가 관점(Ⅲ), 활동 구현 관점(Ⅳ), 취약성 관점(Ⅴ)

합격자의 암기법

CLASP의 5가지 관점 : 개구취역평
- 개(념 관점, Ⅰ)
- 구(현 관점, Ⅳ)
- 취(약성 관점, Ⅴ)
- 역(할 관점, Ⅱ)
- 평(가 관점, Ⅲ)

3 Secure OS(Secure Operating System, 보안 운영체제) [20년 4회]

Secure OS는 운영체제상에 내재된 보안상의 결함으로 발생할 수 있는 각종 해킹으로부터 시스템을 보호하기 위해 기존 운영체제의 커널※에 보안 기능을 추가한 보안 운영체제이다.

- 보안 커널(Security Kernel)은 운영체제에 탑재된 보안 기능을 갖춘 커널을 의미한다.
- 보안 운영체제 적용 분야에는 인터넷 뱅킹, 데이터베이스/웹 서버 보안, 온라인 중개 등이 있다.

커널(Kernel)
운영체제에서 가장 핵심적인 부분

1. 보안 운영체제의 목적

목적	설명
안정성	중단 없는 안정적인 서비스 지원
신뢰성	중요 정보의 안전한 보호를 통한 신뢰성 확보
보안성	핵심 서버에 대한 침입 차단 및 통합 보안 관리

합격자의 암기법

보안 운영체제의 목적 : 보안OS안심(신)
- 보안(성)
- OS
- 안(정성)
- 심(신뢰성)

2. 보안 운영체제의 기능 [21년 2회]

기능	예시
사용자 인증	사용자 신분 인증 및 검증
계정 관리	비밀번호 관리
통합 관리	다수 서버 보안 관리
접근 통제	권한, 특성 등에 따라 접근 통제 및 보안 관련 작업 시 안전한 경로 제공
감사 기록 축소	보안 관련 사건 기록 보호, 막대한 양의 감사 기록 분석/축소
변경 감사	보안 커널 변경 금지
해킹 감시(침입 탐지)	해킹 즉각 탐지 및 차단, 실시간 모니터링
객체 재사용 방지	메모리에 이전 사용자가 사용하던 정보가 남아 있지 않도록 기억공간 정리

권쌤이 알려줌

접근 통제 기술에는 강제적 접근 통제, 임의적 접근 통제, 경로 접근 통제가 있습니다.

[20년 3회]

01 실무적으로 검증된 개발 보안 방법론 중 하나로써 SW 보안의 모범 사례를 SDLC(Software Development Life Cycle)에 통합한 소프트웨어 개발 보안 생명 주기 방법론은?

① CLASP　　　　② CWE

③ PIMS　　　　④ Seven Touchpoints

해설

[키워드] 실무적으로 검증 → [용어] Seven Touchpoints

• CWE(Common Weakness Enumeration) : C, C++, Java 등의 다양한 소프트웨어 언어 및 개발 단계에서 발생 가능한 취약점
• PIMS(Personal Information Management System, 개인정보 관리 시스템) : 현대인의 사회생활과 개인 생활에서 발생하는 각종 정보를 효율적으로 관리해 주는 종합 시스템

[20년 4회]

02 컴퓨터 운영체제의 커널에 보안 기능을 추가한 것으로, 운영체제의 보안상 결함으로 인하여 발생 가능한 각종 해킹으로부터 시스템을 보호하기 위하여 사용되는 것은?

① GPIB　　　　② CentOS

③ XSS　　　　④ Secure OS

해설

[키워드] 운영체제(OS)의 커널에 보안(Secure) 기능 추가 → [용어] Secure OS

• GPIB(General-Purpose Interface Bus) : 컴퓨터를 포함한 전자 장비의 입·출력을 제어하는 데 사용되는 범용의 병렬 인터페이스 버스
• CentOS(센트OS) : 레드햇 엔터프라이즈 리눅스와 완벽하게 호환되는 무료 기업용 리눅스계 운영체제
• XSS(Cross Site Scripting, 크로스 사이트 스크립팅) : 웹 페이지에 악의적인 스크립트를 삽입하여 방문자들의 정보를 탈취하거나, 비정상적인 기능 수행을 유발하는 보안 약점

[21년 2회]

03 Secure OS의 보안 기능으로 거리가 먼 것은?

① 식별 및 인증　　　② 임의적 접근 통제

③ 고가용성 지원　　　④ 강제적 접근 통제

해설

Secure OS 보안 기능
: 사용자 인증, 계정 관리, 통합 관리, 접근 통제, 감사 기록 축소, 변경 감사, 해킹 감사(침입 탐지), 객체 재사용 방지

▶ 정답 : 01.④, 02.④, 03.③

권쌤이 알려줌

소프트웨어 보안 취약점이란 응용 소프트웨어에 실제로 내재되어 있는 위험 요소들로, 공격자가 이를 악용해서 해당 소프트웨어의 정상적인 작동을 방해하거나 정보 유출, 권한 상승 등을 일으킬 수 있는 것입니다.

위협(Threat)
(메) 해킹

위험(Risk)
나쁜 영향의 결과

★★

03 소프트웨어 취약점

1 취약점(Vulnerability)

취약점은 컴퓨터나 네트워크에 침입하여 자원에 대한 허가되지 않은 접근을 시도하려는 공격자에게 열린 문을 제공할 수 있는 소프트웨어, 하드웨어, 절차 혹은 인력상의 약점을 말한다.

• 취약점 자체가 직접적인 위험을 초래하지 않지만, 내·외부의 공격과 같은 위협(Threat)※에 의해 이용되어, 위험(Risk)※을 발생시킬 환경을 제공하게 된다.

1. 취약점 관련 목록

• 시스템의 물리적 환경　　　• 직원
• 관리　　　• 조직 내 관리 절차와 보안 방식
• 하드웨어　　　• 소프트웨어
• 통신 장비와 시설　　　• 경영 활동과 서비스 전달

2. 취약점 공격(Exploit)※의 예시

- 공격자는 오버플로 취약점을 찾아서 민감한 데이터를 내보내는 악성코드를 설치한다.
- 공격자는 사용자가 악성코드가 들어있는 이메일 메시지를 열게 만든다.
- 내부인이 보호되고 암호화된 프로그램을 USB에 담아와서 집에서 크랙 (Crack)※한다.
- 1층에 설치된 컴퓨터 시스템에 수해로 인한 피해가 발생한다.

2 소프트웨어 취약점

1. 메모리 보안 침입 [20년 3회]

구분	설명
버퍼 오버플로 (Buffer Overflow)	메모리 버퍼※의 경계값을 넘어서 메모리값을 읽거나 저장하여 예기치 않은 결과를 발생시킬 수 있는 보안 약점
허상 포인터 (Dangling Pointer)	유효한 객체를 가리키고 있지 않은 포인터로, 현재 전혀 다른 데이터를 갖고 있어 예측할 수 없는 행동을 발생시킬 수 있는 보안 약점

2. 입력 확인 오류 [20년 4회] [20년 2회 실기]

구분	설명
포맷 스트링※ 버그 (Format String Bug)	printf( ) 등 외부 입력값에 포맷 스트링을 제어할 수 있는 함수를 사용하여 발생할 수 있는 보안 약점
SQL 인젝션 (SQL Injection, SQL 삽입)	검증되지 않은 외부 입력값이 SQL문 생성에 사용되어 악의적인 쿼리※가 실행될 수 있는 보안 약점
코드 인젝션 (Code Injection)	유효하지 않은 데이터를 실행함으로써 악의적인 결과를 초래하는 보안 약점
이메일 인젝션 (Email Injection)	이메일을 보낼 때 받는 사람 목록을 추가하거나 본문에 완전히 다른 메시지를 부정하게 추가할 수 있는 보안 약점
HTTP 헤더 인젝션 (Header Injection)	공격자가 HTTP 헤더※에 개행 문자(CR/LF)※ 등을 삽입해 공격하는 보안 약점
HTTP 응답 분할 (Response Splitting)	HTTP 요청에 들어있는 파라미터※가 HTTP 응답 헤더에 포함되어 사용자에게 다시 전달될 때, 입력값에 CR이나 LF와 같은 개행 문자가 존재하면 HTTP 응답이 2개 이상 분리될 수 있는데, 두 번째 응답에 악의적인 코드를 주입해 공격하는 보안 약점
디렉터리 접근 공격 (Directory Traversal)	비공개 디렉터리 파일에 대해 부정하게 디렉터리 패스(Path, 경로)를 가로질러 접근하여 공격하는 보안 약점
사이트 간 스크립팅 (XSS; Cross Site Scripting)	검증되지 않은 외부 입력값에 의해 사용자 브라우저에서 악의적인 스크립트가 실행될 수 있는 보안 약점

3. 경쟁 상태

구분	설명
검사 시점과 사용 시점	멀티 프로세스※상에서 자원을 검사하는 시점과 사용하는 시점이 달라서 발생하는 보안 약점
심볼릭 링크※ 경쟁 (Symbolic Link Race)	심볼릭 링크 파일을 수정하여 원본 파일을 수정할 수 있는 보안 약점

취약점 공격(Exploit, 익스플로잇)
컴퓨터나 컴퓨터 관련 전자제품의 보안 취약점을 이용한 공격 방법

크랙(Crack)
암호가 걸려있는 정품 소프트웨어의 암호를 풀어 무제한으로 사용할 수 있게 하는 등의 행위
- 크래커(Cracker)는 중요한 시스템 자원을 파괴하거나 훔치는 사람을 의미한다.

메모리 버퍼(Memory Buffer)
데이터를 저장하는 메모리 영역

포맷 스트링(Format String)
서식 문자
예 %d, %s, %x 등

쿼리(Query)
데이터베이스에게 데이터를 요청하는 것

HTTP 헤더
요청(Request)/응답(Response) 시 필요한 부가적인 정보
예 클라이언트와 서버 연결 옵션 등

CR(Carriage Return)
커서를 그 줄의 맨 앞으로 이동

LF(Line Feed)
커서를 다음의 행으로 이동

파라미터(Parameter, 매개변수)
각 모듈 간에 데이터를 넘겨주는 데 쓰이는 변수

멀티 프로세스(Multi Process, 다중 처리)
컴퓨터 시스템 한 대에 두 개 이상의 중앙 처리 장치를 이용하여 다중 작업을 처리하는 것

심볼릭 링크(Symbolic Link, 기호 연결)
윈도우의 바로 가기 기능과 유사한 것으로 링크를 연결하여 원본 파일을 직접 사용하는 것과 같은 효과를 내는 링크

재킹(Jacking)
거짓을 사실이라고 주장하는 행위

FTP(File Transfer Protocol, 파일 전송 프로토콜)
인터넷에서 파일을 전송하는 서비스

4. 권한 혼동 버그

구분	설명
사이트 간 요청 위조 (CSRF; Cross Site Request Forgery)	사용자가 자신의 의지와는 무관하게 공격자가 의도한 행위(수정, 삭제, 등록, 송금 등)를 특정 웹 사이트에 요청하게 하는 공격
클릭재킹* (Clickjacking)	투명한 버튼이나 링크를 함정으로 사용할 웹 페이지에 심어두어 의도치 않은 콘텐츠에 접근하게 하는 공격
FTP* 바운스 공격 (FTP Bounce Attack)	FTP 프로토콜 구조의 허점을 이용한 공격으로, 전송 목적지 주소를 임의로 지정해 임의의 목적지로 메시지나 자료를 전송할 수 있는 공격

기출 및 예상문제

03 소프트웨어 취약점

[20년 3회]

01 다음 내용이 설명하는 소프트웨어 취약점은?

> 메모리를 다루는 데 오류가 발생하여 잘못된 동작을 하는 프로그램 취약점

① FTP 바운스 공격　　②SQL 삽입
③ 버퍼 오버플로　　④디렉터리 접근 공격

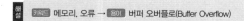
해설　키워드 메모리, 오류 → 용어 버퍼 오버플로(Buffer Overflow)

[20년 2회 실기]

02 다음 내용이 설명하는 소프트웨어 취약점은?

> 웹 응용 프로그램에 강제로 SQL 구문을 삽입하여 내부 데이터베이스(DB) 서버의 데이터를 유출 및 변조하고 관리자 인증을 우회한다.

① SQL 인젝션　　②이메일 인젝션
③ 심볼릭링크 경쟁　　④HTTP 헤더 인젝션

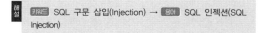
해설　키워드 SQL 구문 삽입(Injection) → 용어 SQL 인젝션(SQL Injection)

[20년 4회]

03 웹 페이지에 악의적인 스크립트를 포함시켜 사용자 측에서 실행되게 유도함으로써, 정보 유출 등의 공격을 유발할 수 있는 취약점은?

① Ransomware　　②Pharming
③ Phishing　　④XSS

해설　키워드 웹 페이지에 악의적인 스크립트(Script) → 용어 XSS(Cross Site Scripting)
- 랜섬웨어(Ransomware) : 인터넷 사용자의 컴퓨터에 잠입해 내부 문서나 스프레드시트, 그림 파일 등을 암호화해 열지 못하도록 만든 후, 돈을 보내주면 해독용 열쇠 프로그램을 전송해 준다며 금품을 요구하는 악성 프로그램
- 파밍(Pharming) : 공식적으로 운영하고 있는 도메인 자체를 탈취하여 사용자는 방문한 사이트를 진짜 사이트로 착각하게 하여 아이디와 패스워드 등의 개인정보를 노출하게 하는 수법
- 피싱(Phishing) : 낚시하듯이 개인 정보를 몰래 빼내는 것

▶ 정답 : 01.③, 02.①, 03.④

권쌤이 알려줌
악의적인 사용자의 내·외부 공격으로 응용 소프트웨어가 위험할 수 있으므로, 위험을 초래하지 않도록 보안 취약점을 사전에 제거하여 응용 소프트웨어를 개발해야 합니다.

04　시큐어 코딩

1 시큐어 코딩(Secure Coding)　[22년 3회]

시큐어 코딩은 소프트웨어 개발 보안 가이드를 참고하여 소프트웨어의 보안 취약점을 사전에 제거 및 보완하면서 프로그래밍하는 것이다.

- 안전한 소프트웨어를 개발하여 각종 보안 위협으로부터 예방하고 대응한다.
- 결함이 발생한 후의 수정 비용은 시큐어 코딩 비용의 수십 배에 달하는 것으로 파악된다. 그러므로 초기 설계단계부터 소프트웨어 취약점의 최소화를 위해 보안 요소를 고려하여 진행하는 시큐어 코딩 적용[※]이 필요하다.

1. 시큐어 코딩의 목적

구분	설명
보안 취약점과 결함 방지	최근 사이버 공격의 진화에 따라 정보시스템의 보안 취약점을 사전에 대응 또는 제거하여 개발해야 한다.
안전한 대고객 서비스 확대	대부분의 대고객 서비스가 ICT[※] 신기술을 통해 인터넷으로 제공되므로 지속적으로 진단하여 효율적 관리 방안을 마련해야 한다.
신뢰성 및 안정성 확보	신뢰성과 안정성에 기반을 둔 보안 확보를 위해 정보시스템의 기초 단계부터 설계 개념 및 시큐어 코드 수준에서의 대응조치를 제안하여 보안성을 강화해야 한다.

2. 시큐어 코딩의 점검 내용(소프트웨어 보안 약점 항목)

소프트웨어 응용 프로그램의 각 기능을 안전하게 서비스하기 위해 보안 항목을 식별한다.

- 소프트웨어 보안 약점 항목 : 입력 데이터 검증 및 표현, 보안 기능, 시간 및 상태, 에러 처리, 코드 오류, 캡슐화, API 오용, 세션 통제

2 입력 데이터 검증 및 표현 [22년 1회]

프로그램 입력값에 대한 검증 누락 또는 부적절한 검증, 데이터의 잘못된 형식 지정, 일관되지 않은 언어 셋[※] 사용 등으로 인해 발생하는 보안 약점이다.

1. SQL 삽입(SQL Injection, SQL 인젝션) [21년 3회]

사용자 입력값 등 외부의 입력값을 SQL문에 삽입하여 공격하는 보안 약점이다. 주로 웹 애플리케이션과 데이터베이스가 연동되는 부분에서 발생한다.

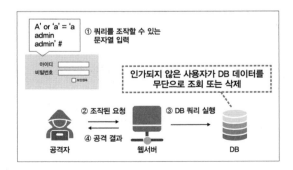

▶ 해결 방안
- ID와 암호 같은 전달 인자의 길이를 제한한다.
- SQL문에 쓰이는 예약어, 특수문자의 삽입을 제한한다.

2. 경로 조작 및 자원 삽입

데이터 입·출력 경로를 조작하여 서버 자원※을 수정 및 삭제할 수 있는 보안 약점이다.

자원(Resource, 리소스)
⑩ 파일, 소켓의 포트 등

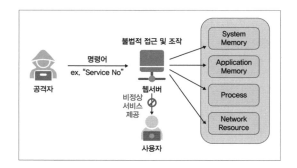

▶ 해결 방안

• 외부의 입력을 자원 식별자로 사용하는 경우, 적절한 검증을 거치도록 한다.
• 외부의 입력이 파일명인 경우에는 경로 순회를 수행할 수 있는 문자인 '/' 등과 같은 기호를 제거한다.

3. 크로스 사이트 스크립팅(XSS)

검증되지 않은 외부 입력값에 의해 브라우저에서 악의적인 코드가 실행되는 보안 약점이다.

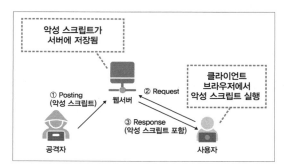

▶ 해결 방안

• 입력한 문자열에서 〈, 〉, &, ", " 등을 문자 변환 함수※를 사용하여 &lt, &gt, &amp, &quot 등으로 치환한다.

문자 변환 함수
⑩ replace()

4. 운영체제 명령어 삽입

외부 입력값을 통해 시스템 명령어의 실행을 유도함으로써 권한을 탈취하거나 시스템 장애를 유발하는 보안 약점이다.

▶ 해결 방안

- 웹 인터페이스를 통해 서버 내부로 시스템 명령어를 전달시키지 않도록 애플리케이션을 구성하고, 외부에서 전달되는 값을 그대로 시스템 내부 명령어로 사용하지 않는다.

5. 위험한 형식 파일 업로드

서버에서 실행될 수 있는 asp, jsp, php 파일 등 스크립트 파일의 업로드가 가능하고, 이 파일을 공격자가 웹을 통해 직접 실행시킬 수 있는 경우 발생하는 보안 약점이다.

▶ 해결 방안

- 업로드하는 파일 타입과 크기를 제한하거나, 허용된 확장자만 업로드하도록 제한한다.
- 웹을 통한 직접 접근을 차단하거나, 파일 실행 여부를 설정할 수 있는 경우 실행 속성을 제거한다.

6. 신뢰되지 않는 URL 주소로 자동 접속 연결

사용자의 입력값을 외부 사이트의 주소로 사용하여 자동으로 연결하는 서버 프로그램이 피싱※ 공격에 노출되는 보안 약점이다.

▶ 해결 방안

- 자동 연결할 외부 사이트의 URL과 도메인은 화이트 리스트※로 관리한다.

7. 기타 입력 데이터 검증 및 표현에서의 보안 약점

신뢰성이 낮은 URL 주소로 자동으로 접속되는 LDAP 삽입, 연결하는 크로스사이트 요청의 위조, XQuery 삽입, XPath 삽입, HTTP 응답 분할 등

3 보안 기능

인증, 접근 제어, 기밀성, 암호화, 권한 관리 등의 보안 기능을 적절하지 않게 구현할 때 발생할 수 있는 보안 약점이다.

1. 적절한 인증 없는 중요기능 허용

적절한 인증 없이 개인정보, 계좌이체 정보 등의 중요정보를 열람 또는 변경이 가능한 보안 약점이다.

▶ 해결 방안

- 중요한 정보가 있는 페이지는 재인증이 적용되도록 설계한다.

예 은행 계좌이체 – 이체 시 비밀번호를 다시 확인한다.

피싱(Phishing)
개인정보(Private data)와 낚시(Fishing)의 합성어로 낚시하듯이 개인정보를 몰래 빼내는 것
- 금융 기관 등의 웹 사이트에서 보낸 이메일로 위장하여 링크를 유도한다.

화이트 리스트(White List)
허용할 리스트를 등록하는 것
- 반대로 블랙리스트(Black List)는 차단할 리스트를 등록하는 것

2. 부적절한 인가

적절하지 못한 접근 제어로 외부에서 입력한 파라미터 값을 포함한 문자열이 서버 인프라 자원에 접근되거나 서버에서 실행할 수 있는 보안 약점이다.

▶ 해결 방안
- 응용 프로그램이 제공하는 정보와 기능을 역할에 따라 배분함으로써, 공격자에게 노출되는 공격 표면[※]을 감소시킨다.
- 사용자의 권한에 따른 접근 제어 목록[※]을 관리한다.

3. 중요한 자원에 대한 잘못된 권한 설정

프로그램 설정값, 민감한 사용자 데이터와 같은 중요한 자원에 대해 적절하지 못한 접근 권한을 설정하여 의도치 않게 중요정보가 노출 및 수정되는 보안 약점이다.

▶ 해결 방안
- 설정 파일, 실행 파일, 라이브러리[※] 등은 소프트웨어 관리자에 의해서만 읽고 쓰기가 가능하도록 설정한다.
- 설정 파일과 같은 중요한 자원을 사용하는 경우, 허가받지 않은 사용자가 중요한 자원에 접근 가능한지 검사한다.

4. 취약한 암호화 알고리즘 사용

패스워드, 개인정보 등 중요한 민감성 정보에 기밀성[※]이 취약한 암호화 알고리즘을 사용하여 정보가 노출되는 보안 약점이다.

▶ 해결 방안
- 자신만의 암호화 알고리즘을 개발하는 것은 위험하며, 학계나 업계에서 이미 검증된 표준화된 알고리즘을 사용한다.
- 기존에 취약하다고 알려진 DES, RC5 등의 암호 알고리즘을 대신하여, 3DES, AES, SEED 등을 사용한다.
- 업무 관련 내용, 개인정보 등에 대한 암호 알고리즘을 적용할 경우, IT 보안 인증 사무국이 안전성을 확인한 검증필 암호 모듈을 사용한다.

5. 사용자 중요정보의 평문 저장 및 전송

보안과 관련된 민감한 데이터를 통신 채널을 통해 평문으로 송·수신할 경우, 통신 채널 스니핑[※]을 통해 인가되지 않은 사용자에게 민감한 데이터가 노출될 수 있는 보안 약점이다.

▶ 해결 방안
- 개인정보, 금융정보, 패스워드 등을 저장할 때는 반드시 암호화하여 저장한다.
- 중요한 정보를 통신 채널을 통해 전송할 때도 HTTPS나 SSL 등의 암호화된 통신 채널을 이용한다.

공격 표면(Attack Surface, 공격 접점)
사이버 위협 및 공격에 취약한 모든 장소

접근 제어 목록
(ACL, Access-Control List)
자원의 관점에서 자원이 어떤 사용자에게 어떤 접근 권한을 갖는지 구성한 목록

라이브러리(Library)
자주 사용하는 함수를 미리 작성하여 저장시켜둔 것

기밀성(Confidentiality)
인가된 사용자만 정보 자산에 접근할 수 있는 것

권쌤이 알려줌

암호 알고리즘은 이후 자세히 학습합니다.

스니핑(Sniffing)
네트워크의 중간에서 남의 패킷 정보를 도청하는 해킹 유형

6. 하드코드※된 비밀번호 [20년 3회]

하드코드(Hard Code)
코드 내부에 데이터를 직접 입력하는 코딩 방식

프로그램 코드 내부에 하드코드된 패스워드를 포함하여 내부 인증에 사용하거나, 외부 컴포넌트와 통신을 하는 경우 관리자 정보가 노출될 수 있는 보안 약점이다.

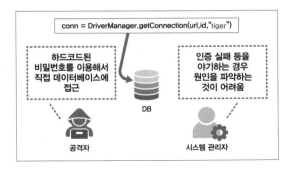

▶ 해결 방안

• 패스워드는 암호화하여 별도의 파일에 저장하여 사용한다.

4 시간 및 상태

다른 프로그램과 동시에 실행되는 병렬 처리 시스템이나 다수의 프로세스가 실행되는 환경에서 시간과 실행 상태를 부적절하게 처리하여 발생할 수 있는 보안 약점이다.

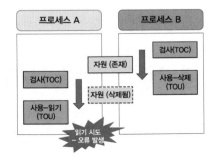

1. 검사 시점과 사용 시점(TOC/TOU)의 경쟁 조건(Race Condition)

다수의 멀티 프로세스에서 인프라 자원을 검사하는 시점(Time-Of-Check)과 사용하는 시점(Time-Of-Use)이 달라서 발생하는 보안 약점이다.

파일 핸들
컴퓨터 운영체제에서 프로그램에 사용되는 각각의 파일을 식별하기 위하여 부여한 고유의 아이디

▶ 해결 방안

• 파일 이름으로 권한을 검사하고 열면 보안에 취약하므로 파일 핸들※을 사용한다.

예 윈도우에서 어떤 파일이 열려 있는지 파일 핸들로 확인한다.

• 상호 배제※를 사용한다.

상호 배제(Mutual Exclusion)
한 프로세스가 공유 메모리나 공유 파일을 사용하고 있을 때, 다른 프로세스들이 사용하지 못하도록 배제시키는 제어 기법

2. 제대로 제어되지 않은 재귀(Uncontrolled Recursion)

적절한 제어문을 사용하지 않아 종료되지 않는 반복문이나 재귀함수에서 무한 재귀[※]가 발생하는 보안 약점이다.

▶ 해결 방안

• 조건문 블록이나 반복문 블록 안에서만 재귀호출을 수행한다.

예 재귀호출

안전하지 않은 코드	안전한 코드

`int fac(n) {`
`    return n * fac(n-1);`
`}`
	`int fac(n) {`
	`    if(n <= 0) return 1;`
	`    else return n * fac(n-1);`
	`}`

→ (화살표)

5 에러 처리

에러를 처리하지 않거나 불충분하게 처리하여 에러 정보에 시스템 등의 중요정보가 포함될 때 발생할 수 있는 보안 약점이다.

1. 부적절한 오류 메시지를 통한 정보 노출

개발자가 에러 처리를 위해 오류 메시지 또는 디버깅[※] 메시지를 배포 버전의 소프트웨어 소스 내에 포함시킬 때 발생하는 보안 약점이다.

▶ 해결 방안

• 오류 메시지는 정해진 사용자에게 유용한 최소한의 정보만 포함하도록 한다.

• 소스 코드에서 예외 상황은 내부적으로 처리하고 사용자에게 민감한 정보를 포함하는 오류를 출력하지 않도록 미리 정의된 메시지를 제공하도록 설정한다.

2. 오류 상황 대응 부재

시스템 오류를 처리하지 못해 프로그램 다운[※] 등의 의도하지 않은 오류 상황에서 발생할 수 있는 보안 약점이다.

▶ 해결 방안

• 오류가 발생할 수 있는 부분에 제어문을 사용하여 적절하게 예외처리를 한다.

예 C/C++에서 if와 switch, Java에서 try-catch 등

3. 적절하지 않은 예외처리

예외에 대한 부적절한 처리로 인해 의도하지 않은 상황에서 발생할 수 있는 보안 약점이다.

▶ 해결 방안

• 값을 반환하는 모든 함수의 결과값이 의도했던 값인지 검사한다.

• 예외처리를 사용하는 경우에 광범위한 예외처리 대신 구체적인 예외처리를 수

행한다.

6 코드 오류

프로그램의 형 변환[※] 오류, 메모리 등 인프라 자원의 적절하지 못한 반환 값 등과 같이 개발자가 범할 수 있는 개발 오류로 인해 발생하는 보안 약점이다.

형 변환(Type Conversion)
이미 선언된 자료형을 다른 자료형으로 변경하는 것

1. 널(Null)[※] 포인터 역참조
- Null로 설정된 변수의 주소 값을 참조했을 때 발생하는 보안 약점이다.
- 일반적으로 '객체가 널(Null)이 될 수 없다'라는 가정을 위반했을 때 발생한다.

널(Null)
비어 있다.

- ▶ 해결 방안
- 널 값인지를 검사하여 안전한 경우에만 사용한다.

2. 부적절한 자원 해제
사용되는 자원을 적절하게 해제하지 못하면 자원의 누수[※] 등이 발생하고, 자원이 부족하여 새로운 입력을 처리하지 못하는 보안 약점이다.

- ▶ 해결 방안
- 자원을 획득하여 사용한 다음에는 반드시 자원을 해제하여 반환한다.

자원의 누수
컴퓨터 프로그램이 필요하지 않은 자원을 계속 점유하고 있는 현상
• 결국 시스템 자원을 낭비하게 된다.

3. 해제된 자원 사용
해제한 메모리를 참조하게 되면 예상치 못한 값 또는 코드를 실행하게 되어 의도하지 않은 결과가 발생하는 보안 약점이다.

- ▶ 해결 방안
- 반환된 메모리에 접근할 수 없도록 주소를 저장하고 있는 포인터를 초기화한다.

4. 초기화되지 않은 변수 사용
초기화되지 않은 변수를 사용할 경우 임의 값을 사용하게 되어 의도하지 않은 결과를 출력하거나 예상치 못한 동작을 수행할 수 있는 보안 약점이다.

- ▶ 해결 방안
- 변수를 사용하기 전에 반드시 올바른 초기값을 할당한다.

7 캡슐화

중요한 프로그램의 데이터와 기능성을 충분하지 않게 캡슐화했을 때 인가되지 않은 사용자에게 프로그램 내부의 데이터 누출이 가능해지는 보안 약점이다.

   🆑 Private 클래스 내부에 Public 데이터가 할당되거나 Public 메소드로부터 반환된 Private 데이터는 제한에 문제가 발생한다.

권쌤이 알려줌

Private 데이터는 외부에서 접근할 수 없는 데이터이고, Public 데이터는 외부에서 접근할 수 있는 데이터를 의미합니다.

1. 잘못된 세션※에 의한 정보 노출

잘못된 통신 세션에 의해 권한이 없는 사용자에게 데이터 노출이 일어날 수 있는 보안 약점이다.

▶ **해결 방안**
- 전역 변수※보다 지역 변수※를 활용하여 변수의 범위를 제한한다.

2. 제거되지 않고 남은 디버그 코드※

프로그램 디버깅을 위해 작성된 코드를 통해 권한이 없는 사용자 인증이 우회되거나 중요정보에 접근이 가능해지는 보안 약점이다.

▶ **해결 방안**
- 소프트웨어 배포 전에 디버그 코드를 확인 및 삭제한다.

3. 시스템 데이터 정보 노출

사용자가 볼 수 있는 에러 처리 메시지나 오류의 스택 정보에 시스템 내부 데이터나 로직 등의 디버깅 관련 정보가 공개되는 보안 약점이다.

▶ **해결 방안**
- 예외 상황이 발생할 때 시스템의 내부 정보가 화면에 출력되지 않도록 개발한다.

4. Public 메소드로부터 반환된 Private 배열

Private로 선언된 배열을 Public으로 선언된 메소드를 통해 반환하면, 그 배열의 주소가 외부에 공개되어 외부에서 배열 수정과 객체 속성이 변경될 수 있는 보안 약점이다.

▶ **해결 방안**
- Private 배열을 별도의 메소드를 통해 조작하거나, 동일한 형태의 복제본으로 반환받은 후 값을 전달한다.

5. Private 배열에 Public 데이터 할당

Public으로 선언된 메소드의 인자가 Private으로 선언된 배열에 저장되면, Private 배열을 외부에서 접근하여 배열 수정과 객체 속성이 변경될 수 있는 보안 약점이다.

▶ **해결 방안**
- Public으로 선언된 데이터를 Private 배열에 저장할 때, 주소가 아닌 값으로 저장한다.

8 API* 오용

의도된 사용에 반하는 방법으로 API를 사용하거나, 보안에 취약한 API를 사용하여 발생할 수 있는 보안 약점이다.

1. DNS* lookup에 의존한 보안 결정

보안 결정을 DNS 이름에 의존할 경우, DNS는 공격자에 의해 DNS 스푸핑* 공격 등이 가능하게 되는 보안 결정(인증 및 접근 통제 등)이 노출되는 보안 약점이다.

▶ **해결 방안**

• 보안 결정에서 도메인명을 이용한 DNS Lookup을 하지 않도록 한다.

예 IP 주소를 이용한다.

2. 취약한 API 사용

취약한 API에 대해 확인하지 않고 사용할 때 발생하는 보안 약점이다.

• 보안상 문제가 없는 함수이더라도 잘못된 방식으로 사용할 경우 보안 문제를 발생시킬 수 있다.

• 취약한 API : 보안상 금지된 함수이거나 부주의하게 사용될 가능성이 많은 API

예 금지된 함수 : gets( ), strcat( ), strcpy( ), strncat( ), strncpy( ), sprintf( )등

▶ **해결 방안**

• 보안 문제로 인해 금지된 함수는 이를 대체할 수 있는 안전한 함수를 사용한다.

예 안전한 함수 : gets_s( )/fgets( ), strcat_s( ), strcpy_s( ), strncat_s( ), strncpy_s( ), sprintf_s( ) 등

9 세션 통제

이미 연결이 종료된 클라이언트의 정보가 삭제되지 않고 사용 가능한 상태로 방치되는 경우, 허가되지 않은 사용자가 해당 연결을 탈취하여 시스템 기능을 사용하거나 다른 개인의 중요정보에 접근하는 침해사고를 발생시킬 수 있는 보안 약점이다.

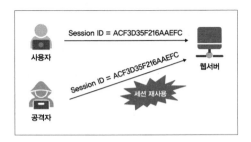

1. 불충분한 세션 관리

인증 시 일정한 규칙이 존재하는 세션 ID가 발급되거나, 세션 타임아웃*을 너무 길게 설정한 경우 공격자에 의해 사용자의 권한이 도용될 수 있는 보안 약점이다.

API(Application Programming Interface)
운영체제나 프로그래밍 언어 등에 있는 라이브러리를 응용 프로그램 개발 시 이용할 수 있도록 규칙 등에 대해 정의해 놓은 인터페이스
예 배달 앱 개발 시 공개된 지도 API 이용

DNS(Domain Name System)
IP 주소와 호스트 이름(도메인 네임) 간의 변환을 제공하는 시스템

스푸핑(Spoofing)
승인받은 사용자인 것처럼 시스템에 접근하거나 네트워크상에서 허가된 주소로 가장하여 접근 제어를 우회하는 공격 행위

권쌤이 알려줌
Lookup은 '찾다'라는 의미입니다.

타임아웃(Timeout)
만료 시간
예 은행 사이트에서 로그인 후 이용하지 않으면 10분 뒤에 자동 로그아웃

▶ 해결 방안

• 이전 세션이 종료되지 않은 상태에서 새로운 세션이 생성되지 않도록 하거나, 일정 기간 동안 사용되지 않는 세션 정보는 강제적으로 삭제한다.

2. 잘못된 세션에 의한 정보 노출

잘못된 통신 세션으로 권한이 없는 사용자에게 데이터 노출이 일어날 수 있는 보안 약점이다.

▶ 해결 방안

• 전역 변수보다 지역 변수를 활용하여 변수의 범위를 제한한다.

 기출 및 예상문제

04 시큐어 코딩

[21년 3회]

01 SQL Injection 공격과 관련한 설명으로 틀린 것은?

① SQL Injection은 임의로 작성한 SQL 구문을 애플리케이션에 삽입하는 공격 방식이다.

② SQL Injection 취약점이 발생하는 곳은 주로 웹 애플리케이션과 데이터베이스가 연동되는 부분이다.

③ DBMS의 종류와 관계없이 SQL Injection 공격 기법은 모두 동일하다.

④ 로그인과 같이 웹에서 사용자의 입력 값을 받아 데이터베이스 SQL문으로 데이터를 요청하는 경우 SQL Injection을 수행할 수 있다.

해설 DBMS의 종류에 따라 사용되는 명령어나 연산의 방식이 다르므로, SQL Injection 공격 수행 전 DBMS의 종류를 필수적으로 파악해야 한다.

[20년 3회]

02 다음 JAVA 코드에서 밑줄로 표시된 부분에는 어떤 보안 약점이 존재하는가? (단, key는 암호화 키를 저장하는 변수이다.)

```
import javax.crypto.KeyGenerator;
import javax.crypto.spec.ScretKeySpec;
import javax.crypto.Cipher;
………생략
public String encripString(String usr) {
String key = "22df3023sf~2;asn!@#/>as";
if (key != null) {
byte[] bToEncrypt = usr.getBytes("UTF-8");
………생략
```

① 무결성 검사 없는 코드 다운로드

② 중요 자원에 대한 잘못된 권한 설정

③ 하드코드된 암호화 키 사용

④ 적절한 인증 없는 중요 기능 허용

해설 하드코드란 데이터를 코드 내부에 직접 입력하는 것으로, 밑줄로 표시된 코드와 같이 하드코드된 키를 사용하면 키 값이 그대로 유출될 수 있으므로, 보안에 취약해질 수 있다.

• 무결성 검사 없는 코드 다운로드 : 원격으로부터 소스 코드 또는 실행 파일을 무결성 검사 없이 다운로드 받고 이를 실행할 경우, 공격자가 악의적인 코드를 실행할 수 있는 보안 약점

▶ 정답 : 01.③, 02.③

05 암호 알고리즘

1 암호화(Encryption) [22년 3회] [21년 1회]

암호화는 평문*을 암호문*으로 변환하는 과정이다.

- 복호화(Decryption)는 암호화의 역과정으로, 암호문을 평문으로 변환하는 과정이다.

▼ **암호 방식의 분류** [21년 1회] [20년 3회]

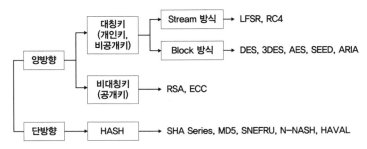

2 양방향 암호화 [22년 2회]

양방향 암호화는 평문을 암호문으로 암호화하는 것과 암호문을 평문으로 복호화하는 것이 모두 가능한 암호 방식이다.

1. 개인키(Private, 대칭키, 비공개키) 암호화 기법 [21년 2회]

- 암호화 키와 복호화 키가 같은 대칭키 암호화 기법이다.
- 키를 공개하지 않고, 동일한 키를 사용한다.
- 키 배송, 분배 문제로 인해 보안 수준이 낮다.
- 알고리즘이 단순하고, 속도가 빠르다.

▼ **종류** [21년 1회]

종류	설명
Stream 방식	• 1bit씩 암호화하는 방식이다. • 하드웨어 구현이 용이하다. • 대표적인 알고리즘 : LFSR, RC4
Block 방식	• 2bit 이상씩 묶음 암호화하는 방식이다. • 소프트웨어 구현이 용이하다. • 대표적인 알고리즘 : DES, 3DES, AES, SEED, ARIA

평문(Plaintext, Cleartext)
누구나 읽을 수 있는 암호화되기 전의 원본 메시지

암호문(Ciphertext, Cyphertext)
의미를 알 수 없는 형식
• 평문으로 된 정보를 암호 처리하여 특정인만 이용할 수 있도록 암호화한 문서

 합격자의 **암기법**

양방향 암호 방식 분류 :
LC / DASA / RC
• Stream 방식 : LFSR, RC4
• Block 방식 : DES, AES, SEED, ARIA
• 비대칭키 암호화 기법 : RSA, ECC

2. 공개키(Public, 비대칭키) 암호화 기법 [21년 1회] [20년 4회]

• 암호화 키와 복호화 키가 다른 비대칭키 암호화 기법이다.
• 키 하나만을 공개하고, 서로 다른 키를 사용한다.
• 보안 수준이 높다.
• 알고리즘이 복잡하고 속도가 느리며, 파일 크기가 크다.
• 대표적인 알고리즘 : RSA, ECC

3 단방향 암호화 [21년 2회]

단방향 암호화는 평문을 암호문으로 암호화하는 것은 가능하지만, 암호문을 평문으로 복호화하는 것은 불가능한 암호 방식이다.

• 해시(Hash)는 임의 길이의 입력 데이터를 받아 고정된 길이의 출력 값(해시값)으로 변환하는 것을 의미한다.
• 해시는 암호화 기법과 함께 사용되어 전자 화폐, 전자서명[※] 등 다양한 방면에서 활용된다.
• 대표적인 알고리즘 : SHA-256 등 SHA 시리즈, MD5, SNEFRU, N-NASH, HAVAL

평문	암호화 / 해시 함수	01010 10101 01010 암호문	복호화 ✕	평문

학습플러스 단방향 해시 함수

단방향 해시 함수는 원본 데이터를 암호화된 데이터로 변환해 주는 알고리즘이다.
• 암호화된 데이터는 복호화가 불가능하므로 원래 데이터를 유추하기 힘들다.
• 단점
　– 동일한 원본 데이터는 동일한 다이제스트[※]를 갖는다.
　– 무작위 데이터들을 계속 대입해 보면서 얻은 다이제스트를 해킹할 대상과 비교해 가며 원본 데이터를 찾을 수 있다.
• 보완 방법 [21년 3회]
　– 해시 함수를 여러 번 수행하여 무작위 대입 공격을 최대한 무력화한다.
　– 원본 데이터에 임의의 문자열을 덧붙이는 솔트(Salt)를 섞은 후 해시 함수를 실행한다.

(예)

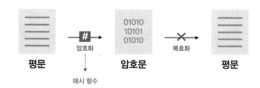

4 암호 알고리즘의 종류

1. 양방향 암호 알고리즘 　[22년 1, 3회] [21년 3회] [20년 2, 3회] [22년 2회 실기] [21년 2, 3회 실기]

종류	설명
LFSR(Linear Feedback Shift Register, 선형 피드백 시프트 레지스터)	• 시프트 레지스터*의 일종으로, 스트림 암호에서 의사 난수* 생성기로 오랫동안 사용된 방식이다.
RC4 (Rivest Cipher 4)	• 미국 MIT의 로널드 라이베스트(Ronald Rivest)에 의하여 1987년 개발된 스트림 암호 방식이다. • 암호화 속도가 빠르고 구현이 단순하여 SSL* 등에 사용됐지만, 이후 여러 연구에서 취약한 것으로 밝혀졌다.
DES (Data Encryption Standard, 데이터 암호화 표준)	• 1975년 미국 국립 표준국(NBS*)에서 발표한 개인키 암호화 알고리즘이다. • 56bit의 암·복호키를 이용하여 64bit의 평문(블록)을 암호화 및 복호화하는 방식이다. • 3DES(Triple DES) : 각 데이터 블록에 DES 알고리즘을 세 번 적용하여 보안을 강화한 암호화 알고리즘이다.
AES(Advanced Encryption Standard, 고급 암호 표준)	• 2001년 미국 국립 표준 기술 연구소(NIST)에서 발표한 개인키 암호화 알고리즘이다. • 128, 192, 256bit의 암·복호키를 이용하여 128bit의 평문(블록)을 암호화 및 복호화하는 방식이다. • DES를 보완하기 위해 개발된 알고리즘이다.
SEED	• 1999년 한국인터넷진흥원(KISA)에서 개발한 블록 암호화 알고리즘이다. • 블록 크기는 128bit며, 키 길이에 따라 128bit, 256bit로 분류된다.
ARIA (아리아)	• 2004년 국가정보원과 산학연협회가 개발한 국가 표준 블록 암호화 알고리즘이다. • 학계(Academy), 연구소(Research Institute), 정부 기관(Agency)의 머리글자를 딴 것이다. • 블록 크기는 128bit며, 키 길이에 따라 128bit, 192bit, 256bit로 분류된다.
RSA	• 1978년에 MIT 공과 대학의 Rivest, Shamir, Adelman 등 3인이 공동 개발한 RSA 법(RSA scheme)이라는 암호화 알고리즘을 사용하는 공개키 암호 방식이다. • 큰 수의 소인수 분해에는 많은 시간이 소요되지만, 소인수 분해의 결과를 알면 원래의 수는 곱셈으로 간단히 구해지는 사실에 바탕을 두었다. • 사실상 공개키 암호 체계의 세계 표준이다.
ECC(Elliptic Curve Cryptosystem, 타원 곡선 암호 방식)	• 1985년 밀러(V.S.Miller)와 코블리츠(N.Koblitz)가 제안한 타원 곡선 이론에 기반을 둔 공개키 암호 방식이다.

2. 단방향 암호 알고리즘 　[20년 1회 실기]

종류	설명
SHA-256 암호 알고리즘	• SHA*의 한 종류로, 비밀번호 등 임의의 길이 메시지를 256bit의 축약된 메시지로 만들어 내는 해시 알고리즘이다.
MD5 (Message Digest Algorithm 5)	• 미국 MIT의 로널드 라이베스트(Ronald Rivest)가 MD4를 대체하기 위해 개발하였다. • 정보보호를 위해 임의 길이의 입력 데이터를 128bit 고정 길이로 메시지를 압축하는 단방향 해시 알고리즘이다. • 데이터 무결성을 보장하기 위한 알고리즘으로, RFC 1321 표준에 규정되어 있다.
SNEFRU	• 1990년 머클(R.C.Merkle)이 제안한 해시 함수로, 128bit, 256bit 해시 코드를 생성하는 방식이다.
N-NASH	• 1989년 일본의 미야자키가 제안한 해시 함수로, 128bit 해시 코드를 생성하는 방식이다.
HAVAL	• 1992년에 발명한 해시 함수로, MD5 단점을 보완하여 128bit에서 256bit까지 32bit 단위로 다양한 길이의 해시 코드를 생성하는 방식이다.

레지스터(Register)
컴퓨터 프로세서 내 기억 장소

의사 난수(Pseudo Random Number, PRN)
가짜 난수로, 특정한 공식을 통하여 생성되는 난수 열이 만들어진다. 즉, 연관성이 없는 듯한 수열을 만들어 내는 것이 소프트웨어의 난수 생성 방식이다. 따라서 진정한 난수가 아니다.
• 난수 : 정의된 범위 내에서 무작위로 추출된 수

SSL(Secure Socket Layer, 보안 소켓 계층)
웹 브라우저와 서버 간의 통신에서 정보를 암호화하는 것

NBS(National Bureau of Standards)
미국 국립 표준국, 미국 표준 기술 연구소(NIST)의 과거 이름

권쌤이 알려줌

RSA는 소수를 활용한 암호화 알고리즘입니다.

SHA(Secure Hash Algorithm, 안전한 해시 알고리즘)
미국 국립 표준 기술 연구소(NIST)가 표준으로 채택한 암호 해시 알고리즘

[21년 1회]

01 정보보호를 위한 암호화에 대한 설명으로 틀린 것은?

① 평문 – 암호화되기 전의 원본 메시지

② 암호문 – 암호화가 적용된 메시지

③ 복호화 – 평문을 암호문으로 바꾸는 작업

④ 키(Key) – 적절한 암호화를 위하여 사용하는 값

> 해설 평문을 암호문으로 바꾸는 작업은 암호화이고, 암호문을 평문으로 바꾸는 작업이 복호화이다.

[21년 1회] [20년 3회]

02 블록 암호화 방식이 아닌 것은?

① DES ② RC4

③ AES ④ SEED

> 해설 다른 하나는 스트림 암호화 방식이다.
> **TIP** 블록 암호화 방식은 "DASA"로 기억하세요.

[21년 2회]

03 암호화 키와 복호화 키가 동일한 암호화 알고리즘은?

① RSA ② AES

③ DSA ④ ECC

> 해설 나머지는 암호화 키와 복호화 키가 서로 다른 키를 사용한다.
> • DSA(Digital Signature Algorithm, 전자 서명 알고리즘) : 미국 국립 표준 기술 연구소(NIST)에서 전자 서명 표준안으로 개발된 공개키 암호 방식 기반의 전자 서명 알고리즘

[21년 1회]

04 스트림 암호화 방식의 설명으로 옳지 않은 것은?

① 비트/바이트/단어들을 순차적으로 암호화한다.

② 해시 함수를 이용한 해시 암호화 방식을 사용한다.

③ RC4는 스트림 암호화 방식에 해당한다.

④ 대칭키 암호화 방식이다.

> 해설 스트림 암호화 방식은 양방향 알고리즘이며, 해시 함수를 이용한 암호 방식은 단방향 알고리즘이다.

[20년 4회]

05 공개키 암호화 방식에 대한 설명으로 틀린 것은?

① 공개키로 암호화된 메시지는 반드시 공개키로 복호화해야 한다.

② 비대칭 암호기법이라고도 한다.

③ 대표적인 기법은 RSA 기법이 있다.

④ 키 분배가 용이하고, 관리해야 할 키 개수가 적다.

> 해설 공개키로 암호화된 메시지는 반드시 비밀키로 복호화해야 한다.

[21년 1회]

06 공개키 암호에 대한 설명으로 틀린 것은?

① 10명이 공개키 암호를 사용할 경우 5개의 키가 필요하다.

② 복호화 키는 비공개되어 있다.

③ 송신자는 수신자의 공개키로 문서를 암호화한다.

④ 공개키 암호로 널리 알려진 알고리즘은 RSA가 있다.

> 해설 10명이 공개키 암호를 사용할 경우 10개의 공개키와 10개의 개인키가 필요하다.
> • 한 사람당 1개의 공개키와 1개의 개인키를 보유한다.

[21년 2회]

07 해쉬(Hash) 기법에 대한 설명으로 틀린 것은?

① 임의의 길이의 입력 데이터를 받아 고정된 길이의 해쉬 값으로 변환한다.

② 주로 공개키 암호화 방식에서 키 생성을 위해 사용한다.

③ 대표적인 해쉬 알고리즘으로 HAVAL, SHA-1 등이 있다.

④ 해쉬 함수는 일방향 함수(One-way function)이다.

> 해설 해시 기법은 주로 단방향 암호화 방식에서 사용한다.
> • 공개키 암호화 방식은 양방향 암호화 방식이다.

[21년 3회]

08 시스템에 저장되는 패스워드들은 Hash 또는 암호화 알고리즘의 결과 값으로 저장된다. 이때 암호공격을 막기 위해 똑같은 패스워드들이 다른 암호 값으로 저장되도록 추가되는 값을 의미하는 것은?

① Pass flag 　② Bucket
③ Opcode 　④ Salt

> 해설　키워드 Hash, 추가되는 값 → 용어 솔트(Salt)
> • 버킷(Bucket) : 하나의 주소를 갖는 파일의 한 구역
> • Opcode(Operation Code, 연산 부호) : 컴퓨터가 실행할 처리의 종류를 지정하는 부호

[21년 3회 실기]

09 다음은 무엇에 대한 설명인가?

> 1975년 미국 국립 표준국(NBS)이 IBM사의 제안을 바탕으로 제정한 개인키 암호화 알고리즘이다. 56bit의 암 · 복호키를 이용하여 64bit의 블록을 암호화, 복호화하는 방식이다. 이는 16번의 라운드를 반복하여 암호화가 진행된다.

① RC4 　② ARIA
③ DES 　④ LFSR

> 해설　키워드 IBM, 개인키, 56bit 키, 64bit 블록, 16라운드 → 용어 DES
> TIP 라운드(Round)란 암호화의 한 단계를 여러 번 반복하여 수행하게 되어 있는 구조를 의미합니다.

[21년 2회 실기]

10 다음은 무엇에 대한 설명인가?

> DES를 보완한 것으로, 2001년 미국 표준 기술 연구소(NIST)에서 발표한 개인키 암호화 알고리즘이다. 128, 192, 256비트의 암호/복호키를 이용하여 128비트의 블록을 암호화, 복호화 하는 대칭키 암호 방식이다.

① SEED 　② DES
③ ARIA 　④ AES

> 해설　키워드 DES 보완, 미국 표준 기술 연구소(NIST), 개인키 → 용어 AES

[20년 2, 3회]

11 소인수 분해 문제를 이용한 공개키 암호화 기법에 널리 사용되는 암호 알고리즘 기법은?

① RSA 　② ECC
③ PKI 　④ PRM

> 해설　키워드 소인수 분해 → 용어 RSA
> • PKI(Public Key Infrastructure, 공개키 기반 구조) : 공개키 암호 시스템을 안전하게 사용하고 관리하기 위한 정보 보호 표준 방식
> • PRM(Partner Relationship Management, 파트너 관계 관리) : 기업이 고객의 만족도와 매출을 높이려고 파트너들과 협업하는 솔루션

[21년 3회]

12 비대칭 암호화 방식으로 소수를 활용한 암호화 알고리즘은?

① DES 　② AES
③ SMT 　④ RSA

> 해설　키워드 비대칭 암호화 방식, 소수 → 용어 RSA
> • SMT(Statistical Machine Translation, 통계적 기계 번역) : 통계적 분석으로 기계 학습에 필요한 많은 양의 말뭉치에서 모델 파라미터를 학습하여 문장을 번역하는 기술
> – 모델 파라미터 : 새로운 샘플이 주어지면 무엇을 예측할지 결정하는 것

[20년 1회 실기]

13 다음은 무엇에 대한 설명인가?

> 128비트 암호화 해시 함수이다. RFC 1321로 지정되어 있으며, 주로 프로그램이나 파일이 원본 그대로인지를 확인하는 무결성 검사 등에 사용된다. 1991년에 로널드 라이베스트(Ronald Rivest)가 예전에 쓰이던 MD4를 대체하기 위해 고안했다.

① MD5 　② RC4
③ AES 　④ LFSR

> 해설　키워드 RFC 1321, 로널드 라이베스트, MD4 대체 → 용어 MD5

▶ 정답 : 01.③, 02.②, 03.②, 04.②, 05.①, 06.①, 07.②, 08.④, 09.③, 10.④, 11.①, 12.④, 13.①

[이전 기출]
01 보안의 메커니즘 중 데이터를 송·수신한 자가 송·수신 사실을 부인할 수 없도록 송·수신 증거를 제공하는 것은?

① Authentication ② Encryption
③ Non-repudiation ④ Decryption

[이전 기출]
02 시스템 내의 정보와 자원은 인가된 사용자만 접근이 허용되며, 정보가 전송 중에 노출되더라도 데이터를 읽을 수 없다는 보안 원칙은?

① 부인 방지 ② 기밀성
③ 무결성 ④ 가용성

03 다음 중 CLASP의 5가지 관점으로 가장 거리가 먼 것은?

① 유지보수 관점 ② 활동 평가 관점
③ 취약성 관점 ④ 개념 관점

[이전 기출]
04 괄호 안에 들어갈 웹의 취약점은?

( )은 불특정 다수를 대상으로 로그인된 사용자가 자신의 의도와는 무관하게 공격자가 의도한 행위(수정, 삭제, 등록, 송금) 등을 하게 만드는 공격이다.

① 명령 삽입 취약점
② XSS 취약점
③ 디렉터리 리스팅 취약점
④ CSRF 취약점

[이전 기출]
05 FTP 서버가 데이터를 전송할 때 목적지가 어디인지 검사하지 않는 설계상의 문제점을 이용한 FTP 공격 유형은?

① FTP Bounce 공격 ② Land 공격
③ 버퍼 오버플로 ④ Smurf 공격

[이전 기출]
06 "소프트웨어 개발 보안 가이드(2013.11)"에서 보안 약점은 7개의 유형으로 분류하여 정의하고 있다. 다음 중 '입력 데이터 검증 및 표현' 유형에 해당하는 보안 약점과 가장 거리가 먼 것은?

① 부적절한 인가 ② 경로 조작 및 자원 삽입
③ XPath 삽입 ④ 운영체제 명령어 삽입

[이전 기출]
07 암호화 기술에 대한 설명으로 옳은 것은?

① 공개키 암호화는 암호화하거나 복호화하는 데 동일한 키를 사용한다.
② 공개키 암호화는 비공개키 암호화에 비해 암호화 알고리즘이 복잡하여 처리 속도가 느리다.
③ 공개키 암호화의 대표적인 알고리즘에는 데이터 암호화 표준(Data Encryption Standard)이 있다.
④ 비밀키 암호화는 암호화와 복호화 과정에서 서로 다른 키를 사용하는 비대칭 암호화 방식이다.

[이전 기출]
08 다음에서 설명하고 있는 알고리즘은?

• 순수 국내 기술로 개발된 128비트 크기의 블록 암호 알고리즘
• 1999년 국내 표준으로 제정, 2005년에는 국제 표준 제정

① RSA ② Triple DES
③ AES ④ SEED

[이전 기출]
09 데이터의 비밀성을 보장하는데 사용될 수 있는 암호화 알고리즘이 아닌 것은?

① DES(Data Encryption Standard)
② RSA(Rivest Shamir Adleman)
③ Reed-Solomon code
④ FEAL(Fast Encryption Algorithm)

섹션
기출예상문제 해설

01 [키워드] 부인(Repudiation)할 수 없도록 → [용어] 부인 방지(Non-repudiation)
- 인증(Authentication) : 시스템이 각 사용자를 정확히 식별하고자 할 때 사용하는 방법
- 암호화(Encryption) : 평문을 암호문으로 변환하는 과정
- 복호화(Decryption) : 암호화 과정의 역과정으로, 암호문을 평문으로 변환하는 과정

02 [키워드] 인가된 사용자만 접근 → [용어] 기밀성(Confidentiality)
- 부인 방지(Non-repudiation) : 메시지 송·수신이나 교환 후 또는 통신이나 처리가 실행된 후에 그 사실을 증명함으로써 사실 부인을 방지하는 보안 기술
- 무결성(Integrity) : 적절한 권한을 가진 사용자에 의해 인가된 방법으로만 정보를 변경할 수 있도록 하는 것
- 가용성(Availability) : 정보 자산에 대해 적절한 시간 또는 시점에 접근 가능한 것

03 CLASP의 5가지 관점 : 개념 관점, 역할 기반 관점, 활동 평가 관점, 활동 구현 관점, 취약성 관점
[TIP] CLASP의 5가지 관점은 "개구취 역평"으로 기억하세요.

04 [키워드] 자신의 의도와는 무관, 공격자가 의도한 행위 → [용어] 사이트 간 요청 위조(CSRF; Cross Site Request Forgery)
- 운영체제 명령어 삽입 : 외부 입력값을 통해 시스템 명령어의 실행을 유도함으로써 권한을 탈취하거나 시스템 장애를 유발하는 보안 약점
- 사이트 간 스크립팅(XSS; Cross Site Scripting) : 검증되지 않은 외부 입력값에 의해 사용자 브라우저에서 악의적인 스크립트가 실행될 수 있는 보안 약점
- 디렉터리 리스팅(Directory Listing) : 디렉터리 브라우저를 통해 디렉터리의 하위 폴더와 파일을 볼 수 있는 취약점

05 [키워드] FTP 서버, 목적지 → [용어] FTP 바운스 공격(FTP Bounce Attack)
- LAND 공격(Local Area Network Denial Attack) : '나쁜 상태에 빠지게 하다.'의 의미로, 공격자가 패킷의 출발지 주소나 포트를 임의로 변경하여 출발지와 목적지 주소 또는 포트를 동일하게 하여 무한 응답을 발생시키는 공격 방법
- 버퍼 오버플로(Buffer Overflow) : 메모리 버퍼의 경계값을 넘어서 메모리값을 읽거나 저장하여 예기치 않은 결과를 발생시킬 수 있는 보안 약점

- 스머핑(Smurfing, Ping Flood, Ping 홍수) : IP, ICMP의 특성을 악용하여 고성능 컴퓨터를 이용해 초당 엄청난 양의 접속 신호를 한 사이트에 집중적으로 보냄으로써 상대 컴퓨터의 서버를 접속 불능 상태로 만들어 버리는 해킹 수법

06 ①은 '보안 기능' 유형에 해당하는 보안 약점이다.

07 - 공개키 암호화는 암호화하거나 복호화하는 데 서로 다른 키를 사용한다.
- 데이터 암호화 표준(DES; Data Encryption Standard)은 비밀키 암호화의 대표적인 알고리즘이다.
- 비밀키 암호화는 암호화와 복호화 과정에서 서로 같은 키를 사용하는 대칭 암호화 방식이다.

08 [키워드] 128비트, 블록 암호, 1999년 국내 표준 → [용어] SEED
- RSA : 큰 숫자를 소인수 분해하기 어렵다는 기반 하에 1978년 MIT에 의해 제안된 공개키 암호화 알고리즘
- 3DES(Triple DES) : 각 데이터 블록에 DES 알고리즘을 세 번 적용하여 보안을 강화한 암호화 알고리즘
- AES(Advanced Encryption Standard, 고급 암호 표준) : 2001년 미국 국립 표준 기술 연구소(NIST)에서 발표한 개인키 암호화 알고리즘

09 Reed-Solomon code는 데이터 압축에 사용되는 알고리즘이다.
- DES(Data Encryption Standard, 데이터 암호화 표준) : 1975년 미국 국립 표준국(NBS)에서 발표한 개인키 암호화 알고리즘
- FEAL(Fast Encryption Algorithm) : 1987년 일본 NTT에서 기존의 DES를 대신하기 위해 만든 블록 암호 시스템

[정답] 01 ③ 02 ② 03 ① 04 ④ 05 ① 06 ① 07 ② 08 ④ 09 ③

시스템 보안 구축

보안 3요소를 보장하기 위해 취해지는 활동인 계정 관리, 패스워드 관리, 권한 관리 등에 대해 학습합니다. 그리고 하드웨어 관점 및 소프트웨어 관점에서의 보안 활동과 불법적인 접근으로 부터 시스템을 보호하기 위한 보안 솔루션에 대해 학습합니다.

★★
01 시스템 보안

1 시스템 보안

시스템 보안은 시스템 구성 요소 및 자원들의 기밀성, 무결성, 가용성을 보장하기 위해 취해지는 활동이다.

- 구체적으로는 외부 피해※와 내부 피해※로부터 조직이 보유한 컴퓨터 시스템과 기록 및 정보 자원들을 보호하는 데 쓰이는 방법을 말한다.

> **외부 피해**
> 해커, 바이러스, 자연재해에 의해 일어날 수 있는 피해

> **내부 피해**
> 불만을 품은, 부정직한, 혹은 해고당한 종업원에 의해 일어날 수 있는 피해

2 시스템 보안 설계

시스템 보안 설계는 관리적, 기술적, 물리적 보안 차원에서 정보시스템 보안 구축 계획을 수립하고, 정보시스템 보안 설계서를 작성하는 것이다.

- 악성코드, 개인정보 유출, 중요 정보 노출 및 비밀 데이터 손실 등의 비즈니스 문제를 방지하기 위해 안전한 정보시스템 환경을 구축하기 위함이다.

> **정보시스템 보안 설계**
> • 관리적 ⓔ 보안 정책
> • 기술적 ⓔ 해킹 탐지 기술
> • 물리적 ⓔ CCTV

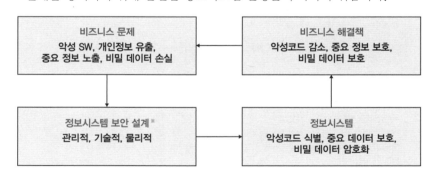

3 시스템 보안 설계 대상 [22년 2회] [21년 3회] [21년 3회 실기]

대상	설명
계정 관리	• 계정(Account)이란 한 사용자에게 소유되는 모든 파일과 자원, 그리고 정보를 말한다. • 계정 관리란 적절한 권한을 가진 사용자를 식별하기 위한 가장 기본적인 인증 수단이다. • 시스템은 계정과 패스워드 관리가 보안의 시작이다.
패스워드	• 패스워드(Password, 비밀번호)란 사용자가 컴퓨터 시스템 또는 통신망에 접속할 때 사용자 ID와 함께 입력하여 정당한 사용자라는 것을 식별할 수 있도록 컴퓨터에 전달해야 하는 고유의 문자열이다. 🔖 윈도우 부팅 시 패스워드 입력 • 허가 없이 데이터베이스나 파일에 접속하는 것을 방지하기 위한 안전 대책의 한 가지이다. • 온라인 데이터베이스나 PC 통신 등 온라인 정보 서비스는 패스워드가 없으면 이용할 수 없다. • 서비스 제공자의 컴퓨터는 입력된 사용자 ID와 패스워드를 등록되어 있는 것과 대조하여 일치해야 접속을 허용한다.
세션 관리	• 세션(Session)이란 네트워크 환경에서 사용자 또는 컴퓨터 간의 대화를 위한 논리적 연결이다. • 세션은 컴퓨터의 프로세스들 사이에서 통신하기 위해 메시지를 교환하여 서로를 인식한 이후부터 통신을 마칠 때까지의 기간이다. • 세션 관리란 사용자와 시스템 또는 두 시스템 간의 활성화된 접속에 대한 관리이다. • 일정 시간이 지날 경우 적절히 세션을 종료하고, 비인가자에 의한 세션 가로채기*를 통제한다.
접근 제어	• 접근(Access)이란 일반적으로 데이터를 얻는 것으로, 데이터가 있는 곳을 알아내어 그곳에 가서 데이터를 가져오는 것이다. • 접근은 사용자가 컴퓨터 시스템이나 프로그램을 이용하기 위해 최초로 접속을 시도하는 것이다. • 접근 제어(AC; Access Control)는 시스템이 연결된 다른 시스템으로부터 적절히 보호되고 꼭 필요한 사람에 의해서만 필요한 서비스를 제공할 수 있도록 전체 시스템 차원에서 접근을 통제하는 것이다.
권한 관리	• 권한(Right)이란 책임을 수행하기 위해 필요한 권한으로, 직책 수행에 필요한 결정권, 기타 재능의 수단을 합한 것이다. • 권한은 한 개인이 조직 내에서 차지하고 있는 위치로 인하여 갖게 되는 공식적인 힘을 말한다. • 권한은 한 개인이나 집단을 지배할 수 있는 권리이다. • 권한 관리는 시스템의 각 사용자가 적절한 권한으로 적절한 정보 자산에 접근할 수 있도록 통제하는 것이다.
로그 관리	• 로그(Log)는 시스템 사용에 대한 모든 내역을 기록해 놓은 것이다. • 로그 관리는 컴퓨터 생성된 대량의 로그 메시지를 처리하는 것이다. • 시스템 내부 혹은 네트워크를 통한 외부에서 시스템에 어떤 영향을 미칠 경우 해당 사항을 기록하여 문제 해결 및 예방 활동에 활용한다.
취약점 관리	• 취약점은 공격자가 시스템의 정보 보안을 낮추는 데 사용되는 약점이다. • 취약점은 3가지 요소의 교집합으로, 3가지 요소에는 ① 시스템 민감성 또는 결함, ② 결함에 대한 공격자의 접근, ③ 결함에 대한 공격자의 공격 가능성이 있다. • 취약점 관리는 취약점을 확인하고 분류, 치료, 완화시키는 주기적인 과정을 말한다. • 시스템은 계정과 패스워드 관리, 세션 관리, 접근 제어, 권한 관리 등을 충분히 잘 갖추고도 보안 문제가 발생할 수 있다. 이는 시스템 자체의 결함에 의한 것이므로, 시스템 자체의 결함을 체계적으로 관리하는 것이 취약점 관리이다.

세션 가로채기(Session Hijacking, 세션 하이재킹)
다른 사람의 세션 상태를 훔치거나 도용하여 액세스하는 해킹 기법

권쌤이 알려줌

접근 제어 방법에는 인증 (Authentication)과 인가 (Authorization)가 있습니다.
• 인증(Authentication) : 신분을 확인한다.
🔖 로그인을 통해 사용자를 식별한다.
• 인가(Authorization) : 접근 허가를 결정한다.
🔖 무료회원과 유료회원으로 구분하여 자원에 대한 권한을 부여한다.

4 시스템 보안 구현 환경 [22년 2회]

시스템 보안 구현 환경은 기밀성, 무결성, 가용성이 보장된 안전하고 신뢰성 있는 시스템 보안을 구현하기 위한 조건, 장소, 기타 여러 가지 여건을 의미한다.

• 관리적, 물리적, 기술적 차원으로 구분할 수 있다.

구분	설명
관리적 보안	인적 자산에 대한 보안으로, 각종 관리 절차 및 규정을 말한다. 예 기업의 시스템 보안 정책, 시스템 보안 규정 및 절차서, 시스템 보안 조직 및 인원 등
물리적 보안	설비/시설 자산에 대한 보안으로, 물리적 위협으로부터 보호하는 것을 말한다. 예 IDC*, 보안 통제 공간, 잠금장치, 출입통제 장비 등
기술적 보안	정보 자산에 대한 보안으로, 실제 정보 시스템에 적용된 기술에 특화하여 기술적으로 마련할 수 있는 정보 보호 대책을 말한다. 예 네트워크, 데이터베이스, 시스템 보안 솔루션 및 패키지 등

5 시스템 보안 구현 계획

시스템 보안 구현 계획은 시스템의 보안 설계 내용대로 실제 현장에서 구현하기 위한 세부 범위, 일정, 장소, 인원, 도구, 매뉴얼 및 절차서를 포함하여 실행방안을 구체화하는 작업을 의미한다.

구분	설명
범위	기간 및 자원을 고려하여 추진 범위 및 세부 업무 추진 내용을 정한다.
일정	전체 일정을 포함하여 월간, 주간, 일 등을 포함하여 세부 일정을 포함한다.
장소	설계, 구현 및 테스트 장소를 포함한다.
인원	추진 범위 및 일정별로 누가 작업할지 인원을 포함한다.
기타 준비사항	사용하는 보안 관련 매뉴얼 및 절차서, 기타 필요한 도구 등을 포함한다.

6 시스템 보안 구현 도구(보안 취약점 점검 도구) [21년 2회]

시스템 보안 구현 도구란 기밀성, 무결성, 가용성을 보장하고, 시스템 취약점으로부터 시스템이 노출되지 않도록 하기 위해 필요한 도구 혹은 수단 또는 방법을 의미한다.

도구	설명
MBSA(Microsoft Baseline Security Analyzer)	일반적으로 윈도우 시스템에서 틀리기 쉬운 보안 관련 설정을 간단히 확인하는 기능을 갖춘 도구이다.
Nmap (Network mapper)	고든 라이온(Gordon Lyon)이 작성한 보안 스캐너로, 서버 관리자가 시스템 자체 스캔을 통해 자신이 운영하는 서버에 자신도 모르는 다른 포트*가 열려 있는지 등을 확인하는 도구이다.
NBTScan	네트워크를 점검(Scan)하는 프로그램으로, 점검하고자 하는 대상 IP에 대해서 질의를 보내면 해당 시스템은 IP 주소와 NetBIOS* 컴퓨터 이름, 사용자 이름, MAC 주소 등의 정보를 반송하는 도구이다.

[21년 3회 실기]

01 다음은 AAA 서버에 대한 설명이다. ㉠~㉢에 들어갈 내용으로 적합한 것은?

> AAA 서버는 네트워크 환경에서 사용자에 대한 안전하고 신뢰성 있는 (㉠), (㉡), (㉢)을(를) 체계적으로 제공하는 정보 보호 기술이다. 이는 신분을 확인하는 (㉠), 접근 · 허가를 결정하는 (㉡), 리소스 사용 정보를 수집 · 관리하는 (㉢)을(를) 통합한 보안소프트웨어로, 3A라고도 한다.

	㉠	㉡	㉢
①	Authentication	Accounting	Authorization
②	Access		Authentication	Accounting
③	Authentication	Authorization	Accounting
④	Authorization	Authentication	Access

해설
키워드 신분 확인 → 용어 인증(Authentication)
키워드 접근 · 허가 결정 → 용어 인가(Authorization)
키워드 사용 정보 수집 · 관리 → 용어 계정(Accounting)

[21년 3회]

02 정보 보안을 위한 접근 제어(Access Control)와 관련한 설명으로 틀린 것은?

① 적절한 권한을 가진 인가자만 특정 시스템이나 정보에 접근할 수 있도록 통제하는 것이다.

② 시스템 및 네트워크에 대한 접근 제어의 가장 기본적인 수단은 IP와 서비스 포트로 볼 수 있다.

③ DBMS에 보안 정책을 적용하는 도구인 XDMCP를 통해 데이터베이스에 대한 접근제어를 수행할 수 있다.

④ 네트워크 장비에서 수행하는 IP에 대한 접근 제어로는 관리 인터페이스의 접근제어와 ACL(Access Control List) 등이 있다.

해설
Oracle, MS-SQL과 같은 DBMS를 통해 데이터베이스에 대한 접근 제어를 수행할 수 있다.
TIP XDMCP(X Display Manager Control Protocol)는 유닉스 계열 운영체제에서 GUI를 사용하기 위한 X 디스플레이 관리자입니다.

[21년 2회]

03 서버에 열린 포트 정보를 스캐닝해서 보안 취약점을 찾는데 사용하는 도구는?

① type
② mkdir
③ ftp
④ nmap

해설
키워드 열린 포트 정보 스캐닝 → 용어 nmap(network mapper)

▶ 정답 : 01.③, 02.③, 03.④

---

02 보안 아키텍처

1 보안 아키텍처(Security Architecture)

보안 아키텍처란 정보 자산의 기밀성, 무결성, 가용성을 강화하기 위해 관리적, 물리적, 기술적 보안 영역의 구성 요소와 관계를 정의한 구조이다.

권쌤이 알려줌

보안 아키텍처는 보안 3요소와 시스템 보안 구현 환경의 관계를 정의한 밑그림입니다.
• 보안 3요소 : 기밀성, 무결성, 가용성
• 시스템 보안 구현 환경 : 관리적/물리적/기술적 보안 영역

1. 시스템 보안 설계 원칙

- 자원에 적용되는 보안 수준은 조직에 주는 가치에 비추어 적절해야 한다.
- 보안에 소요되는 비용은 충분히 합리적이어야 한다.
- 변화하는 보안의 필요와 요구사항을 수용할 수 있어야 한다.
- 보호의 레벨이 변경될 경우에도 기본 보안 아키텍처를 수정하지 않고 지원할 수 있어야 한다.
- 보안 서비스가 여러 가지 보호 레벨을 수용하고 미래에 확장이 필요하다는 것을 수용할 수 있도록 충분히 확장성이 있어야 한다.
- 조직으로 하여금 안전한 업무를 전자적으로 수행할 수 있도록 통합된 보안 서비스를 제공해야 한다.
- 모든 컴퓨터 플랫폼에 걸쳐 일관성 있는 프레임워크를 제공해야 한다.

 예 보안 아키텍처

보안 목표	기밀성(Confidentiality)	무결성(Integrity)	가용성(Availability)

기술적 보안

클라이언트	HTTPS ⟷ : ⟷ SSL	프론트엔드	사용자 인증 ID/PW 공인인증서 네트워크 보안 침입 차단 시스템 웹 방화벽	응용 보안 DRM 증명서 위변조 방지	평문 ⟷ 암호화 ⟷	백엔드	시스템 보안 서버 가상화 서버 보안 DB 암호화	PC 보안 키보드 보안 바이러스 백신

관리적 보안 (보안 정책)

보안 정책	보안 조직	보안 제도	자산 분류
정보보호 관련 법령	SW 보안 HW 보안	정기 보안점검 보안 세미나	공개/대외비

물리적 보안

건물 보안	사무실 보안	전산실 보안	출입통제구역
CCTV 안전요원	카드 출입통제	지문인식 출입통제 출입 관리대장	담당자

2 보안 프레임워크(Security Framework, 보안 표준)

보안 프레임워크란 안전한 정보 시스템 환경을 유지하고 보안 수준을 향상시키기 위한 체계이다.

1. ISO/IEC 27001

정보 보호 관리 체계(ISMS)※에 대한 요구사항을 규정한 국제 표준이다.

- 정보 보호 분야에서 가장 권위 있는 국제 인증 표준이다.
- 기업의 위험 관리, 보안 정책 등에 대한 규격을 담고 있는 보안 프레임워크이다.

정보 보호 관리 체계(ISMS; Information Security Management System)
정보 통신 서비스 제공자가 정보 통신망의 안정성 및 신뢰성을 확보하여 정보 자산의 기밀성, 무결성, 가용성을 실현하기 위한 관리적/기술적 수단과 절차를 체계적으로 관리 및 운용하는 체계

▼ ISO/IEC 27001 보안 통제 항목

표준		세부 내용
ISO/IEC 27001	보안 정책	정보 보호 수행을 위한 경영 방침과 지원 사항
	정보 보안 조직	효과적인 보안 관리를 위한 조직 내의 책임과 역할
	자산 분류 및 통제	조직의 자산 보호를 위한 적절한 보호 프로세스
	인력 자원 보안	사람의 실수, 절도, 사기, 시설의 오용으로 인한 위험을 줄이기 위한 대응책
	물리적 및 환경적 보안	비인가된 접근 및 방해 요인 방지
	통신 및 운영 관리	네트워크 및 시스템 간의 안전한 정보 전송
	접근 제어	부적절한 접근에 대한 통제
	정보 시스템의 구축 개발 및 운영	정보시스템 내에 보안이 수립되어 있음을 보장하기 위한 대응 방안 확인
	정보 보안 사고의 관리	정보시스템과 관련된 보안 사고에 대한 대응책
	사업의 연속성	업무 활동에 대한 방해 요소를 완화시키고 중대한 실패 재해로부터 중요 업무를 보호하기 위한 프로세스
	준거성	범죄 및 민형사상의 법률, 법규, 규정 또는 계약 의무사항 및 보호 요구사항의 불일치를 회피하기 위한 대응책

2. ITU-T X.805

종단(End-to-End) 간 네트워크 서비스에 대한 보안 아키텍처로, 정보 보호 모델 개발을 위한 표준 규격이다.

▼ ITU-T X.805 구성

구분	설명
보안 차원 (Security Dimension)	• 외부 공격에 대해 위의 8가지 보안 조치가 필요하다. • 보안 조치 : 접근제어, 인증, 부인방지, 기밀성, 통신 흐름 보안, 무결성, 가용성, 프라이버시
보안 계층 (Security Layer)	• 8가지 보안 조치를 3개의 보안 계층별로 검토 및 적용한다. • 계층 : 인프라 계층, 서비스 계층, 응용 계층
보안 영역 (Security Plane)	• 보안 계층은 3개의 보안 영역(면)별로 구분해 검토 및 적용한다. • 영역 : 관리 평면, 제어 평면, 사용자 평면 위협

> **권쌤이 알려줌**
>
> ITU-T X.805 보안 아키텍처는 8개의 보안 차원, 3개의 보안 계층, 3개의 보안 영역의 조합으로 보안 조치를 취합니다.

예 ITU-T X.805 정보보호 참조 모델

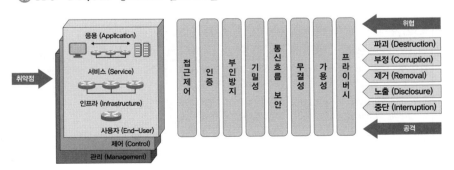

01 시스템 보안 설계 원칙에 대한 설명으로 거리가 먼 것은?

① 보안에 소요되는 비용은 충분히 합리적이어야 한다.

② 모든 컴퓨터 플랫폼에 걸쳐 일관성 있는 프레임워크를 제공해야 한다.

③ 변화하는 보안의 필요와 요구사항을 수용할 수 있어야 한다.

④ 자원에 적용되는 보안 수준은 무조건 높아야 한다.

해설 자원에 적용되는 보안 수준은 조직에 주는 가치에 비추어 적절해야 한다.

02 X.805의 보안 계층으로 볼 수 없는 것은?

① Services Layer

② Application Layer

③ Network Layer

④ Infrastructure Layer

해설 X.805 보안 계층 : 인프라 계층(Infrastructure Layer), 서비스 계층(Services Layer), 응용 계층(Application Layer)

▶ 정답 : 01.④, 02.③

I-PIN(Internet Personal Identification Number, 인터넷 개인 식별 번호)
웹 사이트에 주민등록번호 대신 이용할 수 있는 사이버 신원 확인 번호로서, 인터넷상에서 주민등록번호가 유출되어 도용되는 부작용을 막기 위해 만든 서비스

OTP(One-Time Password, 일회용 패스워드)
로그인 할 때마다 그 세션에서만 사용할 수 있는 일회성 패스워드를 생성하는 보안 시스템
⑩ 은행 보안 OTP
• 동일한 패스워드가 반복해서 재사용됨으로써 발생할 수 있는 패스워드 도난 문제를 예방하는 것이 목적이다.

권쌤이 알려줌

인증 유형 : 생소한 행위지
• 생(체 기반 인증)
• 소(유 기반 인증)
• 한
• 행(위 기반 인증)
• 위(치 기반 인증)
• 지(식 기반 인증)

03 시스템 인증

1 시스템 인증(서버 인증)

시스템 인증(서버 인증)은 로그인 요청 등을 통해 통신상에서 보내는 사람의 디지털 정체성을 확인하는 과정을 의미한다.

1. 인증(Authentication)

참이라는 근거가 있는 무언가를 확인하거나 확증하는 행위를 의미한다.

• 어떤 대상을 인증하는 것은 이에 대한 출처를 확인하는 것이고, 사람을 인증하는 것은 사람들의 신분을 구성하는 것이다.

2. 인증 유형 [22년 2, 3회]

인증 유형	설명
지식 기반 인증 (Something You Know, 알고 있는 것)	군대의 암구어처럼 머릿속에 기억하고 있는 정보를 이용해 인증 수행 ⑩ 패스워드, I-PIN※
소유 기반 인증 (Something You Have, 가지고 있는 것)	신분증이나 OTP※ 장치 등을 통해 인증 수행 ⑩ 출입카드
생체 기반 인증 (Something You Are, 스스로의 모습)	홍채와 같은 생체 정보를 통해 인증 수행 ⑩ 지문 인식, 홍채 인식
위치 기반 인증 (Somewhere You Are, 위치하는 곳)	현재 접속을 시도하는 위치의 적절성 확인 수행 ⑩ 콜백(Call Back), 위치, GPS(Global Positioning System, 위성 위치 확인 시스템) 이용
행위 기반 인증 (Something You Do, 행동하는 것)	사용자의 행동 정보를 이용해 인증 수행 ⑩ 서명

[이전 기출]

01 사용자 인증 방법 중에서 신분증, 주민등록증 등을 이용하여 인증하는 방법으로 가장 적절한 것은?

① 지식 기반 인증   ② 소유 기반 인증
③ 행위 기반 인증   ④ 생체 기반 인증

> 해설 키워드 신분증, 주민등록증 → 용어 소유 기반 인증

02 웹 사이트에 주민등록번호 대신 이용할 수 있는 사이버 신원 확인 번호로서, 인터넷상에서 주민등록번호가 유출되어 도용되는 부작용을 막기 위해 만든 서비스는?

① Authentication   ② OTP
③ I-PIN   ④ Call Back

> 해설 키워드 사이버 신원 확인 번호(Number), 인터넷(Internet)상 → 용어 I-PIN(Internet Personal Identification Number, 인터넷 개인 식별 번호)

▶ 정답 : 01.②, 02.③

---

04 로그 및 취약점 분석

1 로그 분석

로그 정보는 침해사고 발생 시 해킹의 흔적 및 공격 기법을 확인할 수 있는 중요 자료로, 정기적인 로그 분석[※]을 통해 시스템 침입 흔적과 취약점을 확인할 수 있다.

1. 리눅스(LINUX) 로그

시스템의 모든 로그를 var/log 디렉터리에서 기록하고 관리한다.

- 로그 파일을 관리하는 syslogd[※] 데몬[※]은 etc/syslog.conf 파일을 읽어 로그 관련 파일들의 위치를 파악한 후 로그 작업을 시작한다.
- syslog.conf 파일을 수정하여 로그 관련 파일들의 저장 위치와 파일명을 변경할 수 있다.

2. 리눅스의 주요 로그 파일 [22년 1회]

로그	파일명	데몬	내용
커널 로그	/dev/console	kernel	콘솔[※] 화면 기록 로그
부팅 로그	/var/log/boot.log	boot	데몬 실행, 재시작 등에 관한 로그
크론[※] 로그	/var/log/cron	crond	시스템의 정기적인 작업에 대한 로그
시스템 로그	/var/log/messages	syslogd	시스템 변경 등 시스템에 관한 전반적인 로그
보안 로그	/var/log/secure	xinetd	보안 인증 관련 로그
FTP 로그	/var/log/xferlog	ftpd	FTP 등의 접속 로그
메일 로그	/var/log/maillog	sendmail popper	메일 로그
전체 로그인 로그	/var/log/wtmp	kernel	시스템 전체 로그인 기록
현재 로그인 로그	/var/log/utmp	ftpd	현재 로그인 사용자 기록

권쌤이 알려줌

운영체제는 시스템을 감시하다가 비정상적이거나 기록할 만한 상황이 되면 로그를 남기게 됩니다. 이후 로그 정보를 확인하여 시스템에 어떤 문제가 발생했는지 확인할 수 있습니다.

정기적인 로그 분석을 위한 절차
1. 정기적인 로그 검토 및 분석 주기 수립
2. 로그 분석에 대한 결과 보고서 작성
3. 로그 분석 결과보고서 보고 체계 수립

syslogd(로그 데몬)
커널과 여러 프로그램은 각종 에러와 경고 메시지, 기타 일반적인 메시지들을 출력하는데, syslogd는 이런 메시지들을 파일로 기록하는 데몬이다.

```
전원 ON
   ↓
syslogd 데몬은 etc/syslog.
conf 파일을 읽음
   ↓
지정된 파일에 로그 기록
/dev/console
/var/log/secure
/var/log/messages
⋮
```

데몬(Daemon)
사용자 개입 없이 특정 상태가 되면 자동으로 실행되는 시스템 프로그램
• 리눅스 계열에서는 데몬이라고 하고, 윈도우즈 계열에서는 서비스라고 한다.

콘솔(Console)
오퍼레이터(컴퓨터 조작자)와 컴퓨터 사이에 대화할 수 있는 입·출력장치

크론(Cron, 작업 예약 스케줄러)
특정한 시간에 특정한 작업을 수행하게 해주는 스케줄링 역할

네임 서버 로그	/var/log/named.log	named	네임 서버(DNS) 로그
웹 액세스 로그	/var/log/httpd/access_log	httpd	웹 서버 접근 로그
웹 에러 로그	/var/log/httpd/error_log	httpd	웹 서버 에러 로그

3. 윈도우 로그

윈도우 시스템에서는 이벤트 로그 형식으로 시스템의 로그를 관리한다.

• 윈도우 이벤트 뷰어를 이용하여 이벤트 로그를 확인할 수 있다.

• 윈도우 이벤트 뷰어는 [제어판] – [관리도구] – [이벤트 뷰어]를 선택하여 실행한다.

4. 윈도우 이벤트 뷰어 로그

로그	설명
응용 프로그램 로그	응용 프로그램의 이벤트 저장
보안 로그	네트워크, 자원 사용 등에 관련된 이벤트 저장
시스템 로그	시스템 부팅 시 드라이버 실패 등과 같이 Windows 시스템 구성 요소에 관한 이벤트 저장
설치(Setup) 로그	프로그램 설치와 관련된 이벤트 저장
전달된 이벤트 (Forwarded Events) 로그	원격 컴퓨터에서 전달된 이벤트 저장

2 취약점 진단 환경 구축

보안 취약점 진단을 수행하기 위해 필요한 서버, 스토리지 및 네트워크 환경을 구축한다. 보안 취약점 진단 환경은 아래와 같은 역할을 실시한다.

• 대상 시스템을 테스트 환경에 배포한다.

• 보안 취약점 점검에 필요한 진단 도구와 모니터링 툴※을 설치 및 관리한다.

• 보안 취약점을 진단하는 환경 설정 정보를 문서화하고 관리한다.

취약점 모니터링 툴
보안 취약점 진단 진행 중 보안 취약점 진단 환경과 대상 시스템에 대한 모니터링을 수행하는 도구이다.
• 보안 취약점 진단 진행 중 환경에 대한 모니터링 정보를 저장한다.

▼ 취약점 진단을 위한 하드웨어 환경 구성

하드웨어	설명
진단 서버	취약점 진단을 수행하기 위해 필요한 CPU, 메모리 등 각종 하드웨어가 장착된 서버
스토리지	취약점 진단을 수행하기 위해 필요한 데이터를 담아두는 저장 공간 • 취약점 진단 데이터 : 취약점 진단을 위한 데이터
네트워크	서버와 클라이언트를 연결해주는 연결망

3 취약점 분석

1. 취약점 분석 및 평가

취약점 분석 및 평가는 악성코드 유포, 해킹 등과 같은 사이버 위협으로부터 정보시스템의 취약점을 분석 및 평가한 후 개선하는 일련의 과정이다.

- 정보시스템의 안정적인 운영을 방해하는 사이버 위협에 대한 항목별 세부 점검 항목을 파악하여 취약점 분석을 수행한다.
- 취약점이 발견되면 위험 등급을 부여하고 개선 방향을 수립한다.
- 취약점 분석 및 평가의 기본 항목은 상, 중, 하의 3단계로 중요도[※]를 분리한다.

2. 취약점 분석 및 평가 수행 절차

① 취약점 분석 및 평가 계획 수립
- 취약점 분석 및 평가를 위한 수행 주체, 수행 절차, 소요 예산, 산출물 등의 세부 계획을 수립한다.

② 취약점 분석 및 평가 대상 선정
- 정보 시스템의 자산을 식별하고, 유형별로 그룹화하여 취약점 분석 및 평가 대상 목록을 작성한다.
- 식별된 대상 목록의 각 자산에 대해 중요도를 산정한다.

③ 취약점 분석 수행
- 취약점 분석 및 평가를 위한 관리적, 물리적, 기술적 세부 점검 항목표를 작성한다.

구분	설명
관리적 점검	정보보호 정책이나 지침 등 관련 문서 확인과 정보보호 담당자, 시스템 관리자, 사용자 등과의 면담을 통해 수행
물리적 점검	전산실, 발전실 등 통제 구역을 직접 찾아가 현장 점검 형태로 수행
기술적 점검	점검 도구, 모의 해킹 등을 통해 수행

④ 취약점 평가 수행
- 취약점 분석 세부 결과를 작성한다.
- 파악된 취약점 별로 위험 등급[※]을 상, 중, 하 3단계로 표시한다.

 기출 및 예상문제　　　　　　04 로그 및 취약점 분석

01 보안 취약점 진단 수행 환경에 대한 설명으로 가장 거리가 먼 것은?

① 대상 시스템을 테스트 환경에 배포한다.
② 취약점 점검에 필요한 진단 도구와 취약점 모니터링 툴을 설치하고 관리한다.
③ 취약점 진단을 위한 데이터를 담아두는 저장 공간은 스토리지이다.
④ 취약점 진단을 위한 하드웨어 환경에는 서버, 프로토콜, 로그가 있다.

> 해설 취약점 진단을 위한 하드웨어 환경 : 서버, 스토리지, 네트워크

▶ 정답 : 01.④

★★
05 보안 솔루션

1 보안 솔루션※

보안 솔루션은 접근 통제, 침입 차단 및 탐지, DDos 탐지 등을 수행하여 외부로부터 불법적인 침입을 막는 기술이나 시스템 또는 장비를 말한다.

• 종류 : 방화벽, IDS, DMZ, IPS, NAC, TMS, UTM, ESM, DLP 등

2 방화벽(Firewall)

방화벽은 해킹 등에 의해 외부로 정보 유출을 막기 위해 사용하는 보안 시스템이다.

• 내부 네트워크에서 외부 네트워크(인터넷)로 나가는 패킷※은 그대로 통과시키고, 외부 네트워크(인터넷)에서 내부 네트워크로 들어오는 패킷은 내용을 엄밀히 체크하여 인증된 패킷만 통과시키는 구조이다.

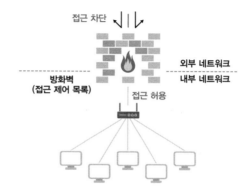

1. 특징

• 보안이 필요한 네트워크의 통로를 단일화하여 관리함으로써 외부의 불법 침입으로부터 내부 정보 자산을 보호하기 위해 사용한다.

• 역추적 기능이 있어서 외부의 침입자를 역추적하여 흔적을 찾을 수 있다.

• 방화벽이 제공하는 기능에는 접근 제어, 인증, 감사 추적, 암호화 등이 있다.

2. 방식

방식	설명
애플리케이션 게이트웨이 방식	확실히 허가 받지 않은 것을 금지한다.
패킷 필터링 게이트웨이 방식	확실히 금지되지 않은 것을 허가한다.

3. 구축 형태

① 스크리닝 라우터(Screening Router) (= 단일 패킷 필터링)

• 일반 라우터에 패킷 필터링 규칙을 적용시킨다.

• 라우터는 단순한 필터링 기능만을 제공하므로 완벽한 방화벽 역할은 어렵다.

내부 네트워크   **스크리닝 라우터**   **외부 네트워크**

② 배스천 호스트(Bastion Host) (= 단일 홈 게이트웨이)

- 배스천 호스트는 내부 네트워크로의 접근 기록, 감사 추적을 위한 모니터링 기능 등을 가지고 있다.
- 외부 네트워크에서 내부 네트워크로 접근 시 배스천 호스트를 통과해야만 한다.

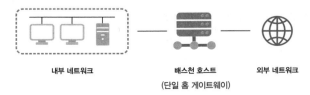

내부 네트워크   **배스천 호스트**   **외부 네트워크**
(단일 홈 게이트웨이)

③ 이중 홈 게이트웨이(Dual-Homed Gateway)

- 두 개의 네트워크 인터페이스를 가진 배스천 호스트를 의미한다.
- 하나의 네트워크 인터페이스는 외부 네트워크에 연결되며, 다른 하나의 네트워크는 보호하고자 하는 내부 네트워크에 연결된다.

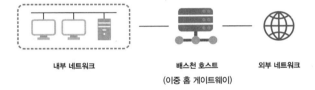

내부 네트워크   **배스천 호스트**   **외부 네트워크**
(이중 홈 게이트웨이)

④ 스크린 호스트 게이트웨이(Screened Host Gateway)

- 스크리닝 라우터에서 1차로 필터링하고, 배스천 호스트에서 2차로 필터링하는 방식이다.

내부 네트워크   **배스천 호스트**   **스크리닝 라우터**   **외부 네트워크**

⑤ 스크린 서브넷 게이트웨이(Screened Subnet Gateway) [21년 2회]

- 스크리닝 라우터에서 1차로 필터링하고 배스천 호스트에서 2차로 필터링한 후, 다시 스크리닝 라우터에서 3차로 필터링하는 방식이다.

내부 네트워크   **스크리닝 라우터**   **배스천 호스트**   **스크리닝 라우터**   **외부 네트워크**

학습 플러스 프록시 서버(Proxy Server)

프록시 서버는 사용자가 방문했던 내용을 담고 있는 캐시* 서버로서 방화벽의 기능까지 지원하는 서버이다.
• 클라이언트와 서버 사이에서 중개자 역할을 수행한다.
• 기업의 네트워크를 외부 네트워크로부터 분리시켜 주는 게이트웨이 서버, 기업의 네트워크를 외부의 침입으로부터 보호하는 방화벽 서버 등의 역할을 하거나 그 일부가 된다.
• 캐시를 이용하므로 불필요하게 외부와 연결을 하지 않아도 되고, 외부와의 트래픽을 줄여 네트워크 병목 현상도 방지할 수 있다.

3 IDS(Intrusion Detection System, 침입 탐지 시스템) [21년 3회]

IDS는 정보 시스템의 보안을 위협하는 침입 행위가 발생할 경우 이를 탐지 및 적극 대응하기 위한 보안 시스템이다.

• 이상 탐지 기법(Anomaly Detection) : 비정상적인 행위나 자원의 사용을 탐지한다.
• 오용 탐지 기법(Misuse Detection) : 미리 입력해 둔 공격 패턴이 있는지 탐지한다.
• 침입 탐지 시스템 위치 : 패킷이 라우터로 들어오기 전, 라우터 뒤, 방화벽 뒤, 내부 네트워크, DMZ

학습 플러스 침입 탐지 시스템 종류

설치 위치에 따라 호스트 기반 침입 탐지 시스템과 네트워크 기반 침입 탐지 시스템으로 분류할 수 있다.

1. 호스트 기반의 침입 탐지 시스템(HIDS; Host-Based Intrusion Detection System)
• 호스트 시스템으로부터 생성되고 수집된 자료를 분석하여 침입 여부를 판단한다.
• 사용자 계정, 시스템 호출, 시스템 로그, 시스템 설정, 파일의 무결성 등을 검사한다.
• 시스템 내부에서 관리자 권한 획득, 시스템 변조 등 내부 공격들을 탐지한다.
tripwire*

2. 네트워크 기반의 침입 탐지 시스템(NIDS; Network-Based Intrusion Detection System)
• 네트워크를 통해 전송되는 정보를 분석하여 침입 여부를 판단한다.
• 네트워크 패킷, 데이터 및 트래픽* 등을 검사한다.
• 시스템 내부로 들어가기 위한 원격 공격 등의 공격들을 탐지한다.
snort*

4 DMZ(Demilitarized Zone, 비무장지대)

DMZ는 외부 네트워크와 내부 네트워크 사이에 위치하며, 내·외부 공격으로부터 중요 데이터를 보호하거나 서버의 서비스 중단을 방지하기 위한 침입 차단 기능을 하는 보안 시스템이다.

- 외부 네트워크(인터넷)와 내부 네트워크 사이에 DMZ를 설치하여 침입을 차단해 공개 서버에 대한 부정적인 접속을 방지할 수 있다.
- 외부 네트워크에 서비스를 제공하는 서버를 위치시키기에 가장 적합한 장소이다.
- DMZ에 위치하는 시스템으로는 웹 서버, FTP* 서버 등이 있다.
- 내부 네트워크에 포함되어 있으나, 외부에서 접근할 수 있는 구간을 지칭하는 개념이다.
- 정보 보안 강화를 위해 방화벽을 이용하여 내부 네트워크와 분리되도록 구성한다.

FTP(File Transfer Protocol, 파일 전송 프로토콜)
인터넷에서 파일을 전송하는 서비스

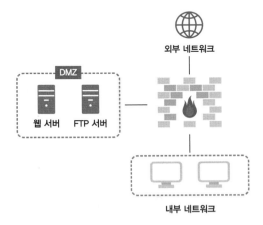

5 그 외 보안 솔루션

1. IPS(Intrusion Prevention System, 침입 방지 시스템)

방화벽, 침입 탐지 시스템과 같은 네트워크 기반의 차단 솔루션을 논리적으로 결합한 시스템

- 비정상적인 트래픽을 능동적으로 차단하고 격리하는 등의 방어 조치를 취하는 보안 솔루션이다.

권쌤이 알려줌

IPS는 방화벽(Firewall)과 침입 탐지 시스템(IDS)의 장점을 결합한 시스템입니다.

2. WIPS(Wireless Intrusion Prevention System, 무선 침입 방지 시스템)

무선 공유기 사용 현황을 실시간으로 관찰하여 허용하지 않은 접속을 막고, 보안 취약점을 야기할 수 있는 부적절한 접속을 방지하는 무선 랜(Wi-Fi) 침입 방지 시스템

3. 웹 방화벽(WAF; Web Application Firewall)

일반 방화벽이 탐지하지 못하는 SQL 삽입 공격, XSS 등의 웹 기반 공격을 방어해 주는 보안 솔루션

MAC 주소(Media Access Control Address)
통신을 위해 랜 카드 등에 부여된 물리적 주소
• IP 주소 : 변경이 가능한 논리적 주소
• 컴퓨터에서 물리적이라는 것은 변경이 불가한 형태(모니터, 키보드, 마우스 등)를 의미하고, 논리적은 소프트웨어처럼 변경이 가능한 형태(프로그램 등)를 의미한다.

4. NAC(Network Access Control, 네트워크 접근 제어)

사전에 인가받지 않은 사용자나 보안 체계를 갖추지 않은 정보 기기의 네트워크 접속을 차단하는 솔루션

- 네트워크에 접속하는 내부 PC의 MAC 주소를 IP 관리 시스템에 등록한 후, 일관된 보안 관리 기능을 제공하는 보안 솔루션이다.

5. TMS(Threat Management System, 위협 관리 시스템)

인터넷에서 바이러스, 해킹 등의 보안 위협에 대한 침입 탐지와 트래픽 분석 등의 기술을 통해 로컬 네트워크의 위협 분석과 취약성 정보 등을 사전에 관리자에게 통보 및 실시간으로 관제하고 대응할 수 있는 시스템

- 외부 위협으로부터 내부 정보 자산을 보호하기 위해 위협을 조기에 감지하고 발생한 위협을 감소 또는 제거하는 것을 목표로 만든 보안 시스템이다.
- 보안 위협을 사전에 인지하고 조치함으로써 사후 복구에 따른 비용을 절감할 수 있다.

권쌤이 알려줌

UTM은 여러 가지 보안 기능을 탑재한 하나의 장비를 의미하고, ESM은 서로 다른 보안 시스템을 통합 및 관리하는 시스템을 의미합니다.

6. UTM(Unified Threat Management, 통합 위협 관리)

침입 차단 시스템, 가상 사설망 등 다양한 보안 솔루션 기능을 하나로 통합한 보안 솔루션

- 하나의 장비에 여러 가지 보안 기능을 탑재한 장비를 통칭한다.
- 다양한 보안 솔루션을 하나로 묶어 비용을 절감하고 관리의 복잡성을 최소화하며, 복합적인 위협 요소를 효율적으로 방어할 수 있다.

7. ESM(Enterprise Security Management, 기업 보안 관리)

방화벽, 침입 탐지 시스템, 가상 사설망 등의 보안 솔루션을 하나로 모은 통합 보안 관리 시스템

- 보안 관련 장비가 복잡화됨에 따라 이기종 보안 솔루션을 중앙에서 하나의 콘솔로 관리하는 보안 솔루션이다.
- 보안 솔루션 간 상호 연동을 통해 전체 정보 통신 시스템에 대한 보안 정책을 수립할 수 있다.
- 정보 보호 시스템들의 로그를 수집하여 분석 및 모니터링을 통해 전사적 차원의 정보시스템 보안성을 향상시키고 안전성을 높인다.

8. DLP(Data Loss Prevention, 데이터 유출 방지)

기업 내부자의 고의나 실수로 인한 외부로의 정보 유출을 방지하는 솔루션

9. 스팸 차단 솔루션(Anti-Spam Solution)

스팸 메일 차단 기능뿐 아니라 메일에 대한 바이러스 검사, 내부에서 외부로 전송되는 메일에 대한 본문 검색 기능을 통한 내부 유출방지 등의 확장 기능을 가지고 있는 보안 솔루션

- Anti-DDoS* : DDoS 차단 보안 솔루션

DDoS(Distributed Denial of Service attack, 분산 서비스 거부 공격)
감염된 대량의 숙주 컴퓨터를 이용해 특정 시스템을 마비시키는 사이버 공격 방법

10. 보안 USB(Security USB)

정보 유출 방지 등 보안 기능을 갖춘 USB 메모리

- 사용자 식별 및 인증, 지정 데이터 암·복호화, 저장된 자료의 임의 복제 방지, 분실 시 데이터 보호를 위한 삭제 등의 기능을 필수적으로 갖추어야 한다.

11. DRM(Digital Rights Management, 디지털 저작권 관리)

웹을 통해 유통되는 각종 디지털 콘텐츠의 안전 분배와 불법 복제 방지를 위한 저작권 보호 방식

- 일반적으로 DRM 시스템은 권한이 있는 사용자만 접근할 수 있도록 데이터를 암호화하거나 워터마킹* 등을 이용해 콘텐츠를 자유롭게 배포할 수 없도록 함으로써 지적 재산을 보호한다.
- 관련 법령이나 위반자 단속으로는 예방이 어렵기 때문에 사후 단속보다 사전에 문제점을 파악해 첫 단계에서 내용을 복제하지 못하도록 한 것이다.

워터마킹(Watermarking, Digital Watermarking)
디지털 이미지, 오디오, 비디오 등 디지털 형식으로 되어 있는 지적 재산의 저작권 보호를 위해 저작권자 또는 판매자의 정보를 인간의 의식 체계 또는 감지 능력으로는 검출할 수 없는 방식으로 콘텐츠에 숨겨 놓는 기술

12. VPN(Virtual Private Network, 가상 사설망) [20년 4회] [22년 2회 실기]

인터넷망과 같은 공중망을 사설망처럼 이용해 회선 비용을 크게 절감할 수 있는 기업 통신 서비스

- 인터넷망을 전용선처럼 사용할 수 있도록 특수 통신 체계와 암호화 기법을 제공하는 서비스로, 기업 본사와 지사 또는 지사 간에 전용망을 설치한 것과 같은 효과를 거둘 수 있다.
- 전용선에 비해 20~80% 이상의 비용을 줄일 수 있다.

[21년 2회]

01 침입차단 시스템(방화벽) 중 다음과 같은 형태의 구축 유형은?

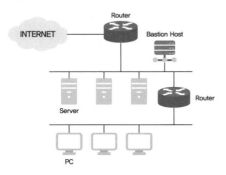

① Block Host   ② Tree Host
③ Screened Subnet   ④ Ring Homed

> 해설
> Screened Subnet(방어 서브넷)은 외부에서 들어오는 패킷을 라우터에서 1차로 필터링하고, 배스천 호스트에서 2차로 필터링한 후 다시 라우터에서 3차로 필터링하여 내부 네트워크로 들어가는 구축 유형이다.

[21년 3회]

02 침입탐지 시스템(IDS; Intrusion Detection System)과 관련한 설명으로 틀린 것은?

① 이상 탐지 기법(Anomaly Detection)은 Signature Base나 Knowledge Base라고도 불리며 이미 발견되고 정립된 공격 패턴을 입력해두었다가 탐지 및 차단한다.

② HIDS(Host−Based Intrusion Detection)는 운영 체제에 설정된 사용자 계정에 따라 어떤 사용자가 어떤 접근을 시도하고 어떤 작업을 했는지에 대한 기록을 남기고 추적한다.

③ NIDS(Network−Based Intrusion Detection System)로는 대표적으로 Snort가 있다.

④ 외부 인터넷에 서비스를 제공하는 서버가 위치하는 네트워크인 DMZ(Demilitarized Zone)에는 IDS가 설치될 수 있다.

> 해설
> ①은 오용 탐지 기법(Misuse Detection)에 대한 설명이다.

[20년 4회]

03 이용자가 인터넷과 같은 공중망에 사설망을 구축하여 마치 전용망을 사용하는 효과를 가지는 보안 솔루션은?

① ZIGBEE   ② KDD
③ IDS   ④ VPN

> 해설
> 키워드 공중망에 사설망(Private Network) 구축, 전용망 사용 효과 → 용어 VPN(Virtual Private Network, 가상 사설망)
> • ZIGBEE(지그비) : IEEE 802.15 표준을 기반으로 만들어진 것으로, 저속, 저비용, 저전력 무선망을 위한 기술
> • KDD(Knowledge Discovery in Databases, 데이터베이스 속의 지식 발견) : 대용량 데이터에서 유용한 상관관계를 발견하여, 미래에 실행 가능한 정보를 추출해 내고 의사 결정에 이용하는 과정(= 데이터 마이닝, Data Mining)

▶ 정답 : 01.③, 02.①, 03.④

01 취약점 분석 및 평가 수행 절차를 바르게 나열한 것은?

> ㄱ. 취약점 분석 수행
> ㄴ. 취약점 분석 및 평가 대상 선정
> ㄷ. 취약점 평가 수행
> ㄹ. 취약점 분석 및 평가 계획 수립

① ㄹ-ㄴ-ㄱ-ㄷ ② ㄴ-ㄹ-ㄷ-ㄱ
③ ㄱ-ㄹ-ㄴ-ㄷ ④ ㄹ-ㄱ-ㄴ-ㄷ

[이전 기출]

02 방화벽과 침입탐지시스템의 장점을 결합한 네트워크 보안 장비로, 트래픽 모니터링과 유해 트래픽 차단을 목적으로 하는 것은?

① TMS ② IPS
③ NAC ④ DMZ

[이전 기출]

03 침입탐지시스템(IDS; Intrusion Detection System)에 대한 설명으로 가장 적절하지 않은 것은?

① 알려지지 않은 공격 행위도 이상 탐지(Anomaly detection) 방식을 이용하여 탐지할 수 있다.
② IDS는 방화벽과 상호 보완적으로 사용될 수 있다.
③ 기존의 공격 패턴을 분석하여 침입을 탐지하는 오용탐지(Misuse detection) 방식을 사용할 수 있다.
④ IDS를 이용하면 공격 시도를 사전에 예방하고 차단할 수 있다.

[이전 기출]

04 정보보호 시스템들의 로그를 수집하여 분석 및 모니터링을 통해 전사적 차원의 정보시스템 보안성을 향상시키고 안전성을 높이는 시스템은?

① ESM(Enterprise Security Management)
② NAC(Network Access Control)
③ DLP(Data Loss Prevention)
④ APT(Advanced Persistent Threat)

섹션
기출예상문제 해설

Section 04. 시스템 보안 구축

01 취약점 분석 및 평가 수행 절차
: 취약점 분석 및 평가 계획 수립 → 취약점 분석 및 평가 대상 선정 → 취약점 분석 수행 → 취약점 평가 수행
[TIP] 취약점 분석 평가 절차는 "계대분평"으로 기억하세요.

02 [키워드] 방화벽과 침입(Intrusion)탐지시스템(System)의 장점 결합 → [용어] IPS(Intrusion Prevention System, 침입 방지 시스템)
• TMS(Threat Management System, 위협 관리 시스템) : 인터넷에서 바이러스, 해킹 등의 사이버 공격에 대한 침입 탐지와 트래픽 분석 등의 기술을 통해 로컬 네트워크의 위협 분석과 취약성 정보 등을 사전에 관리자에게 통보 및 실시간으로 관제하고 대응할 수 있는 시스템
• NAC(Network Access Control, 네트워크 접근 제어) : 사전에 인가받지 않은 사용자나 보안 체계를 갖추지 않은 정보 기기의 네트워크 접속을 차단하는 솔루션

• DMZ(Demilitarized Zone, 비무장지대) : 내·외부 공격으로부터 중요 데이터를 보호하거나 서버의 서비스 중단을 방지하기 위한 침입 차단 기능을 하는 보안 시스템

03 IDS는 정보시스템의 보안을 위협하는 침입 행위가 발생할 경우 이를 실시간으로 탐지하기 하기 위한 시스템으로, 공격 시도를 사전에 예방하고 차단할 수 없다.

04 [키워드] 로그 수집, 분석 및 모니터링, 전사적 차원 → [용어] ESM(Enterprise Security Management, 기업 보안 관리)
• DLP(Data Loss Prevention, 데이터 유출 방지) : 기업 내부자의 고의나 실수로 인한 외부로의 정보 유출을 방지하는 솔루션
• APT(Advanced Persistent Threat, 지능형 지속 공격) : 다양한 IT 기술과 방식들을 이용해 특정 기업이나 조직 네트워크에 침투해 활동 거점을 마련한 뒤, 때를 기다리면서 보안을 무력화시키고 정보를 수집한 다음 외부로 빼돌리는 형태의 공격 방법

[정답] **01** ① **02** ② **03** ④ **04** ①

SECTION

05

IT 프로젝트 정보시스템 구축 관리

IT 프로젝트 정보시스템 구축 관리입니다. 시험에 꾸준히 출제되고 있으므로 키워드 중심으로 각 용어를 충분히 학습하세요. 만약 시험에 모르는 용어가 출제되더라도 포기하지 마세요. 문제를 읽어보고, 키워드 중심으로 분석해서 보기에서 정답을 고를 수 있도록 노력해야 합니다.

권쌤이 알려줌

이동 중에 보실 수 있는 암기 학습 프로그램 '퀴즐렛'을 사용해 보세요. 웹에서 효율적으로 학습하거나, 모바일 애플리케이션을 다운로드 받아 시간 틈틈이 편리하게 학습할 수 있습니다.
• 모바일 '퀴즐렛' 애플리케이션을 다운로드 받은 후 하단 메뉴에서 [검색] → [사용자] → [gisafirst1]을 검색하여 [기사퍼스트] 퀴즐렛에 접속할 수 있습니다.

권쌤이 알려줌

신기술 용어는 너무나도 많습니다. 따라서 한 번에 모두 암기하려 하지 말고, 퀴즐렛을 이용해 수시로 암기해 주세요. 그리고 시험 전에 키워드 중심으로 집중적으로 암기해야 합니다.

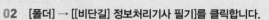

퀴 즐 렛 이용 방법

01 [기사퍼스트] 퀴즐렛으로 접속합니다.
• 오른쪽 QR 코드를 스캔하거나 https://quizlet.com/gisafirst1에 접속해 보세요.
• 필요에 따라 [로그인] 후 이용해 주시기 바랍니다.

▲ 퀴즐렛

02 [폴더] → [[비단길] 정보처리기사 필기]를 클릭합니다.

03 학습하고자 하는 [단어집]을 클릭한 후 비밀번호를 입력합니다.
• 비밀번호는 네이버 카페에서 확인할 수 있습니다.
• 네이버 카페 주소 : cafe.naver.com/gunsystem
또는 오른쪽 QR 코드를 스캔해 주세요.

▲ 네이버 카페

04 기출 및 예상 용어를 편리하게 학습합니다.

01 네트워크 구축 관련 신기술 및 트렌드 정보

1 클라우드 컴퓨팅(Cloud Computing)

IT 자원을 구매하거나 소유할 필요 없이 필요한 만큼 사용료를 주고 쓰는 서비스

▼ 서비스 유형   [22년 2, 3회] [21년 1, 3회]

서비스 유형	자원 종류
SaaS (Software as a Service, 서비스형 소프트웨어)	소프트웨어 예 네이버 클라우드
IaaS(Infrastructure as a Service, 서비스형 통합)	서버, 스토리지 등 예 넷플릭스
PaaS(Platform as a Service, 서비스형 플랫폼)	소프트웨어 개발에 필요한 플랫폼
BaaS (Blockchain as a Service, 서비스형 블록체인)	블록체인 개발 환경

▼ 배포 유형

배포 유형	설명
퍼블릭 클라우드 (Public Cloud)	클라우드 서비스를 필요로 하는 모든 사용자를 대상으로 하는 클라우드로, 비용을 지불하면 누구나 사용할 수 있다.
프라이빗 클라우드 (Private Cloud)	기업 및 기관 내부에 클라우드 서비스 환경을 구성한 클라우드로, 해당 기업 및 기관에 속하지 않은 사람은 이용할 수 없다.
하이브리드 클라우드 (Hybrid Cloud)	공유를 원하지 않는 데이터는 프라이빗 클라우드로, 나머지 서비스는 퍼블릭 클라우드로 이용하는 형태의 서비스이다.

2 인터클라우드 컴퓨팅(Inter-Cloud Computing)

둘 이상의 클라우드 서비스 제공자 간의 상호 연동을 가능케 하는 기술

- 복수의 클라우드 서비스 제공자 간의 클라우드 서비스 또는 자원을 연결하여 사용자의 요구에 따른 클라우드 서비스의 연동 및 컴퓨팅 자원의 동적 할당※을 가능하게 한다.

3 멀티 클라우드(Multi Cloud)

서로 다른 업체에서 2개 이상의 퍼블릭 클라우드를 이용해 하나의 서비스를 운영하는 것

4 모바일 컴퓨팅(Mobile Computing, 이동형 컴퓨팅)

무선 이동 통신과 PDA, 인터넷을 통해 컴퓨터와 통신 기술을 효과적으로 연계시켜 언제, 어디서나 이동하면서 정보 교환이나 수집, 검색, 정리, 저장하는 기술

- 휴대형 기기로 이동하면서 자유롭게 네트워크에 접속하여 업무를 처리할 수 있는 환경을 제공한다.
- 모바일 컴퓨팅의 진화는 휴대 기기와 네트워크 기술의 진화를 의미한다.

권쌤이 알려줌

최초 클라우드 서비스는 지메일(Gmail)이나 드롭박스(Dropbox)처럼 소프트웨어를 웹에서 쓸 수 있는 SaaS가 대부분이었습니다. 그러다가 서버와 스토리지, 네트워크 장비 등의 IT 인프라 장비를 빌려주는 IaaS, 개발 환경과 같은 플랫폼을 빌려주는 PaaS, 블록체인 개발 환경 BaaS로 늘어났습니다.

클라우드 컴퓨팅 배포 유형

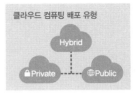

동적 할당(Dynamic Allocation) 필요한 자원을 원하는 시점에 필요한 장치로 할당해 주는 방법으로, 자원을 필요한 시점에 할당하고 사용하지 않을 때는 회수하는 것을 되풀이하는 방법이다.

5 모바일 클라우드 컴퓨팅(Mobile Cloud Computing)

클라우드 컴퓨팅의 경제성과 모바일의 이동성이 결합된 것

- 클라우드 서비스 소비자와 파트너의 모바일 기기에 클라우드 서비스를 제공하고, 모바일 기기들로 클라우드 컴퓨팅 인프라를 구성하여 기기 간 정보와 자원을 공유한다.

6 IoT(Internet of Things, 사물 인터넷) [22년 3회]

가전제품, 전자 기기뿐만 아니라 헬스케어, 원격 검침, 스마트홈, 스마트카 등 다양한 분야에서 사물을 네트워크로 연결해 정보를 공유하는 기술

⑩ 스마트 냉장고

7 신 클라이언트(Thin Client)

각종 프로그램 및 데이터를 네트워크로 연결된 서버로부터 받아서 사용하는 PC 대체 컴퓨터

- 하드 디스크 없이 네트워크 접속 기능만 가진 윈도우 기반 단말기(WBT)를 서버에 연결시켜 사용하는 서버 기반 컴퓨팅 환경을 말한다.

8 VLAN(Virtual Local Area Network, 가상 랜) [22년 3회] [21년 3회]

물리적 배치와 상관없이 논리적으로 LAN을 구성할 수 있는 기술

- 접속된 장비들의 성능 향상 및 보안성 증대 효과가 있다.

9 BLE(Bluetooth Low Energy, 저전력 블루투스)

약 10m 도달 반경을 가진 2.4GHz 주파수 대역에서 저전력, 저용량 데이터 송·수신이 가능한 저전력 블루투스* 기술

블루투스(Bluetooth)
IEEE 802.15.1에서 표준화된 무선 통신 기기 간 근거리, 저전력 무선 통신 표준 기술

10 비컨(Beacon)

주변의 일정 반경 범위 내(최대 50m)에서 블루투스 4.0을 기반으로 사물의 정보를 주기적으로 전송하는 근거리 무선 통신 기술

- BLE 기술을 활용하여 단말의 위치를 파악하고 정보를 주고받는다.
- 이용자가 별도의 행동을 취하지 않더라도 자동으로 이용자의 위치를 파악해 관련 서비스를 제공하는 것이 특징이다.

⑩ 오프라인 매장 내 특정 장소에 비컨을 설치하여 모바일 단말을 소지한 고객이 비컨 영역 내에 들어올 경우 해당 단말을 감지하여 정보를 전송한다.

11 RFID(Radio Frequency IDentification, 전자 태그)

극소형 칩에 상품 정보를 저장하고 안테나를 달아 무선으로 데이터를 송신하는 장치로써 일반적으로 유통 분야에서 물품 관리를 위해 사용된 바코드를 대체할 차세대 인식 기술

12 NFC(Near Field Communication, 근접 무선 통신)

10cm 이내의 가까운 거리에서 다양한 무선 데이터를 주고받는 통신 기술

(에) 스마트폰 교통카드, 도어록(잠금장치) 기능

- 전자 태그(RFID) 기술 중 하나로 13.56MHz의 주파수 대역을 사용하는 비접촉식 통신 기술이다.
- 통신거리가 짧아 상대적으로 보안이 우수하고 가격이 저렴하여 주목받고 있는 차세대 근거리 통신 기술이다.
- 블루투스 등의 기존의 근거리 통신 기술과 비슷하지만, 블루투스처럼 기기 간 설정을 하지 않아도 된다.

13 피코넷(Piconet) [22년 3회] [20년 2회]

여러 개의 독립된 통신 장치가 블루투스 기술이나 UWB* 통신 기술을 사용하여 통신망을 형성하는 무선 네트워크 기술

- 주로 수십 미터 이내의 좁은 공간에서 네트워크를 형성하고, 정지 또는 이동 중에 있는 장치를 모두 포함하는 특징을 가지고 있다.
- WLAN*과 달리 전송을 위한 기반 구조가 미리 설정되지 않고, 기기 간 상황에 따라 기기 간에 조정 프로토콜에 의하여 네트워크를 형성한다.

14 애드혹 네트워크(Ad-Hoc Network) [21년 2회 실기]

노드들에 의해 자율적으로 구성되는 기반 구조가 없는 네트워크

- 노드들은 멀티 홉* 라우팅 기능에 의해 무선 인터페이스가 가지는 통신 거리 상의 제약을 극복할 수 있고 노드들의 이동이 자유롭기 때문에 네트워크 토폴로지가 동적으로 변화되는 특징이 있다.
- 응용 분야로는 긴급구조, 긴급회의, 전쟁터에서의 군사 네트워크 등이 있다.

15 SON(Self-Organizing Network, 자동 구성 네트워크)

주변 상황에 자동적으로 적응하여 스스로 망을 구성하는 네트워크

- 통신망 커버리지(범위) 및 전송 용량 확장의 경제성 문제를 해결하고, 망 운용과 망 관리의 경제적 효율성을 높이는 것을 목적으로 한다.

UWB(Ultra Wide Band, 초광대역 무선기술)
대역폭이 500MHz 이상이거나 중심 주파수의 20% 이상의 점유 대역폭 신호를 이용한 근거리 무선 통신 기술

WLAN(Wireless Local Area Network, 무선 랜)
일정 거리 이내에서 무선 랜 카드가 장착된 개인 단말기를 통해 초고속 인터넷을 이용할 수 있는 통신망
- 오늘날 대부분의 무선 랜 기술은 IEEE 802.11 표준에 기반하고 있으며, 와이파이(Wi-Fi)라는 마케팅 네임으로 잘 알려져 있다.

홉(Hop)
데이터가 목적지까지 전달되는 과정에서 거치는 네트워크의 수
(에) 어떤 목적지까지 홉이 3이라면, 그 목적지까지 가기 위해서는 세 개의 네트워크를 경유한다.

- 주변 환경의 변화에 민감한 전파의 특성을 보완하고, 보다 효율적이고 안정적인 기지국 운용을 위해 인공지능 기술을 통신장비에 접목한 기술이다.

16 NGN(Next Generation Network, 차세대 통신망)

ITU*−T에서 개발하고 있는 유선망 기반의 차세대 통신망

- 유선 접속망뿐만 아니라 이동 사용자 지원까지를 목표로 하며, 이동 통신에서 제공하는 완전한 이동성(Full Mobility) 제공을 목표로 개발되고 있다.
- 인터넷 서비스용 IP 네트워크와 전화 서비스용 전화망을 IP 기술을 이용해 IP 통신망으로 통합하여 현행의 공중망을 대체하는 차세대 IP 네트워크이다.

ITU
국제전기통신연합의 약칭으로 국제 간 통신규격을 제정한다.

17 NDN(Named Data Networking, 엔디엔)

인터넷에서 콘텐츠 자체의 정보와 라우터 기능만을 이용하여 목적지로 데이터를 전송하는 기술

- 인터넷 주소 필요 없이 콘텐츠 자체를 네트워킹의 주체로 사용하므로, 사용자가 원하는 콘텐츠를 가장 가까운 곳에서 가져올 수 있다.
- 서버와 IP 주소를 기반으로 하여 효율적인 콘텐츠 분해에 취약한 기존 인터넷 전달 망을 대체할 미래의 인터넷 아키텍처로 고려된다.
- NDN은 콘텐츠 중심 네트워킹(CCN)*과 동일한 개념이다.

콘텐츠 중심 네트워킹(CCN;
Content Centric Networking)
인터넷에서 데이터 전송을 IP 주소의 위치(Where) 개념에서 벗어나 콘텐츠 이름의 무엇(What) 개념을 중심으로 사용자의 요청에 따라 빠른 정보 전달이 가능한 네트워크

18 지능형 초연결망

네트워크 전체에 소프트웨어 정의 기술(SDx)을 적용하는 차세대 국가망

- 과학기술정보통신부 주관으로 추진 중인 지능형 초연결망 선도 사업은 4차 산업혁명 시대의 스마트 시티 등 새로운 변화를 수용하고 급격히 늘어나는 데이터 트래픽*을 효과적으로 수용하기 위해 2017~2020년에 계획된 사업이다.

트래픽(Traffic)
데이터 전송량
- 트래픽이 많다는 것은 사용자의 접속이 많아서 전송하는 데이터의 양이 많다는 것을 의미한다.
- 트래픽이 너무 많으면 서버에 과부하가 걸려서 기능에 문제가 생길 수 있다.

19 스마트 그리드*(Smart Grid) [21년 1회]

전기 및 정보통신 기술을 활용하여 전력망을 지능화, 고도화함으로써 고품질의 전력 서비스를 제공하고 에너지 이용 효율을 극대화하는 차세대 지능형 전력망

- 기존의 전력망에 정보 기술(IT)을 접목하여 전력 공급자와 소비자가 양방향으로 실시간 정보를 교환한다.
- 이를 활용하여 전력 공급자는 전력 사용 현황을 실시간으로 파악하여 공급량을 탄력적으로 조절할 수 있다. 전력 소비자는 전력 사용 현황을 실시간으로 파악함으로써 이에 맞게 요금이 비싼 시간대를 피하여 사용 시간과 사용량을 조절할 수 있으며, 태양광 발전이나 연료 전지, 전기 자동차의 전기 에너지 등 가정에서 생산되는 전기를 판매할 수도 있게 된다.

그리드(Grid)
지역적으로 분산된 슈퍼컴퓨터·서버·가정용 PC 등 각종 IT 자원을 초고속 네트워크로 연동하고 대용량 컴퓨팅 자원을 제공하여 빠른 시간 안에 대규모 연산이 가능한 기술

20 와이선(Wi-SUN)

스마트 그리드 서비스를 제공하기 위한 와이파이 기반의 저전력 장거리 통신 기술

- 사물 인터넷(IoT)의 서비스 범위가 확대되면서 블루투스나 와이파이 등 근거리 무선 통신을 벗어난 저전력 장거리 IoT 기술이 주목받고 있다.

21 네트워크 슬라이싱(Network Slicing)

하나의 물리적 코어 네트워크를 독립된 다수의 가상 네트워크로 분리한 뒤 고객 맞춤형 서비스를 제공하는 네트워크 기술

- 5G(IMT-2020*) 핵심 기술이며, 우리말로 '네트워크 쪼개기'라고 한다.
- 1인칭 미디어를 포함해 초고선명(UHD)의 동영상, 증강 현실(AR) · 가상 현실(VR) 콘텐츠, 홀로그램, 자율주행 자동차, 로봇 · 드론 원격 조정 등 다양한 서비스가 제공된다.

22 메시 네트워크(Mesh Network) [22년 2회] [20년 3회]

기존 무선 랜의 한계 극복을 위해 등장한 다 대 다 디바이스 간 통신을 지원하는 네트워크 기술

- 대규모 디바이스의 네트워크 생성에 최적화되어 있다.
- 차세대 이동 통신, 홈 네트워킹, 공공 안전 등 특수 목적을 위한 새로운 방식의 네트워크 기술이다.
- 건물이나 사무실 단위부터 대규모 공원이나 리조트, 항만 등지에 무선망을 구축하는 것이 가능하다.
- 수십에서 수천 개의 디바이스가 서로 안정되고 안전하게 통신해야 하는 건물 자동화, 센서 네트워크 등 사물 인터넷(IoT) 솔루션에 적합하다.

23 포스퀘어(Foursquare) [22년 3회]

포스퀘어(Foursquare)사의 위치 기반 소셜 네트워킹 서비스(SNS*)

- 사용자가 방문한 장소를 체크-인(check-in)하여 그곳에 대한 평가나 추천하고 싶은 내용을 친구와 공유하고 보상을 얻는다.
- 포스퀘어는 땅따먹기와 비슷하며, 실제 미국 아이들의 땅따먹기 놀이에서 이름을 따왔다.

권쌤이 알려줌

와이선은 2017년 3월 전남 고창군이 도입하면서 주목을 받았습니다. 와이선이 지방자치단체의 주목을 끄는 이유는 통신사 제공 서비스가 아니라 지자체 자가망 구축 형태로 서비스되기 때문입니다.

IMT-2020
ITU에서 채택한 5세대 이동 통신의 공식 명칭
- 일반적으로 이동 통신 시장에서의 마케팅 용어로 3세대(3G), 4세대(4G), 5세대(5G)란 용어를 사용하지만, ITU에서는 3G, 4G 등 세대 구분 용어를 사용하지 않으며 IMT-2020, IMT-Advanced란 용어를 사용한다.

권쌤이 알려줌

메시 네트워크는 블루투스 기술 표준 개발을 위한 다국적 기업 연합체인 블루투스 SIG(Bluetooth SIG)가 2017년 7월 이를 지원한다고 밝히면서 주목을 받았습니다. 이동 통신사들이 구축해 놓은 무선 와이파이 존을 좀 더 넓은 범위로 확장한 것이라고 이해하면 쉽습니다.

SNS(Social Networking Service, 누리 소통망 서비스)
동일한 관심 또는 특성을 갖는 사람들이 연결될 수 있도록 온라인 기반의 개인 간 소셜 네트워크를 만들고 운영하는 데 초점을 맞춘 서비스
⑩ 페이스북, 인스타그램 등

24 NAT(Network Address Translation, 네트워크 주소 변환) [20년 4회 실기]

사내의 개별 IP 주소인 사설 IP와 정식 IP 주소인 공식 IP를 상호 변환하는 기능

예 공유기 사용 시 랜선을 꽂아 1개의 IP 주소를 부여받고 스마트폰, 노트북 등을 공유기에 연결하면 공유기 내의 NAT 기능으로 인해 사설 네트워크 주소를 부여받을 수 있다.

• IP 패킷의 TCP/UDP 포트 숫자와 소스 및 목적지의 IP 주소 등을 재기록하면서 라우터를 통해 네트워크 트래픽을 주고받는 기술이다.

• 목적
  – 인터넷의 공인 IP 주소를 절약하기 위해
  – 인터넷이랑 공공 망과 연결되는 사용자들의 고유한 사설망을 침입자들로부터 보호하기 위해

25 지그비(Zigbee)

IEEE 802.15 표준을 기반으로 만들어진 것으로 저속, 저비용, 저전력 무선망을 위한 기술

• 양방향 무선 개인 영역 통신망(WPAN*) 기반의 홈 네트워크 및 무선 센서 망에서 사용되는 기술이다.

• 낮은 데이터율, 적은 배터리 소모, 네트워크의 안전성을 요구하는 애플리케이션에 주로 사용된다.

26 MQTT(Message Queuing Telemetry Transport) [21년 1, 3회]

사물 통신, 사물 인터넷(IoT)과 같이 대역폭이 제한된 통신 환경에 최적화하여 개발된 푸시 기술* 기반의 경량 메시지 전송 프로토콜

• IBM이 주도하여 개발하였다.

• 클라이언트/서버 방식이 아닌 브로커(Broker)라는 메시지 매개자를 통해 송신자가 특정 메시지를 발행하고 수신자가 메시지를 구독하는 발행-구독(Publisher-Subscriber) 방식이다.

[21년 3회]

01 국내 IT 서비스 경쟁력 강화를 목표로 개발되었으며 인프라 제어 및 관리 환경, 실행 환경, 개발 환경, 서비스 환경, 운영환경으로 구성되어 있는 개방형 클라우드 컴퓨팅 플랫폼은?

① N2OS
② PaaS-TA
③ KAWS
④ Metaverse

> 해설 키워드 IT 서비스 경쟁력 강화를 목표로 개발, 개방형 클라우드 컴퓨팅 플랫폼 → 용어 파스-타(PaaS-TA)
> • N2OS(Neutralized Network Operating System) : 한국전자통신연구원(ETRI)이 개발한 네트워크 운영체제로, 네트워크 장비에 탑재되어 하드웨어 자원을 관리하는 핵심 소프트웨어
> • 메타버스(Metaverse) : 3차원 가상 세계

[21년 1회]

02 다음 내용이 설명하는 것은?

> • 블록체인 개발 환경을 클라우드로 서비스하는 개념
> • 블록체인 네트워크에 노드의 추가 및 제거가 용이
> • 블록체인의 기본 인프라를 추상화하여 블록체인 응용프로그램을 만들 수 있는 클라우드 컴퓨팅 플랫폼

① OTT
② Baas
③ SDDC
④ Wi-SUN

> 해설 키워드 블록체인(Blockchain) 개발 환경 → 용어 BaaS(Blockchain as a Service, 서비스형 블록체인)
> • OTT(Over-The-Top, 오버더톱 서비스) : 개방된 인터넷을 통해 방송 프로그램, 영화 등 미디어 콘텐츠를 제공하는 서비스
> • SDDC(Software-Defined Data Center, 소프트웨어 정의 데이터 센터) : 데이터 센터를 효율적으로 운영하고 편리하게 관리하기 위해 등장한 모든 컴퓨팅 인프라를 가상화하여 서비스하는 데이터 센터

[21년 3회]

03 물리적 배치와 상관없이 논리적으로 LAN을 구성하여 Broadcast Domain을 구분할 수 있게 해주는 기술로 접속된 장비들의 성능 향상 및 보안성 증대 효과가 있는 것은?

① VLAN
② STP
③ L2AN
④ ARP

> 해설 키워드 논리적으로 LAN 구성 → 용어 VLAN(Virtual Local Area Network, 가상 랜)
> • STP(Signaling Transfer Point, 신호 중계 교환기) : 공통선 신호망에서 신호점 간 신호전달을 위한 장비
> • ARP(Address Resolution Protocol, 주소 결정 프로토콜) : 네트워크상에서 IP 주소를 MAC 주소로 대응시키기 위해 사용되는 프로토콜

[20년 2회]

04 여러 개의 독립된 통신 장치가 UWB(UltraWideBand) 기술 또는 블루투스 기술을 사용하여 통신망을 형성하는 무선 네트워크 기술은?

① PICONET
② SCRUM
③ NFC
④ WI-SUN

> 해설 키워드 독립된 통신 장치, 통신망 형성 → 용어 피코넷(Piconet)
> • 스크럼(Scrum) : 매일 정해진 시간에 정해진 장소에서 짧은 시간의 개발을 하는 팀을 위한 프로젝트 관리 중심의 방법론

[21년 2회 실기]

05 다음 내용이 설명하는 것은?

> 네트워크 장치를 필요로 하지 않고, 멀티 홉 라우팅 기능에 의해 무선 인터페이스가 가지는 통신 거리상의 제약을 극복하며, 노드들의 이동이 자유롭기 때문에 네트워크 토폴로지가 동적으로 변화되는 특징이 있다. 응용 분야로는 긴급구조, 긴급회의, 전쟁터에서의 군사 네트워크 등이 있다.

① WBAN
② Network Slicing
③ NGN
④ Ad-Hoc Network

해설

> **키워드** 멀티 홉 라우팅, 노드 이동 자유로움, 동적으로 변화 →
> **용어** 애드혹 네트워크(Ad-Hoc Network)
> • WBAN(Wireless Body Area Network, 무선 인체 통신망) : 웨어
> 러블(Wearable) 또는 몸에 심는(Implant) 형태의 센서나 기기를
> 무선으로 연결하는 개인 영역 네트워킹 기술

[21년 1회]

06 전기 및 정보통신 기술을 활용하여 전력망을 지능화, 고도화함으로써 고품질의 전력서비스를 제공하고 에너지 이용효율을 극대화하는 전력망은?

① 사물 인터넷   ② 스마트 그리드
③ 디지털 아카이빙   ④ 미디어 빅뱅

해설

> **키워드** 전력망(Grid)을 지능화(Smart), 고도화, 에너지 이용효율 극
> 대화 → **용어** 스마트 그리드(Smart Grid)
> • 디지털 아카이빙(Digital Archiving) : 디지털 정보 자원을 장기
> 적으로 보존하기 위한 작업
> • 미디어 빅뱅(Media BigBang) : 정보 통신의 발달로 새로운 미
> 디어가 등장하여 기존의 미디어 질서가 해체되는 미디어 환경
> 변화를 행성 대폭발을 의미하는 빅뱅에 비유한 표현

[20년 3회]

07 기존 무선 랜의 한계 극복을 위해 등장하였으며, 대규모 디바이스의 네트워크 생성에 최적화되어 차세대 이동 통신, 홈네트워킹, 공공 안전 등의 특수목적을 위한 새로운 방식의 네트워크 기술을 의미하는 것은?

① Software Defined Perimeter
② Virtual Private Network
③ Local Area Network
④ Mesh Network

해설

> **키워드** 대규모 디바이스의 네트워크(Network) 생성에 최적화 →
> **용어** 메시 네트워크(Mesh Network)
> • SDP(Software Defined Perimeter, 소프트웨어 정의 경계) : 네트
> 워크 장치, 단말 상태, 사용자 ID를 체크하여 권한이 있는 사용
> 자 및 디바이스에 대해서만 접근(Access) 권한을 부여하며 인
> 증 받지 못한 단말기에 대해서는 그 어떠한 서비스 연결 정보
> 도 얻지 못하게 접근을 제어하는 프레임워크
> • VPN(Virtual Private Network, 가상 사설망) : 인터넷망과 같은
> 공중망을 사설망처럼 이용해 회선 비용을 크게 절감할 수 있는
> 기업 통신 서비스
> • LAN(Local Area Network, 근거리 네트워크) : 구내나 동일 건
> 물 내에서 프로그램, 파일 또는 주변 장치 등 자원을 공유할 수
> 있는 통신망

[20년 4회 실기]

08 컴퓨터 네트워킹에서 쓰이는 용어로서, IP 패킷의 TCP/UDP 포트 숫자와 소스 및 목적지의 IP 주소 등을 재기록하면서 라우터를 통해 네트워크 트래픽을 주고 받는 기술은?

① IoT   ② Zigbee
③ NAT   ④ Wm-Bus

해설

> **키워드** 컴퓨터 네트워킹(Network), IP 주소(Address), 재기록, 라우
> 터, 네트워크 트래픽 → **용어** NAT(Network Address Translation,
> 네트워크 주소 변환)
> • Wm-Bus(Wireless Meter-bus, 무선 미터 버스) : 전기 · 가스 ·
> 수도 등의 원격 검침을 위한 스마트 미터링 또는 AMI에 사용되
> 는 무선 프로토콜

[21년 1, 3회]

09 다음 내용이 설명하는 것은?

> • 사물통신, 사물인터넷과 같이 대역폭이 제
>   한된 통신환경에 최적화하여 개발된 푸시기
>   술 기반의 경량 메시지 전송 프로토콜
> • 메시지 매개자(Broker)를 통해 송신자가 특
>   정 메시지를 발행하고 수신자가 메시지를
>   구독하는 방식
> • IBM이 주도하여 개발

① GRID   ② TELNET
③ GPN   ④ MQTT

해설

> **키워드** IBM, 푸시기술 기반의 경량 메시지(Message) 전송
> (Transport) 프로토콜, 발행, 구독 → **용어** MQTT(Message
> Queuing Telemetry Transport)
> • TELNET : 가상 터미널 기능을 제공하여 원격지에서 컴퓨터에
> 접속할 수 있게 하는 프로토콜
> • GPN(Global Production Network, 글로벌 생산 네트워크) : 하나
> 의 제품을 생산하기 위해 생산 공정이 여러 나라에 분산된 생
> 산, 유통 및 소비, 운영 및 거래 등의 연계를 의미하는 개념

▶ 정답 : 01.②, 02.②, 03.①, 04.①, 05.④, 06.②, 07.④, 08.③, 09.④

02 SW 구축 관련 신기술 및 트렌드 정보

1 VR(Virtual Reality, 가상 현실)

어떤 특정한 환경이나 상황을 컴퓨터로 만들어 그것을 사용하는 사람이 마치 실제 주변 상황 및 환경과 상호 작용을 하고 있는 것처럼 만들어 주는 인간과 컴퓨터 사이의 인터페이스

> 예 탱크/항공기의 조종법 훈련, 가구의 배치 설계, 수술 실습, 게임, 운전 연습

2 AR(Augmented Reality, 증강 현실)

컴퓨터 세상의 환경을 복제하는 것을 목적으로 하는 가상 현실의 유형

- 한 증강 현실 시스템은 사용자가 봤던 실제 장면과 추가적인 정보가 함께 적힌 장면을 생성하여 컴퓨터가 만들어낸 가상 장면을 복합한 합성된 시야를 만들어준다.
- 현실 환경과 가상 환경을 융합하는 복합형 가상 현실 시스템이다.

> 예 '포켓몬 고' 게임

3 MR(Mixed Reality, 혼합 현실)

현실을 기반으로 가상 정보를 부가하는 증강 현실(AR)과 가상 환경에 현실 정보를 부가하는 증강 가상(AV)[※]의 의미를 포함한 것

- 현실과 가상이 자연스럽게 연결된 스마트 환경을 제공하여 사용자는 풍부한 체험을 할 수 있다.

혼합 현실 (MR)

| 현실 (Real) | 증강 현실 (AR) | 증강 가상 (AV) | 가상 (Virtual) |

4 메타버스(Metaverse)

3차원 가상 세계

- 가공, 추상(Meta)과 현실 세계(Universe)의 합성어이다.
- 메타버스 세계는 그동안 가상현실(VR)이라는 말로 표현되었는데, 현재는 진보된 개념의 용어로서 메타버스라는 단어가 주로 사용된다.

> 예 가상 현실 사이트 '세컨드라이프'

권쌤이 알려줌

VR은 100% 가상, AR은 현실과 가상 레이어를 결합한 것, MR은 VR의 몰입감과 AR의 현실감을 결합한 것으로 정리해 두세요.

증강 가상(AV; Augmented Virtuality)
카메라로 포착된 물건, 사람 등과 같은 현실 이미지를 가상 세계에 더해 가상 환경과 실시간으로 상호 작용할 수 있는 기술

시뮬레이션(Simulation)
모의 실험

전문가 시스템(Expert System)
전문가가 지닌 전문 지식과 경험, 노하우 등을 컴퓨터에 축적하여 전문가와 동일한 또는 그 이상의 문제 해결 능력을 가질 수 있도록 만들어진 시스템

머신 비전(Machine Vision)
기계에 인간이 가지고 있는 시각과 판단 기능을 부여한 것으로, 사람이 인지하고 판단하는 기능을 시스템이 대신 처리하는 기술

5 AI(Artificial Intelligence, 인공지능) [22년 3회]

컴퓨터에 의한 인간 지능 프로세스의 시뮬레이션*으로 컴퓨터가 인간의 지능 활동을 모방할 수 있도록 하는 것

- 미국 컴퓨터 과학자인 존 맥커시(John McCarthy)가 1956년에 제안했다.
- 인공지능에는 학습, 추론 및 자체 연결이 포함되며, 인공지능의 특별한 응용 프로그램에는 전문가 시스템*, 음성 인식 및 머신 비전*이 포함된다.
- 머신 러닝(Machine Learing, 기계 학습) : 인공지능의 한 분야로 컴퓨터가 학습하는 알고리즘과 기술을 개발하는 분야

6 텐서플로(TensorFlow) [21년 3회]

구글(Google)사에서 개발한 머신 러닝을 위한 오픈 소스 소프트웨어 라이브러리

- 2015년에 공개 소프트웨어로 전환되었다.

7 뉴럴링크(Neuralink)

테슬라 CEO 일론 머스크(Elon Musk)가 설립한 뇌 연구 스타트업으로 신경 레이스(Neural Lace)라고 부르는 기술을 개발하는 기업

- 의학 연구 분야로, 2017년 3월 뉴럴링크를 설립했다.
- 인간 뇌와 컴퓨터 결합이라는 새 도전 과제를 제시하면서 주목을 받았다.
- 생각을 업로드하고 다운로드할 수 있는 작은 전극을 뇌에 이식하는 것을 목표로 삼고 있다.
- 컴퓨터와 두뇌를 연결함으로써 인간이 더 높은 수준의 기능에 도달할 수 있게 하겠다는 것이다.

8 온톨로지(Ontology)

존재하는 사물과 사물 간의 관계 등 여러 개념을 컴퓨터가 처리할 수 있는 형태로 표현하는 것

- 어떤 일정 범위에서 사용되는 단어들의 개념, 특성, 연관 관계 등을 표현하여 단어에 대한 일반적 지식이 명시적으로 드러나고, 단어 간 관계 정의를 통해 문장의 의미를 파악할 수 있다.
- 인공지능(AI), 자연어 처리(NLP)*, 시맨틱 웹(Semantic Web), 문헌 정보학 등 여러 분야에서 지식 처리, 공유, 재사용 등에 활용된다.

자연어 처리(NLP; Natural Language Processing)
컴퓨터를 이용해 사람의 자연어를 분석하고 처리하는 기술
• 인공지능의 주요 분야 중 하나이다.

9 시맨틱 웹(Semantic Web, 의미론적 웹)

컴퓨터가 정보 자원의 뜻을 이해하고, 논리적 추론까지 할 수 있는 차세대 지능형 웹

- 사람이 읽고 해석하기 편리하게 설계된 현재의 웹 대신에 컴퓨터가 이해할 수 있는 형태의 새로운 언어로 표현해 기계들끼리 의사소통을 할 수 있는 지능형 웹이다.

권쌤이 알려줌

시맨틱 웹의 가장 강력한 지지자 가운데 한 사람은 월드 와이드 웹의 창시자이자 세계 웹 표준화 기구(W3C) 소장인 영국의 팀 버너스 리입니다.

10 디지털 트윈(Digital Twin) [20년 3회]

물리적인 사물과 컴퓨터에 동일하게 표현되는 가상 모델

(예) 에너지, 항공, 헬스 케어, 자동차, 국방 등에 이용한다.

- 제너럴 일렉트릭(GE; General Electric)에서 만든 개념이다.
- 실제 물리적인 자산 대신 소프트웨어로 가상화한 자산의 디지털 트윈을 만들어 시뮬레이션 함으로써 현재 상태, 생산성, 동작 시나리오 등의 실제 자산의 특성에 대한 정확한 정보를 얻을 수 있다.

11 SDN(Software Defined Network, 소프트웨어 정의망) [22년 2회]

소프트웨어 프로그래밍을 통해 네트워크 경로 설정과 제어 및 복잡한 운용 관리를 편리하게 처리할 수 있는 차세대 네트워킹 기술

- 클라우드 서비스, 스마트 TV, 빅 데이터, 사물 지능 통신 등 다른 특성을 가지는 다양한 인터넷 서비스가 증가함에 따라 다양한 서비스와 환경에 따라 동적으로 제어될 수 있는 유연한 구조를 충족하기 위하여 기존의 하드웨어 중심의 네트워크를 소프트웨어 기반으로 전환하는 것이다.

권쌤이 알려줌

다양한 소프트웨어 정의 관련 기술을 하나로 통칭하여 부르는 용어는 SDE(Software−Defined Everything, SDx, 소프트웨어 정의 기술)입니다.
- SDN에서 시작되어, SDS, SDC, SDDC, SDP 등을 포함합니다.

12 SDS(Software Defined Storage, 소프트웨어 정의 스토리지) [21년 3회]

소프트웨어를 이용하여 전체 스토리지 자원을 관리하는 데이터 저장 장치 체계

- 일정 조직 내 여러 스토리지를 하나처럼 관리하고 운용하는 컴퓨터 이용 환경으로, 스토리지 자원을 효율적으로 나누어 쓰는 방법으로 이해할 수 있다.
- 가상화를 적용하여 필요한 공간만큼 나눠 사용할 수 있도록 한다.

13 SDDC(Software−Defined Data Center, 소프트웨어 정의 데이터 센터) [20년 4회]

데이터 센터를 효율적으로 운영하고 편리하게 관리하기 위해 등장한 모든 컴퓨팅 인프라를 가상화하여 서비스하는 데이터 센터

- 인력 개입 없이 소프트웨어 조작만으로 자동 제어 관리한다.

- 특정 하드웨어와 상관없이 독립적이다.
- 실제 물리적 환경과 동일하게 구성된다.
- 컴퓨팅, 네트워킹, 스토리지, 관리 등을 모두 소프트웨어로 정의해 데이터 센터를 구성하고 관리한다.

14 SDP(Software Defined Perimeter, 소프트웨어 정의 경계)

네트워크 장치, 단말 상태, 사용자 ID를 체크하여 권한이 있는 사용자 및 디바이스에 대해서만 접근 권한을 부여하며 인증 받지 못한 단말기에 대해서는 그 어떠한 서비스 연결 정보도 얻지 못하게 접근을 제어하는 프레임워크

- DNS 정보나 IP 주소를 알 수 없는 블랙 클라우드(Black Cloud) 네트워크로 동작되며, 해커들이 쉽게 보안을 뚫을 수 없도록 구성되어 있다.

15 SSO(Single Sign-On, 싱글 사인 온) [21년 3회]

하나의 시스템에서 인증에 성공하면 다른 시스템에 대한 접근 권한도 얻는 시스템

- 단 한 번의 로그인만으로 기업의 각종 시스템이나 인터넷 서비스에 접속하게 해주는 보안 응용 솔루션이다.

16 DSA(Digital Signature Algorithm, 전자 서명 알고리즘)

미국 국립 표준 기술 연구소(NIST)에서 전자 서명* 표준안으로 개발된 엘가말 암호 방식* 기반의 전자 서명 알고리즘

17 CC(Common Criteria, 공통 평가 기준)

ISO/IEC 15408이라고도 불리는 정보 보호 제품의 평가 기준을 규정한 국제 표준

- 각국들이 정보 보호 제품에 서로 다른 평가 기준을 가지고 평가를 시행하여 시간과 비용이 낭비되는 문제점을 없애기 위해 개발되었다.

18 DLT(Distributed Ledger Technology, 분산 원장 기술)

중앙 관리자나 중앙 데이터 저장소가 존재하지 않고 P2P* 망 내의 참여자들에게 모든 거래 목록이 분산 저장되어 거래가 발생할 때마다 지속적으로 갱신되는 디지털 원장

예 블록체인(금융 거래)

- 기존의 중앙 서버와 같이 집중화된 시스템을 유지 및 관리할 필요가 없고, 해킹 및 위변조의 위험도도 낮다.
- 효율성과 보안성이 우수하다.

전자 서명(Digital Signature)
전자 문서의 변경 여부를 확인할 수 있도록 작성자의 고유 정보를 암호화하여 문서에 포함하는 기술
- 데이터의 생성원과 무결성을 검증할 수 있고, 제3자에 의한 데이터 위조 등을 보호할 수 있다.

엘가말 암호 방식(Elgamal Encryption Scheme)
공개키 암호 방식의 하나로, 이산 대수 문제에 대한 최초의 공개키 암호
- 암호문의 길이가 평문 길이의 2배로 길어지는 결점이 있다.

P2P(Peer-To-Peer, 개인 간 통신)
PC 대 PC, 개인 대 개인처럼 서버의 도움 없이 일 대 일 통신을 하는 관계

19 블록체인(BlockChain) [20년 4회 실기]

P2P 네트워크 분산 환경에서 온라인 금융 거래 정보를 블록으로 연결하여 중앙 관리 서버가 아닌 참여자(피어, Peer)들의 개인 디지털 장비에 분산 저장시켜 공동으로 관리하는 방식

> **예** 가상 화폐인 비트코인(Bitcoin)※

- 거래 장부를 공개하고 분산해 관리한다는 의미에서 공공 거래장부나 분산 거래장부(Distributed Ledgers)로도 불린다.
- 온라인 거래 정보를 수정할 수 없도록 데이터를 블록(Block)으로 만들고, 암호 기술을 사용한 고리 모양의 체인(Chain)으로 연결하여 분산 컴퓨팅 기술로 저장/관리하는 방식이다.

비트코인(Bitcoin)
실제 생활에서 쓰이는 화폐가 아니라 온라인 거래상에서 쓰이는 가상화폐
•2009년 1월 사토시 나카모토라는 필명의 프로그래머가 개발하였다.

20 매시업(Mashup) [20년 3회]

웹에서 제공하는 정보 및 서비스를 이용하여 새로운 소프트웨어나 서비스, 데이터베이스 등을 만드는 기술

- 서로 다른 웹 사이트의 콘텐츠를 조합하여 새로운 차원의 콘텐츠와 서비스를 창출한다.

21 RIA(Rich Internet Application)

데스크톱 환경처럼 응답 속도가 빠르고 사용하기 쉬운 기능과 특징을 제공하는 웹 제작 기술

> **예** 어도비 플렉스(Adobe Flex), 자바에프엑스(JavaFX), 마이크로소프트 실버라이트(Silverlight)

- 웹 브라우저의 한계를 극복하기 위해 기존 웹 애플리케이션보다 풍부하고 향상된 그래픽 사용자 인터페이스(GUI※)를 제공하는 애플리케이션을 뜻한다.
- 설치 및 배포, 갱신 용이, 네트워크 트래픽 감소, 유지보수 및 재개발 비용 감소, 서버 CPU 사용률 감소 등의 장점이 있다.

GUI(Graphic User Interface, 그래픽 사용자 인터페이스)
사용자가 편리하게 사용할 수 있도록 아이콘과 같은 그래픽으로 나타내어 마우스를 이용하는 인터페이스

22 PET(Privacy Enhancing Technology, 개인정보 강화 기술)

개인정보 침해 위험을 관리하기 위한 핵심 기술로, 암호화 · 익명화 등 개인정보를 보호하는 기술에서 사용자가 직접 개인정보를 통제하기 위한 기술까지 다양한 사용자 프라이버시 보호 기술을 통칭한 것

[21년 3회]

01 구글의 구글 브레인 팀이 제작하여 공개한 기계 학습(Machine Learning)을 위한 오픈소스 소프트웨어 라이브러리는?

① 타조(Tajo)　　　　② 원 세그(One Seg)

③ 포스퀘어(Foursquare)　④ 텐서플로(TensorFlow)

> **[해설]**
> **키워드** 구글, 기계 학습(Machine Learning) → **용어** 텐서플로(TensorFlow)
> • 타조(Tajo) : 하둡 기반의 대용량 데이터 웨어하우스 시스템
> • 원 세그(One Seg) : 일본과 브라질에서 사용 중인 디지털 TV 방송 기술의 일종
> • 포스퀘어(Foursquare) : 포스퀘어사의 위치 기반 소셜 네트워킹 서비스(SNS)

[20년 3회]

02 물리적인 사물과 컴퓨터에 동일하게 표현되는 가상 모델로 실제 물리적인 자산 대신 소프트웨어로 가상화함으로써 실제 자산의 특성에 대한 정확한 정보를 얻을 수 있고, 자산 최적화, 돌발사고 최소화, 생산성 증가 등 설계부터 제조, 서비스에 이르는 모든 과정의 효율성을 향상시킬 수 있는 모델은?

① 최적화　　　　　② 실행 시간

③ 디지털 트윈　　　④ N-Screen

> **[해설]**
> **키워드** 물리적인 사물과 컴퓨터에 동일(Twin)하게 표현되는 가상 모델 → **용어** 디지털 트윈(Digital Twin)
> • 엔 스크린(N screen) : 하나의 콘텐츠를 PC · TV · 휴대폰 등 여러 단말기에 공유하여 끊김 없이 이용하는 체계

[21년 3회]

03 다음에서 설명하는 IT 스토리지 기술은?

> • 가상화를 적용하여 필요한 공간만큼 나눠 사용할 수 있도록 하며 서버 가상화와 유사함
> • 컴퓨팅 소프트웨어로 규정하는 데이터 스토리지 체계이며, 일정 조직 내 여러 스토리지를 하나처럼 관리하고 운용하는 컴퓨터 이용 환경
> • 스토리지 자원을 효율적으로 나누어 쓰는 방법으로 이해할 수 있음

① Software Defined Storage

② Distribution Oriented Storage

③ Network Architected Storage

④ Systematic Network Storage

> **[해설]**
> **키워드** 서버 가상화와 유사, 하나처럼 관리, 컴퓨팅 소프트웨어(Software), 데이터 스토리지(Storage) 체계 → **용어** SDS(Software Defined Storage, 소프트웨어 정의 스토리지)

[20년 4회]

04 소프트웨어 정의 데이터 센터(SDDC; Software Defined Data Center)에 대한 설명으로 틀린 것은?

① 컴퓨팅, 네트워킹, 스토리지, 관리 등을 모두 소프트웨어로 정의한다.

② 인력 개입 없이 소프트웨어 조작만으로 자동 제어 관리한다.

③ 데이터 센터 내 모든 자원을 가상화하여 서비스한다.

④ 특정 하드웨어에 종속되어 특화된 업무를 서비스하기에 적합하다.

> **[해설]**
> 소프트웨어 정의 데이터 센터는 특정 하드웨어와 상관없이 독립적이다.

[21년 3회]

05 시스템이 몇 대가 되어도 하나의 시스템에서 인증에 성공하면 다른 시스템에 대한 접근권한도 얻는 시스템을 의미하는 것은?

① SOS　　　　　② SBO

③ SSO　　　　　④ SOA

> **[해설]**
> **키워드** 하나의(Single) 시스템에서 인증 성공, 다른 시스템에 대한 접근권한 → **용어** SSO(Single Sign-On, 싱글 사인 온)
> • SOS(Security Operating Service, 보안 운영 서비스) : 고객의 IT 자원 및 보안 시스템에 대한 종합적 보안 관리를 원격으로 제공하는 서비스
> • SBO(SAP Business One) : 독일 기업 SAP SE에서 판매하는 중소기업용 비즈니스 관리 소프트웨어
> • SOA(Service Oriented Architecture, 서비스 지향 아키텍처) : 기업의 정보 시스템을 공유 및 재사용이 가능한 서비스 또는 컴포넌트 중심으로 구축하는 정보 기술 아키텍처

[20년 4회 실기]
06 온라인 금융 거래 정보를 블록으로 연결하여 피투피(P2P) 네트워크 분산 환경에서 중앙 관리 서버가 아닌 참여자(피어, Peer)들의 개인 디지털 장비에 분산/저장시켜 공동으로 관리하는 방식은?

① 블록체인 ② 디지털 전환
③ 소프트웨어 정의망 ④ 공개키 기반 구조

> 해설
> **키워드** 온라인 금융 거래 정보, 피투피(P2P), 분산/저장 → **용어** 블록체인(BlockChain)
> • DX(Digital Transformation, 디지털 전환) : 디지털 기술을 사회 전반에 적용하여 전통적인 사회 구조를 혁신시키는 것
> • PKI(Public Key Infrastructure, 공개키 기반 구조) : 공개키 암호 시스템을 안전하게 사용하고 관리하기 위한 정보 보호 표준 방식

[20년 3회]
07 다음 ( ) 안에 들어갈 알맞은 기술은?

> ( )은/는 웹에서 제공하는 정보 및 서비스를 이용하여 새로운 소프트웨어나 서비스, 데이터베이스 등을 만드는 기술이다.

① Quantum Key Distribution
② Digital Rights Management
③ Grayware
④ Mashup

> 해설
> **키워드** 웹, 새로운 소프트웨어나 서비스, 데이터베이스 등을 만드는 기술 → **용어** 매시업(Mashup)
> • QKD(Quantum Key Distribution, 양자 암호 키 분배) : 안전한 통신을 위해 양자 역학적 특성을 이용하여 비밀키를 분배 및 관리하는 기술
> • DRM(Digital Rights Management, 디지털 저작권 관리) : 웹을 통해 유통되는 각종 디지털 콘텐츠의 안전 분배와 불법 복제 방지를 위한 저작권 보호 방식
> • 그레이웨어(Grayware) : 정상 소프트웨어와 바이러스 소프트웨어의 중간에 해당하는 일종의 악성 소프트웨어

▶ 정답 : 01.④, 02.③, 03.①, 04.④, 05.③, 06.①, 07.④

---

03 HW 구축 관련 신기술 및 트렌드 정보

1 3D 프린팅(3D Printing, 3차원 인쇄)

디지털화된 디자인 데이터를 활용해 인쇄를 하듯 물체를 만들어 내는 방식

2 4D 프린팅(4D Printing, 4차원 인쇄)

미리 설계된 시간이나 임의 환경 조건이 충족되면 스스로 모양을 변경하거나 제조하여 새로운 형태로 바뀌는 제품을 3D 프린팅 하는 기술

예 물을 만나면 팽창되는 나무를 소재로 한 입체 프린터(3D printer)로 코끼리 모양의 평면 설계도를 출력한다. 그리고 출력된 설계도를 물에 넣으면 저절로 입체 코끼리 모양으로 바뀐다.

3 엔 스크린(N screen) [21년 2회]

하나의 콘텐츠를 PC · TV · 휴대폰 등 여러 단말기에 공유하여 끊김 없이 이용하는 체계

- 집 안에서 TV를 보다가 밖으로 나가더라도 휴대폰 등으로 보고 있던 콘텐츠를 이어서 그대로 볼 수 있다.

4 컴패니언 스크린(Companion Screen)

TV 방송 시청에 동반되어 이용되는 보조 기기

- **(예)** 시청자는 TV로 실시간 방송을 시청하면서 스마트폰으로는 웹 브라우저를 통해 방송 관련 정보, 방송에 나오는 가수의 영상(VOD), 음원(AOD) 등을 이용할 수 있다.
- 이종 단말기에서 동일한 콘텐츠를 자유롭게 이용할 수 있는 엔 스크린(N screen)의 한 종류이다.
- 스마트폰, 태블릿 PC, PC가 대표적인 기기이다. TV와 IP망으로 연결하여 TV로 시청하는 방송을 여러 기기와 공유하여 이용할 수 있다.

5 패블릿(Phablet)

폰(Phone)과 태블릿(Tablet)의 합성어로, 5인치 이상의 대화면 스마트폰

- **(예)** 갤럭시 노트

6 멤리스터(Memristor)

메모리(Memory)와 레지스터(Resistor)의 합성어로, 전류의 방향과 크기 등 기존의 상태를 모두 기억하는 소자

- 전자 회로 구성 요소로 차세대 기억 소자, 회로 등에 응용될 수 있다.
- 멤리스터를 컴퓨터 시스템 메모리 등에 이용할 경우 에너지 소모와 부팅 시간을 획기적으로 줄일 수 있다.

7 RAID(Redundant Array of Inexpensive Disk, 복수 배열 독립 디스크)

디스크의 고장에 대비해 데이터의 안정성을 높인 컴퓨터의 저장 장치로서, 하나의 대형 저장 장치 대신 다수의 일반 하드를 배열로 구성하고, 데이터를 분할해서 분산 저장하거나 다중화한 저장 장치

- 여러 개의 하드 디스크에 일부 중복된 데이터를 나눠서 저장하는 기술이다.
- 값싼 디스크를 여러 개 묶어 대용량의 저장 공간을 만들고자 한다.
- 여러 개의 디스크를 하나로 묶어 하나의 논리적 디스크로 작동하게 하여 사용자에게 하나의 디스크처럼 보이게 한다.
- 디스크 어레이(Disk Array)라고도 한다.

8 M-DISC(Millennial DISC)

한 번의 기록만으로 자료를 영구 보관할 수 있는 광 저장장치

- 시간이 가도 변하지 않는 금속 활자처럼 빛, 열, 습기 등의 외부 요인에 영향을 받지 않는다.
- M-DISC는 미국의 밀레니어터(Millenniata)사에서 개발하였으며, 디지털 비디오 디스크(DVD*)와 블루레이 디스크*에 적용된다.

9 C형 유에스비(USB Type-C, USB-C, Universal Serial Bus Type-C)

기기 간 데이터 전송을 위한 USB 케이블 단자의 위아래가 동일한 24핀의 USB

- USB 규격을 제정하는 USB-IF*에 의해 2014년 USB Type-C 규격(1.0 버전)이 발표되었다.
- 단자 위아래 구분 없이 어느 쪽으로든 연결할 수 있어 편리하다는 장점이 있다.

10 MEMS(멤스, Micro-Electro-Mechanical Systems, 초소형 정밀기계 기술)

실리콘이나 수정, 유리 등을 가공하여 초고밀도 집적 회로, 머리카락 절반 두께의 초소형 기어, 손톱 크기의 하드 디스크 등 초미세 기계 구조물을 만드는 기술

- 20세기의 대표적인 산업 기술인 반도체 기술에 버금가는 21세기 최대 유망 기술로, 초정밀 반도체 제조 기술이다.
- 이 기술로 만든 미세 기계는 마이크로미터* 이하의 정밀도를 갖는다.

11 트러스트존(TrustZone)

암(ARM)사에서 개발한 것으로, 프로세서(CPU) 안에 독립적인 보안 구역을 따로 두어 중요한 정보를 보호하는 하드웨어 기반의 보안 기술

- 이 기술은 하드웨어에서 직접 실행되며 하나의 CPU를 2개의 가상 공간, 즉 일반 구역(Normal World)과 보안 구역(Secure World)으로 분할하여 관리된다. 보안이 필요하지 않은 작업은 일반 구역에서 실행되고, 보안이 필요한 작업은 보안 구역에서 실행된다.

DVD(Digital Video Disk, Digital Versatile Disc)
보통 영화 한 편에 해당하는 영상과 음성을 담을 수 있는 지름 12cm 크기의 광 디스크

블루레이 디스크(Blue-ray disk)
고선명(HD) 비디오를 위한 디지털 데이터를 저장할 수 있도록 만들어진 저장매체
- DVD보다 빠르고 용량이 크다.

USB-IF(USB Implementers Forum, USB 임플리멘터스 포럼)
USB를 홍보하고 지원하기 위해 만든 비영리 조직

마이크로미터(Micrometer)
100만분의 1미터

[21년 2회]

01 PC, TV, 휴대폰에서 원하는 콘텐츠를 끊김 없이 자유롭게 이용할 수 있는 서비스는?

① Memristor ② MEMS
③ SNMP ④ N-Screen

 해설 키워드 PC, TV, 휴대폰, 끊김 없이 → 용어 엔 스크린(N screen)
• SNMP(Simple Network Management Protocol, 간이 망 관리 프로토콜) : 네트워크 장비를 관리 및 감시하기 위한 목적으로 UDP상에 정의된 프로토콜

[이전 기출]

02 다음은 무엇에 대한 설명인가?

> 센서, 액추에이터 등 소형 기계 구조물에 반도체, 기계, 광 등 초정밀 반도체 제조 기술을 융합하고 미세 가공하여 전자기계적 동작할 수 있도록 한 마이크로 단위의 작은 부품 및 시스템, 또는 이를 설계, 제작하고 응용하는 기술이다. 이것은 정보기기의 센서나 잉크젯 프린터 헤드, HDD 자기 헤드, 프로젝터 등 초소형이면서 고도의 복잡한 동작을 필요로 하는 기기에 사용된다.

① RPA ② MEMS
③ CEP ④ GPIB

해설 키워드 초정밀, 미세, 초소형 → 용어 MEMS(멤스, Micro-Electro-Mechanical Systems, 초소형 정밀기계 기술)
• RPA(Robotic Process Automation, 로봇 프로세스 자동화) : 업무 과정에 발생되는 데이터를 정형화하고 논리적으로 자동 수행하는 기술
• CEP(Complex Event Processing, 복잡 이벤트 처리) : 실시간으로 발생하는 많은 사건들 중 의미가 있는 것만을 추출할 수 있도록 사건 발생 조건을 정의하는 데이터 처리 방법
• GPIB(General-Purpose Interface Bus, 범용 인터페이스 버스) : 1970년 미국의 휴렛 패커드가 제안한 컴퓨터를 포함한 전자 장비의 입·출력을 제어하는 데 사용되는 범용의 병렬 인터페이스 버스

[이전 기출]

03 다음은 무엇에 대한 설명인가?

> • 암(ARM)사에서 개발한 프로세서 안에 보안 구역을 따로 두어 정보를 보호하는 하드웨어 기반의 보안 기술이다.
> • 하드웨어에서 직접 실행되며 일반 구역(normal world)과 보안 구역(secure world)으로 분할하여 관리한다.

① Mode Check ② KRACK
③ TrustZone ④ Container

 해설 키워드 암(ARM)사, 일반 구역과 보안 구역 → 용어 트러스트존(TrustZone)
• 모드체크(Mode Check) : 입력할 수 있는 문자가 제한된 경우 입력 문자를 확인하여 이상 유무를 검색하는 것
• KRACK(Key Reinstallation AttaCKs, 키 재설치 공격) : 정상적으로 설치된 키를 재설치 함으로서 정보를 읽는 공격 방법
• 컨테이너(Container) : 리눅스에 내장된 기술로, 애플리케이션과 애플리케이션을 구동하는 환경을 격리한 공간

▶ 정답 : 01.④, 02.②, 03.③

04 DB 구축 관련 신기술 및 트렌드 정보

1 빅 데이터(Big Data)

기존의 관리 방법이나 분석 체계로는 처리하기 어려운 막대한 양의 정형 또는 비정형 데이터 집합

- **예** 서울 지역 카드 결제 정보라는 빅 데이터를 이용해서 야간의 장소별 결제 정보를 분석하여 야간 버스 노선 개선에 활용할 수 있다.
- 빅 데이터가 주목받고 있는 이유는 기업이나 정부, 포털 등이 빅 데이터를 효과적으로 분석함으로써 미래를 예측해 최적의 대응 방안을 찾고, 이를 수익으로 연결하여 새로운 가치를 창출할 수 있기 때문이다.
- 빅 데이터의 3가지 특징(3V) : 용량(Volume), 다양성(Variety), 속도(Velocity)

2 브로드 데이터(Broad Data)

거대한 자료라는 의미를 가진 빅 데이터와 달리 기업 마케팅에 효율적인 다양한 정보

- **예** SNS 활동, 위치 정보 등
- 이전에 사용하지 않았거나 몰랐던 새로운 데이터, 기존 데이터에 새로운 가치를 더하는 데이터를 의미한다.

3 하둡(Hadoop) [20년 2회] [20년 4회 실기]

일반 컴퓨터들을 연결하여 하나의 시스템처럼 작동하도록 묶어 다양한 대용량 데이터(Big Data)들을 분산 처리하는 자유 자바 소프트웨어 프레임워크

- 오픈 소스를 기반으로 한 분산 컴퓨팅 플랫폼이다.
- 2004년 미국 프로그래머 더그 컷팅이 방대한 데이터를 처리하기 위하여 구글의 맵리듀스(MapReduce) 등을 활용해 개발하였다.
- 여러 대의 컴퓨터를 마치 하나인 것처럼 묶어 대용량 데이터를 처리하는 기술로 비용 절감이 가능하다.

4 맵리듀스(MapReduce) [20년 4회]

대용량 데이터를 분산 처리하기 위한 목적으로 개발된 프로그래밍 모델

- 구글(Google)에 의해 고안된 맵리듀스 기술은 대표적인 대용량 데이터 처리를 위한 병렬 처리 기법의 하나로 최근까지 많은 주목을 받고 있다.
- 임의의 순서로 정렬된 데이터를 분산 처리하고 이를 다시 합치는 과정을 거친다.

5 스쿱(Sqoop) [21년 2회]

관계형 데이터베이스와 하둡 사이에서 데이터 이관을 지원하는 툴

6 타조(Tajo)

하둡 기반의 대용량 데이터 웨어하우스 시스템

- 하둡(Hadoop)의 빅 데이터를 분석할 때 맵리듀스(MapReduce)를 사용하지 않고, 구조화된 질의어(SQL)를 사용하여 하둡 분산 파일 시스템*의 파일을 바로 읽어 내는 기술이다.

7 CEP(Complex Event Processing, 복잡 이벤트 처리)

실시간으로 발생하는 많은 사건들 중 의미가 있는 것만을 추출할 수 있도록 사건 발생 조건을 정의하는 데이터 처리 방법

- 실시간으로 대용량의 데이터 스트림*에 대한 요구에 대응하기 위하여 개발된 기술로 금융, 통신, 전력, 물류, 국방 등에서 활용된다.

8 데이터 다이어트(Data Diet)

데이터를 삭제하는 것이 아니라 압축하고, 겹친 정보는 중복을 배제하고, 새로운 기준에 따라 나누어 저장하는 작업

- 인터넷과 이동 통신 이용이 늘면서 각 기관 및 기업의 데이터베이스에 쌓인 방대한 정보를 효율적으로 관리하는 방안으로, 같은 단어가 포함된 데이터들을 한 곳에 모아 두되, 필요할 때 제대로 찾아내는 체계를 갖추는 것이 중요하다.
- 중복 데이터를 압축하고 제거해 주는 소프트웨어를 쓰면 저장량을 5분의 1로 줄일 수 있다.

9 디지털 아카이빙(Digital Archiving)

디지털 정보 자원을 장기적으로 보존하기 위한 작업

- 아날로그 콘텐츠는 디지털로 변환해 압축하여 저장하고, 디지털 콘텐츠도 체계적으로 분류하고 메타 데이터를 만들어 데이터베이스화 하는 작업이다.
- 디지털 아카이빙*은 늘어나는 정보 자원의 효율적인 관리와 이용을 위해 필요한 작업이다.

10 LOD(Linked Open Data, 개방형 링크드 데이터) [20년 2회 실기]

연계 데이터(Linked Data)와 오픈 데이터(Open Data)가 결합된 단어로, 사용자가 정확하게 원하는 정보를 찾을 수 있도록 웹상의 모든 데이터와 데이터베이스를 공개하고 연결하는 것

- 출처가 서로 다르지만 인터넷 식별자※를 통해 데이터를 서로 연결함으로써 웹에 공개 · 연계 · 공유하는 기술이다.
- 데이터를 재사용할 수 있고, 데이터 중복을 줄일 수 있는 장점이 있다.

> 인터넷 식별자(URI; Uniform Resource Identifier)
> 인터넷에 존재하는 각종 정보들의 유일한 이름이나 위치를 표시하는 식별자

11 RTO(Recovery Time Objective, 목표 복구 시간) [20년 2회 실기]

비상사태 또는 업무 중단 시점부터 업무가 복구되어 다시 정상 가동 될 때까지의 시간

12 RPO(Recovery Point Objective, 목표 복구 시점)

조직에서 발생한 여러 가지 재난 상황으로 인해 IT 시스템이 마비되었을 때, 각 업무에 필요한 데이터를 여러 백업 수단을 활용하여 복구할 수 있는 기준점

- 복구가 필요한 업무에 대하여 어느 시점까지 데이터가 필요한가에 따라 시점을 정한다.

 기출 및 예상문제

04 DB 구축 관련 신기술 및 트렌드 정보

[20년 2회] [20년 4회 실기]

01 다음이 설명하는 용어로 옳은 것은?

- 오픈소스를 기반으로 한 분산 컴퓨팅 플랫폼이다.
- 일반 PC급 컴퓨터들로 가상화된 대형 스토리지를 형성한다.
- 다양한 소스를 통해 생성된 빅 데이터를 효율적으로 저장하고 처리한다.

① 하둡(Hadoop)
② 비컨(Beacon)
③ 포스퀘어(Foursquare)
④ 멤리스터(Memristor)

> **해설** 키워드 오픈소스 기반, 분산 컴퓨팅 플랫폼, 빅 데이터 저장, 처리 → 용어 하둡(Hadoop)
> - 비컨(Beacon) : 주변의 일정 반경 범위 내(최대 50m)에서 블루투스 4.0을 기반으로 사물의 정보를 주기적으로 전송하는 근거리 무선 통신 기술
> - 포스퀘어(Foursquare) : 포스퀘어사의 위치 기반 소셜 네트워킹 서비스(SNS)
> - 멤리스터(Memristor) : 메모리(Memory)와 레지스터(Resistor)의 합성어로, 전류의 방향과 크기 등 기존의 상태를 모두 기억하는 소자

[20년 4회]

02 다음은 무엇에 대한 설명인가?

- 대용량 데이터를 분산 처리하기 위한 목적으로 개발된 프로그래밍 모델이다.
- Google에 의해 고안된 기술로써 대표적인 대용량 데이터 처리를 위한 병렬 처리 기법을 제공한다.
- 임의의 순서로 정렬된 데이터를 분산 처리하고 이를 다시 합치는 과정을 거친다.

① MapReduce
② SQL
③ Hijacking
④ Logs

> **해설** 키워드 대용량 데이터 분산 처리, Google → 용어 맵리듀스(MapReduce)
> - SQL(Structured Query Language, 구조화된 질의 언어) : 관계형 데이터베이스 관리 시스템의 조작과 관리를 위한 표준 질의 언어
> - Hijacking(하이재킹) : 훔치거나 도용 또는 가로채어 접근 및 제어하는 해킹 기법
> - Logs(로그) : 시스템 사용에 관련된 전체의 기록

[21년 2회]

03 하둡(Hadoop)과 관계형 데이터베이스 간에 데이터를 전송할 수 있도록 설계된 도구는?

① Apnic   ② Topology

③ Sqoop   ④ SDB

> **해설**
> `키워드` 하둡(Hadoop)과 관계형 데이터베이스 간 → `용어` 스쿱 (Sqoop)
> - 에이피닉(Apnic; Asia Pacific Network Information Center) : 아시아·태평양의 인터넷 관련 서비스를 수행하는 비영리 단체로, 인터넷 주소 자원과 정보 관리를 수행하는 기구
> - 토폴로지(Topology) : 공간 또는 집합에서 구성 요소 간의 상대적인 위치나 연결 상태를 결정하는 구조
> - SDB : 추가적인 윈도우 레지스트리 정보를 포함하는 데이터베이스 파일

[20년 2회 실기]

04 연계 데이터(Linked data)와 오픈 데이터(Open data)가 결합된 단어로, 웹에서 누구나 사용할 수 있도록 무료로 공개되는 연계 데이터를 의미하는 것은?

① CEP   ② Software Escrow

③ OGSA   ④ Linked Open Data

> **해설**
> `키워드` 연계 데이터(Linked data) + 오픈 데이터(Open data) → `용어` LOD(Linked Open Data, 개방형 링크드 데이터)
> - 소프트웨어 에스크로(Software Escrow) : 소프트웨어 개발자의 지식 재산권을 보호할 수 있고, 사용자는 저렴한 비용으로 소프트웨어를 안정적으로 사용하고 유지보수를 받을 수 있도록 하기 위해 소스 프로그램과 기술 정보 등을 제3의 기관에 보관하는 것
> - OGSA(Open Grid Service Architecture, 오픈 그리드 서비스 아키텍처) : 애플리케이션 공유를 위한 웹 서비스 표준과 인프라 자원의 공유를 위한 그리드 기술이 결합된 개방형 표준

[20년 2회 실기]

05 A씨는 한국아이티 보안관제실에서 근무한다. 정보시스템 운영 중 서버가 다운되거나 자연 재해나 시스템 장애 등의 이유로 대고객 서비스가 불가능한 경우가 종종 발생하는 것으로, 이와 같은 상황에서의 "비상사태 또는 업무중단 시점부터 업무가 복구되어 다시 정상가동될 때까지의 시간"을 의미하는 것은?

① RTO   ② Data Diet

③ Tajo   ④ Metadata

> **해설**
> `키워드` 중단 시점, 복구(Recovery), 정상가동 시간(Time) → `용어` RTO(Recovery Time Objective, 목표 복구 시간)
> - 메타데이터(Metadata) : 데이터를 정의하고 설명해 주는 데이터

▶ 정답 : 01.①, 02.①, 03.③, 04.④, 05.①

★★★

05   보안 구축 관련 신기술 및 트렌드 정보

1 DoS(Denial Of Service, 서비스 거부 공격)

정당한 사용자가 적절한 대기 시간 내에 정보 시스템의 데이터나 자원을 사용하는 것을 방해하는 공격 방법

- 주로 시스템에 과도한 부하를 일으켜 정보 시스템의 사용을 방해한다.

▼ DoS 공격 유형   [22년 1회]

유형	종류
자원 고갈 공격형	Ping of Death, SYN Flooding, UDP Flooding*, Smurfing
취약점 공격형	Land Attack, TearDrop
분산 서비스 거부	DDos

> **UPD Flooding**
> UDP 패킷을 대량으로 발생시켜 네트워크의 과부하를 유발시키는 공격 방법

2 죽음의 핑*(Ping of Death) [22년 2회]

인터넷 프로토콜 허용 범위인 65,536바이트 이상의 큰 패킷을 고의로 전송하여 발생하는 서비스 거부 공격 방법

3 SYN 플러딩(SYN Flooding)

대량의 SYN 패킷을 이용해서 타겟 서버의 서비스를 더 이상 사용할 수 없도록 만드는 공격 방법

- 서버는 클라이언트가 ACK* 패킷을 보내올 때까지 SYN Received 상태로 일정 시간을 기다려야 한다. 서버에 ACK 패킷을 보내야 연결이 되는데, 보내지 않으면 대기 상태가 지속되는 TCP 3-Way Handshaking* 문제점을 이용한다.
- SYN 플러딩의 무력화 방법은 수신지의 SYN 수신 대기 시간을 줄인다.

4 스머핑(Smurfing, Ping Flood, Ping 홍수) [21년 3회] [20년 2회]

IP, ICMP의 특성을 악용하여 고성능 컴퓨터를 이용해 초당 엄청난 양의 접속 신호를 한 사이트에 집중적으로 보냄으로써 상대 컴퓨터의 서버를 접속 불능 상태로 만들어 버리는 공격 방법

- 말 그대로 홍수처럼 ICMP 패킷을 상대 컴퓨터 시스템에 퍼붓는 방식이다.
- 공격자는 송신 주소를 공격 대상지의 IP 주소로 위장하고 해당 네트워크 라우터의 브로드캐스트 주소를 수신지로 하여 패킷을 전송하면, 라우터의 브로드캐스트 주소로 수신된 패킷은 해당 네트워크 내의 모든 컴퓨터로 전송한다.
- 스머핑의 무력화 방법은 각 네트워크 라우터에서 IP 브로드캐스트 주소를 사용할 수 없게 미리 설정한다.

5 LAND 공격(Local Area Network Denial Attack) [20년 1회 실기]

'나쁜 상태에 빠지게 하다.'의 의미로, 공격자가 패킷의 출발지 주소(Address)나 포트(Port)*를 임의로 변경하여 출발지와 목적지 주소 또는 포트를 동일하게 하여 무한 응답을 발생시키는 공격 방법

- 수신되는 패킷 중 출발지 주소 또는 포트와 목적지 주소 또는 포트가 동일한 패킷들을 차단함으로써 이 공격을 피할 수 있다.

6 TearDrop 공격

패킷 제어 로직을 악용하여 시스템의 자원을 고갈시키는 공격으로, 데이터의 송·수신 과정에서 패킷의 크기가 커서 여러 개로 분할되어 전송될 때 분할 순서를 알 수 있도록 Fragment Offset* 값을 함께 전송하는데, 이 값을 변경시켜 수신 측에서 패킷 재조립 시 과부하가 발생하는 공격 방법

핑(Ping, Packet Internet Groper) 서버 정상 여부를 확인하기 위한 것으로, IP 네트워크를 통해 호스트가 서버에 도달할 수 있는지의 여부를 테스트하는 데 쓰이는 컴퓨터 네트워크 도구
ⓜ 정상 서버지만 해킹 방지를 위해 핑 메시지가 전송되지 않도록 방화벽에서 차단한다.

ACK(ACKnowledge) 긍정 응답

Handshaking(악수, 주고받기) 데이터를 전송할 때, 두 장치 간에 동기를 맞추기 위하여 일련의 신호를 주고받는 것

포트(Port) 컴퓨터 간 상호 통신을 위해 프로토콜에서 이용하는 가상의 연결단

Fragment Offset 패킷 분할 시 분할 조각을 어떤 곳에 붙여야 하는지 위치를 나타내는 필드

7 DDoS(Distributed Denial of Service Attack, 분산 서비스 거부 공격) [20년 3회]

감염된 대량의 숙주 컴퓨터를 이용해 특정 시스템을 마비시키는 사이버 공격 방법

- 공격자는 다양한 방법으로 일반 컴퓨터를 감염시켜 공격 대상의 시스템에 다량의 패킷이 무차별로 보내지도록 조정하며, 이로 인해 공격 대상 시스템은 성능이 저하되거나 마비된다.
- 일반적으로 트로이 목마에 감염되어 손상된 여러 개의 시스템이 서비스 거부 공격을 일으키는 단일 시스템을 대상으로 사용되는 공격이다.
- DDoS 공격 종류 : Trinoo[※], TFN(Tribe Flood Network)[※], Stacheldraht[※], DRDoS[※]

학습+플러스 DDoS 관련 용어

구분	설명
좀비 PC (Zombie PC)	해커의 원격 조정에 의해 스팸을 발송하거나, DoS 또는 DDoS 공격을 수행하도록 설정된 컴퓨터 또는 서버
트로이 목마 (Trojan Horse)	악성 코드 중 마치 유용한 프로그램인 것처럼 위장하여 사용자들로 하여금 거부감 없이 설치를 유도하는 프로그램
봇넷 (BOTNET)	좀비 PC들로 구성된 네트워크 • 봇(Bot) : 주로 채팅 룸과 파일 공유를 통해 PC를 감염시키는 프로그램
C&C 서버 (Command & Control Sever)	좀비 PC를 조정하는 서버

8 피싱(Phishing)

개인정보(Private Data)와 낚시(Fishing)의 합성어로, 낚시하듯이 개인정보를 몰래 빼내는 것

- 금융기관 등의 웹 사이트에서 보낸 이메일로 위장하여 링크를 유도한다.

9 스피어 피싱(Spear Phishing)

조직 내에 신뢰할 만한 발신인으로 위장해 ID 및 패스워드 정보를 요구하는 것

10 사회 공학적 해킹(Social Engineering Hacking)

시스템이 아닌 사람의 취약점을 공략하여 원하는 정보를 얻는 공격 기법

예 보안 정보 접근 권한이 있는 담당자와 신뢰를 쌓고 전화나 이메일을 통해 그들의 약점과 도움을 이용한다.

트리누(Trinoo)
해킹당한 컴퓨터가 다시 제3의 전산망을 공격하도록 한 분산 공격형 프로그램
• UDP 플러딩으로 타겟 시스템을 공격한다.

TFN(Tribal Flood Network, 트리벌 플러드 네트워크)
UDP 플러딩, TCP SYN 플러딩, 스머핑 등 다양한 방법으로 타겟 시스템 공격이 가능한 트리누의 발전된 형태

슈타첼드라트(Stacheldraht)
공격자와 마스터 간의 암호화 통신을 보장하므로 네트워크 패킷의 분석이 어려운 DDoS 공격 방법

DRDoS 공격(Distributed Reflection DoS, 분산 반사 서비스 거부 공격)
통신 프로토콜 구조의 취약성을 이용해 정상적인 서비스를 운영하고 있는 시스템을 DDoS 공격의 에이전트로 활용하는 방법
• DDoS보다 더 발전한 새로운 DDoS 공격 기법이다.

• 사람들의 심리와 행동 양식을 교묘하게 이용해 원하는 정보를 얻는다.

11 파밍(Pharming)

공식적으로 운영하고 있는 도메인 자체를 탈취하여 사용자는 방문한 사이트를 진짜 사이트로 착각하게 하여 아이디와 패스워드 등의 개인정보를 노출하게 하는 수법

• 피싱(Phishing)에서 진화한 해킹 기법이다.

12 큐싱(Qshing)

QR 코드와 피싱(Phishing)의 합성어로, QR 코드를 통해 악성 링크로 접속을 유도하거나 직접 악성코드를 심는 방법

13 스미싱(SMishing)

SMS와 피싱(Phishing)의 합성어로, 문자 메시지를 이용하여 피싱하는 방법

• 휴대폰 사용자에게 웹 사이트 링크를 포함한 문자 메시지를 보내고, 휴대폰 사용자가 웹 사이트에 접속하면 트로이 목마를 주입해 인터넷 사용이 가능한 휴대폰을 통제할 수 있게 된다.

14 트랩도어(Trap Door) = 백도어(Back Door)

시스템 보안이 제거된 비밀 통로로, 서비스 기술자나 유지보수 프로그램 작성자의 접근 편의를 위해 시스템 설계자가 고의로 만들어 놓은 시스템의 보안 구멍

 백도어 탐지 방법 [22년 1회] [20년 2회]

• 동작 중인 프로세스와 열린 포트 확인
• SetUID(권한) 파일 검사
• 백도어 탐지 도구 사용
• 무결성 검사
• 로그 분석

15 루트킷(Rootkit)

시스템 침입 후 침입 사실을 숨긴 채 차후의 침입을 위한 백도어, 트로이 목마 설치, 그리고 원격 접근, 내부 사용 흔적 삭제, 관리자 권한 획득 등 주로 불법적인 해킹에 사용되는 기능들을 제공하는 프로그램들의 모음

• 유닉스 최상위 관리자 계정인 루트(Root) 권한을 사칭한다고 하여 루트킷(Rootkit)이라고 한다.

권쌤이 알려줌

루트킷이 설치되면 자신이 뚫고 들어온 모든 경로를 바꾸어 놓고, 명령어들을 은폐해 놓기 때문에 해커가 시스템을 원격에서 해킹하고 있어도 루트킷이 설치되어 있는 사실조차 감지하기 어렵습니다.

16 트립와이어(Tripwire) [21년 1회] [20년 2회]

크래커가 침입하여 백도어를 만들어 놓거나 설정 파일을 변경했을 때 분석하는 도구

- 시스템의 특정한 파일의 변화를 모니터링하고 알림해 주는 보안 및 무결성 도구이다.
- 데이터 무결성*을 검사하여 내·외부의 공격으로부터 지켜내는 프로그램이다.

데이터 무결성(Data Integrity)
데이터베이스 내 정확하고 유효한 데이터만 유지시키는 것

17 랜섬웨어(Ransomware) [21년 3회] [20년 2회]

인터넷 사용자의 컴퓨터에 잠입해 내부 문서나 스프레드시트, 그림 파일 등을 암호화해 열지 못하도록 만든 후 돈을 보내주면 해독용 열쇠 프로그램을 전송해 준다며 금품을 요구하는 악성 프로그램

- Ransom(몸값)과 Ware(제품)의 합성어로, 컴퓨터 사용자의 문서를 인질로 잡고 돈을 요구한다고 해서 붙여진 명칭이다.

18 웜 바이러스(Worm Virus) [22년 2, 3회]

스스로를 복제하는 악성 소프트웨어 컴퓨터 프로그램

- 보통 Worm이라고 하며, 컴퓨터에 근거지를 둔 지렁이와 같은 기생충이란 의미의 부정 프로그램이다.
- 컴퓨터 바이러스와 달리 다른 프로그램을 감염시키지 않고, 자기 자신을 복제하면서 통신망 등을 통해서 널리 퍼진다.

19 스턱스넷(Stuxnet)

독일 지멘스사의 원격 감시 제어 시스템(SCADA)의 제어 소프트웨어에 침투하여 시스템을 마비시키는 바이러스

권쌤이 알려줌

스턱스넷은 원자력 발전소와 송·배전망, 화학 공장, 송유·가스관과 같은 산업 기반 시설에 사용되는 제어 시스템에 침투하여 오동작을 유도하는 명령 코드를 입력해서 시스템을 마비시키는 악성 코드입니다.

20 님다(Nimda)

윈도(Windows) 계열의 서버를 사용하는 PC를 공격 대상으로 하고, 파일을 통해 서버를 감염시키는 공격 방법

- 2001년 9월에 발생한 컴퓨터 바이러스이며, 미국, 유럽, 라틴아메리카에서 동시에 발생하였고 단 22분 만에 인터넷에 가장 넓게 확산된 악성 바이러스로 막대한 경제적 손실을 발생시켰다.

21 제로 데이 공격(Zero Day Attack)

시스템의 보안 취약점이 발견된 상태에서 이를 보완할 수 있는 보안 패치가 발표되기 전에 해당 취약점을 이용해 이뤄지는 해킹이나 악성코드 공격 방법

- 공격의 신속성을 나타내는 의미로 제로 데이(Zero-day)라는 말이 붙었다.

22 세션 하이재킹(Session Hijacking, 세션 가로채기) [21년 1회 실기]

다른 사람의 세션※ 상태를 훔치거나 도용하여 액세스하는 해킹 기법

- 아이디와 패스워드를 사용하는 인증 절차를 건너뛰어 서버와 사용자가 주고받는 모든 내용을 그대로 도청하거나 서버의 권한을 확보할 수도 있다.

세션(Session)
클라이언트와 서버의 논리적인 연결

 세션 하이재킹 탐지 방법 [22년 3회] [21년 1회]

- 비동기화 상태 탐지
- ACK STORM※ 탐지
- 패킷의 유실 및 재전송 증가 탐지
- 예상치 못한 접속의 리셋 탐지

23 APT(Advanced Persistent Threat, 지능형 지속 공격)

다양한 IT 기술과 방식들을 이용해 특정 기업이나 조직 네트워크에 침투해 활동 거점을 마련한 뒤, 때를 기다리면서 보안을 무력화시키고 정보를 수집한 다음 외부로 빼돌리는 형태의 공격 방법

- 방어하기 위해서는 기업 내 모든 파일에 대한 가시성을 확보하고, 실시간으로 파일을 행위 분석해야 한다.

ACK STORM
공격자와 서버가 동기화를 이룰 때, 클라이언트는 정상적인 패킷을 보내게 된다. 서버는 이미 공격자와 동기화가 이뤄진 상태이기 때문에 클라이언트 패킷은 정상적이지 않은 시퀀스 번호라고 인식하여 시퀀스 번호를 맞추기 위해 ACK 패킷에 서버가 가지고 있는 공격자의 시퀀스 번호를 담아서 클라이언트에게 보낸다. 클라이언트는 서버로부터 수신된 시퀀스 번호가 자신의 시퀀스 번호와 다르므로 다시 ACK 패킷에 시퀀스 넘버를 넣어서 보낸다. ACK STORM은 이러한 과정이 무한히 반복되는 것이다.

학습+플러스 **APT 공격 방법**

- 내부자에게 악성코드가 포함된 이메일을 오랫동안 꾸준히 발송해 한 번이라도 클릭되길 기다리는 형태
- 스턱스넷(Stuxnet)과 같이 악성코드가 담긴 이동식 디스크(USB) 등으로 전파하는 형태
- 악성코드에 감염된 P2P 사이트에 접속하면 악성코드에 감염되는 형태

24 무작위 대입 공격(Brute Force Attack, 브루트 포스 공격)

조합 가능한 모든 경우의 수를 전부 대입해보는 공격 방법

- 사용자의 ID나 비밀번호를 찾아내기 위해 반복 대입하는 공격의 형태로 사용되고 있다.

25 키로거※ 공격(Key Logger Attack) [20년 2회]

컴퓨터 사용자의 키보드 움직임을 탐지해 ID나 패스워드, 계좌 번호, 카드 번호 등과 같은 개인의 중요한 정보를 몰래 빼 가는 해킹 공격 방법

26 이블 트윈 공격(Evil Twin Attack) [21년 1회]

소셜 네트워크에서 악의적인 사용자가 지인 또는 특정 유명인으로 가장하여 활동하는 공격 방법

- 로그온한 사람들을 속이고 개인정보를 훔치기 위해 합법적인 네트워크인 것처럼 가장한 무선 네트워크로, 피싱 사기의 무선 버전이다.
- 공격자는 합법적인 제공자처럼 행세하여 무선 사용자들을 가지고 논다.

27 논리 폭탄(Logic Bomb)

특정 조건이 만족되면 트리거※에 의해 특정 형태의 공격을 하는 코드로, 일반 프로그램에 오류를 발생시키는 프로그램 루틴을 무단으로 삽입하여 부정한 행위를 하는 것

> 📌 12월 5일에 모든 파일을 지워버리는 논리 폭탄

28 사이버 협박(Cyber-bullying, 사이버 불링)

인터넷에서 특정인을 집단적으로 따돌리거나 욕설/모욕/위협/소문/사진 등으로 집요하게 괴롭히는 행위

29 스니핑(Sniffing) [22년 3회] [20년 4회 실기]

네트워크의 중간에서 남의 패킷 정보를 도청하는 해킹 유형의 하나

- 수동적 공격에 해당한다.
- 도청할 수 있도록 설치되는 도구를 스니퍼(Sniffer)라고 한다.

30 스누핑(Snooping)

네트워크상에서 남의 정보를 염탐하여 불법으로 가로채는 행위

31 스푸핑(Spoofing) [21년 3회 실기]

승인받은 사용자인 것처럼 시스템에 접근하거나 네트워크상에서 허가된 주소로 가장하여 접근 제어를 우회하는 공격 행위

> 📌 IP 스푸핑 : IP 속임, ARP※ 스푸핑 : MAC 주소※ 속임

32 그레이웨어(Grayware)

정상 소프트웨어와 바이러스 소프트웨어의 중간에 해당하는 일종의 악성 소프트웨어

- 애드웨어, 스파이웨어, 트랙웨어, 기타 악성 코드나 악성 공유웨어 등을 말한다.

 대표적인 그레이웨어

종류	설명
애드웨어 (Adware)	프리웨어(Freeware)※ 또는 셰어웨어(Shareware)※ 등에서 광고 보는 것을 전제로 사용이 허용되는 프로그램
스파이웨어 (Spyware)	사용자의 동의없이 또는 사용자를 속여 설치되어 마케팅용 정보를 수집하거나 중요한 개인정보를 빼가는 악의적 프로그램
트랙웨어 (Trackware)	시스템 작업을 추적하고 시스템 정보를 수집하거나 사용자 습관을 추적하여 이 정보를 다른 조직에 전달하는 프로그램

33 스택가드(StackGuard) [21년 2회] [20년 2회]

메모리상에서 프로그램의 복귀 주소와 변수 사이에 특정 값을 저장해 두었다가 그 값이 변경되었을 경우 오버플로※ 상태로 가정하여 프로그램 실행을 중단하는 기술

34 모드 체크(Mode Check)

입력할 수 있는 문자가 제한된 경우 입력 문자를 확인하여 이상 유무를 검색하는 것

35 리커버리 통제(Recovery Control, 복구 통제)

데이터 백업과 같이 부적절한 사건 · 상황으로 인해 발생할 피해를 막거나, 장애를 해결하고 정상적인 운영 상태로 회복하는 것

36 PEM(Privacy Enhanced Mail, 프라이버시 향상 전자 우편)

전자 우편의 내용을 암호화하여 전송하고 특정한 키가 있어야만 내용을 볼 수 있도록 하는 인터넷 전자 우편(E-Mail)의 표준

37 시스로그(Syslog)

다양한 프로그램들이 생성하는 메시지들을 저장하고, 이 메시지들을 이용해서 다양한 분석 등이 가능하도록 하는 로그※ 메시지들의 집합

권쌤이 알려줌

그레이웨어는 제작사 입장에서 사용자에게 유용한 소프트웨어라고 주장하기도 하지만, 사용자 입장에서는 악성이면서 유용한 소프트웨어일 수 있습니다.

프리웨어(Freeware)
저작자(개발자)에 의해 무상으로 배포되는 프로그램

셰어웨어(Shareware, 쉐어웨어)
시험 사용 기간 후에 사용료를 지불하는 조건으로 저작자(개발자)가 무상으로 배포하는 프로그램

오버플로(Overflow)
'넘쳐흐르다.'라는 의미로, 데이터 표현 범위를 초과하는 것 또는 메모리 공간을 초과하여 사용하는 것 등을 의미한다.

로그(Log)
시스템 사용에 관련된 전체의 기록
- 입·출력 내용, 프로그램 사용 내용, 자료 변경 내용, 시작 시간, 종료 시간 등의 기록

38 SRM(Security Reference Monitor, 보안 참조 모니터)

사용자가 특정 객체에 접근할 권한이 있는지, 해당 객체에 특정 행위를 할 수 있는지를 검사하는 기능 또는 장치

- 접속 확인과 보안 정책 및 사용자 인증을 위한 감사를 시행하며, 사용자가 파일이나 디렉터리에 접근하면 사용자의 계정을 검사해서 접근 허용 여부를 결정한다. 필요에 따라 결과를 감사 메시지로 생성한다.

39 SOS(Security Operating Service, 보안 운영 서비스)

고객의 IT 자원 및 보안 시스템에 대한 종합적 보안 관리를 원격으로 제공하는 서비스

- 보안 솔루션 관리, 보안 네트워크 장비 관리, 서버 관리, 침해 예방 및 대응, 백업 및 복구, 보안 로그 분석, 보안 솔루션 임대 및 관제 등을 서비스한다.

40 OWASP(The Open Web Application Security Project) [21년 3회]

주로 웹을 통한 정보 유출, 악성파일 및 스크립트, 보안 취약점을 연구하는 오픈 소스 웹 애플리케이션 보안 프로젝트

- 10대 웹 애플리케이션의 취약점을 발표했다.

기출 및 예상문제

05 보안 구축 관련 신기술 및 트렌드 정보

[21년 3회]

01 특정 사이트에 매우 많은 ICMP Echo를 보내면, 이에 대한 응답(Respond)을 하기 위해 시스템 자원을 모두 사용해버려 시스템이 정상적으로 동작하지 못하도록 하는 공격 방법은?

① Role-Based Access Control
② Ping Flood
③ Brute-Force
④ Trojan Horses

해설 [키워드] ICMP Echo → [용어] Ping 홍수(Ping Flood, 스머핑, Smurfing)
- 역할 기반 접근 통제(RBAC; Role-Based Access Control) : 사용자에게 할당된 역할(Role)에 기반하여 접근 권한을 부여하는 방식

[20년 2회]

02 IP 또는 ICMP의 특성을 악용하여 특정 사이트에 집중적으로 데이터를 보내 네트워크 또는 시스템의 상태를 불능으로 만드는 공격 방법은?

① TearDrop
② Smishing
③ Qshing
④ Smurfing

해설 [키워드] IP, ICMP 특성 악용 → [용어] 스머핑(Smurfing)

[20년 1회 실기]

03 다음은 무엇에 대한 설명인가?

> 공격자가 패킷의 출발지 주소(Address)나 포트(Port)를 임의로 변경하여 출발지와 목적지 주소 또는 포트를 동일하게 함으로써, 공격 대상 컴퓨터의 실행 속도를 느리게 하거나 동작을 마비시켜 서비스 거부 상태에 빠지도록 하는 공격 방법이다. 수신되는 패킷 중 출발지 주소 또는 포트와 목적지 주소 또는 포트가 동일한 패킷들을 차단함으로써 이 공격을 피할 수 있다.

① DRDoS 공격   ② LAND 공격
③ SQL 주입 공격   ④ SYN Flooding

해설   키워드 출발지와 목적지 주소를 동일하게 → 용어 LAND 공격 (Local Area Network Denial Attack)
• SQL 주입 공격(SQL Injection, SQL 인젝션) : 검증되지 않은 외부 입력값이 SQL문 생성에 사용되어 악의적인 쿼리가 실행될 수 있는 보안 약점

[20년 3회]

04 DDoS 공격과 연관이 있는 공격 방법은?

① Secure shell   ② Tribe Flood Network
③ Nimda   ④ Deadlock

해설   DDoS 공격 종류 : Trinoo, TFN(Tribe Flood Network), Stacheldraht, DRDoS
• Secure shell(SSH) : 보안 등급이 낮은 네트워크상에서 보안 등급이 높은 원격 접속 개시나 데이터 전송을 실현하는 프로토콜
• 교착상태(Dead Lock) : 둘 이상의 프로세스들이 자원을 점유한 상태에서 서로 다른 프로세스가 점유하고 있는 자원을 요구하며 무한정 기다리는 현상

[20년 2회]

05 백도어 탐지 방법으로 틀린 것은?

① 무결성 검사   ② 닫힌 포트 확인
③ 로그 분석   ④ SetUID 파일 검사

해설   동작 중인 프로세스와 열린 포트를 확인한다.

[21년 1회] [20년 2회]

06 크래커가 침입하여 백도어를 만들어 놓거나, 설정 파일을 변경했을 때 분석하는 도구는?

① trace   ② tripwire
③ udpdump   ④ cron

해설   키워드 백도어, 변경 분석 도구 → 용어 트립와이어(Tripwire)
• 크론(Cron) : 리눅스의 스케줄러로, crontab 명령어를 사용해서 작업을 예약한다.

[21년 3회]

07 다음 내용이 설명하는 것은?

> 개인과 기업, 국가적으로 큰 위협이 되고 있는 주요 사이버 범죄 중 하나로 Snake, Darkside 등 시스템을 잠그거나 데이터를 암호화해 사용할 수 없도록 하고 이를 인질로 금전을 요구하는 데 사용되는 악성 프로그램

① Format String   ② Ransomware
③ Buffer overflow   ④ Adware

해설   키워드 암호화, 금전 요구 → 용어 랜섬웨어(Ransomware)
• 포맷 스트링 버그(Format String Bug) : printf() 등 외부 입력값에 포맷 스트링을 제어할 수 있는 함수를 사용하여 발생할 수 있는 보안 약점
• 버퍼 오버플로(Buffer Overflow) : 메모리 버퍼의 경계값을 넘어서 메모리값을 읽거나 저장하여 예기치 않은 결과를 발생시킬 수 있는 보안 약점

[20년 2회]

08 다음 설명의 정보보안 침해 공격 관련 용어는?

> 인터넷 사용자의 컴퓨터에 침입해 내부 문서 파일 등을 암호화해 사용자가 열지 못하게 하는 공격으로, 암호 해독용 프로그램의 전달을 조건으로 사용자에게 돈을 요구하기도 한다.

① Smishing   ② C-brain
③ Trojan Horse   ④ Ransomware

키워드 암호화, 해독용 프로그램의 전달, 사용자에게 돈 요구 → **용어** 랜섬웨어(Ransomware)
- C-brain(ⒸBrain) : 최초의 MS-DOS용 컴퓨터 바이러스로 바이러스 복사본이 담긴 플로피 디스크의 시동 섹터를 바꿔버림으로 컴퓨터를 감염시키는 것

[21년 1회 실기]

09 다음 ( ) 안에 공통적으로 들어갈 가장 적합한 용어는?

> - (   )은(는) '세션을 가로채다'라는 의미로, 정당한 사용자의 세션 상태를 훔치거나 도용하여 액세스하는 보안 공격 기법이다.
> - TCP (   )은(는) 클라이언트/서버 간 TCP 세션으로 통신 중일 때 RST 패킷을 보내어 일시적으로 희생자의 세션을 끊고 공격자에게 서버와의 연결을 재설정하는 보안 공격이다.

① 스턱스넷　　　　　② 스피어 피싱
③ 웜 바이러스　　　　④ 세션 하이재킹

키워드 세션(Session)을 가로채다(Hijacking) → **용어** 세션 하이재킹(Session Hijacking, 세션 가로채기)

[21년 1회]

10 세션 하이재킹을 탐지하는 방법으로 거리가 먼 것은?

① FTP SYN SEGMENT 탐지
② 비동기화 상태 탐지
③ ACK STORM 탐지
④ 패킷의 유실 및 재전송 증가 탐지

세션 하이재킹 탐지 방법 : 비동기화 상태 탐지, ACK STORM 탐지, 패킷의 유실 및 재전송 증가 탐지, 예상치 못한 접속의 리셋 탐지

[20년 2회]

11 컴퓨터 사용자의 키보드 움직임을 탐지해 ID, 패스워드 등 개인의 중요한 정보를 몰래 빼가는 해킹 공격은?

① Key Logger Attack
② Worm
③ Rollback
④ Zombie Worm

키워드 키(Key)보드 움직임 탐지 → **용어** 키로거 공격(Key Logger Attack)
- Rollback : 트랜잭션의 실패로 작업을 취소하고, 이전 상태로 되돌리는 명령어

[21년 1회]

12 소셜 네트워크에서 악의적인 사용자가 지인 또는 특정 유명인으로 가장하여 활동하는 공격기법은?

① Evil Twin Attack　　② Phishing
③ Logic Bomb　　　　④ Cyberbullying

키워드 지인 또는 특정 유명인으로 가장 → **용어** 이블 트윈 공격(Evil Twin Attack)
TIP 이블 트윈 공격은 피싱(Phishing)의 무선 버전입니다.

[20년 4회 실기]

13 인터넷 환경에서 다른 사용자들이 송 · 수신하는 네트워크상의 데이터를 도청하여 패스워드나 중요한 정보를 알아내는 형태의 공격은?

① 서비스 거부(DoS; Denial of Service) 공격
② 스누핑(Snooping)
③ 스니핑(Sniffing)
④ 트로이 목마(Trojan horse)

키워드 도청 → **용어** 스니핑(Sniffing)

[21년 3회 실기]

14 다음 내용이 설명하는 것은?

> ( ) Spoofing은 ( ) 메시지를 이용하여 상대방의 데이터 패킷을 중간에서 가로채는 공격 기법으로, 자신의 MAC 주소를 다른 컴퓨터의 MAC 주소인 것처럼 속이는 공격 기법이다.

① ARP　　　　　　　② IP
③ APT　　　　　　　④ SOS

키워드 MAC 주소 속임 → **용어** ARP 스푸핑(Spoofing)

[21년 2회] [20년 2회]

15 메모리상에서 프로그램의 복귀 주소와 변수 사이에 특정 값을 저장해 두었다가 그 값이 변경되었을 경우 오버플로우 상태로 가정하여 프로그램 실행을 중단하는 기술은?

① Stack Guard　　② Bridge
③ ASLR　　　　　④ FIN

 키워드 값이 변경되었을 경우, 오버플로우, 실행 중단 → **용어** 스택가드(Stack Guard)
• 브리지(Bridge) : 두 시스템을 연결하는 네트워킹 장치
• ASLR(Address Space Layout Randomization, 주소 공간 레이아웃 무작위화) : 메모리상의 공격을 어렵게 하기 위해 스택이나 힙, 라이브러리 등의 주소를 프로세스 주소 공간에 무작위로 배치함으로써 실행할 때마다 데이터 주소를 바꾸게 하는 기법
• FIN(Fused Indoor localizatioN, 융합 실내 측위 기술) : 모바일 네트워크 신호를 활용해 사용자의 위치를 파악하는 기술

[21년 3회]

16 오픈소스 웹 애플리케이션 보안 프로젝트로서 주로 웹을 통한 정보 유출, 악성 파일 및 스크립트, 보안 취약점 등을 연구하는 곳은?

① WWW　　　　② OWASP
③ WBSEC　　　④ ITU

 키워드 보안 프로젝트(Security Project), 정보 유출, 악성 파일 및 스크립트, 보안 취약점 등 연구 → **용어** OWASP(The Open Web Application Security Project)
• 월드 와이드 웹(WWW; World Wide Web) : 하이퍼텍스트를 기반으로 문자, 동영상, 음성 등과 같은 멀티미디어를 볼 수 있도록 하는 서비스
• 국제전기통신연합(ITU) : 국제 간 통신규격 제정

▶ 정답 : 01.②, 02.④, 03.②, 04.②, 05.②, 06.②, 07.②, 08.④, 09.④, 10.①, 11.①, 12.①,②(중복 정답 인정), 13.③, 14.①, 15.①, 16.②

01 네트워크 관련 용어에 대한 설명으로 틀린 것은?

① USN : 주변 상황에 자동적으로 적용하여 스스로 망을 구성하는 네트워크

② NFC : 10cm 이내의 가까운 거리에서 다양한 무선 데이터를 주고받는 통신 기술

③ NGN : ITU-T에서 개발하고 있는 유선망 기반의 차세대 통신망

④ UWB : 대역폭이 500MHz 이상이거나 중심 주파수의 20% 이상의 점유 대역폭 신호를 이용한 근거리 무선 통신 기술

02 네트워크 관련 용어에 대한 설명으로 틀린 것은?

① NDN : 인터넷에서 콘텐츠 자체의 정보와 라우터 기능만을 이용하여 목적지로 데이터를 전송하는 기술

② Glonass : 소비에트 연방이 개발했고, 현재는 러시아 우주군이 운영하는 러시아의 전파 위성 항법 시스템

③ M2M : IEEE 802.15 표준을 기반으로 만들어진 것으로 저속, 저비용, 저전력 무선망을 위한 기술

④ Wi-SUN : 스마트 그리드 서비스를 제공하기 위한 와이파이 기반의 저전력 장거리 통신 기술

03 소프트웨어 관련 용어에 대한 설명으로 틀린 것은?

① Deep Learning : 존재하는 사물과 사물 간의 관계 및 여러 개념을 컴퓨터가 처리할 수 있는 형태로 표현하는 것

② Semantic Web : 컴퓨터가 정보 자원의 뜻을 이해하고, 논리적 추론까지 할 수 있는 차세대 지능형 웹

③ AI : 컴퓨터에 의한 인간 지능 프로세스의 시뮬레이션으로 컴퓨터가 인간의 지능 활동을 모방할 수 있도록 하는 것

④ AR : 컴퓨터 세상의 환경을 복제하는 것을 목적으로 하는 가상 현실의 유형

04 소프트웨어 관련 용어에 대한 설명으로 틀린 것은?

① CC : ISO/IEC 15408이라고도 불리는 정보 보호 제품의 평가 기준을 규정한 국제 표준

② SDN : 안전한 통신을 위해 양자 역학적 특성을 이용하여 비밀키를 분배 및 관리하는 기술

③ RIA : 데스크톱 환경처럼 응답 속도가 빠르고 사용하기 쉬운 기능과 특징을 제공하는 웹 제작 기술

④ DLT : 중앙 관리자나 중앙 데이터 저장소가 존재하지 않고 P2P 망 내의 참여자들에게 모든 거래 목록이 분산 저장되어 거래가 발생할 때마다 지속적으로 갱신되는 디지털 원장

05 소프트웨어 관련 용어에 대한 설명으로 틀린 것은?

① OGSA : 애플리케이션 공유를 위한 웹 서비스 표준과 인프라 자원의 공유를 위한 그리드 기술이 결합된 개방형 표준

② Vaporware : 판매 계획 또는 배포 계획은 발표되었으나, 실제로 고객에게 판매되거나 배포되지 않고 있는 소프트웨어

③ PIA : 지도에 관한 속성 정보를 컴퓨터를 이용해서 해석하는 시스템

④ Escrow Service : 전자 상거래 등에서 구매자와 판매자 사이에 중개 서비스 회사가 개입해 상품 인도와 대금 지불을 대행해 주는 서비스

06 하드웨어 관련 용어에 대한 설명으로 틀린 것은?

① 4K Resolution : 5인치 이상의 대화면 스마트폰

② Companion Screen : TV 방송 시청에 동반되어 이용되는 보조 기기

③ Memristor : 전류의 방향과 크기 등 기존의 상태를 모두 기억하는 소자

④ 3D Printing : 디지털화된 디자인 데이터를 활용해 인쇄를 하듯 물체를 만들어 내는 방식

07 데이터베이스 관련 용어에 대한 설명으로 틀린 것은?

① Big Data : 기존의 관리 방법이나 분석 체계로는 처리하기 어려운 막대한 양의 정형 또는 비정형 데이터 집합

② Broad Data : 거대한 자료라는 의미를 가진 빅 데이터와 달리 기업 마케팅에 효율적인 다양한 정보

③ CEP : 실시간으로 발생하는 많은 사건들 중 의미가 있는 것만을 추출할 수 있도록 사건 발생 조건을 정의하는 데이터 처리 방법

④ Data Diet : 디지털 정보 자원을 장기적으로 보존하기 위한 작업

08 보안 관련 용어에 대한 설명으로 틀린 것은?

① 사회 공학적 해킹 : 시스템이 아닌 사람의 취약점을 공략하여 원하는 정보를 얻는 공격 기법

② Rootkit : 시스템의 보안 취약점이 발견된 상태에서 이를 보완할 수 있는 보안패치가 발표되기 전에 해당 취약점을 이용해 이뤄지는 해킹이나 악성 코드 공격 방법

③ DoS : 정당한 사용자가 적절한 대기 시간 내에 정보 시스템의 데이터나 자원을 사용하는 것을 방해하는 공격 방법

④ APT : 다양한 IT 기술과 방식들을 이용해 특정 기업이나 조직 네트워크에 침투해 활동 거점을 마련한 뒤, 때를 기다리면서 보안을 무력화시키고 정보를 수집한 다음 외부로 빼돌리는 형태의 공격 방법

섹션
기출예상문제 해설

01 ①은 SON(Self-Organizing Network, 자동 구성 네트워크)에 대한 설명이다.
- USN(Ubiquitous Sensor Network, U-센서 네트워크) : 각종 센서에서 감지한 정보를 무선으로 수집할 수 있도록 구성한 네트워크

02 ③은 지그비(Zigbee)에 대한 설명이다.
- M2M(Machine-To-Machine, 기계 대 기계 관계) : 우리 주변에 있는 모든 기기가 센서로 모은 단편 정보를 다른 기기와 통신하면서 인간이 윤택하고 편리하게 생활할 수 있도록 서로 반응해 주변 환경을 조절해주는 기술

03 ①은 온톨로지(Ontology)에 대한 설명이다.
- 딥 러닝(Deep Learning) : 컴퓨터가 여러 데이터를 이용하여 마치 사람처럼 스스로 학습할 수 있게 하기 위해 인공 신경망을 기반으로 하는 머신 러닝 기술

04 ②는 QKD(Quantum Key Distribution, 양자 암호 키 분배)에 대한 설명이다.
- SDN(Software Defined Network, 소프트웨어 정의망) : 소프트웨어 프로그래밍을 통해 네트워크 경로 설정과 제어 및 복잡한 운용 관리를 편리하게 처리할 수 있는 차세대 네트워킹 기술

05 ③은 GIS(Geographic information System, 지리 정보 시스템)에 대한 설명이다.
- PIA(Privacy Impact Assessment, 개인정보 영향평가 제도) : 개인정보를 활용하는 새로운 정보 시스템의 도입 및 기존 정보 시스템의 중요한 변경 시, 시스템의 구축 및 운영이 기업의 고객은 물론 국민의 사생활에 미칠 영향에 대해 미리 조사/분석/평가하는 제도

06 ①은 패블릿(Phablet)에 대한 설명이다.
- 4K 해상도(4K Resolution) : 약 4,000 픽셀들의 X축 해상도를 가지는 일련의 디지털 이미지를 가리키는 일반적인 용어

07 ④는 디지털 아카이빙(Digital Archiving)에 대한 설명이다.
- 데이터 다이어트(Data Diet) : 데이터를 삭제하는 것이 아니라 압축하고, 겹친 정보는 중복을 배제하고, 새로운 기준에 따라 나누어 저장하는 작업

08 ②는 제로 데이 공격(Zero Day Attack)에 대한 설명이다.
- 루트킷(Rootkit) : 시스템 침입 후 침입 사실을 숨긴 채 차후의 침입을 위한 백도어, 트로이 목마 설치, 그리고 원격 접근, 내부 사용 흔적 삭제, 관리자 권한 획득 등 주로 불법적인 해킹에 사용되는 기능들을 제공하는 프로그램들의 모음

정답 **01** ① **02** ③ **03** ① **04** ② **05** ③ **06** ① **07** ④ **08** ②

실전 모의고사 &
최신 기출문제

[1과목 : 소프트웨어 설계]

01 소프트웨어 개발을 위한 애자일 기법에 대한 설명으로 옳은 것은?

① 소프트웨어를 점증적으로 개발한다.
② 작동하는 소프트웨어보다 포괄적인 문서에 더 가치를 둔다.
③ 계획에 따라 단계적으로 개발하므로 변화에 대응하기 어렵다.
④ 고객과의 협업보다 계약 협상을 더 중요시한다.

02 자료 흐름도(DFD)에 대한 설명으로 옳지 않은 것은?

① 도형 중심의 표현
② 상향식 분할의 표현
③ 자료 흐름 중심의 표현
④ 구조적 분석용 문서화 도구

03 CASE(Computer-Aided Software Engineering)에 대한 설명으로 옳지 않은 것은?

① 소프트웨어 개발의 작업들을 자동화하는 것이다.
② 소프트웨어 도구와 방법론의 결합이다.
③ 소프트웨어의 생산성 문제를 해결할 수 있다.
④ 개발과정이 빠른 대신 재사용성이 떨어진다.

04 소프트웨어 위기와 관련이 적은 것은?

① 소프트웨어 개발 인력 부족과 그에 따라 인건비가 상승함
② 소프트웨어 성능발달로 인하여 하드웨어 개발 속도가 소프트웨어 개발 속도를 따라가지 못함
③ 소프트웨어의 요구가 다양해지면서 수요는 계속 늘어나는데 공급은 이를 따라주지 못함
④ 소프트웨어 개발 시간이 지연되고 개발비용의 초과로 인한 문제가 발생함

05 객체지향의 개념에서 다형성의 주요 설명으로 옳지 않은 것은?

① 속성과 관련된 오퍼레이션을 클래스 안에 묶어서 하나로 취급한다.
② 하나의 인터페이스에 메소드를 데이터 타입(Data Type) 및 파라미터 수를 변경하여 재정의가 가능하다.
③ 하나의 인터페이스를 일관성 있게 사용 중심에서 제공할 수 있다.
④ 오버로딩(Overloading), 오버라이딩(Overriding)을 이용한 재사용성을 높일 수 있다.

06 UML 다이어그램 중 행위(Behavior) 다이어그램에 해당하지 않는 것은?

① 활동(Activity) 다이어그램
② 상태(State) 다이어그램
③ 유스케이스(Use case) 다이어그램
④ 컴포넌트(Component) 다이어그램

07 코드 작성 시 유의사항으로 적합하지 않은 것은?

① 공통성이 있어야 한다.
② 복잡성이 있어야 한다.
③ 체계성이 있어야 한다.
④ 확장성이 있어야 한다.

08 익스트림 프로그래밍(XP)에 대한 설명으로 옳은 것은?

① 중소규모 프로젝트보다 대규모 프로젝트에 적용이 적합하다.
② 개발되는 코드에 대한 집단적 소유권(Collective ownership)을 갖는다.
③ 요구사항 분석 및 설계에 대한 비중을 높일 수 있다.
④ 문서화 작업으로 발생하는 부하가 증가된다.

09 소단위 명세서(Mini-Specification)에 관한 내용 중 옳지 않은 것은?

① 반 페이지나 한 페이지 정도의 크기로 세분화된 모듈을 작성할 때 사용한다.

② DFD에서는 한 개의 처리 공정이 그 대상이 되지만, 한 공정의 기능이 두 가지 이상이거나 더 세분화함으로써 소단위 명세서를 이해하기가 쉬어진다면 더욱 세분화될 수도 있다.

③ 소단위 명세서를 작성하는 도구에는 서술 문장, 의사결정나무, 의사 결정표, 표, 그래프 등이 있다.

④ 소단위 명세서는 구조적 언어를 사용하지 않고, 자연어를 사용하여 이해하기 쉽고 엄밀하게 기술한다.

10 부여된 코드를 실제로 사용하는 단계에서 '781356'을 '783156'으로 오류(Error)가 발생되었을 때, 어떤 오류에 해당하는가?

① Transcription Error

② Transposition Error

③ Double Transposition Error

④ Random Error

11 다음과 같이 사용되는 코드는?

첫째자리(대분류)		둘째자리(중분류)		셋째자리(소분류)	
정보 대학교	1	총무처	1	총무과	1
				경리과	2
		교무처	2	교무과	1
				연구과	2
		학생처	3	학생과	1
				지원과	2
캠퍼스	2	중국캠퍼스	1	총무처	1

① 구분 코드(Block Code)

② 순차 코드(Sequence Code)

③ 그룹 분류 코드(Group Classification Code)

④ 합성 코드(Combined Code)

12 소프트웨어 요구, 설계, 원시 코드 등의 저작자 외의 다른 전문가 또는 팀이 검사하여 오류를 찾아내는 공식적 검토 방법으로, 소프트웨어의 품질을 높이는 방법으로 가장 적절한 것은?

① 동료 검토   ② 워크스루

③ 인스펙션   ④ 프로토타이핑

13 이미 정의되어 있는 상위 클래스의 메소드를 비롯한 모든 속성을 하위 클래스가 물려받는 것으로, 이를 이용하면 하위 클래스는 상위 클래스의 메소드 및 모든 속성을 자신의 클래스 내에 다시 정의하지 않고서도 자신의 속성으로 가질 수 있는 것은?

① Encapsulation   ② Information hidden

③ Inheritance   ④ Polymorphism

14 HIPO 패키지의 3단계 다이어그램에 해당하지 않는 것은?

① Visual table of contents

② Overview diagram

③ Detail diagram

④ Table diagram

15 UI 설계 원칙 중 사용자의 요구사항을 최대한 수용하며, 오류를 최소화하여야 하는 원칙은?

① 유효성   ② 학습성

③ 직관성   ④ 유연성

16 공통 모듈 명세 작성원칙 중 공통 기능 사이에 충돌이 발생하지 않도록 작성하는 원칙은?

① 정확성   ② 추적성

③ 일관성   ④ 명확성

17 차량 내비게이션 소프트웨어에서 GPS 신호를 수신하는 경우와 수신하지 못하는 경우에 따라 차량의 위치를 구하는 다른 알고리즘을 선택하고자 할 때 가장 적합한 설계 패턴은?

① Decorator 패턴   ② Adapter 패턴

③ Composite 패턴   ④ Strategy 패턴

18 MVC 구조에 대한 설명으로 가장 거리가 먼 것은?

① MVC는 구현하려는 전체 어플리케이션을 Model, View, Controller로 구분하여 유저 인터페이스와 비즈니스 로직을 서로 분리하여 개발하는 방법이다.

② View는 모델이 처리한 결과를 화면에 보여주는 요소이다.

③ Controller는 사용자 요청을 받아 그 요청을 처리할 모델을 호출하고, 모델이 처리한 후 결과를 View에게 전달한다.

④ Model은 사용자 요청을 처리해 사용자에게 출력할 데이터를 만드는 요소로, 사용자와의 상호 작용을 관리한다.

19 객체지향 설계 기법 중 "클라이언트는 자신이 사용하지 않는 메소드에 의존 관계를 맺으면 안 된다."라는 설계 원칙으로 옳은 것은?

① 단일 책임의 원칙

② 개방 폐쇄의 원칙

③ 의존 관계 역전의 원칙

④ 인터페이스 분리의 원칙

20 상이한 애플리케이션 간 통신을 비동기 방식으로 지원하는 메시지 기반 미들웨어는 무엇인가?

① RPC   ② MOM

③ ORB   ④ TP-Monitor

[2과목 : 소프트웨어 개발]

21 다음 설명에 해당하는 소프트웨어 테스트 기법은?

- 소프트웨어 인터페이스에서 실시되는 검사로 설계된 모든 기능이 정상적으로 수행되는지 확인한다.
- 소프트웨어의 기능이 의도대로 작동하고 있는지, 입력은 적절하게 받아들였는지, 출력은 정확하게 생성되는지를 보여주는 데 사용된다.
- Equivalence Partitioning Testing, Boundary Value Analysis 등이 이 기법에 해당한다.

① 화이트박스 테스트   ② 블랙박스 테스트

③ 레드박스 테스트   ④ 블루박스 테스트

22 이진 검색(Binary search) 기법을 적용하기 위한 선행 조건은?

① 자료가 반드시 정렬되어야 한다.

② 자료의 개수가 짝수이어야 한다.

③ 자료의 구성은 비순차적이어야 한다.

④ 자료의 구성은 홀수, 짝수 순으로 이루어져야 한다.

23 순서가 A, B, C, D로 정해진 입력 자료를 스택에 입력하였다가 출력하는 경우, 출력 결과로서 가능하지 않은 것은?

① D, A, B, C   ② B, D, C, A

③ C, B, D, A   ④ B, A, D, C

24 다음 이진 트리의 노드를 전위 순회(Preorder traversal)할 경우의 방문 순서는?

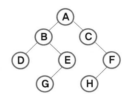

① A - B - C - D - E - F - G - H

② A - B - D - E - G - C - F - H

③ D - B - G - E - A - F - H - C

④ D - G - E - B - H - F - C - A

25 다음 ( ) 안에 들어갈 적합한 빌드 도구는?

오픈 소스인 (   )은(는) 여러 가지 언어의 빌드 환경을 구성할 수 있다. (   )은(는) 주로 안드로이드 개발 환경에서 빌드 자동화 도구로 사용되고, C++, Swift 등의 언어도 플러그인을 설정하면 빌드가 가능하다. (   ) 스크립트는 Groovy를 사용해서 만든 DSL이다. 모든 (   ) 스크립트는 두 가지 개념으로 구성되어 있는데 Projects와 Tasks이다.

① Jenkins   ② Gradle

③ Maven   ④ Ant

26 자료가 아래와 같을 때, 삽입(Insertion) 정렬 방법을 적용하여 오름차순으로 정렬할 경우 pass 1을 수행한 결과는?

> 자료 : [20, 19, 14, 16, 18]

① 19, 20, 14, 16, 18　②14, 20, 19, 16, 18
③ 14, 19, 20, 16, 18　④20, 14, 19, 16, 18

27 소프트웨어 품질목표 중 새로운 요구사항에 접하여 쉽게 수정될 수 있는 시스템 능력을 요구하는 것은?

① Reliability　　②Efficiency
③ Integrity　　④Flexibility

28 주어진 모든 키 값들에서 그 키를 구성하는 자릿수들의 분포를 조사하여 비교적 고른 분포를 보이는 자릿수들을 필요한 만큼 택하는 방법을 취하는 해싱함수 기법은?

① 제산방법(Division method)
② 중첩방법(Folding method)
③ 기수 변환법(Radix conversion method)
④ 계수 분석방법(Digit analysis method)

29 다음의 수식을 후위식(postfix)으로 올바르게 표현한 것은?

> A / B * C * D + E

① + * * / A B C D E
② A / B * C * D + E
③ A B / C * D * E +
④ A B C D E / * * +

30 외계인 코드(Alien Code)를 방지하기 위한 방법으로 가장 적합한 것은?

① 프로그램 내에 문서화(Documentation)를 철저하게 해두어야 한다.
② 자료흐름도(DFD)를 상세히 그려야 한다.
③ 프로그램 완성 시 testing을 확실하게 해야 한다.
④ 프로그램 시 반드시 visual tool을 사용해야 한다.

31 다음 중 공학적으로 잘 작성된 소프트웨어가 갖는 특성으로 옳은 것은?

① 원하는 요구사항 중에 중요한 사항만 반영한다.
② 유지보수 비용이 많이 들어간다.
③ 신뢰성이 떨어지더라도 효율성이 높다.
④ 사용자가 손쉽게 사용할 수 있다.

32 다음의 자료 구조 중 성질이 다른 하나는?

① 스택(Stack)　　②트리(Tree)
③ 큐(Queue)　　④데크(Deque)

33 다음은 어떠한 정렬 방법을 설명한 것인가?

> • 두 개의 키들을 한 쌍으로 하여 각 쌍에 대하여 순서를 정한다.
> • 순서대로 정렬된 각 쌍의 키들을 합병하여 하나의 정렬된 서브 리스트로 만든다.
> • 위 과정의 정렬된 서브 리스트들을 하나의 정렬된 파일이 될 때까지 반복한다.

① 2-way 합병 정렬
② 퀵 정렬
③ 기수정렬
④ 버블정렬

34 다음은 무엇에 대한 설명인가?

> • 웹을 통해 유통되는 각종 디지털 콘텐츠의 안전 분배와 불법 복제 방지를 위한 저작권 보호 방식이다.
> • 각종 미디어의 접근 및 사용권한을 서버 인증을 통해 중앙집중식으로 통제하는 것을 말한다.
> • 콘텐츠 제공자, 콘텐츠 분배자, 콘텐츠 소비자, 클리어링 하우스로 구성된다.

① DRM　　②SCM
③ ORM　　④OOP

35 소스 커버리지 유형 중 전체 조건식의 결과와 관계없이 각 개별 조건식이 "참"과 "거짓"의 모든 값을 갖게 되는 경우 달성되는 커버리지는?

① 구문 커버리지(Statement Coverage)

② 결정 커버리지(Decision Coverage)

③ 조건 커버리지(Condition Coverage)

④ 다중조건 커버리지(Multiple Condition Coverage)

36 다음과 같은 트리(Tree) 구조에서 기본 용어의 설명으로 맞는 것은?

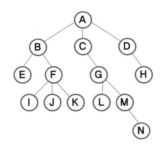

① Node는 10이다.

② F의 차수(Degree)는 2이다.

③ 레벨(Level)은 5이다.

④ 근(Root) Node는 N이다.

37 소프트웨어 버전 관리 도구 유형 중 로컬 저장소와 원격 저장소로 구성되며, 개발 완료한 파일 수정 후 로컬 저장소에 커밋한 이후 다시 원격 저장소에 반영하는 방식은?

① 공유 폴더 방식   ② 클라이언트/서버 방식

③ 분산 저장소 방식   ④ 백업 방식

38 통합 테스팅(Integration Testing)에 대한 설명으로 옳은 것은?

① 통합 테스팅 동안 발생하는 주요 어려움은 오류들을 지역화(Localization)하는 것이다.

② 상향식 통합은 시스템의 계층구조와 상위층의 중요한 인터페이스를 조기에 테스팅할 수 있다.

③ 하향식 통합은 최하위 모듈을 먼저 통합하여 테스팅하는 방식이다.

④ 단위 모듈 테스팅을 철저하게 하면 통합 테스팅을 수행할 필요가 없다.

39 테스트 오라클의 유형 중 애플리케이션 변경이 있을 때, 수행 전과 후의 결과 값이 동일한지 확인하는 오라클은 무엇인가?

① 참(True) 오라클

② 샘플링(Sampling) 오라클

③ 휴리스틱(Heuristic) 오라클

④ 일관성 검사(Consistent) 오라클

40 깊이가 6인 이진 트리의 최대 노드 수는?

① 63   ② 64

③ 65   ④ 66

[3과목 : 데이터베이스 구축]

41 스키마(Schema)에 대한 설명으로 옳지 않은 것은?

① 데이터베이스를 운용하는 소프트웨어이다.

② 데이터 사전(Data Dictionary)에 저장된다.

③ 다른 이름으로 메타데이터(Meta-data)라고도 한다.

④ 데이터베이스의 구조(개체, 속성, 관계)에 대한 정의이다.

42 데이터베이스 설계 과정에서 목표 DBMS의 구현 데이터 모델로 표현된 데이터베이스 스키마가 도출되는 단계는?

① 요구사항 분석 단계

② 개념적 설계 단계

③ 논리적 설계 단계

④ 물리적 설계 단계

43 트랜잭션이 가져야 할 특성으로 거리가 먼 것은?

① 정확성(Accuracy)

② 원자성(Atomicity)

③ 일관성(Consistency)

④ 고립성(Isolation)

44 STUDENT 테이블은 50개의 튜플이 정의되어 있으며, "S-AGE"열의 값은 정수 값으로 되어 있다. S-AGE 값이 18인 튜플이 10개, 19인 튜플이 35개, 20인 튜플이 5개일 경우 다음 두 SQL문의 실행결과 값을 순서대로 옳게 나타낸 것은?

> SELECT COUNT(DISTINCT S-AGE) FROM STUDENT;
> SELECT COUNT(DISTINCT S-AGE) FROM STUDENT WHERE S-AGE > 19;

① 50, 40   ② 50, 5
③ 3, 5   ④ 3, 1

45 관계에 존재하는 튜플에서 선택조건을 만족하는 튜플의 부분집합을 구하기 위해서 사용하는 관계 대수 연산은?

① JOIN   ② SELECT
③ PROJECT   ④ UNION

46 동시성 제어(Concurrency control)의 로킹(Locking) 방법에서 로크(Lock) 단위가 작아지는 경우에 대한 설명으로 옳은 것은?

① 로킹 오버헤드 증가, 동시성 정도 증가
② 로킹 오버헤드 증가, 동시성 정도 감소
③ 로킹 오버헤드 감소, 동시성 정도 증가
④ 로킹 오버헤드 감소, 동시성 정도 증가

47 데이터베이스 무결성 제약조건에 대한 설명으로 옳지 않은 것은?

① 무결성 제약조건은 사용자에 의한 데이터베이스 갱신이 데이터의 일관성을 손상하지 않도록 보장하는 데에 사용된다.
② DBMS는 무결성 제약조건을 검사하는 기능을 가진다.
③ 도메인 무결성 제약조건은 기본 키가 널(NULL) 값을 가질 수 없고 튜플을 유일하게 식별해야 한다는 것이다.
④ 참조 무결성 제약조건은 릴레이션 사이의 참조를 위해 사용되는 외래키에 대한 것이다.

48 다음 SQL 질의를 관계 대수식으로 표현하면? (단, P는 WHRER 조건절)

> SELECT A1 FROM R1 WHERE P

① $\pi R1(\sigma P(A1))$ ② $\sigma A1(\pi P(R1))$
③ $\pi A1(\sigma P(R1))$ ④ $\sigma R1(\pi P(A1))$

49 개체 관계(E-R) 다이어그램에서 개체를 표시하는 것은?

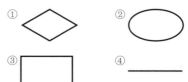

50 다음은 무엇에 대한 설명인가?

> • 데이터베이스의 상태를 변화시키기 위해서 수행하는 작업의 단위를 뜻한다.
> • 사용자가 시스템에 대한 서비스 요구 시 시스템이 응답하기 위한 상태 변환 과정의 작업 단위를 말한다.

① COMMIT   ② ROLLBACK
③ TRANSACTION   ④ POINTING

51 다음 중 데이터 조작어(DML)에 해당하는 SQL문은 무엇인가?

① COMMIT   ② SELECT
③ DROP   ④ CREATE

52 직원 테이블 emp의 모든 레코드를 근무연수 wyear에 대해서는 내림차순으로, 동일 근무연수에 대해서는 나이 age의 오름차순으로 정렬한 결과를 얻기 위한 SQL 질의문은?

① SELECT * FROM emp ORDER BY age, wyear ASC;
② SELECT * FROM emp ORDER BY age ASC, wyear;
③ SELECT * FROM emp ORDER BY wyear DESC, age;
④ SELECT * FROM emp ORDER BY wyear, age DESC;

53 어떤 릴레이션에 속한 모든 도메인이 원자 값(Atomic value)만을 가지며, 기본키가 아닌 애트리뷰트 모두가 기본키에 완전 함수 종속이나 이행적 함수 종속이 나타나면 어떤 정규형에 해당하는가?

① 제1정규형   ② 제2정규형

③ 제3정규형   ④ 제4정규형

54 관계형 데이터 모델 구성 요소로 가장 거리가 먼 것은?

① 구조   ② 객체

③ 연산   ④ 제약조건

55 검사점 기법에 대한 설명으로 가장 거리가 먼 것은?

① 시스템 장애가 발생하였을 경우, Redo와 Undo를 수행하기 위해 로그 전체를 조사해야 하는 경우를 피하기 위한 기법이다.

② 지연 갱신 기법이라고도 한다.

③ 트랜잭션 실행 중 주기적으로 변경 내용이나 시스템 상황 등에 관한 정보와 함께 검사점을 로그에 보관해 둔다.

④ 장애 발생 시 로그 전체를 조사하지 않고 로그 내에서 가장 최근의 검사점으로부터 회복 작업을 수행하여 회복 시간을 단축시킬 수 있다.

56 다음 영어 설명 중 데이터베이스의 정의로 옳은 내용을 모두 나열한 것은?

> ㄱ. Integrated Data   ㄴ. Stored Data
> ㄷ. Operational Data   ㄹ. Shared Data

① ㄱ, ㄴ, ㄹ   ② ㄴ, ㄷ

③ ㄱ, ㄷ   ④ ㄱ, ㄴ, ㄷ, ㄹ

57 릴레이션을 조작할 때 데이터의 중복으로 인하여 발생하는 이상(Anomaly) 현상이 아닌 것은?

① 갱신 이상   ② 삭제 이상

③ 삽입 이상   ④ 검색 이상

58 분산 데이터베이스 시스템이 사용자에게 제공하는 4가지 유형의 투명성(Transparency)에 속하지 않는 것은?

① 위치 투명성   ② 복제 투명성

③ 수행 투명성   ④ 병행 투명성

59 SQL 명령어로 수행된 결과를 실제 물리적 디스크로 저장하는 SQL 명령은?

① ROLLBACK   ② COMMIT

③ GRANT   ④ REVOKE

60 다음의 관계 대수를 SQL로 옳게 나타낸 것은?

> $$\pi_{\text{이름, 학년}}(\sigma_{\text{학과='컴퓨터'}}(\text{학생}))$$

① SELECT 이름, 학년 FROM 학과 WHERE 학생 = '컴퓨터';

② SELECT 학과, 학년 FROM 학생 WHERE 이름 = '학년';

③ SELECT 이름, 학과 FROM 학년 WHERE 학과 = '컴퓨터';

④ SELECT 이름, 학년 FROM 학생 WHERE 학과 = '컴퓨터';

[4과목 : 프로그래밍 언어 활용]

61 좋은 모듈이 되기 위한 응집도와 결합도에 대한 설명으로 옳은 것은?

① 모듈의 응집도와 결합도 모두가 높아야 한다.

② 모듈의 응집도는 높아야 하고 결합도는 낮아야 한다.

③ 모듈의 응집도는 낮아야 하고 결합도는 높아야 한다.

④ 모듈의 응집도와 결합도 모두가 낮아야 한다.

62 그림과 같은 기억장소에서 두 번째 공백인 14K의 작업 공간에 13K의 작업을 할당할 수 있는 기억장치 배치 전략은?

OS 사용공간
16k 공백
사용 중
14k 공백
사용 중
5k 공백
사용 중
30k 공백

① 최초 적합(First-Fit)

② 최적 적합(Best-Fit)

③ 최악 적합(Worst-Fit)

④ 세 가지 방법 모두

63 복수의 프로세스(Process)가 가능하지 못한 상태를 무한정 기다리고 있는 상태를 무엇이라 하는가?

① 교착상태(Deadlock)

② 병목상태(Bottleneck)

③ 차단상태(Blocked)

④ 임계영역(Critical section)

64 TCP/IP의 응용 계층 프로토콜과 관련이 없는 것은?

① IP ② FTP

③ SMTP ④ TELNET

65 송신 스테이션이 데이터 프레임을 연속적으로 전송해 나가다가 NAK를 수신하게 되면 에러가 발생한 프레임을 포함하여 그 이후에 전송된 모든 데이터 프레임을 재전송하는 방식은?

① Stop-and-wait ARQ

② Go-back-N ARQ

③ Selective-Repeat ARQ

④ Non Selective-Repeat ARQ

66 Queue에 아래와 같은 트랙요청 정보가 들어 있고 Head의 현재 위치가 Track 53일 때, Head가 움직이는 순서가 아래와 같다면 무슨 스케줄링 기법을 사용했는가?

큐 : 98, 183, 37, 122, 18, 124, 65, 67
Head 움직임 순서 : 53-65-67-37-18-98-122-124-183

① SCAN ② C-SCAN

③ SSTF ④ FCFS

67 다음 C언어 프로그램의 결과 값은?

```c
#include <stdio.h>
int hap10() {
    return 10;
}
int hap20() {
    return 22 + hap10();
}
int hap30() {
    return 1 + hap20();
}
int main() {
    int result;
    result = hap20();
    printf("%d", result);
}
```

① 10 ② 22

③ 30 ④ 32

68 다중 프로그래밍 환경에서 용량이 크고 신속한 액세스가 가능한 디스크를 이용하여 각 사용자 프로그램의 출력할 데이터를 직접 프린터로 보내지 않고 디스크에 모았다가 나중에 한꺼번에 출력함으로써 프린터 장치의 공유 및 프린터 처리 속도를 보완하는 기법을 무엇이라 하는가?

① 버퍼링(Buffering)

② 스풀링(Spooling)

③ 다중프로그래밍(Multiprogramming)

④ 시분할 시스템(Time-sharing system)

69 PCB(Process Control Block)가 갖고 있는 정보가 아닌 것은?

① 프로세스 상태
② 프로세스 우선순위
③ 처리기 레지스터
④ 할당되지 않은 주변장치의 상태 정보

70 다음 Python 프로그램의 결과 값은?

```
def sum(a, z):
    result = 0;
    for a in range(a, z):
        result = result + a
    return result
print(sum(1, 6))
```

① 6　　　　　　② 10
③ 15　　　　　　④ 21

71 UNIX에서 파일에 대한 액세스(읽기, 쓰기, 실행) 권한을 설정하여 사용자에게 제한적인 권한을 주려고 할 때 사용하는 명령어는?

① chmod　　　　② cp
③ cat　　　　　　④ ls

72 여덟 개의 페이지(0~7페이지)로 구성된 프로세스에 네 개의 페이지 프레임이 할당되어 있고, 이 프로세스의 페이지 참조 순서는 〈보기〉와 같다. 이 경우 LRU 페이지 교체 알고리즘을 적용할 때 페이지 적중률(Hit ratio)은 얼마인가? (단, 〈보기〉의 숫자는 참조하는 페이지 번호를 나타내고, 최초의 페이지 프레임은 모두 비어있다고 가정한다.)

〈보기〉

1, 0, 2, 2, 2, 1, 7, 6, 7, 0, 1, 2

① $\frac{5}{12}$　　　　② $\frac{6}{12}$
③ $\frac{7}{12}$　　　　④ $\frac{8}{12}$

73 스래싱(THRASHING) 현상의 해결 조치로 틀린 것은?

① 부족한 자원을 증설한다.
② 일부 프로세스를 중단시킨다.
③ 성능 자료의 지속적 관리 및 분석으로 임계치를 예상하여 운영한다.
④ 다중 프로그래밍의 정도를 높여준다.

74 한 모듈이 다른 모듈의 내부 기능 및 그 내부 자료를 조회하는 경우의 결합도에 해당하는 것은?

① Data coupling　　② Stamp coupling
③ Common coupling　④ Content coupling

75 TCP와 UDP를 비교한 것 중 잘못된 것은?

① UDP는 비연결형 서비스이고, TCP는 연결형 서비스이다.
② TCP는 수신순서가 데이터의 송신순서와 동일하지만, UDP는 송신순서와 다를 수 있다.
③ TCP는 바이트 스트림 단위로, UDP는 블록단위로 비트정보를 전송한다.
④ TCP와 UDP는 오류제어와 흐름제어 기능을 수행한다.

76 다음 중 바람직한 스케줄링 정책이라고 할 수 있는 것은?

① CPU 이용률을 늘리고 처리량을 최소화시킨다.
② 무조건 먼저 도착한 프로세스를 먼저 실행시킨다.
③ 응답시간을 늘리고 반환시간을 줄인다.
④ 무한정의 실행 연기를 피하기 위해 Aging 기법을 사용한다.

77 비선점형 CPU 스케줄링 기법에 해당하는 것으로만 짝지어진 것은?

① Round Robin, SRT
② SRT, FIFO
③ FIFO, SJF
④ HRN, SRT

78 응집력이 강한 것부터 약한 순서로 옳게 나열된 것은?

① Sequential → Functional → Procedural → Coincidental → Logical

② Procedural → Coincidental → Functional → Sequential → Logical

③ Functional → Sequential → Procedural → Logical → Coincidental

④ Logical → Coincidental → Functional → Sequential → Procedural

79 다음 프로세스 P1~P4를 비선점형 SJF(Shortest Job First) 기법으로 스케줄링하였다. 각 프로세스의 대기 시간의 합은?

프로세스	도착 시간	실행 시간
P1	0	9
P2	1	5
P3	2	8
P4	3	3

① 31　　　　　　② 32
③ 37　　　　　　④ 39

80 프로그래밍 언어에 대한 설명으로 옳지 않은 것은?

① Objective-C, Java, C#은 객체지향 언어이다.

② Python은 정적 타이핑을 지원하는 컴파일러 방식의 언어이다.

③ ASP, JSP, PHP는 서버 측에서 실행되는 스크립트 언어이다.

④ XML은 전자문서를 표현하는 확장 가능한 표준 마크업 언어이다.

[5과목 : 정보시스템 구축관리]

81 정보보호의 주요 목적(3원칙)으로 가장 적절하지 않은 것은?

① 무결성(Integrity)

② 기밀성(Confidentiality)

③ 신뢰성(Reliability)

④ 가용성(Availability)

82 다음의 설명에 해당하는 시스템은 무엇인가?

> 기업 데이터 유출 방지를 의미하며 사용자가 사무실, 현장 및 집 어느 곳에서 업무 중이라도 사용자의 PC에서 기업 내 기밀 데이터가 외부로 반출되는 것을 항시 감시하고 기록하며, 정책에 따라 유출을 차단시키는 것을 주 기능으로 구현한 솔루션이다.

① DLP　　　　　　② IDS
③ IDC　　　　　　④ DMZ

83 보안 침해 사고에 대한 설명으로 옳은 것은?

① 크라임웨어는 온라인상에서 해당 소프트웨어를 실행하는 사용자가 알지 못하게 불법적인 행동 및 동작을 하도록 만들어진 프로그램을 말한다.

② 스니핑은 적극적 공격으로 백도어 등의 프로그램을 사용하여 네트워크상의 남의 패킷 정보를 도청하는 해킹 유형의 하나이다.

③ 파밍은 정상적으로 사용자들이 접속하는 도메인 이름과 철자가 유사한 도메인 이름을 사용하여 위장 홈페이지를 만든 뒤 사용자로 하여금 위장된 사이트로 접속하도록 한 후 개인정보를 빼내는 공격 기법이다.

④ 피싱은 해당 사이트가 공식적으로 운영하고 있던 도메인 자체를 탈취하는 공격 기법이다.

84 컴퓨터의 내부 자료를 탈취하는 수법으로 프로그램 개발 시에 내용을 볼 수 있는 부정루틴을 삽입하여 컴퓨터의 정비나 유지보수를 핑계 삼아 악의적인 행위를 하는 방법은 무엇인가?

① Trap Door　　　　② TRINOO
③ Trojan Horse　　　④ Teardrop

85 분산 운영체제에서 각 노드들이 Point to Point 형태로 중앙 컴퓨터에 연결되고 중앙 컴퓨터를 경유하여 통신하는 위상(Topology) 구조는?

① 성형(Star) 구조

② 링(Ring) 구조

③ 계층(Hierarchy) 구조

④ 버스(Bus) 구조

86 라우팅 프로토콜이 아닌 것은?

① BGP(Border Gateway Protocol)

② OSPF(Open Shortest Path First)

③ SNMP(Simple Network Management Protocol)

④ RIP(Routing Information Protocol)

87 다음은 무엇에 대한 설명인가?

> 웨어러블(Wearable) 또는 몸에 심는(Implant) 형태의 센서나 기기를 무선으로 연결하는 개인 영역 네트워킹 기술로, 무선 센서나 기기로부터 수집한 정보를 휴대 전화 또는 간이형 기지국을 통하여 병원이나 기타 필요한 곳에 실시간으로 전송함으로써 u-헬스 등의 서비스를 받는 데 응용할 수 있다. 현재 IEEE 802.15.6에 작업 그룹이 구성되어 서비스 모델과 요구사항 등을 정의하고 있고, 이를 완성한 후에 이에 대한 표준을 진행할 예정이다.

① WPAN ② SON

③ WBAN ④ USN

88 A가 B에게 공개키 알고리즘을 사용하여 서명과 기밀성을 적용한 메시지(M)를 전송하는 그림이다. ㉠~㉣에 들어갈 용어로 옳은 것은?

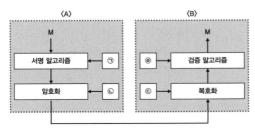

① ㉠ A의 공개키　㉡ B의 공개키
　㉢ A의 개인키　㉣ B의 개인키

② ㉠ A의 개인키　㉡ B의 개인키
　㉢ A의 공개키　㉣ B의 공개키

③ ㉠ A의 개인키　㉡ B의 공개키
　㉢ B의 개인키　㉣ A의 공개키

④ ㉠ A의 공개키　㉡ A의 개인키
　㉢ B의 공개키　㉣ B의 개인키

89 사용자의 ID나 비밀번호를 찾아내기 위해 반복 대입하는 공격의 형태로, 조합 가능한 모든 경우의 수를 다 대입해보는 공격은?

① 랜섬웨어 ②SQL 주입 공격

③ 웜 바이러스 ④무작위 대입 공격

90 다음에서 설명하는 공격방법은?

> • 버퍼 오버플로우 공격과 유사하며 C언어가 생기면서부터 존재했지만, 발견에 많은 시간이 소요되었다.
> • 데이터의 형태와 길이에 대한 불명확한 정의로 인한 공격이다.

① Email Injection ② Code Injection

③ Format String ④ RootKit

91 소프트웨어 재사용에 관한 설명으로 거리가 먼 것은?

① 소프트웨어의 개발 생산성과 품질을 높이려는 방법이다.

② 소프트웨어 재사용의 방법에는 합성 중심(Composition-based)과 생성 중심(Generation-based) 방법으로 나눌 수 있다.

③ 재사용 부품의 크기는 클수록 재사용률이 높다.

④ 소프트웨어의 재사용은 프로젝트의 실패 위험을 줄일 수 있다.

92 사용자가 별도의 인프라를 구축하지 않고 인터넷을 통해 가상 서버, 가상 PC 등의 컴퓨팅 자원을 이용하는 클라우드 서비스 유형은?

① PIMS ②IaaS

③ SaaS ④ISMS

93 사용자 인증에 사용되는 기술로 옳지 않은 것은?

① Smart Card

② Single Sign On

③ One Time Password

④ Supervisory Control And Data Acquisition

94 다음 중 나선형 모델의 각 단계별 작업내용을 순서대로 나열한 것으로 가장 적절한 것은?

① 계획수립 – 위험분석 – 개발 – 평가
② 위험분석 – 계획수립 – 개발 – 평가
③ 계획수립 – 개발 – 위험분석 – 평가
④ 계획수립 – 위험분석 – 평가 – 개발

95 IT 기술에 대한 설명으로 옳지 않은 것은?

① IoT는 각종 물체에 센서와 통신 기능을 내장해 인터넷에 연결하는 기술이다.
② ITS는 기존 교통체계의 구성 요소에 첨단 기술들을 적용시켜 보다 안전하고 편리한 통행과 전체 교통체계의 효율성을 높이는 시스템이다.
③ IPTV는 인터넷을 이용하여 방송 및 기타 콘텐츠를 TV로 제공하는 서비스 방식이다.
④ GIS는 라디오 주파수를 이용한 비접촉 인식 장치로 태그와 리더기로 구성된 자동 인식 데이터 수집용 무선 통신 시스템이다.

96 〈보기〉에서 설명하는 정보 은닉 기술로 가장 옳은 것은?

〈보기〉
비밀 정보를 기존의 이미지 파일, 음악 파일, 동영상 파일 등에 숨겨서 전송하는 정보 은닉(information hiding) 기술의 일종이다. 이 기술은 저작권 보호보다는 정보를 은밀하게 전달하기 위한 목적이 크다.

① 워터마킹(watermarking)
② 스테가노그래피(steganography)
③ 스파이웨어(spyware)
④ 하트블리드(Heartbleed)

97 다음 중 스토리지 장치 유형으로 가장 거리가 먼 것은?

① DAS   ② NAS
③ SAS   ④ SAN

98 DMZ(demilitarized zone)에 대한 설명으로 옳은 것만을 고른 것은?

ㄱ. 외부 네트워크에서는 DMZ에 접근할 수 없다.
ㄴ. DMZ 내에는 웹 서버, DNS 서버, 메일 서버 등이 위치할 수 있다.
ㄷ. 내부 사용자가 DMZ에 접속하기 위해서는 외부 방화벽을 거쳐야 한다.
ㄹ. DMZ는 보안 조치가 취해진 네트워크 영역으로, 내부 방화벽과 외부 방화벽 사이에 위치할 수 있다.

① ㄱ, ㄷ   ② ㄴ, ㄷ
③ ㄴ, ㄹ   ④ ㄱ, ㄹ

99 다음 설명에 해당하는 블루투스(Bluetooth) 공격 방법으로 가장 적절한 것은?

블루투스의 취약점을 이용하여 장비의 임의 파일에 접근하는 공격 방법이다. 이 공격 방법은 블루투스 장치끼리 인증 없이 정보를 간편하게 교환하기 위해 개발된 OPP(OBEX Push Profile) 기능을 사용하여, 공격자가 블루투스 장치로부터 주소록 또는 달력 등의 내용을 요청해 이를 열람하거나, 취약한 장치의 파일에 접근하는 공격 방법이다.

① 블루스나프(BlueSnarf)
② 블루재킹(BlueJacking)
③ 세션 하이재킹(Session Hijacking)
④ 글로나스(Glonass)

100 다음 중 N–S(Nassi–Schneiderman) 차트의 특징으로 옳지 않은 것은?

① 구조적 프로그램을 표현하기 위한 방법으로 도형식 그래픽 설계이다.
② 제어 이동이 가능하며, 그림으로 표현하기 쉽다.
③ 원시코드의 변환이 용이하며 중첩, 회귀 구조에 사용한다.
④ 조건이 복합되어 있는 곳의 처리를 시각적으로 식별하는 데 적합하다.

실전 모의고사
1회 정답 및 해설

01	02	03	04	05	06	07	08	09	10
①	②	④	②	①	④	②	②	④	②
11	12	13	14	15	16	17	18	19	20
③	③	③	④	④	③	④	④	④	②
21	22	23	24	25	26	27	28	29	30
②	①	①	②	②	①	④	④	③	①
31	32	33	34	35	36	37	38	39	40
④	②	①	①	③	③	③	①	③	①
41	42	43	44	45	46	47	48	49	50
①	③	④	②	②	①	③	③	③	③
51	52	53	54	55	56	57	58	59	60
②	③	②	③	③	②	④	③	②	④
61	62	63	64	65	66	67	68	69	70
②	③	②	②	③	④	②	④	②	③
71	72	73	74	75	76	77	78	79	80
①	①	④	④	④	④	③	③	②	②
81	82	83	84	85	86	87	88	89	90
③	①	①	①	③	③	③	①	④	③
91	92	93	94	95	96	97	98	99	100
③	②	④	②	③	②	③	③	①	②

01 애자일 선언문
- 공정과 도구보다 개인과 상호작용을
- 포괄적인 문서보다 작동하는 소프트웨어를
- 계약 협상보다 고객과의 협력을
- 계획을 따르기보다 변화에 대응하기를 가치 있게 여긴다.

02 자료 흐름도는 하향식 분할의 원리를 적용한다.

03 CASE는 소프트웨어 개발 과정 일부 또는 전체를 자동화하기 위한 도구로, 소프트웨어 모듈의 재사용성을 향상시켜준다.

04 소프트웨어 위기는 하드웨어 성능 발달로 인해 소프트웨어 개발 속도가 하드웨어 개발 속도를 따라가지 못하여 사용자들의 요구사항을 감당할 수 없는 문제가 발생한 것을 의미한다.

05 ①은 캡슐화(Encapsulation)에 대한 설명이다.

06 ④는 구조(Structural) 다이어그램에 포함된다.
> TIP 59쪽의 다이어그램(Diagram)을 참고하세요.

07 코드는 복잡성이 아닌 단순성이 있어야 한다.
> TIP 코드의 기능 주요 오답으로 호환성, 중복성, 복잡성이 있습니다.

08 • 필요한 기능들만 갖춘 간단한 시스템을 빠르게 제품화하고, 짧은

사이클로 자주 새로운 버전을 배포하여 대규모 프로젝트에는 적용이 어렵다.
- 현재의 요구사항을 만족시키도록 가능한 한 단순하게 설계한다.
- 문서 작성 최소화로 개발 효율이 증가된다.

09 소단위 명세서(Mini-Specification)는 구조적 언어나 의사 결정표의 형태로 자료 흐름의 최소 단위를 명세화한 것이다.

10 좌우 자리를 바꾸어 기록(781356 → 783156)하였으므로, 전위 오류(Transposition Error)에 해당한다.
- 필사 오류(Transcription Error, 오자 오류) : 입력 시 임의의 한 자리를 잘못 기록한 경우
- 이중 전위 오류(Double Transposition Error) : 전위 오류가 중복 발생한 경우
- 임의 오류(Random Error) : 오류가 두 가지 이상 결합하여 발생한 경우

11 그룹 분류 코드(Group Classification Code)는 일정 기준에 따라 대분류, 중분류, 소분류 등으로 구분하여 일련번호를 부여하는 방법을 의미한다.
- 구분 코드(Block Code, 블록 코드) : 공통성이 있는 것끼리 블록으로 구분하고, 각 블록 내에서 일련번호를 부여하는 방법
- 순차 코드(Sequence Code) : 코드화 대상 항목을 어떤 일정한 배열로 일련번호를 부여하는 방법
- 합성 코드(Combined Code) : 두 개 이상의 코드를 조합하여 만든 코드

12 [키워드] 저작자 외의 다른 전문가 또는 팀, 공식적 검토 방법 → [용어] 인스펙션(Inspection)
- 동료 검토(Peer Review) : 요구사항 명세서 작성자가 명세서 내용을 직접 설명하고, 동료들이 이를 들으면서 결함을 발견하는 형태의 검토 방법
- 워크스루(Walkthrough) : 비공식적 검토과정으로 검토 회의 전에 요구사항 명세서를 미리 배포하여 사전 검토한 후에 짧은 검토 회의를 통해 결함을 발견하는 검토 방법
- 프로토타이핑(Prototyping) : 최종 시스템의 예상 기능 중 일부를 빠르게 구현한 프로그램인 프로토타입을 제작하는 작업

13 [키워드] 상위 클래스의 메소드를 하위 클래스가 물려받는 것 → [용어] 상속(Inheritance)
- 캡슐화(Encapsulation) : 데이터와 메소드를 하나로 묶어 객체로 구성하는 것
- 정보은폐(Information Hiding, 정보은닉) : 다른 객체로부터 자신의 자료를 숨기고 자신의 연산만을 통하여 접근을 허용하는 것
- 다형성(Polymorphism) : 한 메시지가 객체에 따라 다른 방법으로 응답할 수 있는 것

14 HIPO Chart의 종류
- 가시적 도표(Visual Table of Contents, 도식 목차)

- 총체적 다이어그램(Overview Diagram, 총괄 도표, 개요 도표)
- 세부적 다이어그램(Detail Diagram, 상세 도표)

15 `키워드` 사용자의 요구사항 최대한 수용, 오류 최소화 → `용어` 유연성
- 유효성 : 사용자의 목적을 정확하게 달성해야 한다.
- 학습성 : 누구나 쉽게 배우고 익힐 수 있어야 한다.
- 직관성 : 누구나 쉽게 이해하고 사용할 수 있어야 한다.

16 `키워드` 충돌이 발생하지 않도록 → `용어` 일관성(Consistency)
- 정확성(Correctness) : 시스템 구현 시 해당 기능이 필요하다는 것을 알 수 있도록 정확히 작성한다.
- 추적성(Traceability) : 기능에 대한 요구사항의 출처, 관련 시스템 등의 관계를 파악할 수 있도록 작성한다.
- 명확성(Clarity) : 해당 기능을 이해할 때 중의적으로 해석되지 않도록 명확하게 작성한다.

17 스트래티지(Strategy) 패턴은 다양한 알고리즘을 캡슐화하여 알고리즘을 교환하여 사용 가능하도록 한 패턴이다.
- 데코레이터(Decorator) : 소스를 변경하지 않고 기능을 확장하도록 하는 패턴
- 어댑터(Adapter) : 인터페이스가 호환되지 않는 클래스를 함께 사용하도록 하는 패턴
- 컴포지트(Composite) : 부분-전체 계층을 표현하며 개별 객체와 복합 객체를 동일하게 다루도록 하는 패턴

18 사용자와의 상호 작용을 관리하는 것은 컨트롤러(Controller)이다.

19 `키워드` 사용하지 않는 메소드에 의존 관계를 맺으면 안 된다. → `용어` 인터페이스 분리의 원칙(ISP; Interface Segregation Principle)
- 단일 책임 원칙(SRP; Single-Responsibility Principle) : 클래스를 변경해야 하는 이유는 오직 하나여야 한다.
- 개방 폐쇄의 원칙(OCP; Open-Closed Principle) : 확장에는 열려 있어야 하고, 변경에는 닫혀있어야 한다.
- 의존 관계 역전의 원칙(DIP; Dependency Inversion Principle) : 클라이언트는 구체 클래스가 아닌 추상 클래스에 의존해야 한다.

20 `키워드` 비동기 방식, 메시지(Message) 기반 미들웨어(Middleware) → `용어` MOM(Message Oriented Middleware, 메시지 지향 미들웨어)
- RPC(Remote Procedure Call, 원격 프로시저 호출) : 응용 프로그램의 프로시저를 사용하여 원격 프로시저를 마치 로컬 프로시저처럼 호출하는 방식의 미들웨어
- ORB(Object Request Broker, 객체 요청 브로커) : 객체 지향 미들웨어로, CORBA 표준 스펙을 구현한 미들웨어
- TP-Monitor(Transaction Processing Monitor, 트랜잭션 처리 모니터) : 최소 처리 단위인 트랜잭션을 감시하여 일관성 있게 보관 및 유지하고, 트랜잭션의 완벽한 처리를 보장하기 위한 역할을 하는 트랜잭션 관리 미들웨어

21 `키워드` 기능, Equivalence Partitioning Testing, Boundary Value Analysis → `용어` 블랙박스 테스트(Black Box Test)
- 화이트박스 테스트(White Box Test) : 프로그램의 수행 경로 구조, 루프(Loop, 반복) 등의 내부 로직을 보면서 테스트한다.

22 이진 검색(이분 검색, Binary Search)은 레코드들이 정렬되어 있을 때 사용하며, 중간 값을 비교하여 검색한다.

23 스택(Stack) : 리스트 한쪽으로만 삽입과 삭제가 이루어지는 후입선출(LIFO; Last In First Out)형식의 자료 구조

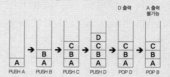

24 Preorder(전위) : Root → Left → Right
- 전위 순회는 중간 노드를 방문하고 왼쪽 서브 트리를 순회한 후 오른쪽 서브 트리를 순회한다.
- 서브 트리 : 자식 노드를 루트로 하는 트리, 서브 트리의 개수는 차수와 같다.

25 `키워드` 안드로이드, 빌드 자동화 도구, Groovy, DSL → `용어` 그래들(Gradle)

26 삽입 정렬(Insertion Sort) : 자료 배열의 모든 요소를 앞에서부터 차례대로 이미 정렬된 배열 부분과 비교하여, 자신의 위치를 찾아 삽입하는 정렬 방법
- 1회전 : 20, 19, 14, 16, 18 → <u>19</u>, 20, 14, 16, 18
- 2회전 : 19, 20, 14, 16, 18 → <u>14</u>, 19, 20, 16, 18
- 3회전 : 14, 19, 20, 16, 18 → 14, <u>16</u>, 19, 20, 18
- 4회전 : 14, 16, 19, 20, 18 → 14, 16, <u>18</u>, 19, 20

27 `키워드` 쉽게 수정 → `용어` 유연성(Flexibility)
- 신뢰성(Reliability) : 정확하고 일관된 결과를 얻기 위해 요구되는 기능을 오류 없이 수행하는 정도
- 효율성(Efficiency) : 한정된 자원을 할당된 시간 내 처리하는 것으로, 기능 수행 시 필요한 자원의 소요 정도
- 무결성(Integrity) : 허용되지 않는 사용이나 자료의 변경을 제어하는 정도

28 `키워드` 자릿수들의 분포 조사 → `용어` 계수 분석(Digit Analysis, 숫자 분석)
- 제산법(Division) : 키를 임의의 양의 정수로 나눈 나머지를 그 키의 레코드 주소로 결정하는 방법
- 중첩 방법(Folding, 폴딩) : 키를 여러 부분으로 나누고, 나누어진 각 부분의 값을 모두 더하거나 보수(XOR)를 취한 결과 값을 레코드 주소로 결정하는 방법
- 기수 변환(Radix Transformation) : 주어진 키값을 다른 진법으로 변환하여 얻은 결과 값을 레코드 주소로 결정하는 방법

29 PostFix(후위 표기법) : Left 피연산자 → Right 피연산자 → 연산자
① 인접한 피연산자 2개와 연산자를 괄호로 묶는다.
: (((((A / B) * C) * D) + E)
② 연산자를 해당 괄호의 뒤로 옮긴다.
: (((((A B) / C) * D) * E) +
③ 필요 없는 괄호를 제거한다.
: A B / C * D * E +

30 외계인 코드(Alien Code)란 아주 오래되거나 참고 문서 또는 개발자가 없어 유지보수 작업이 어려운 코드를 의미하며, 이를 방지하기 위해서는 프로그램 내 문서화가 필요하다.

31 • 원하는 요구사항을 모두 반영한다.
• 유지보수 비용이 적게 들어간다.
• 신뢰성이 높아야 하며 효율적이어야 한다.

32 ①, ③, ④는 선형 구조, ②는 비선형 구조에 포함된다.

33 키워드 두 개의 키들을 한 쌍, 정렬(Sort), 합병(Merge) → 용어 2-Way 병합 정렬(합병 정렬, Merge Sort)
• 퀵 정렬(Quick Sort) : 기준점(Pivot, 피벗)을 기준으로 좌우를 비교하여 정렬하는 방법
• 기수 정렬(Radix Sort) : 레코드의 키 값을 분석하여 같은 값끼리 그 순서에 맞는 버킷에 분배하였다가 버킷의 순서대로 레코드를 꺼내어 정렬하는 방법
• 버블 정렬(Bubble Sort) : 자료 배열 중 인접한 두 요소를 비교하여 교체하는 정렬 방법

34 키워드 디지털(Digital) 콘텐츠, 저작권(Rights) 보호, 콘텐츠 제공자~클리어링 하우스 → 용어 DRM(Digital Rights Management, 디지털 저작권 관리)
• 형상 관리(SCM; Software Configuration Management) : 소프트웨어의 개발 과정에서 발생하는 산출물의 변경사항을 버전 관리하기 위한 일련의 활동
• ORM(Object-Relational Mapping, 객체 관계 매핑) : 객체 지향 프로그래밍의 객체(Object)와 관계형 데이터베이스(Relational Database)를 연결(Mapping)하는 기술
• OOP(Object-Oriented Programming, 객체 지향 프로그래밍) : 실세계의 현상을 컴퓨터상에 객체로서 실현(모델화)함으로써 컴퓨터를 자연스러운 형태로 사용하여 다양한 문제를 해결하기 위한 프로그램 기법

35 키워드 개별 조건식이 "참"과 "거짓"의 모든 값을 가짐 → 용어 조건(Condition) 커버리지
• 구문(Statement, 문장) 커버리지 : 모든 구문이 한 번 이상 수행되도록 테스트 케이스 설계
• 결정(Decision, 분기, Branch) 커버리지 : 결정 포인트 내의 모든 조건문이 적어도 한 번 이상 수행되도록 테스트 케이스 설계
• 다중조건(Multiple Condition) 커버리지 : 결정 포인트 내에 있는 모든 개별 조건식의 모든 가능한 논리적인 조합을 고려하여 100% 커버리지를 보장하는 테스트 커버리지

36 • Node는 14이다. → A, B, C, …, N
• F의 차수(Degree)는 3이다. → I, J, K
• 레벨(Level) : 루트 노드를 1레벨로 하여 차례로 2, 3레벨로 증가시켜 표시 → 1레벨 : A, 2레벨 : B~D, 3레벨 : E~H, 4레벨 : I~M, 5레벨 : N
• 근(Root) Node는 A이다.

37 키워드 로컬 저장소와 원격 저장소 → 용어 분산 저장소 방식(DVCS; Distributed Version Control Systems)

• 공유 폴더 방식 : 개발 완료 파일은 약속된 위치의 공유 폴더에 복사하는 방식
• 클라이언트/서버 방식 : 중앙에 버전 관리 시스템이 항시 동작하여 관리하는 방식

38 • ②는 하향식 통합 테스트, ③은 상향식 통합 테스트에 대한 설명이다.
• 단위 모듈 테스팅은 시스템 개개의 모듈들을 시험하고, 통합 테스트는 몇 개의 모듈을 결합하여 시험하므로 서로 독립적으로 테스팅이 수행되어야 한다.

39 키워드 수행 전과 후의 결과 값이 동일한지 → 용어 일관성 검사(Consistent) 오라클
• 참(True) 오라클 : 모든 입력 값에 대해 기대하는 결과를 생성함으로써 발생된 오류를 모두 검출하는 오라클
• 샘플링(Sampling) 오라클 : 특정한 몇 개의 입력 값에 대해서만 기대하는 결과를 제공하는 오라클
• 휴리스틱(Heuristic) 오라클 : 샘플링 오라클을 개선한 오라클로, 특정 입력 값에 대해 올바른 결과를 제공하고, 나머지 값들에 대해서는 휴리스틱(추정)으로 처리하는 오라클

40 이진 트리에서는 포화(Perfect) 이진 트리가 됐을 때 최대 노드를 가진다.
• 포화(Perfect) 이진 트리 전체 노드 개수 : $2^n - 1 \rightarrow 2^6 - 1 = 63$

41 ①은 데이터베이스 관리 시스템(DBMS)에 대한 설명이다.

42 키워드 목표 DBMS, 스키마 도출 → 용어 논리적 설계 단계
• 요구사항 분석 단계 : 업무 프로세스를 분석한 후 요구조건 명세서 작성
• 개념적 설계 단계 : 개체 타입과 이들 간의 관계 타입을 이용해 현실 세계를 개념적으로 표현
• 물리적 설계 : 저장 레코드 양식의 설계 및 물리적 구조 데이터 표현

43 트랜잭션의 특성(ACID) : 원자성(Atomicity), 일관성(Consistency), 고립성/독립성/격리성(Isolation), 영속성/지속성(Durability)

44 • SELECT COUNT(DISTINCT S-AGE) FROM STUDENT;
: [STUDENT] 테이블에서 S-AGE 튜플의 중복이 제거된 개수를 검색한다. → 3
• SELECT COUNT(DISTINCT S-AGE) FROM STUDENT WHERE S-AGE > 19;
: [STUDENT] 테이블에서 S-AGE가 19 초과인 튜플의 중복이 제거된 개수를 검색한다. → 1

45 키워드 선택조건 만족, 튜플의 부분집합 → 용어 SELECT(σ)
• JOIN(⋈) : 두 개의 릴레이션 R과 S에서 공통된 속성을 연결하는 것
• PROJECT(π) : 릴레이션에서 주어진 조건을 만족하는 속성들을 검색하는 것
• UNION : 중복을 제거한 합집합 연산자

46 로크(Lock) 단위가 작을 경우 로킹 오버헤드가 증가하고, 동시성의 정도는 향상된다.

47 ③은 개체 무결성(Entity Integrity) 제약조건에 대한 설명이다.
- 도메인 무결성(Domain Integrity) : 각 속성 값은 반드시 정의된 도메인에 속한 값이어야 한다.

48
- SELECT A1 : πA1
- FROM R1 WHERE P : (σP(R1))

49 E-R 모델에서 사용되는 기호

개체	관계	속성	다중 값 속성 (복합 속성)	기본키 속성	연결, 링크
사각형	마름모	타원, 원	복수 타원	밑줄 타원	선

50 키워드 작업의 단위 → 용어 트랜잭션(Transaction)
- COMMIT : 트랜잭션이 성공했을 경우 그 결과를 데이터베이스에 적용하여 작업을 완료시키는 기능
- ROLLBACK : 트랜잭션의 실패로 작업을 취소하고 이전 상태로 되돌리는 기능

51 ①은 데이터 제어어(DCL), ③, ④는 데이터 정의어(DDL)에 해당한다.

52 SELECT문 일반 형식 : SELECT 속성 FROM 테이블명 [WHERE 조건] [ORDER BY 속성 [ASC | DESC]]
- 직원 테이블 emp의 모든 레코드를 : SELECT * FROM emp
- wyear에 대해서는 내림차순으로 : ORDER BY wyear DESC
- 나이 age의 오름차순 : age;
- TIP [ASC | DESC] 생략 시, 기본값인 오름차순(ASC)으로 정렬됩니다.

53 키워드 원자 값만 가짐(제1정규형 만족), 완전 함수 종속, 이행적 함수 종속 → 용어 제2정규형(2NF)
- 제1정규형(1NF) : 반복되는 속성을 제거하여 모든 속성이 원자 도메인만으로 되어 있는 정규형
- 제3정규형(3NF) : 제2정규형이고, 이행적 함수 종속 관계를 제거하여 비이행적 함수 종속 관계를 만족하는 정규형
- 제4정규형(4NF) : BCNF이고, 다치(다중값) 종속을 제거한 정규형

54 데이터 모델에 표시할 요소 : 연산(Operation), 구조(Structure), 제약조건(Constraint)
- TIP 데이터 모델 표시 요소는 "연고제(연구제)"로 기억하세요.

55 ②는 연기 갱신(Deferred Update) 기법에 대한 설명이다.

56 데이터베이스 정의 : 통합 데이터(Integrated Data), 저장 데이터(Stored Data), 운영 데이터(Operational Data), 공용 데이터(Shared Data)

57 이상의 종류 : 삽입 이상, 삭제 이상, 갱신 이상
- TIP 이상 현상의 종류는 "삽살개(삽삭갱)"로 기억하세요.

58 분산 데이터베이스의 4대 목표
- 중복(복제) 투명성(Replication Transparency)
- 위치 투명성(Location Transparency)
- 병행 투명성(Concurrency Transparency)
- 장애 투명성(Failure Transparency)
- TIP 분산 데이터베이스 4대 목표는 "중위병장=RLCF"로 기억하세요.

59 키워드 결과를 실제 물리적 디스크로 저장 → 용어 COMMIT
- ROLLBACK : 작업을 취소하고 이전 상태로 되돌린다.
- GRANT : 권한을 부여한다.
- REVOKE : 권한을 취소한다.

60 SELECT문 일반 형식 : SELECT 속성 FROM 테이블명 [WHERE 조건]
- SELECT(σ) : 릴레이션에서 주어진 조건을 만족하는 튜플들을 검색하는 것
- σ 학과 = '컴퓨터'(학생) : 컴퓨터 학과 학생의
- → FROM 학생 WHERE 학과 = '컴퓨터'
- PROJECT(π) : 릴레이션에서 주어진 조건을 만족하는 속성들을 검색하는 것
- π 이름, 학년 : 이름, 학년을 검색한다.
- → SELECT 이름, 학년

61 TIP 응집도(Cohesion)와 결합도(Coupling)를 참고하여 함께 학습하세요.

62 최적 적합(Best Fit) : 단편화를 가장 작게 남기는 분할 영역에 배치시키는 방법
- 16k 공백 공간에 할당할 경우 단편화 3k 발생
- 14k 공백 공간에 할당할 경우 단편화 1k 발생
- 5k 공백 공간에 할당 불가능(메모리 크기가 할당 프로그램 크기보다 작으므로)
- 30k 공백 공간에 할당할 경우 단편화 17k 발생

63 키워드 무한정 기다리고 있는 상태 → 용어 교착상태(Dead Lock)

64 ①은 인터넷 계층 프로토콜에 포함된다.
- TCP/IP 응용 계층 프로토콜 : HTTP, TELNET, FTP, SMTP, SNMP, DNS 등

65 키워드 에러가 발생한 프레임, 이후 전송된 모든 데이터 프레임 재전송 → 용어 Go-back-N ARQ
- 정지-대기(Stop-and-Wait) ARQ : 송신측은 하나의 블록을 전송한 후 수신측에서 에러의 발생을 점검한 다음 에러 발생 유무 신호(ACK, NAK)를 보내올 때까지 기다리는 방식
- 선택적 재전송(Selective-Repeat) ARQ : 여러 블록을 연속적으로 전송하고 부정 응답(NAK)이 있던 블록만 재전송하는 방식
- Non Selective-Repeat ARQ는 ARQ 방식에 포함되지 않는다.

66 SSTF(Shortest Seek Time First)는 탐색 거리가 가장 짧은 트랙에 대한 요청을 먼저 서비스하는 기법이다.

- SCAN : 현재 진행 중인 한 방향으로 가장 짧은 탐색 거리에 있는 요청을 먼저 서비스하는 기법
- C-SCAN(Circular SCAN) : 항상 바깥쪽에서 안쪽으로 이동하면서 가장 짧은 탐색 거리에 있는 요청을 먼저 서비스하는 기법
- FCFS(First-Come First-Service) : 입·출력 요청 대기 큐에 들어온 순서대로 서비스하는 기법

67 코드해설 return문

```
⑤  int hap10() {  // 함수 hap10 실행
⑥    return 10;  // 함수를 호출한 곳(hap20)으로 10 반환
   }
③  int hap20() {  // 함수 hap20 실행
④|⑦  return 22 + hap10();  // 함수 hap10을 호출한 후, 함수의 반
   환 값에 22를 덧셈하여 함수를 호출한 곳(main)으로 반환 →32
   }
   int main() {
①    int result;  // 변수 선언
②|⑧   result = hap20();  // 함수 hap20을 호출한 다음 돌려받은
   값을 result에 저장
⑨    printf("%d", result);  // result 값 출력
   }
```

68 키워드 다중프로그래밍 환경, 디스크에 모았다가 한꺼번에 출력 → 용어 스풀링(Spooling)
- 버퍼링(Buffering) : 정보의 송·수신을 원활하게 하기 위해서 정보를 일시적으로 저장하여 처리 속도의 차를 흡수하는 방법
- 다중프로그래밍(Multiprogramming) : 하나의 프로세서로 두 개 이상의 컴퓨터 프로그램의 실행이 제공되는 운영 방법
- 시분할 시스템(TSS; Time-Sharing System) : 하나의 컴퓨터 시스템을 복수의 사용자가 동시에 대화식으로 사용하는 이용 형태

69 프로세스 제어 블록(PCB; Process Control Block) 저장 정보 : 프로세스의 현재 상태, 프로세스 우선순위, 프로세스 식별자(고유 번호), 레지스터 저장 장소, 관련 레지스터 정보, 할당된 자원에 대한 포인터

70 코드해설 1부터 5까지 합계

```
②  def sum(a, z):  # 함수 sum 선언(매개변수 : a, z)
③    result = 0;  # 변수 선언 및 초기화
④    for a in range(a, z):  # a는 a부터 z-1까지 for문 실행
⑤      result = result + a  # result에 result + a 값 저장
⑥    return result  # result 값 반환
①|⑦  print(sum(1, 6))  # 함수 sum 호출(전달인자 : 1, 6) 및 출력
```

디버깅표

a	result
1	1
2	3
3	6
4	10
5	15
6	for문 종료

71 키워드 파일에 대한 액세스 권한 → 용어 chmod
- cp : 파일 복사
- cat : 파일 내용을 화면에 표시
- ls : 디렉터리 내용 보기

72 LRU(Least Recently Used) : 최근에 가장 오랫동안 사용하지 않은 페이지를 교체하는 기법

참조 페이지	1	0	2	2	2	1	7	6	7	0	1	2
페이지 프레임	1	1	1	1	1	1	1	1	1	1	1	1
	0	0	0	0	0	0	6	6	6	6	2
			2	2	2	2	2	2	2	0	0	0
						7	7	7	7	7	7
부재 발생	√	√	√				√	√		√		√

- 12개의 참조 페이지 중 5개의 페이지가 적중하였으므로, 페이지 적중률은 $\frac{5}{12}$이다.

73 다중 프로그래밍의 정도가 높을수록 스래싱의 발생 빈도가 높아지므로, 다중 프로그래밍의 정도를 낮춰준다.

74 키워드 내부 기능, 자료 조회 → 용어 내용 결합도(Content Coupling)
- 자료 결합도(Data Coupling) : 모듈 간의 인터페이스로 전달되는 매개변수를 통해서만 모듈 간의 상호 작용이 일어나는 경우의 결합도
- 스탬프 결합도(Stamp Coupling) : 모듈 간의 인터페이스로 배열이나 객체, 자료 구조 등이 전달되는 경우의 결합도
- 공통 결합도(Common Coupling) : 파라미터가 아닌 모듈 밖에 선언되어 있는 공통 데이터 영역을 참조하고 갱신하는 식으로 상호 작용하는 경우의 결합도

75 UDP는 데이터 전송 시 순서가 없으므로 순서제어, 흐름제어가 없다.

76
- CPU 이용률을 늘리고 처리량을 최대화시킨다.
- 응답시간의 편차를 최소화시킨다.
- 응답시간과 반환시간을 줄인다.

77
- 비선점(Non Preemptive) 스케줄링 기법 : SJF, FIFO, HRN
- 선점(Preemptive) 스케줄링 기법 : SRT, RR
- TIP 프로세스 스케줄링 종류는 "FFIN/SRR"로 기억하세요.

78 응집도 종류 : 우연적(Coincidental) 〈 논리적(Logical) 〈 시간적(Temporal) 〈 절차적(Procedural) 〈 교환(통신)적(Communication) 〈 순차적(Sequential) 〈 기능적(Functional)

79 SJF(Shortest Job First) : 작업이 끝나기까지의 실행시간 추정치가 가장 작은 작업을 먼저 실행하는 기법
- 각 프로세스 대기 시간의 합 : 0 + 6 + 11 + 15 = 32

실행시간	P1(9), P4(3), P2(5), P3(8)
대기시간	P1(0), P4(9-3), P2(12-1), P3(17-2)
반환시간	P1(9+0), P4(3+6), P2(5+11), P3(8+15)

80 Python은 동적 타이핑을 지원하는 대화형 인터프리터 언어이다.

81 소프트웨어 개발 보안의 3요소 : 무결성(Integrity), 기밀성(Confidentiality), 가용성(Availability)
- TIP 소프트웨어 개발 보안 3요소는 "무기가"로 기억하세요.

82 키워드 기업 데이터 유출 방지(Data Loss Prevention) → 용어 DLP(Data Loss Prevention, 데이터 유출 방지)
- IDS(Intrusion Detection System, 침입 탐지 시스템) : 정보 시스템의 보안을 위협하는 침입 행위가 발생할 경우 이를 탐지 및 적극 대응하기 위한 시스템
- IDC(Internet Database Connector, 인터넷 데이터베이스 접속기) : 마이크로소프트(MS)사의 최초 스크립트 방식의 웹 솔루션
- DMZ(Demilitarized Zone, 비무장지대) : 내부 네트워크와 외부 사이에 위치하며, 내·외부 공격으로부터 중요 데이터를 보호하거나 서버의 서비스 중단을 방지하기 위한 침입 차단 기능

83 - 스니핑(Sniffing)은 적극적 공격이 아닌 소극적 공격에 해당한다.
  - 소극적 공격(수동적 공격, Passive Attack) : 공격자의 목표는 단지 정보를 획득하는 것이며, 시스템에는 영향을 미치지 않는다. 즉, 기밀성을 위협하는 공격을 의미한다.
  - 적극적 공격(능동적 공격, Active Attack) : 데이터를 변경하거나 시스템에 직접적인 해를 입히는 것으로, 시스템에 영향을 미친다. 즉, 무결성과 가용성을 위협하는 공격을 의미한다.
  - ③은 피싱(Phishing), ④는 파밍(Pharming)에 대한 설명이다.

84 키워드 부정루틴 삽입 → 용어 트랩도어(Trap Door)
- 트리누(Trinoo) : 해킹당한 컴퓨터가 다시 제3의 전산망을 공격하도록 한 분산 공격형 프로그램
- 트로이 목마(Trojan Horse) : 악성 코드 중 마치 유용한 프로그램인 것처럼 위장하여 사용자들로 하여금 거부감 없이 설치를 유도하는 프로그램
- TearDrop 공격 : 패킷 제어 로직을 악용하여 시스템의 자원을 고갈시키는 공격

85 키워드 중앙 컴퓨터에 연결 → 용어 성형=스타형(Star)
- 링형(Ring)=환형, 루프형 : 인접하는 다른 두 사이트와만 직접 연결된 구조
- 계층형(Hierarchy)=트리형, 분산형 : 계층적으로 부모 사이트와 자식 사이트가 연결된 구조
- 버스형(Bus) : 공유 버스에 연결된 구조

86 SNMP는 네트워크 장비를 관리 및 감시하기 위한 목적으로 UDP상에 정의된 프로토콜이다.

87 키워드 웨어러블, 몸(Body)에 심는, 무선(Wireless) → 용어 WBAN(Wireless Body Area Network, 무선 인체 통신망)
- WPAN(Wireless Personal Area Network, 단거리 무선망) : 10m 이내의 거리에서 무선 서비스를 제공하기 위한 무선 개인통신망
- SON(Self-Organizing Network, 자동 구성 네트워크) : 주변 상황에 자동적으로 적응하여 스스로 망을 구성하는 네트워크
- USN(Ubiquitous Sensor Network, U-센서 네트워크) : 각종 센서에서 감지한 정보를 무선으로 수집할 수 있도록 구성한 네트워크

88 공개키 암호화 기법은 공개키를 이용하여 암호화하고 개인키(비밀키)를 이용하여 복호화할 수 있다.

89 키워드 모든 경우의 수를 다 대입 → 용어 무작위 대입 공격(Brute Force Attack, 브루트 포스 공격)
- 랜섬웨어(Ransomware) : 인터넷 사용자의 컴퓨터에 잠입해 내부 문서나 스프레드시트, 그림 파일 등을 암호화해 열지 못하도록 만든 후 돈을 보내주면 해독용 열쇠 프로그램을 전송해 준다며 금품을 요구하는 악성 프로그램
- SQL 주입 공격(SQL Injection, SQL 인젝션) : 검증되지 않은 외부 입력값이 SQL문 생성에 사용되어 악의적인 쿼리가 실행될 수 있는 보안 약점
- 웜 바이러스(Worm Virus) : 스스로를 복제하는 악성 소프트웨어 컴퓨터 프로그램

90 키워드 C언어가 생기면서부터 존재(%s, %x), 데이터의 형태 → 용어 포맷 스트링(Format String)
- 이메일 인젝션(Email Injection) : 이메일을 보낼 때 받는 사람 목록을 추가하거나 본문에 완전히 다른 메시지를 부정하게 추가할 수 있는 보안 약점
- 코드 인젝션(Code Injection) : 유효하지 않은 데이터를 실행함으로써 악의적인 결과를 초래하는 보안 약점
- 루트킷(Rootkit) : 시스템 침입 후 침입 사실을 숨긴 채 차후의 침입을 위한 백도어, 트로이목마 설치, 그리고 원격 접근. 내부사용 흔적 삭제, 관리자 권한 획득 등 주로 불법적인 해킹에 사용되는 기능들을 제공하는 프로그램들의 모음

91 재사용 부품의 크기가 작을수록 재사용률이 높다.

92 키워드 가상 서버, 가상 PC, 컴퓨팅 자원, 클라우드 서비스 → 용어 IaaS(Infrastructure as a Service, 서비스형 통합)
- PIMS(Personal Information Management System, 개인정보 관리 시스템) : 현대인의 사회생활과 개인 생활에서 발생하는 각종 정보를 효율적으로 관리해 주는 종합 시스템
- SaaS(Software as a Service, 서비스형 소프트웨어) : 사용자가 필요로 하는 소프트웨어를 인터넷상에서 이용하는 클라우드 서비스
- ISMS(Information Security Management System, 정보보호 관리 체계) : 정보 자산의 비밀을 유지하고 결함이 없게 하며, 언제든 사용할 수 있게 한 보호 절차와 과정

93 SCADA(Supervisory Control And Data Acquisition, 스카다)는 산업 공정/기반 시설/설비를 바탕으로 한 작업공정을 감시하고 제어하는 컴퓨터 시스템을 의미한다.
- 스마트카드(Smart Card) : 개인 식별, 인증, 자료 저장 등에 사용되는 카드
- SSO(Single Sign-On, 싱글 사인 온) : 하나의 시스템에서 인증에 성공하면 다른 시스템에 대한 접근 권한도 얻는 시스템
- OTP(One-Time Password, 일회용 패스워드) : 로그인할 때마다 그 세션에서만 사용할 수 있는 일회성 패스워드를 생성하는 보안 시스템

94 나선형 모델(Spiral Model) 처리 절차
: 계획 수립 → 위험 분석 → 개발과 검증 → 고객 평가

95 ④는 RFID(Radio Frequency IDentification, 전자 태그)에 대한 설명이다.
- GIS(Geographic information System, 지리 정보 시스템) : 지도에 관한 속성 정보를 컴퓨터를 이용해서 해석하는 시스템

96 [키워드] 비밀 정보, 이미지/음악/동영상 파일 등에 숨겨서 → [용어] 스테가노그래피(Steganography)
- 워터마킹(Watermarking, Digital Watermarking) : 디지털 이미지, 오디오, 비디오 등 디지털 형식으로 되어 있는 지적 재산의 저작권 보호를 위해 저작권자 또는 판매자의 정보를 인간의 의식 체계 또는 감지 능력으로는 검출할 수 없는 방식으로 콘텐츠에 숨겨 놓는 기술
- 스파이웨어(Spyware) : 사용자의 동의 없이 또는 사용자를 속여 설치되어 마케팅용 정보를 수집하거나 중요한 개인정보를 빼가는 악의적 프로그램
- 하트블리드(Heartbleed) : 인터넷에서 각종 정보를 암호화하는 데 쓰이는 OpenSSL에서 발견된 결함

97 스토리지 장치 유형 : DAS(Direct Attached Storage), NAS(Network Attached Storage), SAN(Storage Area Network)
[TIP] 스토리지 종류는 "DNS"로 기억하세요.

98 ㄱ. DMZ는 내부 네트워크에 포함되어 있으나, 외부에서 접근할 수 있는 구간을 지칭하는 개념이다.
ㄷ. 내부 사용자가 DMZ에 접속하기 위해서는 내부 방화벽을 거쳐야 한다.

99 [키워드] 블루투스 취약점 이용, 임의 파일에 접근 → [용어] 블루스나프(BlueSnarf)
- 블루재킹(BlueJacking) : 블루투스 지원 장치들에게 스팸처럼 자발적인 메시지를 익명으로 퍼트리는 것
- 세션 하이재킹(Session Hijacking, 세션 가로채기) : 다른 사람의 세션 상태를 훔치거나 도용하여 액세스하는 해킹 기법
- 글로나스(Glonass) : 소비에트 연방이 개발했고 현재는 러시아 우주군이 운영하는 러시아의 전파 위성 항법 시스템

100 N-S Chart(Nassi-Shneiderman Chart)는 제어 이동이 어려우며, 전문성이 있어야 그릴 수 있다.

[1과목 : 소프트웨어 설계]

01 자료사전(Data Dictionary)에 사용되는 기호의 의미를 올바르게 나타낸 것으로 짝지어진 것은?

① { } : 자료의 생략 가능, ( ) : 자료의 선택

② ( ) : 자료의 설명, ** : 자료의 선택

③ = : 자료의 설명, ** : 자료의 정의

④ + : 자료의 연결, ( ) : 자료의 생략 가능

02 럼바우의 객체지향 분석 모델링(Modeling)에 해당하지 않는 것은?

① Relational Modeling

② Object Modeling

③ Functional Modeling

④ Dynamic Modeling

03 애자일(Agile) 프로세스 모델에 해당하지 않는 것은?

① 스크럼(Scrum)　② 크리스탈(Crystal)

③ 특징 주도 개발(FDD)　④ 스파이스(SPICE)

04 다음 설명에 해당하는 객체지향 기법의 특징은?

- 일반화된 객체를 이용해서 특정 객체가 가진 특성을 이용할 수 있다.
- 일반화된 객체는 어떤 특정 객체를 지칭할 수 있기 때문에 같은 동작을 하지만 다른 성질을 가질 수 있다.
- 동일한 이름으로 지시된 오퍼레이션이 개개의 객체에 의하여 여러 모양을 가질 수 있다.

① 추상화　② 캡슐화

③ 다형성　④ 상속성

05 코드 설계의 요구사항으로 틀린 것은?

① 코드의 자릿수는 되도록 짧고 간결해야 한다.

② 코드와 데이터는 1:N의 대응관계가 있는 것처럼 다양성을 가져야 한다.

③ 쉽게 그룹의 형태로 나눌 수 있거나 분류가 쉬워야 한다.

④ 일관성이 있어야 한다.

06 공통 모듈의 명세 작성원칙으로 가장 거리가 먼 것은?

① 정확성　② 원칙성

③ 일관성　④ 완전성

07 소프트웨어 재공학 활동 중 소프트웨어 기능을 변경하지 않으면서 소프트웨어를 형태에 맞게 수정하는 활동으로서 상대적으로 같은 추상적 수준에서 하나의 표현을 다른 표현 형태로 바꾸는 것은?

① 분석

② 역공학

③ 이식

④ 재구성

08 객체지향 시스템의 특성이 아닌 것은?

① 캡슐화(Encapsulation)

② 재귀용법(Recursion)

③ 상속성(Inheritance)

④ 다형성(Polymorphism)

09 온라인 업무에서 트랜잭션을 처리, 감시하는 미들웨어이고, 사용자 수가 증가하여도 빠른 응답 속도를 유지해야 하는 업무에 적합한 미들웨어는?

① ORB(Object Request Broker)

② WAS(Web Application Server)

③ TP-모니터(TP-monitor)

④ RPC(Remote Procedure Call)

10 소프트웨어 자동화 도구인 CASE에 대한 설명으로 부적절한 것은?

① 차세대 CASE 도구는 통합화, 지능화로 정의될 수 있다.

② 설계지식이 없을 때 CASE를 사용하면 효과적이다.

③ CASE 정보저장소에는 데이터, 프로세스, 다이어그램, 규칙 등에 관한 정보가 저장된다.

④ CASE 시스템은 다이어그램 도구, 설계분석기, 코드 생성기, 정보저장소, 프로젝트관리 도구, 재공학 도구, 프로토타이핑 도구 등으로 구성된다.

11 코드화 대상의 명칭이나 약호를 코드의 일부에 넣어서 대상을 외우기 쉽도록 하는 코드는?

① Group classification code

② Block code

③ Decimal code

④ Mnemonic code

12 텍스트 터미널을 통해 사용자와 컴퓨터가 상호작용을 하는 UI 종류는 무엇인가?

① CLI   ② OUI

③ NUI   ④ VUI

13 클래스 다이어그램의 관계(Relationship) 중 전체 객체의 라이프타임과 부분 객체의 라이프 타임이 의존적이며, 클래스들 사이의 전체(Whole) 또는 부분(Part) 같은 관계를 나타내는 것은?

① 포함 관계   ② 연관 관계

③ 실체화 관계   ④ 일반화 관계

14 익스트림 프로그래밍(eXtreme Programming: XP)에 대한 설명으로 옳지 않은 것은?

① 요구사항은 스토리 카드에 기록되고, 릴리스 (Release)마다 스토리의 상대적 우선순위가 결정된다.

② 기능이 구현되기 이전에 그 기능을 시험하기 위해 자동화된 단위시험 프레임워크를 이용한다.

③ 현재의 요구사항과 미래의 요구사항을 충족할 수 있도록 충분한 설계를 한다.

④ 모든 개발자들이 전체 코드에 대한 공동 책임을 가지며, 개발자 누구든지 어떤 코드라도 변경할 수 있다.

15 다음 설명에 해당하는 것은?

> • 데이터 구조와 데이터의 조작을 하나로 묶어 객체의 내부를 감춘다.
> • 객체의 사용자에게 상세한 구현을 감추고 필요한 사항만 보이게 한다.

① Class   ② Inheritance

③ Encapsulation   ④ Object

16 다음 그림과 같이 서브시스템 사이의 의사소통 및 종속성을 최소화하기 위하여 단순화된 하나의 인터페이스를 제공하는 디자인 패턴은?

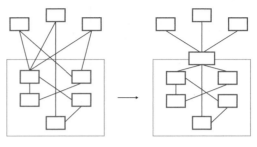

① Adapter 패턴   ② Bridge 패턴

③ Decorator 패턴   ④ Facade 패턴

17 다음 UML 다이어그램 중 시스템의 구조(Structure)보다는 주로 동작(Behavior)을 묘사하는 다이어그램들만 고른 것은?

> ㄱ. 클래스 다이어그램(Class diagram)
> ㄴ. 상태 다이어그램(State diagram)
> ㄷ. 시퀀스 다이어그램(Sequence diagram)
> ㄹ. 패키지 다이어그램(Package diagram)
> ㅁ. 배치 다이어그램(Deployment diagram)

① ㄱ, ㄹ   ② ㄴ, ㄷ

③ ㄴ, ㅁ   ④ ㄷ, ㄹ

18 코드의 기능으로 가장 옳지 않은 것은?

① 자료를 정정할 수 있도록 한다.

② 자료의 구별을 용이하게 한다.

③ 표현 방법을 단순화시킨다.

④ 정렬, 분류, 갱신 등의 작업을 용이하게 한다.

19 비기능적 요구사항에 해당하는 것은?

① 항공편, 탑승객, 예약을 입력하는 방법을 결정해야 한다.

② 여행사와 고객이 데이터베이스에 접근할 때 어떤 정보를 얻을 수 있는지 결정해야 한다.

③ 자주 탑승하는 고객을 서비스하기 위해 시스템을 확장할 수 있도록 설계해야 한다.

④ 요금 계산 방법을 결정해야 한다.

20 다음과 같은 특징을 가진 객체지향 개발방법을 제안한 사람은?

> • 전체 시스템의 가시화와 실시간 처리(Real time)에 유용
> • 설계를 위한 문서화 기법을 강조함
> • 분석단계와 구현 세부사항에 취약함
> • DFD를 사용하여 객체를 분해함

① Coad/Yourdon ② Rumbaugh
③ Booch ④ Jacobson

[2과목 : 소프트웨어 개발]

21 버킷(Bucket)과 가장 관련이 깊은 것은?

① SAM ② ISAM
③ B-Tree ④ Hashing

22 블랙박스 테스트로 발견하기 어려운 오류는?

① 인터페이스 오류
② 행위나 성능 오류
③ 잘못되거나 누락된 기능
④ 모듈 내의 논리 구조상의 오류

23 택시 정거장에서 줄을 서서 순서대로 택시를 타는 것과 유사한 자료 구조는?

① 스택 ② 큐
③ 트리 ④ 그래프

24 다음 자료를 버블정렬을 이용하여 오름차순으로 정렬할 경우 PASS 2의 결과는?

> 9, 6, 7, 3, 5

① 3, 5, 6, 7, 9 ② 6, 7, 3, 5, 9
③ 3, 5, 9, 6, 7 ④ 6, 3, 5, 7, 9

25 기존에 있던 소프트웨어를 파기하지 않고 변경된 사용자의 요구사항이나 수정된 환경으로 기존 소프트웨어를 수정 보완하여 재구축하자는 개념은?

① 소프트웨어 재공학(Reenineering)
② 소프트웨어 재판매(Resale)
③ 소프트웨어 재정의(Redefine)
④ 소프트웨어 재조정(Readjust)

26 소프트웨어의 품질 특성을 결정짓는 요소가 아닌 것은?

① 효율성 ② 재사용성
③ 무결성 ④ 중복성

27 화이트박스 테스트 기법으로만 짝지어진 것은?

> ㄱ. Equivalence Partitioning Test
> ㄴ. Comparison Test
> ㄷ. Basic Path Test
> ㄹ. Condition Test
> ㅁ. Data Flow Test
> ㅂ. Cause-Effect Graphing Test
> ㅅ. Loop Test

① ㄱ, ㄴ, ㅅ ② ㄴ, ㄷ, ㄹ, ㅂ, ㅅ
③ ㄱ, ㄴ, ㅂ ④ ㄷ, ㄹ, ㅁ, ㅅ

28 다음 중 패키징 도구(DRM) 구성요소가 아닌 것은?

① 암호화 파일 생성 ② 솔루션 정의
③ 저작권 표현 ④ 정책 관리

29 다음 설명에 해당하는 것은?

> • 소프트웨어 품질을 평가하기 위한 국제 표준이다.
> • 소프트웨어 제품 품질 관련 모델들을 통합하기 위한 모델로 제시되었다.
> • 품질 관리, 품질 모델, 품질 측정, 품질 요구사항, 품질 평가 부문 등으로 구성된다.

① ISO 12207 ② ISO 9126
③ ISO 25000 ④ ISO 14598

30 해싱 함수의 값을 구한 결과 키 k1, k2와 같은 값을 가질 때, 이들 k1, k2의 집합을 무엇이라 하는가?

① Mapping
② Folding
③ Chaining
④ Synonym

31 자료구조에 관한 설명 중 옳지 않은 것은?

① 스택은 LIFO 구조로 복귀 주소(Return address) 등에 이용된다.
② 큐는 FIFO 구조로 작업 스케줄링 등에 이용된다.
③ 트리는 선형 구조이다.
④ 데크(Deque)는 서로 다른 방향에서 입·출력이 가능한 구조이다.

32 소프트웨어 버전 관리 도구 유형 중 클라이언트/서버 방식에 대한 설명으로 가장 적절한 것은?

① 담당자 한 명이 매일 공유 폴더의 파일을 자기 PC로 복사하고 컴파일하여 에러 확인과 정상 동작 여부를 확인한다.
② 중앙에 버전 관리 시스템이 항시 동작한다.
③ 로컬 저장소와 원격 저장소로 구성된다.
④ 정상 동작일 경우 다음날 각 개발자가 동작 여부를 다시 확인한다.

33 테스트에 대한 설명으로 틀린 것은?

① 단위 테스트는 주로 구조 기반 테스트를 수행한다.
② 빅뱅 테스트는 전체 시스템을 한꺼번에 묶어 시험하는 방법이다.
③ 인수 테스트에서 알파 검사는 실업무를 가지고 사용자가 직접 시험하는 검사 방식이다.
④ 시스템 테스트에서 기능적 요구사항은 블랙박스 테스트를 수행하고, 비기능적 요구사항은 화이트박스 테스트를 수행한다.

34 아래 그림에서 트리의 차수(Degree)를 구하면?

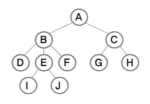

① 2
② 3
③ 4
④ 5

35 제어흐름 그래프가 다음과 같을 때 McCabe의 Cyclomatic 수는 얼마인가?

① 3
② 4
③ 5
④ 6

36 다음에서 설명하는 클린 코드 작성 원칙은?

> • 다른 모듈에 미치는 영향도를 최소화한다.
> • 코드의 변경이 다른 부분에 영향이 없게 작성한다.

① 가독성
② 중복성
③ 추상화
④ 의존성

37 다음을 위해 적합한 작업은 무엇인가?

> 소프트웨어의 설계를 개선하고, 소프트웨어에 대한 이해를 증진하며, 개발 속도를 높이기 위해 필드를 한 클래스에서 다른 클래스로 옮기거나 메소드의 특징 코드를 추출하여 다른 메소드로 만드는 등 코드를 더 구조화시킨다. 단, 외부 동작은 바뀌지 않으면서 내부 구조만 개선되어야 한다.

① Re-Use
② Refactoring
③ Reverse-Engineering
④ Re-Engineering

38 빈칸에 들어갈 내용을 순서대로 바르게 나열한 것은?

> 하나의 모듈을 테스트할 때 상위나 하위 모듈이 개발이 안 된 경우가 있다. 상위나 하위 모듈이 개발될 때까지 기다릴 수 없어 가상의 상위나 하위 모듈을 만들어 사용한다. 상위 모듈 역할을 하는 가상의 모듈을 (   )(이)라 하고 그 역할은 테스트할 모듈을 호출하는 것이다. 반대로 하위 역할을 하는 모듈을 (   )(이)라 하고 인자를 통해 받은 값을 가지고 수행한 후 그 결과를 테스트할 모듈에 넘겨주는 역할을 한다.

① 알파(Alpha), 베타(Beta)
② 베타(Beta), 알파(Alpha)
③ 스텁(Stub), 드라이버(Driver)
④ 드라이버(Driver), 스텁(Stub)

39 소프트웨어 형상 관리(Software Configuration Management)의 설명으로 가장 적합한 것은?

① 소프트웨어 개발과정을 문서화하는 것이다.
② 하나의 작업 산출물을 정해진 시간 내에 작성하도록 하는 관리이다.
③ 수행결과의 완전성을 점검하고 프로젝트의 성과 평가척도를 준비하는 작업이다.
④ 소프트웨어의 생산물을 확인하고 소프트웨어 통제, 변경 상태를 기록하고 보관하는 일련의 관리 작업이다.

40 인터페이스 구현 검증 도구 중 Naver 테스트 자동화 프레임워크이며, STAF와 FitNesse를 통합한 것은?

① Selenium   ② NTAF
③ watir   ④ xUnit

[3과목 : 데이터베이스 구축]

41 데이터의 중복으로 인하여 관계 연산을 처리할 때 곤란한 현상이 발생하는 것을 무엇이라고 하는가?

① 이상(Anomaly)
② 제한(Restriction)
③ 종속성(Dependency)
④ 변환(Translation)

42 시스템 카탈로그에 대한 설명으로 옳지 않은 것은?

① 시스템 자신이 필요로 하는 여러 가지 개체에 대한 정보를 포함한 시스템 데이터베이스이다.
② 개체들로서는 기본 테이블, 뷰, 인덱스, 데이터베이스, 패키지, 접근 권한 등이 있다.
③ 카탈로그 자체도 시스템 테이블로 구성되어 있어 일반 이용자도 SQL을 이용하여 내용을 검색해 볼 수 있다.
④ 모든 데이터베이스 시스템에서 요구하는 정보는 동일하므로, 데이터베이스 시스템의 종류에 관계 없이 동일한 구조로 필요한 정보를 제공한다.

43 병행제어(Concurrency Control) 기법의 종류가 아닌 것은?

① 로킹 기법   ② 낙관적 기법
③ 타임스탬프 기법   ④ 시분할 기법

44 제2정규형에서 제3정규형이 되기 위한 조건은?

① 부분 함수 종속 제거
② 이행 함수 종속 제거
③ 원자 값이 아닌 도메인을 분해
④ 결정자가 후보키가 아닌 함수 종속 제거

45 릴레이션 R에는 10개의 튜플이 있고, 다른 릴레이션 S에는 5개의 튜플이 있을 때, 두 개의 릴레이션 R과 S의 교차 곱(Cartesian product) 연산을 수행한 후의 튜플의 수는?

① 15개   ② 50개
③ 10개   ④ 2개

46 다음 릴레이션 R1과 R2에 대해 아래의 SQL문을 실행한 결과는?

R1

A	B	C
1	a	x
2	b	x
1	c	y

R2

C	D	E
x	k	3
y	x	3
z	1	2

```
select B from R1 where C = (select C from R2
where D = 'k');
```

① a

② b

③ a b c

④ a b

47 테이블에서 특정 속성에 해당하는 열을 선택하는 데 사용되며, 결과로는 릴레이션의 수직적 부분 집합에 해당하는 관계 대수 연산자는?

① Project 연산자

② Join 연산자

③ Division 연산자

④ Select 연산자

48 다음과 같은 일련의 권한 부여 SQL 명령에 대한 설명 중 부적합한 것은?

> • DBA : GRANT SELECT ON STUDENT TO U1 WITH GRANT OPTION;
> • U1 : GRANT SELECT ON STUDENT TO U2;
> • DBA : REVOKE SELECT ON STUDENT FROM U1 CASCADE;

① U1은 STUDENT에 대한 검색 권한이 없다.

② DBA는 STUDENT에 대한 검색 권한이 있다.

③ U2는 STUDENT에 대한 검색 권한이 있다.

④ U2는 STUDENT에 대한 검색 권한을 다른 사용자에게 부여할 수 없다.

49 다음 중 SQL 정의어에 포함되지 않는 명령어는?

① CREATE

② SELECT

③ ALTER

④ DROP

50 데이터베이스에서 뷰(View)의 특징으로 옳지 않은 것은?

① 뷰는 기본 테이블에서 유도되는 가상 테이블로서 물리적으로 존재하지 않는다.

② 필요한 데이터만을 뷰로 정의해서 처리할 수 있기 때문에 관리가 용이하다.

③ 뷰를 통해서 데이터에 접근이 가능하기 때문에 데이터를 안전하게 보호할 수 있다.

④ 뷰를 정의하기 위해서 CREATE문을 사용하고, 뷰를 제거하기 위해서 DELETE문을 사용한다.

51 트랜잭션에 대한 설명 중 다음에 해당하는 특성은?

> • 완전하게 수행 완료되지 않으면 전혀 수행되지 않아야 한다.
> • 트랜잭션은 일부만 수행된 상태로 종료되어서는 안 된다.
> • 트랜잭션 A가 수행되는 동안 다른 트랜잭션 B는 트랜잭션 A가 지금까지 수행한 중간 결과를 참조할 수 없다.

① 원자성(Atomicity)

② 일관성(Consistency)

③ 분리성(Isolation)

④ 지속성(Durability)

52 관계 데이터 모델에 관한 용어 설명으로 옳지 않은 것은?

① 애트리뷰트(Attribute)란 테이블에서 열(Column)을 의미한다.

② 카디널리티(Cardinality)란 릴레이션에 포함되어 있는 애트리뷰트의 수를 의미한다.

③ 도메인(Domain)이란 애트리뷰트가 취할 수 있는 같은 타입의 모든 원자 값들의 집합을 의미한다.

④ 튜플(Tuple)이란 테이블에서 하나의 레코드를 나타내는 행(Row)을 의미한다.

53 관계형 데이터베이스 설계에서의 정규화에 대한 설명으로 옳지 않은 것은?

① 질의처리 성능 향상을 위해 비효율적인 릴레이션들을 병합하는 과정이다.

② 데이터 중복을 감소시켜 저장 공간의 효율성을 향상시킨다.

③ 삽입, 삭제, 수정 시 발생할 수 있는 이상(Anomaly) 현상을 제거한다.

④ 정규형에는 1NF, 2NF, 3NF, BCNF, 4NF, 5NF 등이 있다.

54 다음 릴레이션의 차수(Degree)는?

학번	이름	학년	학과
100	강감찬	3	전기
200	홍길동	4	전자
300	이순신	5	전산

① 2

② 3

③ 4

④ 9

55 순수관계연산자에서 릴레이션의 일부 속성만 추출하여 중복되는 튜플은 제거한 후 새로운 릴레이션을 생성하는 연산자는?

① REMOVE′
② PROJECT
③ DIVISION
④ JOIN

56 기본 테이블 R을 이용하여 뷰 V1을 정의하고, 뷰 V1을 이용하여 다시 뷰 V2가 정의되었다. 그리고 기본 테이블 R과 뷰 V2를 조인하여 뷰 V3를 정의하였다. 이때 다음과 같은 SQL 문이 실행되면 어떤 결과가 발생하는지 올바르게 설명한 것은?

> DROP VIEW V1 RESTRICT;

① V1만 삭제된다.
② R, V1, V2, V3 모두 삭제된다.
③ V1, V2, V3만 삭제된다.
④ 하나도 삭제되지 않는다.

57 다음 질의에 대한 SQL 문은?

> 프로젝트번호(PNO) 1, 2, 3에서 일하는 사원의
> 주민등록번호(JUNO)를 검색하라.
> (단, 사원 테이블(WORKS)은 프로젝트번호
> (PNO), 주민등록번호(JUNO) 필드로 구성된다.)

① SELECT WORKS FROM JUNO WHERE PNO IN 1, 2, 3;
② SELECT WORKS FROM JUNO WHERE PNO ON 1, 2, 3;
③ SELECT JUNO FROM WORKS WHERE PNO IN (1, 2, 3);
④ SELECT JUNO FROM WORKS WHERE PNO ON (1, 2, 3);

58 데이터베이스 스키마의 설명으로 옳지 않은 것은?

① 스키마는 데이터베이스의 구조와 제약조건에 관한 전반적인 명세를 기술한다.
② 외부 스키마는 응용 프로그래머가 데이터베이스를 바라보는 관점이다.
③ 개념 스키마는 조직이나 기관의 총괄적 입장에서 본 데이터베이스의 전체적인 논리적 구조이다.
④ 하나의 데이터베이스 시스템에는 내부, 외부, 개념 스키마가 각각 하나씩만 존재한다.

59 데이터베이스 설계 시 논리적 설계 단계에 대한 설명으로 옳지 않은 것은?

① 사용자의 요구에 대한 트랜잭션을 모델링한다.
② 트랜잭션 인터페이스를 설계한다.
③ 관계형 데이터베이스에서는 테이블을 설계하는 단계이다.
④ DBMS에 맞는 논리적 스키마를 설계한다.

60 데이터베이스의 구성 요소 중 개체(Entity)에 대한 설명으로 적합하지 않은 것은?

① 속성들이 가질 수 있는 모든 값들의 집합이다.
② 데이터베이스에 표현하려고 하는 현실 세계의 대상체이다.
③ 유형, 무형의 정보로서 서로 연관된 몇 개의 속성으로 구성된다.
④ 파일의 레코드에 대응하는 것으로 어떤 정보를 제공하는 역할을 수행한다.

[4과목 : 프로그래밍 언어 활용]

61 한 개의 프레임을 전송하고, 수신측으로부터 ACK 및 NAK 신호를 수신할 때까지 정보 전송을 중지하고 기다리는 ARQ(Automatic repeat request) 방식은?

① CRC 방식
② Go-back-N 방식
③ Stop-and-wait 방식
④ Adaptive 방식

62 RR(Round-Robin) 스케줄링에 대한 설명으로 옳지 않은 것은?

① 선점(preemptive) 방식이다.
② 시간 할당량(time quantum)이 커지면 FCFS 스케줄링과 같은 효과를 얻는다.
③ 시간 할당량이 작아지면 프로세스 문맥 교환(Context switch)이 자주 일어난다.
④ 작업이 끝나기까지의 실행시간 추정치가 가장 작은 작업을 먼저 실행시키는 기법이다.

63 다음 C 프로그램의 결과 값은?

```
int main()
    int i = 10000;
    int *p, *q;
    p = &i;
    q = &i;
    *p = *p + 1;
    *q = *q + 1;
    printf("%d", i);
}
```

① 10000 ② 10001
③ 10002 ④ 10003

64 결합도(Coupling)가 강한 순서대로 옳게 나열된 것은?

① 내용 결합도 〉 공통 결합도 〉 제어 결합도 〉 스탬프 결합도 〉 데이터 결합도
② 공통 결합도 〉 내용 결합도 〉 제어 결합도 〉 데이터 결합도 〉 스탬프 결합도
③ 데이터 결합도 〉 내용 결합도 〉 제어 결합도 〉 공통 결합도 〉 스탬프 결합도
④ 공통 결합도 〉 내용 결합도 〉 제어 결합도 〉 스탬프 결합도 〉 데이터 결합도

65 다음과 같이 트랙이 요청되어 큐에 순서적으로 도착하였다. 모든 트랙을 서비스하기 위하여 디스크 스케줄링 기법 중 FCFS 스케줄링 기법이 사용되었을 경우, 트랙 35는 요청된 트랙 중 몇 번째에 서비스를 받게 되는가? (단, 현재 헤드의 위치는 트랙 50이다.)

큐에 도착한 요청 트랙의 순서: 10, 40, 50, 35

① 1번째 ② 2번째
③ 3번째 ④ 4번째

66 컴퓨터 통신에서 컴퓨터 상호 간 또는 컴퓨터와 단말기 간에 데이터를 송·수신하기 위한 통신 규약은?

① 프로토콜(Protocol)
② 채널 액세스(Channel access)
③ 네트워크 토폴로지(Network topology)
④ 터미널 인터페이스(Terminal interface)

67 유닉스 시스템에서 사용자가 새로운 프로세스를 생성하기 위하여 부모 프로세스를 복제하는 시스템 호출방법은?

① getpid() ② ps()
③ fork() ④ exec()

68 운영체제의 디스크 스케줄링에 대한 설명으로 옳지 않은 것은?

① FCFS 스케줄링은 공평성이 유지되며 스케줄링 방법 중 가장 성능이 좋은 기법이다.
② SSTF 스케줄링은 디스크 요청들을 처리하기 위해서 현재 헤드 위치에서 가장 가까운 요청을 우선적으로 처리하는 기법이다.
③ C-SCAN 스케줄링은 양쪽 방향으로 요청을 처리하는 SCAN 스케줄링 기법과 달리 한쪽 방향으로 헤드를 이동해 갈 때만 요청을 처리하는 기법이다.
④ 섹터 큐잉(Sector queuing)은 고정 헤드 장치에 사용되는 기법으로 디스크 회전 지연 시간을 고려한 기법이다.

69 실행되어야 할 작업의 크기가 커서 사용자 기억 공간에 수용될 수 없을 때, 작업의 모든 부분들이 동시에 주기억 장소에 상주해 있을 필요가 없다. 이때 작업을 분할하여 필요한 부분만 교체하는 방법을 무엇이라 하는가?

① 스와핑(Swapping)
② 압축(Compaction)
③ 재배치(Relocation)
④ 오버레이(Overlay)

70 모듈의 구성 요소가 하나의 활동으로부터 나온 출력 자료를 그 다음 활동의 입력 자료로 사용하는 같은 모듈 내에서의 응집의 정도를 나타내는 것은?

① 절차적(Procedural) 응집도
② 논리적(Logical) 응집도
③ 기능적(Functional) 응집도
④ 순차적(Sequential) 응집도

71 한 프로세스가 공유 메모리 혹은 공유 파일을 사용하고 있을 때 다른 프로세스들이 사용하지 못하도록 배제시키는 제어 기법을 무엇이라고 하는가?

① Deadlock
② Mutual Exclusion
③ Interrupt
④ Critical Section

72 203.230.15.0과 같은 IPv4의 C 클래스 네트워크를 30개의 서브넷으로 나누고, 각각의 서브넷에는 5개의 호스트를 연결하려고 한다. 30개의 서브넷 대부분에서 사용되는 서브넷 마스크는?

① 255.255.255.224
② 255.255.255.240
③ 255.255.255.248
④ 255.255.255.252

73 자원이 할당되기를 오랜 시간 동안 기다린 프로세스에 대하여 기다린 시간에 비례하는 높은 우선순위를 부여하여 가까운 시간 안에 자원이 할당되도록 하는 기법은?

① 에이징(Aging)
② 페이징(Paging)
③ 스래싱(Thrashing)
④ 세그먼테이션(Segmentation)

74 JAVA의 접근 제한자에 대한 설명으로 옳지 않은 것은?

① default는 어떠한 클래스에서도 접근이 불가하다.
② protected는 동일 패키지 내의 클래스와 다른 패키지의 상속 관계에 있는 클래스에서도 접근이 가능하다.
③ private는 자신을 포함한 클래스에서만 접근이 가능하다.
④ public은 모든 영역의 접근이 가능하다.

75 유닉스 계열의 시스템에서 핵심부분인 커널(Kernel)에 대한 설명으로 옳지 않은 것은?

① 유닉스 시스템의 구성은 커널(Kernel), 쉘(Shell), 파일 시스템(File System)으로 구성되며, 커널은 프로세스 관리, 메모리 관리, 입출력 관리를 수행한다.
② 커널(Kernel)은 데몬(Daemon) 프로세스를 실행하고 관리한다.
③ 유닉스 계열의 시스템이 부팅될 때 가장 먼저 읽혀지는 핵심 부분으로 보조기억장치에 상주한다.
④ 커널(Kernel)은 쉘(Shell)과 상호 연관되며 작업을 수행한다.

76 교착상태(DEAD LOCK) 발생의 필요조건이 아닌 것은?

① MUTUAL EXCLUSION
② PREEMPTION
③ CIRCULAR WAIT
④ HOLD & WAIT

77 IPv6에 대한 설명으로 틀린 것은?

① 더 많은 IP 주소를 지원할 수 있도록 주소의 크기는 64비트이다.
② 프로토콜의 확장을 허용하도록 설계되었다.
③ 확장 헤더로 이동성을 지원하고, 보안 및 서비스 품질 기능 등이 개선되었다.
④ 유니캐스트, 멀티캐스트, 애니캐스트를 지원한다.

78 OSI 7계층 중 Data link 계층의 프로토콜과 관련이 없는 것은?

① IP
② HDLC
③ LLC
④ PPP

79 기억장치 관리 기법에서 구역성에 관한 설명으로 옳지 않은 것은?

① 프로세서들이 기억장치 내의 정보를 균일하게 액세스하는 것이 아니라 일부 페이지만 집중적으로 참조한다.
② 시간 구역성의 예로 부프로그램, 배열, 스택 등이 있다.
③ 기억장치에서 구역성을 채택함으로써 프로그램의 효율을 높일 수 있다.
④ Working set 이론은 구역성의 근거이다.

80 다음 JAVA 프로그램의 결과 값은?

```
int a = 10, b = 5;
int sum = a + b;
System.out.print(a + " ");
System.out.println(b);
System.out.print(sum);
```

① 10 5 15
② 10 5 0
③ 10 5
15
④ 10 5
0

[5과목 : 정보시스템 구축관리]

81 다음은 무엇에 대한 설명인가?

침입 차단 시스템, 가상 사설망 등 다양한 보안 솔루션 기능을 하나로 통합한 보안 솔루션이다. 다양한 보안 솔루션을 하나로 묶어 비용을 절감하고 관리의 복잡성을 최소화하며, 복합적인 위협 요소를 효율적으로 방어할 수 있다.

① UTM
② TMS
③ NAC
④ DLP

82 생체 인증 기법에 대한 설명으로 옳지 않은 것은?

① 정적인 신체적 특성 또는 동적인 행위적 특성을 이용할 수 있다.
② 인증 정보를 망각하거나 분실할 우려가 거의 없다.
③ 지식 기반이나 소유 기반의 인증 기법에 비해 일반적으로 인식 오류 발생 가능성이 매우 낮다.
④ 인증 시스템 구축 비용이 비교적 많이 든다.

83 피싱(Phishing)에 대한 설명으로 옳지 않은 것은?

① Private Data와 Fishing의 합성어로서 유명 기관을 사칭하거나 개인 정보 및 금융 정보를 불법적으로 수집하여 금전적인 이익을 노리는 사기 수법이다.
② QR 코드를 통해 악성 링크로 접속을 유도하거나 직접 악성코드를 심는 수법이다.
③ 일반적으로 이메일을 사용하여 이루어지는 수법이다.
④ 방문한 사이트를 진짜 사이트로 착각하게 하여 아이디와 패스워드 등의 개인정보를 노출하게 하는 수법이다.

84 소프트웨어 생명 주기 모형 중 Boehm이 제시한 고전적 생명 주기 모형으로 선형 순차적 모델이라고도 하며, 타당성 검토, 계획, 요구사항 분석, 설계, 구현, 테스트, 유지보수의 단계를 통해 소프트웨어를 개발하는 모형은?

① 폭포수 모형
② 프로토타입 모형
③ 나선형 모형
④ RAD 모형

85 다음 설명에 해당하는 네트워크 장비가 바르게 연결된 것은?

(가) 두 개 이상의 LAN을 하나로 연결하는 장치
(나) 여러 대의 컴퓨터를 손쉽게 연결할 수 있도록 여러 개의 입력과 출력 포트를 가지고 있으며, 한 포트에서 수신된 신호를 다른 모든 포트로 재전송하는 장치
(다) 이종 통신망 간에도 프로토콜을 변환하여 정보를 주고받을 수 있는 장치
(라) 패킷의 수신 주소를 토대로 경로를 정해서 패킷을 전송함으로써 둘 이상의 네트워크를 연결하는 장치

	(가)	(나)	(다)	(라)
①	브리지	허브	라우터	게이트웨이
②	브리지	허브	게이트웨이	라우터
③	허브	브리지	게이트웨이	라우터
④	허브	브리지	라우터	게이트웨이

86 허니팟(Honeypot)에 대한 설명으로 옳지 않은 것은?

① 공격자를 유인하기 위한 시스템이므로 쉽게 노출되지 않는 곳에 두어야 한다.
② 공격자를 중요한 시스템에 접근하지 못하게 유인한다.
③ 공격자의 행동패턴에 관한 정보를 수집한다.
④ 공격자가 가능한 오랫동안 허니팟에 머물도록 하고, 그 사이에 관리자는 필요한 대응을 준비한다.

87 네트워크 토폴로지(Topology) 중 버스(Bus) 방식에 대한 설명으로 옳지 않은 것은?

① 버스 방식은 네트워크 구성이 간단하고 작은 네트워크에 유용하며 사용이 용이하다.
② 버스 방식은 네트워크 트래픽이 많을 경우 네트워크 효율이 떨어진다.
③ 버스 방식은 통신 채널이 단 한 개이므로 버스 고장이 발생하면 네트워크 전체가 동작하지 않으므로 여분의 채널이 필요하다.
④ 버스 방식은 노드의 추가·삭제가 어렵다.

88 다음은 무엇에 대한 설명인가?

> 서버와 IP 주소 기반인 기존 인터넷 전달망을 대체할 미래의 인터넷 아키텍처로 고려된다. 이것은 콘텐츠 중심 네트워크와 동일한 개념으로, 인터넷 주소 필요 없이 콘텐츠 자체를 네트워킹의 주체로 사용하므로 사용자가 원하는 콘텐츠를 가장 가까운 곳에서 가져올 수 있다.

① NDN   ② NGN
③ IoT   ④ M2M

89 최근 발생한 보안 위협에 대한 설명으로 옳은 것은?

① 블루킵(Bluekeep) : 원격 데스크톱 서비스를 인증 없이 조작할 수 있는 취약점
② 다크웹(Dark Web) : 피싱 메일을 통해 유포되며 금융정보 탈취를 시도하는 악성코드
③ 이모텟(Emotet) : 한글로 작성된 메일 내부에 정상파일로 위장한 랜섬웨어
④ 소디노키비(Sodinokibi) : 특정 웹브라우저를 통해 익명성이 보장되는 인터넷 영역

90 RSA 암호화 알고리즘에 대한 설명으로 옳지 않은 것은?

① 비대칭키를 이용한 부인방지 기능을 포함한다.
② AES 암호화 알고리즘보다 수행 속도가 빠르다.
③ 키 분배 및 관리가 용이하다.
④ 전자서명 등 응용 범위가 매우 넓다.

91 10m 이내의 거리에서 휴대용 정보 단말기 등을 이용하여 필요한 정보를 제공하기 위한 무선개인통신망은?

① UWB   ② SON
③ Ad-hoc network   ④ WPAN

92 예측된 총 라인 수(Line of Code)가 50,000 LOC, 개발에 참여할 프로그래머가 5명, 프로그래머들의 평균 생산성이 500 LOC/PM(Person Month)이라고 할 때 개발에 소요되는 기간은?

① 10 개월   ② 15 개월
③ 20 개월   ④ 30 개월

93 하둡의 빅데이터를 분석할 때 맵리듀스를 사용하지 않고 구조화 질의 언어(SQL)를 사용하여 하둡 분산 파일 시스템(HDFS) 파일을 바로 읽어 내는 기술은?

① Tajo   ② M-DISC
③ MEMS   ④ Thin Client

94 다음은 무엇에 대한 설명인가?

> 조직에서 발생한 여러 가지 재난 상황으로 IT 시스템이 마비되었을 때 각 업무에 필요한 데이터를 여러 백업 수단을 활용하여 복구할 수 있는 기준점을 의미한다. 복구가 필요한 업무에 대하여 어느 시점까지 데이터가 필요한가에 따라 시점을 정한다.

① RPO   ② Zigbee
③ TrustZone   ④ CC

95 COCOMO(COnstructive COst MOdel) 비용 예측 모델에 대한 설명으로 옳지 않은 것은?

① 보헴(Boehm)이 제안한 소스 코드(Source Code)의 규모에 의한 비용 예측 모델이다.

② 소프트웨어 프로젝트 유형에 따라 다르게 책정되는 비용 산정 수식(Equation)을 이용한다.

③ COCOMO 방법은 가정과 제약조건이 없어 모든 시스템에 동일하게 적용할 수 있다.

④ 같은 규모의 소프트웨어라도 그 유형에 따라 비용이 다르게 산정된다.

96 다음 지문은 무엇에 관한 설명인가?

- 자신에게 불리한 증거자료를 사전에 차단하려는 활동이나 기술
- 데이터 복구 회피기법
- 데이터 은닉(Steganography)

① Anti Forensic ② Digital Forensic
③ Root Kit ④ Stealth Scan

97 CPM(Critical Path Method)에 대한 설명으로 올바르지 않은 것은?

① CPM 네트워크는 노드와 간선으로 구성된 네트워크이다.

② CPM 네트워크는 프로젝트 완성에 필요한 작업을 나열하고, 작업에 필요한 소요기간을 예측하는데 사용된다.

③ CPM 네트워크에서 작업의 선후 관계는 파악되지 않아도 무관하다.

④ CPM 네트워크를 효율적으로 사용하기 위해서는 필요한 시간을 정확히 예측해야 한다.

98 애플리케이션 공유를 위한 웹 서비스 표준과 인프라 자원의 공유를 위한 그리드 기술이 결합된 개방형 표준은?

① OGSA ② Mashup
③ Kubernetes ④ Grayware

99 프로젝트 수행 시 발생하는 위험을 관리하고 최소화하는 것이 주된 목적인 소프트웨어 프로세스 모델은?

① 폭포수 모델(Waterfall Model)
② 4세대 기법(4th Generation Techniques)
③ 나선형 모델(Spiral Model)
④ 애자일 모델(Agile Model)

100 다음에 설명하는 정보보호의 목표로 가장 적절한 것은?

> 정당한 방법으로 권한을 받은 사용자가 자원을 필요로 할 때, 아무런 방해 없이 자원에 접근하고 사용할 수 있음을 보장한다.

① 기밀성(Confidentiality)
② 무결성(Integrity)
③ 가용성(Availability)
④ 신뢰성(Reliability)

01	02	03	04	05	06	07	08	09	10
④	①	④	④	②	②	④	②	③	②
11	12	13	14	15	16	17	18	19	20
④	①	①	④	③	④	②	①	③	③
21	22	23	24	25	26	27	28	29	30
④	④	②	④	①	④	④	②	③	④
31	32	33	34	35	36	37	38	39	40
③	②	③	④	②	②	④	②	④	②
41	42	43	44	45	46	47	48	49	50
①	④	②	②	②	④	①	③	②	④
51	52	53	54	55	56	57	58	59	60
①	②	①	③	②	③	③	④	①	①
61	62	63	64	65	66	67	68	69	70
③	②	③	①	④	①	③	①	④	④
71	72	73	74	75	76	77	78	79	80
②	③	①	①	③	②	①	①	②	③
81	82	83	84	85	86	87	88	89	90
①	③	②	①	②	①	④	①	②	②
91	92	93	94	95	96	97	98	99	100
④	②	④	③	①	③	①	③	③	③

01 자료 사전의 기호와 의미

기호	의미	기호	의미	기호	의미
=	정의	+	연결	[|]	선택
{ }	반복	**	주석, 설명	( )	생략

02 럼바우의 객체지향 분석 모델링 종류 : 객체 모델링(Object Modeling), 동적 모델링(Dynamic Modeling), 기능 모델링(Functional Modeling)

> TIP 럼바우의 분석 모델링 종류는 "객동기"로 기억하세요.

03 애자일 프로세스 모델 종류 : 스크럼(Scrum), 크리스탈 패밀리(Crystal Family), 특징 주도 개발 방법론(FDD, 기능 주도), 익스트림 프로그래밍(XP) 등

> TIP 35쪽의 애자일 방법론의 종류를 참고하세요.

04 키워드 같은 동작, 다른 성질 → 용어 다형성(Polymorphism)
- 추상화(Abstraction) : 데이터의 공통되는 성질이나 기능을 묶어서 추출하는 것
- 캡슐화(Encapsulation) : 데이터와 메소드를 하나로 묶어 객체로 구성하는 것
- 상속(Inheritance) : 상위 클래스의 메소드와 속성을 하위 클래스가 물려받는 것

05 코드와 데이터는 1:1의 대응관계가 있는 것처럼 고유성을 가져야한다.

06 공통 모듈 명세 기법 : 일관성(Consistency), 명확성(Clarity), 정확성(Correctness), 완전성(Completeness), 추적성(Traceability)
> TIP 공통 모듈 명세 기법은 "일명 정완추(C4T1)"로 기억하세요.

07 키워드 기능 변경 X, 형태에 맞게 수정 → 용어 재구성(Restructuring)

08 객체 지향 특징 : 캡슐화(Encapsulation), 정보은폐(Information Hiding, 정보은닉), 추상화(Abstraction), 상속(Inheritance), 다형성(Polymorphism)

09 키워드 트랜잭션 처리(Transaction Processing), 감시하는 미들웨어 → 용어 TP-Monitor(Transaction Processing Monitor, 트랜잭션 처리 모니터)
- ORB(Object Request Broker, 객체 요청 브로커) : 객체 지향 미들웨어로, CORBA 표준 스펙을 구현한 미들웨어
- WAS(Web Application Server, 웹 애플리케이션 서버) : 사용자 또는 사용자의 요청에 따라 결과 값이 변하는 동적 콘텐츠를 처리하기 위한 웹 환경을 구현하는 데 사용되는 미들웨어
- RPC(Remote Procedure Call, 원격 프로시저 호출) : 응용 프로그램의 프로시저를 사용하여 원격 프로시저를 마치 로컬 프로시저처럼 호출하는 방식의 미들웨어

10 CASE는 소프트웨어 개발과정 일부 또는 전체를 자동화하기 위한 도구로, CASE를 사용하려면 설계지식이 필요하다.

11 키워드 외우기 쉽도록 → 용어 연상 코드(Mnemonic Code)
- 그룹 분류 코드(Group Classification Code) : 일정 기준에 따라 대분류, 중분류, 소분류 등으로 구분하여 일련번호를 부여하는 방법
- 블록 코드(Block Code, 구분 코드) : 공통성이 있는 것끼리 블록으로 구분하고, 각 블록 내에서 일련번호를 부여하는 방법
- 10진 코드(Decimal Code, 도서 분류 코드) : 코드화 대상 항목을 0~9까지 10진 분할하고, 다시 그 각각에 대하여 10진 분할하는 방법

12 키워드 텍스트 터미널 → 용어 CLI(Command Line Interface)
- OUI(Organic UI) : 모든 자연 상태가 입력과 출력이 동시에 이뤄지는 인터페이스
- NUI(Natural UI) : 인간의 말과 행동 등 감각으로 기기를 조작하는 인터페이스
- VUI(Voice UI) : 사람의 음성 기반으로 기기를 조작하는 인터페이스

13 키워드 의존적, 전체(Whole) 또는 부분(Part) → 용어 포함 관계, 합성 관계, 복합 관계(Composition)
- 연관 관계(Association) : 클래스들이 개념상 서로 연결되었음을 나타낸다.

- 실체화 관계, 구현 관계(Interface Realization, Realization) : 책임들의 집합인 인터페이스와 이 책임들을 실제로 실현하는 클래스들 사이의 관계를 나타낸다.
- 일반화 관계, 상속 관계(Generalization) : 한 클래스(Parent)가 다른 클래스(Child)를 포함하는 상위 개념 관계임을 나타낸다.

14 현재의 요구사항을 가능한 한 단순하게 설계하고, 이후 변하는 요구사항을 반영한다.

15 키워드 데이터 구조와 데이터의 조작을 하나로 묶어 → 용어 캡슐화(Encapsulation)
- 클래스(Class) : 하나 이상의 유사한 객체들을 묶어 공통된 특성을 표현한 데이터를 추상화하여 모델링한 것
- 상속(Inheritance) : 상위 클래스의 메소드와 속성을 하위 클래스가 물려받는 것
- 객체(Object) : 현실 세계에 존재하는 실체로, 데이터와 그 데이터에 관련되는 동작을 모두 포함한 개념

16 키워드 하나의 인터페이스 제공 → 용어 퍼사드(Facade)
- 어댑터(Adapter) : 인터페이스가 호환되지 않는 클래스를 함께 사용하도록 하는 패턴
- 브리지(Bridge) : 구현부에서 추상층을 분리하여 각자 독립적으로 확장할 수 있게 하여 결합도를 낮춘 패턴
- 데코레이터(Decorator) : 소스를 변경하지 않고 기능을 확장하도록 하는 패턴

17 ㄱ, ㄹ, ㅁ은 구조 다이어그램에 속한다.
TIP 59쪽의 다이어그램(Diagram)을 참고하세요.

18 코드의 기능
- 3대 기능 : 배열, 분류, 식별
- 기타 기능 : 표준화, 암호화, 확장성, 연상성(표의성), 단순화

19 ①, ②, ④는 기능적 요구사항에 해당한다.
- 기능적 요구사항 : 시스템이 수행해야 하는 작업에 관한 요구사항
- 비기능적 요구사항 : 소프트웨어 기능들에 대한 조건과 제약사항에 관한 요구사항

20 키워드 실시간처리(Real time), DFD → 용어 부치(Booch) 기법
- 코드(Coad)와 요돈(Yourdon) 기법 : 개체 관계도(ERD)를 사용하여 개체의 활동들을 데이터 모델링 하는 데 초점을 둔 기법
- 럼바우(Rumbaugh)의 분석 방법 : 소프트웨어 구성 요소를 그래픽 표기법을 이용한 기법
- 제이콥슨(Jacobson) 기법 : 유스케이스를 사용하여 분석하는 기법

21 버킷(Bucket)은 하나의 주소를 갖는 파일의 한 구역으로, 해싱(Hashing)에서 사용된다.

22 블랙박스 테스트(Black Box Test)를 통해 발견할 수 있는 오류로는 성능, 부정확한 기능, 인터페이스 오류 등이 있다.
④는 화이트박스 테스트(White Box Test)로 발견할 수 있다.

23 큐(Queue)는 한쪽에는 반드시 삽입, 또 다른 한쪽에는 반드시 삭제가 이루어지는 선입선출(FIFO; First In First Out) 형식의 자료 구조이다.
- 스택(Stack) : 리스트 한쪽으로만 삽입과 삭제가 이루어지는 후입선출(LIFO; Last In First Out)형식의 자료 구조
- 트리(Tree) : 정점(Node, 노드)과 가지(Branch, 링크, 간선)를 이용한 사이클(Cycle)이 이루어지지 않는 자료 구조
- 그래프(Graph) : 정점(V; Vertex)과 간선(E; Edge)의 두 집합으로 이루어진 사이클(Cycle)이 있는 자료 구조

24 버블 정렬(Bubble Sort) : 자료 배열 중 인접한 두 요소를 비교하여 교체하는 정렬 방법
- 1회전 : 9, 6, 7, 3, 5 → 6, 9, 7, 3, 5 → 6, 7, 9, 3, 5 → 6, 7, 3, 9, 5 → 6, 7, 3, 5, 9
- 2회전 : 6, 7, 3, 5, 9 → 6, 7, 3, 5, 9 → 6, 3, 7, 5, 9 → 6, 3, 5, 7, 9 → 6, 3, 5, 7, 9
- 3회전 : 6, 3, 5, 7, 9 → 3, 6, 5, 7, 9 → 3, 5, 6, 7, 9 → 3, 5, 6, 7, 9
- 4회전 : 3, 5, 6, 7, 9

25 키워드 기존 소프트웨어를 수정 보완하여 재구축 → 용어 재공학(Re-Engineering)

26 소프트웨어 품질 측정(목표, 표준) 항목 : 효율성(Efficiency), 재사용성(Reusability), 무결성(Integrity), 정확성(Correctness), 신뢰성(Reliability) 등
TIP 225쪽의 품질 측정(목표, 표준) 항목을 참고하세요.

27 ㄱ, ㄴ, ㅂ은 블랙박스 테스트(Black Box Test) 기법이다.
- 화이트박스 테스트(White Box Test) 종류 : 기초 경로 검사(Basic Path Testing), 조건 검사(Condition Testing), 루프 검사(Loop Testing), 데이터 흐름 검사(Data Flow Testing)

28 패키징 도구(DRM) 구성 요소 : 암호화 파일 생성(Packager), 저작권 표현(Right Expression), 정책 관리(Policy Management), 암호화(Encryption), 키 관리(Key Management) 등
TIP 214쪽의 패키징 도구(DRM) 구성 요소(암호화/보안 기술 요소)를 참고하세요.

29 키워드 관련 모델들을 통합 → 용어 ISO 25000
- ISO 12207 : 소프트웨어의 개발, 운영, 유지보수 등을 체계적으로 관리하기 위한 소프트웨어 개발 생명 주기 표준을 제공한다.
- ISO 9126 : 품질 특성 및 측정 기준을 제시한 것으로, 국제 표준으로 널리 사용된다.
- ISO 14598 : 소프트웨어 제품 평가 프로세스의 개요와 평가에 대한 안내지침 및 요구사항을 제공한다.

30 시노님(Synonym)은 같은 주소를 갖는 레코드의 집합을 의미한다.

31 트리(Tree)는 비선형 구조이다.

32 ①, ④는 공유 폴더 방식, ③은 분산 저장소 방식에 대한 설명이다.

33 ③은 인수 테스트의 베타 검사에 대한 설명이다.
- 알파 검사 : 개발자의 장소에서 사용자가 시험하고 개발자는 뒤에서 결과를 지켜보는 검사

34 트리의 차수 : 트리의 모든 노드 중에 가장 높은 차수 → 3 (B의 차수 : 3)

35 맥케이브(McCabe)의 순환 복잡도(Cyclomatic Complexity)
- 복잡도 = 영역 수(폐구간) + 1 = 3 + 1 = 4

36 키워드 영향도 최소화 → 용어 의존성
- 가독성 : 이해하기 쉬운 용어를 사용한다.
- 중복성 : 중복된 코드를 제거한다.
- 추상화 : 클래스/메소드/함수에 대해 동일한 수준의 추상화를 한다.

37 키워드 외부 동작은 바뀌지 않으면서 내부 구조만 개선 → 용어 리팩토링(Refactoring)
- 재사용(Re-Use) : 목표 시스템의 개발 시간 및 비용 절감을 위하여 검증된 기능을 파악하고 재구성하여 시스템에 응용하기 위한 최적화 작업
- 역공학(Reverse-Engineering) : 소프트웨어를 분석하여 소프트웨어 개발 과정과 데이터 처리 과정을 설명하는 분석 및 설계 정보를 재발견하거나 다시 만들어내는 작업
- 재공학(Re-Engineering) : 기존 시스템을 이용하여 보다 나은 시스템을 구축하고 새로운 기능을 추가하여 소프트웨어 성능을 향상시키는 것

38 키워드 상위 모듈 역할 → 용어 드라이버(Driver)
키워드 하위 역할을 하는 모듈 → 용어 스텁(Stub)
TIP 스텁과 드라이버는 "HSSD"로 기억하세요.
- 알파 검사 : 개발자의 장소에서 사용자가 시험하고 개발자는 뒤에서 결과를 지켜보는 검사
- 베타 검사 : 실 업무를 가지고 사용자가 직접 시험하는 검사

39 키워드 통제, 변경 상태 기록하고 보관, 관리 작업 → 용어 형상 관리(SCM; Software Configuration Management)

40 키워드 Naver, STAF와 FitNesse 통합 → 용어 NTAF
- Selenium : 다양한 브라우저 지원 및 개발 언어를 지원하는 웹 애플리케이션 테스트 프레임워크
- watir : Ruby 프로그래밍 언어 기반 웹 애플리케이션 테스트 프레임워크
- xUnit : java(Junit), C++(Cppunit), .Net(Nunit) 등 다양한 언어를 지원하는 단위 테스트 프레임워크

41 키워드 데이터의 중복, 곤란한 현상 → 용어 이상(Anomaly)

42 시스템 카탈로그는 데이터베이스 시스템의 종류에 따라 효과적으로 액세스가 가능하도록 다양한 구조로 구성된다.

43 병행 제어 기법 종류 : 낙관적 기법, 타임 스탬프 순서(Time Stamp Ordering) 기법, 로킹(Locking) 기법, 다중 버전 기법
TIP 병행 제어 기법의 종류는 "낙타로 타(다)"로 기억하세요.

44 키워드 이행 함수 종속 → 용어 제3정규형(3NF)
①은 제1정규형 → 제2정규형, ③은 비정규화 테이블 → 제1정규형, ④는 제3정규형 → BCNF가 되기 위한 조건이다.
TIP 정규화 절차는 "두부이걸다줘(도부이걸다조)"로 기억하세요.

45 카티션 프로덕트(Cartesian Product, 교차곱)는 두 릴레이션의 차수(Degree)는 더하고, 카디널리티(Cardinality)는 곱한다.
- 튜플의 수 : $10 \times 5 = 50$
TIP 카디널리티(Cardinality)는 튜플들의 수를 의미합니다.

46 - 서브쿼리
– select C from R2 where D = 'k'
: [R2] 테이블에서 D가 'k'인 C를 검색한다.

C
x

- 메인쿼리
– select B from R1 where C = 'x'(서브쿼리 결과 값)
: [R1] 테이블에서 C가 'x'인 B를 검색한다.

B
a
b

47 키워드 속성, 열, 수직적 부분 집합 → 용어 PROJECT(π)
- JOIN(⋈) : 두 개의 릴레이션 R과 S에서 공통된 속성을 연결하는 것
- DIVISION(÷) : X ⊃ Y인 두 개의 릴레이션 R(X)과 S(Y)가 있을 때, R의 속성이 S의 속성 값을 모두 가진 튜플에서 S가 가진 속성을 제외한 속성만을 구하는 것
- SELECT(σ) : 릴레이션에서 주어진 조건을 만족하는 튜플들을 검색하는 것

48 - GRANT SELECT ON STUDENT TO U1 WITH GRANT OPTION;
: U1에게 [STUDENT] 테이블에 대한 SELECT 권한을 부여한다. U1은 다른 사용자에게 권한을 부여할 수 있다.

	DBA	U1	U2
검색 권한	O	O	X

- GRANT SELECT ON STUDENT TO U2;
: U2에게 [STUDENT] 테이블에 대한 SELECT 권한을 부여한다. U2는 다른 사용자에게 권한을 부여할 수 없다.

	DBA	U1	U2
검색 권한	O	O	O

- REVOKE SELECT ON STUDENT FROM U1 CASCADE;
: U1로부터 [STUDENT] 테이블에 대한 SELECT 권한을 취소한다. U1로부터 권한을 부여받은 사용자도 연쇄적으로 취소한다.

	DBA	U1	U2
검색 권한	O	X	X

49 ②는 SQL 조작어에 포함된다.

50 뷰를 제거하기 위해서는 DROP문을 사용한다.

51 키워드 완전하게 수행 완료되지 않으면 전혀 수행되지 않아야 한다.
→ 용어 원자성(Atomicity)
- 일관성(Consistency) : 트랜잭션이 그 실행을 성공적으로 완료하면 항상 일관성 있는 데이터베이스 상태로 변환하여야 한다.
- 분리성, 독립성, 격리성(Isolation) : 둘 이상의 트랜잭션이 동시에 병행 실행되고 있을 때, 또 다른 하나의 트랜잭션의 연산이 끼어들 수 없다.
- 지속성, 영속성(Durability) : 트랜잭션의 결과는 영구적으로 반영되어야 한다.

52 카디널리티(Cardinality)란 릴레이션에 포함되어 있는 튜플의 수를 의미한다.
TIP 애트리뷰트(속성)의 수는 차수(Degree, 디그리)를 의미합니다.

53 정규화는 데이터의 중복을 방지하고 보다 효율적으로 데이터를 저장하기 위해 릴레이션을 분리하는 것을 말한다.

54 차수(Degree, 디그리)는 속성들의 수를 의미한다. → 4

55 키워드 순수관계연산자, 속성 추출 → 용어 PROJECT

56 • DROP : 도메인, 테이블, 뷰, 인덱스 삭제
• RESTRICT : 참조하는 테이블이 있을 경우 제거 안 됨

57 SELECT문 일반 형식 : SELECT 속성 FROM 테이블명 [WHERE 조건]
- 프로젝트번호(PNO) 1, 2, 3에서 일하는 사원의 : WHERE PNO IN (1, 2, 3)
- 주민등록번호(JUNO)를 검색하라. : SELECT JUNO
- 사원 테이블(WORKS) : FROM WORKS

58 외부 스키마는 사용자나 응용 프로그래머가 보는 관점으로, 사용자에 따라 다르며 여러 개가 존재할 수 있다.

59 ①은 개념적 설계 단계에 대한 설명이다.

60 ①은 도메인(Domain)에 대한 설명이다.

61 키워드 신호를 수신할 때까지 정보 전송 중지 → 용어 정지-대기(Stop-and-Wait) ARQ
- CRC(Cyclic Redundancy Check, 순환 중복 검사) : 네트워크 등을 통하여 데이터를 전송할 때 전송된 데이터에 오류가 있는지를 확인하기 위한 체크값을 결정하는 방식
- Go-Back-N ARQ : 여러 블록을 연속적으로 전송하고 부정 응답(NAK) 이후 모든 블록을 재전송하는 방식
- 적응적(Adaptive) ARQ : 전송 효율을 최대로 하기 위해 데이터 블록의 길이를 채널의 상태에 따라 그때그때 동적으로 변경하는 방식

62 ④는 SJF(Shortest Job First) 스케줄링에 대한 설명이다.

63 코드해설 포인터

```
① int i = 10000;
② int *p, *q;
③ p = &i;
④ q = &i;
⑤ *p = *p + 1;
⑥ *q = *q + 1;
⑦ printf("%d", i);
```

① 변수 선언 및 초기화
② 포인터 변수 p, q 선언
③ 포인터 변수 p에 변수 i의 메모리 주소 저장

메모리 주소	값	메모리 주소	값
10	100	100	10000

④ 포인터 변수 q에 변수 i의 메모리 주소 저장

메모리 주소	값	메모리 주소	값
20	100	100	10000

⑤ 포인터 변수 p가 가리키고 있는 메모리 주소에 접근하여 해당 메모리 주소에 저장된 값을 1 증가한 후, 증가시킨 값을 포인터 변수 p가 가리키고 있는 메모리 주소의 값에 저장

메모리 주소	값	메모리 주소	값
10	100	100	10001

⑥ 포인터 변수 q가 가리키고 있는 메모리 주소에 접근하여 해당 메모리 주소에 저장된 값을 1 증가한 후, 증가시킨 값을 포인터 변수 q가 가리키고 있는 메모리 주소의 값에 저장

메모리 주소	값	메모리 주소	값
20	100	100	10002

⑦ i 값 출력

64 결합도 종류 : 자료(Data) 〈 스탬프(Stamp) 〈 제어(Control) 〈 외부(External) 〈 공통(Common) 〈 내용(Content)

65 FCFS(First-Come First-Service) : 입·출력 요청 대기 큐에 들어온 순서대로 서비스하는 기법
- 이동 순서 : 50 → 10 → 40 → 50 → 35

66 키워드 데이터를 송·수신하기 위한 통신 규약 → 용어 프로토콜(Protocol)

67 키워드 프로세스 생성 → 용어 fork
- getpid : 자신의 프로세스 아이디 확인
- ps : 현재 프로세스 상태 확인
- exec : 프로세스 실행

68 FCFS 스케줄링은 공평성은 유지되지만, 대기 큐에 들어온 순서대로 서비스하여 가장 성능이 좋은 기법은 아니다.

69 키워드 필요한 부분만 교체 → 용어 오버레이(Overlay)
- 스와핑(Swapping) : 하나의 프로그램 전체를 주기억장치에 할당하여 사용하다가, 필요에 따라 다른 프로그램과 교체하는 기법
- 압축(Compaction) 기법, 집약, 쓰레기 수집(Garbage Collection) : 주기억장치 내에 분산되어 있는 단편화된 빈 공간을 결합하여 하나의 큰 가용 공간을 만드는 작업

- 재배치(Relocation) : 다중 프로그래밍에서 복수의 프로그래밍을 동시에 실행하기 위하여 하나의 프로그램 또는 프로그램의 일부를 주기억장치 내에서 이동시키는 것

70 키워드 출력 자료를 입력 자료로 사용 → 용어 순차적 응집도(Sequential Cohesion)
- 절차적 응집도(Procedural Cohesion) : 모듈이 다수의 관련 기능을 가질 때 모듈 안의 구성 요소들이 그 기능을 순차적으로 수행할 경우의 응집도
- 논리적 응집도(Logical Cohesion) : 유사한 성격을 갖거나 특정 형태로 분류되는 처리 요소들이 한 모듈에서 처리되는 경우의 응집도
- 기능적 응집도(Functional Cohesion) : 단일 기능의 요소로 하나의 모듈을 구성한 경우의 응집도

71 키워드 다른 프로세스들이 사용하지 못하도록 배제 → 용어 상호 배제(Mutual Exclusion)
- 교착상태(Dead Lock) : 둘 이상의 프로세스들이 자원을 점유한 상태에서 서로 다른 프로세스가 점유하고 있는 자원을 요구하며 무한정 기다리는 현상
- 인터럽트(Interrupt) : 예기치 않은 일, 응급 사태 등 어떠한 특수한 상태가 발생하면 현재 실행하고 있는 프로그램이 일시 중단되고, 그 특수한 상태를 처리하는 프로그램으로 옮겨져 처리한 후 다시 원래의 프로그램을 처리하는 현상
- 임계 구역(Critical Section) : 하나의 프로세스만 자원을 이용할 수 있도록 보호된 영역

72 C 클래스 서브넷 마스크
: 255.255.255.0(11111111.11111111.11111111.00000000)
- 30개의 서브넷을 가지기 위해서는 5bit의 네트워크 주소가 필요하다. ($2^4 < 30 < 2^5$)
→ 11111111.11111111.11111111.11111000 = 255.255.255.248
TIP 서브넷은 총 32(2^5)개이며, 호스트는 총 8(2^3)개가 되어 문제의 조건을 만족합니다.

73 키워드 기다린 시간 비례, 높은 우선순위 부여 → 용어 에이징(Aging, 노화) 기법
- 페이징(Paging) : 가상기억장치에 보관되어 있는 프로그램과 주기억장치의 영역을 동일한 크기로 나눈 후, 나뉜 프로그램을 주기억장치의 영역에 동일하게 적재시켜 실행하는 기법
- 스래싱(Thrashing) : 프로세스의 처리 시간보다 페이지 교체 시간이 더 많아져 CPU 이용률이 저하되는 현상
- 세그먼테이션(Segmentation) : 가상기억장치에 보관되어 있는 프로그램을 다양한 크기의 논리적인 단위로 나눈 후, 주기억장치에 적재시켜 실행시키는 기법

74 default는 자신을 포함하는 패키지에서만 접근이 가능하다.

75 커널(Kernel)은 주기억장치에 상주한다.

76 교착상태 발생의 4가지 필요충분조건
- 상호 배제(Mutual Exclusion)
- 점유와 대기(Hold & Wait)

- 비선점(Nonpreemption)
- 환형 대기(Circular Wait)
TIP 교착상태 4가지 조건은 "삼점대 비환영(상점대 비환형)"으로 기억하세요.

77 IPv6는 더 많은 IP 주소를 지원할 수 있도록 주소의 크기는 128비트이다.

78 ①은 네트워크(Network) 계층의 프로토콜이다.
- 데이터 링크(Data Link) 계층 관련 표준 프로토콜 : HDLC, LAPB, LLC, ADCCP, BSC, ISDN, PPP, Ethernet, ATM

79 배열은 공간 구역성의 예이다.
- 시간 구역성의 예 : Loop(반복), 부프로그램(Sub Routine), 스택(Stack), 카운팅(Counting, 1씩 증가), 집계(Totaling)에 사용되는 변수 등
- 공간 구역성의 예 : 순차적 코드 실행, 배열 순회, 같은 영역에 있는 변수 참조 등

80 코드해설

```
System.out.print(a + " "); // 변수 a 값 출력 및 한 칸 띄움
System.out.println(b); // 변수 b 값 출력 및 개행
System.out.print(sum); // sum 값 출력
```

81 키워드 다양한 보안 솔루션 기능을 하나로 통합(Unified), 위협(Threat) 요소 → 용어 UTM(Unified Threat Management, 통합 위협 관리)
- TMS(Threat Management System, 위협 관리 시스템) : 인터넷에서 바이러스, 해킹 등의 사이버 공격에 대한 침입 탐지와 트래픽 분석 등의 기술을 통해 로컬 네트워크의 위협 분석과 취약성 정보 등을 사전에 관리자에게 통보 및 실시간으로 관제하고 대응할 수 있는 시스템
- NAC(Network Access Control, 네트워크 접근 제어) : 사전에 인가받지 않은 사용자나 보안 체계를 갖추지 않은 정보기기의 네트워크 접속을 차단하는 솔루션
- DLP(Data Loss Prevention, 데이터 유출 방지) : 기업 내부자의 고의나 실수로 인한 외부로의 정보 유출을 방지하는 솔루션

82 생체 인증 기법은 시간 또는 환경의 변화에 따라 개인이 가지고 있는 생체 정보가 변할 수 있으므로, 지식 기반이나 소유 기반의 인증 기법에 비해 인식 오류 발생 가능성이 높다.

83 ②는 큐싱(Qshing)에 대한 설명이다.

84 키워드 고전적, 선형 순차적 → 용어 폭포수 모델(Waterfall Model)
- 프로토타입 모델(Prototype Model) : 사용자의 요구사항에 따라 프로토타입(시제품)을 신속하게 개발하여 제공한 후, 사용자의 피드백을 통해 개선하고 보완해가는 모델
- 나선형 모델(Spiral Model) : 시스템 개발 시 위험을 최소화하기 위해 점진적으로 완벽한 시스템으로 개발해 나가는 모델
- RAD(Rapid Application Development) 모델 : 사용자의 적극적인 참여와 강력한 소프트웨어 개발 도구를 이용하여 매우 짧은 주기(60~90일)로 개발을 진행하는 순차적 모델

85 키워드 두 개 이상의 LAN → 용어 브리지(Bridge)
키워드 여러 대의 컴퓨터 연결, 재전송 → 용어 허브(Hub)
키워드 이종 통신망 간 → 용어 게이트웨이(Gateway)
키워드 경로 → 용어 라우터(Router)

86 공격자를 유인하기 위한 시스템이므로 쉽게 노출되는 곳에 두어야 한다.

87 버스(Bus) 방식은 구조가 간단하여 노드의 추가·삭제가 용이하다.

88 키워드 콘텐츠 자체를 네트워킹(Networking)의 주체로 사용 → 용어 NDN(Named Data Networking, 엔디엔)
- NGN(Next Generation Network, 차세대 통신망) : ITU-T에서 개발하고 있는 유선망 기반의 차세대 통신망
- IoT(Internet of Things, 사물 인터넷) : 가전제품, 전자 기기뿐만 아니라 헬스케어, 원격 검침, 스마트홈, 스마트카 등 다양한 분야에서 사물을 네트워크로 연결해 정보를 공유하는 기술
- M2M(Machine-To-Machine, 기계 대 기계 관계) : 우리 주변에 있는 모든 기기가 센서로 모은 단편 정보를 다른 기기와 통신하면서 인간이 윤택하고 편리하게 생활할 수 있도록 서로 반응해 주변 환경을 조절해주는 기술

89 ②는 이모텟(Emotet), ③은 소디노키비(Sodinokibi), ④는 다크웹(Dark Web)에 대한 설명이다.

90 RSA 암호화 알고리즘은 공개키 방식으로 알고리즘이 복잡하고 속도가 느리며, AES 암호화 알고리즘은 개인키 방식으로 알고리즘이 단순하고 속도가 빠르다.

91 키워드 무선(Wireless)개인(Personal)통신망 → 용어 WPAN(Wireless Personal Area Network, 단거리 무선망)
- UWB(Ultra Wide Band, 초광대역 무선기술) : 대역폭이 500MHz 이상이거나 중심 주파수의 20% 이상의 점유 대역폭 신호를 이용한 근거리 무선 기술
- SON(Self-Organizing Network, 자동 구성 네트워크) : 주변 상황에 자동적으로 적응하여 스스로 망을 구성하는 네트워크
- 애드혹 네트워크(Ad-Hoc Network) : 노드들에 의해 자율적으로 구성되는 기반 구조가 없는 네트워크

92 개발 기간 = 노력(인월) / 투입 인원 = 100 / 5 = 20
- 노력(인월) = LOC / 1인당 월평균 생산 코드 라인 수 = 50,000라인 / 500라인 = 100
TIP LOC 산정 공식은 "개인라인(일)"로 기억하세요.

93 키워드 하둡, 맵리듀스 사용 X, 구조화 질의 언어(SQL) 사용 → 용어 타조(Tajo)
- M-DISC(Millennial DISC) : 한 번의 기록만으로 자료를 영구 보관할 수 있는 광 저장 장치
- MEMS(멤스, Micro-Electro-Mechanical Systems, 초소형 정밀기계 기술) : 실리콘이나 수정, 유리 등을 가공하여 초고밀도 집적회로, 머리카락 절반 두께의 초소형 기어, 손톱 크기의 하드디스크 등 초미세 기계 구조물을 만드는 기술
- Thin Client(신 클라이언트) : 각종 프로그램 및 데이터를 네트워크로 연결된 서버로부터 받아 사용하는 PC 대체 컴퓨터

94 키워드 복구(Recovery)할 수 있는 기준점(Point) → 용어 RPO(Recovery Point Objective, 목표 복구 시점)
- 지그비(Zigbee) : IEEE 802.15 표준을 기반으로 만들어진 것으로, 저속, 저비용, 저전력 무선망을 위한 기술
- 트러스트존(TrustZone) : 암(ARM)사에서 개발한 것으로, 프로세서(CPU) 안에 독립적인 보안 구역을 따로 두어 중요한 정보를 보호하는 하드웨어 기반의 보안 기술
- CC(Common Criteria, 공통 평가 기준) : ISO/IEC 15408이라고도 불리는 정보 보호 제품의 평가 기준을 규정한 국제 표준

95 COCOMO 비용 예측 모델은 개발할 소프트웨어의 규모(LOC)를 예측한 후 이를 소프트웨어 종류에 따라 다르게 책정되는 비용 산정 공식에 대입하여 비용을 산정하는 것으로, 소프트웨어의 규모와 복잡도, 종류 등에 대한 제약조건이 있다.

96 키워드 불리한 증거자료, 사전에 차단 → 용어 안티 포렌식(Anti Forensic)
- 디지털 포렌식(Digital Forensic) : 컴퓨터 법의학이라 불리며, 전자 증거물을 사법기관에 제출하기 위해 휴대폰, PDA, PC, 서버 등에서 데이터를 수집 및 분석하는 디지털 수사 과정
- 루트킷(Rootkit) : 시스템 침입 후 침입 사실을 숨긴 채 차후의 침입을 위한 백도어, 트로이목마 설치, 그리고 원격 접근, 내부사용 흔적 삭제, 관리자 권한 획득 등 주로 불법적인 해킹에 사용되는 기능들을 제공하는 프로그램들의 모음
- 은닉 스캔 공격(Stealth Scan Attack) : 해킹 대상 사이트의 시스템 취약점 정보 등을 수집(스캔) 시 침입 탐지 시스템이나 시스템 관리자에게 발견되지 않도록 하는 기술

97 CPM은 한 이정표의 작업이 완료된 후에 다음 작업을 진행할 수 있으므로, 작업의 선후 관계가 반드시 파악되어야 한다.

98 키워드 웹 서비스(Service) 표준, 그리드(Grid) 기술 결합 → 용어 OGSA(Open Grid Service Architecture, 오픈 그리드 서비스 아키텍처)
- 매시업(Mashup) : 웹에서 제공하는 정보 및 서비스를 이용하여 새로운 소프트웨어나 서비스, 데이터베이스 등을 만드는 기술
- 쿠버네티스(Kubernetes) : 컨테이너화된 애플리케이션의 자동 배포, 스케일링(확장) 등을 제공하는 오픈소스 기반 관리시스템
- 그레이웨어(Grayware) : 정상 소프트웨어와 바이러스 소프트웨어의 중간에 해당하는 일종의 악성 소프트웨어

99 키워드 위험을 관리하고 최소화 → 용어 나선형 모델(Spiral Model)
- 폭포수 모델(Waterfall Model) : 가장 오래된 모델로 순차적으로 한 단계, 한 단계를 진행해 나가는 모델
- 4세대 모델(4GT; 4th Generation Technique, 4세대 기법) : CASE 및 자동화 도구를 이용하여 요구사항 명세로부터 실행 코드를 자동으로 생성할 수 있게 해주는 모델
- 장점 : 원시 코드를 자동으로 생성하므로 생산성이 향상된다.
- 단점 : 불필요한 많은 양의 코드가 생성될 수 있고, 유지보수가 어렵다.

- 애자일 모델(Agile Model) : 소프트웨어 개발 과정에서 지속적으로 발생하는 변경에 유연하고 기민하게 대응하여 생산성과 품질 향상을 목표로 하는 협력적인 모델

100 [키워드] 사용자가 자원을 필요로 할 때 → [용어] 가용성(Availability)
- 기밀성(Confidentiality) : 인가(Authorization)된 사용자만 정보 자산에 접근할 수 있는 것
- 무결성(Integrity) : 적절한 권한을 가진 사용자에 의해 인가된 방법으로만 정보를 변경할 수 있도록 하는 것
- 신뢰성(Reliability)은 정보보호의 목표에 포함되지 않는다.

[1과목 : 소프트웨어 설계]

01 분산 컴퓨팅 환경에서 서로 다른 기종 간의 하드웨어나 프로토콜, 통신환경 등을 연결하여 응용프로그램과 운영환경 간에 원만한 통신이 이루어질 수 있게 서비스를 제공하는 소프트웨어는?

① 미들웨어   ② 하드웨어

③ 오픈허브웨어   ④ 그레이웨어

> 해설   키워드 응용프로그램과 운영환경 간 통신 → 용어 미들웨어 (Middleware)
> • 그레이웨어(Grayware) : 정상 소프트웨어와 바이러스 소프트웨어의 중간에 해당하는 일종의 악성 소프트웨어

02 기본 유스케이스 수행 시 특별한 조건을 만족할 때 수행하는 유스케이스는?

① 연관   ② 확장

③ 선택   ④ 특화

> 해설   키워드 특별한 조건 만족 → 용어 확장(extend)

03 UML(Unified Modeling Language)에 대한 설명 중 틀린 것은?

① 기능적 모델은 사용자 측면에서 본 시스템 기능이며, UML에서는 Use case Diagram을 사용한다.

② 정적 모델은 객체, 속성, 연관관계, 오퍼레이션의 시스템의 구조를 나타내며, UML에서는 Class Diagram을 사용한다.

③ 동적 모델은 시스템의 내부 동작을 말하며, UML에서는 Sequence Diagram, State Diagram, Activity Diagram을 사용한다.

④ State Diagram은 객체들 사이의 메시지 교환을 나타내며, Sequence Diagram은 하나의 객체가 가진 상태와 그 상태의 변화에 의한 동작순서를 나타낸다.

> 해설   Sequence Diagram은 객체들 사이의 메시지 교환을 나타내며, State Diagram은 하나의 객체가 가진 상태와 그 상태의 변화에 의한 동작순서를 나타낸다.

04 운영체제 분석을 위해 리눅스에서 버전을 확인하고자 할 때 사용되는 명령어는?

① ls   ② cat

③ pwd   ④ uname

> 해설   키워드 버전 확인(정보 출력) → 용어 cat, uname
> • cat /etc/*release* : 리눅스 버전 확인
> • ls : 디렉터리 내용 보기
> • $PWD : 현재 작업 디렉터리

05 럼바우(Rumbaugh) 분석기법에서 정보 모델링이라고도 하며, 시스템에서 요구되는 객체를 찾아내어 속성과 연산 식별 및 객체들 간의 관계를 규정하여 다이어그램으로 표시하는 모델링은?

① Object   ② Dynamic

③ Function   ④ Static

> 해설   키워드 정보 모델링, 객체(Object)들 간의 관계 → 용어 객체 모델링(Object Modeling)
> • 동적 모델링(Dynamic Modeling) : 객체들의 제어 흐름, 상호 반응 연산 순서를 나타내주는 과정
> • 기능 모델링(Functional Modeling) : 각 객체에서 수행되는 동작들을 기술

06 GoF(Gangs of Four) 디자인 패턴의 생성 패턴에 속하지 않는 것은?

① 추상 팩토리(Abstract Factory)

② 빌더(Builder)

③ 어댑터(Adapter)

④ 싱글턴(Singleton)

> 해설   다른 하나는 구조 패턴에 포함된다.

07 현행 시스템 분석에서 고려하지 않아도 되는 항목은?

① DBMS 분석   ② 네트워크 분석

③ 운영체제 분석   ④ 인적 자원 분석

▶ 정답 : 01.①, 02.②, 03.④, 04.②④, 05.①, 06.③, 07.④

현행 시스템 분석 시 고려 사항에는 현행 시스템 아키텍처 및 소프트웨어, 하드웨어 및 네트워크, 운영체제, DBMS, 미들웨어, 오픈 소스 등이 있다.

08 UML 다이어그램 중 시스템 내 클래스의 정적 구조를 표현하고 클래스와 클래스, 클래스의 속성 사이의 관계를 나타내는 것은?

① Activity Diagram ② Model Diagram
③ State Diagram ④ Class Diagram

해설 키워드 클래스(Class)와 클래스, 클래스의 속성 사이의 관계 → 용어 클래스 다이어그램(Class Diagram)
• 활동 다이어그램(Activity Diagram) : 시스템의 처리 흐름에 따라 시스템의 기능을 순서대로 표현한 다이어그램
• 상태 다이어그램(State Diagram) : 객체들의 상태 변화를 표현한 다이어그램

09 객체지향 분석 방법론 중 Coad-Yourdon 방법에 해당하는 것은?

① E-R 다이어그램을 사용하여 객체의 행위를 데이터 모델링하는 데 초점을 둔 방법이다.
② 객체, 동적, 기능 모델로 나누어 수행하는 방법이다.
③ 미시적 개발 프로세스와 거시적 개발 프로세스를 모두 사용하는 방법이다.
④ Use Case를 강조하여 사용하는 방법이다.

해설 ②는 럼바우(Rumbaugh)의 분석 방법, ③은 부치(Booch) 기법, ④는 제이콥슨(Jacobson) 기법에 대한 설명이다.

10 객체지향 개념에서 연관된 데이터와 함수를 함께 묶어 외부와 경계를 만들고 필요한 인터페이스만을 밖으로 드러내는 과정은?

① 메시지(Message)
② 캡슐화(Encapsulation)
③ 다형성(Polymorphism)
④ 상속(Inheritance)

해설 키워드 데이터와 함수 묶음, 외부와 경계 → 용어 캡슐화(Encapsulation)
• 메시지(Message) : 객체 간에 상호작용을 하는 데 사용되는 수단
• 다형성(Polymorphism) : 한 메시지가 객체에 따라 다른 방법으로 응답할 수 있는 것
• 상속(Inheritance) : 상위 클래스의 메소드와 속성을 하위 클래스가 물려받는 것

11 디자인 패턴을 이용한 소프트웨어 재사용으로 얻어지는 장점이 아닌 것은?

① 소프트웨어 코드의 품질을 향상시킬 수 있다.
② 개발 프로세스를 무시할 수 있다.
③ 개발자들 사이의 의사소통을 원활하게 할 수 있다.
④ 소프트웨어의 품질과 생산성을 향상시킬 수 있다.

해설 소프트웨어 재사용은 목표 시스템의 개발 시간 및 비용 절감을 위하여 검증된 기능을 파악하고 재구성하여 시스템에 응용하기 위한 최적화 작업으로, 개발 프로세스를 무시할 수 없다.

12 다음은 어떤 프로그램 구조를 나타낸다. 모듈 F에서의 fan-in과 fan-out의 수는 얼마인가?

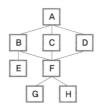

① fan-in: 2, fan-out: 3
② fan-in: 3, fan-out: 2
③ fan-in: 1, fan-out: 2
④ fan-in: 2, fan-out: 1

해설 • 공유도(Fan-In) : 어떤 모듈을 제어(호출)하는 상위 모듈의 개수 → 3 (B, C, D)
• 제어도(Fan-Out) : 어떤 모듈에 의해 제어(호출)되는 하위 모듈의 개수 → 2 (G, H)

13 소프트웨어를 개발하기 위한 비즈니스(업무)를 객체와 속성, 클래스와 멤버, 전체와 부분 등으로 나누어서 분석해 내는 기법은?

① 객체지향 분석 ② 구조적 분석
③ 기능적 분석 ④ 실시간 분석

해설 키워드 객체와 속성, 클래스와 멤버 → 용어 객체지향 분석

▶ 정답 : 08.④, 09.①, 10.②, 11.②, 12.②, 13.①

14 다음 중 요구사항 모델링에 활용되지 않는 것은?

① 애자일(Agile) 방법
② 유스케이스 다이어그램(Use Case Diagram)
③ 시퀀스 다이어그램(Sequence Diagram)
④ 단계 다이어그램(Phase Diagram)

> **해설** 시스템을 명확히 이해하고 명세화하기 위해 분석한 요구사항을 구조화된 언어, 다이어그램 등을 이용하여 모델링한다.
> • 단계 다이어그램은 물리 화학 등에서 사용되는 다이어그램이다.

15 애자일 소프트웨어 개발 기법의 가치가 아닌 것은?

① 프로세스와 도구보다는 개인과 상호작용에 더 가치를 둔다.
② 계약 협상보다는 고객과의 협업에 더 가치를 둔다.
③ 실제 작동하는 소프트웨어보다는 이해하기 좋은 문서에 더 가치를 둔다.
④ 계획을 따르기보다는 변화에 대응하는 것에 더 가치를 둔다.

> **해설** 이해하기 좋은 문서보다는 실제 작동하는 소프트웨어에 더 가치를 둔다.

16 응용프로그램의 프로시저를 사용하여 원격 프로시저를 로컬 프로시저처럼 호출하는 방식의 미들웨어는?

① WAS(Web Application Server)
② MOM(Message Oriented Middleware)
③ RPC(Remote Procedure Call)
④ ORB(Object Request Broker)

> **해설** 키워드 원격 프로시저(Remote Procedure)를 로컬 프로시저처럼 호출(Call) → 용어 RPC(Remote Procedure Call, 원격 프로시저 호출)
> • WAS(Web Application Server, 웹 애플리케이션 서버) : 사용자 또는 사용자의 요청에 따라 결과 값이 변하는 동적 콘텐츠를 처리하기 위한 웹 환경을 구현하는 데 사용되는 미들웨어
> • MOM(Message Oriented Middleware, 메시지 지향 미들웨어) : 이기종 시스템 간의 통신을 비동기 방식으로 지원하는 메시지 기반 미들웨어
> • ORB(Object Request Broker, 객체 요청 브로커) : 객체지향 미들웨어로, CORBA 표준 스펙을 구현한 미들웨어

17 바람직한 소프트웨어 설계 지침이 아닌 것은?

① 모듈의 기능을 예측할 수 있도록 정의한다.
② 이식성을 고려한다.
③ 적당한 모듈의 크기를 유지한다.
④ 가능한 모듈을 독립적으로 생성하고 결합도를 최대화한다.

> **해설** 가능한 모듈을 독립적으로 생성하고 결합도를 최소화한다.

18 통신을 위한 프로그램을 생성하여 포트를 할당하고, 클라이언트의 통신 요청 시 클라이언트와 연결하는 내·외 송·수신 연계기술은?

① DB 링크 기술
② 소켓 기술
③ 스크럼 기술
④ 프로토타입 기술

> **해설** 키워드 통신, 포트 할당, 클라이언트 연결 → 용어 소켓(Socket)

19 소프트웨어 설계 시 제일 상위에 있는 main user function에서 시작하여 기능을 하위 기능들로 분할해 가면서 설계하는 방식은?

① 객체지향 설계
② 데이터 흐름 설계
③ 상향식 설계
④ 하향식 설계

> **해설** 키워드 상위에서 시작하여 하위 기능들로 분할 → 용어 하향식(Top Down) 설계
> • 상향식(Bottom Up) 설계 : 애플리케이션 구조에서 최하위 레벨의 모듈 또는 컴포넌트로부터 위쪽 방향으로 제어의 경로를 따라 이동하면서 구축과 테스트를 시작하는 방식

20 CASE(Computer Aided Software Engineering)에 대한 설명으로 틀린 것은?

① 소프트웨어 모듈의 재사용성이 향상된다.
② 자동화된 기법을 통해 소프트웨어 품질이 향상된다.
③ 소프트웨어 사용자들에게 사용 방법을 신속히 숙지시키기 위해 사용된다.
④ 소프트웨어 유지보수를 간편하게 수행할 수 있다.

> **해설** CASE는 개발자의 반복적인 작업량을 줄이기 위해 사용된다.

▶ 정답 : 14.④, 15.③, 16.③, 17.④, 18.②, 19.④, 20.③

[2과목 : 소프트웨어 개발]

21 구현 단계에서의 작업 절차를 순서대로 맞게 나열한 것은?

> ㉠ 코딩한다.
> ㉡ 코딩작업을 계획한다.
> ㉢ 코드를 테스트한다.
> ㉣ 컴파일한다.

① ㉠-㉡-㉢-㉣　　② ㉡-㉠-㉣-㉢
③ ㉢-㉠-㉡-㉣　　④ ㉣-㉡-㉠-㉢

> **해설** 구현 단계 작업 절차 : 코딩작업 계획 → 코딩 → 컴파일 → 코드 테스트

22 소프트웨어 설치 매뉴얼이 포함될 항목이 아닌 것은?

① 제품 소프트웨어 개요
② 설계 관련 파일
③ 프로그램 삭제
④ 소프트웨어 개발 기간

> **해설** 소프트웨어 설치 매뉴얼 작성 항목 : 제품 소프트웨어 개요, 설치 관련 파일, 설치 아이콘, 프로그램 삭제, 관련 추가 정보

23 다음 전위식(prefix)을 후위식(postfix)으로 옳게 표현한 것은?

> $-/*A+BCDE$

① $ABC+D/*E-$　② $AB*CD/+E-$
③ $AB*C+D/E-$　④ $ABC+*D/E-$

> **해설**
> • PreFix(전위 표기법) : 연산자 → Left 피연산자 → Right 피연산자
> • PostFix(후위 표기법) : Left 피연산자 → Right 피연산자 → 연산자
>
> 【서술문】
>
>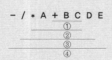
>
> 【풀이】
> ① : BC+
> ② : *A① → ABC+*
> ③ : /②D → ABC+*D/
> ④ : -③E → ABC+*D/E-

24 소프트웨어 품질목표 중 쉽게 배우고 사용할 수 있는 정도를 나타내는 것은?

① Correctness　　② Reliability
③ Usability　　　④ Integrity

> **해설** 【키워드】 쉽게 배우고 사용 → 【용어】 사용 용이성(Usability)
> • 정확성(Correctness) : 사용자의 요구 기능을 충족시키는 정도
> • 신뢰성(Reliability) : 정확하고 일관된 결과를 얻기 위해 요구되는 기능을 오류 없이 수행하는 정도
> • 무결성(Integrity) : 허용되지 않는 사용이나 자료의 변경을 제어하는 정도

25 여러 개의 선택 항목 중 하나의 선택만 가능한 경우 사용하는 사용자 인터페이스(UI) 요소는?

① 토글 버튼　　　② 텍스트 박스
③ 라디오 버튼　　④ 체크 박스

> **해설** 【키워드】 하나의 선택만 가능 → 【용어】 라디오 버튼(Radio Button)
> • 토글 버튼(Toggle Button) : 하나의 설정 값으로부터 다른 값으로 전환하는 버튼
> • 텍스트 박스(Text Box, Input Box) : 사용자로부터 텍스트를 입력받을 수 있는 상자
> • 체크 박스(Check Box) : 한 개 또는 여러 개의 선택이 동시에 가능한 버튼

26 퀵 정렬에 관한 설명으로 옳은 것은?

① 레코드의 키 값을 분석하여 같은 값끼리 그 순서에 맞는 버킷에 분배하였다가 버킷의 순서대로 레코드를 꺼내어 정렬한다.
② 주어진 파일에서 인접한 두 개의 레코드 키 값을 비교하여 그 크기에 따라 레코드 위치를 서로 교환한다.
③ 레코드의 많은 자료 이동을 없애고 하나의 파일을 부분적으로 나누어 가면서 정렬한다.
④ 임의의 레코드 키와 매개변수(h) 값만큼 떨어진 곳의 레코드 키를 비교하여 서로 교환해 가면서 정렬한다.

> **해설** 【키워드】 부분적으로 나누어(분할 정복법) → 【용어】 퀵 정렬(Quick Sort)
> • 【키워드】 버킷 → 【용어】 기수 정렬(Radix Sort)
> • 【키워드】 인접 → 【용어】 버블 정렬(Bubble Sort)
> • 쉘 정렬(Shell Sort) : 일정 간격만큼 떨어진 레코드를 삽입하는 방법(삽입 정렬 보완)

▶ 정답 : 21.②, 22.④, 23.④, 24.③, 25.③, 26.③

27 디지털 저작권 관리(DRM)에 사용되는 기술요소가 아닌 것은?

① 키관리
② 방화벽
③ 암호화
④ 크랙방지

> 해설
>
> DRM 기술 요소 : 암호화, 키 관리, 암호화 파일 생성, 식별 기술, 저작권 표현, 정책 관리, 크랙 방지, 인증

28 스택에 대한 설명으로 틀린 것은?

① 입출력이 한쪽 끝으로만 제한된 리스트이다.
② Head(front)와 Tail(rear)의 2개 포인터를 가지고 있다.
③ LIFO 구조이다.
④ 더 이상 삭제할 데이터가 없는 상태에서 데이터를 삭제하면 언더플로(Underflow)가 발생한다.

> 해설
>
> 다른 하나는 큐(Queue)에 대한 설명이다.

29 필드 테스팅(field testing)이라고도 불리며 개발자 없이 고객의 사용 환경에 소프트웨어를 설치하여 검사를 수행하는 인수검사 기법은?

① 베타 검사
② 알파 검사
③ 형상 검사
④ 복구 검사

> 해설
>
> [키워드] 개발자 없이 고객의 사용 환경에서 검사 → [용어] 베타 검사
> • 알파 검사 : 개발자의 장소에서 사용자가 시험하고 개발자는 뒤에서 결과를 지켜보는 검사
> • 형상 검사 : 목록, 구성요소, 유지보수를 위한 모든 사항이 표현되었는지 검사

30 소프트웨어 형상관리(Configuration management)에 관한 설명으로 틀린 것은?

① 소프트웨어에서 일어나는 수정이나 변경을 알아내고 제어하는 것을 의미한다.
② 소프트웨어 개발의 전체 비용을 줄이고, 개발 과정의 여러 방해 요인이 최소화되도록 보증하는 것을 목적으로 한다.
③ 형상관리를 위하여 구성된 팀을 "chief programmer team"이라고 한다.
④ 형상관리의 기능 중 하나는 버전 제어 기술이다.

> 해설
>
> 형상 관리는 프로젝트 조직과 관계없이 모든 프로젝트에서 수행된다.

31 그래프의 특수한 형태로 노드(Node)와 선분(Branch)으로 되어 있고, 정점 사이에 사이클(Cycle)이 형성되어 있지 않으며, 자료 사이의 관계성이 계층 형식으로 나타나는 비선형 구조는?

① tree
② network
③ stack
④ distributed

> 해설
>
> [키워드] 노드(Node)와 선분(Branch), 사이클(Cycle) 형성 X, 계층 형식 → [용어] 트리(Tree)
> • 스택(Stack) : 리스트 한쪽으로만 삽입과 삭제가 이루어지는 후입선출(LIFO; Last In First Out) 형식의 자료 구조

32 이진 검색 알고리즘에 대한 설명으로 틀린 것은?

① 탐색 효율이 좋고 탐색 시간이 적게 소요된다.
② 검색할 데이터가 정렬되어 있어야 한다.
③ 피보나치 수열에 따라 다음에 비교할 대상을 선정하여 검색한다.
④ 비교 횟수를 거듭할 때마다 검색 대상이 되는 데이터의 수가 절반으로 줄어든다.

> 해설
>
> 다른 하나는 피보나치 검색(Fibonacci Search)에 대한 설명이다.
> • 피보나치 검색(Fibonacci Search) : 피보나치 수열에 따라 다음 비교 대상을 선정하여 검색하는 방식

33 소프트웨어의 일부분을 다른 시스템에서 사용할 수 있는 정도를 의미하는 것은?

① 신뢰성(Reliability)
② 유지보수성(Maintainability)
③ 가시성(Visibility)
④ 재사용성(Reusability)

> 해설
>
> [키워드] 일부분을 다른 시스템에서 사용 → [용어] 재사용성(Reusability)
> • 신뢰성(Reliability) : 정확하고 일관된 결과를 얻기 위해 요구되는 기능을 오류 없이 수행하는 정도
> • 유지보수성(Maintainability) : 변경 시 수정에 대한 노력의 최소화 정도
> • 가시성(Visibility) : 대상을 눈으로 확인할 수 있는 정도

▶ 정답 : 27.② 28.② 29.① 30.③ 31.① 32.③ 33.④

34 하향식 통합시험을 위해 일시적으로 필요한 조건만을 가지고 임시로 제공되는 시험용 모듈은?

① Stub   ② Driver

③ Procedure   ④ Function

> **해설**
> **키워드** 하향식 통합, 시험용 모듈 → **용어** 스텁(Stub)
> • 드라이버(Driver) : 하위 모듈은 있으나 상위 모듈이 없는 경우 하위 모듈 구동하기 위한 제어 프로그램
> • 프로시저(Procedure) : 특정 기능을 수행하는 일종의 트랜잭션 언어로 호출을 통해 실행되어 미리 저장해 놓은 SQL문을 수행하는 프로그램
> • 함수(Function) : 소프트웨어에서 특정 동작을 수행하는 일정 코드 부분

35 해싱 함수(Hashing Function)의 종류가 아닌 것은?

① 제곱법(mid-square)

② 숫자분석법(digit analysis)

③ 개방주소법(open addressing)

④ 제산법(division)

> **해설**
> 해싱 함수 종류 : 제산법(Division), 폴딩(Folding), 계수 분석(Digit Analysis, 숫자 분석), 제곱법(Mid-Square), 기수 변환(Radix Transformation)

36 다음 중 블랙박스 검사 기법은?

① 경계값 분석   ② 조건 검사

③ 기초 경로 검사   ④ 루프 검사

> **해설**
> 나머지는 화이트박스 검사 기법이다.
> **TIP** 블랙박스 테스트 종류는 "오동원 경비"로 기억하세요.

37 다음 트리를 Preorder 운행법으로 운행할 경우 다섯 번째로 탐색되는 것은?

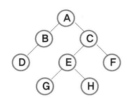

① C   ② E

③ G   ④ H

> **해설**
> Preorder(전위) : Root → Left → Right
> • 운행 순서 : A → B → D → C → E → G → H → F

38 다음 자료에 대하여 "Selection Sort"를 사용하여 오름 차순으로 정렬한 경우 PASS 3의 결과는?

> 초기상태: 8, 3, 4, 9, 7

① 3, 4, 7, 9, 8   ② 3, 4, 8, 9, 7

③ 3, 8, 4, 9, 7   ④ 3, 4, 7, 8, 9

> **해설**
> 선택 정렬(Selection Sort) : 자료 배열 중에 최솟값(또는 최댓값)을 찾아 그 값을 첫 번째 위치에 놓고, 첫 번째 위치를 제외한 나머지 자료 배열 중에서 최솟값을 찾아 두 번째 위치에 놓는 과정을 반복하는 정렬 방법
> • 1회전 : 8, 3, 4, 9, 7 → **3**, 8, 4, 9, 7
> • 2회전 : 3, 8, 4, 9, 7 → 3, **4**, 8, 9, 7
> • 3회전 : 3, 4, 8, 9, 7 → 3, 4, **7**, 9, 8
> • 4회전 : 3, 4, 7, 9, 8 → 3, 4, 7, **8**, 9

39 자료구조에 대한 설명으로 틀린 것은?

① 큐는 비선형구조에 해당한다.

② 큐는 First In-First Out 처리를 수행한다.

③ 스택은 Last In - First Out 처리를 수행한다.

④ 스택은 서브루틴 호출, 인터럽트 처리, 수식 계산 및 수식 표기법에 응용된다.

> **해설**
> 큐(Queue)는 선형 구조에 해당한다.

40 테스트 케이스에 일반적으로 포함되는 항목이 아닌 것은?

① 테스트 조건   ② 테스트 데이터

③ 테스트 비용   ④ 예상 결과

> **해설**
> 테스트 케이스(Test Case)는 테스트 데이터(입력 값), 테스트 조건(실행 조건), 예상 결과(기대 결과)로 구성된 테스트 항목의 명세서이다.

▶ 정답 : 34.①, 35.③, 36.①, 37.②, 38.①, 39.①, 40.③

[3과목 : 데이터베이스 구축]

41 다음 릴레이션의 카디널리티와 차수가 옳게 나타낸 것은?

아이디	성명	나이	등급	적립금	가입년도
yuyu01	원유철	36	3	2000	2008
sykim10	김성일	29	2	3300	2014
kshan4	한경선	45	3	2800	2009
namsu52	이남수	33	5	1000	2016

① 카디널리티 : 4, 차수 : 4
② 카디널리티 : 4, 차수 : 6
③ 카디널리티 : 6, 차수 : 4
④ 카디널리티 : 6, 차수 : 6

해설
- 카디널리티(Cardinality) : 튜플들의 수 → 4
- 차수(Degree) : 속성들의 수 → 6

42 데이터베이스 성능에 많은 영향을 주는 DBMS의 구성 요소로 테이블과 클러스터에 연관되어 독립적인 저장 공간을 보유하며, 데이터베이스에 저장된 자료를 더욱 빠르게 조회하기 위하여 사용되는 것은?

① 인덱스(Index)
② 트랜잭션(Transaction)
③ 역정규화(Denormalization)
④ 트리거(Trigger)

해설
키워드 자료를 더욱 빠르게 조회 → 용어 인덱스(Index)
- 트랜잭션(Transaction) : 데이터베이스의 상태를 변화시키는 논리적 연산의 집합
- 역정규화(Denormalization, 반정규화) : 정규화된 데이터 모델의 성능 저하를 해결하기 위해 의도적으로 정규화 원칙을 위배한 행위
- 트리거(Trigger) : 데이터베이스의 데이터 삽입, 수정, 삭제 등의 이벤트가 발생할 때마다 관련 작업이 자동으로 수행되는 프로그램

43 데이터베이스 설계 단계 중 저장 레코드 양식 설계, 레코드 집중의 분석 및 설계, 접근 경로 설계와 관계되는 것은?

① 논리적 설계   ② 요구 조건 분석
③ 개념적 설계   ④ 물리적 설계

해설
키워드 저장 레코드, 접근 경로 → 용어 물리적 설계
- 논리적 설계 : 목표 DBMS에 맞추어 논리적 모델로 설계한다.
- 요구조건 분석 : 업무 프로세스를 분석한 후 요구조건 명세서를 작성한다.
- 개념적 설계 : 개체 타입과 이들 간의 관계 타입을 이용해 현실 세계를 개념적으로 표현한다.

44 시스템 카탈로그에 대한 설명으로 틀린 것은?

① 시스템 카탈로그의 갱신은 무결성 유지를 위하여 SQL을 이용하여 사용자가 직접 갱신하여야 한다.
② 데이터베이스에 포함되는 데이터 객체에 대한 정의나 명세에 대한 정보를 유지 관리한다.
③ DBMS가 스스로 생성하고 유지하는 데이터베이스 내의 특별한 테이블 집합체이다.
④ 카탈로그에 저장된 정보를 메타 데이터라고도 한다.

해설
DBMS만 시스템 카탈로그의 내용을 갱신할 수 있다. 사용자는 갱신은 불가하지만, SQL을 이용한 검색은 가능하다.

45 정규화를 거치지 않아 발생하게 되는 이상(anomaly) 현상의 종류에 대한 설명으로 옳지 않은 것은?

① 삭제 이상이란 릴레이션에서 한 튜플을 삭제할 때 의도와는 상관없는 값들도 함께 삭제되는 연쇄 삭제 현상이다.
② 삽입 이상이란 릴레이션에서 데이터를 삽입할 때 의도와는 상관없이 원하지 않는 값들도 함께 삽입되는 현상이다.
③ 갱신 이상이란 릴레이션에서 튜플에 있는 속성값을 갱신할 때 일부 튜플의 정보만 갱신되어 정보에 모순이 생기는 현상이다.
④ 종속 이상이란 하나의 릴레이션에 하나 이상의 함수적 종속성이 존재하는 현상이다.

해설
이상의 종류 : 삽입 이상, 삭제 이상, 갱신 이상
TIP 이상 현상의 종류는 "삽살개(삽삭갱)"로 기억하세요.

46 트랜잭션의 특성 중 다음 설명에 해당하는 것은?

> 시스템이 가지고 있는 고정 요소는 트랜잭션 수행 전과 트랜잭션 수행 완료 후에 같아야 한다.

① 원자성(atomicity)
② 일관성(consistency)
③ 격리성(isolation)
④ 영속성(durability)

▶ 정답 : 41.②, 42.①, 43.④, 44.①, 45.④, 46.②

해설 키워드 수행 전과 후에 같아야 한다. → 용어 일관성(Consistency)

- 원자성(Atomicity) : 트랜잭션이 데이터베이스에 모두 반영되거나, 아니면 전혀 반영되지 않아야 된다.
- 독립성, 격리성(Isolation) : 둘 이상의 트랜잭션이 동시에 병행 실행되고 있을 때, 또 다른 하나의 트랜잭션의 연산이 끼어들 수 없다.
- 영속성, 지속성(Durability) : 트랜잭션의 결과는 영구적으로 반영되어야 한다.

47 뷰(VIEW)에 대한 설명으로 옳지 않은 것은?

① DBA는 보안 측면에서 뷰를 활용할 수 있다.

② 뷰 위에 또 다른 뷰를 정의할 수 있다.

③ 뷰에 대한 삽입, 갱신, 삭제 연산 시 제약 사항이 따르지 않는다.

④ 독립적인 인덱스를 가질 수 없다.

해설 뷰에 대한 삽입, 갱신, 삭제 연산이 가능하지만 제약 사항이 따른다.

48 아래의 SQL문을 실행한 결과는?

[R1 테이블]

학번	이름	학년	학과	주소
1000	홍길동	4	컴퓨터	서울
2000	김철수	3	전기	경기
3000	강남길	1	컴퓨터	경기
4000	오말자	4	컴퓨터	경기
5000	장미화	2	전자	서울

[R2 테이블]

학번	과목번호	성적	점수
1000	C100	A	91
1000	C200	A	94
2000	C300	B	85
3000	C400	A	90
3000	C500	C	75
3000	C100	A	90
4000	C400	A	95
4000	C500	A	91
4000	C100	B	80
4000	C200	C	74
5000	C400	B	85

[SQL문]

```
SELECT 이름
FROM R1
WHERE 학번 IN
        (SELECT  학번
          FROM R2
          WHERE 과목번호 = 'C100');
```

①

이름
홍길동
강남길
장미화

②

이름
홍길동
강남길
오말자

③

이름
홍길동
김철수
강남길
오말자
장미화

④

이름
홍길동
김철수

해설
- 서브쿼리
  - SELECT 학번 : 학번을 검색한다.
  - FROM R2 : [R2] 테이블에서
  - WHERE 과목번호 = 'C100' : 과목번호가 'C100'인

학번
1000
3000
4000

- 메인쿼리
  - SELECT 이름 : 이름을 검색한다.
  - FROM R1 : [R1] 테이블에서
  - WHERE 학번 IN (1000, 3000, 4000) : 학번이 1000, 3000, 4000인

이름
홍길동
강남길
오말자

49 조건을 만족하는 릴레이션의 수평적 부분집합으로 구성하며, 연산자의 기호는 그리스 문자 시그마(σ)를 사용하는 관계대수 연산은?

① Select ② Project

③ Join ④ Division

해설 키워드 수평적 부분집합, 시그마(σ) → 용어 Select
- PROJECT(π) : 릴레이션에서 주어진 조건을 만족하는 속성들을 검색하는 것
- JOIN(⋈) : 두 개의 릴레이션 R과 S에서 공통된 속성을 연결하는 것
- DIVISION(÷) : X ⊃ Y인 두 개의 릴레이션 R(X)과 S(Y)가 있을 때, R의 속성이 S의 속성 값을 모두 가진 튜플에서 S가 가진 속성을 제외한 속성만을 구하는 연산

▶ 정답 : 47.③, 48.②, 49.①

50 관계 데이터 모델에서 릴레이션(relation)에 관한 설명으로 옳은 것은?

① 릴레이션의 각 행을 스키마(schema)라 하며, 예로 도서 릴레이션을 구성하는 스키마에는 도서번호, 도서명, 저자, 가격 등이 있다.

② 릴레이션의 각 열을 튜플(tuple)이라 하며, 하나의 튜플은 각 속성에서 정의된 값을 이용하여 구성된다.

③ 도메인(domain)은 하나의 속성이 가질 수 있는 같은 타입의 모든 값의 집합으로 각 속성의 도메인은 원자 값을 갖는다.

④ 속성(attribute)은 한 개의 릴레이션의 논리적인 구조를 정의한 것으로 릴레이션의 이름과 릴레이션에 포함된 속성들의 집합을 의미한다.

> **해설**
> - 릴레이션의 각 행을 튜플(Tuple)이라 한다.
> - 릴레이션의 각 열을 속성(Attribute)이라 한다.
> - ④는 릴레이션 스키마(Relation Schema)에 대한 설명이다.

51 다음에서 설명하는 스키마(Schema)는?

> 데이터베이스 전체를 정의한 것으로 데이터개체, 관계, 제약조건, 접근권한, 무결성 규칙 등을 명세화한 것

① 개념 스키마 ② 내부 스키마
③ 외부 스키마 ④ 내용 스키마

> **해설**
> **키워드** 데이터베이스 전체 정의 → **용어** 개념(Conceptual) 스키마
> - 내부(Internal) 스키마 : 데이터베이스의 전체적인 물리적 구조
> - 외부(External) 스키마 : 사용자나 응용 프로그래머가 보는 관점

52 3NF에서 BCNF가 되기 위한 조건은?

① 이행적 함수 종속 제거
② 부분적 함수 종속 제거
③ 다치 종속 제거
④ 결정자이면서 후보 키가 아닌 것 제거

> **해설**
> **키워드** 결정자, 후보키 → **용어** BCNF(Boyce/Codd Normal Form)
> ① 제2정규형 → 제3정규형
> ② 제1정규형 → 제2정규형
> ③ BCNF → 제4정규형

53 다음 정의에서 말하는 기본 정규형은?

> 어떤 릴레이션 R에 속한 모든 도메인이 원자값(Atomic Value)만으로 되어 있다.

① 제1정규형(1NF)
② 제2정규형(2NF)
③ 제3정규형(3NF)
④ 보이스/코드 정규형(BCNF)

> **해설**
> **키워드** 도메인이 원자 값 → **용어** 제1정규형(1NF)
> - 제2정규형(2NF) : 제1정규형이고, 부분 함수적 종속을 제거하여 완전(충분한) 함수적 종속을 만족하는 정규형
> - 제3정규형(3NF) : 제2정규형이고, 이행적 함수 종속 관계를 제거하여 비이행적 함수 종속 관계를 만족하는 정규형
> - BCNF(Boyce/Codd Normal Form) : 제3정규형이고, 결정자가 후보키가 아닌 함수적 종속을 제거하여 모든 결정자가 후보키인 정규형

54 [회원] 테이블 생성 후 [주소] 필드(컬럼)가 누락되어 이를 추가하려고 한다. 이에 적합한 SQL 명령어는?

① DELETE ② RESTORE
③ ALTER ④ ACCESS

> **해설**
> ALTER는 테이블의 구조를 변경하며, 속성 추가가 가능하다.
> ①은 튜플을 삭제할 때 사용한다.

55 SQL에서 스키마(schema), 도메인(domain), 테이블(table), 뷰(view), 인덱스(index)를 정의하거나 변경 또는 삭제할 때 사용하는 언어는?

① DML(Data Manipulation Language)
② DDL(Data Definition Language)
③ DCL(Data Control Language)
④ IDL(Interactive Data Language)

> **해설**
> **키워드** 도메인, 테이블, …, 정의(Definition), 변경, 삭제(DROP) → **용어** DDL(Data Definition Language, 데이터 정의어)
> - DML(Data Manipulation Language, 데이터 조작어) : 데이터베이스에 저장된 튜플(행)을 삽입, 수정, 삭제, 검색하기 위한 언어
> - DCL(Data Control Language, 데이터 제어어) : 데이터베이스 관리자(DBA)가 데이터 관리를 목적으로 보안, 회복, 사용자 권한 등을 정의하기 위한 언어
> - IDL(Interactive Data Language, 대화형 데이터 언어) : 데이터 분석용으로 쓰이는 프로그래밍 언어

> ▶ 정답 : 50.③, 51.①, 52.④, 53.①, 54.③, 55.②

56 릴레이션 R1에 속한 애트리뷰트의 조합인 외래키를 변경하려면 이를 참조하고 있는 릴레이션 R2의 기본키도 변경해야 하는데 이를 무엇이라 하는가?

① 정보 무결성　　　② 고유 무결성
③ 널 제약성　　　　④ 참조 무결성

> 해설 [키워드] 외래키 → [용어] 참조 무결성(Referential Integrity)

57 트랜잭션을 수행하는 도중, 장애로 인해 손상된 데이터베이스를 손상되기 이전의 정상적인 상태로 복구시키는 작업은?

① Recovery　　　　② Commit
③ Abort　　　　　　④ Restart

> 해설 [키워드] 정상적인 상태로 복구(Recovery) → [용어] 회복(Recovery, 복구)
> • Commit : 트랜잭션이 성공했을 경우 그 결과를 데이터베이스에 적용하여 작업을 완료시키는 연산

58 E-R 다이어그램의 표기법으로 옳지 않은 것은?

① 개체타입 – 사각형
② 속성 – 타원
③ 관계집합 – 삼각형
④ 개체타입과 속성을 연결 – 선

> 해설 관계집합 – 마름모

59 병행제어의 로킹(Locking) 단위에 대한 설명으로 옳지 않은 것은?

① 데이터베이스, 파일, 레코드 등은 로킹 단위가 될 수 있다.
② 로킹 단위가 작아지면 로킹 오버헤드가 증가한다.
③ 한꺼번에 로킹할 수 있는 단위를 로킹 단위라고 한다.
④ 로킹 단위가 작아지면 병행성 수준이 낮아진다.

> 해설 로킹 단위가 작아지면 병행성 수준이 높아진다.

60 아래와 같은 결과를 만들어내는 SQL문은?

[공급자] Table

공급자번호	공급자명	위치
16	대신공업사	수원
27	삼진사	서울
39	삼양사	인천
62	진아공업사	대전
70	신촌상사	서울

[결과]

공급자번호	공급자명	위치
16	대신공업사	수원
70	신촌상사	서울

① SELECT * FROM 공급자 WHERE 공급자명 LIKE '%신%';
② SELECT * FROM 공급자 WHERE 공급자명 LIKE '대%';
③ SELECT * FROM 공급자 WHERE 공급자명 LIKE '%사';
④ SELECT * FROM 공급자 WHERE 공급자명 IS NOT NULL;

> 해설
> • ① 공급자명에 '신'이 포함되는 모든 튜플을 검색한다.
> • ② 공급자명이 '대'로 시작하는 모든 튜플을 검색한다.
> • ③ 공급자명이 '사'로 끝나는 모든 튜플을 검색한다.
> • ④ 공급자명이 NULL이 아닌 모든 튜플을 검색한다.

[4과목 : 프로그래밍 언어 활용]

61 운영체제를 기능에 따라 분류할 경우 제어 프로그램이 아닌 것은?

① 데이터 관리 프로그램
② 서비스 프로그램
③ 작업 제어 프로그램
④ 감시 프로그램

> 해설 다른 하나는 처리 프로그램에 포함된다.
> TIP 제어 프로그램은 "감자데이터(감작데이터)"로 기억하세요.

▶ 정답 : 56.④, 57.①, 58.③, 59.④, 60.①, 61.②

62 교착상태가 발생할 수 있는 조건이 아닌 것은?

① Mutual exclusion　② Hold and wait

③ Non-preemption　④ Linear wait

> **해설** 교착상태 발생의 4가지 필요충분조건 : 상호 배제(Mutual Exclusion), 점유와 대기(Hold & Wait), 비선점(Nonpreemption), 환형 대기(Circular Wait)
> **TIP** 교착상태 4가지 조건은 "삼점대 비환영(상점대 비환형)"으로 기억하세요.

63 기억공간 15K, 23K, 22K, 21K 순으로 빈 공간이 있을 때, 기억장치 배치 전략으로 "First Fit"을 사용하여 17K의 프로그램을 적재할 경우 내부 단편화의 크기는 얼마인가?

① 5K　　　　② 6K

③ 7K　　　　④ 8K

> **해설** 최초 적합(First Fit)은 첫 번째에 배치시키는 방법이다.
> • 15K 공간에 할당 : 메모리 크기가 할당 프로그램 크기보다 작으므로 할당 불가능
> • 23K 공간에 할당 : 내부 단편화 6K 발생

64 결합도가 낮은 것부터 높은 것 순으로 옳게 나열한 것은?

> ㄱ. 내용 결합도　　ㄴ. 자료 결합도
> ㄷ. 공통 결합도　　ㄹ. 스탬프 결합도
> ㅁ. 외부 결합도　　ㅂ. 제어 결합도

① ㄱ → ㄴ → ㄹ → ㅂ → ㅁ → ㄷ

② ㄴ → ㄹ → ㅁ → ㅂ → ㄷ → ㄱ

③ ㄴ → ㄹ → ㅂ → ㅁ → ㄷ → ㄱ

④ ㄱ → ㄴ → ㄹ → ㅁ → ㅂ → ㄷ

> **해설** 결합도 종류 : 자료 〈 스탬프 〈 제어 〈 외부 〈 공통 〈 내용

65 다음 설명의 ㉠과 ㉡에 들어갈 내용으로 옳은 것은?

> 가상기억장치의 일반적인 구현 방법에는 프로그램을 고정된 크기의 일정한 블록으로 나누는 (㉠) 기법과 가변적인 크기의 블록으로 나누는 (㉡) 기법이 있다.

① ㉠ : Paging,　　㉡ : Segmentation

② ㉠ : Segmentation,　　㉡ : Allocation

③ ㉠ : Segmentation,　　㉡ : Compaction

④ ㉠ : Paging,　　㉡ : Linking

> **해설**　**키워드** 고정된 크기 → **용어** 페이징(Paging)
> 　**키워드** 가변적인 크기 → **용어** 세그먼테이션(Segmentation)

66 C언어에서 문자열을 정수형으로 변환하는 라이브러리 함수는?

① atoi( )　　　　② atof( )

③ itoa( )　　　　④ ceil( )

> **해설**　**키워드** 문자열(ascii)을 정수형(integer)으로 → **용어** atoi( )
> • atof( ) : 문자열을 실수형으로 변환하는 함수
> • itoa( ) : 정수형을 문자열로 변환하는 함수
> • ceil( ) : 올림 함수(소수점 자리 무조건 올림)

67 WAS(Web Application Server)가 아닌 것은?

① JEUS　　　　② JVM

③ Tomcat　　　　④ WebSphere

> **해설** WAS 종류 : Tomcat, GlassFish, JBoss, Jetty, JEUS, Resin, WebLogic, WebSphere 등

68 C언어에서 산술 연산자가 아닌 것은?

① %　　　　② *

③ /　　　　④ =

> **해설** 다른 하나는 대입 연산자이다.
> • 산술 연산자 : +, -, *, /, %

69 OSI 7계층에서 물리적 연결을 이용해 신뢰성 있는 정보를 전송하려고 동기화, 오류제어, 흐름제어 등의 전송 에러를 제어하는 계층은?

① 데이터 링크 계층　② 물리 계층

③ 응용 계층　　　　④ 표현 계층

▶ 정답 : 62.④, 63.②, 64.③, 65.①, 66.①, 67.②, 68.④, 69.①

키워드 물리적 연결, 동기화, 오류제어, 흐름제어 → 용어 데이터 링크(Data Link) 계층
- 물리(Physical) 계층 : 매체 간의 전기적, 기능적, 절차적 기능 및 인터페이스 정의
- 응용(Application) 계층 : 사용자가 OSI 7계층 환경에 접근할 수 있도록 서비스 제공
- 표현(Presentation) 계층 : 코드 변환, 구문 검색, 암호화, 형식 변환, 압축

70 IEEE 802.3 LAN에서 사용되는 전송매체 접속제어 (MAC) 방식은?

① CSMA/CD   ② Token Bus

③ Token Ring   ④ Slotted Ring

키워드 802.3 → 용어 CSMA/CD
- Token Bus : IEEE 802.4
- Token Ring : IEEE 802.5

71 IPv6에 대한 설명으로 틀린 것은?

① 멀티캐스트(Multicast) 대신 브로드캐스트(Broadcast)를 사용한다.

② 보안과 인증 확장 헤더를 사용함으로써 인터넷 계층의 보안기능을 강화하였다.

③ 애니캐스트(Anycast)는 하나의 호스트에서 그룹 내의 가장 가까운 곳에 있는 수신자에게 전달하는 방식이다.

④ 128비트 주소체계를 사용한다.

IPv4의 브로드캐스트(Broadcast)가 없어지고 IPv6에서 애니캐스트(Anycast)가 새로 생성됐다.

72 TCP/IP 프로토콜에서 TCP가 해당하는 계층은?

① 데이터 링크 계층   ② 네트워크 계층

③ 트랜스포트 계층   ④ 세션 계층

TCP는 트랜스포트(전송) 계층에 해당한다.

73 다음 중 응집도가 가장 높은 것은?

① 절차적 응집도   ② 순차적 응집도

③ 우연적 응집도   ④ 논리적 응집도

응집도 종류 : 우연적 〈 논리적 〈 시간적 〈 절차적 〈 교환적 〈 순차적 〈 기능적

74 다음 JAVA 코드 출력문의 결과는?

```
…생략…
System.out.println("5 + 2 = " + 3 + 4);
System.out.println("5 + 2 = " + (3 + 4));
…생략…
```

① 5 + 2 = 34   ② 5 + 2 + 3 + 4
   5 + 2 = 34   5 + 2 = 7

③ 7 = 7   ④ 5 + 2 = 34
   7 + 7   5 + 2 = 7

JAVA언어의 출력 함수에서 문자열과 변수의 값을 함께 출력할 경우 + 연산자를 사용한다.
- 괄호 X : 문자열 이어 붙이기 예 3 + 4 → 34
- 괄호 O : 덧셈 예 (3 + 4) → 7

75 다음은 파이썬으로 만들어진 반복문 코드이다. 이 코드의 결과는?

```
>> while(True):
    print('A')
    print('B')
    print('C')
    continue
    print('D')
```

① A, B, C 출력이 반복된다.

② A, B, C까지만 출력된다.

③ A, B, C, D 출력이 반복된다.

④ A, B, C, D까지만 출력된다.

continue문을 실행하게 되면 continue 이후 문장은 실행하지 않고, 루프(loop)의 선두로 되돌아가서 실행한다. 즉, A, B, C만 출력된다. 그리고 while(True)는 무한 루프로 break문을 실행하여야 종료된다. 하지만 코드에 break문이 없으므로 A, B, C 출력이 반복된다.

▶ 정답 : 70.①, 71.①, 72.③, 73.②, 74.④, 75.①

76 C언어에서 변수로 사용할 수 없는 것은?

① data02   ② int01
③ _sub   ④ short

> **해설** 예약어를 변수명으로 사용할 수 없다.

77 라이브러리의 개념과 구성에 대한 설명 중 틀린 것은?

① 라이브러리란 필요할 때 찾아서 쓸 수 있도록 모듈화되어 제공되는 프로그램을 말한다.
② 프로그래밍 언어에 따라 일반적으로 도움말, 설치 파일, 샘플코드 등을 제공한다.
③ 외부 라이브러리는 프로그래밍 언어가 기본적으로 가지고 있는 라이브러리를 의미하며, 표준 라이브러리는 별도의 파일 설치를 필요로 하는 라이브러리를 의미한다.
④ 라이브러리는 모듈과 패키지를 총칭하며, 모듈이 개별 파일이라면 패키지는 파일들을 모아놓은 폴더라고 볼 수 있다.

> **해설** 표준 라이브러리는 프로그래밍 언어가 기본적으로 가지고 있는 라이브러리를 의미하며, 외부 라이브러리는 별도의 파일 설치를 필요로 하는 라이브러리를 의미한다.

78 UDP 특성에 해당되는 것은?

① 양방향 연결형 서비스를 제공한다.
② 송신 중에 링크를 유지 관리하므로 신뢰성이 높다.
③ 순서제어, 오류제어, 흐름제어 기능을 한다.
④ 흐름제어나 순서제어가 없어 전송속도가 빠르다.

> **해설** 나머지는 TCP에 대한 설명이다.

79 운영체제의 가상기억장치 관리에서 프로세스가 일정 시간 동안 자주 참조하는 페이지들의 집합을 의미하는 것은?

① Locality   ② Deadlock
③ Thrashing   ④ Working Set

> **해설** [키워드] 자주 참조, 페이지 집합 → [용어] 워킹 셋(Working Set)
> • 구역성(Locality, 국부성) : 프로세스가 실행되는 동안 일부 페이지만 집중적으로 참조하는 성질

• 교착상태(Dead Lock) : 둘 이상의 프로세스들이 자원을 점유한 상태에서 서로 다른 프로세스가 점유하고 있는 자원을 요구하며 무한정 기다리는 현상
• 스래싱(Thrashing) : 프로세스의 처리 시간보다 페이지 교체 시간이 더 많아져 CPU 이용률이 저하되는 현상

80 JAVA에서 변수와 자료형에 대한 설명으로 틀린 것은?

① 변수는 어떤 값을 주기억 장치에 기억하기 위해서 사용하는 공간이다.
② 변수의 자료형에 따라 저장할 수 있는 값의 종류와 범위가 달라진다.
③ char 자료형은 나열된 여러 개의 문자를 저장하고자 할 때 사용한다.
④ boolean 자료형은 조건이 참인지 거짓인지 판단하고자 할 때 사용한다.

> **해설** ③은 string 클래스에 대한 설명이다.
> • char 자료형 : 하나의 문자를 저장하고자 할 때 사용한다.

[5과목 : 정보시스템 구축관리]

81 다음 내용이 설명하는 것은?

> • 블록체인 개발 환경을 클라우드로 서비스하는 개념
> • 블록체인 네트워크에 노드의 추가 및 제거가 용이
> • 블록체인의 기본 인프라를 추상화하여 블록체인 응용프로그램을 만들 수 있는 클라우드 컴퓨팅 플랫폼

① OTT   ② Baas
③ SDDC   ④ Wi-SUN

> **해설** [키워드] 블록체인(Blockchain) 개발 환경 → [용어] BaaS (Blockchain as a Service, 서비스형 블록체인)
> • OTT(Over-The-Top, 오버더톱 서비스) : 개방된 인터넷을 통해 방송 프로그램, 영화 등 미디어 콘텐츠를 제공하는 서비스
> • SDDC(Software-Defined Data Center, 소프트웨어 정의 데이터 센터) : 데이터 센터를 효율적으로 운영하고 편리하게 관리하기 위해 등장한 모든 컴퓨팅 인프라를 가상화하여 서비스하는 데이터 센터
> • 와이선(Wi-SUN) : 스마트 그리드 서비스를 제공하기 위한 와이파이 기반의 저전력 장거리 통신기술

▶ 정답 : 76.④, 77.③, 78.④, 79.④, 80.③, 81.②

82 소프트웨어 개발 방법론 중 CBD(Component Based Development)에 대한 설명으로 틀린 것은?

① 생산성과 품질을 높이고, 유지보수 비용을 최소화할 수 있다.

② 컴포넌트 제작 기법을 통해 재사용성을 향상시킨다.

③ 모듈의 분할과 정복에 의한 하향식 설계방식이다.

④ 독립적인 컴포넌트 단위의 관리로 복잡성을 최소화할 수 있다.

> **해설** CBD 방식은 컴포넌트를 조립해서 하나의 새로운 응용 프로그램을 작성하는 방법론이므로, 모듈의 분할과 정복에 의한 상향식 설계 방식이다.
> • 분할과 정복(Divide and Conquer) : 큰 시스템을 여러 개의 서브 시스템으로 나누어, 세분화된 서브 시스템부터 하나씩 개발하는 방법
> • 상향식 설계 : 하위 모듈에서 상위 모듈로 이동하면서 설계하는 방식
> • 하향식 설계 : 상위 모듈에서 하위 모듈로 이동하면서 설계하는 방식

83 LOC 기법에 의해 예측된 총 라인 수가 36,000라인, 개발에 참여할 프로그래머가 6명, 프로그래머들의 평균 생산성이 월간 300라인일 때 개발에 소요되는 기간은?

① 5개월   ② 10개월

③ 15개월   ④ 20개월

> **해설** 개발 기간 = 인월 / 투입 인원 = 120 / 6 = 20
> • 인월 = LOC / 1인당 월평균 생산 코드 라인 수
> = 36,000라인 / 300라인 = 120
> **TIP** LOC 산정 공식은 "개인라인(일)"으로 기억하세요.

84 다음 내용이 설명하는 소프트웨어 개발 모형은?

> 소프트웨어 생명 주기 모형 중 Boehm이 제시한 고전적 생명 주기 모형으로서 선형 순차적 모델이라고도 하며, 타당성 검토, 계획, 요구사항 분석, 설계, 구현, 테스트, 유지보수의 단계를 통해 소프트웨어를 개발하는 모형

① 프로토타입 모형   ② 나선형 모형

③ 폭포수 모형   ④ RAD 모형

> **해설** **키워드** Boehm, 고전적, 선형 순차적 → **용어** 폭포수 모델 (Waterfall Model)
> • 프로토타입 모델(Prototype Model) : 사용자의 요구사항에 따라 프로토타입(시제품)을 신속히 개발하여 제공한 후, 사용자의 피드백을 통해 개선하고 보완해가는 모델
> • 나선형 모델(Spiral Model) : 시스템 개발 시 위험을 최소화하기 위해 점진적으로 완벽한 시스템으로 개발해 나가는 모델
> • RAD(Rapid Application Development) 모델 : 사용자의 적극적인 참여와 강력한 소프트웨어 개발 도구를 이용하여 매우 짧은 주기(60~90일)로 개발을 진행하는 순차적 모델

85 소프트웨어 공학에 대한 설명으로 거리가 먼 것은?

① 소프트웨어 공학이란 소프트웨어의 개발, 운용, 유지보수 및 파기에 대한 체계적인 접근방법이다.

② 소프트웨어 공학은 소프트웨어 제품의 품질을 향상시키고 소프트웨어 생산성과 작업 만족도를 증대시키는 것이 목적이다.

③ 소프트웨어 공학의 궁극적 목표는 최대의 비용으로 계획된 일정보다 가능한 빠른 시일 내에 소프트웨어를 개발하는 것이다.

④ 소프트웨어 공학은 신뢰성 있는 소프트웨어를 경제적인 비용으로 획득하기 위해 공학적 원리를 정립하고 이를 이용하는 것이다.

> **해설** 소프트웨어 공학의 궁극적 목표는 최소의 비용으로 빠른 시일 내에 소프트웨어를 개발하는 것이다.

86 다음 암호 알고리즘 중 성격이 다른 하나는?

① MD4   ② MD5

③ SHA-1   ④ AES

> **해설** ①, ②, ③은 단방향 알고리즘, ④는 양방향 알고리즘이다.

87 다음 LAN의 네트워크 토폴로지는 어떤 형인가?

데이터 전송 방향

스테이션1   스테이션2   스테이션3   스테이션4   스테이션5

① 그물형   ② 십자형

③ 버스형   ④ 링형

▶ 정답 : 82.③, 83.④, 84.③, 85.③, 86.④, 87.③

> 버스형(Bus)은 공유 버스에 연결된 구조이다.
> - 그물형(Mesh, 망형) : 각 사이트가 시스템 내의 다른 모든 사이트와 직접 연결된 구조
> - 십자형은 네트워크 토폴로지에 포함되지 않는다.
> - 링형(Ring)=환형, 루프형 : 인접하는 다른 두 사이트와만 직접 연결된 구조

88 정보보호를 위한 암호화에 대한 설명으로 틀린 것은?

① 평문 – 암호화되기 전의 원본 메시지
② 암호문 – 암호화가 적용된 메시지
③ 복호화 – 평문을 암호문으로 바꾸는 작업
④ 키(Key) – 적절한 암호화를 위하여 사용하는 값

> 평문을 암호문으로 바꾸는 작업은 암호화이고, 암호문을 평문으로 바꾸는 작업이 복호화이다.

89 정보보안을 위한 접근통제 정책 종류에 해당하지 않는 것은?

① 임의적 접근 통제
② 데이터 전환 접근 통제
③ 강제적 접근 통제
④ 역할 기반 접근 통제

> 접근 통제 종류 : 임의 접근 통제(DAC), 강제 접근 통제(MAC), 역할기반 접근 통제(RBAC)

90 정보보안의 3요소에 해당하지 않는 것은?

① 기밀성
② 무결성
③ 가용성
④ 휘발성

> 소프트웨어 개발 보안의 3요소 : 무결성, 기밀성, 가용성
> TIP 보안 3요소는 "무기가"로 기억하세요.

91 소셜 네트워크에서 악의적인 사용자가 지인 또는 특정 유명인으로 가장하여 활동하는 공격기법은?

① Evil Twin Attack
② Phishing
③ Logic Bomb
④ Cyberbullying

> 키워드 지인 또는 특정 유명인으로 가장 → 용어 이블 트윈 공격(Evil Twin Attack)
> TIP 이블 트윈 공격은 피싱(Phishing)의 무선 버전입니다.

> - 피싱(Phishing) : 개인정보(Private data)와 낚시(Fishing)의 합성어로, 낚시하듯이 개인정보를 몰래 빼내는 것
> - 논리 폭탄(Logic Bomb) : 특정 조건이 만족되면 트리거에 의해 특정 형태의 공격을 하는 코드로, 일반 프로그램에 오류를 발생시키는 프로그램 루틴을 무단으로 삽입하여 부정한 행위를 하는 것
> - 사이버 협박(Cyber-bullying, 사이버 불링) : 인터넷에서 특정인을 집단적으로 따돌리거나 욕설/모욕/위협/소문/사진 등으로 집요하게 괴롭히는 행위

92 소프트웨어 비용 산정 기법 중 개발 유형으로 organic, semi-detach, embedded로 구분되는 것은?

① PUTNAM
② COCOMO
③ FP
④ SLIM

> COCOMO의 소프트웨어 개발 유형에서 소프트웨어의 복잡도 또는 원시 프로그램의 규모에 따라 조직형(Organic Mode), 반분리형(Semi-Detached Mode), 내장형(Embedded Mode)으로 구분된다.
> - 푸트남(Putnam) 모형 : 푸트남(Putnam)이 제안한 모형으로, 소프트웨어 생명 주기의 전 과정에 사용될 노력의 분포를 가정해주는 모형
> - 기능 점수(FP; Function Point) 모형 : 알브레히트(A.Albrecht)가 제안한 모형으로, 총 기능 점수와 영향도를 이용하여 기능 점수(FP)를 구한 후 비용을 산정하는 기법
> - SLIM : Putnam 모형을 기초로 해서 만든 자동화 추정 도구

93 나선형(Spiral) 모형의 주요 태스크에 해당하지 않는 것은?

① 버전 관리
② 위험 분석
③ 개발
④ 평가

> 나선형 모델 개발 단계 : 계획 수립 → 위험 분석 → 개발 및 검증 → 고객 평가
> TIP 태스크(Task)는 작업 단위를 의미합니다.

94 정형화된 분석 절차에 따라 사용자 요구사항을 파악, 문서화하는 체계적 분석방법으로 자료흐름도, 자료사전, 소단위명세서의 특징을 갖는 것은?

① 구조적 개발 방법론
② 객체지향 개발 방법론
③ 정보공학 방법론
④ CBD 방법론

> ▶ 정답 : 88.③, 89.②, 90.④, 91.①.②, 92.②, 93.①, 94.①

구조적 분석 도구에는 자료 흐름도(DFD), 자료 사전(DD), 소단위 명세서(Mini-Specification), 개체 관계도(ERD), 상태 전이도(STD) 등이 있다.

95 전기 및 정보통신기술을 활용하여 전력망을 지능화, 고도화함으로써 고품질의 전력서비스를 제공하고 에너지 이용효율을 극대화하는 전력망은?

① 사물 인터넷　　　② 스마트 그리드
③ 디지털 아카이빙　④ 미디어 빅뱅

해설 키워드 전력망(Grid)을 지능화(Smart), 에너지 이용효율 극대화 → 용어 스마트 그리드(Smart Grid)
- IoT(Internet of Things, 사물 인터넷) : 가전제품, 전자 기기뿐만 아니라 헬스케어, 원격 검침, 스마트홈, 스마트카 등 다양한 분야에서 사물을 네트워크로 연결해 정보를 공유하는 기술
- 디지털 아카이빙(Digital Archiving) : 디지털 정보 자원을 장기적으로 보존하기 위한 작업
- 미디어 빅뱅(Media BigBang) : 정보 통신의 발달로 새로운 미디어가 등장하여 기존의 미디어 질서가 해체되는 미디어 환경 변화를 행성 대폭발을 의미하는 빅뱅에 비유한 표현

96 크래커가 침입하여 백도어를 만들어 놓거나, 설정 파일을 변경했을 때 분석하는 도구는?

① tripwire　　　② tcpdump
③ cron　　　　④ netcat

해설 키워드 백도어, 변경 분석 도구 → 용어 트립와이어(Tripwire)
- tcpdump : 명령줄에서 실행하는 패킷을 가로채는 소프트웨어
- 크론(Cron) : 리눅스의 스케줄러로, crontab 명령어를 사용해서 작업을 예약한다.
- netcat(넷캣) : TCP나 UDP 프로토콜을 사용하여 네트워크 작업에 사용되는 유닉스 계열 운영체제 명령어

97 스트림 암호화 방식의 설명으로 옳지 않은 것은?

① 비트/바이트/단어들을 순차적으로 암호화한다.
② 해시 함수를 이용한 해시 암호화 방식을 사용한다.
③ RC4는 스트림 암호화 방식에 해당한다.
④ 대칭키 암호화 방식이다.

해설 스트림 암호화 방식은 양방향 알고리즘이며, 해시 함수를 이용한 암호 방식은 단방향 알고리즘이다.

98 공개키 암호에 대한 설명으로 틀린 것은?

① 10명이 공개키 암호를 사용할 경우 5개의 키가 필요하다.
② 복호화키는 비공개되어 있다.
③ 송신자는 수신자의 공개키로 문서를 암호화한다.
④ 공개키 암호로 널리 알려진 알고리즘은 RSA가 있다.

해설 10명이 공개키 암호를 사용할 경우 10개의 공개키와 10개의 개인키가 필요하다.
- 한 사람당 1개의 공개키와 1개의 개인키를 보유한다.

99 다음 내용이 설명하는 것은?

- 사물통신, 사물인터넷과 같이 대역폭이 제한된 통신환경에 최적화하여 개발된 푸시기술 기반의 경량 메시지 전송 프로토콜
- 메시지 매개자(Broker)를 통해 송신자가 특정 메시지를 발행하고 수신자가 메시지를 구독하는 방식
- IBM이 주도하여 개발

① GRID　　　　② TELNET
③ GPN　　　　④ MQTT

해설 키워드 푸시기술 기반의 경량 메시지 전송 프로토콜 → 용어 MQTT (Message Queuing Telemetry Transport)
- 그리드(Grid) : 지역적으로 분산된 슈퍼컴퓨터 · 서버 · 가정용 PC 등 각종 IT 자원을 초고속 네트워크로 연동하고 대용량 컴퓨팅 자원을 제공하여 빠른 시간 안에 대규모 연산이 가능한 기술
- TELNET : 가상 터미널 기능을 제공하여 원격지에서 컴퓨터에 접속할 수 있게 하는 프로토콜
- GPN(Global Production Network, 글로벌 생산 네트워크) : 하나의 제품을 생산하기 위해 생산 공정이 여러 나라에 분산된 생산, 유통 및 소비, 운영 및 거래 등의 연계를 의미하는 개념

100 세션 하이재킹을 탐지하는 방법으로 거리가 먼 것은?

① FTP SYN SEGMENT 탐지
② 비동기화 상태 탐지
③ ACK STORM 탐지
④ 패킷의 유실 및 재전송 증가 탐지

해설 세션 하이재킹 탐지 방법 : 비동기화 상태 탐지, ACK STORM 탐지, 패킷의 유실 및 재전송 증가 탐지, 예상치 못한 접속의 리셋 탐지

▶ 정답 : 95.②, 96.①, 97.②, 98.①, 99.④, 100.①

[1과목 : 소프트웨어 설계]

01 요구사항 관리 도구의 필요성으로 틀린 것은?

① 요구사항 변경으로 인한 비용 편익 분석

② 기존 시스템과 신규 시스템의 성능 비교

③ 요구사항 변경의 추적

④ 요구사항 변경에 따른 영향 평가

> 해설 다른 하나는 성능 테스트 도구의 필요성이다.

02 GoF(Gangs of Four) 디자인 패턴에 대한 설명으로 틀린 것은?

① factory method pattern은 상위 클래스에서 객체를 생성하는 인터페이스를 정의하고, 하위 클래스에서 인스턴스를 생성하도록 하는 방식이다.

② prototype pattern은 prototype을 먼저 생성하고 인스턴스를 복제하여 사용하는 구조이다.

③ bridge pattern은 기존에 구현되어 있는 클래스에 기능 발생 시 기존 클래스를 재사용할 수 있도록 중간에서 맞춰주는 역할을 한다.

④ mediator pattern은 객체 간의 통제와 지시의 역할을 하는 중재자를 두어 객체지향의 목표를 달성하게 해준다.

> 해설 ③은 Adapter(어댑터) pattern에 대한 설명이다.
> • Bridge(브리지) pattern : 구현부에서 추상층을 분리하여 각자 독립적으로 확장할 수 있게 하여 결합도를 낮춘 패턴

03 애자일 개발 방법론이 아닌 것은?

① 스크럼(Scrum)

② 익스트림 프로그래밍(XP, eXtreme Programming)

③ 기능 주도 개발(FDD, Feature Driven Development)

④ 하둡(Hadoop)

> 해설 하둡은 오픈 소스를 기반으로 한 분산 컴퓨팅 플랫폼으로, 애자일 개발 방법론과는 거리가 멀다.

04 유스케이스(Usecase)에 대한 설명 중 옳은 것은?

① 유스케이스 다이어그램은 개발자의 요구를 추출하고 분석하기 위해 주로 사용한다.

② 액터는 대상 시스템과 상호 작용하는 사람이나 다른 시스템에 의한 역할이다.

③ 사용자 액터는 본 시스템과 데이터를 주고받는 연동 시스템을 의미한다.

④ 연동의 개념은 일방적으로 데이터를 파일이나 정해진 형식으로 넘겨주는 것을 의미한다.

> 해설 • 유스케이스 다이어그램은 개발자가 아닌 사용자의 요구를 추출하고 분석하기 위해 주로 사용한다.
> • ③은 시스템 액터에 대한 설명이다.
>   – 사용자 액터 : 기능을 요구하는 대상이나 시스템이 수행결과를 통보받는 사용자 혹은 기능을 사용하게 될 대상
> • 연동의 개념은 양방향으로 데이터를 파일이나 정해진 형식으로 주고받는 것을 의미한다.

05 CASE(Computer-Aided Software Engineering)의 원천 기술이 아닌 것은?

① 구조적 기법 　　② 프로토타이핑 기술

③ 정보 저장소 기술 　　④ 일괄처리 기술

> 해설 CASE의 원천 기술 : 구조적 기법, 프로토타이핑 기술, 자동 프로그래밍 기술, 정보 저장소 기술, 분산처리 기술

06 럼바우(Rumbaugh)의 객체지향 분석에서 사용하는 분석활동으로 옳은 것은?

① 객체 모델링, 동적 모델링, 정적 모델링

② 객체 모델링, 동적 모델링, 기능 모델링

③ 동적 모델링, 기능 모델링, 정적 모델링

④ 정적 모델링, 객체 모델링, 기능 모델링

> 해설 럼바우의 분석 활동 순서 : 객체 모형 → 동적 모형 → 기능 모형
> **TIP** 럼바우의 분석 활동 순서는 "객동기"로 기억하세요.

> ▶ 정답 : 01.②, 02.③, 03.④, 04.②, 05.④, 06.②

07 UML 모델에서 한 객체가 다른 객체에게 오퍼레이션을 수행하도록 지정하는 의미적 관계로 옳은 것은?

① Dependency
② Realization
③ Generalization
④ Association

> **해설** **키워드** 한 객체가 다른 객체에게 지정 → **용어** 구현 관계, 실체화 관계(Realization, Interface Realization)
> • 의존 관계(Dependency) : 연관 관계와 같이 한 클래스가 다른 클래스에서 제공하는 기능을 사용할 때를 나타낸다.
> • 일반화 관계, 상속 관계(Generalization) : 한 클래스(Parent)가 다른 클래스(Child)를 포함하는 상위 개념 관계임을 나타낸다.
> • 연관 관계(Association) : 클래스들이 개념상 서로 연결되었음을 나타낸다.

08 시스템의 구성 요소로 볼 수 없는 것은?

① Process
② Feedback
③ Maintenance
④ Control

> **해설** 시스템 구성 요소 : 입력(Input), 처리(Process), 출력(Output), 제어(Control), 피드백(Feedback)

09 사용자 인터페이스(UI)의 특징으로 틀린 것은?

① 구현하고자 하는 결과의 오류를 최소화한다.
② 사용자의 편의성을 높임으로써 작업시간을 증가시킨다.
③ 막연한 작업 기능에 대해 구체적인 방법을 제시하여 준다.
④ 사용자 중심의 상호 작용이 되도록 한다.

> **해설** 사용자의 편의성을 높임으로써 작업시간을 감소시킨다.

10 요구사항 개발 프로세스의 순서로 옳은 것은?

> ㉠ 도출(Elicitation)   ㉡ 분석(Analysis)
> ㉢ 명세(Specification)   ㉣ 확인(Validation)

① ㉠ - ㉡ - ㉢ - ㉣
② ㉠ - ㉢ - ㉡ - ㉣
③ ㉠ - ㉣ - ㉡ - ㉢
④ ㉠ - ㉡ - ㉣ - ㉢

> **해설** 요구사항 개발 절차 : 요구사항 도출 → 요구사항 분석 → 요구사항 명세 → 요구사항 확인(검증)
> **TIP** 요구사항 개발의 프로세스는 "도분명확"으로 기억하세요.

11 요구사항 분석이 어려운 이유가 아닌 것은?

① 개발자와 사용자 간의 지식이나 표현의 차이가 커서 상호 이해가 쉽지 않다.
② 사용자의 요구는 예외가 거의 없어 열거와 구조화가 어렵지 않다.
③ 사용자의 요구사항이 모호하고 불명확하다.
④ 소프트웨어 개발 과정 중에 요구사항이 계속 변할 수 있다.

> **해설** 사용자의 요구는 항상 변경될 가능성이 있으므로 열거와 구조화가 어렵다.

12 소프트웨어 아키텍처 설계에서 시스템 품질 속성이 아닌 것은?

① 가용성(Availability)
② 독립성(Isolation)
③ 변경 용이성(Modifiability)
④ 사용성(Usability)

> **해설** 소프트웨어 아키텍처 시스템 품질 속성 : 성능, 보안, 가용성, 기능성, 사용성, 변경 용이성, 확장성 등

13 서브시스템이 입력 데이터를 받아 처리하고 결과를 다른 시스템에 보내는 작업이 반복되는 아키텍처 스타일은?

① 클라이언트 서버 구조
② 계층 구조
③ MVC 구조
④ 파이프 필터 구조

> **해설** **키워드** 결과를 다른 시스템에 보냄 → **용어** 파이프 필터 구조(Pipe Filter, 데이터 흐름 구조)
> • 클라이언트/서버 구조(Client/Server) : 네트워크를 이용하는 분산 시스템 형태의 모델
> • 계층 구조(Layering) : 시스템을 계층으로 구분하여, 계층 하나를 서브 시스템으로 생각하는 고전적인 방법
> • MVC 구조(Model, View, Controller) : 구현하려는 전체 어플리케이션을 모델(Model), 뷰(View), 컨트롤러(Controller)로 구분하여 사용자 인터페이스와 비즈니스 로직을 서로 분리하여 개발하는 방법

▶ 정답 : 07.②, 08.③, 09.②, 10.①, 11.②, 12.②, 13.④

14 객체지향 기법에서 같은 클래스에 속한 각각의 객체를 의미하는 것은?

① Instance　　　② Message
③ Method　　　④ Module

> **해설**
> **키워드** 각각의 객체 → **용어** 인스턴스(Instance)
> • 메시지(Message) : 객체 간에 상호작용을 하는 데 사용되는 수단
> • 메소드(Method) : 연산자, 동작, 오퍼레이션, 함수, 프로시저 ·
> • 모듈(Module) : 소프트웨어 구조를 이루는 기본적인 단위

15 GoF(Gangs of Four) 디자인 패턴 중 생성 패턴으로 옳은 것은?

① singleton Pattern　② adapter Pattern
③ decorator Pattern　④ state Pattern

> **해설**
> ②, ③은 구조 패턴, ④는 행위 패턴에 포함된다.

16 다음 중 상위 CASE 도구가 지원하는 주요 기능으로 볼 수 없는 것은?

① 모델들 사이의 모순검사 기능
② 전체 소스코드 생성 기능
③ 모델의 오류검증 기능
④ 자료흐름도 작성 기능

> **해설**
> 다른 하나는 하위 CASE 도구의 코드 작성에 대한 설명과 유사하다. 하지만 하위 CASE 도구는 완벽하게 전체 소스 코드 생성은 어렵다.

17 다음 설명에 해당하는 시스템으로 옳은 것은?

> 시스템 인터페이스를 구성하는 시스템으로 연계할 데이터를 데이터베이스와 애플리케이션으로부터 연계 테이블 또는 파일 형태로 생성하여 송신하는 시스템이다.

① 연계 서버　　　②중계 서버
③ 송신 시스템　　④수신 시스템

> **해설**
> **키워드** 송신하는 시스템 → **용어** 송신 시스템
> • 연계 서버(중계 서버) : 송신 시스템과 수신 시스템 사이에서 데이터를 송·수신하고, 연계 데이터의 송·수신 현황을 모니터링하는 시스템

• 수신 시스템 : 수신한 연계 테이블 또는 파일의 데이터(연계 데이터)를 수신 시스템에서 관리하는 데이터 형식에 맞게 변환하여 데이터베이스에 저장하거나 애플리케이션에서 활용할 수 있도록 제공하는 시스템

18 UML 다이어그램이 아닌 것은?

① 액티비티 다이어그램(Activity Diagram)
② 절차 다이어그램(Procedural Diagram)
③ 클래스 다이어그램(Class Diagram)
④ 시퀀스 다이어그램(Sequence Diagram)

> **해설**
> UML 다이어그램 종류에는 액티비티(활동) 다이어그램, 클래스 다이어그램, 시퀀스 다이어그램, 유스케이스 다이어그램 등이 있다.

19 객체에게 어떤 행위를 하도록 지시하는 명령은?

① Class　　　　②Package
③ Object　　　④Message

> **해설**
> **키워드** 행위, 지시 → **용어** 메시지(Message)
> • 클래스(Class) : 사물의 특성을 소프트웨어적으로 추상화하여 모델링한 것으로, 객체를 만들 수 있는 틀(Template)
> • 객체(Object) : 현실 세계에 존재하는 실체로, 데이터와 그 데이터에 관련되는 동작을 모두 포함한 개념

20 객체지향 설계에서 객체가 가지고 있는 속성과 오퍼레이션의 일부를 감추어서 객체의 외부에서는 접근이 불가능하게 하는 개념은?

① 조직화(Organizing)
② 캡슐화(Encapsulation)
③ 정보은닉(Information Hiding)
④ 구조화(Structuralization)

> **해설**
> **키워드** 일부 감춤, 외부 접근 불가능 → **용어** 정보은닉(정보은폐), 캡슐화
> • 조직화(Organizing) : 목표를 달성하기 위한 책임과 역할을 부여하고 목표의 달성을 위해 작업을 배치하고 관련짓는 기능
> • 구조화(Structuralization) : 여러 개의 서브 시스템으로 분해하여 구조적으로 계층화하고 통제하는 기법

▶ 정답 : 14.①, 15.①, 16.②, 17.③, 18.②, 19.④, 20.②,③

[2과목 : 소프트웨어 개발]

21 클린 코드 작성원칙에 대한 설명으로 틀린 것은?

① 코드의 중복을 최소화한다.
② 코드가 다른 모듈에 미치는 영향을 최대화하도록 작성한다.
③ 누구든지 코드를 쉽게 읽을 수 있도록 작성한다.
④ 간단하게 코드를 작성한다.

> 해설 코드가 다른 모듈에 미치는 영향을 최소화하여, 코드의 변경이 다른 부분에 영향이 없도록 한다.

22 소프트웨어 형상 관리에 대한 설명으로 거리가 먼 것은?

① 소프트웨어에 가해지는 변경을 제어하고 관리한다.
② 프로젝트 계획, 분석서, 설계서, 프로그램, 테스트 케이스 모두 관리 대상이다.
③ 대표적인 형상관리 도구로 Ant, Maven, Gradle 등이 있다.
④ 유지 보수 단계뿐만 아니라 개발 단계에도 적용할 수 있다.

> 해설 Ant, Maven, Gradle은 빌드 도구에 해당한다.

23 EAI(Enterprise Application Integration) 구축 유형에서 애플리케이션 사이에 미들웨어를 두어 처리하지 않는 것은?

① Message Bus　② Point-to-point
③ Hub & Spoke　④ Hybrid

> 해설 Point-to-point는 중간에 미들웨어를 두지 않고 애플리케이션 간 1:1 연결을 한다.

24 소프트웨어 패키징에 대한 설명으로 틀린 것은?

① 패키징은 개발자 중심으로 진행한다.
② 신규 및 변경 개발소스를 식별하고, 이를 모듈화하여 상용제품으로 패키징한다.
③ 고객의 편의성을 위해 매뉴얼 및 버전관리를 지속적으로 한다.
④ 범용 환경에서 사용이 가능하도록 일반적인 배포 형태로 패키징이 진행된다.

> 해설 패키징은 개발자가 아닌 사용자 중심으로 진행한다.

25 애플리케이션의 처리량, 응답시간, 경과시간, 자원사용률에 대해 가상의 사용자를 생성하고 테스트를 수행함으로써 성능 목표를 달성하였는지를 확인하는 테스트 자동화 도구는?

① 명세 기반 테스트 설계 도구
② 코드 기반 테스트 설계 도구
③ 기능 테스트 수행 도구
④ 성능 테스트 도구

> 해설 [키워드] 처리량, 응답시간, 경과시간, 자원사용률, 성능 목표 → [용어] 성능 테스트 도구(Performance Test Tools)

26 디지털 저작권 관리(DRM) 구성 요소가 아닌 것은?

① Dataware house　② DRM Controller
③ Packager　④ Contents Distributor

> 해설 데이터웨어 하우스(Dataware house)는 사용자의 의사 결정에 도움을 주기 위하여 시스템에서 추출/변환/통합되고 요약된 주제 중심적인 데이터베이스로, 디지털 저작권 관리와는 거리가 멀다.

27 다음 설명의 소프트웨어 테스트의 기본 원칙은?

> • 파레토 법칙이 좌우한다.
> • 애플리케이션 결함의 대부분은 소수의 특정한 모듈에 집중되어 존재한다.
> • 결함은 발생한 모듈에서 계속 추가로 발생할 가능성이 높다.

① 살충제 패러독스　② 결함 집중
③ 오류 부재의 궤변　④ 완벽한 테스팅은 불가능

> 해설 [키워드] 파레토 법칙, 특정 모듈 집중 → [용어] 결함 집중(Defect Clustering)
> • 살충제 패러독스(Pesticide Paradox) : 동일한 테스트 케이스(Test Case)로 반복 실행하면 결함을 발견할 수 없으므로, 주기적으로 테스트 케이스를 리뷰하고 개선해야 한다.

▶ 정답 : 21.②, 22.③, 23.②, 24.①, 25.④, 26.①, 27.②

- 오류–부재의 궤변(Absence of Errors Fallacy) : 소프트웨어 결함을 모두 제거해도 사용자의 요구사항을 만족시키지 못하면 해당 소프트웨어는 품질이 높다고 할 수 없다.
- 완벽한 테스팅은 불가능 : 완벽한 테스팅은 무한 경로, 무한 입력값, 무한 시간이 소요되어 불가능하므로, 위험 분석과 우선순위를 토대로 테스트에 집중할 것을 의미한다.

28 다음 자료를 버블 정렬을 이용하여 오름차순으로 정렬할 경우 Pass 2의 결과는?

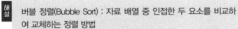
9, 6, 7, 3, 5

① 3, 5, 6, 7, 9　　　② 6, 7, 3, 5, 9
③ 3, 5, 9, 6, 7　　　④ 6, 3, 5, 7, 9

> **해설** 버블 정렬(Bubble Sort) : 자료 배열 중 인접한 두 요소를 비교하여 교체하는 정렬 방법
> - 1회전 : 9, 6, 7, 3, 5 → <u>6, 9</u>, 7, 3, 5 → 6, <u>7, 9</u>, 3, 5 → 6, 7, <u>3, 9</u>, 5 → 6, 7, 3, <u>5, 9</u>
> - 2회전 : 6, 7, 3, 5, 9 → 6, 7, 3, 5, 9 → 6, <u>3, 7</u>, 5, 9 → 6, 3, <u>5, 7</u>, 9 → 6, 3, 5, 7, 9
> - 3회전 : 6, 3, 5, 7, 9 → <u>3, 6</u>, 5, 7, 9 → 3, <u>5, 6</u>, 7, 9 → 3, 5, 6, 7, 9
> - 4회전 : 3, 5, 6, 7, 9

29 다음 설명의 소프트웨어 버전 관리도구 방식은?

> - 버전관리 자료가 원격저장소와 로컬 저장소에 함께 저장되어 관리된다.
> - 로컬 저장소에서 버전관리가 가능하므로 원격 저장소에 문제가 생겨도 로컬 저장소의 자료를 이용하여 작업할 수 있다.
> - 대표적인 버전 관리 도구로 Git이 있다.

① 단일 저장소 방식
② 분산저장소 방식
③ 공유폴더 방식
④ 클라이언트 · 서버 방식

> **해설** 키워드 원격저장소, 로컬저장소, Git → 용어 분산저장소 방식
> - 단일 저장소 방식은 소프트웨어 버전 관리 도구 방식에 포함되지 않는다.
> - 공유 폴더 방식 : 개발 완료 파일은 약속된 위치의 공유 폴더에 복사하는 방식
> - 클라이언트/서버 방식 : 중앙에 버전 관리 시스템이 항시 동작하여 관리하는 방식

30 인터페이스 구현 검증 도구가 아닌 것은?

① Foxbase　　　②STAF
③ watir　　　④xUnit

> **해설** 인터페이스 구현 검증 도구 종류 : xUnit, STAF, FitNesse, NTAF, watir, Selenium

31 정렬된 N개의 데이터를 처리하는데 $O(Nlog_2N)$의 시간이 소요되는 정렬 알고리즘은?

① 합병 정렬　　　② 버블 정렬
③ 선택 정렬　　　④ 삽입 정렬

> **해설** 나머지는 정렬된 N개의 데이터를 처리하는데 $O(N^2)$의 시간이 소요된다.

32 블랙박스 테스트를 이용하여 발견할 수 있는 오류가 아닌 것은?

① 비정상적인 자료를 입력해도 오류 처리를 수행하지 않는 경우
② 정상적인 자료를 입력해도 요구된 기능이 제대로 수행되지 않는 경우
③ 반복 조건을 만족하는데도 루프 내의 문장이 수행되지 않는 경우
④ 경계 값을 입력할 경우 요구된 출력 결과가 나오지 않는 경우

> **해설** 다른 하나는 화이트박스 테스트를 이용하여 발견할 수 있는 오류이다.
> - 키워드 기능 → 용어 블랙박스 테스트
> - 키워드 경로 → 용어 화이트박스 테스트

33 소프트웨어 테스트와 관련한 설명으로 틀린 것은?

① 화이트박스 테스트는 모듈의 논리적인 구조를 체계적으로 점검할 수 있다.
② 블랙박스 테스트는 프로그램의 구조를 고려하지 않는다.
③ 테스트 케이스에는 일반적으로 시험 조건, 테스트 데이터, 예상 결과가 포함되어야 한다.
④ 화이트박스 테스트에서 기본 경로(Basis Path)란 흐름 그래프의 시작 노드에서 종료 노드까지의 서로 독립된 경로로 사이클을 허용하지 않는 경로를 말한다.

▶ 정답 : 28.④, 29.②, 30.①, 31.①, 32.③, 33.④

> 해설 화이트박스 테스트에서 기본 경로(Basis Path)란 흐름 그래프의 시작 노드에서 종료 노드까지의 서로 독립된 경로로, 사이클은 최대 한 번만 지나야 한다.

34 공학적으로 잘 된 소프트웨어(Well Engineered Software)의 설명 중 틀린 것은?

① 소프트웨어는 유지보수가 용이해야 한다.
② 소프트웨어는 신뢰성이 높아야 한다.
③ 소프트웨어는 사용자 수준에 무관하게 일관된 인터페이스를 제공해야 한다.
④ 소프트웨어는 충분한 테스팅을 거쳐야 한다.

> 해설 소프트웨어는 사용자 수준에 따른 적당한 사용자 인터페이스를 제공해야 한다.

35 다음 중 단위 테스트를 통해 발견할 수 있는 오류가 아닌 것은?

① 알고리즘 오류에 따른 원치 않은 결과
② 탈출구가 없는 반복문의 사용
③ 모듈 간의 비정상적인 상호작용으로 인한 원치 않은 결과
④ 틀린 계산 수식에 의한 잘못된 결과

> 해설 다른 하나는 통합 테스트를 통해 발견할 수 있는 오류이다.

36 힙 정렬(Heap Sort)에 대한 설명으로 틀린 것은?

① 정렬할 입력 레코드들로 힙을 구성하고 가장 큰 키 값을 갖는 루트 노드를 제거하는 과정을 반복하여 정렬하는 기법이다.
② 평균 수행 시간은 $O(n\log_2 n)$이다.
③ 완전이진트리(complete binary tree)로 입력 자료의 레코드를 구성한다.
④ 최악의 수행 시간은 $O(2n^4)$이다.

> 해설 힙 정렬의 경우 항상 $O(n\log_2 n)$으로 보장된다.

37 버전 관리 항목 중 저장소에 새로운 버전의 파일로 갱신하는 것을 의미하는 용어는?

① 형상 감사(Configuration Audit)
② 롤백(Rollback)
③ 단위 테스트(Unit Test)
④ 체크인(Check-In)

> 해설 키워드 새로운 버전, 갱신 → 용어 체크인(Check-in)
> • 형상 감사 : 베이스라인의 무결성을 평가하기 위해 확인·검증 과정을 통해 공식적으로 승인하는 작업
> • 롤백(Rollback) : 트랜잭션의 실패로 작업을 취소하고, 이전 상태로 되돌리는 명령어
> • 단위 테스트(Unit Test) : 하나의 소프트웨어 모듈이 정상적으로 기능을 수행하는지 여부를 시험하는 최소 수준의 테스트

38 테스트와 디버그의 목적으로 옳은 것은?

① 테스트는 오류를 찾는 작업이고, 디버깅은 오류를 수정하는 작업이다.
② 테스트는 오류를 수정하는 작업이고, 디버깅은 오류를 찾는 작업이다.
③ 둘 다 소프트웨어의 오류를 찾는 작업으로, 오류 수정은 하지 않는다.
④ 둘 다 소프트웨어 오류의 발견, 수정과 무관하다.

> 해설 키워드 오류를 찾는 작업 → 용어 테스트(Test)
> 키워드 오류를 수정하는 작업 → 용어 디버깅(Debugging)

39 다음 postfix로 표현된 연산식의 연산 결과로 옳은 것은?

$$3\ 4\ *\ 5\ 6\ *\ +$$

① 35 ② 42 ③ 81 ④ 360

> 해설 • PostFix(후위 표기법) : Left 피연산자 → Right 피연산자 → 연산자
> • InFix(중위 표기법) : Left 피연산자 → 연산자 → Right 피연산자
>
> 서술문
> ((3 4 *) (5 6 *) +)
> ①   ②
>   ③
>
> 풀이
> ① : (3 * 4)
> ② : (5 * 6)
> ③ : (① + ②) → ((3 * 4) + (5 * 6))
> → 필요 없는 괄호 없애기 : (3 * 4) + (5 * 6) = 12 + 30 = 42
> TIP 위 연산식을 계산하기 위해서는 InFix(중위 표기법)으로 변환해야 합니다.

▶ 정답 : 34.③, 35.③, 36.④, 37.④, 38.①, 39.②

40 다음 중 스택을 이용한 연산과 거리가 먼 것은?

① 선택정렬
② 재귀호출
③ 후위표현(Post-fix expression)의 연산
④ 깊이우선탐색

> 해설 선택정렬은 자료 배열 중에 최솟값(또는 최댓값)을 찾아 정렬하는 방법으로 스택(Stack)을 이용하는 연산과는 거리가 멀다.

[3과목 : 데이터베이스 구축]

41 릴레이션 R의 차수가 4이고 카디널리티가 5이며, 릴레이션 S의 차수가 6이고 카디널리티가 7일 때, 두 개의 릴레이션을 카티션 프로덕트한 결과의 새로운 릴레이션의 차수와 카디널리티는 얼마인가?

① 24, 35
② 24, 12
③ 10, 35
④ 10, 12

> 해설 카티션 프로덕트는 두 릴레이션의 차수(Degree)는 더하고, 카디널리티(Cardinality)는 곱한다.
> • 차수 : 4 + 6 = 10
> • 카디널리티 : 5 × 7 = 35

42 시스템 카탈로그에 대한 설명으로 옳지 않은 것은?

① 사용자가 직접 시스템 카탈로그의 내용을 갱신하여 데이터베이스 무결성을 유지한다.
② 시스템 자신이 필요로 하는 스키마 및 여러 가지 객체에 관한 정보를 포함하고 있는 시스템 데이터베이스이다.
③ 시스템 카탈로그에 저장되는 내용을 메타 데이터라고도 한다.
④ 시스템 카탈로그는 DBMS가 스스로 생성하고 유지한다.

> 해설 사용자가 아닌 DBMS가 시스템 카탈로그의 내용을 갱신하여 데이터베이스 무결성을 유지한다.

43 다음 관계대수 중 순수 관계연산자가 아닌 것은?

① 차집합(difference)
② 프로젝트(project)
③ 조인(join)
④ 디비전(division)

> 해설 다른 하나는 일반 집합 연산자이다.
> TIP 순수 관계 연산자는 "셀프로 디비줘(조)"로 기억하세요.

44 데이터베이스 설계 시 물리적 설계 단계에서 수행하는 사항이 아닌 것은?

① 레코드 집중의 분석 및 설계
② 접근 경로 설계
③ 저장 레코드의 양식 설계
④ 목표 DBMS에 맞는 스키마 설계

> 해설 다른 하나는 논리적 설계 단계에서 수행한다.

45 다음 R1과 R2의 테이블에서 아래의 실행결과를 얻기 위한 SQL문은?

[R1] 테이블

학번	이름	학년	학과	주소
1000	홍길동	1	컴퓨터공학	서울
2000	김철수	1	전기공학	경기
3000	강남길	2	전자공학	경기
4000	오말자	2	컴퓨터공학	경기
5000	장미화	3	전자공학	서울

[R2] 테이블

학번	과목번호	과목이름	학점	점수
1000	C100	컴퓨터구조	A	91
2000	C200	데이터베이스	A+	99
3000	C100	컴퓨터구조	B+	89
3000	C200	데이터베이스	B	85
4000	C200	데이터베이스	A	93
4000	C300	운영체제	B+	88
5000	C300	운영체제	B	82

[실행결과]

과목번호	과목이름
C100	컴퓨터구조
C200	데이터베이스

▶ 정답 : 40.①, 41.③, 42.①, 43.①, 44.④, 45.①

① SELECT 과목번호, 과목이름

　FROM R1, R2 WHERE R1.학번 = R2.학번

　AND R1.학과 = '전자공학' AND R1.이름 = '강남길';

② SELECT 과목번호, 과목이름

　FROM R1, R2 WHERE R1.학번 = R2.학번

　OR R1.학과 = '전자공학' OR R1.이름 = '홍길동';

③ SELECT 과목번호, 과목이름

　FROM R1, R2 WHERE R1.학번 = R2.학번

　AND R1.학과 = '컴퓨터공학' AND R1.이름 = '강남길';

④ SELECT 과목번호, 과목이름

　FROM R1, R2 WHERE R1.학번 = R2.학번

　OR R1.학과 = '컴퓨터공학' OR R1.이름 = '홍길동';

해설
- SELECT 과목번호, 과목이름 : 과목번호와 과목이름을 검색한다.
- FROM R1, R2 : [R1], [R2] 테이블에서
- WHERE R1.학번 = R2.학번 AND : [R1] 테이블의 학번과 [R2] 테이블의 학번이 같고

과목번호	과목이름
C100	컴퓨터구조
C200	데이터베이스
C100	컴퓨터구조
C200	데이터베이스
C200	데이터베이스
C300	운영체제
C300	운영체제

- R1.학과 = '전자공학' AND : [R1] 테이블의 학과가 '전자공학'이고

과목번호	과목이름
C100	컴퓨터구조
C200	데이터베이스
C300	운영체제

- R1.이름 = '강남길' : [R1] 테이블의 이름이 '강남길'인

과목번호	과목이름
C100	컴퓨터구조
C200	데이터베이스

46 병행제어 기법의 종류가 아닌 것은?

① 로킹 기법　　　② 시분할 기법

③ 타임 스탬프 기법　④ 다중 버전 기법

해설
병행제어 기법 종류 : 낙관적 기법, 타임 스탬프 기법, 로킹 기법, 다중 버전 기법

TIP 병행제어 기법 종류는 "낙타로 타(다)"로 기억하세요.

47 SQL문에서 SELECT에 대한 설명으로 옳지 않은 것은?

① FROM 절에는 질의에 의해 검색될 데이터들을 포함하는 테이블명을 기술한다.

② 검색 결과에 중복되는 레코드를 없애기 위해서 WHERE절에 'DISTINCT' 키워드를 사용한다.

③ HAVING절은 GROUP BY절과 함께 사용되며, 그룹에 대한 조건을 지정한다.

④ ORDER BY절은 특정 속성을 기준으로 정렬하여 검색할 때 사용한다.

해설
'DISTINCT' 키워드는 SELECT절에 사용한다.

예 SELECT DISTINCT 과목 FROM 수강생;

: [수강생] 테이블에서 중복 제거된 과목만 검색한다.

48 제3정규형(3NF)에서 BCNF(Boyce−Codd Normal Form)가 되기 위한 조건은?

① 결정자가 후보키가 아닌 함수 종속 제거

② 이행적 함수 종속 제거

③ 부분적 함수 종속 제거

④ 원자 값이 아닌 도메인 분해

해설
키워드 결정자, 후보키 → **용어** BCNF(Boyce/Codd Normal Form)

② 제2정규형 → 제3정규형

③ 제1정규형 → 제2정규형

④ 비정규화 테이블 → 제1정규형

49 SQL에서 VIEW를 삭제할 때 사용하는 명령은?

① ERASE　　　② KILL

③ DROP　　　④ DELETE

해설
- DROP : 도메인, 테이블, 뷰, 인덱스 제거
- DELETE : 튜플 삭제

50 트랜잭션의 실행이 실패하였음을 알리는 연산자로 트랜잭션이 수행한 결과를 원래의 상태로 원상 복귀시키는 연산은?

① COMMIT 연산　② BACKUP 연산

③ LOG 연산　　　④ ROLLBACK 연산

▶ 정답 : 46.②, 47.②, 48.①, 49.③, 50.④

해설 **키워드** 트랜잭션의 실행 실패, 복귀 → **용어** ROLLBACK
• COMMIT : 트랜잭션이 성공했을 경우, 그 결과를 데이터베이스에 적용하여 작업을 완료시키는 연산

51 DDL(Data Define Language)의 명령어 중 스키마, 도메인, 인덱스 등을 정의할 때 사용하는 SQL문은?

① ALTER ② SELECT
③ CREATE ④ INSERT

해설 **키워드** 스키마, 도메인, 인덱스 정의 → **용어** CREATE
• ①은 변경, ②는 검색, ④는 삽입할 때 사용하는 SQL문이다.

52 데이터 속성 간의 종속성에 대한 엄밀한 고려 없이 잘못 설계된 데이터베이스에서는 데이터 처리 연산 수행 시 각종 이상 현상이 발생할 수 있는데, 이러한 이상 현상이 아닌 것은?

① 검색 이상 ② 삽입 이상
③ 삭제 이상 ④ 갱신 이상

해설 이상의 종류 : 삽입 이상, 삭제 이상, 갱신 이상
TIP 이상 현상의 종류는 "삽살개(삽삭갱)"로 기억하세요.

53 테이블 R1, R2에 대하여 다음 SQL문의 결과는?

```
(SELECT 학번 FROM R1)
INTERSECT
(SELECT 학번 FROM R2)
```

[R1] 테이블

학번	학점 수
20201111	15
20202222	20

[R2] 테이블

학번	과목번호
20202222	CS200
20203333	CS300

①

학번	학점 수	과목번호
20202222	20	CS200

②

학번
20202222

③

학번
20201111
20202222
20203333

④

학번	학점 수	과목번호
20201111	15	NULL
20202222	20	CS200
20203333	NULL	CS300

해설 (SELECT 학번 FROM R1) INTERSECT (SELECT 학번 FROM R2)
: [R1] 테이블의 학번과 [R2] 테이블의 학번의 교집합을 검색한다.
• INTERSECT : 교집합 연산자

학번		학번		학번
20201111	INTERSECT	20202222	=	20202222
20202222		20203333		

54 관계 데이터베이스 모델에서 차수(Degree)의 의미는?

① 튜플의 수 ② 테이블의 수
③ 데이터베이스의 수 ④ 애트리뷰트의 수

해설 차수(Degree) : 애트리뷰트(속성)의 수

55 다음 SQL문에서 ( ) 안에 들어갈 내용으로 옳은 것은?

```
UPDATE 인사급여 (  ) 호봉 = 15
WHERE 성명 = '홍길동';
```

① SET ② FROM ③ INTO ④ IN

해설 UPDATE문 일반 형식
: UPDATE 테이블명 SET 속성명 = 데이터 [WHERE 조건]
• UPDATE 인사급여 SET 호봉=15 WHERE 성명='홍길동';
: [인사급여] 테이블에서 성명이 '홍길동'인 튜플의 호봉 속성을 15로 변경한다.

56 병렬 데이터베이스 환경 중 수평분할에서 활용되는 분할 기법이 아닌 것은?

① 라운드-로빈 ② 범위 분할
③ 예측 분할 ④ 해시 분할

해설 수평 분할은 레코드를 기준으로 테이블을 분할하는 것으로, 예측 분할은 존재하지 않는 방식이다.

▶ 정답 : 51.③, 52.①, 53.②, 54.④, 55.①, 56.③

57 관계형 데이터 모델의 릴레이션에 대한 설명으로 틀린 것은?

① 모든 속성 값은 원자 값을 갖는다.
② 한 릴레이션에 포함된 튜플은 모두 상이하다.
③ 한 릴레이션에 포함된 튜플 사이에는 순서가 없다.
④ 한 릴레이션을 구성하는 속성 사이에는 순서가 존재한다.

> **해설** 한 릴레이션을 구성하는 속성 사이에는 순서가 없다.

58 속성(attribute)에 대한 설명으로 틀린 것은?

① 속성은 개체의 특성을 기술한다.
② 속성은 데이터베이스를 구성하는 가장 작은 논리적 단위이다.
③ 속성은 파일 구조상 데이터 항목 또는 데이터 필드에 해당된다.
④ 속성의 수를 "cardinality"라고 한다.

> **해설** 속성의 수를 'Degree'라고 하고, 튜플의 수를 'Cardinality'라고 한다.

59 릴레이션에서 기본 키를 구성하는 속성은 널(Null) 값이나 중복 값을 가질 수 없다는 것을 의미하는 제약조건은?

① 참조 무결성   ② 보안 무결성
③ 개체 무결성   ④ 정보 무결성

> **해설** [키워드] 기본 키, 널(NULL) 값이나 중복 값 X → [용어] 개체 무결성 (Entity Integrity)
> • 참조 무결성(Referential Integrity) : 릴레이션은 참조할 수 없는 외래키 값을 가질 수 없다.

60 개체-관계 모델(E-R)의 그래픽 표현으로 옳지 않은 것은?

① 개체타입 – 사각형   ② 속성 – 원형
③ 관계타입 – 마름모   ④ 연결 – 삼각형

> **해설** 연결 – 선

[4과목 : 프로그래밍 언어 활용]

61 페이징 기법에서 페이지 크기가 작아질수록 발생하는 현상이 아닌 것은?

① 기억장소 이용 효율이 증가한다.
② 입 · 출력 시간이 늘어난다.
③ 내부 단편화가 감소한다.
④ 페이지 맵 테이블의 크기가 감소한다.

> **해설** 페이지 크기가 작아질수록 페이지 맵 테이블의 크기가 증가한다.

62 다음 C언어 프로그램이 실행되었을 때의 결과는?

```c
#include <stdio.h>
int main(int argc, char *argv[]) {
    int a = 4;
    int b = 7;
    int c = a | b;
    printf("%d", c);
    return 0;
}
```

① 3   ② 4
③ 7   ④ 10

> **해설** |(비트합, or) : 두 비트 중 어느 하나라도 1이면 1, 그렇지 않으면 0이다.
> • 4 | 7 = 0100 | 0111 = 0111 = 7

63 다음 파이썬(Python) 프로그램이 실행되었을 때의 결과는?

```python
class FourCal:
    def setData(self, fir, sec):
        self.fir = fir
        self.sec = sec
    def add(self):
        result = self.fir + self.sec
        return result
a = FourCal()
a.setData(4, 2)
print(a.add())
```

① 0   ② 2
③ 4   ④ 6

▶ 정답 : 57.④, 58.④, 59.③, 60.④, 61.④, 62.③, 63.④

해설 코드해설

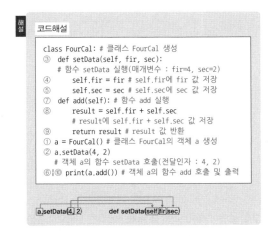

```
class FourCal: # 클래스 FourCal 생성
③  def setData(self, fir, sec):
       # 함수 setData 실행(매개변수 : fir=4, sec=2)
④      self.fir = fir # self.fir에 fir 값 저장
⑤      self.sec = sec # self.sec에 sec 값 저장
⑦  def add(self): # 함수 add 실행
⑧      result = self.fir + self.sec
          # result에 self.fir + self.sec 값 저장
⑨      return result # result 값 반환
①  a = FourCal() # 클래스 FourCal의 객체 a 생성
②  a.setData(4, 2)
       # 객체 a의 함수 setData 호출(전달인자 : 4, 2)
⑥|⑩ print(a.add()) # 객체 a의 함수 add 호출 및 출력
```

`a.setData(4, 2)`   `def setData(self, fir, sec)`

---

64 CIDR(Classless Inter-Domain Routing) 표기로 203.241.132.82/27과 같이 사용되었다면, 해당 주소의 서브넷 마스크(subnet mask)는?

① 255.255.255.0   ② 255.255.255.224

③ 255.255.255.240   ④ 255.255.255.258

해설 203.241.132.82/27는 IP 주소가 203.241.132.820이고, 네트워크 주소 비트가 27bit를 의미한다.
• 서브넷 마스크 : 11111111.11111111.11111111.11100000

---

65 OSI 7계층 중 네트워크 계층에 대한 설명으로 틀린 것은?

① 패킷을 발신지로부터 최종 목적지까지 전달하는 책임을 진다.

② 한 노드로부터 다른 노드로 프레임을 전송하는 책임을 진다.

③ 패킷에 발신지와 목적지의 논리 주소를 추가한다.

④ 라우터 또는 교환기는 패킷 전달을 위해 경로를 지정하거나 교환 기능을 제공한다.

해설 다른 하나는 데이터 링크 계층에 대한 설명이다.

---

66 다음 C언어 프로그램이 실행되었을 때의 결과는?

```
#include <stdio.h>
int main(int argc, char *argv[]) {
    char a;
    a = 'A' + 1;
```

```
    printf("%d", a);
    return 0;
}
```

① 1   ② 11

③ 66   ④ 98

해설 코드해설

```
char a; // 문자형 변수 a 선언
a = 'A' + 1; // a에 'A' + 1 값 저장 (a = 'B')
printf("%d", a); // a 값을 10진수 정수로 출력
        → 아스키코드에서 B는 66
return 0; // 프로그램 종료
```

TIP C언어의 문자형(char) 변수는 아스키코드를 사용합니다. 아스키코드에서 대문자 A는 65, 소문자 a는 97를 기억하세요.

---

67 다음 중 가장 강한 응집도(Cohesion)는?

① Sequential Cohesion

② Procedural Cohesion

③ Logical Cohesion

④ Coincidental Cohesion

해설 응집도 종류 : 우연적(Coincidental) 〈 논리적(Logical) 〈 시간적(Temporal) 〈 절차적(Procedural) 〈 교환적(Communication) 〈 순차적(Sequential) 〈 기능적(Functional)

---

68 프레임워크(Framework)에 대한 설명으로 옳은 것은?

① 소프트웨어 구성에 필요한 기본 구조를 제공함으로써 재사용이 가능하게 해준다.

② 소프트웨어 개발 시 구조가 잡혀있기 때문에 확장이 불가능하다.

③ 소프트웨어 아키텍처(Architecture)와 동일한 개념이다.

④ 모듈화(Modularity)가 불가능하다.

해설 • 프레임워크는 다형성을 통해 애플리케이션이 프레임워크의 인터페이스를 확장할 수 있게 한다.
• 프레임워크보다 소프트웨어 아키텍처가 더 큰 개념이다.
 – 프레임워크(Framework) : 소프트웨어에서는 특정 기능을 수행하기 위해 필요한 클래스나 인터페이스 등을 모아둔 집합체
 – 소프트웨어 아키텍처(Architecture) : 소프트웨어의 골격이 되는 기본 구조로, 복잡한 개발을 체계적으로 접근하기 위한 밑그림

▶ 정답 : 64.②, 65.②, 66.③, 67.①, 68.①

• 프레임워크의 특징에는 모듈화, 재사용성, 확장성, 제어의 역흐름이 있다.

69 다음 JAVA 프로그램이 실행되었을 때의 결과는?

```java
public class Operator {
    public static void main(String[] args) {
        int x = 5, y = 0, z = 0;
        y = x++;
        z = --x;
        System.out.print(x + ", " + y + ", " + z);
    }
}
```

① 5, 5, 5 ② 5, 6, 5
③ 6, 5, 5 ④ 5, 6, 4

> **해설**
> • y = x++; // x를 사용 후 1 증가 → y = 5, x = 6
> • z = --x; // x를 1 감소시킨 후 사용 → x = 5, z = 5

70 다음 C언어 프로그램이 실행되었을 때의 결과는?

```c
#include <stdio.h>
int main(int argc, char *argv[]) {
    int a[2][2] = {{11, 22}, {44, 55}};
    int i, sum = 0;
    int* p;
    p = a[0];
    for (i = 1; i < 4; i++)
    sum += *(p + i);
    printf("%d", sum);
    return 0;
}
```

① 55 ② 77 ③ 121 ④ 132

> **해설**
> **코드해설**
> ```c
> int a[2][2] = {{11, 22}, {44, 55}};
> // 2행 2열 배열 a 선언 및 초기화
> ```
>
> | 100번지 | 101번지 | ← 메모리 주소 |
> |---|---|---|
> | 11 | 22 | |
> | 44 | 55 | |
>
> 102번지 103번지 ← 메모리 주소
>
> ```c
> int i, sum = 0; // 변수 선언 및 초기화
> int* p; // 포인터 변수 p 선언
> p = a[0]; // 포인터 변수 p에 배열 a[0]의 주소 저장
> for (i = 1; i < 4; i++)
> // i는 1부터 4보다 작을 때까지 for문 실행
> ```

```c
sum += *(p + i); // sum에 sum + *(p + i) 값 저장
printf("%d", sum); // sum 값 출력
return 0; // 프로그램 종료
```

디버깅표

i	p	p + i	sum
1	100	101	22
2	100	102	22+44 = 66
3	100	103	22+44+55 = 121

TIP for문이 중괄호{ }로 묶여있지 않을 때는 바로 아래 한 문장만 실행합니다. 즉, i는 1부터 4보다 작을 때까지 sum += *(p + i);를 실행합니다.

71 C언어 라이브러리 중 stdlib.h에 대한 설명으로 옳은 것은?

① 문자열을 수치 데이터로 바꾸는 문자 변환 함수와 수치를 문자열로 바꿔주는 변환 함수 등이 있다.
② 문자열 처리 함수로 strlen()이 포함되어 있다.
③ 표준 입출력 라이브러리이다.
④ 삼각 함수, 제곱근, 지수 등 수학적인 함수를 내장하고 있다.

> **해설** ②는 string.h, ③은 stdio.h, ④는 math.h에 대한 설명이다.

72 프로세스 적재 정책과 관련한 설명으로 틀린 것은?

① 반복, 스택, 부프로그램은 시간 지역성(Temporal Locality)과 관련이 있다.
② 공간 지역성(Spatial Locality)은 프로세스가 어떤 페이지를 참조했다면 이후 가상주소 공간상 그 페이지와 인접한 페이지들을 참조할 가능성이 높음을 의미한다.
③ 일반적으로 페이지 교환에 보내는 시간보다 프로세스 수행에 보내는 시간이 더 크면 스레싱(Thrashing)이 발생한다.
④ 스레싱(Thrashing) 현상을 방지하기 위해서는 각 프로세스가 필요로 하는 프레임을 제공할 수 있어야 한다.

> **해설** 페이지 수행에 보내는 시간보다 프로세스 교환에 보내는 시간이 더 크면 스레싱(Thrashing)이 발생한다.

▶ 정답 : 69.①, 70.③, 71.①, 72.③

73 교착상태의 해결 방법 중 은행원 알고리즘(Banker's Algorithm)이 해당되는 기법은?

① Detection
② Avoidance
③ Recovery
④ Prevention

해설
키워드 은행원 알고리즘 → 용어 회피 기법(Avoidance)
• 발견 기법(Detection) : 시스템에 교착상태가 발생했는지 점검하여 교착상태에 있는 프로세스와 자원을 발견하는 기법
• 회복 기법(Recovery) : 교착상태를 일으킨 프로세스를 종료하거나 교착상태의 프로세스에 할당된 자원을 선점하여 프로세스나 자원을 회복하는 기법
• 예방 기법(Prevention) : 교착상태가 발생되지 않도록 사전에 시스템을 제어하는 방법으로, 교착상태 발생의 4가지 조건 중에서 어느 하나를 제거(부정)함으로써 수행되는 기법

74 다음 중 가장 약한 결합도(Coupling)는?

① Common Coupling
② Content Coupling
③ External Coupling
④ Stamp Coupling

해설
결합도 종류 : 자료(Data) < 스탬프(Stamp) < 제어(Control) < 외부(External) < 공통(Common) < 내용(Content)

75 자바스크립트(JavaScript)와 관련한 설명으로 틀린 것은?

① 프로토타입(Prototype)의 개념이 존재한다.
② 클래스 기반으로 객체 상속을 지원한다.
③ Prototype Link와 Prototype Object를 활용할 수 있다.
④ 객체지향 언어이다.

해설
자바스크립트(JavaScript)는 클라이언트 웹 브라우저 내에서 주로 사용하며, 프로토타입 기반 객체지향 스크립트 언어이다. 이전에는 클래스를 지원하지 않았으나, ES6에서 class라는 문법이 추가되었다.

76 C언어에서 연산자 우선순위가 높은 것에서 낮은 것으로 바르게 나열된 것은?

| ㉠ ( ) | ㉡ == | ㉢ < |
| ㉣ << | ㉤ \|\| | ㉥ / |

① ㉠, ㉥, ㉣, ㉢, ㉡, ㉤
② ㉠, ㉣, ㉥, ㉢, ㉡, ㉤
③ ㉠, ㉣, ㉥, ㉢, ㉤, ㉡
④ ㉠, ㉥, ㉣, ㉤, ㉡, ㉢

해설
연산자 우선순위(높 → 낮) : ( ) → / → << → < → == → \|\|

77 다음 JAVA 프로그램이 실행되었을 때의 결과는?

```
public class array1 {
    public static void main(String[] args) {
        int cnt = 0;
        do {
            cnt++;
        } while (cnt < 0);
        if (cnt == 1)
            cnt++;
        else
            cnt = cnt + 3;
        System.out.printf("%d", cnt);
    }
}
```

① 2
② 3
③ 4
④ 5

해설
코드해설
① int cnt = 0; // 변수 선언 및 초기화
② do {
③   cnt++; // cnt 값 1 증가 → cnt = 1
④ } while (cnt < 0);
   // cnt가 0보다 작은 동안 do~while문 실행
⑤ if (cnt == 1) // cnt가 1인 경우
⑥   cnt++; // cnt 값 1 증가 → cnt = 2
   else // cnt가 1이 아닌 경우
      cnt = cnt + 3; // cnt에 cnt + 3 값 저장
⑦ System.out.printf("%d", cnt); // cnt 값 출력 → 2

▶ 정답 : 73.②, 74.④, 75.전항, 76.①, 77.①

78 리눅스 Bash 쉘(Shell)에서 export와 관련한 설명으로 틀린 것은?

① 변수를 출력하고자 할 때는 export를 사용해야 한다.

② export가 매개변수 없이 쓰일 경우 현재 설정된 환경변수들이 출력된다.

③ 사용자가 생성하는 변수는 export 명령어로 표시하지 않는 한 현재 쉘에 국한된다.

④ 변수를 export 시키면 전역(Global)변수처럼 되어 끝까지 기억된다.

> **해설** 일반 변수를 시스템 환경 변수로 지정하고자 할 때 export 명령어를 사용한다.

79 TCP 프로토콜과 관련한 설명으로 틀린 것은?

① 인접한 노드 사이의 프레임 전송 및 오류를 제어한다.

② 흐름 제어(Flow Control)의 기능을 수행한다.

③ 전이중(Full Duplex) 방식의 양방향 가상회선을 제공한다.

④ 전송 데이터와 응답 데이터를 함께 전송할 수 있다.

> **해설** 다른 하나는 데이터 링크 계층에 대한 설명이다.
> **TIP** TCP 프로토콜은 전송 계층에 포함됩니다.

80 다음 설명에 해당하는 방식은?

> • 무선 랜에서 데이터 전송 시, 매체가 비어있음을 확인한 뒤 충돌을 회피하기 위해 임의 시간을 기다린 후 데이터를 전송하는 방법이다.
> • 네트워크에 데이터의 전송이 없는 경우라도 동시 전송에 의한 충돌에 대비하여 확인 신호를 전송한다.

① STA
② Collision Domain
③ CSMA/CA
④ CSMA/CD

> **해설** **키워드** 충돌 회피(Collision Avoidance), 임의 시간 → **용어** CSMA/CA
> • STA(Station) : 무선 통신을 통하여 메시지가 송수신되는 데이터 단말기를 처리·제어할 수 있는 장치
> • Collision Domain(충돌 도메인) : 전송매체, 대역폭을 공유하는 단말들이 서로 경쟁하며 충돌할 때, 충돌이 일어나는 영역을 충돌 도메인이라고 한다.
> • CSMA/CD : 데이터 송신 전 회선을 먼저 확인한 후, 비어있는 상태로 감지되면 즉각 데이터를 전송하는 방식

[5과목 : 정보시스템 구축관리]

81 SSH(Secure Shell)에 대한 설명으로 틀린 것은?

① SSH의 기본 네트워크 포트는 220번을 사용한다.

② 전송되는 데이터는 암호화된다.

③ 키를 통한 인증은 클라이언트의 공개키를 서버에 등록해야 한다.

④ 서로 연결되어 있는 컴퓨터 간 원격 명령 실행이나 셸 서비스 등을 수행한다.

> **해설** SSH 프로토콜은 기본적으로 22번 포트를 사용한다.

82 침입차단 시스템(방화벽) 중 다음과 같은 형태의 구축 유형은?

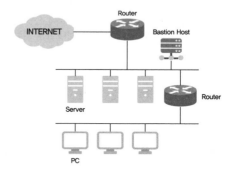

① Block Host
② Tree Host
③ Screened Subnet
④ Ring Homed

> **해설** 스크린 서브넷 게이트웨이는 외부에서 들어오는 패킷을 라우터에서 1차로 필터링하고, 배스천 호스트에서 2차로 필터링한 후 다시 라우터에서 3차로 필터링하여 내부 네트워크로 들어가는 구축 유형이다.

▶ 정답 : 78.①, 79.①, 80.③, 81.①, 82.③

83 코드의 기입 과정에서 원래 '12536'으로 기입되어야 하는데 '12936'으로 표기되었을 경우, 어떤 코드 오류에 해당하는가?

① Addition Error   ② Omission Error

③ Sequence Error   ④ Transcription Error

> **해설** 임의의 한 자리를 잘못 기록하였으므로, 필사 오류(Transcription Error, 오자 오류)에 해당한다. (12536 → 12936)
> - 추가 오류(Addition Error) : 입력 시 한 자리를 추가로 기록한 경우
> - 생략 오류(Omission Error) : 입력 시 한 자리를 빼놓고 기록한 경우
> - Sequence Error는 코드 오류 종류에 포함되지 않는다.

84 PC, TV, 휴대폰에서 원하는 콘텐츠를 끊김 없이 자유롭게 이용할 수 있는 서비스는?

① Memristor   ② MEMS

③ SNMP   ④ N−Screen

> **해설** **키워드** PC, TV, 휴대폰, 끊김 없이 → **용어** 엔 스크린(N screen)
> - 멤리스터(Memristor) : 메모리(Memory)와 레지스터(Resistor)의 합성어로, 전류의 방향과 크기 등 기존의 상태를 모두 기억하는 소자
> - MEMS(멤스, Micro−Electro−Mechanical Systems, 초소형 정밀 기계 기술) : 실리콘이나 수정, 유리 등을 가공하여 초고밀도 집적 회로, 머리카락 절반 두께의 초소형 기어, 손톱 크기의 하드 디스크 등 초미세 기계 구조물을 만드는 기술
> - SNMP(Simple Network Management Protocol, 간이 망 관리 프로토콜) : 네트워크 장비를 관리 및 감시하기 위한 목적으로 UDP상에 정의된 프로토콜

85 Secure OS의 보안기능으로 거리가 먼 것은?

① 식별 및 인증   ② 임의적 접근 통제

③ 고가용성 지원   ④ 강제적 접근 통제

> **해설** Secure OS 보안 기능 : 사용자 인증, 계정 관리, 통합 관리, 접근 통제, 감사 기록 축소, 변경 감사, 해킹 감시(침입 탐지), 객체 재사용 방지

86 메모리상에서 프로그램의 복귀 주소와 변수 사이에 특정 값을 저장해 두었다가 그 값이 변경되었을 경우, 오버플로우 상태로 가정하여 프로그램 실행을 중단하는 기술은?

① Stack Guard   ② Bridge

③ ASLR   ④ FIN

> **해설** **키워드** 오버플로우, 실행 중단 → **용어** 스택가드(Stack Guard)
> - 브리지(Bridge) : 두 시스템을 연결하는 네트워킹 장치
> - ASLR(Address Space Layout Randomization, 주소 공간 레이아웃 무작위화) : 메모리상의 공격을 어렵게 하기 위해 스택이나 힙, 라이브러리 등의 주소를 프로세스 주소 공간에 무작위로 배치함으로써 실행할 때마다 데이터 주소를 바꾸게 하는 기법
> - FIN(Fused Indoor localizatioN, 융합 실내 측위 기술) : 모바일 네트워크 신호를 활용해 사용자의 위치를 파악하는 기술

87 다음 내용이 설명하는 접근 제어 모델은?

> - 군대의 보안 레벨처럼 정보의 기밀성에 따라 상하 관계가 구분된 정보를 보호하기 위해 사용
> - 자신의 권한보다 낮은 보안 레벨 권한을 가진 경우에는 높은 보안 레벨의 문서를 읽을 수 없고, 자신의 권한보다 낮은 수준의 문서만 읽을 수 있다.
> - 자신의 권한보다 높은 보안 레벨의 문서에는 쓰기가 가능하지만, 보안 레벨이 낮은 문서의 쓰기 권한은 제한한다.

① Clark Wilson Integrity Model

② PDCA Model

③ Bell−Lapadula Model

④ Chinese Wall Model

> **해설** **키워드** 군대, 기밀성 → **용어** 벨−라파듈라 모델(BLP; Bell−LaPadula Confidentiality Model)
> - 클락−윌슨 무결성 모델(CWM; Clark−Wilson integrity Model) : 주체가 직접 객체에 접근할 수 없고 프로그램을 통해서만 객체에 접근할 수 있는 무결성 중심의 상업적 모델
> - 만리장성 모델(CWM; Chinese Wall Model, Brewer−Nash Model) : 주체의 이전 동작에 따라 변화할 수 있는 접근 통제를 제공하는 모델

88 ISO 12207 표준의 기본 생명주기의 주요 프로세스에 해당하지 않는 것은?

① 획득 프로세스   ② 개발 프로세스

③ 성능평가 프로세스   ④ 유지보수 프로세스

> **해설** 기본 생명 주기 프로세스 : 획득(계약준비), 공급(계약), 개발(SW 구현), 운영, 유지보수 프로세스

▶ 정답 : 83.④, 84.④, 85.③, 86.①, 87.③, 88.③

89 라우팅 프로토콜인 OSPF(Open Shortest Path First)에 대한 설명으로 옳지 않은 것은?

① 네트워크 변화에 신속하게 대처할 수 있다.
② 거리 벡터 라우팅 프로토콜이라고 한다.
③ 멀티캐스팅을 지원한다.
④ 최단 경로 탐색에 Dijkstra 알고리즘을 사용한다.

> **해설** OSPF는 링크 상태 라우팅 프로토콜이다.

90 다음 내용이 설명하는 것은?

> • 네트워크상에 광채널 스위치의 이점인 고속 전송과 장거리 연결 및 멀티 프로토콜 기능을 활용
> • 각기 다른 운영체제를 가진 여러 기종들이 네트워크상에서 동일 저장장치의 데이터를 공유하게 함으로써, 여러 개의 저장장치나 백업 장비를 단일화시킨 시스템

① SAN   ② MBR
③ NAC   ④ NIC

> **해설** 키워드 광 채널 스위치, 저장장치(storage) → 용어 SAN(Storage Area Network)
> • MBR(Master Boot Record, 마스터 부트 레코드) : 하드디스크의 맨 앞에 기록되어 있는 시스템 기동용 영역
> • NAC(Network Access Control, 네트워크 접근 제어) : 사전에 인가하지 않은 누리꾼이나 보안 체계를 갖추지 않은 정보기기의 통신망(네트워크) 접속을 적절히 조절하는 일 또는 솔루션
> • NIC(Network Interface Card, 네트워크 인터페이스 카드) : PC나 서버 등의 컴퓨터를 네트워크에 연결시키기 위한 장치

91 CBD(Component Based Development) SW 개발 표준 산출물 중 분석 단계에 해당하는 것은?

① 클래스 설계서
② 통합시험 결과서
③ 프로그램 코드
④ 사용자 요구사항 정의서

> **해설** ①은 설계, ②는 시험, ③은 구현 단계에 해당한다.
> • CBD 방법론 절차 : 개발 준비 → 분석 → 설계 → 구현 → 시험 → 전개(운영환경에 전개) → 인도

92 소프트웨어 비용 산정 기법 중 개발 유형으로 organic, semi-detached, embedded로 구분되는 것은?

① PUTNAM   ② COCOMO
③ FP   ④ SLIM

> **해설** COCOMO의 소프트웨어 개발 유형에서 소프트웨어의 복잡도 또는 원시 프로그램의 규모에 따라 조직형(Organic Mode), 반분리형(Semi-Detached Mode), 내장형(Embedded Mode)으로 구분된다.
> • 푸트남(Putnam) 모형 : 푸트남(Putnam)이 제안한 모형으로, 소프트웨어 생명 주기의 전 과정에 사용될 노력의 분포를 가정해 주는 모형
> • 기능 점수(FP, Function Point) 모형 : 알브레히트(A.Albrecht)가 제안한 모형으로, 총 기능 점수와 영향도를 이용하여 기능 점수(FP)를 구한 후 비용을 산정하는 기법
> • SLIM : Putnam 모형을 기초로 해서 만든 자동화 추정 도구

93 SPICE 모델의 프로세스 수행 능력 수준의 단계별 설명이 틀린 것은?

① 수준 7 - 미완성 단계
② 수준 5 - 최적화 단계
③ 수준 4 - 예측 단계
④ 수준 3 - 확립 단계

> **해설** SPICE 모델의 프로세스 수행 능력 6단계는 Level 0. 불완전 단계부터 Level 5. 최적화 단계까지로 구성되어 있다.

94 서로 다른 네트워크 대역에 있는 호스트를 상호 간에 통신할 수 있도록 해주는 네트워크 장비는?

① L2 스위치   ② HIPO
③ 라우터   ④ RAD

> **해설** 키워드 네트워크 대역, 상호 간 통신 → 용어 라우터(Router)
> • L2 스위치 : 가장 원초적인 스위치로, OSI 2계층 장비이다.
> • HIPO(Hierarchy Input Process Output) : 분석, 설계, 문서화에 사용되는 도구이며, 기본 시스템 모델은 입력, 처리, 출력으로 구성된다.
> • RAD(Rapid Application Development) 모델 : 사용자의 적극적인 참여와 강력한 소프트웨어 개발 도구(CASE 도구)를 이용하여 매우 짧은 주기(60~90일)로 개발을 진행하는 순차적 모델

▶ 정답 : 89.② 90.① 91.④ 92.② 93.① 94.③

95 암호화 키와 복호화 키가 동일한 암호화 알고리즘은?

① RSA   ② AES

③ DSA   ④ ECC

> **해설** 나머지는 암호화 키와 복호화 키가 서로 다른 키를 사용한다.
> • DSA(Digital Signature Algorithm, 전자 서명 알고리즘) : 미국 국립 표준 기술 연구소(NIST)에서 전자 서명 표준안으로 개발된 공개키 암호 방식 기반의 전자 서명 알고리즘

96 IPSec(IP Security)에 대한 설명으로 틀린 것은?

① 암호화 수행 시 일방향 암호화만 지원한다.

② ESP는 발신지 인증, 데이터 무결성, 기밀성 모두를 보장한다.

③ 운영모드는 Tunnel 모드와 Transport 모드로 분류된다.

④ AH는 발신지 호스트를 인증하고, IP 패킷의 무결성을 보장한다.

> **해설** IPSec은 암호화 수행 시 양방향 암호화를 지원한다.

97 서버에 열린 포트 정보를 스캐닝해서 보안 취약점을 찾는 데 사용하는 도구는?

① type   ② mkdir

③ ftp   ④ nmap

> **해설** 키워드 열린 포트 정보 스캐닝 → 용어 Nmap(Network mapper)

98 하둡(Hadoop)과 관계형 데이터베이스 간에 데이터를 전송할 수 있도록 설계된 도구는?

① Apnic   ② Topology

③ Sqoop   ④ SDB

> **해설** 키워드 하둡(Hadoop)과 관계형 데이터베이스 간 → 용어 스쿱(Sqoop)
> • 에이피닉(Apnic; Asia Pacific Network Information Center) : 아시아·태평양의 인터넷 관련 서비스를 수행하는 비영리 단체로, 인터넷 주소 자원과 정보 관리를 수행하는 기구
> • 토폴로지(Topology) : 공간 또는 집합에서 구성 요소 간의 상대적인 위치나 연결 상태를 결정하는 구조
> • SDB : 추가적인 윈도우 레지스트리 정보를 포함하는 데이터베이스 파일

99 해시(Hash) 기법에 대한 설명으로 틀린 것은?

① 임의의 길이의 입력 데이터를 받아 고정된 길이의 해시 값으로 변환한다.

② 주로 공개키 암호화 방식에서 키 생성을 위해 사용한다.

③ 대표적인 해시 알고리즘으로 HAVAL, SHA-1 등이 있다.

④ 해시 함수는 일방향 함수(One-way function)이다.

> **해설** 해시 기법은 주로 단방향 암호화 방식에서 사용한다.
> • 공개키 암호화 방식은 양방향 암호화 방식이다.

100 소프트웨어 비용 추정모형(estimation models)이 아닌 것은?

① COCOMO   ② Putnam

③ Function-Point   ④ PERT

> **해설** 다른 하나는 일정 계획 기법에 포함된다.

▶ 정답 : 95.② , 96.① , 97.④ , 98.③ , 99.② , 100.④

[1과목 : 소프트웨어 설계]

01 럼바우(Rumbaugh)의 객체지향 분석 기법 중 자료 흐름도(DFD)를 주로 이용하는 것은?

① 기능 모델링   ② 동적 모델링

③ 객체 모델링   ④ 정적 모델링

> 해설   키워드 자료 흐름도(DFD) → 용어 기능 모델링(Functional Modeling)
> - 동적 모델링(Dynamic Modeling) : 상태 다이어그램(STD) 이용
> - 객체 모델링(Object Modeling) : 객체 다이어그램 이용

02 클래스 다이어그램의 요소로 다음 설명에 해당하는 용어는?

> - 클래스의 동작을 의미한다.
> - 클래스에 속하는 객체에 대하여 적용될 메소드를 정의한 것이다.
> - UML에서는 동작에 대한 인터페이스를 지칭한다고 볼 수 있다.

① Instance   ② Operation

③ Item   ④ Hiding

> 해설   키워드 동작, 메소드 → 용어 오퍼레이션(Operation)
> - 인스턴스(Instance) : 클래스에 속한 각각의 객체

03 요구사항 검증(Requirements Validation)과 관련한 설명으로 틀린 것은?

① 요구사항이 고객이 정말 원하는 시스템을 제대로 정의하고 있는지 점검하는 과정이다.

② 개발 완료 이후에 문제점이 발견될 경우 막대한 재작업 비용이 들 수 있기 때문에 요구사항 검증은 매우 중요하다.

③ 요구사항이 실제 요구를 반영하는지, 문서상의 요구사항은 서로 상충되지 않는지 등을 점검한다.

④ 요구사항 검증 과정을 통해 모든 요구사항 문제를 발견할 수 있다.

> 해설   요구사항 검증 과정에서 문제를 파악하기 위해 검증을 수행하지만, 모든 요구사항 문제를 발견하기는 어렵다.

04 소프트웨어 공학에서 모델링(Modeling)과 관련한 설명으로 틀린 것은?

① 개발팀이 응용문제를 이해하는 데 도움을 줄 수 있다.

② 유지보수 단계에서만 모델링 기법을 활용한다.

③ 개발될 시스템에 대하여 여러 분야의 엔지니어들이 공통된 개념을 공유하는 데 도움을 준다.

④ 절차적인 프로그램을 위한 자료흐름도는 프로세스 위주의 모델링 방법이다.

> 해설   정보시스템 구축에서는 모델링을 계획/분석/설계할 때 업무를 분석하고 설계하는 데 이용하고, 이후 구축 및 운영 단계에서는 변경과 관리의 목적으로 이용하게 된다.

05 분산 시스템을 위한 마스터-슬레이브(Master-Slave) 아키텍처에 대한 설명으로 틀린 것은?

① 일반적으로 실시간 시스템에서 사용된다.

② 마스터 프로세스는 일반적으로 연산, 통신, 조정을 책임진다.

③ 슬레이브 프로세스는 데이터 수집 기능을 수행할 수 없다.

④ 마스터 프로세스는 슬레이브 프로세스들을 제어할 수 있다.

> 해설   슬레이브 프로세스는 데이터를 수집하여 마스터 프로세스로 전달한다.

06 사용자 인터페이스(User Interface)에 대한 설명으로 틀린 것은?

① 사용자와 시스템이 정보를 주고받는 상호작용이 잘 이루어지도록 하는 장치나 소프트웨어를 의미한다.

② 편리한 유지보수를 위해 개발자 중심으로 설계되어야 한다.

③ 배우기가 용이하고 쉽게 사용할 수 있도록 만들어져야 한다.

④ 사용자 요구사항이 UI에 반영될 수 있도록 구성해야 한다.

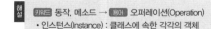
▶ 정답 : 01.①, 02.②, 03.④, 04.②, 05.③, 06.②

> **해설** 사용자 인터페이스는 사용자의 편의성을 높이기 위해 사용자 중심으로 설계되어야 한다.

07 객체지향 분석 기법과 관련한 설명으로 틀린 것은?

① 동적 모델링 기법이 사용될 수 있다.

② 기능 중심으로 시스템을 파악하며 순차적인 처리가 중요시되는 하향식(Top-down) 방식으로 볼 수 있다.

③ 데이터와 행위를 하나로 묶어 객체를 정의내리고 추상화시키는 작업이라 할 수 있다.

④ 코드 재사용에 의한 프로그램 생산성 향상 및 요구에 따른 시스템의 쉬운 변경이 가능하다.

> **해설** 객체지향 분석 기법은 객체 중심으로 기술하는 상향식 방식이다.

08 대표적으로 DOS 및 Unix 등의 운영체제에서 조작을 위해 사용하던 것으로, 정해진 명령 문자열을 입력하여 시스템을 조작하는 사용자 인터페이스(User Interface)는?

① GUI(Graphical User Interface)

② CLI(Command Line Interface)

③ CUI(Cell User Interface)

④ MUI(Mobile User Interface)

> **해설** 키워드 정해진 명령 문자열(Command Line) → 용어 CLI (Command Line Interface)
> • GUI(Graphical UI) : 그래픽 또는 마우스 기반으로 기기를 조작하는 인터페이스

09 객체지향의 주요 개념에 대한 설명으로 틀린 것은?

① 캡슐화는 상위 클래스에서 속성이나 연산을 전달받아 새로운 형태의 클래스로 확장하여 사용하는 것을 의미한다.

② 객체는 실세계에 존재하거나 생각할 수 있는 것을 말한다.

③ 클래스는 하나 이상의 유사한 객체들을 묶어 공통된 특성을 표현한 것이다.

④ 다형성은 상속받은 여러 개의 하위 객체들이 다른 형태의 특성을 갖는 객체로 이용될 수 있는 성질이다.

> **해설** 상위 클래스에서 속성이나 연산을 전달받는 것은 상속(Inheritance)에 대한 설명이다.
> • 캡슐화(Encapsulation) : 데이터와 메소드를 하나로 묶어 객체로 구성하는 것

10 객체지향 설계에서 정보 은닉(Information Hiding)과 관련한 설명으로 틀린 것은?

① 필요하지 않은 정보는 접근할 수 없도록 하여 한 모듈 또는 하부시스템이 다른 모듈의 구현에 영향을 받지 않게 설계되는 것을 의미한다.

② 모듈들 사이의 독립성을 유지시키는 데 도움이 된다.

③ 설계에서 은닉되어야 할 기본 정보로는 IP 주소와 같은 물리적 코드, 상세 데이터 구조 등이 있다.

④ 모듈 내부의 자료 구조와 접근 동작들에만 수정을 국한하기 때문에 요구사항 등 변화에 따른 수정이 불가능하다.

> **해설** 정보 은닉은 필요하지 않은 정보는 접근할 수 없도록 하는 것이므로, 변화에 따른 수정이 발생할 경우 오류를 최소화할 수 있다.

11 익스트림 프로그래밍(XP)에 대한 설명으로 틀린 것은?

① 빠른 개발을 위해 테스트를 수행하지 않는다.

② 사용자의 요구사항은 언제든지 변할 수 있다.

③ 고객과 직접 대면하며 요구사항을 이야기하기 위해 사용자 스토리(User Story)를 활용할 수 있다.

④ 기존의 방법론에 비해 실용성(Pragmatism)을 강조한 것이라고 볼 수 있다.

> **해설** 익스트림 프로그래밍은 반복적으로 사용자 테스트를 거쳐 최종 사용자의 요구에 부합하는 소프트웨어를 만들어 낸다.

12 순차 다이어그램(Sequence Diagram)과 관련한 설명으로 틀린 것은?

① 객체들의 상호 작용을 나타내기 위해 사용한다.

② 시간의 흐름에 따라 객체들이 주고받는 메시지의 전달 과정을 강조한다.

③ 동적 다이어그램보다는 정적 다이어그램에 가깝다.

④ 교류 다이어그램(Interaction Diagram)의 한 종류로 볼 수 있다.

▶ 정답 : 07.②, 08.②, 09.①, 10.④, 11.①, 12.③

해설 순차(시퀀스) 다이어그램은 상호 작용하는 시스템이나 시스템 내부 객체 간에 주고받는 메시지를 시간의 흐름에 따라 표현한 다이어그램으로, 동적 다이어그램에 포함된다.

13 분산 시스템에서의 미들웨어(Middleware)와 관련한 설명으로 틀린 것은?

① 분산 시스템에서 다양한 부분을 관리하고 통신하며 데이터를 교환하게 해주는 소프트웨어로 볼 수 있다.
② 위치 투명성(Location Transparency)을 제공한다.
③ 분산 시스템의 여러 컴포넌트가 요구하는 재사용 가능한 서비스의 구현을 제공한다.
④ 애플리케이션과 사용자 사이에서만 분산 서비스를 제공한다.

해설 미들웨어는 애플리케이션과 운영체제 사이에 위치한다.

14 GoF(Gang of Four) 디자인 패턴과 관련한 설명으로 틀린 것은?

① 디자인 패턴을 목적(Purpose)으로 분류할 때 생성, 구조, 행위로 분류할 수 있다.
② Strategy 패턴은 대표적인 구조 패턴으로 인스턴스를 복제하여 사용하는 구조를 말한다.
③ 행위 패턴은 클래스나 객체들이 상호작용하는 방법과 책임을 분산하는 방법을 정의한다.
④ Singleton 패턴은 특정 클래스의 인스턴스가 오직 하나임을 보장하고, 이 인스턴스에 대한 접근 방법을 제공한다.

해설 Strategy 패턴은 행위 패턴으로, 다양한 알고리즘을 캡슐화하여 알고리즘을 교환하여 사용 가능하도록 한 패턴을 말한다.
• 인스턴스를 복제하여 사용하는 구조는 Prototype 패턴으로, 이는 생성 패턴에 포함된다.

15 소프트웨어 설계에서 사용되는 대표적인 추상화(Abstraction) 기법이 아닌 것은?

① 자료 추상화   ② 제어 추상화
③ 과정 추상화   ④ 강도 추상화

해설 추상화 종류 : 과정(Procedure) 추상화, 자료(Data) 추상화, 제어(Control) 추상화

16 소프트웨어 아키텍처와 관련한 설명으로 틀린 것은?

① 파이프 필터 아키텍처에서 데이터는 파이프를 통해 양방향으로 흐르며, 필터 이동 시 오버헤드가 발생하지 않는다.
② 외부에서 인식할 수 있는 특성이 담긴 소프트웨어의 골격이 되는 기본 구조로 볼 수 있다.
③ 데이터 중심 아키텍처는 공유 데이터저장소를 통해 접근자 간의 통신이 이루어지므로 각 접근자의 수정과 확장이 용이하다.
④ 이해 관계자들의 품질 요구사항을 반영하여 품질 속성을 결정한다.

해설 파이프 필터 아키텍처에서 데이터는 파이프를 통해 단방향으로 흐르며, 필터 이동 시 데이터 변환 오버헤드가 발생한다.

17 애자일 개발 방법론과 관련한 설명으로 틀린 것은?

① 빠른 릴리즈를 통해 문제점을 빠르게 파악할 수 있다.
② 정확한 결과 도출을 위해 계획 수립과 문서화에 중점을 둔다.
③ 고객과의 의사소통을 중요하게 생각한다.
④ 진화하는 요구사항을 수용하는 데 적합하다.

해설 포괄적인 문서보다는 작동하는 소프트웨어에 중점을 둔다.

18 UML 모델에서 한 사물의 명세가 바뀌면 다른 사물에 영향을 주며, 일반적으로 한 클래스가 다른 클래스를 오퍼레이션의 매개변수로 사용하는 경우에 나타나는 관계는?

① Association   ② Dependency
③ Realization   ④ Generalization

해설 **키워드** 한 사물의 명세가 바뀌면 다른 사물에 영향을 줌 → **용어** 의존 관계(Dependency)
• 연관 관계(Association) : 클래스들이 개념상 서로 연결되었음을 나타낸다.
• 구현 관계, 실체화 관계(Realization, Interface Realization) : 책임들의 집합인 인터페이스와 이 책임들을 실제로 실현한 클래스들 사이의 관계를 나타낸다.
• 일반화 관계, 상속 관계(Generalization) : 한 클래스(Parent)가 다른 클래스(Child)를 포함하는 상위 개념 관계임을 나타낸다.

▶ 정답 : 13.④, 14.②, 15.④, 16.①, 17.②, 18.②

19 요구사항 정의 및 분석·설계의 결과물을 표현하기 위한 모델링 과정에서 사용되는 다이어그램(Diagram)이 아닌 것은?

① Data Flow Diagram ② UML Diagram
③ E-R Diagram ④ AVL Diagram

> **해설** 모델링 과정에서 사용되는 다이어그램으로는 자료 흐름도(Data Flow Diagram), 개체 관계도(ER 다이어그램), UML Diagram 등이 있다.

20 요구 분석(Requirement Analysis)에 대한 설명으로 틀린 것은?

① 요구 분석은 소프트웨어 개발의 실제적인 첫 단계로 사용자의 요구에 대해 이해하는 단계라 할 수 있다.
② 요구 추출(Requirement Elicitation)은 프로젝트 계획 단계에 정의한 문제의 범위 안에 있는 사용자의 요구를 찾는 단계이다.
③ 도메인 분석(Domain Analysis)은 요구에 대한 정보를 수집하고 배경을 분석하여 이를 토대로 모델링을 하게 된다.
④ 기능적(Functional) 요구에서 시스템 구축에 대한 성능, 보안, 품질, 안정 등에 대한 요구사항을 도출한다.

> **해설** 다른 하나는 비기능적(Non-functional) 요구에 대한 설명이다.
> **TIP** 기능적 요구는 시스템이 수행해야 하는 작업에 관한 요구사항입니다. 두 가지를 잘 구분해 두세요.

[2과목 : 소프트웨어 개발]

21 다음 중 선형 구조로만 묶인 것은?

① 스택, 트리 ② 큐, 데크
③ 큐, 그래프 ④ 리스트, 그래프

> **해설** 트리(Tree)와 그래프(Graph)는 비선형 구조이다.

22 테스트 드라이버(Test Driver)에 대한 설명으로 틀린 것은?

① 시험대상 모듈을 호출하는 간이 소프트웨어이다.
② 필요에 따라 매개변수를 전달하고 모듈을 수행한 후의 결과를 보여줄 수 있다.
③ 상향식 통합 테스트에서 사용된다.
④ 테스트 대상 모듈이 호출하는 하위 모듈의 역할을 한다.

> **해설** 다른 하나는 스텁(Stub)에 대한 설명이다.
> • 드라이버(Driver) : 하위 모듈은 있으나 상위 모듈이 없는 경우 하위 모듈 구동하기 위한 제어 프로그램

23 다음 트리에 대한 중위 순회 운행 결과는?

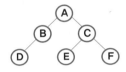

① A B D C E F ② A B C D E F
③ D B E C F A ④ D B A E C F

> **해설** Inorder(중위) : Left → Root → Right
> • 중위 순회는 왼쪽 서브 트리를 순회한 후 중간 노드를 방문하고 오른쪽 서브 트리를 순회한다.

24 테스트 케이스 자동 생성 도구를 이용하여 테스트 데이터를 찾아내는 방법이 아닌 것은?

① 스텁(Stub)과 드라이버(Driver)
② 입력 도메인 분석
③ 랜덤(Random) 테스트
④ 자료 흐름도

> **해설** 스텁(Stub)과 드라이버(Driver)는 통합 테스트(Integration Test)에서 사용된다.
> • 입력 도메인 분석 : 요구에 대한 정보를 수집하고 배경을 분석하는 과정
> • 랜덤(Random) 테스트 : 임의의 값을 선택하여 수행하는 방법
> • DFD(Data Flow Diagram, 자료 흐름도) : 데이터가 시스템에 의해서 어떻게 처리되는지 보여주는 직관적인 방법

▶ 정답 : 19.④, 20.④, 21.②, 22.④, 23.④, 24.①

25 소프트웨어 테스트에서 검증(Verification)과 확인 (Validation)에 대한 설명으로 틀린 것은?

① 소프트웨어 테스트에서 검증과 확인을 구별하면 찾고자 하는 결함 유형을 명확하게 하는 데 도움이 된다.

② 검증은 소프트웨어 개발 과정을 테스트하는 것이고, 확인은 소프트웨어 결과를 테스트하는 것이다.

③ 검증은 작업 제품이 요구 명세의 기능, 비기능 요구 사항을 얼마나 잘 준수하는지 측정하는 작업이다.

④ 검증은 작업 제품이 사용자의 요구에 적합한지 측정하며, 확인은 작업 제품이 개발자의 기대를 충족시키는지를 측정한다.

> **해설** 확인(Validation) 테스트는 작업 제품이 사용자의 요구에 적합한지 측정하며, 검증(Verification) 테스트는 작업 제품이 개발자의 기대를 충족시키는지를 측정한다.

26 저작권 관리 구성 요소 중 패키저(Packager)의 주요 역할로 옳은 것은?

① 콘텐츠를 제공하는 저작권자를 의미한다.

② 콘텐츠를 메타 데이터와 함께 배포 가능한 단위로 묶는다.

③ 라이선스를 발급하고 관리한다.

④ 배포된 콘텐츠의 이용 권한을 통제한다.

> **해설** ①은 콘텐츠 제공자, ③은 클리어링 하우스, ④는 DRM 컨트롤러의 역할이다.

27 다음 설명에 부합하는 용어로 옳은 것은?

> - 소프트웨어 구조를 이루며, 다른 것들과 구별될 수 있는 독립적인 기능을 갖는 단위이다.
> - 하나 또는 몇 개의 논리적인 기능을 수행하기 위한 명령어들의 집합이라고도 할 수 있다.
> - 서로 모여 하나의 완전한 프로그램으로 만들어질 수 있다.

① 통합 프로그램　　② 저장소
③ 모듈　　　　　　④ 데이터

> **해설** **키워드** 소프트웨어 구조, 독립적인 기능 → **용어** 모듈(Module)

28 제품 소프트웨어의 사용자 매뉴얼 작성 절차로 (가)~(다)와 [보기]의 기호를 바르게 연결한 것은?

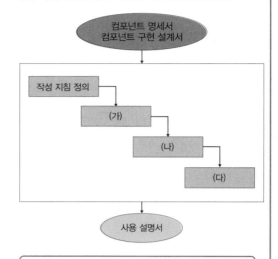

[보기]
㉠ 사용 설명서 검토
㉡ 구성 요소별 내용 작성
㉢ 사용 설명서 구성 요소 정의

① (가)-㉠, (나)-㉡, (다)-㉢
② (가)-㉢, (나)-㉡, (다)-㉠
③ (가)-㉠, (나)-㉢, (다)-㉡
④ (가)-㉢, (나)-㉠, (다)-㉡

> **해설** 사용자 매뉴얼 작성 4단계 : 작성 지침 정의 → 사용자 설명서 구성 요소 정의 → 구성 요소별 내용 작성 → 사용자 설명서 검토

29 코드의 간결성을 유지하기 위해 사용되는 지침으로 틀린 것은?

① 공백을 이용하여 실행문 그룹과 주석을 명확히 구분한다.

② 복잡한 논리식과 산술식은 괄호와 들여쓰기 (Indentation)를 통해 명확히 표현한다.

③ 빈 줄을 사용하여 선언부와 구현부를 구별한다.

④ 한 줄에 최대한 많은 문장을 코딩한다.

> **해설** 한 줄에 오직 한 문장만 코딩한다.

▶ 정답 : 25.④, 26.②, 27.③, 28.②, 29.④

30 다음 중 최악의 경우 검색 효율이 가장 나쁜 트리 구조는?

① 이진 탐색 트리   ② AVL 트리
③ 2-3 트리   ④ 레드−블랙 트리

> **해설** 이진 탐색 트리는 트리가 한쪽으로 치우쳐 있는 경우(최악의 경우), 시간 복잡도는 O(n)이 된다.
> → ②, ③, ④는 균형 이진 탐색 트리(Balanced Binary Search Tree)로, 최악의 경우에도 O(log₂n)으로 유지된다.
> • 편향 이진 트리 : 한쪽으로 치우쳐진 트리
> • 균형 이진 탐색 트리 : 왼쪽 서브 트리 높이와 오른쪽 서브 트리 높이 차이가 1 이하인 트리(트리가 한쪽으로 치우치는 것을 방지한다.)
>
>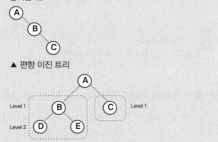
>
> ▲ 편향 이진 트리
>
> ▲ 균형 이진 탐색 트리

31 다음 그래프에서 정점 A를 선택하여 깊이우선탐색(DFS)으로 운행한 결과는?

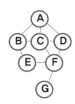

① A B E C D F G   ② A B E C F D G
③ A B C D E F G   ④ A B E F G C D

> **해설** 깊이우선탐색(DFS; Depth First Search)은 노드의 자식들을 우선으로 탐색하는 방법이다.

32 개별 모듈을 시험하는 것으로 모듈이 정확하게 구현되었는지, 예정한 기능이 제대로 수행되는지를 점검하는 것이 주요 목적인 테스트는?

① 통합 테스트(Integration Test)
② 단위 테스트(Unit Test)
③ 시스템 테스트(System Test)
④ 인수 테스트(Acceptance Test)

> **해설** 키워드 개별 모듈, 추가 기능 수행 점검 → 용어 단위 테스트(Unit Test)
> • 통합 테스트(Integration Test) : 모듈 간의 인터페이스 연계를 검증하고 오류를 확인하며, 모듈 간의 상호 작용 및 연계 동작 여부를 판정하는 방안을 파악한다.
> • 시스템 테스트(System Test) : 단위, 통합 테스트 후 전체 시스템이 정상적으로 작동하는지 판정하는 기능 명세를 확인하는 방안을 파악한다.
> • 인수 테스트(Acceptance Test) : 사용자가 요구분석 명세서에 명시된 사항을 모두 충족하는지 판정하고, 시스템이 예상대로 동작하고 있는지를 판정하는 방안을 파악한다.

33 다음은 스택의 자료 삭제 알고리즘이다. ⓐ에 들어갈 내용으로 옳은 것은? (단, Top: 스택 포인터, S: 스택의 이름)

```
If Top = 0 Then
    (      ⓐ      )
Else {
    remove S(Top)
    Top = Top − 1
}
```

① Overflow   ② Top = Top + 1
③ Underflow   ④ Top = Top

> **해설** Top 값이 0인 경우, 즉 스택이 Empty이면 언더플로(Underflow)가 발생한다.
> • remove S(Top) : 스택 포인터가 가리키는 자료를 삭제한다.

34 다음 자료를 버블 정렬을 이용하여 오름차순으로 정렬할 경우 PASS 3의 결과는?

9, 6, 7, 3, 5

① 6, 3, 5, 7, 9   ② 3, 5, 6, 7, 9
③ 6, 7, 3, 5, 9   ④ 3, 5, 9, 6, 7

> **해설** 버블 정렬(Bubble Sort) : 자료 배열 중 인접한 두 요소를 비교하여 교체하는 정렬 방법
> • 1회전 : 9, 6, 7, 3, 5 → 6, 9, 7, 3, 5 → 6, 7, 9, 3, 5 → 6, 7, 3, 9, 5 → 6, 7, 3, 5, 9
> • 2회전 : 6, 7, 3, 5, 9 → 6, 7, 3, 5, 9 → 6, 3, 7, 5, 9 → 6, 3, 5, 7, 9 → 6, 3, 5, 7, 9
> • 3회전 : 6, 3, 5, 7, 9 → 3, 6, 5, 7, 9 → 3, 5, 6, 7, 9 → 3, 5, 6, 7, 9
> • 4회전 : 3, 5, 6, 7, 9

> ▶ 정답 : 30.①, 31.④, 32.②, 33.③, 34.②

35 순서가 A, B, C, D로 정해진 입력 자료를 스택에 입력한 후 출력한 결과로 불가능한 것은?

① D, C, B, A 　② B, C, D, A

③ C, B, A, D 　④ D, B, C, A

> **해설** 스택(Stack) : 리스트 한쪽으로만 삽입과 삭제가 이루어지는 후입선출(LIFO; Last In First Out) 형식의 자료 구조

36 소프트웨어 개발 활동을 수행함에 있어서 시스템이 고장(Failure)을 일으키게 하며, 오류(Error)가 있는 경우 발생하는 것은?

① Fault 　② Testcase

③ Mistake 　④ Inspection

> **해설**
> **키워드** 고장(Failure)을 일으킴, 오류(Error) → **용어** 결점(Fault)
> • 테스트 케이스(Test Case) : 입력 값, 실행 조건, 기대 결과로 구성된 테스트 항목의 명세서
> • 인스펙션(Inspection) : 요구사항 명세서 작성자를 제외한 다른 전문가들이 요구사항 명세서를 확인하면서 결함을 발견하는 검토 방법

37 소프트웨어 품질 목표 중 하나 이상의 하드웨어 환경에서 운용되기 위해 쉽게 수정될 수 있는 시스템 능력을 의미하는 것은?

① Portability 　② Efficiency

③ Usability 　④ Correctness

> **해설**
> **키워드** 하드웨어 환경에서 운용 → **용어** 이식성(Portability)
> • 효율성(Efficiency) : 한정된 자원을 할당된 시간 내 처리하는 것으로, 기능 수행 시 필요한 자원의 소요 정도
> • 사용 용이성(Usability) : 쉽게 배우고 사용하기 쉬운 정도
> • 정확성(Correctness) : 사용자의 요구 기능을 충족시키는 정도

38 테스트를 목적에 따라 분류했을 때, 강도(Stress) 테스트에 대한 설명으로 옳은 것은?

① 시스템에 고의로 실패를 유도하고 시스템이 정상적으로 복귀하는지 테스트한다.

② 시스템에 과다 정보량을 부과하여 과부하 시에도 시스템이 정상적으로 작동되는지를 테스트한다.

③ 사용자의 이벤트에 시스템이 응답하는 시간, 특정 시간 내에 처리하는 업무량, 사용자 요구에 시스템이 반응하는 속도 등을 테스트한다.

④ 부당하고 불법적인 침입을 시도하여 보안 시스템이 불법적인 침투를 잘 막아내는지 테스트한다.

> **해설** ①은 회복(Recovery) 테스트, ③은 성능(Performance) 테스트, ④는 안전(Security) 테스트에 대한 설명이다.

39 형상 관리의 개념과 절차에 대한 설명으로 틀린 것은?

① 형상 식별은 형상 관리 계획을 근거로 형상 관리의 대상이 무엇인지 식별하는 과정이다.

② 형상 관리를 통해 가시성과 추적성을 보장함으로써 소프트웨어의 생산성과 품질을 높일 수 있다.

③ 형상 통제 과정에서는 형상 목록의 변경 요구를 즉시 수용 및 반영해야 한다.

④ 형상 감사는 형상 관리 계획대로 형상관리가 진행되고 있는지, 형상 항목의 변경이 요구사항에 맞도록 제대로 이뤄졌는지 등을 살펴보는 활동이다.

> **해설** 적절한 형상 통제가 이루어지기 위해서는 형상 통제 위원회의 승인을 통한 통제가 이루어질 수 있어야 한다.

40 소스 코드 정적 분석(Static Analysis)에 대한 설명으로 틀린 것은?

① 소스 코드를 실행시키지 않고 분석한다.

② 코드에 있는 오류나 잠재적인 오류를 찾아내기 위한 활동이다.

③ 하드웨어적인 방법으로만 코드 분석이 가능하다.

④ 자료 흐름이나 논리 흐름을 분석하여 비정상적인 패턴을 찾을 수 있다.

> **해설** 소스 코드 정적 분석은 코딩 표준 준수 여부, 코딩 스타일 적정 여부 등을 확인하는 것으로, 소프트웨어적인 방법으로 코드 분석이 가능하다.

▶ 정답 : 35.④, 36.①, 37.①, 38.②, 39.③, 40.③

[3과목 : 데이터베이스 구축]

41 데이터의 중복으로 인하여 관계연산을 처리할 때 예기치 못한 곤란한 현상이 발생하는 것을 무엇이라 하는가?

① 이상(Anomaly)　　② 제한(Restriction)
③ 종속성(Dependency)④ 변환(Translation)

> **해설** **키워드** 중복, 곤란한 현상 → **용어** 이상(Anomaly)

42 다음 중 기본키는 NULL 값을 가져서는 안 되며, 릴레이션 내에 오직 하나의 값만 존재해야 한다는 조건을 무엇이라 하는가?

① 개체 무결성 제약조건
② 참조 무결성 제약조건
③ 도메인 무결성 제약조건
④ 속성 무결성 제약조건

> **해설** **키워드** 기본키, NULL 값 X, 오직 하나의 값 → **용어** 개체 무결성(Entity Integrity)
> • 참조 무결성(Referential Integrity) : 릴레이션은 참조할 수 없는 외래키 값을 가질 수 없다.
> • 도메인 무결성(Domain Integrity) : 각 속성 값은 반드시 정의된 도메인에 속한 값이어야 한다.

43 다음 두 릴레이션 R1과 R2의 카티션 프로덕트 (cartesian product) 수행 결과는?

R1

학년
1
2
3

R2

학과
컴퓨터
국문
수학

①

학년	학과
1	컴퓨터
2	국문
3	수학

②

학년	학과
2	컴퓨터
2	국문
2	수학

③

학년	학과
3	컴퓨터
3	국문
3	수학

④

학년	학과
1	컴퓨터
1	국문
1	수학
2	컴퓨터
2	국문
2	수학
3	컴퓨터
3	국문
3	수학

> **해설** 카티션 프로덕트(Cartesian Product, 교차곱)는 두 릴레이션에 있는 튜플들의 순서쌍을 구하는 연산이다.

44 정규화에 대한 설명으로 적절하지 않은 것은?

① 데이터베이스의 개념적 설계 단계 이전에 수행한다.
② 데이터 구조의 안정성을 최대화한다.
③ 중복을 배제하여 삽입, 삭제, 갱신 이상의 발생을 방지한다.
④ 데이터 삽입 시 릴레이션을 재구성할 필요성을 줄인다.

> **해설** 정규화는 데이터베이스의 논리적 설계 단계에서 수행된다.

45 이전 단계의 정규형을 만족하면서 후보키를 통하지 않는 조인 종속(JD : Join Dependency)을 제거해야 만족하는 정규형은?

① 제3정규형　　　　② 제4정규형
③ 제5정규형　　　　④ 제6정규형

> **해설** **키워드** 조인 종속 → **용어** 제5정규형(5NF)
> • 제3정규형(3NF) : 제2정규형이고, 이행적 함수적 종속 관계 제거하여 비이행적 함수적 종속 관계를 만족하는 정규형이다.
> • 제4정규형(4NF) : BCNF이고, 다치(다중값) 종속을 제거한 정규형이다.
> • 제6정규형은 정규형에 포함되지 않는다.

46 물리적 데이터베이스 설계에 대한 설명으로 거리가 먼 것은?

① 물리적 설계의 목적은 효율적인 방법으로 데이터를 저장하는 것이다.
② 트랜잭션 처리량과 응답시간, 디스크 용량 등을 고려해야 한다.
③ 저장 레코드의 형식, 순서, 접근 경로와 같은 정보를 사용하여 설계한다.
④ 트랜잭션의 인터페이스를 설계하며, 데이터 타입 및 데이터 타입들 간의 관계로 표현한다.

> **해설** 트랜잭션 인터페이스는 논리적 설계 단계, 데이터 타입 및 데이터 타입들 간의 관계로 표현은 개념적 설계 단계에 대한 설명이다.

▶ 정답 : 41.①, 42.①, 43.④, 44.①, 45.③, 46.④

47 SQL의 논리 연산자가 아닌 것은?

① AND　　　　② OTHER

③ OR　　　　④ NOT

> **해설** 논리 연산자 종류 : AND, OR, NOT

48 학적 테이블에서 전화번호가 Null 값이 아닌 학생명을 모두 검색할 때, SQL 구문으로 옳은 것은?

① SELECT 학생명 FROM 학적 WHERE 전화번호 DON'T NULL;

② SELECT 학생명 FROM 학적 WHERE 전화번호 != NOT NULL;

③ SELECT 학생명 FROM 학적 WHERE 전화번호 IS NOT NULL;

④ SELECT 학생명 FROM 학적 WHERE 전화번호 IS NULL;

> **해설** IS NOT NULL은 NULL 값이 아닌 값을 의미한다.

49 다음 중 SQL에서의 DDL문이 아닌 것은?

① CREATE　　　② DELETE

③ ALTER　　　　④ DROP

> **해설** 다른 하나는 DML문에 해당한다.

50 동시성 제어를 위한 직렬화 기법으로 트랜잭션 간의 처리 순서를 미리 정하는 방법은?

① 로킹 기법　　　② 타임 스탬프 기법

③ 검증 기법　　　④ 배타 로크 기법

> **해설** 키워드 직렬화 기법, 처리 순서 미리 정함 → 용어 타임 스탬프 (Time Stamp) 기법
> • 로킹(Locking) 기법 : 특정 트랜잭션이 데이터 항목에 대하여 잠금(Lock)을 설정하여, 잠금을 설정한 트랜잭션은 잠금을 해제(Unlock)할 때까지 데이터 항목을 독점적으로 사용하는 기법

51 데이터베이스에서 하나의 논리적 기능을 수행하기 위한 작업의 단위 또는 한꺼번에 모두 수행되어야 할 일련의 연산들을 의미하는 것은?

① 트랜잭션　　　② 뷰

③ 튜플　　　　　④ 카디널리티

> **해설** 키워드 논리적, 작업의 단위, 일련의 연산들 → 용어 트랜잭션 (Transaction)
> • 뷰(View) : 사용자에게 접근이 허용된 자료만을 제한적으로 보여주기 위해서 하나 이상의 기본 테이블로부터 유도된 가상 테이블
> • 튜플(Tuple) : 속성의 모임으로 구성된 릴레이션을 구성하는 각 행
> • 카디널리티(Cardinality) : 튜플들의 수

52 로킹 단위(Locking Granularity)에 대한 설명으로 옳은 것은?

① 로킹 단위가 크면 병행성 수준이 낮아진다.

② 로킹 단위가 크면 병행 제어 기법이 복잡해진다.

③ 로킹 단위가 작으면 로크(lock)의 수가 적어진다.

④ 로킹은 파일 단위로 이루어지며, 레코드와 필드는 로킹 단위가 될 수 없다.

> **해설** • 로킹 단위가 크면 병행 제어 기법이 간단해진다.
> • 로킹 단위가 작으면 로크(lock)의 수가 많아진다.
> • 로킹 단위는 전체 데이터베이스부터 데이터베이스를 구성하는 최소 단위인 속성까지 다양하다.

53 관계형 데이터베이스에서 다음 설명에 해당하는 키 (Key)는?

> 한 릴레이션 내의 속성들의 집합으로 구성된 키로서, 릴레이션을 구성하는 모든 튜플에 대한 유일성은 만족시키지만 최소성은 만족시키지 못한다.

① 후보키　　　　② 대체키

③ 슈퍼키　　　　④ 외래키

> **해설** 키워드 유일성 O, 최소성 X → 용어 슈퍼키(Super Key)
> • 후보키(Candidate Key) : 한 릴레이션 내에 있는 모든 튜플을 유일하게 식별할 수 있는 속성 또는 속성들의 집합
> • 대체키(Alternate Key) : 후보키 중에서 기본키를 제외한 후보키
> • 외래키(Foreign Key) : 다른 릴레이션의 기본키를 참조하는 속성 또는 속성들의 집합

54 트랜잭션의 특성 중 둘 이상의 트랜잭션이 동시에 병행 실행되는 경우 어느 하나의 트랜잭션 실행 중에 다른 트랜잭션의 연산이 끼어들 수 없음을 의미하는 것은?

① Log　　　　　② Consistency

③ Isolation　　　④ Durability

▶ 정답 : 47.②, 48.③, 49.②, 50.②, 51.①, 52.①, 53.③, 54.③

해설 키워드 끼어들 수 없음 → 용어 독립성, 격리성(Isolation)
- 로그(Log) : 데이터베이스에서 데이터를 변경하기 이전 값과 변경한 이후의 값을 기록한 정보
- 일관성(Consistency) : 트랜잭션이 그 실행을 성공적으로 완료하면, 항상 일관성 있는 데이터베이스 상태로 변환하여야 한다.
- 영속성, 지속성(Durability) : 트랜잭션의 결과는 영구적으로 반영되어야 한다.

55 데이터베이스에서 인덱스(Index)와 관련한 설명으로 틀린 것은?

① 인덱스의 기본 목적은 검색 성능을 최적화하는 것으로 볼 수 있다.

② B-트리 인덱스는 분기를 목적으로 하는 Branch Block을 가지고 있다.

③ BETWEEN 등 범위(Range) 검색에 활용될 수 있다.

④ 시스템이 자동으로 생성하여 사용자가 변경할 수 없다.

해설 테이블에 기본키로 정의한 칼럼이 있을 경우, 인덱스가 자동으로 생성되며 사용자도 인덱스 생성 및 변경이 가능하다.

56 SQL문에서 HAVING을 사용할 수 있는 절은?

① LIKE절   ② WHERE절
③ GROUP BY절   ④ ORDER BY절

해설 HAVING은 특정 속성을 기준으로 그룹화하여 검색할 때 그룹에 대한 조건을 지정하는 절로 GROUP BY와 함께 사용한다.

57 어떤 릴레이션 R에서 X와 Y를 각각 R의 애트리뷰트 집합의 부분 집합이라고 할 경우, 애트리뷰트 X의 값 각각에 대해 시간에 관계없이 항상 애트리뷰트 Y의 값이 오직 하나만 연관되어 있을 때, Y는 X에 함수 종속이라고 한다. 이 함수 종속의 표기로 옳은 것은?

① $Y \rightarrow X$ ② $Y \subset X$
③ $X \rightarrow Y$ ④ $X \subset Y$

해설 X를 결정자, Y를 종속자라고 하며, 표기법은 $X \rightarrow Y$이다.

58 관계 대수에 대한 설명으로 틀린 것은?

① 원하는 릴레이션을 정의하는 방법을 제공하며 비절차적 언어이다.

② 릴레이션 조작을 위한 연산의 집합으로 피연산자와 결과가 모두 릴레이션이다.

③ 일반 집합 연산과 순수 관계 연산으로 구분된다.

④ 질의에 대한 해를 구하기 위해 수행해야 할 연산의 순서를 명시한다.

해설 관계 대수는 원하는 릴레이션을 정의하는 방법을 제공하는 절차적 언어이다.

59 관계 데이터베이스에 있어서 관계 대수 연산이 아닌 것은?

① 디비전(Division)   ② 프로젝트(Project)
③ 조인(Join)   ④ 포크(Fork)

해설 **TIP** 관계 대수 종류는 "셀프로 디비줘(조)/교차합, 교차곱"으로 기억하세요.

60 데이터베이스의 무결성 규정(Integrity Rule)과 관련한 설명으로 틀린 것은?

① 무결성 규정에는 데이터가 만족해야 될 제약 조건, 규정을 참조할 때 사용하는 식별자 등의 요소가 포함될 수 있다.

② 무결성 규정의 대상으로는 도메인, 키, 종속성 등이 있다.

③ 정식으로 허가 받은 사용자가 아닌 불법적인 사용자에 의한 갱신으로부터 데이터베이스를 보호하기 위한 규정이다.

④ 릴레이션 무결성 규정(Relation Integrity Rules)은 릴레이션을 조작하는 과정에서의 의미적 관계(Semantic Relationship)을 명세한 것이다.

해설 무결성 규정은 정식으로 허가 받은 사용자에 의한 갱신으로부터 데이터베이스를 보호하기 위한 규정이다.

▶ 정답 : 55.④, 56.③, 57.③, 58.①, 59.④, 60.③

[4과목 : 프로그래밍 언어 활용]

61 C Class에 속하는 IP address는?

① 200.168.30.1 　　② 10.3.2.1

③ 225.2.4.1 　　④ 172.16.98.3

> **해설** C 클래스의 시작 주소는 192~223이다.

62 다음 중 페이지 교체(Page Replacement) 알고리즘이 아닌 것은?

① FIFO(First-In-First-Out)

② LUF(Least Used First)

③ Optimal

④ LRU(Least Recently Used)

> **해설** 페이지 교체 알고리즘 종류 : FIFO(First In First Out), OPT(OPTimal replacement), LRU(Least Recently Used), LFU(Least Frequently Used), NUR(Not Used Recently)

63 다음 JAVA 프로그램이 실행되었을 때의 결과는?

```java
public class ovr {
    public static void main(String[] args) {
        int arr[];
        int i = 0;
        arr = new int[10];
        arr[0] = 0;
        arr[1] = 1;
        while(i < 8) {
            arr[i+2] = arr[i+1] + arr[i];
            i++;
        }
        System.out.println(arr[9]);
    }
}
```

① 13 　　② 21

③ 34 　　④ 55

> **해설** 코드해설
> ```
> int arr[]; // 배열 arr 선언
> int i = 0; // 변수 선언 및 초기화
> arr = new int[10]; // 배열 arr의 크기를 10으로 지정
> ```

```
arr[0] = 0; // arr[0]에 0 저장
arr[1] = 1; // arr[1]에 1 저장
while(i < 8) { // i가 8보다 작은 동안 while문 실행
    arr[i+2] = arr[i+1] + arr[i];
    // arr[i+2]에 arr[i+1] + arr[i] 값 저장
    i++; // i 값 1 증가
}
System.out.println(arr[9]); // arr[9] 값 출력 및 개행
```

배열 arr

0	1	2	3	4	5	6	7	8	9
0	1	1	2	3	5	8	13	21	24

디버깅표

i	arr[i+2] = arr[i+1]+arr[i]
0	arr[2] = 1+0 = 1
1	arr[3] = 1+1 = 2
2	arr[4] = 2+1 = 3
⋮	⋮
6	arr[8] = 13+8 = 21
7	arr[9] = 21+13 = 34
8	while문 종료

64 JAVA에서 힙(Heap)에 남아있으나 변수가 가지고 있던 참조 값을 잃거나 변수 자체가 없어짐으로써 더 이상 사용되지 않는 객체를 제거해주는 역할을 하는 모듈은?

① Heap Collector 　　② Garbage Collector

③ Memory Collector 　　④ Variable Collector

> **해설** [키워드] 사용되지 않는 객체 제거 → [용어] 가비지 컬렉터(Garbage Collector)

65 C언어에서의 변수 선언으로 틀린 것은?

① int else; 　　② int Test2;

③ int pc; 　　④ int True;

> **해설** 예약어를 변수명으로 사용할 수 없다.

66 모듈 내 구성 요소들이 서로 다른 기능을 같은 시간대에 함께 실행하는 경우의 응집도(Cohesion)는?

① Temporal Cohesion

② Logical Cohesion

③ Coincidental Cohesion

④ Sequential Cohesion

> ▶ 정답 : 61.①, 62.②, 63.③, 64.②, 65.①, 66.①

해설 키워드 서로 다른 기능, 같은 시간대 → 용어 시간적 응집도(Temporal Cohesion)
- 논리적 응집도(Logical Cohesion) : 유사한 성격을 갖거나 특정 형태로 분류되는 처리 요소들이 한 모듈에서 처리되는 경우의 응집도
- 우연적 응집도(Coincidental Cohesion) : 모듈 내부의 각 구성 요소들이 연관이 없을 경우의 응집도
- 순차적 응집도(Sequential Cohesion) : 요소1의 출력을 요소2의 입력으로 사용하므로 두 요소가 하나의 모듈을 구성한 경우의 응집도

67 오류제어에 사용되는 자동반복 요청방식(ARQ)이 아닌 것은?

① Stop-and-wait ARQ

② Go-back-N ARO

③ Selective-Repeat ARQ

④ Non-Acknowledge ARQ

해설 ARQ 기법 : Stop-and-wait ARQ, Go-back-N ARQ, Selective-repeat ARQ, Adaptive ARQ

68 사용자가 요청한 디스크 입·출력 내용이 다음과 같은 순서로 큐에 들어 있을 때 SSTF 스케줄링을 사용한 경우의 처리 순서는? (단, 현재 헤드 위치는 53이고, 제일 안쪽이 1번, 바깥쪽이 200번 트랙이다.)

큐의 내용 : 98 183 37 122 14 124 65 67

① 53-65-67-37-14-98-122-124-183

② 53-98-183-37-122-14-124-65-67

③ 53-37-14-65-67-98-122-124-183

④ 53-67-65-124-14-122-37-183-98

해설 SSTF 스케줄링은 탐색 거리가 가장 짧은 트랙에 대한 요청을 먼저 서비스하는 기법이다.

14 37 <u>53</u> 65 67 98 122 124 183

69 파일 디스크립터(File Descriptor)에 대한 설명으로 틀린 것은?

① 파일 관리를 위해 시스템이 필요로 하는 정보를 가지고 있다.

② 보조기억장치에 저장되어 있다가 파일이 개방(open)되면 주기억장치로 이동된다.

③ 사용자가 파일 디스크립터를 직접 참조할 수 있다.

④ 파일 제어 블록(File Control Block)이라고도 한다.

해설 파일 디스크립터는 파일 시스템이 관리하므로 사용자가 직접 참조할 수 없다.

70 귀도 반 로섬(Guido van Rossum)이 발표한 언어로 인터프리터 방식이자 객체지향적이며, 배우기 쉽고 이식성이 좋은 것이 특징인 스크립트 언어는?

① C++   ② JAVA

③ C#   ④ Python

해설 키워드 귀도 반 로섬, 인터프리터 방식, 객체지향적 → 용어 Python
- C++ : C언어에 객체지향 개념을 적용한 언어
- JAVA : 썬 마이크로시스템에서 개발된 객체지향 프로그래밍 언어
- C# : C와 C++의 발전된 형태로 Java와 비슷한 특색을 가진 객체지향 프로그래밍 언어

71 다음 파이썬(Python) 프로그램이 실행되었을 때의 결과는?

```
def cs(n):
    s = 0
    for num in range(n+1):
        s += num
    return s

print(cs(11))
```

① 45   ② 55

③ 66   ④ 78

▶ 정답 : 67.④, 68.①, 69.③, 70.④, 71.③

> **해설**
> 1부터 11까지 합계
>
> ```
> ② def cs(n): # 함수 cs 실행(매개변수 : n=11)
> ③     s = 0 # 변수 선언 및 초기화
>        for num in range(n+1):
> ④         # num은 0부터 n까지 for문 실행
> ⑤         s += num # s에 s + num 값 저장
> ⑥     return s # s 값 반환
>
> ①⑦ print(cs(11))
>        # 함수 cs 호출(전달인자 : 11) 및 출력
> ```
>
> 디버깅표
>
> | num | s |
> | --- | --- |
> | 0 | 0 |
> | 1 | 1 |
> | 2 | 3 |
> | : | : |
> | 9 | 45 |
> | 10 | 55 |
> | 11 | 66 |

72 모듈화(Modularity)와 관련한 설명으로 틀린 것은?

① 소프트웨어의 모듈은 프로그래밍 언어에서 Subroutine, Function 등으로 표현될 수 있다.

② 모듈의 수가 증가하면 상대적으로 각 모듈의 크기가 커지며, 모듈 사이의 상호교류가 감소하여 과부하(Overload) 현상이 나타난다.

③ 모듈화는 시스템을 지능적으로 관리할 수 있도록 해주며, 복잡도 문제를 해결하는 데 도움을 준다.

④ 모듈화는 시스템의 유지보수와 수정을 용이하게 한다.

> **해설**
> 모듈의 수가 증가하면 상대적으로 각 모듈의 크기는 감소하며, 모듈 사이의 상호교류가 증가하여 과부하(Overload) 현상이 나타난다.

73 192.168.1.0/24 네트워크를 FLSM 방식을 이용하여 4 개의 Subnet으로 나누고 IP Subnet-zero를 적용했다. 이때 Subnetting된 네트워크 중 4번째 네트워크의 4번째 사용가능한 IP는 무엇인가?

① 192.168.1.192   ② 192.168.1.195

③ 192.168.1.196   ④ 192.168.1.198

> **해설**
> $4(2^2)$개의 Subnet으로 나누기 위해서는 2bit의 네트워크 주소가 필요하다.
>
> | 네트워크 | 추가 네트워크 주소 | 호스트 주소 |
> | --- | --- | --- |
> | 1 | 00 | 000000 ~ 111111 |
> | 2 | 01 | 000000 ~ 111111 |
> | 3 | 10 | 000000 ~ 111111 |
> | 4 | 11 | 000000 ~ 111111 |

> **해설**
> 4번째 네트워크에서 첫 번째 IP 주소와 마지막 IP 주소는 특수용도로 사용하므로 일반적으로 사용할 수 없다.
> - 첫 번째 IP 주소 : 192.168.1.11000001
> - 두 번째 IP 주소 : 192.168.1.11000010
> - 세 번째 IP 주소 : 192.168.1.11000011
> - 네 번째 IP 주소 : 192.168.1.11000100 → 192.168.1.196

74 모듈의 독립성을 높이기 위한 결합도(Coupling)와 관련한 설명으로 틀린 것은?

① 오류가 발생했을 때 전파되어 다른 오류의 원인이 되는 파문 효과(Ripple Effect)를 최소화해야 한다.

② 인터페이스가 정확히 설정되어 있지 않을 경우 불필요한 인터페이스가 나타나 모듈 사이의 의존도는 높아지고 결합도가 증가한다.

③ 모듈들이 변수를 공유하여 사용하게 하거나 제어 정보를 교류하게 함으로써 결합도를 낮추어야 한다.

④ 다른 모듈과 데이터 교류가 필요한 경우 전역변수(Global Variable)보다는 매개변수(Parameter)를 사용하는 것이 결합도를 낮추는 데 도움이 된다.

> **해설**
> ③은 결합도를 높이는 것으로, 모듈의 독립성이 낮아진다.
> **TIP** 모듈의 독립성을 높이기 위해서는 다른 모듈을 직접적으로 사용하는 모듈의 의존성을 줄인 느슨한 결합이 좋습니다.

75 프로세스와 관련한 설명으로 틀린 것은?

① 프로세스가 준비 상태에서 프로세서가 배당되어 실행 상태로 변화하는 것을 디스패치(Dispatch)라고 한다.

② 프로세스 제어 블록(PCB, Process Control Block)은 프로세스 식별자, 프로세스 상태 등의 정보로 구성된다.

③ 이전 프로세스의 상태 레지스터 내용을 보관하고 다른 프로세스의 레지스터를 적재하는 과정을 문맥 교환(Context Switching)이라고 한다.

④ 프로세스는 스레드(Thread) 내에서 실행되는 흐름의 단위이며, 스레드와 달리 주소 공간에 실행 스택(Stack)이 없다.

> **해설**
> 스레드(Thread)가 프로세스 내에서 실행되는 흐름의 단위이며, 프로세스도 주소 공간에 실행 스택(Stack)이 존재한다.

▶ 정답 : 72.②, 73.③, 74.③, 75.④

76 TCP 헤더와 관련한 설명으로 틀린 것은?

① 순서번호(Sequence Number)는 전달하는 바이트마다 번호가 부여된다.

② 수신번호(Acknowledgement Number) 확인은 상대편 호스트에서 받으려는 바이트의 번호를 정의한다.

③ 체크섬(Checksum)은 데이터를 포함한 세그먼트의 오류를 검사한다.

④ 윈도우 크기는 송수신 측의 버퍼 크기로 최대크기는 32,767bit이다.

> 해설 윈도우 크기는 수신 측의 버퍼 크기로 최대 크기는 65,535Byte 이다.

77 다음 C언어 프로그램이 실행되었을 때의 결과는?

```
#include <stdio.h>
#include <string.h>
int main(void) {
        char str[50] = "nation";
        char *p2 = "alter";
        strcat(str, p2);
        printf("%s", str);
    return 0;
}
```

① nation ② nationalter
③ alter ④ alternation

> 해설 **코드해설**
> ```
> char str[50] = "nation";
> // 크기가 50인 문자형 배열 str 선언 및 초기화
> char *p2 = "alter";
> // 문자형 포인터 변수 p2 선언 및 초기화
> strcat(str, p2); // str = nationalter, p2 = alter
> printf("%s", str); // str 값 출력
> ```

78 다음 중 JAVA에서 우선순위가 가장 낮은 연산자는?

① -- ② %
③ & ④ =

> 해설 연산자 우선순위(높 → 낮) : -- → % → & → =

79 다음 C언어 프로그램이 실행되었을 때의 결과는?

```
#include <stdio.h>
int main(void) {
    int a = 3, b = 4, c = 2;
    int r1, r2, r3;

    r1 = b <= 4 || c == 2;
    r2 = (a > 0) && (b < 5);
    r3 = !c;

    printf("%d", r1+r2+r3);
    return 0;
}
```

① 0 ② 1
③ 2 ④ 3

> 해설 논리 연산자 : 2개의 논리 값을 연산하여 True(1), False(0) 결과 반환
> • && : 모두 T이면 T (AND 연산)
> • || : 하나라도 T이면 T (OR 연산)
> • ! : 값이 0인 경우 1, 0이 아닌 경우 0(NOT 연산)
>
> **코드해설**
> ```
> r1 = b <= 4 || c == 2; // T || T = T(1)
> r2 = (a > 0) && (b < 5); // T && T = T(1)
> r3 = !c; // F(0)
>
> printf("%d", r1+r2+r3); // 1+1+0 = 2 출력
> return 0; // 프로그램 종료(생략 가능)
> ```

80 다음 C언어 프로그램이 실행되었을 때의 결과는?

```
#include <stdio.h>
int main(void) {
    int n = 4;
    int* pt = NULL;
    pt = &n;

    printf("%d", &n + *pt - *&pt + n);
    return 0;
}
```

① 0 ② 4
③ 8 ④ 12

▶ 정답 : 76.④, 77.②, 78.④, 79.③, 80.③

코드해설

```
int n = 4; // 변수 선언 및 초기화
int* pt = NULL; // 포인터 변수 pt 선언 및 초기화
pt = &n;
// 포인터 변수 pt에 변수 n의 메모리 주소 저장
```

메모리 주소	값	메모리 주소	값
150	300●	● 300	4

```
printf("%d", &n + *pt - *&pt + n);
// 300 + 4 - 300 + 4 = 8 출력
return 0; // 프로그램 종료
```

> **TIP** NULL이 들어있는 포인터를 널 포인터(Null Pointer)라고 하며, 아무것도 가리키지 않는 상태를 의미합니다.

> **TIP** *&pt는 pt와 동일합니다.

[5과목 : 정보시스템 구축관리]

81 특정 사이트에 매우 많은 ICMP Echo를 보내면, 이에 대한 응답(Respond)을 하기 위해 시스템 자원을 모두 사용해버려 시스템이 정상적으로 동작하지 못하도록 하는 공격 방법은?

① Role-Based Access Control

② Ping Flood

③ Brute-Force

④ Trojan Horses

키워드 ICMP Echo → 용어 Ping 홍수(Ping Flood, 스머핑, Smurfing)
- 역할기반 접근 통제(RBAC; Role-Based Access Control) : 사용자에게 할당된 역할(Role)에 기반하여 접근 권한을 부여하는 방식
- 무작위 대입 공격(Brute Force Attack, 브루트 포스 공격) : 조합 가능한 모든 경우의 수를 전부 대입해보는 공격 방법
- 트로이 목마(Trojan Horse(s)) : 악성 코드 중 마치 유용한 프로그램인 것처럼 위장하여 사용자들로 하여금 거부감 없이 설치를 유도하는 프로그램

82 구글의 구글 브레인 팀이 제작하여 공개한 기계 학습(Machine Learning)을 위한 오픈소스 소프트웨어 라이브러리는?

① 타조(Tajo)

② 원 세그(One Seg)

③ 포스퀘어(Foursquare)

④ 텐서플로(TensorFlow)

키워드 구글, 기계 학습(Machine Learning), 오픈 소스 소프트웨어 라이브러리 → 용어 텐서플로(TensorFlow)
- 타조(Tajo) : 하둡 기반의 대용량 데이터 웨어하우스 시스템
- 원 세그(One Seg) : 일본과 브라질에서 사용 중인 디지털 TV 방송 기술의 일종
- 포스퀘어(Foursquare) : 포스퀘어사의 위치 기반 소셜 네트워킹 서비스(SNS)

83 비대칭 암호화 방식으로 소수를 활용한 암호화 알고리즘은?

① DES   ② AES

③ SMT   ④ RSA

키워드 비대칭 암호화 방식, 소수 → 용어 RSA
- DES(Data Encryption Standard, 데이터 암호화 표준) : 1975년 미국 국립 표준국(NBS)에서 발표한 개인키 암호화 알고리즘
- AES(Advanced Encryption Standard, 고급 암호 표준) : 2001년 미국 국립 표준 기술 연구소(NIST)에서 발표한 개인키 암호화 알고리즘
- SMT(Statistical Machine Translation, 통계적 기계 번역) : 통계적 분석으로 기계 학습에 필요한 많은 양의 말뭉치에서 모델 파라미터를 학습하여 문장을 번역하는 기술
  - 모델 파라미터 : 새로운 샘플이 주어지면 무엇을 예측할지 결정하는 것

84 시스템이 몇 대가 되어도 하나의 시스템에서 인증에 성공하면 다른 시스템에 대한 접근권한도 얻는 시스템을 의미하는 것은?

① SOS   ② SBO

③ SSO   ④ SOA

키워드 하나의(Single) 시스템에서 인증 성공, 다른 시스템에 대한 접근권한 → 용어 SSO(Single Sign-On, 싱글 사인 온)
- SOS(Security Operating Service, 보안 운영 서비스) : 고객의 IT 자원 및 보안 시스템에 대한 종합적 보안 관리를 원격으로 제공하는 서비스
- SBO(SAP Business One) : 독일 기업 SAP SE에서 판매하는 중소기업용 비즈니스 관리 소프트웨어
- SOA(Service Oriented Architecture, 서비스 지향 아키텍처) : 기업의 정보 시스템을 공유 및 재사용이 가능한 서비스 또는 컴포넌트 중심으로 구축하는 정보 기술 아키텍처

▶ 정답 : 81.②, 82.④, 83.④, 84.③

85 오픈소스 웹 애플리케이션 보안 프로젝트로서 주로 웹을 통한 정보 유출, 악성 파일 및 스크립트, 보안 취약점 등을 연구하는 곳은?

① WWW ② OWASP
③ WBSEC ④ ITU

> **해설**
> **키워드** 보안 프로젝트(Security Project), 정보 유출, 악성 파일 및 스크립트, 보안 취약점 등 연구 → **용어** OWASP(The Open Web Application Security Project)
> • 월드 와이드 웹(WWW; World Wide Web) : 하이퍼텍스트를 기반으로 문자, 동영상, 음성 등과 같은 멀티미디어를 볼 수 있도록 하는 서비스
> • 국제전기통신연합(ITU) : 국제 간 통신규격 제정

86 생명 주기 모형 중 가장 오래된 모형으로 많은 적용 사례가 있지만, 요구사항의 변경이 어렵고 각 단계의 결과가 확인되어야 다음 단계로 넘어갈 수 있는 선형 순차적, 고전적 생명 주기 모형이라고도 하는 것은?

① Waterfall Model ② Prototype Model
③ Cocomo Model ④ Spiral Model

> **해설**
> **키워드** 가장 오래된 모형, 선형 순차적, 고전적 → **용어** 폭포수 모델(Waterfall Model)
> • 프로토타입 모델(Prototype Model) : 사용자의 요구사항에 따라 프로토타입(시제품)을 신속히 개발하여 제공한 후, 사용자의 피드백을 통해 개선하고 보완해가는 모델
> • COCOMO(COnstructive COst MOdel) 모형 : 보헴(Boehm)이 제안한 모형으로, 원시 프로그램의 규모인 LOC에 의한 비용 산정 기법
> • 나선형 모델(Spiral Model) : 시스템 개발 시 위험을 최소화하기 위해 점진적으로 완벽한 시스템으로 개발해 나가는 모델

87 COCOMO model 중 기관 내부에서 개발된 중소 규모의 소프트웨어로 일괄 자료 처리나 과학기술 계산용, 비즈니스 자료 처리용으로 5만 라인 이하의 소프트웨어를 개발하는 유형은?

① Embedded ② Organic
③ Semi-Detached ④ Semi-Embedded

> **해설**
> **키워드** 5만 라인 이하 → **용어** 조직형(Organic Mode)
> • 내장형(Embedded Mode) : 30만 라인 이상
> • 반분리형(Semi-Detached Mode) : 30만 라인 이하
> • Semi-Embedded는 COCOMO의 소프트웨어 개발 유형에 포함되지 않는다.

88 다음에서 설명하는 IT 스토리지 기술은?

> • 가상화를 적용하여 필요한 공간만큼 나눠 사용할 수 있도록 하며 서버 가상화와 유사함
> • 컴퓨팅 소프트웨어로 규정하는 데이터 스토리지 체계이며, 일정 조직 내 여러 스토리지를 하나처럼 관리하고 운용하는 컴퓨터 이용 환경
> • 스토리지 자원을 효율적으로 나누어 쓰는 방법으로 이해할 수 있음

① Software Defined Storage

② Distribution Oriented Storage

③ Network Architected Storage

④ Systematic Network Storage

> **해설**
> **키워드** 서버 가상화와 유사, 하나처럼 관리, 컴퓨팅 소프트웨어(Software), 데이터 스토리지(Storage) 체계 → **용어** SDS(Software Defined Storage, 소프트웨어 정의 스토리지)

89 TCP/IP 기반 네트워크에서 동작하는 발행-구독 기반의 메시징 프로토콜로, 최근 IoT 환경에서 자주 사용되고 있는 프로토콜은?

① MLFQ ② MQTT
③ Zigbee ④ MTSP

> **해설**
> **키워드** 발행-구독 기반 → **용어** MQTT(Message Queuing Telemetry Transport)
> • MLFQ(Multi Level Feedback Queue, 다단계 피드백 큐) : 여러 개의 큐를 두어 낮은 단계로 내려갈수록 프로세스의 시간 할당량을 크게 하는 프로세스 스케줄링 방식
> • 지그비(Zigbee) : IEEE 802.15 표준을 기반으로 만들어진 것으로 저속, 저비용, 저전력 무선망을 위한 기술

90 다음 내용이 설명하는 것은?

> 개인과 기업, 국가적으로 큰 위협이 되고 있는 주요 사이버 범죄 중 하나로 Snake, Darkside 등 시스템을 잠그거나 데이터를 암호화해 사용할 수 없도록 하고 이를 인질로 금전을 요구하는 데 사용되는 악성 프로그램

① Format String ② Ransomware
③ Buffer overflow ④ Adware

▶ 정답 : 85.②, 86.①, 87.②, 88.①, 89.②, 90.②

해설 **키워드** 암호화, 금전 요구 → **용어** 랜섬웨어(Ransomware)
- 포맷 스트링 버그(Format String Bug) : printf() 등 외부 입력값에 포맷 스트링을 제어할 수 있는 함수를 사용하여 발생할 수 있는 보안 약점
- 버퍼 오버플로(Buffer Overflow) : 메모리 버퍼의 경계값을 넘어서 메모리값을 읽거나 저장하여 예기치 않은 결과를 발생시킬 수 있는 보안 약점
- 애드웨어(Adware) : 무료로 사용되는 프리웨어 또는 일정한 금액으로 제품을 구매해야 하는 셰어웨어 등에서 광고 보는 것을 전제로 사용이 허용되는 프로그램

91 정보보안을 위한 접근 제어(Access Control)와 관련한 설명으로 틀린 것은?

① 적절한 권한을 가진 인가자만 특정 시스템이나 정보에 접근할 수 있도록 통제하는 것이다.

② 시스템 및 네트워크에 대한 접근 제어의 가장 기본적인 수단은 IP와 서비스 포트로 볼 수 있다.

③ DBMS에 보안 정책을 적용하는 도구인 XDMCP를 통해 데이터베이스에 대한 접근제어를 수행할 수 있다.

④ 네트워크 장비에서 수행하는 IP에 대한 접근 제어로는 관리 인터페이스의 접근제어와 ACL(Access Control List) 등이 있다.

해설 Oracle, MS-SQL과 같은 DBMS를 통해 데이터베이스에 대한 접근 제어를 수행할 수 있다.

92 국내 IT 서비스 경쟁력 강화를 목표로 개발되었으며 인프라 제어 및 관리 환경, 실행 환경, 개발 환경, 서비스 환경, 운영환경으로 구성되어 있는 개방형 클라우드 컴퓨팅 플랫폼은?

① N20S   ② PaaS-TA
③ KAWS   ④ Metaverse

해설 **키워드** IT 서비스 경쟁력 강화를 목표로 개발, 개방형 클라우드 컴퓨팅 플랫폼 → **용어** 파스-타(PaaS-TA)
- N2OS(Neutralized Network Operating System) : 한국전자통신연구원(ETRI)이 개발한 네트워크 운영체제로, 네트워크 장비에 탑재되어 하드웨어 자원을 관리하는 핵심 소프트웨어
- 메타버스(Metaverse) : 3차원 가상 세계

93 물리적 배치와 상관없이 논리적으로 LAN을 구성하여 Broadcast Domain을 구분할 수 있게 해주는 기술로, 접속된 장비들의 성능 향상 및 보안성 증대 효과가 있는 것은?

① VLAN   ② STP
③ L2AN   ④ ARP

해설 **키워드** 물리적 배치와 상관없이 논리적으로 LAN 구성 → **용어** VLAN(Virtual Local Area Network, 가상 랜)
- STP(Signaling Transfer Point, 신호 중계 교환기) : 공통선 신호망에서 신호점 간 신호전달을 위한 장비
- ARP(Address Resolution Protocol, 주소 결정 프로토콜) : IP 주소를 MAC 주소로 대응시키기 위해 사용되는 프로토콜

94 S/W 각 기능의 원시 코드 라인 수의 비관치, 낙관치, 기대치를 측정하여 예측치를 구하고 이를 이용하여 비용을 산정하는 기법은?

① Effort Per Task 기법
② 전문가 감정 기법
③ 델파이 기법
④ LOC 기법

해설 **키워드** 원시 코드 라인(Line of Code) 수 → **용어** LOC(Line of Code, 원시 코드 라인 수) 기법
- 개발 단계별 노력(Effort Per Task) 기법 : LOC 기법을 보완하기 위해 각 기능을 구현시키는 데 필요한 노력을 생명 주기의 각 단계별로 산정하는 기법
- 전문가 판단(감정) 기법 : 조직 내에 경험이 많은 두 명 이상의 전문가에게 비용 산정을 의뢰하는 기법
- 델파이(Delphi) 기법 : 전문가 판단 기법의 주관적인 편견을 보완하기 위해 많은 전문가의 의견을 종합하여 산정하는 기법

95 소프트웨어 개발 프레임워크와 관련한 설명으로 틀린 것은?

① 반제품 상태의 제품을 토대로 도메인별로 필요한 서비스 컴포넌트를 사용하여 재사용성 확대와 성능을 보장받을 수 있게 하는 개발 소프트웨어이다.

② 개발해야 할 애플리케이션의 일부분이 이미 구현되어 있어 동일한 로직 반복을 줄일 수 있다.

③ 라이브러리와 달리 사용자 코드가 직접 호출하여 사용하기 때문에 소프트웨어 개발 프레임워크가 직접 코드의 흐름을 제어할 수 없다.

④ 생산성 향상과 유지보수성 향상 등의 장점이 있다.

▶ 정답 : 91.③, 92.②, 93.①, 94.④, 95.③

> **해설** 개발자가 관리하고 통제해야 하는 객체들의 제어 권한을 프레임워크에 넘겨 생산성을 향상시킨다.

96 정보 시스템 내에서 어떤 주체가 특정 개체에 접근하려 할 때 양쪽의 보안 레이블(Security Label)에 기초하여 높은 보안 수준을 요구하는 정보(객체)가 낮은 보안 수준의 주체에게 노출되지 않도록 하는 접근 제어 방법은?

① Mandatory Access Control
② User Access Control
③ Discretionary Access Control
④ Data-Label Access Control

> **해설** 【키워드】 보안 레이블(Security Label) → 【용어】 강제 접근 통제(MAC; Mandatory Access Control, 규칙 기반 정책)
> • 임의 접근 통제(DAC; Discretionary Access Control, 신분 기반 정책) : 자원(객체)에 접근하는 사용자(주체)의 신원에 따라 접근 권한을 부여하는 방식

97 소프트웨어 생명주기 모형 중 Spiral Model에 대한 설명으로 틀린 것은?

① 비교적 대규모 시스템에 적합하다.
② 개발 순서는 계획 및 정의, 위험 분석, 공학적 개발, 고객 평가 순으로 진행된다.
③ 소프트웨어를 개발하면서 발생할 수 있는 위험을 관리하고 최소화하는 것을 목적으로 한다.
④ 계획, 설계, 개발, 평가의 개발 주기가 한번만 수행된다.

> **해설** 나선형 모델(Spiral Model)의 개발 주기는 반복적으로 수행된다.

98 SQL Injection 공격과 관련한 설명으로 틀린 것은?

① SQL Injection은 임의로 작성한 SQL 구문을 애플리케이션에 삽입하는 공격 방식이다.
② SQL Injection 취약점이 발생하는 곳은 주로 웹 애플리케이션과 데이터베이스가 연동되는 부분이다.
③ DBMS의 종류와 관계없이 SQL Injection 공격 기법은 모두 동일하다.
④ 로그인과 같이 웹에서 사용자의 입력 값을 받아 데이터베이스 SQL문으로 데이터를 요청하는 경우 SQL Injection을 수행할 수 있다.

> **해설** DBMS의 종류에 따라 사용되는 명령어나 연산의 방식이 다르므로, SQL Injection 공격 수행 전 DBMS의 종류를 필수적으로 파악해야 한다.

99 침입탐지 시스템(IDS : Intrusion Detection System)과 관련한 설명으로 틀린 것은?

① 이상 탐지 기법(Anomaly Detection)은 Signature Base나 Knowledge Base라고도 불리며 이미 발견되고 정립된 공격 패턴을 입력해두었다가 탐지 및 차단한다.
② HIDS(Host-Based Intrusion Detection)는 운영체제에 설정된 사용자 계정에 따라 어떤 사용자가 어떤 접근을 시도하고 어떤 작업을 했는지에 대한 기록을 남기고 추적한다.
③ NIDS(Network-Based Intrusion Detection System)로는 대표적으로 Snort가 있다.
④ 외부 인터넷에 서비스를 제공하는 서버가 위치하는 네트워크인 DMZ(Demilitarized Zone)에는 IDS가 설치될 수 있다.

> **해설** ①은 오용 탐지 기법(Misuse Detection)에 대한 설명이다.
> • 이상 탐지 기법 : 비정상적인 행위나 자원의 사용을 탐지한다.

100 시스템에 저장되는 패스워드들은 Hash 또는 암호화 알고리즘의 결과 값으로 저장된다. 이때 암호공격을 막기 위해 똑같은 패스워드들이 다른 암호 값으로 저장되도록 추가되는 값을 의미하는 것은?

① Pass flag   ② Bucket
③ Opcode   ④ Salt

> **해설** 【키워드】 Hash, 추가되는 값 → 【용어】 솔트(Salt)
> • 버킷(Bucket) : 하나의 주소를 갖는 파일의 한 구역
> • Opcode(Operation Code, 연산 부호) : 컴퓨터가 실행할 처리의 종류를 지정하는 부호

▶ 정답 : 96.①, 97.④, 98.③, 99.①, 100.④

NOTE

[1과목 : 소프트웨어 설계]

01 User Interface 설계 시 오류 메시지나 경고에 관한 지침으로 가장 거리가 먼 것은?

① 메시지는 이해하기 쉬워야 한다.
② 오류로부터 회복을 위한 구체적인 설명이 제공되어야 한다.
③ 오류로 인해 발생될 수 있는 부정적인 내용을 적극적으로 사용자들에게 알려야 한다.
④ 소리나 색의 사용을 줄이고 텍스트로만 전달하도록 한다.

> **해설** 오류 및 경고 알림 소리나 일관성 있는 색을 사용하여 사용자가 오류에 대한 상황을 정확히 인지할 수 있게 한다.
> **TIP** 텍스트만 사용하면 가독성이 떨어질 수 있다.

02 다음 중 애자일(Agile) 소프트웨어 개발에 대한 설명으로 틀린 것은?

① 공정과 도구보다 개인과의 상호작용을 더 가치 있게 여긴다.
② 동작하는 소프트웨어보다는 포괄적인 문서를 가치 있게 여긴다.
③ 계약 협상보다는 고객과의 협력을 가치 있게 여긴다.
④ 계획을 따르기보다 변화에 대응하기를 가치 있게 여긴다.

> **해설** 포괄적인 문서보다 동작하는 소프트웨어를 더 가치 있게 여긴다.

03 소프트웨어 설계에서 요구사항 분석에 대한 설명으로 틀린 것은?

① 소프트웨어가 무엇을 해야 하는가를 추적하여 요구사항 명세를 작성하는 작업이다.
② 사용자의 요구를 추출하여 목표를 정하고 어떤 방식으로 해결할 것인지 결정하는 단계이다.
③ 소프트웨어 시스템이 사용되는 동안 발견되는 오류를 정리하는 단계이다.
④ 소프트웨어 개발의 출발점이면서 실질적인 첫 번째 단계이다.

> **해설** 소프트웨어 시스템이 사용되는 동안 발견되는 오류를 정리하는 단계는 테스트 단계이다.

04 객체 지향 기법에서 상위 클래스의 메소드와 속성을 하위 클래스가 물려받는 것을 의미하는 것은?

① Abstraction
② Polymorphism
③ Encapsulation
④ Inheritance

> **해설** **키워드** 상위 클래스, 하위 클래스, 물려받는 것 → **용어** 상속 (Inheritance)

05 설계 기법 중 하향식 설계 방법과 상향식 설계 방법에 대한 비교 설명으로 가장 옳지 않은 것은?

① 하향식 설계에서는 통합 검사 시 인터페이스가 이미 정의되어 있어 통합이 간단하다.
② 하향식 설계에서 레벨이 낮은 데이터 구조의 세부 사항은 설계 초기 단계에서 필요하다.
③ 상향식 설계는 최하위 수준에서 각각의 모듈들을 설계하고 이러한 모듈이 완성되면 이들을 결합하여 검사한다.
④ 상향식 설계에서는 인터페이스가 이미 성립되어 있지 않더라도 기능 추가가 쉽다.

> **해설** 상향식 설계는 하위 모듈에서 상위 모듈 방향으로 설계하는 것으로, 인터페이스가 이미 성립되어 있어야만 기능 추가가 가능하다.

06 자료흐름도(DFD)의 각 요소별 표기 형태의 연결이 옳지 않은 것은?

① Process : 원
② Data Flow : 화살표
③ Data Store : 삼각형
④ Terminator : 사각형

> **해설** 자료 저장소(Data Store)는 평행선으로 나타낸다.

▶ 정답 : 01.④, 02.②, 03.③, 04.④, 05.④, 06.③

07 소프트웨어 개발에 이용되는 모델(Model)에 대한 설명 중 거리가 먼 것은?

① 모델은 개발 대상을 추상화하고 기호나 그림 등으로 시각적으로 표현한다.

② 모델을 통해 소프트웨어에 대한 이해도를 향상시킬 수 있다.

③ 모델을 통해 이해 당사자 간의 의사소통이 향상된다.

④ 모델을 통해 향후 개발될 시스템의 유추는 불가능하다.

> **해설** 모델은 사용자 요구사항을 정확히 파악하기 위해서 만든 견본이므로, 모델을 통해 향후 개발될 시스템의 유추가 가능하다.

08 다음의 설명에 해당하는 언어는?

> 객체 지향 시스템을 개발할 때 산출물을 명세화, 시각화, 문서화하는 데 사용된다. 즉, 개발하는 시스템을 이해하기 쉬운 형태로 표현하여 분석가, 의뢰인, 설계자가 효율적인 의사소통을 할 수 있게 해준다. 따라서, 개발 방법론이나 개발 프로세스가 아니라 표준화된 모델링 언어이다.

① JAVA   ② C

③ UML   ④ Python

> **해설** [키워드] 객체 지향, 표준화 모델링 언어(Modeling Language) → [용어] UML(Unified Modeling Language, 통합 모델링 언어)
> - JAVA : 썬 마이크로시스템에서 개발된 객체 지향 프로그래밍 언어이다.
> - C : 시스템 프로그래밍 언어로 널리 사용되는 것으로, 이식성이 좋아 컴퓨터 기종과 관계없이 프로그램 작성이 가능하다.
> - Python : 귀도 반 로섬이 발표한 객체 지향 기능을 지원하는 대화형 인터프리터 언어이다.

09 다음 내용이 설명하는 UI 설계 도구는?

> - 디자인, 사용방법 설명, 평가 등을 위해 실제 화면과 유사하게 만든 정적인 형태의 모형
> - 시각적으로만 구성 요소를 배치하는 것으로, 일반적으로 실제로 구현되지는 않음

① 스토리보드(Storyboard)

② 목업(Mockup)

③ 프로토타입(Prototype)

④ 유스케이스(Usecase)

> **해설** [키워드] 실제 화면과 유사하게 만든 정적 모형, 구성 요소 배치, 실제 구현 X → [용어] 목업(Mockup)
> - 유스케이스(Usecase, 사용 사례) : 사용자 입장에서 바라본 시스템의 기능(요구사항)

10 애자일(Agile) 기법 중 스크럼(Scrum)과 관련된 용어에 대한 설명이 틀린 것은?

① 스크럼 마스터(Scrum Master)는 스크럼 프로세스를 따르고, 팀이 스크럼을 효과적으로 활용할 수 있도록 보장하는 역할 등을 맡는다.

② 제품 백로그(Product Backlog)는 스크럼 팀이 해결해야 하는 목록으로 소프트웨어 요구사항, 아키텍처 정의 등이 포함될 수 있다.

③ 스프린트(Sprint)는 하나의 완성된 최종 결과물을 만들기 위한 주기로 3달 이상의 장기간으로 결정된다.

④ 속도(Velocity)는 한 번의 스프린트에서 한 팀이 어느 정도의 제품 백로그를 감당할 수 있는지에 대한 추정치로 볼 수 있다.

> **해설** 스프린트(Spinrt)는 달력 기준 1~4주 단위의 짧은 반복 개발 주기이다.

11 UML 다이어그램 중 정적 다이어그램이 아닌 것은?

① 컴포넌트 다이어그램
② 배치 다이어그램
③ 순차 다이어그램
④ 패키지 다이어그램

> **해설** 다른 하나는 동적 다이어그램에 속한다.

12 LOC 기법에 의해 예측된 총 라인 수가 36,000라인, 개발에 참여할 프로그래머가 6명, 프로그래머들의 평균 생산성이 월간 300라인일 때 개발에 소요되는 기간은?

① 5개월   ② 10개월
③ 15개월   ④ 20개월

> ▶ 정답 : 07.④, 08.③, 09.②, 10.③, 11.③, 12.④

• 개발 기간 = 인월 / 투입 인원 = 120 / 6 = 20(개월)
• 인월 = LOC / 1인당 월평균 생산 코드 라인 수
= 36,000라인 / 300라인 = 120(인월)

13 클래스 설계 원칙에 대한 바른 설명은?

① 단일 책임 원칙 : 하나의 클래스만 변경 가능해야 한다.
② 개방-폐쇄의 원칙 : 클래스는 확장에 대해 열려 있어야 하며, 변경에 대해 닫혀있어야 한다.
③ 리스코프 교체의 원칙 : 여러 개의 책임을 가진 클래스는 하나의 책임을 가진 클래스로 대체되어야 한다.
④ 의존관계 역전의 원칙 : 클라이언트는 자신이 사용하는 메소드와 의존관계를 갖지 않도록 해야 한다.

 • 단일 책임 원칙 : 클래스를 변경해야 하는 이유는 오직 하나여야 한다.
• 리스코프 교체의 원칙 : 기반 클래스(상위 클래스)는 파생 클래스(하위 클래스)로 대체할 수 있어야 한다.
• 의존관계 역전의 원칙 : 클라이언트는 구체 클래스가 아닌 추상 클래스에 의존해야 한다.

14 GoF(Gangs of Four) 디자인 패턴에서 생성(Creational) 패턴에 해당하는 것은?

① 컴퍼지트(Composite)
② 어댑터(Adapter)
③ 추상 팩토리(Abstract Factory)
④ 옵서버(Observer)

 ①, ②는 구조(Structural) 패턴, ④는 행위(Behavior) 패턴에 포함된다.

15 아키텍처 설계과정이 올바른 순서로 나열된 것은?

㉮ 설계 목표 설정
㉯ 시스템 타입 결정
㉰ 스타일 적용 및 커스터마이즈
㉱ 서브시스템의 기능, 인터페이스 동작 작성
㉲ 아키텍처 설계 검토

① ㉮ → ㉯ → ㉰ → ㉱ → ㉲
② ㉲ → ㉮ → ㉯ → ㉱ → ㉰
③ ㉮ → ㉲ → ㉯ → ㉱ → ㉰
④ ㉮ → ㉯ → ㉰ → ㉲ → ㉱

 소프트웨어 아키텍처 설계 과정
1. 설계 목표 설정 : 시스템에 대한 설계 목표를 파악하고 결정한다.
2. 시스템 타입 결정 : 시스템 타입을 파악하고 결정한다.
3. 스타일 적용 및 커스터마이즈
• 시스템 또는 서브 시스템의 타입을 결정하기 위해 설계 목표, 시스템 타입에 맞는 아키텍처 스타일을 결정한다.
• 적용 가능한 아키텍처 스타일이 있다면 적용하고, 없다면 커스터마이징한다.
4. 서브 시스템의 기능, 인터페이스 동작 작성
• 서브 시스템 사이의 인터페이스를 정의한다.
• 서브 시스템 사이의 상호 작용을 위한 동작을 작성(명세)한다.
5. 아키텍처 설계 검토 : 아키텍처가 요구사항, 설계 목표 및 원리를 잘 만족하는지 검토한다.

16 사용자 인터페이스를 설계할 경우 고려해야 할 가이드라인과 가장 거리가 먼 것은?

① 심미성을 사용성보다 우선하여 설계해야 한다.
② 효율성을 높이게 설계해야 한다.
③ 발생하는 오류를 쉽게 수정할 수 있어야 한다.
④ 사용자에게 피드백을 제공해야 한다.

사용자 인터페이스 설계 시 사용자가 쉽게 이해하고 사용할 수 있는 환경을 제공해야 한다.

17 소프트웨어 설계에서 자주 발생하는 문제에 대한 일반적이고 반복적인 해결 방법을 무엇이라고 하는가?

① 모듈 분해   ② 디자인 패턴
③ 연관 관계   ④ 클래스 도출

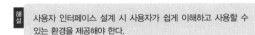 자주 발생하는 문제, 반복적인 해결 방법 → 디자인 패턴(Design Pattern)

18 객체 지향 분석기법의 하나로 객체 모형, 동적 모형, 기능 모형의 3개 모형을 생성하는 방법은?

① Wirfs-Block Method
② Rumbaugh Method
③ Booch Method
④ Jacobson Method

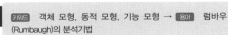 객체 모형, 동적 모형, 기능 모형 → 럼바우(Rumbaugh)의 분석기법

▶ 정답 : 13.②, 14.③, 15.①, 16.①, 17.②, 18.②

19 입력되는 데이터를 컴퓨터의 프로세서가 처리하기 전에 미리 처리하여 프로세서가 처리하는 시간을 줄여주는 프로그램이나 하드웨어를 말하는 것은?

① EAI
② FEP
③ GPL
④ Duplexing

> 해설
> **키워드** 프로세서(Processor), 미리 처리 → **용어** FEP(Front End Processor, 전치 프로세서)
> • GPL(General Public License) : Free Software Foundation에서 배포하는 무료 소프트웨어 라이선스
> • 이중 통신(Duplexing) : 두 지점 사이에서 정보를 주고 받는 전자 통신 시스템

20 객체 지향 개념 중 하나 이상의 유사한 객체들을 묶어 공통된 특성을 표현한 데이터 추상화를 의미하는 것은?

① Method
② Class
③ Field
④ Message

> 해설
> **키워드** 유사한 객체들을 묶어 공통된 특성, 추상화 → **용어** 클래스(Class)
> • 필드(Field) : 객체가 가지고 있는 상태(= 속성, 데이터, 변수, 자료 구조)

[2과목 : 소프트웨어 개발]

21 클린 코드(Clean Code)를 작성하기 위한 원칙으로 틀린 것은?

① 추상화 : 하위 클래스/메소드/함수를 통해 애플리케이션의 특성을 간략하게 나타내고, 상세 내용은 상위 클래스/메소드/함수에서 구현한다.
② 의존성 : 다른 모듈에 미치는 영향을 최소화하도록 작성한다.
③ 가독성 : 누구든지 읽기 쉽게 코드를 작성한다.
④ 중복성 : 중복을 최소화할 수 있는 코드를 작성한다.

> 해설
> 추상화는 상위 클래스/메소드/함수를 통해 애플리케이션의 특성을 간략하게 나타내고, 상세 내용은 하위 클래스/메소드/함수에서 구현한다.

22 단위 테스트에서 테스트의 대상이 되는 하위 모듈을 호출하고, 파라미터를 전달하는 가상의 모듈로 상향식 테스트에 필요한 것은?

① 테스트 스텁(Test Stub)
② 테스트 드라이버(Test Driver)
③ 테스트 슈트(Test Suites)
④ 테스트 케이스(Test Case)

> 해설
> **키워드** 하위 모듈 호출, 파라미터 전달, 가상 모듈, 상향식 테스트 → **용어** 테스트 드라이버(Test Driver)
> • 테스트 슈트(Test Suites) : 테스트 대상 모듈이나 컴포넌트, 시스템에 사용되는 테스트 케이스의 집합
> • 테스트 케이스(Test Case) : 입력값, 실행 조건, 기대 결과로 구성된 테스트 항목의 명세서

23 스택(stack)에 대한 옳은 내용으로만 나열된 것은?

> ㉠ FIFO 방식으로 처리한다.
> ㉡ 순서 리스트의 뒤(Rear)에서 노드가 삽입되며, 앞(Front)에서 노드가 제거된다.
> ㉢ 선형 리스트의 양쪽 끝에서 삽입과 삭제를 모두 가능한 자료 구조이다.
> ㉣ 인터럽트 처리, 서브루틴 호출 작업 등에 응용된다.

① ㉠, ㉡
② ㉡, ㉢
③ ㉣
④ ㉠, ㉡, ㉢, ㉣

> 해설
> • ㉠, ㉡은 큐(Queue), ㉢은 데크(Deque)에 대한 설명이다.
> • 스택은 리스트 한쪽으로만 삽입과 삭제가 이루어지는 후입선출(LIFO) 형식의 자료구조이다.

24 소프트웨어 모듈화의 장점이 아닌 것은?

① 오류의 파급 효과를 최소화한다.
② 기능의 분리가 가능하여 인터페이스가 복잡하다.
③ 모듈의 재사용 가능으로 개발과 유지보수가 용이하다.
④ 프로그램의 효율적인 관리가 가능하다.

> 해설
> 소프트웨어 모듈화는 기능의 분리가 가능하여 인터페이스가 단순하다.

▶ 정답 : 19.②, 20.②, 21.①, 22.②, 23.③, 24.②

25 소프트웨어 프로젝트 관리에 대한 설명으로 가장 옳은 것은?

① 개발에 따른 산출물 관리

② 소요인력은 최대화하되 정책 결정은 신속하게 처리

③ 주어진 기간은 연장하되 최소의 비용으로 시스템을 개발

④ 주어진 기간 내에 최소의 비용으로 사용자를 만족시키는 시스템을 개발

> **해설** 프로젝트 관리는 주어진 기간 내에 최소의 비용으로 사용자를 만족시키는 시스템을 개발하기 위해 프로젝트를 관리하는 것을 의미한다.

26 정형 기술 검토(FTR)의 지침으로 틀린 것은?

① 의제를 제한한다.

② 논쟁과 반박을 제한한다.

③ 문제 영역을 명확히 표현한다.

④ 참가자의 수를 제한하지 않는다.

> **해설**
> • 정형 기술 검토의 지침사항
> - 제품의 검토에만 집중하라.
> - 의제를 제한하여 진행하라.
> - 논쟁과 반박을 제한하라.
> - 문제의 영역을 명확히 표현하라.
> - 해결책과 개선책에 대해 논하지 마라.
> - 참가자의 수를 제한하고, 사전 준비를 강요하라.
> - 체크 리스트를 개발하라.
> - 자원과 시간 일정을 할당하라.
> - 의미있는 훈련을 행하라.
> - 검토자들의 메모를 공유하라.
> - 검토 과정과 결과를 재검토하라.

27 소프트웨어 재공학의 주요 활동 중 기존 소프트웨어 시스템을 새로운 기술 또는 하드웨어 환경에서 사용할 수 있도록 변환하는 작업을 의미하는 것은?

① Analysis

② Migration

③ Restructuring

④ Reverse Engineering

> **해설** [키워드] 소프트웨어 재공학, 기존 소프트웨어 시스템, 변환하는 작업 → [풀이] 이식(Migration, 이관)

구분	설명
분석 (Analysis)	기존 소프트웨어 명세서를 확인하고 소프트웨어의 동작을 이해하고 재공학 대상을 선정하는 작업
이식 (Migration, 이관)	기존 소프트웨어 시스템을 새로운 기술, 환경에서 사용할 수 있도록 변환하는 작업
재구성 (Restructuring)	기존 소프트웨어 기능을 변경하지 않고 소프트웨어 형태에 맞게 수정하는 작업 • 상대적으로 같은 추상적 수준에서 하나의 표현을 다른 표현 형태로 바꾸는 작업
역공학 (Reverse Engineering)	소프트웨어를 분석하여 관계를 파악하고 기존 소프트웨어의 설계 정보를 재발견하고 다시 만들어내는 작업 • 현재 프로그램으로부터 데이터, 아키텍처, 절차에 관한 분석 및 설계 정보를 추출하는 과정이다.

28 정보시스템 개발 단계에서 프로그래밍 언어 선택 시 고려할 사항으로 가장 거리가 먼 것은?

① 개발 정보시스템의 특성

② 사용자의 요구사항

③ 컴파일러의 가용성

④ 컴파일러의 독창성

> **해설** 컴파일러의 독창성은 프로그래밍 언어 선택 시 고려할 사항과 관계가 없다.
> • 프로젝트 상황에 맞는(기능을 실현하기에 가장 적합한) 프로그래밍 언어를 사용한다.
> • 유지보수를 사용자가 직접 담당하는 경우 특정 언어를 요구할 수 있다.
> • 사용자가 원하는 프로그램을 소스 코드로 받아 컴파일할 수 있다.

29 소프트웨어 패키징에 대한 설명으로 틀린 것은?

① 패키징은 개발자 중심으로 진행한다.

② 신규 및 변경 개발소스를 식별하고, 이를 모듈화하여 상용제품으로 패키징한다.

③ 고객의 편의성을 위해 매뉴얼 및 버전관리를 지속적으로 한다.

④ 범용 환경에서 사용이 가능하도록 일반적인 배포 형태로 패키징이 진행된다.

> **해설** 패키징은 개발자가 아닌 사용자 중심으로 진행한다.

▶ 정답 : 25.④, 26.④, 27.②, 28.④, 29.①

30 자료 구조의 분류 중 선형 구조가 아닌 것은?

① 트리 ② 리스트
③ 스택 ④ 데크

> 해설 다른 하나는 비선형 구조이다.

31 아주 오래되거나 참고문서 또는 개발자가 없어 유지보수 작업이 아주 어려운 프로그램을 의미하는 것은?

① Title Code ② Source Code
③ Object Code ④ Alien Code

> 해설 키워드 아주 오래되거나, 유지보수 작업이 어려운 프로그램 → 용어 외계인 코드(Alien Code)

32 소프트웨어를 재사용함으로써 얻을 수 있는 이점으로 가장 거리가 먼 것은?

① 생산성 증가
② 프로젝트 문서 공유
③ 소프트웨어 품질 향상
④ 새로운 개발 방법론 도입 용이

> 해설 소프트웨어를 재사용하면 새로운 개발 방법론 도입이 어려운 문제점이 있다.

33 인터페이스 간의 통신을 위해 이용되는 데이터 포맷이 아닌 것은?

① AJTML ② JSON
③ XML ④ YAML

> 해설 인터페이스 간의 통신을 위해 이용되는 데이터 포맷으로 JSON, XML, YAML이 있다.
> • YAML : 공백 위주로 데이터를 구분한 사람이 쉽게 읽을 수 있도록 만들어진 데이터 직렬화 언어

34 프로그램 설계도의 하나 NS Chart에 대한 설명으로 가장 거리가 먼 것은?

① 논리의 기술에 중점을 두고 도형을 이용한 표현 방법이다.
② 이해하기 쉽고 코드 변환이 용이하다.
③ 화살표나 GOTO를 사용하여 이해하기 쉽다.
④ 연속, 선택, 반복 등의 제어 논리 구조를 표현한다.

> 해설 NS Chart는 화살표나 GOTO를 사용할 수 없다.

35 순서가 A, B, C, D로 정해진 입력자료를 push, push, pop, push, push, pop, pop, pop 순서로 스택연산을 수행하는 경우 출력 결과는?

① B D C A ② A B C D
③ B A C D ④ A B D C

> 해설
>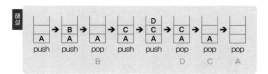

36 분할 정복(Divide and Conquer)에 기반한 알고리즘으로 피벗(pivot)을 사용하며 최악의 경우 $\frac{n(n-1)}{2}$ 회의 비교를 수행해야 하는 정렬(Sort)은?

① Selection Sort ② Bubble Sort
③ Insert Sort ④ Quick Sort

> 해설 키워드 분할 정복, 피벗 → 용어 퀵 정렬(Quick Sort)

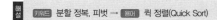

▶ 정답 : 30.①, 31.④, 32.④, 33.①, 34.③, 35.①, 36.④

37 화이트박스 검사 기법에 해당하는 것으로만 짝지어진 것은?

> ㉠ 데이터 흐름 검사
> ㉡ 루프 검사
> ㉢ 동등 분할 검사
> ㉣ 경계값 분석
> ㉤ 원인 결과 그래프 기법
> ㉥ 오류예측 기법

① ㉠, ㉡
② ㉠, ㉣
③ ㉡, ㉤
④ ㉢, ㉥

> **해설** 나머지는 블랙박스 검사 기법에 포함된다.

38 소프트웨어 품질 관련 국제 표준인 ISO/IEC 25000에 관한 설명으로 옳지 않은 것은?

① 소프트웨어 품질평가를 위한 소프트웨어 품질평가 통합모델 표준이다.
② System and Software Quality Requirements and Evaluation으로 줄여서 SQuaRE라고도 한다.
③ ISO/IEC 2501n에서는 소프트웨어의 내부 측정, 외부 측정, 사용품질 측정, 품질 측정 요소 등을 다룬다.
④ 기존 소프트웨어 품질 평가 모델과 소프트웨어 평가 절차 모델인 ISO/IEC 9126과 ISO/IEC 14598을 통합하였다.

> **해설** ③은 ISO/IEC 2502n에 대한 설명이다.
> • ISO/IEC 2501n에서는 소프트웨어 품질 및 사용 품질에 대해서 설명하고, 이에 대한 모델 및 특성의 하위 특성 등을 다룬다.

39 코드 인스펙션과 관련한 설명으로 틀린 것은?

① 프로그램을 수행시켜보는 것 대신에 읽어보고 눈으로 확인하는 방법으로 볼 수 있다.
② 코드 품질 향상 기법 중 하나이다.
③ 동적 테스트 시에만 활용하는 기법이다.
④ 결함과 함께 코딩 표준 준수 여부, 효율성 등의 다른 품질 이슈를 검사하기도 한다.

> **해설** 코드 인스펙션은 소스 코드를 대상으로 결함을 발견하기 위해 수행하는 정적 분석 기법이다.

40 프로젝트에 내재된 위험 요소를 인식하고 그 영향을 분석하여 이를 관리하는 활동으로서, 프로젝트를 성공시키기 위하여 위험 요소를 사전에 예측, 대비하는 모든 기술과 활동을 포함하는 것은?

① Critical Path Method
② Risk Analysis
③ Work Breakdown Structure
④ Waterfall Model

> **해설** | 키워드 | 위험 요소 인식, 그 영향을 분석, 사전 예측 → | 용어 | 위험 분석(Risk Analysis)
> • CPM(Critical Path Method, 임계 경로 기법) : 작업시간이 정확하게 주어졌을 때 프로젝트 일정을 계획하는 기법
> • WBS(Work Breakdown Structure, 작업 분해 구조도) : 프로젝트를 여러 개의 작은 소단위로 분해하여 계층 구조로 표현한 것
> • 폭포수 모델(Waterfall Model) : 가장 오래된 모델로 순차적으로 한 단계, 한 단계를 진행해 나가는 모델

[3과목 : 데이터베이스 구축]

41 데이터베이스 설계 단계 중 물리적 설계 시 고려 사항으로 적절하지 않은 것은?

① 스키마의 평가 및 정제
② 응답 시간
③ 저장 공간의 효율화
④ 트랜잭션 처리량

> **해설** 다른 하나는 논리적 설계 시 고려 사항이다.

42 DELETE 명령에 대한 설명으로 틀린 것은?

① 테이블의 행을 삭제할 때 사용한다.
② WHERE 조건절이 없는 DELETE 명령을 수행하면 DROP TABLE 명령을 수행했을 때와 동일한 효과를 얻을 수 있다.
③ SQL을 사용 용도에 따라 분류할 경우 DML에 해당한다.
④ 기본 사용 형식은 "DELETE FROM 테이블 [WHERE 조건];"이다.

> ▶ 정답 : 37.①, 38.③, 39.③, 40.②, 41.①, 42.②

해설 WHERE 조건절이 없는 DELETE 명령을 수행하면 TRUNCATE TABLE 명령을 수행했을 때와 동일한 효과를 얻을 수 있다.
TIP DELETE 명령어는 데이터는 지워지지만 테이블 용량은 줄어들지 않고, TRUNCATE 명령어는 테이블 용량도 줄어듭니다.

43 어떤 릴레이션 R의 모든 조인 속성의 만족이 R의 후보 키를 통해서만 만족될 때, 이 릴레이션 R이 해당하는 정규형은?

① 제5정규형　　② 제4정규형
③ 제3정규형　　④ 제1정규형

해설 **키워드** 조인 종속성 → **용어** 제5정규형(5NF)

44 E-R 모델에서 다중 값 속성의 표기법은?

해설 ①은 관계, ②는 개체, ④는 연결, 링크의 표기법이다.
TIP ER 모델의 구성 요소 중 다중 값 속성은 이중 타원으로 표기합니다.

45 다른 릴레이션의 기본키를 참조하는 키를 의미하는 것은?

① 필드키　　② 슈퍼키
③ 외래키　　④ 후보키

해설 **키워드** 다른 릴레이션의 기본키 참조 → **용어** 외래키(Foreign Key)

46 관계 해석에서 '모든 것에 대하여'의 의미를 나타내는 논리 기호는?

① ∃　　② ∈
③ ∀　　④ ⊂

해설 **키워드** 모든 것에 대하여 → **용어** ∀
• 관계 해석 기호

구분			설명
정량자	∃	존재 정량자	하나라도 일치하는 튜플이 존재한다 (there exists).
	∀	전칭 정량자	가능한 모든 튜플에 대하여 (for all)
연산자	∧	AND 연산	원자식 간 '그리고'라는 관계로 연결
	∨	OR 연산	원자식 간 '또는'이라는 관계로 연결
	¬	NOT 연산	원자식에 대한 '부정'

47 다음 릴레이션의 Degree와 Cardinality는?

학번	이름	학년	학과
13001	홍길동	3학년	전기
13002	이순신	4학년	기계
13003	강감찬	2학년	컴퓨터

① Degree : 4, Cardinality : 3
② Degree : 3, Cardinality : 4
③ Degree : 3, Cardinality : 12
④ Degree : 12, Cardinality : 3

해설 • 차수(Degree) : 속성들의 수 → 4
• 카디널리티(Cardinality) : 튜플들의 수 → 3

48 뷰(View)에 대한 설명으로 틀린 것은?

① 뷰 위에 또 다른 뷰를 정의할 수 있다.
② DBA는 보안성 측면에서 뷰를 활용할 수 있다.
③ 사용자가 필요한 정보를 요구에 맞게 가공하여 뷰로 만들 수 있다.
④ SQL을 사용하면 뷰에 대한 삽입, 갱신, 삭제 연산 시 제약 사항이 없다.

해설 뷰에 대한 삽입, 갱신, 삭제 연산이 가능하지만 제한적이다.
TIP 뷰에 기본키가 포함될 경우에 삽입, 갱신, 삭제 연산이 가능합니다.

▶ 정답 : 43.①, 44.③, 45.③, 46.③, 47.①, 48.④

49 관계 대수식을 SQL 질의로 옳게 표현한 것은?

$$\pi_{이름} (\sigma_{학과='교육'}(학생))$$

① SELECT 학생 FROM 이름 WHERE 학과='교육';
② SELECT 이름 FROM 학생 WHERE 학과='교육';
③ SELECT 교육 FROM 학과 WHERE 이름='학생';
④ SELECT 학과 FROM 학생 WHERE 이름='교육';

> · $\pi_{이름}$: 이름 속성을 검색한다. → SELECT 이름
> · $\sigma_{학과='교육'}(학생)$: [학생] 테이블에서 학과 속성이 '교육'인 튜플의
> → FROM 학생 WHERE 학과='교육';

50 정규화 과정에서 함수 종속이 A→B이고 B→C일 때 A→C인 관계를 제거하는 단계는?

① 1NF → 2NF
② 2NF → 3NF
③ 3NF → BCNF
④ BCNF → 4NF

> 키워드 이행적 함수 종속 관계 제거 → 용어 3NF
> · 이행적 함수 종속 : A → B이고, B → C인 경우, A → C는 이행적 함수 종속 관계이다.

51 CREATE TABLE문에 포함되지 않는 기능은?

① 속성의 타입 변경
② 속성의 NOT NULL 여부 지정
③ 기본키를 구성하는 속성 지정
④ CHECK 제약조건의 정의

> 속성의 타입 변경은 ALTER TABLE문에 포함된다.

52 SQL과 관련한 설명으로 틀린 것은?

① REVOKE 키워드 를 사용하여 열 이름을 다시 부여할 수 있다.
② 데이터 정의어는 기본 테이블, 뷰 테이블, 또는 인덱스 등을 생성, 변경, 제거하는데 사용되는 명령어이다.
③ DISTINCT를 활용하여 중복 값을 제거할 수 있다.
④ JOIN을 통해 여러 테이블의 레코드를 조합하여 표현할 수 있다.

> 해설 REVOKE 키워드를 사용하여 데이터베이스 사용자의 권한을 취소한다.
> · ALTER TABLE문을 사용하여 열 이름을 다시 부여할 수 있다.

53 다음 SQL문의 실행결과로 생성되는 튜플 수는?

SELECT 급여 FROM 사원;

[사원] 테이블

사원ID	사원명	급여	부서ID
101	박철수	30000	1
102	한나라	35000	2
103	김감동	40000	3
104	이구수	35000	2
105	최초록	40000	3

① 1
② 3
③ 4
④ 5

> [SQL문] : 사원 테이블에서 급여 속성을 검색한다.
>
> | 급여 |
> |---|
> | 30000 |
> | 35000 |
> | 40000 |
> | 35000 |
> | 40000 |

54 다음 SQL문에서 사용된 BETWEEN 연산의 의미와 동일한 것은?

SELECT *
FROM 성적
WEHRE (점수 BETWEEN 90 AND 95) AND 학과 = '컴퓨터공학과';

① 점수 >= 90 AND 점수 <= 95
② 점수 > 90 AND 점수 < 95
③ 점수 > 90 AND 점수 <= 95
④ 점수 >= 90 AND 점수 < 95

> [SQL문] : 성적 테이블에서 점수가 90 이상 95 이하이고, 학과가 '컴퓨터공학과'인 튜플의 성적을 검색한다.

▶ 정답 : 49.②, 50.②, 51.①, 52.①, 53.④, 54.①

55 트랜잭션의 상태 중 트랜잭션의 수행이 실패하여 Rollback 연산을 실행한 상태는?

① 철회(Aborted)
② 부분 완료(Partially Committed)
③ 완료(Commit)
④ 실패(Fail)

> 해설 키워드 트랜잭션 수행 실패, Rollback 연산 실행 → 용어 철회 (Aborted)

56 데이터 제어어(DCL)에 대한 설명으로 옳은 것은?

① ROLLBACK : 데이터의 보안과 무결성을 정의한다.
② COMMIT : 데이터베이스 사용자의 사용 권한을 취소한다.
③ GRANT : 데이터베이스 사용자에게 사용 권한을 부여한다.
④ REVOKE : 데이터베이스 조작 작업이 비정상적으로 종료되었을 때 원래 상태로 복구한다.

> 해설
> • ROLLBACK : 데이터베이스 조작 작업이 비정상적으로 종료되었을 때 원래 상태로 복구한다.
> • COMMIT : 트랜잭션이 성공했을 경우 그 결과를 데이터베이스에 적용하여 작업을 완료시킨다.
> • REVOKE : 데이터베이스 사용자의 사용 권한을 취소한다.

57 테이블 R과 S에 대한 SQL문이 실행되었을 때, 실행결과로 옳은 것은?

R

A	B
1	A
3	B

S

A	B
1	A
2	B

```
SELECT A FROM R
UNION ALL
SELECT A FROM S;
```

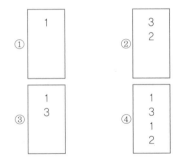

> 해설 [SQL문] : [R] 테이블의 A 속성과 [S] 테이블의 A 속성을 중복을 허용하여 하나의 결과로 병합 검색한다.
> • UNION ALL : 중복을 포함한 합집합 연산자
>
> | R | | S | | | |
> |---|---|---|---|---|---|
> | A | | A | | | 1 |
> | 1 | UNION ALL | 1 | = | | 3 |
> | 3 | | 2 | | | 1 |
> | | | | | | 2 |

58 분산 데이터베이스 시스템(Distributed Database System)에 대한 설명으로 틀린 것은?

① 분산 데이터베이스는 논리적으로는 하나의 시스템에 속하지만 물리적으로는 여러 개의 컴퓨터 사이트에 분산되어 있다.
② 위치 투명성, 중복 투명성, 병행 투명성, 장애 투명성을 목표로 한다.
③ 데이터베이스의 설계가 비교적 어렵고, 개발 비용과 처리 비용이 증가한다는 단점이 있다.
④ 분산 데이터베이스 시스템의 주요 구성 요소는 분산 처리기, P2P 시스템, 단일 데이터베이스 등이 있다.

> 해설 분산 데이터베이스 시스템의 주요 구성 요소는 분산 처리기, 분산 데이터베이스, 통신 네트워크 등이 있다.
> • 분산 데이터베이스 시스템의 주요 구성 요소
>
> | 구성 요소 | 설명 |
> |---|---|
> | 분산 처리기 (Distributed Processor) | 물리적으로 분산되어 지역별로 필요한 데이터를 처리할 수 있는 지역 컴퓨터 (Local Computer) |
> | 분산 데이터베이스 (Distributed Database) | 물리적으로 분산된 지역 데이터베이스 (Local Database) |
> | 통신 네트워크 (Telecommunications Network) | 네트워크를 통해 분산 처리기들을 논리적인 하나의 데이터베이스로 작동하게 하는 통신 네트워크 |

▶ 정답 : 55.①, 56.③, 57.④, 58.④

59 테이블 두 개를 조인하여 뷰 V_1을 정의하고, V_1을 이용하여 뷰 V_2를 정의하였다. 다음 명령 수행 후 결과로 옳은 것은?

> DROP VIEW V_1 CASCADE;

① V_1만 삭제된다.
② V_2만 삭제된다.
③ V_1과 V_2 모두 삭제된다.
④ V_1과 V_2 모두 삭제되지 않는다.

해설 [SQL문] : 뷰 V_1과 뷰 V_1을 참조하는 뷰(V_2)까지 모두 삭제한다.
• CASCADE : 참조하는 테이블을 연쇄적으로 제거

60 데이터베이스에서 병행제어의 목적으로 틀린 것은?

① 시스템 활용도 최대화
② 사용자에 대한 응답시간 최소화
③ 데이터베이스 공유 최소화
④ 데이터베이스 일관성 유지

해설 데이터베이스 공유 최대화

[4과목 : 프로그래밍 언어 활용]

61 IP 주소 체계와 관련한 설명으로 틀린 것은?

① IPv6 패킷 헤더는 32 octet의 고정된 길이를 가진다.
② IPv6 주소 자동설정(Auto Configuration) 기능을 통해 손쉽게 이용자의 단말을 네트워크에 접속시킬 수 있다.
③ IPv4는 호스트 주소를 자동으로 설정하여 유니캐스트(Unicast)를 지원한다.
④ IPv4는 클래스별로 네트워크와 호스트 주소의 길이가 다르다.

해설 IPv6 패킷 헤더는 40 octect의 고정된 길이를 가지고, 여기에 별도로 확장 헤더를 두어 추가 헤더 정보를 부가할 수 있다.

62 다음 C언어의 프로그램이 실행되었을 때, 실행 결과는?

```c
#include <stdio.h>
int main(int argc, char *argv[]) {
    int arr[2][3] = {1,2,3,4,5,6};
    int (*p)[3] = NULL;
    p = arr;
    printf("%d, ", *(p[0]+1) + *(p[1]+2));
    printf("%d ", *(*(p+1)+0) + *(*(p+1)+1));
    return 0;
}
```

① 7, 5   ② 8, 8
③ 8, 9   ④ 7, 9

해설 **코드해설**

```
int arr[2][3] = {1,2,3,4,5,6};
// 2행 3열 배열 arr 선언 및 초기화
```

100번지	104번지	108번지
1	2	3
4	5	6
112번지	116번지	120번지

```
int (*p)[3] = NULL;
// 크기가 3인 2차원 포인터 배열 p 선언
```
- 포인터 변수 p에 2차원 배열을 할당하기 위해서는 int (*포인터명)[열의수] 형태로 정의해야 한다.
```
p = arr;
// 포인터 배열 p에 배열 arr 저장
printf("%d, ", *(p[0]+1) + *(p[1]+2));
// 2 + 6 = 8
// *(p[0]+1) : (p[0]에 저장된 값(100번지)+1)의 주소
(104번지)에 저장된 값 = 2
// *(p[1]+2) : (p[1]에 저장된 값(112번지)+2)의 주소
(120번지)에 저장된 값 = 6
printf("%d ", *(*(p+1)+0) + *(*(p+1)+1));1
// 4 + 5 = 9
// *(*(p+1)+0) : *(p+1)에 저장된 값(112번지)이 주소가
되고, 그 주소의 값 = 4
// *(*(p+1)+1)) : *(p+1)에 저장된 값(112번지)+1)이 주
소(116번지)가 되고, 그 주소의 값 = 5
```

	메모리 주소	값
p[0] = *p →	100	1
	104	2
	108	3
p[1] = *(p+1) →	112	4
	116	5
	120	6

TIP 2차원 포인터 배열은 행 단위로 포인터를 이동시킵니다.

▶ 정답 : 59.③, 60.③, 61.①, 62.③

63 OSI 7계층 중 데이터링크 계층에 해당되는 프로토콜이 아닌 것은?

① HTTP　　　　② HDLC
③ PPP　　　　　④ LLC

해설 다른 하나는 응용 계층 프로토콜이다.

64 C언어에서 두 개의 논리 값 중 하나라도 참이면 1을, 모두 거짓이면 0을 반환하는 연산자는?

① ||　　　　　② &&
③ **　　　　　④ !

해설 키워드 하나라도 참이면 1, 모두 거짓이면 0 → 용어 ||(OR 연산)

65 IPv6에 대한 특성으로 틀린 것은?

① 표시방법은 8비트씩 4부분의 10진수로 표시한다.
② 2^{128}개의 주소를 표현할 수 있다.
③ 등급별, 서비스별로 패킷을 구분할 수 있어 품질 보장이 용이하다.
④ 확장기능을 통해 보안기능을 제공한다.

해설 다른 하나는 IPv4에 대한 설명이다.
• IPv6의 표시방법은 16비트씩 8부분의 16진수로 표시한다.

66 JAVA의 예외(exception)와 관련한 설명으로 틀린 것은?

① 문법 오류로 인해 발생한 것
② 오동작이나 결과에 악영향을 미칠 수 있는 실행 시간 동안 발생한 오류
③ 배열의 인덱스가 그 범위를 넘어서는 경우 발생하는 오류
④ 존재하는 않는 파일 읽으려고 하는 경우에 발생하는 오류

해설 예외는 프로그램의 정상적인 실행을 방해하는 조건이나 상태로, 문법 오류가 발생하면 프로그램 실행이 불가능하여 예외 처리할 수 없다.

67 TCP/IP 계층 구조에서 IP의 동작 과정에서의 전송 오류가 발생하는 경우에 대비해 오류 정보를 전송하는 목적으로 사용하는 프로토콜은?

① ECP(Error Checking Protocol)
② ARP(Address Resolution Protocol)
③ ICMP(Internet Control Message Protocol)
④ PPP(Point-to-Point Protocol)

해설 키워드 IP, 전송 오류 발생, 오류 정보 전송 → 용어 ICMP

68 좋은 소프트웨어 설계를 위한 소프트웨어의 모듈 간의 결합도(Coupling)와 모듈 내 요소 간 응집도(Cohesion)에 대한 설명으로 옳은 것은?

① 응집도는 낮게 결합도는 높게 설계한다.
② 응집도는 높게 결합도는 낮게 설계한다.
③ 양쪽 모두 낮게 설계한다.
④ 양쪽 모두 높게 설계한다.

해설 좋은 소프트웨어 설계를 위해 모듈 안의 요소들이 서로 관련되어 있는 정도인 응집도는 높게, 모듈 간의 상호 의존도인 결합도는 낮게 설계한다.

69 다음과 같은 형태로 임계 구역의 접근을 제어하는 상호 배제 기법은?

```
P(S) : while S <= 0 do skip;
S := S - 1;
V(S) : S := S + 1;
```

① Dekker Algorithm　② Lamport Algorithm
③ Peterson Algorithm　④ Semaphore

해설 세마포어(Semaphore)는 P와 V라는 2개의 연산에 의해서 동기화를 유지시키고, 상호 배제의 원리를 보장한다.
• S : 세마포어 변수(제어신호, 공유 자원의 개수)

```
/* ① 자원이 점유되는 과정 */
P(S) : while S <= 0 do skip;
S := S - 1;
/* ② 자원이 반납되는 과정 */
V(S) : S := S + 1;
```

▶ 정답 : 63.①, 64.①, 65.①, 66.①, 67.③, 68.②, 69.④

① 프로세스가 자원을 점유하려고 할 때, 다른 프로세스가 그 자원을 이미 점유 중인지 세마포어 변수(S)를 통해 확인한다. 점유 가능하다면 해당 자원을 점유한 후 점유되었다는 것을 알리고, 만약 다른 프로세스가 점유 중이라면 자원을 사용할 수 있을 때까지 기다린다.

② 프로세스가 자원을 다 사용하고 반납할 때, 기다리고 있는 다른 프로세스에게 자원 반납을 알린다.

TIP 세마포어는 각 프로세스에 제어 신호를 전달하여 순서대로 작업을 수행하도록 하는 동기화 기법 중 하나입니다.

70 소프트웨어 개발에서 모듈(Module)이 되기 위한 주요 특징에 해당하지 않는 것은?

① 다른 것들과 구별될 수 있는 독립적인 기능을 가진 단위(Unit)이다.

② 독립적인 컴파일이 가능하다.

③ 유일한 이름을 가져야 한다.

④ 다른 모듈에서의 접근이 불가능해야 한다.

해설 모듈은 상호작용을 통해 시스템을 구성하므로 다른 모듈에서 접근이 가능해야 한다.

71 빈 기억공간의 크기가 20KB, 16KB, 8KB, 40KB 일 때 기억장치 배치 전략으로 "Best Fit"을 사용하여 17KB의 프로그램을 적재할 경우 내부 단편화의 크기는 얼마인가?

① 3KB
② 23KB
③ 64KB
④ 67KB

해설 최적 적합(Best Fit)은 단편화를 가장 작게 남기는 분할 영역에 배치시키는 방법이다.
• 20KB 공간에 할당 : 내부 단편화 3KB 발생

72 다음 C언어 프로그램이 실행되었을 때, 실행 결과는?

```c
#include <stdio.h>
int main(int argc, char *argv[]) {
    int i = 0;
    while(1) {
        if(i == 4) {
            break;
        }
        ++i;
    }
    printf("i = %d", i);
    return 0;
}
```

① i = 0
② i = 1
③ i = 3
④ i = 4

해설 **코드해설**

```c
while(1) { // 무한 반복
    if(i == 4) { // i가 4인 경우
        break; // while문 종료
    }
    ++i; // i 값 1 증가
}
printf("i = %d", i); // i 값 출력
```

디버깅표

i == 4	i
	0
F	1
F	2
F	3
F	4
T	while문 종료

73 다음 JAVA 프로그램이 실행되었을 때, 실행 결과는?

```java
public class Ape {
    static void rs(char a[]) {
        for(int i = 0; i < a.length; i++)
            if(a[i] == 'B')
                a[i] = 'C';
            else if(i == a.length - 1)
                a[i] = a[i-1];
                else a[i] = a[i+1];
    }

    static void pca(char a[]) {
        for(int i = 0; i < a.length; i++)
            System.out.print(a[i]);
            System.out.println();
    }

    public static void main(String[] args) {
        char c[] = {'A', 'B', 'D', 'D', 'A', 'B', 'C'};
        rs(c);
        pca(c);
    }
}
```

① BCDABCA
② BCDABCC
③ CDDACCC
④ CDDACCA

▶ 정답 : 70.④, 71.①, 72.④, 73.②

해설 코드해설

```
   public class Ape {
③    static void rs(char a[]) {
④       for(int i = 0; i < a.length; i++)
⑤          if(a[i] == 'B')
⑥             a[i] = 'C';
⑦          else if(i == a.length - 1)
⑧             a[i] = a[i-1];
⑨          else a[i] = a[i+1];
      }

⑪    static void pca(char a[]) {
⑫       for(int i = 0; i < a.length; i++)
⑬          System.out.print(a[i]);
⑭       System.out.println();
      }

      public static void main(String[] args) {
①       char c[] = {'A', 'B', 'D', 'D', 'A', 'B', 'C'};
②       rs(c);
⑩       pca(c);
      }
   }
```

① 배열 c 선언 및 초기화

0	1	2	3	4	5	6
A	B	D	D	A	B	C

② 함수 rs 호출(전달인자 : 배열 c)
• 함수 rs는 static 함수이므로 객체 생성 없이 호출이 가능하다.
③ 함수 rs 실행
• 매개변수 배열 a에 전달받은 배열 c 저장
④ i는 0부터 a.length보다 작을 때까지 for문 실행
• a.length : 매개변수로 전달받은 배열 a의 크기 → 7
⑤ a[i] 값이 'B'이면 ⑥번 실행
⑥ a[i]에 'C' 저장
⑦ 그렇지 않고, i가 a.length-1인 경우 ⑧번 실행
⑧ a[i]에 a[i-1] 값 저장
⑨ 만족하는 조건이 없을 경우 a[i]에 a[i+1] 값 저장
⑩ 함수 pca 호출(전달인자 : 배열 c)
⑪ 함수 pca 실행
• 매개변수 배열 a에 전달받은 배열 c 저장
⑫ i는 0부터 a.length보다 작을 때까지 for문 실행
⑬ a[i] 값 출력
⑭ 개행

디버깅표

i	a[i]	a[i] == 'B'	i == a.length-1
0	a[0] = A → a[0] = B	F	F
1	a[1] = B → a[1] = C	T	
2	a[2] = D → a[2] = D	F	F
3	a[3] = D → a[3] = A	F	F
4	a[4] = A → a[4] = B	F	F
5	a[5] = B → a[5] = C	T	
6	a[6] = C → a[6] = C	F	T
7	for문 종료		

	0	1	2	3	4	5	6
전	A	B	D	D	A	B	C
후	B	C	D	A	B	C	C

74 개발 환경 구성을 위한 빌드(Bulid) 도구에 해당하지 않는 것은?

① Ant ② Kerberos
③ Maven ④ Gradle

 해설 커버로스(Kerberos)는 클라이언트가 서버와 통신할때 사용하는 티켓 기반의 컴퓨터 네트워크 인증 암호화 프로토콜이다.
• 티켓(Ticket) : 클라이언트에 대한 암호화된 정보

75 3개의 페이지 프레임을 갖는 시스템에서 페이지 참조 순서가 1, 2, 1, 0, 4, 1, 3일 경우 FIFO 알고리즘에 의한 페이지 교체의 경우 프레임의 최종 상태는?

① 1, 2, 0 ② 2, 4, 3
③ 1, 4, 2 ④ 4, 1, 3

 해설 FIFO(First In First Out) : 가장 먼저 들여온 페이지를 먼저 교체시키는 기법

참조 페이지	1	2	1	0	4	1	3
페이지 프레임	1	1	1	1	4	4	4
		2	2	2	2	1	1
				0	0	0	3

76 다음 C언어 프로그램이 실행되었을 때 실행 결과는?

```c
#include <stdio.h>
#include <string.h>
int main(int argc, char *argv[]) {
    char str1[20] = "KOREA";
    char str2[20] = "LOVE";
    char* p1 = NULL;
    char* p2 = NULL;
    p1 = str1;
    p2 = str2;
    str1[1] = p2[2];
    str2[3] = p1[4];
    strcat(str1, str2);
    printf("%c", *(p1+2));
    return 0;
}
```

① E ② V
③ R ④ O

▶ 정답 : 74.②, 75.④, 76.③

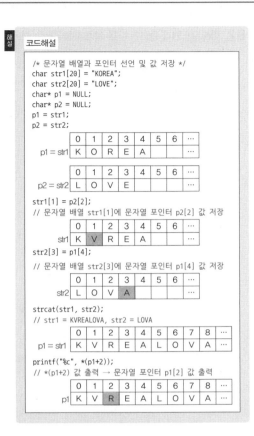

코드해설

```
/* 문자열 배열과 포인터 선언 및 값 저장 */
char str1[20] = "KOREA";
char str2[20] = "LOVE";
char* p1 = NULL;
char* p2 = NULL;
p1 = str1;
p2 = str2;
```

	0	1	2	3	4	5	6	...
p1 = str1	K	O	R	E	A			...

	0	1	2	3	4	5	6	...
p2 = str2	L	O	V	E				...

```
str1[1] = p2[2];
// 문자열 배열 str1[1]에 문자열 포인터 p2[2] 값 저장
```

	0	1	2	3	4	5	6	...
str1	K	V	R	E	A			...

```
str2[3] = p1[4];
// 문자열 배열 str2[3]에 문자열 포인터 p1[4] 값 저장
```

	0	1	2	3	4	5	6	...
str2	L	O	V	A				...

```
strcat(str1, str2);
// str1 = KVREALOVA, str2 = LOVA
```

	0	1	2	3	4	5	6	7	8	...
p1 = str1	K	V	R	E	A	L	O	V	A	...

```
printf("%c", *(p1+2));
// *(p1+2) 값 출력 → 문자열 포인터 p1[2] 값 출력
```

	0	1	2	3	4	5	6	7	8	...
p1	K	V	R	E	A	L	O	V	A	...

77 다음 Python 프로그램이 실행되었을 때, 실행 결과는?

```
a = 100
list_data = ['a', 'b', 'c']
dict_data = {'a':90, 'b':95}
print(list_data[0])
print(dict_data['a'])
```

① a
90

② 100
90

③ 100
100

④ a
a

코드해설

```
a = 100 # 변수 a 선언 및 초기화
list_data = ['a', 'b', 'c']
# 리스트 list_data 선언 및 초기화
dict_data = {'a':90, 'b':95}
# 딕셔너리 dict_data 선언 및 초기화
print(list_data[0])
# list_data[0] 값 출력 및 개행 → a
print(dict_data['a'])
# dict_data의 키(Key) 'a'의 값(Value) 출력 및 개행 → 90
```

78 C언어에서 정수 변수 a, b에 각각 1, 2가 저장되어있을 때 다음 식의 연산 결과로 옳은 것은?

$$a < b + 2 \&\& a << 1 <= b$$

① 0
② 1
③ 3
④ 5

$$a < b + 2 \&\& a << 1 <= b$$

①: b + 2 = 4
②: a << 1 = 0001(2) → 0010(2) = 2
③: a < ① = 1 < 4 = T(1)
④: ② <= b = 2 <= 2 = T(1)
⑤: ③ && ④ = T(1)
• && : 모두 T이면 T (AND 연산)

TIP C언어에서 연산식은 연산자의 우선순위에 따라 계산됩니다.
TIP C언어에서 참(true)은 1, 거짓(false)은 0으로 출력합니다.

79 다음 Python 프로그램이 실행되었을 때 실행 결과는?

```
a = ["대", "한", "민", "국"]
for i in a :
    print(i)
```

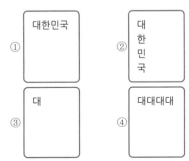

① 대한민국

② 대
한
민
국

③ 대

④ 대대대대

▶ 정답 : 77.①, 78.②, 79.②

해설
· 리스트 a

0	1	2	3
대	한	민	국

```
a = ["대", "한", "민", "국"]
# 리스트 a 선언 및 초기화
for i in a :
# i에 리스트 a의 요소(값) 저장하며 for문 실행
    print(i) # i 값 출력 및 개행
```

80 UNIX 시스템의 쉘(shell)의 주요 기능에 대한 설명이 아닌 것은?

① 사용자 명령어를 해석하고 커널로 전달하는 기능을 제공한다.
② 반복적인 명령을 프로그램으로 만드는 프로그래밍 기능을 제공한다.
③ 쉘 프로그램 실행을 위해 프로세스와 메모리를 관리한다.
④ 초기화 파일을 이용해 사용자 환경을 설정하는 기능을 제공한다.

해설 다른 하나는 커널(Kernel)의 기능이다.

[5과목 : 정보시스템 구축관리]

81 소프트웨어 생명주기 모델 중 나선형 모델(Spiral Model)과 관련한 설명으로 틀린 것은?

① 소프트웨어 개발 프로세스를 위험 관리 측면에서 본 모델이다.
② 위험 분석은 반복적인 개발 진행 후 주기의 마지막 단계에서 최종적으로 한 번 수행해야 한다.
③ 시스템을 여러 부분으로 나누어 여러 번의 개발 주기를 거치면서 시스템이 완성된다.
④ 요구사항이나 아키텍처를 이해하기 어렵다거나 중심이 되는 기술에 문제가 있는 경우 적합한 모델이다.

해설 위험 분석 단계도 반복적인 개발 진행 주기에서 반복적으로 수행한다.

82 정보시스템과 관련한 다음 설명에 해당하는 것은?

· 각 시스템 간에 공유 디스크를 중심으로 클러스터링으로 엮여 다수의 시스템을 동시에 연결할 수 있다.
· 조직, 기업의 기간 업무 서버 등의 안정성을 높이기 위해 사용될 수 있다.
· 여러 가지 방식으로 구현되며 2개의 서버를 연결하는 것으로 2개의 시스템이 각각 업무를 수행하도록 구현하는 방식이 널리 사용된다.

① 고가용성 솔루션(HACMP)
② 점대점 연결 방식(Point-to-Point Mode)
③ 스턱스넷(Stuxnet)
④ 루팅(Rooting)

해설 **키워드** 클러스터링, 안정성을 높이기 위해, 2개의 시스템 → **용어** 고가용성 솔루션(HACMP)
· 점대점 연결 방식(Point-to-Point Mode) : 두 통신 끝 점 또는 노드 간의 통신 연결 방식
· 스턱스넷(Stuxnet) : 독일 지멘스사의 원격 감시 제어 시스템(SCADA)의 제어 소프트웨어에 침투하여 시스템을 마비시키는 바이러스
· 루팅(Rooting) : 스마트폰에서 최상위 권한(루트 권한)을 얻음으로 해당 기기의 제약을 해제하여 허용되지 않는 기능을 사용하거나 불법 앱을 사용할 수 있도록 변경하는 행위

83 위조된 매체 접근 제어(MAC) 주소를 지속적으로 네트워크로 흘려보내, 스위치 MAC 주소 테이블의 저장 기능을 혼란시켜 더미 허브(Dummy Hub)처럼 작동하게 하는 공격은?

① Parsing ② LAN Tapping
③ Switch Jamming ④ FTP Flooding

해설 **키워드** 스위치(Switch) MAC 주소 혼란 → **용어** 스위치 재밍(Switch Jamming)
· 파싱(Parsing, 구문 분석, 데이터 추출) : 컴퓨터에서 고급 언어를 기계어로 번역하는 과정의 한 단계로, 각 문장의 문법적인 구성 또는 구문을 분석하는 과정
· LAN Tapping : LAN 사이에서 전기 신호를 도청하는 행위

▶ 정답 : 80.③, 81.②, 82.①, 83.③

84 다음 내용이 설명하는 스토리지 시스템은?

> - 하드디스크와 같은 데이터 저장장치를 호스트 버스 어댑터에 직접 연결하는 방식
> - 저장장치와 호스트 기기 사이에 네트워크 디바이스 없이 직접 연결하는 방식으로 구성

① DAS
② NAS
③ BSA
④ NFC

> **해설** 키워드 저장장치(Storage), 직접(Direct) 연결 → 용어 DAS(Direct Attached Storage)
> - BSA(Business Software Alliance, 비즈니스 소프트웨어 연합) : 미국의 소프트웨어 저작권 보호 단체
> - NFC(Near Field Communication, 근접 무선 통신) : 10cm 이내의 가까운 거리에서 다양한 무선 데이터를 주고받는 통신 기술

85 취약점 관리를 위해 일반적으로 수행하는 작업이 아닌 것은?

① 무결성 검사
② 응용 프로그램의 보안 설정 및 패치 적용
③ 중단 프로세스 및 닫힌 포트 위주로 확인
④ 불필요한 서비스 및 악성 프로그램의 확인과 제거

> **해설** 현재 동작 중인 프로세스 및 열린 포트를 위주로 확인한다.

86 소프트웨어 생명주기 모델 중 V 모델과 관련한 설명으로 틀린 것은?

① 요구 분석 및 설계 단계를 거치지 않으며 항상 통합 테스트를 중심으로 V형태를 이룬다.
② Perry에 의해 제안되었으며 세부적인 테스트 과정으로 구성되어 신뢰도 높은 시스템을 개발하는 데 효과적이다.
③ 개발 작업과 검증 작업 사이의 관계를 명확히 들어내 놓은 폭포수 모델의 변형이라고 볼 수 있다.
④ 폭포수 모델이 산출물 중심이라면 V모델은 작업과 결과의 검증에 초점을 둔다.

> **해설** 요구 분석 및 설계 단계를 거치며 단위 테스트, 통합 테스트, 시스템 테스트, 인수 테스트를 진행한다.

87 블루투스(Bluetooth) 공격과 해당 공격에 대한 설명이 올바르게 연결된 것은?

① 블루버그(BlueBug) – 블루투스의 취약점을 활용하여 장비의 파일에 접근하는 공격으로 OPP를 사용하여 정보를 열람
② 블루스나프(BlueSnarf) – 블루투스를 이용해 스팸처럼 명함을 익명으로 퍼뜨리는 것
③ 블루프린팅(BluePrinting) – 블루투스 공격 장치의 검색 활동을 의미
④ 블루재킹(BlueJacking) – 블루투스 장비 사이의 취약한 연결 관리를 악용한 공격

> **해설** 키워드 블루투스 공격 장치 검색 활동 → 용어 블루프린팅(BluePrinting)
> - 블루버그(BlueBug) : 블루투스 장비 사이의 취약한 연결 관리를 악용한 공격
> - 블루스나프(BlueSnarf) : 휴대폰 보안 취약성을 이용해 블루투스 기기에 저장된 데이터에 접근할 수 있는 것
> - 블루재킹(BlueJacking) : 블루투스 지원 장치들에게 스팸처럼 자발적인 메시지를 익명으로 퍼트리는 것

88 DoS(Denial of Service) 공격과 관련한 내용으로 틀린 것은?

① Ping of Death 공격은 정상 크기보다 큰 ICMP 패킷을 작은 조각(Fragment)으로 쪼개어 공격 대상이 조각화된 패킷을 처리하게 만드는 공격 방법이다.
② Smurf 공격은 멀티캐스트를 활용하여 공격 대상이 네트워크의 임의의 시스템에 패킷을 보내게 만드는 공격이다.
③ SYN Flooding은 존재하지 않는 클라이언트가 서버별로 한정된 접속 가능 공간에 접속한 것처럼 속여 다른 사용자가 서비스를 이용하지 못하게 하는 것이다.
④ Land 공격은 패킷 전송 시 출발지 IP주소와 목적지 IP주소 값을 똑같이 만들어서 공격 대상에게 보내는 공격 방법이다.

> **해설** Smurf 공격은 IP나 ICMP의 특성을 악용하여 엄청난 양의 데이터를 한 사이트에 집중적으로 보냄으로써 네트워크의 일부를 불능 상태로 만드는 공격이다.

▶ 정답 : 84.①, 85.③, 86.①, 87.③, 88.②

89 다음 설명에 해당하는 시스템은?

- 1990년대 David Clock이 처음 제안하였다.
- 비정상적인 접근의 탐지를 위해 의도적으로 설치해 둔 시스템이다.
- 침입자를 속여 실제 공격당하는것처럼 보여 줌으로써 크래커를 추적 및 공격기법의 정보를 수집하는 역할을 한다.
- 쉽게 공격자에게 노출되어야 하며 쉽게 공격이 가능한 것처럼 취약해 보여야 한다.

① Apache　　　　② Hadoop
③ Honeypot　　　④ MapReduce

> **해설** 키워드 의도적 설치, 침입자 속여, 공격자에게 노출 → 용어 허니팟(Honeypot)
> - 아파치(Apache) : Apache HTTP Server(HTTPD)라고 불리며, 오픈 소스 소프트웨어 그룹인 아파치 소프트웨어 재단에서 만드는 웹 서버 프로그램
> - 하둡(Hadoop) : 일반 컴퓨터들을 연결하여 하나의 시스템처럼 작동하도록 묶어 다양한 대용량 데이터(Big Data)들을 분산 처리하는 자유 자바 소프트웨어 프레임워크
> - 맵리듀스(MapReduce) : 대용량 데이터를 분산 처리하기 위한 목적으로 개발된 프로그래밍 모델

90 다음이 설명하는 IT 기술은?

- 컨테이너 응용 프로그램의 배포를 자동화하는 오픈소스 엔진이다.
- 소프트웨어 컨테이너 안에 응용 프로그램들을 배치시키는 일을 자동화해 주는 오픈 소스 프로젝트이자 소프트웨어로 볼 수 있다.

① StackGuard　　② Docker
③ Cipher Container　④ Scytale

> **해설** 키워드 컨테이너 응용 프로그램의 배포 자동화 → 용어 도커(Docker)
> - 스택가드(StackGuard) : 메모리상에서 프로그램의 복귀 주소와 변수 사이에 특정 값을 저장해 두었다가 그 값이 변경되었을 경우 오버플로 상태로 가정하여 프로그램 실행을 중단하는 기술
> - 스키테일(Scytale) : 암호 메시지를 전달하기 위해 고대 그리스에서 사용한 원통형 막대기

91 간트 차트에 대한 설명으로 틀린 것은?

① 프로젝트를 이루는 소작업별로 언제 시작되고 언제 끝나야 하는지를 한눈에 볼 수 있도록 도와준다.
② 자원 배치 계획에 유용하게 사용된다.
③ CPM 네트워크로부터 만드는 것이 가능하다.
④ 수평 막대의 길이는 각 작업에 필요한 인원수를 나타낸다.

> **해설** 수평 막대의 길이는 각 작업에 필요한 기간을 나타낸다.

92 Python 기반의 웹 크롤링 프레임워크로 옳은 것은?

① Li-fi　　　　② Scrapy
③ CrawlCt　　　④ SBAS

> **해설** 키워드 Python, 웹 크롤링 프레임워크 → 용어 스크래피(Scrapy)
> - 라이파이(Li-fi) : 적외선에서 근자외선까지 스펙트럼의 빛을 이용한 5세대 이동 통신 기술
> - SBAS(Satellite Based Augmentation System, 위성 기반 보정 시스템) : GNSS의 위치 오차를 보정한 정보를 위성을 통해 사용자에게 전달하는 광역의 위성 항법 보정 시스템
>   - GNSS(Global Navigation Satellite System, 세계 위성 항법 시스템) : 인공위성을 이용하여 위치를 파악하는 항법 시스템
> **TIP** 크롤링(Crawling)은 웹 사이트, 하이퍼링크, 데이터, 정보 자원을 자동화된 방법으로 수집/분류/저장하는 것을 의미합니다.

93 Secure 코딩에서 입력 데이터의 보안 약점과 관련한 설명으로 틀린 것은?

① SQL 삽입 : 사용자의 입력 값 등 외부 입력 값이 SQL 쿼리에 삽입되어 공격
② 크로스사이트 스크립트 : 검증되지 않은 외부 입력 값에 의해 브라우저에서 악의적인 코드가 실행
③ 운영체제 명령어 삽입 : 운영체제 명령어 파라미터 입력 값이 적정한 사전검증을 거치지 않고 사용되어 공격자가 운영체제 명령어를 조작
④ 자원 삽입 : 사용자가 내부 입력 값을 통해 시스템 내에 사용이 불가능한 자원을 지속적으로 입력함으로써 시스템에 과부하 발생

> **해설** Secure 코딩에서 경로 조작 및 자원 삽입은 데이터 입·출력 경로를 조작하여 서버 자원을 수정 및 삭제할 수 있는 보안 약점이다.

▶ 정답 : 89.③, 90.②, 91.④, 92.②, 93.④

94 Windows 파일 시스템인 FAT과 비교했을 때의 NTFS의 특징이 아닌 것은?

① 보안에 취약
② 대용량 볼륨에 효율적
③ 자동 압축 및 안정성
④ 저용량 볼륨에서의 속도 저하

 FAT에 비해 NTFS는 보안성이 뛰어나다.
• Windows 파일 시스템

구분	설명
FAT (File Allocation Table)	• MS-DOS, Windows 운영체제가 사용하는 파일 시스템이다. • FAT12, FAT16, FAT32로 발전했는데, 뒤의 숫자는 최대 표현 가능한 클러스터 수를 비트 수로 나타낸 것이다. (예) FAT12는 최대 개의 클러스터(파일을 저장할 수 있는 공간)를 표현할 수 있다.
FAT32	• FAT 파일 시스템의 32비트 버전으로, Windows 98에 사용된다. • 메모리 사용률이 낮고, 운영 방식이 단순하기 때문에 저용량 볼륨에서 성능적으로 우수하다. • 자체 보안 기능이 없고, 파일 이름 길이의 제한이 있다. • 4G 이상 파일의 저장이 불가능하여, 대용량 볼륨의 경우 비효율적이다.
NTFS (New Techonology File System)	• Windows 2000 계열부터 사용되기 시작한 파일 시스템으로, Windows XP에 사용된다. • 파일 암호화와 사용 권한 설정 등을 지원한다. • 디스크 공간 할당량을 지정할 수 있다. • 유니코드 문자 집합을 지원한다. • 대용량 볼륨을 효과적으로 관리해 접근 속도가 높다. • 기본 클러스터 크기를 더 줄여 디스크 공간의 낭비를 줄였다. • FAT32보다 더 향상된 안정성, 보안, 복구 기능들을 지원한다. • 자동 압축 기능이 있어 저용량의 볼륨도 효율적으로 사용할 수 있다. • 클러스터의 크기로 인해 저용량 저장 장치에서 FAT32보다 비교적 속도가 느리다.

95 DES는 몇 비트의 암호화 알고리즘인가?

① 8
② 24
③ 64
④ 132

 DES는 64bit의 평문(블록)을 56bit의 암·복호키를 이용하여 암호화 및 복호화하는 방식이다.

96 리눅스에서 생성된 파일 권한이 644일 경우 umask 값은?

① 022
② 666
③ 777
④ 755

 • umask 값 계산식
파일 최대 접근 권한 – 각 파일의 권한 = 666 – 644 = 022
 – 파일 최대 접근 권한 : 666
 – 파일 권한 : 644
• umask 명령어
파일이나 디렉터리 생성 시 초기 접근 권한 설정
 – 매번 chmod 명령어를 사용하여 접근 권한을 변경할 필요 없이, 기본 접근 권한 값을 설정할 수 있다.
 – 접근 권한 계산식 : 최대 접근 권한 – umask 값
 (파일 최대 접근 권한 : 666, 디렉터리 최대 접근 권한 : 777)

97 다음 내용이 설명하는 로그 파일은?

• 리눅스 시스템에서 사용자의 성공한 로그인/로그아웃 정보 기록
• 시스템의 종료/시작 시간 기록

① tapping
② xtslog
③ linuxer
④ wtmp

키워드 리눅스, 로그인/로그아웃 기록, 시스템 종료/시작 시간 기록 → 용어 wtmp

98 상향식 비용 산정 기법 중 LOC(원시 코드 라인 수) 기법에서 예측치를 구하기 위해 사용하는 항목이 아닌 것은?

① 낙관치
② 기대치
③ 비관치
④ 모형치

▶ 정답 : 94.①, 95.③, 96.①, 97.④, 98.④

해설 LOC 기법은 소프트웨어 각 기능의 원시 코드 라인 수의 비관치, 낙관치, 기대치를 측정하여 예측치를 구하고 이를 이용하여 비용을 산정하는 기법이다.
- 비관치 : 가장 많이 측정된 코드 라인 수
- 낙관치 : 가장 적게 측정된 코드 라인 수
- 기대치 : 측정된 모두 코드 라인 수의 평균

$$예측치 = \frac{a+4m=b}{6}$$

a : 낙관치, b : 비관치, m : 기대치(중간치)

TIP LOC 기법의 항목은 "나비 귀(낙비 기)"로 기억하세요.

99 OSI 7 Layer 전 계층의 프로토콜과 패킷 내부의 콘텐츠를 파악하여 침입 시도, 해킹 등을 탐지하고 트래픽을 조정하기 위한 패킷 분석 기술은?

① PLCP(Packet Level Control Processor)

② Traffic Distributor

③ Packet Tree

④ DPI(Deep Packet Inspection)

해설 **키워드** OSI 7 Layer, 패킷(Packet) 분석 기술 → **용어** DPI(Deep Packet Inspection, 심층 패킷 정보 감시)
- PLCP(Packet Level Control Processor, 패킷 호 제어 프로세서) : 패킷 교환 장치에서 패킷 호(링크) 제어 기능을 수행하는 프로세서

100 소프트웨어 개발 방법론의 테일러링(Tailoring)과 관련한 설명으로 틀린 것은?

① 프로젝트 수행 시 예상되는 변화를 배제하고 신속히 진행하여야 한다.

② 프로젝트에 최적화된 개발 방법론을 적용하기 위해 절차, 산출물 등을 적절히 변경하는 활동이다.

③ 관리 측면에서의 목적 중 하나는 최단기간에 안정적인 프로젝트 진행을 위한 사전 위험을 식별하고 제거하는 것이다.

④ 기술적 측면에서의 목적 중 하나는 프로젝트에 최적화된 기술 요소를 도입하여 프로젝트 특성에 맞는 최적의 기법과 도구를 사용한 것이다.

해설 소프트웨어 개발 방법론 테일러링은 프로젝트에 최적화된 개발 방법론을 적용하기 위함이므로 프로젝트 수행 시 예상되는 변화를 고려해야 한다.

▶ 정답 : 99.④, 100.①

[1과목 : 소프트웨어 설계]

01 UML 다이어그램 중 순차 다이어그램에 대한 설명으로 틀린 것은?

① 객체 간의 동적 상호작용을 시간 개념을 중심으로 모델링하는 것이다.

② 주로 시스템의 정적 측면을 모델링하기 위해 사용된다.

③ 일반적으로 다이어그램의 수직 방향이 시간의 흐름을 나타낸다.

④ 회귀 메시지(Self-Message), 제어블록(Statement block) 등으로 구성된다.

> 해설　순차 다이어그램은 주로 시스템의 동적 측면을 모델링하기 위해 사용된다.

02 메시지 지향 미들웨어(MOM; Message-Oriented Middleware)에 대한 설명으로 틀린 것은?

① 느리고 안정적인 응답보다는 즉각적인 응답이 필요한 온라인 업무에 적합하다.

② 독립적인 애플리케이션을 하나의 통합된 시스템으로 묶기 위한 역할을 한다.

③ 송신측과 수신측의 연결 시 메시지 큐를 활용하는 방법이 있다.

④ 상이한 애플리케이션 간 통신을 비동기 방식으로 지원한다.

> 해설　즉각적인 응답보다는 느리고 안정적인 응답이 필요한 온라인 업무에 적합하다.

03 익스트림 프로그래밍에 대한 설명으로 틀린 것은?

① 대표적인 구조적 방법론 중 하나이다.

② 소규모 개발 조직이 불확실하고 변경이 많은 요구를 접하였을 때 적절한 방법이다.

③ 익스트림 프로그래밍을 구동시키는 원리는 상식적인 원리와 경험을 최대한 끌어올리는 것이다.

④ 구체적인 실천 방법을 정의하고 있으며, 개발 문서보다는 소스코드에 중점을 둔다.

> 해설　익스트림 프로그래밍은 고객과 함께 2주 정도의 반복 개발 방법으로, 대표적인 애자일 방법론 중 하나이다.

04 유스케이스(Use Case)의 구성 요소 간의 관계에 포함되지 않는 것은?

① 연관　　　　　　② 확장

③ 구체화　　　　　④ 일반화

> 해설　유스케이스 구성 요소 간의 관계 : 연관, 의존(포함, 확장), 일반화

05 요구사항 분석에서 비기능적(Nonfunctional) 요구에 대한 설명으로 옳은 것은?

① 시스템의 처리량(Throughput), 반응 시간 등의 성능 요구나 품질 요구는 비기능적 요구에 해당하지 않는다.

② '차량 대여 시스템이 제공하는 모든 화면이 3초 이내에 사용자에게 보여야 한다'는 비기능적 요구이다.

③ 시스템 구축과 관련된 안전, 보안에 대한 요구사항들은 비기능적 요구에 해당하지 않는다.

④ '금융 시스템은 조회, 인출, 입금, 송금의 기능이 있어야 한다'는 비기능적 요구이다.

> 해설　비기능적 요구에는 제품[품질/성능(사용성, 효율, 신뢰성, 이식성), 시스템 장비, 인터페이스, 데이터, 테스트, 보안, 표준], 외부(상호 운용성, 윤리, 준법성), 기타(제약사항, 프로젝트 관리/지원) 등이 있다.
> ・④의 기능과 관련된 요구사항은 기능적 요구에 해당한다.

06 정보공학 방법론에서 데이터베이스 설계의 표현으로 사용하는 모델링 언어는?

① Package Diagram

② State Transition Diagram

③ Deploymant Diagram

④ Entity-Relationship Diagram

▶ 정답 : 01.②, 02.①, 03.①, 04.③, 05.②, 06.④

해설 **키워드** 데이터베이스 설계의 표현 → **용어** ER 다이어그램 (Entity-Relationship Diagram, ERD)
· 나머지는 객체 지향 방법론에서 사용하는 모델링 언어이다.

07 미들웨어에 대한 설명으로 틀린 것은?

① 여러 운영체제에서 응용 프로그램들 사이에 위치한 소프트웨어이다.
② 미들웨어의 서비스 이용을 위해 사용자가 정보 교환 방법 등의 내부 동작을 쉽게 확인할 수 있어야 한다.
③ 소프트웨어 컴포넌트를 연결하기 위한 준비된 인프라 구조를 제공한다.
④ 여러 컴포넌트를 1대 1, 1대 다, 다대 다 등 여러 가지 형태로 연결이 가능하다.

해설 미들웨어는 응용 소프트웨어를 통해 사용되므로, 사용자가 직접 미들웨어의 내부 동작을 눈으로 쉽게 확인하는 것이 불가능하다.

08 UI의 설계 지침으로 틀린 것은?

① 이해하기 편하고 쉽게 사용할 수 있는 환경을 제공해야 한다.
② 주요 기능을 메인 화면에 노출하여 조작이 쉽도록 하여야 한다.
③ 치명적인 오류에 대한 부정적인 사항은 사용자가 인지할 수 없도록 한다.
④ 사용자의 직무, 연령, 성별 등 다양한 계층을 수용하여야 한다.

해설 치명적인 오류에 대한 부정적인 사항은 사용자가 정확히 인지할 수 있어야 한다.

09 객체 지향 개념에서 다형성과 관련한 설명으로 틀린 것은?

① 다형성은 현재 코드를 변경하지 않고 새로운 클래스를 쉽게 추가할 수 있게 한다.
② 다형성이란 여러 가지 형태를 가지고 있다는 의미로 여러 형태를 받아들일 수 있는 특징을 말한다.
③ 메소드 오버라이딩은 상위 클래스에서 정의한 일반 메소드의 구현을 하위 클래스에서 무시하고 재정의할 수 있다.
④ 메소드 오버로딩의 경우 매개 변수 타입은 동일하지만 메소드명을 다르게 함으로써 구현, 구분할 수 있다.

해설 메소드 오버로딩의 경우 메소드명은 동일하지만 매개 변수 타입은 다르게 함으로써 구현, 구분할 수 있다.

10 소프트웨어 개발 영역을 결정하는 요소 중 다음 사항과 관계 있는 것은?

· 소프트웨어에 의해 간접적으로 제어되는 장치와 소프트웨어를 실행하는 하드웨어
· 기존의 소프트웨어와 새로운 소프트웨어를 연결하는 소프트웨어
· 순서적 연산에 의해 소프트웨어를 실행하는 절차

① 기능
② 성능
③ 제약 조건
④ 인터페이스

해설 **키워드** 소프트웨어, 연결 → **용어** 인터페이스(Interface)

11 객체에 대한 설명으로 틀린 것은?

① 객체는 상태, 동작, 고유 식별자를 가진 모든 것이라 할 수 있다.
② 객체는 공통 속성을 공유하는 클래스들의 집합이다.
③ 객체는 필요한 자료 구조와 이에 수행되는 함수들을 가진 하나의 독립된 존재이다.
④ 객체의 상태는 속성값에 의해 정의된다.

해설 클래스가 객체의 집합이다.

▶ 정답 : 07.②, 08.③, 09.④, 10.④, 11.②

12 속성과 관련된 연산(Operation)을 클래스 안에 묶어서 하나로 취급하는 것을 의미하는 객체 지향 개념은?

① Inheritance
② Class
③ Encapsulation
④ Association

해설

키워드 속성, 연산, 묶어서 하나로 → 용어 캡슐화(Encapsulation)
• 연관 관계(Association) : 클래스(사물)들이 개념상 서로 연결되었음을 나타낸다.

13 애자일(Agile) 프로세스 모델에 대한 설명으로 틀린 것은?

① 변화에 대한 대응보다는 자세한 계획을 중심으로 소프트웨어를 개발한다.
② 프로세스와 도구 중심이 아닌 개개인과의 상호소통을 통해 의견을 수렴한다.
③ 협상과 계약보다는 고객과의 협력을 중시한다.
④ 문서 중심이 아닌, 실행 가능한 소프트웨어를 중시한다.

해설

자세한 계획보다는 변화에 대한 대응으로 소프트웨어를 개발한다.

14 명백한 역할을 가지고 독립적으로 존재할 수 있는 시스템의 부분으로 넓은 의미에서 재사용되는 모든 단위라고 볼 수 있으며 인터페이스를 통해서만 접근할 수 있는 것은?

① Model
② Sheet
③ Component
④ Cell

해설

키워드 독립적으로 존재, 재사용되는 모든 단위 → 용어 컴포넌트(Component)

15 GoF(Gang of Four) 디자인 패턴을 생성, 구조, 행동 패턴의 세 그룹으로 분류할 때, 구조 패턴이 아닌 것은?

① Adapter 패턴
② Bridge 패턴
③ Builder 패턴
④ Proxy 패턴

해설

다른 하나는 생성 패턴에 포함된다.

16 UI와 관련된 기본 개념 중 하나로, 시스템의 상태와 사용자의 지시에 대한 효과를 보여주어 사용자가 명령에 대한 진행 상황과 표시된 내용을 해석할 수 있도록 도와주는 것은?

① Feedback
② Posture
③ Module
④ Hash

해설

키워드 지시에 대한 효과, 표시된 내용 해석 → 용어 피드백(Feedback)

17 UI의 종류로 멀티 터치(Multi-touch), 동작 인식(Gesture Recognition) 등 사용자의 자연스러운 움직임을 인식하여 서로 주고받는 정보를 제공하는 사용자 인터페이스는?

① GUI(Graphical User Interface)
② OUI(Oranic User Interface)
③ NUI(Natural User Interface)
④ CLI(Command Line Interface)

해설

키워드 멀티 터치, 동작 인식, 사용자의 움직임 → 용어 NUI(Natural UI)

18 소프트웨어 모델링과 관련한 설명으로 틀린 것은?

① 모델링 작업의 결과물은 다른 모델링 작업에 영향을 줄 수 없다.
② 구조적 방법론에서는 DFD(Data Flow Diagram), DD(Data Dictionary) 등을 사용하여 요구사항의 결과를 표현한다.
③ 객체 지향 방법론에서는 UML 표기법을 사용한다.
④ 소프트웨어 모델을 사용할 경우 개발될 소프트웨어에 대한 이해도 및 이해 당사자 간의 의사소통 향상에 도움이 된다.

해설

모델링의 작업 결과물(DFD)은 다른 모델링 작업(소단위 명세서)에 영향을 줄 수 있다.

▶ 정답 : 12.③, 13.①, 14.③, 15.③, 16.①, 17.③, 18.①

19 유스케이스 다이어그램(Use Case Diagram)에 관련된 내용으로 틀린 것은?

① 시스템과 상호작용하는 외부시스템은 액터로 파악해서는 안 된다.

② 유스케이스는 사용자 측면에서의 요구사항으로, 사용자가 원하는 목표를 달성하기 위해 수행할 내용을 기술한다.

③ 시스템 액터는 다른 프로젝트에서 이미 개발되어 사용되고 있으며, 본 시스템과 데이터를 주고받는 등 서로 연동되는 시스템을 말한다.

④ 액터가 인식할 수 없는 시스템 내부의 기능을 하나의 유스케이스로 파악해서는 안 된다.

해설 액터는 시스템 외부에 존재하며, 시스템과 상호작용하는 모든 것을 의미한다.

20 소프트웨어 아키텍처 모델 중 MVC(Model-View-Controller)와 관련한 설명으로 틀린 것은?

① MVC 모델은 사용자 인터페이스를 담당하는 계층의 응집도를 높일 수 있고 여러 개의 다른 UI를 만들어 그 사이에 결합도를 낮출 수 있다.

② 모델(Model)은 뷰(View)와 제어(Controller) 사이에서 전달자 역할을 하며, 뷰마다 모델 서브시스템이 각각 하나씩 연결된다.

③ 뷰(Veiw)는 모델(Model)에 있는 데이터를 사용자 인터페이스에 보이는 역할을 담당한다.

④ 제어(Controller)는 모델(Model)에 명령을 보냄으로써 모델의 상태를 변경할 수 있다.

해설 제어(Controller)가 모델(Model)과 뷰(View) 사이에서 전달자 역할을 한다.

[2과목 : 소프트웨어 개발]

21 통합 테스트(Integration Test)와 관련한 설명으로 틀린 것은?

① 시스템을 구성하는 모듈의 인터페이스와 결합을 테스트하는 것이다.

② 하향식 통합 테스트의 경우 넓이 우선(Breadth First) 방식으로 테스트를 할 모듈을 선택할 수 있다.

③ 상향식 통합 테스트의 경우 시스템 구조도의 최상위에 있는 모듈을 먼저 구현하고 테스트한다.

④ 모듈 간의 인터페이스와 시스템의 동작이 정상적으로 잘되고 있는지를 빨리 파악하고자 할 때 상향식보다는 하향식 통합 테스트를 사용하는 것이 좋다.

해설 ③은 하향식 통합 테스트에 대한 설명이다.
• 상향식 통합 테스트는 최하위 모듈부터 위쪽 방향으로 테스트한다.

22 다음과 같이 레코드가 구성되어 있을 때, 이진검색 방법으로 14를 찾을 경우 비교되는 횟수는?

┌─────────────────────────────────────┐
│ 1 2 3 4 5 6 7 8 9 10 11 12 13 14 15 │
└─────────────────────────────────────┘

① 2   ② 3
③ 4   ④ 5

해설 • 1회전
: 중간 값[8]인 8번째((1+15) / 2)를 기준으로 14와 비교한다.
→ 8 < 14 중간 값이 작으므로 오른쪽에 있다.

┌─────────────────────────────────────┐
│ 1 2 3 4 5 6 7 8 9 10 11 12 13 14 15 │
└─────────────────────────────────────┘

• 2회전
: 중간 값[12]인 4번째((1+7) / 2)를 기준으로 14와 비교한다.
→ 12 < 14 → 중간 값이 작으므로 오른쪽에 있다.

┌─────────────────────────────┐
│ 9 10 11 12 13 14 15 │
└─────────────────────────────┘

• 3회전
: 중간 값[14]인 2번째((1+3) / 2)를 기준으로 14와 비교한다.
→ 14 발견

┌─────────────────┐
│ 13 14 15 │
└─────────────────┘

▶ 정답 : 19.①, 20.②, 21.③, 22.②

23 소프트웨어 공학에서 워크스루(Walkthrough)에 대한 설명으로 틀린 것은?

① 사용사례를 확장하여 명세하거나 설계 다이어그램, 원시코드, 테스트 케이스 등에 적용할 수 있다.
② 복잡한 알고리즘 또는 반복, 실시간 동작, 병행 처리와 같은 기능이나 동작을 이해하려고 할 때 유용하다.
③ 인스펙션(Inspection)과 동일한 의미를 가진다.
④ 단순한 테스트 케이스를 이용하여 프로덕트를 수작업으로 수행해 보는 것이다.

> **해설** 워크스루는 오류 검출에 초점을 두고 해결책은 나중으로 미루고, 인스펙션은 결함 발생에 대한 해결책을 제시한다.

24 소프트웨어의 개발과정에서 소프트웨어의 변경사항을 관리하기 위해 개발된 일련의 활동을 뜻하는 것은?

① 복호화   ② 형상 관리
③ 저작권   ④ 크랙

> **해설** [키워드] 소프트웨어의 변경사항 관리, 일련의 활동 → [용어] 형상 관리(SCM; Software Configuration Management)
> • 복호화(Decryption) : 암호문을 평문으로 변환하는 과정
> • 저작권(Copyright) : 저작물에 대한 배타적 독점적 권리로 타인의 침해를 받지 않을 고유한 권한
> • 크랙(Crack) : 복사 방지나 등록 기술 등이 적용된 상용 소프트웨어의 비밀을 풀어 불법으로 복제하거나 파괴하는 것

25 테스트 케이스와 관련한 설명으로 틀린 것은?

① 테스트의 목표 및 테스트 방법을 결정하기 전에 테스트 케이스를 작성해야 한다.
② 프로그램에 결함이 있더라도 입력에 대해 정상적인 결과를 낼 수 있기 때문에 결함을 검사할 수 있는 테스트 케이스를 찾는 것이 중요하다.
③ 개발된 서비스가 정의된 요구사항을 준수하는지 확인하기 위한 입력값과 실행 조건, 예상 결과의 집합으로 볼 수 있다.
④ 테스트 케이스 실행이 통과되었는지 실패하였는지 판단하기 위한 기준을 테스트 오라클(Test Oracle)이라고 한다.

> **해설** 테스트의 목표 및 테스트 방법을 결정하여야 해당 테스트에 적합한 테스트 케이스를 작성할 수 있다.

26 객체 지향 개념을 활용한 소프트웨어 구현과 관련한 설명 중 틀린 것은?

① 객체(Object)란 필요한 자료 구조와 수행되는 함수들을 가진 하나의 독립된 존재이다.
② JAVA에서 정보은닉(Information Hiding)을 표기할 때 private의 의미는 '공개'이다.
③ 상속(Inheritance)은 개별 클래스를 상속 관계로 묶음으로써 클래스 간의 체계화된 전체 구조를 파악하기 쉽다는 장점이 있다.
④ 같은 클래스에 속하는 개개의 객체이자 하나의 클래스에서 생성된 객체를 인스턴스(Instance)라고 한다.

> **해설** private은 '비공개'이고, public이 '공개'이다.

27 DRM(Digital Right Management)과 관련한 설명으로 틀린 것은?

① 디지털 콘텐츠와 디바이스의 사용을 제한하기 위해 하드웨어 제조업자, 저작권자, 출판업자 등이 사용할 수 있는 접근 제어 기술을 의미한다.
② 디지털 미디어의 생명주기 동안 발생하는 사용 권한 관리, 과금, 유통 단계를 관리하는 기술로도 볼 수 있다.
③ 클리어링 하우스(Clearing House)는 사용자에게 콘텐츠 라이선스를 발급하고 권한을 부여해주는 시스템을 말한다.
④ 원본을 안전하게 유통하기 위한 전자적 보안은 고려하지 않기 때문에 불법 유통과 복제의 방지는 불가능하다.

> **해설** DRM은 디지털 콘텐츠의 불법 유통과 복제를 방지하기 위해 전자적 보안을 적용한 기술이다.

28 위험 모니터링의 의미로 옳은 것은?

① 위험을 이해하는 것
② 첫 번째 조치로 위험을 피할 수 있는 것
③ 위험 발생 후 즉시 조치하는 것
④ 위험 요소 징후들에 대하여 계속적으로 인지하는 것

▶ 정답 : 23.③, 24.②, 25.①, 26.②, 27.④, 28.④

해설 <u>키워드</u> 위험 요소 징후, 계속 인지 → <u>용어</u> 위험 모니터링(Risk Monitoring)

29 동시에 소스를 수정하는 것을 방지하며 다른 방향으로 진행된 개발 결과를 합치거나 변경 내용을 추적할 수 있는 소프트웨어 버전 관리 도구는?

① RCS(Revision Control System)
② RTS(Reliable Transfer Service)
③ RPC(Remote Procedure Call)
④ RVS(Relative Version System)

해설 <u>키워드</u> 동시 소스 수정 방지, 개발 결과 합침 → <u>용어</u> RCS(Revision Control System)
• RTS(Reliable Transfer Service, 고신뢰 전송 서비스) : OSI 7계층의 응용 계층에서 메시지 전송 에이전트(MTA) 간의 메시지 전송에 사용되는 프로토콜
  – 메시지 전송 에이전트(MTA; Message Transfer Agent) : 우편 시스템에서의 우체국과 같은 기능을 하는 것으로, 메시지를 전송(배송)하거나, 수신하지 않는 메시지는 메시지 저장 장치에 저장하여 추후 검색할 수 있도록 한다.
• RPC(Remote Procedure Call) : 응용 프로그램의 프로시저를 사용하여 원격 프로시저를 로컬 프로시저처럼 호출하는 방식의 미들웨어

30 화이트박스 테스트와 관련한 설명으로 틀린 것은?

① 화이트박스 테스트의 이해를 위해 논리 흐름도(Logic-Flow Diagram)를 이용할 수 있다.
② 테스트 데이터를 이용해 실제 프로그램을 실행함으로써 오류를 찾는 동적 테스트(Dynamic Test)에 해당한다.
③ 프로그램의 구조를 고려하지 않기 때문에 요구나 명세를 기초로 결정한다.
④ 테스트 데이터를 선택하기 위하여 검증 기준(Test Coverage)을 정한다.

해설 다른 하나는 블랙박스 테스트(Black Box Test)에 대한 설명이다.
• 화이트박스 테스트(White Box Test)는 구조 테스트이다.

31 알고리즘과 관련한 설명으로 틀린 것은?

① 주어진 작업을 수행하는 컴퓨터 명령어를 순서대로 나열한 것으로 볼 수 있다.
② 검색(Searching)은 정렬이 되지 않은 데이터 혹은 정렬이 된 데이터 중에서 키값에 해당하는 데이터를 찾는 알고리즘이다.
③ 정렬(Sorting)은 흩어져있는 데이터를 키값을 이용하여 순서대로 열거하는 알고리즘이다.
④ 선형 검색은 검색을 수행하기 전에 반드시 데이터의 집합이 정렬되어 있어야 한다.

해설 선형 검색(Full Table Scan, 순차 검색)은 레코드들이 정렬되어 있지 않을 때 모든 레코드를 대상으로 순차적으로 검색하는 방법이다.

32 버블 정렬을 이용하여 다음 자료를 오름차순으로 정렬할 경우 PASS 1의 결과는?

① 6, 9, 7, 3, 5   ② 3, 9, 6, 7, 5
③ 3, 6, 7, 9, 5   ④ 6, 7, 3, 5, 9

해설 버블 정렬(Bubble Sort) : 자료 배열 중 인접한 두 요소를 비교하여 교체하는 정렬 방법
• 1회전 : 9, 6, 7, 3, 5 → <u>6, 9</u>, 7, 3, 5 → 6, <u>7, 9</u>, 3, 5 → 6, 7, <u>3, 9</u>, 5 → 6, 7, 3, <u>5, 9</u>
• 2회전 : 6, 7, 3, 5, 9 → 6, 7, 3, 5, 9 → 6, <u>3, 7</u>, 5, 9 → 6, 3, <u>5, 7</u>, 9 → 6, 3, 5, 7, 9
• 3회전 : 6, 3, 5, 7, 9 → <u>3, 6</u>, 5, 7, 9 → 3, <u>5, 6</u>, 7, 9 → 3, 5, 6, 7, 9
• 4회전 : 3, 5, 6, 7, 9

33 다음은 인스펙션 과정을 표현한 것이다. (가)~(마)에 들어갈 말을 [보기]에서 찾아 바르게 연결한 것은?

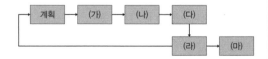

[보기]
㉠ 준비   ㉡ 사전 교육
㉢ 인스펙션 회의   ㉣ 수정
㉤ 후속조치

① (가)-㉡, (나)-㉢   ② (나)-㉠, (다)-㉢
③ (다)-㉢, (라)-㉤   ④ (라)-㉣, (마)-㉢

▶ 정답 : 29.①, 30.③, 31.④, 32.④, 33.②

해설
인스펙션 과정 : 계획 → 사전 교육 → 준비 → 인스펙션 회의 →
수정 → 후속조치

34 소프트웨어를 보다 쉽게 이해할 수 있고 적은 비용으로 수정할 수 있도록 겉으로 보이는 동작의 변화 없이 내부구조를 변경하는 것은?

① Refactoring　　　② Architecting

③ Specification　　　④ Renewal

해설
키워드 겉으로 보이는 동작의 변화 없이 내부구조 변경 → 용어
리팩토링(Refactoring)

35 단위 테스트(Unit Test)와 관련한 설명으로 틀린 것은?

① 구현 단계에서 각 모듈의 개발을 완료한 후 개발자가 명세서의 내용대로 정확히 구현되었는지 테스트한다.

② 모듈 내부의 구조를 구체적으로 볼 수 있는 구조적 테스트를 주로 시행한다.

③ 필요 테스트를 인자를 통해 넘겨주고, 테스트 완료 후 그 결괏값을 받는 역할을 하는 가상의 모듈을 테스트 스텁(Stub)이라고 한다.

④ 테스트할 모듈을 호출하는 모듈도 있고, 테스트할 모듈이 호출하는 모듈도 있다.

해설
다른 하나는 테스트 드라이버(Driver)에 대한 설명으로, 테스트 드라이버는 통합 테스트(Integration Test)에서 사용된다.

36 IDE 도구의 각 기능에 대한 설명으로 틀린 것은?

① Coding – 프로그래밍 언어를 가지고 컴퓨터 프로그램을 작성할 수 있는 환경을 제공

② Compile – 저급언어의 프로그램을 고급언어 프로그램으로 변환하는 기능

③ Debugging – 프로그램에서 발견되는 버그를 찾아 수정할 수 있는 기능

④ Deployment – 소프트웨어를 최종 사용자에게 전달하기 위한 기능

해설
컴파일(Compile)은 고급언어 프로그램을 저급언어 프로그램으로 변환하는 기능이다.
• IDE 도구의 기능

기능	설명
코딩(Coding)	• 프로그래밍 언어를 가지고 컴퓨터 프로그램을 작성할 수 있는 환경 제공
디버깅(Debugging, 디버그, Debug)	• 컴퓨터 프로그램의 논리적인 오류(Bug)를 찾아 수정하는 과정 • 프로그램에서 발견되는 버그를 찾아 수정할 수 있는 기능
컴파일(Compile)	• 고급언어의 프로그램을 저급언어 프로그램으로 변환하는 기능
빌드(Build)	• 소스 코드 파일 및 컴파일된 파일들을 컴퓨터에서 실행할 수 있는 소프트웨어로 변환하는 기능
배포(Deployment)	• 소프트웨어를 최종 사용자에게 전달하기 위한 기능

37 아래 Tree 구조에 대하여 후위 순회(Post-order)한 결과는?

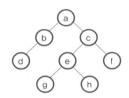

① a → b → d → c → e → g → h → f

② d → b → g → h → e → f → c → a

③ d → b → a → g → e → h → c → f

④ a → b → d → g → e → h → c → f

해설
후위 순회(Post-order) : Left → Right → Root
• 후위 순회는 왼쪽 서브 트리를 순회한 후 오른쪽 서브 트리를 순회하고 중간 노드를 방문한다.

38 인터페이스 구현 시 사용하는 기술로 속성-값 쌍(Attribute-Value Pairs)으로 이루어진 데이터 오브젝트를 전달하기 위해 사용하는 개방형 표준 포맷은?

① JSON　　　② HTML

③ AVPN　　　④ DOF

▶ 정답 : 34.①, 35.③, 36.②, 37.②, 38.①

해설 키워드 속성-값 쌍, 데이터 전달, 표준 포맷 → 용어 JSON (JavaScript Object Notation, 제이슨)
• HTML(HyperText Markup Language, 하이퍼텍스트 마크업 언어) : 하이퍼텍스트 문서를 만들기 위한 표준 언어로 인터넷 웹 페이지를 만들 때 사용하는 언어

39 순서가 있는 리스트에서 데이터의 삽입(Push), 삭제(Pop)가 한 쪽 끝에서 일어나며 LIFO(Last-In-First-Out)의 특징을 가지는 자료 구조는?

① Tree ② Graph
③ Stack ④ Queue

해설 키워드 순서가 있는 리스트, 삽입, 삭제가 한 쪽 끝, LIFO → 용어 스택(Stack)

40 다음 중 단위 테스트 도구로 사용할 수 없는 것은?

① CppUnit ② JUnit
③ HttpUnit ④ IgpUnit

해설 CppUnit, JUnit, HttpUnit, Nunit, PHPUnit, HTMLUnit 등이 xUnit으로 통칭되며, xUnit 단위 테스트 도구이다.

[3과목 : 데이터베이스 구축]

41 다음 조건을 모두 만족하는 정규형은?

• 테이블 R에 속한 모든 도메인이 원자값만으로 구성되어 있다.
• 테이블 R에서 키가 아닌 모든 필드가 키에 대해 함수적으로 종속되며, 키의 부분 집합이 결정자가 되는 부분 종속이 존재하지 않는다.
• 테이블 R에 존재하는 모든 함수적 종속에서 결정자가 후보키이다.

① BCNF ② 제1정규형
③ 제2정규형 ④ 제3정규형

해설 키워드 결정자, 후보키 → 용어 BCNF
• 상위 단계 정규형은 이전 단계의 정규형을 만족한다.
- 도메인 원자값 → 1NF
- 부분 종속 제거 → 2NF

42 데이터베이스의 트랜잭션 성질들 중에서 다음 설명에 해당하는 것은?

트랜잭션의 모든 연산들이 정상적으로 수행 완료되거나, 아니면 전혀 어떠한 연산도 수행되지 않은 원래 상태가 되도록 해야 한다.

① Atomicity ② Consistency
③ Isolation ④ Durability

해설 키워드 모든 연산들 수행완료, 전혀 어떠한 연산도 수행 X → 용어 원자성(Atomicity)

43 분산 데이터베이스 시스템과 관련한 설명으로 틀린 것은?

① 물리적으로 분산된 데이터베이스 시스템을 논리적으로 하나의 데이터베이스 시스템처럼 사용할 수 있도록 한 것이다.
② 물리적으로 분산되어 지역별로 필요한 데이터를 처리할 수 있는 지역 컴퓨터(Local Computer)를 분산 처리기(Distributed Processor)라고 한다.
③ 분산 데이터베이스 시스템을 위한 통신네트워크 구조가 데이터 통신에 영향을 주므로 효율적으로 설계해야 한다.
④ 데이터베이스가 분산되어 있음을 사용자가 인식할 수 있도록 분산 투명성(Distribution Transparency)을 배제해야 한다.

해설 분산 데이터베이스는 사용자가 물리적으로 저장되어 있는 곳을 인식할 필요 없이 논리적인 입장에서 데이터가 모두 자신의 시스템에 있는 것처럼 처리하는 위치 투명성을 목표로 한다.
• 분산 데이터베이스 시스템의 주요 구성 요소

구성 요소	설명
분산 처리기 (Distributed Processor)	물리적으로 분산되어 지역별로 필요한 데이터를 처리할 수 있는 지역 컴퓨터 (Local Computer)
분산 데이터베이스 (Distributed Database)	물리적으로 분산된 지역 데이터베이스 (Local Database)
통신 네트워크 (Telecommunications Network)	네트워크를 통해 분산 처리기들을 논리적인 하나의 데이터베이스로 작동하게 하는 통신 네트워크

▶ 정답 : 39.③, 40.④, 41.①, 42.①, 43.④

44 다음 테이블을 보고 강남지점의 판매량이 많은 제품부터 출력되도록 할 때 다음 중 가장 적절한 SQL 구문은? (단, 출력은 제품명과 판매량이 출력되도록 한다.)

[푸드] 테이블

지점명	제품명	판매량
강남지점	비빔밥	500
강북지점	도시락	300
강남지점	도시락	200
강남지점	미역국	550
수원지점	비빔밥	600
인천지점	비빔밥	800
강남지점	잡채밥	250

① SELECT 제품명, 판매량 FROM 푸드
   ORDER BY 판매량 ASC;
② SELECT 제품명, 판매량 FROM 푸드
   ORDER BY 판매량 DESC;
③ SELECT 제품명, 판매량 FROM 푸드
   WHERE 지점명 = '강남지점'
   ORDER BY 판매량 ASC;
④ SELECT 제품명, 판매량 FROM 푸드
   WHERE 지점명 = '강남지점'
   ORDER BY 판매량 DESC;

• SELECT 제품명, 판매량 : 제품명, 판매량을 검색한다.
• FROM 푸드 : [푸드] 테이블에서
• WHERE 지점명 = '강남지점' : 지점명이 '강남지점'인
• ORDER BY 판매량 DESC : 판매량을 기준으로 내림차순으로

제품명	판매량
미역국	550
비빔밥	500
잡채밥	250
도시락	200

45 데이터베이스의 인덱스와 관련한 설명으로 틀린 것은?

① 문헌의 색인, 사전과 같이 데이터를 쉽고 빠르게 찾을 수 있도록 만든 데이터 구조이다.
② 테이블에 붙여진 색인으로 데이터 검색 시 처리속도 향상에 도움이 된다.
③ 인덱스의 추가, 삭제 명령어는 각각 ADD, DELETE이다.
④ 대부분의 데이터베이스에서 테이블을 삭제하면 인덱스도 같이 삭제된다.

인덱스의 추가, 삭제 명령어는 각각 CREATE, DROP이다.

46 물리적 데이터베이스 구조의 기본 데이터 단위인 저장 레코드의 양식을 설계할 때 고려사항이 아닌 것은?

① 데이터 타입
② 데이터 값의 분포
③ 트랜잭션 모델링
④ 접근 빈도

저장 레코드의 양식을 설계하는 단계는 물리적 설계이고, 트랜잭션 모델링은 개념적 설계에서 수행한다.

47 SQL의 기능에 따른 분류 중에서 REVOKE문과 같이 데이터의 사용 권한을 관리하는 데 사용하는 언어는?

① DDL(Data Definition Language)
② DML(Data Manipulaiton Language)
③ DCL(Data Control Language)
④ DUL(Data User Language)

키워드 REOVKE, 사용 권한 → 용어 DCL(Data Control Language, 데이터 제어어)
• DDL(Data Definition Language, 데이터 정의어) : 도메인, 테이블, 뷰, 인덱스를 정의, 변경, 제거하는 언어
• DML(Data Manipulaiton Language, 데이터 조작어) : 데이터베이스에 저장된 튜플(행)을 삽입, 수정, 삭제, 검색하기 위한 언어

48 데이터 사전에 대한 설명으로 틀린 것은?

① 시스템 카탈로그 또는 시스템 데이터베이스라고도 한다.
② 데이터 사전 역시 데이터베이스의 일종이므로 일반 사용자가 생성, 유지 및 수정할 수 있다.
③ 데이터베이스에 대한 데이터인 메타데이터(Metadata)를 저장하고 있다.
④ 데이터 사전에 있는 데이터에 실제로 접근하는 데 필요한 위치정보는 데이터 디렉토리(Data Directory)라는 곳에서 관리한다.

데이터 사전(Data Dictionary)은 DBMS만 스스로 생성, 유지 및 갱신할 수 있고 사용자는 생성, 유지 및 수정할 수 없다.

▶ 정답 : 44.④, 45.③, 46.③, 47.③, 48.②

49 데이터베이스에서 릴레이션에 대한 설명으로 틀린 것은?

① 모든 튜플은 서로 다른 값을 가지고 있다.

② 하나의 릴레이션에서 튜플은 특정한 순서를 가진다.

③ 각 속성은 릴레이션 내에서 유일한 이름을 가진다.

④ 모든 속성 값은 원자 값(atomic value)을 가진다.

> 해설 하나의 릴레이션에서 튜플은 순서에 무관하다.

50 데이터베이스에서의 뷰(View)에 대한 설명으로 틀린 것은?

① 뷰는 다른 뷰를 기반으로 새로운 뷰를 만들 수 있다.

② 뷰는 일종의 가상 테이블이며, update에는 제약이 따른다.

③ 뷰는 기본 테이블을 만드는 것처럼 create view를 사용하여 만들 수 있다.

④ 뷰는 논리적으로 존재하는 기본 테이블과 다르게 물리적으로만 존재하며 카탈로그에 저장된다.

> 해설 뷰는 물리적으로 존재하지 않고 논리적으로 존재하며, 기본 테이블은 물리적으로 존재한다.

51 트랜잭션의 상태 중 트랜잭션의 마지막 연산이 실행된 직후의 상태로, 모든 연산의 처리는 끝났지만 트랜잭션이 수행한 최종 결과를 데이터베이스에 반영하지 않은 상태는?

① Active

② Partially Committed

③ Committed

④ Aborted

> 해설 키워드 트랜잭션의 마지막 연산이 실행된 직후, 데이터베이스에 반영 전 → 용어 부분적 완료(Partially Committed)

52 SQL의 명령을 사용 용도에 따라 DDL, DML, DCL로 구분할 경우, 그 성격이 나머지 셋과 다른 것은?

① SELECT

② UPDATE

③ INSERT

④ GRANT

> 해설 ①, ②, ③은 DML, ④는 DCL에 포함된다.
> TIP DDL문, DML문, DCL문을 잘 구분하여 학습해 두세요.

53 키의 종류 중 유일성과 최소성을 만족하는 속성 또는 속성들의 집합은?

① Atomic key

② Super key

③ Candidate key

④ Test key

> 해설 키워드 유일성과 최소성 만족 → 용어 후보키(Candidate Key)

54 데이터베이스에서 개념적 설계 단계에 대한 설명으로 틀린 것은?

① 산출물로 E-R Diagram을 만들 수 있다.

② DBMS에 독립적인 개념 스키마를 설계한다.

③ 트랜잭션 인터페이스를 설계 및 작성한다.

④ 논리적 설계 단계의 앞 단계에서 수행된다.

> 해설 다른 하나는 논리적 설계 단계에 대한 설명이다.

55 테이블의 기본키(Primary Key)로 지정된 속성에 관한 설명으로 가장 거리가 먼 것은?

① NOT NULL로 널 값을 가지지 않는다.

② 릴레이션에서 튜플을 구별할 수 있다.

③ 외래키로 참조될 수 있다.

④ 검색할 때 반드시 필요하다.

> 해설 기본키를 반드시 포함하지 않아도 검색(SELECT)이 가능하다.

56 데이터 모델의 구성 요소 중 데이터 구조에 따라 개념 세계나 컴퓨터 세계에서 실제로 표현된 값들을 처리하는 작업을 의미하는 것은?

① Relation

② Data Structure

③ Constraint

④ Operation

> 해설 키워드 실제로 표현된 값(데이터)들을 처리하는 작업 → 용어 연산(Operation)

▶ 정답 : 49.②, 50.④, 51.②, 52.④, 53.③, 54.③, 55.④, 56.④

57 다음 [조건]에 부합하는 SQL문을 작성하고자 할 때, [SQL문]의 빈칸에 들어갈 내용으로 옳은 것은? (단, '팀코드' 및 '이름'은 속성이며, '직원'은 테이블이다.)

[조건]

> 이름이, '정도일'인 팀원이 소속된 팀코드를 이용하여 해당 팀에 소속된 팀원들의 이름을 출력하는 SQL문 작성

[SQL문]

> SELECT 이름
> FROM 직원
> WHERE 팀코드 = (   );

① WHERE 이름 = '정도일'
② SELECT 팀코드 FROM 이름
   WHERE 직원 = '정도일'
③ WHERE 직원 = '정도일'
④ SELECT 팀코드 FROM 직원
   WHERE 이름 = '정도일'

해설
- 서브쿼리
 - SEELECT 팀코드 : 팀코드를 검색한다.
 - FROM 직원 : [직원] 테이블에서
 - WHERE 이름 = '정도일' : 이름이 '정도일'인
- 메인쿼리
 - SELECT 이름 : 이름을 검색한다.
 - FROM 직원 : [직원] 테이블에서
 - WHERE 팀코드 = 정도일의 팀코드(서브쿼리 결과값) : 팀코드가 정도일의 팀코드인

58 무결성 제약조건 중 개체 무결성 제약조건에 대한 설명으로 옳은 것은?

① 릴레이션 내의 튜플들이 각 속성의 도메인에 정해진 값만을 가져야 한다.
② 기본키는 NULL 값을 가져서는 안 되며, 릴레이션 내에 오직 하나의 값만 존재해야 한다.
③ 자식 릴레이션의 외래키는 부모 릴레이션의 기본키와 도메인이 동일해야 한다.
④ 자식 릴레이션의 값이 변경될 때 부모 릴레이션의 제약을 받는다.

해설
①은 도메인 무결성, ③, ④는 참조 무결성에 대한 설명이다.

59 관계 데이터 모델에서 릴레이션(Relation)에 포함되어 있는 튜플(Tuple)의 수를 무엇이라고 하는가?

① Degree
② Cardinality
③ Attribute
④ Cartesian product

해설
키워드 튜플의 수 → **용어** 카디널리티(Cardinality)
- 속성(Attribute) : 개체의 성질, 분류, 식별, 수량, 상태 등
- 카티션 프로덕트(Cartesian product, 교차곱, ×) : 두 릴레이션에 있는 튜플들의 순서쌍을 구하는 연산

60 사용자 'PARK'에게 테이블을 생성할 수 있는 권한을 부여하기 위한 SQL문의 구성으로 빈칸에 적합한 내용은?

[SQL문]

> GRANT (   ) PARK;

① CREATE TABLE TO
② CREATE TO
③ CREATE FROM
④ CREATE TABLE FROM

해설
- GRANT CREATE TABLE : 테이블을 생성할 수 있는 권한을 부여한다.
- TO PARK : 사용자 'PARK'에게

[4과목 : 프로그래밍 언어 활용]

61 C언어에서 문자열 처리 함수의 서식과 그 기능의 연결로 틀린 것은?

① strlen(s) − s의 길이를 구한다.
② strcpy(s1,s2) − s2를 s1으로 복사한다.
③ strcmp(s1,s2) − s1과 s2를 연결한다.
④ strrev(s) − s를 거꾸로 변환한다.

해설
- strcmp(s1,s2) : s1과 s2를 비교(compare)한다.
 - strcat(s1,s2) : s1과 s2를 연결한다.

▶ 정답 : 57.④, 58.②, 59.②, 60.①, 61.③

62 다음 C언어 프로그램이 실행되었을 때, 결과는?

```
#include <stdio.h>
int main(int argc, char *argv[]) {
    int a = 5, b = 3, c = 12;
    int t1, t2, t3;
    t1 = a && b;
    t2 = a || b;
    t3 = !c;
    printf("%d", t1 + t2 + t3);
    return 0;
}
```

① 0 ② 2
③ 5 ④ 14

해설 논리 연산자 : 2개의 논리 값을 연산하여 True(1), False(0) 결과 반환
• && : 모두 T이면 T (AND 연산)
• || : 하나라도 T이면 T (OR 연산)
• ! : 값이 0인 경우 1, 0이 아닌 경우 0 (NOT 연산)

코드해설
```
t1 = a && b; // T && T = T(1)
t2 = a || b; // T || T = T(1)
t3 = !c; // !T = F(0)
printf("%d", t1 + t2 + t3); // 1+1+0 = 2
return 0; // 프로그램 종료(생략 가능)
```

63 다음 C언어 프로그램이 실행되었을 때, 실행 결과는?

```
#include <stdio.h>
struct st {
    int a;
    int c[10];
};

int main(int argc, char *argv[]) {
    int i=0;
    struct st ob1;
    struct st ob2;
    ob1.a = 0;
    ob2.a = 0;

    for(i=0; i<10; i++) {
        ob1.c[i] = i;
        ob2.c[i] = ob1.c[i] + i;
    }

    for(i=0; i<10; i=i+2) {
        ob1.a = ob1.a + ob1.c[i];
```

```
        ob2.a = ob2.a + ob2.c[i];
    }

    printf("%d", ob1.a + ob2.a);
    return 0;
}
```

① 30 ② 60
③ 80 ④ 120

해설

코드해설
```
/* 구조체 변수 ob1, ob2 선언 */
struct st ob1;
struct st ob2;
/* 구조체 변수 ob1, ob2의 a에 0 저장 */
ob1.a = 0;
ob2.a = 0;
```

ob1		ob2	
a	0	a	0
c[10]		c[10]	

```
for(i=0; i<10; i++) {
// i는 0부터 10보다 작을 때까지 for문 실행
    ob1.c[i] = i; // ob1.c[i]에 i 값 저장
    ob2.c[i] = ob1.c[i] + i;
    // ob2.c[i]에 ob1.c[i] + i 값 저장
}
```

ob1	
a	0
c[10]	{0, 1, 2, 3, 4, 5, 6, 7, 8, 9}

ob2	
a	0
c[10]	{0, 2, 4, 6, 8, 10, 12, 14, 16, 18}

```
for(i=0; i<10; i=i+2) {
// i는 0부터 10보다 작을 때까지 2씩 증가하며 for문 실행
    ob1.a = ob1.a + ob1.c[i];
    // ob1.a에 ob1.a + ob1.c[i] 값 저장
    ob2.a = ob2.a + ob2.c[i];
    // ob2.a에 ob2.a + ob2.c[i] 값 저장
}
```

ob1	
a	0+2+4+6+8=20
c[10]	{0, 1, 2, 3, 4, 5, 6, 7, 8, 9}

ob2	
a	0+4+8+12+16=40
c[10]	{0, 2, 4, 6, 8, 10, 12, 14, 16, 18}

```
printf("%d", ob1.a + ob2.a);
// ob1.a + ob2.a 값 출력 → 20 + 40 = 60
```

▶ 정답 : 62.②, 63.②

64 IP 프로토콜에서 사용하는 필드와 해당 필드에 대한 설명으로 틀린 것은?

① Header Length는 IP 프로토콜의 헤더 길이를 32 비트 워드 단위로 표시한다.
② Packet Length는 IP를 제외한 패킷 전체의 길이를 나타내며 최대 크기는 비트이다.
③ Time To Live는 송신 호스트가 패킷을 전송하기 전 네트워크에서 생존할 수 있는 시간을 지정한 것이다.
④ Version Number는 IP 프로토콜의 버전 번호를 나타낸다.

해설 Packet Length는 IP 헤더와 데이터를 포함한 IP 패킷 전체의 길이를 나타내며 최대 크기는 바이트이다.

- **IPv4 헤더**

Version(4bit)	HLEN(4)	TOS(8)	Packet Length(16)	
Fragment Identifier(16)			Flag(3)	Fragment Offset(13)
Time to Live(8)	Protocol ID(8)		Header Checksum(16)	
Source IP Address(32)				
Destination IP Address(32)				
[Options]				Padding

→20Byte
0~40Byte

- 기본 20Byte이고 옵션(0~40Byte) 따라 60Byte까지 확장 가능
- 버전(Version, Version Number) : IP 프로토콜의 버전 번호(IPv4의 경우 4)
- 헤더 길이(Header Length, HLEN) : 헤더의 크기(최대 60Byte)
- 서비스 품질(Type of Service, ToS) : 처리량, 전달 지연, 우선순위 등
- 패킷 길이(Packet Length) : IP 헤더와 데이터를 포함한 IP 패킷의 전체 길이
- 식별자(Fragment Identifier) : 각 조각의 일련번호(동일한 데이터그램에 속하면 같은 일련번호를 공유)
- 플래그(Fragment Flag) : 조각의 특성
- 오프셋(Fragment Offset) : 조각나기 전 원래 데이터그램의 위치
- 수명(Time To Live, TTL) : IP 패킷의 생존 시간
- 프로토콜 식별자(Protocol Identifier) : 서비스를 제공할 대상이 되는 상위 계층의 프로토콜 식별자
- 헤더 체크섬(Header Checksum) : 헤더에 대한 오류 검출
- 송신자 IP 주소(Source IP Address)
- 수신자 IP 주소(Destination IP Address)

65 다음 Python 프로그램의 실행 결과가 [실행 결과]와 같을 때, 빈칸에 적합한 것은?

```
x = 20

if x == 10:
    print('10')
(    ) x == 20:
    print('20')
else:
    print('other')
```

[실행 결과]
20

① either
② elif
③ else if
④ else

해설 Python의 if문 형식은 if~elif~else이다.

코드해설
```
if x == 10: # x가 10인 경우
    print('10') #"10" 출력
elif x == 20: # x가 20인 경우
    print('20') # "20" 출력
else: #만족하는 조건이 없는 경우
    print('other') # "other" 출력
```

66 RIP 라우팅 프로토콜에 대한 설명으로 틀린 것은?

① 경로 선택 매트릭은 홉 카운트(Hop count)이다.
② 라우팅 프로토콜을 IGP와 EGP로 분류했을 때 EGP에 해당한다.
③ 최단 경로 탐색에 Bellman-Ford 알고리즘을 사용한다.
④ 각 라우터는 이웃 라우터들로부터 수신한 정보를 이용하여 라우팅 표를 갱신한다.

해설 RIP 라우팅 프로토콜은 IGP에 해당한다.

67 다음에서 설명하는 프로세스 스케줄링은?

최소 작업 우선(SJF) 기법의 약점을 보완한 비선점 스케줄링 기법으로 다음과 같은 식을 이용해 우선순위를 판별한다.

$$우선순위 = \frac{대기한\ 시간 + 서비스를\ 받을\ 시간}{서비스를\ 받을\ 시간}$$

① FIFO 스케줄링
② RR 스케줄링
③ HRN 스케줄링
④ MQ 스케줄링

해설 **키워드** SJF 기법 보완, 우선순위 → **용어** HRN(Highest Response ratio Next)
- MQ(Multilevel Queue, 다단계 큐) : 프로세스를 여러 개의 그룹으로 나눠서 각각의 그룹마다 각각의 준비 상태 큐를 사용하는 기법으로, 각각의 준비 상태 큐는 독자적인 스케줄링 기법을 사용한다.

▶ 정답 : 64.②, 65.②, 66.②, 67.③

68 UNIX 운영체제에 관한 특징으로 틀린 것은?

① 하나 이상의 작업에 대하여 백그라운드에서 수행이 가능하다.

② Multi-User는 지원하지만 Multi-Tasking은 지원하지 않는다.

③ 트리 구조의 파일 시스템을 갖는다.

④ 이식성이 높으며 장치 간의 호환성이 높다.

> 해설 UNIX는 Multi-User, Multi-Tasking을 모두 지원한다.

69 UDP 프로토콜의 특징이 아닌 것은?

① 비연결형 서비스를 제공한다.

② 단순한 헤더 구조로 오버 헤드가 적다.

③ 주로 주소를 지정하고, 경로를 설정하는 기능을 한다.

④ TCP와 같이 트랜스포트 계층에 존재한다.

> 해설 다른 하나는 IP 프로토콜에 대한 설명이다.

70 Python 데이터 타입 중 시퀀스(Sequence) 데이터 타입에 해당하며 다양한 데이터 타입들을 주어진 순서에 따라 저장할 수 있으나 저장된 내용을 변경할 수 없는 것은?

① 복소수(complex) 타입

② 리스트(list) 타입

③ 사전(dict) 타입

④ 튜플(tuple) 타입

> 해설 키워드 순서에 따라 저장, 내용 변경 X → 용어 튜플(Tuple)
> • 시퀀스(Sequence) 데이터 타입 : 순서가 있는 데이터 타입
> – 문자열(String), 리스트(List), 튜플(Tuple) 등이 있다.

71 다음 JAVA 프로그램이 실행되었을 때 실행 결과는?

```java
class Rarr {
    static int[] marr() {
        int temp[] = new int[4];
        for(int i = 0; i < temp.length; i++)
            temp[i] = i;
        return temp;
    }
    public static void main (String[] args) {
        int iarr[];
        iarr = marr();
        for(int i = 0; i < iarr.length; i++)
            System.out.print(iarr[i] + " ");
    }
}
```

① 1 2 3 4   ② 0 1 2 3

③ 1 2 3   ④ 0 1 2

> 해설
>
> **코드해설**
>
> ```java
> ④ static int[] marr() {
> ⑤     int temp[] = new int[4];
> ⑥     for(int i = 0; i < temp.length; i++)
> ⑦         temp[i] = i;
> ⑧     return temp;
>    }
> ① public static void main (String[] args) {
> ②     int iarr[];
> ③⑨    iarr = marr();
> ⑩     for(int i = 0; i < iarr.length; i++)
> ⑪         System.out.print(iarr[i] + " ");
>    }
> ```
>
> ① 메인 함수 실행
> ② 배열 iarr 선언
> ③⑨ static 메소드 marr 호출 및 iarr에 반환 배열 저장
> • 동일한 클래스 내의 static 메소드를 호출할 경우 클래스명을 생략할 수 있다.
> • 배열 marr
>
> | 0 | 1 | 2 | 3 | → | 0 | 1 | 2 | 3 |
> |---|---|---|---|---|---|---|---|---|
> | | | | | | 0 | 1 | 2 | 3 |
>
> ④ static 메소드 marr 실행
> ⑤ 크기가 4인 배열 temp 선언
> ⑥ i는 0부터 temp.length보다 작을 때까지 for문 실행
> • temp.length : 배열 temp의 크기 → 4
> ⑦ temp[i]에 i 값 저장
> • 배열 temp
>
> | 0 | 1 | 2 | 3 |
> |---|---|---|---|
> | 0 | 1 | 2 | 3 |
>
> ⑧ 배열 temp 반환
> ⑩ i는 0부터 arr.length보다 작을 때까지 for문 실행
> • arr.length : 배열 arr의 크기 → 4
> ⑪ iarr[i] 값 출력 및 한 칸 띄움

▶ 정답 : 68.②, 69.③, 70.④, 71.②

72 다음 JAVA 프로그램이 실행되었을 때의 결과는?

```java
public class ovr {
 public static void main (String[] args){
  int a = 1, b = 2, c = 3, d = 4;
  int mx, mn;
  mx = a < b? b : a;
  if(mx == 1) {
      mn = a > mx ? b : a;
  }
  else{
      mn = b < mx ? d : c;
  }
  System.out.println(mn);
  }
}
```

① 1   ② 2
③ 3   ④ 4

해설 코드해설

```
mx = a < b? b : a; // 1 < 2 (T) → mx = 2
if(mx == 1) { // 2 == 1 (F)
 :
else{
    mn = b < mx ? d : c;
    // 2 < 2 (F) → mn = 3
}
System.out.println(mn); // mn 값 출력 → 3
```

TIP 연산자의 우선순위에 따라 조건 연산자를 먼저 실행한 후 대입 연산자를 실행합니다.

73 다음 중 Myers가 구분한 응집도(Cohesion)의 정도에서 가장 낮은 응집도를 갖는 단계는?

① 순차적 응집도(Sequential Cohesion)
② 기능적 응집도(Functional Cohesion)
③ 시간적 응집도(Temporal Cohesion)
④ 우연적 응집도(Coincidental Cohesion)

해설 응집도 종류 : 우연적(Coincidental) < 논리적(Logical) < 시간적 (Temporal) < 절차적(Procedural) < 교환적(Communication) < 순차적(Sequential) < 기능적(Functional)

74 다음 C언어 프로그램이 실행되었을 때, 실행 결과는?

```c
#include <stdio.h>
int main(int argc, char *argv[]) {
    int n1 = 1, n2 = 2, n3 = 3;
    int r1, r2, r3;

    r1 = (n2 <= 2) || (n3 > 3);
    r2 = !n3;
    r3 = (n1 > 1) && (n2 < 3);

    printf("%d", r3-r2+r1);
    return 0;
}
```

① 0   ② 1
③ 2   ④ 3

해설 코드해설

```
r1 = (n2 <= 2) || (n3 > 3); // T || F = T(1)
r2 = !n3; // !T = F(0)
r3 = (n1 > 1) && (n2 < 3); // F && T = F(0)
printf("%d", r3-r2+r1); // 0-0+1 = 1
```

75 IP 프로토콜의 주요 특징에 해당하지 않는 것은?

① 체크섬(Checksum) 기능으로 데이터 체크섬 (Data Checksum)만 제공한다.
② 패킷을 분할, 병합하는 기능을 수행하기도 한다.
③ 비연결형 서비스를 제공한다.
④ Best Effort 원칙에 따른 전송 기능을 제공한다.

해설 IP 프로토콜의 체크섬(Checksum) 기능은 헤더 체크섬(Header Checksum)만 제공한다.

TIP 최선 노력(Best Effort) 원칙은 IP 프로토콜이 데이터 전송을 위해 최선의 노력을 하지만, 확실한 전송을 보장하지는 못한다는 것입니다.

76 4개의 페이지를 수용할 수 있는 주기억장치가 있으며, 초기에는 모두 비어 있다고 가정한다. 다음의 순서로 페이지 참조가 발생할 때, LRU 페이지 교체 알고리즘을 사용할 경우 몇 번의 페이지 결함이 발생하는가?

> 페이지 참조 순서 : 1, 2, 3, 1, 2, 4, 1, 2, 5

▶ 정답 : 72.③, 73.④, 74.②, 75.①, 76.①

① 5회   ② 6회

③ 7회   ④ 8회

해설 LRU(Least Recently Used) : 최근에 가장 오랫동안 사용하지 않은 페이지를 교체하는 기법

참조 페이지	1	2	3	1	2	4	1	2	5
페이지 프레임	1	1	1	1	1	1	1	1	1
		2	2	2	2	2	2	2	2
			3	3	3	4	4	4	5
부재 발생	√	√	√			√			√

77 사용자 수준에서 지원되는 스레드(thread)가 커널에서 지원되는 스레드에 비해 가지는 장점으로 옳은 것은?

① 한 프로세스가 운영체제를 호출할 때 전체 프로세스가 대기할 필요가 없으므로 시스템 성능을 높일 수 있다.

② 동시에 여러 스레드가 커널에 접근할 수 있으므로 여러 스레드가 시스템 호출을 동시에 사용할 수 있다.

③ 각 스레드를 개별적으로 관리할 수 있으므로 스레드의 독립적인 스케줄링이 가능하다.

④ 커널 모드로의 전환 없이 스레드 교환이 가능하므로 오버헤드가 줄어든다.

해설 나머지는 커널 수준 스레드에 대한 설명이다.

• 스레드의 종류

1. 커널 수준 스레드(Kernel Level Thread)
   - 커널 영역에서 스레드 연산을 수행한다.
   - 하나의 프로세스는 적어도 하나의 커널 스레드를 가지게 된다.
   - 커널이 스레드를 관리하기 때문에 커널에 종속적이다.

장점	• 한 스레드의 입·출력 작업 동안 다른 스레드를 사용해 다른 작업을 진행할 수 있으므로, 다중 프로세서 환경에서 빠르게 동작한다. • 커널이 각 스레드를 개별적으로 관리할 수 있다.
단점	• 스레드 교환을 위해 커널을 호출하는 데 오래 걸린다. • 사용자 모드에서 커널 모드로 전환이 빈번하게 이루어져 성능 저하가 발생한다.

2. 사용자 수준 스레드(User Level Thread)
   - 사용자 영역에서 스레드 연산을 수행한다.
   - 스레드의 기능을 제공하는 라이브러리를 활용한다.
   - 다수의 사용자 수준 스레드가 커널 수준 스레드 한 개에 다대 일(N:1)의 형태로 매핑된다.

장점	• 스레드 교환 시 커널을 호출하지 않으므로, 커널 레벨 스레드보다 오버헤드가 적다. • 커널에 독립적이므로 모든 운영체제에 적용할 수 있다.

단점	• 동일한 프로세스의 스레드 중 하나가 블록(Block) 상태가 되면, 다른 스레드도 블록 상태가 된다. • 스레드 단위로 다중 처리를 하지 못한다. • 스레드 간 보호에 커널의 보호 방법을 사용할 수 없고, 라이브러리에서 제공하는 보호 방법만 사용할 수 있다.

78 한 모듈이 다른 모듈의 내부 기능 및 그 내부 자료를 참조하는 경우의 결합도는?

① 내용 결합도(Content Coupling)

② 제어 결합도(Control Coupling)

③ 공통 결합도(Common Coupling)

④ 스탬프 결합도(Stamp Coupling)

해설 (키워드) 다른 모듈의 내부, 참조 → (용어) 내용 결합도(Content Coupling)

79 a[0]의 주소값이 10일 경우 다음 C언어 프로그램이 실행되었을 때의 결과는? (단, int 형의 크기는 4Byte로 가정한다.)

```
#include <stdio.h>
int main(int argc, char *argv[]){
    int a[] = {14, 22, 30, 38};
    printf("%u, ", &a[2]);
    printf("%u", a);
    return 0;
}
```

① 14, 10   ② 14, 14

③ 18, 10   ④ 18, 14

해설 코드해설

```
int a[] = {14, 22, 30, 38};
// 배열 a 선언 및 초기화
```

	메모리 주소	값
a[0]	10	14
a[1]	14	22
a[2]	18	30
a[3]	22	38

```
printf("%u, ", &a[2]); // a[2]의 메모리 주소를 부호 없는 10진수 정수(%u)로 출력 → 18
printf("%u", a); // 배열 a의 메모리 주소를 부호 없는 10진수 정수(%u)로 출력 → 10
```

▶ 정답 : 77.④, 78.①, 79.③

TIP int 형의 크기가 4Byte이므로 정수 값 1개당 4Byte 메모리가 할당됩니다. 따라서 실제 메모리 주소는 4Byte씩 증가합니다.

TIP 제어 문자 %u는 usigned int, 즉 부호 없는 10진수 정수로 출력합니다.

TIP 배열 변수는 배열의 첫 번째 값의 메모리 주소를 의미합니다.

80 모듈화(Modularity)와 관련한 설명으로 틀린 것은?

① 시스템을 모듈로 분할하면 각각의 모듈을 별개로 만들고 수정할 수 있기 때문에 좋은 구조가 된다.

② 응집도는 모듈과 모듈 사이의 상호의존 또는 연관 정도를 의미한다.

③ 모듈 간의 결합도가 약해야 독립적인 모듈이 될 수 있다.

④ 모듈 내 구성 요소들 간의 응집도가 강해야 좋은 모듈 설계이다.

해설 ②는 결합도(Coupling)에 대한 설명이다.
• 응집도(Cohesion) : 모듈 안의 요소들이 서로 관련되어 있는 정도

[5과목 : 정보시스템 구축관리]

81 소프트웨어 개발에서 정보보안 3요소에 해당하지 않는 설명은?

① 기밀성 : 인가된 사용자에 대해서만 자원 접근이 가능하다.

② 무결성 : 인가된 사용자에 대해서만 자원 수정이 가능하며 전송중인 정보는 수정되지 않는다.

③ 가용성 : 인가된 사용자는 가지고 있는 권한 범위 내에서 언제든 자원 접근이 가능하다.

④ 휘발성 : 인가된 사용자가 수행한 데이터는 처리 완료 즉시 폐기 되어야 한다.

해설 정보보안 3요소 : 무결성, 기밀성, 가용성
TIP 보안 3요소는 "무기가"로 기억하세요.

82 어떤 외부 컴퓨터가 접속되면 접속 인가 여부를 점검해서 인가된 경우에는 접속이 허용되고, 그 반대의 경우에는 거부할 수 있는 접근제어 유틸리티는?

① tcp wrapper ② trace checker
③ token finder ④ change detector

해설 키워드 접속 허용, 거부, 접근제어 유틸리티 → 용어 TCP 래퍼 (TCP wrapper)

83 기기를 키오스크에 갖다 대면 원하는 데이터를 바로 가져올 수 있는 기술로 10cm 이내 근접 거리에서 기가급 속도로 데이터 전송이 가능한 초고속 근접무선통신(NFC : Near Field Communication) 기술은?

① BcN(Broadband Convergence Network)
② Zing
③ Marine Navi
④ C−V2X(Cellular Vehicle To Everything)

해설 키워드 키오스크, 근접거리, 데이터 전송 → 용어 징(Zing)
• BcN(Broadband Convergence Network, 광대역 통합망) : 음성·데이터, 유·무선 등 통신·방송·인터넷이 융합된 품질보장형 광대역 멀티미디어 서비스를 언제 어디서나 끊김없이 안전하게 이용할 수 있는 차세대 통합 네트워크
• 마린내비(Marine Navi) : LTE와 지능형 CCTV, 인공지능(AI) 등을 활용한 KT의 통합 선박 안전 솔루션으로, 소형 선박에 설치된 GPS 기반 선박자동식별장치(AIS)를 기본으로 주변 선박의 이동 속도와 위치를 파악한다.
• C−V2X(Cellular Vehicle To Everything, 차량·사물 셀룰러 통신) : LTE, 5G와 같은 셀룰러 이동 통신망을 통해 차량이 다른 차량이나 교통 인프라, 보행자, 네트워크 등의 정보를 서로 주고받는 차량 통신 기술

84 취약점 관리를 위한 응용 프로그램의 보안 설정과 가장 거리가 먼 것은?

① 서버 관리실 출입 통제
② 실행 프로세스 권한 설정
③ 운영체제의 접근 제한
④ 운영체제의 정보 수집 제한

해설 응용 프로그램의 보안 설정은 기술적 보안이고, 서버 관리실 출입 통제는 물리적 보안이다.

▶ 정답 : 80.② 81.④ 82.① 83.② 84.①

85 소프트웨어 개발 프레임워크와 관련한 설명으로 가장 적절하지 않은 것은?

① 반제품 상태의 제품을 토대로 도메인별로 필요한 서비스 컴포넌트를 사용하여 재사용성 확대와 성능을 보장받을 수 있게 하는 개발 소프트웨어이다.

② 라이브러리와는 달리 사용자 코드에서 프레임워크를 호출해서 사용하고, 그에 대한 제어도 사용자 코드가 가지는 방식이다.

③ 설계 관점에 개발방식을 패턴화시키기 위한 노력의 결과물인 소프트웨어 상태로 집적화시킨 것으로 볼 수 있다.

④ 프레임워크의 동작 원리를 그 제어 흐름의 일반적인 프로그램 흐름과 반대로 동작한다고 해서 IoC(Inversion of Control)이라고 설명하기도 한다.

해설 개발자(사용자)가 관리하고 통제해야 하는 객체들의 제어 권한을 프레임워크에 넘겨 생산성을 향상시킨다(제어의 역흐름).

86 클라우드 기반 HSM(Cloud-based Hardware Security Module)에 대한 설명으로 틀린 것은?

① 클라우드(데이터센터) 기반 암호화 키 생성, 처리, 저장 등을 하는 보안 기기이다.

② 국내에서는 공인인증제의 폐지와 전자서명법 개정을 추진하면서 클라우드 HSM 용어가 자주 등장하였다.

③ 클라우드에 인증서를 저장하므로 기존 HSM 기기나 휴대폰에 인증서를 저장해 다닐 필요가 없다.

④ 하드웨어가 아닌 소프트웨어적으로만 구현되기 때문에 소프트웨어식 암호 기술에 내재된 보안 취약점을 해결할 수 없다는 것이 주요 단점이다.

해설 클라우드 기반 HSM은 암호화 키 생성이 하드웨어적으로 구현되기 때문에 소프트웨어적으로 구현되는 암호 기술이 가진 보안 취약점을 무시할 수 있다.

87 다음 내용이 설명하는 기술로 가장 적절한 것은?

- 다른 국을 향하는 호출이 중계에 의하지 않고 직접 접속되는 그물 모양의 네트워크이다.
- 통신량이 많은 비교적 소수의 국 사이에 구성될 경우 경제적이며 간편하지만, 다수의 국 사이에는 회선이 세분화되어 비경제적일 수도 있다.
- 해당 형태의 무선 네트워크의 경우 대용량을 빠르고 안전하게 전달할 수 있어 행사장이나 군 등에서 많이 활용된다.

① Virtual Local Area Network

② Simple Station Network

③ Mesh Network

④ Modem Network

해설 (키워드) 그물 모양(Mesh)의 네트워크(Network) → (용어) 메시 네트워크(Mesh Network)

88 물리적 위협으로 인한 문제에 해당하지 않는 것은?

① 화재, 홍수 등 천재지변으로 인한 위협

② 하드웨어 파손, 고장으로 인한 장애

③ 방화, 테러로 인한 하드웨어와 기록장치를 물리적으로 파괴하는 행위

④ 방화벽 설정의 잘못된 조작으로 인한 네트워크, 서버 보안 위협

해설 네트워크, 서버 보안 위협은 기술적 위협이다.

89 악성코드의 유형 중 다른 컴퓨터의 취약점을 이용하여 스스로 전파하거나 메일로 전파되며 스스로를 증식하는 것은?

① Worm   ② Rogue Ware

③ Adware   ④ Reflection Attack

해설 (키워드) 악성코드, 스스로 전파, 증식 → (용어) 웜(Worm)

- 로그웨어(Rogue Ware) : 사용자 제작 콘텐츠(UCC) 사이트를 포함하여 다양한 경로를 통해 설치되어, 사용자에게 거짓 악성 소프트웨어 감염 경고를 보여 주고 치료 시 금전 결제를 요구하는 프로그램
- 반사 공격(Reflection Attack) : 송신자가 생성한 메시지를 가로챈 공격자가 그 메시지를 다시 송신자에게 재전송하여 접근 권한을 얻는 형태의 공격 방법

▶ 정답 : 85.②, 86.④, 87.③, 88.④, 89.①

90 다음 설명에 해당되는 공격기법은?

> 시스템 공격 기법 중 하나로 허용 범위 이상의 ICMP 패킷을 전송하여 대상 시스템의 네트워크를 마비시킨다.

① Ping of Death   ② Session Hijacking
③ Piggyback Attack   ④ XSS

> **해설**
> **키워드** 허용 범위 이상의 ICMP 패킷 전송, 대상 시스템 마비 →
> **용어** 죽음의 핑(Ping of Death)
> • 피기백 공격(Piggyback Attack) : 시스템의 합법화한 물리 절차나 보안 프로그램에 편승하는 공격 방법
> • 사이트 간 스크립팅(XSS; Cross Site Scripting) : 검증되지 않은 외부 입력값에 의해 사용자 브라우저에서 악의적인 스크립트가 실행될 수 있는 보안 약점

91 다음 설명에 해당되는 소프트웨어는?

> • 개발해야 할 애플리케이션의 일부분이 이미 내장된 클래스 라이브러리로 구현이 되어 있다.
> • 따라서, 그 기반이 되는 이미 존재하는 부분을 확장 및 이용하는 것으로 볼 수 있다.
> • JAVA 기반의 대표적인 소프트웨어로는 스프링(Spring)이 있다.

① 전역 함수 라이브러리
② 소프트웨어 개발 프레임워크
③ 컨테이너 아키텍처
④ 어휘 분석기

> **해설**
> **키워드** 기반이 되는 이미 존재하는 부분을 확장 및 이용, 스프링(Sping) → **용어** 소프트웨어 개발 프레임워크
> **TIP** 어휘 분석기는 소스 코드를 읽어 문법적으로 의미 있는 최소의 단위인 토큰(Token)으로 분리하는 도구입니다.

92 소프트웨어 개발 방법론 중 애자일(Agile) 방법론의 특징과 가장 거리가 먼 것은?

① 각 단계의 결과가 완전히 확인된 후 다음 단계 진행
② 소프트웨어 개발에 참여하는 구성원들 간의 의사소통 중시
③ 환경 변화에 대한 즉시 대응
④ 프로젝트 상황에 따른 주기적 조정

> **해설**
> 애자일 방법론은 지속적으로 발생하는 변경에 대응이 가능한 방법론이다.

93 대칭 암호 알고리즘과 비대칭 암호 알고리즘에 대한 설명으로 틀린 것은?

① 대칭 암호 알고리즘은 비교적 실행 속도가 빠르기 때문에 다양한 암호의 핵심 함수로 사용될 수 있다.
② 대칭 암호 알고리즘은 비밀키 전달을 위한 키 교환이 필요하지 않아 암호화 및 복호화의 속도가 빠르다.
③ 비대칭 암호 알고리즘은 자신만이 보관하는 비밀키를 이용하여 인증, 전자서명 등에 적용이 가능하다.
④ 대표적인 대칭키 암호 알고리즘으로는 AES, IDEA 등이 있다.

> **해설**
> 대칭 암호 알고리즘은 송·수신측 간 동일한 비밀키를 사용하므로, 안전한 전송 방식을 통해 사전에 전달되어야 한다.

94 두 명의 개발자가 5개월에 걸쳐 10,000라인의 코드를 개발하였을 때, 월별(man–month) 생산성 측정을 위한 계산 방식으로 가장 적합한 것은?

① 10000 / 2   ② 10000 / (5×2)
③ 10000 / 5   ④ (2×10000) / 5

> **해설**
> 생산성 = LOC / 노력(인월)
> = LOC / (개발 기간 × 투입 인원)
> = 10,000 / (5 × 2) = 1,000

95 접근 통제 방법 중 조직 내에서 직무, 직책 등 개인의 역할에 따라 결정하여 부여하는 접근 정책은?

① RBAC   ② DAC
③ MAC   ④ QAC

> **해설**
> **키워드** 접근 통제(Access Control), 역할(Role)에 따라 → **용어** RBAC(Role-Based Access Control, 역할 기반 접근 통제)
> • QAC : C언어 정적 테스트 도구

▶ 정답 : 90.①, 91.②, 92.①, 93.②, 94.②, 95.①

96 COCOMO(Constructive Cost Model) 모형의 특징이 아닌 것은?

① 프로젝트를 완성하는데 필요한 man-month로 산정 결과를 나타낼 수 있다.

② 보헴(Boehm)이 제안한 것으로 원시코드 라인 수에 의한 비용 산정 기법이다.

③ 비교적 작은 규모의 프로젝트 기록을 통계 분석하여 얻은 결과를 반영한 모델이며 중소 규모 소프트웨어 프로젝트 비용 추정에 적합하다.

④ 프로젝트 개발유형에 따라 object, dynamic, function의 3가지 모드로 구분한다.

> **해설** 프로젝트 개발유형에 따라 organic, semi-detached, embedded 의 3가지 모드로 구분한다.
> **TIP** COCOMO 유형은 "내 코 좀 바(반)"로 기억하세요.

97 각 사용자 인증의 유형에 대한 설명으로 가장 적절하지 않은 것은?

① 지식 : 주체는 '그가 알고 있는 것'을 보여주며 예시로는 패스워드, PIN 등이 있다.

② 소유 : 주체는 '그가 가지고 있는 것'을 보여주며 예시로는 토큰, 스마트카드 등이 있다.

③ 존재 : 주체는 '그를 대체하는 것'을 보여주며 예시로는 패턴, QR 등이 있다.

④ 행위 : 주체는 '그가 하는 것'을 보여주며 예시로는 서명, 움직임, 음성 등이 있다.

> **해설** 존재 기반 인증은 인증 유형에 해당하지 않는다.
> • 인증 유형 : 생체, 소유, 행위, 위치, 지식
> **TIP** 인증 유형은 "생소한 행위지"로 기억하세요.

98 시스템의 사용자가 로그인하여 명령을 내리는 과정에 대한 시스템의 동작 중 다음 설명에 해당하는 것은?

> 자신의 신원을 시스템에 증명하는 과정이다. 아이디와 패스워드를 입력하는 과정이 가장 일반적인 예시라고 볼 수 있다.

① Aging   ② Accounting

③ Authorization   ④ Authentication

> **해설** **키워드** 신원 증명, 아이디, 패스워드 → **용어** 인증(Authentication)
> • 에이징(Aging) : 자원이 할당되기를 오랜 시간 동안 기다린 프로세스는 기다린 시간에 비례하는 높은 우선순위를 부여하여, 가까운 시간 안에 자원이 할당되도록 하는 기법

99 다음에서 설명하는 IT 기술은?

> • 네트워크를 제어부, 데이터 전달부로 분리하여 네트워크 관리자가 보다 효율적으로 네트워크를 제어, 관리할 수 있는 기술
> • 기존의 라우터, 스위치 등과 같이 하드웨어에 의존하는 네트워크 체계에서 안정성, 속도, 보안 등을 소프트웨어로 제어, 관리하기 위해 개발됨
> • 네트워크 장비의 펌웨어 업그레이드를 통해 사용자의 직접적인 데이터 전송 경로 관리가 가능하고, 기존 네트워크에는 영향을 주지 않으면서 특정 서비스의 전송 경로 수정을 통하여 인터넷상에서 발생하는 문제를 처리할 수 있음

① SDN(Software Defined Networking)

② NFS(Network File System)

③ Network Mapper

④ AOE Network

> **해설** **키워드** 하드웨어에 의존하는 네트워크(Network) 체계에서, 소프트웨어(Software)로 제어 → **용어** SDN(Software Defined Networking, 소프트웨어 정의망)
> • NFS(Network File System, 네트워크 파일 시스템) : 네트워크에 접속되어 있는 다른 컴퓨터의 파일 등을 공용하기 위한 분산 파일 공유 시스템
> • Nmap(Network mapper) : 고든 라이온(Gordon Lyon)이 작성한 보안 스캐너로, 서버 관리자가 시스템 자체 스캔을 통해 자신이 운영하는 서버에 자신도 모르는 다른 포트가 열려 있는지 등을 확인하는 도구
> • AOE Network(Activity-On-Edge Network, AOE 네트워크) : 프로젝트를 완료하는 데 소요되는 최소 시간, 또는 어떤 작업을 먼저 끝내야 전체 공정이 단축되는지 등을 제시하기 위해 개발된 것으로, 간선은 수행되는 작업과 시간을 나타내고, 정점은 작업의 완료를 알리는 사건을 나타내는 방향 그래프

100 프로젝트 일정 관리 시 사용하는 PERT 차트에 대한 설명에 해당하는 것은?

① 각 작업들이 언제 시작하고 언제 종료되는지에 대한 일정을 막대 도표를 이용하여 표시한다.

② 시간선(Time-line) 차트라고도 한다.

③ 수평 막대의 길이는 각 작업의 기간을 나타낸다.

④ 작업들 간의 상호 관련성, 결정경로, 경계시간, 자원할당 등을 제시한다.

> **해설** 나머지는 간트 차트(Gantt Chart)에 대한 설명이다.

> ▶ 정답 : 96.④, 97.③, 98.④, 99.①, 100.④

[1과목 : 소프트웨어 설계]

01 객체 지향 프로그램에서 데이터를 추상화하는 단위는?

① 메소드　　　　　② 클래스

③ 상속성　　　　　④ 메시지

> 해설 키워드 데이터 추상화 → 용어 클래스(Class)

02 객체지향 기법에서 클래스들 사이의 '부분-전체(part-whole)' 관계 또는 '부분(is-a-part-of)'의 관계로 설명되는 연관성을 나타내는 용어는?

① 일반화　　　　　② 추상화

③ 캡슐화　　　　　④ 집단화

> 해설 집단화(Aggregation, 집합 관계)
> • 클래스들 사이의 전체(Whole) 또는 부분(Part) 같은 관계(예 : 자동차와 바퀴)
> • 전체 객체의 라이프 타임과 부분 객체의 라이프 타임은 독립적
> • 관계성의 종류 : part-whole, is-a-part-of, is composed of

03 검토회의 전에 요구사항 명세서를 미리 배포하여 사전 검토한 후 짧은 검토회의를 통해 오류를 조기에 검출하는 데 목적을 두는 요구사항 검토 방법은?

① 빌드 검증　　　　② 동료 검토

③ 워크스루　　　　④ 개발자 검토

> 해설 키워드 미리 배포, 사전 검토, 오류 조기 검출 → 용어 워크스루(Walkthrough)

04 HIPO(Hierarchy Input Process Output)에 대한 설명으로 거리가 먼 것은?

① 상향식 소프트웨어 개발을 위한 문서화 도구이다.

② HIPO 차트 종류에는 가시적 도표, 총체적 도표, 세부적 도표가 있다.

③ 기능과 자료의 의존 관계를 동시에 표현할 수 있다.

④ 보기 쉽고 이해하기 쉽다.

> 해설 HIPO는 하향식 소프트웨어 개발을 위한 문서화 도구이다.

05 자료흐름도(DFD)의 구성 요소에 포함되지 않는 것은?

① Process　　　　② Data Flow

③ Data Store　　　④ Data Dictionary

> 해설 자료흐름도의 구성 요소 : 단말(External Entity, Terminator), 자료 저장소(Data Store), 처리(Process, 프로세스), 자료의 흐름(Data Flow)

06 UML 모델에서 사용하는 Structural Diagram에 속하지 않는 것은?

① Class Diagram

② Object Diagram

③ Component Diagram

④ Activity Diagram

> 해설 다른 하나는 행위 다이어그램(Behavioral Diagram)에 속한다.

07 럼바우의 객체 지향 분석과 거리가 먼 것은?

① 기능 모델링　　　② 동적 모델링

③ 객체 모델링　　　④ 정적 모델링

> 해설 럼바우의 분석 방법 : 객체 모델링, 동적 모델링, 기능 모델링
> TIP 럼바우의 객체 지향 분석은 "객동기"로 기억하세요.

08 자료흐름도(DFD)를 작성하는 데 지침이 될 수 없는 항목은?

① 자료흐름은 처리(Process)를 거쳐 변환될 때마다 새로운 이름을 부여한다.

② 어떤 처리(Process)가 출력자료를 산출하기 위해서는 반드시 입력 자료가 발생해야 한다.

③ 자료저장소에 입력 화살표가 있으면 반드시 출력 화살표도 표시되어야 한다.

④ 상위단계의 처리(Process)와 하위 자료흐름도의 자료흐름은 서로 일치돼야 한다.

▶ 정답 : 01.②, 02.④, 03.③, 04.①, 05.④, 06.④, 07.④, 08.③

> **해설**
> 자료저장소는 대부분 입력 화살표만 표시하며, 가끔씩 출력 화살표를 표시한다.
> • 처리(Process)는 입력 화살표가 있으면 반드시 출력 화살표를 표시해야 한다.

09 GoF(Gangs of Four) 디자인 패턴 분류에 해당하지 않는 것은?

① 생성 패턴
② 구조 패턴
③ 행위 패턴
④ 추상 패턴

> **해설**
> GoF 디자인 패턴 분류 : 생성 패턴, 구조 패턴, 행위 패턴
> **TIP** 디자인 패턴의 구분은 "생구행"으로 기억하세요.

10 객체에게 어떤 행위를 하도록 지시하는 명령은?

① Class
② Package
③ Object
④ Message

> **해설**
> **키워드** 행위, 지시 → **용어** 메시지(Message)

11 분산 시스템에서의 미들웨어(Middleware)와 관련한 설명으로 틀린 것은?

① 분산 시스템에서 다양한 부분을 관리하고 통신하며 데이터를 교환하게 해주는 소프트웨어로 볼 수 있다.
② 위치 투명성(Location Transparency)을 제공한다.
③ 분산 시스템의 여러 컴포넌트가 요구하는 재사용이 가능한 서비스의 구현을 제공한다.
④ 애플리케이션과 사용자 사이에서만 분산 서비스를 제공한다.

> **해설**
> 미들웨어는 애플리케이션과 운영체제 사이에 위치한다.
> **TIP** 위치 투명성(Location Transparency)은 데이터가 어느 위치에 있는지 몰라도 접근할 수 있다는 것입니다.

12 소프트웨어 구조와 관련된 용어로, 주어진 한 모듈(Module)을 제어하는 상위 모듈 수를 나타내는 것은?

① Fan-out
② Coupling
③ Fan-in
④ Cohesion

> **해설**
> **키워드** 상위 모듈 수 → **용어** 공유도(Fan-in)
> • 제어도(Fan-Out, 팬아웃) : 어떤 모듈에 의해 제어(호출)되는 하위 모듈의 개수
> • 결합도(Coupling) : 모듈 간 상호 의존도
> • 응집도(Cohesion) : 모듈 안의 요소들이 서로 관련되어 있는 정도

13 코드화 대상 항목에 관련된 무게, 면적, 용량 등의 물리적 수치를 직접 코드에 적용하는 방법의 코드 체계는?

① 표의 숫자 코드(Significant Digit Code)
② 순차 코드(Sequence Code)
③ 십진 분류 코드(Decimial Classification Code)
④ 블록 코드(Block Code)

> **해설**
> **키워드** 코드화, 물리적 수치 → **용어** 표의 숫자 코드(Significant Digit Code)

14 위험 모니터링(Monitoring)의 의미로 가장 적절한 것은?

① 위험을 이해하는 것
② 위험요소들에 대하여 계획적으로 관리하는 것
③ 위험 요소 징후들에 대하여 계속적으로 인지하는 것
④ 첫 번째 조치로 위험을 피할 수 있도록 하는 것

> **해설**
> **키워드** 위험 요소 징후, 계속 인지 → **용어** 위험 모니터링(Risk Monitoring)

15 CASE(Computer-Aided Software Engineering)의 원천 기술이 아닌 것은?

① 구조적 기법
② 프로토타이핑 기술
③ 정보 저장소 기술
④ 일괄처리 기술

> **해설**
> CASE의 원천 기술 : 구조적 기법, 프로토타이핑 기술, 자동 프로그래밍 기술, 정보 저장소 기술, 분산처리 기술

▶ 정답 : 09.④, 10.④, 11.④, 12.③, 13.①, 14.③, 15.④

16 비기능 요구사항에 대한 설명으로 옳지 않은 것은?

① 예산의 제약, 조직의 정책, 다른 소프트웨어와 하드웨어 시스템과의 상호 운영성, 안정성 규칙과 프라이버시 보호법과 같은 사용자의 필요에 의해 발생한다.

② 요구사항과 목표를 혼합한 문서를 사용하여 비기능적 요구사항을 표현한다.

③ 시스템에서 제공되는 서비스나 기능에 대한 제약이다.

④ 시스템이 제공해야 하는 서비스와 시스템이 특정입력에 대해 어떻게 반응하는지, 시스템이 특정 상황에서 어떻게 동작해야 하는지에 관한 사항이다.

> 해설 다른 하나는 시스템이 수행해야 하는 작업에 관한 요구사항으로, 기능적 요구사항에 포함된다.

17 웹과 컴퓨터 프로그램에서 용량이 적은 데이터를 교환하기 위해 데이터 객체를 속성·값의 쌍 형태로 표현하는 형식으로 자바스크립트(JavaScript)를 토대로 개발되어진 형식은?

① Python
② XML
③ JSON
④ WEB SEVER

> 해설 키워드 속성·값의 쌍, 자바스크립트(JavaScript) → 용어 JSON (JavaScript Object Notation)
> • Python : 귀도 반 로섬(Guido van Rossum)이 발표한 객체 지향 기능을 지원하는 대화형 인터프리터 언어

18 럼바우의 객체 지향 분석 기법에서 상태다이어그램을 사용하여 시스템의 행위를 기술하는 모델링은?

① Dynamic Modeling
② Object Modeling
③ Functional Modeling
④ Static Modeling

> 해설 키워드 럼바우, 상태다이어그램 → 용어 동적 모델링(Dynamic Modeling)

19 객체 지향 기법에서 클래스에 속한 각각의 객체를 의미하는 것은?

① Instance
② Message
③ Method
④ Module

> 해설 키워드 각각의 객체 → 용어 인스턴스(Instance)
> • 메시지(Message) : 객체 간에 상호작용을 하는 데 사용되는 수단
> • 메소드(Method) : 연산자, 동작, 오퍼레이션, 함수, 프로시저
> • 모듈(Module) : 소프트웨어 구조를 이루는 기본적인 단위

20 UI 종류 중 텍스트, 키보드 기반 인터페이스를 특징으로 하는 유형은?

① CLI
② OUI
③ NUI
④ VUI

> 해설 키워드 텍스트, 키보드 기반 → 용어 CLI(Command Line Interface)
> • OUI(Organic UI) : 모든 자연 상태가 입력과 출력이 동시에 이뤄지는 인터페이스
> • NUI(Natural UI) : 인간의 말과 행동 등 감각으로 기기를 조작하는 인터페이스
> • VUI(Voice UI) : 사람의 음성 기반으로 기기를 조작하는 인터페이스

[2과목 : 소프트웨어 개발]

21 검증 검사 기법 중 개발자의 장소에서 사용자가 개발자 앞에서 행하는 기법이며, 일반적으로 통제된 환경에서 사용자와 개발자가 함께 확인하면서 수행되는 검사는?

① 동치 분할 검사
② 형상 검사
③ 알파 검사
④ 베타 검사

> 해설 키워드 개발자의 장소, 사용자가 행함 → 용어 알파 검사
> • 동치 분할 검사(Equivalence Partitioning) : 입력 자료에 초점을 맞춰 테스트 케이스를 만들고 검사하는 기법
> • 형상 검사 : 목록, 구성 요소, 유지보수를 위한 모든 사항이 표현되었는지 검사
> • 베타 검사 : 개발자 없이 고객의 사용 환경에 소프트웨어를 설치하여 검사하는 기법

▶ 정답 : 16.④, 17.③, 18.①, 19.①, 20.①, 21.③

22 디지털 저작권 관리(DRM)의 기술 요소가 아닌 것은?

① 크랙 방지 기술　② 정책 관리 기술
③ 암호화 기술　④ 방화벽 기술

> 해설 DRM의 기술 요소 : 암호화, 키 관리, 암호화 파일 생성, 식별 기술, 저작권 표현, 정책 관리, 크랙 방지, 인증

23 소프트웨어 형상 관리의 의미로 적절한 것은?

① 비용에 관한 사항을 효율적으로 관리하는 것
② 개발 과정의 변경 사항을 관리하는 것
③ 테스트 과정에서 소프트웨어를 통합하는 것
④ 개발 인력을 관리하는 것

> 해설 키워드 개발 과정, 변경 사항 → 용어 형상 관리(SCM: Software Configuration Management)

24 White Box Testing에 대한 설명으로 옳지 않은 것은?

① Base Path Testing, Boundary Value Analysis가 대표적인 기법이다.
② Source Code의 모든 문장을 한 번 이상 수행함으로써 진행된다.
③ 모듈 안의 작동을 직접 관찰할 수 있다.
④ 산출물의 각 기능별로 적절한 프로그램의 제어구조에 따라 선택, 반복 등의 부분들을 수행함으로써 논리적 경로를 점검한다.

> 해설 경계값 분석(Boundary Value Analysis)은 블랙박스 테스트 종류이다.

25 알고리즘 시간복잡도 O(1)이 의미하는 것은?

① 컴퓨터 처리가 불가
② 알고리즘 입력 데이터 수가 한 개
③ 알고리즘 수행시간이 입력 데이터 수와 관계없이 일정
④ 알고리즘 길이가 입력 데이터보다 작음

> 해설 키워드 수행시간 일정 → 용어 O(1) (상수형 복잡도)

26 해싱 함수(Hashing Function)의 종류가 아닌 것은?

① 제곱법(mid-square)
② 숫자분석법(digit analysis)
③ 개방주소법(open addressing)
④ 제산법(division)

> 해설 해싱 함수의 종류 : 제산법, 폴딩, 숫자 분석(계수 분석), 제곱법, 기수 변환

27 ISO/IEC 9126의 소프트웨어 품질 특성 중 기능성(Functionality)의 하위 특성으로 옳지 않은 것은?

① 학습성　② 적합성
③ 정확성　④ 보안성

> 해설 다른 하나는 사용성(Usability)의 하위 특성이다.

28 EAI(Enterprise Application Integration)의 구축 유형으로 옳지 않은 것은??

① Point-to-Point　② Hub & Spoke
③ Message Bus　④ Tree

> 해설 EAI 구축 유형 : Point-to-Point, Hub&Spoke, Message Bus, Hybrid

29 소스코드 품질분석 도구 중 정적분석 도구가 아닌 것은?

① pmd　② cppcheck
③ valMeter　④ checkstyle

> 해설 정적분석 도구 종류 : PMD, Cppcheck, SonarQube, Checkstyle, CCM, Cobertura

30 블랙박스 테스트의 유형으로 틀린 것은?

① 경계값 분석　② 오류 예측
③ 동등 분할 기법　④ 조건, 루프검사

> 해설 다른 하나는 화이트박스 테스트의 유형이다.
> TIP 블랙박스 테스트 종류는 "오동원 경비"로 기억하세요.

▶ 정답 : 22.④, 23.②, 24.①, 25.③, 26.③, 27.①, 28.④, 29.③, 30.④

31 인터페이스 구현 검증 도구가 아닌 것은?

① Foxbase   ② STAF

③ watir   ④ xUnit

 인터페이스 구현 검증 도구 종류 : xUnit, STAF, FitNesse, NTAF, watir, Selenium

32 다음 중 스택을 이용한 연산과 거리가 먼 것은?

① 선택정렬

② 재귀호출

③ 후위표현(Post-fix expression)의 연산

④ 깊이우선탐색

해설 선택정렬은 자료 배열 중에 최솟값(또는 최댓값)을 찾아 정렬하는 방법으로 스택(Stack)을 이용하는 연산과는 거리가 멀다.

33 자료 구조의 분류 중 선형 구조가 아닌 것은?

① 트리   ② 리스트

③ 스택   ④ 데크

해설 다른 하나는 비선형 구조이다.

34 CMM(Capability Maturity Model) 모델의 레벨로 옳지 않은 것은?

① 최적 단계   ② 관리 단계

③ 정의 단계   ④ 계획 단계

해설 CMM 5단계는 초기 단계, 반복 단계, 정의 단계, 관리 단계, 최적화 단계로 구성되어 있다.

TIP CMM 5단계는 "초반 정리 최적화"로 기억하세요.

35 소프트웨어 재공학의 주요 활동 중 기존 소프트웨어 시스템을 새로운 기술 또는 하드웨어 환경에서 사용할 수 있도록 변환하는 작업을 의미하는 것은?

① Analysis

② Migration

③ Restructuring

④ Reverse Engineering

해설 **키워드** 소프트웨어 재공학, 기존 소프트웨어 시스템, 변환하는 작업 → **용어** 이식(Migration, 이관)

• 재공학 활동

구분	설명
분석 (Analysis)	기존 소프트웨어 명세서를 확인하고 소프트웨어의 동작을 이해하고 재공학 대상을 선정하는 작업
이식 (Migration, 이관)	기존 소프트웨어 시스템을 새로운 기술, 환경에서 사용할 수 있도록 변환하는 작업
재구성 (Restructuring)	기존 소프트웨어 기능을 변경하지 않고 소프트웨어 형태에 맞게 수정하는 작업 • 상대적으로 같은 추상적 수준에서 하나의 표현을 다른 표현 형태로 바꾸는 작업
역공학 (Reverse Engineering)	소프트웨어를 분석하여 관계를 파악하고 기존 소프트웨어의 설계 정보를 재발견하고 다시 만들어내는 작업 • 현재 프로그램으로부터 데이터, 아키텍처, 절차에 관한 분석 및 설계 정보를 추출하는 과정이다.

36 IDE 도구의 각 기능에 대한 설명으로 틀린 것은?

① Coding – 프로그래밍 언어를 가지고 컴퓨터 프로그램을 작성할 수 있는 환경을 제공

② Compile – 저급언어의 프로그램을 고급언어 프로그램으로 변환하는 기능

③ Debugging – 프로그램에서 발견되는 버그를 찾아 수정할 수 있는 기능

④ Deployment – 소프트웨어를 최종 사용자에게 전달하기 위한 기능

해설 컴파일(Compile)은 고급언어 프로그램을 저급언어 프로그램으로 변환하는 기능이다.

• IDE 도구의 기능

기능	설명
코딩 (Coding)	• 프로그래밍 언어를 가지고 컴퓨터 프로그램을 작성할 수 있는 환경 제공
디버깅 (Debugging, 디버그 Debug)	• 컴퓨터 프로그램의 논리적인 오류(Bug)를 찾아 수정하는 과정 • 프로그램에서 발견되는 버그를 찾아 수정할 수 있는 기능
컴파일 (Compile)	• 고급언어의 프로그램을 저급언어 프로그램으로 변환하는 기능
빌드 (Build)	• 소스 코드 파일 및 컴파일된 파일들을 컴퓨터에서 실행할 수 있는 소프트웨어로 변환하는 기능
배포 (Deployment)	• 소프트웨어를 최종 사용자에게 전달하기 위한 기능

▶ 정답 : 31.①, 32.①, 33.①, 34.④, 35.②, 36.②

37 다음 트리를 Pre-order 운행법으로 운행할 경우 가장 먼저 탐색되는 것은?

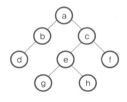

① a   ② b
③ c   ④ d

> **해설**
> 전위 순회(Pre-order) : Root → Left → Right
> • 운행 순서 : a → b → d → c → e → g → h → f

38 소프트웨어 패키징에 대한 설명으로 틀린 것은?

① 패키징은 개발자 중심으로 진행한다.
② 신규 및 변경 개발소스를 식별하고, 이를 모듈화하여 상용제품으로 패키징 한다.
③ 고객의 편의성을 위해 매뉴얼 및 버전관리를 지속적으로 한다.
④ 범용 환경에서 사용이 가능하도록 일반적인 배포 형태로 패키징이 진행된다.

> **해설**
> 패키징은 개발자가 아닌 사용자 중심으로 진행한다.

39 소프트웨어 개발 활동을 수행함에 있어서 시스템이 고장(Failure)을 일으키게 하며, 오류(Error)가 있는 경우 발생하는 것은?

① Fault   ② Testcase
③ Mistake   ④ Inspection

> **해설**
> [키워드] 고장(Failure)을 일으킴, 오류(Error) → [용어] 결점(Fault)
> • 테스트 케이스(Test Case) : 입력 값, 실행 조건, 기대 결과로 구성된 테스트 항목의 명세서
> • 인스펙션(Inspection) : 요구사항 명세서 작성자를 제외한 다른 전문가들이 요구사항 명세서를 확인하면서 결함을 발견하는 검토 방법

40 다음은 무엇에 대한 설명인가?

> 망 계층(network layer)인 인터넷 프로토콜(IP)에서 보안성을 제공해 주는 표준화된 기술로, IPv4에서는 선택으로 IPv6에서는 필수로 제공하도록 되어 있다.

① Tunneling   ② Flow Label
③ IPsec   ④ Dual Stack

> **해설**
> [키워드] 인터넷 프로토콜(IP), 보안(Security)성 → [용어] IPsec(Internet Protocol Security)

[3과목 : 데이터베이스 구축]

41 데이터 무결성 제약조건 중 "개체 무결성" 제약조건에 대한 설명으로 옳은 것은?

① 릴레이션 내의 튜플들이 각 속성의 도메인에 지정된 값만을 가져야 한다.
② 기본키에 속해 있는 애트리뷰트는 널값이나 중복값을 가질 수 없다.
③ 릴레이션은 참조할 수 없는 외래키 값을 가질 수 없다.
④ 외래키 값은 참조 릴레이션의 기본키 값과 동일해야 한다.

> **해설**
> ①은 도메인 무결성, ③, ④는 참조 무결성에 대한 설명이다.

42 릴레이션에 대한 설명으로 거리가 먼 것은?

① 튜플들의 삽입, 삭제 등의 작업으로 인해 릴레이션은 시간에 따라 변한다.
② 한 릴레이션에 포함된 튜플들은 모두 상이하다.
③ 애트리뷰트는 논리적으로 쪼갤 수 없는 원자값으로 저장한다.
④ 한 릴레이션에 포함된 튜플 사이에는 순서가 있다.

> **해설**
> 한 릴레이션에 포함된 튜플 사이에는 순서가 없다.

▶ 정답 : 37.①, 38.①, 39.①, 40.③, 41.②, 42.④

43 병행제어 기법 중 로킹에 대한 설명으로 옳지 않은 것은?

① 로킹의 대상이 되는 객체의 크기를 로킹 단위라고 한다.

② 데이터베이스, 파일, 레코드 등은 로킹 단위가 될 수 있다.

③ 로킹의 단위가 작아지면 로킹 오버헤드가 증가한다.

④ 로킹의 단위가 커지면 데이터베이스 공유도가 증가한다.

> **해설** 로킹의 단위가 커지면 데이터베이스 공유도가 저하된다.

44 다음 SQL문에서 빈칸에 들어갈 내용으로 옳은 것은?

```
UPDATE 회원 (      ) 전화번호 = '010-14'
WHERE 회원번호 = 'N4';
```

① FROM   ② SET
③ INTO   ④ TO

> **해설** UPDATE문 일반 형식
> : UPDATE 테이블명 SET 속성명 = 데이터 [WHERE 조건];
> • [SQL문] : [회원] 테이블에서 회원번호가 'N4'인 튜플의 전화번호를 '010-14'로 수정한다.

45 3NF에서 BCNF가 되기 위한 조건은?

① 이행적 함수 종속 제거
② 부분적 함수 종속 제거
③ 다치 종속 제거
④ 결정자이면서 후보 키가 아닌 것 제거

> **해설** 키워드 결정자, 후보키 → 용어 보이스/코드 정규형(BCNF)

46 데이터베이스 성능에 많은 영향을 주는 DBMS의 구성 요소로 테이블과 클러스터에 연관되어 독립적인 저장 공간을 보유하며, 데이터베이스에 저장된 자료를 더욱 빠르게 조회하기 위하여 사용되는 것은?

① 인덱스(Index)
② 트랜잭션(Transaction)
③ 역정규화(Denormalization)
④ 트리거(Trigger)

> **해설** 키워드 독립적인 저장 공간, 자료를 더욱 빠르게 조회 → 용어 인덱스(Index)
> • 트랜잭션(Transaction) : 데이터베이스의 상태를 변화시키는 논리적 연산의 집합
> • 역정규화(Denormalization, 반정규화) : 정규화된 데이터 모델의 성능 저하를 해결하기 위해 의도적으로 정규화 원칙을 위배한 행위
> • 트리거(Trigger) : 데이터베이스의 데이터 삽입, 수정, 삭제 등의 이벤트가 발생할 때마다 관련 작업이 자동으로 수행되는 프로그램

47 시스템 카탈로그에 대한 설명으로 틀린 것은?

① 시스템 카탈로그의 갱신은 무결성 유지를 위하여 SQL을 이용하여 사용자가 직접 갱신하여야 한다.

② 데이터베이스에 포함되는 데이터 객체에 대한 정의나 명세에 대한 정보를 유지 관리한다.

③ DBMS가 스스로 생성하고 유지하는 데이터베이스 내의 특별한 테이블 집합체이다.

④ 카탈로그에 저장된 정보를 메타 데이터라고도 한다.

> **해설** DBMS만 시스템 카탈로그의 내용을 갱신할 수 있다. 사용자는 갱신은 불가하지만, SQL을 이용한 검색은 가능하다.

48 관계 해석(Relational Calculus)에 대한 설명으로 잘못된 것은?

① 튜플 관계 해석과 도메인 관계 해석이 있다.

② 원하는 정보와 그 정보를 어떻게 유도하는가를 기술하는 절차적인 특성을 가진다.

③ 기본적으로 관계 해석과 관계 대수는 관계 데이터베이스를 처리하는 기능과 능력 면에서 동등하다.

④ 수학의 Predicate calculus에 기반을 두고 있다.

> **해설** 다른 하나는 관계 대수에 대한 설명이다.

▶ 정답 : 43.④, 44.②, 45.④, 46.①, 47.①, 48.②

49 E-R 모델에서 관계 속성의 표기법은?

①   ②

③   ④ _____

> **해설** ②는 개체, ③은 다중 값, ④는 연결, 링크의 표기법이다.
> **TIP** E-R 모델의 구성 요소 중 다중값 속성은 이중 타원으로 표기합니다.

50 분산 데이터베이스 목표 중 "데이터베이스의 분산된 물리적 환경에서 특정 지역의 컴퓨터 시스템이나 네트워크에 장애가 발생해도 데이터 무결성이 보장된다."는 것과 관계있는 것은?

① 장애 투명성 ② 병행 투명성
③ 위치 투명성 ④ 중복 투명성

> **해설** **키워드** 장애(Failure), 무결성 보장 → **용어** 장애 투명성(Failure Transparency)

51 다음 student 테이블을 이용하여 아래의 SQL을 수행하였을 때 실행 결과는?

[student] 테이블

name	team	degree	department
Kim	5	3.5	computer
Lee	5	4	computer
Park	7	2.5	physics
Choi	7	2.8	physics
Ryu	6	3	math
Jo	3	3.5	math
Yang	1	2	math

```
SELECT count(*)
FROM student
GROUP BY department
HAVING count(*) > 2 ;
```

① 0 ② 1
③ 2 ④ 3

> **해설**
> • SELECT count(*) : 튜플의 수를 검색한다.
> • FROM student : [student] 테이블에서
> • GROUP BY department : 부서(department) 속성으로 그룹화하여
> • HAVING count(*) > 2 : 부서별 튜플 수가 2개 초과인
>
> | count(*) |
> |----------|
> | 3 |

52 DML에 해당하는 SQL 명령으로만 나열된 것은?

① DELETE, UPDATE, CREATE, ALTER
② INSERT, DELETE, UPDATE, DROP
③ SELECT, INSERT, DELETE, UPDATE
④ SELECT, INSERT, DELETE, ALTER

> **해설** **TIP** DDL문, DML문, DCL문을 잘 구분하여 학습해 두세요.

53 다음 설명의 ( ) 안에 들어갈 내용으로 적합한 것은?

> "후보키는 릴레이션에 있는 모든 튜플에 대해 유일성과 ( )을 모두 만족시켜야 한다."

① 중복성 ② 최소성
③ 참조성 ④ 동일성

> **해설** 후보키(Candidate Key)는 유일성과 최소성을 모두 만족한다.

54 데이터 모델의 구성 요소 중 데이터 구조에 따라 개념 세계나 컴퓨터 세계에서 실제로 표현된 값들을 처리하는 작업을 의미하는 것은?

① Relation ② Data Structure
③ Constraint ④ Operation

> **해설** **키워드** 실제로 표현된 값(데이터)들을 처리하는 작업 → **용어** 연산(Operation)

55 관계 데이터 모델에서 릴레이션(Relation)에 포함되어 있는 튜플(Tuple)의 수를 무엇이라고 하는가?

① Degree ② Cardinality
③ Attribute ④ Cartesian product

▶ 정답 : 49.①, 50.①, 51.④, 52.③, 53.②, 54.④, 55.②

해설 키워드 튜플의 수 → 용어 카디널리티(Cardinality)
- 속성(Attribute) : 개체의 성질, 분류, 식별, 수량, 상태 등
- 카티션 프로덕트(Cartesian product, 교차곱, ×) : 두 릴레이션에 있는 튜플들의 순서쌍을 구하는 연산

56 DBA가 사용자 PARK에게 테이블 [STUDENT]의 데이터를 갱신할 수 있는 시스템 권한을 부여하고자 하는 SQL문을 작성하고자 한다. 다음에 주어진 SQL문의 빈칸을 알맞게 채운 것은?

> SQL)GRANT ____ ㉠ ____ ㉡ ____ STUDENT TO PARK;

① ㉠ INSERT, ㉡ INTO
② ㉠ ALTER, ㉡ TO
③ ㉠ UPDATE, ㉡ ON
④ ㉠ REPLACE, ㉡ IN

해설 GRANT문 일반 형식 : GRANT 권한리스트 ON 테이블명 TO 사용자명
- UPDATE : 갱신

57 물리 데이터 저장소의 파티션 설계에서 파티션 유형으로 옳지 않은 것은?

① 범위 분할(Range Partitioning)
② 해시 분할(Hash Partitioning)
③ 조합 분할(Composite Partitioning)
④ 유닛 분할(Unit Processing)

해설 파티션 종류 : 범위 분할, 해시 분할, 조합 분할, 라운드 로빈 분할, 목록 분할

58 관계형 데이터베이스의 릴레이션을 조작할 때 발생하는 이상현상(Anomaly)에 관한 설명으로 적절하지 않은 것은?

① 데이터의 종속으로 인해 발생하는 이상현상에서는 삭제이상, 삽입이상, 갱신이상이 있다.
② 릴레이션의 한 튜플을 삭제함으로써 연쇄삭제로 인해 정보의 손실을 발생시키는 현상이 삭제이상이다.
③ 데이터를 삽입할 때 불필요한 데이터가 함께 삽입되는 현상을 삽입이상이라 한다.

④ 튜플 중에서 일부 속성을 갱신함으로써 정보의 모순성이 발생하는 현상이 갱신이상이다.

해설 이상현상은 데이터의 중복으로 인해 테이블 조작 시 불일치가 발생하는 현상이다.

59 다음 그림은 트랜잭션 상태도를 나타내고 있다. 각 상태에 대한 설명으로 옳지 않은 것은?

① 활동(Active) – 트랜잭션의 실행을 시작하였거나 실행 중인 상태
② 부분 완료(Partially Committed) – 트랜잭션이 명령문 중 일부를 실행한 직후의 상태
③ 철회(Aborted) – 트랜잭션이 실행에 실패하여 Rollback 연산을 수행한 상태
④ 완료(Committed) – 트랜잭션이 실행을 성공적으로 완료 연산을 수행한 상태

해설 부분 완료(Partially Committed)는 트랜잭션의 마지막 명령문을 성공적으로 실행한 직후의 상태를 의미한다.

60 성적 테이블의 과목별 점수 평균이 90 이상인 과목이름의 최소점수와 최대점수를 나타내는 SQL문을 작성하고자 한다. 다음에 주어진 SQL문의 빈칸을 알맞게 채운 것은?

> SQL)select 과목이름, min(점수) as 최소점수, max(점수) as 최대점수 from 성적
> ____ ㉠ ____ 과목이름 ____ ㉡ ____ avg(점수) >= 90;

① ㉠ group by, ㉡ =
② ㉠ order by, ㉡ in
③ ㉠ group by, ㉡ having
④ ㉠ order by, ㉡ having

▶ 정답 : 56.③, 57.④, 58.①, 59.②, 60.③

[4과목 : 프로그래밍 언어 활용]

61 TCP/IP 네트워크에서 IP주소를 MAC 주소로 변환하는 프로토콜은?

① UDP   ② ARP
③ TCP   ④ ICMP

해설 키워드 IP 주소를 MAC 주소로 → 용어 ARP

62 C언어에서의 변수 선언으로 틀린 것은?

① int else;   ② int Test2;
③ int pc;   ④ int True;

해설 예약어를 변수명으로 사용할 수 없다.

63 IPv6에 대한 설명으로 틀린 것은?

① 128비트의 주소 공간을 제공한다.
② 인증 및 보안 기능을 포함하고 있다.
③ 패킷 크기가 64Kbyte로 고정되어 있다.
④ IPv6 확장 헤더를 통해 네트워크 기능 확장이 용이하다.

해설 IPv4의 패킷 크기가 64Kbyte로 제한되어 있으며, IPv6는 임의로 큰 크기의 패킷을 주고받을 수 있다.

64 결합도가 낮은 것부터 높은 것 순으로 옳게 나열한 것은?

ㄱ. 내용 결합도   ㄴ. 자료 결합도
ㄷ. 공통 결합도   ㄹ. 스탬프 결합도
ㅁ. 외부 결합도   ㅂ. 제어 결합도

① ㄱ → ㄴ → ㄹ → ㅂ → ㅁ → ㄷ
② ㄴ → ㄹ → ㅁ → ㅂ → ㄷ → ㄱ
③ ㄴ → ㄹ → ㅂ → ㅁ → ㄷ → ㄱ
④ ㄱ → ㄴ → ㄹ → ㅁ → ㅂ → ㄷ

해설 결합도 종류 : 자료 < 스탬프 < 제어 < 외부 < 공통 < 내용

65 HRN 방식으로 스케줄링할 경우, 입력된 작업이 다음과 같을 때 처리되는 작업 순서로 옳은 것은?

작업	대기시간	서비스(실행)시간
A	5	20
B	40	20
C	15	45
D	20	2

① A → B → C → D   ② A → C → B → D
③ D → B → C → A   ④ D → A → B → C

해설
우선순위 계산식 : (대기시간 + 서비스시간) / 서비스시간

작업	우선순위 계산식	계산 결과	우선순위
A	(5+20)/20	1.25	4
B	(40+20)/20	3	2
C	(15+45)/45	1.3	3
D	(20+2)/2	11	1

66 기억공간 15K, 23K, 22K, 21K 순으로 빈 공간이 있을 때, 기억장치 배치 전략으로 "First Fit"을 사용하여 17K의 프로그램을 적재할 경우 내부 단편화의 크기는 얼마인가?

① 5K   ② 6K
③ 7K   ④ 8K

해설 최초 적합(First Fit)은 첫 번째에 배치시키는 방법이다.
- 15K 공간에 할당 : 메모리 크기가 할당 프로그램 크기보다 작으므로 할당 불가능
- 23K 공간에 할당 : 내부 단편화 6K 발생

67 다음 JAVA 프로그램이 실행되었을 때의 결과는?

```java
public class Operator {
    public static void main(String[] args) {
        int x = 5, y = 0, z = 0;
        y = x++;
        z = --x;
        System.out.print(x + ", " + y + ", " + z);
    }
}
```

① 5, 5, 5   ② 5, 6, 5
③ 6, 5, 5   ④ 5, 6, 4

▶ 정답 : 61.②, 62.①, 63.③, 64.③, 65.③, 66.②, 67.①

- y = x++; // x를 사용 후 1 증가 → y = 5, x = 6
- z = --x; // x를 1 감소시킨 후 사용 → x = 5, z = 5

68 C언어 라이브러리 중 stdlib.h에 대한 설명으로 옳은 것은?

① 문자열을 수치 데이터로 바꾸는 문자 변환 함수와 수치를 문자열로 바꿔주는 변환 함수 등이 있다.

② 문자열 처리 함수로 strlen()이 포함되어 있다.

③ 표준 입출력 라이브러리이다.

④ 삼각 함수, 제곱근, 지수 등 수학적인 함수를 내장하고 있다.

②는 string.h, ③은 stdio.h, ④는 math.h에 대한 설명이다.

69 JAVA에서 힙(Heap)에 남아있으나 변수가 가지고 있던 참조값을 잃거나 변수 자체가 없어짐으로써 더 이상 사용되지 않는 객체를 제거해주는 역할을 하는 모듈은?

① Heap Collector

② Garbage Collector

③ Memory Collector

④ Variable Collector

키워드 사용되지 않는 객체 제거 → 용어 가비지 컬렉터(Garbage Collector)
TIP 힙(Heap)은 메모리의 영역 중 하나로, 객체가 저장되는 곳입니다.

70 다음 C언어 프로그램이 실행되었을 때의 결과는?

```c
#include <stdio.h>
#include <string.h>
int main(void) {
        char str[50] = "nation";
        char *p2 = "alter";
        strcat(str, p2);
        printf("%s", str);
        return 0;
}
```

① nation　　　② nationalter

③ alter　　　④ alternation

코드해설
```c
char str[50] = "nation";
// 크기가 50인 문자형 배열 str 선언 및 초기화
char *p2 = "alter";
// 문자형 포인터 변수 p2 선언 및 초기화
strcat(str, p2); // str = nationalter, p2 = alter
printf("%s", str); // str 값 출력
```
TIP *p2에서 '*'은 포인터를 의미합니다. C언어에서 문자열을 저장하기 위해 문자 배열 또는 포인터를 사용합니다.

71 다음과 같은 형태로 임계 구역의 접근을 제어하는 상호 배제 기법은?

```
P(S) : while S <= 0 do skip;
S := S - 1;
V(S) : S := S + 1;
```

① Dekker Algorithm

② Lamport Algorithm

③ Peterson Algorithm

④ Semaphore

세마포어(Semaphore)는 P와 V라는 2개의 연산에 의해서 동기화를 유지시키고, 상화 배제의 원리를 보장한다.
- S : 세마포어 변수(제어신호, 공유 자원의 개수)

```
/* ① 자원이 점유되는 과정 */
P(S) : while S <= 0 do skip;
S := S - 1;
/* ② 자원이 반납되는 과정 */
V(S) : S := S + 1;
```

① 프로세스가 자원을 점유하려고 할 때, 다른 프로세스가 그 자원을 이미 점유 중인지 세마포어 변수(S)를 통해 확인한다. 점유 가능하다면 해당 자원을 점유한 후 점유되었다는 것을 알리고, 만약 다른 프로세스가 점유 중이라면 자원을 사용할 수 있을 때까지 기다린다.

② 프로세스가 자원을 다 사용하고 반납할 때, 기다리고 있는 다른 프로세스에게 자원 반납을 알린다.

TIP 세마포어는 각 프로세스에 제어 신호를 전달하여 순서대로 작업을 수행하도록 하는 동기화 기법 중 하나입니다.

▶ 정답 : 68.①, 69.②, 70.②, 71.④

72 다음 JAVA 프로그램이 실행되었을 때, 실행 결과는?

```java
class Rect{
        int w, h;
        public Rect(int width, int height) {
          w = width;
          h = height;
        }
        int calArea(){
            return w * h;
        }
}
public class Gisafirst {
    public static void main(String[] args){
        Rect obj = new Rect(5, 4);
        System.out.print(obj.calArea());
    }
}
```

① 9   ② 10
③ 19   ④ 20

해설 코드해설

```java
        class Rect{
                int w, h;
③               public Rect(int width, int height) {
④                 w = width;
⑤                 h = height;
                }
⑦                int calArea(){
⑧                    return w * h;
                }
        }
        public class Gisafirst {
①           public static void main(String[]
                args){
②               Rect obj = new Rect(5, 4);
⑥|⑨                 System.out.print(obj.calAr-
                    ea());
            }
        }
```

① 메인 함수 실행
② 클래스 Rect의 객체 obj 생성(전달 인자 : 5, 4)
  • 객체 생성 시 클래스 Rect의 생성자 호출
③ 클래스 Rect의 생성자 함수 실행(width : 5, height : 4)
④ w에 width 값 저장
⑤ h에 height 값 저장
⑥|⑨ 객체 obj의 메소드 calArea 호출 및 함수의 반환 값 출력
⑦ 메소드 calArea 실행
⑧ 5 * 4 = 20 반환

73 다음 Python 프로그램이 실행되었을 때 실행 결과는?

```python
list = ["기", "사", "퍼", "스", "트"]
for i in list :
    print(i, end="")
```

① 기사퍼스트

② 기
  사
  퍼
  스
  트

③ 기기기기기

④ 기

해설 리스트 list

0	1	2	3	4
기	사	퍼	스	트

```python
list = ["기", "사", "퍼", "스", "트"]
# 리스트 list 선언 및 초기화
for i in list :
# i에 리스트 list의 요소(값) 저장하며 for문 실행
  print(i) # i 값 출력 및 개행 없이 이어서 출력
```

TIP 출력 함수에서 end 옵션을 ""로 지정하였으므로 자동 개행 하지 않고 종료문자를 출력합니다.

74 RIP 라우팅 프로토콜에 대한 설명으로 틀린 것은?

① 경로 선택 매트릭은 홉 카운트(Hop count)이다.
② 라우팅 프로토콜을 IGP와 EGP로 분류했을 때 EGP에 해당한다.
③ 최단 경로 탐색에 Bellman–Ford 알고리즘을 사용한다.
④ 각 라우터는 이웃 라우터들로부터 수신한 정보를 이용하여 라우팅 표를 갱신한다.

해설 RIP 라우팅 프로토콜은 IGP에 해당한다.

▶ 정답 : 72.④, 73.①, 74.②

75 다음 C 프로그램이 실행되었을 때의 결과는?

```c
#include <stdio.h>
int main(void) {
    int a, b;
    a = 20;
    b = (a>10)? a+a : a*a;
    printf("b=%d", b);
}
```

① b=20 ② b=40
③ b=400 ④ b=2020

> **해설** 조건 연산자(삼항 연산자) 형식 : 조건 ? 수식1 : 수식2;
> → [조건]이 참이면 [수식1] 실행, 거짓이면 [수식2] 실행
>
> 코드해설
> ```c
> int a, b;  // 변수 a, b 선언
> a=20;  // a에 20 저장
> b=(a>10)? a+a : a*a;  // a>10(T) → b=40
> printf("b=%d", b);  // b 값 출력
> ```

76 다음 중 OSI 7계층 참조모델에서 중계 기능, 경로 설정 등을 주로 수행하는 계층은?

① 네트워크 계층 ② 응용 계층
③ 데이터링크 계층 ④ 표현 계층

> **해설** 키워드 중계 기능, 경로 설정 → 용어 네트워크 계층(Network Layer)

77 다음 C 프로그램의 결과 값은?

```c
#include <stdio.h>
int main(void) {
    int i = 3;
    int k = 1;
    switch(i) {
        case 0:
        case 1:
        case 2:
        case 3: k = 0;
        case 4: k += 3;
        case 5: k -= 10;
        default: k--;
    }
    printf("%d", k);
}
```

① −8 ② 19
③ 25 ④ 27

> **해설** break문을 생략할 경우 일치하는 실행문부터 switch문이 종료될 때까지 모든 문장을 실행한다.
> • case 3의 k = 0부터 default의 k--까지 처리
> → 0 + 3 − 10 − 1 = −8

78 데이터를 4비트 단위로 나타내는 정보 단위는?

① nibble ② character
③ full−word ④ double−word

> **해설** 키워드 4비트 단위 → 용어 니블(nibble)
> • 자료(정보) 구성 단위
>
> | 단위 | 설명 |
> |---|---|
> | 비트(bit) | 자료를 표현하는 최소 단위
• 0과 1을 표현하는 2진수 한 자리 |
> | 니블(nibble) | 4비트 단위 |
> | 바이트(byte) | 문자(character)를 표현하는 최소 단위
• 1 byte = 8bit |
> | 워드(word) | CPU가 한 번에 처리할 수 있는 명령 단위
• half word : 2 byte
• full word : 4 byte
• double word : 8 byte |

79 Denning이 제안한 프로그램의 움직임에 관한 모델로 프로세스를 효과적으로 실행하기 위하여 주기억장치에 유지되어야 하는 페이지들의 집합을 의미하는 것은?

① Locality ② Working set
③ Overlay ④ Mapping

> **해설** 키워드 주기억장치, 페이지들의 집합 → 용어 워킹셋(Working set)
> • 구역성(Locality, 국부성) : 프로세스가 실행되는 동안 일부 페이지만 집중적으로 참조하는 성질
> • 오버레이(Overlay) : 실행되어야 할 작업의 크기가 커서 사용자 기억 공간에 수용될 수 없을 때, 작업을 분할하여 필요한 부분만 교체하는 방법
> • 매핑(Mapping, 주소 변환) : 가상기억장치에서 주기억장치로 프로그램의 페이지(세그먼트)를 옮길 때 주소를 조정해 주는 것

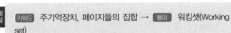
▶ 정답 : 75.②, 76.①, 77.①, 78.①, 79.②

80 유닉스 시스템에서 사용자의 계정 정보와 최근 로그인 정보, 이메일, 예약 작업 정보 등을 화면에 출력할 때 사용하는 명령어는?

① cat   ② finger

③ ls   ④ print

 키워드 유닉스, 사용자 계정 정보 → 용어 finger

[5과목 : 정보시스템 구축관리]

81 소프트웨어 개발 모델 중 나선형 모델의 4가지 주요 활동이 순서대로 나열된 것은?

> Ⓐ 계획 수립   Ⓑ 고객 평가
> Ⓒ 개발 및 검증   Ⓓ 위험 분석

① Ⓐ-Ⓑ-Ⓓ-Ⓒ순으로 반복

② Ⓐ-Ⓓ-Ⓒ-Ⓑ순으로 반복

③ Ⓐ-Ⓑ-Ⓒ-Ⓓ순으로 반복

④ Ⓐ-Ⓒ-Ⓑ-Ⓓ순으로 반복

해설 나선형 모델 개발 단계 : 계획 수립 → 위험 분석 → 개발 및 검증 → 고객 평가

82 CPM 네트워크가 다음과 같을 때 임계 경로의 소요 기일은?

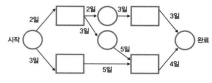

① 10일   ② 12일

③ 14일   ④ 16일

해설 임계 경로 : 여러 경로 중 시간이 가장 많이 걸리는 경로
= 2 + 3 + 5 + 4 = 14

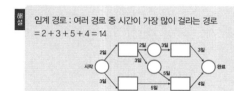

83 다음 내용이 설명하는 것은?

> • 블록체인 개발환경을 클라우드로 서비스 하는 개념
> • 블록체인 네트워크에 노드의 추가 및 제거가 용이
> • 블록체인의 기본 인프라를 추상화하여 블록체인 응용프로그램을 만들 수 있는 클라우드 컴퓨팅 플랫폼

① OTT   ② Baas

③ SDDC   ④ Wi-SUN

해설 키워드 블록체인(Blockchain) 개발 환경 → 용어 BaaS (Blockchain as a Service, 서비스형 블록체인)
• OTT(Over-The-Top, 오버더톱 서비스) : 개방된 인터넷을 통해 방송 프로그램, 영화 등 미디어 콘텐츠를 제공하는 서비스
• SDDC(Software-Defined Data Center, 소프트웨어 정의 데이터 센터) : 데이터 센터를 효율적으로 운영하고 편리하게 관리하기 위해 등장한 모든 컴퓨팅 인프라를 가상화하여 서비스하는 데이터 센터
• 와이선(Wi-SUN) : 스마트 그리드 서비스를 제공하기 위한 와이파이 기반의 저전력 장거리 통신기술

84 정보보호를 위한 암호화에 대한 설명으로 틀린 것은?

① 평문 – 암호화되기 전의 원본메시지

② 암호문 – 암호화가 적용된 메시지

③ 복호화 – 평문을 암호문으로 바꾸는 작업

④ 키(Key) – 적절한 암호화를 위하여 사용하는 값

해설 평문을 암호문으로 바꾸는 작업은 암호화이고, 암호문을 평문으로 바꾸는 작업이 복호화이다.

85 세션 하이재킹을 탐지하는 방법으로 거리가 먼 것은?

① FTP SYN SEGMENT 탐지

② 비동기화 상태 탐지

③ ACK STORM 탐지

④ 패킷의 유실 및 재전송 증가 탐지

해설 세션 하이재킹 탐지 방법 : 비동기화 상태 탐지, ACK STORM 탐지, 패킷의 유실 및 재전송 증가 탐지, 예상치 못한 접속의 리셋 탐지

▶ 정답 : 80.②, 81.②, 82.③, 83.②, 84.③, 85.①

86 소프트웨어 비용 추정모형(estimation models)이 아닌 것은?

① COCOMO ② Putnam
③ Function-Point ④ PERT

 다른 하나는 일정 계획 기법에 포함된다.

87 비대칭 암호화 방식으로 소수를 활용한 암호화 알고리즘은?

① DES ② AES
③ SMT ④ RSA

 키워드 비대칭 암호화 방식, 소수 → 용어 RSA
• DES(Data Encryption Standard, 데이터 암호화 표준) : 1975년 미국 국립 표준국(NBS)에서 발표한 개인키 암호화 알고리즘
• AES(Advanced Encryption Standard, 고급 암호 표준) : 2001년 미국 국립 표준 기술 연구소(NIST)에서 발표한 개인키 암호화 알고리즘
• SMT(Statistical Machine Translation, 통계적 기계 번역) : 통계적 분석으로 기계 학습에 필요한 많은 양의 말뭉치에서 모델 파라미터를 학습하여 문장을 번역하는 기술
  – 모델 파라미터 : 새로운 샘플이 주어지면 무엇을 예측할지 결정하는 것

88 물리적 배치와 상관없이 논리적으로 LAN을 구성하여 Broadcast Domain을 구분할 수 있게 해주는 기술로 접속된 장비들의 성능 향상 및 보안성 증대 효과가 있는 것은?

① VLAN ② STP
③ L2AN ④ ARP

 키워드 물리적 배치와상관 없이, 논리적으로 LAN 구성 → 용어 VLAN(Virtual Local Area Network, 가상 랜)
• STP(Signaling Transfer Point, 신호 중계 교환기) : 공통선 신호망에서 신호점 간 신호전달을 위한 장비
• ARP(Address Resolution Protocol, 주소 결정 프로토콜) : 네트워크상에서 IP 주소를 MAC 주소로 대응시키기 위해 사용되는 프로토콜

89 S/W 각 기능의 원시 코드 라인 수의 비관치, 낙관치, 기대치를 측정하여 예측치를 구하고 이를 이용하여 비용을 산정하는 기법은?

① Effort Per Task 기법
② 전문가 감정 기법
③ 델파이 기법
④ LOC 기법

 키워드 원시 코드 라인(Line of Code) 수 → 용어 LOC(Line of Code, 원시 코드 라인 수) 기법
• 개발 단계별 노력(Effort Per Task) 기법 : LOC 기법을 보완하기 위해 각 기능을 구현시키는 데 필요한 노력을 생명 주기의 각 단계별로 산정하는 기법
• 전문가 판단(감정) 기법 : 조직 내에 경험이 많은 두 명 이상의 전문가에게 비용 산정을 의뢰하는 기법
• 델파이(Delphi) 기법 : 전문가 판단 기법의 주관적인 편견을 보완하기 위해 많은 전문가의 의견을 종합하여 산정하는 기법

90 정보시스템과 관련한 다음 설명에 해당하는 것은?

> • 스마트폰에 탑재된 GPS를 활용해 위치 정보를 수집하고 이를 쇼핑 관광 등에 활용하는 위치기반 소셜네트워크서비스(SNS)로, 땅따먹기와 비슷한데 실제 미국 아이들의 땅따먹기 놀이에서 이름을 따왔다.
> • 이용자 스스로 자신의 위치를 입력해 정보를 제공하는 것이다. 이를 체크인(check-in)이라고 하는데 체크가 이루어지면 'i'm at 장소 이름'과 같은 형태로 트위터에 메시지가 전송된다. 이용자가 자발적으로 자신의 위치를 노출해 휴대폰으로 위치를 알리고 메모를 남김으로써 친구들과 정보를 공유하고 인연을 만드는 것이다.
> • 체크-인에 대한 보상으로 점수를 얻거나 배지를 받고 메이어(Mayor)가 된다.

① 하둡(Hadoop)
② 맵리듀스(MapReduce)
③ 포스퀘어(Foursquare)
④ 타조(Tajo)

 키워드 GPS, SNS, 땅따먹기, 체크인 → 용어 포스퀘어(Foursquare)
• 하둡(Hadoop) : 일반 컴퓨터들을 연결하여 하나의 시스템처럼 작동하도록 묶어 다양한 대용량 데이터(Big Data)들을 분산 처리하는 자유 자바 소프트웨어 프레임워크
• 맵리듀스(MapReduce) : 대용량 데이터를 분산 처리하기 위한 목적으로 개발된 프로그래밍 모델
• 타조(Tajo) : 하둡 기반의 대용량 데이터 웨어하우스 시스템

▶ 정답 : 86.④, 87.④, 88.①, 89.④, 90.③

91 인터넷 환경에서 다른 사용자들이 송·수신하는 네트워크상의 데이터를 도청하여 패스워드나 중요한 정보를 알아내는 형태의 공격은?

① 서비스 거부(DoS; Denial of Service) 공격

② 스누핑(Snooping)

③ 스니핑(Sniffing)

④ 트로이 목마(Trojan horse)

 키워드 도청 → 용어 스니핑(Sniffing)

- DoS(Denial Of Service, 서비스 거부 공격) : 정당한 사용자가 적절한 대기 시간 내에 정보 시스템의 데이터나 자원을 사용하는 것을 방해하는 공격 방법
- 스누핑(Snooping) : 네트워크상에서 남의 정보를 염탐하여 불법으로 가로채는 행위
- 트로이 목마(Trojan Horse) : 악성 코드 중 마치 유용한 프로그램인 것처럼 위장하여 사용자들로 하여금 거부감 없이 설치를 유도하는 프로그램

92 다음 내용이 설명하는 것은?

- 안전한 소프트웨어 개발을 위해 소스 코드 등에 존재할 수 있는 잠재적인 보안 취약점을 제거하고, 보안을 고려하여 기능을 설계 및 구현하는 등 소프트웨어 개발 과정에서 지켜야 할 일련의 보안 활동
- 소프트웨어 개발 시 보안 취약점을 악용한 해킹 등 내·외부 공격으로부터 시스템을 안전하게 방어할 수 있도록 코딩하는 것

① Secure Coding

② Agile Model

③ Buffer Overflow

④ SQL Injection

해설 키워드 안전한 소프트웨어 개발, 보안 취약점 제거, 코딩(Coding)하는 것 → 용어 시큐어 코딩(Secure Coding)

- 애자일 모델(Agile Model) : 소프트웨어 개발과정에서 지속적으로 발생하는 변경에 유연하고 기민하게 대응하여 생산성과 품질 향상을 목표로 하는 협력적인 모델
- 버퍼 오버플로(Buffer Overflow) : 메모리 버퍼의 경계값을 넘어서 메모리값을 읽거나 저장하여 예기치 않은 결과를 발생시킬 수 있는 보안약점
- SQL 삽입(SQL Injection) : 검증되지 않은 외부 입력값이 SQL 쿼리문 생성에 사용되어 악의적인 쿼리가 실행될 수 있는 보안약점

93 각종 물체에 센서와 통신 기능을 내장해 인터넷에 연결하는 기술은 무엇인가?

① Intranet

② Telnet

③ Ethernet

④ IoT

해설 키워드 물체(Things), 인터넷(Internet)에 연결 → 용어 IoT(Internet of Things, 사물 인터넷)

- 인트라넷(Intranet) : 기업 내 전용 네트워크로 기업의 각종 정보를 표준화하여 서버를 통해서 공유하는 기업 내의 인터넷
- 텔넷(TELNET) : 가상 터미널 기능을 제공하여 원격지에서 컴퓨터에 접속할 수 있게 하는 프로토콜
- 이더넷(Ethernet) : 가장 많이 보급된 형태인 CSMA/CD 방식을 사용하는 LAN

94 파이프 필터 형태의 소프트웨어 아키텍처에 대한 설명으로 옳은 것은?

① 컴포넌트 사이에 복잡한 상호작용이 필요한 시스템에 가장 적합하다.

② 사용자가 개입하여 데이터 흐름을 전환할 경우에 사용된다.

③ 서브시스템이 입력데이터를 받아 처리하고 결과를 다른 시스템에 보내는 작업이 반복된다.

④ 모든 필터가 동시에 작동하는 병렬처리 형식이다.

해설 파이프 필터 구조는 필터에 해당되는 서브 시스템이 하나의 데이터를 입력으로 받아 처리한 후, 그 결과를 다음 서브 시스템으로 넘겨주는 과정을 반복하는 방법이다.

95 프로젝트 관리 중 일정계획에 필요한 작업들을 기술한 것이다. 순서대로 나열된 것은?

- Ⓐ 각 작업의 상호의존 관계를 CPM 네트워크로 나타낸다.
- Ⓑ 일정계획을 간트 차트로 나타낸다.
- Ⓒ 프로젝트의 규모를 추정한다.
- Ⓓ 각 단계에 필요한 작업들을 분리한다.

① Ⓒ-Ⓓ-Ⓐ-Ⓑ

② Ⓓ-Ⓒ-Ⓐ-Ⓑ

③ Ⓒ-Ⓓ-Ⓑ-Ⓐ

④ Ⓓ-Ⓐ-Ⓒ-Ⓑ

해설 일정 계획의 작업 순서 : 프로젝트 규모 추정 → 소단위 작업 분해(WBS) → PERT/CPM 네트워크로 표현 → 간트 차트로 표현

 ▶ 정답 : 91.③, 92.①, 93.④, 94.③, 95.①

96 COCOMO(COnstructive COst MOdel) 모형에 대한 설명으로 옳지 않은 것은?

① 산정 결과는 프로젝트를 완성하는데 필요한 Man-Month로 나타난다.

② 보헴(Boehm)이 제안한 것으로 원시 코드 라인 수에 의한 비용 산정 기법이다.

③ 비용 견적의 유연석이 높아 소프트웨어 개발비 견적에 널리 통용되고 있다.

④ 프로젝트 개발 유형에 따라 Object, Dynamic, Function의 3가지 모드로 구분한다.

> **해설** COCOMO(COnstructive COst MOdel) 모형은 원시 프로그램의 규모에 따라 조직형(Organic Model), 반분리형(Semi Detached Model), 내장형(Embedded Model)으로 분류된다.
> **TIP** COCOMO 유형은 "내 코 좀 봐(바)"로 기억하세요.

97 정보시스템과 관련한 다음 설명에 해당하는 것은?

> • 컴퓨터 프로그램이 데이터와 처리 경험을 이용한 학습을 통해 정보 처리 능력을 향상시키는 것 또는 이와 관련된 연구를 의미한다.
> • 자율 주행 자동차, 필기체 문자 인식 등과 같이 알고리즘 개발이 어려운 문제의 해결에 유용하다.

① Machine Learning
② Container
③ Digital Twin
④ Application

> **해설** [키워드] 컴퓨터, 데이터, 경험, 학습(Learning) → [용어] 머신 러닝(Machine Learning)
> • 디지털 트윈(Digital Twin) : 물리적인 사물과 컴퓨터에 동일하게 표현되는 가상 모델
> • 컨테이너(Container) : 리눅스에 내장된 기술로, 애플리케이션과 애플리케이션을 구동하는 환경을 격리한 공간
> • 앱(App; Application) : 스마트폰, 태블릿, PC 같은 기기 등에서 설치하여 사용하는 응용 소프트웨어

98 여러 개의 독립된 통신 장치가 UWB(UltraWideBand) 기술 또는 블루투스 기술을 사용하여 통신망을 형성하는 무선 네트워크 기술은?

① PICONET
② SCRUM
③ NFC
④ Ad-Hoc Network

> **해설** [키워드] 독립된 통신 장치, 통신망 형성 → [용어] 피코넷(Piconet)
> • 스크럼(Scrum) : 매일 정해진 시간에 정해진 장소에서 짧은 시간의 개발을 하는 팀을 위한 프로젝트 관리 중심의 방법론
> • NFC(Near Field Communication, 근접 무선 통신) : 10cm 이내의 가까운 거리에서 다양한 무선 데이터를 주고받는 통신 기술
> • 애드혹 네트워크(Ad-Hoc Network) : 노드들에 의해 자율적으로 구성되는 기반 구조가 없는 네트워크

99 사용자 인증 방법 중에서 신분증, 주민등록증 등을 이용하여 인증하는 방법으로 가장 적절한 것은?

① 지식 기반 인증
② 소유 기반 인증
③ 행위 기반 인증
④ 생체 기반 인증

> **해설** [키워드] 신분증, 주민등록증 → [용어] 소유 기반 인증(Something You Have, 가지고 있는 것)

100 '컴퓨터에 근거지를 둔 지렁이와 같은 기생충'이란 의미로, 컴퓨터 바이러스와 달리 다른 프로그램을 감염시키지 않고 자기 자신을 복제하면서 통신망 등을 통해서 널리 퍼지는 것은?

① APT
② Stuxnet
③ Trap Door
④ Worm Virus

> **해설** [키워드] 기생충(Worm), 자기 자신 복제 → [용어] 웜 바이러스(Worm Virus)
> • APT(Advanced Persistent Threat, 지능형 지속 공격) : 다양한 IT 기술과 방식들을 이용해 특정 기업이나 조직 네트워크에 침투해 활동 거점을 마련한 뒤, 때를 기다리면서 보안을 무력화시키고 정보를 수집한 다음 외부로 빼돌리는 형태의 공격 방법
> • 스턱스넷(Stuxnet) : 독일 지멘스사의 원격 감시 제어 시스템(SCADA)의 제어 소프트웨어에 침투하여 시스템을 마비시키는 바이러스
> • 트랩도어(Trap Door) : 시스템 보안이 제거된 비밀 통로로, 서비스 기술자나 유지보수 프로그램 작성자의 접근 편의를 위해 시스템 설계자가 고의로 만들어 놓은 시스템의 보안 구멍

▶ 정답 : 96.④, 97.①, 98.①, 99.②, 100.④

NOTE

찾아보기

2023 비단길 정보처리기사 필기

2022.　2.　4. 초 판 1쇄 발행
2023.　3.　8. 개정 1판 1쇄 발행

지은이 | 권우석, 김민서
펴낸이 | 이종춘
펴낸곳 | **BM** ㈜도서출판 **성안당**

주소 | 04032 서울시 마포구 양화로 127 첨단빌딩 3층(출판기획 R&D 센터)
　　　10881 경기도 파주시 문발로 112 파주 출판 문화도시(제작 및 물류)

전화 | 02) 3142-0036
　　　031) 950-6300

팩스 | 031) 955-0510
등록 | 1973. 2. 1. 제406-2005-000046호
출판사 홈페이지 | **www.cyber.co.kr**
내용 문의 | cafe.naver.com/gunsystem
ISBN | 978-89-315-5815-9 (13000)
정가 | 35,000원

저자와의
협의하에
검인생략

이 책을 만든 사람들
책임 | 최옥현
기획 · 진행 | 박현수
교정 · 감수 | 스마트잇(이용현, 최성희), 이튜(김광수)
디자인 | 앤미디어
홍보 | 김계향, 유미나, 이준영, 정단비
국제부 | 이선민, 조혜란
마케팅 | 구본철, 차정욱, 오영일, 나진호, 강호묵
마케팅 지원 | 장상범
제작 | 김유석

■ **도서 A/S 안내**

성안당에서 발행하는 모든 도서는 저자와 출판사, 그리고 독자가 함께 만들어 나갑니다.
좋은 책을 펴내기 위해 많은 노력을 기울이고 있습니다. 혹시라도 내용상의 오류나 오탈자 등이 발견되면 "좋은 책은 나라의 보배"로서 우리 모두가 함께 만들어 간다는 마음으로 연락주시기 바랍니다. 수정 보완하여 더 나은 책이 되도록 최선을 다하겠습니다.
성안당은 늘 독자 여러분들의 소중한 의견을 기다리고 있습니다. 좋은 의견을 보내주시는 분께는 성안당 쇼핑몰의 포인트(3,000포인트)를 적립해 드립니다.

잘못 만들어진 책이나 부록 등이 파손된 경우에는 교환해 드립니다.